Über den Herausgeber

Dieter Lenzen, geb. 1947 in Münster (Westf.), studierte Erziehungswissenschaft, Philosophie, Deutsche, Englische und Niederländi-
sche Philologie an der Universität Münster, M.A. 1970, Dr. phil.
1973, 1973 bis 1975 Bildungsforschung für das Kultusministerium
Nordrhein-Westfalen, 1975 bis 1977 Professor an der Universität
Münster, seit 1977 Universitätsprofessor für Erziehungswissenschaft
(Philosophie der Erziehung) an der Freien Universität Berlin. Grün-
dungsmitglied des IZ für Historische Anthropologie, Berlin.
1994–1998 Vorsitzender der Deutschen Gesellschaft für Erziehungswissenschaft (DGfE). Von 1999–2003 Erster Vizepräsident,
seit 2003 Präsident der Freien Universität Berlin.
URL: http://www.fu-berlin.de/philerz/lenzen/lenzen.htm

Wichtigste Veröffentlichungen

Didaktik und Kommunikation, Frankfurt/M. 1973; Thema: Sprache, 6 Bde.,
Frankfurt/M. 1977ff. (mit D. Wunderlich); Herausgeber «Pädagogik und Alltag», Stuttgart 1980; Herausgeber der «Enzyklopädie Erziehungswissenschaft», 12 Bde., Stuttgart 1983ff.; Mythologie der Kindheit, Reinbek 1985;
Herausgeber «Pädagogische Grundbegriffe», 2 Bde., Reinbek 1989 (7. Aufl.
2004); Herausgeber «Melancholie als Lebensform», Berlin 1989; Mitautor
von G. Gebauer u. a.: Historische Anthropologie, Reinbek 1989; Herausgeber «Kunst und Pädagogik», Darmstadt 1990; Vaterschaft. Vom Patriarchat
zur Alimentation, Reinbek 1991; Herausgeber «Verbotene Wünsche», Berlin 1991; Krankheit als Erfindung, Frankfurt/M. [2]1993; Herausgeber «Bildung und Weiterbildung im Erziehungssystem», Frankfurt/M. 1997 (mit
N. Luhmann); «Handlung und Reflexion», Weinheim 1996; Orientierung
Erziehungswissenschaft, Reinbek [3]2004. Herausgeber «Education for the
New Europe», Providence 1996 (gemeinsam mit D. Benner). Herausgeber
«Irritationen des Erziehungssystems», Frankfurt/M. 2004. Geschäftsführen-
der Herausgeber der «Zeitschrift für Erziehungswissenschaft». – Zahlreiche
Beiträge für Zeitungen, Fachzeitschriften, Sammelwerke und Rundfunkan-
stalten.

Über den Mitarbeiter des Herausgebers

Friedrich Rost, geb. 1949 in Jugenheim/Bergstraße, 1968 bis 1970
Ausbildung zum Verlagsbuchhändler in Frankfurt/M., Studium der
Erziehungswissenschaft an der PH Berlin, Dipl.-Päd. 1977.
1977–1981 wissenschaftlicher Mitarbeiter des Deutschen Zentralinstituts für soziale Fragen, Berlin. Seit 1981 akademischer Mitarbeiter an der FU Berlin; Dr. phil. 1993. URL: http://friedrichrost.de

Hinweise auf die Autoren finden sich auf Seite 663 dieses Werks.

Dieter Lenzen (Hg.)
unter Mitarbeit von Friedrich Rost

Erziehungswissenschaft

Ein Grundkurs

rowohlts enzyklopädie
im Rowohlt Taschenbuch Verlag

rowohlts enzyklopädie

Herausgegeben von Burghard König

6. Auflage August 2004
mit einer aktualisierten Auswahlbibliographie versehen

Originalausgabe
Veröffentlicht im Rowohlt Taschenbuch Verlag,
Reinbek bei Hamburg, Juni 1994
Copyright © 1994 by Rowohlt Taschenbuch Verlag GmbH,
Reinbek bei Hamburg
Umschlaggestaltung any.way, Walter Hellmann
Satz Aldus und Optima (Linotronic 500)
Gesamtherstellung Clausen & Bosse, Leck
Printed in Germany
ISBN 3 499 55531 X

Inhalt

Vorwort

In Zeiten epochaler politischer, gesellschaftlicher und kultureller Veränderungen eine Einführung in eine wissenschaftliche Disziplin herauszugeben, die wie kaum eine zweite mit diesen Prozessen verknüpft ist, stellt ein riskantes Unterfangen dar. So haben in Europa, wenn man bis auf den Entstehungszeitraum einer Wissenschaft von der Erziehung zurückblickt, einander mindestens zwei große pädagogische Orientierungen gegenübergestanden: Auf der einen Seite war es eine solche, die die Aufgabe der Erziehung und damit der Pädagogik eher in den Dienst des Staates stellte und damit die nachwachsende Generation auf ihre Funktion für das Ganze festlegte. Das konnte wie bei den Jakobinern die (Französische) Revolution sein, das war in Preußen seit der Mitte des 19. Jahrhunderts der Obrigkeitsstaat, das war der totale Staat der Faschisten in Deutschland, Italien, Spanien sowie kurzzeitig in Rumänien, Kroatien und Ungarn – oder in den osteuropäischen Staaten einschließlich der DDR der sozialistische Erziehungsstaat. Auf der anderen Seite stand immer wieder die Verpflichtung auf die Zukunft, auf die Lebensqualität der Individuen oder doch wenigstens der Versuch, gesellschaftliche und individuelle Interessen im Sinne der Liberalität miteinander zu verbinden. Diese Idee ist spätestens seit dem Beginn des 19. Jahrhunderts greifbar, wohingegen ihre Umsetzung weniger in den alten europäischen Demokratien wie dem Vereinigten Königreich als in Deutschland nur zögerlich vorankam, gescheitert mit der Weimarer Republik noch, mühevoll platzgreifend in Westdeutschland nach 1945.

Selbst wenn die Anhänger der einen oder anderen extremen Orientierung des Erziehungsauftrags in der Minderheit sind oder auch nur schweigen, so bleibt doch zwischen den Polen ein erhebliches Spektrum der eher in die eine oder die andere Richtung tendierenden Positionen, auch in der Erziehungswissenschaft. Ein Grundkurs, der an allen Hochschulen einsetzbar sein soll, darf keine Linie der ‹richtigen› Orientierung vorgeben wollen. Dementsprechend repräsentiert die Auswahl der Autoren und Autorinnen ein breites theoretisches Feld, allerdings unter Vernachlässigung ‹extremistischer› Vertreter. Für Studienanfänger ist es von besonderer Wichtigkeit, daß sie sich darauf verlassen können, durch eine Einführung nicht unbemerkt indoktriniert zu werden, und daß die Autoren ihre Position nicht heimlich hegen, sondern argumentativ offenlegen, in ausdrücklicher Auseinandersetzung mit den Alternativen.

Ein weiteres Grundbedürfnis für eine Einführung ist der Versuch, eine nicht nur sprachlich elementarisierte Form zu finden. Dieses ist die schwierigste Aufgabe für die Autoren. Ihre Qualität als akademische Lehrer bemißt sich an der Fähigkeit, einen Gegenstand ohne Problemverlust so darzustellen, daß er ohne fachliche Voraussetzungen verstanden werden kann. Nicht jeder Gegenstand eignet sich dafür in gleicher Weise. So ist es einfacher, über die Wirklichkeit bestimmter pädagogischer Einrichtungen zu schreiben als über eine erziehungswissenschaftliche Theorie. Die Leser müssen darauf gefaßt sein und sich deshalb genau überlegen, welches ihr vordringliches Einführungsbedürfnis ist, und bei der Lektüre dieses Grundkurses entsprechend vorgehen. Das gesamte Buch ist so strukturiert, daß nach einer Lektüre der Einführung (1) ein Einstieg in jeden der Teile 2 bis 6 möglich ist. So kann mit dem zweiten Teil beginnen, wer sich für die fünf grundlegenden pädagogischen Vorgänge und vor allem deren Theorien interessiert. Diese Beiträge geben Antworten auf die Frage nach dem *Was* der pädagogischen Tätigkeit.

Die Aufsätze des dritten Teils beschäftigen sich mit der Frage, *wer* pädagogisch tätig wird. Hier sind die wichtigsten Träger des erzieherischen Handelns ausgewählt worden. Leser, die sich zunächst für die Gestalt eines von ihnen womöglich gewählten pädagogischen Berufs interessieren, sollten hier beginnen.

Für wen die erzieherischen Bemühungen unternommen werden, ist die Leitfrage des vierten Teils. Längst gehören zur Klientel der pädagogischen Tätigkeit nicht mehr nur die nachwachsende Generation, sondern auch die Erwachsenen. Über sie kann man sich deshalb hier ebenso informieren wie über das Kind, den Schüler oder den Jugendlichen. Der bestimmte Artikel in den Titeln dieses wie denen des vorangehenden Teils soll übrigens nicht unterstellen, daß in diesen Beiträgen alles über das Thema gesagt sei oder gar daß z. B. alle Jugendlichen unter erziehungswissenschaftlichen Gesichtspunkten identisch seien, wie unter chemischer Analyse ‹das› Eisen (ferrum) immer dieselbe Struktur hat. Die Titelwahl soll vielmehr andeuten, daß besonders charakteristische Merkmale aufgegriffen und dargestellt werden. Dieses ist auch der Grund dafür, daß in den Titeln wie im Text jeweils das grammatische Genus des Maskulinum gewählt wurde. Dort, wo in der Diskussion des Themas im Sinne des Sexus auf Unterschiede bei den leibhaftigen Menschen einzugehen ist, geschieht es jeweils unter Wahl des zutreffenden grammatischen Genus.

Im fünften Teil, in dem es um die Frage nach dem *Wo* der pädagogischen Tätigkeit geht, wurde auf den bestimmten Artikel verzichtet. Der Grund liegt auf der Hand: Die meisten pädagogischen Einrichtungen sind zunehmend dadurch gekennzeichnet, daß ihre gemeinsamen Merkmale sich verlieren. Das liegt an der wachsenden gesellschaftlichen Individualisierung, aber auch daran, daß fast täglich neue Felder für erzieherische Berufe begründet werden. Wer deshalb wissen möchte, in welchen Einrichtungen eine berufliche Tätigkeit als Pädagoge sich mit welchen Aufgaben und Erwartungen vollzieht, sollte mit diesem Teil beginnen.

Der sechste Teil schließlich richtet sich mit der Frage nach dem *Wie* der Forschung an alle Studierenden der Erziehungswissenschaft. Denn jeder muß einen Überblick über die wissenschaftlichen Forschungsmethoden besitzen, die z. B. in einer Abschlußarbeit für die Magister- oder Diplomprüfung anzuwenden sind. Das gleiche gilt für die Techniken erziehungswissenschaftlichen Arbeitens, mit denen man sich möglichst früh vertraut machen sollte. Dieser Beitrag (6.4) sowie derjenige über das erziehungswissenschaftliche Studium und die pädagogischen Berufe (6.3) sollte neben Teil 1 deshalb möglichst früh zur Kenntnis genommen werden.

Diese kurzen Lektürehinweise könnten die Auffassung nähren, man dürfe sich für den erfolgreichen Abschluß eines Pädagogikstudiums mit ausgewählten Aspekten der Erziehungswissenschaft begnügen. So suggeriert die Selbstteilungsfreudigkeit der Erziehungswissenschaft vielleicht, als Sozialpädagoge müsse man sich z. B. um Fragen der Bildung, um die Schule oder den Betrieb nicht scheren. Dem ist mitnichten so. Der Grundkurs ist vielmehr so konzipiert, daß er eine Art Minimalwissen für Studierende der Erziehungswissenschaft anbietet, jenseits dessen die Spezialisierung beginnen sollte.

Dieser Anspruch spiegelt sich auch im inneren Aufbau der einzelnen Beiträge. Die Autoren waren gehalten und bemüht, Auskünfte zu folgenden Fragen zu geben:
- Was wird unter dem Begriff des Titels verstanden?
- Welche Geschichte hat der jeweilige Gegenstand?
- Wie wird der Gegenstand üblicherweise klassifiziert?
- Welche Wissenschaften beschäftigen sich mit der Fragestellung?
- Welche Theorien existieren über das Sujet?

Diese Gesichtspunkte verdeutlichen, daß der Grundkurs seine Themen problematisiert und sich nicht auf eine bloße Darstellung dessen beschränken möchte, was der Fall ist. Es handelt sich nicht um ein Lexikon. Ein solches Bedürfnis erfüllt unser zweibändiges Nachschlagewerk «Pädagogische Grundbegriffe», das gleichfalls in der Reihe *rowohlts enzyklopädie*, Bände 487 und 488, zur Verfügung steht. Es ist alphabetisch aufgebaut und enthält lexikalisches Wissen zu ca. 200 Begriffen. In Verbindung mit dem vorliegenden Band stellt es eine Grundausstattung für das erziehungswissenschaftliche Studium dar mit den beiden Komponenten «Grundkurs» als *Einführung* in die Erziehungswissenschaft und den «Grundbegriffen» als Handbuch zum *Nachschlagen* sowie zur detaillierten Information.

Der Grundkurs wäre ohne die Unterstützung zahlreicher Kolleginnen, Kollegen und Mitarbeiter nicht zustande gekommen. Ich danke deshalb auch den Autorinnen und Autoren für ihre Mitarbeit und Geduld angesichts allfälliger Überarbeitungswünsche, den Mitarbeiterinnen und Mitarbeitern der Arbeitsstelle erziehungswissenschaftliche Nachschlagewerke für ihre Hilfe, unserem Lektor Dr. Burghard König für die bewährte Zusammenarbeit und vor allen anderen meinem langjährigen editorischen Mitstreiter für die wie immer präzise, standhafte und mühevolle Arbeit bei der Redaktion dieses Buchs.

Berlin, im August 1993   *Dieter Lenzen*

Dieter Lenzen

1 Erziehungswissenschaft – Pädagogik

Geschichte – Konzepte – Fachrichtungen

Wer sich entschieden hat, Erziehungswissenschaft zu studieren, oder wem diese Entscheidung noch bevorsteht, der hat einige Verwirrung hinter und vor sich. Diese beginnt mit der Begrifflichkeit. So werden die Bezeichnungen ‹Erziehungswissenschaft› und ‹Pädagogik› augenscheinlich gleichbedeutend verwendet. Zudem scheint es wenig Einigkeit darüber zu geben, wozu diese Wissenschaft eigentlich benötigt wird. Je nachdem, ob man Lehrer, praktizierende Sozialpädagogen, Journalisten oder Pädagogikprofessoren danach fragt, erhält man unterschiedliche Auskünfte. Nicht einmal die wissenschaftlichen Vertreter des Fachs selbst scheinen sich einig zu sein.

Wir müssen uns deshalb zuerst klar darüber werden, welche Begriffe von diesem Fach existieren (1.1). Sodann müssen wir uns fragen, wozu man eigentlich Erziehungswissenschaft braucht, d. h. einige Aufgaben skizzieren (1.2). In Fächern, deren Gegenstand fraglos klar zu sein scheint, z. B. in der Medizin, interessiert man sich vergleichsweise wenig für ihre Geschichte (das ist übrigens ein Fehler, weil wichtiges medizinisches Wissen auf diese Weise vergessen worden ist). In einem Fach wie Erziehungswissenschaft ist das anders. Dies ist die Reaktion auf eine bestimmte historische Situation, nicht auf eine menschliche Konstante (wie die Krankheitsanfälligkeit des Körpers). Man muß sich deshalb über die Geschichte der Erziehungswissenschaft im klaren sein, auch um die Erfüllbarkeit der eigenen Erwartungen an dieses Fach einschätzen zu können (1.3).

Nach ca. 200 Jahren der Existenz und des Wachstums von Erziehungswissenschaft hat sich natürlich manches geändert. Insbesondere hat sich das Fach ausdifferenziert. Es gibt vielerlei Richtungen, auf die man sich auch im Studium spezialisieren kann. Man muß sie kennen, um eine vernünftige Entscheidung treffen zu können (1.5).

Aber es gibt nicht nur etliche Fachrichtungen (übrigens wesentlich we-

niger als in der Medizin), sondern in jeder für sich wie in der Erziehungswissenschaft insgesamt herrscht ein reger Meinungsstreit. Meinungen
sind in der Wissenschaft aber keine beliebigen Auffassungen, die letztlich
nicht entscheidbar wären. Es geht nicht um die Frage, ob einem schwarz-
haarigen Menschen blaue Kleidungsstücke besser ‹stehen› als einem
blonden, sondern es geht um Fragen der Wahrheit. Dieses ist jedenfalls
die Auffassung von vielen Wissenschaftlern. Einige grundlegend unterschiedliche Konzeptionen der Erziehungswissenschaft sollte man kennen
(1.4), sonst versteht man die Selbstdefinition der Wissenschaftler nicht
und kann den Wahrheitsgehalt ihrer Aussagen nicht richtig beurteilen.

Wenn es so viele Fachrichtungen und vor allen Dingen so viele Konzeptionen und wissenschaftlichen Meinungsstreit gibt, dann besteht die
Gefahr, daß man als Studentin oder Student des Fachs orientierungslos
wird. Jeder möchte gerne wissen, wohin die Reise gehen wird, damit man
nicht auf eine falsche Konzeption oder Fachrichtung setzt. Dazu kann
man einiges sagen. Aber hier ist Enttäuschungsprophylaxe zu betreiben:
Prognosen über die Fachentwicklung sind in einer geistes- bzw. sozialwissenschaftlichen Disziplin noch schwieriger als in einem naturwissenschaftlichen Fach. Und auch dort gibt es kaum Sicherheiten. Wer sich nur
einmal die Hakenschläge medizinischer Meinungen über den ‹normalen›
Cholesteringehalt des Bluts anschaut oder die wechselnden Auffassungen über die richtige Entbindungspraxis, der sollte ausgerechnet von der
Erziehungswissenschaft nicht zu viel erwarten, die so sehr mit den Normen des Handelns zu tun hat.

Unsicherheit, Offenheit der Ergebnisse, Meinungsvielfalt, das sind Erscheinungen, die zur Wissenschaft gehören wie das ästhetische Urteil zur
Kunst. Die wissenschaftliche Entwicklung ist immer in Bewegung. Nur
Momentaufnahmen sind möglich. Was man also lernt, ist ein bestimmter historischer Stand des Wissens über erzieherische Vorgänge. Das ist
wichtig. Viel wichtiger ist es aber zu lernen, wissenschaftliche Resultate
richtig zu ‹lesen›, möglichst schnell zu sehen, wo der normative Standpunkt einer vermeintlichen wissenschaftlichen Tatsache steckt. Am
wichtigsten ist es, im späteren Berufsleben ein vernünftiges Urteilsver-
mögen über wissenschaftliche Resultate zu besitzen, um selbst entscheiden zu können, welchen Einfluß neuere Entwicklungen auf die eigene
berufliche Tätigkeit haben sollen und wo sie es besser nicht hätten. Man
muß selbst einschätzen können, was eine sensationslustige Presse als
‹neueste› und ‹revolutionäre› Erkenntnis verkauft, um mehr Exemplare
absetzen zu können. Man muß gleichzeitig die Fähigkeit entwickeln,
Neuerungen nicht als ‹vorübergehend› gleich abzuwehren, sondern of-
fenzubleiben für die Veränderung der eigenen Selbstverständlichkeiten

in der beruflichen Praxis. Ein erziehungswissenschaftliches Studium soll also nicht nur Wissen vermitteln, sondern auch eine wissenschaftliche Haltung: die Fähigkeit, wissenschaftlich zumindest so zu arbeiten, daß man in der Lage ist, erziehungswissenschaftliches Wissen in der eigenen Berufspraxis reflektiert anzuwenden.

Dieses jedenfalls ist die weitgehend geteilte Meinung der Vertreter fast aller Fächer, die in den 70er Jahren des 20. Jahrhunderts im Rahmen der Öffnung der Hochschulen und der Verwissenschaftlichung vieler Lebensbereiche zum Gemeingut geworden ist. Sie gilt auch heute noch, nachdem die Euphorie gegenüber der Leistungsfähigkeit von Wissenschaft einer Ernüchterung gewichen ist, manchmal sogar einem Entsetzen, wenn man an die Nebeneffekte mancher gutgemeinter wissenschaftlicher Forschung denkt. All dieses kann man an zahlreichen wissenschaftlichen Hochschulen Deutschlands lernen, an manchen besser, an anderen schlechter. Die Qualität kann sich schnell ändern, wenn einige hervorragende Wissenschaftler in kurzer Folge eine Universität verlassen oder wenn es einer Hochschule gelingt, durch die Berufung ausgezeichneter Professorinnen und Professoren die Lage eines Fachs zu verbessern. Auf diese Entwicklungen kann kein Handbuch reagieren, nicht einmal die mit viel Getöse vorgetragenen ‹Universitätsrankings› von Magazinen und Illustrierten, die im wesentlichen Vorurteile wiederholen, die sich über lange Prozesse herausgebildet haben. Wo man indessen welche Fachrichtung der Pädagogik studieren kann, dieses läßt sich mitteilen.

1.1 Was ist Erziehungswissenschaft, was ist Pädagogik?

Im alltäglichen Sprachgebrauch hat sich für den Unterschied zwischen Erziehungswissenschaft und Pädagogik eine markante Differenz herausgebildet. So assoziieren mit ‹Erziehungswissenschaft› viele Zeitgenossen: Forschung, Präzision, dicke Bücher, Langeweile und Irrelevanz. Dementsprechend steht ‹Pädagogik› für manche besser da: Wirklichkeit, Leben, Praxis, Wohltat und Engagement im Gegensatz zu Nüchternheit und Interesselosigkeit. Diese Unterscheidung ist nicht zufällig, aber sie ist gleichzeitig auch ‹nur› alltagssprachlich. Wenn man sich die Namen der einschlägigen Institute und Fachbereiche an den deutschen Universitäten anschaut, findet man in bunter Abwechslung beide Bezeichnungen. Es gibt Institute für Erziehungswissenschaft wie Institute für Pädagogik, pädagogische Seminare, erziehungswissenschaftliche Seminare, Fachbereiche und Fakultäten für Pädagogik wie für Erziehungswissenschaft. Auf das, was in diesen Institutionen gelehrt und geforscht wird, hat der Name keinerlei Einfluß. Umgekehrt sind auch keine Rückschlüsse aus dem Namen zulässig, etwa derart, daß in einem Institut für Pädagogik etwas praxisnäher gelehrt wird. Die Unterscheidung ist historisch. Das Fach hat an seiner Wiege im ausgehenden 18. Jahrhundert bis zur Wende zwischen dem 19. und 20. Jahrhundert immer den Namen *Pädagogik* gehabt. Die Bezeichnung leitete sich her von griechisch «pais agein», was in der Antike soviel bedeutete wie «Führung des Knaben, des Kindes vom Haus zur Übungsstätte». Pädagogen, meist Sklaven, hatten also die schlichte Funktion, darüber zu wachen, daß die Söhne der vornehmen Bürger auf dem Wege zur ‹Schule› nicht Opfer von zumeist sexuellen Übergriffen durch erwachsene Männer wurden.

Am Beginn des 20. Jahrhunderts taucht der Begriff *Erziehungswissenschaft* gelegentlich auf; er setzt sich aber erst in den 60er Jahren des 20. Jahrhunderts durch. Mit ihm verbindet sich das Programm, die ‹Erziehungswirklichkeit› mit präzisen, zumeist empirisch-analytischen Methoden untersuchen zu wollen, um die Resultate für die pädagogische Praxis bereitzustellen. Dieses Programm war als Antwort auf die ältere ‹Pädagogik› gedacht, der man vorwarf, die Wirklichkeit lediglich mit Hilfe sog. hermeneutischer Methoden (vgl. 6.1) nicht vorurteilsfrei erfassen zu können. Historisch betrachtet, stehen sich also in den beiden Bezeichnungen für das Fach zwei grundlegend verschiedene Programme gegenüber: auf der einen Seite die ältere Pädagogik mit ihrem zumindest teilweise vertretenen Anspruch, pädagogisches Handeln anleiten zu wollen oder doch zumindest die Normen, Orientierungen, Standards dieses Handelns der Reflexion, Diskussion und Auseinandersetzung zuzuführen; auf der anderen Seite die Erziehungswissenschaft, deren programmatisches Selbstverständnis gerade nicht auf eine normative Beeinflussung des pädagogischen Handelns aus sein wollte, sondern der es um die Untersuchung von ‹Gesetzmäßigkeiten› erzieherischer Prozesse ging. Vereinfacht und zugespitzt: Während sich die einen Gedanken darüber machten, was ein gebildeter Bürger ist, ein mündiger Zeitgenosse oder auch nur ein gehorsamer Sozialist, schuldbewußter Katholik und vor allem, ob und wie man junge Menschen dazu bringen darf und kann, dieses zu sein, interessierten sich die anderen mehr für die Frage, welchen Einfluß die Stellung eines Kindes in der Geschwisterreihe auf sein soziales Lernen haben kann, welche Rolle die Geschlechtszugehörigkeit des pädagogischen Personals für den Lernerfolg hat oder sogar wie lange man dafür braucht, um einen Gedichttext von 600 bit Information sicher auswendig zu lernen.

Aber noch einmal: Dieser programmatische Unterschied war zu einem

Zeitpunkt wichtig, als die Fachbezeichnungen entstanden. Heute verbindet sich in aller Regel *kein* programmatischer Unterschied mehr mit den Bezeichnungen. Allenfalls neuere Institutionen tragen häufiger den Namen Erziehungswissenschaft, während man darauf verzichtet hat, ältere Institute umzubenennen. Ein bißchen anders ist es bei der Begriffswahl in Büchern und Aufsätzen. Hier sollte man genau hinschauen, ob sich für den Autor nicht doch eine programmatische Unterscheidung damit verbindet.

Eine weitere Unterscheidung schwingt auch noch mit: ‹Pädagogik› bezog sich auf den Knaben, das Kind; ‹Erziehung› weist zwar zurück auf eine Metapher aus der Gärtnerei (das althochdeutsche «irziohan» bedeutet Herausziehen der Pflanze und deutet somit auf ‹junges Gemüse›). Dieser Begriff hat sich allerdings, weil die Metapher in Vergessenheit geraten ist, sehr viel besser geeignet, sich auf andere Lebensbereiche auszuweiten. ‹Erzogen› werden nicht nur kleine Kinder, sondern auch Erwachsene (z. B. Straffällige im ‹Zuchthaus›), Touristen (von pädagogischen Freizeitanimateuren), Skinheads (zur Toleranz gegenüber Ausländern), Drogensüchtige (zur Benutzung sauberer Nadeln), Liebhaber und Liebhaberinnen (zur Verwendung von Kondomen), alte Leute (in der Andragogik), Fahrschüler (zur Umsicht im Straßenverkehr) usw. Mit anderen Worten: Erziehungswissenschaft ist nicht mehr nur die Disziplin, die sich mit der Aufklärung und Anleitung der Erziehung bzw. Aufzucht von kleinen Kindern beschäftigt. Mit der Erweiterung der ‹Klientel› (d. h. wörtlich der Kunden, also den Objekten pädagogischer Prozesse) ist auch der Gestaltungs-, wenn nicht sogar Steuerungsanspruch von Erziehung und damit von Erziehungswissenschaft gewachsen. Erziehungswissenschaft ist ein großes, folgenreiches und damit auch in gewisser Weise gefährliches Fach geworden.

In einer Gesellschaft, in der zahlreiche Lebensbereiche ‹pädagogisiert› worden sind, wächst die Möglichkeit für eine Wissenschaft, Gesellschaft zu beeinflussen, zu steuern, die einzelnen Individuen in Richtungen zu drängen, ihr Leben zu beeinflussen. Aus dieser Macht, die zwar in aller Regel bestritten wird, erwächst eine große Verantwortung. So ist es nicht gleichgültig, in wessen Händen sich ein Erziehungssystem befindet. In der jüngsten Vergangenheit hat es ‹Erziehungsstaaten› gegeben (und es gibt sie immer noch), in denen eine Zentralregierung das gesamte erzieherische Geschehen im Lande zu steuern beanspruchte. (Daß viele dieser Erziehungsstaaten zusammengebrochen sind, zeigt natürlich auch, daß nicht immer alles steuerbar ist. Aber wie war es mit dem Hitler-Faschismus? – Hier konnte nur äußere militärische Gewalt den Erziehungsstaat zum Einsturz bringen.)

Wir sehen schnell, daß eigentlich beide Traditionen des Fachs benötigt werden, die ‹pädagogische› und die ‹erziehungswissenschaftliche›. Denn wir müssen nicht nur erziehungswissenschaftlich wissen wollen, was machbar ist, wie man erzieht, womöglich wie man bestimmte Zwecke erzieherisch erreicht. Angesichts der im wörtlichen Sinne damit verbundenen gewaltigen Macht benötigen wir dringend eine Kontrolle dieser Macht. Das ließe sich natürlich über Gesetze regeln. Und in der Tat ist in einem Rechtsstaat geregelt, wer wen bis zu welchem Maße erziehen darf. (Das elterliche Erziehungsrecht ist eingeschränkt, es konkurriert mit dem staatlichen Recht und seiner Pflicht, alle Kinder zu ‹beschulen›). Aber diese Rechtsregelungen können nur einen Rahmen beschreiben. Es kann keine funktionierende Erziehungsnormenkontrollbehörde oder gar eine Erziehungspolizei geben, die im Einzelfall kontrolliert, ob niemand seine Erziehungsrechte überschreitet. Um so wichtiger ist es, daß die Pädagogen, die vom Staat oder von öffentlichen Organisationen professionell eingesetzt und bezahlt werden, ihre Verantwortung kennen und ihre Grenzen respektieren. Künftigen Inhabern pädagogischer Berufe diese Fähigkeit zu vermitteln ist gewissermaßen die pädagogische (genauer: bildungstheoretische) Aufgabe erziehungswissenschaftlicher Ausbildung.

1.2 Wozu braucht man Erziehungswissenschaft?

Ein professioneller Pädagoge muß wissen, was geschieht, wenn er als Lehrer ein leistungsschwaches Kind lächerlich macht, wenn er ironisiert, wenn er ihm ein Etikett anheftet (‹Was sagt denn unser Dummerchen dazu?›), wenn er Verhaltensmerkmale in einer Schülerakte notiert, die der nächste Lehrer liest und sich selbst zum Vorurteil gegenüber dem Schüler macht. Aber er muß nicht nur wissen wollen. Er braucht vor allem die Einsicht und den festen Willen, den Menschen, die ihm anvertraut sind, nach ihren Möglichkeiten den für sie besten Lebensweg zu eröffnen, ihnen zu helfen, sich auf diesem Weg zu finden. Das klingt emotional, vielleicht sogar schwulstig und ist auch keineswegs selbstverständlich. So gibt es Kulturen, Gesellschaften wie die japanische, in der das Wohl und die Harmonie der Gesellschaft und nicht das Wohlbefinden des einzelnen im Vordergrund stehen. Aber daraus kann keine Beliebigkeit folgen, kann das Menschenbild und das Bild einer Gesellschaft nicht in das Belieben eines einzelnen Pädagogen gestellt werden. Man muß vielmehr in der Lage sein, gesellschaftliche, gruppenspezifische und individuelle Interessen und Ansprüche als sich widersprechende wahrzunehmen und sein Handeln an der Verfassung der Gesellschaft zu orientieren, die ihn für seine Tätigkeit bezahlt. Dazu genügt aber nicht ein guter Wille, Einfühlungsvermögen, womöglich Nächstenliebe oder Helferdrang, sondern dazu bedarf es der aufgeklärten Reflexion des eigenen Tuns. Die Techniken, das Umsetzen einer solchen Haltung in der täglichen Berufsarbeit, Routinen, die richtige Gesprächsführung, die erfolgreiche Vorbereitung der Unterrichtsstunde, die Analyse von Lehrplänen und Schulbüchern, die Wahrnehmungsfähigkeit für die Lebenssituation von anderen, all dieses kann man in einem Studium nicht lernen, sondern es stellt sich ein in der Berufspraxis und in der auf sie unmittelbar vorbereitenden Ausbildung wie der Zweiten Ausbildungsphase des Lehrers. Wer ungeduldig darauf wartet, diese Fähigkeiten an der Universität zu erwerben, wird enttäuscht, reduziert sein Studium aus dieser Enttäuschung auf das Allernotwendigste (die ‹Scheine›), besucht vornehmlich ‹praxisorientierte› Lehrveranstaltungen ohne reflexive Distanz und befindet sich bereits auf dem besten, d. h. dem schlechten Weg zum Unterrichtsbeamten oder pädagogischen Sozialingenieur.

Da wir nicht davon ausgehen können, daß die praxisbezogene Ungeduld bereits gedämpft ist, brauchen wir ein Beispiel. Wenn man das erziehungswissenschaftliche Studium beginnt, hat man eine lange Kette pädagogischer Erfahrungen bereits hinter sich. Man ist von Eltern erzogen worden, in der Schule wie auch durch sog. außerschulische Einrichtungen und nicht zuletzt durch die Medien. Im Rahmen des eigenen Ablösungsprozesses vom Elternhaus, von den Lehrern und Erziehern ist es selbstverständlich, daß einem vieles von dem, was man an sich selbst erfahren hat, veränderungswürdig erscheint. Aus diesem Grund wählen viele junge Menschen einen pädagogischen Beruf. Sie wollen an der erzieherischen und schulischen Praxis etwas ändern. Wer ein wenig reflektiert ist, sieht sehr schnell, daß es weniger die Unterrichtsmethoden waren, weniger einzelne Inhalte des Unterrichts, weniger vielleicht auch Haltungen von Erziehern, Eltern, Lehrern, die man ändern möchte, sondern die kritikwürdigen Bestandteile der eigenen Erfahrung werden grundsätzlicher gesehen. Wir haben das Gefühl, daß die Ziele der Erziehung, ja die Ziele der gesamten Gesellschaft, falsch gewesen sind, auf die hin unsere eigene Erziehung ausgerichtet war. Das soll anders werden. Wenn wir andere, eben die richtigen Vorstellungen von einer künftigen Gesellschaft, einer künftigen Kultur, eines künftigen Umgangs mit Natur, einer künftigen Art des Zusammenlebens hätten, dann würde es uns leichtfallen, die richtigen Ziele für die Erziehung daraus abzuleiten, daraus wiederum die richtigen Inhalte für den Unterricht und letztlich daraus, auf einer untersten Ebene, die richtigen Arten des Umgangs mit

Kindern, die richtige Unterrichtsmethode, die richtige Methode der Erziehung. Diese Denkweise ist weit verbreitet und ganz naheliegend.

Genau in diesem Sinn lesen wir beispielsweise in der «fachwissenschaftlichen und methodischen Anleitung» zum Lehrplan für deutsche Sprache und Literatur in der Klasse 10 der Allgemeinbildenden Polytechnischen Oberschule der DDR von 1970:

«Die Ziele und Aufgaben der Stoffeinheit ‹schriftliches Erörtern› und die Auswahl des Stoffes leiten sich aus den Forderungen ab, die in der künftigen gesellschaftlichen Praxis an den jungen Staatsbürger der Deutschen Demokratischen Republik gestellt werden:

Befähigung zur erfolgreichen Mitgestaltung der sozialistischen Gesellschaft, insbesondere der sozialistischen Demokratie; Befähigung zur Mitgestaltung und Meisterung der Prozesse der wissenschaftlich-technischen Revolution; Befähigung zur aktiven Teilnahme an geistig-kulturellen Prozessen.

[...]

Ziel der Arbeit in diesem Stoffkomplex ist nicht der einzelne (Prüfungs-)Aufsatz, sondern die Befähigung zu zusammenhängender schriftlicher Darstellung der gedanklichen Auseinandersetzung mit Sachverhalten» (ARBEIT AM AUSDRUCK 1970, S. 5).

Und in dem dazugehörigen Lehrplan lesen wir weitere Details:

«Die Arbeit umfaßt
– Übungen im Erfassen des Themas sowie Übungen zur Auswahl und Anordnung des Stoffes
– Arbeit am Entwurf
– Klassenaufsatz
– Auswerten des Klassenaufsatzes» (MINISTERIUM FÜR VOLKSBILDUNG 1970, S. 18).

Jede dieser Teilaufgaben wird dann noch einmal differenziert:

«3.1 Übungen im Erfassen des Themas sowie Übungen zur Auswahl und Anordnung des Stoffes
Die Schüler sollen sich darin üben, die einzelnen Arbeitsschritte, die für die Abfassung einer schriftlichen Erörterung notwendig sind, selbständig auszuführen. Dazu gehören
Analyse des Themas und Erfassen der Aufgabe: Erkennen der Sinnträger, Ableiten des Problems
– Fixieren des Standpunktes zu der sich aus dem Thema ergebenden Fragestellung; Erwägung von Gegenargumenten
– Sammeln von Argumenten, die zum Beweis der Richtigkeit des Standpunktes herangezogen werden können; Sammeln von Argumenten, die geeignet sind, einen falschen Standpunkt zu widerlegen
– Überprüfen und Ordnen der Argumente nach ihrer Beweiskraft
– Aufbau einer in sich geschlossenen Argumentation: Anfertigen einer Gliederung
– Sammeln von Fakten und Beispielen zu den einzelnen Gliederungspunkten» (a. a. O., S. 19).

An diesem Beispiel ist der Ableitungszusammenhang, den die Autoren des Lehrplans konstruiert haben, deutlich zu erkennen:

Ebene 1 *Außerpädagogische Normvorstellung*: «Befähigung zur erfolgreichen Mitgestaltung der sozialistischen Gesellschaft, insbesondere der sozialistischen Demokratie; ...»

daraus folgt

Ebene 2 *Pädagogisches Ziel*: «Befähigung zu zusammenhängender schriftlicher Darstellung der gedanklichen Auseinandersetzung mit Sachverhalten, Vorschlägen und Problemen, ...»

daraus folgen

Ebene 3 *Unterrichtsthemen*, z. B. «Übungen im Erfassen des Themas sowie Übungen zur Auswahl und Anordnung des Stoffes»

daraus folgen

Ebene 4 *Unterrichtsinhalte*, z. B. «Aufbau einer in sich geschlossenen Argumentation; Anfertigen einer Gliederung»

Wer auf der untersten Ebene, der der Unterrichtsvorbereitung, die einzelnen Übungen mit den Schülern durchführt, sollte, so war wohl die Vorstellung der Lehrplanmacher, mit Recht davon ausgehen können, daß am Ende der Lernprozesse «Inhalt und sprachliche Form des Erörterungsaufsatzes erkennen lassen, daß sowohl die muttersprachliche Bildung der Schüler als auch ihre Erziehung zu sozialistischen Staatsbürgern den Stand erreicht hat, der für ihre Weiterentwicklung, für ein erfolgreiches Wirken im Dienst der sozialistischen Gesellschaft notwendig ist» (a. a. O., S. 18).

Trotz dieser sorgfältigen Ableitungszusammenhänge, die das gesamte Lehrplanwerk für die Schulen der DDR durchziehen, ist der erzieherische Effekt offenbar nicht nachhaltig genug gewesen, um das Projekt der sozialistischen Gesellschaft erfolgreich umzusetzen. Viele Pädagoginnen und Pädagogen der ehemaligen DDR sind von dem Zusammenbruch des Erziehungsstaates überrascht worden. Schien doch gerade die sorgfältige Deduktion (Ableitung) von pädagogischen Maßnahmen aus obersten gesellschaftlichen Zielen der Garant für eine Sicherung und Fortentwicklung der sozialistischen Gesellschaft zu sein.

Der Grund für diese fehlgeleitete Erwartung, die, wie wir sehen, nicht nur Pädagogikstudenten, sondern auch Lehrplankonstrukteure hegen, läßt sich aufhellen: Überraschenderweise sind die konkreten pädagogischen und unterrichtsmethodischen Anweisungen auf der untersten

Ebene in Lehrplänen der ehemaligen DDR bis in die Wortwahl hinein identisch mit Lehrplänen aus der ‹alten› Bundesrepublik Deutschland. Eine Erörterung ist eben eine Erörterung. Ihre Form, ihre Argumentationsstrukturen sind unabhängig von den Zielen, die man gesamtgesellschaftlich verfolgt, wenn man Zehntkläßlern Erörterungen beibringt. Die konkreten Anweisungen auf der untersten Ebene ‹passen› also zu ganz unterschiedlichen oberen Zielen. Mit anderen Worten: Eine logische Deduktion von pädagogischen Handlungsanweisungen aus vorgeordneten Normen ist schlüssig nicht möglich. Die Frage, ob ein Schüler, der es gelernt hat, Erörterungen zu schreiben, am Ende ein funktionierender Kommunist, ein gläubiger Katholik oder ein mündiger Demokrat ist, hängt offenbar von ganz anderen Nebenbedingungen (empirischen Randbedingungen) ab, die unabhängig vom pädagogischen Arrangement des Unterrichts, der Jugendgruppe oder der Erziehung in der Familie wirksam sind.

Vor dem Hintergrund dieser grundlegenden Einsicht läßt sich etwas zu den Möglichkeiten und Grenzen erziehungswissenschaftlicher Ausbildung sagen und eine Aufforderung zur Korrektur der eigenen Erwartung formulieren: Eine *erziehungswissenschaftliche Ausbildung* kann nicht die Fähigkeit vermitteln, die richtigen Handlungsanweisungen aus vorgegebenen Zielen abzuleiten. Dagegen soll eine erziehungswissenschaftliche Ausbildung

– die Fähigkeit vermitteln, vorgegebene Ziele auf ihre Legitimität hin zu untersuchen;
– die Fähigkeit vermitteln, verdeckte Ableitungszusammenhänge aufzudecken und der Behauptung entgegenzuwirken, bestimmte Handlungsanweisungen seien die einzig mögliche Konsequenz aus vorgegebenen pädagogischen oder gesellschaftlichen Zielen;
– Wissen über die Wirkungen vermitteln, die Rahmenbedingungen (von der Schülermotivation bis zur Beeinflussung der Kinder durch das Fernsehen) auf den Erziehungs- und Lernprozeß haben;
– über die (Neben-)Wirkungen aufklären, die erzieherisches und unterrichtliches Handeln für die Individuen und für die Gesellschaft hat, in der sie leben.

Wenn wir nun nicht selbst dem Fehler verfallen wollen, aus diesen Aufgaben konkrete Handlungsanweisungen für die akademische Lehre ableiten zu wollen, dürfen wir nicht behaupten, aber als Studierende auch nicht erwarten, daß bestimmte Seminarthemen und Bearbeitungsweisen von erziehungswissenschaftlichen Problemen zum Erwerb jener Fähigkeiten führen würden. Das ist übrigens keine Besonderheit des erziehungswissenschaftlichen Studiums. Das Besondere an der Erziehungswissenschaft ist lediglich, daß hier eine größere Skepsis gegenüber allzu einfachen Ableitungen herrscht und daß ein guter akademischer Lehrer der Erwartung entgegentritt, man müsse ‹praxisbezogene› akademische Lehre veranstalten, weil diese aus dem Anspruch folge, handlungsfähige Pädagogen ausbilden zu wollen. Diese ‹pädagogische Wirkungsfiktion› existiert in anderen Wissenschaften übrigens ungehemmt weiter. Deshalb hat man es dort leichter mit der Legitimation von Studienordnungen. So wird in der Medizin aus der Leitvorstellung vom guten Arzt bedenkenlos abgeleitet, daß er in seiner Ausbildung eine bestimmte Zahl von Blinddärmen entfernt haben müsse; von einem guten Strafrichter wird erwartet, daß er Grundzüge des Wertpapier- und Insolvenzrechts kennt, und für die Ausbildung eines leistungsfähigen Physikers, der bei einer Brückenbaufirma arbeitet, soll es unabdingbar sein, daß er allgemeine und anorganische Chemie studiert hat. All diese Voraussetzungen lassen sich in anderen Wissenschaften ebensowenig schlüssig begründen wie in der Erziehungswissenschaft. Über Qualität und Erfolg eines späteren Berufsinhabers entscheiden solche ‹unabdingbaren Voraussetzungen› am allerwenigsten. Die vermeintlich logischen Ableitungen werden also hauptsächlich benutzt, um Ansprüche von Fachvertretern an bestimmte Ausbildungsteile von Studierenden zu legitimieren. In der Schule ist das kaum anders: Es gibt einen endlosen, über Jahrhunderte währenden Streit, ob die Naturwissenschaften, eher die alten Sprachen oder vielmehr musische Fächer oder alles gemeinsam zur *Allgemeinbildung* gehört.

Wozu braucht man also Erziehungswissenschaft? – Um Wissen über Voraussetzungen und Folgen pädagogischen Handelns zu vermitteln, um die Fähigkeit zu erwerben, allzu selbstverständliche Selbstverständlichkeiten zu problematisieren und um einen nicht leidenschaftslosen, aber nüchternen Blick dafür zu bekommen, was pädagogisch möglich ist und was nicht.

1.3 Wann ist Erziehungswissenschaft entstanden?

Auf diese Frage gibt es zwei richtige Antworten: vor vier Millionen Jahren oder 1779. Die erste Antwort ist richtig, wenn man davon ausgeht, daß Menschen schon immer einen Umgang mit (ihren) Kindern hatten und über die Art und Weise dieses Umgangs irgendwann angefangen haben nachzudenken. Frühe schriftliche Zeugnisse – und das sind ja die einzig zuverlässigen – über pädagogische Reflexionen gibt es bei Platon, bei Aristoteles, aber im Rahmen der Politik; es gibt sie bei Quintilian im

Rahmen der Rhetorik, es gibt sie in den ersten Jahrhunderten nach Christi Geburt bei den Kirchenvätern, im Mittelalter bei Thomas von Aquin und noch während der Reformation im Zusammenhang der Theologie. Diese Zuordnung ist nicht zufällig. Sie verdeutlicht, um was es bei Erziehungsprozessen geht: um die Ansprüche, die eine Gesellschaft an die nachwachsende Generation stellt (Politik), und um das Schicksal des einzelnen vor dem Horizont der Endlichkeit seines Lebenswegs (Theologie).

Wenn man demgegenüber den Zeitpunkt wissen möchte, an dem die Beschäftigung mit erzieherischen Prozessen selbst zu einer Wissenschaft wird, dann ist das Jahr 1779 dasjenige, in dem der erste Lehrstuhl für Pädagogik eingerichtet und durch Ernst Christian Trapp in Halle eingenommen worden ist. Dieser Zeitpunkt fällt in den Entstehungszusammenhang der europäischen *Aufklärung*. Auch das ist kein Zufall. Aufklärung hieß nämlich: Problematisierung und kontinuierliche Demontage des Systems der absoluten Herrschaft durch einen erblichen Adel, und das hieß: Problematisierung der Macht sowie des Erklärungsmonopols von Welt durch Religion. Mit anderen Worten: Die beiden Orte, an denen Erziehungsfragen bis dorthin verhandelt wurden (Politik und Theologie), verloren ihre Bedeutung für die Anleitung von pädagogischen Prozessen. Alles wissen und nicht mehr nur Beschränktes glauben zu wollen war das Credo der Aufklärung. Das hieß aber auch, daß es für erzieherische Prozesse nicht mehr genügte, politische oder religiöse Handlungsorientierungen zu formulieren, sondern wissen zu wollen, wie Erziehungsprozesse vonstatten gehen und wie man auf sie einwirken kann. Etwas Wichtiges kam noch hinzu: Wenn der Platz in der Welt und der Gesellschaft für die nachwachsenden Kinder nicht mehr durch ihre Zugehörigkeit zu einer Familie vorbestimmt war, wenn also das Moment des Erbes seine Rechtfertigungsfähigkeit verlor, dann mußte etwas anderes an seine Stelle treten: *Bildung*. Der Platz des Menschen sollte künftig durch seine Erwerbstätigkeit definiert werden und damit durch die (Aus-)Bildung, welche zur Ausübung eines Berufs erforderlich wurde. Dieses war ein revolutionärer Gedanke. Er wirkte tendenziell destabilisierend – warum?

Man muß sich die historische Ausgangssituation vor Augen führen: Die Gesellschaft des 18. Jahrhunderts war auf dem Höhepunkt des Absolutismus gefestigt, stabilisiert durch das System der Familienzugehörigkeit, die dem einzelnen seinen künftigen Platz definierte und vor allen Dingen für die Gemeinschaft vorausschaubar machte, wer an welchem Platz stehen würde. Innerhalb weniger Jahrzehnte bis zur Französischen Revolution entsteht dann eine Haltung, fast eine Emotion, die man als die *große Aspiration* bezeichnet hat. Die Menschen in den weniger privilegierten Schichten der Gesellschaft beginnen zu ahnen, daß in ihnen mehr stecken könnte als die Geschichte ihrer Herkunft, die sie an das Ende der Hierarchie gesetzt hat. Philosophen, Literaten und ‹Psychologen› zeigen den Menschen, daß alles auch ganz anders sein könnte: daß in ihnen Fähigkeiten stecken, die die Qualifikation eines womöglich dekadenten Adels in der Bewältigung von Welt übertreffen, daß – theologisch – der Ort in der Welt keineswegs gottgewollt sein muß, sondern daß Gott jedem einen Auftrag gegeben hat, seinen eigenen Weg zu finden, sich nach seinem Bilde ‹höherzuentwickeln›; daß es keine geheimnisvollen, letztlich unaufklärbaren Wirkmächte gibt, gegen die jedes Aufbegehren zwecklos ist. – Wir sehen, daß in jener großen Umbruchphase eine gigantische Hoffnung etabliert wird, die darin besteht, daß jeder zumindest ein erhebliches Stück seines Schicksals selbst in der Hand hat.

Aber noch sind die Menschen hilflos, diese eigene Zukunft selbst zu gestalten. Sie haben nicht gelernt, wie man dieses macht. Sie wollen es lernen. Sie benötigen Lehrer und Helfer. Wenn aber die Möglichkeit, aus der unverschuldeten gesellschaftlichen Stellung herauszukommen und aus der selbstverschuldeten Unmündigkeit auszusteigen, nicht wiederum an den Besitz von Mitteln gebunden sein soll, mit denen man seine Lehrer und Helfer bezahlen kann, dann muß die Gemeinschaft als Ganzes ein Interesse daran haben, den großen Lernprozeß in Gang zu bringen. An dieser Überlegung steht die Wiege eines staatlichen Schulsystems. Gewiß hätte man sich den gesellschaftlichen Lernprozeß auch anders vorstellen können. Es wäre denkbar gewesen, daß die Menschen sich zu Genossenschaften, zu Lerninteressengemeinschaften zusammentun, um ihre Lernprozesse selbst zu definieren. In anderen Ländern ist dieses auch so gewesen. In Deutschland, in Preußen zumal (aber nicht nur dort), gab es indessen ein staatliches System mit wacher Aufmerksamkeit für die Entwicklungen, die aus dem Aufklärungsimpuls erwuchsen. So ist es der – zunächst noch absolutistische – Staat gewesen, später der monarchisch-konstitutionelle und noch später die Republik, die die Aufgabe der Volksbildung in die Hand genommen haben. Sie ist damit aber auch in ihre Hand geraten, mit all den negativen Implikationen, die das staatliche Schulsystem noch heute charakterisiert: Zentralismus, soziale Steuerung durch die – zufälligen – Machthaber, Möglichkeiten der Indoktrination, Definitionsmacht über Bildungserfolg und damit Allokation (Unterbringung) im Berufssystem, im Spektrum der Lebenschancen. – Für diesen hohen Preis gab es auf der anderen Seite ein Versprechen: mit Hilfe der Schulpflicht für alle letztlich auch eine Gleichheit der Chancen für alle durchzusetzen. Doch das ist eben nur die halbe Wahrheit: Wenn die Lebenschancen vom Besitz von Zertifikaten abhängig gemacht werden, deren Preis eine Zentralregierung definiert, bestimmt sie indirekt den Zugang zu Erfolg, sozialem Status und Glück.

Vor diesem Hintergrund wird nun auch der historische Stellenwert der Erziehungswissenschaft, der Pädagogik deutlicher: Für die Umsetzung der ‹großen Aspiration› in einen Bildungs- und Lernprozeß des gesamten Volks genügte es nicht, über ein paar hundert Hofmeister zu verfügen, die bis dahin die Erziehung adliger Kinder übernommen hatten. Notwendig wurde die Etablierung eines Berufsstandes, der die Belehrung würde übernehmen können. Dieser Berufsstand bedurfte indessen selbst der Befähigung zu dieser Tätigkeit. So entsteht im 19. Jahrhundert relativ rasch die Einsicht, daß das Lehrpersonal wissenschaftlich ausgebildet werden müsse. Dieses bezog sich zunächst auf die Unterrichtsfächer, weil man, unterstützt durch die Humboldtsche Bildungstheorie, der Auffassung war, der Besitz bestimmter Kenntnisse, insbesondere der alten Sprachen, brächte bereits die Befähigung mit sich, auch pädagogisch tätig zu werden. Diese Zuversicht ist im Laufe der Zeit geschwunden und wird nur noch von konservativen Altphilologen vertreten. Es wurde immer offenkundiger, daß man viel mehr werde wissen müssen über die Psyche der Kinder, ihre Entwicklungsgesetzmäßigkeiten, über die Art und Weise, wie man Kinder werde motivieren können, etwas zu lernen, was sie nicht interessiert, und vieles andere. Außerdem, und das war eigentlich zunächst das wichtigste Interesse: Es stellte sich die Frage, auf welches Ziel hin denn all jene jungen Menschen sollten erzogen und gebildet werden. Deswegen hat Pädagogik sich zunächst und in erster Linie mit der Entwicklung von Bildungstheorie befaßt (vgl. 2.2). Erst relativ spät, vermehrt sogar erst zu Beginn des 20. Jahrhunderts, wuchs das Interesse an empirischen (erfahrungswissenschaftlichen) Erkenntnissen über Entwicklungsgesetzmäßigkeiten, über die Wirkung von Institutionen, über das, was wir heute Sozialisation (vgl. 2.3) nennen (als Gesamtdarstellungen zur Geschichte der Pädagogik vgl. BALLAUFF 1969–1973, BLÄTTNER 1962, BLANKERTZ 1982, TENORTH 1988, WINKEL 1988).

Aufgrund ihrer Entwicklung ist die Pädagogik in den ersten gut 150 Jahren auch kaum eine Erfahrungswissenschaft gewesen. Sie war Geisteswissenschaft wie die Germanistik, die Geschichte, die Philosophie und etliche andere. Am Ende des 19. Jahrhunderts hat Wilhelm Dilthey eine Theorie dieses Wissenschaftstyps formuliert. Für ihn galten folgende Merkmale, die auch von der Pädagogik übernommen wurden, als sie zu Beginn des 20. Jahrhunderts auf breiterer Ebene zu einem eigenen Universitätsfach wurde:

– Geisteswissenschaft unterscheidet sich von Naturwissenschaft.
– Der Mensch und seine Erzeugnisse sind geschichtlich.

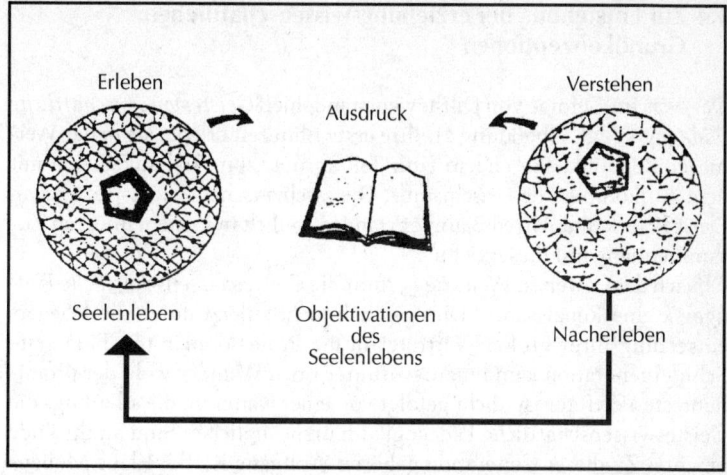

Abbildung 1 Der hermeneutische Zirkel (aus: KUNZMANN / BURKARD / WIEDMANN 1991, S. 180)

– Die Schöpfungen des Geistes müssen verstanden werden.
– Die Methode des Verstehens ist die Hermeneutik.
– Wenn wir verstehen, befinden wir uns in einem *hermeneutischen Zirkel*. Er besteht in einem Zusammenhang von Erleben, Ausdruck und Verstehen. Das Erleben findet seinen Ausdruck in Objektivationen des Seelenlebens, diese werden verstanden, nacherlebt und wirken als solche modifizierend auf das Seelenleben ein. Dadurch verändert sich das Vorverständnis laufend (vgl. Abbildung 1).

Diese Konzeption war bei Dilthey gedacht als eine Methode, die sich auf die Interpretation von Texten richtet. Die Übernahme durch die Pädagogik, allen voran durch Herman Nohl, Wilhelm Flitner, Eduard Spranger und Theodor Litt, brachte eine wichtige Veränderung mit sich: Nunmehr ging es nicht um die Interpretation von Texten, sondern um die Deutung der Erziehungswirklichkeit.

1.4 Zur Entstehung der erziehungswissenschaftlichen Grundkonzeptionen

Das, was im Gefolge von Dilthey entstand, hieß *Geisteswissenschaftliche Pädagogik* (vgl. Abbildung 2). Ihre erste Blütezeit erlebte sie in der Weimarer Republik. Sie endete zum Teil abrupt, zum Teil sukzessive mit dem Aufkommen des Faschismus. Die faschistischen ‹Staatspädagogen› Ernst Krieck und Alfred Bäumler standen freilich in keinem linearen Zusammenhang mit dieser Schule.

Nach dem Zweiten Weltkrieg erfuhr die *Geisteswissenschaftliche Pädagogik* eine Renaissance. Dies geschah nicht zuletzt durch die Wiedereinsetzung ihrer großen Vertreter in die Professorenämter. Eine erste Schülergeneration kam hinzu, worunter Erich Weniger wohl der prominenteste Vertreter ist, dicht gefolgt von einer weiteren, die allerdings die Geisteswissenschaftliche Pädagogik im ursprünglichen Sinn an ihr Ende brachte. Zu dieser Generation gehören Wolfgang Klafki, Klaus Mollenhauer und Herwig Blankertz. MOLLENHAUER (vgl. 1972) war demgegenüber der erste, der sich für Einflüsse aus einer Nachbardisziplin, der Soziologie, öffnete. Wenn man die Krise Geisteswissenschaftlicher Pädagogik im Faschismus hinzunimmt, so erfuhr das geisteswissenschaftliche Konzept Mitte der 60er Jahre seine zweite und gleichzeitig letzte Krise. Aus der Soziologie wurde nämlich nicht irgendeine Konzeption übernommen, sondern die der Kritischen Theorie. Wie kam es dazu? – In den 60er Jahren begann die Nachkriegsgeneration, sich mit der Generation ihrer Väter und deren Verstrickung in den Faschismus auseinanderzusetzen. Theoretisch bedeutete dieses insbesondere für die Erziehungswissenschaft, danach zu fragen, wie Auschwitz möglich war und was man tun könne, um zu verhindern, daß «Auschwitz nicht noch einmal sei». In der Gedenkschrift für Erich Weniger, die 1968 erschien (vgl. DAHMER/KLAFKI 1968), widmete sich die Generation seiner Schüler der notwendigen Aufarbeitung. Man kam zu dem Schluß, daß insbesondere die hermeneutische Methode als eine Ursache dafür gesehen werden muß, daß Geisteswissenschaftliche Pädagogik der Überwältigung durch den Faschismus nichts entgegensetzen konnte. Das Problem wurde in der Übertragung der hermeneutischen Methode, die ursprünglich für die Interpretation von Texten gedacht war, auf die Interpretation von Erziehungswirklichkeit gesehen. So wie Texte erst interpretiert werden können, wenn sie geschrieben sind, konnte zwangsläufig die Erziehungswirklichkeit erst interpretiert werden, wenn sie bereits bestand. Mit anderen Worten: Eine Analyse (und womöglich Kritik) des Faschismus war mit dieser Konzeption immer erst möglich, nachdem das Schlimmste bereits

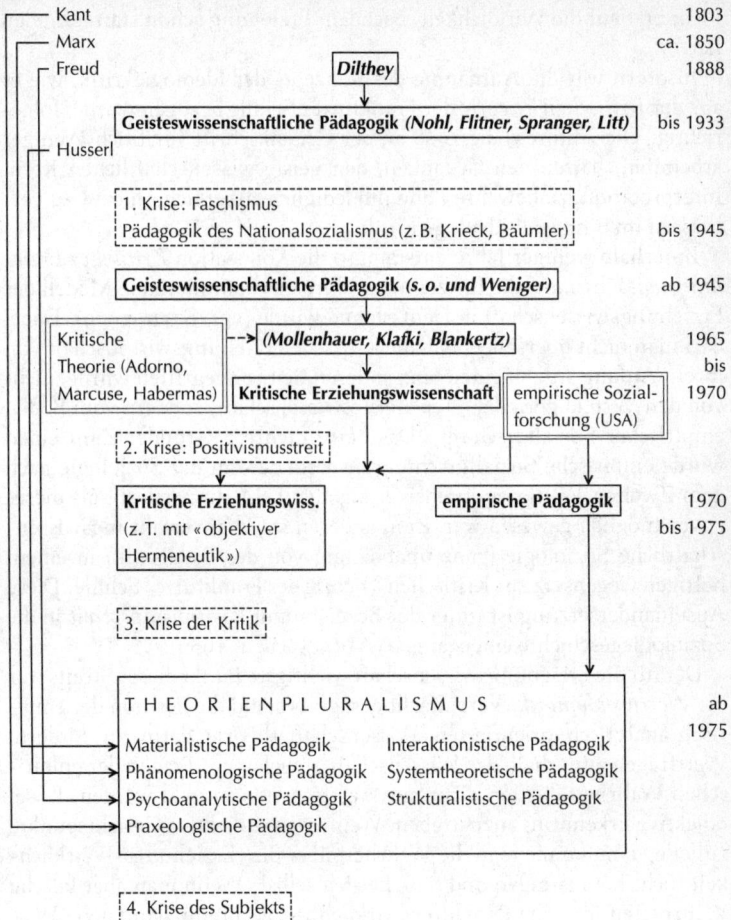

Abbildung 2: Erziehungswissenschaft:
Krisen – Theorieentwicklung – heutiger Stand

passiert war. So war es folgerichtig zu fordern, zweierlei Dinge zu ändern: Es durfte nicht bei einer bloßen Interpretation der Wirklichkeit
bleiben, sondern es wurde ihre Kritik verlangt. Zweitens mußte sich
diese Ideologiekritik bereits auf die Erziehungsabsichten beziehen und

nicht erst auf die Wirklichkeit, nachdem Erziehung schon stattgefunden hat.

Insofern war die Aufnahme des Konzepts der Ideologiekritik, wie es aus der *Kritischen Theorie* der Frankfurter Schule bezogen wurde, folgerichtig. Die Autoren, die 1968 an der Gedenkschrift für Erich Weniger arbeiteten, hatten den Gedanken, den geisteswissenschaftlichen Kern, Interpretation, zu bewahren und ihn lediglich anzureichern bzw. zu verbessern im Sinne der Ideologiekritik.

Innerhalb weniger Jahre entstand so die Konzeption *Kritischer Erziehungswissenschaft*, die für zehn, 15 Jahre das dominierende Modell der Erziehungswissenschaft in Deutschland wurde (vgl. STEIN 1979). Dabei darf man nicht übersehen, daß die Kritische Erziehungswissenschaft von ihrem Anfang an von einer ganz anderen Seite angegriffen wurde, nicht von den Verteidigern der alten Geisteswissenschaft, sondern vom Boden empirischer Sozialforschung. Das hatte mehrere Gründe: Zum einen wurde empirische Sozialforschung insbesondere in der Soziologie nach dem Zweiten Weltkrieg intensiver aus den USA ‹importiert›, als dieses zuvor möglich gewesen war. Zum anderen stand die erfahrungswissenschaftliche Soziologie (ganz unabhängig von der Pädagogik) in einem heftigen Gegensatz zur Kritischen Theorie der Frankfurter Schule. Diese Auseinandersetzung ist unter der Bezeichnung *Positivismusstreit* in die Soziologiegeschichte eingegangen (ADORNO u. a. 1969).

Der für die Erziehungswissenschaft wichtigste Punkt dieses Streits war die *Wertproblematik*. Vereinfacht gesagt, bestand die Position der empirisch-analytisch orientierten Wissenschaftstheorie darin zu fordern, Wertfragen außerhalb der Wissenschaft zu belassen. Fragen der empirischen Wahrheit dürften nicht mit Wertfragen vermischt werden. Es sei objektive Erkenntnis anzustreben. Wenn man subjektive Gesichtspunkte zuließe, dann könne man die Wahrheit über die (Erziehungs-)Wirklichkeit nicht herausfinden und täusche sich selbst. Wenn man aber falsche Wahrheiten über die Erziehungswirklichkeit verbreite, dann gehe Wissenschaft an der Wirklichkeit vorbei und könne auch für die Verbesserung und Gestaltung dieser Wirklichkeit keine Beiträge liefern. Sie sei dann im negativen Sinne ‹ideologisch›. Vom Standpunkt der Kritischen Theorie wurde diese Sichtweise gewissermaßen auf den Kopf gestellt: Man warf den Positivisten vor, daß die Forderung der Wertfreiheit selbst bereits ein Wert sei und also Wertfreiheit gar nicht in der Wissenschaft durchgesetzt werden könne. Der Objektivismus der Wahrheitssuche sehe davon ab, daß Wissenschaft immer Interessen folge. Dieses sei gar nicht zu verhindern. Es komme vielmehr darauf an, die Interessen aufzudecken, denen bestimmte wissenschaftliche Forschung folgt. Jürgen Ha-

bermas hat in seinem Epoche machenden Buch «Erkenntnis und Interesse» (HABERMAS 1973) drei Grundtypen unterschieden:
- ein technisches Interesse an der Verfügung über Natur;
- ein praktisches Interesse an der Lösung praktischer Fragen (im philosophischen Sinn), somit der Frage, was sozial geschehen soll;
- ein emanzipatorisches Interesse an der Befreiung der Menschen von überflüssiger sozialer Herrschaft.

Die Position der Kritischen Theorie ging also dahin zu verlangen, daß Wissenschaft einem emanzipatorischen Interesse folgen müsse, wenn sie legitim sein wolle.

Dieser Gedanke wurde direkt auf die Erziehungswissenschaft übertragen. Hier hieß es nun: Erziehungswissenschaft müsse der *Emanzipation* des Menschen von überflüssiger sozialer Herrschaft dienen. Diese Forderung wurde bald ausgedehnt: Auch Erziehung müsse eine emanzipatorische sein. Dieses treffe sich mit dem traditionellen Postulat einer Erziehung zur *Mündigkeit,* womit auf Schleiermacher zurückgegriffen wurde. Zusammengefaßt könnte man die Konzeption Kritischer Erziehungswissenschaft auf diese Formel bringen: Kritische Erziehungswissenschaft wollte eine Kritik der sozialen Verhältnisse, die eine Erziehung behindern, welche ihrerseits der Emanzipation des Menschen durch Erziehung dient.

Die Konzeptionen Kritischer und erfahrungswissenschaftlicher Erziehungswissenschaft sind in den 70er Jahren unversöhnt geblieben. Zwar hat es einige Versuche gegeben, den Gewißheitsanspruch empirisch-analytischer Pädagogik aufzunehmen. Diese Versuche blieben jedoch halbherzig, und man muß eines ganz deutlich sehen: Die Vertreter *Kritischer Erziehungswissenschaft* verstanden gewöhnlich nichts von empirisch-analytischer Forschung, wie umgekehrt erziehungstheoretische Reflexionen nicht unbedingt zum Standardrepertoire positivistischer Pädagogen gehörten. Das Konzept der Kritischen Erziehungswissenschaft stieß im Laufe der 70er Jahre bald an seine Grenzen. Wenn man nämlich die Idee der Kritik ernst nahm, mußte man sich erziehungswissenschaftlich auf Ideologiekritik der vorgefundenen ‹ideologischen› Verhältnisse beschränken. Die Konzeption von Habermas ging schließlich darauf hinaus, in die Kraft der Vernunft alle Hoffnungen zu setzen. Das heißt, Habermas ging von einer Fähigkeit der Vernunft aus, sich selbst durchzusetzen; konkreter: Wenn Herrschaftsverhältnisse als subjektiv überflüssig ‹entlarvt› würden, dann könne man davon ausgehen, daß die Vernunft dahin strebt, Aktivitäten in Gang zu bringen, diese Herrschaftsverhältnisse abzuschaffen.

Dieser kritischen Konzeption als reiner Wissenschaft standen aber die

Anforderungen insbesondere der bildungspolitischen Praxis gegenüber. In der Bundesrepublik Deutschland war an der Wende zu den 70er Jahren zum ersten Mal die Sozialdemokratische Partei in die Regierung gelangt. Das Feld der *Bildungspolitik* war einer ihrer wichtigsten Betätigungsbereiche. Das Schulwesen sollte reformiert werden. Man wollte das dreigliedrige Schulsystem abschaffen, weil man erkannt zu haben glaubte, daß es zur Stabilisierung der sozialen Ungleichheit in der Gesellschaft beiträgt. An seine Stelle sollte die Gesamtschule als Einheitsschule treten, in der alle Kinder gemeinsam unterrichtet werden. Für die Umsetzung dieser Ideen brauchte man Erziehungswissenschaftler, die beim Aufbau der neuen Schulen und bei der wissenschaftlichen Begleitung helfen sollten. So kam es dazu, daß die Vertreter Kritischer Erziehungswissenschaft bald in eine Verlegenheit gerieten: Sie wurden von den Politikern aufgefordert, aktiv, positiv Konzepte für die *Schulreform* zu entwickeln. Je nachdem, wie sie darauf eingingen, gerieten sie in unterschiedliche Schwierigkeiten.

Klafki und Blankertz ließen sich auf die politischen Erwartungen ein, produzierten Reformpläne und versuchten, diese in Erziehungswirklichkeit umzusetzen. Die Konsequenz: Sie mußten den rein analytischen Anspruch der Kritischen Theorie aufgeben, den Boden dieser Philosophie verlassen. KLAFKI (vgl. 1976) versuchte, diesen Schritt theoretisch einzuholen, indem er ein Konzept ‹konstruktiv-kritischer› Erziehungswissenschaft hervorbrachte. Blankertz änderte an der theoretischen Konzeption nichts und verwickelte sich dadurch in Widersprüche zwischen seinem theoretischen Ansatz und der bildungspolitischen Praxis. Für Mollenhauer gilt dieses nicht. Er hielt an den theoretischen Ausgangspositionen fest, gelangte dadurch aber in eine andere Schwierigkeit, die auch außerhalb der Pädagogik die Kritische Theorie erfaßte: Bereits Mitte der 70er Jahre trat so etwas wie ein Sättigungseffekt gegenüber der Kritik als Prinzip auf, gegenüber einem Wissenschaftsverständnis, das in den Verdacht geriet, einem akademischen Habitus der Nörgelei zu folgen, statt eine Ausbildung über harte Tatsachen zu vermitteln. So hat sich die Kritische Theorie und mit ihr Kritische Erziehungswissenschaft in den 70er Jahren, jedenfalls in ihrer reinen Form, totgelaufen. Sie ist ein Opfer der dritten Theoriekrise der deutschen Pädagogik, der Krise der Kritik, geworden. Sie bestand in der Erfahrung der Wirkungslosigkeit Kritischer Erziehungswissenschaft.

Ende der 70er Jahre, nach dem Desaster des Deutschen Bildungsrates, der 1975 aufgelöst wurde, suchte man nach einem Modus, der besser geeignet sein sollte als die objektive Hermeneutik, Fragen der Faktizität mit Fragen der Geltung zu verknüpfen, d. h. also, Sollens- mit Seins-

Fragen in Beziehung zu setzen. Gefunden wurde das Konzept der Handlungsforschung bzw. der sog. Alltagsorientierung (vgl. LENZEN 1980). 1980 war dann bei einigen Autoren großspurig von einer Alltagswende die Rede. Manche feierten sogar einen Paradigmenwechsel, der nun endlich in einer Verbindung der beiden großen Traditionen bestehen sollte, der empirisch-analytischen Tradition mit der normativ-praktischen. Die Zuwendung zum Alltag blieb aber theoretisch ein Postulat. Soweit es um die Bewältigung von Problemen in der Erziehungswirklichkeit ging, war der Terminus vielleicht ein Erfolg. Denn ‹mehr Praxis› wollten viele. Das paßte zu einer Zeitgeistströmung, die an der Wende zu den 80er Jahren dominant war: zurück zu den Emotionen, zu den Ansprüchen des einzelnen, Feier persönlicher Betroffenheit, auf jeden Fall: weg von Kopflastigkeit und Theorie. Je mehr diese Orientierung sich aber von der Theorie abwandte, desto bedeutungsloser wurde sie für die Geschichte der Erziehungswissenschaft. Sie war eine Episode, ein Konzept unter vielen anderen.

Die Spanne von der Mitte der 70er bis zur Mitte der 80er Jahre ist gekennzeichnet durch die Vielheit, die Pluralität der Konzepte. Keine theoretische Spur konnte für sich mehr Alleinvertretung beanspruchen. Erziehungswissenschaftliche Theorie differenzierte sich schnell. Ihre Vertreter gerieten in eine beträchtliche Schwierigkeit, was den Rückgriff auf die eigenen Traditionen der Pädagogik angeht. Denn durch das lautlose Zusammensinken der Kritischen Erziehungswissenschaft, die ja gewissermaßen ein Enkelkind der Geisteswissenschaftlichen Pädagogik war, schien ein Rückgriff auf diese ureigenste pädagogische Tradition nicht mehr möglich. So wundert es nicht, daß die zahlreichen erziehungswissenschaftlichen Konzepte der 80er Jahre ihre Anleihen woanders machen. Man kann dabei solche Konzeptionen unterscheiden, die sich auf andere historische Traditionen außerhalb der Pädagogik beziehen, und zwar auf solche innerhalb der deutschen Geistesgeschichte. Dieses sind die Materialistische Pädagogik, die Psychoanalytische Pädagogik, die Phänomenologische Pädagogik und die Praxeologische Pädagogik. Andere Versuche theoretischer Neubegründung der Erziehungswissenschaft rekurrierten auf den Interaktionismus, den Strukturalismus bzw. die Systemtheorie, d. h. also auf eher zeitgenössische und nicht historische Konzeptionen außerhalb Deutschlands.

Die *Materialistische Erziehungswissenschaft* oder besser Erziehungstheorie verstand sich, jedenfalls in ihrer deutschen Variante, als eine kritische Theorie der bürgerlichen Erziehung. Anders aber als die neomarxistische kritische Erziehungswissenschaft setzte sie enger bei Marx an, insofern sie dessen Gesellschafts- und Geschichtstheorie grundsätzlich übernahm. Von ihrem Boden aus wurde der ‹bürgerlichen› Pädagogik vorgeworfen, eine Affirmation der vorgefundenen bürgerlichen Verhältnisse zu betreiben, insofern die bürgerliche Pädagogik von der Existenz einer Sittlichkeit in der menschlichen Lebenspraxis ausgehe, die Garant für eine sukzessive Verbesserung der Lebensverhältnisse sei. Diese Auffassung verkenne aber die Tatsache, daß die gesellschaftliche Wirklichkeit Widersprüche produziert, die einer solchen Verwirklichung entgegenstünden. Deshalb sei es die Aufgabe einer Materialistischen Pädagogik, eine Kritik dieser Verhältnisse als Teil einer revolutionären, also verändernden Praxis zu betreiben. Dabei komme es wesentlich darauf an zu zeigen, daß Erziehung eine gesellschaftliche und keine private Angelegenheit ist, daß das Erziehungssystem einseitig bestimmte gesellschaftliche Klassen bevorzugt und daß deshalb ein Bildungsbegriff durchzusetzen ist, der wie im Konzept der polytechnischen Bildung der DDR Widerstand gegen diese bürgerliche Wirklichkeit ermögliche. Erziehung wie Erziehungswissenschaft seien als Teil einer revolutionären Praxis weit über ihren engen Auftrag hinaus dafür einzusetzen, die kapitalistischen Produktionsverhältnisse mit ihren verhängnisvollen Folgen abzuschaffen. Man erkennt leicht, daß dieser Ansatz vom Standpunkt des kapitalistischen Westens aus argumentierte, dessen ökonomische Verhältnisse als solche erschienen, die noch zu revolutionieren seien. Nach dem Zusammenbruch der DDR stellt diese Konzeption keine ernstzunehmende Diskussionsbasis mehr dar. Theoriegeschichtlich bedeutsam ist die Tatsache, daß mit diesem Konzept gewissermaßen hinter Dilthey zurückgegriffen wurde, auf Marx (zu diesem Konzept vgl. SCHMIED-KOWARZIK 1974, 1983).

Einen anderen Versuch, die geisteswissenschaftliche Tradition zu umgehen, stellte die Wiederbelebung der phänomenologischen Tradition dar. Deren Anhänger griffen nicht gezielt hinter die geisteswissenschaftliche Tradition zurück, sondern auf eine Konzeption, die neben ihr bestand. Phänomenologie richtet sich gegen die Intention der Geisteswissenschaftlichen Pädagogik, den Sinn der handelnden Erzieher und Pädagogen auslegen zu wollen. Die *Phänomenologische Pädagogik* leugnet nicht die Möglichkeit eines Sinns, sondern sie möchte den Handlungen einen Sinn erst ‹einlegen›. Es deutet sich an, daß mit dieser Sicht zwar nicht die Existenz eines Bewußtseins der Handelnden geleugnet wird (ganz im Gegenteil: Die phänomenologische Beschreibung richtet sich auf Bewußtseinsvorgänge); aber aus phänomenologischer Sicht haben die Handlungen nicht einen subjektiven Sinn aus sich selbst, den man etwa nur aus ihnen herauslesen müßte (zu diesem Konzept vgl. LANGEVELD 1978, LOCH 1989).

Einen Griff neben die Geisteswissenschaftliche Pädagogik leistete auch der Versuch einer Wiederbelebung *Psychoanalytischer Pädagogik*. Sie hat keineswegs den gleichen Rang wie die anderen Ansätze. Zwar leugnet sie nicht das Vorhandensein eines Sinns in den Handlungen der Menschen; im Gegensatz zur Geisteswissenschaftlichen Pädagogik wird dieser Sinn aber nicht als kollektiver Sinn, sondern als individueller Sinn verstanden. Die Geschichte, die hier rekonstruiert wird, ist nicht die Geschichte einer Kultur, sondern eines Individuums, seiner Leidens- und Lebensgeschichte. Die Aufmerksamkeit richtet sich dabei auf die Rolle des Unbewußten. Soweit dieses Unbewußte immer auch das Produkt einer individuellen und damit intentional gesteuerten Lebensgeschichte ist, muß der Mensch letztlich als Subjekt begriffen werden (zu diesem Konzept vgl. BITTNER 1972).

Die Renaissance praxeologischer Impulse bei Derbolav und Benner ist schließlich die Wiederbelebung einer Konzeption, die nicht nur hinter Dilthey, sondern zeitlich sogar noch hinter Marx, nämlich auf Kant zurückgreift. Für die in der Aufnahme praxeologischer Impulse Derbolavs entstandene, jedoch eigenständige handlungsorientierte Theorie Benners gibt es vier Prinzipien der pädagogischen Fragestellung, die nach seiner Auffassung geeignet sein sollen, systematisch eine «Fundierung pädagogischer Praxis und erziehungswissenschaftlicher Theoriebildung» zu leisten. Es sind dieses:
– «Bildsamkeit als Bestimmbarkeit des Menschen zu produktiver Freiheit»;
– «Aufforderung zur Selbsttätigkeit»;
– «Überführung gesellschaftlicher Determination in pädagogische Determination» und
– «Konzentration der menschlichen Gesamtpraxis auf die Aufgabe der Höherentwicklung der Menschheit».
Benner möchte mit diesen Prinzipien dem drohenden Verfall der Erziehungswissenschaft entgegenwirken, weil diese Prinzipien seiner Meinung nach geeignet sind, die Diskussion wieder auf das pädagogische Proprium (das «Eigentliche») zu konzentrieren. Schon das letzte Prinzip zeigt, daß Benner mit seinen aus der Geschichte der Pädagogik rekonstruierten Kategorien einer fortschrittsorientierten Geschichtsphilosophie verpflichtet ist, die nicht nur den Fortschritt des Individuums, sondern der ganzen Gattung im Auge hat und diesen als eine Aufgabe für die Erziehung betrachtet. Dieser Fortschritt stellt sich nun aber nicht irgendwie selbstläufig ein, sondern er muß erstrebt und in der gesellschaftlichen wie pädagogischen Praxis handelnd, d. h. von handelnden Subjekten hergestellt werden. Seine *praxeologische Pädagogik* kann als

theoretisch sehr elaboriert gelten. Ebenso wie die anderen vermag sie aber in einer Zeit des Theorienpluralismus nicht führend zu werden. Ihre komplizierte Begrifflichkeit erschwert außerdem einen breiten Zugang zu Benners Denken (zu diesem Konzept vgl. BENNER 1987, 1991).

Die Liste der Ansätze in diesem Block von Konzeptionen, die auf außergeisteswissenschaftliche deutsche Traditionen zurückgreifen, ist unvollständig. So gibt es sicher noch weitere, z. B. den transzendentalkritischen Ansatz oder den einer *kommunikativen Pädagogik*, der allerdings der Kritischen Erziehungswissenschaft noch sehr nahesteht (zur kommunikativen Pädagogik vgl. SCHALLER 1978).

In dem zweiten Block (vgl. Abb. 2) befinden sich demgegenüber die Konzeptionen, die sich auf Theorietraditionen aus dem angloamerikanischen bzw. französischen Raum speisen. Hier ist zunächst die Interaktionistische Pädagogik zu nennen. Sie steht eigentlich in größerer Nähe zur Pädagogik der Kommunikation, denn der Interaktionsbegriff kann als ein erweitertes Äquivalent zum Kommunikationsbegriff verstanden werden. Wichtig ist in dieser Konzeption die Existenzannahme einer «Ich-Identität». Damit steht der Interaktionismus der Psychoanalyse nahe. Der Interaktionismus stellt ein «handlungstheoretisch begründetes, Intersubjektivität voraussetzendes, verstehend verfahrendes, selbstbezügliches und normatives sozialwissenschaftliches Programm» dar. Handlungstheoretisch ist interaktionistische Erziehungswissenschaft deshalb, weil sie davon ausgeht, daß letztlich «alle gesellschaftlichen Phänomene auf beabsichtigte Tätigkeiten von Menschen» zurückzuführen sind. Insofern Menschen aufgrund des Verstehens von Bedeutungen handeln, gilt es für eine interaktionistische Erziehungswissenschaft, diese Bedeutungen zu verstehen. Selbstbezüglich ist die Theorie, weil sie den Alltag als Gegenstand und die Sprache des Alltags wählt. Die Normativität des Interaktionismus ist in der ihm zugrunde gelegten Zielkategorie der Ich-Identität zu suchen. Das Ziel wird dementsprechend in der interaktionistischen Erziehungswissenschaft auch als funktionales Äquivalent für den älteren Bildungsbegriff gewählt. Dementsprechend ist es das Subjekt, welches über diese Ich-Identität verfügt. Die Aufgabe von Erziehungsprozessen ist es, die Entwicklung von Ich-Identität zu ermöglichen und die Wahrung einer Identitätsbalance im Leben des Menschen zu befördern. Die Konzeption greift insbesondere auf Mead und damit auf die US-amerikanische Adaptation psychoanalytischer, also letztlich wiederum deutscher Theorietraditionen zurück (zu diesem Konzept vgl. BRUMLIK 1989).

Dieses gilt in gewisser Weise auch für die *Systemtheoretische Pädagogik*. Sie verdankt sich vordergründig einem außerpädagogischen Streit zwischen Kritischer (Gesellschafts-)Theorie und Systemtheorie. Außerhalb der Pädagogik wurde dieser zwischen Jürgen Habermas und Niklas Luhmann Anfang der 70er Jahre ausgetragen. Dadurch mag die Aufmerksamkeit von Erziehungswissenschaftlern in Deutschland gegenüber der Systemtheorie vergrößert worden sein. Tatsächlich ist der Systembegriff jedoch viel älter und erfreute sich außerhalb der Pädagogik, z. B. in der Rezeption von Parsons, bereits unmittelbar nach dem Zweiten Weltkrieg großer Resonanz. Wenn man ein System als ein Set von Objekten zusammen mit Beziehungen zwischen den Objekten und zwischen ihren Eigenschaften (Attributen) definiert, dann ist es auch möglich, Pädagogik als System zu verstehen. Dementsprechend wird dann der Versuch unternommen, bestimmte Attribute der Pädagogik als etwas zu deuten, was nicht intentional der Sache zugehört, sondern Produkt einer Dynamik des Systems ist. So wird beispielsweise das Bemühen der Pädagogen um Autonomie als Folgeproblem gesellschaftlicher Differenzierung verstanden. An dieser Sicht wird deutlich, daß die Systemtheoretische Pädagogik sich gewissermaßen neben die Pädagogik stellt und deren Systemcharakter analysiert. Auf diese Weise gerät sie zwangsläufig zum Angriffspunkt einer kritisch-gesellschaftstheoretischen Sicht. Vom Boden der Kritischen Erziehungswissenschaft warf man ihr vor, das handelnde Subjekt (den Erzieher, den Pädagogen, den Erziehungswissenschaftler) abzuwerten zu einem bloßen Element im komplexen Systemgefüge gesellschaftlicher Teilsysteme. Seine Intentionen, der Sinn seines Handelns, seine Freiheit, so warf man der Systemtheoretischen Pädagogik vor, würden relativiert oder sogar geleugnet (zu diesem Konzept vgl. LUHMANN / SCHORR 1979).

In der Frage des Glaubens an die Existenz eines Subjekts steht die Systemtheoretische Pädagogik der *Strukturalistischen Pädagogik* sehr nahe, obwohl diese aus einem ganz anderen Theoriezusammenhang kommt. Der Strukturalismus stellt eher einen Sammelbegriff für verschiedene theoretische Verwendungsweisen dar und speist sich aus einer Reihe von mindestens sechs Traditionen, die von der Kulturanthropologie bis zur Linguistik reichen. Die Gemeinsamkeit dieser Ansätze besteht eigentlich in dem, was man als strukturalistische Tätigkeit bezeichnet hat. Dabei kommt es darauf an, Tiefenstrukturen zu rekonstruieren, von denen man annimmt, daß sie den Oberflächenstrukturen, den Phänomenen zugrunde liegen, so wie sie uns erscheinen. Sie sind das, wofür sich der Strukturalismus interessiert. Dabei wird davon ausgegangen, daß die Reduzierung der Vielfalt an der Oberfläche auf elementare Strukturen in der Tiefe eine Vereinfachung, systemtheoretisch gesprochen: eine Komplexitätsreduktion erlaubt. Versuche einer Strukturalistischen Erziehungswissenschaft hat es nur ansatzweise gegeben. Der entscheidende Gedanke war dabei der zu versuchen, die komplexen Erscheinungsweisen erzieherischen Handelns durch die strukturalistische Tätigkeit zunächst auf Tiefenstrukturen zu reduzieren. Aus den so gewonnenen Beschreibungen sollte dann die Rekonstruktion eines erzieherischen Habitus möglich sein, der auch Gegenstand von Ausbildungsmaßnahmen hätte sein können. Es zeigt sich, daß diese Konzeption ohne die notwendige Annahme eines Subjekts auskommt, weil die Tiefenstrukturen letztlich als wirksam angenommen werden und nicht die Intentionen der ‹Handelnden› (zu diesem Konzept vgl. LENZEN 1973, 1989).

Phänomenologische Pädagogik, Systemtheoretische Pädagogik und Strukturalistische Erziehungswissenschaft markieren in den 80er Jahren bereits die Stellen, an denen die vierte Krise der Erziehungswissenschaft in Deutschland sichtbar wird. Man kann sie als *Krise des Subjekts* bezeichnen. Spätestens seit Mitte der 80er Jahre rezipierte die Erziehungswissenschaft die Diskussion um die sog. Postmoderne. Diese Diskussion lief nämlich darauf hinaus, in der Dialektik der Aufklärung den wesentlichen Grund für das natürliche und soziale Desaster des ausgehenden 20. Jahrhunderts zu erblicken. Die Moderne wurde als Ausdruck einer pervertierten Aufklärung verstanden, der eine nicht näher bezeichnete, eben postmoderne Epoche zu folgen habe. Für diese wurde eine inhaltliche Bestimmung bewußt vermieden, weil man der Überzeugung war, daß es keine große Theorie mehr geben könne, deren Legitimationsfähigkeit für alle möglichen Handlungen in allen Bereichen der Kultur ausreicht. Denn das ist einer der wesentlichen Gesichtspunkte, die gegen moderne Theoriebildung vorgetragen werden: daß sie in der Regel darauf aus ist, einer Heilslehre zu folgen, einer «großen Erzählung», wie Lyotard sie genannt hat, an die so recht niemand mehr glauben mag. Die letzte große Erzählung sei die «emanzipatorische Erzählung» gewesen. Sie habe sich selbst mit dem Grauen von der Stalinszeit bis zur DDR-Diktatur desavouiert. Wenn es aber eine emanzipatorische Theorie nicht mehr gibt, der alle zu folgen vermögen, dann bedeutet dieses zwangsläufig, daß entweder Theorielosigkeit und damit Orientierungslosigkeit Platz greift oder eben ein Theorienpluralismus, der es den einen erlaubt, sich hier, den anderen, sich dort zu orientieren.

Für die Pädagogik hat das in letzter Konsequenz weitreichende Folgen. Sie ist, wie gezeigt, ein Kind der Aufklärung. Sie verdankt sich nicht nur einer großen Erzählung, sie ist über weite Strecken mit ihr identisch. Soweit Erziehungstheorie mit dem Anspruch einhergeht, eine ‹Höherbildung der Menschheit›, eben einen *Fortschritt* zu etablieren, kann sie dieses nur mit einer Geschichtsphilosophie leisten, die es ihr erlaubt,

Handlungen, die diesem Fortschritt dienen, von solchen zu unterscheiden, die diesen verhindern. Mit anderen Worten: Sie muß eine Vision von dem haben, wohin letztlich alles gehen soll. Wenn darüber Einigkeit aber nicht mehr zu erzielen ist, weil die Aufklärung eine gemeinsame Weltanschauung wie die des Christentums hinweggefegt hat, dann gerät Pädagogik als Handlungswissenschaft für alle ins Abseits. Sie ist nicht mehr verbindlich begründbar. Daraus könnte man natürlich folgern, diese Wissenschaft abzuschaffen. Diese Konsequenz wäre indessen ebenso unrealistisch wie töricht. Unrealistisch ist sie deshalb, weil ein Fach und eine ihm korrespondierende Praxis nicht einfach abgeschafft werden können. Töricht ist diese Konsequenz zudem, weil sie nicht verstünde, was die Rede von der Unbegründbarkeit totaler Theorien eigentlich bedeutet: Die Abschaffung der Erziehung unterscheidet sich in ihrer Totalität und in ihrer Intoleranz durch nichts von dem Totalitarismus völkischer, fundamentalistisch-religiöser oder marxistischer Provenienz.

Es ist deshalb davon auszugehen, daß es weiterhin Erziehung, eine sie anleitende Instanz sowie erzieherische Institutionen geben wird. Und es wird auch weiterhin Erziehungstheorien geben. Wenn das so ist, dann stellt sich die Frage, wer die möglichen Opfer der Erziehung vor deren Folgen schützt. Eine Antwort darauf ist schwierig: Einerseits kann es unter den Bedingungen der Postmoderne keine Instanz außerhalb der Kultur mehr geben, die über einen außerweltlichen Rechtfertigungsgrund für erzieherische Eingriffe verfügt. Der Schutz kann also nur von denen kommen, die selbst in den Erziehungsvorgang verstrickt sind. Damit sie über die Implikationen ihres Tuns, ihres Lassens wie ihres Zulassens orientiert sind, bedürfte es neben der unvermeidlichen *handlungsorientierten Pädagogik*, die sagt, was zu tun ist, einer zweiten Form, einer Pädagogik, die sich mit den Implikationen der Erziehung beschäftigt, wenn die handlungsorientierte Pädagogik sich damit nicht selbst beschäftigen will, weil sie immer schon glaubt, daß das Recht, die Geschichte und die Zukunft in Gestalt der jungen Menschen auf ihrer Seite ist.

1.5 Zur Struktur des Fachs

Die gegenwärtige Situation der Erziehungswissenschaft, der Pädagogik ist nicht nur durch einen Pluralismus der Theorien, sondern auch durch eine Vielfalt der Fachrichtungen gekennzeichnet. Es ist nicht möglich, ‹die› Struktur des Fachs als eine solche zu beschreiben, welche unter sämtlichen Vertretern einverständlich klar wäre. Das bedeutet aber um-

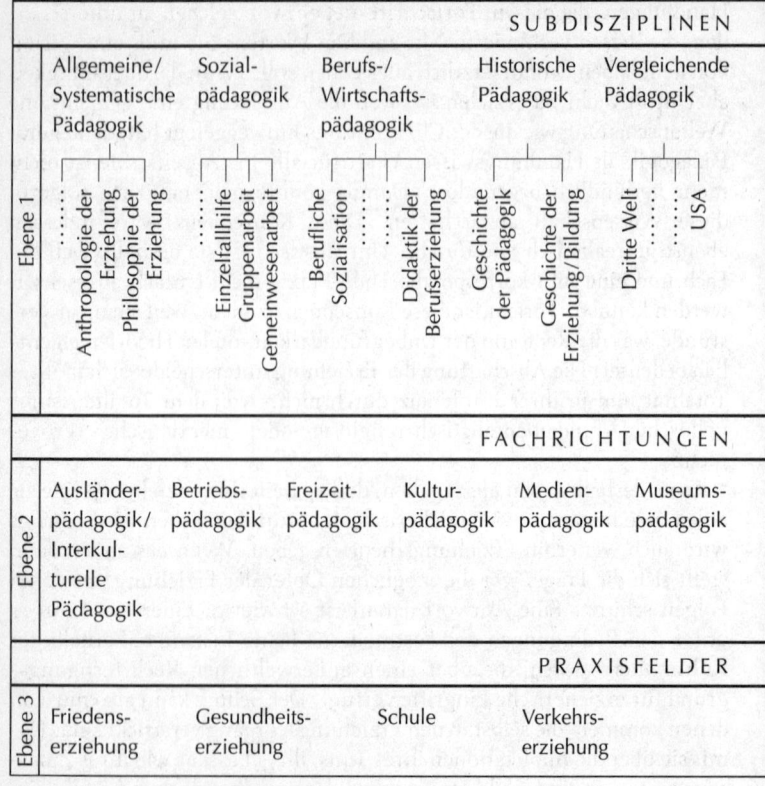

Abbildung 3: Struktur der Erziehungswissenschaft

gekehrt nicht, daß die Gliederung des Fachs beliebig ist. Es gibt vielmehr Elemente der Fachstruktur, die, weil historisch etabliert, sehr stabil sind, und solche, die eher auf aktuelle Fragestellungen reagieren. Es lassen sich deshalb drei Ebenen unterscheiden. Die erste ist die Ebene der Subdisziplinen. Dieses sind die Fachelemente, die seit vielen Jahrzehnten bestehen, über eigene Institute verfügen, häufig über eigene Studiengänge, für die es eigene Lehrbefähigungen der Professoren gibt, zum Teil eigene wissenschaftliche Gesellschaften usw.

Unterhalb dieser Ebene lassen sich Fachrichtungen unterscheiden, die jünger sind, mit deren Einrichtung auf länger anhaltende gesellschaft-

(Auswahl)

Schulpädagogik/ Unterrichts- wissenschaft	Erwachsenen- pädagogik	Sonder- pädagogik	Vorschul- pädagogik
Methodik · Medien · Didaktik	Weiterbildung · ...... · Rehabilitation, berufliche	Blindenpädagogik · ...... · Verhaltensgestör- tenpädagogik · Rehabilitation	Frühpädagogik · ...... · Kleinkind- pädagogik

(Auswahl)

Verkehrs- pädagogik	Umwelt- pädagogik	Friedens- pädagogik	Sexual- pädagogik

(Auswahl)

Management- Education	Sexual- erziehung		Umwelt- erziehung

liche Probleme zu reagieren versucht wird und die teilweise auf dem Wege sind, sich zu eigenen Subdisziplinen zu entwickeln. Für einzelne dieser Fachrichtungen gibt es an einigen Hochschulen bereits Studiengänge (z. B. «Kulturpädagogik» an der Universität Hildesheim, «Verkehrspädagogik» an der Technischen Universität Berlin oder «Freizeitpädagogik» an der Universität Bielefeld). Diese Fachrichtungen sind teilweise aus Subdisziplinen entstanden. Sie erfordern eine höhere Spezialisierung des Personals und sind gekennzeichnet durch eine besondere Art der Übernahme von Methoden und Forschungsergebnissen aus anderen Fächern.

Die dritte Ebene markiert eher eine Anwendungsebene. Hier sind Praxisfelder zu unterscheiden, für die es teilweise korrespondierende Fachrichtungen gibt, teilweise sogar Subdisziplinen. Diese Ebene unterscheidet sich aber durch ein zusätzliches Merkmal: Sie enthält nicht zeitlich jüngere Beschäftigungsgebiete der Erziehungswissenschaft, auch sind die Themen und Gegenstände nicht ‹konkreter› als in anderen Bereichen. Der Unterschied ist also eher kategorial: Es sind die *pädagogischen Praxisfelder*, in denen professionelle Pädagogen tätig werden. Häufig sind dieses Absolventen korrespondierender Fachrichtungen oder Subdisziplinen. Ebenso häufig rekrutiert sich das Personal aus Absolventen anderer Subdisziplinen und Fachrichtungen bzw. aus solchen Absolventen, die eine gemischte Ausbildung mit Elementen veschiedener Subdisziplinen und Fachrichtungen hinter sich gebracht haben.

In den Vorlesungsverzeichnissen begegnen einem gelegentlich zwei weitere Typen von ‹Pädagogiken› oder Fächern, die in dieser Systematik nicht erwähnt sind. So gibt es pädagogische Psychologie, pädagogische Soziologie oder auch die Didaktik einzelner Unterrichtsfächer. Hier handelt es sich um Fachrichtungen, die einen pädagogischen Akzent haben, aber nicht von Erziehungswissenschaftlern gelehrt werden und in der Regel auch nicht zu erziehungswissenschaftlichen Instituten gehören. Bezeichnungen schließlich wie Montessori-, Freinet-, Waldorf-, Reform-, Antiautoritäre Pädagogik sind keine Subdisziplinen, keine Fachrichtungen und auch keine Praxisfelder, sondern hierbei handelt es sich um pädagogische Ansätze oder ‹Lehren›. Sie folgen den Konzepten einzelner ihrer ‹Erfinder› oder wie ‹sozialistische Erziehung› außerpädagogischen Vorstellungen. Es handelt sich häufig um ganzheitliche Konzepte mit einer deutlichen Neigung zum Fundamentalismus.

Nicht alle der genannten Subdisziplinen, Fachrichtungen, Praxisfelder, Nachbarfächer oder pädagogischen Lehren sind an jeder Universität oder Hochschule zu studieren. Die zuverlässigste Auskunft gibt das «Handbuch Erziehungswissenschaft 1994/95» (s. Auswahlbibliographie), welches die Namen sämtlicher Universitäten, Fachbereiche und Institute enthält, an denen Erziehungswissenschaft studiert werden kann, unter Einschluß der Fachhochschulen. Hier sind die jeweiligen Studiengänge notiert. Aus den Bezeichnungen von Instituten und Abteilungen wird im übrigen deutlich, welche Subdisziplinen an der jeweiligen Hochschule vertreten sind. Wenn man jedoch wissen will, ob man sich in Flensburg oder Augsburg mit Montessoripädagogik beschäftigen kann oder ob dort der Friedenserziehung eine besondere Bedeutung beigemessen wird, dann hilft nur der Blick in die jeweiligen Vorlesungsverzeichnisse bzw. ein Brief an die entsprechenden Institutionen.

Literatur

ADORNO, TH. W. u. a.: Der Positivismusstreit in der deutschen Soziologie. Neuwied/ Berlin 1969.

ARBEIT AM AUSDRUCK, Teil II. Zum Lehrplan 9/10. Fachwissenschaftliche und methodische Anleitung, verfaßt v. Horst Müller u. a. Berlin 1970.

BALLAUFF, TH.: Pädagogik, eine Geschichte der Bildung und Erziehung. Bd. 1. Freiburg/München 1969; Bd. 2 und 3 (gemeinsam mit K. Schaller) 1970, 1973.

BENNER, D.: Allgemeine Pädagogik. Weinheim/München 1987.

BENNER, D.: Hauptströmungen der Erziehungswissenschaft. Weinheim ³1991.

BITTNER, G.: Psychoanalyse und soziale Erziehung. München 1972.

BLÄTTNER, F.: Geschichte der Pädagogik. Heidelberg 1962.

BLANKERTZ, H.: Die Geschichte der Pädagogik. Von der Aufklärung bis zur Gegenwart. Wetzlar 1982.

BRUMLIK, M.: Interaktionismus, Symbolischer. In: Lenzen, D. (Hrsg.): Pädagogische Grundbegriffe. Bd. 1. Reinbek bei Hamburg 1989, S. 764–781.

DAHMER, I./KLAFKI, W. (Hrsg.): Geisteswissenschaftliche Pädagogik am Ausgang ihrer Epoche – Erich Weniger. Weinheim 1968.

HABERMAS, J.: Erkenntnis und Interesse. Frankfurt/M. 1973.

KLAFKI, W.: Aspekte kritisch-konstruktiver Erziehungswissenschaft. Weinheim/ Basel 1976.

KUNZMANN, P./BURKARD, F.-P./WIEDMANN, F.: dtv-Atlas zur Philosophie. München 1991.

LANGEVELD, M. J.: Einführung in die theoretische Pädagogik. Stuttgart 1978.

LENZEN, D.: Didaktik und Kommunikation. Frankfurt/M. 1973.

LENZEN, D. (Hrsg.): Pädagogik und Alltag. Stuttgart 1980.

LENZEN, D.: Struktur. In: Ders. (Hrsg.): Pädagogische Grundbegriffe. Bd. 2. Reinbek bei Hamburg 1989, S. 1458–1471.

LOCH, W.: Pädagogik, phänomenologische. In: Lenzen, D. (Hrsg.): Pädagogische Grundbegriffe. Bd. 2. Reinbek bei Hamburg 1989, S. 1196–1219.

LUHMANN, N./SCHORR, K.-E.: Reflexionsprobleme im Erziehungssystem. Stuttgart 1979.

MINISTERRAT DER DEUTSCHEN DEMOKRATISCHEN REPUBLIK. MINISTERIUM FÜR VOLKSBILDUNG: Lehrplan für Deutsche Sprache und Literatur. Klasse 10. Berlin 1970.

MOLLENHAUER, K.: Theorien zum Erziehungsprozeß. München 1972.

SCHALLER, K.: Einführung in die kommunikative Pädagogik. Freiburg/Basel/Wien 1978.

SCHMIED-KOWARZIK, W.: Dialektische Pädagogik. München 1974.

SCHMIED-KOWARZIK, W.: Materialistische Erziehungstheorie. In: Lenzen, D./Mollenhauer, K. (Hrsg.): Theorien und Grundbegriffe der Erziehung und Bildung. Bd. 1 der Enzyklopädie Erziehungswissenschaft. Stuttgart 1983, S. 101–116.

STEIN, G. (Hrsg.): Kritische Pädagogik. Hamburg 1979.

TENORTH, H.-E.: Geschichte der Erziehung. Weinheim/München 1988.

WINKEL, R. (Hrsg.): Pädagogische Epochen. Düsseldorf 1988.

2 Pädagogische Grundvorgänge

Helmut Heid

2.1 Erziehung

2.1.1 Begriffsabgrenzungen

Die Tatsache, daß ‹Erziehung› Bestimmungswort zur Benennung einer eigenen wissenschaftlichen Disziplin ist, die sich im Laufe ihrer Entwicklung in verschiedene erziehungswissenschaftliche Spezialdisziplinen mit je eigenen Fragestellungen und Forschungstraditionen ausdifferenziert hat, zeigt, daß es sich hierbei um einen zentralen Begriff der Erziehungswissenschaft handelt, dessen Klärung für sämtliche erziehungswissenschaftliche Einzeldisziplinen und Studienrichtungen bedeutsam ist.

Die alltägliche und die wissenschaftliche Verständigung über Erziehung werden jedoch dadurch erschwert, daß der Begriff ‹Erziehung› entweder gar nicht oder regellos, zumindest uneinheitlich zunächst und vor allem von dem Begriff ‹Pädagogik› abgegrenzt wird. Mit dem traditionsreicheren Begriff ‹Pädagogik› (vgl. dazu u. a. HÜGLI 1989, Sp. 1 ff) wird zum einen häufig jene Theorie bezeichnet, die eine als ‹pädagogisch› gekennzeichnete und von dieser Theorie unterschiedene (vgl. dazu HEID 1991, S. 949 ff) Praxis zum Gegenstand hat. Andererseits wird oft von den gleichen Autoren ‹Pädagogik› (vor allem in adjektivischer Form) als Sammelbezeichnung für Theorie und Praxis eines als ‹pädagogisch› geltenden Denkens und Handelns verwendet (vgl. dazu u. a. DOLCH 1963, S. 106 ff, und beispielhaft BENNER 1987). Demgegenüber ist die Verwendung des Begriffs ‹Erziehung› für die entsprechende Praxis und des Begriffs ‹Erziehungswissenschaft› für die Theorie, die diese Praxis zum Untersuchungsgegenstand hat, deutlicher und einheitlicher.

Uneinheitlich sind ferner in der Literatur vorfindliche Abgrenzungen zwischen ‹Erziehung› und ‹Bildung›. Die Bestimmungen des Bildungsbegriffs reichen von der Empfehlung, diesen Begriff (aus ganz unterschiedlichen Gründen) in erziehungswissenschaftlichen Diskursen zu vermeiden (vgl. DOLCH 1963, S. 37; MENZE 1983, S. 355), über eine synonyme Verwendung der Begriffe ‹Bildung› und ‹Erziehung› sowie über wechselseitige Über- bzw. Unterordnungen bis hin zu einer expliziten Kontrastierung. In der Nähe zu BENNER (1987, bes. S. 108 ff, S. 122 ff) kann man die «Theorie der Bildung» als diejenige «Teildisziplin der Pädagogik» bezeichnen, die sich mit dem Was und auch dem Wozu befaßt oder befassen sollte, und die «Theorie der Erziehung» als jene «Teildisziplin der Pädagogik», die sich mit dem Wie der menschlichen Entwicklungstatsache beschäftigt oder beschäftigen sollte. Dabei darf jedoch nicht übersehen werden, daß es andere Erziehungswissenschaftler oder Bildungstheoretiker gibt, die ‹Bildung› als Prozeß (das «Wie») und als Zustand oder auch Inhalt (das «Was») personaler Entwicklung interpretieren. Gleiches gilt für den Begriff ‹Erziehung›: «‹Erziehung› gebrauchen wir in aktivem und passivem Sinn; das Wort bezeichnet sowohl die Tätigkeit wie ihre Wirkung, aber auch das Geschehen im ‹Zögling›, auf den sich diese Tätigkeit richtet, und das Ergebnis dieses Prozesses können damit gemeint sein» (W. FLITNER 1961, S. 26). Unter den zahlreichen Versuchen, ‹Bildung› (explizit oder implizit) von ‹Erziehung› zu unterscheiden, erscheint derjenige besonders erwähnenswert, der ‹Bildung› als Entfaltung der geistigen Kräfte des Menschen durch Teilhabe am geschichtlichen und kulturellen Leben umschreibt sowie ‹Erziehung› (in Betonung einer ihrer Herleitungen von ‹Zucht› und ‹Züchtigung›) als Versittlichung der Menschennatur (vgl. dazu u. a. WILLMANN 1923, S. 4 ff, 11 ff; W. FLITNER 1961, S. 26 f, LICHTENSTEIN 1971, BLANKERTZ 1974).

Zu jenen Begriffen, die dem Erziehungsbegriff eng benachbart sind und in erziehungswissenschaftlichen Kontexten oft ungeregelt verwendet werden, gehört auch der Begriff ‹Lernen›. Im Unterschied zu den bisher erwähnten erziehungswissenschaftlichen Grundbegriffen existiert für diesen Begriff bereits sprachlich eine aktive (Lehren) und eine passive Form (Lernen). Diese bloß sprachliche Unterscheidung darf nicht dahingehend mißverstanden werden, Lernen sei etwas Passives. Im anthropologischen, pädagogischen und auch psychologischen Verständnis ist Lernen eine höchst komplexe Aktivität. Die Differenz zwischen Lehren und Lernen bleibt jedoch insbesondere in unterrichtswissenschaftlichen bzw. didaktischen Texten allzu oft unberücksichtigt. (So ist beispielsweise häufig auch dort von ‹Lernzielen› die Rede, wo es sich zweifelsfrei um ‹Lehrziele› handelt.) Der vor allem in der Allgemeinen Psychologie gebräuchliche Begriff ‹Lernen› ist (zumindest in der Psychologie) verhältnismäßig klar definiert und allgemein anerkannt. Wo er deutlich genug von ‹Erziehung› unterschieden wird, ist er insbesondere durch seine ‹Wertneutralität› gekennzeichnet. Durch ihn werden jene Änderungen und nicht – wie es für den Erziehungsbegriff wesentlich wäre – Verbesserungen menschlicher Verhaltensdispositionen gekennzeichnet, die durch die Verarbeitung von Erfahrungen erklärbar sind. Die Fingerfertigkeit des Taschendiebs mag Resultat von Lernprozessen sein, mit Erziehung hat sie – nach geltenden Begriffsbestimmungen – nichts zu tun.

Als ein letztes Beispiel begrifflicher Nachbarschaft sei der ‹Unterricht› herausgegriffen. Als ‹Unterricht› werden soziale Handlungen bezeichnet, in denen (meistens mit professioneller Kompetenz ausgestattete) Unterrichtende in zu diesem Zweck institutionalisierten Organisationsformen (häufig in Schulen) mit Zu-Unterrichtenden interagieren, und zwar um die Kompetenz der Zu-Unterrichtenden zielgerichtet und erfolgskontrolliert in jeweils thematischer Hinsicht zu verbessern. Besonders häufig geht es dabei um die Erweiterung oder Konsolidierung des Wissens auf bestimmten (Wissens-)Gebieten. Für eine pädagogische Praxis, die als ‹Unterricht› bezeichnet wird, sind also folgende Merkmale kennzeichnend: die Intentionalität der erzieherischen Intervention (‹Einwirkung›), die Planmäßigkeit der skizzierten Interaktion, die Institutionalisierung dieser Interaktion und die Professionalität der Unterrichtenden.

2.1.2 Erziehung als Gegenstand sozialwissenschaftlicher Disziplinen

Wie in der Analyse des mit ‹Erziehung› Bezeichneten noch deutlicher werden wird, ist Erziehung als jener relativ eigenständige Sektor gesellschaftlicher Praxis, der sich in Prozessen sozialgeschichtlicher Arbeitsteilung herausgebildet hat (‹Erziehungssystem›, ‹Erziehungswesen›), Gegenstand zahlreicher (Human-)Wissenschaften wie Soziologie, Psychologie, sogar Zoologie und Verhaltenswissenschaften, Medizin, Verwaltungs-, Rechts-, Wirtschafts- und Geschichtswissenschaft. Die sozialwissenschaftliche Beschäftigung mit Institutionalisierungen von Erziehung oder, wie der gleiche Tatbestand auch bezeichnet wird, mit der ‹sozialen Tatsache Erziehung› hat in vielen Fällen den Reifegrad wissenschaftlicher Spezialdisziplinen erreicht. So hat sich bereits seit Anfang des 20. Jahrhunderts eine eigene erziehungs- und bildungssoziologische Forschungstradition herausgebildet (vgl. z. B. DURKHEIM 1961 u. 1973, BARTH 1967, GEIGER 1962, FISCHER 1932, WEIß 1929, BRINKMANN 1986). Seit den 50er Jahren dieses Jahrhunderts entwickelt sich ein eigenes Erziehungs- und Bildungsrecht (vgl. HECKEL 1957, HECKEL / AVENARIUS 1986). Zwar ist das Interesse an Zusammenhängen zwischen Wirtschaft und Erziehung so alt wie die Wirtschaftswissenschaften selbst; von einer eigenständigen ‹Bildungsökonomie› kann jedoch wohl erst seit den 50er Jahren gesprochen werden (vgl. bes. EDDING 1963). Pädagogische Psychologie und historische Bildungsforschung haben sich hingegen als sozialwissenschaftliche Einzeldisziplinen längst etabliert (vgl. z. B. GAGE / BERLINER 1979, BERG u. a. 1987 ff).

Die auch in diesem Zusammenhang verwirrende Vielfalt und Heterogenität der Disziplinbezeichnungen ist kennzeichnend für die bereits erwähnte Regellosigkeit des erziehungstheoretischen Alltags- und Fachsprachgebrauchs. Sie darf also nicht – das ist die Kehrseite des gleichen Tatbestandes – als Resultat eines begriffsanalytischen oder gar -systematischen Entscheidungs- bzw. Entwicklungsprozesses überinterpretiert werden. In allen – beispielhaft – erwähnten Disziplinen ist stets auch von ‹Erziehung› die Rede.

2.1.3 Gegenstände erziehungswissenschaftlicher Fragestellung

Wie einerseits der mit ‹Erziehung› bezeichnete ‹Ausschnitt› der soziokulturellen Wirklichkeit Gegenstand zahlreicher sozialwissenschaftlicher Disziplinen ist, so ist andererseits diese Wirklichkeit nicht einziger oder ausschließlicher Gegenstand der Erziehungswissenschaft. In positivistischer Vereinfachung und – dabei – genaugenommen hat Erziehungswissenschaft es stets mit der Erziehungsbedeutsamkeit des ‹an sich› Nicht-Erzieherischen zu tun. Denn Erziehung erfolgt in der (wenn auch angeleiteten, so doch) stets aktiven Auseinandersetzung des Zu- oder Sich-Erziehenden mit Gegebenheiten seiner Welt, beispielsweise mit Sprachen, mit (kodifizierten) historischen, mathematischen, natur- und sozialwissenschaftlichen Erkenntnissen, mit Erzeugnissen von Kunst, Literatur und Musik, aber auch mit Vollzügen und Ergebnissen religiösen, philosophischen, ethischen, ästhetischen, technischen, ökonomischen oder politischen Denkens und Handelns. So wie es kein Phänomen gibt, das darin aufgeht, Erziehung zu ‹sein›, dürfte es auch keinen Gegenstand menschlicher Erfahrung geben, der nicht erziehungsbedeutsam wäre. Ob und wodurch alle diese nicht schon aus sich heraus erzieherischen Gegebenheiten zu erzieherischen Tatbeständen ‹werden›, ist strittig (vgl. z. B. SEIFFERT 1964 u. 1966, KLAFKI 1965). Unabhängig davon können all jene Korrelate des menschlichen Weltverhältnisses, die nicht (bewußt) in ein Handeln einbezogen sind, das unter noch zu erörternden Bedingungen «Erziehung» genannt zu werden pflegt, erziehungswissenschaftlich thematisiert werden. Beispiele dafür sind Konkretisierungsformen und Kontexte der Berufsausübung, des Medien-‹Konsums›, des Freizeitverhaltens – um nur einige wiederum überaus komplexe menschliche Handlungsfelder zu nennen.

2.1.4 Historisches

Die etymologische Frage nach Herkunft, Entwicklung und Verwandtschaft des Wortes ‹Erziehen› erweist sich als problematisch, wenn nicht sogar als irreführend (vgl. dazu auch MOLLENHAUER 1966, S. 161). Ursprünglich wurden mit diesem Wort so unterschiedliche Vorgänge benannt wie das Herausziehen des Schwertes oder des Beils (aus der Scheide), das Abziehen der Haut, das Ausraufen der Haare, das Fort- oder auch Hinziehen des Helms, das Ziehen von Lasten, dann aber auch das Aufziehen von Tieren (Vögeln und sodann von «vierfüßigen Tieren»), von Pflanzen und von Menschen zunächst in leiblicher und allmählich erst in geistig-seelischer Hinsicht (GRIMM / GRIMM 1971, Sp. 1091 ff). Zwar mag in vergleichender Analyse der Verwendung von «ziehen» entdeckt werden, daß «einfaches ziehen» mit «erziehen» die «Bewegung» gemeinsam habe (DOLCH 1961, S. 167); jedoch weist der Autor dieser banalen Feststellung nachdrücklich darauf hin, daß es wichtig ist, «vor allem auf die Nuancen zu achten» (ebd.). Der historischen Wandlung (Entwicklung?) des Sprachgebrauchs (vgl. dazu u. a. GROOTHOFF 1972) korrespondiert ein systematischer: «Vom Aufziehen löst sich das Erziehen erst ab, sobald die Strebungen des Kindes als solche Gegenstand der Obsorge werden; sie zu regeln, die abträglichen zurückzudrängen, die förderlichen zu unterstützen, die schwankenden zu halten und derart zu befestigen, daß Gewohnheiten daraus erwachsen, ist die nächste und verständlichste Aufgabe der Erziehung» (WILLMANN 1923, S. 12). KLUGE (1989) hält die Verwendung von «Erziehung» inzwischen für so «durchsichtig», daß er mit genau dieser Begründung darauf verzichtet, diesen Begriff in sein etymologisches Wörterbuch der deutschen Sprache aufzunehmen. Außer der vermeintlichen Durchsichtigkeit mag es auch die Verworrenheit des Sprachgebrauchs sein, die ihn zu diesem Verzicht veranlaßt hat. Bereits die begriffsgeschichtliche Verständigung wird dadurch erschwert, daß bei der Suche nach einer Antwort auf die Frage nach der Verwendung des Wortes ‹Erziehung› nicht zwischen der empirisch-deskriptiven Feststellung der Verwendungspraxis einerseits und der normativen Projektion eines Verwendungs-‹Ideals› andererseits unterschieden wird. Spätestens seit der Neuzeit «sollte» jenes (in seiner strukturellen Besonderheit noch zu bestimmende) «Handeln am werdenden Menschen» (GROOTHOFF 1972, Sp. 733) «Erziehung» genannt werden, das dessen Mündigkeit, d. h. geistige und sittliche Unabhängigkeit und Selbstbestimmung bezweckt. Tatsächlich aber war Erziehung (zumindest immer auch) «Mittel der Unterwerfung» unter ein normativ-moralisches, weltanschauliches, politisches und ökonomisches Herrschaftssystem (ebd., Sp. 734; vgl. auch: MOLLENHAUER 1966, S. 159 ff, 163 ff; AUERNHEIMER 1974). Differenzen bestehen aber nicht nur zwischen dem, was Erziehung ‹eigentlich› zu sein habe (also sein sollte) und jener davon abweichenden Praxis, für die der Terminus ‹Erziehung› beansprucht oder auch (allgemein) anerkannt wird. Gegensätzliches gibt es auch zwischen verschiedenen Erziehungskonzeptionen und zwischen divergenten Erziehungspraktiken. SCHWENK (1983, S. 390 ff) hat in einer sorgfältigen dokumentierten Analyse historische Wurzeln eines Gegensatzes herausgearbeitet, der nichts von seiner Aktualität verloren hat: Während der griechische Begriff der «paideia» auf die Hervorbringung des sittlich autonomen Menschen zielte (so sehr der Mensch auch dabei zu einem bestimmten Denken, Wollen und Handeln veranlaßt werden mußte), dominierte in der jüdisch-frühchristlichen Tradition das Postulat der Unterwerfung des Menschen unter das (göttliche) Gesetz durch Belehrung, Zucht und Strafen (vgl. auch BLANKERTZ 1969, S. 21 ff).

2.1.5 Struktur des Gegenstandes erziehungswissenschaftlichen Handelns

Es dürfte kaum jemanden geben, der nicht zu wissen glaubt, was Erziehung ‹ist›. Aber was weiß er genau? Wie informativ und wie unabhängig von eigenem Ermessen sowie von einer eigenen (definitorischen) Entscheidung ist das, was er wirklich weiß? Zu glauben, wenn von ‹Erziehung› gesprochen werde, meinten alle dasselbe, ist leichtfertig. Weder im alltäglichen noch im wissenschaftlichen Sprachgebrauch herrscht immer Klarheit oder gar Einigkeit darüber, was Erziehung ‹ist› (vgl. SCHRÖDER 1992, S. 82 ff). Auch Texte jener Autoren, die als Experten für die Beantwortung dieser Frage anerkannt sind, insbesondere der Erziehungswissenschaftler, enthalten die unterschiedlichsten Bestimmungen. Versu-

che, solche Divergenzen durch abstraktere Umschreibungen zu überwinden, lassen letztlich offen, durch welche identifizierbaren Merkmale konkreten menschlichen Handelns Erziehung gekennzeichnet werden ‹soll›
(kritisch dazu SCHWENK 1983, S. 386 ff). Wer also zur Beantwortung der
Frage «Was ‹ist› Erziehung?» Definitionen heranzieht, der sieht sich
einer unbefriedigenden Situation gegenüber. Unbefriedigend ist die Beschäftigung mit Definitionen nicht zuletzt deshalb, weil man aus ihnen
zwar etwas über abstrakte Regeln der Verwendung von Worten entnehmen kann; aber Worte allein lehren nichts. Sie sind vielmehr Elemente
jener Begründungszusammenhänge, die sie voraussetzen. Damit wird
das Problem divergenter Interpretationen von Erziehung auf die Ebene
erziehungstheoretischer Kontroversen verschoben.

Warum, so könnte man fragen, läßt man sich überhaupt auf begriffliche oder theoretische Sophistereien ein und wendet sich nicht ‹der Sache selbst› zu? Dabei dürfte sich dann zeigen, ob die Auffassungsunterschiede in der sprachlichen oder gedanklichen Nachlässigkeit derer
begründet sind, die über Erziehung reden – oder ob sie etwas mit dem
Gegenstand, mit dem Inhalt oder auch mit dem Zweck dieser Rede zu tun
haben.

Was tut jemand, der sich über die Wirklichkeit ‹der› Erziehung informieren will? Was genau beobachtet er? Worauf kommt es dabei an? Wie
soll oder kann beispielsweise der Adressat der Aufforderung, seine Erziehungspflichten wahrzunehmen, sich verhalten? Wodurch unterscheiden
sich ‹Gut-Erzogene› von ‹Schlecht-Erzogenen›? ‹Ist› eine Schule, ein
Lehr- oder Lernbuch, eine Ermahnung oder Belehrung... Erziehung?
Was ‹ist› eigentlich eine Schule? Ein Haus, eine bestimmte Organisation
des Zusammenlebens von Menschen, ein (gesellschaftliches oder rechtliches) Regelsystem (Institution)? Dann wäre eine Schule doch auch oder
vor allem ein städteplanerisches oder architektonisches, soziologisches,
sozialpsychologisches, juristisches ‹Phänomen›. Und eine (in Schulen erfolgende) Belehrung? Ist nicht auch sie vor allem ein sprachliches, soziales, ethisches... ‹Phänomen›? Aloys FISCHER, der sich 1914 mit ähnlichen Fragen beschäftigt hat, geht von einem Beispiel aus, das heute
kaum noch im buchstäblichen, aber vielleicht doch im symbolischen Sinn
für ‹Erziehung› kennzeichnend zu sein scheint: Ein Vater ahndet ein
Vergehen seines Sohnes mit einer Ohrfeige. Was für ein Tatbestand liegt
in diesem Beispiel vor? Ein erzieherischer – oder nicht doch eher (zumindest auch) ein sozialer, medizinischer, rechtlicher, ethischer, physikalischer...? Wovon hängt es eigentlich ab, ob es sich im zitierten Beispiel
um einen *erzieherischen* Tatbestand handelt? In Abbildung 1 werden
einige Grundmöglichkeiten zur Entscheidung dieser Frage angeboten:

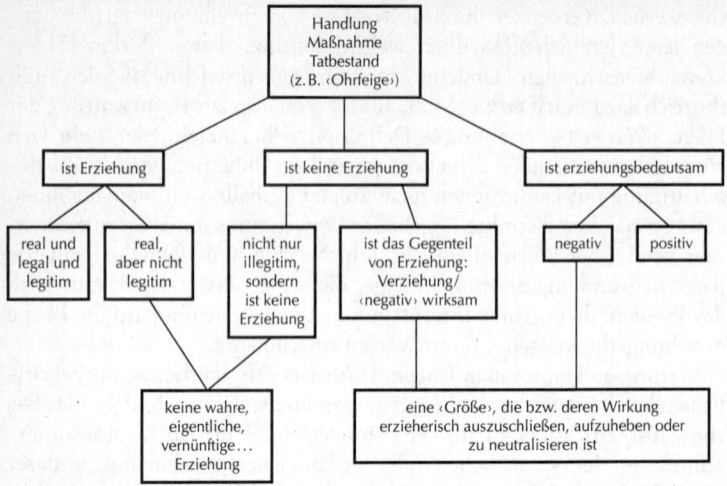

Abbildung 1

In Diskursen zur Entscheidung der Frage, ob Handlungen von der (materiellen oder symbolischen) Art des Ohrfeigens Erziehung ‹sind›, hört man gelegentlich den Appell: «Schau hin, dann siehst du, was eine Ohrfeige ist.» Was ist da zu sehen? Wahrscheinlich sieht ein Erzieher oder Erziehungstheoretiker etwas ganz anderes als beispielsweise ein Jurist, ein Mediziner, ein Soziologe. Es muß sogar davon ausgegangen werden, daß verschiedene Erzieher bzw. Erziehungstheoretiker – je nach erziehungstheoretischer Orientierung – in ein und demselben ‹Objekt› Verschiedenes ‹sehen›. Wer beispielsweise fordert, man möge ‹Mut zur Erziehung› entwickeln, der suggeriert zwar, er fordere etwas Unmißverständliches und Unstrittiges; in Wahrheit meint er aber ein ganz bestimmtes Handeln, das andere kritisieren und nicht als Erziehung (an-) erkennen. Und wer Erziehung ablehnt oder kritisiert, der lehnt zunächst einmal nur dasjenige ab, was er unter Erziehung versteht, oder auch das, von dem er meint oder zu wissen glaubt, daß es als Erziehung aufgefaßt werde. Aber dem damit gemeinten Handeln können andere die Anerkennung als Erziehung versagen. Sie können statt dessen ein alternatives Handeln als Erziehung interpretieren, das von der Erziehungskritik verschont bleibt, weil die Kritiker es gar nicht zur Erziehung rechnen (vgl. dazu die Auseinandersetzung um die sog. Antipädagogik u. a. bei

v. Braunmühl 1975, v. Schoenebeck 1982, Oelkers 1978, Winkler 1982, A. Flitner 1982).

Die Entscheidung der Frage, ob ein beobachtbares Handeln Erziehung ‹ist› oder nicht, ist demnach (zunächst und ‹primär›) nicht im Gegenstand der Beobachtung, sondern im (Vor-)Wissen, im Denken und im Urteilen des Beobachters begründet, auch wenn und soweit das extrapersonal Gegebene bleibt, was es ist, ganz und gar unabhängig davon, wer es wie interpretiert. (Daß ein extrapersonal gegebener Beobachtungsgegenstand durch die Beobachtung auch beeinflußt bzw. verändert werden kann, ist u. a. ein [forschungs-]methodologisches Problem, auf das in diesem Zusammenhang nicht eingegangen werden kann.) Die erwähnte Entscheidung der Frage, ob ein beobachtetes Handeln Erziehung ‹ist›, impliziert zum einen eine Entscheidung auch darüber, durch welche Merkmale der Vollzug oder das Ergebnis eines Handelns gekennzeichnet werden soll, das (in erziehungstheoretischer Betrachtung) als ‹Erziehung› bezeichnet wird (vgl. u. a. Dolch 1963, S. 56). Zum anderen erfolgt die Bestimmung dieser Merkmale im Kontext impliziter oder expliziter Begründungen, die, wiederum abhängig von sozialen Entscheidungen und Entscheidungstraditionen, als ‹erziehungstheoretisch› oder ‹-wissenschaftlich› gekennzeichnet werden. Die Konstitution dessen, was Erziehung (als ‹vorfindlicher› Gegenstand von Erziehungswissenschaft) ‹ist›, erfolgt also in (kontroversen) Systemen und Traditionen erziehungstheoretischen wie erziehungspraktischen Denkens und Handelns. Die Feststellung von Erziehung setzt einen Begriff von Erziehung voraus.

2.1.5.1 Der ‹Absichtsbegriff› der Erziehung

Wodurch unterscheiden sich erzieherische Handlungen von anderen Arten sozialen Handelns? Als ‹Erziehung› – so sagen die einen – werden alle Handlungen bezeichnet, durch die eine erzieherische *Absicht* (Intention, Zwecksetzung, Zielsetzung) zu verfolgen versucht wird (vgl. Brezinka 1974, S. 79). Als erzieherisch gilt eine Absicht insoweit, als sie das psychische Dispositionsgefüge anderer Menschen in irgendeiner Hinsicht dauerhaft zu verbessern oder zu erhalten versucht (ebd.). Bei dieser Bestimmung wird zwischen Verhaltensdispositionen als relativ dauerhaften Handlungsbereitschaften oder -kompetenzen und aktuellem Verhalten unterschieden; denn es soll nach dieser Bestimmung in der Erziehung nicht auf flüchtige Erlebnisse und Verhaltensweisen ankommen, sondern eben auf Verhaltensbereitschaften bzw. -kompetenzen. Welche Probleme sind mit der Entscheidung verbunden, die Erziehungsabsicht als wesentliches (hinreichendes) Kennzeichen erzieherischen Handelns anzusehen?

Die Probleme beginnen bereits bei der Frage nach der Funktion, die Absichten für das Handeln haben (vgl. dazu u. a. HECKHAUSEN 1987, STEGMÜLLER 1969, S. 398 ff). Handlungen werden nicht notwendig von nur einer Absicht bestimmt. Einem Handelnden muß und wird die Struktur seiner Absichten keineswegs immer bewußt sein. Insbesondere ist einer konkreten Handlung nicht ‹anzusehen›, von welcher Absicht bzw. von welcher Konfiguration von Absichten sie geleitet wird.

Wenn die Entscheidung der Frage, ob eine menschliche Handlung ‹Erziehung› ‹ist›, allein davon abhängt, ob dieses Handeln von einer erzieherischen Absicht geleitet ist, dann kann, je nachdem, ob diese Absicht (vermutlich) gegeben oder nachweisbar ist oder nicht, ein und dasselbe Handeln ganz verschieden ‹sein›. Hier stellt sich nun aber die ebenso elementare wie wichtige Frage, durch wen und für wen diese Verschiedenheit praktisch bedeutsam ist. Zunächst doch nur durch und für denjenigen, der handelt oder im nicht auszuschließenden Fall einer falschen Vermutung über die Handlungsabsicht nur für denjenigen Dritten, der eine erzieherische Absicht des beobachteten Handelns vermutet, aber keineswegs auch schon für denjenigen, der von dieser Handlung faktisch betroffen ist, obwohl es in der Erziehung doch gerade auf ihn ankommt. Ändert sich für den Geohrfeigten dadurch etwas an der Tatsache oder an dem Effekt der Ohrfeige, daß sie vom Ohrfeigenden (für den Geohrfeigten keineswegs ohne weiteres erkennbar) beispielsweise nicht aus Rache, sondern in erzieherischer Absicht erteilt wird? Offen bleibt dabei die Frage, ob die nur beispielhaft erwähnte Absicht nicht von anderen Absichten begleitet, überlagert, relativiert wird und was das für die Handlung und deren Beurteilung bedeuten kann.

Läuft dieser Ansatz nicht darauf hinaus, Erziehung rein individualpsychologisch zu interpretieren und als individualistisch-voluntaristischen Akt nur eines an erzieherischer Interaktion Beteiligten anzusehen? Kann eine – wie auch immer motivierte – Aktivität ohne Rücksicht auf jenen kalkulierbaren Effekt, den diese Aktivität bezweckt, als ‹Handeln› bezeichnet werden? Ist es wirklich sinnvoll, bei der Bestimmung einer interpersonalen Handlung diejenige Person ‹herauszukürzen›, ohne deren aktive Mitwirkung ein solches Handeln gar nicht existiert und deren Aktivierung überhaupt erst das Ziel dieses Handelns ist? Der Adressat erzieherischen Handelns, dessen Verhaltensdisposition in diesem Handeln beeinflußt werden soll, besitzt in dieser Bestimmung von ‹Erziehung› keine oder nur eine abgeleitete Funktion. Er ist nicht Kommunikationspartner einer konsensfähigen Situationsdefinition, eines spezifischen, Erziehung allererst konstituierenden Handlungszusammenhangs, nicht aktiver Teilnehmer an einem komplexen, in reale gesellschaftliche Bezüge eingebetteten Interaktions- und Regulationsprozesses, kein Subjekt sozialen Handelns, sondern Objekt fremden (autoritären) Wollens.

In einer sehr knappen und fragmentarischen Zwischenerwägung soll festgehalten werden, ‹was› zur Erziehung gehört: Zur Erziehung gehören konkrete Personen, die erziehen, ohne je darin aufzugehen, Erzieher zu sein. Zur Erziehung gehören ferner konkrete Personen, die erzogen werden, ohne je darin aufzugehen, Zöglinge zu sein. Zur Erziehung gehört schließlich jenes interpersonale Handeln zwischen Erziehern und Zu-Erziehenden, dessen Struktur und dessen Merkmale im folgenden weiter zu differenzieren und zu präzisieren sind.

Erziehungsabsichten mögen (auch) habitualisiert oder institutionalisiert sein – etwa in professionalisierten Handlungssystemen, die als ‹Erziehungswesen› oder als ‹Erziehungssystem› bezeichnet werden. Aber garantiert diese Tatsache, daß alles, was Erzieher den zu Erziehenden in Erziehungseinrichtungen antun, tatsächlich erzieherische Absicht verfolgt oder (eben aufgrund dieser Institutionalisierung) per se Erziehung ‹ist›? Mit diesem Modell einer Lösung des Problems werden zum einen alle Handlungen außerhalb des Erziehungssystems (beispielsweise die Handlungen eines Arztes, Verkehrspolizisten, Buchhändlers, Richters . . .) ganz unabhängig davon, ob sie eine erzieherische Absicht verfolgen, aus dem Universum erzieherischen Handelns ausgeschlossen. Zum anderen werden alle Handlungen, die innerhalb des Kontextes der Institutionalisierung stattfinden, unabhängig davon, ob sie überhaupt eine erzieherische Absicht verfolgen, zur Erziehung gerechnet.

Wo nur solche Handlungen zur Erziehung gerechnet werden, für die sich eine erzieherische Absicht – wie auch immer – nachweisen oder vermuten läßt, dort bleiben die großen Bereiche dessen außer Kontrolle und Verantwortung, was auch ohne erzieherische Absicht erziehungswirksam ist. Jedoch kann unbeabsichtigte bzw. ‹funktionale Erziehung› in ihrer Wirksamkeit die intentionale Erziehung übertreffen (SCHRÖDER 1992, S. 86, KROH 1960, S. 87 ff, DOLCH 1966, S. 231 f).

Der naheliegendste und schwerwiegendste Einwand gegen die hier zur Diskussion stehende Bestimmung von Erziehung läßt sich mit der Frage einleiten, was die erzieherische Handlungsabsicht mit der (beabsichtigten) Wirkung der Handlung zu tun hat. Absichten können Wirkungen intendieren, nicht aber auch schon garantieren. Der ‹Absichtsbegriff› der Erziehung eliminiert nicht nur alle Handlungen, die auch ohne erzieherische Absicht erzieherisch wirken. Er vernachlässigt auch die Frage nach den Gründen für die Wirksamkeit erzieherisch intendierten Handelns, ja sogar bereits die Frage nach der Wahrscheinlichkeit, mit der von erzieherisch intendierten Handlungen eine der Intention dieser Handlungen entsprechende Wirkung erwartet werden kann. Eine noch so intensive und wohlbegründete Erziehungsabsicht allein reicht nicht aus, um eine entsprechende Wirkung zu garantieren. Dies unzureichend bedacht oder gar Absichten schon für Wirkungen gehalten zu haben, gehört zu den Hauptmängeln einer historisch einflußreichen Strömung essentialistisch-normativistischer Erziehungstheorie. Wo eine Diskrepanz zwischen Absicht und Wirkung vielleicht sogar in theoretisch begründbarer Weise erwartet werden kann, dort verlieren die noch so hehren Erziehungsabsichten und die allein daran orientierten Handlungen ihren Sinn sowie ihre theoretische und pädagogische Legitimation. Das gilt auch dort, wo völlig offen, unbestimmbar und unkalkulierbar bleibt, ob erzieherisch gemeinte Versuche im Sinne der Absicht wirksam, unwirksam oder gar entgegengesetzt wirksam sind. Erst die theoretisch begründete Erwartung erzieherischer Handlungserfolge ist notwendige – wenn auch keineswegs hinreichende – Bedingung der Rechtfertigung absichtsgeleiteten erzieherischen Handelns. Ohne Informationen über Erziehungserfolge fehlen überdies die Voraussetzungen für die Beurteilung der Adäquatheit jeweiligen Handelns.

2.1.5.2 Der ‹Wirkungsbegriff› der Erziehung

Die Schwierigkeiten, die sich aus der Entscheidung ergeben, als Erziehung (nur) solche Handlungen anzusehen, die eine erzieherische Absicht verfolgen, mögen zu der Überlegung geführt haben, die schwer entscheidbare Frage nach Handlungsabsichten aufzugeben. Kriterium für die Bestimmung erzieherischer Tatbestände sollte nicht mehr die Absicht, sondern die tatsächlich eingetretene Erziehungswirkung sein. Absichten, so könnte man diese Entscheidung begründen, mögen noch so gut sein; sie bleiben für die tatsächliche Erziehung belanglos, solange ihnen keine Wirkungen entsprechen.

Aber auch diese Auffassung – sofern man sie wörtlich nimmt – führt in beträchtliche Schwierigkeiten, wenn man bestimmen will, was Erziehung ‹ist›. In Anwendung dieser Auffassung läßt sich eigentlich immer erst nachträglich, nachdem als erzieherisch anerkannte Wirkungen einer Handlung oder eines Sachverhalts tatsächlich eingetreten sind, feststellen, welche Handlungen oder welche Sachverhalte zur Erziehung gerechnet werden können. Dieselbe Handlung kann nämlich, je nachdem, ob die zum Kriterium erhobene Wirkung eintritt oder ausbleibt, Erziehung ‹sein› oder nicht. Dabei ist von besonderer Bedeutung, daß die Wirkung einer Handlung nicht nur von der Handlungsintention des Handelnden, sondern auch und vor allem von der Rezeption bzw. der mentalen ‹Verarbeitung› seitens des Handlungsadressaten abhängt. Damit wird Erziehung zu einer unplanbaren und auch unverantwortbaren Kasuistik. Erziehung kann nicht im vorhinein organisiert, geplant und verantwortet werden. Denn was Erziehung ‹ist› bzw. ‹war›, stellt sich ja immer erst nachträglich heraus.

Wer sich entschieden hat, nur solche Handlungen zur Erziehung zu rechnen, die eine Erziehungswirkung erzielt haben, kann dennoch aus mindestens zwei Gründen nicht auf erzieherische Absichten verzichten: Woran soll er (1) sein Handeln orientieren, wenn nicht an jenen Absichten, die die einzelnen Akte seines Handelns ordnen und auf ein Ziel (als der antizipierten Wirkung seines Handelns) ausrichten? Außerdem benötigt er (2) ein Kriterium zur Beurteilung jener Effekte seines Handelns, die er als Erziehungswirkung (an-)erkennt und die er in der Absicht seines Handelns thematisiert und antizipiert.

Nicht ganz unproblematisch ist auch die Festlegung auf bloße Faktizitäten erzieherischer Wirksamkeit. Bei dieser Orientierung wird die Frage danach vernachlässigt, was – unter veränderten Bedingungskonstellationen – auch ganz anders erzieherisch erstrebt und erzielt werden könnte oder sollte. Man begibt sich der Kriterien zur kritischen Beurteilung der Wirkungsbedingungen, die vielfältige und vermeidbare Restriktionen erzieherischen Handelns und Wirkens enthalten können. Fakten dürfen bei der Planung und Verwirklichung erzieherischen Handelns keineswegs ignoriert, sie müssen aber auch nicht ohne weiteres und kritiklos akzeptiert werden.

Die Fixierung auf Erziehungswirkungen impliziert die Festlegung auf das jeweils als erziehungsförderlich Anerkannte und begünstigt die Vernachlässigung von Handlungseffekten, die – gemessen am jeweiligen Erfolgskriterium – zwar negativ beurteilt werden müssen, aber von faktisch großer Erziehungsbedeutsamkeit sind. Auch Vor- und Fehlurteile, Irrtümer und widerlegtes, insofern falsches ‹Wissen›, Lern- und Verhaltensschwierigkeiten werden gelernt und können (beabsichtigtes oder unbeabsichtigtes) Resultat (erzieherisch motivierten) zwischenmenschlichen Handelns sein. Sie sind deshalb von nicht geringerer Erziehungsbedeutsamkeit als die Erziehungswirkungen. Eine Erziehungspraxis, die an den Ursachen erzieherisch negativ beurteilter Wirkungen achtlos vorbeigeht, stellt sich selbst in Frage. Denn wahrscheinlich ist der «Anteil», den die Beseitigung vielfältiger Ursachen für ‹negative› Verhaltensdispositionen im Gesamtspektrum erzieherischen Handelns einnimmt, von nicht geringerem Umfang als das System jener Handlungen, die eine Bereitstellung von Erziehungsanregungen ausmachen, sofern eine solche Abgrenzung praktisch überhaupt immer sauber gezogen werden kann. Eine Fixierung auf ‹positive Wirkungen› läßt außer acht, daß all diejenigen

Handlungseffekte, die mit solchen Wirkungen unvereinbar sind, eben dadurch große Erziehungsbedeutsamkeit erlangen, daß sie mögliche und erwünschte Erziehung verhindern oder ‹negativ ersetzen›.

Erwähnenswert ist nicht zuletzt die (methodische) Schwierigkeit, von diagnostizierten Erziehungswirkungen einigermaßen zweifelsfrei auf diejenigen Handlungen rückschließen zu wollen, die als (notwendige oder gar hinreichende) Bedingung der Wirkung angesehen werden können (vgl. BREZINKA 1974, S. 68 ff).

2.1.5.3 Entwurf eines handlungstheoretischen Erziehungsbegriffs

Beide bisher skizzierten und kritisierten Ansätze einer Bestimmung von Erziehung greifen zu kurz. Wie müßte eine Konzeption aussehen, die beide Vereinseitigungen vermeidet? Zunächst könnte man versuchen, die Einseitigkeiten dadurch zu überwinden, daß man beide Gegenstandsbestimmungen von Erziehung zugleich gelten läßt: Zur Erziehung rechnete dann jedes Handeln, das (nachweislich oder vermutlich) von einer erzieherischen Absicht angeleitet wird, ohne Rücksicht darauf, ob dieses Handeln einen der Absicht entsprechenden Erfolg zeigt, und jedes Geschehen, für das sich Effekte nachweisen lassen, die als erzieherisch akzeptiert werden, und zwar unabhängig davon, ob eine erzieherische Absicht ‹dahintersteht›. Mit dieser ‹Addition› mag man nun zwar alles umschreiben, was pädagogisch der Fall sein kann; jedoch bleibt offen, ob damit im einzelnen beispielsweise erfolglose Handlungen – mit insofern deklamatorischen Absichten –, ‹blinde› Effekte oder ‹erfolgreiche› erzieherische Handlungen angesprochen sind. Mit dieser Addition der beiden defizitären Konzepte werden die aufgeworfenen Probleme nicht etwa gelöst, sondern ebenfalls addiert.

Zur Vergewisserung der Problematik: Die bisher skizzierten und kritisierten Bestimmungen von Erziehung schließen auch folgende Handlungen und Ereignisse ein:

1. Handlungen, die zwar von einer erzieherischen Absicht angeleitet werden, aber im Sinne dieser Absicht erfolglos bleiben,

2. von erzieherischer Absicht angeleitete Handlungen, deren Erfolgswahrscheinlichkeit völlig unkalkulierbar ist und

3. Handlungen oder Ereignisse, die zwar einen als erzieherisch anerkannten, aber nicht beabsichtigten (und auch oft als unplanbar geltenden) Effekt haben.

In diesem Sinn rechnet beispielsweise DOLCH (1966, S. 232) jede Einwirkung zur Erziehung, durch die «eine mehr oder minder dauernde Verbesserung fremden oder eigenen Verhaltens und Handelns beabsichtigt oder erreicht wird». Das «Oder» ist hier im nicht-ausschließenden Sinne verwendet (vgl. dazu BOCHENSKI/MENNE 1965, S. 27). Ich halte diese Bestimmung von Erziehung aus dargelegten Gründen für problematisch. Wie lassen sich die aufgezeigten Probleme vermeiden? Man müßte ausschließen, daß erzieherisch erfolglose, hinsichtlich ihres Erfolgs unkalkulierbare und auch solche Handlungen aus der Begriffsbestimmung ausgeschlossen werden, denen gar keine erzieherische Absicht zugrunde liegt. Es verblieben dann nur noch solche Handlungen, die eine erzieherische Absicht verfolgen und im Sinne dieser Absicht erfolgreich sind. Entscheidend ist hierbei das Wort «und» im Sinne der aussagenlogischen Konjunktion (BOCHENSKI/MENNE 1965, S. 29). Aber auch diese Konzeption einer Bestimmung von Erziehung hat Mängel. Sie schließt nicht aus, daß Absicht und Erfolg zufällig einander entsprechen und daß in diesem Sinne offenbleibt, ob der Erfolg auch tatsächlich von jener Handlung ‹verursacht› worden ist, die diesen Erfolg bezweckte. Das mit der absichtsgeleiteten Handlung (lediglich) korrelierende und als ‹Erfolg› bewertete Ereignis kann auch aus ganz anderen Gründen eingetreten sein. Bei bloß zufälligem Zusammenfallen von Absicht und Erfolg bliebe das absichtsgeleitete Handeln weiterhin wirkungslos und die der Absicht entsprechende, aber tatsächlich anderweitig verursachte ‹Wirkung› unerwartet.

Von Erziehung im Sinne eines rationalen, planbaren und verantwortbaren Handelns kann aber erst dann gesprochen werden, wenn aufgrund nomologischen Wissens die Wahrscheinlichkeit bestimmt werden kann, mit der von erzieherisch intendiertem Handeln eine der Absicht entsprechende ‹Wirkung› erwartet werden kann. Erst unter dieser Voraussetzung wird Erziehung zu einer planbaren und verantwortbaren Handlung. Auch dieser Sachverhalt läßt sich in einem Schaubild verdeutlichen (vgl. Abbildung 2).

Abbildung 2 begünstigt ein Mißverständnis. Strenggenommen ist auch das zufallsfreie Zusammentreffen von Absicht und Erfolg immer nur nach Ablauf erzieherischen Handelns feststellbar, so daß von Erziehung erst dann gesprochen werden kann, wenn der in der Handlungsabsicht antizipierte Effekt bzw. Erfolg auch tatsächlich eingetreten ist. Abgesehen von dem schwerwiegenden Mangel, immer erst nachträglich entscheiden zu können, welche Handlung Erziehung ‹war›, ist diese strenge Anforderung unter anderem deshalb kaum zu erfüllen, weil sich schwerlich der Beweis führen läßt, daß diejenige Handlung, die dem als ‹Wirkung› interpretierten Tatbestand vorausgegangen ist, ausschließliche bzw. hinreichende Bedingung dieser ‹Wirkung› ist bzw. war. Deshalb wird man den Tatbestand des Modells «E» – wie schon ausgeführt – bereits dann für erfüllt halten müssen, wenn von einem absichtsgeleite-

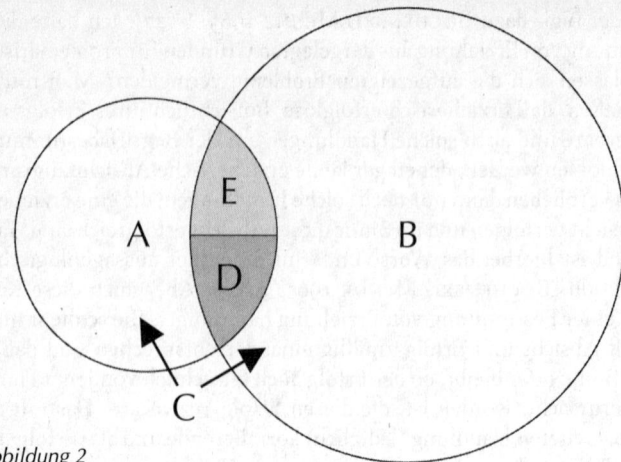

Abbildung 2

Erläuterungen:
A: Universum der Handlungen, die eine erzieherische *Absicht* verfolgen
B: Universum der Geschehnisse und Tatbestände, die eine erzieherische *Wirkung* zur Folge haben
C: Vereinigungsmenge bzw. logische Summe von A und B
D: *Zufälliges* Zusammentreffen von ‹Absicht› und ‹Erfolg›
E: *Zufallsfreies* Zusammentreffen von ‹Absicht› und ‹Erfolg›

ten Handeln unter jeweils definierten Bedingungen aufgrund logisch und empirisch überprüfter Annahmen (Theorien oder Hypothesen) mit angebbarer Wahrscheinlichkeit eine dem Absichtsinhalt entsprechende ‹Wirkung› erwartet werden kann. Damit wäre der Idealtyp erzieherischen Handelns charakterisiert.

Zum einen handelt es sich dabei tatsächlich um einen Idealtypus ganz in der Nähe dessen, was Max Weber damit gemeint hat: nämlich um die «Steigerung eines oder einiger Gesichtspunkte», unter denen eine komplexe Wirklichkeit «zu einem in sich einheitlichen *Gedanken*bilde» zusammengefügt und «pragmatisch veranschaulicht» werden kann. Dieses Gedankenbild selbst ist «nirgends in der Wirklichkeit empirisch vorfindbar» (WEBER 1951, S. 190 ff). Zum anderen handelt es sich bei dem skizzierten Idealtyp erzieherischen Handelns wohl nur um den Grenzfall dessen, was damit an erziehungsbedeutsamer Wirklichkeit thematisiert zu werden vermag. Auf beide Relativierungen meines bisherigen Versuchs, Erziehung zu bestimmen, gehe ich kurz ein.

Erziehung existiert nicht als eigene, von Nicht-Erziehung abgrenzbare Substanz, Gestalt, Wesenheit. Erziehung vollzieht sich immer im Medium von ‹Nichterziehung›, beispielsweise in mitmenschlichem Umgang, in der Beschäftigung mit Sprache oder mathematischen Problemstellungen. Erziehung ist also kein für sich existierendes, abgrenzbares singuläres Realphänomen, sondern allenfalls eine durch Akte theoretischen kommunikativen und sozialen Handelns konstituierte und in Problemstellungen thematisierte Wirklichkeitsperspektive. Thematisierung, Spezifizierung und Benennung dieser Realitätsperspektive als ‹Erziehung› resultieren aus einer Tradition gedanklich-kategorialer Differenzierung und Sprachregelung sowie gesellschaftlich-theoretischer und -praktischer Arbeitsteilung. Sie ergeben sich nicht ‹aus der Sache selbst› und sind auch nicht Ergebnis willkürlicher individueller Entschlüsse. Sie sind vielmehr Resultat kommunikativen sozialen Handelns, sozialer Definitions- und Bewertungsprozesse, in denen sich freilich als ‹Erziehung› bezeichnete, aber durchaus auch alternative oder gar konkurrierende Traditionen und Institutionalisierungen erzieherischen Denkens und Handelns herausgebildet haben. In Traditionen theoretischen und praktischen Handelns konstituiert sich die gedankliche und soziale ‹Wirklichkeit› Erziehung.

Dennoch ist Erziehung nicht nur ein relativ eigenständiges soziales System professionalisierten Handelns, sondern immer auch Aspekt erziehungstheoretisch thematisierter und konstituierter gesellschaftlicher Praxis. Bereits im Alltag findet man häufig Argumente folgenden Typs: Dieser Spielplatz, dieses Buch, diese Fernsehsendung, dieses Werkzeug... erfüllen zwar hohe technische oder ästhetische Anforderungen, jedoch sind sie pädagogisch fragwürdig. Oder anders: Was meint jemand, der sagt: «Dieses Buch ist pädagogisch wertvoll!» Er könnte meinen, die Sprache sei vorbildlich, die im Buch enthaltenen Abbildungen seien geeignet, die Phantasie der Leser anzuregen und vieles andere mehr. Welche Struktur hat die zugrundeliegende Überlegung? Wer sagt, daß ein Buch pädagogisch wertvoll ist, der unterstellt (in vielen Fällen vielleicht unbewußt) zunächst ein Beurteilungskriterium, das die Bedeutung eines Erziehungsziels oder einer Erziehungsintention (Absicht) hat. Ferner unterstellt er, daß die Lektüre dieses Buches geeignet sei, die Verwirklichung dieses Ziels bzw. der Intention zu gewährleisten oder zumindest zu begünstigen. Diese Wirkungsannahme impliziert ein mehr oder weniger bewährtes Wissen über die Wahrscheinlichkeit, mit der von der Lektüre des zur Diskussion stehenden Buches ein Beitrag zur Verwirklichung des (als Beurteilungskriterium) unterstellten Erziehungsziels erwartet werden kann.

Zweierlei erscheint unter erziehungstheoretischen Gesichtspunkten wichtig:

Erstens kann ein und dieselbe Handlung oder Tatsache bei ihren Rezipienten Effekte bewirken, die sich nach ‹erzieherisch› bzw. ‹erziehungsförderlich› einerseits und ‹erziehungshinderlich› bzw. ‹erziehungsschädlich› andererseits unterscheiden lassen. Um beim gewählten Beispiel zu bleiben: Dem Buch X wird herausragende sprachliche Qualität attestiert, und von seiner Lektüre (= erziehungsbedeutsame Handlung) kann aufgrund methodenkritisch überprüfter Erfahrung ein Beitrag zur Steigerung der passiven und aktiven sprachlichen Kompetenz (= erziehungszielbedeutsamer Effekt) mit angebbarer Wahrscheinlichkeit erwartet werden (alle notwendigen Präzisierungen unterstellt).

Das beispielhafte Buch enthält aber auch falsche Informationen über die gesellschaftliche Wirklichkeit. Es muß daher aufgrund konsolidierter Erfahrung befürchtet werden, daß seine Lektüre (= erziehungsbedeutsame Handlung) Fehlinformationen bewirkt und die Sachurteilskompetenz negativ (= negativer erziehungszielbedeutsamer Effekt) beeinträchtigt. Unter erzieherischen Maßgaben würde die Verwendung dieses Buches Maßnahmen zur Neutralisierung unerwünschter Effekte erfordern; in organisierter Erziehung könnte der erwähnte Mangel des Buches zum Anlaß genommen werden, Maßnahmen zu entwickeln, die über die bloße Neutralisierung hinaus erzieherisch positive Effekte begünstigen.

Für die Unterscheidung zwischen (intendierter) erziehungsförderlicher ‹Wirkung› und (nicht intendierter, aber prinzipiell absehbarer) erziehungsschädlicher ‹Nebenwirkung› stellen sich die skizzierten Probleme in gleicher Weise.

Zweitens kann es Handlungen, Ereignisse oder Tatsachen geben, die ihre Rezipienten auf eine Weise beeinträchtigen, die unter erzieherischen Beurteilungskriterien negativ zu bewerten sind. Unter erziehungswissenschaftlichen wie unter erziehungspraktischen Gesichtspunkten ist es wichtig, sich auch über diese Tatsachen zu informieren. Dann erst können Überlegungen zur Beantwortung der Frage entwickelt werden, was getan werden kann oder muß, wenn man die erzieherisch unerwünschten Effekte verhindern will – etwa: erziehungsschädliche Handlungen vermeiden, unvermeidbare Einwirkungen neutralisieren o. ä.

Zur gedanklichen und praktischen Bewältigung der aufgeworfenen Probleme erscheint der Begriff der ‹Erziehungsbedeutsamkeit› besonders geeignet. Mit ihm lassen sich nicht nur die erzieherisch erwünschten, sondern auch die erzieherisch unerwünschten Funktionszusammenhänge gesellschaftlicher Praxis erfassen und bearbeiten. So wird es möglich, beliebige Tatbestände der soziokulturellen Wirklichkeit unter erziehungstheoretischen Gesichtspunkten zu beurteilen. Dabei lassen sich zwei Problemlösungsstrategien unterscheiden:

1. Man sucht oder ermittelt Maßnahmen, die sich als geeignet erweisen, erzieherisch erwünschte Effekte in präzisierbarem Maße und mit angebbarer Wahrscheinlichkeit zu gewährleisten;

2. man erfaßt und reguliert die erziehungsbedeutsamen Auswirkungen von Tatbeständen, denen Menschen (in besonderem Maße) ausgesetzt sind.

2.1.6 Ungelöste Probleme

Unter den Gründen für das Erfordernis einer Erziehung von Menschen – und darin sehe ich das zentrale Problem der mit diesem Begriff bezeichneten Praxis – spielt der ‹Gegensatz› zwischen dem, was der zu Erziehende selbst will, und dem, was er (wollen) soll, eine zentrale Rolle, weil es andernfalls der Erziehung nicht bedürfte. Die in genau diesem Zusammenhang virulente Unterscheidung zwischen Erziehung einerseits und Manipulation oder Anpassung andererseits suggeriert die Möglichkeit und bezweckt die Rechtfertigung der Zulässigkeit, zwischen einer legitimen und einer illegitimen Beeinträchtigung des Wollens zu Erziehender zu unterscheiden. Freilich kann es interpersonale und vielleicht sogar intrapersonale Konflikte zwischen dem niemals uninhaltlichen Wollen und Sollen eines Menschen geben. Und Menschen müssen lernen, damit umzugehen. Dabei können Prinzipien und Verfahren der Konfliktregelung entwickelt oder ‹ausgehandelt› werden, die jedoch mit dem Postulat einer Erziehung zur Mündigkeit nicht in Konflikt geraten müssen. Diese Behauptung ist strittig. Die Klärung oder gar Schlichtung dieses Streits wird dadurch erschwert, daß in der Auseinandersetzung (häufig) nicht zwischen der Wirklichkeit, der Möglichkeit und der Zulässigkeit dessen unterschieden wird, was mit dem Postulat ‹Erziehung zur Mündigkeit› gemeint ist oder gemeint sein sollte.

Mündigkeit – so ein zunächst recht einleuchtender Einwand – sei dadurch definiert, daß sie zwar Ursache, niemals aber Wirkung irgendeines (also auch erzieherischen) Handelns zu sein vermöge (vgl. KOCH 1972, S. 491 f). Jedoch dieses Argument ist nicht geeignet, den Zweifel an der Möglichkeit einer Erziehung zur Mündigkeit zu begründen. Es enthält keinen Beweis dafür, daß dieselbe Mündigkeit, durch die die Ursächlichkeit des Handelns einer Person charakterisiert werden mag, nicht zugleich Resultat (Wirkung) von Handlungen sein kann, die überdies von Handlungen anderer Personen intendiert oder beeinflußt werden können. Es gibt eine Fülle von Persönlichkeitsmerkmalen, die zugleich Resultat und (wenn auch in anderen Funktionszusammenhängen, so doch real) Voraussetzung menschlichen Lernens (im weiteren Sinne, hier und im folgenden also Erziehungsprozesse eingeschlossen) sind. Beispiele dafür sind das Interesse an einem Gegenstand oder die Lernmotivation und auch jenes Wissen, das unentbehrliche Voraussetzung erfolgreichen Weiterlernens ist.

Zu den üblichen Behauptungsvoraussetzungen für die Kritik am Programm einer Erziehung zur Mündigkeit gehört die Feststellung, der Adressat erzieherischen Handelns sei Subjekt eigenen Wollens, Denkens, Lernens und Handelns und könne oder dürfe schon ‹deshalb› niemals Objekt pädagogischer Aktivitäten sein. Nun ist aber die Tatsache, daß der Erfolg jeglichen Lehrens im weitesten Sinne notwendig an die Bedingung selbsttätigen Lernens gebunden ist, durchaus mit der Tatsache vereinbar, daß Lehrende die personexogenen Bedingungen erfolgreichen Lernens gestalten oder ordnen. Sie organisieren die Auswahl und Strukturierung der Inhalte des Lernens, sie nehmen maßgeblichen Einfluß auf die Definition der Kriterien des Lernerfolgs – um nur einige Beispiele zu nennen. Zugespitzt und zusammengefaßt könnte man sagen, daß im Handeln Lehrender jene (Um-)Welt personifiziert oder repräsentiert ist, mit der Lernende sich lernend auseinandersetzen. Und genau darin besteht oder erfolgt das, was unter bereits erläuterten Bedingungen ‹Erziehung› genannt zu werden pflegt.

Falls eine Erziehung (zur Mündigkeit) mit der Selbsttätigkeit des Adressaten erzieherischen Handelns also nicht nur vereinbar, sondern nur darin überhaupt erst realisierbar ist, so ist damit aber noch nicht die Frage beantwortet, wodurch eine Erziehung zur Mündigkeit beispielsweise von Manipulation oder bloßer Anpassung unterschieden oder unterscheidbar ist. Erziehung mag noch so stringent an inhaltlichen Zielen orientiert sein, die zugleich als Erfolgskriterien für eine ‹gelungene› Erziehung unentbehrlich sind; sie ist deswegen aber weder gezwungen noch wirklich in der Lage, den Adressaten erzieherischen Handelns auf ein bestimmtes Muster eines als richtig oder gut geltenden Handelns festzulegen. Adressaten einer derartigen Praxis würden manipuliert oder angepaßt. Demgegenüber können Erzieher sich darauf beschränken, die (Lern-)Voraussetzungen zu schaffen, die es Lernenden mit besonderer Erfolgswahrscheinlichkeit ermöglichen, selbst jene Kompetenzen zu entwickeln, die sie benötigen, um sich wiederum selbst aktiv und kritisch an der Beurteilung dessen zu beteiligen, was als ein wünschenswertes Handeln gesellschaftliche Anerkennung verdient. Kürzer: Erzieher können Lernende befähigen, an der Bestimmung und Verwirklichung dessen selbstverantwortlich mitzuwirken, was aus welchen Gründen als eine erstrebenswerte menschliche oder gesellschaftliche Praxis gelten kann.

Im Überschneidungsbereich mit jenen Kontroversen, die den Fragen nach der Möglichkeit und nach der Zulässigkeit einer Erziehung zur Mündigkeit gewidmet sind, wird auch über die Frage gestritten, ob es möglich oder zulässig sei, mit kalkulierbarer Erfolgsaussicht auf Zu-Erziehende ‹einzuwirken›. Auch wer darauf verzichtet, Adressaten erzieherischen Handelns auf das Muster einer als richtig oder gut geltenden Praxis festzulegen, benötigt ein Ziel – beispielsweise das Ziel, jene Urteils-, Entscheidungs- und Handlungskompetenz durch erzieherisches Handeln zu ermöglichen, die den Zu-Erziehenden befähigt, sich an der Bestimmung, Begründung und Realisierung einer wünschenswerten Praxis zu beteiligen. Nun geht es in diesem Zusammenhang aber nicht um die Frage, für welches Ziel erzieherischen Handelns Geltungsanspruch erhoben werden kann oder soll, so vorrangig diese Frage im Erziehungsdenken und -handeln auch ist. Bestritten wird vielmehr bereits die Möglichkeit, die Wahrscheinlichkeit erzieherischer Zielerreichung abzuschätzen. Begründet wird dieser Zweifel wiederum mit dem Hinweis auf die bereits erwähnte Tatsache, daß der Adressat erzieherischen Handelns selbst denken könne und einen eigenen Willen habe; er sei in diesem Sinne frei und ‹also unberechenbar›.

Was ist zu diesem Einwand zu sagen? Erstens darf Freiheit nicht mit Unberechenbarkeit, mit Handlungsregellosigkeit oder gar Irrationalität gleichgesetzt oder in Verbindung gebracht werden. Wenn Freiheit darin besteht, jeweils auch anders entscheiden oder handeln zu können, dann muß das Subjekt freier Entscheidung zunächst einmal über objektiv jeweils gegebene Handlungsmöglichkeiten informiert sein. Zweitens muß es über Kriterien, Prinzipien und Verfahren einer Entscheidung zwischen verschiedenen Möglichkeiten befinden, also mehr oder minder reflektiert nachdenken, urteilen, entscheiden. Damit ist ein drittes Argument zur Kritik des skizzierten Zweifels angesprochen. Erziehung kann sich nämlich auf jene Bedingungen (der Veränderung) menschlichen Denkens und Wollens richten, die die Freiheit des Interventionsadressaten nicht nur nicht unterdrücken, sondern allererst fundieren: nämlich auf die Sondierung der Argumente zur Entscheidungsbegründung. Viertens ist die Frage nach der Berechenbarkeit des Erziehungserfolgs nicht spekulativ oder gar normativ, sondern nur empirisch entscheidbar. Ehe man irgendeine (vermeintliche) Regellosigkeit menschlichen Verhaltens für die daraus ‹rückgeschlossene› Unplanbarkeit erfolgszuversichtlichen

Erziehungshandelns verantwortlich macht, sollte man die Qualität jener Theorien überprüfen, deren es freilich bedarf, um erzieherische Handlungserfolge mit angebbarer Wahrscheinlichkeit vorhersagen zu können. Die erziehungsphilosophische Phantasie, die in jüngerer Zeit entwickelt worden ist, um immer schon bestehende Zweifel an Erfolgsgewißheiten pädagogischen Handelns zu differenzieren und zu begründen, soll nicht kritisiert, aber doch relativiert werden: Wenn der Einfluß menschlichen Handelns auf die Handlungsvoraussetzung und das Handeln von Mitmenschen so unkalkulierbar wäre, wie es nach einigen kritischen Analysen den Anschein hat, dann wären Tradition, Kultur und gesellschaftliches Leben undenkbar. In der Radikalisierung ihrer Zweifel widerlegen die Kritiker sich selbst, sofern sie nicht aufhören, die Ergebnisse ihrer eigenen Überlegungen mitzuteilen und damit doch wohl auf die Wahrscheinlichkeit zu setzen, mit der der Zweck dieser Mitteilung bei den Adressaten erreicht wird. So richtig und wichtig es ist, naive Machbarkeitsvorstellungen zu verabschieden, so wichtig ist es andererseits, sich um die Vervollständigung und Verbesserung jenes Wissens zu kümmern, das darüber informiert, mit welcher Wahrscheinlichkeit bestimmte erzieherische Handlungen beabsichtigte und auch unbeabsichtigte ‹erzieherische› Effekte zur Folge haben. Dann erst wird Erziehung zu einem planbaren und auch verantwortbaren Handeln.

2.1.7 Gefahren

Es ist sicher ungewöhnlich, im Zusammenhang mit Erziehung von ‹Gefahren› zu reden. ‹Erziehung› gilt vielen als positiv besetzter Wertbegriff. Sie gehört – so die wohl herrschende Auffassung – zum Besten, was dem Menschen ‹passieren› kann. Zweifel richten sich allenfalls auf Realisierungsmängel im einzelnen, nicht aber auf die Berechtigung von Erziehung insgesamt.

Auf das zentrale Problem des mit Erziehung Bezweckten und Bewirkten wurde bereits an verschiedenen Stellen der bisherigen Ausführungen hingewiesen. «Erziehung (besteht) in einer ununterbrochenen Bemühung (...), dem Kinde eine gewisse Art zu sehen, zu fühlen und zu handeln aufzuerlegen, zu der es spontan nicht gekommen wäre» (DURKHEIM 1961, S. 108). In der Bestimmung des Wozu erzieherischen Handelns kommen – geradezu unvermeidbar – die Sachüberzeugungen, Wertvorstellungen und – mehr oder minder ausgeprägt – auch die (Eigen-)Interessen der gesellschaftlich jeweils Definitions- und Sanktionsmächtigen zur Geltung. Für die Unterscheidung zwischen Erziehung einerseits und

Manipulation oder gar Unterdrückung andererseits (vgl. dazu RUTSCHKY 1977, A. FLITNER 1982) sind – in historisch relativierender Betrachtung – sehr viel mehr Formen und Ausprägungen als Inhalte der Handlungsregulierung ausschlaggebend, wenngleich die Inhalte einer als Erziehung deklarierten Beeinflussung (langfristig) von mindestens gleicher Bedeutung sein dürften. Der immer wieder aufflammende Disput, ob und aus welchen Gründen eine als ‹Erziehung› bezeichnete Praxis zu Recht oder zu Unrecht als ‹Erziehung› bezeichnet wird – meistens wird allerdings behauptet: «Erziehung ist!» –, ist müßig oder gar zynisch. Er spiegelt – ganz realistisch – konkurrierende Sach- und Wertüberzeugungen und bezeugt die gesellschaftliche, politische und weltanschauliche Kontextrelativität oder gar -gebundenheit sowohl des Erziehungsverständnisses als auch der Erziehungspraxis.

Kompliziert und brisant wird die damit angesprochene Frage dadurch, daß nicht nur – wahrscheinlich aussichtslos – zu klären und zu entscheiden versucht werden muß, welches der unter diesbezüglich Einflußreichen strittigen Konzepte einer Handlungsregulierung in je konkreten Fällen erzieherisch verwirklicht werden soll; entschieden werden muß ja auch über die Frage, was eigentlich zum Besten der *Adressaten* erzieherischen Handelns zu geschehen hätte. Jedoch sie werden in der Regel entweder gar nicht oder erst dann gefragt, wenn sie in der Übernahme jener Sach- und Wertüberzeugungen Fortschritte gemacht haben, von denen die jeweils herrschende Erziehungsvorstellung bestimmt sind.

Die hier thematisierten Gefahren bestehen erstens darin, daß es bei der Geltendmachung erzieherisch bedeutsamer Sach- und Wertüberzeugungen weniger auf die Triftigkeit von Argumenten zur Geltungsbegründung als vielmehr auf die (Eigen-)Interessen derer ankommt, die die gesellschaftliche oder politische Macht und die ökonomischen Mittel haben, über Erziehung und das Erziehungswesen zu bestimmen. Sie bestehen zweitens darin, daß in Konflikten zwischen erzieherisch Einflußreichen die Bedürfnisse und Interessen Heranwachsender in Vergessenheit geraten.

Nun darf man sich über die Möglichkeiten, ‹die› Interessen Heranwachsender zu erfassen, keine allzu naiven Vorstellungen machen. Zum einen müssen (neu geborene) Menschen lernen zu wissen, was sie wollen (können und sollen). Individuelle Werdebereitschaft und soziokulturelle Werdegelegenheit stehen in einem komplementären Verhältnis zueinander. Erst angesichts extrapersonaler Entwicklungs- und Handlungsmöglichkeiten erfährt der in diese Welt Geborene etwas über seine individuellen Entwicklungs- und Handlungspotentiale. Zum anderen sollte man jene Wirksamkeit soziokultureller Sanktionssysteme nicht unterschätzen, in denen Heranwachsende – orientiert an gesellschaftlich definierten Erfolgskriterien – überdies veranlaßt (‹gezwungen›) werden, auch inhaltlich zu wollen, was sie sollen. Insofern wäre es utopisch, nach jenen Erziehungsbedürfnissen Heranwachsender zu fragen oder zu suchen, die sich (völlig) unabhängig von Anforderungen entwickeln, die ‹die Gesellschaft› entwicklungsabhängig in unterschiedlichen Formen und Graden von der Geburt bis ins hohe Alter an den einzelnen stellt. Gefährlich – im Sinne einer pädagogischen Ethik – ist demnach nicht schon die bloße Tatsache, daß es keine Erziehung ohne Sach- und Wertüberzeugung Erziehender gibt und geben kann, sondern gefährlich ist die Dogmatisierung und gewalttätige Durchsetzung dieser Überzeugungen. Daß Gewaltsamkeit und Zwang dennoch die existentielle Freiheit zu Erziehender nicht zu suspendieren vermögen, zeigt sich u. a. darin, daß Zwänge die Einwilligung Gezwungener bezwecken und daß in der Einwilligung ein Zwang sich erst vollendet. Aber dann hat der als Zwang intendierte oder interpretierte Einfluß – in einem differenzierungsbedürftigen Sinn – ‹aufgehört›, ein Zwang zu ‹sein›. Wer die Gefahr der Indoktrination vermeiden will, der muß seine erzieherische Praxis von Anbeginn so organisieren, daß der Adressat erzieherischen Handelns befähigt wird, den unvermeidbaren erzieherischen Vorgriff auf die Selbstbestimmung des Zu- oder Sich-Erziehenden einer kritischen Überprüfung zu unterziehen. Der Adressat erzieherischen Handelns muß Gelegenheit erhalten, jene Urteilskraft zu entwickeln, die er benötigt, um den erwähnten Vorgriff – aus eigener Überzeugung und mit verallgemeinerbaren Argumenten – zu ratifizieren oder zu revidieren (vgl. dazu u. a. LITT 1969, HEID 1970).

Literatur

AUERNHEIMER, G.: Erzieher – Erziehung – Erziehungsmittel – Erziehungstheorie. In: Wulf, Ch. (Hrsg.): Wörterbuch der Erziehung. München 1974, S. 187–192.

BARTH, P.: Die Geschichte der Erziehung in soziologischer und geistesgeschichtlicher Bedeutung [1911]. Darmstadt 1967.

BENNER, D.: Allgemeine Pädagogik. Weinheim/München 1987.

BERG, CH. u. a. (Hrsg.): Handbuch der deutschen Bildungsgeschichte. München 1987 ff.

BLANKERTZ, H.: Theorien und Modelle der Didaktik. München 1969.

BLANKERTZ, H.: Bildung – Bildungstheorie. In: Wulf, Ch. (Hrsg.): Wörterbuch der Erziehung. München 1974, S. 65–69.

BOCHENSKI, I. M./MENNE, A.: Grundriß der Logistik. Paderborn ³1965.

BRAUNMÜHL, E. v.: Antipädagogik. Weinheim/Basel 1975.

BREZINKA, W.: Grundbegriffe der Erziehungswissenschaft. München/Basel 1974.

BRINKMANN, W.: Zur Geschichte der pädagogischen Soziologie in Deutschland. Würzburg 1986.

DOLCH, J.: Grundbegriffe der pädagogischen Fachsprache. München [4]1963.

DOLCH, J.: Worte der Erziehung in den Sprachen der Welt. In: Brezinka, W. (Hrsg.): Weltweite Erziehung. Freiburg 1961, S. 163–176.

DOLCH, J.: Der Erfahrungsbegriff der Erziehung. In: Zeitschrift für Pädagogik 12 (1966), S. 213–237.

DURKHEIM, E.: Die Regeln der soziologischen Methode [1895]. Neuwied 1961.

DURKHEIM, E.: Erziehung, Moral und Gesellschaft [1902/1903]. Neuwied 1973.

EDDING, F.: Ökonomie des Bildungswesens. Lehren und Lernen als Haushalt und Investition. Freiburg 1963.

FISCHER, A.: Deskriptive Pädagogik [1914]. In: Ders.: Leben und Werk. Bd. 2. München o. J. [1950], S. 5–30.

FISCHER, A.: Pädagogische Soziologie [1932]. In: Ders.: Gesammelte Abhandlungen zur Soziologie, Sozialpädagogik und Sozialpsychologie. München o. J. [1954].

FLITNER, A.: Konrad, sprach die Frau Mama... Über Erziehung und Nicht-Erziehung. Berlin 1982.

FLITNER, W.: Allgemeine Pädagogik. Stuttgart [7]1961.

GAGE, N. L. / BERLINER, D. C.: Pädagogische Psychologie. München 1979.

GEIGER, TH.: Erziehung als Gegenstand der Soziologie [1930]. In: Ders.: Arbeiten zur Soziologie. Neuwied 1962, S. 293–315.

GRIMM, J. / GRIMM, W.: Deutsches Wörterbuch [1854]. Bd. 3. Berlin 1971.

GROOTHOFF, H.-H.: Erziehung. In: Ritter, J. (Hrsg.): Historisches Wörterbuch der Philosophie. Bd. 2. Darmstadt 1972, Sp. 733–735.

HECKEL, H. (unter Mitarbeit v. P. Seipp): Schulrechtskunde. Berlin/Neuwied/Darmstadt 1957.

HECKEL, H. / AVENARIUS, H.: Schulrechtskunde. Neuwied [6]1986.

HECKHAUSEN, H.: Intentionsgeleitetes Handeln und seine Fehler. In: Heckhausen, H. u. a. (Hrsg.): Jenseits des Rubikon. Der Wille in den Humanwissenschaften. Berlin 1987, S. 143–175.

HEID, H.: Zur pädagogischen Legitimität gesellschaftlicher Verhaltenserwartungen. In: Zeitschrift für Pädagogik 16 (1970), H. 3, S. 365–394.

HEID, H.: Das Theorie-Praxis-Verhältnis in der Pädagogik. In: Roth, L. (Hrsg.): Pädagogik. Handbuch für Studium und Praxis. München 1991, S. 949–957.

HÜGLI, A.: Pädagogik. In: Ritter, J. / Gründer, K. (Hrsg.): Historisches Wörterbuch der Philosophie. Bd. 7. Darmstadt 1989, Sp. 1–35.

KLAFKI, W.: Muß die Didaktik eigenständig sein? In: Die Deutsche Schule 57 (1965), H. 7/8, S. 409–420.

KLAUER, K. J.: Revision des Erziehungsbegriffs. Düsseldorf 1973.

KLUGE, F.: Etymologisches Wörterbuch der deutschen Sprache. 22. völlig neu bearb. Aufl. Berlin/New York 1989.

KOCH, L.: Ist Mündigkeit operationalisierbar? In: Pädagogische Rundschau 26 (1972), H. 6, S. 486–493.

KROH, O.: Revision der Erziehung. Heidelberg [5]1960.

LICHTENSTEIN, E.: Bildung. In: Ritter, J. (Hrsg.): Historisches Wörterbuch der Philosophie. Bd. 1. Darmstadt 1971, Sp. 921–937.

LITT, TH.: Das Wesen des pädagogischen Denkens [1921]. In: Nicolin, F. (Hrsg.): Pädagogik als Wissenschaft. Darmstadt 1969, S. 268–304.

MENZE, C.: Bildung. In: Lenzen, D./Mollenhauer, K. (Hrsg.): Enzyklopädie Erziehungswissenschaft. Bd. 1. Stuttgart 1983, S. 350–356.

MOLLENHAUER, K.: Was ist Erziehung? In: Deutsche Jugend (1966), S. 159–194.

OELKERS, J.: Die Abschaffung der Erziehung durch Erziehung. In: Neue Politische Literatur 23 (1978), S. 350–366.

RUTSCHKY, K. (Hrsg.): Schwarze Pädagogik. Quellen zur Naturgeschichte der bürgerlichen Erziehung. Frankfurt/Berlin/Wien 1977.

SCHOENEBECK, H. v.: Unterstützen statt erziehen. München 1982.

SCHRÖDER, H. › Grundwortschatz Erziehungswissenschaft. München ²1992.

SCHWENK, B.: Erziehung. In: Lenzen, D./Mollenhauer, K. (Hrsg.): Enzyklopädie Erziehungswissenschaft. Bd. 1. Stuttgart 1983, S. 386–394.

SEIFFERT, H.: Muß die Pädagogik eigenständig sein? Essen 1964.

SEIFFERT, H.: Muß die Didaktik eigenständig sein? In: Die Deutsche Schule 58 (1966), H. 3, S. 174–181.

STEGMÜLLER, W.: Probleme und Resultate der Wissenschaftstheorie und Analytischen Philosophie. Bd. 1. Berlin 1969.

WEBER, M.: Die «Objektivität» sozialwissenschaftlicher und sozialpolitischer Erkenntnis [1904]. In: Ders.: Gesammelte Aufsätze zur Wissenschaftslehre. Tübingen ²1951, S. 146–214.

WEISS, C.: Pädagogische Soziologie. Leipzig 1929.

WILLMANN, O.: Didaktik als Bildungslehre [1882–88]. Braunschweig ⁵1923.

WINKLER, M.: Stichworte zur Anti-Pädagogik. Stuttgart 1982.

Alfred Langewand

2.2 Bildung

2.2.1 Begriffsverständnis

Unter ‹Bildung› kann man im großen und ganzen verstehen, daß auf der einen Seite allgemeine oder gar universale Bestimmungen des Selbst- und Weltverständnisses wie ‹Vernunft›, ‹Rationalität›, ‹Humanität›, ‹Sittlichkeit› verschränkt sind oder sein sollten mit den auf der anderen Seite besonderen Bestimmungen konkreter Individualität von Personen. Die Einmaligkeit und Eigentümlichkeit des je einzelnen soll demgemäß möglichst ‹harmonisch› mit den abstrakten Formen vernünftiger, philosophischer, wissenschaftlicher oder ästhetischer Selbst- und Weltdeutung vereint sein oder doch vereinbar sein. Diese Einheit von genereller, rationaler Bestimmung von ‹Ich und Welt› und persönlicher Unverwechselbarkeit, von Artikulation der menschlichen ‹Vernunft› und Artikulation von menschlicher ‹Natur›, soll zudem zwanglos zustande kommen. Ähnlich wie das lateinische *forma* (Gestalt) und *formatio* (Gestaltung) – englisch *form / formation*, französisch *forme / formation* – kann ‹Bildung› dabei den *Entwicklungsgang* selbst wie seine *abschließende Gestalt* bezeichnen.

    In der deutschen Sprache gibt es eine Vielzahl anderer Wörter, die ‹Bildung› bisweilen ersetzen, ohne daß sie den Bedeutungsumfang des substituierten Terminus ausschöpfen. So werden Erziehungs- und Bildungsbegriff oftmals synonym gebraucht, Kultur als ‹objektive› Seite von Bildung verstanden und Bildung selbst als subjektive Aneignung des ‹objektiven› Gehalts von Kultur. In der zweiten Hälfte des 18. Jahrhunderts gehörte zum Bildungsgedanken der Gedanke der Humanität und der Vollkommenheit oder ‹Vervollkommlichkeit›, der Perfektion oder

Perfektibilität. ‹Aufklärung› und ‹Bildung›, ‹Tugend› und ‹Geist› gehörten so zusammen wie am Ende des 19. Jahrhunderts ‹Bildung› und ‹Gut›, ‹Bildung› und ‹Wert›. Seit der Mitte des 20. Jahrhunderts wurde im Gefolge einer stärkeren sozialwissenschaftlichen Orientierung der Pädagogik der Bildungsbegriff bisweilen ersetzt durch Enkulturation, Sozialisation, Ich-Identität, Entwicklung oder Qualifikation.

Stärker als der Erziehungsbegriff spielt der Bildungsbegriff auch in anderen Wissenschaften eine wichtige Rolle. Läßt man unberücksichtigt, daß in der Geologie unverfänglich von Gesteinsbildung, in der Biologie von Körperbildung, in der Psychoanalyse von Über-Ich-Bildung usw. gesprochen wird, so ist es vor allem die Soziologie, in der der Bildungsbegriff geradezu inflationäre Verwendung findet: Bildungsplanung, Bildungsdefizit, Bildungsrat, Bildungskatastrophe, Bildungssystem, . . . ‹Bildung› fungiert hier nur noch als Teil eines formalen Bindestrichtitels.

2.2.2 Historisches zum Bildungsbegriff

Das Wort Bildung, althochdeutsch *bildunga*, mittelhochdeutsch *bildunge*, umfaßt anfänglich die Bedeutungen ‹Bild›, ‹Bildnis›, ‹Ebenbild› sowie ‹Nachahmung›, ‹Nachbildung›; dann treten ‹Gestalt, Gestaltung› und ‹Schöpfung, Verfertigung› hinzu. Der Ausdruck wird lange Zeit vor allem für die äußere Gestalt von Pflanze, Tier und Mensch verwendet. Die Übertragung auf die ‹innere Gestalt› des Menschen ist mit Breitenwirkung vor allem ein Vorgang des 18. Jahrhunderts. Im Bedeutungshintergrund von ‹Bildung› ist zudem unverkennbar eine christlich-religiöse Lehre präsent, deren Säkularisierung sich über einen langen historischen Zeitraum hinzieht und die das Bild des Menschen unter zwei Aspekten berührt: Da ist zunächst die Vorstellung von der *Gottesebenbildlichkeit* (Imago Dei) des Menschen, wie sie im 1. Buch Mose 1, 26/27 angesprochen ist: «Und Gott sprach: Lasset uns Menschen machen, ein Bild, das uns gleich sei [. . .] Und Gott schuf den Menschen zu seinem Bilde, zum Bilde Gottes schuf er ihn [. . .].» Da ist zweitens, neben dieser Vorstellung des Menschen als ein seinem Schöpfer gleichendem Bild, die Vorstellung der *Wandlung* des Menschen in eine Imago Dei, wie sie im zweiten Brief des Apostels Paulus an die Korinther ausgesprochen ist: «[. . .] und wir werden verklärt in sein Bild von einer Herrlichkeit zur andern, von dem Herrn, der der Geist ist» (2. Kor. 3,18). Nimmt man beide Bibelstellen zusammen, ahnt man, welche extensiven Auslegungen von ihnen ihren Ausgang nehmen konnten. Denn die Vorstellung der

Gottesebenbildlichkeit des Menschen kann hier ebenso als *Prämisse* verstanden werden – und erlaubt dann unter anderem Formen von anthropologischem Optimismus –, wie sie als *Konsequenz* eines Aktes göttlichen Gnadenerweises ansehbar ist, dessen Notwendigkeit dann nicht selten aus der zugrundeliegenden anthropologischen Prämisse der radikalen Verderbtheit des Menschen gefolgert wird.

‹Bildnis› und ‹Bildung› gehen im Hoch- und im Spätmittelalter sowie in der frühen Neuzeit eine wechselvolle, oft enge Beziehung ein. Sie werden in der Mystik eines Eckhart oder Seuse vertieft, in der Naturphilosophie eines Paracelsus und im Pietismus erweitert, zum Teil aber auch relativiert. Am Beginn des 18. Jahrhunderts entfalten dann die beiden gerade bezeichneten Lesarten der Gottesebenbildlichkeit als Prämisse oder als Konsequenz ihre spätere pädagogische Wirkungsgeschichte. Die eine – anthropologisch pessimistische – Lesart, nach der der Mensch Imago Dei allein dank göttlicher gnädiger Verklärung sein kann, entwickelt zum Beispiel der Pietismus (vgl. MENCK 1969). Die andere – anthropologisch optimistische – Lesart finden wir z. B. bei Leibniz, dessen Bedeutung für die neuhumanistische pädagogische Bildungstheorie des späten 18. und frühen 19. Jahrhunderts kaum zu überschätzen ist (vgl. Abschn. «Autonomie»). Zur Vorgeschichte des pädagogischen Bildungsbegriffs gehört aber insbesondere die Geschichtsphilosophie Johann Gottfried Herders. Sie ist Vorgeschichte, insofern man bei Herder eine im terminologischen Sinn strikt formulierte pädagogische Bildungstheorie noch gar nicht findet; sie ist darüber hinaus auch Vorläufer insofern, als sich dem Bildungsbegriff Herders Aspekte und Problemkonstellationen beigesellen, die die spätere terminologische Verwendung in der Pädagogik mit festlegen.

Herder arbeitet im Zuge seiner Kritik der abstrakten Verstandesaufklärung an einem Vermittlungsmodell von *Vernunft* einerseits und *Historie* andererseits, die in der Aufklärung in der Regel abschätzig behandelt wurden. Darin war ihm Voltaire vorangegangen. Geschichte, Historie, Tradition, von der rationalistischen Philosophie als Ansammlung empirischer Singularitäten vernachlässigt und von der populären Aufklärungsphilosophie gern als Quelle fehlgehender Vorurteile – neben Autorität und Übereilung – gebrandmarkt, bekommen bei Herder einen eigenständigen Stellenwert. Geschichtlich Vergangenes ist nicht einfach mehr eine minderwertige Vorstufe des jetzt so aufgeklärten, vernünftigen, philosophischen und pädagogischen Zeitalters, sondern erlangt eine eigene Dignität: Orient, Ägypten, Griechenland usw. als Blütezeiten der Menschheit in ihrer je eigenen Art sind als solche zu erkennen und anzuerkennen. Gleichwohl glaubt er an eine «Bildung zur Vollkommenheit» in der Geschichte; und d. h. anzuerkennen, daß, «was [...] jeder Mensch ist und seyn kann, [...] Zweck des Menschengeschlechts seyn [muß]; und was ist dies? Humanität und Glückseligkeit auf dieser Stelle, in diesem Grad, als dies und kein andres Glied der Kette von Bildung, die durchs ganze Geschlecht reichet» (HERDER 1887, S. 350).

Entscheidend für den nachmaligen pädagogischen Begriff der Bildung ist jedoch, daß das Terrain, auf dem Herder seinen geschichtsphilosophischen Begriff der Bildung plaziert, nicht nur besetzt ist durch die Position der fortschrittsgläubigen Aufklärungsphilosophie, der der «Progreß der Verbesserung» gewiß schien, und die Position des Rationalismus, dem die Geschichte nichts anderes war als eine erfahrungsmäßig aufweisbare Ansammlung von Einzelheiten. Gewärtig war Herder zusätzlich und gewiß nicht erst an zweiter Stelle die Konzeption Rousseaus. Der hatte in seinen beiden Diskursen über Kunst und Wissenschaft sowie über den Ursprung der Ungleichheit unter den Menschen jeglicher Form teleologischen, also zweck- oder zielbezogenen Geschichtsdenkens eine scharfe Absage erteilt. Grundkategorie der Geschichtsbetrachtung ist für Rousseau nicht die Vervollkommnungsfähigkeit oder gar -notwendigkeit des Menschen oder der Menschheit, sondern die, wie Rousseau schreibt, «perfectibilité». Damit war gerade nicht «Vervollkommlichkeit», wie 1795 Christoph Martin WIELAND (1984, S. 133) übersetzte, sondern – im Gegenteil – Unbestimmtheit gemeint: Eine teleologische Definition der Menschen (und seiner Geschichte) ist nach Rousseau schimärisch. Es gehört zum Kontext des frühen Bildungsbegriffs in der Pädagogik, daß insbesondere die deutsche Rousseau-Rezeption den Perfektibilitätsbegriff nun doch gern teleologisch ‹übersetzt›. So z. B. Moses MENDELSSOHN (1843, S. 378): «Oh, was für siegreiche Waffen hat er [Rousseau; A. L.] durch dieses Eingeständnis seinen Gegnern in die Hände gegeben: Der Wilde hat ein Bestreben sich vollkommener zu machen!» Genau dies erfüllt die wesentliche Bestimmung des Herderschen Bildungsbegriffs: Auch und gerade die Geschichte, die der Philosoph betrachtet, ist als Streben zur Vervollkommnung zu interpretieren. Das deutsche Konzept der Bildung ist also auch und wesentlich als Antwort auf die Zumutung Rousseaus zu verstehen, einen Sinn der Geschichte gebe es nicht, und die Wahrhaftigkeit und Glückseligkeit des Wilden im Naturzustand (und des nur ‹negativ› zu erziehenden Kindes) seien allemal wahrscheinlicher als die des christlichen europäischen Bürgers!

Der moderne Erziehungsgedanke in Deutschland fällt in seiner Entstehung zusammen mit der Entwicklung des modernen deutschen Erziehungs- und Bildungswesens, und dies wiederum läuft parallel zur Erstarkung der Bürgerwelt. In der Kunst und Literatur ist es die Zeit der

«Klassik und Romantik», in der Philosophie die Zeit der Formation der klassischen deutschen Philosophie, in der Geschichtsschreibung die der Ablösung aufklärerischer durch historistische Denkmodelle. In der Ökonomie dieser Zeit wird der Zusammenbruch der traditionellen Wirtschaftsform sichtbar, die z. B. in Christian Wolffs «philosophia practica universalis» (Allgemeine praktische, auf das Handeln zielende Philosophie) noch als Ökonomie des «ganzen Hauses» (mit dem Vater als Vorsteher) reflektiert wurde; zugleich entwickeln sich Vorformen der nachmals als kapitalistisch verstandenen Produktionsweise, etwa in der Art des Verlagskapitals, das seinerseits ab den 1760er Jahren vorübergehend eine eigene Art von Pädagogik begünstigte, die Industrieschulerziehung. Mitentscheidend für die Karriere des Bildungsbegriffs ist schließlich die politische und staatliche Reaktion auf die napoleonischen Kriege, insbesondere die preußische Reformpolitik von Stein und Hardenberg Anfang des 19. Jahrhunderts. Daß ‹Bildung› in dieser Reformphase eine äußerst große Bedeutung zugemessen wurde, läßt sich etwa an einem königlichen Bemerken, gemünzt auf die Gründung der Berliner Universität, ablesen, diese solle «durch geistige Kräfte dem Staate ersetzen, was er an physischen verloren hat». Ob das preußische niedere und höhere Schulwesen freilich eine ‹adäquate› Umsetzung des Bildungstheorems etwa eines Humboldt war, ist in der Forschung umstritten. Ganz allgemein und unabhängig davon soll hier aber festgehalten werden, daß sich durch die Schulpflicht ab 1796 – im preußischen allgemeinen Landrecht nochmals (nach 1718) bekräftigt – das Erziehungssystem in jene Bahn zunehmender Autonomisierung gegenüber anderen Bereichen des gesellschaftlichen Lebens gesetzt sah, die ihrerseits auf *Verbesonderung* eines gesellschaftlichen Teilbereichs für nur eine Funktion und auf *Universalisierung* durch Einschließung (Inklusion) aller Gesellschaftsmitglieder begründet ist. Auf die Entwicklung des Erziehungs- und Bildungswesens in Deutschland wird in diesem Beitrag nicht weiter Bezug genommen (vgl. hierzu BERG 1991, JEISMANN / LUNDGREEN 1987, LANGENWIESCHE / TENORTH 1989). Im folgenden wird vielmehr nur die *theoriegeschichtliche* Betrachtungsweise gewählt, um von dieser aus die Komplexität des Bildungsgedankens historisch und systematisch aufzuzeigen. Die Beschränkung auf diese Betrachtungsweise dient der inhaltlichen Aufschließung des Bildungsbegriffs noch vor seinen empirisch-historischen Kontexten.

2.2.3 Struktur des Gegenstandes

Eine Übereinstimmung darüber, was Bildung ist, gibt es nicht. Aber es können formal fünf Dimensionen des Bildungsbegriffs unterschieden werden, in denen sich das Reden über Bildung fast regelmäßig vollzieht:

– die *sachliche* Dimension; die Rede von Bildung scheint mehr oder weniger notwendig mit der Vorstellung einherzugehen, daß es bestimmte Bildungsinhalte oder bestimmte Klassen von Bildungsinhalten geben muß, von denen dann weiter angenommen wird, ihnen eigne eine besondere Qualität, eben die, Bildung zu vermitteln: Bildung braucht Stoffe (2.2.3.1);

– Die *temporäre* Dimension; wie der vorpädagogische Bildungsbegriff bei Herder in eine Philosophie der Geschichte eingebettet war, also einer Vorstellung über den Sinn des Zeitverlaufs, so setzt sich von Anfang an auch die pädagogische Version des Bildungsbegriffs in bestimmte, unterschiedliche Verhältnisse zur Auffassung von Geschichte, weil sie Ziele setzt oder selbst das Ziel von Lernprozessen sein will: Bildung braucht Geschichte (2.2.3.2);

– die *soziale* Dimension; welche sachlichen Inhalte auch immer mittels welcher Deutungen zu Bildungsinhalten gemacht werden und welche geschichtliche Relevanz man auch der Bildung zubilligen mag, mit Bildung sind in der Regel normative Zumutungen verbunden, deren Akzeptanz sich nicht von selbst versteht: Bildung braucht Zustimmung (2.2.3.3);

– die *wissenschaftliche* Dimension; auch wenn die Stoffe, Geschichte und Zustimmung erheischenden Seiten des Bildungsbegriffs geklärt sind, bleibt die theoretische Frage: Wie ist Bildung möglich? Es ist freilich nicht immer klar gewesen, inwieweit sich diese Frage von der anderen grundlegenden Frage der modernen Erziehungswissenschaft unterscheidet, wie Erziehung möglich sei: Wissenschaft möchte, daß Bildung Wissenschaft braucht (2.2.4);

– die *autobiographische* Dimension; neben der pädagogischen (2.2.3.1–2.2.3.3) und der erziehungswissenschaftlichen Dimension (2.2.4) sollte beim Nachdenken über Bildung nicht vergessen werden, daß kulturelle und szientifische Kategorien Zumutungen sind, denen man sich unterwerfen kann oder nicht: Braucht der einzelne ‹Bildung› für sein Selbstverständnis? (2.2.5)

Diese fünf Dimensionen des Bildungsbegriffs sind durch je spezifische Differenzen gebildet, die ihrerseits wiederum unterschiedliche Berücksichtigung finden können:

– In der sachlichen Dimension ist die Differenz zwischen dem *Inhalt* und dem bildenden *Gehalt* entscheidend, der in, mit oder an diesem Inhalt angeeignet werden soll. (Nicht nur) für ‹Bildung› gilt: Indem man etwas lernt, lernt man immer auch etwas anderes. Für die Theorie der Bildung ist seit ihren Anfängen bei Wilhelm von Humboldt diese Differenz von äußerster Bedeutung; sie hat sich als Reflexion vor allem dieses ‹Anderen› verstanden, und noch dort, wo bestritten wird, dem Bildungsinhalt inhäriere ein Bildungsgehalt, auf den es vor allem ankomme, hat sie selten dem Ansinnen widerstanden, nun ihrerseits Äquivalente für den negierten Bildungsgehalt zu suchen. In der sachlichen Dimension konstituiert sich also der Bildungsbegriff durch die Differenz von Bildungsinhalt und Bildungsgehalt sowie die Formen ihrer Modifikation.

– In der zeitlichen Dimension ist die Differenz zwischen dem faktischen Verlauf der Ereignisse und ihrer ‹Bedeutung› entscheidend. Wenn Bildung Ziele verfolgt oder selbst Ziel ist, muß das Anpeilen solcher Marken sich der Assistenz aller denkbaren Bedingungen zu versichern suchen oder sie kontrafaktisch einfordern, resignativ vermissen, utopisch erhoffen usw. Die normative Tönung des Bildungsbegriffs sträubt sich gegen die Vorstellung, alles könne auch radikal anders sein. Selbst dort, wo die Differenz von Verlauf und Sinn bestritten wird, sucht der Bildungsgedanke Äquivalente für den Verlust des Geschichtssinns. In der temporären Dimension konstituiert sich also der Bildungsbegriff durch die Differenz von *Geschichtsverlauf* und *Richtungssinn der Geschichte* sowie die Formen ihrer Modifikation.

– In der sozialen Dimension ist für den Bildungsbegriff die Differenz zwischen dem Lernen und der Anerkennung von pädagogisch oder sonstwie geschätzten Standards entscheidend. Das Lernen ist im Prinzip nicht begrenzbar, ‹Umlernen› nie auszuschließen. Lernen selbst stiftet von sich aus nicht notwendig bleibende Anerkennung. Selbst wenn die Frage des Bildungsinhalts und des Bildungsgehalts geklärt und die Assistenz oder Aversion der historischen Bedingungen festgestellt ist, ist die Akzeptanz der ‹bildenden Gehalte› unter den Vorbehalt der Zustimmung gestellt: Bildung ist kein automatischer Prozeß, keine Zwangsläufigkeit. Die Frage der Anerkennung von sozialen, pädagogischen, moralischen, wissenschaftlichen Standards bildet den Mittelpunkt der sozialen Dimension des Bildungsbegriffs. Gerade dort, wo die Differenz von Lernen und stets vorbehaltlicher Anerkennung ‹bildender Gehalte› hintertrieben werden soll, z. B. im pädagogischen Fundamentalismus, kehrt sie wieder in der Notwendigkeit gewaltsamen Zustimmungszwangs. In der sozialen Dimension konstituiert sich so der Bildungsbegriff durch die Differenz von *Lernen* und *Verbindlichkeit* sowie Formen ihrer Modifikation.

– In der wissenschaftlichen Dimension ist die Unterscheidung von praktischer Bildungsreflexion und theoretischer Analyse der Möglichkeit von Bildung entscheidend. Es gehört zu den markantesten Charakteristika der modernen Erziehungsreflexion, daß sie – zeitgleich mit der Einführung des Bildungsbegriffs in die Pädagogik – sich als Differenz von Pädagogik einerseits und Erziehungswissenschaft andererseits etabliert. ‹Pädagogik› antwortet auf die praktischen Fragen nach dem Sinn, den Methoden usw. von Erziehung, ‹Erziehungswissenschaft› fragt nach deren Möglichkeit. In der wissenschaftlichen Dimension konstituiert sich somit der Bildungsbegriff durch die Differenz von *Bildung* und *Bildsamkeit* sowie ihren Modifikationen.

– In der autobiographischen Dimension schließlich ist die Differenz von Bildung als kulturellem Muster und dem je konkreten Verstehen des eigenen Lebens konstitutiv. Was immer Pädagogik und Erziehungswissenschaft über den Bildungsbegriff verfügen – es sind Interpretationen, deren Wahrheit oder Angemessenheit für den einzelnen immer noch unentschieden sein kann und vielleicht sogar sein muß. In der autobiographischen Dimension wird somit die Differenz von *Bildung* und *Selbstbeschreibung* wichtig.

2.2.3.1 Sache und Bildung

Im folgenden werden exemplarisch Bildungskonzepte vorgestellt, die auf die eine oder andere Weise die Differenz von Bildungsinhalt und Bildungsgehalt behandeln.

Autonomie. – Am Anfang der Geschichte der pädagogischen Bildungstheorie steht das Werk Wilhelm von Humboldts.

Es ist insbesondere von Menze darauf hingewiesen worden, daß in der historischen Vorgeschichte der Humboldtschen Bildungslehre die Metaphysik von Leibniz eine wichtige Rolle spielt (vgl. MENZE 1965, 1980). Die elementaren ‹Bausteine› der Welt sind nach Leibniz «Monaden», an sich opake Einheiten, je individuell und unverwechselbar (vgl. LEIBNIZ 1985a, S. 443), nicht beeinflußbar, sondern selbsttätig handelnd aufgrund ihres auf Vollkommenheit hinzielenden Strebens (Entelechie). Sie ‹spiegeln› in ihrer jeweiligen ‹Eigentümlichkeit› – als Mikrokosmos – das Universum – den Makrokosmos – insgesamt lebendig wider (vgl. LEIBNIZ 1985a, S. 465). Dafür nun, daß die Welt insgesamt weder im Kleinen noch im Großen von chaotischer Verfassung ist, sorgt die «harmonie préétablie». Humboldts Anknüpfungspunkt an dieses Konzept ist sehr einfach dadurch beschreibbar, daß er die individuelle und auch universale Bestimmung der Monade allein noch auf die Individualität des einzelnen Menschen bezieht und diesen je einzelnen auf die entelechial gesetzte Aufgabe der «Bildung des Menschen» verweist. Die theologische Prämisse des Schöpfergottes fällt zugleich fort. Dieses auf Vollkommenheit hinzielende Streben (Entelechie) wird bei Humboldt dann in Verbindung gebracht mit Kants Konzept der moralischen Autonomie, welches die durch die Verabschiedung des einen Schöpfergottes leere Stelle besetzt. «Handle so, als ob die Maxime deines Handelns jederzeit allgemeines Gesetz sein werde», lautet eine der Formulierungen des «kategorischen Imperativs» in Kants praktischer Philosophie (vgl. KANT 1983a, S. 50f). Grundgedanke dieser Moraltheorie ist: Die Handlungsabsicht des je einzelnen Menschen ist dann moralisch, wenn sie zugleich zur Handlungsabsicht «der Menschheit» universalisiert werden kann. In der moralischen Person ist immer auch die Menschheit repräsentiert. Person und Menschheit sind im moralischen Handeln ‹Selbstzweck›: «Handle so, daß du die Menschheit, sowohl in deiner Person als in der Person eines jeden anderen, jederzeit zugleich als Zweck, niemals bloß als Mittel brauchst» (KANT 1983a, S. 61).

An Kant schließt Humboldt nun auf folgende Weise an: Dem monadologisch verstandenen Individuum geht es zwar allein um seine innere Bildung («rein, und in seiner Endabsicht betrachtet ist sein Denken immer nur ein Versuch seines Geistes, vor sich selbst verständlich, sein Handeln ein Versuch seines Willens, in sich frei und unabhängig zu werden, seine ganze äußere Geschäftigkeit überhaupt aber nur ein Streben, nicht in sich müßig zu bleiben»; HUMBOLDT 1980, S. 235); aber um dies alles sein bzw. werden zu können, braucht das Ich, wie Humboldt den Menschen nennt, die Welt, ‹Nicht-Mensch›. Damit ist das sachliche Bildungsproblem bei Humboldt genau benannt. Wie verträgt sich die ja eigentlich reine, autonome Selbstbezüglichkeit des ‹Ich› mit der heteronomen Fremdbestimmung des ‹Nicht-Ich› (der Welt)? Nun, die Bildungsinhalte, die der Mensch um seiner eigenen Entelechie willen benötigt, müssen eine Struktur aufweisen, die der der *moralischen Autonomie* analog ist. Sie müssen *allgemeine Geltung* beanspruchen können, sie müssen *durch sich selbst*, d. h. durch Gründe, bestimmt sein, sie müssen *Akte der Selbstbestimmung* unterstützen. Allgemein gesagt, die bildende Struktur der Lerninhalte, also das, was hier Bildungsgehalt genannt wird, ist durch jene Selbstbezüglichkeit charakterisiert, die für den Grundsatz der Autonomie gilt («Verknüpfung unseres Ichs mit der Welt zu der allgemeinsten, regesten und freiesten Wechselwirkung»; HUMBOLDT 1980, S. 235f). Der Mensch kann sich, als Mensch (Person), nur *allgemeine* Bildung zueignen, nicht aber «specielle Bildung», die ihn «bloß als Mittel» (Kant) in Betracht zöge. Umgekehrt wiederum bedeutet das: Wenn die eigentümliche Struktur der Bildungsinhalte darin liegt, daß sie auf Gründen oder allgemeinen Anschauungen beruhen, dann ermöglichen sie nicht nur, etwas je Konkretes zu lernen, sondern das «Lernen selbst zu lernen» – und das ist nichts weiter als die ‹pädagogische› Sichtweise auf «Entelechie». Beide Bildungen, die allgemeine wie die spezielle, «werden durch verschiedene Grundsätze geleitet. Durch die allgemeine sollen die Kräfte, das heißt der Mensch selbst gestärkt, geläutert und geregelt werden; durch die spezielle soll er nur Fertigkeiten zur Anwendung erhalten. Für jene ist also jede Kenntnis, jede Fertigkeit, die nicht durch vollständige Einsicht der streng aufgezählten Gründe, oder durch Erhebung zu einer allgemeingültigen Anschauung (wie die mathematische und ästhetische) die Denk- und Einbildungskraft, und durch beide das Gemüt erhöht, todt und unfruchtbar. Für diese muß man sich selbst oft auf in ihren Gründen unverstandene Resultate beschränken, weil die Fertigkeit da sein muß, und Zeit oder Talent zur Einsicht fehlt» (HUMBOLDT 1982, S. 188). Allgemeiner Schulunterricht geht daher, so Humboldt im Litauischen Schulplan, vor allem auf *ästhetische, mathematische, philosophische* und *historische* Verhältnisse. Sie alle stützen sich entweder auf Gründe oder allgemeine Anschauungen. Damit ist für Humboldt zugleich die Entscheidung für die organisatorische Gliederung des «allgemeinen» Schulwesens gefallen: Es gibt nur Elementar-, Schul- und Universitätsunterricht, alles übrige, Spezielle, Anwendungs- oder Berufsbezogene bleibt gesonderten Anstalten überlassen. Die Theorie der Bildung des Menschen, ursprünglich eine philosophisch-anthropologische Spekulation, greift so auf ‹curriculare› und ‹bildungspolitische› Fragen über. Ihre sachliche These lautet: Der Bildungsgehalt von Lerninhalten bemißt sich an ihrer der *moralischen Autonomie analogen Struktur*. – Der Gegensatz von allgemeiner Bildung und spezieller Bildung reicht von Humboldt bis in unser heutiges Bildungsverständnis.

Kategoriales. – Die sachliche Dimension des Bildungsbegriffs mit der Differenz von Bildungsinhalt und Bildungsgehalt zu konturieren, hat zuerst Otto Willmann in seiner «Didaktik als Bildungslehre» unternommen. Sie ist dann von der geisteswissenschaftlich-hermeneutischen Pädagogik, insbesondere von Erich Weniger, aufgegriffen und von Wolfgang Klafki präzisiert und konkretisiert worden. Der Abstand zu Humboldts Konzept sagt auch etwas aus über die Veränderungen, die das 19. Jahrhundert dem Bildungsbegriff beschert hat. Von der Konzeption Klafkis aus läßt sich sagen: Eine sachliche Fundierung des Bildungsgedankens auf Konzepte einer moralischen Autonomie allein trägt nicht mehr. Die Bildungsgesellschaft wird nicht mehr so sehr über Sittlichkeit integriert, sondern durch Institutionalisierung und Verrechtlichung. Das heißt nicht, daß der normative Impetus des Begriffs verschwindet, es besagt nur, daß der Bildungsgedanke nicht mehr über die Monokultur des Ethischen aufgeschlüsselt werden kann. Die Differenz ‹Bildungsinhalt – Bildungsgehalt› wird nicht mehr nur von einem Aspekt, sondern von einer Pluralität von Aspekten her aufgeschlossen. Weiterhin zeigt die Konzeption Klafkis, daß der Bildungsgedanke nicht nur philosophische Höhen anstreben, sondern auch handwerkliches Know-how (des Lehrers) ermöglichen soll. Klafkis Grundüberlegung kann man einfach so wiedergeben: Daß man nie nur etwas Bestimmtes lernen kann, sondern in diesem Lernen immer auch noch etwas anderes lernt, erlaubt die Frage, ob man dieses Andere nicht von vornherein zum Gegenstand der bildungstheoretischen Besinnung machen sollte. In welchen Hinsichten, aus welcher Perspektive können Lerngegenstände, um welche es sich im einzelnen auch handeln mag, so thematisiert werden, daß in ihnen dieses ‹Andere› von vornherein berücksichtigt ist? Gibt es solche Hinsichten, die einen Gegenstand des Lernens *sinnvoll* aufschließen? Und: Was heißt hier ‹sinnvoll›?

Eine Antwort, wie Herder und Humboldt sie gegeben haben, ist für Klafki nicht mehr möglich: Geschichtsphilosophie und Moralphilosophie haben spätestens seit Dilthey ihre eigene Historizität erfahren. Das schlägt sich nun auch im Bildungsbegriff nieder. Bildung, so schreibt Klafki, «ist Erschlossensein einer dinglichen und geistigen Wirklichkeit für einen Menschen» und zugleich «Erschlossensein dieses Menschen für seine Wirklichkeit» (KLAFKI 1963, S. 43). Die wechselseitige Erschließung von ‹Ich und Welt›, wie Humboldt gesagt haben würde, ist Sache *kategorialer* Welt- und Selbstinterpretation. Bildung ist stets «kategoriale Bildung» (ebd., S. 44). Klafki ist aber bei solchen allgemeinen Bestimmungen nicht stehengeblieben, sondern er hat die kategorialen Hinsichten, unter denen ein Inhalt zum Bildungsinhalt wird, konkretisiert:

1. Gibt es einen allgemeinen Sinn- oder Sachzusammenhang, den ein Inhalt aufschließt?
2. Welche Rolle spielt ein Inhalt im Leben und im Selbstverständnis der Lernenden?
3. Wie steht es mit der Bedeutung dieses Inhalts für die Zukunft der Kinder?
4. Hat der Inhalt eine ihm eigene Struktur?
5. An welchen Beispielen kann diese Struktur besonders begreiflich gemacht werden?

Die Einsicht, daß alle Bildungsinhalte wie alle Bildungsgehalte der Geschichtlichkeit unterliegen, führt somit nicht zwangsläufig in Relativismus; sie setzt vielmehr die didaktische Phantasie frei von normativer Gängelung, ohne den Anspruch aufzugeben, im Hier und Jetzt die Freiheit des «Zöglings» zu antizipieren (vgl. KLAFKI 1986, S. 455).

Bildung und Wissenschaft. – So wie zwischen Humboldt und Klafki die Einsicht in die Historizität der Bildung liegt, ist seit den 50er Jahren des 20. Jahrhunderts der Gedanke der Verwissenschaftlichung des gesamten menschlichen Lebens hinzugetreten. ‹Verwissenschaftlichung› kann hierbei mehreres bedeuten:

– daß man nichts lehren und lernen soll, was nachweislich wissenschaftlich falsch ist;

– daß die Ergebnisse der Einzelwissenschaften unsere Sichtweise auf ‹Mensch und Welt› grundlegend geändert haben und eine von Wissenschaft nicht berührte Welt heute nur noch schwer vorstellbar ist;

– daß Methoden und Ergebnisse der Wissenschaften nicht nur in unsere Weltsicht, sondern auch in unser Handeln Eingang finden als Mittel zu irgendwelchen Zwecken;

– daß allein wissenschaftlich produziertes Wissen wahres, rationales Wissen und daher allein die wissenschaftliche Weltsicht im weitesten Sinne vernünftig sei.

Natürlich gibt es auf diese Situation keine einheitliche bildungstheoretische Antwort. Das Spektrum der Antworten reicht von einer Identifizierung von Bildungsgehalten und Wissenschaft (vgl. Abschn. «Materiale Bildungstheorien») bis zur Ablehnung des (neuzeitlichen) Fortschrittes der Wissenschaft. Aufschlußreicher als solche ‹Alles-oder-nichts›-Versuche sind indes Überlegungen, die weder dem Szientismus noch einem gefälligen Eskapismus frönen, sondern die Existenz der lebensweltlichen Bedeutung von Wissenschaft anerkennen und gleichwohl die Frage nach dem ‹bildenden Sinn› der Wissenschaften stellen. Diese Perspektive hat, noch vor allen interpretatorischen Einzelheiten, eine Eigentümlichkeit, auf die zunächst aufmerksam gemacht werden soll: Fragt die Bildungstheorie in der jeweiligen Situation ihrer Zeit nach dem ‹bildenden Sinn von Wissenschaft›, nach ihrer ‹bildenden Bedeutung› oder ihrer praktischen, lebensweltlichen Fundierung, so ist die bildungstheoretische Frage von vornherein auf der Ebene der Theorie der Wissenschaften angesiedelt, und versteht man unter ‹Kritik› so etwas wie ‹unvoreingenommene Prüfung› (also nicht: bloße Ablehnung!), dann ist jede bildungstheoretische Interpretation der Wissenschaften immer auch Kritik von Wissenschaft. Wissenschaftstheorie im Sinne von Wissenschaftskritik einerseits und Bildungstheorie anderseits sind dann im Grunde genommen ein und dasselbe. In diesem Sinn ist Bildungstheorie als Wissenschaftskritik ein Unternehmen der letzten Hälfte des 20. Jahrhunderts. Es ist in der Pädagogik mit Namen wie Theodor Litt, Josef Derbolav und Franz Fischer verbunden, aber auch mit dem Kreis um Herwig Blankertz. Ein jüngster Versuch stammt von Dietrich BENNER (vgl. 1987).

Angesichts der zunehmenden Verwissenschaftlichung aller Lebensbezüge hängt deren bildungstheoretische Interpretation an der Beachtung von grundlegenden Reflexionen, die den Bildungsgehalt einer Aneignung von Wissenschaft aufschließen:

1. Eine Einführung in wissenschaftliches Denken und Handeln muß dem Lernenden die grundsätzlich *fallibilistische* Natur szientifischen Wissens klarmachen: Es ist stets hypothetisch und gilt unter Vorbehalt bis zu seiner Widerlegung. Wissenschaft schließt Dogmatismus aus.

2. Eine Einführung in wissenschaftliches Denken und Handeln muß ermöglichen, die *Historizität* wissenschaftlicher Theorien und Methoden zu erkennen. Auch wissenschaftliches Handeln ist wie alles menschliche Handeln historisch und gesellschaftlich vermittelt und nicht ‹vom Himmel› gefallen. Wissenschaft kann sich von ihrem Entstehungs- und Entdeckungszusammenhang nicht ‹emanzipieren›.

3. Wissenschaftliches Wissen ist Wissen über allgemeine, geregelte Zusammenhänge zwischen einzelnen Sachverhalten und Phänomenen. Die wissenschaftliche Aussage meint zwar jeweils das konkrete Phänomen oder Ereignis, das wissenschaftlich untersucht werden soll; es kann sich darauf aber nur beziehen, indem es in allgemeinen Ausdrükken die einschlägigen Relationen benennt. Dabei bleibt die gemeinte Wirklichkeit des Phänomens selbst indes immer vorausgesetzt und geht so in der wissenschaftlichen Aussage gerade nicht auf. So kann man beispielsweise wissenschaftlich das menschliche Sehen als ‹optisches Wahrnehmen›, dieses als Zusammenspiel von physikalisch, physiologisch und psychologisch beschreibbaren Faktoren erläutern. Schließlich kann man sagen, in dem wissenschaftlich so Beschriebenen bestände ‹eigentlich› die optische Wahrnehmung. Aber natürlich sind in solchen wissenschaftlichen Aussagen nur die *Bedingungen* benannt, die vorliegen müssen, damit menschliches Sehen möglich ist. Aber diese Bedingungen können den Akt des menschlichen Sehens selbst nicht ersetzen! Aus diesem Grund beharrt Benner auf der «transzendental-kritischen Differenz» zwischen wissenschaftlicher Aussage und der in der wissenschaftlichen Aussage unvermittelt vorausgesetzten Wirklichkeit. Wird diese Differenz überspielt und gerade in diesem Überspielen der Prozeß der Verwissenschaftlichung

gesehen, wächst sich die Wissenschaft zur Gefährdung der menschlichen Gesamtpraxis aus.

4. Eine bildungstheoretische Interpretation der neuzeitlichen Wissenschaften muß schließlich nicht nur die innerszientifische, die historisch-gesellschaftliche und die transzendentalkritische Ebene ins Gespräch bringen, sondern schließlich auch die *praktische* Frage stellen, wie zu handeln sei. Hier kommt bei Benner der Gedanke der menschlichen Praxis zum Tragen, die sich im Durchgang durch die ersten drei Ebenen bewußt sein muß, daß ihre Handlungsentwürfe und ihre Selbstverständnisse nicht szientifisch unterlaufen werden dürfen, aber auch nicht ohne wissenschaftliches Wissen erlangt werden können. So bekommt es Bildung damit zu tun, die Geschichte «offen zu halten für vielleicht bessere Möglichkeiten» (BENNER 1990, S. 617).

Materiale Bildungstheorien. – Identifikation von Bildungsinhalt und Bildungsgehalt: Vornehmlich als Fehlform bildungstheoretischer Reflexion hat man im letzten Dreivierteljahrhundert die materialen Bildungstheorien begriffen. Sie beruhen darauf, daß sie die Differenz von Bildungsinhalt und -gehalt leugnen und vielmehr den Bildungsgehalt an bestimmte Bildungsinhalte festknüpfen. Das bekannteste Beispiel einer so verstandenen Bildungstheorie ist die ‹Theorie des Klassischen›, die Behauptung also, es seien die ‹großen Werke› z. B. eines Lessing, Schiller oder Beethoven, die zu kennen den Gebildeten ausmachen. Ein anderes Beispiel ist die These des Szientismus: Es bilde allein, was Inhalt der Wissenschaften ist. Die bildungstheoretische Diskussion hat indes bald die Schwächen solcher Ansichten aufgedeckt: Daß in klassischen Werken sich eine Epoche ihr universales und zugleich individuelles Bild geschaffen hat, mag ja sein. Aber Klassiker sind meist ziemlich alt, und daß mit ihnen die jeweilige Gegenwart angemessen aufgeschlossen werden kann, darf bezweifelt werden. Und ob z. B. der Vorgang der Verwissenschaftlichung der Lebenswelt vor allem mit der kulturellen Semantik vorwiegend agrarisch verfaßter Gesellschaften interpretiert werden kann, ist zumindest eine recht kühne Behauptung. Umgekehrt hat der bildungstheoretische Szientismus damit zu kämpfen, der wachsenden Komplexität und Unübersichtlichkeit wissenschaftlicher Forschung zu begegnen, was vermutlich mit allein innerszientifischen Mitteln schwierig erscheint.

Formale Bildungstheorien. – Auch formale Bildungstheorien hat man zunehmend als eine fehlgehende Bildungsreflexion begriffen. Ihr Grundgedanke lautet, daß es im Vorgang des Erlernens von Sachverhalten und

Kompetenzen gar nicht um die Inhalte geht, sondern entweder um die Kräfte, Kompetenzen, Vermögen usw., die im Lernenden zu wahren und zu fördern seien (und hier seien dann alle Inhalte funktional gleichwertig), oder um Fähigkeiten, Fertigkeiten und Verfahren, die, vom Lernenden an den Inhalten angeeignet, seine ‹Bildung› ausmachen. Die erste Ansicht hat man funktionale, auf Kraftentfaltung abzielende, die zweite Ansicht methodische, auf Verfahrensweisen ausgerichtete Bildungstheorien genannt. ‹Formal› sind beide, sofern sie die Inhalte, die Materien, nur als gleichgültige Mittel zum jeweiligen Zweck ansehen. Formale Bildungstheorien haben in der Geschichte der Pädagogik stets eine große Nähe zu Zeiten gesellschaftlicher Krisen oder Umbrüche gehabt: Wo das kulturelle, politische und moralische Selbstverständnis einer Gesellschaft gefährdet ist oder zerbricht, zieht man sich offenbar gern auf inhaltsneutrale Positionen zurück. Das erspart Ärger und die Anstrengung des Begriffs.

Lernfähigkeit statt Bildung. – Es hat in der Geschichte des Bildungsgedankens immer wieder den Versuch gegeben, von Bildung Abschied zu nehmen. Nietzsches Bildungskritik Ende des 19. Jahrhunderts ist dafür nur das bekannteste Beispiel. In den 50er und 60er Jahren des 20. Jahrhunderts ist von empirisch-analytischer Seite häufig kritisch auf die ‹Dunkelheit› und ‹Vagheit› des Bildungsbegriffs hingewiesen worden. Ein jüngster Vorschlag zum Ende der Bildung begegnet uns in der neueren soziologischen Systemtheorie. In ihr wird ‹Bildung› als Begriff verstanden, mittels dessen sich das deutsche Erziehungssystem etwa ab 1800 über die eigenen Funktionen und Leistungen klarwerden wollte. Als Vorläufer des Begriffs wird der Gedanke humaner Perfektion (18. Jahrhundert), als Nachfolger Lernfähigkeit (20. Jahrhundert) verstanden. Bei ‹Bildung› handele es sich somit um den Versuch des Erziehungssystems, die eigene Rolle gegenüber der gesellschaftlichen Umwelt (Familie, Wissenschaft, Staat usw.) zu finden. Blickt man insbesondere auf Humboldts Konzept, zeigt sich freilich, daß Bildung einerseits zu generell, in anderer Hinsicht wiederum zu spezifisch gedacht war. Zu generell, weil die Vorstellung, der schulische Unterricht ermögliche Bildung als Verschränkung von Eigentümlichkeit (Individualität) und Universalität (Allgemeinheit des Wissens), nicht verständlich machen kann, was das Schulsystem konkret leistet; zu spezifisch, weil der Fluchtpunkt des ‹Gebildeten› im Wissenschaftssystem gesucht wurde (Universität) und nicht etwa im beruflichen Leben überhaupt: «Bildung» gilt somit als eine veraltete Reflexionssemantik des Erziehungssystems (vgl. LUHMANN/SCHORR 1979, S. 73 ff).

2.2.3.2 Zeit und Bildung

In der temporären Dimension konstituiert sich der Bildungsbegriff durch die Differenz von Geschichtsverlauf und Richtungssinn der Geschichte.

Fortschritt. – Bildung soll sein. Sie ist eine normierende Kategorie zur Interpretation des Verhältnisses von Mensch und Welt. Aber wie geht man mit den Widersprüchen, Gegensätzlichkeiten, Kontingenzen usw. um, die sich nicht ohne weiteres dem ‹harmonischen› Bildungskonzept fügen? Was bedeutet Bildung in einer sozialen Welt, die durch ständische und bürgerliche Ungleichheiten gekennzeichnet ist? Wie geht der Theoretiker der Bildung mit der Erfahrung um, daß die Lernniveaus der Heranwachsenden keineswegs dieselbe Höhe haben, daß die äußerlich wahrnehmbaren Differenzen in Gestalt und Körperbildung einigen Anhalt dafür geben, daß innerlich einige Menschen vielleicht doch gleicher sind als andere und daß sogar darüber, ob solches als ‹gut› in einer Gesellschaft gewertet werden dürfte, Uneinigkeit besteht?

Ein in der modernen Welt immer wieder gern durchgespielter Lösungsvorschlag lautet: Es darf und soll angenommen werden, daß die Differenzen mit der Zeit abnehmen und vergehen. Der faktische Verlauf der Geschichte ist danach angemessen zu verstehen von seinem ihm implizierten Richtungssinn. Ist dieser Richtungssinn ‹positiv›, investiert man Hoffnungen in den Fortschritt. Exemplarisch für diese Kopplung von Bildungsbegriff und geschichtlichem Optimismus ist die Pädagogik Schleiermachers. Das Ziel der Erziehung liegt für Schleiermacher in einer doppelten Bestimmung. Die nachwachsende Generation soll in die Systeme universellen Wissens und Handelns eintreten (Staat, Wissenschaft, Kirche, geselliger Verkehr) und zugleich jedem einzelnen seine Unverwechselbarkeit, seine «Eigentümlichkeit» zugestehen. Hat man die Regeln einer die Universalität wie die Individualität befördernden Erziehung gefunden, tritt der pädagogische Prozeß dem historischen Progreß kräftigend bei: «Mit einem Wort [...], es ist die Theorie der Erziehung das Prinzip, wovon die Realisierung aller sittlichen Vervollkommnung ausgehen muß. Für das menschliche Leben, für die gesamte menschliche Bildung gibt es nichts Bedeutenderes als Vollkommenheit der Erziehung. Die Fehler in der Erziehung bestärken die menschlichen Unvollkommenheiten. Würde man in der Erziehung nicht mehr den richtigen Weg verfehlen, so würden alle Schwierigkeiten, die sich in allen Gebieten der menschlichen Gemeinschaften so leicht einfinden, verschwinden» (SCHLEIERMACHER 1957, S. 33). Schleiermachers Fortschrittskonzept faßt den Gang der Geschichte als Rücknahme von Differenzen, Widersprüchen usw. auf: Sie alle «sollen verschwinden» (ebd.,

S. 41). Das gilt zuletzt sogar für die Differenz von Erziehungstheorie und Erziehungspraxis: Im Zustand der Vollkommenheit der sittlichen Lebensgemeinschaften bedarf es der Theorie der Erziehung nicht mehr, weil, was bis dahin ‹Erziehung› genannt wurde, selbst zur unmittelbaren Folge des sittlichen Umgangs der Generationen miteinander geworden ist. Im Hintergrund dieser Geschichtskonzeption, die Bildung an den Fortschrittsgedanken oder präziser: den Fortschrittsgedanken an die erweiterte Bildung der Menschen knüpft, stehen theologische Erwägungen (vgl. LANGEWAND 1987), die, von der heutigen Ambivalenz von ‹Fortschritt› abgesehen, eine unvermittelte Rezeption komplizieren.

Verfall. – Die radikale Gegenthese zum ‹Fortschritt durch Bildung› hat in diesem Jahrhundert der Soziologe und Philosoph Theodor W. Adorno formuliert. Dabei geht es ihm nicht primär um pädagogische Überlegungen, deren Bedeutung er weder bestreitet noch überschätzt. Bildung hat für ihn vielmehr mit einer grundsätzlichen Selbstbeschreibung des bürgerlichen Menschen zu tun, die diesen darüber belehren will, worum es ihm im Grunde geht, und die in der bürgerlichen Gesellschaft zugleich notwendig fehlgeht. Adorno hat das unter der Überschrift «Theorie der Halbbildung» pointiert zusammengefaßt. Halbbildung ist dabei nicht eine Vorform oder ein Vorstadium von Bildung, sondern vielmehr die epochale Form ihres gänzlichen Ruins und ihrer vollständigen Pervertierung. Den Bildungsbegriff selbst erläutert Adorno nicht im Anschluß an Humboldt oder Schleiermacher, sondern unter Rückgriff auf die Ästhetik Friedrich Schillers: «Die philosophische Bildungsidee auf ihrer Höhe wollte natürliches Dasein bewahrend formen. Sie hatte beides gemeint, Bändigung der animalischen Menschen durch ihre Anpassung aneinander und Rettung des Natürlichen im Widerstand gegen den Druck der hinfälligen, von Menschen gemachten Ordnung» (ADORNO 1972, S. 95). Die in diesem Zitat avisierte Balance von Natur und Gesellschaft ebenso wie das dem Bildungsbegriff einwohnende Versprechen einer Gesellschaft von Freien und Gleichen sei freilich durch die ökonomische Grundverfassung der bürgerlichen Gesellschaft dementiert worden. Mit Marx teilt Adorno die Ansicht, die bürgerliche Gesellschaft beruhe auf der Ungleichheit gesellschaftlicher Produktion und privater Aneignung ebenso wie auf der Verkehrung gesellschaftlicher Verhältnisse. Dies möchte er festgemacht wissen an der These des sog. «Fetischcharakters der Waren», der nach Marx darin besteht, daß die gesellschaftlichen Verhältnisse, in denen die Menschen stehen, in Form eines Verhältnisses von Gegenständen (Ware und Geld) «zurückgespiegelt werden» und diese gegenständlichen Relationen, die nur Ausdruck gesellschaftlicher

Verhältnisse der Menschen selbst sind, von diesen als «außer ihnen» wahrgenommen werden (vgl. MARX 1970, S. 86). Im Gegensatz zu Marx bezweifelt Adorno indes, daß sich dieser Fetischcharakter allein im Ökonomischen findet. Er teile sich vielmehr den Bewußtseinsformationen von Kultur und Bildung mit, auch hier herrsche das «allgegenwärtige Tauschprinzip». Die Bildungsidee des deutschen Frühidealismus ist so unwahr geworden: sowohl in dem Sinn, daß sie nicht hat realisiert werden können und nun bloß noch Idee ist bzw. sein will, als auch in dem Sinn, daß sie zwar wohl unwahr ist, aber in ihrem (uneingelösten!) Versprechen einer Vereinigung Freier und Gleicher für das Bewußtsein des Bürgers unverzichtbar bleibt. Bildung ist Ideologie im doppelten Sinne falschen, täuschenden Bewußtseins und irrealen, utopischen Moments. Die Formen dieses Bewußtseins beschreibt Adorno z. B. als Substitution der Aneignung von Bildungsgehalten durch Informiertheit über beliebige Inhalte und eine Schwäche gegenüber der Zeit; der Halbgebildete weiß leicht über alles Bescheid und vergißt ebenso leicht; ihm fehlt die Muße, es mangelt ihm an Stärke der Erinnerung, Erfahrung von Fremdheit, ein ‹lebendiger› Zugang zur Kunst, Verinnerlichung von Geistigem usw. «Das Halbverstandene und Halberfahrene ist nicht Vorstufe der Bildung, sondern ihr Todfeind: Bildungselemente, die ins Bewußtsein geraten, ohne in dessen Kontinuität eingeschmolzen zu werden, verwandeln sich in böse Giftstoffe [...]» (ADORNO 1972, S. 111 f).

Für diesen Zustand gibt es nach Adorno keine Abhilfe. Bildungstheorie besteht dann für ihn allein darin, «an Bildung festzuhalten, nachdem die Gesellschaft ihr die Basis entzog. Sie hat aber keine andere Möglichkeit des Überlebens, als die kritische Selbstreflexion auf die Halbbildung, zu der sie notwendig wurde» (ebd., S. 121).

Melancholie. – Für Humboldts Bildungsverständnis (vgl. Abschn. «Autonomie») ist neben seiner Vereinigung von Grundgedanken Leibnizens und Kants und seiner Analogisierung von Autonomie und Bildungsgehalt ein Moment wesentlich, das man gern als Graecophilie bezeichnet hat, die Neigung zur und die Bewunderung der griechischen Klassik also. Darin teilen sich Humboldts Ansichten in die der meisten seiner Zeitgenossen. Dahinter stehen ästhetische, philologische und philosophische Motive, aber auch Politisches. Der Ruf ‹Athen statt Rom› war nicht selten auch auf die dominante und nicht eben immer geliebte französische Kultur und Politik gemünzt (im Sinne von: Rom = Paris). Die Vorbildfunktion der griechischen Klassik ist jedenfalls unbestritten («in der Poesie herrscht der Stil der Plastik; die Philosophie geht Hand in Hand mit dem Leben; die Religion verwebt sich in dieses und die Kunst; das öffentliche und private Leben schmelzen den Charakter fester zusammen, statt ihn zu trennen und zu zerreißen»; HUMBOLDT 1979, S. 70f) für das, was später Neuhumanismus genannt worden ist. Unbestritten ist freilich auch, daß Humboldt keinerlei Handhabe hat, den Hiatus zwischen Klassik und Moderne für überwindbar zu halten. Wenn Adornos «Erinnerung an das, was einmal Bildung meinte», der kritischen Stärkung des gegenwärtigen Bewußtseins zuarbeiten wollte, ist Humboldts Blick zurück ein Blick in den schwarzen Spiegel: Eine Lösung des Widerspruchs zwischen Klassik und Moderne «läßt sich auch bei der freigebigsten Einräumung einer unendlichen Perfektibilität nicht denken» (HUMBOLDT 1979, S. 72).

Geschichtlichkeit. – Glaube an Höherbildung, Kritik des Verfalls, wehmütige Erinnerung leben davon, daß in ihnen der Lauf der Zeit und ihr Sinn divergieren. Das, was faktisch geschieht, ist immer noch etwas anderes als es selbst, ein Schritt nach vorn, einer nach hinten, ein Innehalten... Wenn man diese Differenz von Verlauf und Sinn negiert, gelangt man zum Gedanken der Geschichtlichkeit allen Geschehens. In ihm kommen so unterschiedliche Autoren wie Rousseau einerseits und die Schüler Wilhelm Diltheys andererseits überein; man könnte unter diesem Aspekt vielleicht sogar sagen, der oft geschmähte Rousseau sei erst von seinen geisteswissenschaftlichen Kritikern bestätigt worden, darin nämlich, daß es einen Richtungssinn von Geschichte gerade nicht gibt. Entwickelt wird dieses Argument in der zweiten Hälfte des 19. Jahrhunderts von Dilthey. Aber in der Pädagogik kommt es grundlegend erst zum Tragen in der historisch-soziologischen Arbeit zur «Didaktik als Bildungslehre» von Weniger.

Was unter Bildung zu verstehen sei, kann, so Weniger, nicht aus vermeintlich überzeitlichen Werten oder Normen, etwa dem Autonomiegedanken, abgeleitet werden, nicht aus philosophischen, anthropologischen oder gar pädagogischen Theorien des Menschen, nicht aus einem Richtungssinn von historischer Entwicklung oder aus religiöser Wesensschau. Bildung ist, unter Aspekten der Historizität, radikal nur als das zu begreifen, was in einer jeden historischen Situation in einer Gesellschaft gerade als ‹Bildung› *ausgehandelt* wird. Moderne Gesellschaften haben die Lektion der «radikalen Skepsis seit der Aufklärung» akzeptiert oder sollten das doch tun. Und so sind sie «Bildungsgesellschaften» allein insofern, als alle gesellschaftlichen Interessen in einem politischen Kampf um ihre Repräsentanz in einem nationalen Lehrplan konkurrieren. Ein solcher Lehrplan und ein «Bildungsideal», wie Weniger schreibt, das einer Art von Vorwegnahme der Zukunft sich angleichen soll, ist «richtig», wenn es die Lagerung der gesellschaftlichen Kräfte in diesem Kampf entsprechend ausdrückt. Um zu verstehen, was hier und heute Bildung bedeutet, muß man nicht philosophieren, sondern tagtäglich Nachrichten hören oder lesen. Alle Bildungsmetaphysik ist obsolet. Bildung selbst ist ein radikal endliches Unternehmen ohne höhere Absicherung und Absichten. Zu diesem Grundkonzept tritt bei Weniger ein zweites Moment hinzu. Das Bildungsideal resultiert wohl erst aus der Konkurrenz der staatlichen, politischen, religiösen, ökonomischen oder wissenschaftlichen Interessengruppen. Aber darin liegt nicht beschlossen, daß der Lernprozeß der Heranwachsenden diesen Interessen direkt ausgesetzt wäre. Zumindest im Rahmen des staatlichen Schulwesens ist das nicht der Fall. Die Institution Schule verfügt über ihr eigene Regeln, die es nötig machen, daß sich der Druck der objektiven Verhältnisse in einen Raum «zweckfreier Bildung» transformieren lassen muß; und in der Person des Lehrers sollen die Konflikte der Zeit so «zur Ruhe gekommen sein», daß die nachwachsende Generation an ihnen sich abarbeiten kann (vgl. Abschn. «Auseinandersetzung»).

Mit Bildung im engeren Sinn ist dann gemeint, «die junge Generation in den Zusammenhang und die Überlieferung dieser Bewegung einzustellen, und die bildende Begegnung wird so selbst Bestandteil der geistigen Bewegung, der das Ideal sein Dasein verdankt» (WENIGER 1975, S. 289). Die Zweckfreiheit der Bildung resultiert bei Weniger nicht aus einer vorausgesetzten Moraltheorie, Geschichtsphilosophie oder ähnlichem, sondern aus dem objektiven sozialstrukturellen Zusammenhang, in den Bildung in der Moderne hineingestellt ist. Die Kriterien der Entscheidung über Bildungsinhalte und Bildungsgehalte liegen also nicht in Pädagogik, Bildungstheorie oder ähnlichem, sondern in den «geistigen und sozialen Bewegungen, in denen die Mächte des Lebens miteinander ringen» (ebd., S. 192) – zum Überleben durch Bildung reicht der objektive Geist!

Fortlaufender Kommentar. – Nach dem Niedergang geschichtsphilosophischen Denkens, sei es optimistisch, pessimistisch oder wehmütig, und nach der bildungstheoretischen Entdeckung der Geschichtlichkeit kommt die Pädagogik in eine ambivalente Rolle. Sie sieht, daß sie sich auf die Assistenz der historischen Bedingungen nicht immer verlassen kann, und hat doch nur diese Bedingungen zum Anhalt. Sie sucht Kompensation für den verlorenen Geschichtssinn und erkennt sehr wohl, daß sie von sich aus zu solcher Kompensation unfähig ist – zumindest dieses kann man von Weniger lernen. In dieser Situation liegt der Gedanke nochmals nahe, Bildung zu verabschieden. Statt um sie geht es jetzt um

«Qualifikationen», die der «Bewältigung von Lebenssituationen» dienen (vgl. ROBINSOHN 1969). Ob jene hierzu in der Lage sind, ist nicht Sache beharrlichen Nachdenkens, sondern Angelegenheit empirischer Forschung. – Dies ist die These der Curriculumrevision. Aber die Pädagogen wären nicht Pädagogen, ließen sie ab von ihren normativen Optionen: Die Bewältigung von Lebenssituationen soll ‹kritisch› erfolgen können, und hierfür wird nun erneut der alte Bildungsbegriff bemüht (vgl. BLANKERTZ 1972, S. 172 ff).

‹Bildung› ist nun Überschrift über den fortlaufenden Kommentar zur Lage der Erziehungsgesellschaft, Führung einer Buchhaltung zur normativen Abmahnung schlechter gesellschaftlicher Wirklichkeit.

2.2.2.3 Sozialität und Bildung

In der sozialen Dimension des Bildungsbegriffs bekommt es die Pädagogik mit der Differenz von Lernen und Verbindlichkeit zu tun.

Determination des Charakters. – Ein für das 19. Jahrhundert maßgeblicher Versuch, dem bildenden Willen der Erwachsenengeneration die Verbindlichkeit im Willen des Heranwachsenden zu sichern, ist die Lehre von der Charakterbildung, die Johann Friedrich Herbart entwickelt hat. Herbart ging von der, wie man das später nannte, intellektualistischen Annahme aus, das menschliche Seelenleben (im umfassendsten Sinne von Denken, Erkennen, Fühlen, Handeln) bestehe realiter aus einem mehr oder weniger geordneten Komplex von Vorstellungen. Erziehung und Unterricht haben dann die Aufgabe, diese Vorstellungsmassen zu ordnen, und zwar so, daß ihre Kombination und ihre Gewichtung das «Gemüt» des jungen Menschen «unfehlbar» zum Ziele von Erziehung und Bildung führt: Die «Determination des Gedankenkreises» ist so erster Schritt zur Konstruktion des Charakters. In Herbarts Worten: «Machen, daß der Zögling sich selbst finde, als wählend das Gute und verwerfend das Böse, dies oder nichts ist Charakterbildung» (HERBART 1964, S. 108). Das Gute – das sind bei Herbart die sog. praktischen Ideen der inneren Freiheit, der Vollkommenheit, des Wohlwollens usw. Seine Pädagogik hat die Aufgabe, solche innere Freiheit herbeizuführen, die Vollkommenheit zu befördern, das Wohlwollen zu stärken. Es sind also nicht diese Ideen selbst, die das Gute von sich aus motivieren können; ihre Verbindlichkeit zu sichern, daß man also ihnen realiter gehorcht und sie nicht nur eben gelernt hat, hat allein die Pädagogik zur Aufgabe. Wer Erziehung im Sinne der Determination denkt, hat das Problem der Anerkennung von Verbindlichkeit im Lernprozeß selbst durch den Heranwachsenden immer schon (theoretisch) gelöst; und zwar deshalb, weil die

Verbindlichkeit der bildenden Gehalte als unhintergehbare Funktionen des Lernens selbst begriffen werden sollen. Ob das begrifflich plausibel ist – von der Frage der praktischen Umsetzung einmal abgesehen –, darf bezweifelt werden, solange man nicht unterstellen dürfte, der pädagogische Vorgang der «Determination» sei vom Heranwachsenden grundsätzlich nicht wahrnehmbar. Tatsächlich hat Herbart derartiges in seiner Metaphysik behauptet; in seiner Pädagogik war er realistischer und sicherte die Voraussetzungen zur Anerkennung von Verbindlichkeit durch einen *Vertrag* (!) zwischen «Zögling und Erzieher» (vgl. HERBART 1965 a). Dieser Vertrag regelt den Geltungsbereich des «kindlichen» Gehorsams, und das heißt dann in bezug auf den Bildungsgehalt des Lernens, daß diesem Zustimmung entgegengebracht werden muß.

Auseinandersetzung. – Daß ein Autor wie Herbart gezwungen ist, Vertragsfähigkeit bei einem Zögling zu supponieren, welcher ja erst vertragsfähig ‹gemacht› werden soll, ist Indiz dafür, daß es im 19. Jahrhundert eine angemessene Lösung des Problems von «Lernen und Verbindlichkeit» (noch) nicht gab, und zwar deshalb, weil «Sozialität» und damit ja auch: pädagogische Kommunikation von vornherein *moralisch* schematisiert wurde. Erzieherischer Umgang steht unter dem Dual Gut – Böse. Eine solche Ansicht aber läßt, damit das Böse auch nur ja verworfen wird, den Hang verständlich machen, zu ‹determinieren›, zu ‹machen› und, auf Zögling komm raus, ‹Verträge› zu schließen.

Die Bildungstheorie hat fast eineinhalb Jahrhunderte gebraucht, sich von dieser Begrifflichkeit zu lösen und dem Verhältnis von Lernen und Verbindlichkeit eine angemessenere Sprache zu geben. Wiederum war es die auf ‹Geschichtlichkeit› setzende (vgl. Abschn. «Kategoriales» und «Geschichtlichkeit») Pädagogik der Dilthey-Nachfolge (und da wiederum besonders E. Weniger), die für die Bildungstheorie die Konsequenz zog aus der Einsicht in die Abwesenheit vorgängiger und unbefragt geltender Institutionen (sei es in Form von Geschichtsphilosophien, Ethiken, Anthropologien usw.): Die Verbindlichkeit dessen, was die erwachsene Generation als Bildungsideal für die nachwachsende mittels des ‹Kampfes der objektiven Mächte› festgelegt hat, kann sich nur in der lernenden Auseinandersetzung der Schüler mit der Sache und ihren Ansprüchen selbst ergeben. Was gelernt ist, ist gelernt; aber nur was in der Auseinandersetzung zwischen Schüler, Sache und Lehrer zu bestehen vermag, kann, wenn überhaupt, Anspruch auf einen ‹bildenden Sinn› machen. Was in der bildenden Begegnung als normativer Standard nicht zu bestehen vermag, kann auch auf fremde Autorität zur eigenen Stützung nicht hoffen. Die radikale Verzeitlichung und Historisierung des

Bildungsbegriffs, die Weniger Ende der 30er Jahre vorgenommen hat, findet somit auf der Ebene, auf der nach dieser Vorstellung allein Verbindlichkeit zu stiften ist, ihr ebenso radikales Pendant in dem Satz, daß in letzter Instanz eben die Schulstube der regulierende Faktor im gesamten Lehrplan ist (vgl. SCHWENK 1974, S. 111).

Kommunikation. – Man kann im Anschluß an die Überlegungen E. Wenigers die Relation Lernen – Verbindlichkeit, die für den Bildungsbegriff mindestens so zentral ist wie sachliche und zeitliche Dimension, so thematisieren, daß man fragt, wie in (nicht nur) pädagogischer Kommunikation, die dann auch noch bildende Ansprüche an den Heranwachsenden stellt, die Annahme und Geltung von kommunizierten Inhalten (Bildungsgehalten) möglich ist. Damit bekommt die Bildungstheorie Anschluß an neue Sozialtheorien, insbesondere der modernen Soziologie. Grob gesagt gibt es hier mindestens zwei gegenläufige Begriffsstrategien: Nach der einen Theorie kommunikativen Handelns (vgl. HABERMAS 1981) werden in aller Kommunikation notwendigerweise bestimmte, universale Geltungsansprüche erhoben, die in herrschaftsentlasteten ‹Diskursen› auf ihre Verbindlichkeit hin überprüft werden können. Das alte Bildungsproblem ist hier kommunikationstheoretisch aufgehoben: Wir können gar nicht anders als normativen Standards folgen, an ihnen gewinnen wir eine traditionelle oder moderne ‹Identität›; mittels ihrer allein können wir die Frage entscheiden, was für eine Lebensform wir für sinnvoll halten; aber man muß diese Fragen und ihre Antworten nicht mehr in der Semantik von ‹Bildung› diskutieren.

Nach einer anderen, konträren Theorie sozialer Kommunikation läuft die Akzeptanz und Anerkennung von kommunikativen Gehalten in der Regel über Zusatzeinrichtungen zur sprachlichen Kommunikation; so in der ökonomischen Kommunikation über ‹Geld›, in der wissenschaftlichen Kommunikation über ‹Wahrheit›, in kommunikativer Intimität über ‹Liebe›… und in pädagogischer Kommunikation über ‹das Kind› (vgl. LUHMANN 1991). Aber auch das hat dann mit ‹Bildung› nichts mehr zu tun (vgl. Abschn. «Lernfähigkeit statt Bildung»).

Fundamentalismus. – Daß die Pädagogik erst gegen Mitte des 20. Jahrhunderts Zugang zu Kommunikationskonzepten gewann, die die Normalität der Annahme von kommunikativen Zumutungen nicht schon einfach voraussetzen, sondern ihrerseits erst verständlich machen wollen, heißt natürlich nicht, daß dem 18. und 19. Jahrhundert im Umkreis des Bildungsdenkens die Erfahrung der Verweigerung von Kommunikation fremd gewesen wäre. Das Gegenteil ist natürlich der Fall. Charakteristisch ist nur, daß die Problematisierung von verbindlich sein sollenden Ansprüchen häufig entweder unter ein striktes moralisches Verdikt fiel oder gar religiöse und theologische Bedenken nach sich zog. Pädagogischen Fundamentalismus kann man dann einfach so definieren, daß die Differenz von Lernen und Verbindlichkeit dadurch unterlaufen werden soll, daß die Pädagogik einen irgendwie gearteten Vorbehalt gegen die Bildungsabsicht radikal als Verrat, Sünde, Böses demagogisiert. Nicht nur pädagogischer Fundamentalismus reagiert auf die moderne Erfahrung der grundsätzlichen Reflexibilität von kommunikativen Geltungsansprüchen; wenn Reflexibilität eben immer auch heißt, daß gesehen wird, es könnte unter Umständen auch anders gedacht oder gar gehandelt werden.

Beispiele für einen so verstandenen Fundamentalismus gibt es viele. Man könnte die pietistische Pädagogik August Hermann Franckes nennen (vgl. BLANKERTZ 1972, S. 21 ff), aber auch Autoren, die in ihrer Programmatik (oder ihren «Grundsätzen») den Bildungsbegriff an den der Freiheit und Selbstbestimmung knüpfen, aber in der Durchführungsreflexion (sozusagen im Kleingedruckten) dem Kind «absoluten Gehorsam» und «unbedingte Unterwerfung» abverlangen – so der «Philosoph der Freiheit» Johann Gottlieb Fichte; das 19. Jahrhundert kennt den Gedanken der «Konstruktion des Zöglings»; und das Jahrhundert des Verrats, also das 20., hat Beispiele dafür, wie ein paranoischer Intellekt aus den «wissenschaftlichen Grundlagen der sozialistischen Erziehungstheorie» verbindlich den «Klassenhaß» für alle Kinder folgert (vgl. LANGEWAND 1991).

Daraus freilich, daß Reflexibilität so der Gegenbegriff eines brachialen pädagogischen Fundamentalismus ist, folgt freilich rückwärts keineswegs, daß sie ohne weiteres etwas ‹Gutes› ist. Durch reflexive Distanzierung können wohl Geltungsansprüche auf ihre Verbindlichkeit hin befragt werden, kann die Erfahrung mit der Welt objektiviert werden usw. Diese Reflexibilität muß aber nicht notwendigerweise allein ‹Weltgehalte› unter Vorbehalt bringen; die moderne Welt kennt mindestens auch die umgekehrte Reflexionsrichtung: daß nämlich der Reflektierende *sich selbst* unter Vorbehalt stellt in dem Sinn, daß er den Verdacht hegt, seine lebensweltlichen Leistungen des Erlebens, Handelns und eben auch Reflektierens seien ihrerseits grundsätzlich ohne Verbindlichkeit, sondern vielmehr eine Funktion ansonsten objektiv verlaufender, wissenschaftlich beschreibbarer Prozesse. Hier berühren sich somit pädagogischer Fundamentalismus, moderne Reflexibilität und die Probleme, die unter dem Stichwort ‹Verwissenschaftlichung› heute allenthalben diskutiert werden (vgl. Abschn. «Bildung und Wissenschaft»).

Ironie. – Man kann die Differenz von Lernen und Verbindlichkeit funda-
mentalistisch unterlaufen – durch ein solches Aussetzen der Reflexibilität, daß die Gehalte der Weltdeutung immunisiert werden. Man kann die
Differenz von Lernen und Verbindlichkeit aber auch so unterlaufen, daß
zunächst diese Gehalte aufgenommen, dann reflektiert und in eins damit
in ihrer Geltung außer Kraft gesetzt werden. Der normative Anspruch gilt
stets als bloß transitorisch, vorübergehend. Das reflektierende Subjekt
braucht diese Gehalte, weil es sich ohne sie nicht bilden könnte. Aber es
will nur Subjekt sein, nicht gebunden an Verbindlichkeit. Daher wird nun
in jedem Moment das, was das Subjekt gerade war, überboten durch die
Distanzierung jenes Zustandes. Bildung ist steter Wechsel zwischen
nichts und etwas, und da das ‹Bildende› durch die reflexiven Handlungen
des Subjekts festgelegt ist, ist Bildung «steter Wechsel von Selbstschöp-
fung und Selbstvernichtung» (SCHLEGEL 1967, S. 172). Dies ist das Konzept der «romantischen Ironie», welche Friedrich Schlegel und Friedrich
von Hardenberg (Novalis) Ende des 18. Jahrhunderts im Anschluß an die
Philosophie Fichtes entwickelt haben. Der Witz der Ironie in diesem Sinn
(also nicht im Sinne eines literarischen Stilmittels) besteht darin, daß die
Anerkennung von Verbindlichkeit stets gemacht und stets sogleich negiert wird. Das sich ‹bildende› Subjekt lebt nur in der Reflexion. Es ist nicht
verwunderlich, daß in einer Zeit, die noch über keinen Begriff sozialer
Kommunikation verfügte, der von der moralischen Schematisierung des
Guten oder Bösen frei war, der romantischen Ironie schnell der natürlich
moralisch gemeinte Vorwurf der Eitelkeit, der Selbstsucht und der Amo-
ralität gemacht wurde. Indes gehört auch dieses Zusammenhangs wegen
‹Ironie› zur sozialen Dimension von Bildung dazu; abgesehen davon, daß
es, mit Friedrich Schlegel als historischem Protagonisten, heute ganze
Berufsstände gibt, die dieses ‹Bildungsprogramm› pflegen.

Institution. – Fundamentalismus und Ironie suchen auf ihre Weise, dem
Problem des Verhältnisses von Lernen und Verbindlichkeit zu entkom-
men. Auf eine ganz andere Weise unterläuft diese Differenz, wer den
Umstand, daß wir, indem wir etwas lernen, notwendigerweise immer
auch etwas anderes lernen, gar nicht auf die Bildungsinhalte und ihren
Bildungsgehalt münzt, sondern auf den institutionellen Kontext des Lernens verweist. Die These lautet dann einfach: Was immer sachlich (also
inhaltlich in den Unterrichtsfächern) gelernt wird – in diesem sachlichen
Lernen vollzieht sich zugleich unhintergehbar die Aneignung der sozialen Lernstruktur selbst. Diese ‹institutionelle Wendung› der bildungstheoretischen Problematik in der Dimension von Sozialität ist wiederum
in zwei Richtungen verfolgt worden: einmal, indem man den ‹heim-

lichen Lehrplan› des schulischen Lernens als Einübung in bildungsfeind-
liche Rituale, Klischees, Vorurteile, Neurosen usw. denunziert. Man befürchtet dann die Beschädigung der ‹eigentlichen› Identität des Kindes,
seines Bildungsanspruchs usw. Im zweiten Fall geht es um den Nachweis,
daß das, was die alte Bildungstheorie sachlich, zeitlich und normativ auf
direktem Weg zu realisieren trachtete (und wann erreichte?) – Individualität, Universalität, Kritikfähigkeit, Egalität usw. –, durch die soziale
Form des Lernens selbst, sozusagen hinter dem Rücken aller Beteiligten
doch vermittelt wird, freilich nur bei denen, denen der ‹Durchlauf› durch
die Institutionen gelingt. In der Differenz zu familialen Formen der
Kommunikation lerne das Kind in der Institution die Prinzipien der Universalität, Egalität, Urteilskraft, Autonomie usw. Man befürchtet also, in
dieser Sicht der Dinge, am wenigsten Beschädigungen wie im kulturkritisch gemeinten Konzept des heimlichen Lehrplans. Der Witz dieser
theoretischen Konzeption liegt vielmehr darin, daß die bildungstheoretisch so oft geschmähte objektive Struktur institutionalisierten Lernens
den Grundsätzen des klassischen Bildungsdenkens realiter zum Durch-
bruch verhilft. Spiegelbildlich zehren also beide Richtungen, wenn auch
in gegenläufigem Sinn, vom semantischen Gehalt des klassischen Bildungsbegriffs.

2.2.4 Wie ist Bildung möglich?

Mit der Frage ‹Wie ist Bildung möglich?› ist seit Ende des 18. Jahrhunderts ein Blickwechsel auf das Thema eingeleitet. Die Beschäftigung mit
der sachlichen, zeitlichen und sozialen Dimension ist in der Regel ‹Pädagogik› in dem Sinn, daß man mit Blick auf pädagogische Praxis oder
pädagogische Wirklichkeit Gehalt, Chancen und Akzeptabilität von ‹Bildung› konkret, zustimmend oder ablehnend, ausweisen möchte.

Im Gegensatz zum praktisch engagierten Pädagogen, dem es um Bildung geht, kann man aber auch einen Perspektivenwechsel vornehmen:
Dann will man wissen, wie das, was der praktische Pädagoge als real bzw.
wünschens- oder verdammenswert affirmiert, von den Bedingungen her
überhaupt möglich ist. Hierfür stehen grob dargestellt, mit Blick auf die
letzten 200 Jahre, zwei Begriffsstrategien zur Verfügung. Die eine sucht
die Frage dadurch zu beantworten, daß sie Dispositionen der *subjektiven*
Verfassung des zu Bildenden bestimmt, von denen gesagt werden kann,
sie müßten in dieser oder jener Form vorliegen, nicht, um Bildung herbeizuführen, sondern um sie als möglich erscheinen zu lassen. Beispiele
für diese auf Subjektives konzentrierte Forschungsstrategien gibt es von

Anfang des 19. Jahrhunderts bis in unsere Tage (vgl. HERBART 1965b, MILLER-KIPP 1992).

Die andere Strategie, die erst im 20. Jahrhundert zur Geltung gekommen ist, geht nicht auf die Verfassung des Subjekts, sondern auf die Verfassung von *Intersubjektivität* bzw. von kommunikativer Sozialität. Diese Überlegung geht davon aus, daß Erziehung wie Bildung Kommunikationen sind. Ihre Antwortchancen auf die oben gestellte Frage hängen demgemäß davon ab zu zeigen, daß Bildung wegen oder trotz Kommunikation möglich ist. Läßt sich ein solcher Nachweis nicht führen, ist der Bildungsbegriff *erziehungswissenschaftlich* obsolet.

2.2.5 Bildung und Selbstbeschreibung

Den bisher skizzierten Theorien der Bildung ist es gemein, aus einer dritten Perspektive heraus über das ‹Bildungssubjekt› zu sprechen. Eine ganz andere Dimension des Bildungsbegriffs wird indes eröffnet, wenn man nach den Selbstbeschreibungen derer fragt, die in ihrem Großwerden oder Großsein unter der Semantik ‹Bildung› leben bzw. gelebt haben.

Ein Blick auf den historischen Zusammenhang, in dem Bildung zu einem kulturellen Projekt großen Ausmaßes geworden ist, belehrt darüber, daß es eben derselbe geschichtliche Kontext ist, in welchem sich auch das klassische Zeitalter der romanesken, lyrischen oder epischen Autobiographie entfaltet hat (vgl. NEUMANN 1970). Dieser Sachverhalt kann hier nicht mehr ausführlich dargestellt werden. Deshalb sei abschließend eine Beschreibung wiedergegeben, die die historische, sachliche, soziale und daher auch kommunikative Vermitteltheit (Reflexibilität) der Bildung in Form einer autobiographischen Erinnerung plastisch werden läßt. In dieser Erinnerung begegnet der ‹Gebildete› des späten 19. Jahrhunderts als seiner selbst sicher wie zugleich als Selbstzitat; er ist auf eine ‹Rolle› festgelegt und hat in ihr schon lange alle Universalität dementiert: «Erst nach einem halben Jahr etwa erschien ein überlegener Geist in der Pension: Herr Caroli. Er wußte sich alle vom Leib zu halten, er hatte viel gelesen. Seine ironischen Bemerkungen, die sich als sorgsam kandierte Lesefrüchte entpuppten, erregten das Entzücken Fräulein Königs. Nicht immer kam sie darauf, woher ein Satz von ihm stammte, und sie demütigte sich soweit, um Aufklärung zu bitten. [. . .] ‹Wo wird es schon her sein›, antwortete dann Herr Schutt anstelle von Herrn Caroli, ‹aus dem Büchmann, wie alle seine Reden.› Das war aber weit gefehlt und eine Blamage für Herrn Schutt, denn nichts, was Herr Caroli von sich gab, entstammte dem Büchmann. ‹Da nehme ich lieber Gift als den Büchmann›, sagte Herr Caroli, ‹ich zitiere nie, was ich nicht wirklich lese.› Es ging die Meinung in der Pension, daß das wahr sei. Ich war der einzige, der daran zweifelte, weil Herr Caroli von uns keine Notiz nahm, selbst die Mutter, die es an Bildung wahrhaftig mit ihm aufnehmen konnte, mißfiel ihm, weil ihre drei Buben am Pensionstisch Erwachsenen den Platz wegnahmen und man ihretwegen die geistreichsten Bemerkungen unterdrücken mußte» (Canetti 1980, S. 17 f).

Literatur

Adorno, Th. W.: Theorie der Halbbildung. In: Ders.: Gesammelte Schriften. Bd. 8: Soziologische Schriften 1. Frankfurt/M. 1972, S. 93–122.

Benner, D.: Allgemeine Pädagogik. Eine systematisch-problemgeschichtliche Einführung in die Grundstruktur pädagogischen Denkens und Handelns. München 1987.

Benner, D.: Wissenschaft und Bildung. Überlegungen zu einem problematischen Verhältnis und zur Aufgabe einer bildenden Interpretation neuzeitlicher Wissenschaft. In: Zeitschrift für Pädagogik 36 (1990), S. 597–621.

Berg, Ch. (Hrsg.): Handbuch der deutschen Bildungsgeschichte. Bd. IV. Von der Reichsgründung bis zum Ende des ersten Weltkriegs. München 1991.

Bildung. In: Theologische Realenzyklopädie, hrsg. v. G. Krause/G. Müller. Bd. 6. Berlin/New York 1980, S. 568–635.

Blankertz, H.: Theorien und Modelle der Didaktik. München [6]1972.

Böhme, G.: Der historische Zugang zur historischen Pädagogik. In: Böhme, G. /Tenorth, H.-E.: Einführung in die historische Pädagogik. Darmstadt 1990, S. 47–117.

Bruford, W. H.: The German Tradition of Self-Cultivation. «Bildung» from Humboldt to Thomas Mann. London/New York 1975.

Canetti, E.: Die Fackel im Ohr. Lebensgeschichte 1921–1931. München 1980.

Constantin, E.: Die Begriffe «Bild» und «Bilden» in der deutschen Philosophie von Eckhart zu Herder, Blumenbach und Pestalozzi. (Phil. Diss.) Heidelberg 1944.

Dohmen, G.: Bildung und Schule. Die Entstehung des deutschen Bildungsbegriffs und die Entwicklung seines Verhältnisses zur Schule. 2 Bde. Weinheim 1964/65.

Habermas, J.: Theorie des kommunikativen Handelns. 2 Bde. Frankfurt/M. 1981.

Herbart, J. F.: Über die ästhetische Darstellung der Welt als das Hauptgeschäft der Erziehung. In: Johann Friedrich Herbart, Pädagogische Schriften, hrsg. v. W. Asmus. Bd. I. Kleinere pädagogische Schriften. Düsseldorf/München 1964, S. 105–121.

Herbart, J. F.: Allgemeine Pädagogik, aus dem Zweck der Erziehung abgeleitet. In: Johann Friedrich Herbart, Pädagogische Schriften, hrsg. v. W. Asmus. Bd. 2: Pädagogische Grundschriften. Düsseldorf/München 1965, S. 9–159 (1965a).

Herbart, J. F.: Umriß pädagogischer Vorlesungen. In: Johann Friedrich Herbart, Pädagogische Schriften, hrsg. v. W. Asmus. Bd. 3: Pädagogisch-didaktische Schriften. Düsseldorf/München 1965, S. 157–301 (1965b).

Herder, J. G.: Ideen zur Philosophie der Geschichte der Menschheit. In: Herders sämmtliche Werke, hrsg. v. B. Suphan. Bd. XIII. Berlin 1887, S. 1–443.

HERDER, J. G.: Auch eine Philosophie der Geschichte zur Bildung der Menschheit. Beytrag zu vielen Beyträgen des Jahrhunderts. In: Herders sämmtliche Werke, hrsg. v. B. Suphan. Bd. V. Berlin 1891, S. 475–595.

HUMBOLDT, W. v.: Über den Charakter der Griechen, die idealische und historische Ansicht desselben. Werke in 5 Bänden, hrsg. v. A. Flitner und K. Giel, Bd. II: Schriften zur Altertumskunde und Ästhetik, die Vasken. Darmstadt 1979, S. 65–73.

HUMBOLDT, W. v.: Theorie der Bildung des Menschen. Werke in 5 Bänden. Bd. I: Schriften zur Anthropologie und Geschichte. Darmstadt 1980, S. 234–241.

HUMBOLDT, W. v.: Der Königsberger und der Litauische Schulplan. Werke in 5 Bänden. Bd. IV: Schriften zur Politik und zum Bildungswesen. Darmstadt 1982, S. 168–196.

JEISMANN, K.-E./LUNDGREEN, P. (Hrsg.): Handbuch der deutschen Bildungsgeschichte. Bd. III: 1800–1870. Von der Neuordnung Deutschlands bis zur Gründung des deutschen Reiches. München 1987.

KANT, I.: Grundlegung zur Metaphysik der Sitten. In: Immanuel Kant. Werke in 6 Bänden, hrsg. v. W. Weischedel. Bd. IV. Darmstadt 1983, S. 11–107 (1983 a).

KANT, I.: Kritik der praktischen Vernunft. In: Immanuel Kant. Werke in 6 Bänden, hrsg. von W. Weischedel. Bd. IV. Darmstadt 1983, S. 107–309 (1983 b).

KLAFKI, W.: Studien zur Bildungstheorie und Didaktik. Weinheim 1963.

KLAFKI, W.: Die Bedeutung der klassischen Bildungstheorien für ein zeitgemäßes Konzept allgemeiner Bildung. In: Zeitschrift für Pädagogik 32 (1986), S. 454–477.

LANGENWIESCHE, D./TENORTH, H.-E. (Hrsg.): Handbuch der deutschen Bildungsgeschichte. Bd. V: Die Weimarer Republik und die nationalsozialistische Diktatur. München 1989.

LANGEWAND, A.: Das Ende der Erziehung und ihrer Theorie. Ein Versuch über den entwicklungsgeschichtlichen Spinozismus von Schleiermachers Erziehungslehre und eine Verteidigung gegen seine «geschichtliche» Interpretation durch die Dilthey-Schule. In: Zeitschrift für Pädagogik 33 (1987), S. 513–522.

LANGEWAND, A.: Historische Beispiele normativer Pädagogik. Eine kritische Analyse. In: Benner, D./Lenzen, D. (Hrsg.): Erziehung, Bildung, Normativität. Versuche einer deutsch-deutschen Annäherung. Weinheim/München 1991, S. 41–55.

LEIBNIZ, G. W.: Die Prinzipien der Philosophie oder die Monadologie. In: Gottfried Wilhelm Leibniz, Philosophische Schriften. Bd. 1, hrsg. u. übers. von H. H. Holtz. Darmstadt 1985, S. 439–485 (1985 a).

LEIBNIZ, G. W.: Die Theodizee von der Güte Gottes, der Freiheit des Menschen und dem Ursprung des Übels. Zweiter Teil. In: Gottfried Wilhelm Leibniz, Philosophische Schriften. Bd. 2, 1. Hälfte, hrsg. u. übers. v. H. Herring. Darmstadt 1985, S. 366–622 (1985 b).

LICHTENSTEIN, E.: Zur Entwicklung des Bildungsbegriffs von Meister Eckard bis Hegel. Heidelberg 1966.

LICHTENSTEIN, E.: Artikel «Bildung». In: Historisches Wörterbuch der Philosophie, hrsg. v. J. Ritter. Bd. I. Basel/Stuttgart 1971, Sp. 921–937.

LUHMANN, N.: Das Kind als Medium der Erziehung. In: Zeitschrift für Pädagogik 37 (1991), S. 19–41.

LUHMANN, N./SCHORR, K.-E.: Reflexionsprobleme im Erziehungssystem. Stuttgart 1979.

98   Alfred Langewand

MARX, K.: Das Kapital. Kritik der politischen Ökonomie. Bd. 1. Marx-Engels Werke (MEW). Berlin 1970.

MENCK, P.: Die Erziehung der Jugend zur Ehre Gottes und zum Nutzen des Nächsten. Untersuchung der Begründung und Intentionen der Pädagogik August Hermann Franckes. Wuppertal 1969.

MENDELSSOHN, M.: Sendschreiben an den Herrn Magister Lessing in Leipzig. In: Moses Mendelssohns gesammelte Schriften, hrsg. v. G. B. Mendelssohn. Bd. 1. Leipzig 1843, S. 371–398.

MENZE, C.: Wilhelm v. Humboldts Lehre und Bild vom Menschen. Ratingen 1965.

MENZE, C.: «Bildung». In: Handbuch pädagogischer Grundbegriffe, hrsg. v. J.Speck/ G. Wehle. Bd. 1. München 1970, S. 134–184.

MENZE, C.: Leibniz und die neuhumanistische Theorie der Bildung des Menschen. Opladen 1980 (Vorträge/Rheinische Akademie der Wissenschaften: Geisteswissenschaften; G 246).

MILLER-KIPP, G.: Wie ist Erziehung möglich? Die Biologie des Geistes unter pädagogischem Aspekt. Weinheim 1992.

NEUMANN, B.: Identität und Rollenzwang. Zur Theorie der Autobiographie. Frankfurt/M. 1970.

PLEINES, J.-E.: Bildungstheorien. Probleme und Positionen. Freiburg/Basel/Wien 1978.

ROBINSOHN, S. B.: Bildungsreform als Revision des Curriculum und Ein Strukturkonzept für Curriculumentwicklung. Neuwied/Berlin ³1971.

SCHAARSCHMIDT, I.: Der Bedeutungswandel der Begriffe «Bildung» und «Bilden» in der Literaturepoche von Gottsched bis Herder. In: Zur Geschichte des Bildungsbegriffs, hrsg. von C.-L. Furck u. a. Weinheim 1965, S. 25–89.

SCHILLING, H.: Bildung als Gottesbildlichkeit. Exegetische und motivgeschichtliche Studien zum Bildungsbegriff. (Phil. Diss.) München 1957.

SCHLEGEL, F.: Athenäums-Fragmente. In: Friedrich Schlegel. Kritische Ausgabe seiner Werke. 1. Abteilung. Bd. II, Charakteristiken und Kritiken, Teil I, hrsg. v. H. Eichner. München/Paderborn/Wien 1967, S. 165–256.

SCHLEIERMACHER, F. D. E.: Die Vorlesung über Erziehung aus dem Jahre 1826. In: Friedrich Schleiermacher, Pädagogische Schriften. Bd. 1, hrsg. v. E. Weniger. Düsseldorf/München 1957, S. 1–407.

SCHWENK, B.: Unterricht zwischen Aufklärung und Indoktrination. Studien zum Begriff der Didaktik. Frankfurt/M. 1974.

VIERHAUS, R.: Bildung. In: Geschichtliche Grundbegriffe. Historisches Lexikon zur politisch-sozialen Sprache in Deutschland, hrsg. v. O. Brunner, W. Conze, R. Koselleck. Bd. I. Stuttgart 1972, S. 508–552.

WEIL, H.: Die Entstehung des deutschen Bildungsprinzips. Bonn 1930.

WENIGER, E.: Theorie der Bildungsinhalte und des Lehrplans. In: Erich Weniger. Ausgewählte Schriften zur geisteswissenschaftlichen Pädagogik. Mit einer Bibliographie von B. und H. Schwenk, hrsg. v. B. Schonig. Weinheim/Basel 1975, S. 199–295.

WIELAND, CH. M.: Betrachtungen über J. J. Rousseaus ursprünglichen Zustand des Menschen [1795]. In: C. M. Wieland. Sämmtliche Werke. Bd. 14: Beiträge zur geheimen Geschichte der Menschheit, Nachdruck Hamburg 1984, S. 119–175.

Dieter Geulen

2.3 Sozialisation

2.3.1 Einleitung

2.3.1.1 Anthropologische Ausgangstatsachen

Der *Mensch* ist in einem langen naturgeschichtlichen Prozeß der Evolution aus tierischen Vorfahren hervorgegangen, doch unterscheidet er sich selbst von seinen nächsten tierischen Verwandten in wesentlichen Merkmalen. Während Tiere über viele angeborene Verhaltensweisen verfügen, die ihnen zum Beispiel Nahrungssuche, Verteidigung und Fortpflanzung, also ein selbständiges Überleben in ihrer natürlichen Umwelt ermöglichen, verfügt der Mensch nur noch über relativ wenige Reflexe und instinktive Verhaltensschemata. Das menschliche Neugeborene ist jedenfalls alleine nicht überlebensfähig, und man kann bezweifeln, ob ein in einer natürlichen *Umwelt* aufwachsender Mensch allein zurechtkommt. Ein zweiter wesentlicher Unterschied zum Tier besteht darin, daß das menschliche Großhirn eine im Vergleich zu unseren nächsten tierischen Verwandten unvergleichlich höhere Fähigkeit zur Aufnahme, Verarbeitung und Speicherung von Informationen aufweist, eine Kapazität, die wir normalerweise gar nicht ausschöpfen. Unser Gehirn enthält kaum angeborene Verhaltensprogramme; vielmehr besteht seine

Leistung eher darin, von frühester Kindheit an über die Sinne vermittelte Erfahrungen zu speichern, zu verknüpfen und zu verallgemeinern, also ein zum großen Teil begrifflich strukturiertes Bild von der Welt aufzubauen, das seinerseits eine notwendige Voraussetzung für sinnvolles Handeln ist. Ein drittes, von Anthropologen hervorgehobenes Merkmal des Menschen ist es, daß er seine vorgefundene Umwelt zweckdienlich und systematisch umgestaltet, wobei jede neue Generation auf dem aufbaut, was ihre Vorfahren hinterlassen haben. Zwar gibt es auch Tiere, die ihre Umwelt in gewissem Maße verändern (z. B. die Bauten der Ameisen, die unterirdischen Gänge der Maulwürfe, die Dämme der Biber usw.), doch keine tierische Art hat eine kumulative, immer weiter entwickelte Zivilisation hervorgebracht wie der Mensch. Aus diesem Grund wären übrigens angeborene, an eine natürliche Umwelt angepaßte Verhaltensweisen dem Menschen wenig nützlich, da er längst nicht mehr in einer natürlichen Umwelt lebt, sondern in einer von ihm selbst geschaffenen, sich verändernden Umwelt zurechtkommen muß.

Die besondere Art der biologischen Anpassung des Menschen besteht eben darin, daß er dank seines hochentwickelten Großhirns in der Lage ist, sich auch auf eine völlig neue Umwelt einzustellen, d. h. die erforderlichen Verhaltensweisen aus der Erfahrung in dieser Umwelt erst zu lernen. Natürlich ist auch diese Fähigkeit bereits im Tierreich vorgebildet, doch hat sie dort nicht die große, überlebensnotwendige Bedeutung wie beim Menschen (vgl. zu diesem Abschnitt PORTMANN 1969, SCHURIG 1976). Wir verwenden hier den Begriff ‹Lernen› in einem sehr allgemeinen Sinn als Gesamtheit aller Veränderungen der Persönlichkeit, soweit diese nicht durch biologische Reifung angeborener Anlagen erklärt werden können. Was wir überhaupt lernen, hängt davon ab, welche Erfahrungen wir von der frühen Kindheit an in unserer jeweiligen Umwelt überhaupt machen, d. h., welche Erfahrungsmöglichkeiten unsere jeweilige Umwelt uns bietet, wie wir darauf eingehen und wie wir diese Erfahrungen schließlich innerlich verarbeiten. Diese Prozesse bestehen nicht darin, daß äußere Reize in einem vorher leeren Bewußtseinskasten einfach gespeichert werden; vielmehr sind wir als Subjekte immer aktiv dabei beteiligt, zum einen, weil wir uns nie nur passiv in der Welt finden, sondern ihr handelnd gegenübertreten, zum zweiten, weil wir die erlebten Eindrücke in unserem Kopf weiterverarbeiten und organisieren. Es handelt sich also um eine Wechselwirkung (Interaktion) von äußeren, d. h. objektiven, und inneren, d. h. subjektiven, Bedingungen.

2.3.1.2 Der Sozialisationsbegriff

Im Anschluß an den oben genannten Begriff von Lernen kann nun der Begriff Sozialisation definiert werden als die Entstehung und Bildung der Persönlichkeit aufgrund ihrer Interaktion mit einer spezifischen materiellen, kulturellen und sozialen Umwelt (vgl. GEULEN 1973). Konkret gesprochen bedeutet das, daß unsere Sozialisation abhängig ist z. B. von der Familie, in der wir aufwachsen, von der Art und Weise, wie die Erwachsenen, insbesondere unsere Eltern, sich uns gegenüber verhalten, von den Spielmöglichkeiten, davon, ob Geschwister da sind usw. Später kommt die Schule als eine Sozialisationsinstanz hinzu, Spielkameraden und Erfahrungen außerhalb der Familie werden zunehmend wichtig. Im Erwachsenenalter sind es vor allem Erfahrungen im Zusammenhang mit der beruflichen Tätigkeit am Arbeitsplatz, die die Persönlichkeit weiter prägen.

Damit wird deutlich, daß all diese Erfahrungsfelder nicht für alle Menschen zu allen Zeiten gleich, sondern abhängig sind von der Gesellschaft, in der wir aufwachsen, vom sozialen Milieu, daß sie also in verschiedenen Gesellschaften und Kulturen sehr unterschiedlich sind und daß sie dem historischen Wandel unterliegen, also auch in verschiedenen Epochen unserer eigenen Gesellschaft verschieden waren. Die letzte Behauptung kann jeder leicht nachprüfen, wenn er sich fragt, worin er sich von seinen Eltern bzw. von seinen Großeltern unterscheidet.

Um den hier vorgestellten Sozialisationsbegriff zu präzisieren, wollen wir ihn nach zwei Seiten hin abgrenzen. Zum ersten ist Sozialisation zu unterscheiden von *Entwicklung*, einer Auffassung, die in der älteren Entwicklungspsychologie vorherrschte und die auf der Annahme beruhte, daß die wesentlichen Merkmale der Persönlichkeit angeboren seien und sich im Laufe der Zeit lediglich ‹entwickelten›, so wie sich die Blätter aus einer Knospe entwickeln. Nach dem heutigen Forschungsstand in der Sozialisationsforschung, übrigens auch in der Biologie, kann als gesichert gelten, daß bei jeder Entwicklung bestimmte Umweltbedingungen eine notwendige Rolle spielen. Wir leugnen also keineswegs die Bedeutung von *Erbanlagen* auch für die Persönlichkeitsentwicklung, jedoch wirken erstens immer viele verschiedene Anlagen auf schwer zu durchschauende Weise zusammen und können sich, wie eben gesagt, überhaupt nur in Wechselwirkung mit spezifischen Bedingungen in der Umwelt ausprägen. In welchem Verhältnis beide Arten von Faktoren genau zueinander stehen, hängt von dem betreffenden Persönlichkeitsmerkmal selbst ab und ist in keinem Fall bis heute eindeutig geklärt. Vorschnellen Behauptungen, daß bestimmte Persönlichkeitsmerkmale angeboren seien, sollte man daher stets mit Skepsis begegnen.

Zum zweiten wollen wir den Sozialisationsbegriff vom Begriff der *Erziehung* im Sinne der Pädagogik abgrenzen. ‹Sozialisation› meint, wie oben dargelegt, die Gesamtheit der Lernprozesse im weitesten Sinne, gleichgültig, ob sie bewußt, gewünscht oder geplant sind und wann und wo sie stattfinden. ‹Erziehung› meint dagegen ein intentionales, geplantes und dabei normativ orientiertes Handeln eines in der Regel professionellen, d. h. besonders ausgebildeten ‹Erziehers› und findet in der Regel in besonderen Institutionen (z. B. in der Schule) statt. Erziehung ist also immer ein Teil der Sozialisation, der Sozialisationsbegriff ist jedoch weiter gefaßt.

Welche Bedeutung kann die *Sozialisationsforschung* für die Pädagogik und ihre praktische Zielsetzung haben? Zunächst einmal ist zu sagen, daß die Sozialisationsforschung unser Verständnis vom Menschen, seiner Bildsamkeit und der verschiedenen anthropologischen und psychologischen Bedingungen für menschliche Bildungsprozesse erforscht bzw. erweitert. Insbesondere klärt sie genauer, welche äußeren Bedingungen hierbei wichtig sind und welche Art der Wechselwirkung zwischen ihnen und dem Subjekt besteht. Die Sozialisationsforschung kann daher als eine notwendige erfahrungswissenschaftliche Grundlage für jede Art pädagogischer Theorie angesehen werden, bzw. umgekehrt wäre zu sagen, daß eine Pädagogik, die sozialisationswissenschaftliche Forschungsergebnisse außer acht läßt, die tatsächlichen Bedingungen für Bildungsprozesse nicht oder falsch sähe und ihr daher unablässig Fehler unterlaufen würden. Allerdings kann Pädagogik nicht restlos auf Sozialisationsforschung zurückgeführt werden; denn sie geht in einigen Aspekten ihrer besonderen Problemstellung wiederum über die Sozialisationsforschung hinaus, insbesondere in der Frage nach den Zielen von Bildung und Erziehung sowie in der Frage nach dem Verhältnis zwischen Erzieher und Zögling.

2.3.1.3 Die Sozialisationsforschung

Die Sozialisationsforschung ist eine interdisziplinäre Forschungsrichtung, die bestimmte Gebiete der Soziologie, der Psychologie und der Erziehungswissenschaft einschließt. Sie geht zum einen aus von verschiedenen Autoren (insbesondere Emile Durkheim, Sigmund Freud, George Herbert Mead, Jean Piaget), die zu Beginn des 20. Jahrhunderts den Gedanken formulierten und weiterentwickelten, daß das Kind im Laufe seiner Entwicklung und aufgrund seines Umgangs mit Erwachsenen und Gleichaltrigen die gesellschaftlichen Normen und Vorstellungen verinnerlicht, so daß diese später sein Handeln und seine ganze Persönlichkeit prägen. Zum zweiten hat sich ab den 20er und 30er Jahren in der amerikanischen Kulturanthropologie eine erfahrungswissenschaftliche Sozialisationsforschung entwickelt, die den Zusammenhängen zwischen den Bedingungen, unter denen Kinder aufwachsen, und ihrer späteren Entwicklung zunächst in fremden Kulturen nachging und sich dann auch der Erforschung der Sozialisation in verschiedenen Bevölkerungsgruppen der Vereinigten Staaten zuwandte. Dabei stand lange Zeit die Familie als Sozialisationsinstanz im Vordergrund des Interesses, und dies hat ja auch einen guten Grund darin, daß die Familie im Normalfall die erste Sozialisationsinstanz im Leben des Menschen ist und seine Persönlichkeit nachhaltig prägt. Später wandte man sich auch der Frage zu, welchen Einfluß die Schule, die Hochschule und der Arbeitsplatz auf die Persönlichkeitsentwicklung haben. In die deutschsprachige Diskussion wurde die Sozialisationsthematik erst ab den 60er Jahren und hauptsächlich im Zusammenhang mit der Bildungsreform aufgenommen und später eigenständig weiterentwickelt. (Eine ausführliche Darstellung der Geschichte und Entwicklung der Sozialisationsforschung findet sich bei GEULEN 1980, 1991; der gegenwärtige Forschungsstand ist ausführlich in HURRELMANN/ULICH 1991 dargestellt. Vgl. außerdem HURRELMANN 1993 und TILLMANN 1993).

Wir wollen im folgenden anhand ausgewählter Forschungsansätze und -ergebnisse deutlich machen, was Sozialisation ist und wieweit sie unsere Persönlichkeit bestimmt. Dabei lassen wir uns von folgenden Fragen leiten:

– Welche Bedingungen in der Umwelt des Menschen, insbesondere des Kindes, sind relevant für seine Persönlichkeitsentwicklung?
– Welche Aspekte der Persönlichkeit werden von Sozialisation besonders geprägt?
– Wie ist der Zusammenhang zwischen Sozialisationsbedingungen einerseits und Persönlichkeitsentwicklung andererseits genauer zu verstehen, bzw. wie wird dieser Zusammenhang in der Wissenschaft, d. h. von den vorliegenden Theorien, erklärt?
– Welche weiteren Fragen tauchen dabei auf, insbesondere welche Fragen sind von der Forschung bisher nicht zufriedenstellend geklärt worden?

2.3.2 Sozialisation in der Familie

2.3.2.1 Die Umwelt des Kindes

In welchem Maße die *Lebenswelten,* in denen Kinder aufwachsen, sich unterscheiden können, wird besonders deutlich bei einem Vergleich von Stadt und *Land.* In einer idealtypisch-stilisierten ländlich-bäuerlichen Lebenswelt sind Kinder einerseits in ein relativ stabiles Netz sozialer Beziehungen eingebunden, die um Familie, Hof und Nachbarschaft zentriert sind, können sich aber andererseits frei über den engeren Lebensraum der Wohnung bzw. des Hauses hinaus bewegen. Am alltäglichen Leben der Erwachsenen, insbesondere an der Arbeit, nehmen sie vollen Anteil, sei es, daß ihnen schon eine aktive Rolle dabei zufällt, sei es auch nur als Zuschauende. Ihre Lebenswelt ist – obwohl durchaus komplex und ausgedehnt – in allen Einzelheiten sinnlich erfahrbar und überschaubar. Im Verhalten zu anderen gelten traditionell eingespielte Normen, die jeder kennt und die nicht hinterfragt werden; dies mag in vielen Fällen eine Ursache für Leiden und Konflikte sein, bietet aber auch eine gewisse Sicherheit.

In der *Stadt,* insbesondere der Großstadt, sieht die Lebenswelt auch für Kinder anders aus. Die äußere Umwelt besteht aus Häusern und Straßen; sie eignet sich kaum zum Spielen, vor allem nicht für die Kleineren, sondern ist gefährlich. Daher haben Innenräume, vor allem die eigene Wohnung und die Wohnung von Freunden, eine viel größere Bedeutung. Wenn man in die Schule, zu Freunden oder zum Sport will, besteigt man in der Regel ein Verkehrsmittel, das man an einer bestimmten Station wieder verläßt. Die räumliche Umwelt der Großstadt ist für das Kind nicht mehr ein einheitlicher, von ihm schrittweise eroberter Streifraum, sondern besteht aus lauter räumlichen Inseln, zu denen es gebracht wird bzw. mit öffentlichen Verkehrsmitteln fährt. Die sozialen Beziehungen zu den Menschen in der Stadt sind weniger durch Familie und Nachbarschaft bestimmt, sondern sind mehr durch spezifische Funktionen definiert; wo und wie der Kaufmann, die Lehrerin, der Sporttrainer wohnen und was sie in ihrer Freizeit machen, bleibt im allgemeinen unbekannt, in dieser Hinsicht sind die anderen Fremde. In dieser Welt zurechtzukommen erfordert z. B. ein höheres Maß an Abstraktion; man muß eine Art Stadtplan, das Bus- oder U-Bahn-Netz usw. im Kopf haben, muß wissen, was bestimmte Symbole und schriftliche Hinweise bedeuten, und muß vor allem in der Lage sein, auch mit Fremden sprachlich kommunizieren zu können, selbst wenn man sie, wie beim Telefongespräch, gar nicht sehen kann.

Diese Analyse der unterschiedlichen Lebenswelten von Stadt und Land, die für Kinder und ihre Sozialisation bedeutsame Aspekte herausheben, könnte selbstverständlich noch erweitert und vertieft werden. Wir wollen uns jedoch noch einem anderen Faktor zuwenden, der für unterschiedliche Lebenswelten und Lernerfahrungen von Kindern verantwortlich ist, nämlich das soziale Milieu oder, wie es in der Forschung meist genannt wird, die soziale *Schicht*. Für ein Arbeiterkind sieht die Welt anders aus als für Kinder aus einem bürgerlich-mittelständischen Milieu. Ein Kind, das in einer Hochhaus-Neubausiedlung am Stadtrand wohnt, macht andere Erfahrungen als ein Kind, dessen Eltern ein Einfamilienhaus besitzen. Von großer Bedeutung ist allein schon die Wohnungsgröße und die Zahl der Familienmitglieder; wenn viele Menschen auf engem Raum zusammenleben, muß man mehr Sensibilität für die anderen und eine strenge Disziplin lernen, damit es nicht ständig Streit gibt. Ebenso macht es einen Unterschied, ob ein Kind ein eigenes Zimmer hat bzw. ob es dieses mit Geschwistern teilen muß. Man weiß, daß auch die Ausstattung mit Spielzeug und mit Büchern in verschiedenen sozialen Schichten sehr unterschiedlich ist. Kinder, deren Eltern sich mehrmals im Jahr eine Urlaubsreise leisten können und mit ihren Kindern in andere Länder fahren, machen andere Erfahrungen als Kinder, bei denen das Geld dazu nicht reicht.

Zur häuslichen Umwelt muß in zunehmendem Maße das durch die Medien, vor allem durch das *Fernsehen* verbreitete Angebot gezählt werden. Kinder verbringen heutzutage eine erhebliche Zeit vor dem Fernseher (in der Bundesrepublik im Durchschnitt ungefähr zwei Stunden täglich), und wir müssen annehmen, daß dies ihre Entwicklung beeinflußt. Allerdings wissen wir zur Zeit trotz eines erheblichen Forschungsaufwandes noch relativ wenig über die Langzeitwirkungen des Fernsehkonsums. In der Literatur werden hierzu kontroverse Thesen vorgetragen. Zum einen wird darauf hingewiesen, daß das Fernsehen für viele Kinder Anregungen bieten kann, die sie in ihrer beschränkten Lebenswelt nicht vorfinden, die aber als Bilder von einer anderen Welt, als Modelle menschlichen Seins und Handelns ihre geistige Entwicklung fördern könnten. Überwiegend werden jedoch kritische Meinungen geäußert, z. B. die Befürchtung, daß Kinder durch die vielen Darstellungen von Gewalt im Fernsehen selber zur Gewalt erzogen werden. Auch wird darauf hingewiesen, daß Fernsehen nur passives Hinsehen und Zuhören abfordere und daß eigene Aktivitäten und Erfahrungen dabei zu kurz kämen. Deutungen des Gesehenen werden bereits in kurzer Folge mitgeliefert und verhindern, daß man selber nachdenkt. Es wäre sogar möglich, wie der amerikanische Medienpsychologe Neil POSTMAN (vgl. 1982,

1985) vermutet, daß künftige Generationen aufgrund des überwiegend bildhaften Charakters des Fernsehens die Sprache und die Schrift sowie die mit diesen zusammenhängende spezifische Art begrifflichen Denkens regelrecht verlernen.

Bei der obigen Betrachtung der kindlichen Umwelt haben wir die Eltern außer acht gelassen. Es ist jedoch klar, daß für ein heranwachsendes Kind die Eltern und die Art und Weise ihres Umgangs mit dem Kind für seine Persönlichkeitsentwicklung die allergrößte Bedeutung haben.

2.3.2.2 Zur Bedeutung des elterlichen Verhaltens

Noch bevor sich Eltern bewußt ihren Kindern in erzieherischer Absicht zuwenden, beeinflussen sie ungeplant deren Entwicklung dadurch, daß sie für die Kinder Verhaltensvorbilder darstellen, die die Kinder genauestens beobachten und die sie wenigstens teilweise nachahmen. Da Kinder erst lernen müssen, in neuen Situationen zurechtzukommen, ist es verständlich, daß sie zusehen, wie die Erwachsenen sich in einer solchen Situation verhalten. Tatsächlich kann man denn auch häufig beobachten, daß Kinder ihre Eltern imitieren. *Imitation* ist übrigens ein Lernmechanismus, der auch im Tierreich beobachtet werden kann, der also offensichtlich tiefliegende biologische Wurzeln hat. Diese Prozesse sind inzwischen auch wissenschaftlich untersucht worden (vgl. BANDURA 1976). In der von Sigmund Freud begründeten Theorie der Psychoanalyse, die für die Klärung vor allem frühkindlicher Sozialisationsprozesse von hervorragender Bedeutung ist, wird sogar angenommen, daß die *Identifizierung* eines Kindes mit seinen Eltern der wichtigste Mechanismus ist, durch den ein Kind die elterlichen Gebote und Verbote und damit auch die gesellschaftlichen Normen verinnerlicht.

Im Alltag nehmen wir an, daß Eltern besonders durch bewußte ‹Erziehungsmaßnahmen› auf die Entwicklung ihrer Kinder einwirken, also durch Belohnungen, Bestrafen, Erklären usw. In der sozialpsychologischen und erziehungswissenschaftlichen Forschung hat sich herausgestellt, daß diese Mittel in sehr unterschiedlicher Weise gehandhabt werden können. Man kann daher auch von *Erziehungsstilen* sprechen und unterscheidet z. B.:

1. den *autokratischen* Erziehungsstil, bei dem der Erzieher alle Fäden in der Hand behält, dem Kind nur Anweisungen gibt, die es zu befolgen hat, sein Verhalten und den Sinn dieser Anweisungen dem Kind nicht erklärt und das Kind empfindlich bestraft, wenn es diesen Anweisungen nicht Folge leistet;

2. den *partnerschaftlich-demokratischen* Erziehungsstil, bei dem der Erzieher seine Empfehlungen begründet und dem Kind erklärt, damit es

lernt, die Folgen seines Handelns abzuschätzen, wobei er ausdrücklich auch auf Wünsche und Interessen des Kindes eingeht und das Kind bei gelungenen Handlungen lobt, ohne es bei Fehlern gleich als Person zu verdammen;

3. den *Laissez-faire*-Erziehungsstil, der im wesentlichen darin besteht, das Kind – bzw. in einer Gruppe die Kinder – tun zu lassen, was sie wollen, ohne (sei es durch Anregungen und Hilfen, sei es durch Rückmeldungen, Belohnungen und Bestrafungen) einzugreifen; diesem Stil kommt auch der sogenannte antiautoritäre Erziehungsstil nahe (WEBER 1970, LUKESCH 1975, 1976).

Wir wollen uns als Beispiel für einen autokratischen Erziehungsstil zwei kurze sprachliche Sequenzen ansehen, die der englische Sprachsoziologe Basil BERNSTEIN (1972, S. 131) mitgeteilt hat. Eine Mutter sagt zu ihrem Kind im Bus: «Halt dich fest!» – Kind: «Warum?» – Mutter: «Halt dich fest!» – Kind: «Warum?» – Mutter: «Ich habe dir gesagt, du sollst dich festhalten, habe ich das nicht gesagt?» – Ein weiteres Beispiel: Ein Vater sagt zum Sohn: «Du gehst nicht aus!» – Sohn: «Warum?» – Vater: «Du gehst sonst immer aus.» – Sohn: «Warum darf ich nicht weggehen?» – Vater: «Ich habe dir gesagt, du gehst nicht aus, jetzt halt den Mund!»

Wie lassen sich diese Beispiele sozialisationstheoretisch, d. h. im Hinblick auf die Frage interpretieren, was ein Kind hier lernt? – Die Mutter gibt dem Kind eine Anweisung, ohne diese gleich zu begründen. So weit, so gut. Das Kind fragt aber nun zurück «warum?», worauf die Mutter nur ihre erste Anweisung, und zwar wörtlich, wiederholt. Das Kind ist damit natürlich nicht zufrieden und fragt erneut nach dem Grund, worauf die Mutter noch einmal die Anweisung wiederholt, allerdings mit einem Zusatz: «Ich habe dir gesagt..., habe ich das nicht gesagt?» Man könnte hierin eine Begründung für die Anweisung sehen, doch worin besteht diese Begründung? Die Mutter verweist als Begründung lediglich darauf, daß *sie* dem Kind diese Anweisung gegeben habe. Dies ist jedoch keine in der Situation des Busfahrens liegende Begründung (eine solche könnte z. B. lauten, daß man sich im Bus festhalten muß, weil der Bus plötzlich anfährt oder anhält oder enge Kurven fährt und man dabei leicht umfallen kann), sondern die von der Mutter gemeinte Begründung bleibt eigentlich unausgesprochen und muß so interpretiert werden: Weil sie als Mutter ihrem Kind gegenüber eine Autoritätsperson ist, soll das Kind tun, was sie gesagt hat, wobei hinzukommt, daß eine Autoritätsperson es gar nicht nötig hat, für ihre Anweisungen sachliche Begründungen zu geben. Das Kind lernt letztlich dabei also, gar nicht mehr nach sachlichen Begründungen zu fragen, sondern den Anweisungen von Autoritätspersonen zu folgen, und zwar weil es sich um Autoritätspersonen handelt. Selbstverständlich muß ein Kind dies alles nicht schon aus einer einzigen Szene dieser Art lernen; wir können jedoch unterstellen, daß sich in einer gegeben Familie Szenen dieser Art häufiger wiederholen.

Die zweite Sequenz läßt sich in ähnlicher Weise analysieren. Allerdings gibt der Vater bereits bei der ersten Nachfrage des Sohnes eine Begründung, die jedoch keine echte ist; aus der Tatsache, daß der Sohn sonst immer ausgeht, folgt ja keineswegs, daß er diesmal nicht ausgehen darf. Der Sohn durchschaut dies auch gleich und fragt zurück, worauf der Vater sich, ähnlich wie die Mutter im vorangehenden Beispiel, nur noch auf seine väterliche Autorität zur Begründung zurückzieht («ich habe dir gesagt...») und – hierin geht der Vater über die genannte Mutter noch hinaus – dem Sohn den Mund verbietet, also verbietet, überhaupt nach Begründungen zu fragen.

Diese Art sprachlichen Umgang mit einem Kind führt zunächst einmal dazu, daß das Kind selber nicht lernt, sprachlich zu argumentieren und z. B. auch eigene Ansprüche zu begründen; sein Repertoire an sprachlichen Handlungen bleibt also beschränkt. Dies wirkt sich darüber hinaus auf sein Denken aus. Wir wissen, daß für die intellektuelle Entwicklung des kleinen Kindes die *Sprache* eine wesentliche Bedeutung hat, z. B. für die Aneignung abstrakter Begriffe. In unserem Zusammenhang ist besonders wichtig, daß die gesprochenen, d. h. vom Kind real in seinem Umgang mit anderen erfahrenen Formen sprachlichen Handelns von ihm verinnerlicht werden. Denken, insbesondere in phantasierten sozialen Situationen, ist nichts anderes als der innere Gebrauch einmal erlebter Sprachhandlungen (vgl. Wygotski 1964). Daraus ergibt sich, daß die Erfahrung eines nur beschränkten Repertoires sprachlicher Handlungen zu einer Beschränkung der Möglichkeiten führt, soziales Handeln sich vorzustellen, zu planen und selber auszuführen.

Weiterhin bestimmt die Art des sprachlichen Umgangs mit einem Kind in moralischen Situationen, z. B. wenn es um Ansprüche oder auch um Sanktionen für etwas geht, das das Kind getan hat, auch die Entwicklung des moralischen Bewußtseins beim Kind, d. h. der Gründe, weshalb es etwas gut oder böse findet, und auf diese Weise natürlich auch sein späteres Handeln. Es ist naheliegend, daß ein Kind, dem wie in den obengenannten Beispielen immer nur von einer Autorität unbegründete Anweisungen gegeben werden, nicht lernen wird, selbständig nach Abwägung von Argumenten und Gründen eine Entscheidung zu treffen, sondern daß es – überspitzt formuliert – vor allem lernt, anderen zu gehorchen, ohne nach der Berechtigung solcher Ansprüche zu fragen. Umgekehrt wird ein Kind, dessen Eltern sich bemühen, ihre Ansprüche in einer für das Kind verständlichen Weise zu begründen, lernen, die möglichen Folgen seines Handelns zu durchdenken und eine Entscheidung erst nach Abwägen der verschiedenen möglichen Konsequenzen zu treffen.

In der Sozialisationsforschung ist verschiedentlich darauf hingewiesen worden, daß der Erziehungsstil, den ein Vater in der Familie praktiziert, soziale Erfahrungen widerspiegelt, die der Vater seinerseits am *Arbeitsplatz* macht (vgl. STEINKAMP 1991). Wenn ein Vater z. B. in einem Betrieb am unteren Ende der Befehlshierarchie steht, also immer nur Anweisungen von oben erhält, die nicht begründet werden, wenn er außerdem überwiegend mit Maschinen und Sachen zu tun hat und sich nicht mit anderen Menschen argumentativ auseinandersetzen muß, ist es nicht verwunderlich, wenn er sich in der Familie ähnlich verhält. Wie sich Eltern in der Familie gegenüber ihren Kindern verhalten, kann allerdings nicht eindeutig auf einen Faktor wie diesen zurückgeführt werden; vielmehr spielen viele Faktoren zusätzlich mit hinein, z. B. der Bildungsstand und der kulturelle, eventuell auch religiöse Hintergrund. Außerdem verhalten sich nicht beide Eltern gleich, ein autokratisches Verhalten des Vaters kann beispielsweise durch ein partnerschaftliches Verhalten der Mutter kompensiert werden.

Überhaupt läßt sich sagen, daß die Einflüsse, denen ein Kind in der Familie unterliegt, sehr viel komplexer sind, als wir es im Alltagsbewußtsein oder auch mit einfachen pädagogischen Annahmen im allgemeinen wahrnehmen. So hat die *Psychoanalyse* gelehrt, daß uns viele Gründe für unser Verhalten gar nicht bewußt sind, daß sie sich aber mit einer bestimmten Methode aus unserem Verhalten herauslesen lassen. Es hat sich auch gezeigt, daß schon kleine Kinder, die wir im allgemeinen als intellektuell noch unentwickelte Wesen ansehen, nichtsdestoweniger sehr sensibel für das Verhalten der Erwachsenen sind und auch auf solche Bestandteile des Verhaltens reagieren, die den Erwachsenen selbst nicht bewußt sind. Viele Sozialisationsprozesse laufen also auf einer Ebene unterhalb unseres Alltagsbewußtseins ab; daher ist es auch eine Aufgabe der Sozialisationsforschung, diese unbewußten Prozesse mit geeigneten Methoden ans Licht zu bringen.

2.3.2.3 Die Ebene unbewußter Rollenzuschreibungen in der Familie

Wir wollen diesen Aspekt im folgenden an einigen Beispielen herausarbeiten, die in dem hierfür besonders geeigneten Buch des Psychoanalytikers Horst-Eberhard RICHTER (vgl. 1963) dargestellt worden sind. Richter zeigt, daß Eltern manchmal dazu neigen, unbewußt ein Kind in eine bestimmte Rolle zu drängen, weil sie dies von eigenen psychischen Problemen scheinbar entlastet. Er geht dabei von bestimmten Grundannahmen der Psychoanalyse aus, insbesondere von der Lehre, daß schon beim Kind bestimmte Triebwünsche zutage treten, die letztlich sexueller Natur sind, und daß diese Triebwünsche von der Umwelt, insbesondere von den Eltern, zurückgewiesen oder sogar mit Strafen belegt werden. Ein Kind kann eine solche Situation nicht immer verarbeiten und reagiert darauf, indem es die Triebwünsche und die entsprechenden Situationen in sein Unbewußtes ‹verdrängt›; sie sind ihm dann nicht mehr bewußt, machen sich aber dennoch später indirekt wieder bemerkbar. Spätere Verhaltensweisen lassen sich häufig verstehen als Versuche, den in der frühen Kindheit erlebten und nicht bewältigten Konflikt endlich zu lösen. Solange dieser Konflikt jedoch im Unbewußten bleibt, kann eine Lösung nicht gelingen bzw. werden immer wieder untaugliche Lösungsversuche wiederholt. Die Psychoanalytiker sprechen in einem solchen Fall von *Neurose*, die oft einer therapeutischen Behandlung bedarf.

Richter hat in seinem genannten Buch eine ganze Reihe möglicher unbewußter Rollenzuweisungen beschrieben. Wir wollen zunächst einen Fall betrachten, in dem eine Mutter ihren Sohn unbewußt in die Rolle des männlichen Partners, d. h. in die Rolle eines Partnerersatzes drängt.

«Eine noch unausgereifte Mutter heiratet in jugendlichem Alter einen 20 Jahre älteren Mann, eine Art Vaterersatz. Sie sucht in dieser Ehe Zuflucht, nachdem sie unmittelbar vorher der Versuchung ausgesetzt war, der temperamentvollen, aggressiven Werbung eines gleichaltrigen Mannes zu erliegen. Sie sucht die Ehe mit dem väterlich zurückhaltenden Gatten als Schutz vor der Gefahr, ihren mühsam unterdrückten Wünschen, sich von einem starken, jugendlichen Partner überwältigen zu lassen, nachzugeben. Im Zuge ihrer weiteren weiblichen Ausreifung durchschaut sie schließlich die Voreiligkeit und den ‹Irrtum› ihrer Heirat. Sie kann an dem Gatten ihre nunmehr integrierten weiblichen Wünsche keineswegs zureichend erfüllen. Andererseits hindert sie ihr Über-Ich daran, den verläßlichen und väterlich fürsorglichen Mann zu betrügen oder gar die Ehe aufzulösen. Allmählich beginnt sie nun, ihre angestauten Zärtlichkeitswünsche auf den Sohn zu richten. Sie überschwemmt ihn förmlich mit unersättlichem Kontaktverlangen, das sie bei dem alternden, zurückhaltenden Ehemann nicht unterbringen kann. So verhilft ihr der Sohn zur ersatzweisen Erfüllung ihrer aufgebrochenen Liebeswünsche und schützt sie zugleich, wie eine nähere Analyse zeigt, vor der Versuchung, in eine außereheliche Beziehung hineinzugleiten. Sie verbalisiert ihre Wünsche bezeichnenderweise auch so, daß sie den Sohn wiederholt belehrt, er sei für sie ein ‹Freund›, und er möge sie ebenfalls als ‹seine Freundin› betrachten. Er solle denken, sie sei eine gleichaltrige Vertraute. Sie wolle ihm eine ‹richtige Spielkameradin› sein, ‹alles mitmachen›, selbst mit ihm ‹rumtoben›. Begeistert spielt sie mit ihm Ball, läuft als ‹Pferdchen› vor ihm her und läßt sich von ihm als ‹Kutscher› mit Kraftausdrücken antreiben. Sie rationalisiert ihr Verhalten so: Der Sohn sollte auf diese Weise leichter verschmerzen, daß er ein Einzelkind sei.» (RICHTER 1963, S. 112)

Dieses Beispiel zeigt zunächst deutlich, daß ein Zusammenhang besteht zwischen der psychischen Situation der Mutter und ihrem Verhalten gegenüber ihrem Sohn. Betrachten wir also zunächst die psychische Situation der Mutter. Der Text schildert eine gewisse Entwicklung der Frau, in der zwei Abschnitte unterschieden werden können. Der erste Abschnitt beginnt an dem Punkt, wo die Mutter heiratet. Es wird gesagt, daß sie noch unausgereift gewesen sei und in dem 20 Jahre älteren Mann eine Art Vaterersatz gesucht habe. Psychologisch sind beide Aussagen und ihr Zusammenhang wohl so zu verstehen, daß die junge Frau sich innerlich noch nicht so weit von ihrem Elternhaus, speziell von ihrem Vater, gelöst hatte, daß sie eine eigene und neue Beziehung zu einem männlichen Partner aufnehmen konnte. Als einen Beleg für eine solche Interpretation erwähnt Richter, daß der von ihr gewählte Mann 20 Jahre älter war. Dies hat eine gewisse Plausibilität, doch werden weitere Belege für die These, die Richter bei seiner Analyse des Falls vermutlich gefunden hat, hier nicht genannt.

Es kommt nun ein weiterer Gedanke ins Spiel, nämlich die These, daß die Wahl eines älteren, zurückhaltenden Gatten auch einen Grund darin hat, daß die junge Frau – ihr selbst natürlich nicht bewußt – Schutz vor ihren eigenen unterdrückten (verdrängten) sexuellen Wünschen suchte; diese hatten sich offenbar bemerkbar gemacht, als ein jüngerer Mann um sie warb. Richter nimmt also an – und auch dies wird hier nicht weiter belegt, wollen wir aber zugestehen –, daß die junge Frau einen guten Teil ihrer weiblichen Sexualität verdrängt hatte. Zur Erläuterung wäre hier hinzuzufügen, daß das Auftauchen verdrängter Triebwünsche bei einem neurotischen Menschen Angst auslöst und er zu verschiedenen psychologischen Mitteln greift (im vorliegenden Fall ist es die Heirat eines älteren Manns), um diese Triebwünsche wieder in das Unbewußte zurückzudrängen.

Der zweite Abschnitt in der Entwicklung dieser Frau, wie Richter sie beschreibt, beginnt damit, daß sie die Voreiligkeit und den Irrtum ihrer Heirat durchschaute, was Richter auf ihre weitere weibliche Ausreifung zurückführt. Worin dieser Prozeß im einzelnen besteht, wird hier nicht näher erläutert und könnte auch psychologisch ziemlich kompliziert sein. Begnügen wir uns also mit der Feststellung, daß der Frau ihre sexuellen Wünsche nunmehr deutlich bewußt wurden und ihr gleichzeitig klar wurde, daß der Mann, den sie geheiratet hatte, nicht der passende Partner war. Hieraus zog sie jedoch nicht die Konsequenz, sich einen Liebhaber zu suchen oder die Ehe aufzulösen; ihr *Über-Ich* hinderte sie daran. In der psychoanalytischen Theorie wird mit Über-Ich die psychische Instanz bezeichnet, die wir umgangssprachlich das Gewissen nennen. Das Über-Ich enthält einerseits die Idealvorstellungen, die wir zu verwirklichen suchen und die wir als Gebote erleben, andererseits alle einschränkenden Verbote, auf deren Übertretung hin wir Gewissensbisse erleben. Die Psychoanalyse hat gezeigt, daß das Über-Ich in der Kindheit entsteht und nichts anderes als die verinnerlichten Eltern mit ihren Geboten und Verboten darstellt. Daher kann das Über-Ich bei verschiedenen Menschen durchaus unterschiedlich ausgeprägt sein. Das Über-Ich ist auch maßgeblich an dem erwähnten Prozeß der *Verdrängung* von Triebwünschen beteiligt. Die Frau in unserem Beispiel hat offenbar ein starkes Über-Ich, das ihr gebietet, dem einmal geheirateten Mann treu zu bleiben; übrigens deutet auch ihr Verhalten in der Begegnung mit dem temperamentvollen Bewerber, den sie ja abwies, auf ein starkes Über-Ich mit starken, einschlägigen Verboten hin. Es wäre anzumerken, daß die beiden von Richter beschriebenen Entwicklungsabschnitte keine befriedigende Erklärung darüber enthalten, wie es zu dieser Über-Ich-Bildung bei der Frau kam und wie sich die Beziehung zu ihrem Vater, die ja offenbar eine wesentliche Rolle spielt, in der Kindheit entwickelt hat. Zu einer vollständigen Erklärung müßten wir also auch die Entwicklung der Frau in ihrer ganzen Kindheit aufrollen.

Wir wenden uns nun dem Verhalten dieser Mutter gegenüber ihrem Sohn zu. Wie Richter sagt, überschwemmt sie ihn förmlich mit unersättlichem Kontaktverlangen, bezeichnet ihn als ihren Freund bzw. will seine Freundin sein. Dies mag zunächst noch ganz normal aussehen; jedoch deuten die Spiele, die sie mit ihrem Sohn inszeniert, insbesondere das von Richter zitierte «Herumtoben» und das Pferdchen-Spiel, auf eine sexuelle Symbolik hin. Allerdings kommt es nicht direkt zu sexuellen Handlungen. Man kann also sagen, daß diese Mutter einen Teil der in ihr angestauten Zärtlichkeitswünsche, die eigentlich ihren Platz in einer voll entwickelten sexuellen Beziehung zu einem angemessenen Partner hätten, in der Beziehung zu ihrem Sohn realisiert; der andere Teil ihrer Sexualität bleibt entweder verdrängt oder wird in dem Verhalten gegenüber dem Sohn sublimiert (als *Sublimierung* bezeichnet man in der Psychoanalyse die Umwandlung sexueller Antriebsenergie in Formen, die nicht mehr offenkundig sexuellen Charakter haben und die gesellschaftlich anerkannt sind). Bemerkenswert ist noch Richters Hinweis, daß die wenigstens teilweise Realisierung ihrer Zärtlichkeitswünsche mit dem Sohn es der Frau leichter macht, der Forderung ihres Über-Ich Genüge zu tun, nämlich ihren Mann nicht zu verlassen.

Dieses Beispiel sollte zunächst nur deutlich machen, wie bestimmte psychologische Probleme eines Elternteils sich im Verhalten gegenüber einem Kind äußern können. Wir hatten bereits gesehen, daß die Vorgeschichte in der Entwicklung der Mutter hier nicht weiter dargestellt wurde. Es wäre nun noch zu fragen, wie sich denn diese Konstellation auf die weitere Entwicklung, die Sozialisation des Kindes selbst auswirkt. Auch dies teilt uns Richter in der vorliegenden Darstellung leider nicht mit. An einem anderen von RICHTER (vgl. 1963, S. 145–147) geschilderten Fall, bei dem ebenfalls ein Junge von seiner Mutter in die Rolle eines Partnerersatzes gedrängt worden ist, wird deutlich, daß ein Kind in einer solchen Situation zwar in eine Abhängigkeit von dem betreffenden Elternteil geraten kann, sich aber auch dagegen wehren kann. Beide Erfahrungen zusammen prägen dann seinen Charakter (vgl. insgesamt RICHTER 1963, S. 89–155).

Bei dem besprochenen Beispiel handelte es sich darum, daß eine Mutter die in ihrer Beziehung zu einem anderen Menschen, dem Partner bzw. dem Vater, liegenden Probleme stellvertretend an ihrem Kind bearbeitet, d. h. dieses in eine entsprechende Rolle drängt. Richter beschreibt noch einen weiteren Typus der Rollenzuweisung, der darin besteht, daß ein Erwachsener, der Probleme mit sich selbst hat, diese an einem anderen bearbeitet; das Kind wird dann zum Ersatz des eigenen Selbst oder eines Aspekts des eigenen Selbst. Es kommt hier ein Mechanismus ins Spiel, der in der Psychoanalyse als *Projektion* bezeichnet wird: Merkmalszuschreibungen, Ansprüche und auch Verbote, die sich eigentlich auf einen selbst beziehen, die man aber dort nicht wahrhaben will, werden einem anderen Menschen zugeschrieben. Hierzu ebenfalls ein Beispiel (RICHTER 1963, S. 200–201):

«Ein 44jähriger, äußerst ehrgeiziger Steinsetzer hat es trotz einer dürftigen Intelligenz zu einem kleinen Posten in einer Organisation gebracht, der seine überspannten Prestige-Bedürfnisse allerdings nur wenig befriedigt. Er selbst ist auf der Schule einmal sitzengeblieben. Seine Frau kann noch heute kaum lesen und schreiben. An seinen schwächlichen und unbegabten Sohn Ludwig knüpft er die höchsten Erwartungen. Unbeirrt von der Skepsis seiner Frau und seiner Mutter läßt er keine Möglichkeit ungenutzt, den Jungen durch Nachhilfeunterricht oder Stärkungspillen zu fördern. Obwohl kaum Geld da ist, werden für die Pflege des Kindes unverhältnismäßig hohe Mittel aufgewendet; der Sohn soll einmal alles erreichen, was dem Vater verschlossen geblieben ist. Dieser baut mit ihm bereits lauter Luftschlösser. ‹Wo nichts drin ist, da ist auch nichts rauszuholen!› warnt zwar seine Mutter und wirft ihm Größenwahnsinn vor. Aber der Vater hält an seinen Illusionen und seinen rigorosen Dressaten fest, bis er sieht, daß das Kind in der Schule tatsächlich nicht vorankommt. Er hält es für ‹Hemmungen› und kommt in unsere Sprechstunde, wo er dringend eine Art Rezept zu erhalten hofft, um die in den Sohn hineinprojizierten Ideal-Qualitäten doch noch endlich hervorbrechen zu sehen. Behutsame Belehrungen über den Begabungszustand des armen Jungen und die sich häufenden Fehlschläge in der Schule verwirren und beunruhigen den Mann. Plötzlich schlägt seine Einstellung um: Hatte er den Sohn bisher gegen alle Kritiker verteidigt und verherrlicht, verdammt er ihn jetzt in Grund und Boden:

‹Aus dir wird doch nichts. Du bist eine völlige Niete. Wenn du Ostern wieder sitzenbleibst, dann wäre es besser für dich, du würdest krepieren... Bei den Tieren sterben ja auch die lebensuntüchtigen.› Auf einmal entdeckt er, daß der Junge masturbiert – was er bis dahin nicht beachtet hatte. Brutale Bestrafungen sind die Folge. Ungeniert erzählt er herum: Er könnte den Jungen totschlagen.»

Hier fällt zunächst auf, daß der Vater an seinen Sohn hohe Erwartungen stellt und ihn nach besten Kräften fördert, ja dafür erhebliche finanzielle Opfer bringt. Der Sohn soll einmal alles erreichen, was dem Vater versagt blieb. Der Vater entwickelt dazu allerlei phantastische Vorstellungen. Wir erfahren nicht im einzelnen, was für Ziele der Vater seinem Sohn stellt, doch projiziert er offenbar seine unerreichten Lebensziele auf seinen Sohn. Man könnte auch sagen, daß der Vater sich in gewissem Maße mit seinem Sohn identifiziert, gleichsam in diesem weiterlebt. Es ist zu vermuten, daß er gleichzeitig die Tatsache verdrängt, daß er selber diese Ziele nicht erreicht hat; dies ließe sich erst genauer sagen, wenn wir wüßten, welche Auskunft der Vater darüber gibt, warum er diese Ziele nicht erreicht hat. Eine solche Zielsetzung für ein Kind und entsprechende Förderung sind natürlich noch nicht unbedingt als pathologisch zu bezeichnen.

Das Problem entsteht jedoch dadurch, daß sich der Vater einerseits über die tatsächlichen Fähigkeiten und Möglichkeiten seines Sohnes täuscht – dies hängt offenbar damit zusammen, daß er sich mit ihm identifiziert, also sich selbst in dem Sohn sieht, und daß es für uns immer schwierig ist, eigene Schwächen wahrzunehmen. Andererseits versucht er jedoch, seine Ziele an dem Sohn mit Gewalt durchzusetzen; es ist unter anderem von «rigorosen Dressaten», also harten Erziehungsmaßnahmen die Rede. Die realistischere Einschätzung seiner Frau schiebt er beiseite, die offensichtlichen Mißerfolge des Sohns in der Schule deutet er realitätswidrig zu bloßen «Hemmungen» um. Erst die behutsamen Belehrungen des Psychologen verunsichern ihn, und seine Einstellung zum Sohn schlägt in ihr Gegenteil um. Psychologisch handelt es sich hierbei um eine Projektion, diesmal jedoch all der negativen, unerwünschten und peinlichen Seiten seines eigenen Selbstbildes, die der Vater bisher verdrängt hatte. Die bereits bestehende Identifikation mit dem Sohn erleichtert diese Projektion. Darüber hinaus ermöglicht sie aber, die alten Verdrängungen aufrechtzuerhalten, die sich ja auf die schmerzliche Einsicht beziehen, daß der Vater selber ein Versager ist. Man kann daher sagen, daß der Vater mit der neuerlichen Verdammung und Bestrafung des Sohns eigentlich sich selber meint; es ist jedoch bequemer, andere zu bestrafen als sich selbst. Wir können vermuten, daß der Sohn aufgrund dieser Erfahrungen sein Leben lang Probleme mit seinem Selbstbild und Selbstwertgefühl haben wird, seine Leistungsfähigkeit falsch einschätzen und entsprechende Enttäuschungen besonders im Berufsleben durchmachen wird.

In diesem Beispiel wird ein Kind in die Rolle eines *Sündenbocks* für die Fehler und Unzulänglichkeiten seines Vaters gedrängt. Man kann die These aufstellen, daß der dargestellte komplizierte Mechanismus, die Verdrängung peinlicher Einsichten über sich selbst und ihre Projektion auf tatsächlich unschuldige andere, immer da vorliegt, wo einzelne Menschen oder ganze Gruppen in eine Sündenbock-Rolle gedrängt werden. Dies muß nicht nur in der Familie oder in kleineren Gruppen stattfinden, z. B. in einer Schulklasse, sondern kann auch bei Spannungen zwischen ganzen Bevölkerungsgruppen oder Nationen zugrunde liegen, etwa bei bestimmten Formen von Ausländerfeindlichkeit.

Die angeführten Beispiele sollten verdeutlichen, wie es dazu kommen kann, daß ein Kind von einem seiner Eltern unbewußt in eine bestimmte Rolle gedrängt werden kann und – sei es, daß es diese Rolle tatsächlich übernimmt, sei es, daß es sich aktiv dagegen zur Wehr setzt – hierdurch in seiner weiteren Persönlichkeitsentwicklung geprägt wird.

2.3.2.4 Der Einfluß der Geschwister

Es wäre nun noch darauf hinzuweisen, daß die Rolle, die ein Kind in einer Familie einnimmt und die seine Erfahrungen, sein Verhalten und seine Persönlichkeitsentwicklung beeinflussen, auch durch seine Geschwister bzw. durch seine Stellung in der Geschwisterreihe bestimmt wird. Zwar lassen sich auch zum Einfluß dieses Faktors keine allgemeingültigen, unbedingt für jedes Individuum geltenden Gesetzesaussagen treffen, aber vielleicht doch einige typische Merkmale der *Geschwisterrollen* beschreiben (vgl. TOMAN 1991). So erleben z. B. erstgeborene Kinder besonders viel Aufmerksamkeit, Pflege und Zuwendung, und dies ist für ihre Entwicklung sicher förderlich. Allerdings machen sich an ihnen auch gewisse Unsicherheiten der Eltern bemerkbar, die bei später geborenen Kindern keine Rolle mehr spielen. Bleibt ein Kind Einzelkind, so hat es zumindest in der Familie, d. h. in der frühen Kindheit, keine gleichrangigen Spielpartner und wird sich schneller und stärker an den Erwachsenen orientieren. Wird ein weiteres Kind geboren, so erlebt das Erstgeborene eine gewisse Entthronung; es muß erleben, daß sich nun die Zuwendungen der Eltern in erster Linie auf das Neugeborene richten und daß es fortan diese mit dem Geschwisterkind teilen muß. Nicht selten muß das ältere Kind auch das jüngere beaufsichtigen und Verantwortung für es übernehmen.

Jüngere Geschwister wiederum leiden gelegentlich darunter, daß die älteren mehr Privilegien genießen bzw. daß sie noch nicht alles dürfen, was den älteren schon erlaubt ist. Sie erleben ihrerseits aus dieser Perspektive das ältere Geschwisterkind als Rivalen. Tatsächlich ist es häufig so, daß das ältere Kind seine Privilegien erkämpfen muß, während bei später geborenen Kindern die Eltern schon toleranter sind und dem jüngeren solche Kämpfe erspart bleiben.

Bei drei und mehr Kindern wird die Frage bedeutsam, welche Geschwister stärker zueinander halten bzw. welche gegen die übrigen oder auch gegen die Eltern Koalitionen bilden. Dies hängt auch von den Altersunterschieden ab; Kinder, die ihrem Alter nach näher beieinander liegen, werden eine engere Beziehung zueinander entwickeln, als wenn der Altersunterschied größer ist. Selbstverständlich spielt auch das Geschlecht der Kinder bei ihrem Verhältnis zueinander und zu den beiden Eltern eine wichtige Rolle; dies hängt wiederum mit den in der betreffenden Gesellschaft geltenden Leitvorstellungen für geschlechtstypisches Verhalten zusammen.

Wir sehen, daß auf jeden Fall durch Geschwister das Feld möglicher sozialer Erfahrungen eines Kindes in der Familie erweitert wird und damit sowohl Chancen als auch gewisse Festlegungen seiner Persönlichkeitsentwicklung verbunden sind, die sich später z. B. bei der Berufswahl und der Partnerwahl bemerkbar machen können.

2.3.3 Sozialisation in der Schule

Mit dem Eintritt in die *Schule* eröffnet sich neben der Familie ein weiteres wichtiges Feld von Erfahrungen, die unsere Entwicklung mitbestimmen. Man wird dabei vielleicht zunächst an den Unterricht selbst denken, an die verschiedenen Fächer, Gegenstände, kurzum alles, was wir Wissen nennen. Man wird auch an bestimmte Lehrer denken, solche, die man mochte oder vielleicht sogar bewunderte, und solche, die man haßte, nicht mochte oder die einem schlicht gleichgültig waren. Man wird daran denken, was die Lehrer einem ‹mit auf den Weg gegeben haben›. Man wird an Klassenfahrten, Landheimaufenthalte und ähnliches denken, vor allem an viele einzelne Szenen, in denen man zusammen mit Klassenkameraden Lustiges oder Schmerzhaftes erlebt, Konflikte durchgestanden hat. Unsere Erfahrungen mit der Schule gehen also weit über das hinaus, was im sogenannten Lehrplan, an dem die Lehrer ihren Unterricht ausrichten, vorgesehen ist. Man hat daher den Begriff des *heimlichen Lehrplans* geprägt und bezeichnet damit die gesamte schulische Lebenswelt, in der sich Schüler bewegen und in der sie sozialisiert werden.

2.3.3.1 Der «heimliche Lehrplan»

Philip W. Jackson, ein amerikanischer Schulforscher, hat den Versuch gemacht, diese Lebenswelt gleichsam mit dem fremden Blick des Nicht-Pädagogen zu beschreiben, d. h. so, wie Schüler selber sie vermutlich erleben (vgl. JACKSON 1975). Er weist darauf hin, daß die Schule sicher für viele Schüler manchmal Erfreuliches bietet, z. B. wenn neue Einsichten entstehen, wenn eine Lehrerfrage mit Selbstvertrauen beantwortet werden kann, wenn man gelobt wird und wenn man findet, daß die eigenen Wünsche und Interessen mit den Erwartungen der Schule zusammentreffen. Aber ebenso wahr dürfte sein, daß für viele Schüler das Leben im Klassenzimmer oft langweilig und frustrierend ist, z. B. wenn man nicht aufgerufen wird, obwohl man sich gemeldet hat, wenn getadelt statt gelobt wird, wenn Privilegien ungerecht verteilt werden und wenn nichts den persönlichen Wünschen und Interessen entgegenkommt. Jackson weist darauf hin, daß das alltägliche Geschehen im Unterricht meist durch Verzögerungen, Versagungen und Unterbrechungen bestimmt ist, daß man oft warten muß und in dieser Zeit mit den Gedanken abschweift, daß das, was geschieht, meist nichts mit den Wünschen zu tun hat, die man gerade hegt, und daß oft, wenn es gerade spannend ist, der fein gesponnene Unterrichtsfaden durch eine unvorhergesehene Störung zerrissen wird. Wenn all dies ein gewisses Maß überschreitet, schlägt die sicher auch zu lernende Geduld um in Resignation. Man hat dann gelernt, daß das, was einen interessiert, in der Schule doch nicht passiert, und daß das, was einem von den Lehrern und den Eltern als wichtig für das Leben vorgestellt wird, langweilig oder quälend ist. Nicht wenige Schüler verlieren erst in der Schule die Lust am Lernen. Was man dagegen tatsächlich in der Schule lernt, liegt auf ganz anderem Gebiet: Man lernt, sich an die schulischen Verhaltensregeln anzupassen, z. B. die Maske des aufmerksamen Schülers aufzusetzen, interessiert zum Lehrer zu blicken und bei passender Gelegenheit die Stirn gedankenvoll in Falten zu legen, obwohl man mit seinen Gedanken ganz woanders ist und dem Ende der Stunde entgegenfiebert.

Der heimliche Lehrplan, also die tatsächlichen Bedingungen und Lernprozesse in der Schule, können dem amtlichen Lehrplan sogar entgegengesetzt sein. Das wird deutlich, wenn man sich vergegenwärtigt, daß in den meisten Bildungs- und Unterrichtsplänen, jedenfalls in Deutschland, Kooperationsfähigkeit als anzustrebendes Bildungsziel vorgesehen ist, daß aber die schulische Realität tatsächlich häufig *Konkurrenz*verhalten hervorruft. Viele Schüler und auch Eltern interessiert weniger, ob eine Aufgabe richtig und gut gelöst worden ist, sondern vor allem, ob man besser bzw. schlechter als die anderen abgeschnitten hat, und bei vielen

Schülern und Lehrern ist es verpönt, dem Nachbarn zu helfen, weil dadurch die eigene Leistung geschmälert würde. Solche Verhaltensweisen werden in der Schule vor allem durch das herrschende System der Zensurengebung gefördert, das wiederum eine Anforderung der Gesellschaft an die Schule widerspiegelt, nämlich nicht nur jedes Kind bestmöglich zu fördern, sondern es auch mit einem Rangordnungszeugnis zu versehen, das später eine wichtige Grundlage für die Zuteilung von gesellschaftlichen Positionen ist.

Wir wollen auch hier von einer alltäglichen Unterrichtsszene ausgehen und analysieren, wie sie zustande kommt und was sie für Erfahrungen bei den beteiligten Kindern bewirkt.

«Boris hatte Schwierigkeiten, $^{12}/_{16}$ so weit wie möglich zu kürzen und kam nur bis $^6/_8$. Die Lehrerin fragte ihn ruhig, ob das der kleinste Nenner sei. Sie schlug ihm vor, darüber ‹nachzudenken›. Viel Fingergeknipse und viele hochgereckte Arme bei den anderen Schülern. Alle begierig, ihn zu korrigieren. Boris ziemlich unglücklich. Vermutlich intellektuell gesperrt. Die Lehrerin, ruhig, geduldig, übersieht die anderen und richtet Blick und Stimme ganz auf Boris. Sie fragt: ‹Gibt es eine Zahl, die größer als zwei ist, mit der Du beide Seiten des Bruchs teilen kannst?› Nach ein oder zwei Minuten beginnt sie zu drängen, aber von Boris kommt nichts. Darauf wendet sie sich der Klasse zu und fragt: ‹Na gut, wer kann Boris sagen, welche Zahl es ist?› Fast alle melden sich. Die Lehrerin ruft Gretchen auf. Gretchen erklärt, daß vier die Zahl sei, durch die sich Zähler und Nenner teilen lassen.» (HENRY 1975, S. 42 f)

An der geschilderten Situation sind außer dem Akteur Boris die Lehrerin und die übrigen Kinder der Klasse beteiligt. Man wird sagen können, daß sich die Lehrerin zunächst korrekt verhält; sie fragt nach, ob die gefundene Lösung bereits die richtige sei, und sie fragt ruhig, d. h., sie drängt nicht. Wie wirkt es jedoch auf uns, wenn wir in einer solchen Situation aufgefordert werden nachzudenken? Wir haben doch längst gemerkt, daß die gefundene Lösung falsch ist und daß die Lehrerin etwas anderes von uns erwartet hatte, und natürlich denken wir schon darüber nach. Die zusätzliche Aufforderung, nachzudenken, könnte z. B. eher bewirken, daß wir unsere Aufmerksamkeit von der eigentlichen Aufgabe abwenden und über unser Nachdenken nachzudenken beginnen; möglicherweise liegt hier in der vorliegenden Situation schon der Grund für die intellektuelle Sperrung von Boris.

Sicher trägt jedoch das Verhalten der übrigen Schüler dazu bei. Das viele Fingergeknipse kann ihn nur vom mathematischen Nachdenken ablenken; woran er jetzt tatsächlich denkt, ist, daß alle anderen es offenbar wissen, daß sie es der Lehrerin mitteilen könnten und daß er es als einziger nicht weiß, d. h. in dieser Situation gerade ausgeschlossen wird. Damit schiebt sich ein ganz anderes und für ein Kind sehr viel wichtigeres

Thema in den Vordergrund, nämlich die Frage der sozialen Anerkennung durch die anderen; ein Thema, das nicht nur bei Kindern starke Emotionen auslöst. Es ist daher kein Wunder, daß Boris zu der gestellten Mathematikaufgabe nun gar nichts mehr einfällt.

Die Lehrerin versucht nun, scheinbar immer noch korrekt, diese neue Situation zu ignorieren bzw. zu überspielen, indem sie weiterhin betont ruhig fragt, ob es eine Zahl gebe, die größer als 2 ist, mit der sich beide Seiten des Bruchs teilen lassen. Dabei passiert ihr jedoch offensichtlich ein didaktischer Fehler. Sie übersieht nämlich, daß Boris ja nicht eine falsche, sondern eine nur teilweise richtige Antwort gegeben hat, von der aus man durchaus zur richtigen Lösung käme (es müßten lediglich $\frac{6}{8}$ noch einmal durch 2 gekürzt werden). Statt dessen impliziert sie mit ihrer Frage, daß Boris' Antwort völlig falsch war und daß er noch einmal von vorne anfangen müßte, was wohl für ihn schwer einzusehen ist, da er ja eine durchaus richtige Kürzung des ersten Bruchs vorgenommen hatte. An diesem Punkt müssen Boris zusätzliche Zweifel daran kommen, ob er überhaupt die richtige Operation angewendet hat, Zweifel, die, wie wir sahen, unberechtigt sind. Das Verhalten der Lehrerin läuft also darauf hinaus, daß sie etwas (teilweise) Richtiges als falsch zurückweist und damit genau das Gegenteil dessen tut, was eine Lehrerin tun sollte.

Nach einiger Zeit verliert sie nun auch die ohnehin nur vorgetäuschte Geduld und fordert die Klasse auf, Boris zu sagen, welche Zahl es ist. Damit verläßt die Lehrerin die Strategie, Boris selber dazu zu verhelfen, durch eigenes Nachdenken die gesuchte Lösung zu finden, sondern begnügt sich damit, daß man Boris die richtige Lösung mitteilt, damit dieser sie sich merken kann. Das didaktische Prinzip, zum eigenen Nachdenken anzuregen, wird hier also ersetzt durch das Prinzip, daß man die von anderen gefundene Lösung akzeptieren soll. Zu der bereits erwähnten traumatischen Erfahrung, von der Klasse ausgeschlossen worden zu sein, kommt nun noch die Erfahrung hinzu, daß die Klasse dabei im Recht ist. Wie klein muß sich Boris in diesem Augenblick fühlen, und ist es das, was die Lehrerin eigentlich wollte?

Damit ist die Szene aber noch nicht beendet, denn die Lehrerin ruft aus der Gruppe der Aufzeigenden Gretchen auf, die dann auch die richtige Lösung mitteilt. Man darf annehmen, daß Gretchen dies mit einem gewissen Triumph tut, daß ihre Befriedigung also nicht nur daher rührt, eine sachlich richtige Antwort gefunden zu haben, sondern daß sie noch gesteigert wird erstens durch das vorherige Versagen von Boris und zweitens dadurch, daß sie in dieser Situation gleichsam zur Sprecherin der gesamten Klasse aufrückt. Die Erfahrung, die sie und alle anderen machen, lautet also, daß ein richtiger Erfolg darauf beruht, daß ein anderer versagt hat. Von dieser Botschaft ist es nur ein kleiner Schritt bis zu der Einstellung, daß man, wenn man erfolgreich sein will, dafür sorgen muß, daß andere versagen. Da man gleichzeitig erfährt, daß es einem selber genauso gehen könnte, wird ebenso die ständige Angst erzeugt, selber zu versagen, d. h. im vorliegenden Zusammenhang auch, von den anderen ausgeschlossen zu werden. Man könnte psychologisch noch weiter spekulieren und vermuten, daß diese Angst mit besonders offensivem oder gar aggressivem Verhalten kompensiert wird, jedenfalls daß man in den anderen nicht Freunde oder seinesgleichen sieht, sondern Feinde.

Eine einzelne Szene, wie wir sie hier exemplarisch analysiert haben, muß selbstverständlich noch nicht zu einer dauerhaften Persönlichkeitsveränderung im Sinne von Sozialisation führen. Es ist jedoch zu vermuten, daß Kinder sich in der angedeuteten Richtung entwickeln, wenn sie häufiger und über eine längere Lebensspanne hinweg mit solchen Situationen konfrontiert sind. Es ist ja zu bedenken, daß solche Situationen nicht völlig zufällig eintreten, sondern daß sie eine Folge vorgegebener äußerer Bedingungen sind, im vorliegenden Fall z. B. der Tatsache, daß Schulunterricht in Klassen mit 25 oder 30 oder mehr Kindern stattfindet, daß eine Lehrerin nicht gleichzeitig auf alle Kinder individuell eingehen kann, daß schulische Leistungen so beurteilt werden, daß eine Bewertung der ganzen Person daraus wird, daß schulische Leistungen auf bestimmten, ebenfalls vorgegebenen Gebieten gefordert werden und nicht z. B. auf Gebieten, die einem Kind besonders liegen usw.

Die ausführlichere Interpretation einer alltäglichen Unterrichtsszene führt uns so auf den Zusammenhang zwischen den vorgegebenen gesellschaftlichen Bedingungen und den Folgen für die Persönlichkeitsentwicklung, wie er im Begriff der Sozialisation angesprochen ist.

2.3.3.2 Erwartungs- und Etikettierungseffekte

Im folgenden werden einige Ergebnisse aus der Forschung über sog. *Erwartungseffekte* berichtet, die einen interessanten Mechanismus der Sozialisation in der Schule offenlegen (vgl. BROPHY/GOOD 1976). Zwei amerikanische Schulforscher, R. Rosenthal und L. Jacobson, veröffentlichten 1968 ein Buch unter dem Titel «Pygmalion im Klassenzimmer». (Pygmalion war ein mythischer König von Kypros, der sich in ein von ihm selbst gefertigtes Abbild der Aphrodite verliebte; auf seine Bitte hin belebte Aphrodite jenes, und er nahm sie zur Gemahlin.) Die Autoren berichten über ein Experiment, das sie an der Oak-School, einer Grundschule in einer städtischen Unterschichtgegend, durchgeführt hatten.

Zu Beginn des Schuljahrs war jedem Schüler ein Test zur Erfassung allgemeiner intellektueller Fähigkeiten vorgelegt worden. Den Lehrern – es wurden drei von sechs Lehrern dieser Schule einbezogen – wurde dieser Test jedoch als ein spezieller Test vorgestellt, der imstande sei, Schüler zu identifizieren, die ‹intellektuelle Spätentwickler› seien und von denen man erwarten könne, daß sie während des kommenden Schuljahres einen ungewöhnlich hohen Leistungszuwachs zeigen würden. Es wurden dann in jeder Klasse willkürlich ein paar Schüler ausgewählt, und den betreffenden Lehrern wurde gesagt, daß gemäß den Testergebnissen genau diese Schüler ‹Spätentwickler› seien; diese Aussagen waren jedoch, wie gesagt, willkürlich, d. h. unzutreffend. Am Ende des Schuljahres wurde der gleiche Test noch einmal angewendet, und es zeigte sich, daß die ausgewählten Versuchsschüler weit bessere Ergebnisse erzielten als die übrigen Schüler. Dieser Effekt war besonders in der ersten und zweiten Klasse sowie bei Mädchen ausgeprägt.

Dieses überraschende Ergebnis ist nach der Versuchsanlage eben nicht darauf zurückzuführen, daß die betreffenden Schüler tatsächlich und von vornherein ‹Spätentwickler› waren, sondern es muß dadurch erklärt werden, daß die Lehrer aufgrund der ihnen von den Versuchsleitern gegebenen (falschen) Information über diese Schüler von ihnen höhere Leistungen erwarteten bzw. sie anders behandelten, so daß sie sich im Unterschied zu ihren normalen Klassenkameraden schneller entwickeln konnten.

Dieses Buch löste eine heftige Diskussion aus. Einige Forscher übten Kritik an gewissen methodischen Mängeln der Originaluntersuchung und versuchten, die Hypothese mit etwas veränderten Versuchsanordnungen zu überprüfen. Nicht in allen Fällen konnte sie deutlich bestätigt werden, doch kann insgesamt gesagt werden, daß unter bestimmten Bedingungen solche Erwartungseffekte tatsächlich eintreten. Wir müssen uns daher fragen, wie es im einzelnen zu erklären ist, daß die bloße Erwartung eines Lehrers, ein bestimmter Schüler werde sich besonders rasch weiterentwickeln, dazu führt, daß dieser Schüler sich tatsächlich entsprechend entwickelt. Man kann sich z. B. vorstellen, daß der Lehrer, ohne daß ihm das selber bewußt ist, diesem Schüler häufiger und mehr Aufmerksamkeit zuwendet, z. B. diesen Schüler häufiger drannimmt, ihm länger und aufmerksamer zuhört, in seiner Mimik oder in seinen Kommentaren zum Ausdruck bringt, daß er die Antwort des Schülers für bedeutsam hält, daß er im Unterricht erst dann einen Schritt weitergeht, wenn dieser Schüler das Vorhergehende verstanden hat usw.

Solches Verhalten des Lehrers kann sich in mehrfacher Weise positiv auf den Schüler auswirken. Zum ersten erhält dieser Schüler mehr und zu seinem Entwicklungsstand genauer passende Lernanregungen als seine Klassenkameraden. Zweitens wird er bei seinen richtigen Antworten häufiger bestärkt, was nach den Ergebnissen der Lernpsychologie dazu führt, daß er sich immer häufiger so verhält. Drittens wird ein Schüler, der sich in solcher Weise von einem Lehrer beachtet und anerkannt fühlt, ein positiveres Selbstbild entwickeln und motivierter sein, sich in bezug auf schulische Leistungen, auch Hausarbeiten, anzustrengen. Es kann der Effekt hinzukommen, daß die anderen Schüler Einstellung und Verhalten des Lehrers gegenüber diesem bestimmten Schüler wahrnehmen und übernehmen, so daß sie ihrerseits den betreffenden Schüler entsprechend behandeln, d. h. ihn für einen guten Schüler halten, ihn öfter um Rat fragen, ihn zum Klassensprecher wählen usw. Alle diese Ereignisse, die im einzelnen für sich vielleicht nicht sehr bedeutsam sind, wirken jedoch alle in die gleiche Richtung und verstärken sich gegenseitig, so daß es schon möglich ist, daß am Ende ein meßbarer Erfolg herauskommt.

Aus anderen Forschungsergebnissen, die in der Literatur meist unter dem Titel *Etikettierungs-Ansatz* zusammengefaßt werden (vgl. ASMUS / PEUKERT 1979), wissen wir, daß solche Prozesse auch in eine weniger erfreuliche, ja für das betreffende Individuum fatale Richtung gehen können. Wie verläuft ein Etikettierungsprozeß? Nehmen wir an, daß in einer Schulkasse ein bestimmter Schüler zwei- oder dreimal durch sein Verhalten auffällt, sei es, daß er zu spät kommt, sei es, daß er sich mit anderen Schülern anlegt, die Hausaufgaben nicht vorweisen kann usw. In gewissem Maße sind solche *Abweichungen* normal und können jedem passieren. Wir nehmen nun weiterhin an, daß der Lehrer solches abweichendes Verhalten bei einem bestimmten Schüler vor der Klasse besonders heraushebt, etwa durch Äußerungen wie «Du schon wieder!», «Immer dieselben!», «Du wirst es nie lernen!» o. ä. Äußerungen dieser Art sind mehr als ein bloßer Kommentar zu einem konkreten Verhalten des Schülers, sie sind Aussagen über seine Person als ganze, sie behaupten eine Eigenschaft bzw. drücken dieser Person ein Etikett auf.

Dies kann dazu führen, daß der betreffende Schüler annimmt, er sei tatsächlich so, wie der Lehrer behauptet hat, und müsse sich also immer und auch in Zukunft so verhalten. Es mag auch sein, daß er die Etikettierung des Lehrers zu einer Erwartung an ihn umdeutet; wenn der Lehrer glaubt, daß der Schüler so sei, dann erwartet er auch von ihm, daß er sich entsprechend verhalte, und dann tut der Schüler das auch. Verstärkt werden solche Effekte dadurch, daß das Ganze ja vor dem Publikum der Klasse stattfindet, was bedeutet, daß die Klassenkameraden unter Umständen die Etikettierung dieses Schülers durch den Lehrer übernehmen und ihrerseits entsprechende Erwartungen an den Schüler richten. Dies alles muß keineswegs gewollt und geplant ablaufen, sondern vollzieht sich eher unterschwellig.

Die nächste Phase in dem Prozeß besteht darin, daß der Schüler diese Etikettierung in sein Selbstbild aufnimmt und sich zu eigen macht und sich in der Folge tatsächlich und immer häufiger genau so verhält, wie es der Lehrer bzw. die Mitschüler von ihm erwarten. Im Falle sog. abweichender Verhaltensweisen bedeutet dies also, daß er sich immer häufiger abweichend in diesem Sinne verhält, d. h. tatsächlich zum ‹Abweichler› wird. Die anderen, der Lehrer und die Mitschüler, nehmen dies auch wahr und fühlen sich dadurch in ihrer Etikettierung bestätigt: «Ich habe es ja immer schon gesagt.» Auf diese Weise schaukelt sich ein Teufelskreis von Erwartungen auf der einen Seite und abweichendem Verhalten auf der anderen Seite immer mehr auf, der Schüler gerät unausweichlich in eine bestimmte Rolle, aus der er sich kaum mehr lösen kann.

In der Literatur wird darauf hingewiesen, daß dies durchaus der Beginn einer kriminellen Karriere sein kann, in deren weiterem Verlauf sich der gleiche Prozeß mit anderen Instanzen (Polizei, Jugendamt, Verurteilung vor Gericht) immer weiter fortsetzt. Hier wie auch bei der oben berichteten Forschung zum Pygmalion-Effekt besteht die Sozialisation darin, daß über die dargestellten Mechanismen nicht nur bestimmte Verhaltensweisen in einzelnen Situationen verändert werden, sondern die ganze Persönlichkeit und das Selbstbild eines Menschen.

Wir wollen keineswegs behaupten, daß in allen Schulklassen und bei allen Individuen Sozialisationsprozesse in der hier angegebenen Weise verlaufen; die dargestellten Forschungsansätze sollen vielmehr beispielhaft verdeutlichen, in welcher Weise Sozialisationsprozesse analysiert werden können. Das tatsächliche Geschehen ist, wie schon in der Einleitung erwähnt, sehr viel komplizierter und bis heute von keinem Forschungsansatz vollständig aufgeklärt worden.

2.3.4 Entwicklung und Sozialisation

In den Abschnitten über Sozialisation in Familie und in Schule hatten wir die äußeren Bedingungen und Mechanismen in den Vordergrund gerückt, denen ein Kind ausgesetzt ist und die es zu einem bestimmten Zeitpunkt prägen. Es sei nun an die Bemerkung in der Einleitung erinnert, daß alle Erfahrungen innerhalb des Subjekts weiterverarbeitet werden. Das bedeutet, daß die Art und Weise, wie ein bestimmtes Ereignis verarbeitet wird, davon abhängt, was im Subjekt bereits als Ergebnis der vorangehenden Sozialisation aufgebaut wurde; ein und dasselbe äußere

Ereignis kann also auf verschiedene Menschen sehr unterschiedlich wirken. Wir können Sozialisation daher auch unter der Perspektive betrachten, wie ein Mensch sich im Laufe der Zeit aufgrund seiner fortlaufend gemachten Erfahrungen verändert bzw. entwickelt; wir betrachten Sozialisation dann sozusagen im zeitlichen Längsschnitt. Dabei taucht u. a. die Frage auf, ob sich in solchen Entwicklungsverläufen bestimmte Gesetzmäßigkeiten erkennen lassen. Daß unsere Persönlichkeit nicht nur aus einer Summe von Zufällen besteht, läßt sich an dem uns allen bekannten Phänomen ablesen, daß unser Bewußtsein von uns selbst – man spricht in diesem Zusammenhang auch von Identität – eine zeitliche Erstreckung meist bis in die Kindheit hinein hat, d. h., daß wir uns bewußt sind, über diese ganze Zeitspanne hinweg dieselbe Person zu sein.

Nun können wir annehmen, daß praktisch alle uns interessierenden Persönlichkeitsmerkmale dem Wandel unterliegen, d. h. im Laufe der Zeit entstehen, zunehmen, sich ausdifferenzieren usw. Ein so umfassendes und komplexes Geschehen läßt sich im Rahmen unserer Einführung nicht angemessen darstellen. Daher beschränken wir uns darauf, die Entwicklung auf einem Gebiet darzustellen und zu diskutieren, welches vielleicht von besonderem Interesse ist und auch in der gegenwärtigen Forschung diskutiert wird: die Fähigkeit, andere Menschen als Subjekte mit je eigenen Standpunkten wahrzunehmen, sowie die Fähigkeit, in Konfliktsituationen eine ethisch begründete Entscheidung zu treffen, also Fähigkeiten, die wesentliche Voraussetzungen unseres auch alltäglichen Handelns in der Gesellschaft sind.

2.3.4.1 Sozial-kognitive Entwicklung

Ein kleines Kind glaubt, daß die Welt genauso ist, wie es sie wahrnimmt, und daß alle anderen Menschen sie ebenso sehen. Es hat noch nicht begriffen, daß die Welt möglicherweise ganz anders beschaffen ist, als sie ihm erscheint, und daß andere Menschen die Dinge möglicherweise ganz anders sehen als es selbst. Piaget, der diese Einstellung als «egozentrisch» bzw. die entsprechende Entwicklungsstufe als *Egozentrismus* bezeichnet und erforscht hat, gibt u. a. folgendes Beispiel: Ein Kind, das sich abends beim Mondschein in der Stadt bewegt, glaubt, daß der Mond es getreulich auf seinem Weg begleitet, weil er ja hinter den Häusern mitwandert (vgl. PIAGET 1978, S. 178).

Ein anderes Beispiel bezieht sich auf die Tatsache, daß andere selbst die gleiche Situation in anderer Weise wahrnehmen als wir selber. PIAGET (vgl. 1982) führte kleine Kinder vor ein 1 m² großes Relief, auf dem sich drei verschiedene, aus Pappmaché gefertigte Berge befanden. Als Gebirgslandschaft sieht dieses Relief natürlich von jeder Seite anders aus,

z. B. ist einmal der hohe Berg vorn rechts; wenn man das Relief dagegen von der gegenüberliegenden Seite betrachtet, ist der hohe Berg hinten links. Piaget bat die Kinder nun anzugeben, wie dieses Relief für einen Betrachter von einer anderen Seite aussähe, ohne daß die Kinder selber an den betreffenden Platz gehen durften; sie mußten also die betreffende Perspektive in ihrem Kopf konstruieren. Wie zu erwarten ist, sind kleine Kinder noch nicht in der Lage, diese Aufgabe korrekt zu lösen, und auch etwas ältere Kinder machen noch verschiedene Fehler. Dies zeigt, daß sich diese Fähigkeit, die Perspektive eines anderen Subjekts einzunehmen, erst entwickeln muß.

Diese Fähigkeit ist von viel grundlegenderer Bedeutung, als es in diesem Beispiel zunächst scheinen mag. Sie ist notwendig, um mit anderen Menschen zu kommunizieren; wenn wir beispielsweise jemanden etwas fragen, müssen wir wissen, ob er diese Frage beantworten kann, wenn wir jemandem etwas erklären, müssen wir wissen, was er schon weiß bzw. was er noch nicht weiß. Ein hübscher Versuch, in dem man die Fähigkeit zur *Perspektivenübernahme* im sprachlichen Handeln demonstrieren kann, besteht darin, einem anderen, dem die Augen verbunden sind, die Regeln eines Spiels zu erklären. Um diese Aufgabe lösen zu können, muß man sich in die Situation eines Blinden hineinversetzen können.

Robert Selman, ein amerikanischer Entwicklungspsychologe, hat genauer untersucht und beschrieben, in welchen Entwicklungsstufen sich diese Fähigkeit zur Perspektivenübernahme entwickelt (vgl. SELMAN 1982). Im Alter von ungefähr vier bis sechs Jahren kann das Kind natürlich zwischen sich selbst und anderen als Individuen unterscheiden; aber es hat noch nicht begriffen, daß andere eine andere Perspektive von einer Situation haben als es selbst bzw. daß verschiedene Personen von der gleichen Situation unterschiedliche Ansichten haben können. Es ist übrigens interessant, daß auf dieser Stufe ein Kind auch noch nicht in der Lage ist, über seine eigenen Gedanken zu reflektieren, d. h., sie als seine Gedanken wahrzunehmen; es nimmt vielmehr noch an, daß alle die gleichen Gedanken hätten. Dies ist ein Hinweis darauf, daß unsere Fähigkeit, uns selbst wahrzunehmen bzw. über uns nachzudenken, erst möglich ist, wenn wir imstande sind, uns aus der Perspektive einer anderen Person wahrzunehmen. Auf einer zweiten Entwicklungsstufe, die ungefähr im Alter von sechs bis acht Jahren erreicht wird, wird dem Kind bewußt, daß andere Menschen eine andere Interpretation derselben Situation haben können, weil sie z. B. über andere Vorinformationen verfügen. Jedoch ist das Kind noch nicht in der Lage, seine eigenen Handlungen vom Standpunkt anderer zu beurteilen, es sieht noch nicht, daß und wie es selber ein von dem anderen wahrgenommener Teil der gemeinsamen Situation ist. Diese Fähigkeit wird erst auf der nächsten Entwicklungsstufe etwa im Alter von acht bis zehn Jahren erreicht. Nunmehr können das eigene Verhalten und die eigene Motivation vom Standpunkt eines anderen aus reflektiert werden, und das Kind erkennt, daß der andere sich auch an seine Stelle versetzen kann. Auf der folgenden Entwicklungsstufe im Alter von etwa zehn bis zwölf Jahren kommt die Fähigkeit hinzu, die eigene Perspektive wie auch die eines bestimmten anderen aus der Sicht eines dritten, neutralen Beobachters nachzuvollziehen, z. B. im Falle eines Konflikts die Rolle eines unparteiischen Schiedsrichters einzunehmen, ohne daß es seine eigene Perspektive darüber aufgeben müßte; es kann sich vielmehr all diese Perspektiven gleichzeitig und in ihrem wechselseitigen Zusammenhang vergegenwärtigen.

Von den Vertretern der im wesentlichen durch Piaget begründeten Schule der kognitiven und sozial-kognitiven Entwicklung (vgl. etwa PIAGET/INHELDER 1972, GINSBURG/OPPER 1975, KESSELRING 1988) wird angenommen, daß diese Entwicklung sich in mehreren Stufen und in einer ganz bestimmten Abfolge vollzieht, die bei allen Menschen gleich ist; alle Menschen machen also die gleiche Entwicklung durch. Allerdings unterscheiden sich Individuen in der Geschwindigkeit, mit der sie diese Entwicklung durchlaufen. Sie hängt stark ab von den äußeren Anregungen, die ein Kind erhält, und davon, ob diese Anregungen dem jeweils erreichten Entwicklungsstand angemessen sind. Es wird angenommen, daß Anregungen, d. h. neue Erfahrungen, Probleme, auch Konflikte die Entwicklung dann optimal fördern, wenn sie für das Kind und seinen jeweiligen Entwicklungsstand eine gewisse, von ihm aber zu meisternde Herausforderung darstellen; einfacher gesagt: wenn sie eine Aufgabe darstellen, die weder zu leicht und damit langweilig, noch zu schwer und damit unlösbar wäre. Wir sprechen dann von einer ‹optimalen Passung› zwischen Anregungen und Entwicklungsstand. Man sieht hier, wie die beiden Begriffe Entwicklung und Sozialisation zusammenhängen; Entwicklung ist ein zusammenhängender und vermutlich in gewissem Sinne regelhaft verlaufender Prozeß, für den aber äußere Erfahrungen im Sinne von Sozialisationsbedingungen notwendige Voraussetzung sind.

2.3.4.2 Entwicklung des moralischen Bewußtseins

Wir wollen uns nun der Entwicklung des Bewußtseins von *Moral* zuwenden, die ja ein wesentlicher Aspekt unseres Handelns in der Gesellschaft ist, und dabei sehen, daß die oben besprochene Fähigkeit zur Perspektivenübernahme eine wichtige Voraussetzung auch des moralischen Denkens ist. Dieses Thema ist in den letzten Jahrzehnten hauptsächlich von

dem amerikanischen Psychologen Lawrence KOHLBERG (vgl. 1974) erforscht worden, auf dessen Theorie wir uns daher hauptsächlich beziehen.

Wenn Menschen in eine Situation geraten, in der verschiedene Interessen auch anderer Menschen im Spiel sind und in der sie sich entscheiden müssen, gibt es verschiedene Alternativen und verschiedene Gesichtspunkte und Gründe, nach denen man schließlich entscheidet. Wir
wollen dies an einem Beispiel vorführen, das auch in der Forschung verwendet worden ist. Stellen wir uns folgende Situation vor:

«Hans und Peter, die in der Schule direkt nebeneinander sitzen, sind sehr gute
Freunde. Peter hat schon viel angestellt und oft die Schule geschwänzt. Allen in der
Klasse war bekannt, daß er beim nächsten Vorfall die Schule verlassen müßte. Eines
Tages kam ihr Klassenlehrer nach der Pause mit einem sehr ernsten Gesicht in den
Raum und sagte, daß irgendein Schüler aus dieser Klasse ihm seine Geldbörse gestoh-
len habe, als er in der Pause seine Jacke im Klassenzimmer zurückließ. Er ermahnte den
Dieb, sich zu melden und bot an, daß er für 10 Minuten den Raum verlassen würde und
der Dieb so die Gelegenheit hätte, ungestraft die Börse samt Inhalt zurückzugeben. Der
Fall wäre dann für ihn vergessen. Als nach der angegebenen Zeit sich aber niemand von
den Schülern gerührt hatte, wurde der Lehrer, als er wieder in den Klassenraum gekommen war, sehr ärgerlich und sagte, daß er diesen Vorfall dem Direktor und dem
Elternbeirat melden würde und drohte, im äußersten Fall die Kriminalpolizei einzu-
schalten. Dann würden auch diejenigen bestraft werden, die wüßten, wer der Dieb sei,
ihn aber nicht verraten wollten.

Als es klingelte und die Stunde zu Ende war, packten alle Schüler ihre Taschen ein.
Auch Hans und Peter steckten ihre Bücher und Mäppchen weg. Dabei sah Hans, wie
Peter schnell eine Geldbörse in seinen Ranzen packte, die genauso aussah, wie der
Lehrer seine beschrieben hatte. Hans war ziemlich sicher, daß es die vom Lehrer war.

Auf dem Heimweg überlegte Hans, was er tun sollte: Peter verraten, aber dadurch
einen guten Freund verlieren, da er ganz sicher war, daß er die Schule verlassen müßte;
es für sich behalten, was bedeutete, daß die gesamte Klasse in Verruf geraten könnte
und das Vertrauensverhältnis zwischen Lehrern und Schülern gestört wurde.» (AUFEN-
ANGER u. a. 1981, S. 16 f)

Wie würden wir in einer solchen Situation entscheiden? Und vor allem,
aus welchen Gründen bzw. mit welchen Argumenten würden wir uns so
entscheiden? Beim Nachdenken über diese Fragen wird zunächst deutlich, daß es offenbar entscheidend ist, welche Konsequenzen wir uns in
dem einen oder anderen Fall vorstellen. So könnte man folgendermaßen
argumentieren: «Hans sollte dem Lehrer nichts sagen, denn wenn Peter
erfährt, daß Hans ihn verraten hat, wird er ihn verprügeln, da er stärker
ist.» Oder: «Hans sollte dem Lehrer sagen, was er gesehen hat, denn das
könnte sein Ansehen beim Lehrer steigern und sich günstig auf die Zeug-
nisnoten auswirken.» Ein etwas anderes Argument wäre: «Hans sollte
Peter nicht verraten. Es könnte ja sein, daß er später einmal in eine Situa-

tion kommt, wo er Peter um einen Gefallen bitten müßte.» Denkbar ist auch ein Argument der folgenden Art: «Peter ist der Freund von Hans; einen Freund verrät man nicht, auch wenn er etwas Unrechtes getan hat.» Oder: «Die Klassenkameraden finden es nicht richtig, wenn in der Klasse etwas gestohlen wird. Wenn sie erführen, daß Peter etwas gestohlen hat, würden sie es richtig finden, daß Hans dies dem Lehrer melden würde.» Eine wiederum andere Argumentation wäre: «Es ist nicht richtig, anderen einfach etwas zu stehlen, das man selber haben möchte. Wenn alle sich so verhielten, dann könnte auch jeder mir jederzeit etwas wegnehmen. Daher muß der Dieb gemeldet und bestraft werden.» Oder: «Es ist zwar richtig, daß man nicht stehlen sollte. Deshalb muß aber Hans nicht gleich zum Lehrer laufen; er sollte vielmehr versuchen, Peter davon zu überzeugen, daß es besser wäre, die Geldbörse zurückzugeben.» Ein weiteres Argument wäre dieses: «Es war nicht richtig, daß Peter die Geldbörse gestohlen hat. Wenn Hans dies jedoch dem Lehrer meldet, so fliegt Peter mit Sicherheit von der Schule. Dies wäre für ihn sehr hart und könnte schlimme Konsequenzen für sein weiteres Leben haben.»

Man sieht, daß sich die Argumente u. a. darin unterscheiden, daß sie die möglichen Konsequenzen nur für den Handelnden selbst, für die in der Situation Beteiligten (hier z. B. die Schulkameraden) oder für alle möglichen Menschen berücksichtigen. Es ist auch zu sehen, daß die eine wie die andere Handlungsalternative mit ähnlichen Argumenten begründet werden kann.

Lawrence Kohlberg hat, gestützt auf verschiedene Untersuchungen, die These aufgestellt, daß jedes Individuum im Laufe seiner Entwicklung von der Kindheit bis ins Erwachsenenalter verschiedene Stufen des moralischen Bewußtseins durchläuft, wobei – ähnlich wie bei der Entwicklung der Perspektivenübernahme (s. o.) – die Reihenfolge festgelegt ist und nur die Geschwindigkeit bzw. die vom Individuum schließlich erreichte Stufe von entsprechenden äußeren Anforderungen abhängt. Auf der ersten bei kleineren Kindern anzutreffenden Stufe des moralischen Bewußtseins gilt eine Handlung dann als gut bzw. gerecht, wenn sie belohnt wird, und als falsch, wenn sie bestraft wird. Dahinter steht offensichtlich ein blinder Gehorsam gegenüber Autoritäten. Auf der zweiten Stufe wird ein anderer in die Perspektive einbezogen in dem Sinn, daß als richtig gilt, wenn durch die Handlung sowohl die eigenen Bedürfnisse als auch die des anderen befriedigt werden bzw. daß im Sinne des Tauschprinzips ich später von dem anderen etwas Gleichwertiges zurückerhalte, wenn ich jetzt etwas für ihn tue. Auf der dritten Stufe spielen die Normen einer bestimmten Gruppe, der man angehört, die entscheidende Rolle. Im Sinne dieser Stufe ist eine Handlung richtig, wenn man dabei die Erwartungen der anderen erfüllt, also seine Rolle in dieser Gruppe spielt. Diese Moral läßt sich auch mit dem Grundsatz umschreiben, ‹ein netter Junge› bzw. ‹ein gutes Mädchen› zu sein. Auf der vierten Entwicklungsstufe geht es nicht mehr um die Normen einer bestimmten Gruppe, sondern um allgemeinere Normen und Regeln, die der Gesellschaft als solcher zugrunde liegen, also der sozialen Ordnung. Auf der fünften Stufe werden nicht mehr die bestehenden gesellschaftlichen Normen, sondern allgemeine und grundlegende Rechte des Individuums als entscheidender Bezugspunkt für das moralische Urteil angesehen. Ein Beispiel wäre, daß man die Gesetze eines Staats zu brechen bereit ist, wenn das Recht von Individuen auf Freiheit dies notwendig erscheinen läßt. Kohlberg hat noch eine sechste Stufe angegeben, bei der sich das moralische Urteil an universal gültigen, die ganze Menschheit betreffenden Prinzipien orientiert.

Die Entwicklung dieses schon für unser alltägliches soziales Handeln wichtigen moralischen Bewußtseins vollzieht sich nicht automatisch, sondern ist – ganz im Sinne des Sozialisationsbegriffs – abhängig von bestimmten äußeren Anregungen und Erfahrungen. Fehlen diese, so entwickelt sich das Individuum nicht über die ersten Stufen hinaus. Es hat sich gezeigt, daß insbesondere zwei Bedingungen für die Entwicklung notwendig sind. Zum einen muß das Individuum mit einem moralischen Problem, d. h. einer Entscheidungssituation (Dilemma) konfrontiert sein, die seiner eigenen Lebenserfahrung möglichst nahe kommt. Zweitens muß das Individuum in eine Diskussion (Diskurs) mit anderen eintreten, in dem das Für und Wider der verschiedenen Entscheidungsmöglichkeiten mit Argumenten erörtert wird. Dabei ist es wichtig, daß mindestens von einer Seite in diesem Diskurs Argumente vorgetragen werden, die genau eine Stufe über dem Entwicklungsstand der anderen, deren moralische Entwicklung gefördert werden soll, liegen. Der entwicklungsfördernde Effekt liegt nicht darin, daß man das Verhalten dieses eine Stufe höher Argumentierenden nachahmt – dies wäre insofern auch gar nicht möglich, als es ja um gedankliche Strukturen geht, die man selber verstanden haben muß –, sondern er liegt darin, daß durch die andere Argumentationsweise des Protagonisten bei den übrigen Teilnehmern ein Diskrepanzerlebnis ausgelöst wird, das sie zwingt, weiter nachzudenken und eine Lösung zu finden, die mit den Argumenten des Protagonisten in Einklang steht, d. h. aber, sich in seiner Richtung entwickeln.

Die Annahmen der Theorie der sozial-kognitiven und moralischen Entwicklung – daß nämlich Entwicklung darin besteht, daß geistige Strukturen gebildet und aufgebaut werden, durch die das Individuum immer mehr Erfahrungen gedanklich verarbeiten kann – bietet eine brauchbare Begrifflichkeit an, um die subjektive Seite von Sozialisation theoretisch zu fassen. Wichtig ist auch die weitere Annahme, daß Veränderungen, d. h. Weiterentwicklungen dieser geistigen Strukturen dadurch vorangetrieben werden, daß das Individuum in seinem alltäglichen Handeln auf Probleme stößt, die es von seinem jeweils erreichten Entwicklungsstand aus noch nicht befriedigend lösen kann, sondern die eben eine Abwandlung seiner geistigen Strukturen erfordern; solche Diskrepanzen werden besonders in der Begegnung mit anderen Menschen erlebt.

Allerdings muß man sich fragen, ob es nur einen denkbaren Entwicklungsweg gibt über genau die Stufen, die von der Theorie angegeben werden, oder ob verschiedene Individuen nicht doch unterschiedliche Entwicklungswege durchlaufen. Eine Theorie der Sozialisation muß ja auch der Tatsache Rechnung tragen, daß wir letztlich einmalige und unverwechselbare Individuen und keineswegs in jeder Hinsicht gleich sind. Man kann z. B. fragen, ob sich die Bedeutung der Erfahrungen von äußeren Situationen und Konflikten nur darauf beschränkt, in einer bereits vorgezeichneten Entwicklungsfolge die jeweils nächste Stufe anzuregen, oder ob diese Ereignisse nicht auch die Richtung der Entwicklung selbst bestimmen bzw. verändern können. Wenn man bedenkt, welche Bedeutung es etwa hat, ob man auf dem Land oder in der Stadt aufwächst, welche Entscheidungen an bestimmten Punkten des Bildungswegs getroffen werden, ob man z. B. das Abitur macht und anschließend studiert, welchen Platz man in der Arbeitswelt findet und von wie vielen Zufällen dies abhängig ist, welche Entscheidungen hinsichtlich der Partnerbeziehung und der Elternschaft fallen, an welchen Wohnort einen das Leben verschlägt usw., so muß man doch annehmen, daß solche Ereignisse für den Lebensverlauf und damit auch für die subjektive Entwicklung eine sehr große Bedeutung haben (vgl. FILIPP 1981). Die Erforschung dieser Zusammenhänge steht allerdings erst in den Anfängen.

Abschließend bleibt uns darauf hinzuweisen, daß die theoretische Analyse wie auch die empirische Detailforschung zur menschlichen Sozialisation sehr viel komplexer und umfassender ist, als es in diesem einführenden Text dargestellt werden konnte. Auch zur Sozialisation in der Familie, in der Schule und im Zusammenhang mit Entwicklung gäbe es weit mehr zu sagen. Darüber hinaus gibt es eine umfangreiche Forschung zur Sozialisation in verschiedenen sozialen Schichten unserer Gesellschaft, in verschiedenen Gesellschaften bzw. Kulturen und in verschiedenen historischen Epochen unserer Gesellschaft, auf die hier nicht eingegangen werden konnte. Außerdem gibt es eine entwickelte Forschung zur Sozialisation am Arbeitsplatz, in der Hochschule und in verschiedenen anderen Institutionen. Einen Überblick über all diese Gebiete vermittelt der entsprechende Artikel im Handbuch der Sozialisationsforschung (vgl. GEULEN 1991) bzw. dieses Handbuch insgesamt. Es sollte jedoch auch gesagt werden, daß wir bisher nicht über eine umfassende und geschlossene Theorie der Sozialisation verfügen und daß viele interessierende Fragen noch ungeklärt sind.

Literatur

ASMUS, H.-J. / PEUKERT, R. (Hrsg.): Abweichendes Schülerverhalten. Heidelberg 1979.

AUFENANGER, S. / GARZ, D. / ZUTAVERN, M.: Erziehung zur Gerechtigkeit. München 1981.

BANDURA, A.: Lernen am Modell. Stuttgart 1976.

BERNSTEIN, B.: Studien zur sprachlichen Sozialisation. Düsseldorf 1972.

BROPHY, J. E. / GOOD, T. L.: Die Lehrer-Schüler-Interaktion. München / Wien / Baltimore 1976.

FILIPP, S.-H. (Hrsg.): Kritische Lebensereignisse. München 1981.

FREUD, S.: Vorlesungen zur Einführung in die Psychoanalyse [1917]. Frankfurt/M. 1986.

GEULEN, D.: Thesen zur Metatheorie der Sozialisation. In: Walter, H. (Hrsg.): Sozialisationsforschung, Bd. 1. Stuttgart 1973, S. 85–101.

GEULEN, D.: Die historische Entwicklung sozialisationstheoretischer Paradigmen. In: Hurrelmann, K. / Ulich, D. (Hrsg.): Handbuch der Sozialisationsforschung. Weinheim / Basel 1980, S. 15–49.

GEULEN, D.: Die historische Entwicklung sozialisationstheoretischer Ansätze. In: Hurrelmann, K. / Ulich, D. (Hrsg.): Neues Handbuch der Sozialisationsforschung. Weinheim / Basel 1991, S. 21–54.

GINSBURG, H. / OPPER, S.: Piagets Theorie der geistigen Entwicklung. Stuttgart 1975.

HENRY, J.: Lernziel Entfremdung. Analyse von Unterrichtsszenen in Grundschulen. In: Zinnecker, J. (Hrsg.): Der heimliche Lehrplan. Weinheim / Basel 1975, S. 35–51.

HURRELMANN, K.: Einführung in die Sozialisationstheorie. Über den Zusammenhang von Sozialstruktur und Persönlichkeit. 4., überarb. und erg. Aufl. Weinheim / Basel 1993.

HURRELMANN, K. / ULICH, D. (Hrsg.): Neues Handbuch der Sozialisationsforschung. Weinheim / Basel 1991.

JACKSON, PH. W.: Einübung in eine bürokratische Gesellschaft: Zur Funktion der sozialen Verkehrsformen in Klassenzimmern. In: Zinnecker, J. (Hrsg.): Der heimliche Lehrplan. Weinheim / Basel 1975, S. 19–34.

KESSELRING, TH.: Jean Piaget. München 1988.

KOHLBERG, L.: Zur kognitiven Entwicklung des Kindes. Frankfurt / M. 1974.

LUKESCH, H.: Erziehungsstile. Stuttgart [u. a.] 1975.

LUKESCH, H.: Elterliche Erziehungsstile. Stuttgart [u. a.] 1976.

MEAD, M.: Jugend und Sexualität in primitiven Gesellschaften. Bd. 3. München 1970.

PIAGET, J.: Das Weltbild des Kindes. Stuttgart 1978.

PIAGET, J.: Das In-Beziehung-Setzen der Perspektiven. In: Geulen, D. (Hrsg.): Perspektivenübernahme und soziales Handeln. Frankfurt/M. 1982, S. 75–85.

PIAGET, J./INHELDER, B.: Die Psychologie des Kindes. Olten/Wien 1972.

PORTMANN, A.: Biologische Fragmente zu einer Lehre vom Menschen. Basel ³1969.

POSTMAN, N.: Das Verschwinden der Kindheit. Frankfurt/M. 1982.

POSTMAN, N.: Wir amüsieren uns zu Tode. Frankfurt/M. 1985.

RICHTER, H.-E.: Eltern, Kind und Neurose. Stuttgart 1963.

ROSENTHAL, R./JACOBSON, L.: Pygmalion in the class-room. New York 1968.

SCHURIG, V.: Die Entstehung des Bewußtseins. Frankfurt/New York 1976.

SELMAN, R.: Sozial-kognitives Verständnis: Ein Weg zu pädagogischer und klinischer Praxis. In: Geulen, D. (Hrsg.): Perspektivenübernahme und soziales Handeln. Frankfurt/M. 1982, S. 223–256.

STEINKAMP, G.: Sozialstruktur und Sozialisation. In: Hurrelmann, K./Ulich, D. (Hrsg.): Neues Handbuch der Sozialisationsforschung. Weinheim/Basel 1991, S. 251–277.

TILLMANN, K.-J.: Sozialisationstheorien. Eine Einführung in den Zusammenhang von Gesellschaft, Institution und Subjektwerdung. Reinbek bei Hamburg ³1993.

TOMAN, W.: Familienkonstellationen. München 1991.

WALTER, H./OERTER, R. (Hrsg.): Ökologie und Entwicklung. Donauwörth 1979.

WEBER, E.: Erziehungsstile. Donauwörth 1970.

WYGOTSKI, L. S.: Denken und Sprechen. Berlin 1964.

Ewald Terhart

2.4 Unterricht

2.4.1 Begriffliche Bestimmung

Was man im allgemeinen unter Unterricht versteht, kann als bekannt vorausgesetzt werden. Dieser allerdings auf das Verständnis von Erziehung und nicht von Unterricht gemünzte berühmte Satz Friedrich Daniel Schleiermachers, eines pädagogischen Klassikers (und hauptberuflichen Theologen) aus dem frühen 19. Jahrhundert, gilt heute vielleicht nicht mehr für die Erziehung insgesamt – man weiß eigentlich immer weniger, was das ist bzw. heute noch sein kann. Wohl aber gilt er in einem bestimmten Sinn für den Unterricht: Zumindest in modernen Gesellschaften durchläuft – anders als noch zu Schleiermachers Zeiten – jede Person über lange Jahre das staatliche Pflichtschulsystem, wird darin unausweichlich Teilnehmer von Unterrichtsprozessen, ‹weiß› also, was Unterricht ‹ist›. Um auf grundlegende Elemente, Prozesse und Probleme von Unterricht aufmerksam zu machen, ist es deshalb notwendig, hinter die Selbstverständlichkeiten der Alltagswahrnehmung und des Alltagsverständnisses von Unterricht zurückzugehen.

Zunächst noch unabhängig von seinen pädagogischen Zielsetzungen und seiner Einbettung in das Schulsystem wird mit *Unterrichten* ein Vorgang bezeichnet, in dessen Verlauf von seiten des Unterrichtenden aus der Versuch unternommen wird, eine Erweiterung des gegebenen Wissens-, Kenntnis- und Fähigkeitsstandes auf seiten des bzw. der Unterrichteten hervorzurufen. Damit dieser Vorgang zustande kommt, ist also zumindest das Vorhandensein einer unterrichtenden sowie einer unterrichteten Seite notwendig. Ohne Bezug auf einen oder mehrere

Adressaten, auf jemanden also, der unterrichtet wird, ist z. B. die Äußerung «Ich habe unterrichtet» nicht sinnvoll. Dabei ist es für die Zumessung des Begriffs ‹Unterrichten› zunächst ohne Belang, ob der damit bezeichnete Vorgang zum Erfolg – sprich: zum Lernen der Unterrichteten – geführt hat oder nicht. Umgekehrt impliziert die Wendung «Ich wurde unterrichtet» die Existenz einer Person oder Instanz, die unterrichtet hat. Diese immanente Zweiseitigkeit jeder Verwendung des Begriffs Unterricht muß nun noch um ein Drittes erweitert werden: um einen bestimmten Gegenstand oder Inhalt, über den die eine Seite unterrichtet hat bzw. über den die andere Seite unterrichtet wurde. Man kann nicht über nichts unterrichten; man kann nicht über nichts unterrichtet werden. Doch nun weg von den Begriffen und hin zur Sache.

Formen der Unterricht*ung* sind im zwischenmenschlichen Leben in vielfältiger Weise anzutreffen: Eine ortsunkundige Person wird von einer anderen über den besten Weg zu einem Ziel informiert; ein Verkäufer weist einen Kunden auf die Eigenschaften eines Produkts hin; eine Bedienungsanleitung belehrt über den sachgemäßen Umgang mit einem Gerät; ein Junge zeigt seinem Freund, wie man einen Elfmeter schießt – und ein Parkwächter weist beide darauf hin, daß man das hier nicht darf; ein Kunststudent erläutert einer Gruppe, was man auf einem Gemälde sieht, wenn man richtig hinsieht usw. Bei entsprechend ausgerichteter Aufmerksamkeit wird man überrascht feststellen, wie häufig es im Rahmen alltäglicher Kommunikation zur Unterrichtung anderer wie auch umgekehrt zum Unterrichtet-Werden durch andere kommt. Gleichwohl sträubt sich der Alltagsverstand, der ja im allgemeinen ‹weiß›, was Unterricht ‹ist›, solche Situationen alltäglicher Unterweisung, Information und Belehrung als Unterricht wahrzunehmen bzw. zu bezeichnen. Die Bezeichnung ‹Unterricht› wird vielmehr für solche Situationen reserviert, in denen (1) mit pädagogischer Absicht und in (2) planmäßiger Weise sowie (3) innerhalb eines bestimmten institutionellen Rahmens und (4) in Form von Berufstätigkeit eine Erweiterung des Wissens- und Fähigkeitsstandes einer Personengruppe angestrebt wird. Diese vier Merkmale sollen im folgenden erläutert werden.

1. Zunächst einmal kann von Unterricht nur dort die Rede sein, wo *bewußt* und mit *pädagogischer Absicht* eine Erweiterung des Wissens- und Fähigkeitsstandes der Unterrichteten erreicht werden soll. Das anvisierte Ziel des Unterrichts kann dabei sehr weit und umfassend oder aber sehr spezifisch und eng definiert sein. Bestimmend für Unterricht ist seine pädagogische Zielsetzung, und zwar unabhängig davon, ob es sich beim zu unterrichtenden Personenkreis um Kinder, Jugendliche oder Erwachsene handelt. Eine pädagogische Zielsetzung des Unterrichts wird

letztlich immer daran orientiert sein, nicht auf der Ebene einfacher Wissens- und Fertigkeitsvermittlung stehenzubleiben, sondern darüber hinaus komplexe, anspruchsvolle Ziele wie Einsichtsfähigkeit, problemlösendes Denken zu erreichen sowie schließlich ein Lernen des Lernens selbst, um die weitere Kompetenzentwicklung der Unterrichteten von der Teilnahme an formalisierten Unterrichtsprozessen abzukoppeln und damit zu deren Selbständigkeit im Erkennen, Urteilen und Handeln beizutragen. Dies bedeutet zugleich, daß die pädagogische Intentionalität des Unterrichts immer in übergreifende, gesellschaftlich bedingte und historisch wandelbare Persönlichkeits-, Bildungs- und Erziehungsideale eingebettet ist.

2. Zusätzlich zum Merkmal der pädagogischen Intentionalität oder Absichtlichkeit ist Unterricht durch seine *Planmäßigkeit* gekennzeichnet. Das Ziel des Unterrichts wird auf eine planmäßige, in sachlicher und zeitlicher Hinsicht strukturierte Weise zu erreichen versucht. Dadurch verliert Unterrichtung den Charakter des Unsystematischen und Zufälligen, den sie im Alltag hat, und wird zu ‹Unterricht›. Die Verbindung zwischen Unterrichtsabsicht und Unterrichtserfolg, zwischen Lehren und Lernen wird anhand eines mehr oder weniger festen Inhalts- bzw. Themenkanons sowie mittels eines geeigneten Schematismus, eines Wegs, einer ‹Methode› hergestellt. Die Planmäßigkeit des unterrichtlichen Handelns, zu der auch die Kontrolle des Grades der Zielerreichung gehört, erhöht die Effektivität des Unterrichtsvorgangs im Vergleich zu den oben erwähnten alltäglichen Formen von Unterrichtung und Information. Sie schafft andererseits jedoch zugleich mit dem höheren Grad an Verbindlichkeit und Regelhaftigkeit ein gewisses Maß an Standardisierung, oder anders: an Zwang.

3. *Institutionalisierung* ist das dritte Kennzeichen von Unterricht. Im Unterschied zu unsystematischen und zufälligen Formen spricht man von Unterricht erst dann, wenn Lehren und Lernen durch äußere, gesetzliche und organisatorische Vorgaben institutionalisiert ist, das Zustandekommen von Unterrichtssituationen also nicht zufällig und/oder in Abhängigkeit von individuellen Willensentscheidungen, sondern mit fester Erwartbarkeit erfolgt. In modernen Gesellschaften stellt das Schulsystem den äußeren Rahmen für das ebenso regelmäßige wie regelhafte Zustandekommen von Unterricht dar. Institutionalisierung heißt in diesem Zusammenhang, daß der zu unterrichtende wie auch der unterrichtende Personenkreis definiert ist, daß die Eingänge in die Institution, die Übergänge in der und die Ausgänge aus der Institution geregelt sind und daß Abläufe und Vorgehensweisen weitgehend unabhängig vom Geschmack und den Wertvorstellungen einzelner Personen auf der Basis

allgemeiner Festlegungen und Vorschriften gestaltet und durchgeführt werden. Planmäßigkeit und Institutionalisierung zusammen bedeuten aber auch, daß das Lehren und Lernen in den Klassenzimmern nunmehr vom ‹natürlichen› Lebens- und Erfahrungsstrom der Beteiligten abgetrennt ist und ebendadurch zwar einen höheren Grad an Verbindlichkeit, Allgemeinheit und Effizienz, zugleich aber auch den Charakter des Künstlichen und Inszenierten erhält.

4. Als letztes Merkmal für die Verwendung des Begriffs Unterricht muß auf die *Verberuflichung* der Unterrichtstätigkeit hingewiesen werden. In enger Verbindung mit der Institutionalisierung des Unterrichtswesens und einer Methodisierung des Lehr-Lern-Prozesses hat sich im historischen Verlauf die Verberuflichung der Unterrichtstätigkeit durchgesetzt: Unterrichtet wird nicht nebenbei, sondern in Form von hochspezialisierter und -bezahlter Berufsarbeit. Heute gelten die wissenschaftlich ausgebildeten und vom Staat geprüften Lehrer als Experten für das Unterrichten. Ihre Ausbildung und Lizensierung sowie die institutionalisierten Vorgaben und Regeln der Berufsausübung grenzen ihre Tätigkeit von der unsystematischen und zufälligen Weise ab, in der die Laien im Alltag ‹unterrichten›. Die Verberuflichung der Unterrichtstätigkeit hat insgesamt zur Intensivierung des Unterrichtens in Prozeß und Resultat beigetragen sowie die Differenz zwischen Unterrichtung als natürlichem Bestandteil von Alltagskommunikation und dem institutionalisierten Unterricht in Schulen noch vergrößert: Es gibt jetzt zusätzlich die Grenze zwischen Experten und Laien.

Legt man diese vier Kriterien zugrunde, so wird deutlich, daß mit Unterricht im engeren Wortsinn der Unterrichtsprozeß in Schulen gemeint ist, wobei das (staatliche) Pflichtschulsystem im Mittelpunkt steht. Deshalb ist im folgenden auch ausschließlich vom Schulunterricht die Rede; der Unterricht in speziellen Sprach-, Musik-, Sport-, Fahr- und Reitschulen bleibt hier unberücksichtigt. Ebenso wird nicht gesondert auf Handlungsweisen wie Informieren, Belehren, Einweisen, Instruieren, Überzeugen, Überreden u. ä. eingegangen, obwohl sie (und vieles andere mehr) innerhalb des Schulunterrichts natürlich auch vorkommen.

2.4.2 Historische Entwicklung

Die historische Entstehung des Unterrichtswesens ist eng an die Entstehung und Etablierung des Schulwesens sowie an die parallel laufende Verberuflichung der Unterrichtstätigkeit geknüpft. Insofern ist jede Geschichte des Unterrichts eng mit der Geschichte der Schule und des Lehrerberufs verwoben (s. dazu auch 3.2 und 5.1 in diesem Band). Eine um-

fassende Geschichte des Unterrichts liegt in der erziehungswissenschaftlichen Literatur nicht vor; wohl aber existieren zahlreiche, mehr oder
weniger breit angelegte Studien zu einzelnen historischen Abschnitten,
regionalen Besonderheiten sowie zu Aspekten und Problemen des Unterrichts und der Lehrerarbeit in einzelnen Schulformen und -fächern. Die
Quellenlage ist insofern schwierig, als ein Bild vom tatsächlichen Geschehen in den Klassenzimmern nur noch anhand von mehr oder weniger indirekten Quellen und Indizien (nach)gezeichnet werden kann. – Im
folgenden halte ich mich an die etwas grobe traditionelle Einteilung in
Antike (1000 v. Chr. –500 n. Chr.), Mittelalter (500–1500), Neuzeit (ab
1500).

1. Organisierte Unterrichtstätigkeit ist im europäischen Raum bereits
seit der Antike bekannt. Die *Antike* bildet also nicht nur den Ursprungs-
bereich für europäische Philosophie und Bildungstheorie, sondern
ebenso auch für die Entstehung eines Schul- und Unterrichtswesens. Die
Tätigkeit eines Schullehrers in einer Stadt des antiken Griechenland kann
man allerdings bei weitem nicht mit der heutigen Situation vergleichen:
Das Unterrichten war eine Art privates Gewerbe, die soziale Stellung der
Schullehrer sehr niedrig, ihr Verdienst gering, ihre Methoden nicht selten – für heutige Verhältnisse – brutal und dazu noch vergleichsweise
erfolglos. Um die (damals) notwendigen Kulturtechniken zu erlernen,
bezahlten die Eltern auf der Elementarschulebene (7. –14. Lebensjahr)
verschiedene Sport-, Musik- und Schreiblehrer. Von Erziehungsaufgaben wurde dieser ‹Unterricht› übrigens bewußt freigehalten; diese obla-
gen der Familie selbst bzw. dem von ihr angestellten «Paidagogos», dem
Knabenführer, der dieser Aufgabe in einem kontrollierenden, beaufsich-
tigenden Sinn nachkam.

Ein Schullehrer – Sammelbezeichnung: «Didaskalos» – vermittelte
elementare Kenntnisse und Fertigkeiten als Vorbereitung auf die eigentliche Bildung und Erziehung in der Jugend- und Erwachsenenphase. Die
Kindheit war noch nicht entdeckt; irgendeine Vorstellung über die besondere Psychologie des Kindes belastete die Lehrer noch nicht; der ‹Unterricht› fand ganz im Sinne eines einfachen Vormachens – Nachma-
chens statt: «Der Lehrer versteht es nicht, dem Kind den Zugang zum
Wissen zu erleichtern. Er erhebt sich nicht über die passive Belehrung.
Die antike Schule ist der Typ jener ‹rezeptiven Schule›, die bei den heutigen Pädagogen verschmäht wird. Da die Überlieferung [. . .] die Ordnung des aufzunehmenden Wissens festgelegt hat, erschöpft sich die Bemühung des Lehrers darin, wiederzukäuen und abzuwarten, bis der Geist
des Kindes die hemmende Schwierigkeit überwunden hat. Um über das,
was er als Ungelehrigkeit betrachtet, zu siegen, bleibt ihm nur ein Mittel,

und er verfehlt nicht, von ihm Gebrauch zu machen: körperliche Züchtigung» (MARROU 1972, S. 304).

In der Höheren Schule (14.–18. Lebensjahr), die von sehr viel weniger Heranwachsenden besucht wurde, änderten sich die Formen des Unterrichtens nicht viel – wohl aber wurde auf inhaltlicher Ebene der Grundstein für den «Lehrplan des Abendlandes» (Dolch) gelegt, d. h. für die Sieben Freien Künste sowie für ein Bildungsideal, welches sich am Begriff des Allgemeinen, der Zweckfreiheit und des Individuellen orientierte. Es war ein sprachlich-literarisch-ästhetisch bestimmtes Ideal, das sich auf die schließliche Selbstverfeinerung des einzelnen als letzten Bezugspunkt richtete. Es war zugleich ein ebenso aristokratisches wie traditionsverhaftetes Bildungsideal, welches am Kanon der Klassiker aus dem Heldenzeitalter festhielt und allen Erwägungen in Richtung auf eine gesellschaftliche Aktualität oder berufliche Nützlichkeit von Bildung (im Sinne von Ausbildung, Qualifizierung) eine Absage erteilte. Auch die soziale Trennung zwischen ‹niederer› (bloß praktischer, nützlicher, berufsbezogener) und ‹höherer› (sprachlich-literarischer, wissenschaftlicher, zweckfreier) Bildung ist in gewisser Weise hier bereits vorprogrammiert.

Für den Unterricht heißt dies: Er ist an Sprachlichkeit und Schriftlichkeit (und damit: an den Intellekt) gebunden, hat einen definierten Kanon von Inhalten und ist auf die Tradierung des Klassischen gerichtet, dem sich die Individualitäten der einzelnen Schüler zunächst zu beugen haben. Die allgemeine Erziehungs- und Bildungsvorstellung hat jedoch den einzelnen und seinen Anspruch auf Allseitigkeit im Blick und (noch) nicht den umgekehrten Anspruch der Allgemeinheit auf spezialisierte Nützlichkeit des einzelnen. Das Bildungsproblem wurde eben noch nicht als ein Schul- oder gar Unterrichtsproblem angesehen, sondern als eines der lebenslangen Selbstveredelung. Dies erklärt vielleicht den großen Unterschied zwischen den philosophisch entwickelten Ansprüchen an ‹Bildung› einerseits, den – daran gemessen – bescheidenen Realitäten in Schulen und Klassenräumen andererseits – ein Element im Grundmuster abendländischer Bildungstradition, das ebenfalls bis heute Bestand hat.

2. Mit dem Ende der antiken Welt und der Ausbreitung des Christentums wurde die Kirche zur einzigen Institution, in der das Erbe der antiken Tradition in modifizierter Form aufbewahrt und weitergeführt wurde. Das ganze *Mittelalter* über bis weit in die Neuzeit hinein waren Bildungs- und Schuldinge Kirchendinge. In den Dom- und Klosterschulen wurde der Nachwuchs für den Klerikerstand ausgebildet; die Bildungs- und Lebenswege der Laien verliefen anders und schlossen institu-

tionalisierten Unterricht nicht mit ein. Der Unterricht in den genannten klerikalen Schulen verlief weitgehend mechanisch als ein Aufnehmen und Nachvollziehen unbezweifelbarer Inhalte. Selbständige Durchdringung und Befragung, gar: Hinterfragung des kanonisierten Lehrgutes war undenkbar, hätte es doch den Beginn einer möglichen Abweichung, einer Häresie markiert.

In Gestalt der deutschen Schreib- und Leseschulen, die in den größeren Städten im Hochmittelalter gegründet wurden, entstanden dann allerdings weltliche Konkurrenzunternehmen zu den kirchlichen Schulen. ‹Konkurrenz-›, weil sie sich in ihren Inhalten vom klassischen Kanon lösten und auch beruflich nützliche Kenntnisse vermittelten; ‹-unternehmen› insofern, als die Schulmeister, die diese Schulen führten, auf privatwirtschaftlicher Basis und mit städtischer Lizenz arbeiteten. Schulehalten war ein durch Zünfte geregeltes Handwerk, das Unterrichten vergleichsweise kunstlos und immer noch unpsychologisch. Es existierte (zunächst) keine Einteilung der ‹Kundschaft› (also der Unterrichteten) nach Alter oder Fähigkeiten; eine allgemeine Schulpflicht existierte ebenfalls noch nicht. Verfügte ein Schulmeister über Gesellen, konnte er mehrere ‹Haufen› von Schülern bilden. Gleichwohl wandte sich der Lehrer im Unterricht immer einzelnen Schülern zu; Frontalunterricht vor altershomogenen Gruppen ist eine Erfindung der frühen *Neuzeit*. Bedingt durch diese Schulen wurde zumindest in den großen Städten ein beachtliches Maß an Lesefähigkeit erreicht; die Situation im ländlich-bäuerlichen Bereich war demgegenüber auch weiterhin durch das vollständige Fehlen organisierter Unterrichtung gekennzeichnet. Die Tradierung des Wissens, der Fertigkeiten und der moralisch-sittlichen Regulative des Handelns erfolgte innerhalb des jeweiligen Standes bzw. innerhalb der jeweiligen Herkunftsfamilie durch das Zusammenleben der Generationen und schloß für die allergrößten Teile der Bevölkerung Lese-, Schreib- und Rechenfähigkeit, von weitergehenden Bildungsansprüchen ganz zu schweigen, (noch) nicht mit ein.

3. Die Entstehung eines Schul- und Unterrichtswesens für alle und in staatlicher Regie wird in dem Maße notwendig, wie aufgrund einer Zunahme des erreichten Wissensstandes sowie eines beschleunigten gesellschaftlichen Wandels die Weitergabe des kulturell erreichten Wissens- und Fähigkeitsniveaus durch einfachen Mitvollzug der nachwachsenden Generationen am Leben der älteren Generationen nicht mehr ausreicht. Die ökonomisch-technische Entwicklung verlangt ein höheres Qualifikations- und Disziplinierungsniveau für immer größere Teile der Bevölkerung. Der Prozeß der notwendigen Wissensübertragung, Qualifizierung und Sozialisation läßt sich schließlich nur noch durch ein allgemeines,

vom Staat organisiertes Unterrichtswesen garantieren. In der frühen *Neuzeit* ist dies der absolutistische, aufgeklärte Staat, der an nützlichen Untertanen interessiert ist, die er auf möglichst rationale, effektive, kostengünstige, die sozialen Verhältnisse allerdings nicht gefährdende Weise zu qualifizieren trachtet. Das Ergebnis ist ein (Zwangs-)Unterricht vor Jahrgangsklassen nach dem Prinzip der *Frontalmethode*, ein Unterrichtsarrangement, das aus der Verschränkung von Prinzipien der Aufklärung und des Absolutismus entsteht.

Im Zeitraum zwischen 1750 und 1850 findet in Deutschland der Übergang vom althergebrachten «Schulehalten» zum «Unterrichten» statt (vgl. PETRAT 1979, S. 133 ff). Dies bedeutet auf der Ebene des Unterrichts organisatorische und psychologische Umstellungen: zum einen den Übergang vom Verfahren der Einzelunterweisung von Schülern zum Verfahren des Klassenunterrichts. Dies hat z. B. auch Konsequenzen für den Schulbau. Auf psychologischer Ebene wird die alte mechanische Lehrweise, «bei der kein Unterricht in unserem Verhältnis statt(findet)» (PETRAT 1979, S. 107), durch die Idee eines verständigen Lernens herausgefordert, welches auf elementaren psychologischen Vorstellungen über kindgerechtes Lehren und Lernen basiert. Die allmähliche Psychologisierung der Unterrichtsarbeit, welche von den pädagogisch und didaktisch interessierten Gelehrten der damaligen Zeit immer wieder gefordert wurde, bildete die Voraussetzung für die zunehmende Methodisierung des Unterrichtens – ein Faktor, der nicht wenig zum Selbstbewußtsein der Lehrerschaft beigetragen hat, konnte hierdurch doch auf eine spezifische Kompetenz des Berufsstandes verwiesen und damit ein Anspruch auf soziale und ökonomische Statusanhebung begründet werden.

Die Ausbreitung eines Pflichtschulsystems in staatlicher Regie, die Herausbildung und Etablierung von Klassenunterricht als Frontalunterricht sowie schließlich die psychologisch abgestützte Methodisierung des Unterrichts verwandelten allmählich den ebenso uneinheitlichen wie unübersichtlichen Schul- und Unterrichtsbetrieb der frühen Neuzeit in ein tatsächliches ‹System› zur systematischen Wissens- und Fähigkeitsübertragung zwischen den Generationen wie auch zur inneren und äußeren Zivilisierung, oder anders: zur Disziplinierung der nachwachsenden Generation. Gegenüber der vor-neuzeitlichen Situation kann man das als einen Verlust bewerten. Man muß jedoch auch sehen, daß mit dieser Entwicklung – bis gegen Ende des 19. Jahrhunderts – die Beteiligung breiter, schließlich aller Bevölkerungsteile an institutionalisierten Bildungsprozessen, der Abbau des Analphabetismus, die Verallgemeinerung, Beschleunigung und Intensivierung des Lernens, die allmähliche Verdrängung von Berechtigung qua Geburt durch Berechtigung qua Bildung(spatent) sowie schließlich das sehr allmähliche Verschwinden sadistischer Körperstrafen verbunden ist.

Allerdings: Bis zum Ende des 19. Jahrhunderts hat sich in den Klassenzimmern eine Unterrichtskultur etabliert, die eher durch administrative Strenge, durch ‹Schulzucht› und militärischen Geist zu kennzeichnen ist als durch das humanistische und demokratische, auf ‹Bildung› verpflichtete Gedankengut der Pädagogen und Schulmänner. Zwar wird von ihnen die Ausbreitung des staatlichen Pflichtschulsystems, die verbesserte Ausbildung und Bezahlung der Lehrer etc. als Erfolg gefeiert – zugleich aber wird der Preis hierfür, insbesondere von den Kulturkritikern, Lebensreformern und Reformpädagogen um die Jahrhundertwende, als zu hoch angesehen. Diese gespaltene Perspektive der Pädagogen und Didaktiker auf die Staatsschule und die durch sie beförderte Unterrichtskultur ist bis heute ein durchgängiges Element der Schulpädagogik; von hier aus wird auch verständlich, daß man die Schule als Rahmen für Unterricht zwar im Prinzip und mit guten Gründen verteidigt, zugleich aber – und ebenfalls mit guten Gründen – kontinuierlich Schul- und Unterrichtskritik betreibt. Konsequenz dieser Haltung ist, daß das Bemühen um Verbesserung, eben: ‹Reform› von Schule und Unterricht zum Leitmotiv des schulpädagogischen Diskurses wird.

2.4.3 Ansatzpunkte für unterrichtsbezogenes Denken

Die historische Entwicklung und Ausdifferenzierung des Unterrichtswesens im Rahmen der Schule war und ist begleitet von einer (Ideen-)Geschichte des Nachdenkens und Theoretisierens über Unterricht, seine Voraussetzungen, Prozesse und Resultate. Dabei dominierten in der Geschichte des didaktischen Denkens die normativen Modelle, in denen anhand mehr oder weniger umfangreicher Vorentscheidungen Aussagen darüber getroffen werden, wozu Unterricht dienen soll, welchen ‹Sinn› er hat, wie er ablaufen soll, wie man ihn richtig macht, welche Wirkungen durch ihn erreicht werden sollen etc. Die Dominanz der normativen Sinngebungsperspektiven als auch der handlungsorientierenden Funktion spiegelt die Tatsache, daß die geschichtliche Entwicklung des didaktischen Denkens die sozialgeschichtliche Etablierung, Ausbreitung und Standardisierung von Schulunterricht kontinuierlich (sei es bestätigend, sei es kritisch) begleitet und zugleich als allgemeiner Orientierungsrahmen für das berufliche Selbstverständnis der Lehrerschaft wie auch als Handlungslehre für die Arbeit in den Klassenzimmern gedient hat. Auf Unterricht bezogenes Denken ist insofern immer auch im Kontext von

Schul- und Standespolitik zu deuten. – Im folgenden sollen nicht didaktische Theorien selbst, sondern vier elementare Ansatzpunkte unterrichtsbezogenen Denkens erläutert werden, die sowohl bei außenstehenden
Beobachtern (z. B. Erziehungswissenschaftlern), bei privat von Unterricht Betroffenen (Eltern, Schülern) als auch bei beruflich für Unterricht
Verantwortlichen (Lehrern, Schulverwaltung) immer wieder anzutreffen sind.

2.4.3.1 Die Inhalte: Von der Bildungstheorie zur Curriculumforschung

Für eine ganze Reihe von unterrichtsbezogenen Argumentationen bilden
die *Inhalte*, also dasjenige, was durch Unterrichtsprozesse vermittelt
werden soll, den zentralen Ansatzpunkt. Der dazugehörige grundlegende Gedankengang läßt sich etwa wie folgt kennzeichnen: Durch Unterricht soll Schülern Wissen und Fähigkeiten vermittelt werden. Als
erstes muß also festgelegt sein, was Schüler durch Unterricht eigentlich
erlernen sollen, welche Inhalte ihnen zu präsentieren sind. Ist dies bestimmt, so ergeben sich der Aufbau und das ‹Wie›, die Methode des Unterrichts gleichsam von allein, also etwa aus der inneren Sachstruktur
oder Logik der zu vermittelnden Inhalte. Den Fragen des Kanons, also der
Auswahl und Anordnung von Inhalten des Lehrens und Lernens, die als
wertvoll und nützlich angesehen werden, widmet dieser didaktische
Denkansatz seine ganze Konzentration. Damit sind Entscheidungen auf
unterschiedlichen Ebenen angesprochen: die Auswahl und Verteilung
des für die Nachwachsenden als wertvoll erachteten Wissens für das
Schulsystem bzw. seine verschiedenen Kanäle (Welche Schüler sollen
mit welchen Inhalten konfrontiert werden?), die zeitliche Anordnung
und Verteilung der Lerninhalte über die gesamte Pflichtschulzeit hinweg
(Was wird wann unterrichtet?) bis hin zu der Frage, wie einzelne Schuljahre, Fächer, Unterrichtseinheiten und schließlich Unterrichtsstunden
unter Zugrundelegung der inneren Systematik der Lerninhalte aufgebaut sein sollen.

Entscheidungen über Inhalte des Unterrichts sind auf den verschiedenen Ebenen aber nur dann möglich, wenn man Kriterien festlegt, auf
deren Grundlage eine Unterscheidung zwischen notwendigen, sinnvol-
len, wünschenswerten, schulisch tauglichen Inhalten einerseits, über-
flüssigen, sinnlosen, abzulehnenden und schulisch untauglichen Inhalten andererseits getroffen werden kann. Jede Kultur entwickelt hierfür
mehr oder weniger stabile Traditionen, die sich auf das jeweils vorherrschende Gesellschafts- wie auch Persönlichkeitsideal stützen. So ist etwa
die höhere, ‹gelehrte› Bildung bis heute am Ideal der Kultivierung intellektueller Fähigkeiten ausgerichtet, wodurch deren Schulen als Denk-

und Wissensschulen etabliert sind. Die Inhalte der ‹niederen› Bildungs-
institutionen dagegen beschränken sich auf die Vermittlung der grundlegenden Kulturtechniken, auf sozial-moralische Disziplinierung sowie
auf die Hinführung zu praktischen Anforderungen der Berufswelt.

Hinsichtlich der Theorien zum *Lehrplan* bzw. dann zur Inhaltlichkeit
des Unterrichts lassen sich nachzeichnend-beschreibende von stärker
eingreifenden Varianten unterscheiden. Zu den erstgenannten gehört
z. B. die Lehrplantheorie Erich Wenigers aus den 20er Jahren dieses
Jahrhunderts, der den Lehrplan als Ergebnis der Auseinandersetzung
geistiger Mächte bezeichnet. Das Ergebnis dieses Auseinandersetzungsprozesses wird vom Staat als dem Träger des Schulwesens verwaltet, gesetzlich geregelt und in den Schulen umgesetzt. Die Pädagogik mischt sich
mit ihren Mitteln in diesen Auseinandersetzungsprozeß ein und nimmt
dabei stellvertretend die Interessen der nachwachsenden Generation gegenüber allen Versuchen einer allzu frühen und/oder allzu speziellen
Indienstnahme für äußere (z. B. berufliche) Zwecke wahr; letzteres käme
einer problematischen Einengung der Entfaltungsmöglichkeiten der
nachwachsenden Generation gleich. Das Bildungsideal dient gleichsam als
eine Art normative Instanz (‹Filter›), an dem sich alle Ansprüche von
Inhalten auf Plazierung in den Lehrplänen zu bemessen haben.

Unterhalb der Ebene der Lehrpläne kommt dem einzelnen Lehrer die
Aufgabe zu, sich die bildenden Gehalte der Lehrplaninhalte zu vergegenwärtigen und auf die besondere Situation seiner Klasse und seines Unterrichts zu beziehen. Wie andere Bildungstheoretiker sah auch Weniger in
der Begegnung von Bildungsgütern und der nachwachsenden Generation, in der produktiven Auseinandersetzung zwischen «Ich» und «Welt»
den Zündfunken für individuelle Bildungsprozesse (s. dazu auch 2.2 in
diesem Band). Diesen Zündfunken entstehen zu lassen, ist Aufgabe des
Lehrers. Durch seine Tätigkeit soll sich bei den Schülern «Stoff» in
«Geist», schließlich in «Bildung» verwandeln. *Didaktik* beschäftigt sich
demgemäß mit Fragen der Inhaltsauswahl und -anordnung. Insofern
stellt konsequenterweise eine «didaktische Analyse» der Inhalte den
Kern der Unterrichtsvorbereitung dar; hieran haben sich die methodischen Überlegungen anzuschließen. Konstitutiv für die Gestaltung des
Unterrichts sind damit die als «bildend» festgelegten Inhalte, die allerdings immer im Blick auf die besondere Situation der Klasse auszulegen waren. Dieses Denkmuster hat im bekannten «Satz vom Primat der
Didaktik vor der Methodik» seinen bekanntesten Ausdruck gefunden,
ein Satz, der von seinem Schöpfer, Wolfgang Klafki, allerdings schon seit
geraumer Zeit dahingehend revidiert worden ist, daß nunmehr der Primat der Intentionalität oder der Zielfrage vor den Inhalts- und Metho-

denentscheidungen behauptet wird. Damit wird die Bedeutung des Bildungsbegriffs und seiner normativen, das Eigenrecht der Heranwachsenden verteidigenden Implikationen deutlich unterstrichen.

Im Rahmen dieses Denkens wandeln sich Lehrpläne im historischen Prozeß, und die pädagogische Forschung kann dann nachzeichnen, wie es zu einem solchen Wandel gekommen ist. Einem solchen *rekonstruktiven* Verfahren steht ein Ansatz gegenüber, der den Prozeß der Lehrplanerstellung *konstruktiv* zu bewältigen sucht. Dieses Motiv hat seinen Ausdruck in Verfahren der *Curriculumkonstruktion*, d. h. der Neu-Erstellung von Lehrplänen gefunden. Als bekanntestes Beispiel sei hier der Ansatz von Saul Benjamin Robinsohn aus dem Jahre 1967 erwähnt, der ein dreischrittiges Verfahren vorsah: Zunächst müsse mittels prognostischer Verfahren ermittelt werden, welche Lebenssituationen die nachwachsende Generation in Zukunft zu bewältigen habe. Hieraus könne dann abgeleitet werden, welche Qualifikationen notwendig sind, um diese Lebenssituationen zu bewältigen. Und drittens schließlich sei festzulegen, welche Lehrplaninhalte und Unterrichtsformen notwendig sind, anhand deren die Schüler diese Qualifikationen erwerben können. Man erkennt: Den entscheidenden Maßstab bildet hier die qualifizierende Funktion von Schule und Unterricht für die Bewältigung zukünftiger Aufgaben. Das gegebene Lehrplangefüge sollte in einem umfassenden, wissenschaftlichen Verfahren von Grund auf revidiert werden, um den behaupteten Modernitätsrückstand der Schule und ihrer Inhalte gegenüber der durch Wissenschaft und Technik bestimmten Entwicklung der Gesellschaft zu überwinden.

Solche grundstürzenden Konzepte der Neu-Erstellung des gesamten Lehrplangefüges und der Unterrichtsinhalte, wie sie in der Phase der Bildungsreform zwischen 1965 und 1975 in Ansätzen entwickelt und erprobt worden sind, haben sich aus vielerlei Gründen nicht realisieren lassen. Ein zentraler Grund hierfür ist in dem vergleichsweise mechanistischen Bild von Unterricht zu sehen: Zentral erarbeitete, vorgefertigte Curricula sollten nicht nur die Inhalte festlegen, sondern auch die methodischen Vorgehensweisen, die Medien des Unterrichts und schließlich die Verfahren der Erfolgskontrolle. Die damit einhergehende Standardisierung (und insofern auch: Entwertung) der Lehrerarbeit wurde zu einer der zentralen Barrieren gegen einen solchen ‹Unterricht aus der Dose›. Im Gegenzug zu dieser curricularen Orientierung wurde denn auch sehr rasch im Vollzug einer ‹didaktischen Wende› zu den Realitäten des Unterrichtens und der Unterrichtsvorbereitung deutlich, daß sich aus der Festlegung von Inhalten nicht gleichsam automatisch bereits die sachliche und zeitliche Struktur des Unterrichts ergibt.

Die Problematik einer an den Inhalten ansetzenden Argumentation ist jedoch nicht nur pragmatischer, sondern grundsätzlicher Natur: Auch wenn festgelegt ist, was Schüler warum lernen sollen, bleibt für den einzelnen Lehrer immer noch die Aufgabe, den Inhaltskanon auf seine je individuellen Möglichkeiten sowie auf die besondere Situation des Unterrichts in seiner Klasse zu beziehen. Ein bestimmter Lehrplaninhalt ist auf sehr unterschiedliche Weise in ein ‹Thema› zu verwandeln, läßt sehr unterschiedliche Weisen der Inszenierung durch den Lehrer zu. Dies wiederum hat unterschiedliche Konsequenzen für die Erfahrung und aktive Aneignung dieses Gegenstandes auf seiten der Schüler. Der Rückgriff auf eine zwingende innere Systematik des Stoffs vermag in den meisten Bereichen des schulischen Lehrens und Lernens nicht die erhoffte Sicherheit in der Gestaltung des Unterrichts zu bieten. Inhalte können auf vielfältige Weise zu Themen gemacht werden und bekommen durch die Art der methodischen Realisation ihr ‹Gesicht›. Der im Unterricht zum Thema gewordene Inhalt wird auf seiten der Schüler darüber hinaus individuell unterschiedlich angeeignet. Damit rückt ein zweiter elementarer Ansatzpunkt für didaktisches Denken ins Blickfeld.

2.4.3.2 Das Lernen: Vom Herbartianismus zur kognitiven Unterrichtspsychologie

Während eine ganze Reihe von unterrichtsbezogenen Argumentationen auf dem Weg über die Inhalte des Lehrens und Lernens dem Unterrichtsprozeß Sinn und Struktur zu geben beabsichtigt, sich also dem Gegenstand oder Objekt des Lehrens und Lernens zuwendet, setzt eine zweite Familie von theoretischen Konzepten auf der Subjektseite des Unterrichts an: auf der Seite der Lernenden, genauer: an den *Lernprozessen*, die ja durch Unterricht eingeleitet werden sollen. Auch hier ist der grundlegende Gedankengang schnell erläutert: Sind erst einmal die Gesetze und Prinzipien des Lernens erkannt, so lassen sich daraus diejenigen Verfahren ableiten, mit denen man Lernprozesse organisieren, vielleicht sogar steuern kann. Und hat man erst einmal eine Wissenschaft vom Lernen, so wird es möglich, das Unterrichten (als ein gezieltes Lernen-Machen) handwerklich-künstlerischen auf ein wissenschaftlich-technisches Niveau zu heben – so zumindest in den Szenarien mancher Lerntheoretiker und Unterrichtspsychologen.

Die Begründung des Unterrichts durch Rückgriff auf die Art und Weise, wie Schüler lernen bzw. wie ihre Lernfähigkeit allererst entfaltet werden soll, hat eine lange Tradition. Einen ersten Höhepunkt findet diese theoretische Orientierung in den unterrichtsbezogenen Vorstellungen von Johann Heinrich Pestalozzi und Johann Friedrich Herbart (im

Übergang vom 18. zum 19. Jahrhundert); ersterer vertrat einen eher ganzheitlich-intuitiven, letzterer dagegen einen analytisch-rationalen Ansatz. In Verkennung der Herbartschen Vorstellungen vom «erziehenden Unterricht», den dieser übrigens mit Schulunterricht überhaupt nicht in Verbindung gebracht hat, wurde von seinen Adepten in der zweiten Hälfte des 19. Jahrhunderts, den sog. Herbartianern, ein Schema der methodischen Schrittfolge für Unterrichtsprozesse abgeleitet (Formalstufenmethode) und für die Lehrerschaft verbindlich gemacht, das sich in die autoritäre Erziehungs- und Unterrichtsmentalität des ausgehenden 19. Jahrhunderts einordnete.

Die Vertreter eines reformpädagogischen Denkens, die zu Beginn dieses Jahrhunderts diese Form der außengelenkten, disziplinbestimmten, in der Praxis auf Wissensanhäufung hinauslaufenden Unterrichts kritisierten, taten dies ebenfalls unter Rekurs auf Lern- und Entwicklungspsychologie – nur eben auf andere, kindgemäßere, ganzheitliche, die Eigenaktivitäten der Schüler berücksichtigende bzw. fördernde Ansätze in der (damaligen) Kinder- und Jugendpsychologie. Und in der streng erfahrungswissenschaftlichen, nicht-spekulativen, sich ausschließlich auf Beobachtungsdaten stützenden Reiz-Reaktions-Psychologie des Behaviorismus stand schließlich ein Ansatz zur Verfügung, der nun endgültig das Lehren und Lernen im Klassenzimmer in wissenschaftlich-technische Kontrolle nehmen wollte. Die moderne Kognitionspsychologie, die in genauer Absetzung zum Behaviorismus wieder ein bißchen Weisheit zwischen Reiz und Reaktion zuläßt, betont dagegen die Notwendigkeit, die aktiv erkennende und aneignende Rolle des Lernenden auch im Rahmen angeleiteter Lernprozesse grundsätzlich zu berücksichtigen. Man erkennt – und das sollte gezeigt werden: Je nach reklamiertem lern- und entwicklungspsychologischem Ansatz kommt man zu ganz unterschiedlichen Konsequenzen für die Unterrichtsgestaltung. Die Hoffnung, aus Erkenntnissen über Lernen zu klaren und eindeutigen Vorgaben für die Gestaltung von Unterrichtsprozessen zu gelangen, erweist sich also als trügerisch: Es gibt nicht nur ein Lernen, sondern verschiedene Formen, Dimensionen und Qualitäten des Lernens, die von einer Reihe von Lerntheorien sehr unterschiedlich be- und ausgeleuchtet werden.

Dies läßt sich kurz an zwei Beispielen verdeutlichen: Für den *Behaviorismus* wird das Verhalten von Organismen als durch äußere Reize ausgelöst betrachtet. Lernen wird als Verhaltensänderung definiert, die durch eine Veränderung gegebener bzw. durch den Aufbau neuer Reiz-Reaktionsketten sowie durch positive Verstärkung erwünschten Verhaltens zu erreichen ist. Lernprozesse auszulösen läuft insofern im Kern auf

Verhaltensformung hinaus. Damit eine solche Verhaltensformung möglich ist, muß zunächst das anzustrebende Zielverhalten präzise bestimmt sein. Erst dann wird es möglich, ein Programm aufzustellen, das in kleinen systematischen Schritten den gegebenen Ausgangszustand in den Zielzustand überführt: ‹Lernziel› erreicht! Abgeschlossen wird eine solche Lernsequenz aber erst durch eine Kontrolle: Inwieweit ist das angestrebte Lernziel tatsächlich erreicht worden? Erst wenn dies gesichert ist, kann zur nächsten Sequenz übergegangen werden usw. Übertragen auf Unterricht verlangt dies eine genaue Einteilung und Konkretisierung von zu erreichenden Lernzielen und abzuarbeitenden Lerninhalten sowie geeignete Kontrollverfahren auf der Ebene der Lehrpläne und Unterrichtsmaterialien sowie ein strikt daran orientiertes, alle Zufälligkeiten und Abschweifungen möglichst vermeidendes Unterrichten des Lehrers. Die Kleinschrittigkeit des vorbereiteten Lernwegs soll das Erlebnis permanenten Erfolgs garantieren; ständige positive Verstärkung wäre damit gesichert. Würde sich ein solcher *lernzielorientierter Unterricht* tatsächlich massenhaft im öffentlichen Schulwesen realisieren lassen, wäre damit tatsächlich so etwas wie die Industrialisierung des Lehr-Lern-Prozesses erreicht, in der Curriculumexperten und Unterrichtspsychologen als Leringenieure, Lehrer als streng weisungsgebundene Bandarbeiter und Schüler lediglich als zu formende Produkte vorkommen – eine sicherlich beklemmende, aber zum Glück unrealistische Vorstellung.

Für die moderne *kognitive Lernpsychologie* bildet nicht das Konzept *reizkontrollierten* Verhaltens von Organismen, sondern die Vorstellung eines von Denkprozessen organisierten *zielgerichteten* Handelns von Menschen den Mittelpunkt. Lernen ist das Ergebnis eines aktiven Auseinandersetzungsprozesses zwischen äußerer Welt und erkennendem und handelndem Subjekt, welches sich aktiv anhand innerer Modelle der äußeren Welt in seiner Wirklichkeit orientiert. Lernen heißt dann: Aufbau, Erweiterung und Erprobung von kognitiven Strukturen in inhaltlicher (‹Wissen›) und formaler (‹Denken›) Hinsicht. In Konsequenz dieses Lernverständnisses muß jeder Versuch des Lernen-machens, des Unterrichtens, die aktive, selbstorganisierende Rolle der Lernenden beachten und fördern. Unterrichten heißt dann: solche Erfahrungsmöglichkeiten bereitstellen, in denen der aktive Aneignungsprozeß provoziert, gefördert und erleichtert wird. Voraussetzung hierfür ist, daß es Anschlußmöglichkeiten zwischen bereits vorhandenen kognitiven Strukturen und dem inhaltlichen Aufbau der zu vermittelnden und anzueignenden Wissenselemente und Fähigkeiten gibt. Sicherlich kann dabei das Mischungsverhältnis zwischen systematisch vorbereitetem, in Lehrgängen organisiertem, darbietendem Lehren (‹Zeigen› durch den Lehrer) und einem stärker auf ein selbständiges Entdecken und Aufschlüsseln von Inhalts- und Problembereichen setzendes Unterrichten (‹Finden› durch die Schüler) von Fall zu Fall anders aussehen. Entscheidend ist jedoch, daß unterrichtsbezogenes Denken die Schüler nicht lediglich als von außen zu steuernde, passive Verhaltensautomaten behandelt, mit deren ‹richtigen› Antworten man sich zufriedengibt. Die kognitive Unterrichtspsychologie betrachtet die Schüler demgegenüber als zur Selbständigkeit fähige, Bedeutung aufbauende, die Aufgaben und Inhalte im Sinne eines bedeutungshaltigen, ‹verstehenden› Lernens erarbeitende und dabei diese Lernkompetenzen (weiter-)entwickelnde Personen.

Diese beiden Beispiele für lernprozeßbezogenes Argumentieren innerhalb des didaktischen Denkens machen exemplarisch deutlich, daß menschliches Lernen ein hochkomplexer und vielgestaltiger Prozeß ist, der sehr verschiedene Formen, Verläufe und Qualitäten annehmen kann. Diesen verschiedenen Arten und Dimensionen des Lernens – vom einfachen, mechanischen bis hin zum komplex-kognitiven, vom reinen Wissenserwerb bis hin zum Lernen des Lernens selbst, vom motorischen, kognitiven und sozialen bis hin zum moralischen und ästhetischen Lernen – sind im Unterricht bzw. in der Schule allesamt anzutreffen und notwendig. Schulisch organisierter Unterricht ist gewissermaßen ein Vielzweckunternehmen, und die Art der Organisation des Lernens im Unterricht muß diesen verschiedenen Zwecken genügen. Dem steht jedoch die empirisch ermittelte Monotonie des Unterrichtens gegenüber: Gut 75 Prozent allen Unterrichts sind ein auf Wissensvermittlung gerichteter, verbal akzentuierter Frontalunterricht, der damit eine der Ursachen für die Dominanz eines primär nachvollziehenden, aufnehmenden Lernens auf seiten der Schüler ist.

Unabhängig von der Unterschiedlichkeit der Lernprozesse, Lernqualitäten und Lerntheorien sowie den daraus resultierenden Unterschieden in den didaktisch-methodischen Konsequenzen muß abschließend zum lernpsychologischen Ansatzpunkt für didaktisches Denken gefragt werden, was es eigentlich bedeutet, wenn Unterricht sich auf Erkenntnisse über Lernen stützen will, die Unterrichtsorganisation also gleichsam eine Ableitung aus Erkenntnissen über Lernprozesse ist. Derartige, von der Lernpsychologie her argumentierende Didaktiken stehen nämlich nicht nur vor der Frage, an welche der verschiedenen Lerntheorien sie anschließen wollen: Grundsätzlich ist zu fragen, ob nicht vielmehr umgekehrt durch die Art und Weise des Unterrichts die Art des Lernens sowie auch die Entwicklung verschiedener Lernweisen bestimmt, befördert oder eben verhindert wird. Die jeweils gegebenen, ‹mitgebrachten› Lernformen und -strategien der Schüler dürfen unter pädagogischen Gesichtspunkten ja nicht als unveränderbare Bedingungsgrößen verstanden werden, an die der Unterricht sich anzuschmiegen hat. Sie sind demgegenüber als veränderbare und veränderungsbedürftige Formen zu begreifen – genauso, wie Motivation und Interesse zum Lernen nicht nur vorausgesetzt werden können, sondern geweckt werden müssen. Diese, das Lernen und seine verschiedenen Qualitäten allererst *erschließende* Aufgabe des Unterrichts kommt dann zu kurz, wenn lediglich in der Denkfigur «So geht Lernen. Deshalb muß so unterrichtet werden!» verblieben wird.

2.4.3.3 Die Erziehung: Von der «Schulzucht» zum «Sozialen Lernen»

Neben den Inhalten mit ihrer (bildenden und / oder qualifizierenden) Bedeutung und den Lernprozessen, die es durch Unterricht auszulösen und zu fördern gilt, stellt die Idee einer über reine Wissensvermittlung hinausgehenden Aufgabe der *Erziehung im und durch Unterricht* einen dritten grundlegenden Ansatzpunkt für unterrichtsbezogenes Denken dar. In dieser Perspektive wird der Unterrichtsprozeß nicht lediglich von seiner inhaltlichen Instruktions-, sondern zusätzlich von seiner für soziales und moralisches Lernen so wichtigen Interaktionsseite her in den Blick genommen. Der Grundgedanke lautet: Die Teilnahme an Unterrichtsprozessen hat – ob man will oder nicht – in jedem Fall über die Inhaltsseite hinausgehende breitere, die ganze Persönlichkeit prägende Wirkungen auf die Schüler. Moderner ausgedrückt: Unterricht sozialisiert. Diese sozialen und moralischen Erfahrungen der Schüler dürfen aber nicht als dem ‹eigentlichen› Unterrichtszweck äußerliche und unkontrolliert mitlaufende Wirkungen von Unterricht betrachtet werden, sondern sind in die bewußte Gestaltung des Unterrichts mit aufzunehmen.

Stärker noch als im inhaltlichen Bereich sind die Zielvorstellungen für den Erziehungsauftrag des Unterrichts dem historischen Wandel unterworfen. So markierten in der wilhelminischen Ära Begriffe wie Disziplin und Schulzucht einen klaren und expliziten Erziehungsauftrag. Die Schule sollte – wie die Familie auch – zur Ehrfurcht vor Thron und Altar, vor weltlicher und geistlicher Obrigkeit erziehen. Lehrer waren Respektspersonen, die Schulordnung sah die grundsätzliche Unterwerfung der Schüler unter das Regiment der Lehrer (sowie die Unterordnung der Lehrer unter das Regiment ihrer Vorgesetzten) vor. Strenge, Sachlichkeit, Distanz, Autorität, Disziplin und Gehorsam bestimmten den Umgang zwischen Lehrern und Schülern; Körperstrafen waren nicht selten. Dies waren – wohlgemerkt – keine Abweichungen von der offiziell geforderten pädagogischen Linie, sondern bewußt zum Teil stolz dokumentiertes Selbstverständnis der Schulen und ihrer Lehrer. Die Unterrichtskultur in den Klassenräumen war denn auch dementsprechend. Die heute unvorstellbar hohe Zahl der Schüler pro Klasse führte automatisch zu einer starken Vereinheitlichung, ja fast schon militärischen Handhabung des Unterrichts. Der Kommandoton des Lehrers entsprach einer Kultur, die über weite Strecken militarisiert war und in den Kategorien von Befehl und Gehorsam dachte. Insofern kann man sich vorstellen, daß reformpädagogische Ideen über ‹kindgemäßes Lernen› und ‹Schulgemeinschaft›, über die liebevolle Hinwendung des Erziehers zum Zögling im ‹pädagogischen Bezug› etc. nach dem Ersten Weltkrieg nur sehr allmählich und in aller Regel stark abgemildert in die Schulen sowie in die Lehrerschaft eindringen und die tradierten Unterrichtsgewohnheiten verändern konnten. Einen grundsätzlichen Anstoß für eine Veränderung des Erziehungsauftrags im Unterricht brachte – ähnlich wie bei den inhaltsbezogenen Modellen (Curriculumreform) – die *Bildungsreformära* von 1965 bis 1975 mit sich. Aufgrund eines gesellschaftspolitischen und kulturellen Wandels des Erziehungsideals wurden Mündigkeit, Selbständigkeit, Autonomie und Solidarität Zielformeln der offiziellen Staatsschulpädagogik. Didaktik und Curriculumforschung sahen sich mit dem Vorwurf konfrontiert, lediglich die Ebene des *offiziellen Lehrplans* zu behandeln, die Ebene des *heimlichen Lehrplans*, d. h. der faktischen Wirkungen der Schule aber weiterhin zu ignorieren bzw. dem ‹natürlichen› Lauf der Dinge zu überantworten.

Vor allem durch empirische Untersuchungen über den Zusammenhang von Unterrichtsstil und sozialen Lernerfahrungen der Schüler, über die verzerrenden Wirkungen von Erwartungen und Vorurteilen der Lehrer beim Umgang mit den Schülern und bei der Bewertung ihrer Leistungen, über die durch Sprach- und andere Rituale manifestierte Interaktionsdominanz des Lehrers im Unterricht, über die ‹Lehrerzentriertheit› unterrichtlicher Kommunikation generell und die geringen Möglichkeiten von Schülern, ihre speziellen Bedürfnisse und Weltansichten in den Unterricht einzubringen, wurde deutlich: Entgegen den hohen Erziehungszielen und Bildungsansprüchen des offiziellen Lehrplans schienen noch immer Einordnung, Anpassung, strategisches Verhalten und geschicktes Taktieren, Konkurrenz um gute Noten, Unterdrückung von Eigeninteressen etc. die wichtigsten Erziehungserfahrungen als Konsequenz der Teilhabe an Unterrichtsprozessen zu sein. Unterricht ‹erzog› tatsächlich – nur eben in einem Sinn, der durch den offiziellen Bildungsauftrag nicht gedeckt war oder ihm sogar entgegenstand. Unterricht schien von Grund auf ‹gestörte Kommunikation› zu sein; seine Routinen und Rituale, ja schließlich die gesamte Inszenierung der Schule schienen den biographisch notwendigen Aufbau von Persönlichkeit und Identität bei den Heranwachsenden zu behindern.

Die Reaktion auf diese breite und empirisch gut fundierte Unterrichtskritik war auf der Ebene der Theorie ein deutlicher Wechsel von der Lehrer- auf die Schülerperspektive, die ihren begrifflichen Ausdruck in der Rede vom schülerorientierten bzw. *schülerzentrierten Unterricht* fand. Stärkere Schülerbeteiligung im Unterricht, nicht-vorschreibende Formen der Unterrichtsplanung, eine Intensivierung gruppenbezogenen Lehrens und Lernens, ein bewußtes Bemühen um die Einübung in symmetrische und solidarische Formen des Miteinanderumgehens zwischen Lehrern und Schülern, aber auch innerhalb der Schülerschaft stellten für diesen didaktischen Denkansatz den Kern der Bemühungen um die pädagogische Gestaltung des *sozialen Lernens* im Unterricht dar. Die Inhalts- bzw. Wissensdimension von Unterricht wurde dadurch natürlich nicht unwichtig, trat jedoch in ihrer dominierenden Rolle zurück. Zielperspektive bildete ein ganzheitliches, *integratives* Verhältnis von schulischem Lernen, welches im Idealfall sämtliche Dimensionen und Qualitäten des Lern- und Entwicklungsprozesses der Schüler zu fördern in der Lage sein sollte.

Vergleicht man die heutigen Formen des Miteinanderumgehens in Schule und Unterricht mit den etwa in den frühen 6oer Jahren üblichen, so kann sicherlich von einem bemerkenswerten Wandel gesprochen werden. Das sollte aber nicht zu der Annahme verleiten, die oben skizzierten didaktischen Programme hätten ihn bewirkt: Sie waren selbst vielmehr nur – zugegeben verstärkende – Elemente in diesem Wandlungsprozeß, als dessen tiefere Ursachen ein genereller gesellschaftlich-kultureller Trend zur Außerkraftsetzung und je individuellen Handhabung ehemals starrer Verhaltensregeln sowie ein damit einhergehender Wandel des Erziehungsverständnisses anzusehen sind.

Noch immer bleibt aber die grundsätzliche Skepsis erhalten, inwieweit es im Rahmen von Schule und durch Unterricht gelingen kann, tatsächlich und im positiven Sinn zu erziehen – oder ob im Unterricht realistischerweise nicht doch ‹nur› unterrichtet werden sollte, weil dort eben nur unterrichtet werden kann. Über weite Strecken ist die Diskussion um die Möglichkeiten und Grenzen *erziehenden Unterrichts* in der heutigen Schule sicherlich abhängig von den jeweils verwendeten Definitionen von ‹Unterricht› und ‹Erziehung› und insofern zunächst einmal ein Streit um Worte, wobei allerdings an die je unterschiedliche Fassung der Begriffe Unterricht und Erziehung immer schon unterschiedliche Vorstellungen über den Zweck, die Möglichkeiten und die Grenzen von schulisch organisiertem Lehren und Lernen geknüpft sind. Unbestreitbar ist jedoch, daß die Teilnahme an Unterrichtsprozessen für Lehrer wie Schüler persönlichkeitsprägende Wirkungen hat. Auseinandersetzen kann man sich allerdings darüber, inwieweit durch Unterricht hierauf bewußt Einfluß genommen werden muß, kann und darf. In dieser Debatte spielen jedoch nicht nur pädagogische, sondern auch schulorganisatorische sowie schließlich auch schul- und verfassungsrechtliche Probleme eine Rolle; ebenso ist das Berufsverständnis der Lehrerschaft wie auch das Erziehungsrecht der Eltern zentral berührt sowie generell die Art und Lage der Grenze zwischen privater und öffentlicher Sphäre im Erziehungs- und Sozialisationsprozeß.

Ob mit der gezielten Ausweitung des Arbeitsbereichs der Lehrer von der Inhalts- auf die Beziehungsebene, mit dem plötzlich auftretenden ‹persönlichen Ton› der Lehrer tatsächlich eine Verbesserung und Humanisierung der Unterrichts- und Schulkultur erreicht werden kann oder darin ganz im Gegenteil eine problematische Ausweitung des institutionellen Zugriffs der Schule auf den Schüler als ‹ganzen Menschen› liegt, kann abschließend zwar als Frage formuliert, aber nicht ausführlich erörtert werden.

Während die Aufmerksamkeit für die erzieherischen Aufgaben und Wirkungen von Unterricht eine allein am Ziel der Wissensvermittlung orientierte Aufgabenbeschreibung umakzentuiert bzw. erweitert, geht der im folgenden zu erläuternde Ansatzpunkt für unterrichtsbezogenes Denken in gewisser Hinsicht noch darüber hinaus, indem er die Grenze zwischen Unterricht und Nicht-Unterricht, Schule und Leben als Ausgangspunkt wählt.

2.4.3.4 Die Grenzen des Unterrichts: Von der «Unterrichtsanstalt» zur «Offenen Schule»

Der vierte und letzte Ansatzpunkt für unterrichtsbezogenes Denken thematisiert das Verhältnis vom unterrichtlichen zum außerunterrichtlichen Erfahrungsraum der Kinder und Jugendlichen. Weiter oben ist bei der Erläuterung der systematischen Implikationen des Begriffs ‹Unterricht› darauf hingewiesen worden, daß die Herauslösung des Lehrens und Lernens aus dem ›natürlichen‹, von den Zufällen der Herkunft und des Lebenslaufs abhängigen Erfahrungsstrom der Kinder und Jugendlichen zu den elementaren Kennzeichen von Unterricht gehört. Gerade die *Distanz* zur natürlichen Lernumgebung ermöglicht es, die (motorische, kognitive, soziale, moralische und ästhetische) Erfahrungsbildung der Heranwachsenden an universellen (statt an zufälligen und/oder sozialräumlich-kulturell begrenzten) Standards zu orientieren und damit auch eine kritische Reflexion auf gegebene Erfahrungszusammenhänge zu vollziehen. Insofern ist die Herauslösung der Schule aus dem Leben geradezu die Voraussetzung dafür, daß es zu einer nicht nur bestätigenden, affirmativen Begegnung von Heranwachsenden und der gegebenen Kultur kommt, sondern hierbei auch eine Kritik und Erneuerung kultureller Muster möglich wird. So gesehen ist Unterricht also notwendig und mit gutem Recht ‹künstlich›.

Die Ausbalancierung des Verhältnisses von innerschulischer und außerschulischer Erfahrungsbildung, die Ausgestaltung des Grenzverkehrs zwischen Schule und Leben also, ist eines der Grundprobleme des Unterrichts und zugleich immer bedroht. Sie kann in zwei Richtungen abgleiten: zum einen in eine Situation, in der Schule und Leben allzuweit voneinander entfernt sind, so daß der Wert des schulischen Lernens für das Leben den Schülern sowie schließlich der gesamten Öffentlichkeit nicht mehr klar ist und die Schule und mit ihr der Unterricht sich also gleichsam kulturell ‹eingekapselt› haben. Die entgegengesetzte Fehlentwicklung ist darin zu sehen, daß die erwähnte Distanz zu gering wird, die Unmittelbarkeit der jeweiligen Lebensverhältnisse nicht mehr überschritten werden kann und schließlich Leben und Schule (wieder) identisch werden – wodurch schulisches Lehren und Lernen im allgemeinen Erfahrungsprozeß ‹verschwinden›.

Kulturelle ‹Abkapselung› einerseits, allmähliches ‹Aufgehen› in der umgebenden Kultur andererseits stellen sicherlich extreme Endpunkte von Fehlentwicklungen dar, die die pädagogische Legitimität wie auch die kulturelle Bedeutsamkeit von Unterricht in jeweils entgegengesetzter Weise gefährden. Aufgrund seiner institutionellen Rahmung und Überformung wird von vielen Unterrichts- und Schulkritikern die Gefahr der Abkapselung viel eher gesehen als die des Aufgehens. Insofern ist das dauerhafte Bestreben zur Öffnung der Grenzen zwischen Unterricht und Nicht-Unterricht in gewisser Hinsicht die Antwort der Schulpädagogen auf die Verkünstlichung von Lehren und Lernen durch Unterricht, die immer auch als eine Art Erbsünde wahrgenommen wird. Insofern werden vielfältige Anstrengungen unternommen, die Schule für das Leben zu öffnen, sprich: den außerschulischen und innerschulischen Erfahrungsraum der Heranwachsenden stärker aufeinander zu beziehen, auf Veränderungen in den außerschulischen Lebensbedingungen von Kindern und Jugendlichen auch innerschulisch angemessen zu reagieren, die Lernanlässe der umgebenden außerschulischen Realität in die Schule wie umgekehrt auch die Möglichkeiten der Schule in den sozialen Nahraum einzubringen.

Die Neudefinition des Verhältnisses von Unterricht und Nicht-Unterricht wird immer dann ‹von außen› unabweisbar angestoßen, wenn sich aufgrund der Veränderung in den allgemeinen Bedingungen des Aufwachsens von Kindern und Jugendlichen starke Disparitäten zu den herkömmlichen Formen des Unterrichtens ergeben haben. Wenn die Familie als Institution sich wandelt, wenn Kindheit heute weitgehend Medienkindheit ist, wenn immer mehr Jugendliche immer länger auf immer bessere Schulen gehen, wenn eingespielte Zusammenhänge zwischen Bildung, Berechtigung und Beschäftigung sich auflösen, wenn durch einen gesamtgesellschaftlichen Wertewandel ehedem fraglose Verhaltensnormen außer Kraft gesetzt und von neuen, zum Teil entgegengesetzten Normen überlagert werden, wie dies die gegenwärtige Forschung zum Wandel der Kindheit und des Jugendalters eindrucksvoll zeigt, dann hat dies Konsequenzen für die Art und Weise, wie durch Unterricht Lehren und Lernen organisiert werden kann. Die ‹anders› gewordenen Kinder und Jugendlichen ‹passen› dann nicht mehr zu den hergebrachten Konventionen und Traditionen des Unterrichtens – und umgekehrt; die zunehmenden Disparitäten zwischen ‹alter› Schule und ‹neuen› Verhältnissen führen in eine krisenhafte Situation.

Angesichts der grundsätzlich gewandelten Situation und Bedeutung der Schule und des Unterrichts innerhalb der Lebenswelt und Lebensplanung von Kindern und Jugendlichen heute steht die tradierte Unterrichtskultur in der Tat vor neuen Herausforderungen. Die Vorschläge, die bisher dazu gemacht worden sind, um diesen Herausforderungen zu begegnen, weisen hauptsächlich in die folgende Richtung: Veränderung der schulischen Lehr-Lern-Kultur mit dem Ziel, den Sinnbezug und die Sinnhaftigkeit des Lernens für Schüler erfahrbar zu machen, Zurücknahme der starken Intellektualisierung des Unterrichts und Verstärkung ganzheitlichen, *praktischen Lernens* mit ›Kopf, Herz und Hand‹, Bereitstellung von Möglichkeiten, auch innerhalb der Schule den lebensphasenspezifischen Wünschen nach Selbstinszenierung nachzugehen, erweiterte Möglichkeiten einer selbstbestimmten Zusammenstellung des Lehrplans im Verlauf der individuellen Bildungsbiographie, Bereitstellung von Möglichkeiten zur Entstehung von Gemeinschaftlichkeit als Korrektiv und/oder Kompensation von Vereinzelungserfahrungen, Intensivierung des schulischen Angebots im lebensberatenden Bereich mit dem Ziel einer *Sozialpädagogisierung der Schule*.

Im Kern zielen diese Vorschläge darauf ab, den Charakter der Schule als einer vom ‹Leben selbst› getrennten *Unterrichtsanstalt*, in dem die einzelnen sich einem standardisierten Pflichtenprogramm zu unterwerfen haben und in der Berechtigungen für realistische Berufszugänge nach Leistung vergeben werden, in Richtung auf eine *Begegnungsstätte* zu verändern. Diese Begegnungsstätte soll sich harmonisch in den Entwicklungsprozeß von Kindern und Jugendlichen einordnen, die Grenze zwischen Unterricht und Nicht-Unterricht durchlässig machen und insofern

auch eine Funktion für den sozialen Nahraum erfüllen. Aus ihrem Angebot sollen sich je individuelle Bildungslaufbahnen zusammenstellen lassen, die den Aspekt der Wissens- und Fähigkeitsvermittlung weit über-
schreiten. Die Zertifikate schließlich sollen gleichsam Berichtsfunktion
über gemachte Erfahrungen, nicht aber Berechtigungsfunktion für zukünftige berufliche Laufbahnen haben.

In kritischer Absetzung zu dieser (Haupt-)Linie des didaktischen Denkens formuliert eine sehr viel kleinere und skeptischere Fraktion die
entgegengesetzte Position: Schule und Unterricht sind aufgrund ihrer
institutionellen Form nicht dazu geeignet, über die Funktion der Wissensvermittlung und Zertifizierung hinaus gesellschaftlich und kulturell
bedingte Sozialisationsprobleme zu bearbeiten. Wo dies der Schule zugemutet werde, geschehe es unausweichlich in didaktisierter, von der
Schul- und Unterrichtskritik doch gerade heftig attackierter Form. Die
Tendenz zur Sozialpädagogisierung der Schule und das Konzept einer
Cafeteria-Struktur des schulischen Angebots werden von einem solchen
Denken nicht als Ausweg, sondern umgekehrt als eine der Ursachen für
die gegenwärtige Funktions- und Akzeptanzkrise der Schule und des Unterrichts bewertet. Konsequenterweise sehen die Vertreter dieses Ansatzes einen Ausweg aus der Krise der Schule in der Konzentration auf das,
was sie kann: Wissensvermittlung, Lehrer als Lernhelfer, begründete
Selektion nach Leistung, berufsbedeutsame Zertifizierung.

Damit sind zwei grundsätzlich alternative Möglichkeiten der Neudefinition der Grenze zwischen Unterricht und Nicht-Unterricht, Schule und
Leben skizziert. Vermutlich wird über diese Alternativen jedoch nicht
wirklich erfolgreich entschieden – und schon gar nicht von seiten der
pädagogischen Theorie. Wahrscheinlicher ist vielmehr, daß aufgrund der
Eigendynamik der Bildungsentwicklung sowie der jetzt schon zunehmenden Differenzierung, Pluralisierung und Privatisierung der Schul-
landschaft (inkl. einer verstärkten Profilbildung der einzelnen Schulen)
beide Formen sowie auch Mischformen nebeneinander bestehen werden
– und daß von den Eltern bzw. von den Heranwachsenden (je nach Interesse und Möglichkeit) selbst entschieden werden kann bzw. muß, welchen Formen der Beschulung und Unterrichtung sie ihre Kinder bzw.
sich selbst aussetzen wollen.

Damit sind vier Ansatzpunkte für didaktisches Denken zu Wort gekommen, von denen ausgehend eine Sinngebung von Unterricht und
Schule wie auch eine Begründungslehre für die unterrichtliche Arbeit des
Lehrers erarbeitet werden kann: ausgehend vom kulturellen und individuellen Bildungswert bestimmter *Lerninhalte*, sodann von *Lerngesetz-
lichkeiten* und Lernqualitäten, anhand von normativen Vorstellungen zu

und empirischen Erkenntnissen über die *erzieherischen Wirkungen* der jahrelangen Teilhabe an Unterrichtssituationen auf die Schüler sowie schließlich anhand von Vorstellungen über die *Grenzstärke* zwischen Schulen bzw. dem in ihnen ablaufenden Unterricht einerseits und der sie umgebenden Kultur anderseits.

Abschließend seien drei Hinweise für die weitere Beschäftigung mit dem Thema Unterricht gegeben: Diese vier Ansatzpunkte didaktischen Denkens sind erstens nicht identisch mit den derzeit vertretenen und in Lehrbüchern dokumentierten Theorien der Allgemeinen Didaktik. Sie markieren vielmehr – dem vorausliegend – vier elementare Startpunkte für ein Nachdenken über Unterricht; dies sowohl für das (praxisorientierte) Nachdenken eines Lehrers über sein Arbeitsfeld als auch für wissenschaftliche Theorien, die sich mit dem Phänomen Unterricht beschäftigen. Zweitens ist zu berücksichtigen, daß bei allen ‹praktischen› wie ‹theoretischen› Aussagen über Unterricht – auch wenn sie sich noch so eng auf ein begrenztes Phänomen oder z. B. auf die Ausarbeitung nur eines der vier genannten Ansatzpunkte beschränken – stillschweigend immer auch Annahmen über die jeweils nicht gesondert und ausführlich behandelten anderen Bereiche mittransportiert werden, deren man sich bei einer kritischen Durcharbeitung von didaktischen Argumentationen vergewissern sollte. Drittens schließlich ist es für unterrichtsbezogene Aussagen und Argumentationen kennzeichnend, daß in ihnen immer eine Mischung von normierenden und beschreibenden Elementen anzutreffen ist, die nicht selten unauflösbar miteinander verwoben sind, aber zum Zweck der kritischen Sichtung und genaueren Analyse möglichst weitgehend klargelegt werden sollten – und sei es nur, um sich die rhetorische Funktion und Qualität einer derart ‹gemischten› Argumentation vor Augen führen zu können.

Literatur

ADL-AMINI, B. / SCHULZE, TH. / TERHART, E. (Hrsg.): Unterrichtsmethode in Theorie und Forschung. Weinheim/Basel 1993 (= Studien zur Schulpädagogik und Didaktik; Bd. 8).

ACHTENHAGEN, F. / MEYER, H. (Hrsg.): Curriculumrevision. Möglichkeiten und Grenzen. München [4]1975.

AEBLI, H.: Zwölf Grundformen des Lehrens. Eine Allgemeine Didaktik auf psychologischer Grundlage. Stuttgart [6]1991.

ARIÈS, PH.: Geschichte der Kindheit [1960]. München 1975.

BLANKERTZ, H.: Theorien und Modelle der Didaktik. Weinheim/München [13]1991 (= Grundfragen der Erziehungswissenschaft; Bd 6).

BOHNSACK, F. (Hrsg.): Sinnlosigkeit und Sinnperspektive. Die Bedeutung gewandelter Lebens- und Sinnstrukturen für die Schulkrise. Frankfurt/Berlin/München 1984.

BONNE, L.: Lernpsychologie und Didaktik. Zur Integration der kognitiven Lerntheorie in die Didaktik. Weinheim/Basel ²1980.

BROPHY, J. E/GOOD, T. L.: Die Lehrer-Schüler-Interaktion. München/Berlin/Wien 1976.

DIEDERICH, J.: Didaktisches Denken. Eine Einführung in Anspruch und Aufgabe, Möglichkeiten und Grenzen der Allgemeinen Didaktik. Weinheim/München 1988 (= Grundlagentexte Pädagogik).

DIETRICH, TH. (Hrsg.): Unterrichtsbeispiele von Herbart bis zur Gegenwart. 5. verb. Aufl. Bad Heilbrunn 1980.

DOLCH, J.: Lehrplan des Abendlandes. Zweieinhalb Jahrtausende seiner Geschichte. Ratingen 1959.

FAUSER, P./FINTELMANN, K.-J./FLITNER A. (Hrsg.): Lernen mit Kopf und Hand. Berichte und Anstöße zum praktischen Lernen in der Schule. 2. überarb. u. erg. Neuausg. Weinheim/Basel 1991 (= Forum Bildungsreform).

FÖLLING-ALBERS, M. (Hrsg.): Veränderte Kindheit – Veränderte Grundschule. Frankfurt/M. 1989 (= Beiträge zur Reform der Grundschule; Bd. 75).

GAGE, N. L./BERLINER, D. C.: Pädagogische Psychologie. 4. völlig neu bearb. Aufl. Weinheim/München 1986.

GAGE, N. L.: Unterrichten – Kunst oder Wissenschaft? München 1979.

GAGNÉ, R. M.: Die Bedingungen des menschlichen Lernens, 5. überarb. Aufl. nach der 3. amerik. Aufl. Hannover [u. a.] 1980.

GUDJONS, H.: Handlungsorientiert lehren und lernen. Projektunterricht und Schüleraktivität. 4. neubearb. und erw. Aufl. Bad Heilbrunn 1994.

HAMEYER, U./FREY, K./HAFT, H. (Hrsg.): Handbuch der Curriculumforschung. Weinheim/Basel 1983.

HEINZE, TH.: Unterricht als soziale Situation. Zur Interaktion von Schülern und Lehrern. München 1976.

JANK, W./MEYER, H. L.: Didaktische Modelle. Frankfurt/M. 1991.

KEIL, W.: Psychologie des Unterrichts. München 1977 (= Grundfragen der Psychologie).

KLAFKI, W.: Studien zur Bildungstheorie und Didaktik. 10. erg. Aufl. Weinheim/Basel 1975.

KLAFKI, W.: Neue Studien zur Bildungstheorie und Didaktik. Zeitgemäße Allgemeinbildung und kritisch-konstruktive Didaktik. 2. wes. erweit. Aufl. Weinheim/Basel 1991.

KRISS-RETTENBECK, L./LIEDTKE, M. (Hrsg.): Erziehungs- und Unterrichtsmethoden im historischen Wandel. Bad Heilbrunn 1986 (= Schriftenreihe zum Bayrischen Schulmuseum Ichenhausen; Bd. 4).

KRÜGER, H.-H./LERSCH R.: Lernen und Erfahrung. Perspektiven einer Theorie schulischen Handelns. 2. akt. Aufl. Opladen 1992.

LOSER, F./TERHART, E.: (Hrsg.): Theorien des Lehrens. Stuttgart 1977.

MANNZMANN, A. (Hrsg.): Geschichte der Unterrichtsfächer. 3 Bde. München 1983.

MARROU, H. I.: Geschichte der Erziehung im klassischen Altertum [1948]. München 1977.

MOELLER, B. u. a. (Hrsg.): Studien zum städtischen Bildungswesen des späten Mittelalters und der frühen Neuzeit. Göttingen 1983.

NEBER, H. (Hrsg.): Entdeckendes Lernen. 3. völlig neu überarb. Aufl. Weinheim/
    Basel 1981.
PETERSSEN, W.-H.: Lehrbuch Allgemeine Didaktik. 3. überarb. und erw. Aufl. Mün-
    chen 1992.
PETRAT, G.: Schulunterricht. Seine Sozialgeschichte in Deutschland 1750–1850.
    München 1979.
PETRAT, G.: Schulerziehung. Ihre Sozialgeschichte in Deutschland bis 1945. München
    1987.
POPP, W. (Hrsg.): Kommunikative Didaktik. Soziale Dimensionen des didaktischen
    Feldes. Weinheim/Basel 1976.
RAMSEGER, J.: Was heißt «durch Unterricht erziehen»? Erziehender Unterricht und
    Schulreform. Weinheim/Basel 1991 (= Studien zur Schulpädagogik und Didaktik;
    Bd. 5).
RAUSCHENBERGER, H. (Hrsg.): Unterricht als Zivilisationsform. Zugänge zu unerle-
    digten Themen der Didaktik. Frankfurt/Wien 1985.
ROBINSOHN, S. B. (Hrsg.): Curriculumentwicklung in der Diskussion. Stuttgart/
    Düsseldorf 1972.
ROBINSOHN, S. B.: Bildungsreform als Revision des Curriculum und ein Struktur-
    konzept für Curriculumentwicklung. Darmstadt ⁵1975.
ROTH, J.: Lehrer und Schüler. München 1980 (= Studienreihe Schulpädagogik;
    Bd. 2).
RUMPF, H.: Unterricht und Identität. Perspektiven für ein humanes Lernen. Wein-
    heim/München ³1986.
SANDFUCHS, U.: Unterrichtsinhalte auswählen und anordnen. Vom Lehrplan zur Un-
    terrichtsplanung. Bad Heilbrunn 1987.
SCHWEITZER, F./THIERSCH, H. (Hrsg.): Jugendzeit – Schulzeit. Von den Schwierig-
    keiten, die Jugendliche und Schule miteinander haben. Weinheim/Basel 1983
    (= Forum Bildungsreform).
STRAKA, G. A./MACKE, G.: Lehren und Lernen in der Schule. Eine Einführung in
    Lehr-Lern-Theorien. Stuttgart [u. a.] ²1981.
TERHART, E.: Lehr-Lern-Methoden. Eine Einführung in Probleme der methodischen
    Organisation von Lehren und Lernen. Weinheim/München 1989 (= Grundlagen-
    texte Pädagogik).
ULICH, K.: Schüler und Lehrer im Schulalltag. Eine Sozialpsychologie der Schule.
    Weinheim/Basel 1983.
WELLENDORF, F.: Schulische Sozialisation und Identität. Zur Sozialpsychologie der
    Schule als Institution. Neuausg. Weinheim/Basel 1979.
WENIGER, E.: Didaktik als Bildungslehre, Teil 1: Theorie der Bildungsinhalte und des
    Lehrplans [1930]. Weinheim/Basel ⁹1971. Auch in: Ders.: Ausgewählte Schriften
    zur geisteswissenschaftlichen Pädagogik. Weinheim/Basel ²1990 (= Pädagogische
    Bibliothek; Bd. 6).
ZINNECKER, J. (Hrsg.): Der heimliche Lehrplan. Untersuchungen zum Schulunter-
    richt. Weinheim/Basel 1975.

Christian Niemeyer

2.5 Hilfe

2.5.1 Vorbemerkung

Mit ‹Hilfe› wird ein Thema angesprochen, das jeden betrifft und das auf den ersten Blick auch keiner weiteren Erläuterung bedarf: Wer in Not ist, dem gilt es zu helfen. Daß der Mensch edel, hilfreich und gut sein soll, darf dabei der Goethe-Lektüre ebenso entnommen werden wie dem Ehrenkodex des Entenhausener ‹Fähnchen Fieselschweif›. Und so sieht man sich denn auch allerorten mit Not konfrontiert und Hilfeerwartungen ausgesetzt. Erwartungsbildend wirken dabei insbesondere das Elternhaus, die Schule, die Kirche oder die Medien. Dem mag dann der Wunsch folgen, anderen, auch beruflich, helfen zu wollen, und sei es zunächst ‹nur›, etwa gleich nach der Schule, als Zivildienstleistender, als Entwicklungshelfer oder im Rahmen eines freiwilligen sozialen Jahrs. Wer hingegen Pädagoge werden will, denkt nicht in erster Linie an den Akt des Helfens oder den Begriff der Hilfe, sondern informiert sich am besten über das, was ihn erwartet, mittels der Aufsätze, mit denen dieser Grundkurs eröffnet wurde. Denn Pädagogen, Lehrer etwa, sollen zwar auch Helfer sein angesichts etwaiger Schülernot; zunächst freilich begegnen uns Pädagogen in ihrer Eigenschaft als Erzieher, als Bildner, als Unterrichtende. Wenn ein Pädagoge gleichwohl, und zwar dies sehr gewollt, als Helfer auftritt und als Helfer zum Thema, wenn nicht zum Problem wird, dann infolge der Besonderheit einer gewichtigen erziehungswissenschaftlichen Teildisziplin: der *Sozialpädagogik*.

2.5.2 Begriffliche Bestimmungen

In sozialpädagogischen Schriften begegnet einem immer wieder der Hilfebegriff. Von Sozialhilfe und Jugendhilfe ist dort die Rede, von helfender Beziehung und helfenden Berufen, vom Helfersyndrom und vom Helfer-Leiden. Zwar findet sich der Hilfebegriff auch im allgemein-pädagogischen Zusammenhang, etwa in BREZINKAS (1957, S. 186) Formel von der «Erziehung als Lebenshilfe» bis hin zu PRANGES (1991, S. 115) Bestimmung des Erziehers als eines «Experten für Lernhilfe». Der Sache nach wird dabei aber von den jeweiligen Autoren nicht eine eigene Dignität für diesen ihren Sprachgebrauch zur Geltung gebracht. Statt dessen geht es jeweils darum, in verdeutlichender Absicht eine neue Umschreibung einzusetzen für einen Vorgang, den zu kennzeichnen die Begriffe Erziehung, Bildung und auch Unterricht an sich vollständig ausreichen. Es waren denn auch immer wieder diese Begriffe, in Besonderheit der der ‹Bildsamkeit›, die die Erziehungswissenschaftler als die angeblich ‹einheimischen Begriffe› ihrer Disziplin auszuweisen suchten und die sie verteidigten gegenüber den aus anderen Fächern importierten Neubildungen wie Lernen oder auch Sozialisation (vgl. MOLLENHAUER 1982, S. 259). Sozialpädagogen hingegen sahen den Hilfebegriff immer schon als eine Art offensiv zur Geltung zu bringende Neubildung. «Nach wie vor», so erst unlängst wieder VAHSEN (1992, S. 11), «ist das sozialpädagogische Paradigma (...) die ‹Hilfe›.»

Dabei denkt man bei dem Hilfebegriff zunächst nicht notwendig an die Sozialpädagogik, sondern eher an die Psychologie. Was sie verhandelt, ist beispielsweise alltägliche Hilfe, deren wir überall dort ansichtig werden, wo jemand «freiwillig und ohne Bezahlung» «einer konkreten Person eine Wohltat» erweist (BIERHOFF 1985, S. 31). Psychologen sprechen dann von *altruistischem* Verhalten oder Alltagsaltruismus und untersuchen bevorzugt des Menschen Handeln bei Notsituationen in der U-Bahn oder im Straßenverkehr. Denn derartig anonyme großstädtische Situationen bieten die Chance zur Hilfeverweigerung unter Verweis auf die vielen anderen, die statt dessen helfen könnten. Entsprechend rückt dann der, der trotzdem hilft, als selbstlose Lichtgestalt in das Zentrum des Forschungsinteresses. Derartige Forschungsbefunde werden von Sozialpädagogen in der Absicht aufgegriffen, das Reservoir freiwilliger Helfer zu erkunden (vgl. BRACK 1986).

Unserem Thema näher liegt jedoch die *professionelle* Hilfe. Man versteht darunter die Hilfe, die in organisierter Form von einem qualifizierten beruflichen Helfer geleistet wird. Von (professionellem) Altruismus ist hier dann freilich kaum noch bzw. nur dann zu sprechen, wenn mehr getan wird als der Sache nach verlangt (vgl. BIERHOFF 1985, S. 39), wenn also etwa ein an einem Jugendamt tätiger Sozialpädagoge noch nach Dienstschluß helfend tätig wird. Da letzteres wohl eher die Ausnahme ist, wird in der Sozialpädagogik der Ruf nach Korrektur des Selbstverständnisses beruflicher Helfer lauter.

Der Hilfebegriff, so dürfen wir vorerst folgern, ist offenbar durchgängig positiv besetzt. Er scheint in dieser Form nutzbar zur Kritik sozialpädagogischer Praxis namentlich dort, wo sie sich als bürokratisch überformt erweist. Im Umkehrschluß wird der Hilfebegriff damit zum zentralen Merkmal sozialpädagogischen Handelns, dem die Absicht zugrunde liegt, «bedürftigen anderen Personen Erleichterung oder Besserung der Lebenssituation zu verschaffen» (LÜCK 1977a, S. 228f). Diesem Hilfeverständnis unterliegt
- eine sozialkritische Sicht auf die Not der Hilfebedürftigen und
- ein aus Tugenden wie Sympathie, Liebe oder Mitleid erklärbares Helfermotiv.

Entsprechend positiv sind denn auch die Assoziationen zum Hilfebegriff in der Öffentlichkeit. SKIBA (1969, S. 228) stellte in einer empirischen Untersuchung die «Affinität von Hilfe zu Vater, Persönlichkeit und Idealist sowie zu Mutter, männlich, Ordnung, Fortschritt, Liebe, Erfolg und Mann» fest. Vergleichbar stabil ist die Verknüpfung des Hilfebegriffs mit Konzepten wie «Betreuung», «Beratung», «Unterstützung», «Erziehung», «Pflege» (ebd., S. 227) oder «soziales Engagement» (vgl. LÜCK 1981/82, S. 227). Von diesen empirischen Befunden ausgehend überrascht es nicht, daß die Gegenkonzepte zum Hilfehandeln durchgängig negativer Art sind: «Aggression» (BOTTENBERG 1981, S. 124), «Kampf» (SCHERPNER 1962, S. 122), «Sozialdarwinismus» (FISCHER 1925, S. 340). Indem Sozialpädagogen zu helfen beanspruchen, so dürfen wir nun zusammenfassen, können sie auf einen Statusgewinn seitens der Öffentlichkeit hoffen; und wenn eine Gesellschaft auf die Gewährleistung von Hilfe verzichten würde, fiele sie in barbarische Zeiten zurück.

Soziologen würden letzterem nicht notwendig zustimmen. Denn sie analysieren Hilfe auch als eine gesellschaftliche Beziehungsform, die durch das Interesse an sozialer Kontrolle geprägt sein kann. Und Psychologen, besonders Psychoanalytiker, sehen Hilfe nicht nur als Beispiel für altruistisches Handeln, sondern auch als einen Akt, der, in gleichsam egoistischer Weise, der Abwehr oder Therapie der Probleme des Helfers unterworfen ist. Einen Erziehungswissenschaftler hat freilich nicht in erster Linie zu interessieren, welche Probleme Vertreter anderer Disziplinen sehen oder welche Antworten sie bereithalten, sondern welche

Fragen er sich selbst stellt und welche ihm überantwortet sind; andernfalls droht dieser Disziplin das, was schon 1806 Herbart seiner Assoziation zu der Rede von den ‹einheimischen Begriffen› illustrierend bei-
fügte: die Gefahr, als «eroberte Provinz von einem Fremden aus regiert
zu werden» (HERBART 1887, S. 8). Ganz in diesem Sinn soll deshalb zunächst die belangvolle sozialpädagogische Problemstruktur dargelegt
werden, und zwar mit Bezug auf die Armenfürsorge, die Jugendfürsorge
sowie den aktuellen sozialpädagogischen Diskurs.

2.5.3 Historisches zum Begriff und zum Gegenstand

2.5.3.1 Begriffsverwendungen im Bereich der Armenfürsorge
Es wurde nicht zu allen Zeiten dem gleichen Personenkreis mit analogen
Motiven, Zielen und Mitteln geholfen. Die Formen des Helfens unterliegen also über die Jahrhunderte einem Wandel (vgl. LUHMANN 1973).
Erst unser Jahrhundert kennt eine systematische, verrechtlichte, verbe-
ruflichte und institutionalisierte professionelle Hilfe. Die maßgebenden
Geschichten christlicher Liebestätigkeit (vgl. z. B. UHLHORN 1959) belehren uns, daß man ein derart ausdifferenziertes sozialstaatliches Hilfesystem wie etwa das bundesrepublikanische als fortgeschrittenes Ergebnis der Säkularisierung (= Verweltlichung) christlicher Nächstenliebe zu
begreifen hat. Hilfe ist in einem derartigen Hilfesystem berechenbar, sie
wird gewährt ohne Nötigung des Hilfsbedürftigen in Glaubensdingen
und ohne Heilsversprechen an den Hilfegewährenden: Es ist nicht des
Sozialarbeiters Geld, das im Sozialamt zur Debatte steht.
   Diese Säkularisierungstendenz trat erstmals in breiter Front im
18. Jahrhundert in Erscheinung. Denn der Mensch der Aufklärungsepoche sah sich auf seinen eigenen Vernunftgebrauch verwiesen. Er begann,
sich freizusetzen von Verpflichtungen, die ihm überkommene Lebens-
ordnungen und Tugendlehren zumuteten. Anstelle der Frage der Kon-
formität des eigenen Tuns mit äußerlichen Tugendlehren nachzugehen,
rückte Immanuel Kant die Frage der Übereinstimmung des eigenen Wollens mit einer höheren, wenn auch fiktiven Gesetzgebung ins Zentrum
seiner praktischen Philosophie. Und er führte mit dem kategorischen Im-
perativ ein Formalverfahren ein, das jedem einzelnen die Denkbewegung
nahebringen sollte, die der Prüfung der eigenen Handlungsmotive zugrunde liegt: «Handle nur nach derjenigen Maxime, durch die du zugleich wollen kannst, daß sie ein allgemeines Gesetz werde» (KANT 1982,
S. 51). Mit dieser formalen Ethik ließ sich, so Kants Hoffnung, der einzelne als Gesetzgeber und Zwecksetzer, als Herr seiner Handlungen, zur

Geltung bringen, ohne daß daraus ein Handeln resultierte, das nicht von anderen gewollt – und gegebenenfalls durch wirkliche Gesetze autorisiert – werden würde. Das Handeln aus dem je eigenen Überzeugtsein von bestimmten Tugenden im Sinne einer materialen Ethik hatte für Kant hingegen keine Berechtigung mehr.

Der Preis für diese Auslegung des Aufklärungsimpulses wurde schon zu Kants Zeiten, zumal mit Blick auf unser Thema, als sehr hoch empfunden. Denn Hilfehandeln aus der Spontaneität des ‹guten Herzens› war nun nicht mehr begründbar. Und auch moralische, etwa theologisch motivierte Nötigungen zum Erkennen von Notlagen Dritter ließen sich nicht mehr rechtfertigen. Entsprechend verzeichneten denn auch aufklärungskritische Theologen einen «Abfall vom Christentum» (UHLHORN 1959, S. 673) oder jedenfalls doch eine Aushöhlung der Gebote christlicher Liebestätigkeit zugunsten des nun, mit der Aufklärung, vorherrschenden Interesses an Selbstbestimmung sowie Vervollkommnung weltlicher Tüchtigkeit.

In dieser Situation stiftete die an sich gegenaufklärerische Empfindsamkeit des ausgehenden 18. Jahrhunderts eine neue Nötigung zur unmittelbaren Hilfe und zur Wahrnehmungsoffenheit gegenüber eigener wie sozialer Not. Dabei entwickelte sich erst allmählich die Einsicht in die Notwendigkeit, den unter anderem von Rousseaus «Nouvelle Héloïse» (1762) und Goethes «Werther» (1774) stimulierten Empfindsamkeitskult unglücklich Verliebter abzulenken von einer folgenlosen, narzißtischen Selbstbespiegelung hin zu jener «vom Verstande erleuchtete(n), tätige(n), empfindsame(n) Güte», die WEZEL (1990, S. 102) schon Mitte der 1770er Jahre anempfohlen hatte. Der Ertrag dieses Auslegungswandels der Empfindsamkeitsepoche war beachtlich: «Die Rechtsprechung wurde humanisiert, die Tortur abgeschafft, Kritik an der Todesstrafe und an den Verhältnissen in Gefängnissen und Irrenhäusern oft mit solcher Heftigkeit geübt, daß zumindest kleine Verbesserungen durchzusetzen waren» (DOKTOR / SAUDER 1976, S. 209). Der Einwand aus theologischer Sicht ließ allerdings nicht auf sich warten: «Kaum», so UHLHORN (1959, S. 675), «daß hie und da die Menschenfreundlichkeit und Nächstenliebe das Beiwort ‹christlich› erhält». Man kann diese Kritik auch positiv umformulieren: Mit der Empfindsamkeitsepoche liegt das seltene Beispiel einer nicht ausschließlich christlich geprägten Liebestätigkeit und Denkform vor. In diesem Sinn scheint die These vom Ursprung der Sozialpädagogik aus dem Geist ebendieser Epoche berechtigt zu sein (vgl. NIEMEYER 1993).

Beispielhaft läßt sich dies sowie das daraus folgende Problem an den Bestrebungen Johann Heinrich Pestalozzis (1746–1827) verdeutlichen.

Denn er trug mit einigen seiner (‹empfindsamen›) Schriften, z. B. mit «Über Gesetzgebung und Kindermord» (1780), maßgeblich zu den zeitgenössischen Bemühungen um Humanisierung der Rechtsprechung bei. Auch sein zentrales Handlungsmotiv umriß er rückblickend mit den – dem Geist der Empfindsamkeit entsprechenden – Worten: «In der Unschuld Kinderbrust schlug mir das Herz schon: Das Volk ist ellend; ich möchte ihm helfen» (PESTALOZZI 1978, S. 94). Mit derartigen Inanspruchnahmen des Hilfebegriffs rückte Pestalozzi in der Folge in den Rang eines Mutmachers der Sozialpädagogik. Und auf theoretischer Ebene waren es dann immer wieder besondere materiale Tugenden oder ‹empfindsame› Persönlichkeitseigenschaften, die für die Berufstätigen in diesem Handlungsfeld geltend gemacht wurden.

Für die Weimarer Epoche hatte der (geisteswissenschaftliche) Pädagoge und Psychologe Eduard Spranger (1882–1963) die theoretische Folie für derartige Bemühungen angeboten mit seiner Betonung eines «Trieb(s) zur Hingabe an den anderen» (SPRANGER 1965, S. 165) «als organisierendes Prinzip des geistigen Lebens» (ebd., S. 166). Die Armenfürsorgerinnen dieser Epoche trivialisierten derartige Programmatiken und machten Mitmenschlichkeit vorzüglich an sich selbst aus, sprachen von ‹geistiger Mütterlichkeit› als der zentralen Voraussetzung ihres Berufserfolgs (vgl. SACHSSE 1986). Und Herman Nohl (1879–1960), der Klassiker der Sozialpädagogik als Jugendfürsorge, brachte anstelle dieses Helfermotivs das der ‹Ritterlichkeit› ins Spiel. Denn auch Ritter hätten «Hilfe für die Schwachen» (NOHL 1926, S. 144) geleistet, dabei aber «das Schwert an der Seite» (S. 146) getragen. Damit kam eine – offenbar durch Nietzsches Propagierung einer «Herren-Moral» (NIETZSCHE 1988, S. 211) beeinflußte – neue Metapher ins Spiel, die der Angst des in der Weimarer Epoche verstärkt in den bereits von Frauen okkupierten sozialen Beruf drängenden Mannes vor der derart zu befürchtenden ‹Verweiblichung› entgegentreten sollte. Was den einzelnen allerdings, seinen häufig auch unbewußten Beweggründen nach, treibt oder abhält, Hilfe zu gewähren oder ‹empfindsam› zu handeln, blieb ungeklärt. So hält denn auch Pestalozzis Altruismus einer kritischen Lesart nicht stand und verweist eher auf eine – von Pestalozzi gegen Ende seines Lebens auch eingestandene – Unfähigkeit zur Prüfung der eigenen Stärken.

Gewichtiger freilich ist der Umstand, daß Pestalozzi die an sozialer Not weitgehend uninteressierte Pädagogik seiner Epoche über ein weltlich gefaßtes Hilfemotiv auf das Armutsproblem verwiesen hat. Denn damit ließ sich pädagogisches Handeln, etwa als armenerzieherisches, neu und umfassender begründen. Dazu erforderliches soziales Engagement mußte nun nicht notwendig durch ein christliches Ethos getragen sein, und es hatte nicht notwendig hinzuzielen auf Sicherstellung eines frommen Lebenswandels. Vielmehr ging es um die Gewährleistung allgemeiner Menschenbildung, und zwar als Folge eines verantworteten Nachdenkens innerhalb einer komplexen Gesellschaft.

Hilfehandeln, so verstanden, steht also am Beginn der Auslegung der Sozialpädagogik als einer (erziehungs-)wissenschaftlich verantworteten und (sozial-)staatlich vermittelten Einrichtung. So war es (sozial-)pädagogische Praxis, als sich Pestalozzi 1798/99 im Kloster Stans für fünf Monate 70 verwahrloster Kinder annahm; aber es war eben auch Hilfepraxis: «Alles in allem», so Pestalozzi, sei er den Kindern in Stans gewesen, also «von Morgen bis Abend soviel als allein in ihrer Mitte» (Pestalozzi 1983, S. 278) – ein klassisches Altruismusmotiv. In der Hauptsache freilich ist in Erinnerung zu bringen, daß Pestalozzis Absicht in Stans nicht lediglich auf Hilfe zielte, sondern auf Erziehung resp. Bildung: Ist es nicht – so fragte er beispielsweise seine Kinder in Stans – «ein Unterschied zwischen einer Obrigkeit, die die Armen erzieht, [...] und einer, die sie [...] mit Bettelbrod und in Spitälern erhält, ohne ihrem Elend wirklich abzuhelfen?» (Pestalozzi 1983, S. 15). Hilfe ist für ihn ein durchaus menschenfreundlicher Akt, der aber, als bloße Armenfürsorge, zurückbleibt hinter seiner wahren Abhilfe mittels Armenerziehung.

Dabei hatte zwar gerade Pestalozzi immer wieder die Notwendigkeit betont, die primären Gemeinschaften sowie die (empfindsame) Privatwohltätigkeit rege zu halten, auch jenseits staatlich vermittelter armenerzieherischer Maßnahmen. Andererseits findet sich bei ihm aber auch die Forderung nach aufgeklärter Neugestaltung von Herrschaftsmechanismen. Die Folgen eines derart weit ausgreifenden Verständnisses von Fremdhilfe sind in Pestalozzis Volkserziehungsroman «Lienhard und Gertrud» (1781–1787) spürbar. Denn hier sind allerorten Erzieher, Vormünder und gutgesonnene Patriarchen wirksam. Die von Kant nahegelegte Assoziation, der Mensch erweise sich erst dann als aufgeklärt, wenn er den «Ausgang aus seiner selbst verschuldeten Unmündigkeit» qua eigener Anstrengung, also, wenn man will: qua Selbsthilfe, findet, erweist sich unter diesen Umständen als schwer umsetzbar.

Pestalozzis Sichtweise wirkte aufgrund der weiten Verbreitung seiner Schriften nachhaltig. Belege dazu liefert, wie Schultheis nachwies, die – offensichtlich in vielen Details durch Pestalozzi angeregte – Armenfürsorge im Frankreich des 19. Jahrhunderts; denn sie bedurfte «bezüglich der Unterschichten der sanften Gewalt der Aufgeklärten – ohne ‹Nachhilfe› schien ‹Selbsthilfe› nicht realisierbar» (Schultheis 1986, S. 171). Weitere Belege liefert schließlich die Geschichte der Armenfürsorge in Deutschland, insbesondere der Versuch ihrer sozialpädagogischen Auslegung in der Weimarer Epoche: Wieder war hier Sozialpädagogik seitens der Hauptverantwortlichen kaum anders vorstellbar als im Sinne einer erzieherischen Einwirkung auf den Hilfebedürftigen, also im Sinne einer Art «Volkserziehung durch Lehr- und Beispielgebung», wie FISCHER (1925, S. 333) es kurz und bündig formulierte.

Immerhin ließ sich die Armenfürsorge auch dort, wo sie sich unabhängig von Pestalozzi und entsprechendem pädagogischen Grundwissen zur von Frauen getragenen Sozialarbeit entfaltete, nur in der armenerzieherischen Tradition von dem Verdacht befreien, sie leiste lediglich materielle Hilfe. Entsprechend redeten POLLIGKEIT u. a. (vgl. 1929) vehement der persönlichen Hilfe an einzelnen Menschen das Wort und verstanden dieses Geschäft dann als ein armenerzieherisches. Ein erziehungswissenschaftliches Selbstverständnis unterlag dem allerdings nicht. Infolge des Imports der Tradition des *social work* aus dem anglo-amerikanischen Sprachraum (vgl. TUGGENER 1971) verlor der Erziehungsbegriff weitere Geltung. Statt dessen avancierte der Hilfebegriff, etwa in der von SCHERPNER (vgl. 1962) vorgelegten Fassung, zum zentralen Schlagwort insbesondere im überkommenen armenfürsorgerischen Handlungsfeld, aber auch darüber hinaus.

Zusammenfassend gesagt, bezeugt also die Prominenz des Hilfebegriffs das Ende der ursprünglich noch, etwa bei Pestalozzi, angestrebten armenerzieherischen Auslegung der Armenfürsorge. Dadurch entbehrt die moderne Sozialarbeit, die allerdings nicht mehr auf das überkommene armenfürsorgerische Handlungsfeld beschränkt ist, der Voraussetzung, ihr Handlungsverständnis an die Erziehungswissenschaft anbinden zu können, ohne jedoch über andere, äquivalente Professionalisierungsperspektiven zu verfügen.

2.5.3.2 Begriffsverwendungen im Bereich der Jugendfürsorge

Im Gegensatz zur Armenfürsorge, die einen Sozialpädagogen nur als Randbereich und – ideengeschichtlich betrachtet – in erster Linie mit der Frage nach dem Gehalt und dem Verbleib der Anregungen Pestalozzis zu interessieren hat, steht die Jugendfürsorge für einen sozialpädagogischen ‹Kernbereich› (vgl. PEUKERT 1986) mit entsprechend konzentrierter erziehungstheoretischer Auslegbarkeit. Ein in dieser Hinsicht maßgeblicher Versuch stammt von Nohl. Denn Nohl zielte, zusammen mit anderen seiner durch Jugendbewegung wie Reformpädagogik geprägten Zeitgenossen und gestützt durch das 1924 in Kraft getretene Reichsjugendwohlfahrtsgesetz (RJWG), auf den Bereich der (außerschulischen) Jugendhilfe, spezieller: auf die Fürsorgeerziehung (heute: Heimerziehung). Ein Motiv für das Interesse an diesem Bereich erklärt sich aus dem

Umstand, daß den Zöglingen namentlich in den mehrheitlich konfessionell geleiteten Fürsorgeerziehungsanstalten das in § 1 RJWG formulierte Recht auf Erziehung insbesondere zur gesellschaftlichen Tüchtigkeit – und dies meint beispielsweise: zum Erlernen eines Berufs – nur in Ausnahmefällen gewährt wurde. Darüber hinaus wollte Nohl das Verständnis einer von Strafe weitgehend absehenden ‹neuen› Erziehung gegen das ‹alte›, autoritative Erziehungsverständnis der konfessionellen Fürsorgeerziehungsträger zur Geltung bringen, und zwar auch und gerade gegenüber einer problematischen, weil allseits als ‹schwererziehbar› titulierten Klientel. Entsprechend ist das Wort v. HENTIGS (1967, S. 383) zu verstehen: «Sozialpädagogik ist nichts als der verschärfte, der radikale Fall aller Erziehung.»

Damit ist zwar nicht die Geeignetheit des Erziehungsbegriffs für die Selbstverständnisbestimmung der Sozialpädagogik bewiesen, wohl aber die Hoffnung illustriert, die man noch in den 1920er Jahren mit ihm verknüpfte: Er sollte der Verfachlichung dienen und die Theologen vom Glauben abhalten, sie seien in der Jugendfürsorge richtig plaziert. Daß Nohl dabei gerade an die einschlägigen Vorarbeiten Pestalozzis, etwa an dessen Erfahrungen im Kloster Stans, erinnerte, hat einen einfachen Grund: Er wollte sich wappnen gegenüber Vorbehalten von Theologen, wonach Pädagogen über kein in ihrer disziplinären Matrix beheimatetes Vorwissen in diesem Handlungsfeld verfügten.

Tatsächlich war das aus der langen Geschichte der christlichen Rettungshausbewegung entspringende Vorwissen nicht zu unterschätzen. Eingebürgert war hier aber weder der Hilfe- noch der Erziehungsbegriff, sondern eher der Begriff der Rettung im Sinne des Bewahrens vor dem Untergang in weltlicher Sünde und des Wiedergewinns für den christlichen Glauben. Namentlich Johann Hinrich Wichern (1808–1881), der Begründer der Hamburger Fürsorgeerziehungsanstalt «Rauhes Haus», hatte den Rettungsbegriff in das Zentrum seines Interesses gerückt und als pädagogische Kategorie zur Geltung zu bringen versucht (vgl. SÜTTERLIN 1976). Aber das dieser Kategorie unterliegende Erbsündedogma und die daraus gezogene Berechtigung für den Vollzug einer weitgehend autoritativen und auf Besserung abstellenden Fürsorgeerziehungspraxis widersprach doch vollständig dem Menschenbild und dem Erziehungsverständnis Nohls. Und den Hilfebegriff wollten die sich auf Wichern zurückführenden Vertreter der Inneren Mission der evangelischen Kirche auch nur gelten lassen in Kompromißformeln wie jener von der «helfende(n), rettende(n) Liebe» (STEINWEG 1928, S. 164). Aus der Perspektive christlicher Liebestätigkeit bezeugte Nohls Erziehungsverständnis, aber auch das um die Rettungsdimension verkürzte Hilfeverständnis eine bedenkliche Säkularisierungstendenz. Dem entsprach die gegen Ende der Weimarer Epoche verstärkte kirchliche Opposition gegen eine weitergehende Säkularisierung christlicher Nächstenliebe durch einen Wohlfahrtsstaat, der die Freiwilligkeit christlicher Liebestätigkeit und deren Zusammenhang mit der evangelischen Gemeinde durch staatliche Hilfe ersetzte (vgl. NIEMEYER 1992 a).

In der Tat konnte sich dies Monitum einiger Geltungsgründe sicher sein. Denn daß die Sozialpädagogik, wie Nohl noch ursprünglich und mit Blick auf die Aufgaben in der Fürsorgeerziehung dafürhielt, ihren Ausgang zu nehmen habe von der «individuelle(n) Lösung einer vorhandenen Not» (NOHL 1927, S. X), ließ sich gegen Ende der Weimarer Epoche mit steigender Massennot kaum noch aufrechterhalten. Nohl erkannte nun die Begrenztheit einer bloßen «Nothilfe» und meinte, eine durch staatliche Hilfen ausgelöste «Knochenerweichung des Willens zur Selbsthilfe» (NOHL 1928, S. 183) feststellen zu können. Diese Kritik setzte sich fort in Nohls Einspruch gegen den «patriarchalischen Despotismus des Wohlfahrtsstaates» und in seinem Plädoyer für den «Respekt vor dem Lebenswillen und Lebensplan des Individuums» (NOHL 1926, S. 148). Und selbst dort, wo man sich als Sozialpädagoge ‹nur› auf die Inbesitznahme eines konfessionell verwalteten Jugendfürsorgebereichs mittels eines liberal gefaßten Erziehungsverständnisses konzentrierte, war mit unerwünschten Nebenfolgen zu rechnen. So fragte FISCHER (1930, S. 464), ob man nicht die überkommenen Erziehungsträger (etwa Schule und Familie) so repädagogisieren könne, daß die außerschulische und -familiale Erziehungsfürsorge als eigene Einrichtung entbehrlich werde.

Die Sozialpädagogik der Gegenwart, so könnte man ihrer bisher nacherzählten Geschichte entnehmen, wäre also gut beraten, wenn sie erst gar nicht der in der Weimarer Epoche noch dominanten Orientierung an dem Erziehungsbegriff Folge leisten würde. Denn erst dann, so will es scheinen, wäre ein Hilfeverständnis erwartbar, das nicht der Gefahr unterliegt,

– den Adressaten sozialpädagogischen Tuns als unmündig zu deklarieren und
– ein erzieherisches Hilfesystem, unbedacht um die Nebenfolgen, zu institutionalisieren.

Tatsächlich findet ein derartiger Rat schon weitgehend Beachtung. Dies bezeugt u. a. die gängige Kritik an der (stationären) Heimerziehung und die daran geknüpfte Propagierung ambulanter Unterbringungsformen. Verbunden damit ist die auch gesetzlich abgesicherte Förderung entsprechender *Erziehungshilfen*, etwa in der Form sozialpädagogischer

Familienhilfe, die im Interesse des Vermeidens von Heimerziehung darauf setzt, die Erziehungskraft von Problemfamilien zu stärken. Dem entspricht eine zunehmende Skepsis gegenüber dem Erziehungsbegriff sowie die Auslegung der (offenen) Jugendhilfe als einer präventiv ansetzenden Maßnahme, die dem Gesellungsverhalten Jugendlicher und den mit den Modernisierungsrisiken komplizierter gewordenen Formen jugendlicher Identitätsstiftung Rechnung zu tragen hat.

Im Bereich der Armen- wie in dem der Jugendfürsorge, so läßt sich resümieren, hat demnach der – jeweils ursprünglich mit höchst unterschiedlichem Nachdruck eingebrachte – Erziehungsbegriff die Theoriebildung nicht dauerhaft regulieren können. Statt dessen gewann der Hilfebegriff zunehmend an Geltung: einerseits, was die Sozialarbeit angeht, in sehr expliziter Form, also bis in die Methodenlehre hinein; andererseits, was den ursprünglichen Kernbereich der Sozialpädagogik betrifft, eher implizit dahingehend, daß sich der moderne Jugendarbeiter zunehmend als Arrangeur eines Geschehens wahrnimmt, demgegenüber er sich mit (normativen) Erziehungsansprüchen zurückzuhalten hat. Dieser Art Zurückhaltung liegt zwar auch mitunter ein eher impulsiver denn rationaler Vorbehalt gegenüber dem Erziehungsbegriff sowie gegenüber dem Interesse an *Professionalisierung* zugrunde. Anders allerdings als die schon seit Jahrzehnten an nicht-erziehungswissenschaftliche Wissensbestände gebundene Sozialarbeit ist die Sozialpädagogik jedenfalls nicht systematisch gehindert, ihr (neues) Selbstverständnis moderner Jugendarbeit auf den von den Klassikern dieser Disziplin übernommenen Wissensbestand zu beziehen (vgl. exemplarisch MOLLENHAUER 1988).

Um zu einer zeitgemäßen Bestimmung des Pädagogischen in der Sozialpädagogik zu gelangen, scheint eine Verstärkung derartiger Bemühungen sinnvoll und notwendig. Denn ansonsten erleidet auch das sozialpädagogische Sprachspiel ein Schicksal, das wir dem sozialarbeiterischen schon meinten attestieren zu dürfen: das des sich im Universellwerden des Hilfebegriffs anzeigenden Verlustes der Eigentümlichkeit einer Disziplin, die nicht mehr nachzuweisen vermag, warum sie denn noch in erziehungswissenschaftlichen Fakultäten zu beheimaten ist.

2.5.4 Begriffsverwendungen in der Gegenwart

Der sozialpädagogische Diskurs der Gegenwart wird nur höchst selten noch in klar abgrenzbaren Sektoren geführt, wie sie der Einteilung in Armenfürsorge und Jugendfürsorge unterliegen. Vielmehr beansprucht diese Disziplin inzwischen eine Art Allzuständigkeit: Sie will (und soll) auskunfts- und handlungsfähig sein gegenüber nahezu allen nur denkbaren, neu auftretenden, noch nicht durch andere Fächer okkupierten Problemen der Lebensbewältigung (Aids, Autocrashing etc.). Wie all diese Themen noch unter der Ägide der Erziehungswissenschaft oder mittels der überkommenen sozialpädagogischen Paradigmen, wie etwa jenem der ‹Erziehung›, verwaltet werden können, bleibt vielen unklar (vgl. WINKLER 1988) und ist wohl auch kaum zu klären.

Entsprechend ist es diese Allzuständigkeit oder auch Unbescheidenheit der Sozialpädagogik, die das Nachgeben dieser Disziplin gegenüber den Verlockungen des Hilfebegriffs oder sprachlicher Äquivalente im Gefolge hatte und hat. Denn solche Ausdrücke setzen nicht viel voraus und schließen wenig aus. Vom «Helfen und Therapieren, Interagieren und Kommunizieren, Kooperieren und was noch alles», so PRANGE (1991, S. 103) in seiner harschen Sozialpädagogikkritik, sei inzwischen in dieser Disziplin die Rede, von «‹Arbeit› in den mannigfachsten Kombinationen, als Trauerarbeit und Gruppenarbeit, als Kulturarbeit und Gemeinwesenarbeit, als Jugendarbeit und als Frauenarbeit und schließlich gar als ‹Verarbeitungsarbeit›», nur nicht mehr von einem: vom Erziehen.

Das fachgeschichtlich dominante Äquivalent für den Erziehungsbegriff ist dabei zweifellos nicht der Begriff der Arbeit, sondern der der Hilfe: Ob «Fürsorge» (SCHERPNER 1962, S. 122), «Fürsorgearbeit» (SKIBA 1969, S. 78), «Sozialarbeit» (HOLLSTEIN 1973, S. 167) oder eben gar: «Sozialarbeit und Sozialpädagogik» (BRUMLIK/KECKEISEN 1976, S. 241) – der Hilfebegriff schien und scheint universell tauglich zu sein zur Kennzeichnung des Selbstverständnisses der in diesen Handlungsfeldern Tätigen resp. zur Kritik desselben. Der für manche leidige Streit, was denn das eine vom anderen, also insbesondere die Sozialarbeit von der Sozialpädagogik, unterscheide, entfällt. Die strategischen Motive für diese Nutzung des Hilfebegriffs nähren sich aus dem Umstand, daß sich mit dieser Kategorie eine Universalie zur Vereinheitlichung des Tuns in heterogenen Handlungsfeldern der – wie es dann gern aus Verlegenheit heißt – ‹Sozialen Arbeit› anzudienen scheint, ohne daß man damit noch auf eine Bezugswissenschaft, etwa die Erziehungswissenschaft, verpflichtet werden kann. PFAFFENBERGER (1966, S. XVI) etwa definierte ausdrücklich die soziale wie auch die sozialpädagogische Arbeit als «psycho-soziale Lebenshilfe in den Formen der Anpassungs-, Entwicklungs-, Reifungs- und Bildungshilfe». Der Hilfebegriff gerät hier also zu einer Art Metakategorie, und er sollte in dieser Form das sich in den 60er Jahren verstärkende Interesse an der Professionalisierung des Berufs zum Ausdruck bringen.

Indes: Professionalisierung meint in erster Linie Verwissenschaftlichung der Suche nach Wissen für die Begründung von Handeln. Der Hilfebegriff hingegen avancierte spätestens gegen Ende der 70er Jahre zu einem wichtigen Treibsatz der sich nun verstärkenden Professionalisierungs*kritik*. Dabei kam insbesondere die – auch auf Mediziner wie Psychologen anwendbare – Formel von den ‹helfenden Berufen› der Neigung vieler Sozialarbeiter entgegen, die Differenz unterschiedlich kompetenter Berufsträger im Sozialbereich zu leugnen. Gekonntes Hilfehandeln erwies sich dieser Interessenlage zufolge dann nicht mehr als Professionalisierungsextrakt, also als Ergebnis kluger Wissensanwendung oder gekonnter Methodenbeherrschung. Statt dessen begann sich die Auffassung durchzusetzen, des Helfers Empathie und Persönlichkeit berge in sich das Geheimnis des Berufserfolgs.

Diese Auffassung ist aus der Geschichte der – vor allem in den USA entwickelten – sozialarbeiterischen Methoden wohlvertraut. Allerdings gewann sie erst allmählich an Popularität. Noch in den maßgeblichen Schulen der *Einzelfallhilfe* («case work») der 30er Jahre dominierte die Psychoanalyse und entsprechend weniger der unscharfe Begriff der Persönlichkeit als Arbeitsinstrument denn das Interesse am Gewinn konkreten Deutungswissens. Im übrigen galt das Procedere und der Habitus des Arztes als Vorbild. Indem sich aber im weiteren Verlauf der Methodengeschichte andere, etwa auf die Wachstumskräfte des Adressaten setzende Orientierungen durchsetzten, wurde zugleich die aus der Psychoanalyse übernommene Rede vom «Behandeln» obsolet und durch jene vom «Helfen» und vom «helfenden Prozeß» (Smalley 1970, S. 92) ersetzt.

Mit der Rede von den ‹helfenden Berufen›, so läßt sich nun sagen, kulminiert diese Entwicklung. Verringert dieser Begriff die Differenz zwischen den Berufsträgern, so reduziert die Formel vom ‹helfenden Prozeß› die Unterschiede zwischen Klient und Sozialarbeiter – Umstände, die auf einen Studien- oder auch Berufsanfänger beruhigend wirken können. Denn der Akt des Helfens erfordert, so verstanden, genau das, was er in der Regel hat: starke Motive; und er läßt das aus dem Spiel, was (noch) nicht da ist: differenziertes Wissen und ausweisbares Können. Helfen läßt sich also, wenn man nur will, gleichsam immer und überall, es ist unspezifisch, erfordert nicht viel an Wissen, Zielen oder Techniken, und es ist gegenüber jeder Problemlage in Anspruch zu nehmen: Jugendhilfe, Familienhilfe, Sozialhilfe – jeder nur denkbare Klient läßt sich scheinbar fraglos und durchaus ja auch im Einklang mit der juristischen Nomenklatur mittels des Hilfebegriffs erfassen, ohne daß man ihm dabei mit zu anspruchsvoller Absicht (‹Erziehung›, ‹Bildung›, ‹Therapie›) entgegenzutreten hat.

Bei derlei weitgehender Freisetzung von traditionsstiftenden Kategorien scheint unerreichbar, was der Begriff Unterricht für die Schulpädagogik und der Begriff Erziehung für die Sozialpädagogik der Nohl-Schule zur Anzeige bringen sollten: eine Kategorie, die disziplinäre Identität zu stiften vermag. Neben Sozialpädagogen sind es insbesondere *Sonderpädagogen*, die diese Freisetzung von Verpflichtung als Erleichterung erleben. Denn konfrontiert mit einer häufig kaum noch bildsamen oder jedenfalls doch erziehungsschwierigen Klientel und zumeist unter Bedingungen arbeitend, die nur schwer erziehungs- oder bildungstechnisch strukturierbar scheinen, offeriert der Hilfebegriff gleichsam den kleinsten gemeinsamen Nenner. Es nimmt denn auch nicht wunder, daß es ausgerechnet ein Sonderpädagoge ist, der daraus generelle Ansprüche ableitet, indem er den Hilfebegriff als «Grundbegriff der Pädagogik» (ANTOR 1987, S. 97) auszulegen sucht. Die Warnung MOLLENHAUERS (1976, S. 98), der Begriff der Hilfe habe «eine viel zu allgemeine Bedeutung (...), um noch einen bestimmten Aspekt der Erziehungstätigkeit bezeichnen zu können», interessiert dann wohl nicht: Man will zwar noch (Sonder-)Pädagoge sein, aber offenbar ohne Erziehungs- oder Bildungsabsicht.

Bezieht man noch die Selbstetikettierung ein, die in jüngerer Zeit viele (klinische) Psychologen mittels des Hilfebegriffs vornehmen, um ihr eigenes Geschäft, nämlich traditionellerweise Diagnose und Therapie, nun als ein weniger technisches zur Anzeige zu bringen, so könnte man vorerst resümieren: Der Hilfebegriff beginnt sich als berufsgruppenübergreifender Universalcode ‹helfender Berufe› durchzusetzen. Gleichsinnig damit ist ein Nachlassen der Orientierungsleistungen zu verzeichnen, die die Fachwissensbestände, also etwa differenzmarkierende Begriffe wie Erziehung resp. Bildung einerseits, Diagnose resp. Therapie andererseits, herkömmlicherweise erfüllen sollten und lange Zeit auch erfüllt haben im Zuge der Selbstauslegung der zur Rede stehenden Bezugswissenschaften als eigenständigen Wissenschaften. Damit läßt sich dann aber nicht mehr die Überlegenheit des beruflichen Helfers resp. des professionellen Altruisten gegenüber dem freiwilligen Helfer ausweisen. Im Gegenteil, die Formel von der Hochwertigkeit der unverstellten Empathie, des Laienwissens und des intimen Fallverstehens zugrunde legend, kommt MÜLLER-KOHLENBERG (vgl. 1990) zu dem Befund, daß es der *berufliche* Helfer ist, der sich zunehmend als defizitär und inkompetent erweist. Damit ist das von LUHMANN (1973, S. 37) schon wegen der Verrechtlichung organisierter Hilfe als unzeitgemäß verabschiedete «Pathos des Helfens» wieder im Spiel, aber in neuer Variante. Denn mit dem Pathos des Alltagsaltruisten kann der berufliche Helfer nicht konkurrieren.

2.5.5 Der Hilfeakt in soziologischer Perspektive

Daß Soziologen die Hilfe als soziale Kontrolle, als gesellschaftlich ausdifferenzierte (Dienst-)Leistung und als Indiz für entmündigendes Exper-
tenhandeln auslegen, wurde bereits im gegebenen Fall angeführt und
kann auch, gleichsam in der Wirkung, dem sozialpädagogischen Diskurs
entnommen werden. Tatsächlich haben aber auch diese Themen ihre je
eigene Konjunktur und bedürfen dementsprechend einer fachgeschicht-
lichen Rekonstruktion. Dabei sei zunächst davon ausgegangen, daß sich
das soziologische Interesse dem sozialpädagogischen gegenüber an sich
konträr verhält. Denn aus soziologischer Perspektive interessiert der
Helfer von Haus aus nicht als moralisch inspiriertes Wesen. Auch den
Hilfebedürftigen zieht ein Soziologe nicht primär als erziehungs- oder
bildungsbedürftigen Zögling in Betracht.

Im Vordergrund des soziologischen Interesses steht der Hilfeakt als
sozialstaatlich gewährte und sozialbürokratisch eingebundene Leistung
(vgl. LUHMANN 1973). Insbesondere zu Beginn der 70er Jahre wurde
diese Leistung seitens marxistischer Sozialarbeitskritiker auf ihre negativen Attribute hin befragt. Die «Hilfsleistung der Sozialarbeit», so etwa
HOLLSTEIN (1973, S. 204), erfülle einen «Helferdienst für die bestehende
Herrschaft». Hilfe, dies folgt daraus, erfährt ihr Diktat im wesentlichen
durch das Interesse an Gewährleistung der Loyalität der Betroffenen,
wobei dieses Interesse immer wieder abwägend in Bezug zu setzen ist zu
dem Loyalitätsentzug, den Nicht-Betroffene im Fall von (selbstverschul-
deter) Not der Hilfebedürftigen ausüben.

In den 80er Jahren gewannen Sozialstaatsanalysen sowie die damit
verknüpfte Kritik der entmündigenden ‹Dienstleistungsgesellschaft› die
Oberhand. Ist letzterer expertenmäßige Fachhilfe verdächtig, so bietet
das sozialstaatliche *Subsidiaritätsprinzip* hier einen gewissen Ausweg.
Denn diesem Prinzip zufolge ist Hilfe zunächst dort abzufordern, wo sie,
etwa über verwandtschaftliche Bindungen, erwartbar ist; und bevor sich
der Staat als Angebotsträger darstellt, hat er denen Raum zu gewähren,
die, etwa als freie Träger, Leistungsangebote im vorstaatlichen Raum
bereithalten. Dieses Prinzip kann, zumal bei Krisen im System sozial-
staatlicher Leistungsfinanzierung, dazu genutzt werden, kostensparende
Selbsthilfepotentiale zu erkunden und freizusetzen.

Tatsächlich wird aber derartige *Selbsthilfe*, und zwar wegen des ihr
vermeintlich kaum innewohnenden ‹entmündigenden› Charakters, nicht
nur von politisch als konservativ eingeschätzten Sozialstaatskritikern,
sondern auch von sich als fortschrittlich verstehenden soziologischen So-
zialarbeitskritikern gefordert. In beiden Lagern gilt Selbsthilfe also in-

zwischen als (konstruktives) Substitut für (kritisierte) *Fachhilfe*. Die Wege zu diesem Konsens in der Ablehnung von Fachlichkeit sind allerdings andere: Konservativen Sozialpolitikern gilt Fachhilfe zunehmend als zu unpraktisch resp. soziologistisch, kritischen Soziologen hingegen gilt sie als zu sozialpädagogisch.

Dieses Urteil war, was die uns hier interessierende Soziologie angeht, Ende der 6oer Jahre noch ausgewogener. Denn an Fachhilfe wurde festgehalten; es wurde gar eine ‹neue Fachlichkeit› propagiert, deren Typik im Zuge der Kritik an SCHERPNERS (vgl. 1962) Hilfeverständnis Kontur gewann. SCHERPNER (1962, S. 122) hatte Hilfe «als Urkategorie des menschlichen Handelns» ausgelegt. Und er hatte Hilfsbedürftige als solche definiert, die den «Anforderungen der Gemeinschaft gegenüber versagen» (ebd., S. 138), und zwar dies in zwei Hinsichten: in wirtschaftlicher dort, wo sie ihre «Unwirtschaftlichkeit» (ebd., S. 139) dokumentieren (Folge: Armut); in erzieherischer dort, wo sie der «moralischen Ordnung der Gemeinschaft» gegenüber ihre «Unzulänglichkeit» (ebd., S. 138) unter Beweis stellen (Folge: Verwahrlosung).

Gegen dieses Hilfeverständnis opponierte 1962 zunächst MATTHES (vgl. 1973 a) und in der Folge nahezu jeder der damals in diesem Themengebiet arbeitenden Soziologen. Scherpner, so lautete der Haupteinwand, bleibe orientiert an den Normen bürgerlicher Verhaltensregeln, und dies ohne Reflexion auf gesellschaftliche Faktoren – etwa Unterprivilegierung, Stigmatisierung, Diskriminierung –, die Hilfsbedürftigkeit häufig erst im Gefolge hätten (vgl. OTTO / SCHNEIDER 1973, S. 11 f). Der Tenor dieser soziologischen Aufklärung hat sich seitdem kaum geändert: ‹Fürsorge›, ‹Versöhnung›, ‹Liebe› – so DEWE / FERCHHOFF (1985, S. 162) – seien «pädagogisierende Symbol(e)», durch die «die Interessen der Dienstleistungsproduzenten sowie der entmündigenden Charakteristika ihrer Praktiken verborgen» würden. Das Feindbild – damals ‹Hilfe›, inzwischen u. a. ‹Liebe› – ist also geblieben, aber die ihm zuzuschreibenden negativen Attribute erfahren eine andere Gewichtung. Denn mit der Schelte in Richtung der ‹entmündigenden Dienstleistungsproduzenten› wird Fachlichkeit grundsätzlich zur Disposition gestellt. Die Schelte in Richtung des ‹normierenden› und gesellschaftlich naiven Hilfebegriffs Scherpners hingegen beließ zumindest noch einer soziologischen Fachlichkeit Aufgaben. So trug beispielsweise Anfang der 7oer Jahre der Soziologe Helge Peters noch vor, soziologisch ausgewiesene Sozialarbeiter würden, ließe man sie erst einmal anstelle der Fürsorger zum Einsatz kommen, die gängige «Forderung nach ‹Hilfe von Mensch zu Mensch› bezweifeln lassen» (PETERS 1971, S. 109), weil und insofern sie in gegebenen Problemlagen sozialstrukturelle «Regelmäßigkeiten und Gesetzmäßigkeiten» (ebd., S. 109) identifizieren könnten. Daß das Einbringen von derlei ‹Wissen› entmündigend sein könne, wurde damals hingegen noch nicht moniert.

So zu verstehendes soziologisches Hilfehandeln war einst für zweierlei wichtig: für die Politisierung der Klientel und für die Okkupation der Sozialpädagogik. Entsprechend brachte Matthes (gegen Scherpner) ein neues Paradigma ein («soziale Kontrolle») und eine andere Funktionsbestimmung («Sozialarbeit als instanzliche Exekutive eines herrschenden Normensystems»; MATTHES 1973b, S. 127). Zudem bot er damit einen Ersatz an für das alte Aufgabenverständnis («Hilfe») und die diesem korrespondierende Funktionsbestimmung («Sozialarbeit als ein von Kontrolle freies ‹counselling›»; ebd., S. 127). Er tat dies in der Absicht, «die besondere Leistungsfähigkeit von Soziologen im Praxisfeld Sozialarbeit herauszuarbeiten und von den Potentialen anders Ausgebildeter abzusetzen» (ebd., S. 112). Die Kritik am Hilfebegriff, so darf man vielleicht auch resümieren, verschaffte der Soziologie über die Leugnung der «Wissenschaftlichkeit aller anderen Disziplinen» (VOGEL 1973, S. 219) das Entree zur Okkupation sozialpädagogischer Denkmuster, Handlungsformen und – vor allem – Studiengänge resp. dazugehörender Lehrkörper. Freilich, weit hat die Verwissenschaftlichung unter soziologischem Vorzeichen nicht geführt. Denn wenn Hilfe das ist, was man ablehnt, weil man an ihrem Ende oder in ihrem Vollzug ‹Kontrolle› ausmacht, bleibt mit dem Kontrollparadigma nicht viel mehr zu begründen als der Ansporn, Hilfe zu vermeiden und insofern nicht mitzuwirken an der – von HABERMAS (1981, S. 534) ausgemachten – Ausbreitung eines «Netz(es) von Klientenverhältnissen über die privaten Lebensbereiche». Diese Hilfeverweigerung («nonintervention») mag konsequent gedacht sein. Denn wer Hilfe begehrt, muß zunächst erklären oder sichtbar machen, daß er in Not ist; ersatzweise muß er damit leben, daß ihm pädagogische oder psychologische Experten eben diesen Nachweis führen, also ihn als erziehungs- resp. bildungsbedürftig oder als pathologisch definieren. Der Vorteil solcher Definitionen ist, daß sie schützen, von Verantwortung freisprechen oder zumindest entlasten, was insbesondere bei Straftätern von Belang ist; denn diese werden dann in ihrem Glauben bestärkt, daß sie sich ‹nicht anders helfen konnten›. Der Nachteil liegt allerdings auch auf der Hand: Es ist der Helfer, der sich, wie schon Nietzsche wußte, den, «dem geholfen werden soll, erst zurecht macht: als ob er zum Beispiel Hülfe ‹verdiene›, gerade nach ihrer Hülfe verlange, und für alle Hülfe sich ihnen tief dankbar, anhänglich, unterwürfig beweisen werde» (NIETZSCHE 1988, S. 116); und es ist die Umwelt, die dem derart Etikettierten Distanz entgegenbringt: Wer in Not gerät, dem wird, zumal in Leistungsgesellschaften, ein geringerer Status zuteil. Und der, der seine Not in einer Art zur Anzeige bringt, die ausdrückt, daß er sich offenkundig seiner eigenen Handlungsgründe nicht mehr sicher ist und daß er der Aufklärung Dritter über sich selbst bedarf, gilt als unberechenbar bzw. muß, als Voraussetzung allen Hilfehandelns, mit einer entsprechenden Definition rechnen (vgl. ALBRECHT 1985, S. 146). Vielen Soziologen ist unstrittig, daß diese Nachteile überwiegen. In der Konsequenz scheint es dann aus dieser Sicht nahezuliegen, lieber ganz auf ein Hilfesystem zu verzichten, das sich in der Summe doch nur als ein Kontroll-, Entmündigungs- und Stigmatisierungsinstrument darstelle.

Dieser Befund verführte so manchen zu einer neosozialdarwinistischen Pointe. So redete BORREMANNS (1979, S. 82) als Hilfeersatz einem «autonomen Fertigwerden mit der Natur» das Wort. ZOLA (1979, S. 67) beschwor «natürliche Prozesse», die über das Weiterleben entscheiden sollten. Damit war der Preis für radikale Hilfeverweigerung benannt – und zugleich als ein zu hoher abweisbar. Denn mit der Sozialstaatsidee ist die Soziologie zu sehr verbunden: Es war der ‹Krieg aller gegen alle›, der die soziale Frage des 19. Jahrhunderts kennzeichnete und von dem ausgehend der kompensatorische Ausbau sozialer Sicherungssysteme ihren Ausgang nahm.

Entsprechend dominiert in der Soziologie der Gegenwart anstelle radikaler Hilfeverweigerung das Konzept der *präventiven Hilfe*. Dieses Hilfeverständnis folgt nicht dem (reaktiven) Not / Hilfe-Paradigma («challenge / response»), sondern orientiert auf den (offensiven) Aufbau jener sozialen Strukturen, die erforderlich sind, um Not erst gar nicht entstehen zu lassen. Die Rede von den ‹sozialen Netzen›, die «im Zuge gesellschaftlicher Modernisierung an Selbstverständlichkeit und Tragfähigkeit verloren» (BECHER / PANKOKE 1981, S. 222) haben und die es dem «Netz sozialer Sicherung» (PANKOKE / PANKOKE-SCHENK 1986, S. 50) beizugesellen gelte, ist diesem Verständnis präventiver Hilfe einzulagern. «Die Quellen der naturwüchsigen Hilfsbereitschaft», so auch der Sozialpädagoge RAUSCHENBACH (1992, S. 46), seien versiegt, und zwar nicht als Folge «einer verkommenen Moral der Menschen» (ebd., S. 46), sondern als «Ergebnis des Zerfalls und der Erosion von gewachsenen Lebenszusammenhängen» (ebd., S. 47). Letztere in einem Akt der ‹Hilfe zur Selbsthilfe› wieder aufzubauen, mag dann als Extrakt des neuen, soziologisch aufgeklärten sozialpädagogischen Hilfemotivs gelten.

Allerdings hatte schon Scherpner den Hilfebegriff nicht nur als anthropologische Universalie betrachtet, sondern auch als «Urkategorie» des Gemeinschaftshandelns (SCHERPNER 1962, S. 122) bzw. als «Bindemittel des Gemeinschaftslebens» (S. 128). Dem unterlag die von dem

Soziologen Ferdinand Tönnies (1855–1936) stammende Unterscheidung zwischen Gemeinschaft und Gesellschaft, an die Scherpner die These anschloß: Je mehr zweckhafte Organisation von Sozialstrukturen im Sinne von Gesellschaft, desto schwächer die in organischen, also etwa dörflichen oder familialen Gemeinschaften noch ausgeprägte «latente Hilfsbereitschaft» (SCHERPNER 1962, S. 126). Derartige Thesen sind an sich, wie man auch von Paul Natorp (1854–1924) weiß, wenig spektakulär (vgl. NIEMEYER 1989). Scherpner freilich wurde dem in der Soziologie der 60er Jahre noch verbreiteten Tönnies-Verdikt zugerechnet und, entsprechend, der romantizistischen Überhöhung der – im Dritten Reich mißbrauchten – Gemeinschaftskategorie geziehen.

Inzwischen freilich ist das Interesse an Natorp wie auch Tönnies wiedererwacht. Dies erklärt sich auch aus dem nun deutlicher gesehenen Umstand, daß organisierte und professionelle Hilfe eine bedenkliche Eigendynamik im Sinne der Verwissenschaftlichung ursprünglich alltäglicher Hilfen entwickelt. Eine diesbezügliche Folgenabschätzung wird erst jüngst im Rahmen des Projekts einer ‹reflexiven Erziehungswissenschaft› (vgl. LENZEN 1991) gefordert. Sie könnte, beispielsweise als ‹reflexive Sozialpädagogik›, fortgeführt werden (vgl. NIEMEYER 1992b).

2.5.6 Helfermotive in psychologischer Perspektive

Auch die Psychologie besetzt mit ihren Auffassungen das Bewußtsein vieler sog. Helfer im sozialpädagogischen Handlungsfeld. Dies mag sich der Sache nach von selbst verstehen. Denn Psychologen setzen sich in unserem Themenbereich insbesondere die Aufgabe, den Motiven und psychischen Belastungen der Helfer nachzugehen, und sie können dann, mitunter gegen ihre Absicht und jedenfalls vermittelt über die Rezeption ihrer Forschungsbefunde, derartige Motive mitbestimmen. Zwei Theorieangebote sind es dabei, denen eine derartige Problematik innewohnt: zum einen die (sozialpsychologische) Altruismusforschung; zum anderen die (psychoanalytische) Helfersyndromforschung.

Ist letztere eher eine auf den deutschen Sprachraum beschränkte Erscheinung und mit dem Namen SCHMIDBAUER (vgl. 1977) verknüpft, so sind bei der *Altruismusforschung* US-amerikanische Ursprünge unverkennbar (vgl. LÜCK 1977b). Stimuliert von dem Überhandnehmen der Aggressionsforschung, aufgeschreckt durch Nachrichten über mangelnde Hilfeleistung in amerikanischen Großstädten und entsprechend angetrieben von dem Ehrgeiz, der offenbar nicht mehr in großer Zahl vorhandenen Alltagsaltruisten habhaft zu werden, um die für sie geltend zu machenden positiven Verstärker sowie Verarbeitungsweisen erkunden zu können, begaben sich amerikanische Sozialpsychologen ausgerechnet zu einer Zeit auf die Suche nach den Auslösebedingungen und Merkmalen für ‹prosoziales Verhalten›, als deutsche Soziologen der Sozialpädagogik gerade die Freude an eben diesem Verhalten austreiben wollten, und dies nicht zuletzt aufgrund der Ambivalenzen des sozialbürokratisch überformten sozialpädagogischen Alltags. So gesehen liegt die Verlockung nahe, mit den Befunden der Altruismusforschung schnell fertig zu werden: Die Experimentalarrangements sind kaum übertragbar auf beruflich geprägte sozialpädagogische Handlungssituationen und ignorieren die für diese typischen Kontrollmerkmale.

Ein weiterer Gesichtspunkt fördert die Neigung, die Rede vom Helfersyndrom zu bevorzugen. Denn daß Helfen, wie Altruismusforscher behaupten, als Akt «spontane(r) Anteilnahme und Hilfsbereitschaft» (FENGLER 1991, S. 13) auszulegen sei, will uns nun weniger leicht in den Kopf als das Umgekehrte: daß Helfer häufig hilflos seien, weil ihnen eine seelische Konstitution zugrunde liegt, «bei der Hilfe für andere der Abwehr eigener Konflikte und Ängste dient» (SCHMIDBAUER 1977, S. 137).

Vergleichbare Einwände erheben sich gegenüber der Handhabung der Frage, ob die *Helfersyndrom*-Thematik als eine wissenschaftliche gelten kann. Denn Altruismusforschern will dies, vor dem Hintergrund der für sie maßgeblichen methodischen Standards quantitativer Forschung – Experiment, Beobachtung, Kontrollgruppenvergleich etc. –, nicht einleuchten (vgl. FENGLER 1991, S. 50). Tatsächlich bleibt aber auf diese Weise unberücksichtigt, daß psychoanalytisch eingebundene Hypothesen wie jene vom Helfersyndrom ein anderes, qualitatives Forschungskonzept erfordern, also etwa narrative Interviews. Infolge dieses Mißachtens des Zusammenhangs von Gegenstand und Methode steht dann, aus Sicht der empirischen Psychologie, als einzig ernst zu nehmende Forschungsrichtung die Altruismusforschung zur Debatte, aber auch die mit ihr zusammenhängende Burnout-Forschung (vgl. ENZMANN / KLEIBER 1989). Dabei scheint es dann die Entdeckung der für das ‹Ausbrennen› Berufstätiger verantwortlich gemachten Streßfaktoren zu erlauben, die (vermeintlich unwissenschaftliche) Rede vom ‹hilflosen› Helfer durch die vom ‹belasteten› Helfer zu ersetzen und entsprechende Belastungsfaktoren auf empirisch bewährte Weise zu erforschen. Derartige Befunde sind aber, da sie auf der Ausgrenzung psychoanalytischer Fragestellungen beruhen, mit Vorsicht zu behandeln. Es kommt hinzu, daß auch die Besonderheit (sozial-)pädagogischen Handelns keine Berücksichtigung erfährt.

Daß gleichwohl über Altruismus- wie Helfersyndromforschung, na-

mentlich in der Sozialpädagogik, weniger in forschungsmethodologi-
scher Absicht gestritten wird denn so, als gelte es, ein kulturelles Phänomen zu sondieren, macht die Sache problematisch. Tatsächlich legt die
Altruismusforschung den Verdacht nahe, als gehe es um eine Art Propagierung dessen, was sich dem Diktum der Beruflichkeit nicht so recht
beugen will. Und um so stärker die Befunde der Altruismusforschung
erfolglos genutzt wurden im Rahmen von Burnout-Prophylaxe und
-Therapie, um so mehr sich also das als Berufsstreßindikator zu lesende
sogenannte ‹Ausbrennen› langjährig tätiger Sozialberufler auf dieser Basis nicht angehen ließ (vgl. ENZMANN / KLEIBER 1989), desto stärker ver-
kam die Altruismusforschung zu einem Instrument im Rahmen der
Rekrutierung freiwilliger Helfer: Warum noch sich mit Berufstätigen
abmühen, wenn doch inzwischen Instrumente zur Diagnose einer sozialarbeiterischen Reservearmee bereitstanden? Die Altruismusforschung,
so darf man vielleicht auch sagen, unterliegt der Gefahr, sich in ihrer
Anwendung von einer Psychologie des Helfens zu einem Instrument für
die Beseitigung des Helfens als Beruf zu wandeln.

Was die Anwendung der Helfersyndromforschung angeht, so verhält
sich die Sache kaum besser. OPPL (vgl. 1986, S. 83) identifizierte infolge
des Populärwerdens der Rede vom Helfersyndrom zunehmendes Mißtrauen der Klientel in berufliche Helfer und ein – jedenfalls aus solchen
Gründen unerwünschtes – Anwachsen der Selbsthilfebewegung. BRACK
(vgl. 1986, S. 46) assistierte: Professionelle weigerten sich zunehmend,
freiwillige Helfer einzusetzen, sofern diese noch nicht hinreichend über
sich selbst und die Ambivalenz ihrer Hilfemotive aufgeklärt seien. Daß
derlei Selbstdiagnose freilich auch zum Rückzug des Hilfeansinnens der
freiwilligen Helfer führen kann (vgl. auch ALBRECHT 1985, S. 147), sei
dabei in Kauf zu nehmen.

Beide Forschungsrichtungen entziehen der Sozialpädagogik also ihre
letzten Kräfte und hinterlassen nur noch die dann wohl naiv-unbelesene
Klientel der freiwilligen Helfer: die Altruismusforschung, weil sie die
Anstellungsträger dazu verführt, sich von den Berufstätigen ab- und den
freiwilligen Helfern zuzuwenden; und die Helfersyndromforschung,
weil sie die beruflichen, aber auch die freiwilligen Helfer zur unverdros-
senen Selbstbeschäftigung nötigt. Tatsächlich ist namentlich in der Sozialpädagogik in den letzten Jahren eine teilweise bis ins Absurde gestei-
gerte Nabelschau (mittels Supervision, Praxisberatung oder Fortbildung)
beobachtbar, bei der mitunter aus dem Blick gerät, daß es auch noch eine
Klientel gibt bzw. daß man selbst nicht die Klientel ist. Im Gegensatz zu
diesem durch den sog. Psychoboom beschleunigten Vorgang wäre deutlicher zu machen, daß dem häufig hilflosen Praktiker mit einer in der

Erstausbildung grundgelegten sozialpädagogischen Handlungstheorie weit besser geholfen wäre.

Formal zwar noch zur Hilfe autorisiert, aber ohnehin schon verunsichert durch die Rede von der sozialen Kontrolle, wirkt also der sich durch die Helfersyndrom- wie Altruismusforschung beschleunigende Legitimationsverlust von derlei ‹Fachhilfe› vollends lähmend aus. Es kommt hinzu, daß der ohnehin schon verunsicherte Helfer zunehmend auf die Tugend des Respekts und der Einsicht in die eigene Inkompetenz verpflichtet wird und insoweit schon eher an einem «Nichthelfersyndrom» (vgl. NIEMEYER 1984) zu leiden beginnt. Es steht dann zu befürchten, daß die Klientel, die in den Sozialwissenschaften ohnehin schon seit längerem als intimer Kenner der eigenen Biographie hofiert und zur Selbstdeutung ermächtigt wird, in Zukunft auch noch die Therapie des hilflosen Helfers in eigener Regie übernimmt.

In dieser letzten Pointe der schon seit Jahren in der Sozialpädagogik grassierenden Entprofessionalisierungseuphorie wirkt sich die Erwartung aus, man könne in sozialreformerischer Absicht einheitsstiftende Merkmale der Handlungslogik jener Pädagogen, Psychologen und auch Mediziner zum Ausdruck bringen, die sich nicht länger dem Klienten oder Patienten gegenüber als distanzschaffende und entmündigende Experten darstellen wollen, sondern die auf Signale der Gleichheit und Reziprozität im Sinne wechselseitiger Betroffenheit durch gesamtgesellschaftliche Leidenszufügungen setzen. Was sich dann auf Dauer stellen kann, ist eine dumpfe egalitäre Struktur im Sinne eines Betroffenenkartells, in welchem der «Jargon der Weinerlichkeit» (BRUMLIK 1980) zu höchstem Ansehen gelangt. Insoweit perpetuiert der Hilfebegriff in seiner so zu verstehenden Instrumentalisierung für die Selbsthilfebedürfnisse der Helfer jene Folgen amorpher Gesellschaftsstrukturen, gegen die er sich ursprünglich wenden sollte.

2.5.7 Fazit

Den Hilfebegriff zu vermeiden, scheint nicht mehr geboten, nachdem er sich vielen als ein Ausdruck andient, der das Geschehen in einem so heterogenen Handlungsfeld wie dem der Sozialarbeit/Sozialpädagogik besser zu thematisieren verspricht als denkbare Konkurrenzausdrücke. In der sozialpädagogischen Theoriegeschichte ist der Hilfebegriff aber nur als Derivat vorhandener Grundbegriffe genutzt worden und sollte auch nur in dieser Variante in Zukunft akzeptiert werden. Er eignet sich dann zur Umschreibung von Objektbereichen, Methoden und Handlungsmotiven, die ursprünglich in Reaktion auf das von der Pädagogik der Aufklärungsepoche vernachlässigte Armutsproblem sowie später in Reaktion auf die soziale Frage und heute in Reaktion auf Schwierigkeiten der Lebensbewältigung Eingang in eine verantwortliche pädagogische Gesamtkonzeption fanden und die man in einer pädagogischen Subdisziplin abgelagert hat: der Sozialpädagogik. Diese freilich wird nur dann Anrecht auf Zurechnung zur pädagogischen Wissens- und Disziplinmatrix erheben können, wenn sie bemüht bleibt, deutlich zu machen, in welcher Hinsicht bezüglich der damit zu thematisierenden Gegenstände, Methoden und Motive noch von Bildung und Erziehung gesprochen werden kann und in welchem Sinne dies zu geschehen hat. Kritische Anfragen, ob so verstandene Hilfe nicht auch die Unterschätzung des Sozialen – etwa im Sinne der Rede von der Hilfe als Kontrolle – impliziert oder ob, im Sinne einer Unterschätzung des Psychischen, Verklärungen der Handlungsmotive unerkannt in Geltung bleiben, lassen sich nur unter dieser Voraussetzung aufnehmen.

Literatur

ALBRECHT, G.: Professioneller Altruismus am Beispiel der Nichtseßhaftenhilfe. In: Bellebaum, A./Becher, H. J./Greven, M. T. (Hrsg.): Helfen und helfende Berufe als soziale Kontrolle. Opladen 1985, S. 125–153.

ANTOR, G.: Hilfe – einige Problemaspekte in Sonderpädagogik und Sozialpolitik. In: Sonderpädagogik 17 (1987), S. 97–111.

BECHER, B./PANKOKE, E.: Sozialadministration und selbstaktive Felder. In: Archiv für Wissenschaft und Praxis der sozialen Arbeit 4 (1981), S. 219–239.

BIERHOFF, H. W.: Helfen im Alltag und im Beruf: Ergebnisse der Altruismusforschung. In: Bellebaum, A./Becher, H. J./Greven, M. T. (Hrsg.): Helfen und helfende Berufe als soziale Kontrolle. Opladen 1985, S. 265–291.

BORREMANNS, V.: Gesundheit kann kein dritter definieren. In: Illich, I. u. a.: Entmündigung durch Experten. Reinbek bei Hamburg 1979, S. 81–95.

BOTTENBERG, E. H.: Persönlichkeitspsychologische Analyse der «Vorstellung vom eigenen Helfen» (VEH). In: Praxis der Kinderpsychologie und Kinderpsychiatrie 30 (1981), S. 124–136.

BRACK, R.: Grundsätzliche Überlegungen zum Einsatz von Freiwilligen in der Sozialarbeit. In: Brack, R. u. a. (Hrsg.): Freiwillige Tätigkeit und Selbsthilfe aus der Sicht beruflicher Sozialarbeit. Bern/Stuttgart 1986, S. 43–72.

BREZINKA, W.: Erziehung als Lebenshilfe. Wien 1957.

BRUMLIK, M.: Fremdheit und Konflikt. In: Kriminologisches Journal 12 (1980), S. 310–320.

BRUMLIK, M./KECKEISEN, W.: Etwas fehlt. Zur Kritik und Bestimmung von Hilfebedürftigkeit für die Sozialpädagogik. In: Kriminologisches Journal 8 (1976), S. 241–262.

DEWE, B. / FERCHHOFF, W. : Die Krise des Wohlfahrtsstaates – Niedergang oder neue Chance für die Idee des Professionalismus. In: Olk, Th. / Otto, H.-U. (Hrsg.): Der Wohlfahrtsstaat in der Wende. München 1985, S. 152–176.

DOKTOR, W. / SAUDER, G. : Nachwort. In: Dies. (Hrsg.): Empfindsamkeit. Stuttgart 1976, S. 197–216.

ENZMANN, D. / KLEIBER, D. : Helfer-Leiden. Heidelberg 1989.

FENGLER, J. : Helfen macht müde. München 1991.

FISCHER, A. : Die Problematik des Sozialbeamtentums [1925]. In: Leben und Werk. Bd. 3/4, hrsg. v. K. Kreitmair. München o. J., S. 319–325.

FISCHER, A. : Erziehungsfürsorge [1930]. In: Leben und Werk. Bd. 7, hrsg. v. K. Kreitmair. München 1967, S. 459–470.

HABERMAS, J. : Theorie des kommunikativen Handelns. Bd. 2. Frankfurt/M. 1981.

HENTIG, H. v. : Versuch einer Einführung. In: Neue Sammlung 7 (1967), S. 382–390.

HERBART, J. F. : Allgemeine Pädagogik aus dem Zwecke der Erziehung abgeleitet [1806]. In: Ders.: Sämtliche Werke. Bd. 2, hrsg. v. K. Kehrbach. Langensalza 1887, S. 1–139.

HOLLSTEIN, W. : Hilfe und Kapital. Zur Funktionsbestimmung der Sozialarbeit. In: Hollstein, W. / Meinhold, M. (Hrsg.): Sozialarbeit unter kapitalistischen Produktionsbestimmungen. Frankfurt/M. 1973, S. 167–204.

KANT, I. : Grundlegung zur Metaphysik der Sitten [1785/86]. In: Ders.: Werkausgabe. Bd. VII, hrsg. v. W. Weischedel. Frankfurt/M. 1982, S. 9–102.

LENZEN, D. : Pädagogisches Risikowissen, Mythologie der Erziehung und pädagogische Methexis. Auf dem Weg zu einer reflexiven Erziehungswissenschaft. In: Zeitschrift für Pädagogik, 27. Beiheft, 1991, S. 109–125.

LÜCK, H. E. : Hilfeleistung als sozialpädagogisches Grundprinzip. In: Archiv für angewandte Sozialpädagogik 8 (1977), S. 223–237 (1977a).

LÜCK, H. E. (Hrsg.): Mitleid – Vertrauen – Verantwortung. Stuttgart 1977 (1977b).

LÜCK, H. E. : Hilfeleistung als Gegenstand sozialwissenschaftlicher Forschung. In: Heilpädagogische Forschung IX (1981/82), S. 224–228.

LUHMANN, N. : Formen des Helfens im Wandel gesellschaftlicher Bedingungen. In: Otto, H.-U. / Schneider, S. (Hrsg.): Gesellschaftliche Perspektiven der Sozialarbeit I. Neuwied 1973, S. 21–43.

MATTHES, J. : Soziale Stereotype in der Theorie der Fürsorge [1962]. In: Otto, H.-U. / Schneider, S. (Hrsg.): Gesellschaftliche Perspektiven der Sozialarbeit II. Neuwied 1973, S. 193–212 (1973a).

MATTHES, J. : Sozialarbeit und soziale Kontrolle. In: Otto, H.-U. / Schneider, S. (Hrsg.): Gesellschaftliche Perspektiven der Sozialarbeit I. Neuwied 1973, S. 107–128 (1973b).

MOLLENHAUER, K. : Einführung in die Sozialpädagogik. Weinheim [6]1976.

MOLLENHAUER, K. : Marginalien zur Lage der Erziehungswissenschaft. In: König, E. / Zedler, P. (Hrsg.): Erziehungswissenschaftliche Forschung: Positionen, Perspektiven, Probleme. Paderborn 1982, S. 252–265.

MOLLENHAUER, K. : Erziehungswissenschaft und Sozialpädagogik/Sozialarbeit oder «Das Pädagogische» in der Sozialarbeit/Sozialpädagogik. In: Sozialwissenschaftliche Literatur Rundschau (1988), Nr. 17, S. 53–58.

MÜLLER-KOHLENBERG, H. : Der heimliche Gewinn der Helfer. In: Müller, B. / Thiersch, H. (Hrsg.): Selbstverwirklichung und Gerechtigkeit. Freiburg 1990, S. 110–121.

NIEMEYER, CH.: Das Nicht-Helfer-Syndrom. Zur Kolonialisierung des Verstehens. In: Müller, S./Otto, H.-U. (Hrsg.): Verstehen oder Kolonialisieren. Bielefeld 1984, S. 199–205.

NIEMEYER, CH.: Zur Systematik und Aktualität der Sozialpädagogik Natorps vor dem Hintergrund ihrer ideengeschichtlichen Einlagerung. In: Oelkers, J. u. a. (Hrsg.): Neukantianismus. Weinheim 1989, S. 241–262.

NIEMEYER, CH.: Entstehung und Krise der Weimarer Sozialpädagogik. In: Zeitschrift für Pädagogik 38 (1992), S. 437–453 (1992a).

NIEMEYER, CH.: Einfache Sozialpädagogik, reflexive Sozialpädagogik – Sozialpädagogik für die neuen Bundesländer? In: Pädagogik und Schule in Ost und West 40 (1992), S. 26–33 (1992b).

NIEMEYER, CH.: Sozialpädagogik zwischen Empfindsamkeit und Aufklärung. Über Ursprungsmomente der modernen sozialpädagogischen Denkform. In: Marotzki, W./Sünker, H. (Hrsg.): Kritische Erziehungswissenschaft – Moderne – Postmoderne. Weinheim 1993, S. 176–202.

NIETZSCHE, F.: Jenseits von Gut und Böse [1886]. In: Ders.: Kritische Studienausgabe, Bd. 5, hrsg. v. G. Colli u. M. Montinari. München 1988, S. 9–243.

NOHL, H.: Der männliche Sozialbeamte und die Sozialpädagogik in der Wohlfahrtspflege [1926]. In: Ders.: Pädagogik aus dreißig Jahren. Frankfurt/M. 1949, S. 143–150.

NOHL, H.: Jugendwohlfahrt. Leipzig 1927.

NOHL, H.: Die pädagogische Idee in der öffentlichen Jugendhilfe [1928]. In: Ders.: Pädagogik aus dreißig Jahren. Frankfurt/M. 1949, S. 182–189.

OPPL, H.: Sozialarbeit im Spannungsfeld von Ehrenamt und Selbsthilfe. In: Deutscher Caritasverband (Hrsg.): Ehrenamt und Selbsthilfe. Freiburg i. Br. 1986, S. 65–91.

OTTO, H.-U./SCHNEIDER, S.: Einleitung. In: Gesellschaftliche Perspektiven der Sozialarbeit I. Neuwied 1973, S. 11–18.

PANKOKE, E./PANKOKE-SCHENK, M.: Ehrenamtlicher Dienst und ehrenamtliche Verantwortung. In: Deutscher Caritasverband (Hrsg.): Ehrenamt und Selbsthilfe. Freiburg i. Br. 1986, S. 65–91.

PESTALOZZI, J. H.: Sämtliche Briefe. Bd. 4. Zürich 1978.

PESTALOZZI, J. H.: Pestalozzis Brief an einen Freund über seinen Aufenthalt in Stans [1799]. In: Ders.: Ausgewählte Schriften, hrsg. v. W. Flitner. Frankfurt/M. [u. a.] 1983, S. 223–246.

PETERS, H.: Die mißlungene Professionalisierung der Sozialarbeit. In: Otto, H.-U./Utermann, H. (Hrsg.): Sozialarbeit als Beruf. München 1971, S. 99–124.

PEUKERT, D. J. K.: Grenzen der Sozialdisziplinierung. Köln 1986.

PFAFFENBERGER, H.: Vorwort. In: Friedländer, W./Pfaffenberger, H. (Hrsg.): Grundbegriffe und Methoden der Sozialarbeit. Neuwied 1966, S. I–XVIII.

POLLIGKEIT, W. u. a.: Fürsorge als persönliche Hilfe. Berlin 1929.

PRANGE, K.: Pädagogik im Leviathan. Bad Heilbrunn/Obb. 1991.

PREYSER, D.: Hilfe als soziologisches Phänomen. Würzburg 1934.

RAUSCHENBACH, TH.: Soziale Arbeit und soziales Risiko. In: Rauschenbach, Th./Gängler, H. (Hrsg.): Soziale Arbeit und Erziehung in der Risikogesellschaft. Neuwied 1992, S. 25–60.

SACHSSE, CH.: Mütterlichkeit als Beruf. Frankfurt/M. 1986.

SCHERPNER, H.: Theorie der Fürsorge. Göttingen 1962.

Schmidbauer, W.: Die hilflosen Helfer. Reinbek bei Hamburg 1977.

Schultheis, F.: Selbsthilfe unter Kuratel. Eine kleine Sozialgeschichte des bürgerlichen Selbsthilfe-Gedankens in Frankreich. In: Deutscher Caritasverband (Hrsg.): Ehrenamt und Selbsthilfe. Freiburg 1986, S. 163–187.

Skiba, E.-G.: Der Sozialarbeiter in der gegenwärtigen Gesellschaft. Weinheim 1969.

Smalley, R. E.: Praxisorientierte Theorie der Sozialarbeit. Weinheim 1970.

Spranger, E.: Lebensformen [1921]. München/Hamburg 1965.

Steinweg, J.: Die Innere Mission der evangelischen Kirche. Heilbronn 1928.

Sütterlin, K.: Rettung als pädagogische Kategorie. Diss. Tübingen 1976.

Tuggener, H.: Social Work. Weinheim [u. a.] 1971.

Uhlhorn, G.: Die christliche Liebestätigkeit [1895]. Darmstadt 1959.

Vahsen, F.: Einleitung. In: Ders. (Hrsg.): Paradigmenwechsel in der Sozialpädagogik. Neuwied 1992, S. 5–13.

Vogel, M. R.: Sozialwissenschaftliche Kritik in der Gesellschaftspraxis – erläutert an der Problematik einer Fürsorgetheorie [1967]. In: Otto, H.-U./Schneider, S. (Hrsg.): Gesellschaftliche Perspektiven der Sozialarbeit I. Neuwied 1973, S. 213–232.

Wezel, J. K.: Lebensgeschichte Tobias Knauts, des Weisen, sonst der Stammler genannt [1773–1775]. Hrsg. v. A. Klingenberg. Berlin 1990.

Winkler, M.: Eine Theorie der Sozialpädagogik. Stuttgart 1988.

Zola, I. K.: Gesundheitsmanie und entmündigende Medikalisierung. In: Illich, I. u. a.: Entmündigung durch Experten. Reinbek bei Hamburg 1979, S. 57–80.

3 Die Träger pädagogischer Tätigkeit

Ulrich Herrmann

3.1 Familie und Elternhaus

3.1.1 Was wird heute unter ‹Familie› verstanden?

Im alltäglichen Sprachgebrauch, aber auch in der erziehungs- und sozialwissenschaftlichen Fachsprache sowie in Recht und Verwaltung versteht
man heute unter ‹Familie› ein mit seinen unselbständigen (leiblichen
oder angenommenen) Kindern zusammenlebendes Elternpaar. Dies ist –
idealtypisch – eine vollständige ‹Kernfamilie› nach dem Schema Vater-
Mutter-Kind(er) in der familienrechtlichen Form der ehelichen Lebensgemeinschaft von Ehemann und Ehefrau. Die ‹Normalfamilie› ist mithin
die Konstruktion einer sozialen Gruppe vor allem aufgrund bürgerlich-
rechtlicher Normierungen (vgl. LIMBACH 1988, 1989; vgl. BERG 1991).
Wichtiges Merkmal ist das auf Dauer eingestellte Zusammenleben. Nach
dessen Beendigung – durch das Heraustreten der Kinder aus dem gemeinsamen Haushalt oder durch die Auflösung der Ehe – bleiben Eltern
und Kind(er) weiterhin im Familienverband der Verwandtschaft, der in
der Alltagssprache ebenfalls zumeist Familie genannt wird. Sie bilden
aber keine Einzelfamilie mehr im engeren Sinne einer Haushaltsgemein-
schaft.

Diese Zwei-Generationen-Familie als Haushaltsfamilie ist heute in al-
len Industriegesellschaften der vorherrschende Typus, der Inbegriff von
Familie überhaupt. Er zeigt die besonderen Merkmale von Familie im
Unterschied zu anderen sozialen Gruppen: eine privatisierte Lebens- und

Wirtschaftsgemeinschaft (was nicht Vermögens- bzw. Erwerbsgemein-schaft bedeuten muß) von Eltern und Kindern auf der Grundlage des ehelichen Rechtsverhältnisses der Eltern (bzw. Eheleute) mit der Verpflichtung der Versorgung und Erziehung der (gemeinsamen) Kinder. – Daneben gibt es heute auch andere Familienformen und andere Wahrnehmungen und Zuschreibungen, was als ‹Familie› erlebt oder angesehen wird (vgl. Bien/Marbach 1991, Ebel/Reinecke 1992).

Unter dem Gesichtspunkt der Versorgung und Erziehung der Kinder im Rahmen des elternhäuslichen Beziehungsfeldes steht im folgenden nicht Familie als Verwandtschaft, sondern als Einzelfamilie im Mittelpunkt der Betrachtung.

3.1.2 Zur Geschichte der Familienformen und des Familienlebens seit der Frühen Neuzeit

3.1.2.1 Das ‹ganze Haus›

In vormoderner Zeit waren in Europa Wort und Begriff Familie im heutigen Sinn für Einzelfamilie und Verwandtschaft unbekannt. Diese sozialen Konstellationen und Beziehungen wurden einerseits mit Haus, Hausgemeinschaft und Hausgenossenschaft, andererseits mit Sippe bezeichnet (Schwab 1975, S. 254 ff). Zu Beginn der Frühen Neuzeit wurde im 16. und 17. Jahrhundert Haus bzw. Haushaltung – in der Bedeutung von (griech.) *oikos* – die Bezeichnung für Haus wie auch für Familie. Haus bedeutete dabei sowohl das gesamte ‹Hausgut› bzw. den ‹Hausbesitz› oder auch das Erbgut (einschließlich der zum ‹Hause› gehörenden Menschen) als auch Familie im Sinne des Personenverbands aller derjenigen Personen, die der Gewalt des ‹Hausvaters› unterstellt waren: die ‹Hausmutter›, die Kinder, das Gesinde, sonstige Hausgenossen. Während für die Bezeichnung der adligen Familie als Familienverband (‹Geschlecht›) bis heute die Bezeichnung ‹Haus› gebräuchlich geblieben ist, setzte sich ‹Familie› als Bezeichnung für die (nichtadlige) bäuerliche und Handwerker-Einzelfamilie durch (zur Familiengeschichte der Moderne vgl. die zusammenfassenden Darstellungen von Mitterauer/Sieder 1977, Rosenbaum 1982, Weber-Kellermann 1984a, Sieder 1987 sowie die Überblicke von Kühne 1978 und Weber-Kellermann 1984b).

Der Bauernhof und das Handwerkerhaus waren Zentrum des gesamten Alltagslebens: des Wirtschaftens und des Arbeitens, der Muße und der Feier. Die alteuropäische Ökonomik war – bis tief in die Frühe Neuzeit – daher die Lehre vom ‹ganzen Haus› in allen seinen Funktionen der

Produktion und Konsumtion, der (funktionalen) Zuordnung und Rechts-stellung aller Hausgenossen, in der Ordnung von Arbeit und Erholung. Weder im (groß-)bäuerlichen noch im städtisch-handwerklichen Haus-wesen waren Familienleben, Haushalt und Wirtschaftsbetrieb getrennt. Gesinde und Gesellen bildeten zusammen mit der Familie von Hausvater und Hausmutter eine Lebens- und Arbeitsgemeinschaft (vgl. BRUNNER 1968). Im ‹ganzen Haus› lebten eine oder mehrere Kernfamilien – im Falle von Heiratsverboten oder -beschränkungen das Gesinde auch in faktischen Ehen – sowie ledige Personen, die untereinander blutsver-wandt sein konnten: die Familie(n) und Angehörigen des Hausvaters und der Hausmutter sowie die Familien (samt deren Angehörigen) aller son-stigen im ‹ganzen Haus› mitlebenden und mitarbeitenden Personen ein-schließlich weiterer ‹Inwohner›.

Für das ‹ganze Haus› wird fälschlicherweise manchmal die Bezeich-nung Großfamilie gewählt. Tatsächlich handelte es sich um einen Ver-bund von Kernfamilien, die deshalb manchmal auch als *Kleinfamilien* bezeichnet werden. Aus verschiedenen Gründen (Heiratsalter, Fertilität und Geburtenrate, Kinder- und Müttersterblichkeit, Lebenserwartung, Nicht-Wiederverehelichung und Schwangerschaftsverhütung oder -ab-bruch; vgl. die Übersicht bei KÜHNE 1978, S. 82) umfaßten diese *Kern-familien* in der Regel nur vier bis sechs Personen – im agrarisch-bäuer-lichen Bereich manchmal mehr, im städtischen auch weniger. Die Familiengröße stieg vor allem im Falle der Wiederverheiratung des Hausvaters. Deshalb waren auch Geschwister- als Stiefverhältnisse eher die Regel als die Ausnahme, und zwar womöglich aus drei Ehen: einer früheren des Hausvaters und wenn er in zweiter Ehe eine Witwe mit Kindern geheiratet hatte. Schon aufgrund allgemein verbreiteter Erfah-rungen in Erbschaftsauseinandersetzungen war nicht zuletzt aufgrund dieser Konstellation das emotionale Binnenklima in solchen Familien in der Regel eher kühl und distanziert.

Die sozialen Beziehungen der im ‹ganzen Haus› miteinander Lebenden waren durch die Art der Arbeitsorganisation geprägt, die jedem seine bestimmte Aufgabe bei der Produktion der Nahrungsmittel, Gerätschaf-ten, Verbrauchsgüter und der Dienstleistungen zuwies. Alle, auch die Kinder, mußten nach ihren Kräften und Geschicklichkeiten mitarbeiten, in der Regel unentgeltlich, da das Hauswesen insgesamt jeden Hausge-nossen mit allem versorgte, was er benötigte: Wohnung, Nahrung, Klei-dung, die sonstigen Gegenstände des alltäglichen Bedarfs.

Das ‹ganze Haus› war streng patriarchalisch organisiert. Nur der Hausvater war – familien- und sachenrechtlich gesehen – handlungs- und geschäftsfähig; er war der Vormund seiner Ehefrau und aller Kinder; er übte über alle Hausgenossen das Züchtigungsrecht aus. Gleichwohl war die Hausmutter in der bäuerlichen Haus- und der städtischen Betriebswirtschaft in den Alltagsgeschäften aufgrund häuslicher Arbeits- und Funktionsteilung dem Hausvater faktisch gleichgestellt; sie verfügte über eigene Zuständigkeits- und Verantwortungsbereiche und hatte die Schlüsselgewalt.

Das Zusammenleben vieler Menschen unter einem Dach kannte nur wenige ‹private›, intimisierte Rückzugsbereiche, weswegen auch ‹offene› Konflikte in dieser kollektiven Lebensform nur sehr begrenzt möglich waren. Beachtung der Ordnungen, Gehorsam und Folgsamkeit waren unabdingbar. Sie bedeuteten nicht nur Einschränkung, sondern vor allem Orientierungs- und Verhaltenssicherheit. Die Umgangsformen durften nur wenig affektiv getönt und mußten eher formell gestaltet sein. Dies war außerdem erforderlich aufgrund der relativen Offenheit des ‹ganzen Hauses› durch Abwanderung und Ergänzung der Bediensteten. (Der richtige Umgang mit diesen wird daher vom ausgehenden 18. bis ins frühe 20. Jahrhundert Gegenstand einer eigenen Ratgeberliteratur.) Die Ökonomie des ‹ganzen Hauses› bestimmte daher auch die Ökonomie der Gefühle der in ihm lebenden Menschen. Einen Ehepartner, ein Kind oder einen nahen Familienangehörigen zu verlieren, bereitete Schmerz und Leid wie heute auch. Jedoch erforderten die Lebensumstände einer Kultur und Lebensweise, die durch ‹Sachzwänge› gekennzeichnet war, die baldige Rückkehr zur ‹Tagesordnung›, die man aus heutiger Sicht nicht als Gefühlskälte fehlinterpretieren sollte. Nach schicklicher Trauerzeit mußte für die Aufrechterhaltung der Hauswirtschaft eine erneute Eheschließung erfolgen. Der Tod eines Kindes war nichts Ungewöhnliches in Zeiten hoher Kindersterblichkeit und entsprechend hoher Gebürtigkeit für den erforderlichen ‹Ersatz›. In der Ungeschiedenheit von Wirtschaftsbetrieb und Haushalt, Leben und Überleben bestimmte Rationalität das Klima des ‹ganzen Hauses›; für die ‹Sentimentalität› der späteren (und heutigen) privatisierten Kernfamilie war kein Platz. Diese Rationalität galt auch für die Stiftung der Ehe selber; denn sie wurde nur dann als auf Dauer gesichert angesehen, wenn das materielle Vermögen von Mann und Frau eine hinreichende Nahrungsbasis für die neue Familie und ihren Haushalt abgab.

Charakteristisch war für das ‹ganze Haus› die Durchmischung der Lebensalter und der Geschlechter. Jung und alt lebten und erlebten weitgehend ein gemeinsames Arbeits- und Alltagsleben, desgleichen Jungen und Mädchen, Männer und Frauen. Nur in der knapp bemessenen Freizeit vollzog sich häufig eine Trennung der Geschlechter und Altersgruppen (besonders bei den jungen Leuten zur Steuerung des Sexualverhaltens und des Heiratsmarktes). Sowohl die Durchmischung als auch die partielle Homogenisierung der Geschlechter und Altersgruppen bewirkte bei den Kindern und Heranwachsenden die Aneignung von Verhaltensformen und Orientierungsnormen durch die Mit- und Nachahmung von *Vorbildern* (vgl. ROESSLER 1961, S. 34 ff, bes. S. 61 ff). Die Sozial- und Verkehrsformen sowie die Verhältnisse übten prägende Kraft aus: Sie sozialisierten den Umgang, habitualisierten das Verhalten, komponierten die Wahrnehmung, disponierten das Bewußtsein; sie erzwangen das Notwendige und zeigten das Schickliche; Normen und Regeln, Ordnungen und Gewohnheiten waren sinnenfällig und mußten nicht reflektierend erschlossen oder legitimiert werden: in der Tischordnung und durch die Kleiderordnung, beim Kirchgang und bei Festen. Gelernt wurde durch Abgucken und Mittun; an den langen Winterabenden wurde erzählt und gesungen, wurden in Reime gegossene Lebensweisheiten memoriert, so daß man sich schließlich auch auf alles ‹einen Reim machen› konnte. Vor allem: Für all die kleinen Kümmernisse und Tröstungen, für die allmähliche Aneignung des Lebenszusammenhangs und der für ihn erforderlichen Deutungen und nützlichen Ratschläge gab es (fast immer) in den Drei-, wenn nicht Vier-Generationen-Verhältnissen noch die Großeltern bzw. die sonstigen Älteren im Hauswesen. Geduldig und ohne Eile konnten sie sich auf die Bedürfnisse und den Rhythmus der kleinen Kinder einlassen.

Der Lebensalltag lehrte den erforderlichen Mitvollzug aller lebenswichtigen Verrichtungen und Tätigkeiten; der Vater zeigte es den Söhnen, die Mutter den Töchtern. Wer nicht im ‹ganzen Haus› bleiben konnte – als Erbe, als Arbeitskraft –, mußte abwandern oder anderswo etwas lernen. Dies war aufgrund der Zunftregeln bei den männlichen Nachkommen der Handwerkerschaft die Regel. Im übrigen vereinte das ‹ganze Haus› noch alle Sozialisations-, Lern- und Erziehungsfunktionen, die später auf verschiedene Instanzen verteilt wurden: die Erziehung zu den primären Tugenden des Fleißes, der Ordnung, der Sparsamkeit; die Vermittlung der religiös fundierten Lebens- und Sozialordnung; die Tradierung der standesgemäßen Werte und Normen. Auch die Funktionen der materiellen Versorgung (besonders bei Krankheit und im Alter), der Einbindung in die weltliche und geistliche Gemeinde, der Plazierung in der Sozialordnung und ihrer Hierarchie, der Zuweisung der Chancen und Berechtigungen und damit der Organisation der ‹Normalbiographie› wurden im ‹ganzen Haus› wahrgenommen (KÜHNE 1978, S. 85 f), woran die Differenz zur relativen Funktionsarmut der heutigen Kernfamilie besonders deutlich erkennbar ist.

3.1.2.2 Vom ‹ganzen Haus› zur bürgerlichen Kernfamilie

Mit dem Aufkommen von Lebens-, Produktions- und Erwerbsformen, die die Einheit von Haushalt und Wirtschaftsbetrieb auflösen bzw. deren Trennung zur Voraussetzung haben, etablierte sich die Sozialform der modernen Kernfamilie. Kaufleute, Unternehmer und Bankiers – das ‹alte Bürgertum› des städtischen Patriziats (WEHLER 1987, S. 177 ff) – standen nicht einem ‹ganzen Haus› als Familienbetrieb vor, sondern leiteten als Dienst- und ‹Brotherren› einen Wirtschaftsbetrieb. Im 17. und 18. Jahrhundert nahm die Zahl derjenigen Familienväter zu, die den Lebensunterhalt ihrer Familien nur durch Geldeinkünfte sicherstellten: Beamte und Juristen, Geistliche und Gelehrte, d. h. der immer größer werdende Kreis der akademischen bzw. bürgerlichen Intelligenz, das ‹neue Bürgertum› in der dann im 19. Jahrhundert geläufigen Unterscheidung von Wirtschafts- und Bildungsbürgertum. Die Strukturmerkmale dieses neuen *bürgerlichen* Familienmodells sind:

– Eheschließung und Familiengründung wurden nicht mehr an Haus- oder Grundbesitz gebunden, sondern an regelmäßiges Einkommen, an dem die Ehefrau und die Kinder mit eigener Erwerbstätigkeit nicht mehr beteiligt sind;

– Liebesehen werden nicht nur möglich und bald zur Norm, sondern die affektive Bindung der Eheleute für eine lebenslange eheliche Lebensgemeinschaft wurde die neue Grundlage, die an die Stelle des rationalen Kalküls der materiellen Versorgung trat;

– Kinder – in der Regel nur die Söhne als künftige versorgungspflichtige Familienväter – müssen eine formalisierte Schul- und Berufsbildung erhalten.

Damit gingen tiefgreifende Veränderungen der familialen Arbeitsorganisation und der Rollen- bzw. Funktionszuweisung von Mann und Frau einher. Die Lage der Kinder änderte sich ebenso wie das Familienklima. Der tagsüber meist abwesende Vater war nun nicht mehr Hausvater eines ‹ganzen Hauses›, den man bei der Arbeit begleiten und von dem man unablässig lernen konnte. Der Vater erschien jetzt erst am Abend, nach getaner Arbeit, als privater Familienvater, um zu Hause seinen Feierabend zu verbringen. Die Hausmutter wandelte sich zur ‹Hausfrau›, die im wesentlichen an den privaten Bereich des Wohnhauses bzw. der Wohnung zurückgebunden blieb. Der bürgerliche Haushalt produzierte immer weniger Nahrungsmittel selber und die Gebrauchsgegenstände des täglichen Bedarfs gar nicht mehr. Die Haus- als Naturalwirtschaft wurde auf Geldwirtschaft umgestellt. Das Gesinde des ‹ganzen Hauses› wurde durch meist aushäusiges und für eine Bargeldentlohnung arbeitendes Personal ersetzt. Die Einheit der hauswirtschaftlichen Pro-

duktion und Konsumtion wurde im wesentlichen auf die Konsumge-
meinschaft reduziert.

Während der Familienvater allein verantwortlich für den Gelderwerb
und den finanziellen Unterhalt aller Familienmitglieder war, kümmerte
sich die Hausfrau und Mutter nun um die Pflege des Familienlebens.
Infolge der Trennung der Bereiche von Produktion und Konsumtion
wurde die Familie privatisiert, und dieser neue Bereich des Privaten
wurde zugleich intimisiert und emotionalisiert. (Dies wird sinnenfällig
in der nun beginnenden ‹gemütlichen› Ausstattung der Wohnräume und
in der Malerei durch die Darstellung affektiver Ehegatten-Eltern-Kin-
der-Konstellationen in Körperhaltung und Blickkontakten; vgl. WEBER-
KELLERMANN 1984b, c). Die Familie galt fortan als Refugium für den im
‹feindlichen Leben› des Gelderwerbs geplagten Familienvater. Die Gattin, Hausfrau und Mutter hatte Sorge zu tragen für eine Atmosphäre der
liebevollen Zuwendung, der Entspannung und Erholung wie auch der
anregenden Geselligkeit.

Die Privatisierung und Verhäuslichung dieses Familienlebens, auf die
die bürgerliche Hausfrau und Mutter nun festgelegt wurde, begrenzte
auf der einen Seite ihren Lebenshorizont und ihre Lebensmöglichkeiten.
Auf der anderen Seite wurden der Gattin, Hausfrau und Mutter neue
Funktionen übertragen, die in ihrer kultur- und gesellschaftsgeschicht-
lichen Bedeutung gar nicht hoch genug veranschlagt werden können:

– Das familiale ‹Refugium› wird – im wesentlichen aufgrund der sozialen und emotionalen ‹Investitionen› der Hausfrau und Mutter – zum
  Ort der emotionalen Prägungen und Bindungen innerhalb der *Primär-
  sozialisation* und der elementaren sozialen Beziehungen und damit
  zur Modellerfahrung analoger Prozesse in anderen sozialen Beziehungen; daraus resultiert die inzwischen zum Verfassungsgebot erhobene
  Schutzwürdigkeit von Ehe und Familie;
– der Mutter als der ersten Erzieherin der Kinder wird die Verantwortung für deren gelingende Kindheit und Jugendzeit und damit für
  einen gelingenden Start ins Leben auferlegt; für die Erfüllung dieser
  Aufgabe muß sich die Mutter durch ‹Herzensbildung› auszeichnen;
– die Gattin und Hausfrau repräsentiert in der Sphäre der privaten Geselligkeit Art und Form der *Familienkultur*; sie verantwortet mindestens gleichwertig mit dem Ehemann den Standard der Kultiviertheit
  und den kulturellen Rang der Familie; deshalb darf die Ehefrau in ihrer
  Ehre nicht gekränkt werden und muß, zumal sie auf das Hauswesen
  begrenzt bleibt, auf die eheliche Treue des Mannes unbedingten Anspruch haben.

Dieses bürgerliche Familienmodell ist in vielen Industriegesellschaften zum Regelfall geworden. Es hat im Laufe der letzten 200 Jahre bis ins letzte Drittel des 20. Jahrhunderts alle anderen Familienformen nach seinem Vorbild beeinflußt und dabei vor allem die erziehlichen Eltern-Kind-Beziehungen als Norm durchgesetzt. Wenn Varianten oder Alternativen zum Modell der bürgerlichen Kernfamilie erwogen, gelebt oder empfohlen werden, dann werden sie in ihren Erziehungs- und Bildungsleistungen immer an derjenigen Norm gemessen, die die Kernfamilie darstellt (vgl. BITTNER 1979). Darauf beruht auch die bis heute (institutionell verfestigte) normative Wirkung der Konzeptionen von Kindheit und Jugendalter im Kontext der bürgerlichen Kernfamilie.

3.1.2.3 Kindheit und Jugendleben

Wenn man – wie im ‹neuen Bürgertum› – nicht in einen Stand hineingeboren wird, sondern den gesellschaftlichen Status erst durch Leistung und Erfolg erreichen und sicherstellen muß, dann bekommt die Erziehung und Ausbildung der Kinder eine besondere Bedeutung. Denn sie sind es ja, die den Status der Familie auch in Zukunft zu sichern und nach Möglichkeit zu verbessern haben. Die Mädchen mußten demzufolge lernen, später als Frauen einem Haushalt vorstehen zu können. Außerdem sollten sie den emotionalen und intellektuellen Ansprüchen ihrer späteren Ehemänner einigermaßen gerecht werden können. Die Söhne mußten auf lange Ausbildungswege vorbereitet, konkret: eingestimmt werden auf Leistungsbereitschaft bei gleichzeitigem Aufschub unmittelbarer Bedürfniserfüllung und sich auf eine späte Familiengründung einrichten. Die Kinder werden von Arbeit entlastet, um sich auf die Zukunft vorbereiten zu können, und sie werden mit Dankbarkeits- und Zukunftserwartungen der Eltern bzw. der älteren Generation belastet, weil die in ihrem Lebensentwurf getätigten ‹Investitionen› sich zur Alterssicherung der älteren Generation auszahlen müssen. Das Generationenverhältnis wird daher in gesellschaftlich-geschichtlicher Perspektive im pädagogischen Denken der frühbürgerlichen Gesellschaft in Frankreich und Deutschland das erste grundlegende Argumentationsschema (vgl. die hierzu einschlägigen Abhandlungen in HERRMANN 1991a, 1993).

Die moderne Pädagogik beginnt daher mit neuen Konzeptionen der Kindheit und der Jugendzeit. Die Kindheit wird seit Rousseaus «Emile» von 1762 verstanden als eine Zeit der Entwicklung und Entfaltung der Anlagen und Kräfte, im Hause behütet und gefördert durch besonders aufmerksam arrangierte Lerngelegenheiten und -formen. Die Jugendzeit wird seither begriffen als ein psychosoziales Moratorium mit maximaler Kraftentfaltung bei minimaler Bedürfnisbefriedigung, das der Vorbereitung für den Eintritt ‹ins Leben› dient. Diese Lebensalterkonzepte als

Pädagogische Anthropologie sind daher – neben dem Generationenverhältnis – das zweite grundlegende Argumentationsschema der modernen Pädagogik.

Diese Lebensalter bilden aber einen komplizierten Entwicklungs- als Lebenszusammenhang, der als Bildungsprozeß mehrere Ziele zugleich erfolgreich erreichen soll: *personale Identität, differenzierte Individualität, reflektiertes Ichbewußtsein, charakterstarke Personalität, moralische Integrität, vielseitige Sozialität, kulturelle Kreativität.* Eine besondere Komplizierung ist darin zu sehen, daß ein Mensch diese Ziele nur in und durch sich selbst erreichen kann; sie können ihm nicht andressiert werden. Die Gestaltung der ersten Jahre unseres Lebens- als offener Lerngeschichte, die Mitwirkung bei der freiheitlichen ‹Personagenese› in der Form von Erziehung und Unterricht, die dem jungen Menschen helfen soll, mündig und selbständig zu werden – all dies muß hinsichtlich der Möglichkeiten, daß diese Ziele tatsächlich auch erreicht werden, als höchst problematisch erscheinen: Denn die begabungsmäßigen Voraussetzungen im Kinde sind unbekannt; die Vielfalt der alltäglichen kontrollierten und unkontrollierten Einflüsse läßt sich keinem eindeutigen Ursache-Wirkungs-Schema zuordnen; über das Verschwinden und Überdauern von Lernerfahrungen sowie die Folgen dieser Prozesse im Zuge der menschlichen Entwicklung als einer Metamorphose von Gestalten unseres Ich ist kaum etwas bekannt und im Einzelfall nicht mit Sicherheit feststellbar (vielleicht mit Ausnahme bei Auffälligkeiten). Der Versuch, in dieses komplizierte Gefüge von Entwicklung und Entfaltung, Stabilität und Verwandlung, Interaktion und Kommunikation, Ichwerdung und Vergesellschaftung, Autonomie und Fremdbestimmung erziehungspraktische Handlungssicherheit hineinzubringen, ist daher das dritte grundlegende Argumentationsschema der modernen Pädagogik.

Pädagogisches Handeln vollzieht sich aber immer in Institutionen, die den einzelnen Handlungssequenzen zu Stetigkeit und Erfolg verhelfen, sie aber auch wirkungslos machen können. Diese Institutionen stützen oder behindern Lebensentwürfe und Lebensläufe, Menschenbilder und Lebensformen. Dies gilt, wie gezeigt wurde, in elementarer Weise für die Familie als dem ersten und grundlegenden Feld, auf dem Erziehungs- und Bildungswirkungen vermittelt und erfahren werden. Um Familie in ihren verschiedenen pädagogischen Dimensionen angemessen verstehen zu können, ist es daher erforderlich, ihre verschiedenen Erscheinungsformen und die darin eingelagerten Erfahrungs- und Erziehungsfelder für Kinder und Heranwachsende zu differenzieren. Idealtypische Vereinfachungen sind dabei unvermeidlich.

3.1.3 Familienformen in pädagogischer Hinsicht als Lebens- und Erfahrungsräume von Kindern und Heranwachsenden

Die Zwei-Generationen-Kernfamilie als Haushaltsfamilie kann durch unmittelbar blutsverwandte Personen einer anderen Generation zur Drei-Generationen-Familie erweitert sein, sei es – wie in der Regel – durch Personen der älteren Generation (Großeltern), sei es – seltener – durch Personen der nächsten jüngeren Generation (Enkelkinder). Die Erweiterung kann auch erfolgen durch die Haushaltszugehörigkeit, sei es von anverwandten Personen oder von solchen aufgrund eines besonderen Rechts-, Vertrags- oder Arbeitsverhältnisses. – Neben den Erweiterungen sind die strukturell anders zusammengesetzten Familien als familiale Lebensformen zu berücksichtigen: unvollständige Familien, Ein-Elternteil-Familien, Stieffamilien (vgl. Friedl / Maier-Aichen 1991), nichteheliche Lebensgemeinschaften (mit gemeinsamen leiblichen Kindern oder gemeinsamen Kindern aus früheren Ehen oder Partnerschaften) (vgl. dazu die Artikel in Teil IV: Spezielle Lebens- und Familienformen, in: Nave-Herz / Markefka 1989). So ergeben sich unterschiedliche Personen- als ‹Familien›-Konstellationen (vgl. Bien / Marbach 1991, Bertram 1992 b), die – in ihren Binnen- und Außenbeziehungen – unterschiedliche Lebensformen mit sehr unterschiedlichen Kindschaftsverhältnissen (vgl. Nauck 1991, Keiser 1992) darstellen.

3.1.3.1 ‹Problem›-Familien

Das aktuelle Interesse richtet sich – gerade unter pädagogischen Gesichtspunkten – häufig in erster Linie auf Familienformen bzw. familiale Lebens- als Erfahrungsformen, die durch eine bestimmte Problematik gekennzeichnet sind. Denn an solchen Fällen müßten sich besonders gut Aufschlüsse gewinnen lassen über die Wirkungen des Aufwachsens in der Familie und über die Prägung und Formung durch die Familie. Dieses Interesse hat sich daher in einer umfangreichen und in sich sehr differenzierten Familienforschung niedergeschlagen, wobei zugleich davor zu warnen ist, aus den bisherigen Befunden vorschnell eindeutige Ursache-Wirkungs-Behauptungen und pädagogische Verallgemeinerungen abzuleiten. Was den weiteren Lebensweg angeht, so bedeutet z. B. das Aufwachsen in einer ‹Einelter›familie offensichtlich eine krisenanfällige Ausgangslage; denn Jugendliche aus solchen Familien sind bei schulischem Mißerfolg und auch in der Kriminalstatistik überrepräsentiert (vgl. Clason 1989). Die Frage muß jedoch offenbleiben, auf welche tatsächlichen Ursachen (und deren Zusammenwirken) dies zurückzuführen ist: auf die gesellschaftliche und wirtschaftliche *Struktur* dieser Familien (die zumeist durch Armut und Benachteiligung gekennzeichnet ist) oder auf die familien-internen *Erziehungseinflüsse* und Lebenserfahrungen oder auf die veränderten *Erwartungen* an und Umgangsformen mit Kindern und Jugendlichen aus diesen Familien. Mit Sicherheit gibt es im Einzelfall weitere und vielleicht ausschlaggebende Gründe.

Deutlicher sind Befunde und pädagogische Schlußfolgerungen, wo nicht eine problematische Struktursituation, sondern eine aktuelle Problemlage und deren unmittelbare Auswirkungen auf die von ihr betroffenen Kinder und Jugendlichen betrachtet werden: Arbeitslosigkeit, Krankheit, Alkoholismus, Ehescheidung usw. (vgl. dazu die Artikel in Teil VI: Familien mit spezifischen sozialen Problemen, in: NAVE-HERZ/ MARKEFKA 1989). Es gibt aber auch Erfahrungen, Zumutungen und Herausforderungen im Alltag, die von den Erwachsenen ‹objektiv› als weniger (oder als gar nicht) ‹problematisch› für die Kinder eingestuft werden, weil sie auf die Berufs- und Alltagsorganisation der Eltern und Erwachsenen zurückzuführen sind und ihnen daher ‹selbstverständlich› untergeordnet werden müssen, die aber für ein Kind eine elementare Störung seines normalen Wohlbefindens darstellen (können) (vgl. SEE-HAUSEN 1989): Widersprüchlichkeiten im elterlichen (Erziehungs-)Verhalten; die Alltagserfahrungen in unterschiedlichen Situationen und Institutionen, die das Kind nicht ‹zusammenreimen› kann; die Unterdrückung seines individuellen Zeitrhythmus, das Vernachlässigen seines subjektiven Erlebnisrhythmus, das Zukurzkommen seiner persönlichen Bedürfnisse bei der Aufarbeitung und Deutung seiner Lebenserfahrungen. Wir wissen heute zwar viel über die unmittelbaren Auswirkungen solcher ‹Verstörungen› im Kindergarten und in der Schule, aber kaum etwas über die längerfristigen Folgen für die weitere Lebensgeschichte im Jugendalter und im Erwachsenenleben.

3.1.3.2 ‹Normale› Familienformen

Um sich mit den verschiedenen pädagogischen Aspekten der Familie in ihren verschiedenen Formen und Funktionen bekanntzumachen, erscheint es deshalb näherliegend, zunächst die ‹normalen›, historisch überkommenen Familienformen und -konstellationen zu betrachten, zumal sie häufig bis heute – im Hintergrund unseres Bewußtseins, gefestigt durch langwellige geschichtlich-gesellschaftliche Normalitätserwartungen und -entwürfe – unsere Wahrnehmung und Bewertung von Familienverhältnissen vorherbestimmen. Damit nun nicht einfach als ‹normal› betrachtet wird, was vielleicht selber nur einen historischen Sonderfall darstellt, muß eine Bemerkung zur *Methode* der Beschreibung und Erforschung von Familienformen eingeschoben werden.

Es ist nicht gleichgültig, welche Kriterien für eine bestimmte Familien-
oder Haushaltsform als charakteristisch angesehen werden; denn mit
diesen Kriterien werden zugleich die Bewertungen der historisch oder
empirisch erhobenen Daten und Zusammenhänge eingeführt (vgl. die
Modelle und Schemata bei v. SCHWEITZER 1989). Die Wahl der Kriterien
bestimmt auch, welche Aspekte von Kontinuität und Wandel in den Familienformen überhaupt wahrgenommen und welche neuen charakteristischen Kennzeichnungen für heutige familiale Lebensformen gefunden
werden können (z. B. soziale Netze; vgl. BERTRAM u. a. 1989, BIEN /
MARBACH 1991). Und davon hängt es wieder ab, wie diese charakteristischen Veränderungen der gegenwärtigen Familie verstanden und damit
zum richtigen Ausgangspunkt einer Familienpolitik gemacht werden
können: Eine hohe Scheidungsrate muß mit der fast ebenso hohen Quote
der Bildung neuer fester Partnerschaften oder Familienneugründungen
in Beziehung gesetzt werden; die Begrenzung der Kinderzahl – sofern sie
nicht von vornherein durch äußere Faktoren wie Wohnungsgröße (oder
-mangel), Einkommen usw. erzwungen wird – muß nicht Abneigung
gegen Kinder bedeuten, sondern kann z. B. auch ein Aspekt der Begrenzung der psychischen Belastungen der Familie sein (vgl. NAVE-HERZ
1989).

In einer historisch-systematischen Betrachtungsweise kann die Entwicklung der Familie und ihrer Sozialisations- und Erziehungsfunktionen als ein Differenzierungsprozeß betrachtet werden, der – je nach den
Umständen und Anforderungen – in das «System Familie» (NEIDHARDT
1975) jeweils neue Aufgaben und Funktionen aufnahm bzw. überkommene abgab oder vernachlässigte – und diese dabei unter Umständen unter den Familienmitgliedern neu oder mit neuer Gewichtung verteilte:
Die bürgerliche Frau mußte nicht mehr außerhalb des Hauses einer Erwerbsarbeit nachgehen, dafür bekam sie als neue Pflicht die häusliche
Erziehung der Kinder und die Pflege der häuslichen Kultur; die bürgerlichen Kinder mußten nicht mehr für ihren Lebensunterhalt arbeiten,
dafür aber immer länger zur Schule gehen; die Heranwachsenden genos-
sen mehr und mehr die Arbeitsschutzgesetze, dafür wurden sie aber auch
immer später im ökonomischen Sinne selbständig (und blieben immer
länger von den Eltern abhängig); die Emanzipation der bürgerlichen Frau
führte zur Doppelbelastung mit Haushalt und Beruf (und damit heute oft
zum Verzicht auf eigene Kinder).

Die ‹typischen› Familienformen und -konstellationen lassen sich auf
dreierlei Weise ordnen. Das erste Schema folgt der Einteilung von sozialen Gruppen, Schichten und Klassen und den für sie charakteristischen
Familienformen (statt vieler: vgl. ROSENBAUM 1982, BERG 1991): die

Familie im Bauerntum, im ‹alten› Handwerk, in der Hausindustrie (Heimarbeit), im Bürgertum (Wirtschafts- und Bildungsbürgertum), im Kleinbürgertum und im Proletariat. Die Zugehörigkeit einer Familie zu einem der genannten Typen orientiert sich an wirtschaftlichen und gesellschaftlichen Kriterien: das (Nicht-)Verfügen über Grund- und Hausbesitz; das Ausüben eines selbständigen Berufs oder einer unselbständigen Arbeit; die Zugehörigkeit zum primären, sekundären oder tertiären Sektor der Wirtschaftsordnung (Landwirtschaft; Handel, Gewerbe und Industrie; Dienstleistungsbereiche); Leben auf dem Lande oder in der Stadt; Umfang, Qualität und Ansehen der Ausbildung; Zugehörigkeit zur Ober-, Mittel- oder Unterschicht usw. In jedem dieser Familientypen ist die interne Arbeitsorganisation – die (Zusammen-)Arbeit aller Familienangehörigen für den gemeinsamen Unterhalt – auf eine jeweils besondere Weise geregelt, und demzufolge sind die Lebens- und Erfahrungsbereiche der Kinder und Jugendlichen auf eine jeweils charakteristische Weise geordnet.

Diese Ordnungen leiten über zum zweiten Ordnungsschema: der Differenzierung zwischen den Ehegatten bzw. den Familienangehörigen nach Rollen und Funktionen und den sich daraus ableitenden unterschiedlichen Gestaltungen der Eltern-Kind(er)-Beziehungen (vgl. MITTERAUER 1989). Erst wenn die (weitgehend von außen bestimmte) familiale Arbeitsorganisation zusammengesehen wird mit den internen familialen Rollenausprägungen, lassen sich die Sozialisationsprozesse innerhalb der Familie zureichend verstehen – z. B. die Vorbildwirkung von Vater und Mutter – und werden die Erziehungsarrangements verständlich, die auf unterschiedliche Weise für Jungen und Mädchen in der Familie gelten (besonders hinsichtlich der Kontrolle ihres Lebensalltags innerhalb und außerhalb der Familie).

Dieser Aspekt leitet über zu einem dritten Ordnungsschema: der sozial-ökologischen Unterscheidung von privat – öffentlich, Haus/Familie – Straße, Arbeit – Schule – Freizeit (vgl. SCHLUMBOHM 1981, HERRMANN 1991c, BEHNKEN/DuBOIS-REYMOND/ZINNECKER 1989). Der Prozeß der Formierung der bürgerlichen Familie ist zugleich derjenige der Verhäuslichung ihrer Kinder (Straßenjunge bzw. Straßenmädchen ist ab jetzt ein Schimpfwort). Diese Kinder bekommen nun in Haus und Garten eine eigene, pädagogisch gestaltete ‹Welt des Kindes›: das Kinderzimmer mit seinem Kinderspielzeug, Bilderbüchern und Lesestoffen, die Befreiung von wirtschaftlich wichtiger Arbeit, die enge emotionale Bindung an Mutter, Vater und Geschwister. Die Erfahrung der Welt draußen wird gesteuert und gefiltert. Derweil tummeln sich die Unterschichtkinder auf der Straße oder müssen arbeiten, und die Kinder der

Bauersleute, für die die Mitarbeit in Haus und Hof, im Stall und auf dem Feld die reine Selbstverständlichkeit ist, leben im Hof bzw. auf der Gasse. Die Teilnahme an der Alltagswelt der Erwachsenen geschieht (weitgehend) ungeregelt und ungefiltert. (Weswegen ‹Frühreife› nun aus der bürgerlichen Sicht als ein bedenklicher Entwicklungsstand beargwöhnt wird.) Die ‹Welt des Kindes› läßt sich unterscheiden nach Binnen- und Außenräumen, nach Trennung oder Durchmischung der Altersgruppen, nach Freizeit, Lernen oder Arbeiten, nach Schule oder Werkstatt bzw. Fabrik. Dem entspricht aber auch die Unterscheidung von mehr oder weniger Kontrolle und Freiheit, Abhängigkeit und Selbständigkeit, Pädagogisierung und Selbsterfahrung (vgl. HERRMANN, 1991b).

Die neueste Entwicklung der Lebensform ‹Familie› in der Gestalt eines sozialen Netzes, das über eine ganze Stadt (Region) ausgespannt sein kann – hier die Wohnung, dort ein Spielplatz, hier die Schule, dort ein Freizeitangebot, hier eine Vereinsaktivität, dort eine ‹Anlaufstelle› für besondere Aufgaben (Schulaufgaben, Pflege von Freundschaften usw., vgl. BERTRAM u. a. 1989, BIEN / MARBACH 1991) – all dies führt zur neuen Sozial- und Erlebnisform der ‹Stadtkindheit›, die sich durch besonders hohe Mobilität und kommunikative Kompetenz auszeichnet. Die Familie (und ihre Wohnung) ist hier nur mehr ein ‹Stützpunkt›, von dem aus das Alltagsleben organisiert wird, der aber nicht notwendigerweise jener Ort von emotionaler Geborgenheit und Intimität ist, den Kinder und Jugendliche für ihr gesundes leiblich-seelisches Aufwachsen benötigen. Es ist nicht von der Hand zu weisen, daß Elternschaft, wenn sie insoweit auf die Funktion einer Dienstleistung reduziert wird, wenig erstrebenswert erscheint und deshalb auf Kinder leicht verzichtet werden kann.

3.1.4 Familie im Lichte unterschiedlicher Wissenschaften

Diese Einführung in das Verständnis vergangener und aktueller Familienformen bzw. familialer Lebensformen geschah mit Hilfe der *Historischen Familienforschung*, die sozial-, wirtschafts-, rechts- und bevölkerungsgeschichtlich akzentuiert ist. Der historische Zugang sucht nicht nur Erklärungen für die Entstehung und den Wandel der Familienformen selber, sondern geht auch der Frage nach, wie sozialer und kultureller Wandel im gesamtgesellschaftlichen Rahmen – vermittelt durch Angehörige von Generationen, die immer bestimmten Familientypen und Sozialmilieus angehören – immer auch mit Veränderungen familialer Lebens- und Erfahrungswelten zusammenhängt. Neben die historische Betrachtungsweise tritt die *systematische*, die in theoretischer Absicht den damaligen und heutigen Funktionen und Leistungen des ‹Systems Familie› nachgeht: den Sozialisations- und Erziehungsleistungen der Familie, ihren Reproduktionsleistungen für die Bereitstellung von Arbeitskraft, ihre Leistungen für die Stabilisierung der emotionalen und sozialen Beziehungen der Familienangehörigen untereinander usw. Diese Betrachtungsweise leitet über zur sozialwissenschaftlichen: Familienpolitik, zur sozialpsychologischen: Familienberatung und zur erziehungswissenschaftlichen: Familienbildung (besonders im Rahmen der Erwachsenenbildung). – Aufgrund der Vielfalt der Erscheinungsformen, Funktionsweisen und Leistungen der Familie kann prinzipiell jede historische Sozial- und Kulturwissenschaft Aufschlüsse zu ihrem Verständnis beisteuern: auch die (Vergleichende) Kulturanthropologie, die (Historische) Verhaltensforschung und -biologie, die Historische und Vergleichende Bildungsforschung u. a. m.

3.1.5 Eine pädagogische Familientheorie?

Daß ‹die› Familie elementare Sozialisations- und Erziehungsleistungen zu erbringen hat und auch erbringen kann, bedarf keiner theoretischen Erörterungen und Begründungen. Die Vielfalt der Erscheinungsformen von Familien bzw. familialer Lebensformen und die ungewöhnliche Vielfalt ihrer Funktionen und Leistungen verhindert es jedoch, ‹der› Familie eine spezifische, nur für ihren Lebens- und Wirkungskreis geltende erziehungswissenschaftlich fundierte Theorie ihrer tatsächlichen oder möglichen pädagogischen Praxis zuzuordnen. Es gibt keine pädagogischen Zielsetzungen und keine pädagogisch-psychologische Praxis, die nicht auch unter familienähnlichen Rahmenbedingungen erfolgreich praktiziert und verwirklicht werden könnten. Deshalb kann auch keineswegs davon ausgegangen werden, daß die ‹normalen› Verhältnisse ‹vollständiger› Familien die ‹normalen› Erziehungs- als Lebensverhältnisse für eine ‹normale› Persönlichkeitsentwicklung darstellen. Dann hätten die familienstrukturellen Umbrüche im 20. Jahrhundert, vor allem die Lebensbedingungen und Folgen zweier Weltkriege in Deutschland, massenhaft abnormale Persönlichkeiten hervorbringen müssen.

Der Familie werden daher heute keine spezifischen, nur durch sie erreichbaren Erziehungsleistungen zugeschrieben. Deshalb wird aber nicht in Frage gestellt, daß die positiven frühen Eltern-Kind-Beziehungen einer ‹normalen› Familienkonstellation für die (früh-)kindliche Entwicklung besonders förderlich sind. Dies ist dadurch begründet, daß die emotionale und die zeitliche Stabilität dieser Beziehungen die Gewähr dafür bietet, daß ein Kind vom ersten Reaktionsverhalten bis zum ersten Rollengestalten normalerweise keine emotionalen Einbrüche seiner Ich-Entwicklung erleiden muß (vgl. KREPPNER 1980, 1991, mit Verweis besonders auf Bateson). Aber jedermann weiß, daß diese Bedingungen wiederum nicht naturnotwendig nur durch die leiblichen Eltern erbracht werden müssen, sondern daß diese vielfachen «Ersatz» erfahren können (Großeltern, Pflegeeltern usw.).

Demzufolge sind die Referate der Forschungsergebnisse zur familialen Sozialisation durchweg an dieser *Entwicklungs*thematik und -problematik im Kindes- und Jugendalter orientiert und weniger an einer Familien*pädagogik* im engeren Sinn. Diese Tendenz wird verstärkt durch den oben angedeuteten Formen- und Funktionswandel familialer Lebensformen, der eine verstärkte soziologische Betrachtungsweise nahelegt. Zugleich werden gerade angesichts dieser Veränderungen und der damit einhergehenden möglichen erzieherischen Defizite bei der Behütung, Versorgung und Förderung kleiner Kinder die besonders der Familie möglichen pädagogischen Leistungen unterstrichen (vgl. MOLLENHAUER 1989).

3.1.6 Erwartungen an eine pädagogische Familienforschung

Pädagogische Forschung läßt sich ohne größere Schwierigkeiten organisieren in pädagogischen Institutionen, d. h. in Erziehungsfeldern, die zum Zwecke der Erreichung bestimmter Erziehungsziele organisiert worden sind, zumeist unter Zuhilfenahme privater und öffentlicher Mittel, in organisierter Trägerschaft, ausgestattet mit einem pädagogisch vor- oder ausgebildeten Personal. All diese Charakteristika treffen auf die Familie nicht zu, und deshalb ist ‹die› Familie als privater Intimbezirk des erziehenden Umgangs von Eltern und Kindern der empirisch-pädagogischen Forschung nur ausnahmsweise zugänglich. Und selbst wenn dies der Fall ist, ergeben sich Daten und Einsichten, die für diese eine Familie Geltung beanspruchen können und keineswegs verallgemeinert werden dürfen. Und wo in beträchtlichem Umfang Erfahrungen und Mitteilungen über das Erziehungsfeld ‹Familie› zur Verfügung stehen: in den Schulen, in der Erziehungs- und Familienberatung der pädagogisch-psychologischen Beratungsstellen, in der Pädiatrie, der Psychiatrie und in der psychoanalytischen Praxis, dürfen diese Daten nicht ohne weiteres zugänglich sein, und selbst wenn sie es wären, erlaubten sie in der Regel doch keine zulässigen bzw. zuverlässigen Verallgemeinerungen über den dokumentierten Einzelfall hinaus. Deshalb sollten keine Erfahrungs- und Forschungsdefizite beklagt werden, wo sie so ohne weiteres gar nicht zu gewinnen sind. Denn selbst wenn in beträchtlichem Umfang Struktur- und Verlaufsdaten von Lebensgeschichten in Kindheit und Jugend innerhalb familialer Lebens- und Erfahrungsräume verfügbar wären, so würden sie vielleicht immer noch wenig aussagen über die Wirksamkeit pädagogischer Praktiken, die damit verbundenen Intentionen und die durch sie angebahnten Verarbeitungen und Bewertungen ebendieser pädagogischen Praxis. Mit anderen Worten: Was Eltern sagen, was sie wollen, ist allemal noch etwas anderes als das, was sie tun; und was sie tun, nehmen sie häufig anders und demzufolge als solches gar nicht wahr; und was sie im Erleben und Verhalten der Kinder bewirken, das schreiben sie vielleicht anderen als den wirklichen Verursachungen zu – wenn sie es denn überhaupt bemerken; und aus der Sicht der Kinder könnte dies alles unter noch ganz anderen Vorzeichen ganz anders erzählt werden. Demzufolge sind wir in der pädagogischen Familienforschung – wie in der pädagogisch-empirischen Forschung überhaupt – auf (auto-)biographische Berichte angewiesen, die nach entsprechender Prüfung ihrer Authentizität eine Kausalitätsanalyse von Ursachen bzw. Intentionen und Wirkungen – wie auch sonst in der kasuistischen Methodologie der Wissenschaften vom Erleben und Verhalten von Menschen – im Erziehungsfeld ermöglichen würden.

Literatur

BEHNKEN, I. / DuBois-REYMOND, M. / ZINNECKER, J.: Stadtgeschichte als Kindheitsgeschichte. Lebensräume von Großstadtkindern in Deutschland und Holland um 1900. Opladen 1989.

BERG, CH.: Familie, Kindheit, Jugend. In: Dies. (Hrsg.): Handbuch der deutschen Bildungsgeschichte. Bd. IV: 1870–1918. München 1991, S. 91–145.

BERTRAM, H. (Hrsg.): Die Familie in Westdeutschland. Stabilität und Wandel familialer Lebensformen. Opladen 1991 (= Deutsches Jugendinstitut: Familien-Survey 1).

BERTRAM, H. (Hrsg.): Die Familie in den neuen Bundesländern. Stabilität und Wandel in der gesellschaftlichen Umbruchsituation. Opladen 1992 (= Deutsches Jugendinstitut: Familien-Survey 2) (1992a).

BERTRAM, H.: Familienstand, Partnerschaft, Kinder und Haushalt. In: Ders. (Hrsg.): Die Familie in den neuen Bundesländern... Opladen 1992, S. 41–78 (1992b).

BERTRAM, H. u. a.: Soziale Netze, Zeit und Raum als Methodenprobleme in der Familienforschung. In: Nave-Herz, R. / Markefka, M. (Hrsg.): Handbuch... Bd. 1. Neuwied / Frankfurt 1989, S. 131–150.

BIEN, W. / MARBACH, J.: Haushalt – Verwandtschaft – Beziehungen: Familienleben als Netzwerk. In: Bertram, H. (Hrsg.): Die Familie in Westdeutschland... Opladen 1991, S. 3–44.

BITTNER, G.: Über die sogenannte «Sozialisation» in der Familie [1974]. In: Cloer, E. (Hrsg.): Familienerziehung. Bad Heilbrunn 1979, S. 131–139.

BRUNNER, O.: Das «ganze Haus» und die alteuropäische «Ökonomik». In: Ders.: Neue Wege der Verfassungs- und Sozialgeschichte. Göttingen ²1968, S. 103–127.

CLASON, CH.: Die Einelternfamilie oder die Einelterfamilie. In: Nave-Herz, R./Markefka, M. (Hrsg.): Handbuch... Bd. 1. Neuwied/Frankfurt 1989, S. 413–422.

EBEL, H./REINECKE, K. u. a.: Artikel «Familie» (und Komposita). In: Bauer, R. (Hrsg.): Lexikon des Sozial- und Gesundheitswesens. Bd. 1. München/Wien 1992, S. 579–582.

FRIEDL, I./MAIER-AICHEN, R.: Leben in Stieffamilien. Weinheim/München 1991.

HERRMANN, U.: Historische Bildungsforschung und Sozialgeschichte der Bildung. Weinheim 1991a.

HERRMANN, U.: Die Pädagogisierung des Kinder- und Jugendlebens in Deutschland seit dem ausgehenden 18. Jahrhundert [1986]. In: Ders.: Historische Bildungsforschung... Weinheim 1991, S. 133–145 (1991b).

HERRMANN, U.: Familie, Kindheit und Jugend in Deutschland in der 1. Hälfte des 19. Jahrhunderts [1987]. In: Ders.: Historische Bildungsforschung... Weinheim 1991, S. 147–160 (1991c).

HERRMANN, U.: Aufklärung und Erziehung. Weinheim 1993.

KEISER, S.: Lebensbedingungen und Lebenssituation von Kindern und Jugendlichen. In: Bertram, H. (Hrsg.): Die Familie in den neuen Bundesländern... Opladen 1992, S. 151–186.

KREPPNER, K.: Sozialisation in der Familie. In: Hurrelmann, K./Ulich, D. (Hrsg.): Handbuch der Sozialisationsforschung. Weinheim/Basel 1980, S. 395–422.

KREPPNER, K.: Sozialisation in der Familie. In: Hurrelmann, K./Ulich, D. (Hrsg.): Neues Handbuch der Sozialisationsforschung. 4., völlig neubearb. Aufl. Weinheim/Basel 1991, S. 321–334.

KÜHNE, E.: Zur Sozial- und Rechtsgeschichte der Europäischen Familie. In: Ebel, H. u. a. (Hrsg.): Familie in der Gesellschaft. Gestalt – Standort – Funktion. Teil II. Bonn 1978, S. 64–113.

LIMBACH, J.: Die Entwicklung des Familienrechts seit 1949. In: Nave-Herz, R. (Hrsg.): Wandel... Stuttgart 1988, S. 11–35.

LIMBACH, J.: Die rechtlichen Rahmenbedingungen von Ehe und Elternschaft. In: Nave-Herz, R./Markefka, M. (Hrsg.): Handbuch... Bd. 1 Neuwied/Frankfurt 1989, S. 225–240.

MITTERAUER, M.: Entwicklungstrends in der europäischen Familie der Neuzeit. In: Nave-Herz, R./Markefka, M. (Hrsg.): Handbuch... Bd. 1. Neuwied/Frankfurt 1989, S. 179–194.

MITTERAUER, M./SIEDER, R.: Vom Patriarchat zur Partnerschaft. Zum Strukturwandel der Familie. München 1977.

MOLLENHAUER, K.: Familie – Familienerziehung. In: Lenzen, D. (Hrsg.): Pädagogische Grundbegriffe. Bd. 1. Reinbek bei Hamburg 1989, S. 603–614.

NAUCK, B.: Familien- und Betreuungssituation im Lebenslauf von Kindern. In: Bertram, H. (Hrsg.): Die Familie in Westdeutschland... Opladen 1991, S. 389–428.

NAVE-HERZ, R. (Hrsg.): Wandel und Kontinuität der Familie in der Bundesrepublik Deutschland. Stuttgart 1988 (= Der Mensch als soziales und personales Wesen, Bd. 8).

NAVE-HERZ, R.: Zeitgeschichtlicher Bedeutungswandel von Ehe und Familie in der

Bundesrepublik Deutschland. In: Nave-Herz, R. / Markefka, M. (Hrsg.): Handbuch... Bd. 1. Neuwied/Frankfurt 1989, S. 211–222.

NAVE-HERZ, R. / MARKEFKA, M. (Hrsg.): Handbuch der Familien- und Jugendforschung. Bd. I: Familienforschung. Neuwied/Frankfurt 1989.

NEIDHARDT, F.: Die Familie in Deutschland. Opladen ⁴1975.

ROESSLER, W.: Die Entstehung des modernen Erziehungswesens in Deutschland. Stuttgart 1961.

ROSENBAUM, H.: Formen der Familie. Zusammenhang von Familienverhältnissen, Sozialstruktur und Sozialem Wandel in der deutschen Gesellschaft des 19. Jahrhunderts. Frankfurt/M. 1982.

SCHLUMBOHM, J.: «Traditionelle» Kollektivität und «moderne» Individualität. Kleines Bürgertum und gehobenes Bürgertum in Deutschland um 1800 als Beispiel. In: Vierhaus, R. (Hrsg.): Bürger und Bürgerlichkeit im Zeitalter der Aufklärung. Heidelberg 1981, S. 265–320 (= Wolfenbütteler Studien zur Aufklärung; Bd. VII).

SCHWAB, D.: Artikel «Familie». In: Brunner, O. / Conze, W. / Koselleck, R. (Hrsg.): Geschichtliche Grundbegriffe. Bd. 2. Stuttgart 1975, S. 253–301.

SCHWEITZER, R. v.: Vom alt-europäischen hauswirtschaftlichen Denken zu statistisch repräsentativen Erhebungsmethoden in der Familienforschung. In: Nave-Herz, R. / Markefka, M. (Hrsg.): Handbuch... Bd. 1. Neuwied/Frankfurt 1989, S. 115–130.

SEEHAUSEN, H.: Familien zwischen modernisierter Berufswelt und Kindergarten. Psychosoziale Probleme des technisch-sozialen Wandels und Perspektiven frühkindlicher Erziehung. Freiburg 1989.

SIEDER, R.: Sozialgeschichte der Familie. Frankfurt/M. 1987.

WEBER-KELLERMANN, I.: Die deutsche Familie. Frankfurt/M. ⁸1984 (1984a).

WEBER-KELLERMANN, I.: Die gesellschaftliche und politische Qualität der Familie. In: Wendt, H. / Loacker, N. (Hrsg.): Kindlers Enzyklopädie Der Mensch. Bd. IX. Zürich 1984, S. 231–259 (1984b).

WEBER-KELLERMANN, I.: Die Familie. Geschichte, Geschichten und Bilder. Frankfurt/M. ³1984 (1984c).

WEHLER, H.-U.: Deutsche Gesellschaftsgeschichte. Bd. I: 1700–1815. München 1987.

Christian Rittelmeyer

3.2 Der Erzieher

3.2.1 Einige Anmerkungen zum Begriff

Wer ist ein ‹Erzieher›? Nur derjenige, der bewußt und gezielt erzieht, oder auch ein unbewußt und beiläufig erziehender Mensch? Erziehen nur Eltern, Sozialpädagogen, Kindergärtnerinnen und Lehrer – oder auch Schulkameraden und Jugendfreunde? Und was ist mit den sog. heimlichen Erziehern wie Redakteuren und Gestaltern von Jugendzeitschriften, Fernsehsendungen und Werbeanzeigen?

In der über zweitausendjährigen Geschichte verschiedenartiger Schriften über den Erzieher wurde zumeist die unmittelbare und gezielte Erziehung Heranwachsender durch Erwachsene erörtert. Die Theoretiker fragten nach pädagogisch wünschenswerten oder gefährlichen Erziehungsmethoden beispielsweise der Haussklaven, Lehrer, Mönche, Hofmeister oder Eltern, die mit der Betreuung und Belehrung von Heranwachsenden befaßt waren; von diesem tradierten Verständnis des Erziehers als eines gezielt, unmittelbar und über einen längeren Zeitraum hinweg erziehenden Menschen soll auch hier ausgegangen werden. Ob darüber hinaus der Einfluß z. B. von Klassenkameraden oder von Redakteuren auf Heranwachsende pädagogisch bewertet werden sollte, ist in der Erziehungstheorie umstritten. Zu den ‹Erziehern› sind in diesem engeren Wortsinn gegenwärtig u. a. Kindergärtnerinnen, Heimerzieher, Jugendpfleger und Sonderpädagogen zu rechnen, also berufsmäßige Erzieher. Auch Eltern und Lehrer sollen zu diesem Kreis gerechnet werden, obwohl der Begriff Erzieher häufig nur auf ausgebildete (professionelle) Erzieher bezogen wird und daher die Eltern als Laien nicht einbezieht. Ebenso wird mitunter für die Lehrer zwar ein Lehr-, aber kein Erziehungsauftrag unterstellt: Auch diese Gruppe wird dann nicht zu den Erziehern gerechnet. Ohne Zweifel erziehen jedoch Eltern und Lehrer nicht nur beiläufig, sondern immer auch gezielt und müssen daher dem Kreis der Erzieher zugerechnet werden.

Im Hinblick auf solche erziehenden Personen hat die Pädagogik Fragen der folgenden Art gestellt: Welche Eigenschaften muß ein ‹guter› Erzieher haben, und welche Merkmale kennzeichnen den ‹schlechten› oder ‹gefährlichen› Erzieher? Wie qualifiziert sich der Erzieher für seine Praxis? Welchen Problemen ist er typischerweise konfrontiert?

Ausgangspunkt für das Nachdenken über den Erzieher können aber auch praktische Alltagsfragen sein, z. B. die Frage von Eltern eines depressiven Kindes: Sind wir mitverantwortlich für diese Depressionen? Oder hat unser Kind seine depressive Neigung ‹mitgebracht›? Ist diese Eigenart also vererbt, so daß wir als Erzieher darauf keinen Einfluß haben? Kann man gar auf vererbte Eigenschaften Einfluß nehmen? – Oder folgende Fragen: Wie sollen wir als Lehrer mit den Frechheiten mancher Schüler umgehen? Wie meistern wir unsere eigenen Sympathien und Antipathien gegen einzelne Schüler? Sollen wir sie überhaupt meistern oder vielleicht den Schülern gegenüber ausleben? Soll ich als Kindergärtnerin in das Spiel der Kinder eingreifen, oder ist es besser, sich als Pädagogin dabei zurückzuhalten? – Es geht hier also u. a. um Fragen nach den Einflußmöglichkeiten des Erziehers auf Heranwachsende, um die Problematik des erzieherischen Vorbildes und um das Verhältnis von ‹Führen› und ‹Wachsenlassen› in der Erziehung. Die Erziehungstheorie hat im Verlauf ihrer Geschichte eine Reihe derartiger allgemeiner Problemstellungen thematisiert, die mehr oder minder deutlich in allen pädagogischen Praxisfeldern für den Erzieher bestehen. Gewiß gibt es auch berufsspezifische erzieherische Problemstellungen, z. B. für Gefängnispädagogen, Heimerzieher, Jugendpfleger, Berufspädagogen oder Lehrer und ganz besondere Problemkonstellationen für Eltern. Die Theorien des Erziehers haben sich aber bis heute sehr viel nachdrücklicher mit pädagogischen Fragen auseinandergesetzt, die unabhängig von bestimmten pädagogischen Berufsfeldern den Erzieher überhaupt betreffen.

3.2.2 Historische Hinweise

In der Erzieherpraxis entstehen immer wieder charakteristische Grundfragen. Wenn z. B. Sonderpädagogen mit geistig Schwerbehinderten beim Mittagessen sitzen und über deren Behinderungen in der Meinung sprechen, daß die Betroffenen ja ohnehin nichts von dem Gespräch verstehen, dann mag sich ein Beobachter fragen, ob hier ein akzeptables pädagogisches Verhältnis verwirklicht wird. Damit wäre in einer besonderen, berufsspezifischen Weise das allgemeine Problem des sog. pädagogischen Bezugs zwischen Erzieher und Heranwachsendem angesprochen, das die Erziehungstheorie nachhaltig beschäftigt hat. Diese allgemeine Frage nach dem richtigen pädagogischen Verhältnis ist indessen schon in der antiken und mittelalterlichen Erziehungstheorie gestellt worden. Ebenso wurden in der Erziehungsgeschichte zahlreiche andere Fragen aufgeworfen, die den Erzieher betreffen und die auch gegenwärtig grundlegend für sein Selbstverständnis sind. Einige beispielhaft herausgegriffene, für die jeweilige Zeit symptomatische Fragen sollen hier kurz charakterisiert werden.

Die frühesten systematischen Erörterungen über den Erzieher sind aus der Zeit der griechischen Antike überliefert, z. B. in Platons Schrift über den Staat (Politeia). Indirekte Hinweise auf die wünschenswerten Eigenschaften eines Erziehers lassen sich auch in den Epen Homers und sehr zahlreich in der Literatur und in Bilddokumenten der klassischen und späten Antike finden. Dabei handelt es sich allerdings noch nicht um Zeugnisse wirklicher Theorien des Erziehers, die wir erst aus der Neuzeit kennen.

Ein Beispiel für eine bis heute aktuell gebliebene antike Problemstellung ist die Annahme, ein Erzieher müsse *Vorbild* für den Zögling sein. Damit ist gemeint, daß er nur solche Verhaltensweisen und Überzeugungen äußern darf, die für die nachwachsende Generation als nachahmenswert gelten können. Die Muster des Nachahmenswerten wurden damals häufig der griechischen Sagenwelt entnommen. In diesem Sinne galten z. B. die Heldengestalten in Homers Epen oder die Heroen der Mythologie als ‹Muster› (paradeigma) für die junge Generation. Andererseits findet sich aber in Platons «Staat» schon der Hinweis, daß die griechische Götterwelt mit ihren Kämpfen, Eifersuchtsszenen und Ehekonflikten vielfach schlechte Vorbilder liefere und daher den Kindern nur in Auswahl erzählt werden dürfe: Was sich einmal an schlechten Beispielen in der Jugend festsetze, sei – so Platon – kaum wiedergutzumachen.

Diese Warnung Platons vor schlechten Vorbildern macht auf ein weiteres wichtiges Thema der antiken Erziehung aufmerksam: auf die Bewahrung Heranwachsender vor den schädlichen Einflüssen ihrer Umgebung. Der *paidagogos* war ursprünglich nicht Erzieher im eigentlichen Sinne (wie Vater, Mutter, Gymnastik- oder Musiklehrer), sondern ein Sklave, der das Kind auf seinem Weg z. B. zur Schule schützend begleitete. Auch dieses Schutzmotiv hat sich mit mancherlei Abwandlungen bis in unsere Zeit erhalten.

Ein drittes Motiv der antiken Erziehung ist die Meinung von Erziehern, ihnen gebühre für ihre Bemühungen von seiten der Zöglinge

Dank. Ein anschauliches Beispiel dieses auch uns noch vertrauten Motivs bieten Xenophons «Memorabilien», in denen ein Gespräch Sokrates' mit seinem Sohn geschildert wird, der es offenbar an Dankbarkeit seiner Mutter gegenüber mangeln ließ und deshalb an mancherlei erinnert wird, was die Mutter für ihn getan und durch ihn erlitten hat.

Man muß indessen beachten, daß solche Erziehermotive in der Antike einem ganz anderen Bildungszusammenhang angehörten, der sich zudem im Verlauf der dokumentierten Geschichte von Homer und Hesiod bis in die Spätantike stark verändert hat (vgl. dazu z. B. Marrou 1977). Eine genauere Analyse hätte auch wesentliche Unterschiede zwischen der athenischen und spartanischen Erziehung herauszuarbeiten.

Dennoch wird man dem Philosophen Hegel zustimmen können, der von einer «konkreten Geistigkeit» der griechischen Kultur gesprochen hat. Auf das Erzieherthema bezogen ist damit gemeint, daß der antike Erzieher der vorklassischen und klassischen Zeit vor allem Denkfiguren, Begriffe und ethische Grundsätze unmittelbar zeigt (oder an beispielhaften Gestalten wie den Helden, Heroen und Göttern anschaulich macht), statt seine Schüler darüber theoretisch zu belehren. So scheint z. B. der Wurf des Speers in der Disziplin des Fünfkampfes (Pentathlon) nicht nur einer sportlichen Betätigung gedient zu haben. Vielmehr war er auch Bild der geistigen Bildung insofern, als das pfeilschnelle, zielgenaue Treffen eine konkrete Anschauung des schnellen und genauen Treffens überhaupt lieferte, das wir auch im ‹präzisen Denken›, im ‹treffenden Redebeitrag› kennen. Und in der Art des Speerschleuderns waren nicht nur athletische Anmut und Stärke angestrebt, sondern auch ein Bild der Unaufgeregtheit, Besonnenheit, Tatkraft und Selbstbeherrschung – also ein äußerliches Vor-Bild der menschlichen Bildung insgesamt.

An diesem Beispiel mag deutlich werden, daß man zwar von einer historischen Kontinuität gewisser Erziehermotive sprechen kann. Man muß sich jedoch davor hüten, solche Motive aus verschiedenen historischen und kulturellen Zusammenhängen einfach gleichzusetzen. Die historische Beschäftigung mit den Aufgaben des Erziehers wird gerade unter diesem Gesichtspunkt eines unter Umständen historisch sehr verschiedenartigen Verständnisses, z. B. des erzieherischen Vorbildes, erst interessant und aufklärend. Wenn es hier auch nicht möglich ist, einen solchen historischen Lebensweltbezug der Erzieherthematik etwa für die römische Antike oder das Mittelalter herzustellen, sollte dieser Gesichtspunkt bei den folgenden Hinweisen doch immer bedacht werden.

In der römischen Antike der späten Republik und der Kaiserzeit wurden zahlreiche Gedanken über die wünschenswerten Eigenschaften des Erziehers aufgegriffen, die aus Griechenland überliefert waren. In vielen römischen Familien waren griechische Sklaven als Erzieher der Kinder tätig. Wichtige Grundsätze z. B. zum *Vorbildcharakter* des Erziehers und zu seiner *Schutzfunktion* sind u. a. in den Schriften Ciceros und Quintilians zu finden. Wie schon in der griechischen Spätantike sind auch aus der römischen Kaiserzeit zahlreiche Dokumente überliefert, die uns einen Einblick in den Erzieheralltag gestatten. Als ein interessantes und vielleicht für die gesamte spätrömische Bildungstradition charakteristisches Erziehermotiv kommt hier die Forderung nach ‹innerer Zucht› von Erzieher und Zögling hinzu. Es hat den Anschein, daß der römische Erzieher sich zwar auch als ein anschauliches Muster des ‹richtigen› oder ‹klugen› Handelns verhalten möchte, z. B. in der für die römische Bildung so wichtigen Rhetorik. Aber er sieht seine pädagogischen Fähigkeiten – so scheint es – sehr viel nachdrücklicher in gewissen inneren Qualitäten als der griechische Erzieher. (Damit ist allerdings eher ein Erziehungsideal als die normale Erziehungspraxis charakterisiert; vgl. Marrou 1977). Was Cicero z. B. als das ‹Schickliche› (decorum) auch des Erziehers bezeichnete, wird weniger an äußeren Verhaltensweisen als an seelischen Qualitäten charakterisiert: nichts unüberlegt tun, alles Handeln durch den Verstand leiten lassen. Gesinnung und Charakter, aber auch eine gute intellektuelle Bildung sind demnach wesentliche Qualitätsmerkmale des römischen Ideal-Erziehers.

Dieser Gedanke der inneren Zucht des Erziehers, der hier nur beispielhaft für die römischen Erziehungsideale genannt werden soll, scheint auch ein zentrales Motiv der mittelalterlichen Erziehertheorie vorbereitet zu haben. Dennoch hat es dort einen ganz anderen Stellenwert. Denn wer ist im Verständnis der christlich-mittelalterlichen Theoretiker ‹Erzieher›? Clemens von Alexandrien sagt in seinem Werk «Der Erzieher» kurz und bündig, daß Christus unser Erzieher ist. Er ist das eigentliche Vorbild der Bildung, und in diesem Sinn ist auch jeder weltliche Erzieher (z. B. ein Lehrer im Kloster oder in der Stiftsschule) zugleich Zögling. Weniger in der höfisch-ritterlichen Bildung (vgl. dazu Bumke 1987) als in der klerikalen Erziehung tritt daher die Bedeutung der Generationsunterschiede zurück, da wir, wie es der Kirchentheoretiker Cyprian ausdrückte, zwar in der Welt, nicht aber für Gott einen Altersunterschied aufweisen. Das *Vorbild*-Motiv ist also hier wiederum zentral, fungiert jedoch in einem ganz anderen Zusammenhang und mit anderen Orientierungen als in der griechischen und römischen Antike. Vorbild ist Gott bzw. sein In-Erscheinung-Treten in Christus, dem der einzelne auf dem Wege der *imitatio* und einer erst herauszubildenden Verständnisfähigkeit näherkommen oder gleich werden soll. (‹Inbildung Gottes in uns› ist in diesem Sinn eine ursprüngliche Bedeutung unseres Worts Bildung;

vgl. dazu DOHMEN 1964). Für Erzieher wie Zögling ist dafür einerseits
‹innere Zucht› nötig, d. h. ein Freiwerden des geistigen Lebens, des Denkens von den Bedrängnissen etwa der Sexualität, der Prunksucht, des
Neides, der Überheblichkeit usw. Andererseits wird eine Schulung feine-
rer Verständnismöglichkeiten für die heiligen Schriften, für ‹das Wort›
vonnöten, um die zuweilen schwer verständlichen Botschaften, etwa der
Evangelien, entziffern zu können. Daher erinnert z. B. Karl der Große
die Lehrer in Kirchen und Klöstern in einem «Mahnerlaß» des Jahres
789, nicht nur einen achtbaren, beispielhaften Lebenswandel zu führen
(Vorbildmotiv), sondern sich auch das ungepflegte und fehlerhafte Lesen
und Schreiben abzugewöhnen (Zucht- und Qualifikationsmotiv). Im Inneren fromm und nach außen gebildet soll der christliche Lehrer sein
(vgl. dazu GARIN 1966; DE MAUSE 1980). Auch noch in den mitunter
furchtbar anmutenden Erziehungspraktiken und Strafmaßnahmen in
manchen mittelalterlichen Klöstern und Schulen ist also nicht nur ein
Mangel an Menschlichkeit, sondern auch das Bestreben erkennbar, die
für alle geistige Betätigung grundlegende *Selbstdisziplin* durch innere
Zucht zu erreichen.

Gegen dieses oft drakonische Zuchtmotiv und gegen die Mißachtung
der kindlichen Psyche in der Erziehung hat sich in der frühen Neuzeit der
sog. *pädagogische Humanismus* geltend gemacht (Erasmus von Rotterdam, Juan Luis Vives u. a.). Wenngleich die körperliche und seelische
Züchtigung des Kindes zum verbreiteten ‹Handwerkszeug› des Erziehers
bis in unser Jahrhundert gehörte (vgl. RUTSCHKY 1977), bereitete der
pädagogische Humanismus doch die Grundlagen für eine neue Auffassung vom Kind, die sich allerdings vielfach auf antike Autoren wie Quintilian berufen konnte.

Vier Erziehermotive prägen sich zumindest in den Schriften der Hu-
manisten, aber auch in den pädagogischen Hinweisen etwa Michel de
Montaignes (1533–1592) oder später John Lockes (1632–1704) aus: Der
Erzieher soll das Kind primär nicht zu bestimmten Qualifikationen und
Berufsfähigkeiten erziehen, z. B. zum Mönch, Richter, Handwerker,
sondern zum tätigen, vielseitig gebildeten und freien Menschen. Ferner:
Er soll das Kind nicht durch Furcht und Erniedrigung, sondern durch
Liebe, pädagogisches Geschick und Vertrauen erziehen; er soll es nicht
erschrecken, sondern ermuntern und ermutigen. Um das Kind in dieser
Weise erziehen zu können, muß der Erzieher über genaue Kenntnisse der
kindlichen Psyche verfügen, und er muß schließlich sein eigenes Erzie-
hungsverhalten in einer methodisch geregelten Weise auf die kindlichen
Entwicklungsgesetze abstimmen.

Das letztgenannte Motiv führte schließlich im 17. Jahrhundert zu

Konzeptionen einer *Erziehungsdidaktik*, z. B. bei Comenius; das vorge-
nannte Motiv deutet sich an in den Entwürfen einer pädagogischen *Kinderpsychologie*, als deren prägnantestes Beispiel schließlich Jean-Jacques
Rousseaus Erziehungsroman «Émile» hervortrat (1762). In diesem Roman (vgl. Rousseau 1975) begegnet uns ein Bild des Erziehers, das bis
heute maßgebende Qualitätsvorstellungen enthält: Zunächst ist es die
erklärte Absicht des Pädagogen, sich selber so rasch wie möglich überflüssig zu machen und den Zögling, wo und wann immer Gelegenheit
dazu besteht, zum selbständigen Handeln aufzufordern. Dazu bedarf es
einer genauen Kenntnis typischer kindlicher *Entwicklungsstufen*, um
geeignet auf das Kind einwirken zu können. Ferner muß der Erzieher sich
in die individuelle Seelenlage eines bestimmten Zöglings hineinversetzen, um dessen Fähigkeiten erkennen und sie mit geeigneten pädagogischen Methoden fördern zu können. Rousseaus «Émile» bietet in dieser Hinsicht eine Fülle von Beobachtungen und Maximen, die es in dieser
Dichte und Tiefe zuvor nicht gab. Erst hier – in einem Werk der ‹pädagogischen Aufklärung› – zeigt sich eine Psychologie im modernen Sinn und
damit ein neues Erziehermotiv: das des mit psychologisch-pädagogischer
Raffinesse arbeitenden Pädagogen, der die *Individualität* und Unabhängigkeit des Heranwachsenden zu provozieren und zu fördern sucht. Wie
sehr der Erzieher des Émile dabei strategisch oder taktisch verfährt, ist
von Rousseau selber vielleicht gar nicht deutlich gesehen worden.

Gerade diese psychologisch geschickte Steuerung des Kindes wird jedoch in unseren Tagen als ein Kernproblem des Erziehers gesehen. Zwar
legt der «Émile» die Forderung nahe, die psychischen und physischen
Bedürfnisse des Kindes in aller Erziehung zu beachten. Wenn aber beispielsweise der Erzieher mit Vergnügen bemerkt, daß sich sein Zögling
im Wald verirrt, weil dies Gelegenheit gibt, die Nützlichkeit astronomi-
scher Kenntnisse (zum Zweck genauer Ortsbestimmung) zu demonstrieren, gerät er aus heutiger Sicht leicht in den Verdacht, das Kind ohne
äußere Gewalt, jedoch mit psychologischem Geschick ‹kolonisieren› oder
manipulieren zu wollen. Es mag immerhin bedenkenswert sein, daß eine
pädagogische Konzeption wie die Rousseaus in einer Zeit formuliert
wurde, die sowohl durch das Aufkommen einer differenzierten naturwissenschaftlichen Beobachtungsfähigkeit als auch durch die Kolonisa-
tion fremder Landstriche und Völker gekennzeichnet ist.

Wenn nun der moderne Erzieher, wie er uns von Rousseau in seinen
Grundzügen vorgestellt wurde, das Kind zu einem freien, autonomen,
selbstbewußten Glied der Gemeinschaft erziehen möchte, so sieht er sich
einer sehr grundlegenden Frage konfrontiert, die in den späteren klassischen Erziehungstheorien, beispielsweise von Friedrich Schleiermacher

(1768–1834), Johann Friedrich Herbart (1776–1841) und Wilhelm von Humboldt (1767–1835), ausführlich behandelt worden ist (vgl. dazu BENNER 1987, MOLLENHAUER 1991, BALLAUFF/SCHALLER 1970). Wie ist es dem Erzieher möglich, zur *Freiheit* zu erziehen? Ist nicht jede Erziehung eine *Fremdbestimmung* des Zöglings? Wie kann man aber durch Fremdbestimmung zur Freiheit kommen? Gibt es im Kind so etwas wie einen Bildungstrieb zur *Selbsttätigkeit*, den der Erzieher im einzelnen Kind aufsuchen und anregen muß? Ist dieser Trieb angeboren, oder wird er erst hervorgebracht? Und wenn er hervorgebracht wird: Kann dann Erziehung nicht alle Menschen – ohne Standesunterschied – ‹bilden›? Stehen aber gewisse gesellschaftliche Regeln und Zwänge nicht dem Ziel der persönlichen Autonomie des Zöglings entgegen? Müssen solche Zwänge durch den Erzieher kritisiert oder sogar bekämpft werden?

Fragen dieser Art haben – schon bei Rousseau, dann z. B. bei Fichte und Goethe – zur *Idee pädagogischer Schonräume* geführt. Der mögliche Widerspruch zwischen dem pädagogischen Bemühen um Selbsttätigkeit und gesellschaftlichen Konventionen, Regeln oder Zwängen hat in der Pädagogik des 20. Jahrhunderts beispielsweise zu verschiedenen gesellschaftskritischen erziehungstheoretischen Konzeptionen geführt (vgl. z. B. ADORNO 1971).

Auch wenn auf Fragen der erwähnten Art von verschiedenen Autoren bündige Antworten gegeben wurden, können sie keineswegs als geklärt gelten; bis heute befassen sich nicht nur die Erziehungstheorien damit, sondern auch praktische Alltagserwägungen der Erziehenden. Eltern z. B. stehen immer wieder vor der Frage, ob sie ihren Kindern bestimmte Fernsehsendungen oder den Gang in die Diskothek verbieten sollen, ob das Kind also bestimmter ‹Schonräume› bedarf. Soll man das Kind vor solchen Einflüssen bewahren, oder vermag eine ‹kritische Pädagogik› den Heranwachsenden in seiner Konfrontation mit solchen Einrichtungen und Verhältnissen so weit beratend zu begleiten, daß er sich aktiv damit auseinandersetzen kann?

Der Widerspruch zwischen der Gesellschaft mit ihren tradierten Bildungseinrichtungen (z. B. einer autokratischen Schule) und den Bedürfnissen Heranwachsender nach Zuwendung und Liebe war ein wichtiger Anlaß zur Entstehung der *Reformpädagogik* zu Beginn des 20. Jahrhunderts. Viele ihrer Vertreter versuchten – sicher nicht überall erfolgreich – eine Erziehung ‹vom Kinde aus› zu konzipieren und praktisch zu realisieren (vgl. SCHEIBE 1971). Für die Erzieher entstanden neuartige Anforderungen: Der schon recht betagte Grundsatz, Kinder nicht durch Gewalt zu erziehen, sondern durch Lebensnähe, Anschaulichkeit, Konkretheit und Zuwendung zur Eigenaktivität anzuregen, wurde nun nicht nur theoretisch erörtert oder in vereinzelten pädagogischen Fällen realisiert, sondern in zahlreichen praktischen Initiativen einer regelrechten internationalen ‹pädagogischen Bewegung› erprobt. Die Landerziehungsheime, Waldorfschulen, Montessori-Einrichtungen, Arbeitsschulen, Jugendlebensgemeinschaften usw. machten aber zugleich eine allgemeine Wandlung der Erziehertätigkeit besonders augenfällig, die sich im 19. Jahrhundert bereits deutlich bemerkbar machte: die *Professionalisierung* und *Spezialisierung* der Erzieherberufe. So kennen wir heute nicht nur Lehrer, Sozialpädagogen, Heilpädagogen, Kindergärtnerinnen usw., sondern innerhalb dieser Berufsgruppen z. B. Grundschul-, Hauptschul-, Realschul- und Gymnasiallehrer, Beratungs- und Berufsschullehrer, Montessori- und Waldorf-Kindergärtnerinnen, Jugendpfleger, Heimerzieher, Logopäden, Kindertherapeuten und Bewährungshelfer. Häufig arbeiten die Erzieher in hochspezialisierten Teams: in Heimen etwa zusammen mit Ärzten, Psychologen und Therapeuten. Im Verlauf des 20. Jahrhunderts haben sich zunehmend spezialisierte Ausbildungsgänge in Fachschulen, Fachhochschulen, Universitäten, aber auch in kirchlichen Einrichtungen und anderen Institutionen herausgebildet.

Ob diese verschiedenartigen Erziehertätigkeiten und Ausbildungswege noch durch gemeinsame pädagogische Kriterien mitbestimmt werden können, wie sie in traditionellen Erziehertheorien herausgearbeitet wurden, ist eine wichtige Frage auch der gegenwärtigen Erziehungswissenschaft (vgl. dazu BENNER 1987). Jedenfalls scheint es eine Reihe gemeinsamer Problemstellungen zu geben, die im folgenden charakterisiert werden sollen. Auch wenn sie dem Praktiker nicht immer bewußt sind, dürften sie sein pädagogisches Tun doch in einer bedeutsamen Weise betreffen.

3.2.3 Grundlegende Problemstellungen des Erziehers

3.2.3.1 Der Erzieher als Vorbild

Daß der Erzieher tatsächlich als Vorbild fungiert, zeigen bereits Alltagsbeobachtungen im Kleinkindalter: So werden z. B. Mimik und Spracheigenarten der Eltern mannigfaltig nachgeahmt; die ‹Muttersprache› wird offensichtlich weitgehend auf dem Wege der Nachahmung gelernt. Doch auch im Jugendalter gibt es die Imitation von Stars oder anderen Idolen, von beobachteten Verhaltensmustern bei Älteren und Gleichaltrigen. Für den Erzieher, der über sein Verhalten einem Heranwachsenden gegenüber nachdenkt, mag sich daher die Frage stellen, ob es so etwas wie ein pädagogisch mustergültiges oder richtiges Handeln gibt. Über diese Frage ist jedenfalls in der Geschichte der Erziehung viel nachgedacht worden. Aber führt z. B. ein Mangel an Disziplin auf seiten des Erziehers, wie u. a. Kant (Über Pädagogik) oder Makarenko (Vorträge über Erziehung) vermuteten, zu problematischen Verhaltensweisen der Kinder? Die Frage ist heute nicht mehr leicht mit Gründen zu klären, wenngleich sie von vielen Menschen sicher mit ‹ja› beantwortet würde. Ein erster Einblick in diese umfangreiche Diskussion ist aus den verschiedenartigen Blickwinkeln unterschiedlicher Entwicklungstheorien möglich (einen Überblick über einige dieser Theorien gibt u. a. FLAMMER 1988).

Kinder ahmen ersichtlich nicht alles nach, was ihnen von Erziehern vorgelebt und vorgemacht wird. Manche Verhaltensmuster scheinen keinerlei Reaktionen bei Kindern hervorzurufen, andere übernehmen sie nur in Teilen oder verwandelt. Eine solche eigenaktive Veränderung des beobachteten Verhaltensmusters liegt z. B. vor, wenn ein dreijähriges Kind grammatische Konstruktionen von einer Art bietet, die offensichtlich aus Gehörtem und Eigenproduziertem zusammengesetzt sind: «Ich hab das Glas ausgetrunkt» usw. Viele Verhaltensweisen scheinen der *Spontaneität* des Kindes zu entspringen, z. B. beim Erfinden eines Spiels. Manche beobachtete Verhaltensweise wehrt das Kind in seinem eigenen Verhalten auch erkennbar ab, etwa wenn im Puppenspiel Szenen der Aggression sorgfältig gemieden, Szenen der Kooperation aber häufig nach den in Familie und Kindergarten beobachteten Modellen frei ausgestaltet werden.

Die *Theorie des sozialen Lernens*, eine unter verschiedenen grundlegenden Entwicklungstheorien, hat auf einen für das *Modelllernen* vielleicht sehr wesentlichen Umstand aufmerksam gemacht: Beobachtete Verhaltensmöglichkeiten werden demnach nicht automatisch nachgeahmt oder abgewiesen, sondern gleichsam gespeichert. Ergibt sich dann später eine Situation, in der das beobachtete Verhalten erfolgversprechend realisiert werden kann, wird es in das aktive Verhaltensrepertoire aufgenommen, unter Umständen in einer modifizierten Form. Wenn Eltern sich z. B. häufig vor dem Kind streiten, oder wenn ein Lehrer mit ironischen Bemerkungen seine Schüler zu disziplinieren sucht, dann werden hier zwar bestimmte Verhaltensmodelle des sozialen Umgangs präsentiert, die aber nicht notwendig auch das Verhalten des Kindes in eine entsprechende Richtung lenken. Gleichwohl werden diese beobachteten Verhaltensmodelle Bestandteile eines Vorstellungsrepertoires, auf das später in bestimmten Situationen zurückgegriffen werden kann.

Die für den Erzieher pädagogisch entscheidende – und sicher nicht leicht zu beantwortende – Frage lautet daher: Wie kann ich mein eigenes Lebensmilieu präsentieren und mein Erziehungsverhalten gestalten, wenn dasselbe sinnvolle Handlungsmöglichkeiten für das Kind bzw. den späteren Erwachsenen bereitstellen soll? – Allerdings kann der Sinn einer solchen Frage bereits mit dem Argument bestritten werden, daß durch derartige Überlegungen ein strategisches und durchgeplantes Lebensmilieu gefordert wird, das in seiner Künstlichkeit gerade kein Modell des Lebens mehr sein kann und das den Erzieher überdies mit Ansprüchen belastet, die er nicht einlösen kann. Wie z. B. könnte es gelingen festzustellen, was für das heranwachsende Kind sinnvoll und richtig ist oder sein wird? Andererseits: Da wir, ob wir es wollen oder nicht, in der Erziehung immer als mögliche *Vorbilder* fungieren, scheint die Frage bedenkenswert, welche Formen der Lebenspraxis mindestens uns selber rechtfertigungsfähig erscheinen. Es ist in der Erziehungstheorie umstritten, ob bestimmte Verhaltensweisen in Gegenwart des Kindes nicht gezeigt werden sollten; unbestritten ist indessen, daß der Heranwachsende eine (allerdings nicht verwirrende) Vielfalt von Handlungsformen kennenlernen sollte, die ihm eine sinnvolle und rechtfertigungsfähige Mitgestaltung der menschlichen Gemeinschaftsaufgaben ermöglicht. Dafür kann der Erzieher Vorbild oder Beispiel sein.

Eine weitere entwicklungstheoretische Schule, die *psychoanalytische Entwicklungstheorie*, hat auf mögliche Komplizierungen eines derartigen Vor- oder Leitbildverhältnisses aufmerksam gemacht. Einige ihrer Vertreter behaupten z. B., daß Kinder sich aus bestimmten Gründen mit ihren gleichgeschlechtlichen Eltern identifizieren, also Jungen mit dem Vater, Mädchen mit der Mutter. Auf diesem Weg werden wichtige geschlechtstypische Verhaltensweisen übernommen. Diese Identifikation mit elterlichen Autoritäten löst sich aber normalerweise in der Pubertät mehr oder minder konfliktreich auf – und gerade dieser Ablösungsprozeß führt zum Erleben der eigenen Selbständigkeit und Mündigkeit. (Dieses Problem wird z. B. in den interessanten Gesprächen des Bildungsforschers Hellmut Becker mit dem Sozialphilosophen Theodor W. Adorno über das Thema «Erziehung zur Mündigkeit» behandelt; vgl. ADORNO 1971). Was aber geschieht, wenn die Identifikation mit oder der spätere Ablösungsprozeß von den Eltern nicht gelingt? Die psychoanalytische Theorie hat sich mit solchen Fragen ausführlich und kontrovers beschäftigt und z. B. auf seelische Leiden hingewiesen, die im Erwachsenenalter aus solchen problematischen Identifikationsprozessen in der Kindheit hervorgehen können. Allerdings sind solche Aussagen häufig recht spekulativ und durch Forschungen vorerst noch nicht hinreichend gesichert.

Schließlich weist uns eine dritte Entwicklungslehre – die sog. *kogni-*

tionspsychologische Entwicklungstheorie – darauf hin, daß bereits kleine Kinder sehr gezielt bestimmte Verhaltensweisen auswählen, die ihnen aus unterschiedlichen Gründen nachahmenswert erscheinen. In dieser auf den kindlichen Erkenntnisprozeß hin orientierten Theorie wird also das Augenmerk auf die intellektuelle Eigentätigkeit des Kindes bei der Übernahme beobachteter Verhaltensweisen gelenkt. – Aber auch in der *Jugendforschung* sind zahlreiche Beobachtungen darüber gemacht worden, wie differenziert das ‹Nachahmen› von ‹Vorbildern› gesehen werden muß (vgl. ZINNECKER 1987). Man kann das bereits an einfachen Überlegungen zur Vieldeutigkeit des Vorbildbegriffs verdeutlichen. So gibt es z. B. das mechanische, äußerliche Nachäffen eines beobachteten Verhaltens (etwa wenn Kinder in Fernsehshows dazu angehalten werden, gewisse Schlagerstars nachzuahmen). Es gibt aber auch das Ideal, dem man nacheifert, ohne es äußerlich nachzuahmen (z. B. die in dieser Hinsicht oft genannten Geschwister Scholl). Es gibt das ‹gute Beispiel› (z. B. bestimmter Verhaltensweisen), das für das eigene Verhalten wegleitend wird, oder das Idol, dem man entweder in Mode und Gestik gleichen (der Filmschauspieler James Dean hatte eine solche Funktion für viele Jugendliche) oder dessen Karriere man kopieren möchte. Mit Ausnahme des Nachäffens (das freilich auch in parodistischer Absicht erfolgen kann) ist in all diesen Beziehungen zu ‹Vorbildern› wahrscheinlich ein komplexes Nachdenken, Fühlen und Wollen von Heranwachsenden am Werk, das darüber entscheidet, wie sich bestimmte Vorbilder auswirken. So kann vermutlich das ‹vorbildliche› Verhalten eines Erziehers nicht durch feststehende Leitbilder definiert werden – jeder Erzieher kann sich nur darum bemühen, das für richtig Erachtete in seinem eigenen Handeln zu verwirklichen. Dabei kann er die verschiedenen Aspekte beachten, die hier beispielhaft erwähnt wurden, muß aber die Vorbildfrage in Beziehung setzen zu einigen Problemstellungen, die im folgenden charakterisiert werden.

3.2.3.2 Die Frage nach den erzieherischen Möglichkeiten

Viele Verhaltensweisen Heranwachsender werden von Erziehern als ausgesprochen problematisch erlebt. So bereiten manchen Eltern Aufsässigkeiten und nächtliches Fernbleiben, vielleicht sogar die Mager- oder Drogensucht ihres Kindes mehr oder minder ausgeprägten Kummer. Die Aggressivität von Kindern macht Erzieherinnen zu schaffen, die scheinbare Unansprechbarkeit von Jugendlichen läßt Heimerzieher verzweifeln, oder die Störungen von Schülern erschweren den Lehrern das Leben. In solchen Fällen entstehen häufig Fragen der folgenden Art: Was haben wir in unserer Erziehung falsch gemacht? Fehlt dem Kind die Begabung? Ist es von Natur aus ängstlich oder aggressiv? Wie gelingt es uns, dieses Kind für Schule und Sozialkontakte zu interessieren? – Bei Fragen der geschilderten Art ist natürlich zunächst zu prüfen, ob es dabei überhaupt um wirkliche Probleme des Heranwachsenden geht oder eher um Wahrnehmungsprobleme des Erziehers (oder um beides). Wenn man aber an Symptome wie den Drogengebrauch oder fortdauernde physische Aggressionen unter Jugendlichen denkt, dann sind Fragen der geschilderten Art sicher angemessen. Die pädagogische Grundfrage in solchen Fällen besteht nun darin, ob und gegebenenfalls inwieweit der Erzieher überhaupt die Möglichkeit hat, dem Heranwachsenden in seiner Problemsituation zu helfen.

Man kann sich grundsätzlich für ein gezeigtes Verhalten vier mögliche Ursachen vorstellen:
– Das Verhalten ist auf Einwirkungen der Erziehung zurückzuführen (man führt z. B. die Pedanterie von Jugendlichen auf bestimmte Erziehungsmethoden der Eltern zurück);
– das Verhalten geht auf Umwelteinflüsse zurück, die mehr oder minder dem erzieherischen Einfluß entzogen sind (z. B. auf Einflüsse durch Fernsehen und Jugendzeitschriften);
– das Verhalten ist im Kind konstitutionell angelegt oder vererbt; oder
– das Verhalten geht aus der eigentätigen Willensentscheidung des Kindes hervor.

Natürlich kann man auch an Mischformen dieser vier Ursachenkomplexe denken. Im Hinblick auf die vier genannten Quellen eines problematischen Verhaltens Heranwachsender läßt sich nun die Frage nach den *Grenzen* des erzieherischen Einflusses wie folgt charakterisieren:

Wenn die Verhaltensweisen von Heranwachsenden als erzieherisch bedingt oder beeinflußbar eingestuft werden, entstehen höchstens dann prinzipielle Probleme, wenn Erziehungsfehler der Vergangenheit unkorrigierbar erscheinen (z. B. wenn Eltern ‹zu spät› konstatieren, daß sie in der Vergangenheit etwas falsch gemacht haben) oder wenn pädagogische Einwirkungsmöglichkeiten aus irgendwelchen Gründen nicht wahrgenommen werden können (z. B. wenn ein überlasteter Lehrer nicht mehr die Kraft aufbringt, einem renitenten Schüler noch mit Geduld zu begegnen).

Die zweite Ursachenerklärung bezeichnet indessen deutlich eine potentielle Grenze für das Erzieher-Handeln: der Einfluß der außerpädagogischen Umwelt auf den Heranwachsenden. Insbesondere ist dabei an Gleichaltrigengruppen, an Jugendsekten, an Rundfunk, Fernsehen, Werbung und Jugendzeitschriften zu denken, die – wie erwähnt – oft als ‹geheime Miterzieher› bezeichnet werden. Wie man Kinder und Jugendliche vor solchen – pädagogisch oft fragwürdig erscheinenden – Einflüssen bewahren oder wie man ihre kritische Fähigkeit dagegen fördern kann, ist eine bereits in Platons «Staat» diskutierte Frage, die das pädagogische Nachdenken seither fortlaufend begleitet. Weder eine Pädagogisierung der Gesellschaft, in der pädagogisch Fragwürdiges aus dieser verbannt würde, noch der Rückzug der Erziehung in abgeschottete Schonräume haben sich durchsetzen können, wenngleich es in beide Richtungen immer wieder auch praktische Versuche gegeben hat. Es scheint so, daß in der jüngeren Vergangenheit gewisse Einflüsse der Gesellschaft nur gebremst mindestens an das bürgerliche Kind herankamen (vgl. dazu MOLLENHAUER 1991). Wenn Kinder sich jedoch z. B. über das Fernsehen grundsätzlich die gleichen Informationen zugänglich machen können, die auch die Erwachsenen durch dieses Medium erhalten, scheint geradezu ein ‹Ende der Kindheit›, d. h. der Verlust eines Schonraums für das Kind, anzustehen. Die entscheidende und kontrovers diskutierte Frage ist nun, ob diese erzieherisch nicht mehr kontrollierten Einflüsse den Erzieher entmachten und ob an die Stelle der klassischen Erziehung eine von gesellschaftlichen Machtgruppen dirigierte Beeinflussung des Kindes tritt oder ob Heranwachsende gerade der Hilfe des Pädagogen bedürfen, um solchen Einflüssen souverän begegnen zu können (vgl. dazu GIESECKE 1985).

Ebenso kontrovers diskutiert wird die Frage nach der *Anlage-* oder *Umweltbestimmung* des Menschen. Sätze wie «Dieses Kind ist nicht begabt» sind geläufig. Wenn man davon ausgeht, daß z. B. die Intelligenz oder die Ängstlichkeit eines Kindes vererbt bzw. veranlagt ist, sind hier dennoch zwei pädagogisch folgenreiche Varianten denkbar. Man kann z. B. davon ausgehen, daß die Ängstlichkeit, die ein Kind seit Geburt zeigte, nicht im Mutterleib oder bei der Geburt erworben wurde, sondern vererbt oder konstitutionell veranlagt ist. Gleichwohl muß daraus keine pädagogische Schicksalsergebenheit erwachsen. Denn je nach Umwelterfahrungen, die ein so veranlagtes Kind macht, könnte sich seine Ängstlichkeit durch geeignete Lebenstechniken mindern oder z. B. in eine gesunde Vorsicht wandeln lassen. Die gleiche Anlage könnte aber im negativen Fall die Ausbildung massiver Angstzustände begünstigen. ‹Anlagen› können also aus dieser Perspektive in diese oder jene Richtung ausgebildet werden, sie sind ‹plastisch›. Für den Erzieher problematischer ist eine andere Variante der Anlagen-Theorie. Ihr zufolge ist z. B. die mathematische Fähigkeit oder gar die gesamte menschliche Intelligenz zu einem so hohen Anteil genetisch bestimmt, daß darauf pädagogisch kaum noch Einfluß zu nehmen ist. (Unser dreigeteiltes Schulwesen wird mitunter damit begründet, daß man für unterschiedlich Begabte unterschiedliche Schulformen benötige und daß ‹wenig Begabte› durch pädagogische Maßnahmen auch nicht auf ein höheres Begabungsniveau gebracht werden können.)

Auf die wissenschaftliche Diskussion dieses Problems kann hier nicht eingegangen werden (vgl. dazu z. B. LEWONTIN / ROSE / KAMIN 1988). Erkennbar handelt es sich aber um ein noch ungeklärtes Thema, dessen Aufklärung vielleicht durch die Forschungen im Bereich der Gentechnik zunehmen wird. Die klassische pädagogische Antwort, insbesondere auf die Begabungsdebatte, besteht vorerst immer noch darin, daß die Begabung eines Menschen nur festgestellt werden kann, wenn er eine gewisse Wegstrecke seines Bildungsprozesses schon zurückgelegt hat. Das bedeutet aber, daß *Begabung* möglicherweise ein Resultat dieses besonderen Bildungswegs ist. Für den Erzieher ergibt sich insofern die Notwendigkeit, sein Erziehungshandeln so einzurichten, daß optimale Bedingungen für die kreative Entfaltung und ‹Begabung› des Heranwachsenden geschaffen werden. Das ist allerdings leichter gesagt als getan. Wenn beispielsweise der Versuch eines Sonderschullehrers immer wieder scheitert, einem scheinbar völlig unbegabten Schüler die elementarsten Kenntnisse des Lesens und Schreibens beizubringen, kann Zweifel an dem Sinn eines solchen Bemühens entstehen. Andererseits zeigt sich gelegentlich, daß die aufmerksame Beobachtung des Kindes und die richtige Reaktion im richtigen Moment ‹Begabung› weckt, die man bei diesem Kind nicht vermutet hätte (anschauliche Beispiele dieser Art finden sich u. a. bei JEGGE 1983, MAKARENKO 1954 und FLITNER / SCHEUERL 1991).

Daß schließlich das Kind, wie die vierte These postuliert, dem erzieherischen Einfluß durch seinen eigenen Willen Widerstand entgegensetzt, dürfte wohlvertraut sein. Die schon erwähnte sogenannte Kognitionstheorie hat die selbsttätigen Erkenntnisleistungen des Kindes detailliert beschrieben, mit denen dieses sich seine Sprache, sein Weltverständnis und seine moralischen Maximen erwirbt (Jean Piaget, Lawrence Kohlberg, Noam Chomsky u. a.). Gerade mit Blick auf diese Selbsttätigkeit des Kindes gehört es aber zu den schwierigsten Fragen der Erziehertätigkeit, wie ein pädagogisch richtiges Verhältnis von «Führen» und «Wachsenlassen» (Theodor Litt), von «Erziehen» und «kindlicher Selbsttätigkeit» beschaffen sein könnte (z. B. BENNER 1987, ADORNO 1971, MOLLENHAUER 1991). Dabei muß der Erzieher eine weitere Grenze für seine pädagogische Tätigkeit, vielleicht auch für pädagogische Allmachtsphantasien berücksichtigen: den sog. institutionellen Rahmen.

Lehrer z. B. sind zahlreichen schulrechtlichen, jugendrechtlichen und schulorganisatorischen Bestimmungen unterworfen, die ihrem eigenen Tun deutliche Grenzen setzen. Analoges gilt für die Tätigkeit in Heimen, Jugendgefängnissen, Jugendbehörden, Kindergärten, in denen nicht nur bestimmte rechtliche und ökonomische Vorgaben zu beachten sind, sondern – man denke z. B. an konfessionelle Einrichtungen – auch bestimmte nichtpädagogische Grundorientierungen in das pädagogische Tun eingehen. Derartige institutionelle Einbindungen des Erziehers sind in der Erziehungsgeschichte bis in die 50er Jahre des 20. Jahrhunderts nur vereinzelt systematisch behandelt worden (vgl. z. B. BERNFELD 1971; vgl. auch BREZINKA 1957), werden jedoch gegenwärtig in den Sozialwissenschaften gründlich untersucht (vgl. z. B. BAETHGE / NEVERMANN 1984).

In der pädagogischen Diskussion erzieherischer Möglichkeiten scheint sich insgesamt eine eigenartige Widersprüchlichkeit zu zeigen. Einerseits wird gegen allzu strikte Begabungstheorien geltend gemacht, daß Begabungen sich immer erst nach schon erfolgten gesellschaftlichen Einwirkungen auf das Kind zeigen können und daß daher Erzieher und Erziehungsinstitutionen aufgerufen sind, dem Kind alle nur denkbaren Chancen zur optimalen Entfaltung der Begabungen zu geben. Andererseits werden offenbar dem Kind – mindestens in der Theorie – zunehmend Eigenrecht und Eigeninitiative eingeräumt, die gerade dem erzieherischen Einfluß Grenzen setzen. Möglicherweise deuten sich darin sowohl eine größere Bescheidenheit erzieherischer Ansprüche an als auch neuartige Beziehungsstrukturen zwischen Erziehern und Heranwachsenden.

3.2.3.3 Das pädagogische Verhältnis

Manche Menschen erinnern sich daran, daß ihre Eltern mitunter tagelang nicht mit ihnen gesprochen haben, wenn sie als Kinder ‹ungezogen› waren – und daß diese Form der Bestrafung zu ihren schlimmsten Kindheitserfahrungen gehörte. Sie erinnern sich also an ein problematisches ‹pädagogisches Verhältnis›. Die pädagogische und autobiographische Literatur ist reich an Beispielen für verschiedenartige und oft sehr konfliktreiche pädagogische Verhältnisse. (Als ein berühmtes Beispiel sei hier nur der Roman «Anton Reiser» von Karl Philipp Moritz genannt.) Es nimmt daher nicht wunder, daß die Frage nach der pädagogisch richtigen Beziehung eine Zentralfrage der Erziehertheorie ist. Schon antike Autoren (z. B. Quintilian) oder mittelalterliche Theoretiker (z. B. Anselm von Canterbury) kritisieren beispielsweise Versuche, den negativ bewerteten *Eigenwillen* des Kindes durch physische oder psychische Bestrafung zu brechen. Bei neuzeitlichen Autoren wird dieses Problem immer wieder kritisch diskutiert, wohl auch deshalb, weil die praktische Erziehung psychisch verletzende, ängstigende, bedrohende oder auch physisch verletzende Strafen bis in unser Jahrhundert praktizierte und praktiziert (vgl. DeMause 1980). Berühmte Erzieher wie Johann Heinrich Pestalozzi, der 1799 in einer Anstalt in Stans (Schweiz) eine große Gruppe ‹verwahrloster Kinder› betreute, setzen sich mit dem Problem der Strafe immer wieder auseinander (vgl. Pestalozzi 1954): Ist z. B. die körperliche Strafe grundsätzlich abzulehnen, oder ist sie gelegentlich gerechtfertigt, wenn das Kind sich im Grundsatz vom Erzieher angenommen, unterstützt und geliebt fühlt? Kann die körperliche Bestrafung eines Kindes pädagogisch sinnvoll sein (worüber sich z. B. Makarenko [vgl. 1954] in seinem Erziehungsroman «Ein pädagogisches Poem» Gedanken gemacht hat)?

Leicht führen allerdings solche Hinweise auf ‹pädagogisch sinnvolle› Strafen zur Rechtfertigung pädagogischer Gewaltverhältnisse. Aber auch scheinbar unproblematische oder gar wünschenswert erscheinende Erziehungsmaximen wie die, der Erzieher solle liebevoll am Kind interessiert, partnerschaftlich und humorvoll sein, sind nicht so einfach pädagogisch zu bewerten. Sind diese Eigenarten z. B. für Lehrer immer notwendig? Welchen Sinn mochten die recht schwierigen Beziehungen beispielsweise Johannes Keplers, Friedrich Schillers oder Karl Philipp Moritz' zu ihren Vätern bzw. ihren Müttern für die eigene Entwicklung und Genialität gehabt haben?

Die Frage nach dem ‹pädagogischen Verhältnis› zwischen Erzieher und Kind wird auch in der neueren Erziehungstheorie aus verschiedenen Blickwinkeln untersucht, von denen hier einige beispielhaft genannt werden sollen.

Aus einer historischen Perspektive wurden die Wandlungen jeweils pädagogisch favorisierter oder auch kritisierter *Beziehungsmuster* diskutiert; man denke beispielsweise an die – durchaus auch als pädagogisch verstandenen – erotischen Beziehungen zwischen Jugendlichen und erwachsenen Männern in der griechischen Antike oder an die uns heute oft geradezu sadistisch erscheinenden Erziehungsformen in Familien und Schulen des 17., 18. und 19. Jahrhunderts (vgl. Rutschky 1977). Nicht uninteressant ist dabei auch die Frage, ob der ‹pädagogische Eros› verschiedene – nicht nur antike – Spielarten hat und z. B. im ‹Begehren› des Erziehers, sich im Heranwachsenden ‹wiederzufinden›, oder in dem von Herman Nohl (1930) so genannten «leidenschaftlichen Verhältnis» zwischen Erzieher und Zögling verwandte Entsprechungen hat (vgl. Nohl 1961, Koller 1990). Eine andere interessante Frage ist, ob im Verlauf der Geschichte die Beziehung zwischen Kindern und erziehenden Erwachsenen eher distanzierter oder eher einfühlsamer wird (vgl. Ariès 1979, DeMause 1980).

Aus einem psychologischen Blickwinkel ist die Frage nach der pädagogischen Beziehung u. a. in der *Erziehungsstilforschung* gestellt worden (vgl. z. B. LUKESCH 1975). In zahlreichen Forschungsarbeiten ist nicht nur untersucht worden, welche typischen Beziehungen z. B. Lehrer zu Schülern, Eltern oder Kindergärtnerinnen zu Kindern aufbauen, sondern auch, welche möglichen Folgen z. B. sog. sozialintegrative, autokratische, feindselige oder freilassend-liebevolle Erziehungsstile haben. Vielleicht sind aber gegenwärtig weniger diese Forschungsresultate als vielmehr die Klassifikationen pädagogischer Beziehungen von praktischer Bedeutung, insofern sie das eigene Beobachtungsvermögen für Fragen dieser Art schärfen können. Erst neuerdings wird in der Forschung nachdrücklicher darauf geachtet, wie Kinder Beziehungen zu Erwachsenen nicht nur reaktiv aufbauen, sondern auch aktiv steuern. So hat man beobachtet, wie bereits Säuglinge bestimmte gestische und mimische Techniken ausbilden, um bei ihren Müttern bestimmte Zuwendungsreaktionen hervorzurufen.

In ethischer oder moralischer Hinsicht wurde u. a. das *Macht- und Gewaltproblem* in der Erzieher-Kind-Beziehung diskutiert: Wie ist unter der Bedingung einer wirklichen, entwicklungsbedingten Unterlegenheit des Kindes dennoch eine Beziehung des Erziehers zum Kind denkbar, die nicht durch Formen der Gewalt und Herrschaft gekennzeichnet ist? Ist eine partnerschaftliche Erziehung oder gar das Absehen von aller Erziehung denkbar, oder müssen jenseits von autoritären und antiautoritären Beziehungen ganz andere Formen des Umgangs mit Heranwachsenden gesucht werden (vgl. z. B. SCHLEIERMACHER 1957, OELKERS / LEHMANN 1990)?

Schließlich ist in systematischer Absicht auch versucht worden, das pädagogische Verhältnis nach wesentlichen Aspekten zu gliedern, Hauptfragen kritisch herauszuarbeiten und zentrale Problemstellungen übergreifend zu benennen (vgl. z. B. KLAFKI 1970). Gegenwärtig sprechen einige Anzeichen für einen grundlegenden Wandel des pädagogischen Verhältnisses von eher autoritären zu eher partnerschaftlichen Strukturen.

3.2.3.4 Die Frage nach den Qualitäten des Erziehers

Es ist in der Erziehungsgeschichte viel darüber gerätselt worden, ob es einer besonderen Eignung zum Erzieher bedarf, ob man pädagogische Fähigkeiten erlernen kann oder ob es so etwas wie den ‹geborenen Erzieher› gibt (vgl. SPRANGER 1958).

Unstrittig weisen didaktische Lehrwerke wie die des Comenius oder psychologische Hinweise wie die in Rousseaus «Émile» schon vor einigen

Jahrhunderten darauf hin, daß der Erzieher u. a. didaktisches Geschick und psychologisches Einfühlungsvermögen nicht nur haben sollte, sondern auch erlernen kann. In solchen Erziehungslehren hat daher auch die Professionalisierung des Erzieherberufs ein wesentliches Fundament. Die ältere Literatur über den Erzieher und auch noch pädagogische Lexika aus dem 19. und vom Anfang des 20. Jahrhunderts stellen erstaunliche Anforderungen mindestens an den professionellen Erzieher. So soll beispielsweise der Lehrer, wie ihn Adolf Diesterweg 1834 in einer gedankenreichen Schrift forderte, mit Kraft, naturgemäß und am Entwicklungsstand des Schülers orientiert unterrichten. Er soll anschaulich lehren, verständlich sprechen, vom Nahen zum Fernen, vom Leichten zum Schweren, vom Einfachen zum Zusammengesetzten, vom Bekannten zum Unbekannten voranschreiten, das bisher Behandelte jeweils im später Behandelten wieder auftauchen lassen, das Kommende im Jetzigen andeuten – um hier nur einige Forderungen zu nennen (vgl. Diesterweg 1908). Das will gelernt sein. Nicht genug damit, erwarten Erziehungstheoretiker auch eine moralisch gefestigte, geduldige, sittlich untadelige, soziale und gebildete *Erzieherpersönlichkeit*. Die Forderung nach sittlicher Vollkommenheit mag zwar keine große Rolle mehr spielen; aber von Lehrern wird sicher auch heute noch Interesse am Stoff wie an den Schülern, Flexibilität der Unterrichtsgestaltung, Abwechslungsreichtum und Lebendigkeit des Unterrichtens, Einfühlungsvermögen und fachliche Souveränität gefordert. Im übrigen ist der Kenntnisstand über Heranwachsende durch die Ausdifferenzierung des Wissenschaftsbetriebs enorm angewachsen. Die rasche Umwälzung der gesellschaftlichen Verhältnisse und kulturellen Orientierungen erfordert es zudem, daß diese Wissenschaften sich immer wieder auf neue Problemstellungen – z. B. neue Jugendkulturen und Berufsperspektiven – einstellen. Eigentlich müßte sich also der Erzieher in den verschiedenen Wissenschaftsdisziplinen sachkundig machen – eine kaum noch einlösbare Anforderung. Aber diese Sachkunde ist nicht nur eine erziehungstheoretische Forderung, sondern auch ein vielfältig aus der Praxis erwachsendes Bedürfnis.

Ein Beispiel soll dies deutlich machen: In Kindergärten entsteht immer wieder die Frage, in welchem Ausmaß die Erzieherinnen in das spontane Tun der Kinder eingreifen sollen, ob z. B. eher dem Freispiel oder eher dem angeleiteten Spielen der Vorzug zu geben ist. Solche Fragen sind jedoch nicht aus der bisherigen Praxis zu entscheiden, weil diese unter Umständen nur einem selbstverständlich gewordenen «pädagogischen Schlendrian» (Herbart) folgt. Sie können aber auch nicht aus dem unmittelbaren Einfall, aus der Willkür entschieden werden; denn Pädagogen sind für ihr Handeln verantwortlich, d. h., sie müssen ihr Tun prinzipiell mit guten Gründen rechtfertigen. Schließlich kommt es auch vor, daß verschiedene Erzieher unterschiedliche Meinungen zu der anstehenden Frage haben. Diese Meinungsdifferenzen können (bzw. sollten) nicht durch irgendeine Form von Gewalt entschieden werden, sondern durch gute Gründe. Man beginnt also mindestens als theoretisch interessierter Erzieher darüber nachzudenken, welchen Sinn das Spiel überhaupt für den kindlichen Bildungsprozeß haben kann und wie von diesem Bildungssinn des Spiels her das Freispiel oder das gelenkte Spiel zu bewerten sind. In der Regel kann man bei solchen Fragen auf bereits durchgeführte Forschungen, auf vorhandene Theorien und Ideen zurückgreifen. Dabei stößt man aber auf eine kaum noch überschaubare Fülle von Arbeiten zum Kinderspiel aus den Disziplinen Psychologie, Pädagogik, Soziologie, Ethnologie, Volkskunde und Philosophie. Sowohl die verschiedenartigen Spieltheorien als auch die Forschungsresultate sind häufig nicht nur schwer auf einen Nenner zu bringen; sie widersprechen einander gelegentlich auch deutlich. Oder, um andere Beispiele zu erwähnen: Es sind eigentlich mindestens Kenntnisse aus Entwicklungspsychologie und Sprachwissenschaft vonnöten, um die Sprachentwicklung des Kindes zu verstehen; wenn Lehrer oder Heimerzieher die besonderen Probleme der Pubertät verstehen möchten, sollten sie Erkenntnisse der Gruppensoziologie, der Entwicklungspsychologie und – im Hinblick auf die gravierenden leiblichen Veränderungen in diesem Alter – der biologischen Anthropologie besitzen.

Ein solcher Wissensanspruch ist aber praktisch kaum einlösbar, zumal gerade in den Humanwissenschaften die Zuverlässigkeit der Aussagen über Heranwachsende mitunter sehr frag- bzw. diskussionswürdig ist. All das muß zu einer Verunsicherung jener Erzieher führen, die sich ein sicheres Wissensfundament für ihre Tätigkeit erhofften.

So ergibt sich mindestens für den professionellen Erzieher die gleichsam übergeordnete Qualifikationsanforderung, in den verschiedenen Theorien und Forschungsarbeiten Aspekte zu entdecken, die das eigene Beobachten von Heranwachsenden und die pädagogische Praxis anregen können. Man kann beispielsweise in den wichtigsten Spieltheorien durchaus vereinseitigte Gesichtspunkte entdecken, die eigentlich gleichermaßen wesentlich sind: in der psychoanalytischen Spieltheorie die affektiven, biographischen und unbewußten Aspekte des Spiels (z. B. beim Nachspielen eines beobachteten und erschreckenden Autounfalls), in der Lerntheorie die Milieuerfahrungen, die in das Spiel eingehen (z. B. Imitation der Zahnarzttätigkeit), in der Kognitionstheorie die intellektuelle Eigenaktivität des Kindes (z. B. die Deutung von Stöckchen als Auto, Mutter oder Baum im Symbolspiel) usw. Der Erzieher benötigt also, wie man auch sagen könnte, angesichts der Vielfalt bereits vorhandener pädagogischer Wissensbestände Gestaltungskraft, um diesem Material plausible, sinnvolle Anregungen für sein eigenes Tun entnehmen zu können.

Ein weiteres Problem macht die ganze Angelegenheit leider noch schwieriger. Kenntnisse z. B. über Entwicklungseigenarten von Kindern oder über Techniken der Gruppenarbeit mit Jugendlichen garantieren noch keine praxisgerechte Anwendung eines solchen Wissens. Der Erziehungstheoretiker Johann Friedrich Herbart hat sicher richtig gesehen, daß die verschiedenartigen Situationen, in denen der Praktiker sich bewähren muß, in der Ausbildung niemals vorhergesehen werden können. Man kann also den Erzieher nicht umfassend darauf vorbereiten. Der Erzieher kann darüber hinaus auch nicht in jeder Situation (z. B. angesichts des ‹Schlafens› eines Schülers) zeitraubend darüber nachdenken, welche Technik (z. B. des ‹Aufweckens›) hier sinnvoll anzuwenden ist. Die Praxis fordert rasches und sicheres Handeln. HERBART (vgl. 1964) ging deshalb davon aus, daß neben dem Wissen auch eine Art Haltung oder Gesinnung anzueignen sei, aus der in der Praxis jeweils situationsangemessen reagiert werden kann. Er nannte diese Haltung den *pädagogischen Takt*. Der Begriff ist mit Bedacht gewählt; denn auch das taktvolle Benehmen z. B. unter Freunden kommt nicht dadurch zustande, daß man fortwährend über das richtige Benehmen nachdenkt, sondern dadurch, daß dessen Grundlagen gleichsam zur eigenen Natur gemacht wurden. Erst dann kann in beliebigen Situationen spontan ‹taktvoll› gehandelt werden.

Ob es derartige Grundsätze für die Pädagogik heute noch geben kann, ist angesichts einer sich rasch verändernden und vielfältigen Kultur allerdings umstritten. Daher schwankt auch hier der Boden für manchen Erzieher, der allzu rasch sicheren Stand sucht. Nicht zuletzt die pädagogischen Ratgeberspalten in den Illustrierten machen darauf aufmerksam, daß diese Unsicherheit auch nichtprofessionelle Erzieher, z. B. viele Eltern, ergriffen hat.

Literatur

ADORNO, TH. W.: Erziehung zur Mündigkeit. Frankfurt/M. 1971.

ARIÈS, PH.: Geschichte der Kindheit. München 1979.

BAETHGE, M./NEVERMANN, K. (Hrsg.): Organisation, Recht und Ökonomie des Bildungswesens. Stuttgart 1984 (= Enzyklopädie Erziehungswissenschaft, Bd. 5).

BALLAUFF, TH./SCHALLER, K.: Pädagogik. Eine Geschichte der Bildung und Erziehung. 3 Bde. Freiburg/München 1969/70/73.

BENNER, D.: Allgemeine Pädagogik. Weinheim/München 1987.

BERNFELD, S.: Sisyphos oder die Grenzen der Erziehung [1925]. Frankfurt/M. 1971.

BREZINKA, W.: Erziehung als Lebenshilfe. Ein Beitrag zum Verständnis der pädagogischen Situation. Wien/München 1957.

BUMKE, J.: Höfische Kultur. Literatur und Gesellschaft im hohen Mittelalter. 2 Bde. München [4]1987.

DEMAUSE, L. (Hrsg.): Hört ihr die Kinder weinen. Frankfurt/M. 1980.

DIESTERWEG, A.: Wegweiser zur Bildung für deutsche Lehrer [1834]. Breslau 1908.

DOHMEN, G.: Bildung und Schule. Weinheim 1964.

FLAMMER, A.: Entwicklungstheorien. Psychologische Theorien der menschlichen Entwicklung. Bern/Stuttgart 1988.

FLITNER, A.: Konrad, sprach die Frau Mama... Über Erziehung und Nicht-Erziehung. Berlin 1982.

FLITNER, A./SCHEUERL, H. (Hrsg.): Einführung in pädagogisches Sehen und Denken. München [12]1991.

GARIN, E.: Geschichte und Dokumente der abendländischen Pädagogik. Bd. II. Reinbek bei Hamburg 1966.

GIESECKE, H.: Das Ende der Erziehung. Neue Chancen für Familie und Schule. Stuttgart 1985.

GROOTHOFF, H.-H.: Funktion und Rolle des Erziehers. München 1972.

HERBART, J. F.: Vorlesungen über Pädagogik. Vom pädagogischen Takt. Heidelberg 1964.

JEGGE, J.: Dummheit ist lernbar. Erfahrungen mit «Schulversagern». Reinbek bei Hamburg 1983.

KERSCHENSTEINER, G.: Die Seele des Erziehers und das Problem der Lehrerbildung. München 1921.

KLAFKI, W.: Das pädagogische Verhältnis. In: Klafki, W. u. a.: Funk-Kolleg Erziehungswissenschaft. Bd. 1. Frankfurt/M. 1970, S. 55–91.

KOLLER, H. CH.: Die Liebe zum Kind und das Begehren des Erziehers. Erziehungskonzeption und Schreibweise pädagogischer Texte von Pestalozzi und Jean Paul. Weinheim 1990.

LEWONTIN, R. C./ROSE, S./KAMIN, L. J.: Die Gene sind es nicht. Biologie, Ideologie und menschliche Natur. München/Weinheim 1988.

LUKESCH, H.: Erziehungsstile. Pädagogische und psychologische Konzepte. Stuttgart [u. a.] 1975.

MAKARENKO, A. S.: Der Weg ins Leben. Ein pädagogisches Poem. Berlin 1954.

MARROU, I.: Geschichte der Erziehung im klassischen Altertum. München 1977.

MOLLENHAUER, K.: Vergessene Zusammenhänge. Über Kultur und Erziehung. Weinheim/München [3]1991.

NOHL, H.: Die pädagogische Bewegung in Deutschland und ihre Theorie. Frankfurt/M. [6]1961.

OELKERS, J./LEHMANN, TH.: Antipädagogik. Herausforderung und Kritik. Weinheim 1990.

PESTALOZZI, J. H.: Brief an einen Freund über seinen Aufenthalt in Stans. In: Ders.: Ausgewählte Schriften, hrsg. v. W. Flitner. Düsseldorf/München 1954, S. 99–121.

ROUSSEAU, J.-J.: Émile oder über die Erziehung. Paderborn [3]1975.

RUTSCHKY, K. (Hrsg.): Schwarze Pädagogik. Frankfurt/Berlin/Wien 1977.

Scheibe, W.: Die reformpädagogische Bewegung 1900–1932. Weinheim/Berlin/Basel 1971.

Scheuerl, H. (Hrsg.): Lust an der Erkenntnis: Die Pädagogik der Moderne. München 1992.

Schleiermacher, F.: Pädagogische Schriften. Unter Mitwirkung v. Th. Schulze hrsg. v. E. Weniger. Band I: Die Vorlesungen aus dem Jahre 1826. Düsseldorf/München 1957.

Spranger, E.: Der geborene Erzieher. Heidelberg 1958.

Tolstoj, L.: Die Schule von Jasnaja Poljana. Wetzlar 1980.

Zinnecker, J.: Jugendkultur 1940–1985. Opladen 1987.

Jürgen Diederich

3.3 Der Lehrer

3.3.1 Einleitung

Viermal zehn Dienstjahre hat vor sich, bestenfalls oder schlimmstenfalls, wer nach 13 Schuljahren und dem Abitur ein Lehramtsstudium in der Regelstudienzeit abschließt. ‹Schule lebenslänglich› nennen das ehemalige Mitschüler, die sich, der Schule gerade entwachsen, nicht vorstellen können, wie jemand freiwillig Lehrer werden mag. Manche dieser Spötter werden bald zum Umdenken gezwungen. Ihnen wurde nach dem Vordiplom oder der Zwischenprüfung geraten, ‹doch lieber Lehrer› zu werden. Andere werden Lehrer, weil sie das für einen Halbtagsjob halten, bei dem obendrein die Ferien locken. Und wer sich nur ein Studium von sechs Semestern leisten kann, wird vielleicht deshalb Grundschullehrerin. Schließlich kann man auch ‹auf Lehramt› studieren, ohne Lehrerin oder Lehrer werden zu wollen. Man sieht dann die Erste Staatsprüfung als einen ersten Studienabschluß wie das Diplom oder den Magister und denkt, hinterher werde man schon weitersehen: Wenn man keine Doktorarbeit angeboten bekommt, kann man immer noch in den Schuldienst gehen.

Niemand, der dieses Studium aufnimmt, muß also fürchten, unter lauter Auserwählten und Begnadeten der einzige Heide zu sein. Allerdings ist die Erwartung, wer Lehrer werden wolle, müsse vor allem ‹ein Herz für Kinder› haben, noch immer sehr verbreitet, nicht nur unter Pädagogen. Am Verhältnis zu den Kindern orientierte sich denn auch eine Studentin, die den ‹typischen Lebenslauf des Lehrers› in diese Worte faßte: «Ihr sollt mich lieben; ihr sollt mich fürchten; ihr sollt mich respektieren; ach bitte, beachtet mich doch!» – Sie wollte trotzdem Lehrerin werden, aber selbstverständlich keine typische.

Auch das ist typisch: Wer Lehrer werden will, will oft ein anderer und besserer Lehrer werden als die meisten, die er hatte. «Lehrer, die wir hatten» nannte Ernst Heimeran sein Buch mit Schulerinnerungen. Wer bei ihm oder bei anderen Schriftstellern nachliest, was sie über Lehrer erzählen, beginnt zu zweifeln, ob es den ‹typischen Lehrer› je gab (vgl. dazu Twellmann 1988). Nur eines ist sicher: Jeder hatte Lehrer und kann mitreden, wenn es um Schule geht, weil manche ihm unvergeßlich sind, sei das im Guten, sei das im Bösen.

Kinder sind, Eltern wissen das, der reine Segen für Leute, die keine haben. Für die Schule sind Kinder unentbehrlich. Von ihrer Menge hängt die Anzahl der Lehrerstellen ab. Wer ein guter Lehrer sein will, braucht dazu aufsässige, dumme und faule Schüler – sonst gäbe es ja keine Disziplinschwierigkeiten zu meistern, wären gute Leistungen der Schüler nicht sein Verdienst, bedürfte es ja nicht seiner Kunst, Schüler zu motivieren. Wer erfahren will, ob er ein guter Lehrer ist, muß deshalb in die Sonderschule oder die Hauptschule gehen. Wer die Grundschule oder das Gymnasium vorzieht, steht schon im Verdacht, nicht so genau wissen zu wollen, wie es um seine pädagogische Meisterschaft steht. Trotz solcher Unterschiede gibt es aber auch Gemeinsamkeiten der Lehrämter, die dazu berechtigen, von ‹dem Lehrer› zu sprechen und diesen Beruf mit anderen wie dem des Arztes oder des Pfarrers zu vergleichen: Muß der Pfarrer fromm sein? – Ja. Muß der Arzt gesund sein? – Nein.

Man kann sagen: Der Lehrer muß kompetent sein, er muß können, was er lehrt. Aber das ist nicht spezifisch, das gilt für viele Berufe. Trotzdem reicht es aus, sich zunächst vor Augen zu führen, wie breit das Spektrum der Berufe ist, die lehren. Es reicht vom Geigenvirtuosen mit seinen Meisterschülern bis zum Fahrlehrer für alle, die einen Führerschein erwerben wollen, von Handwerksmeistern als Lehrherren bis zum Fremdenführer oder einem Animateur im Ferien-Club, vom Fußballtrainer bis zum Psychotherapeuten, der einen lehrt, mit sich selbst auszukommen. An den Grenzfällen, diesem oder dem Coach, der Spitzenmanagern hilft, ein Image aufzubauen, sieht man, daß sie nicht können müssen, was ihre Klienten lernen sollen. Es reicht aus, wenn der, der zahlt, glaubt, er bekäme für sein Geld ‹einen Weg gezeigt›. Als Guru lehrt man praktischerweise gleich den richtigen Glauben.

Denkt man an Religionsstifter als ‹Lehrer der Menschheit› oder an das ‹Charisma› populärer Politiker, fällt auf, daß ein wenig von dieser Ausstrahlungskraft auch vom Schul-Lehrer erwartet wird. Er soll nicht nur können, was er lehrt, und soll es nicht nur anderen beibringen können; er soll darüber hinaus Begeisterung für etwas zeigen und damit Interesse wecken. Einem Professor (Hochschullehrer), der Lehrer ausbildet, muß anzusehen sein, daß ihm das Lehren Spaß macht. Selbst bei Schauspielern, von denen man ja weiß, daß sie nur Rollen spielen (und nicht sich selbst), unterscheidet man, ob ihnen eine Rolle ‹auf den Leib geschrieben› ist oder nicht.

Muß oder darf also der Lehrer ein *Vorbild* sein? Ja und nein. Einerseits wird das noch oft erwartet, manchmal sogar, was den privaten Lebenswandel angeht: Als Lehrer an einer katholischen Privatschule darf man nicht geschieden sein. Und je dichter, wie oft noch auf Dörfern, die soziale Kontrolle ist, desto eher werden an Lehrer und vor allem Lehrerinnen strengere moralische Maßstäbe angelegt als an Angehörige anderer Berufe, ausgenommen Pfarrer. Andererseits macht sich bei Heranwachsenden lächerlich, wer allzu vorbildlich an Maßstäben festhält, die sie für überholt halten. Wer zu wenig ‹mit der Zeit geht› und nicht zu wissen scheint, wie ‹die Welt wirklich› ist, dem glauben sie schwerlich, daß er sie ‹aufs Leben vorbereiten› kann.

Das ist, was den Beruf derzeit noch schwieriger macht, als er früher schon war: In der Schule wird nicht mehr nur die ‹heile Welt› verkündet, sondern Schüler sollen zu kritischen Zeitgenossen herangebildet werden. Man kann nicht mehr naiv zu Sparsamkeit erziehen, wenn die wenigsten Steuern zahlt, wer die meisten Schulden hat. Die Meldung, die Wirtschaft erwarte die Belebung der Konjunktur von erhöhter Nachfrage privater Konsumenten, verlangt umgekehrt den Hinweis auf die Kosten eines Dispositionskredits.

So trifft dauernd die große Welt auf die kleine Welt: Nationalitätenkonflikte im Fernsehen auf die Ermahnung zu friedfertigem Verhalten auf dem Schulhof, Meldungen über Hungerelend auf das Brot im Papierkorb, die Umweltfrage auf die Prestigefrage, wie oft man als Jugendlicher zu duschen hat. Und Lehrern, die das ‹im Unterricht behandeln› sollen, wird in aller Einfalt abverlangt, daß sie nicht nur neutral und objektiv unterrichten, was schon schwer genug wäre, sondern alle unterschiedlichen ‹Botschaften›, mit denen Kinder und Jugendliche täglich bombardiert werden, ‹im Kopf zusammenbringen›, für sich und die Heranwachsenden zu einem Weltbild ordnen, mit dem ein ‹anständiger Mensch› leben kann.

Anstand und Sitte war, was man früher über Lesen, Schreiben und Rechnen hinaus in der Schule lernen sollte. Schon damals war es für Lehrer nicht leicht, in jeder Hinsicht Vorbild zu sein. Heute wird obendrein verlangt (je älter Schüler sind, desto mehr), daß Lehrer alles, worin Schüler sie zum Vorbild nehmen könnten, mit lässiger Selbstironie problematisieren: Ich soll höflich sein, aber auch ‹authentisch›? ‹Natürlich› seid ihr mir nicht alle gleich sympathisch; soll ich meine Antipathien ehrlich zeigen oder mich höflich verstellen? Gerecht behandeln soll ich euch: alle gleich, jeden anders!

Zur *Professionalisierung* des Lehrerberufs gehört also nicht nur berufliche Tüchtigkeit. Der Tennisprofi muß mehr als nur Ballkünstler sein; er muß auch plausibel erklären können, warum er diesmal wieder so schlecht gespielt hat. Der ‹typische Lehrer› ist kein ‹professioneller› Lehrer; denn er hat den falschen Ehrgeiz, alles richtig zu machen.

3.3.2 Lehrer in der Statistik

In der Statistik spielt das alles keine Rolle; da geht es nicht um den einzelnen. Dafür erfährt man aber, was man normalerweise unter ‹Lehrern› versteht, nämlich die an öffentlichen und privaten Schulen, und wie viele es in den verschiedenen Untergliederungen des Schulwesens gibt. Andere Statistiken zeigen, wie alt die Lehrer sind, wann wie viele voraussichtlich aus dem Dienst ausscheiden, wie groß also die Aussicht ist, nach dem Examen eine Stelle zu bekommen. Sehr sicher sind Prognosen dieser Art freilich nicht; sie hängen ja außerdem davon ab, wie viele Kinder inzwischen geboren werden (oder einwandern) und für wie viele eine Schulklasse gebildet wird.

Um den Vorbehalt, Statistiken seien Lügen aus Zahlen, zu berücksichtigen (völlig entkräften läßt er sich selten), ist eine Vorbemerkung erforderlich. Angaben der Lehrerzahl schwanken je nach Definition: Hauptberufliche Lehrer sind mit mindestens der Hälfte der Pflichtstundenzahl beschäftigt, nebenberufliche mit weniger als der Hälfte; bei ersteren wird außerdem Teil- und Vollzeitbeschäftigung unterschieden. Wenn weniger die Anzahl der Personen als die Lehrkapazität aller Schulen interessiert, werden Teilzeitbeschäftigungen zu einem fiktiven Vollzeitlehrerbestand umgerechnet, z. B. in Tabellen zum Verhältnis «Schüler pro Lehrer». Die «Grund- und Strukturdaten» des Bundesministers für Bildung und Wissenschaft (BMBW) sind nach Angaben der Ständigen Konferenz der Kultusminister der Länder der Bundesrepublik Deutschland (KMK) zusammengestellt und beruhen auf jährlichen Erhebungen in den Bundesländern. Weil es dem BMBW noch nicht gelungen ist, alle Angaben für das ehemalige Gebiet der DDR entsprechend den Kategorisierungen seiner Statistik aufzubereiten, und um hier Längsschnitt-Vergleiche nicht unnötig zu erschweren, beziehen sich alle Angaben auf das Gebiet der Bundesrepublik vor dem 3. Oktober 1990.

Im Jahr 1990 gab es in der Bundesrepublik (einschließlich West-Berlin) 583 192 hauptberufliche Lehrer. Sie waren auf die Lehrämter (gemäß

Prüfung für:	Anzahl	Anteil	Frauen-Anteil
Grund- und Hauptschulen	211 274	36,23 %	66,0 %
Sonderschulen	27 443	4,71 %	56,5 %
Realschulen	82 260	14,11 %	53,3 %
Gymnasien	131 808	22,60 %	35,2 %
Berufliche Schulen	46 990	8,06 %	22,5 %
Fachlehramt	31 935	5,48 %	71,4 %
Sonstige und	28 333	4,68 %	39,1 %
ohne Prüfung	23 149	3,97 %	66,8 %
Insgesamt	583 192	100,02 %	52,3 %

Tabelle 1: Hauptberufliche Lehrer nach Lehrämtern (1990)   (*BMBW* 1991, S. 101; Spalte 3 [Anteil] eigene Berechnung)

abgelegter Prüfung) so verteilt, wie Tabelle 1 es nach Anzahl (absolut) und Anteil (relativ) zeigt (in der letzten Spalte der Frauen-Anteil pro Lehramt).

‹Der› Lehrer ist also häufiger eine Frau als ein Mann, freilich nicht im Lehramt an Gymnasien und an beruflichen Schulen, sondern nur in den geringer besoldeten und angesehenen Lehrämtern. Um keine Irritationen zu erzeugen, ist zu Tabelle 1 anzumerken, daß 1990 an beruflichen Schulen 90 188 Lehrer beschäftigt waren, darunter 44 040 aus anderen Lehrämtern (Frauenanteil insgesamt 30,9 %).

Die hauptberuflichen Lehrer verteilten sich auf allgemeinbildende und berufliche Schulen 1990 mit 493 004 zu 90 188 (Summe wie Tabelle 1), also im Verhältnis von rund 85 : 15; bei den 67 100 nebenberuflichen Lehrern war das Verhältnis 64 : 36. An allgemeinbildenden Schulen waren nur acht Prozent aller Lehrer mit weniger als der Hälfte der Pflichtstundenanzahl beschäftigt, an beruflichen Schulen immerhin 21 %; Frauen waren in beiden Bereichen unter den nebenberuflich Tätigen seltener als Männer (33 % bzw. 25 %), in dieser Hinsicht also unterrepräsentiert. Dafür sind sie, vor allem an Grundschulen, häufiger als Männer hauptberuflich teilzeitbeschäftigt (BMBW 1991, S. 96–99; eigene Berechnungen; vgl. SCHÜMER 1992).

Zwischen 1960 und 1980 hat sich der *Lehrerbestand* in der Bundesrepublik mehr als verdoppelt; in dieser Expansionsphase stieg auch der Frauen-Anteil von 38,5 auf 52,3 Prozent. Dem Höchststand von 593 300 hauptberuflichen Lehrern (1983) folgte eine Konsolidierungsphase, die 1990 noch anhält. Zwar reagierte das Schulwesen damit vor allem auf die

| Jahr | Hauptberufliche Lehrer | | Schüler | Schüler/Lehrer* |
	Anzahl	Frauen-Anteil		
1960	211,1	38,3%	6654900	30,7 : 1
1970	313,4	51,8%	8937500	26,7 : 1
1980	498,0	55,3%	9124300	19,9 : 1
1990	493,0	56,2%	6881500	15,2 : 1

* Hier: «Fiktive Vollzeitlehrer», Erläuterung im Text

Tabelle 2: Hauptberufliche Lehrer, Schüler und Schüler je Lehrer an allgemein-bildenden Schulen 1960–1990 (*BMBW* 1991, S. 96–98, *BMBW* 1979, S. 80; eigene Berechnung)

demographische Entwicklung und Wanderungsbewegungen, aber ein Teil der Anstrengungen verbesserte auch die ‹Lehrerversorgung›. Für Grund- und Hauptschulen wurden die Höchstbesuchsziffern (jenseits deren an der Schule eine weitere Schulklasse gebildet werden muß) von 50 auf unter 30 Schüler gesenkt und damit auch die Klassenfrequenzen (Schüler pro Klasse) im Durchschnitt. Die Verbesserung der Arbeitsbedingungen für Lehrer, die damit landesweit verbunden ist, drückt die Schüler-Lehrer-Relation aus (dieser Quotient berücksichtigt nicht die Klassengrößen im Einzelfall); sie sank seit 1960 an Grund-, Haupt-, Sonder- und beruflichen Schulen kontinuierlich, stagnierte allerdings an den anderen Schulformen (vgl. WEISHAUPT u. a. 1988, S. 72 u. 264).

In der Expansionsphase verschob sich selbstverständlich auch die Gliederung der hauptberuflichen Lehrer nach Altersgruppen (nun wieder einschließlich der beruflichen Schulen) ganz erheblich. Folge ist eine ‹intergenerationelle Ungerechtigkeit› der Einstellungschancen, die Absolventen von Lehramtsstudiengängen trifft (vgl. Tabelle 3).

Bei einem mittleren Ersatzbedarf von ca. zwei bis drei Prozent pro Jahr ist also mindestens bis ins Jahr 2000 noch mit geringeren Einstellungschancen zu rechnen.

3.3.3 Rechtliche Stellung

Verfassungsrechtliche Grundlage für die rechtliche Stellung von Lehrern ist das Grundgesetz für die Bundesrepublik Deutschland: «Die Ausübung hoheitsrechtlicher Befugnisse ist als ständige Aufgabe in der Regel Angehörigen des öffentlichen Dienstes zu übertragen, die in einem öffentlich-rechtlichen Dienst- und Treueverhältnis stehen» (Art. 33 Abs. 4). Zwar werden Lehrer in dem Satz nicht eigens erwähnt, aber Richter, Polizisten oder Finanzbeamte auch nicht; der Schlüsselbegriff der Formulierung ist «hoheitsrechtliche Befugnisse». «Indem Lehrer prüfen, Noten geben, über Versetzungen entscheiden, die Disziplin in der Schule aufrechterhalten, üben sie hoheitliche Funktionen aus» (HECKEL / AVENARIUS 1986, S. 206).

Ironischerweise verdanken also Lehrer ihren Beamtenstatus ausgerechnet den Aufgaben, von denen man viele Lehrer sagen hört, sie hätten mit Pädagogik nichts zu tun. Leistungsdruck auszuüben und Disziplin zu verlangen, das macht Lehrerinnen und Lehrer zum ‹typischen Lehrer›, und das will und darf man ja nicht sein. Aber Motivieren ist keine hoheitsrechtliche Befugnis, das darf jeder nette Mensch. An Punkten wie diesem wird die Diskrepanz oder wenigstens Spannung spürbar, die zwischen der ‹herrschenden Lehre› in der Pädagogik und einem Teil der öffentlichen Meinung einerseits und der Rechtslage bzw. der ‹herrschenden Lehre› bei den Juristen und dem anderen Teil der öffentlichen Meinung besteht. Worin die einen Reste obrigkeitsstaatlichen Denkens sehen, das gilt den anderen als Absicherung gegen Willkür, von der staatlichen Schulaufsicht bis zu dem besonderen «Dienst- und Treueverhältnis», in dem Lehrer an öffentlichen Schulen stehen.

Möglicherweise bringt der Prozeß der europäischen Einigung allerdings Änderungen in der Bestimmung dessen, was hoheitliche Befugnisse sind. Der Lehrerberuf würde dann auch Bewerbern zugänglich, die nicht die deutsche Staatsangehörigkeit haben (sofern sie aus Mitgliedsstaaten der Europäischen Gemeinschaft stammen und ihre Lehrerausbil-

Alter	1959	1971	1980	1990
bis 30	14,3%	27,6%	17,8%	2,5%
30–35	16,1%	19,1%	23,6%	8,2%
35–40	13,6%	10,5%	20,4%	22,4%
40–45	9,0%	11,4%	15,0%	24,4%
45–50	11,4%	11,5%	7,6%	20,1%
50–55	11,0%	6,8%	7,7%	13,9%
55–60	13,9%	7,4%	6,1%	5,9%
60–65	9,7%	4,9%	1,7%	2,1%
über 65	0,9%	0,8%	0,1%	0,5%

Tabelle 3: Hauptberufliche Lehrer nach Altersgruppen

(Weishaupt u. a. 1988, S. 265; BMBW 1991, S. 100)

dung den Anforderungen des jeweiligen Bundeslandes entspricht). Das läge auf der Linie einer Entwicklung, die zwischenzeitlich bereits aus anderen Gründen in Gang kam. Einmal ist es eine Tendenz der Grundsatzdiskussion über das öffentliche Dienstrecht, die Unterscheidung von Beamten, Angestellten und Arbeitern überhaupt aufzugeben; zum anderen werden Lehrkräfte häufig mit Teilzeitverträgen und im Angestelltenverhältnis beschäftigt, um Müttern die Berufstätigkeit zu erleichtern und möglichst vielen Absolventen von Lehramtsstudiengängen nach dem Vorbereitungsdienst eine Einstellungschance zu bieten.

Überdies bestehen, was die *vermögenswerten Rechte* der Lehrer angeht (Besoldung gemäß Lehramt, Dienstalter und Familienstand, unterschieden nach Grundgehalt und Ortszuschlag; Beihilfen im Krankheitsfall, Umzugskostenvergütung), praktisch kaum noch Unterschiede zwischen Beamten und Angestellten; auch die Versorgungsbezüge im Ruhestand und für Hinterbliebene sind weitgehend angeglichen, und selbst der Kündigungsschutz für Angestellte stellt sie Beamten nahezu gleich. Würden tarifrechtliche Regelungen diesen Teil des Dienstrechts ersetzen, wäre das also kein Verlust im Verhältnis zum gegenwärtigen Beamtenstatus. Vielleicht träte für das Lehramt an Grund- und Hauptschulen sogar ein Vorteil ein. Da sich die Besoldung am allgemeinen Laufbahnrecht des öffentlichen Dienstes orientiert, das zwischen gehobenem und höherem Dienst unterscheidet, erhalten Lehrer mit diesem Abschluß in den meisten Bundesländern geringere Bezüge mit der Begründung, daß ihre Regelstudienzeit nur sechs Semester beträgt. Ein Studienrat hat hingegen mindestens acht Semester studiert und wird deshalb als ‹Vollakademiker› dem höheren Dienst zugerechnet. Die Unterscheidung ist problematisch, seit der Vorbereitungsdienst (Referendariat), der ein Merkmal des höheren Dienstes ist, für alle Lehrämter eingeführt wurde; sie wird vollends unglaubwürdig, wenn Lehrer mit verschiedener Ausbildung an der gleichen Schule (z. B. Gesamtschule) und eventuell in den gleichen Klassen unterrichten. Tarifrechtliche Regelungen für die Besoldung der Lehrer könnten flexibler als das Laufbahnrecht Unterschiede der Arbeitsbelastung berücksichtigen, die ja eher aus der Zusammensetzung der Schülerschaft, Klassengrößen und fachlichen Anforderungen resultieren als aus unterschiedlichem Aufwand für die Ausbildung. Daß Lehrer für verschiedene Lehrämter unterschiedlich lange ausgebildet werden, ist schließlich auch nicht mehr sachlich zu rechtfertigen, sondern nur noch die letzte Erinnerung an die Unterschiede zwischen niederem und höherem Schulwesen, mit denen die Geschichte des Berufs begann (vgl. 3.3.4).

Lehrer sind Staatsbürger, Schüler aber auch. Mit dem Eintritt in die

Schule werden sie einem besonderen Gewaltverhältnis unterworfen, das mit Einschränkungen ihrer Grundrechte verbunden ist. Das Schulrecht, die vielen Bestimmungen, von denen Lehrer oft sagen, sie würden es ihnen erschweren, pädagogisch zu handeln, hat seinen Sinn darin, eventueller Willkür Grenzen zu setzen und Ermessensspielräume der Lehrer und ihrer Vorgesetzten so festzulegen, daß Rechte der Schüler (und ihrer Eltern) nicht stärker beschnitten werden, als das nötig ist, um Unterricht zu ermöglichen. Der Schulaufsicht, die das Schulwesen im Auftrag des Staates (des Parlaments und der von ihm gewählten Regierung) verwaltet und kontrolliert, stehen auf allen Ebenen (von der Schule über Kreis oder Stadt und Regierungsbezirk bis zum Bundesland) zum Schutz der Lehrer als Arbeitnehmer die gleichen Personalvertretungen gegenüber (Personalräte entsprechen Betriebsräten) wie auch sonst im öffentlichen Dienst. Beide Seiten, Untergebene und Vorgesetzte, müssen überdies Mitbestimmungsrechte der Eltern respektieren sowie mit dem Einfluß von Kirchen, Parteien und Verbänden bis hin zum Druck der kommunalen oder regionalen öffentlichen Meinung rechnen. Die ‹pädagogische Freiheit› des Lehrers ist also nicht unbegrenzt: In der Schule ist er ans Dienstrecht gebunden, außerhalb der Schule, sofern er Beamter ist, ans Beamtenrecht. Trotzdem sind die Ermessensspielräume, die ihm und (bei Disziplinarverfahren) seinen Richtern bleiben, erheblich.

«Anordnungen der Schulaufsicht [...] sind für den Lehrer verbindlich. Dieser Grundsatz erfährt seine Korrektur durch die Wirklichkeit, die Reglementierungen des Unterrichts weitgehend verbietet, weil sie unwirksam zu sein pflegen. Vernunft und pädagogische Einsicht gebieten deshalb dem Schulaufsichtsbeamten, sich auf Ratschläge, Hinweise und Anregungen zu beschränken. Daß er stets taktvoll vorgehen muß und die persönliche Würde des Lehrers nicht verletzen, ihn vor allem nicht vor den Schülern bloßstellen darf, ist selbstverständlich. Im übrigen soll die Schulaufsicht auch von Rechts wegen nur dann durch Anordnungen und sonstige Maßnahmen in die Unterrichtsgestaltung eingreifen, wenn es zur rechtmäßigen, sachgerechten oder geordneten Durchführung von Bildung und Erziehung geboten ist.» (HECKEL / AVENARIUS 1986, S. 236 f)

Der Teufel steckt natürlich im Detail. Wie soll sich ein Schulaufsichtsbeamter verhalten, wenn der Lehrer ein Wort falsch an die Tafel schreibt? ‹Sachgerecht› wäre es, den Fehler zu korrigieren, bevor die Schüler ihn abschreiben; aber würde das den Lehrer nicht vor ihnen bloßstellen? Die geordnete «Durchführung von Bildung und Erziehung» (die Formulierung ist typisch, allerdings nicht für Pädagogen, sondern für Juristen) kann Lehrer leicht an die Grenzen rechtmäßiger Erziehungsmaßnahmen bringen. Wie geht die Fachkonferenz mit einem Kollegen um, der sich weigert, das von ihr angeschaffte Schulbuch zu benutzen, weil er ein anderes Lehrwerk moderner findet oder lieber ganz ohne Buch unterrichtet? Was soll der Schulleiter Eltern sagen, die sich auf den Beschluß der Konferenz berufen?

Konflikte dieser Art sind alltäglich; sie werden gewöhnlich beigelegt, ohne daß es zu rechtlichen Auseinandersetzungen kommt. Was bis zu den Verwaltungsgerichten durchdringt, sind vor allem prüfungsrechtliche Klagen; doch auch bei diesen wird nur dann gegen Lehrer oder Konferenzen entschieden, wenn sie ‹Formfehler› begangen haben (also die Note oder der Beschluß über Nichtversetzung nicht ordnungsgemäß zustande kam); was das ‹sachgerechte› Urteilen angeht, wird der Schule ein Ermessensspielraum zugestanden, wie man ihn sonst nur bei Fußballschiedsrichtern kennt. Wie bei deren ‹Tatsachenentscheidungen› Irrtümer unvermeidlich sind, weil sie so schnell entscheiden müssen, kann auch eine Klassenkonferenz später nur prüfen, was Kollegen als Argument vortragen, muß sich aber auf Sachverhaltsbeschreibungen, mit denen sie ihre Argumente stützen, normalerweise verlassen.

Was die Meinungsfreiheit von Lehrern angeht, wurde selbst die höchstrichterliche Rechtsprechung bemüht. ‹Herrschende Lehre› ist, daß Lehrer sich nicht auf Art. 5 Abs. 5 Satz 1 GG berufen können («Lehrfreiheit» von Wissenschaftlern). Im Unterricht müssen sie «politische Sachverhalte ausgewogen und behutsam behandeln». In der Öffentlichkeit unterliegen sie wie alle Beamten einer gewissen «Mäßigungspflicht», aber heftige Kontroversen gab es nur über das Problem, ob und wie ihre «Verfassungstreue» vor der Einstellung zu überprüfen sei (HECKEL/AVENARIUS 1986, S. 235, 230, 220/229, 209f). Die «Koalitionsfreiheit» (Art. 9 Abs. 3 GG) erlaubt auch Lehrern, Berufsverbände zu bilden. Zwar steht Beamten kein Streikrecht zu; aber der politische Einfluß der Lehrerverbände ist nicht gering, zumal ihnen als Verhandlungspartner oft Parlamentarier gegenübersitzen, die ebenfalls Lehrer sind oder waren und vielleicht sogar der gleichen Partei angehören.

3.3.4 Wie der Beruf entstand

Die Durchsetzung der Schulpflicht dauerte in Deutschland rund 300 Jahre, von den ersten Schulordnungen für deutsche Kleinstaaten (Weimar 1619, Gotha 1642) in der Zeit des Dreißigjährigen Kriegs über das preußische Landschulreglement von 1763 am Ende des Siebenjährigen Kriegs bis zum Reichsgrundschulgesetz von 1920 am Ende des Ersten Weltkriegs. Es zwang erstmals auch begüterte Eltern, ihre Kinder in öffentlichen Schulen (und nicht privat) unterrichten zu lassen. Drei

Jahrhunderte sind ein langer Zeitraum, der für die Widerstände zeugt, die zu überwinden waren, bis für jedes Kind ein Platz auf einer Schulbank gesichert war, aber eine kurze Zeit, wenn man als Maßstab wählt, daß es Unterricht für Kinder aus höheren Ständen schon im Altertum gab.

Für Lehrer ist es die Übergangszeit von der Vorgeschichte des Berufs zur Geschichte ihres Standes, eine Zeit quantitativer Expansion, zunehmender sozialer Sicherung und qualitativer Steigerung, die es erlaubt, von der erstaunlichen Karriere dieses Berufs zu sprechen, vor allem, was das 19. Jahrhundert und das niedere Schulwesen angeht. In Preußen z. B. schnellte zwischen 1820 und 1870 der «relative Schulbesuch» (Schüler pro Jahrgangsstärke) von 54 auf fast 100 Prozent, verdreifachte sich die Zahl der Schüler (von 1,4 auf 4,2 Mill.), nahm die Zahl der Lehrer aller Schularten von 22000 auf 58000 zu (die Schüler-Lehrer-Relation verschlechterte sich also von 64 : 1 auf 72 : 1; vgl. Tabelle 2) und vervierfachte sich die Zahl der Lehrer im höheren Schulwesen auf 4200; sie stieg damit auf sieben Prozent aller Lehrer (vgl. Tenorth 1987, S. 257).

Von den Lehrern im niederen Schulwesen hat in Preußen noch 1830 etwa die Hälfte keine spezielle Ausbildung (sondern ist nur von einem Prediger auf Tauglichkeit für den Beruf überprüft worden); 1877 hat sich die Zahl der Lehrerseminare fast verdreifacht (auf 103), ist dem Seminar der Besuch einer Präparandie vorgeschaltet, hat damit die Ausbildung der «Volksschullehrer» die Gestalt, die sie bis in die Weimarer Republik behält: guter Volksschulabschluß, Vorbereitung auf einer Präparandenanstalt (3–4 Jahre), Lehrerseminar (2 Jahre); die Dauer variiert in den verschiedenen deutschen Staaten. Die Normierung der Ausbildung für das höhere Schulwesen beginnt früher: in Bayern 1809, Preußen folgt 1810 mit dem Examen pro facultate docendi. Anders als in den Lehrerseminaren spielt aber die Pädagogik in dieser Ausbildung kaum eine Rolle. Sie ist an den Universitäten kein eigenes Fach, sondern wird von Philosophen mitvertreten; in der Volksschullehrerausbildung ist sie zwar ein Fach, aber keine Wissenschaft. Man merkt ihr das bis heute an.

Für Eltern bedeutete die Einführung der Schulpflicht vor allem Verzicht auf die Mithilfe der Kinder beim Hüten des Viehs und bei der Feldarbeit; regional gab es auch in Deutschland Kinderarbeit im Bergbau oder im Textilgewerbe. Außerdem mußten sie für ihre Kinder Schulgeld zahlen. Eine gewisse Vorstellung von der Belastung, die damit verbunden war, ermöglichen die folgenden Zahlen. Ab 1763 sollte in Preußen «für jedes Kind, bis es zum Lesen gebracht wird, im Winter sechs Pfennige, wenn es aber zum Lesen gekommen neun Pfennige, und wenn es schreibet und rechnet ein Groschen wöchentlich gegeben werden» (im Sommer

2/3 davon, also 4, 6 oder 8 Pfennige; FROESE/KRAWIETZ 1968, S. 108).
Im Erzgebirge brachte ein Familienvater «in der Woche im Regelfall
1 Taler oder 24 Groschen nach Hause. In den Jahren, die dem Notjahr
1770 vorangingen, kostete ein Sechspfundbrot zwei Groschen. [...] Im
Hungerjahr 1770/71 stieg der Brotpreis auf zwölf Groschen, während
der Lohn unverändert blieb» (ABEL 1981, S. 36). Ein Lehrer mit 60 Kindern wäre demnach auf 60 mal 4–8 bzw. 6–12 Pfennige, also rund ein bis
zwei Taler pro Woche gekommen; tatsächlich lag das Jahreseinkommen
preußischer Lehrer noch 1819 unter den Sollwerten von 1763 (27% der
Lehrerstellen waren mit weniger als 50 Talern im Jahr dotiert, 40% mit
50 bis 100 Talern, nur 33% besser), und erst um 1840 liegt das reale
Einkommen im Durchschnitt bei 150 Talern im Jahr und damit höher als
das der einfachen Landbevölkerung (vgl. TENORTH 1987, S. 258).

Das ‹arme Dorfschulmeisterlein› war also ärmer als selbständige Bauern und als die meisten Pächter auf den Gütern der Grundherren, aber
nicht ärmer als deren Tagelöhner. Handwerker waren genauso abhängig
von der Konjunktur der Landwirtschaft wie Lehrer, und nur der Blick auf
den Prediger oder den Amtmann, der in staatlichen Diensten stand, ließ
sie die Diskrepanz zwischen ihren Aufgaben und ihrem Einkommen als
schmerzlich empfinden. Als besonders entwürdigend und kränkend wird
gerne dargestellt, daß Lehrer einen Teil ihrer Entlohnung in Naturalien
erhielten oder sogar bei Herren und Bauern zu Tisch gehen mußten. Das
bot aber Sicherheit in Zeiten der Teuerung, wenn für das Schulgeld kaum
noch etwas zu kaufen war und die Almosenkasse oder der Klingelbeutel,
aus denen es für Kinder armer Eltern beglichen werden sollte, leer waren.
Schließlich beneideten Stadtlehrer Landlehrer noch im Zweiten Weltkrieg um den Garten und das Feld, die zu deren Stelle gehörten, und um
das kostenlose Holz im Winter.

Vom Hirten, der im Sommer die Herde und im Winter die Kinder
hütete, vom Schneider, in dessen Stube außer seiner Frau mit ihrem
schreienden Kind, dem Gesellen, zwei Hühnern, einem Hahn und einem
Hund an die 50 Schulkinder versammelt waren, mit denen er Katechis-
mus und Bibel traktierte (vgl. PETRAT 1979, S. 44), vom Küster, der nebenbei Schule hielt, über den Lehrer, der weiterhin niedere Kirchendien-
ste versehen mußte, bis zur Verfassung des Deutschen Reiches, die 1919
Lehrer zu Beamten machte (Art. 143) und die geistliche Schulaufsicht
aufhob (Art. 144), führt ein von Hoffnungen und Rückschlägen gepräg-
ter Weg, dessen Marksteine allerdings nicht nur als pädagogische Errungenschaften zu preisen sind. So sehr Lehrer den Aufstieg ihres Standes
betrieben (durch private Fortbildung, in Lesegesellschaften, durch Jour-
nale und in politischen Vereinigungen), zeigt gerade die wechselvolle

Geschichte dieser Entwicklung, daß sie von der Politik und nicht von der Pädagogik geschrieben wurde (vgl. TENORTH 1987, S. 252, BERG 1980, S. IX–XXVIII und LESCHINSKY/ROEDER 1983).

3.3.5 Berufliche Aufgaben

In seinem «Strukturplan für das Bildungswesen» hat der DEUTSCHE BILDUNGSRAT (1970, S. 217–220) fünf Aufgaben des Lehrers unterschieden: Lehren, Erziehen, Beurteilen, Beraten und Innovieren. Innovieren und Beraten sind Aufgaben, die auf ihn als «ersten und wichtigsten Träger fortschreitender Schul- und Bildungsreform» (ebd., S. 220) zukommen: Er muß sich persönlich fortbilden, im Kollegium an Reformen mitwirken und fähig sein, Schülern zu erklären, wie sie für sich nutzen können, was alles sich da dauernd ändert. Auf dem Höhepunkt der «großen Bildungsreform» formuliert ein Gremium, in dem Bund und Länder, Politiker und Pädagogen zusammenwirken, als Aufgabe, was aktuell besondere Hervorhebung verdient. Anreicherungen oder Umakzentuierungen der Aufgabenkataloge sind etwas, womit Lehrer dauernd rechnen müssen, ganz abgesehen von speziellen Aufgaben wie Drogenberatung oder Verkehrserziehung.

Daß Beurteilen eigens als Aufgabe genannt wird, hat mehrere Gründe. In einem expandierenden und dynamischen Schulsystem gewinnt die schulische Vorselektion an gesellschaftlicher Bedeutung; je wichtiger Bildungsgänge und Schulabschlüsse für den weiteren Bildungsgang und Lebenslauf werden, desto umstrittener werden die Praktiken schulischer Leistungsbeurteilung und um so deutlicher wird das Spannungsverhältnis, in dem diese Aufgabe zu einem pädagogischen Verständnis der beiden anderen steht, *Lehren* und *Erziehen*, die auch der Bildungsrat noch als die zentralen Aufgaben zuerst nennt.

Zwar beurteilten Lehrer schon immer die Leistungen ihrer Schüler; denn niemand, der unterrichten will, kommt ohne begründete Vermutungen über ihre Lernvoraussetzungen und Lernfortschritte aus. Aber das ‹Berechtigungswesen›, die Berechtigung von Schulen, Zeugnisse zu erteilen, deren Nichtbesitz meist von weiterer Teilnahme an der Konkurrenz um bessere Lebenschancen ausschließt und deren Qualität den Zugang zu weiteren Bildungsgängen erschwert oder erleichtert, entstand erst mit dem Pflichtschulwesen (vgl. MEYER 1977).

Da Bildung, Erziehung und Unterricht in diesem Band gesondert behandelt werden, pädagogische Literatur aber gerade die Verbindung der mit diesen Begriffen gestellten Aufgaben als ‹die› Aufgabe des Lehrers sieht, verdient die Bemerkung des Bildungsrats zum Verhältnis von Lehren und Erziehen genaue Betrachtung. «Von den Lehraufgaben sind die Erziehungsaufgaben des Lehrers nicht zu trennen» (DEUTSCHER BILDUNGSRAT 1970, S. 217). Der Widerspruch zwischen Theorie (der begrifflichen Unterscheidung von Lehren und Erziehen) und Praxis (dort sei beides nicht zu trennen) ist ebenso typisch wie die Doppeldeutigkeit des Wortes «sind»: Formuliert der Satz eine Tatsachenbehauptung (man kann beide Aufgaben praktisch nicht trennen – wohl aber theoretisch) oder ein Postulat (man soll sie nicht trennen – obwohl das in der Praxis bedauerlicherweise oft vorkommt)?

Setzt man *Sozialisation* als Grundbegriff an, muß man sagen, es sei zumindest nicht auszuschließen, daß Unterricht bisweilen auch erzieht oder bildet. Da es Heranwachsenden freisteht, auf Bemühungen ihrer Lehrer nonkonform oder konform zu reagieren, trotz innerer Zweifel oder besserer Einsicht Aufsässigkeit zu demonstrieren oder (wenn sie deren Folgen fürchten) sich ihr Teil zu denken, obwohl sie äußerlich folgsam tun, stehen Lehrer hier nicht nur vor (schwierigen, aber grundsätzlich lösbaren) Aufgaben, sondern oft vor unlösbaren Problemen. Und dies nicht nur praktisch: Wirkungen vom Typ ‹Erziehung› oder ‹Bildung› stellen sich ja nicht unmittelbar auf eine Ursache hin ein, sondern sind Ergebnis langwieriger Bemühungen von Eltern und Lehrern und wechselhafter Auseinandersetzungen Heranwachsender mit Sozialisationsbedingungen und mit sich selbst, darunter mit der Frage, wie sie ‹zu sich selbst finden› können, obwohl sie genau damit der wichtigsten Forderung der Erwachsenengeneration entsprechen würden: Sie müßten *mündig* werden.

Pädagogische Literatur, die sich mit dem Selbstverständnis von Lehrern beschäftigt und es zu beeinflussen sucht, ringt denn auch regelmäßig um jenes Mehr, das aus bloßem Schule-Halten Unterricht macht (vgl. PETRAT 1979), pure Wissensvermittlung in Gewissensbildung übergehen läßt, die Unbarmherzigkeit der Sozialisation durch einfühlsame und wohlwollende Erziehung abmildert. Lehren wird kunstvoll von ‹Instruktion› einerseits und ‹Indoktrination› andererseits unterschieden, also von einem Zuwenig und einem Zuviel an ‹guter Absicht›, wenn man es praktisch sieht, obwohl Unterricht, theoretisch betrachtet, beides sein soll: informativ und prägend, eine ausgewogene Mischung aus Instruktion und Indoktrination. Kontingenzformeln (LUHMANN/SCHORR 1988, S. 385) wie «erziehender Unterricht», geprägt in Anlehnung an HERBART ([1806] 1965), eignen sich deshalb gleichermaßen als Orientierung für die Praxis (vgl. RAMSEGER 1991) wie zur Auslösung von theoretischen Kontroversen (vgl. DIEDERICH 1985).

Streitpunkt ist nicht, ob *Unterricht* manchmal auch erzieht, das kann man – wie gesagt – nicht ausschließen, weil sich manche Schüler durch ihn erzogen fühlen können, obwohl der Lehrer das gar nicht wollte: z. B. zu strenger Sachlichkeit durch einen Unterricht, der auf keinen Fall indoktrinieren soll. Gestritten wird darüber, ob Lehrer die unvermeidlichen Erziehungswirkungen lieber ignorieren sollten oder ob es den Unterricht verbessert, wenn sie mit dem Lehren offenkundig Erziehungsabsichten verbinden. Schon die Erwähnung der unvermeidlichen (funktionalen) *Erziehung* können Schüler als Thematisierung einer Selbstverständlichkeit ansehen, als entbehrlich oder disfunktional und störend, als vermeidbare Zumutung. Das Argument rechnet mit Schülern, die sich nicht gerne erziehen lassen, schon gar nicht in der Schule, und mit anderen, die zwar zugestehen, daß Lehrer kaum unterrichten können, ohne damit ‹gute Absichten› zu verbinden, sich aber ‹genervt› fühlen, wenn Lehrer diese Absichten äußern. Die Absicht zu erziehen als Störung der Erziehung ist Eltern ein vertrautes Phänomen (vgl. DIEDERICH 1992).

Manchen Eltern machen gerade die Paradoxien des Erziehens wieder Mut zur Erziehung; denn die Gefahr der *Indoktrination* erscheint nun in einem anderen Licht. Raffinierte Erziehung, die nicht auf Anhieb zu bemerken ist, wäre demnach gefährlicher als plumpe; mit geäußerten Erziehungsabsichten können sich Heranwachsende kritisch auseinandersetzen, über implizite können sie nur (vielleicht falsche) Vermutungen haben. So betrachtet, sind Lehrer, die ganz offensichtlich darum bemüht sind, ihre Schüler zu erziehen, besser als andere, die intentionale Erziehung als Aufgabe weit von sich weisen. Wenn Unterrichten (als Prozeß) mit Bildung und Erziehung (als den möglichen Produkten) gar nicht in einem so engen Ursache-Wirkungs-Zusammenhang steht, wie man denken müßte, wenn man Sozialisation als eine Art Schicksal sieht, gegen das man nicht aufbegehren kann, sind allerdings auch Folgerungen denkbar, die pädagogisch minder willkommen sind. Dann gilt bisweilen für Erziehen und Lehren das Epigramm: «Ich hatte schlechte Lehrer, das war eine gute Schule» (ASTEL o. J., S. 43).

3.3.6 Das Erbe als Bürde und Basis

Was früher in der Pädagogik über den Lehrer gedacht wurde, erscheint aus der Perspektive der Praxis als Bürde des Berufs, in theoretischer Perspektive jedoch zugleich als Basis einer sozialwissenschaftlichen Unterrichtstheorie.

Die Geschichtsschreibung der Pädagogik pflegte im Altertum zu be-

ginnen und erinnerte gern an ‹große Erziehergestalten›: «Obwohl Sokrates (ca. 470–399 v. Chr.), der Lehrer Platons, kein literarisches Werk
hinterlassen hat, gilt er als größter Lehrer des Abendlandes» (BÖHM
1982, S. 486). Wie dieser «Lehrer» lehrte, ist durch die Werke Platons
(427–347 v. Chr.) bekannt. In dessen Dialogen lehrt Sokrates durch Fragen, mit denen er seine Gesprächspartner zwingt, sich der Mängel und
Fehler ihrer Meinungen und der Grenzen ihres Wissens bewußt zu werden. Und wie sich von Erziehung kaum sprechen läßt, ohne an die sparta-
nische zu erinnern, die sprichwörtlich geworden ist, können Erörterungen des Begriffs Bildung die Berufung auf Sokrates kaum vermeiden.
Lehren heißt dann mit Schülern philosophieren, und dem angeblich
weitverbreiteten ‹Lernen ohne Einsicht› wird ‹Verstehen› als hehres Ziel
entgegengesetzt (vgl. z. B. WAGENSCHEIN 1968, COPEI [1930] 1969).

Würden Pädagogen sokratisch befragt, müßten sie allerdings bald zu-
geben, nicht zu wissen, wie der Verstand versteht, und eingestehen, daß
ihre Idealisierungen des Lehrens und Lernens sokratischer Bescheidenheit entbehren. Die Unsitte, Philosophen zu Ahnherren der Pädagogik
auszurufen, nur weil sie sich u. a. zu Problemen von Bildung und Erziehung geäußert haben, rächt sich, wenn der philosophische Gedankengang nicht bis zu den pädagogisch kaum erwünschten Konsequenzen
mitgedacht wird – hier bis zu der Einsicht (!), daß Lernen, angeleitet
durch sokratisches Fragen, für die Lernenden demotivierend und ziemlich schmerzhaft sein kann.

Soziologisch genommen, also mit Aufmerksamkeit für die gesellschaftliche Bedeutung und Stellung des Lehrers gelesen, zeigt dieser
Rückblick ein Spektrum von Möglichkeiten der Berufsauslegung, wie es
noch heute gilt. Sokrates lehrte auf dem Markt, also öffentlich, und
fühlte sich einer Idee verpflichtet, die später «Aufklärung» genannt und
Grundstimmung einer Geschichtsepoche wurde. Platon, der Sokrates in
seinen Dialogen vor allem gegen die Sophisten, die damaligen De-
mokraten, antreten ließ, lehrte in seiner Akademie und kann ihm als
Vertreter einer elitären Auffassung von Bildung und Erziehung gegenübergestellt werden. Platon hat «in seinem ‹Staat› (Politeia) und den
‹Gesetzen› (Nomoi) eine Erziehungslehre aufgestellt, nach der die Bildung des Einzelwesens ganz dem Staatsziele untergeordnet wird» (WEI-
MER 1956, S. 11) und damit die erste Vision einer «Erziehungsdiktatur»
entworfen.

Platons bedeutendster Schüler, Aristoteles (384–322 v. Chr.), Lehrer
und Erzieher Alexanders des Großen, des ersten ‹Welteroberers›, hat als
‹Prinzenerzieher› Aufgaben wie ein ‹Hofmeister› im Mittelalter bzw. ein
‹Hauslehrer› im 19. Jahrhundert. Sein wissenschaftliches Werk ist das

Paradebeispiel für die gesellschaftliche Bedeutung einer ‹Lehre›, welche die Nachwelt über Jahrhunderte nicht anzutasten wagte. Bis zum Ende des Mittelalters galt Aristoteles als unbezweifelbare Autorität; erst die moderne Entwicklung der Naturwissenschaften überwand in zähem Kampf seine Lehre. Wer bei dem Wort Schule an «Scholastik» denkt, erinnert sich einer Bürde, die seitdem auf dem Beruf des Lehrers liegt: Es ist der Verdacht, in Schulen werde, was sie lehren, gegen kritische Diskussion in sokratischem Geist abgeschottet, und Lehrer seien noch immer die willigen Handlanger dieses Geschäfts.

Einen zweiten Anlaß für diesen Verdacht bietet das Zweckbündnis zwischen Staat und Kirche, weltlicher und geistlicher Obrigkeit, Thron und Altar, ohne das die Einführung der Schulpflicht kaum möglich gewesen wäre. Zwar entstanden in den Städten Schulen (später Bürgerschulen genannt), die mit ihrer Orientierung an Erfordernissen von Handel und Gewerbe als Vorläufer des mittleren Schulwesens (heute Realschulen) gelten können; aber das Problem war das niedere Schulwesen, dort wie auf dem Land, wo rund 80 Prozent der Bevölkerung lebten. Auf dem Dorf konnte nur der Prediger lesen und schreiben; so war der Staat, wollte er das ländliche Schulwesen ordnen, auf die Unterstützung der Pfarrer und ihrer Vorgesetzten in der Kirchenverwaltung angewiesen.

Der reale Hintergrund des Zweckbündnisses war also der Analphabetismus, und die Kirche hatte lange Zeit nahezu das Monopol für die Verbreitung der Kunst des Lesens und vor allem des Schreibens. Vom Niedergang des römischen Reiches bis ins hohe Mittelalter waren es überwiegend Mönche neben den (meist in Klöstern ausgebildeten) Schreibern, denen selbst Gelehrte und selbstverständlich Herrscher diktierten. Überdies war Schreibmaterial kostspielig: Papier wurde in Deutschland erstmals 1302 (als teure Importware) verwendet und erst ab 1390 (in minderer Qualität) auch hergestellt. Pergament war so kostbar, daß es oft mehrfach verwendet wurde (der vorige Text mußte erst abgeschabt werden). Vor der Erfindung des Buchdrucks um 1450 hieß Kopieren noch Abschreiben. Daß das Lernen selbst in den Universitäten vor allem aus Lesen, Memorieren und auswendig Aufsagen bestand (vgl. GARIN 1964, S. 21–29), hat also auch materielle und ökonomische Ursachen und war nicht nur Ausfluß von Dogmatismus.

Der politische Hintergrund des Bündnisses überstand sogar die Reformation. Auch und gerade in protestantischen Staaten wie Preußen wurde das gemeinsame Verhältnis beider Mächte zur Bevölkerung mit den Begriffen Obrigkeit und Untertan, die Luther geprägt bzw. wiederbelebt hatte, festgestellt. Die Arbeitsteilung beider Mächte war schon länger auf eine begriffliche Unterscheidung gebracht, die römischem Staatsrecht entstammt und noch heute benutzt wird. Danach hatte der Staat «potestas», Macht, im Unterschied zu (roher oder unrechtmäßiger) Gewalt, die Kirche aber hatte «auctoritas», Autorität, die freiwillig anerkannt wird. Wenn bei Lehrern unterschieden wird, daß der eine (nur) die Autorität hat, die ihm kraft seines Amtes zukommt, der andere aber darüber hinaus persönliche Autorität, steht dahinter eine zweitausendjährige Tradition, deren moderne Quintessenz dieser Satz faßt: «Wahre Autorität braucht nicht autoritär aufzutreten» (ESCHENBURG 1976, S. 254).

Wahre Autorität der Lehrer und reine Wißbegier der Schüler sind die idealen Voraussetzungen für einen Unterricht, in dem es ‹nur› noch um Lehren und Lernen (im engeren Sinn) geht. Wer unter Professionalisierung des Lehrerberufs eine Entwicklung in diese Richtung versteht und das übrige Erbe als Bürde empfindet, muß gleichwohl sagen, was Lehrer tun sollen, wenn diese Voraussetzungen nicht gegeben sind. Das Zauberwort *Motivieren* bezeichnet das Problem, Schüler ohne disziplinarische Maßnahmen oder Androhung von Lernkontrollen dazu zu bringen, gerne zu tun, was die Schule verlangt; wenn es Lehrern ab und zu wirklich gelingt, fast alle Schüler der Klasse um 9.40 für eine Sache zu begeistern und um 10.30 Uhr für eine andere, ist das schon ein kleines Wunder. Die pädagogische Tradition verlangt aber mehr. Lehrer sollen nicht nur an Interessen anknüpfen, die Heranwachsende schon haben, sondern darüber hinaus und vor allem Interesse wecken für Sachen, Fragen und Gebiete, mit denen sie ohne Unterricht nicht oder nur zufällig in Berührung kämen (vgl. HERBART [1806] 1965); der Unterricht soll nicht nur vorhandene Motive in seinen Dienst stellen, sondern neue Motive erzeugen (vgl. PRANGE 1983, S. 34). Erst wenn auch dieses große Wunder gelingt, erlangt das Lehren seinen vollen Sinn. Die Bürde des Erbes ist also um einiges größer als der Aufgabenkatalog des Deutschen Bildungsrats.

3.3.7 Empirische Untersuchungen

Empirische Untersuchungen, die beschreiben und erklären, wie Lehrer ‹wirklich› sind, was sie tun und wie sie denken, können immer nur Ausschnitte dessen erfassen, was eine Theorie sehen und ordnen muß: «Das Gesellschaftsbild des Gymnasiallehrers» (SCHEFER 1969) oder «Die Sprache des Lehrers» im Unterricht (SPANHEL 1971), «Die Angst des Lehrers vor seinem Schüler» (BRÜCK 1978) oder «Subjektive didaktische Theorien von Lehrern» (KOCH-PRIEWE 1986). Sie sind ferner Momentaufnahmen und selten repräsentativ für die Population, aus der die untersuchte Gruppe stammt. Ihre Erklärungskraft bleibt gering, wenn zwar das Tun oder das Denken mit Lehramt, Herkunft, Alter oder Geschlecht variieren, aber nicht festgestellt werden kann, wie diese Unterschiede zustande kommen. Trotzdem sind sie aus drei Gründen unverzichtbar.

Wer Lehrer beobachtet oder befragt, läßt sich von Annahmen (Hypothesen) leiten, die zumindest verraten, was er für bedeutsam hält; bestenfalls sind die Annahmen Folgerungen aus Theorien, und die Beobachtungsgesichtspunkte, Fragen in Interviews oder Vorgaben, auf die Untersuchte mit Ankreuzungen auf Skalen antworten sollen, sind Operationalisierungen der Theorien. Was Lehrer, die sich zu Disziplin, Leistung oder Motivation äußern, genau meinen, wann für sie das mit den Begriffen Bezeichnete interessant oder problematisch wird und in welchen Punkten sie mit anderen Lehrern übereinstimmen oder nicht, ist auch dann noch informativ, wenn die Untersuchung an Aktualität eingebüßt hat oder nur wenige Lehrer einbezog. Für Ausbildungszwecke und weitere Forschung sind das Vorlagen, an denen zu zeigen ist, was (heute) anders zu machen wäre. Wer empirisch forschen, also Realität rekonstruieren, oder empirische Untersuchungen interpretieren will, muß sich der Beziehungen vergewissern, die zwischen Begriffen (Konstrukten) und dem bestehen, was beobachtet oder gefragt wurde.

Wer fragt, wie Lehrer ‹wirklich› sind, unterscheidet Wissen, das aus empirischen Untersuchungen stammt, von anderem Wissen, das (bloßer) Introspektion oder Spekulation entstammt. Zwar haben Theorien ihren Ursprung genau darin, in Annahmen, die zunächst noch nicht geprüft sind; nun aber wird Wissen verlangt, das überprüfbar ist: Wer dieselben Untersuchungsanweisungen befolgt, muß zu den gleichen Ergebnissen kommen. Die Unterscheidung setzt Wiederholbarkeit der Untersuchungen voraus, was in Naturwissenschaften die Regel, in Sozialwissenschaften die Ausnahme ist. In dieser Hinsicht unterscheiden sich bessere von schlechteren Untersuchungen darin, daß erstere die Zuverlässigkeit ihrer Erhebungsinstrumente kontrollieren (Beobachter- oder Auswerter-Übereinstimmung) oder ‹bewährte› (käuflich erhältliche) Instrumente einsetzen, was Vergleiche zwischen verschiedenen Untersuchungen begünstigt. Vorkehrungen dieser Art und Signifikanztests (sie schätzen die Wahrscheinlichkeit, daß gefundene Unterschiede rein zufällig sein könnten) setzen eine genügende Anzahl von Daten (Meßwerten) voraus, deren empirische Verteilung mit theoretischen Häufigkeitsverteilungen verglichen werden kann. Was hier als ‹wirklich› bezeichnet wird, hat mehrere Kontrollen durchlaufen, die Willkür und Irrtum ausschließen sollen.

Mangelnde Validität (fragwürdige Operationalisierungen) oder geringe Reliabilität (ungenaue Messungen) mindern zwar den Wert einer

Untersuchung als ‹Beweismittel› in politischen Kontroversen oder als Basis administrativer Entscheidungen, machen sie aber nicht völlig wertlos. Im Gegenteil: Diese Gütekriterien ermöglichen es, Risiken abzuschätzen, die eingeht, wer sich auf eine empirische Untersuchung stützt. Wissen dieser Art erscheint nur auf den ersten Blick weniger wert als anderes. Wer seinen persönlichen Erfahrungen mehr vertraut, bekommt in Diskussionen bald vor Augen geführt, daß andere Menschen andere Erfahrungen gemacht haben wollen – worauf sich erneut die Frage stellt, wie Lehrer denn nun ‹wirklich› sind. Vielleicht gewinnt dabei sogar der Verdacht Raum, daß selbst ‹schwache› empirische Untersuchungen differenzierteres Wissen über Lehrer enthalten könnten, als man durch gelegentliche Erfahrungen allein sammeln kann.

In grober Gliederung reichen die Themen älterer Befragungen von Vorstellungen, die Abiturienten vom Lehrerberuf hatten, und Berufswahlmotiven, die Studenten angaben, bis zu ihren Einstellungen zum Beruf und Ansichten über berufliche Eignung sowie Vorzüge und Nachteile des Berufs (vgl. GERNER 1976); beobachtet und analysiert wurden Lehrersprache, Erziehungs-, Führungs-, Unterrichtsstile sowie das Beurteilungsverhalten von Lehrern (vgl. GERNER 1974); Schüler äußerten sich zu ihren Lehrerwunschbildern, Beliebtheit und Erfolg von Lehrern wurden untersucht, Lehrerstereotype von Abiturienten, Eltern und anderen Erwachsenen oder das Berufsprestige von Lehrern (vgl. GERNER 1981). Bis heute umstritten sind Untersuchungen zur Frage, ob das Studium Einstellungen und Ansichten künftiger Lehrer auf Dauer oder nur zeitweise prägt (vgl. CLOETTA u. a. 1987). Wer die Kontroverse zurückverfolgt, lernt damit ein prominentes Untersuchungsinstrument (den Konstanzer Fragebogen für Schul- und Erziehungseinstellungen, KSE) kennen und zugleich exemplarisch, wie Methodenkritik geübt werden kann.

Bis heute wichtig sind Beobachtungsdaten aus Untersuchungen zur «Erziehungspsychologie» (TAUSCH/TAUSCH 1963): Lehrer stellen in zwei Unterrichtsminuten im Schnitt drei Fragen und erteilen außerdem zwei Befehle, also 60 bzw. 40 pro Unterrichtsstunde, 60000 bzw. 40000 im Jahr. Das sind zwar Durchschnittswerte; aus Befehlen mögen seit 1960 Anweisungen oder Bitten geworden sein und aus Fragen ‹Impulse›, aber ob sie nun freundlich oder unfreundlich sind, beeindruckend ist ihre Häufigkeit: Sozialisation als steter Tropfen und der Lehrer als Sisyphos (vgl. BERNFELD 1981).

Neuere Untersuchungen verfolgen anspruchsvollere Fragen. Sie gelten den impliziten Theorien, mit denen sich Lehrer Bilder von ihren Schülern machen, den Rangordnungen, in die sie die Ziele ihres Unterrichts bringen, oder ihrer Wahrnehmung von der Wirksamkeit ihres Handelns (vgl. HOFER 1986). Zunehmend sehen Forscher im Lehrer jemanden, der um die Komplikationen des Berufs auf seine Weise mehr weiß als Wissenschaften auf ihre Weise, ein Gegenüber, das sie zwingt, ihre Theorien zu verfeinern: den Lehrer als Experten (vgl. BROMME 1992).

Was empirische Untersuchungen zum Expertenwissen von Lehrern aufklären wollen, zeigt am besten die Analogie zwischen dem Unterrichten und dem Schachspielen. Wie dort Laien, Anfänger und Amateure nur fassungslos bestaunen können, was ein Weltklassespieler ‹mit einem Blick› auf das Brett sieht, wie er es sich merkt, wenn er gegen gleich 40 oder mehr von ihnen oder obendrein ‹blind› spielt, und wie er – mit der Zuverlässigkeit eines Lexikons – sagen kann, in welcher Partie der Schachgeschichte der gleiche Zug, die gleiche Stellung oder die gleiche Strategie vorkamen, so wirkt auf Sozialwissenschaftler die schlafwandlerische Sicherheit, mit der berufserfahrene Lehrer unterrichten. Noch mehr verblüfft, daß sie das zwar können, zugleich aber nicht erklären können, wie sie es tun. Des Rätsels Lösung und damit die Schwierigkeit für die Forschung liegt in dem, was intuitiv richtig als ‹schlafwandlerisch› bezeichnet wird. Sie lassen ihren Verstand unbeobachtet von ihrem Bewußtsein arbeiten.

Das tun wir alle – in alltäglichen Situationen – meistens. Wir laufen, ohne bewußt einen Fuß vor den anderen zu setzen; wir sprechen, ohne über Grammatik nachzudenken, und routinierte Autofahrer schwimmen im Verkehrsgetümmel mit, während sie sich mit anderen Insassen unterhalten, Radio hören, die Besorgungen des Tages planen oder Erlebnisse reflektieren. Diese Beobachtungen widerlegen die Redeweise vom ‹geborenen Erzieher› (Spranger), die sagen will, man könne ‹pädagogische Meisterschaft› nicht erlernen. Angeboren ist Menschen, daß ihr Herz schlägt, ihr Blut Stoffwechselprodukte transportiert und daß Nerven Körperzustände registrieren; Laufen, Sprechen und gar Autofahren hingegen müssen gelernt werden. So kann man auch das Lehren lernen. Fraglich ist allerdings, ob man es lernt wie Laufen und Sprechen, also indem man es versucht und tut, oder so wie das Autofahren, also mit einer Prise Ausbildung vorab.

Die naive Erwartung an diese Ausbildung ist, aus ihr würden berufstüchtige Lehrer hervorgehen, Ballkünstler sozusagen. Eine selbstkritische, d. h. ihrer Möglichkeiten und Grenzen bewußte Wissenschaft ist dieser Erwartung gegenüber skeptisch; sie sieht das Studium als Vorbereitung auf den Vorbereitungsdienst (Referendariat). Dort sollen Lehramtsanwärter zwar auch unterrichten, vor allem aber Unterricht planen

und analysieren (das heißt meist, begründete Vermutungen darüber zu
äußern, warum der Unterricht nicht planmäßig verlief), um ‹aus Fehlern
zu lernen›, also Erfahrungen sammeln zu können. Wie beim Tennisprofi
bedeutet ‹Professionalisierung› somit: Können allein reicht nicht aus,
man muß auch über das Können reflektieren und sprechen können. Die
Analogie zum Schachmeister lehrt allerdings, wie weit der Schulmeister
und seine Wissenschaft von diesem Ziel noch entfernt sind. Während es
für Schachspiele eine international verbindliche Notation der Spielzüge
gibt, die es erlaubt, jede Partie objektiv zu rekonstruieren und nachzu-
spielen, existiert für die Beschreibung von Unterricht nicht einmal ein
national einheitliches Vokabular. Und kein Schauspieler würde sich mit
einem Text auf die Bühne wagen, wie ihn eine übliche Unterrichtsvorbereitung hergibt.

3.3.8 Probleme der Lehrerbildung

Gemessen an dem, was Studierenden in Lehramtsstudiengängen insgesamt als Ausbildung vorgeschrieben ist, sind die erziehungs- und sozialwissenschaftlichen Teilstudiengänge zwar mehr als eine Prise, umfassen
aber auch nirgends mehr als ein Drittel und oft nur ein Achtel der
Pflichtstunden. Schon damit liegt Deutschland im internationalen Vergleich aber ganz vorn. In Ländern wie Frankreich oder den USA gibt es
überhaupt kein grundständiges Lehramtsstudium, sondern nur eine entsprechende Spezialisierung für fortgeschrittene Studenten.

Eine weitere deutsche Besonderheit ist der bereits erwähnte Vorbereitungsdienst im Anschluß an das Erste Staatsexamen, der mit dem Zweiten Staatsexamen abschließt. Zusammen mit dem Abitur als Eingangsvoraussetzung, das frühestens nach 13 Schuljahren erreicht werden
kann, ergeben sich damit Mindestzeiten für die Lehrerausbildung, die bis
zu vier Jahre länger sind als in anderen Industriestaaten.

Wenn der Lehrerbedarf deutlich geringer ist als die Zahl frisch ausgebildeter Lehrer, führt die Verbindung beider Besonderheiten dazu, daß
den Absolventen gleichrangige Berufe nicht offenstehen, weil sie zu spezialisiert sind, und sie auf minder dotierte Tätigkeiten ausweichen müssen, für die sie überqualifiziert sind. Bildungsökonomisch betrachtet, ist
das eine Vergeudung von Ressourcen.

Klagelieder über die hohe Lehrerarbeitslosigkeit sind aber trotzdem
unangebracht; denn die Quote arbeitsloser Akademiker liegt in einigen
anderen Bereichen genauso hoch und trotzdem deutlich niedriger als
z. B. bei Jugendlichen ohne Schulabschluß. Noch immer gilt im Durch-

schnitt, daß ein möglichst hoher formaler ‹Bildungsabschluß die beste Lebensvorsorge ist.

Problematischer ist an der gegenwärtigen Rekrutierung von Lehrernachwuchs, daß es praktisch nur den einen Zugang zum Beruf gibt, der von der Schulbank durch die Universität ans Pult führt. Personen mit anderweitiger Berufs- oder Lebenserfahrung ist der Zugang zum Lehramt versperrt, wenn man von wenigen Ausnahmen im beruflichen Bildungswesen absieht und von der Möglichkeit, als Erwachsener das Abitur und das Studium nachzuholen.

Da es andererseits praktisch kaum eine Möglichkeit gibt, unfähige oder pflichtvergessene Lehrer aus dem Dienst zu entfernen, trifft die Hochschulen und die Studienseminare die volle Verantwortlichkeit für die Selektion; dies aber in einem Zeitraum, in dem nach dem Selbstverständnis der dort Tätigen nicht etwa die berufliche Tüchtigkeit erprobt werden kann, sondern nur die Voraussetzungen dafür gelegt werden sollen, sie in den ersten Berufsjahren zu entwickeln.

Probleme dieser Größenordnung werden in der Pädagogik selten diskutiert. Das könnte ja den Mythos vom Lehrer als ‹Träger einer pädagogischen Tätigkeit› beschädigen und hieße an dem Ast sägen, auf dem das Fach sitzt. Lieber begnügt man sich auch hier mit den kleineren Problemen und bauscht Alternativen, die kaum welche sind, entsprechend auf. Dabei kommt es oft zu Kollisionen zwischen dem pädagogisch und dem standespolitisch Erwünschten.

Das Abitur als Eingangsvoraussetzung aufzugeben, um erfahrenen Müttern eine Tätigkeit in der Grundschule zu eröffnen, hieße eine Notaufnahme wiederzubeleben, die in Nordrhein-Westfalen in Zeiten äußersten Lehrermangels ergriffen wurde. Die Idee paßt weder in eine Zeit des Überangebots an Lehramtsbewerbern noch dazu, daß in den Beitrittsgebieten eben erst das Abitur als Eingangsvoraussetzung für das Lehramt an Grundschulen durchgesetzt wurde.

Bei gleicher Gelegenheit wurde auch für das ehemalige Gebiet der DDR die Trennung von Studium und Vorbereitungsdienst (im Jargon: Erste und Zweite Phase der Lehrerausbildung) durchgesetzt und damit der pädagogische Traum von einer einphasigen Lehrerausbildung auch für die alten Bundesländer begraben.

Die Unterscheidung von Kurzstudiengängen mit sechs Semestern für das vormals niedere Schulwesen und Normalstudiengängen mit mindestens acht (real zwölf Semestern) für das vormals höhere, das inzwischen fast zur Haupt-Schule geworden ist (was den relativen Schulbesuch angeht), wurde aber beibehalten. Damit bleibt die Gleichstellung aller Lehrämter ein Traum.

Literatur

ABEL, W.: Massenarmut und Hungerkrisen in Deutschland im letzten Drittel des 18. Jahrhunderts. In: Herrmann, U. (Hrsg.): Das pädagogische Jahrhundert. Weinheim 1981, S. 29–52.

ASTEL, H. A.: Wohin der Hase läuft. Epigramme. Leipzig o. J.

BERG, CH.: Staat und Schule oder Staatsschule? Königstein/Ts. 1980.

BERNFELD, S.: Sisyphos oder die Grenzen der Erziehung [1925]. Frankfurt/M. 1981.

BETZEN, K./NIPKOW, K. E. (Hrsg.): Der Lehrer in Schule und Gesellschaft. München 1971.

BÖHM, W.: Wörterbuch der Pädagogik. Stuttgart ¹²1982.

BROMME, R.: Der Lehrer als Experte. Zur Psychologie des professionellen Wissens. Bern/Göttingen/Toronto 1992.

BRÜCK, H.: Die Angst des Lehrers vor seinem Schüler. Reinbek bei Hamburg 1978.

BUNDESMINISTER FÜR BILDUNG UND WISSENSCHAFT (Hrsg.): Grund- und Strukturdaten. Ausgabe 1979. Bonn 1979.

BUNDESMINISTER FÜR BILDUNG UND WISSENSCHAFT (Hrsg.): Grund- und Strukturdaten. Ausgabe 1991/1992. Bad Honnef 1991.

CASELMANN, CH.: Wesensformen des Lehrers [1949]. Stuttgart 1970.

CLOETTA, B.: Einstellungsänderung durch die Hochschule. Stuttgart 1975.

CLOETTA, B. u. a.: Schulrelevante Einstellungen junger LehrerInnen und ihr konservativer Wandel im Beruf: eine Replik. In: Zeitschrift für Pädagogik 33 (1987), H. 6, S. 761–770.

COPEI, F.: Der fruchtbare Moment im Bildungsprozeß [1930]. Heidelberg ⁹1969.

DEUTSCHER BILDUNGSRAT: Strukturplan für das Bildungswesen. Stuttgart 1970.

DIEDERICH, J. (Hrsg.): Erziehender Unterricht – Fiktion und Faktum? Frankfurt/M. 1985.

DIEDERICH, J.: Didaktisches Denken. Weinheim/München 1988.

DIEDERICH, J.: Die Absicht zu erziehen als Störung der Erziehung. In: Luhmann, N./Schorr, K.-E. (Hrsg.): Zwischen Absicht und Person. Fragen an die Pädagogik. Frankfurt/M. 1992, S. 176–193.

DÖRING, K. W.: Lehrerverhalten. Ein Lehr- und Arbeitsbuch. Weinheim 1989.

ESCHENBURG, TH.: Über Autorität [1965]. Frankfurt/M. 1976.

FROESE, L./KRAWIETZ, W. (Hrsg.): Deutsche Schulgesetzgebung. Bd. I. Weinheim 1968.

GARIN, E.: Geschichte und Dokumente der abendländischen Pädagogik. 3 Bde. Reinbek bei Hamburg 1964/1966/1967.

GERNER, B.: Der Lehrer – Verhalten und Wirkung. Darmstadt ⁴1974.

GERNER, B.: Selbstverständnis von Lehrern. Darmstadt 1976.

GERNER, B.: Lehrer sein heute. Erwartungen, Stereotype, Prestige. Darmstadt 1981.

GROOTHOFF, H.-H.: Funktion und Rolle des Erziehers. München 1972.

HECKEL, H./AVENARIUS, H.: Schulrechtskunde. 6. völlig neu bearb. Aufl. Neuwied 1986.

HERBART, J. F.: Die Pädagogik Herbarts. Allgemeine Pädagogik aus dem Zweck der Erziehung abgeleitet [1806]. (Vorwort: H. Nohl). Weinheim ⁷1965.

HERRLITZ, H.-G./HOPF, W./TITZE, H.: Deutsche Schulgeschichte von 1800 bis zur Gegenwart. Königstein/Ts. 1981.

HOFER, M.: Sozialpsychologie erzieherischen Handelns. Göttingen u. a. 1986.

KOCH-PRIEWE, B.: Subjektive didaktische Theorien von Lehrern. Frankfurt/M. 1986.

KLUGE, N. (Hrsg.): Das Lehrer-Schüler-Verhältnis. Darmstadt 1978.

LESCHINSKY, A./ROEDER, P. M.: Schule im historischen Prozeß. Zum Wechselverhältnis von institutioneller Erziehung und gesellschaftlicher Entwicklung. Stuttgart 1976 (Taschenbuchausgabe: Frankfurt/Berlin/Wien 1983).

LUHMANN, N./SCHORR, K.-E.: Reflexionsprobleme im Erziehungssystem. Frankfurt/M. 1988.

MEYER, R.: Das Berechtigungswesen in seiner Bedeutung für Schule und Gesellschaft im 19. Jahrhundert. In: Herrmann, U. (Hrsg.): Schule und Gesellschaft im 19. Jahrhundert. Weinheim/Basel 1977, S. 371−383.

MÜLLER-FOHRBRODT, G.: Wie sind Lehrer wirklich? Stuttgart 1973.

PETRAT, G.: Schulunterricht. Seine Sozialgeschichte in Deutschland 1750−1850. München 1979.

PRANGE, K.: Bauformen des Unterrichts – Eine Didaktik für Lehrer. Bad Heilbrunn/Obb. 1983.

RAMSEGER, J.: Was heißt «durch Unterricht erziehen»? Erziehender Unterricht und Schulreform. Weinheim/Basel 1991.

ROTH, H.: Erziehungswissenschaft, Erziehungsfeld und Lehrerbildung. Gesammelte Abhandlungen 1957−1967. Hannover [u. a.] 1967.

SCHEFER, G.: Das Gesellschaftsbild des Gymnasiallehrers. Frankfurt/M. 1969.

SCHÖNWÄLDER, H.-G. (Hrsg.): Lehrerarbeit. Eine vergessene Dimension der Pädagogik. Freiburg 1987.

SCHÜMER, G.: Unterschiede in der Berufsausübung von Lehrern und Lehrerinnen. In: Zeitschrift für Pädagogik 38 (1992), H. 5, S. 656−679.

SPANHEL, D.: Die Sprache des Lehrers. Düsseldorf 1971.

TAUSCH, R./TAUSCH, A.-M.: Erziehungspsychologie. Göttingen 1963.

TENORTH, H.-E.: Lehrerberuf und Lehrerbildung. In: Jeismann, K. E./Lundgreen, P. (Hrsg.): 1800−1870. Von der Neuordnung Deutschlands bis zur Gründung des deutschen Reiches. München 1987, S. 250−270 (= Handbuch der deutschen Bildungsgeschichte; Bd. III).

TERHART, E.: Sozialwissenschaftliche Theorie- und Forschungsansätze zum Beruf des Lehrers; 1970 bis 1990. In: Zeitschrift für Sozialisationsforschung und Erziehungssoziologie 10 (1990), H. 3, S. 235−254.

TWELLMANN, W.: Die Gestalt des Lehrers in der Literatur. Entgrenzung und Selbstbeschränkung in dichterischen Lehrerdarstellungen. In: Pädagogische Rundschau 42 (1988), H. 6, S. 733−743.

WAGENSCHEIN, M.: Verstehen lehren. Genetisch, sokratisch, exemplarisch. Weinheim/Berlin 1968.

WEIMER, H.: Geschichte der Pädagogik [1902]. Berlin [12]1956.

WEISHAUPT, H. u. a.: Perspektiven des Bildungswesens der Bundesrepublik Deutschland. Baden-Baden 1988.

WENIGER, E.: Die Eigenständigkeit der Erziehung in Theorie und Praxis. Weinheim 1952.

ZEIHER, H.: Gymnasiallehrer und Reformen. Stuttgart 1973.

Thomas Rauschenbach

3.4 Der Sozialpädagoge

3.4.1 Sozialpädagogik – eine Einführung

«Bitte helfen Sie mir nicht. Ich habe alleine schon genug Probleme.» In diesem flehend-ironischen Ausruf eines Jugendlichen nach Hilfe-Verzicht in Anbetracht eines sich nähernden Sozialpädagogen kommt eine noch wohlwollende Variante des öffentlichen Bildes von Sozialpädagogen zum Vorschein. In der Antwort auf die Frage eines Ortsunkundigen «Können Sie mir bitte sagen, wie ich zum Bahnhof finde?», mit der sich der Angesprochene rasch als Sozialpädagoge entpuppt («Leider nein, aber wir können ja mal darüber reden»), wird die eigentliche ‹Stärke› dieser Berufsgruppe zum Ausdruck gebracht: reden, reden – nichts als reden. Oder mit einem wissenschaftlichen Begriff: ihre ‹kommunikative Kompetenz›.

Nun könnten die Sozialpädagogen eigentlich froh sein, daß sie in diesen klischierten, liebevollen Bösartigkeiten, die auch andere Berufsgruppen ertragen müssen, inzwischen eher zu einer harmlosen Gruppe der nutzlosen Plauderer umstilisiert worden sind, nachdem ihnen in den 70er Jahren allzugern das unterschwellig angstauslösende Etikett ‹Be-

rufsrevolutionäre› umgehängt wurde. Von unruhestiftenden Gesell-
schaftsveränderern zu ‹hilflosen Helfern›, von radikalen Sozialutopisten
zu naiven, politisch funktionslosen ‹Handlangern des Kapitals›, gewissermaßen zu personifizierten Placebo-Effekten eines modernen Sozialstaates, zu Tranquilizern in einer zerfallenden Moderne: Ist dies das
Schicksal einer ganzen Berufsgruppe?

Auffällig sind dabei zwei Dinge: zum einen, daß Sozialpädagogen
etwas verändern, etwas verbessern wollen; und zum anderen, daß die
Absichten dieser ‹Weltverbesserer› von den einen spöttisch, von anderen
respektvoll betrachtet werden. ‹Verbessert› werden sollen dabei die sozialen Lebensbedingungen von in Schwierigkeit geratenen Menschen
und benachteiligten Gruppen, von Unterprivilegierten, Benachteiligten,
Ausgegrenzten, Vergessenen, an den Rand Gedrängten, von ‹Schwachen›, ‹Sprach-› und angeblich ‹Wertlosen›, seien es behinderte oder alte
und isolierte Menschen, seien es Sozialhilfeempfänger, alleinerziehende
Frauen, in Not geratene junge Menschen, Straffällige, Obdachlose,
Suchtabhängige oder andere Personen in akuten psychosozialen Schwierigkeiten, oder seien es einfach nur zu versorgende und zu betreuende
Kinder und Jugendliche. Sozialarbeiter und Sozialpädagogen sehen sich
hier als Sprachrohr und Anwälte für Benachteiligte, als ‹Pflichtverteidi-
ger› in Sachen soziokultureller Benachteiligung und sozialer Ungleichheit. Dies ist die Sonnenseite, die freundliche und optimistische Lesart
des Lebenswerks von Sozialpädagogen. ‹Da-Sein in Stellvertretung›,
‹Advokatorische Ethik› oder ‹Parteilichkeit mit den Betroffenen› sind
dementsprechend wohlklingende Bezeichnungen für diese Formen der
gut gemeinten Taten.

Die andere, eher skeptische Lesart meldet demgegenüber gewisse Bedenken an. Infolgedessen werden Sozialpädagogen hier eher als ‹sanfte
Kontrolleure› bezeichnet, als ‹moderne Kolonisatoren› oder als ‹Verteiler
von Geld und guten Worten im Geiste der doppelten Heuchelei›. Hier
werden die verfeinerten Formen zeitgemäßer Macht, indirekter Einfluß,
verdeckte Kontrolle und manipulatives Handeln in den Vordergrund gerückt. Sozusagen hinter den gut gemeinten Absichten und intendierten
Wirkungen setzen sich, so die Argumentation, die unbeabsichtigten,
nicht-intendierten Folgen durch.

Letztlich werden den Sozialpädagogen damit zwei widerstreitende
(Selbst-)Deutungen angeboten: auf der einen Seite die Sozialpädagogen
als ein bewährtes und befriedendes Schmiermittel in diesem gesellschaftlichen Getriebe mit der unvermeidlichen Nebenwirkung einer ständigen
Produktion von Verlierern, Versagern und Benachteiligten; auf der anderen Seite die Sozialpädagogen als Salz in einer ansonsten faden Suppe,

als ein integriertes Frühwarnsystem und als ein organisiertes schlechtes Gewissen in einer insgesamt allzusehr auf persönlichen Erfolg, individuellen Gewinn und eigenen Vorteil bedachten Gesellschaft.

Sozialpädagogen zwischen ‹Hilfe und Kontrolle›, ‹Widerstand und Anpassung›, zwischen ‹Normalität und Abweichung›, ‹Macht und Ohnmacht›, ‹Gerechtigkeit und Parteilichkeit› – dies sind die spannungsgeladenen Endpunkte, die den normativen Horizont sozialpädagogischen Handelns zwischen strahlend blauem Himmel und furchterregendem Unwetter kennzeichnen. So sehr diese Etikette und die damit verbundenen lebhaften Debatten die Entwicklung der Sozialpädagogik auch begleitet haben und ihre Berechtigung besitzen mögen, so sehr verführen diese grundsätzlichen Betrachtungen immer auch dazu, diese ‹Zunft› zwischen idealisierender (Selbst-)Überhöhung und pauschaler (Selbst-)Diskreditierung zu zerreiben. Und sie lenken zugleich davon ab, statt dessen Sozialpädagogik weniger spektakulär und emotional als das zu beschreiben, was sie inzwischen geworden ist: ein ganz normaler Beruf.

3.4.2 Wer oder was sind Sozialpädagogen und was tun sie?

«Alle reden von Sozialpädagogen – und keiner weiß so genau, was damit eigentlich gemeint ist.» Wenn das Wort ‹Sozialpädagoge› auftaucht, muß mit einem geschärften Blick erst einmal nachgefragt werden, von wem eigentlich die Rede ist, wer oder was sich dahinter genau verbirgt und was Sozialpädagogen eigentlich tun.

3.4.2.1 Sozialpädagogik und/oder Sozialarbeit?
Zunächst ist feststellbar, daß im Zusammenhang mit Sozialpädagogen nicht selten auch von Sozialarbeitern gesprochen wird. Obgleich heutzutage beide Gruppen zum selbstverständlichen Erscheinungsbild öffentlicher Aufgaben und Dienste gehören, gibt es bislang ebensowenig klar unterscheidbare Berufsprofile wie eine präzise und einheitliche Begriffsverwendung. Und dies in zweifacher Hinsicht: Zum einen werden mit denselben Begriffen letztlich nicht-identische Personengruppen bezeichnet; zum anderen werden die beiden Begriffe untereinander einmal gleichbedeutend, ein anderes Mal wiederum unterschiedlich verwendet. Beide Problembereiche sollen kurz skizziert werden.

1. Auf den ersten Blick scheint begrifflich alles klar zu sein. Insbesondere im Zusammenhang mit dem Ausbildungssystem sind die Begriffe relativ eng umrissen, wobei oft ausdrücklich zwischen Sozial*pädagogen*

und Sozial*arbeitern* unterschieden wird. Beide Begriffe kennzeichnen in diesem Zusammenhang vor allem und zuallererst Personen, die an Fachhochschulen, dort aber in getrennten Studiengängen ausgebildet wurden. Auch wenn dies, wie noch zu zeigen sein wird, letztlich nicht ganz korrekt ist, dominiert diese Sichtweise.

Demgegenüber werden auf der Seite des Arbeitsmarkts vergleichsweise pauschal – und unabhängig von einer bestimmten Ausbildung – zumeist die Beschäftigten im Bereich der sog. sozialen bzw. sozialpflegerischen Berufe als Sozialarbeiter und Sozialpädagogen bezeichnet.

Während wir bei einem berufstätigen Arzt, Ingenieur oder Lehrer selbstverständlich davon ausgehen, daß er eine eng darauf bezogene Ausbildung erfolgreich absolviert hat, so kann dies bei den ‹sozialen Berufen› und den Sozialpädagogen nicht selbstverständlich unterstellt werden. Eine Übereinstimmung und analoge Begriffsverwendung zwischen Ausbildungs- und Beschäftigungssystem, wie sie ansonsten zumeist gegeben ist, existiert im Falle der Sozialpädagogik und Sozialarbeit nicht.

2. Aber nicht nur die Abgrenzung der Sozialpädagogen und Sozialarbeiter nach außen ist problematisch und bislang ungelöst, sondern auch das Verhältnis der beiden Begriffe und Bereiche untereinander. In der Ausbildung, vor allem an den Fachhochschulen, ist die Trennung in Sozialpädagogik und Sozialarbeit noch am deutlichsten erkennbar. Zum Teil in eigenen Fachbereichen, zumeist aber in eigenständigen Studiengängen können bis heute die beiden unterschiedlichen Abschlüsse angestrebt werden. Dabei fühlt sich der sozial*pädagogische* Studiengang stärker einer pädagogischen Tradition verpflichtet und bereitet vornehmlich auf die Arbeit mit Kindern und Jugendlichen vor, also beispielsweise auf Arbeitsfelder wie Jugendarbeit, Heimerziehung oder Kindertagesstätten. Demgegenüber betonen die Vertreter der *Sozialarbeit* ihre disziplinäre Unabhängigkeit – und damit zugleich ihre Distanz zur Erziehungswissenschaft. Statt dessen beanspruchen sie eine Verknüpfung aus Recht, Volkswirtschaft, Psychologie, Soziologie, Pädagogik und Sozialmedizin. Sie knüpfen in diesem Sinn an Traditionen an, wie sie etwa in der ‹Fürsorgewissenschaft› bis zum Ende der 50er Jahre des 20. Jahrhunderts verfolgt worden sind. Zudem sehen sie ihre traditionelle Adressatengruppe verstärkt in benachteiligten oder in Not geratenen Erwachsenen, vor allem in den in Armut oder an der Armutsgrenze lebenden Bevölkerungsteilen, in den Familien in sozialen Brennpunkten, bei Obdachlosen, Straffälligen, Sozialhilfeempfängern etc. Im Unterschied zur sozialpädagogischen Arbeit, die eher als eine erzieherische Arbeit mit Noch-nicht-Erwachsenen, also Kindern und Jugendlichen verstanden wird, stellt die Sozialarbeit die sozio-ökonomischen Bedingungen der aktuellen

Lebenslage von (häufig erwachsenen) Menschen in den Vordergrund, etwa Fragen der materiellen oder medizinischen Versorgung (so war lange Zeit die Gesundheitsfürsorge ein wichtiger Bereich der Sozialarbeit) und damit so elementare Themen wie Wohnen, Essen, Kleidung oder Gesundheit.

Insgesamt überwiegen aber zwischenzeitlich auch im fachinternen, vor allem wissenschaftlichen Sprachgebrauch zumindest kombinierte oder sogar unterschiedslose Formen der Verwendung: So wird vielfach entweder von Sozialpädagogik / Sozialarbeit in Form einer Schrägstrich-Variante gesprochen, oder es werden die Begriffe Sozialpädagogik oder Sozialarbeit unsystematisch als Sammelbegriffe für die beiden Bereiche zusammen verwendet. Auf der Suche nach einer gemeinsamen Plattform wird in den letzten Jahren wieder verstärkt als ‹Kompromiß› der Terminus *Soziale Arbeit* ins Spiel gebracht. Mit ihm soll der gesamte Bereich des Sozialwesens, der sozialen Dienste und der sozialen Berufe, gekennzeichnet werden, soll das gesamte Segment von Sozialpädagogik und Sozialarbeit gemeinsam ins Blickfeld gerückt werden.

3.4.2.2 Was tun Sozialpädagogen?

Fragt man unterdessen, was denn Sozialpädagogen und Sozialarbeiter in ihrer beruflichen Arbeit eigentlich tun – «Wofür wirst du eigentlich bezahlt?» war ein häufig darauf bezogenes Stichwort –, so verschwimmt hier nicht nur wiederum die Differenz zwischen Sozialpädagogen und Sozialarbeitern, sondern Schwierigkeiten bereitet auch die generelle Kennzeichnung des gemeinsamen Nenners der zentralen Arbeitsvollzüge. Um es zunächst einmal an einem Vergleich zu verdeutlichen: Die Tätigkeiten von Sozialpädagogen und Sozialarbeitern lassen sich keineswegs so eindeutig und einhellig auf eine gemeinsame Handlungsform bringen, wie dies bei den Lehrern mit dem Ort Schule und der Aufgabe ‹Unterrichten› der Fall ist. Noch am ehesten wäre dies für die Berufstätigen in der Sozialen Arbeit mit Ausdrücken wie ‹Helfen›, ‹Beraten› oder ‹Da-Sein für andere› zu umschreiben. Aber auch diese typisierenden Handlungsmodalitäten sind wenig trennscharf etwa an den Grenzen zu Psychologen, Ärzten oder Polizisten, aber auch im Übergang zu den alltäglichen Aufgaben von Hausfrauen, Müttern und Eltern. Und sie sind wenig erhellend mit Blick nach innen auf eine differenzierende Beschreibung einzelner Tätigkeiten in sozialpädagogischen Arbeitsfeldern.

1. So kann man hier sicherlich eher hausarbeitsnahe, handwerkliche Tätigkeitsanteile etwa im Kindergarten, in der Jugendarbeit oder in der Heimerziehung ausmachen – mit Kindern eine Holzhütte bauen, im Jugendhaus hinter der Theke stehen, mit den Jugendlichen die Wohn-

gruppe renovieren –, aber auch eher auf Kommunikation, Information und soziale Beratung abzielende Tätigkeiten, etwa in der Schulsozialarbeit, in der Erziehungsberatung oder in der Schuldnerberatung. Helfen, Beraten, Informieren, Begleiten, Unterstützen, Arrangieren, Organisieren, Animieren etc. – eine ganze Liste von Handlungsformen und Kennzeichen beruflicher Tätigkeit ließe sich hier vorlegen, ohne daß eine dieser Formen zwingend als gemeinsame Basis und Klammer für alle Beschäftigten und alle Tätigkeiten genommen werden könnte – zumal dann nicht, wenn man in Rechnung stellt, daß darüber hinaus ständig auch unangenehme, kontrollierende und auch disziplinierende Aufgaben den sozialpädagogischen Berufsalltag begleiten: sei es der nicht mehr zu vermeidende Handlungsbedarf angesichts eines andauernd massiv störenden Kindes in der Kindergartengruppe, sei es die ‹Abschiebung› eines mit Drogen dealenden Jugendlichen aus einer Heimgruppe, sei es die eher perspektivlose ‹Verwaltung› des Mangels und der Trostlosigkeit in einem schwierigen sozialen Brennpunkt oder sei es die schwindende pädagogische Hoffnung bei schwer vermittelbaren Jugendlichen angesichts fehlender geeigneter Ausbildungs- und Arbeitsplätze.

Zugleich deutet diese Fülle von Aufgaben und Tätigkeiten darauf hin, daß in vielen Einrichtungen, Berufsfeldern und Arbeitsvollzügen ein vielschichtiges Nebeneinander unterschiedlichster Anforderungen existiert, das man als nur schwach spezialisiert, komplex, personalintensiv und die eigene Person fordernd typisieren könnte. Ein Beratungsgespräch führen, Berichte schreiben, Hausbesuche machen, an einer Team-Supervision teilnehmen, mit dem Arbeitsamt und einem Kreditinstitut verhandeln wegen Umschulung und Überschuldungsproblemen eines Klienten etc. – dies alles sind tagtäglich zu erledigende Aufgaben in einem Jugendamt.

Versucht man, diese unterschiedlichen Aufgaben zwischen Kindergarten, Jugendamt, Sozialpsychiatrie, Jugendzentrum, Schulsozialarbeit, Drogenhilfe, Nichtseßhaftenhilfe, Erziehungsberatungsstelle, Straßensozialarbeit, Zufluchtsstätte für mißhandelte Mädchen, Heimerziehung, Jugendkulturarbeit, Altenarbeit, Ausländerarbeit, Jugendstrafvollzug etc. dennoch als eine Form sozialpädagogischer Berufstätigkeit zu typisieren, so könnte man vielleicht sagen, daß ein wesentlicher Teil der sozialpädagogischen Arbeit – neben planenden und administrativen Anteilen – vor allem den direkten unterstützenden Kontakt vor Ort mit der betreffenden Person oder Personengruppe voraussetzt, das intensive Gespräch und oft auch das gemeinsame, zumindest aufeinander bezogene Handeln – auch wenn das Ziel aller Sozialen Arbeit immer die ‹Hilfe zur Selbsthilfe› sein soll.

2. Eine andere, zweite Sorte von beruflichen Aufgaben zeichnet sich im Unterschied hierzu vor allem für hochqualifizierte Sozialpädagogen und Sozialarbeiter – und dazu gehören besonders die an den Universitäten ausgebildeten Personen – immer häufiger dadurch aus, daß sie gewissermaßen auf einer mittleren Ebene, als Referent, Abteilungsleiter, Geschäftsführer oder Leiter einer Einrichtung, nicht mehr im direkten Klientenkontakt stehen, also keine praktische sozialpädagogische Arbeit vor Ort und mit Personenbezug mehr betreiben, sondern vornehmlich die institutionellen Formen Sozialer Arbeit koordinieren, planen, anleiten oder managen. Und diese regulativen, leitenden Aufgaben werden im Zuge der Expansion sozialer und pädagogischer Dienste eher noch zunehmen. Deshalb ist es nicht erstaunlich, daß in jüngerer Zeit die Diskussion um ‹Sozialmanagement›, also um die effektive und effiziente Führung von Heimen, Kindergärten, sozial-karitativen Vereinen, Geschäftsstellen, Jugendverbänden etc., aufgekommen ist, daß Fragen der Organisationsentwicklung und der Personalführung an Bedeutung gewonnen haben, daß die Aufgabe der kontinuierlichen Planung von Jugendhilfe – und dafür benötigt man entsprechend qualifiziertes Personal – nunmehr gesetzlich fest verankert ist.

3. Schließlich bleibt ein dritter Aufgabentypus, der ebenfalls in den letzten Jahren in der Sozialen Arbeit an Bedeutung gewonnen hat: die Vermittlung und Weitergabe des fachlichen Wissens über die Inhalte, Methoden und Konzepte, über Geschichte, Arbeitsfelder und ihre institutionell-rechtlichen Rahmenbedingungen etc. in der Aus-, Fort- und Weiterbildung, kurz: die Multiplikation des sozialpädagogischen Wissens an den unterschiedlichsten Orten schulischen und außerschulischen Lernens. Diese Reproduktion des Fachs und des Fachwissens hat sich mit der Zunahme der Ausbildungsstätten, der auszubildenden Personen, aber auch mit seiner eigenen Vermehrung zu einer eigenen Ausbildungsaufgabe entwickelt. Vielfach ‹vergessen› wird schließlich die Aufgabe der ‹Erzeugung des Wissens›, also die Aufgaben der Forschung und der Wissenschaft, die ebenfalls für einen kleinen Teil der vor allem universitär qualifizierten Sozialpädagogen von Interesse sein können.

3.4.3 Wo und wie werden Sozialpädagogen ausgebildet?

Auch wenn, wie gezeigt, die Begriffe Sozialpädagogik, Sozialarbeit und Soziale Arbeit vielfach uneinheitlich auf Personengruppen angewendet werden, die ‹irgendwie› in diesem Bereich tätig sind, so erscheint es doch sinnvoll, um nicht in einer babylonischen Sprachverwirrung zu enden, sich zunächst darauf zu verständigen, daß es sich bei Sozialpädagogen und Sozialarbeitern um fachspezifisch ausgebildete Personen handelt. Aber selbst dann muß man noch ein verzweigtes Gelände von Ausbildungsformen und -niveaus unterscheiden. Etwas vereinfacht und zugespitzt formuliert: Im Bereich Sozialpädagogik kann man sich in allen Variationen und auf allen Ausbildungsebenen qualifizieren. Hier sollen vor allem drei Ebenen ins Blickfeld gerückt werden (vgl. Übersicht).

3.4.3.1 Sozialpädagogik an Fachhochschulen

Vor allem an Fachhochschulen, die Anfang der 70er Jahre neu gegründet wurden und in die die sog. Höheren Fachschulen überführt worden sind, sowie an den Gesamthochschulen (an denen es Universitäts- wie auch Fachhochschulstudiengänge gibt) werden jene Personen ausgebildet, die üblicherweise als Sozialarbeiter und Sozialpädagogen bezeichnet werden. Fachhochschulstudiengänge sind von ihrem Selbstverständnis her praxis- und berufsorientierte Ausbildungen auf wissenschaftlicher Grundlage. Anspruch der Fachhochschulen ist dabei weniger, fachrelevantes Wissen etwa durch Forschung zu erzeugen, als vielmehr entsprechendes Wissen anwendungsorientiert zu vermitteln. Insofern handelt es sich um eine eigenständige Variante eines Hochschulstudiums (vgl. hierzu auch 6.3), das jedoch im Unterschied zu universitären Studiengängen kürzer, weniger wissenschaftsorientiert (also weniger auf die wissenschaftsinternen Entwicklungen ausgerichtet ist), von seinem Anspruch her stärker an den Fragen der Praxis orientiert sowie insgesamt etwas stärker reglementiert und inhaltlich vorstrukturiert ist.

Das Studium an einer *Fachhochschule* ist in aller Regel – ohne Praxisanteile – auf eine Dauer von sechs Semestern bzw. drei Jahren ausgelegt (und firmiert deshalb in der Statistik zur Unterscheidung von Universitätsstudiengängen auch als ‹Kurzstudium›). Zulassungsvoraussetzung für dieses Studium ist die Fachhochschulreife, also der Abschluß der Fachoberschule bzw. die Versetzung in die 13. Klasse der gymnasialen Oberstufe oder der erfolgreiche Abschluß einer Fachschule für Sozialpädagogik (zuzüglich eines Nachweises weiterer Voraussetzungen); ein abzuleistendes Praktikum vor Beginn der Ausbildung ist hingegen keine formale Bedingung zur Aufnahme eines Studiums (auch wenn es im Einzelfall Vorteile erbringen kann). In den meisten Bundesländern wird das sechssemestrige Vollzeitstudium mit einem anschließenden einjährigen Berufsanerkennungsjahr abgeschlossen (diese Ausbildungsstruktur wird auch *zweiphasige Ausbildung* genannt). Einige Bundesländer haben dagegen den fachpraktischen Ausbildungsanteil in Form von zwei Praxissemestern in das Studium integriert (dementsprechend auch *einphasige*

	Universität	Fachhochschule	Fachschule
Studiengang	Erziehungs-wissenschaft (Diplom)	Sozialpädagogik und/oder Sozial-arbeit (Diplom)	Erzieher
Angenommene Dauer der theo-retischen Phase (ohne Praxis)	4 Jahre (= 8 Semester)	3 Jahre (= 6 Semester)	2 Jahre
Praktika	4 Wochen– 8 Monate (je nach Hochschule)	1 Berufsanerken-nungsjahr oder 2 × 6 Monate Praktikum	1 Jahr Vorpraktikum (in Bayern 2 Jahre) und ein Berufs-anerkennungsjahr
Faktische durch-schnittliche Gesamtausbil-dungsdauer	5,5–6 Jahre	4,5 Jahre	4 Jahre (Bayern: 5 Jahre)
Schulische Zu-lassungsvoraus-setzungen	Allgemeine oder fachgebundene Hochschulreife	Fachhochschul-reife, Abschluß der Fachoberschule	Abschluß der 10. Klasse, qualifi-zierter Hauptschul-abschluß mit abge-schlossener Berufs-ausbildung
Beruflich-prakt. Zulassungsvor-aussetzungen	keine	i. d. R. keine	Vorpraktikum oder abgeschlossene Berufsausbildung
Abschluß	«Diplom-Pädagoge» (z. T. «Diplom-Sozialpädagoge»)	«Diplom-Sozial-pädagoge (FH)» oder «Diplom-So-zialarbeiter (FH)» mit staatlicher An-erkennung	«staatlich aner-kannter Erzieher»
Zahl der Ausbil-dungsstätten	ca. 30 Wissen-schaftliche Hoch-schulen mit sozial-pädagogischem Angebot	40 staatliche, 11 evangelische, 8 katholische Fach-hochschulen	170 staatliche, 45 evangelische, 80 katholische, 11 sonstige Fach-schulen
Durchschnitt-liche Ausbil-dungszahlen pro Jahr	Anfänger: 5 000–6 500 Studierende: 25 000–30 000 Absolventen: 2 000–2 500 (davon ca. 50 % in Sozialpädagogik)	Anfänger: 8 000–9 000 Studierende: 31 000–33 000 Absolventen: 6 500–8 000	Anfänger: 12 000–16 000 Schüler: 34 000–42 000 Absolventen: 13 000–16 000

Sozialpädagogische Ausbildungsformen an Universitäten, Fachhochschulen und Fachschulen in Deutschland im Überblick (Stand: 1991/1992)

Ausbildung genannt), wobei sich aber in beiden Fällen eine Gesamtaus-
bildungszeit von mindestens vier Jahren ergibt.

Alle Fachhochschulstudierenden in Sozialpädagogik und Sozialarbeit
schließen bundeseinheitlich mit einem Diplom ab, also als Diplom-So-
zialpädagoge/-pädagogin oder als Diplom-Sozialarbeiter/in (jeweils mit
dem Zusatz «FH»). Nach erfolgreicher Absolvierung des Studiums und
des Berufsanerkennungsjahrs bzw. der beiden Praxissemester sowie
eines Kolloquiums unter staatlicher Aufsicht wird abschließend neben
dem Diplom eine «staatliche Anerkennung» verliehen (und damit der
Zugang zu fachlich einschlägigen Beschäftigungsverhältnissen bei Bund,
Ländern und Gemeinden im sog. gehobenen Dienst normiert).

Fachhochschulstudiengänge für Sozialpädagogik/Sozialarbeit wurden
zuletzt an 31 staatlichen und 17 kirchlichen Ausbildungsstätten angeboten (davon 10 in evangelischer und 7 in katholischer Trägerschaft). Mit
dem Aufbau von Fachhochschulen in den neuen Bundesländern werden
elf weitere Standorte hinzukommen (9 staatliche und 2 kirchliche Ausbildungsstätten). Angesichts der besonderen Übergangsprobleme ist dabei
verstärkt mit berufsbegleitenden Ausbildungsmöglichkeiten zu rechnen.

Bereits auf der Ebene von Fachhochschulen wird damit eine Besonderheit sichtbar, die für den gesamten sozialen und sozialpädagogischen
Sektor von erheblicher Bedeutung ist: der quantitative Anteil und die
qualitative Bedeutung der nicht-staatlichen, also der «freien Träger». Im
Unterschied zu Universitäten gibt es für den Bereich der Fachhochschulstudiengänge eine nicht unwesentliche Zahl von Ausbildungsmöglichkeiten an Hochschulen in privater, in diesem Fall kirchlicher Trägerschaft. In diesem Zusammenhang spielen Fragen der konfessionellen
Zugehörigkeit, der ‹Stellung zur Kirche›, die ‹Zugehörigkeit zu entsprechenden Milieus› unter Umständen eine weitaus größere Rolle für die
Wahl der Ausbildungsform, des Ausbildungsorts und des späteren Ar-
beitgebers als im staatlichen Ausbildungssystem.

Mit Blick auf die quantitative Entwicklung der Fachhochschulausbildung läßt sich folgendes festhalten: Abgesehen von einem vorübergehenden leichten Rückgang Mitte der 80er Jahre ist die Studienplatznachfrage im Bereich Sozialwesen mit über 8000 Studierenden im ersten
Studienjahr seit 1978 unvermindert hoch. Mit Spitzenwerten von mehr
als 9000 Anfängern zwischen 1979 und 1983 und einem zwischenzeit-
lichen Rückgang ist die Zahl zuletzt wieder auf über 9000 angestiegen.
Örtliche Zulassungsbeschränkungen waren und sind infolgedessen keine
Seltenheit. Bei durchschnittlich zusammen ca. 32000 Studierenden an
den rund 50 Standorten für Sozialpädagogik/Sozialarbeit der Altbundes-
länder im letzten Jahrzehnt hatte das Jahr 1983 mit über 8000 erfolgrei-

chen Absolventen die bisher höchste Quote zu verzeichnen. Seither sind die Zahlen im Bereich Sozialwesen ständig zurückgegangen, zuletzt bis auf ca. 6000 Absolventen (im Jahre 1991). Allerdings ist unabhängig von der Entwicklung in den neuen Bundesländern aufgrund der gestiegenen Anfängerzahlen wieder mit einer Zunahme zu rechnen. Addiert man die Zahlenwerte der einzelnen Absolventenjahrgänge zu einer Gesamtgröße, so kann man davon ausgehen, daß seit Einführung des Fachhochschulstudiums Anfang der 70er Jahre bis Ende 1993 insgesamt mehr als 140 000 Personen in Sozialpädagogik und Sozialarbeit an den bundesdeutschen Fachhochschulen examiniert worden sind. Im Bereich der Sozialpädagogik und Sozialarbeit werden damit – im Unterschied zu allen anderen Hochschulausbildungen – weit mehr Studierende an Fachhochschulen und Gesamthochschulen ausgebildet als an Wissenschaftlichen Hochschulen. Und deshalb entsteht auch in der Öffentlichkeit häufig der falsche Eindruck, als könne man Sozialpädagogik / Sozialarbeit nur an der Fachhochschule studieren.

3.4.3.2 Sozialpädagogik an Universitäten

Formal oberhalb der Fachhochschulausbildung anzusiedeln sind Studiengänge an den Universitäten (genaugenommen müßte es eigentlich «Wissenschaftliche Hochschulen» heißen, da zu den Universitäten auch die noch z. T. existierenden «Pädagogischen Hochschulen» gerechnet werden). Im Unterschied zu den Fachhochschulen werden hier zumindest 8-semestrige und damit «vollakademische» Studiengänge angeboten, bislang eine ebenso notwendige Voraussetzung für eine Laufbahn im sogenannten «Höheren Dienst» bei Bund, Ländern und Gemeinden (also für viele Leitungs- und Funktionsstellen) wie für ein anschließendes universitäres Promotionsstudium. Von ihrem Profil her streben Universitäten eine möglichst enge Verbindung von Forschung und Lehre an, so daß das Universitätsstudium im Unterschied zu dem der Fachhochschule nicht nur wissenschaftsorientierter ist, sondern zugleich auch eine erste Qualifikationsstufe für den wissenschaftlichen Nachwuchs im jeweiligen Fach darstellt.

An den Wissenschaftlichen Hochschulen wird Sozialpädagogik in unterschiedlichen Studiengängen angeboten, allerdings durchweg in einer Rückbindung an das Fach Erziehungswissenschaft. Eigenständige sozialpädagogische oder gar sozialarbeitswissenschaftliche Fachbereiche bzw. Fakultäten gibt es bislang an den Universitäten im Unterschied zu den Fachhochschulen nicht. Der für die universitäre Sozialpädagogik zentrale Studiengang ist der Diplomstudiengang Erziehungswissenschaft (vgl. auch 6.3). Unter den wählbaren vertiefenden Studienrichtungen stellt die Sozialpädagogik den mit Abstand am häufigsten nachgefragten Schwerpunkt dar. *Diplom-Pädagogen* in der Studienrichtung Sozialpädagogik sind somit die gängigste Form der universitär Hauptfachausgebildeten in Erziehungswissenschaft. Daneben bieten einige Wissenschaftliche Hochschulen einen Diplomstudiengang an, der – sprachlich nicht mehr unterscheidbar vom Fachhochschulstudium – direkt zu einem Abschluß als *Diplom-Sozialpädagoge* führt. Ferner gibt es vereinzelt an Universitäten in Magisterstudiengängen im Rahmen des Hauptfachs «Pädagogik/Erziehungswissenschaft» die Möglichkeit, den Schwerpunkt Sozialpädagogik zu wählen und zu studieren. Schließlich kann man an einigen wenigen Universitäten Sozialpädagogik als eigenständiges Hauptfach im Lehramt in der beruflichen Fachrichtung für die Sekundarstufe II studieren (mit der anschließenden Möglichkeit, vor allem an Fachschulen für Sozialpädagogik angehende Erzieher zu unterrichten).

Die Einrichtung des Diplomstudiengangs Erziehungswissenschaft ist am 20. März 1969, also nahezu zeitgleich mit der Einführung von Fachhochschulstudiengängen, beschlossen worden. Zunächst wurde dieser Studiengang vor allem an den damals noch zahlreich existierenden Pädagogischen Hochschulen eingerichtet und von diesen u. a. zur eigenen Statusaufwertung genutzt. Nach einem raschen Anstieg der Studienplatznachfrage waren in diesem Studiengang seit Mitte der 70er Jahre bundesweit etwa 25 000 bis 30 000 Studierende pro Semester eingeschrieben, was dazu führte, daß sich dieser Studiengang zum größten sozialwissenschaftlichen Universitätsstudiengang entwickelt hat (vor Psychologie, Soziologie und Politikwissenschaft). Während zuletzt 6000 und mehr Studierende jährlich neu hinzugekommen sind, schließen zugleich etwa 2000 bis 2500 erfolgreich den Diplomstudiengang Erziehungswissenschaft ab (davon ca. 60–70% Frauen), von diesen etwas mehr als die Hälfte in der Studienrichtung Sozialpädagogik. Alles in allem kann davon ausgegangen werden, daß in der Bundesrepublik Deutschland zwischen 1970 und 1993 insgesamt bereits fast 45 000 Diplom-Pädagogen ausgebildet worden sind, hiervon schätzungsweise 15 000 bis 20 000 im Schwerpunkt Sozialpädagogik. Demgegenüber fallen die Absolventenzahlen in den Magister- und Lehramtsstudiengängen im Bereich Sozialpädagogik mengenmäßig nicht ins Gewicht.

3.4.3.3 Fachschulen für Sozialpädagogik

Jenseits der hier aufgeführten Studiengänge an Fachhochschulen, Gesamthochschulen und Universitäten gibt es bislang keine weiteren geregelten Ausbildungen für Sozialpädagogen oder Sozialarbeiter in einem begrifflich strengen Sinn. Dennoch müssen dem Ausbildungssystem für Sozial- und Erziehungsberufe zumindest noch die Fachschulen für Sozialpädagogik zugerechnet werden, die für die Ausbildung von Erziehern verantwortlich sind und die, wie der Name schon sagt, ebenfalls als eine Form der sozialpädagogischen Qualifikation verstanden werden. ‹Erzieher› werden an den Fachschulen – in Bayern heißen sie Fachakademien – in einer zweijährigen schulischen Phase und einem sich daran anschließenden berufspraktischen Anerkennungsjahr ausgebildet (zu dem allerdings noch zunächst ein einjähriges Vorpraktikum – in Bayern dauert dieses zwei Jahre – als Ausbildungsvoraussetzung vor Schulbeginn hinzukommt). Daraus folgt, daß die gesamte Ausbildungsdauer ebenfalls vier Jahre (in Bayern sogar fünf Jahre) dauert, auch wenn es sich hierbei weder um ein Studium noch um eine Hochschulausbildung handelt. Insgesamt wurden in den 80er Jahren 13 000 bis 16 000 Erzieher pro Jahr ausgebildet, so daß dieses Qualifikationsprofil mit einer Gesamtsumme von ca. 250 000 Ausgebildeten seit 1970 auch heute noch die quantitativ größte Ausbildung darstellt.

Bilanziert man diese unterschiedlichen sozialpädagogischen Ausbildungsformen auf den diversen Ebenen, so muß man berücksichtigen, daß unterhalb der Fachschule für Sozialpädagogik bzw. der Erzieher-Ausbildung noch kürzere Qualifikationsmöglichkeiten hinzukommen (etwa an der Berufsfachschule für Kinderpflege oder in der neuerdings erprobten Sozialassistenten-Ausbildung). Und obgleich es nach wie vor eine zusätzliche Grauzone von angelernten, freiwilligen und nicht-ausgebildeten bzw. in ‹Crash-Kursen› geschulten Mitarbeitern gibt – Zivildienstleistende, Mitarbeiter im Freiwilligen Sozialen Jahr, Jugendleiter, Ehrenamtliche –, die das unübersichtliche Gelände der sozialen Berufe an den Rändern gänzlich verflüssigen, wird dieses Feld im Kern immer stärker von den sozialpädagogischen Fachkräften besetzt. Dennoch muß als Konsequenz dieser Verhältnisse festgehalten werden, daß der Horizont sozialpädagogischer Aufgaben, Arbeitsfelder und Personengruppen augenscheinlich weiter zu ziehen ist, als es beispielsweise ein eng an die Fachhochschulausbildung angelehntes Verständnis von Sozialpädagogik und/oder Sozialarbeit nahelegt.

3.4.4 Sozialpädagogen in der Geschichte

Nicht selten wird die Einführung von Hochschulausbildungen in Sozialpädagogik/Sozialarbeit an Fachhochschulen und Universitäten Anfang der 70er Jahre mit dem eigentlichen Beginn der Berufs- und Ausbildungsgeschichte dieses Fachs gleichgesetzt. Demgegenüber lassen sich die entscheidenden Impulse für den Auf- und Ausbau sozialpädagogischer Ausbildungen zumindest auf den Anfang des 20. Jahrhunderts rückdatieren. Und selbst vor dieser Zeit gab es in den Jahren zwischen 1830 und 1850 bereits erste Qualifizierungsbemühungen privater, zumeist christlich orientierter Ausbildungsformen etwa für den Bereich der Kleinkinderziehung (Theodor Fliedner, Friedrich Fröbel, Julius Fölsing) oder für die kirchlichen Fürsorgeheime (Johann Hinrich Wichern). Von staatlicher Seite wurde mit der beruflichen Qualifizierung in Form eigener Ausbildungsstätten oder in Form staatlich erlassener Prüfungsordnungen bzw. staatlich anerkannter Ausbildungsgänge allerdings erst nach der Jahrhundertwende begonnen.

Die heutigen Ausbildungen für Sozialarbeit und Sozialpädagogik an den Fachhochschulen hatten ihre Vorläufer in zwei ursprünglich getrennten Ausbildungen: zur «Wohlfahrtspflegerin» einerseits, zur «Jugendleiterin» andererseits. Und bis heute haben diese beiden unverbundenen Wurzeln, wie bereits gezeigt wurde, im ungeklärten Nebeneinander von Sozialpädagogik und Sozialarbeit in Form unterscheidbarer Studiengänge und Berufsabschlüsse eine gewisse Wirkung behalten.

3.4.4.1 Von der Fürsorge zur Sozialarbeit

Die Ausbildung für Sozialarbeit entwickelte sich zunächst im Kontext der bürgerlichen Frauenbewegung und im Anschluß an die Tradition und in kritischer Distanz zur karitativen und kommunalen Armenfürsorge des 19. Jahrhunderts. In den 90er Jahren des 19. Jahrhunderts wurden zunächst erste Lehrgänge und Kurse für Frauen angeboten, die ab 1905 an vielen Orten zur Gründung eigenständiger sozialer Frauenschulen führten, in denen «Wohlfahrtspflegerinnen» ausgebildet wurden, wobei vor allem Alice Salomon eine zentrale Bedeutung zukommt (vgl. SACHSSE 1986).

Durch den Zusammenschluß in der – ebenfalls von A. Salomon begründeten – «Konferenz Sozialer Frauenschulen Deutschlands» wurde 1917 der erste Schritt zur Vereinheitlichung und staatlichen Anerkennung dieser Ausbildungen in die Wege geleitet. Stabilisiert wurden diese Aktivitäten entscheidend dadurch, daß 1920 eine Prüfungsordnung in Kraft trat, die im wesentlichen den Vorstellungen der sozialen Frauenschulen entsprach: Nach zweijähriger Ausbildung und bestandener Prüfung an der Wohlfahrtsschule sowie nach Bewährung in einem anschließenden Berufsjahr wurde die staatliche Anerkennung als Wohlfahrtspflegerin bei Vollendung des 24. Lebensjahrs ausgesprochen (vgl. SALOMON 1927). Dieses Ausbildungsmuster sollte die spätere Entwicklung dauerhaft prägen: eine Ausbildung außerhalb der Universitäten, zunächst nur und bis heute überwiegend für Frauen mit staatlicher Anerkennung und einem formalisierten Berufsübergang (das heutige Berufspraktikum).

Orientiert an Preußen, führten in den Jahren danach auch die übrigen Länder Ausbildungserlasse ein. Ab Mitte der 20er Jahre – nach Inkrafttreten des Reichsjugendwohlfahrtsgesetzes und der damit einhergehenden Einrichtung von kommunalen Jugendämtern – kam vereinzelt die Ausbildung für (männliche) Wohlfahrtspfleger hinzu. 1931 wurde die zweijährige Ausbildung mit einem sich daran anschließenden berufspraktischen Jahr zur reichseinheitlichen Ausbildungsform.

Nach dieser Phase des Aufbaus und einer ersten Konsolidierung der Wohlfahrtsschulen in den ersten 25 Jahren ihrer Existenz erlitt das Ausbildungswesen für soziale Berufe ab 1933 einen Rückschlag, der es in seiner Entwicklung nicht unwesentlich zurückwarf. Durch die Auflösung einzelner Wohlfahrtsschulen, die Umbenennung in «Nationalsozialistische Frauenschulen für Volkspflege» und die Entlassung von Teilen des Lehrkörpers wurde vor allem die gewachsene Identität der Frauenschulen zerstört und durch eine «nationalsozialistische Geisteshaltung» ersetzt. Sozialpolitik, Soziologie und Psychologie verschwanden ebenso aus den Lehrplänen wie allgemeinbildende, theoretische und historische Anteile. Pflegende Tätigkeiten und eine ideologisierte Familienorientierung wurden zu neuen Maßstäben einer nationalsozialistischen Volkspflege, die Anbindung der Jugendämter an die Gesundheitsämter und die Unterordnung der «Volkspfleger» unter ärztliche Regie verstärkten den Prozeß einer sozialpädagogischen Entfachlichung und einer größeren Distanz zu den theoretisch-wissenschaftlichen Ausbildungsanteilen der ehemaligen Wohlfahrtsschulen. Dieser Wandel sollte Auswirkungen bis in die 50er Jahre haben.

Nach dem Zusammenbruch der nationalsozialistischen Schreckensherrschaft und trotz erkennbarer Vorbehalte seitens der Dozenten und Praxisvertreter gegen eine Überführung der Ausbildung in die Universitäten begann Anfang der 50er Jahre – auch unter dem Eindruck der internationalen Entwicklungen – eine Diskussion um die adäquate «Ranghöhe der Ausbildungsstätten». Gewissermaßen als deutsche Besonderheit wurde infolgedessen die sog. Höhere Fachschule als Regelausbildung gefordert und ein Aufbaustudium an Universitäten zur Vorbereitung auf Leitungsaufgaben, Unterricht und Forschung befürwortet. 1958 wurde dementsprechend eine Revision und Vereinheitlichung der Ausbildung beschlossen und zwischen 1959 und 1964 – mit Auftakt in Nordrhein-Westfalen – in allen Bundesländern eingeführt (außer in

Baden-Württemberg). Das reformierte Konzept sah eine dreijährige Ausbildung an den Fachschulen selbst vor sowie ein viertes berufsprakti- sches Jahr, ebenfalls in Regie der Ausbildungsstätten. Aus den Wohl- fahrtspflegern der Nachkriegsjahre wurden nun «graduierte Sozialarbei- ter» (mit dem Zusatz «grad.»), aus den Wohlfahrtsschulen wurden Höhere Fachschulen für Sozialarbeit.

Mit dieser neuen Grundstruktur waren die Weichen für die Zukunft bereits gestellt. Mit der Gründung von Fachhochschulen und dem da- mit verbundenen Aufstieg der Sozialarbeit in den Hochschulbereich zu Beginn der 70er Jahre konnte nochmals eine deutliche Attraktivitätsstei- gerung erreicht werden. In deren Folge kam es zu einem starken institutio- nellen Ausbau und auch zu einer gewissen Annäherung von Sozialpäd- agogik und Sozialarbeit, sei es in gemeinsamen Fachbereichen oder sogar in eigenen, vor allem konfessionellen Fachhochschulen für Sozialwesen.

3.4.4.2 Von der Jugendleiterin zur Sozialpädagogin

Die Ausbildung zur Jugendleiterin entstand ab 1911 im Horizont der staatlichen Regulierung der Ausbildung für Kindergärtnerinnen. Lange Zeit handelte es sich hierbei um einen einjährigen Weiterbildungskursus für examinierte Kindergärtnerinnen im Anschluß an eine Berufs- tätigkeit. Ziel war die Befähigung, einen Kindergarten, einen Hort, ein Kinderheim o. ä. zu leiten. Um diese Ausbildung aufnehmen zu können, mußte anfangs ein Jahr, ab 1929 zwei und ab 1932 drei Jahre einschlägige Berufstätigkeit nachgewiesen werden. Ende der 40er Jahre wurde die Ausbildung selbst auf eineinhalb Jahre und Mitte der 50er Jahre auf zwei Jahre verlängert. In dieser Phase wurden auch die Weichen gestellt für eine grundsätzliche Neukonzipierung der Ausbildung – jenseits einer reinen Zusatzqualifikation für Kindergärtnerinnen im Anschluß an ihre Ausbildung und Berufstätigkeit.

In einer Verknüpfung mit der damals noch getrennten und nicht staat- lich geregelten Heimerzieherausbildung, die seit Wichern kirchlich ge- prägt war, wurde ab Mitte der 60er Jahre in den einzelnen Bundesländern nach und nach die Jugendleiterinnenausbildung zunächst einmal aufge- wertet zu einer vierjährigen Ausbildung (drei Jahre Schule plus einjähri- gem Berufsanerkennungsjahr) an den – wie sie inzwischen parallel zur Sozialarbeiter-Ausbildung hießen – Höheren Fachschulen für Sozialpäd- agogik mit dem Abschluß «Sozialpädagoge (grad.)». Und mit der Über- führung der Höheren Fachschulen in Fachhochschulen bzw. deren Neu- gründung ab 1971 erreichte die Neuordnung dieser Ausbildung ihren vorläufigen Abschluß und ihre organisatorische Annäherung an die Aus- bildung von Sozialarbeitern. Im Zuge der Angleichung an das Hochschulrahmengesetz wurde schließlich 1979 anstelle der Graduierung die Diplomierung für sämtliche Absolventen der Fachhochschulen eingeführt.

3.4.4.3 Die akademische Vorgeschichte

Wie die Geschichte dieser beiden Stränge heutiger Sozialer Arbeit und ihrer Ausbildungen bereits erahnen läßt, ist die Qualifizierung in Sozialpädagogik und Sozialarbeit im wesentlichen außerhalb der wissenschaftlichen Entwicklung der Erziehungswissenschaft und unterhalb universitärer Ausbildungen verlaufen. Das Fachgebiet Sozialpädagogik / Sozialarbeit wurde infolgedessen vorwiegend – im Unterschied etwa zur Psychologie oder Soziologie – in relativ träger-, praxis- und arbeitsfeldnahen Ausbildungsformen organisiert; eine eigenständige, arbeitsfeldübergreifende und kontinuierliche wissenschaftliche Ausbildung fehlte lange Zeit. Gleichwohl gab es Debatten, Vorschläge und auch einzelne Kurse an Universitäten bzw. unter der Regie von Hochschullehrern, die man in heutiger Terminologie am ehesten als wissenschaftsnahe Zusatzqualifikationen bezeichnen könnte (vgl. etwa KNOBEL 1992, GÄNGLER 1994).

Hierbei war jedoch die Zuordnung zur Erziehungswissenschaft nur eine Variante der realisierten Konzepte (z. B. neben der Fürsorgewissenschaft, die enger an die Nationalökonomie und Sozialpolitik angelehnt war). Bis in die 70er Jahre hinein hat sich dementsprechend das Fach Soziologie für die Sozialpädagogik und Sozialarbeit ‹interessiert›. So wurden im Rahmen der Soziologenausbildung nicht nur Lehr- und Prüfungsgebiete wie etwa «Soziologie der Sozialen Arbeit» eingeführt oder Professuren im Schnittbereich von Soziologie und Sozialpädagogik eingerichtet. Vielmehr wurde im Anschluß an Forschungen zur Jugendkriminalität, zum abweichenden Verhalten, zu gesellschaftlichen Definitionsprozessen, zu sozialer Ungleichheit und zu subkulturellen Milieus die Soziale Arbeit für manche Teile der Soziologie zu einem ihrer Praxisfelder. Oder mit anderen Worten: Sozialpädagogik / Sozialarbeit als angewandte Soziologie.

Wie jedoch die heutige Ausbildungssituation zeigt, ist inzwischen Sozialpädagogik im universitären Rahmen nahezu ausschließlich in das Fach Erziehungswissenschaft und dort in den zentralen Hauptfachstudiengang Diplom-Pädagogik eingebunden. Nicht zuletzt damit verbunden ist aber auch die Schwierigkeit, die insbesondere viele Fachhochschulvertreter mit diesem engen Bezug zur Erziehungswissenschaft und zu pädagogischen Fragestellungen als dem inhaltlichen Kernbereich haben. Dies kommt etwa in der immer wieder im Raume stehenden Forde-

rung nach einer eigenständigen, disziplinunabhängigen «Sozialarbeitswissenschaft» als einem eigenen Bezugspunkt für die Sozialarbeit und die
Fachhochschulen zum Ausdruck. Damit aber würde die Soziale Arbeit,
vor allem die Sozialarbeit der Fachhochschulen, einen eigenen wissenschaftlichen Standort, einen eigenen abgrenzbaren Gegenstandsbereich
und ein eigenständig theoriefähiges Grundlagensystem anstreben.

Faßt man diese Entwicklungslinien zusammen, so lassen sich insge-
samt für den nicht sehr geradlinigen Werdegang und den mühsamen
Etablierungsprozeß der Sozialpädagogik und Sozialarbeit folgende
Punkte festhalten:

– Äußeres Merkmal dieses Verlaufs ist ein Qualifizierungsschub in bislang drei Wellen: zunächst erste private, vor allem christlich motivierte Qualifizierungsaktivitäten auf lokaler Ebene ab 1830, danach
  – vor allem im zweiten und dritten Jahrzehnt des 20. Jahrhunderts –
  eine Phase des Auf- und Ausbaus neuer Ausbildungen in staatlicher
  Regie bzw. mit staatlicher Anerkennung sowie schließlich, ab Anfang
  der 70er Jahre, ein qualitativer Sprung auf das Niveau akademischer
  Ausbildungen an Fachhochschulen und Universitäten.
– An der Chronologie dieses Qualifizierungsprozesses wird indirekt ab-
  lesbar, daß die Geschichte der außerschulischen und außerfamilialen
  Erziehung, die Geschichte der diesen Aktivitäten vorausgehenden Bedarfslagen und zugrundeliegenden pädagogischen und sozialen Probleme sowie die Geschichte der (sozial-)pädagogischen Institutionen
  (einschließlich einer sozialpädagogischen Begriffs- und Ideengeschichte) weiter zurückreicht als der Werdegang der geregelten beruflichen Qualifizierungen für Sozialpädagogik und Sozialarbeit. Somit
  sind die verschiedenen Qualifizierungsschübe auch eine fachliche Reaktion auf entsprechende vorausgehende gesellschaftliche Bedarfslagen.
– Erst mit der Einführung universitärer Studiengänge und einer damit
  notwendigerweise einhergehenden Verankerung der Sozialpädagogik
  an den Universitäten mit eigenen Lehrstühlen und Ausbildungsein-
  heiten wird ihre institutionelle Zuordnung zum Fach Erziehungswissenschaft eingeleitet und auch von außen wahrnehmbar. Obgleich sie
  innerhalb dieses Fachs, im Unterschied zum Lernort Schule, zum Teil
  bis heute als Fremdkörper betrachtet wird (vgl. RAUSCHENBACH 1992),
  ist die Sozialpädagogik mittlerweile doch erkennbar in dieses Koordi-
  natensystem der Wissenschaft eingebunden.

3.4.5 Sozialpädagogen im Beruf

Sozialpädagogen und Sozialarbeiter sind in einen Arbeitsmarkt eingebunden, der sich zum einen als ein eigenes Segment für soziale Berufe,
zum anderen – gewissermaßen in einem Ausschnitt davon – als Jugendhilfe kennzeichnen läßt. Für die Beschreibung der beruflichen Lage und
Zukunft der Sozialpädagogen ist es insofern von Vorteil, zunächst diese
beiden Teilarbeitsmärkte in ihrer Gesamtheit und erst dann detaillierter
das Gewicht der Sozialpädagogen und Sozialarbeiter darin zu betrachten.

3.4.5.1 Zur Entwicklung der sozialen Berufe als Arbeitsmarkt

Bevor man sich der quantitativen Entwicklung des Teilarbeitsmarkts für
soziale Berufe zuwendet, stellt sich die Frage, welche Arbeitsfelder diesem Segment überhaupt zugerechnet werden können. Etwas salopp formuliert könnte man sagen: alle öffentlichen, also staatlich angebotenen
oder staatlich subventionierten sozialen Dienste von der Wiege bis zur
Bahre. Der Arbeitsmarkt für soziale Berufe umfaßt mithin alle Felder der
öffentlichen Elementarerziehung, allen voran der Kindergarten, die klassischen Formen der Heimerziehung (einschließlich ihrer Alternativen),
die Beratungsstellen, die Jugendarbeit, die sozialpädagogisch relevanten
Behörden, insbesondere das Jugendamt und das Sozialamt. Hinzu kommen die sozialen Berufe im Gesundheitswesen und in der Suchtkrankenhilfe, in der Behindertenhilfe, in sozialen Brennpunkten und anderen
sozialen Hilfen nach dem Bundessozialhilfegesetz sowie nicht zuletzt in
der Altenhilfe. Parallel zu dieser Vielfalt finden sich innerhalb der
Statistik der sozialen Berufe auch dementsprechend viele Berufsbezeich-
nungen: z. B. Jugendpfleger und Heimerzieher, Dorfhelferinnen und
Amtsvormünder, Diakone, Ordensschwestern und Erziehungsberater,
Sozialarbeiter, Kinderpflegerinnen und Erzieherinnen, Kriegsbeschädig-
tenfürsorger, Altenpfleger und Kinderheimleiter, Sozialpädagoginnen,
Heilpädagogen und Heilerziehungspfleger.

Betrachtet man für diese diffuse Gruppe an Berufstätigen den entsprechenden Arbeitsmarkt für soziale Berufe, so zeigen sich doch einige uner-
wartete Befunde: Zunächst erstaunt der Gesamtverlauf des Wachstums
der sozialen Berufe. Waren 1925, dem ersten Datum mit einer amtlichen
Erfassung derartiger Berufsgruppen, gerade mal ca. 30 000 Personen beschäftigt, so waren dies Mitte 1992 bereits rund 550 000 Personen. In
einem Zeitraum von knapp 70 Jahren haben demnach rund eine halbe
Million Menschen in ‹Branchen›, Organisationen und Berufen einen Arbeitsplatz gefunden, die es Anfang dieses Jahrhunderts überhaupt noch
nicht gab. Insofern macht es durchaus Sinn, in dieser Hinsicht von einem

‹sozialpädagogischen Jahrhundert› zu sprechen (vgl. RAUSCHENBACH 1992, THIERSCH 1992). Und da in den sozialen Berufen über 80 Prozent der Erwerbstätigen Frauen sind, liegt die Vermutung nahe, daß hier ein Stück weiblicher Familien- und Hausarbeit, die früher verborgen in den eigenen vier Wänden vonstatten ging, heute von eigens dafür qualifizierten Frauen in beruflicher Form erbracht wird, mit anderen Worten: daß ein ehemals privat und informell geregelter sozialer Bedarfsausgleich nunmehr öffentlich und beruflich-institutionell organisiert wird.

Verfolgt man den Verlauf der Beschäftigtenzahlen in sozialen Berufen genauer, so fällt auf, daß diese Kurve durchgehend nach oben zeigt, und zwar bis zuletzt. Wir haben es offenbar mit einem Arbeitsmarkt zu tun, der nicht etwa nur konjunkturabhängig zwischenzeitlich einmal leicht angewachsen ist, sondern der sich über gesellschaftliche Epochen und politische wie ökonomische Krisen hinweg in diesem Jahrhundert in Deutschland kontinuierlich ausgeweitet hat. Dies deutet darauf hin, daß darin größere gesellschaftliche Umbrüche zum Ausdruck kommen, mittels deren die vormals privat erbrachten sozialen Hilfen und Dienste in Familie, Verwandtschaft und Gemeinwesen im Laufe der Zeit durch öffentliche Leistungsangebote und staatlich organisierte Dienste ergänzt oder gar ersetzt werden.

An diesen empirischen Trends wird erkennbar, daß die gesamte ‹Branche› der sozialen Berufe zumindest zahlenmäßig nachhaltige Veränderungen hinter sich hat. Von hier aus stellt sich die Frage, wie sich diese Entwicklung qualitativ auf den Arbeitsmarkt für soziale Berufe ausgewirkt hat und was sie für die Gruppe der Sozialpädagogen im engeren Sinn bedeutet.

3.4.5.2 Jugendhilfe als Arbeitsmarkt

Jugendhilfe, so wurde oben formuliert, ist ein Teilbereich der sozialen Berufe (der übrigens rund zwei Drittel des diesbezüglichen Personals umfaßt), welcher sich im wesentlichen auf die Felder und Aufgaben bezieht, die sich als sozialpädagogische Arbeit mit Kindern und Jugendlichen zusammenfassen lassen. Mit Blick auf das Kinder- und Jugendhilfegesetz könnte man verkürzt auch formulieren, daß zur Jugendhilfe alles das gehört, was sich an Leistungen und Diensten auf der Basis dieses Gesetzes ergibt. Insgesamt sind das vor allem vier große Bereiche: (1) die verschiedenen Formen der *Kindertageseinrichtungen*, z. B. Krippe, Kindergarten und Hort, (2) das inzwischen weit verzweigte Feld der ehemaligen *Heimerziehung*, das immer häufiger auch mit dem Begriff der Erziehungshilfen umschrieben wird, (3) das gesamte Feld der *Jugendarbeit* (von der offenen bis zur verbandlichen Jugendarbeit), schließlich (4) die gesetzlich vorgeschriebenen *Jugendämter* auf kommunaler Ebene. Auch wenn zu diesen vier Bereichen weitere Arbeitsfelder hinzukommen (z. B. sonderpädagogische Einrichtungen, Beratungsstellen, Familienbildungsstätten), kann man festhalten, daß immerhin fast 85 Prozent der über 300 000 tätigen Personen in der Jugendhilfe diesen vier zentralen Gebieten zugerechnet werden können. An der Entwicklung der Jugendhilfe lassen sich unterdessen einige qualitativ relevante Veränderungen der gesamten sozialen Berufe ablesen, von denen hier die wichtigsten benannt werden sollen.

1. Lange Zeit wurde die Jugendhilfe als ein Arbeitsfeld betrachtet, in dem man ohne anspruchsvolle Qualifikation berufstätig werden konnte. Infolgedessen war der Anteil von beschäftigten Personen ohne Ausbildung entsprechend hoch. Dieser Zustand hat sich in den letzten Jahren erkennbar verbessert: Ende 1990 waren nur noch rund zehn Prozent der tätigen Personen in der Jugendhilfe ohne Ausbildung, während dies 1974 immerhin noch ca. 19 Prozent waren. Statt dessen hat sich in dieser Zeit besonders die Gruppe der «sozialpädagogischen Fachkräfte», also vor allem Erzieher, Sozialpädagogen / Sozialarbeiter, Diplom-Pädagogen etc., ausgeweitet. Der Anteil dieser Fachkräfte hat sich von 46 im Jahre 1974 auf immerhin 62 Prozent im Jahre 1990 erhöht. Beide Tendenzen zusammengenommen belegen einen nachhaltigen Wandel zu mehr Qualifikation und Fachlichkeit in den Arbeitsfeldern der Jugendhilfe.

2. Aufschlußreich ist unterdessen die Frage, wie sich – etwa im Vergleich zur Schule – die Entwicklung des Akademikeranteils in der Jugendhilfe gestaltet. Darauf gibt es eine eindeutige Antwort: bislang noch nicht sehr hoch, aber steigend. Verfügten 1974 rund zwölf Prozent über einen Hochschulabschluß, so waren dies 1990 etwa 16 Prozent. Auch wenn dies bei weitem keine Größenordnungen wie in der Schule sind, muß man berücksichtigen, daß die Anteile in den meisten Feldern höher liegen, jedoch durch den geringen Akademikeranteil in den Kindertageseinrichtungen im Schnitt nach unten gedrückt werden (ohne diesen Bereich liegt der Schnitt in den übrigen Feldern der Jugendhilfe bei immerhin rund 30 Prozent).

3. Untersucht man schließlich die Entwicklung für die eingegrenzte Gruppe der hochschulausgebildeten Sozialpädagogen und Sozialarbeiter, so zeigt sich auch hier ein erstaunlich stabiler Befund: Innerhalb der Gruppe der Akademiker hat sie ihren Anteil von 62 Prozent im Jahre 1974 auf 74 Prozent bis Ende 1990 erhöht, und von den sozialpädagogischen Fachkräften verfügen heutzutage immerhin fast 20 Prozent über einen Abschluß einer Fachhochschule oder Universität, während das 1974 noch 16 Prozent waren. Alles in allem weisen also die Hochschul-

ausgebildeten die höchsten Zuwachsraten in der Jugendhilfe auf. Nach vielen Jahrzehnten ohne sozialpädagogische Hochschulausbildungen haben offenbar die letzten 20 Jahre eine neue Epoche des Personalgefüges in der Jugendhilfe eingeläutet, in der hochschulausgebildete Sozialpädagogen nicht mehr wegzudenken sind.

4. Die Jugendhilfe war, ist und scheint offensichtlich auch in naher Zukunft vor allem ein Beschäftigungssegment für *Frauen* zu bleiben. Obgleich in den 70er und frühen 80er Jahren die Anteile der männlichen Erwerbstätigen geringfügig angestiegen sind, belegen die jüngsten Daten mit einem Frauenanteil von 83 Prozent, daß diese Entwicklung allem Anschein nach nur ein vorübergehender Trend war. Zumindest kündigen sich die wieder zunehmenden Anteile weiblicher Fachkräfte in der Sozialpädagogik auch in den steigenden Anteilen von Frauen in den sozialpädagogischen Hochschulausbildungen an. So ist etwa das Studium der Sozialpädagogik / Sozialarbeit an den Fachhochschulen seit Jahren das am meisten nachgefragte Fach bei Frauen, was nichts anderes heißt, als daß Sozialpädagogik für die deutlich gewachsene Zahl von jungen Frauen mit Abitur oder vergleichbaren Bildungsabschlüssen eine wichtige und attraktive Gelegenheit der eigenen wissenschaftlichen Qualifikation und der Berufsperspektive mit einem Hochschulabschluß ist. Pointiert könnte man dementsprechend formulieren: «Der Sozialpädagoge ist eine Frau.»

5. Als letztes wichtiges Merkmal bei der Beschreibung der Jugendhilfe als Arbeitsmarkt muß die sog. *Trägerstruktur* erwähnt werden. Während in der Bundesrepublik Deutschland das Schulwesen fast durchgängig in staatlich-öffentlicher Regie organisiert wird, haben in der Jugendhilfe die «freien Träger», wie sich die gemeinnützigen Anbieter sozialer Dienste gern nennen, allen voran die Wohlfahrtsverbände, Kirchen und Jugendverbände, eindeutig die ‹Mehrheitsanteile›: Sie beschäftigen zusammen knapp zwei Drittel aller Personen in der Jugendhilfe; und immerhin rund 45 Prozent aller Beschäftigten der Jugendhilfe sind in Deutschland allein bei den beiden großen Kirchen sowie in den Mitgliedseinrichtungen des Deutschen Caritasverbands oder des Diakonischen Werks erwerbstätig. Nicht der Staat ist in diesem Feld also Arbeitgeber Nr. 1, sondern die freien Träger. Und das heißt in seiner Konsequenz, daß Einstellungspraxis, Bezahlung, Arbeitsbedingungen und Berufsperspektiven angesichts der pluralen Trägerstruktur wesentlich uneinheitlicher und unübersichtlicher und somit auch weniger vorhersehbar sind als etwa bei Lehrern.

3.4.5.3 Diplomierte Sozialpädagogen im Beruf

«Gäbe es eine Hitliste der Berufe, die *Sozialpädagogen* zählten zu der Spitzengruppe: Jahr für Jahr wächst die Zahl der Beschäftigten um etliche tausend» (Bundesanstalt für Arbeit 1990, S. 2). Mit diesen Worten beginnt eine Präsentation des sozialpädagogischen Berufsfeldes durch die Bundesanstalt für Arbeit im Jahre 1990. Und dies nicht ohne Grund. So hat sich allein die Zahl der Erwerbstätigen zwischen 1970 und 1992 im «sozialpädagogischen Berufsfeld», wie die Arbeitsmarktforscher die beiden zusammengefaßten Berufskennziffern ‹861› und ‹862› als einen Teilausschnitt der sozialen Berufe nennen, vervierfacht (von rund 70 000 auf rund 300 000). Wenn man darüber hinaus in Rechnung stellt, daß in den letzten 20 Jahren rund 160 000 Sozialpädagogen und Sozialarbeiter an Fachhochschulen und Universitäten ausgebildet worden sind, dann wird deutlich, daß sich binnen kürzester Zeit ein Qualifikationsprofil entwickelt hat mit der Folge, daß heutzutage besonders bei den (studierwilligen) Frauen das Studium der Sozialpädagogik und Sozialarbeit an einer Fachhochschule ganz vorn steht.

Im Zuge dieses nachhaltigen Anstiegs der Erwerbstätigen in den sozialpflegerischen Berufen seit Beginn der 70er Jahre hat sich erwartungsgemäß auch die Zahl der Sozialpädagogen und Sozialarbeiter im engeren Sinn, also die an Fachhochschulen ausgebildeten Personen, auf dem Arbeitsmarkt deutlich erhöht: in der Jugendhilfe zwischen 1974 und 1990 von knapp 17 000 auf über 35 000, im gesamten Feld der sozialen Berufe zwischen 1978 und 1991 von etwas mehr als 20 000 auf über 60 000 Erwerbstätige. Dieser nach wie vor expandierenden Zahl von Beschäftigten standen, nach einer zunächst dramatischen Zunahme bis zum Jahre 1988 auf über 10 500 Personen, im Herbst 1992 noch rund 6300 arbeitslos Gemeldete in den sozialen Berufen mit einem Fachhochschulabschluß gegenüber.

Wichtigster Arbeitgeber ist – im Unterschied zu den anderen sozialen Berufsgruppen und zum Gesamtfeld der Jugendhilfe – für die Fachhochschulabsolventen der öffentliche Dienst. Dementsprechend ist im Bereich der Jugendhilfe auch der größte Anteil der FH-Ausgebildeten in den Jugendämtern erwerbstätig, gefolgt von der Heimerziehung, der Jugendarbeit und der öffentlichen Kleinkinderziehung. Außerhalb der Jugendhilfe sind Sozialarbeiter und Sozialpädagogen im Gesundheitswesen, in der Behindertenhilfe, in der Suchtkrankenhilfe, in sozialen Brennpunkten und in der Altenhilfe tätig.

Bei inzwischen insgesamt über 40 000 ausgebildeten Diplom-Pädagogen hatten diese in den 80er Jahren, analog zu den Berufseinmündungsschwierigkeiten benachbarter Studiengänge, ebenfalls mit Arbeitsmarktproblemen zu kämpfen (vgl. Bahnmüller u. a. 1988). Diese Probleme haben sich in den letzten Jahren jedoch merklich verringert: Während 1988 noch über 4500 Diplom-Pädagogen arbeitslos gemeldet waren, waren dies Ende 1992 mit unter 3000 ein Drittel weniger. Diplom-Pädagogen sind in der Jugendhilfe und Sozialen Arbeit zur wichtigsten universitären Berufsgruppe geworden (1990 waren in der Jugendhilfe über 4500 erwerbstätig). Überwiegend bei freien Trägern angestellt, verteilen sie sich relativ breit auf nahezu alle Felder der Sozialen Arbeit. Im Unterschied zu allen anderen Ausbildungen für soziale Berufe ist jedoch ein Großteil der Diplom-Pädagogen außerhalb der Sozialen Arbeit erwerbstätig, etwa in der Bildungsarbeit, im Kulturbereich, in Lehre und Forschung, bisweilen auch in Schulungszentren mittlerer und größerer Industrieunternehmen.

Bezahlt werden die Erwerbstätigen in den sozialen Berufen im Schnitt eindeutig schlechter als entsprechende Berufsgruppen mit vergleichbarer Ausbildung (also etwa ein FH-Ingenieur oder eine ausgebildete Grundschullehrerin); diese Disparität haben Studien immer wieder belegt (vgl. zuletzt Teichler/Buttgereit 1992). Dies ist vermutlich mit ein Grund, daß der Anteil männlicher Personen in den letzten Jahren in Ausbildung und Beruf zurückgegangen ist. Dennoch bleibt innerhalb der Ausbildungshierarchie – bei jeweils großen Schnittmengen an den Übergängen – eine gewisse Abstufung in der durchschnittlichen Bezahlung sichtbar: So werden Erzieher besser besoldet als Kinderpfleger, Sozialarbeiter und Sozialpädagogen der Fachhochschulen wiederum besser als Erzieher – und Diplom-Pädagogen schließlich besser als Fachhochschulabsolventen.

3.4.5.4 Zur Bedeutung der Sozialpädagogen in der Gesellschaft

Auch wenn die inzwischen weithin anzutreffenden Sozialpädagogen bisweilen Zielscheibe spöttischer Bemerkungen sind, hat ihre Zahl doch beständig zugenommen, ohne daß bislang ein Stillstand festzustellen wäre. So könnte man formulieren: «Sozialpädagogen werden zwar nicht geliebt, aber gebraucht.» Sie haben sich offenbar zu einem so wichtigen Bestandteil in der Grundversorgung dieser Gesellschaft für den komplizierter und vielfältiger gewordenen Prozeß des Auf- und Heranwachsens sowie der sozialen Bewältigung des Lebens entwickelt, daß sie aus dem öffentlichen Leben nicht mehr wegzudenken sind.

Allerdings: Noch immer schwingt in diesen Formen des Helfens (vgl. auch 2.5) die so eindrucksvolle Dramaturgie des neutestamentlichen Gleichnisses, wie es im Lukas-Evangelium nachzulesen ist, vom barmherzigen Samariter mit, der einem anderen, in Not geratenen Menschen auf offener Straße, spontan und uneigennützig hilft (vgl. auch RAUSCHENBACH 1986). So einprägsam diese Geschichte auch sein mag, so wenig kann sie ein geeignetes Vorbild für den heutigen beruflichen Helfer sein. Sie kann es nicht mehr sein, weil der Helfer dem Geschlagenen und Verwundeten Barmherzigkeit nur erweisen kann, weil er (1) zufällig am Tatort vorbeikommt, (2) etwas besitzt, was er teilen und geben kann, und (3) dieser Notfall ihm nur einmal und nicht zweimal, dreimal oder gar auf jeder Reise begegnet (vgl. auch MÜLLER 1988).

Mit festen und vorgegebenen Arbeitszeiten und mit einem genau abgestimmten Personalplan, mit von anderen definierten Aufgaben, als ein fachliches Engagement in dieser organisatorisch-inszenierten Form ist Soziale Arbeit längst zu einem gewöhnlichen Bestandteil von mehr oder weniger großen und vielschichtigen Institutionen geworden. Um dies noch einmal am Bild des barmherzigen Samariters zu verdeutlichen: Obwohl der Samariter nicht als der Prototyp dessen gelten kann, was Soziale Arbeit heutzutage kennzeichnet, könnte diese Allegorie im Kontext moderner Sozialarbeit relevant sein. Sie endet nämlich nicht damit, daß der Mann aus Samarian aus Mitleid dem Verwundeten mit Wein und Öl Erste Hilfe leistet und ihn dann auf sein Lasttier lädt, sondern damit, daß er ihn in eine Herberge bringt und dort für ihn sorgt, indem er dem Wirt zwei Silberstücke gibt und sagt: «Pflege ihn! Wenn du noch mehr brauchst, will ich es dir bezahlen, wenn ich zurückkomme.»

Erst hier endet dieses Beispiel eines frühen sozialen Engagements und eröffnet eine Sichtweise, die es vielleicht doch als eine ‹Urszene› heutiger Sozialer Arbeit brauchbar macht. Und zwar in dem Sinn, daß weniger im barmherzigen Samariter als in der Person des Wirtes typische Merkmale des modernen Sozialarbeiters enthalten sind. Denn er, der Wirt, wird vom Samariter beauftragt, den Hilfebedürftigen zu beherbergen, zu versorgen und wieder gesund zu pflegen. Und er hat es sich zur Aufgabe gemacht, den vorübergehend bei ihm verweilenden oder in Not geratenen Menschen zu helfen und zu betreuen. Wurde der barmherzige Samariter, der Helfer aus Mitleid, zum Sinnbild christlicher Nächstenliebe, so müßte dieser Wirt und Herbergsvater – freilich etwas weniger spektakulär, dafür aber zutreffender – zum Symbol für das typische gesellschaftliche und soziale Engagement in modernen, komplexen und über Märkte geregelten Industriegesellschaften werden. D. h.: Nur in der Form des institutionell eingebundenen Engagements können wir heute noch angemessen von sozialer Arbeit und sozialer Hilfe sprechen.

Schon in diesem Perspektivenwechsel deutet sich ein verändertes, gewissermaßen ernüchtertes Selbstverständnis der heutigen Sozialen Arbeit in ihrer Bedeutung für die Gesellschaft an. Und wie schon einleitend angedeutet, setzt die Kritik an der Expansion der helfenden Berufe noch grundsätzlicher an. So wurde nicht zuletzt im Horizont einer breit geführten Debatte um das Ende der Expertenherrschaft auch die ambivalente Rolle der Sozialen Arbeit thematisiert (vgl. etwa OLK 1986). Soziale Arbeit und berufliche Formen der Hilfe und der Erziehung ‹entmündigen› und entlasten die vorhandenen Kräfte und Ressourcen der Selbsthilfe, so daß, so der Einwand, durch eine ungehemmte Expansion der beruflichen Helfer und Helferinnen eine ‹Abhängigkeit› von Expertensystemen entsteht, die sich keineswegs nur positiv auf die Betroffenen und zum ‹Segen der Gesellschaft› auswirkt. Dieser Vorwurf wird durch mindestens zwei weitere Einwände verstärkt:

– Zum einen muß auch die Sozialpädagogik ihre Anteile an einer ‹schwarzen Pädagogik› im Bewußtsein halten, also die disziplinierenden, kontrollierenden und marginalisierenden Anteile ihrer Arbeit und ihrer Institutionen. Sie muß in dieser Hinsicht mit dem Widerspruch leben, daß sie dort, wo sie im Einzelfall Hilfe leisten will, immer auch ‹befriedet›, reale Probleme ‹verschleiert› oder zumindest beschönigt und keineswegs nur zum Wohl der Betroffenen handelt. Soziale Arbeit als ‹Kolonialisierung› der Lebenswelten und als ordnungspolitischer Eingriff in die Privatsphäre von vielfach ohnehin unterprivilegierten sozialen Gruppen. Soziale Arbeit als eine Form der sozialen Intervention, die vielfach nicht mehr sicherstellen kann, daß am Ende nicht doch die nicht-intendierten Folgen sozialpädagogischen Handelns gegenüber den gutgemeinten Absichten die Oberhand gewinnen.

– Zum anderen sind berufliches Helfen und sozialpädagogisches Handeln keineswegs immer von Erfolg gekrönt. So müssen sich die Angehörigen psycho-sozialer Berufe nicht nur mit der Frage nach den individuellen Motiven ihres beruflichen ‹Helfersyndroms› auseinandersetzen («Warum will ich überhaupt einen ‹helfenden Beruf› ergreifen?»), sondern auch mit der Vermutung, letzten Endes vielfach ‹hilflose Helfer› zu sein, also den ‹Erfolg› der eigenen Arbeit weder technologisch planen zu können noch am Ende immer sicher zu sein, ob die Arbeit wirklich den Betroffenen und den zu erledigenden Aufgaben gerecht geworden ist.

Um mit dieser, in vielen Bereichen der Sozialen Arbeit tagtäglich im Raum stehenden Frage nicht allein gelassen zu sein und an ihr zu scheitern, wird in immer mehr Bereichen der Sozialen Arbeit *Supervision* angeboten als eine Form der unterstützenden Selbstbeobachtung und Selbstreflexion, die die eigenen Grenzen und Möglichkeiten helfenden Handelns im Blick behält. Aber auch sie kann vielfach nicht davor schützen, daß Soziale Arbeit in vielen Fällen so aufreibend und ‹frustrierend› ist – gemessen an ihren Möglichkeiten, ihrem Image und ihrer Bezahlung –, daß das ‹Ausgebranntsein› in manchen Feldern der Sozialen Arbeit und der beruflichen Erziehung ebenso zu einem Thema wird wie das ‹Älterwerden›. So bleiben auch in dieser Hinsicht die Grenzen des Machbaren in der Sozialpädagogik und Sozialarbeit sehr präsent.

3.4.6 Perspektiven

Wie sieht unterdessen, trotz aller Einwände und Selbstzweifel, die Zukunft der Sozialpädagogen aus? Wie entwickelt sich ihr Berufsbild, ihr Image, ihre Lage auf dem Arbeitsmarkt, wie verändern sich die inhaltlichen Aufgaben von Sozialpädagogen? Hierzu drei Anmerkungen.

1. Zunächst zum *Arbeitsmarkt*. Prognosen über die Zukunft eines Arbeitsmarkts sind prinzipiell schwierig und unterliegen immer der Irrtumswahrscheinlichkeit. Diese Ungewißheit erhöht sich für den Teilarbeitsmarkt der sozialen und sozialpädagogischen Berufe insoweit, als dieser in hohem Maße von staatlich-politischen Vorgaben und Entscheidungen abhängig ist. Dennoch sprechen die Rahmenbedingungen sowie die letzten 20 Jahre dafür, daß sich der Arbeitsmarkt für Sozialpädagogen eher stabilisieren wird. Das heißt zwar nicht unbedingt, daß in diesem Bereich in naher Zukunft keine Arbeitslosigkeit droht – diese ist letztlich auch von der nicht vorhersehbaren Zahl der jeweils neu Ausgebildeten abhängig. Aller Wahrscheinlichkeit nach wird aber die Zahl der Beschäftigten, genauer: der sozialpädagogischen Fachkräfte eher noch zu- als abnehmen. Die Ausweitung der öffentlichen Kindertageseinrichtungen, die Zunahme der sozialen Dienste im Bereich der Altenhilfe sowie die sich tendenziell noch weiter ausdifferenzierenden Angebote an sozialen Hilfen und Diensten werden zu einer weiteren Personalnachfrage führen. Inwieweit hierfür eine ausreichende Zahl an qualifizierten Fachkräften zur Verfügung steht und inwieweit Gesetze, Verordnungen und Tarifvereinbarungen sicherstellen, daß das benötigte Personal auch entsprechend ausgebildet ist, wird sich in den nächsten Jahren entscheiden (vgl. RAUSCHENBACH 1993).

2. Zum *Bedarf*. «Bedarf ist, was man bezahlen kann.» Mit diesen Worten eines ehemaligen Finanzministers wird die Maxime einer Politik formuliert, die einen offenkundigen gesellschaftlichen Bedarf auf das politische Maß einer Finanzierungsbereitschaft zurückstutzt. «Bedarf ist, was man bezahlen will», wäre wohl die zutreffendere Devise, die sich derzeit an der Auseinandersetzung um die Finanzierbarkeit von Kindergartenplätzen für die Drei- bis Sechsjährigen beobachten läßt. Hierbei ist

allein unstrittig, daß der Bedarf an einer entsprechenden Zahl von Plätzen größer als das derzeitige Angebot ist. Verallgemeinert man diesen Befund auf andere Bereiche der Sozialen Arbeit, so dürfte es derzeit kaum Zweifel an einem noch nicht voll realisierten Bedarf an sozialpädagogischen Fachkräften geben. So war der Ruf nach Sozialarbeitern in den letzten Jahren bei neu aufkommenden Problemen zumindest immer häufiger zu vernehmen, etwa bei Themen wie Drogen, Gewalt, Asylbewerber, Rechtsradikalismus, sexueller Mißbrauch, Schuldnerberatung etc.

3. Nimmt man den Verlauf der letzten 20 bis 30 Jahre zum Maßstab für die künftige Entwicklung, so spricht vieles dafür, daß sich der Berufszweig der sozialen und sozialpädagogischen Berufe weiter stabilisieren und normalisieren wird. In einer Gesellschaft, in der die naturwüchsigen, privaten und informellen Ressourcen des tagtäglichen sozialen Bedarfsausgleiches eher ab- als zunehmen, in der die Haushaltsgröße von Familien bereits an der unteren Grenze angelangt ist, in der die in Stadtteilen, Vereinen und Milieus gewachsenen Beziehungen eher schwinden, wird den Formen öffentlich und beruflich organisierter pädagogischer und sozialer Dienste eine wachsende Bedeutung zukommen. Sozialpädagogische Berufsgruppen werden insofern zum ebenso selbstverständlichen Inventar einer modernen Gesellschaft gehören wie Lehrer, Ärzte oder Anwälte. Und es spricht auch nichts dafür, daß die Gesellschaft mit ihren selbst produzierten sozialen Problemen und sozialen Fragen künftig besser zurechtkommen wird. Sozialpädagogik ist, so gesehen, ein vorerst ‹krisensicherer› Beruf und ein zugleich ambivalentes ‹Kind der Moderne›.

Literatur

Bahnmüler, R. u. a.: Diplom-Pädagogen auf dem Arbeitsmarkt. Ausbildung, Beschäftigung und Arbeitslosigkeit eines Berufes im Wandel. Weinheim/München 1988.

Bundesanstalt für Arbeit: Sozialpädagogen – Integrationsprobleme am Arbeitsmarkt. Nürnberg 1990 (= Materialien aus der Arbeitsmarkt- und Berufsforschung, [MatAB], H. 3).

Gängler, H.: Akademisierung auf Raten? Zur Entwicklung wissenschaftlicher Ausbildung zwischen Sozialpädagogik und Erziehungswissenschaft. In: Krüger, H.-H./ Rauschenbach, Th. (Hrsg.): Erziehungswissenschaft. Die Disziplin am Beginn einer neuen Epoche. Weinheim/München 1994, S. 253–274.

Knobel, R.: Der lange Weg zur akademischen Ausbildung in der sozialen Arbeit. Stationen von 1868–1971. Frankfurt/M. 1992.

Müller, C. W.: Wie Helfen zum Beruf wurde. Eine Methodengeschichte der Sozialarbeit. 2 Bde. Weinheim/Basel ²1988.

MÜLLER, S. / RAUSCHENBACH, TH.: Das soziale Ehrenamt. Nützliche Arbeit zum Nulltarif. Weinheim / München ² 1992.

OLK, TH.: Abschied vom Experten. Weinheim / München 1986.

RAUSCHENBACH, TH.: Die verfehlte Wirklichkeit. Soziale Berufe im Zerrspiegel der Statistik. In: Neue Praxis 16 (1986), H. 1, S. 57–75.

RAUSCHENBACH, TH.: Sind nur Lehrer Pädagogen? Disziplinäre Selbstvergewisserungen im Horizont des Wandels von Sozial- und Erziehungsberufen. In: Zeitschrift für Pädagogik 38 (1992), H. 3, S. 385–417.

RAUSCHENBACH, TH.: Sind die sozialen Berufe auf dem Weg zur Deprofessionalisierung? KJHG, Tarife und neue Bedarfslagen im Spiegel sozialpädagogischer Fachlichkeit. In: Nachrichtendienst des Deutschen Vereins für öffentliche und private Fürsorge 73 (1993), H. 3, S. 99–106.

SACHSSE, CH.: Mütterlichkeit als Beruf. Sozialarbeit, Sozialreform und Frauenbewegung 1871–1929. Frankfurt / M. 1986.

SALOMON, A.: Die Ausbildung zum sozialen Beruf. Berlin 1927.

TEICHLER, U. / BUTTGEREIT, M.: Hochschulabsolventen im Beruf. Ergebnisse der dritten Befragung bei Absolventen der Kasseler Verlaufsstudie. Bonn 1992.

THIERSCH, H.: Das sozialpädagogische Jahrhundert. In: Rauschenbach, Th. / Gängler, H. (Hrsg.): Soziale Arbeit und Erziehung in der Risikogesellschaft. Neuwied [u. a.] 1992, S. 61–80.

Wiltrud Gieseke

3.5 Der Erwachsenenpädagoge

3.5.1 Wer ist Erwachsenenpädagoge?

Für den in der Erwachsenenbildung/Weiterbildung pädagogisch arbeitenden Personenkreis gibt es in der Praxis und auch in der wissenschaftlichen Literatur eine Vielzahl von unterschiedlichen Bezeichnungen: *Erwachsenenbildner* ist der gegenwärtig in der wissenschaftlichen Literatur gebräuchlichste Begriff. Deutliche Unterschiede gibt es im Sprachgebrauch der verschiedenen Weiterbildungsträger: Im betrieblichen Bereich spricht man vom Bildungsmanager, Trainer, auch Dozent; im Volkshochschulbereich vom hauptberuflichen pädagogischen Mitarbeiter (HPM) und vom Kursleiter, vom Studienleiter sowie vom Fachbereichsleiter; bei den konfessionellen Trägern von Dozenten oder von HPM; im Gewerkschaftsbereich nennt man Erwachsenenpädagogen Referenten oder Teamer etc. Damit sind nur die gebräuchlichsten Bezeichnungen wiedergegeben, die Liste ist nicht vollständig. Einen wichtigen Unterschied zwischen den Erwachsenenpädagogen gibt auch diese Bezeichnungsvielfalt noch nicht wieder: Der relativ kleinen Gruppe der hauptberuflich tätigen Erwachsenenbildner steht die größere Zahl der nebenberuflich oder inzwischen auch freiberuflich Tätigen gegenüber.

Der Bildungspolitik in der Bundesrepublik Deutschland besonders in den 70er Jahren hat die Erwachsenenbildung/Weiterbildung ihren professionellen Entwicklungsschub zu verdanken, da aufgrund von Ge-

setzesänderungen in den Bundesländern eine Anstellung hauptberuf-
licher pädagogischer Mitarbeiter möglich wurde. Der Ausbau der betrieblichen Weiterbildung in den 80er Jahren hat noch nicht zu einer vergleichbaren Entwicklung geführt, hier hat sich die Hauptberuflichkeit bislang
nur vereinzelt durchgesetzt; eine andere Form von freifinanzierter
Hauptberuflichkeit mit Unterstützung aus dem Arbeitsförderungsgesetz
(AFG) wird bei freien Bildungsträgern erprobt (vgl. DINTER/BECHER
1991). Angebote für Arbeitslose sind hier die Ausgangsbasis. Allgemein
wird jedoch über verbindliche Qualitätsstandards diskutiert.

Das pädagogische Feld der Erwachsenenbildung/Weiterbildung ist
nicht ohne weiteres mit anderen pädagogischen Feldern vergleichbar. Die
Weiterbildung gehört nicht zu den staatlich organisierten Bildungsbereichen. Sie wird von den verschiedensten Verbänden und Trägern angeboten. Die wichtigsten Träger sind die Betriebe, die Kommunen, die
Kirchen, die Gewerkschaften und die freien Verbände. Weiterbildung ist
– anders als das Schulwesen – nicht ein geschlossenes System mit eigenen
Regeln und Anforderungen. Für Erwachsenenbildner gibt es, im Unterschied z. B. zu den Sozialpädagogen, keine staatlich vorgegebenen Quali-
fikationsstandards. Nach Auffassung des jeweiligen einstellenden Trägers
qualifiziert ein Magister- oder Diplomstudium der Erziehungswissenschaft mit dem Schwerpunkt Erwachsenenbildung noch keineswegs für
eine erwachsenenbildnerische Tätigkeit. Der Erwachsenenpädagoge weist
sich in der Regel nicht, wie der Lehrer und Sozialpädagoge, durch eine
staatlich geregelte und vorgeschriebene fachliche und pädagogische Qualifikation aus; seine spezielle Eignung für die Übernahme einer Tätigkeit
muß er entweder intuitiv angeeignet oder durch Erfahrung erworben
haben. So drängen denn auch seit den 80er Jahren arbeitslose Akademiker
aus anderen Disziplinen in den expandierenden Weiterbildungsmarkt, der
nach fachlich qualifizierten Lehrkräften sucht. Jeder kann so allein durch
einen Arbeitsvertrag zum Erwachsenenbildner werden und sich selbst
entsprechend definieren. Die in der Erwachsenenbildung/Weiterbildung
Tätigen verorten sich in der Mehrzahl selber eher als Fachvertreter denn
als Erwachsenenpädagogen.

Vor diesem Hintergrund eines nicht einheitlichen und selbstverständlichen Verberuflichungsstandards (Professionalisierungsstandards) bei
den Verbänden ist es nicht verwunderlich, daß es auch unter Erwachsenenpädagogen unterschiedliche Meinungen darüber gibt, ob ein anderen pädagogischen Berufen vergleichbarer Professionalisierungsprozeß
anzustreben ist. So argumentiert J. KADE (vgl. 1992) aus der Vorstellung
heraus, daß die Bildungsgesellschaft eine Vielzahl von Weiterbildungs-
optionen offenläßt und setzt so indirekt die Diskussion über eine entpro-

fessionalisierte Weiterbildung fort. Gab es in den 70er Jahren noch die Tendenz, die Weiterbildung zu professionalisieren – was damals hieß, durch gesetzliche Regelungen eine Hauptberuflichkeit zu erreichen und für eine entsprechende Qualifizierung zu sorgen –, so ist seit den 80er Jahren hier ein Stillstand zu verzeichnen. Gleichzeitig bieten aber immer mehr Institutionen Erwachsenenbildung / Weiterbildung auf dem freien Markt an und schaffen einen anderen Typus von Hauptberuflichkeit. Der in den 70er Jahren erreichte Standard, daß eine kleinere Gruppe von Erwachsenenpädagogen hauptberuflich als Planer arbeitet und eine größere Gruppe der in der Weiterbildung Tätigen diese Planungen nebenberuflich umsetzt, ist nicht überschritten. Die Expansion besonders der beruflichen Weiterbildung seit Beginn der 80er Jahre hat trotz hoher finanzieller Investitionen in diesem Bereich die Professionalisierung nicht entscheidend vorangebracht.

Die Institutionenvielfalt macht den Weiterbildungsmarkt breit und unübersichtlich. FRIEBEL (1993) spricht von einem «gespaltenen Weiterbildungsmarkt». Es lassen sich aber keine staatlich kontrollierten und geregelten Strukturen erkennen, die den interessierten Teilnehmern erwachsenenpädagogische Standards garantieren. Weiterbildung hat sich ökonomisiert, ist eine Ware geworden. Die gesellschaftliche Entwicklung der 80er Jahre und die teilweise hohen Summen, die die Privatwirtschaft und die Bundesanstalt für Arbeit besonders in die berufliche Weiterbildung investieren, schaffen punktuelle Angebote für begrenzten Bedarf. Sie haben allenfalls das Inhaltsprofil, nicht aber die Vermittlungsqualität im Auge. Dieses muß verwundern, da organisierte Weiterbildung, gleich welcher Träger sie veranstaltet, immer weniger lerngewohnte Gruppen anspricht, die über ausreichende Aneignungstechniken verfügen.

Die moderne Gesellschaft verlangt gerade von der Masse der Bevölkerung die Teilnahme an Weiterbildung. Kulturelle Veränderungen, Traditionsverlust, rasche technologische Entwicklungen und die Umstrukturierung in den neuen Bundesländern verdeutlichen dies unabweisbar. Der Erwachsenenpädagoge muß sich vor diesem Hintergrund zunehmend außer mit einer didaktischen Kultur demokratischer Beteiligung (Partizipation) auch mit den besonderen Aneignungsformen, -problemen und -widerständen Erwachsener beschäftigen. Alle Teilnehmer bringen bereits eine Lerngeschichte mit, und in den häufigsten Fällen ist sie negativ. Fragen der Vermittlung als spezifische Aufgabe sind aber noch ein Tabuthema, als würde damit der Erwachsenenstatus, die persönliche Integrität des Erwachsenen gefährdet. Das, was Schulenberg in den 60er Jahren für das Lernen von Erwachsenen generell feststellte, scheint immer noch für den Lernprozeß, wenn auch nicht mehr für die Teilnahme an Weiterbildung zuzutreffen: Die Teilnahme an Weiterbildung war damals keine Selbstverständlichkeit, so wie es auch heute noch nicht mit der Erwachsenenrolle vereinbar ist, Schwierigkeiten mit dem Lernen zu haben. Der Erwachsenenpädagoge als Lernhelfer und -berater erscheint vielen als Gefahr für die Autonomie des handelnden Erwachsenen. Verberuflichung und professionelle Anforderungen werden als Verschulung kritisiert oder abgelehnt. In Untersuchungen wird der selbstregulierende Charakter bei der Themenwahl in einer reichhaltigen Angebotslandschaft positiv hervorgehoben (vgl. J. KADE 1989).

Ein Rückblick soll zeigen, daß das Stagnieren der Professionsentwicklung historische Gründe hat, die zum Teil unbewußt bis in die Gegenwart weiterwirken. Zum anderen soll gezeigt werden, wie wenig zufällig die bisher realisierten Verberuflichungsformen sind.

3.5.2 Vom Volksbildner zum Erwachsenenbildner

3.5.2.1 Erwachsenenbildung als Antwort auf gesellschaftliche Veränderungen und als soziale Bewegung

Eine Geschichte der Institutionalisierung der Erwachsenenbildung ist noch nicht geschrieben, ebenso liegt keine Geschichte der Erwachsenenbildung als soziale Bewegung vor. Aus gesellschaftlichen Bedingungen und Entwicklungen speisen sich aber die Anforderungen an Professionalität in der Erwachsenenbildung. Johannes Weinberg hat eine Skizze für eine solche Institutionalisierungsgeschichte vorgelegt und dabei vier Phasen unterschieden:
a) Anfang der Volksbildung
b) nach 1850 bis 1918
c) von 1919 bis 1970
d) seit dem Strukturplan des Deutschen Bildungsrates
   (vgl. WEINBERG 1985, S. 93 ff).

Diese Phaseneinteilung orientiert sich an gesellschaftspolitischen Umbrüchen, die politische und ökonomische Veränderungen nach sich zogen. So führten zu Beginn des 19. Jahrhunderts die große Zahl von Handwerksgesellen und die Anfänge industrieller Produktion zu ersten Formen organisierten Lernens (WEINBERG 1985, S. 93 f). Um die allgemeine Bildung zu verbessern, wurden Lesekabinette und Lesevereine gegründet, es fanden sich Tischgesellschaften zusammen, in denen auch politische Bildung eine Rolle spielte. Insgesamt handelte es sich um eine Zeit, die mit den Folgen von Bauernbefreiung und Gewerbefreiheit kon-

frontiert war. Die Verelendung bewirkte eine starke Migration; privat-
unternehmerisches Handeln setzte sich durch. Nach 1848/49 verloren
die ersten Vereinigungen der Volksbildung, in denen mit Bildungsangeboten auf veränderte Bedingungen der Erwerbsarbeit und der neuen politischen Organisationsformen reagiert wurde, an Bedeutung. Nach 1850
setzte ein umfassender Industrialisierungsprozeß ein, die naturwissen-
schaftliche Forschung gab entscheidende Impulse. Die ökonomische und
industrielle Entwicklung wurde vom Bürgertum vorangetrieben, im politischen Bereich konnte es sich jedoch nicht emanzipieren. Die staatliche
Bürokratie unterstützte die wirtschaftlichen Reformen, aber politische
Vereinigungen waren verboten, die politische Macht blieb beim Adel.
Diese Entwicklung hat DAHRENDORF (vgl. 1965) als Etablierung eines
feudalen Industriestaates in Deutschland bezeichnet, mit der Folge einer
verpaßten oder verspäteten Demokratisierung. Die in dieser Zeit entstandenen Vereine zur Selbsthilfe und ein selbstorganisiertes soziales
Unterstützungswesen (Produktionsvereine, Arbeiterbildungs- und Ge-
sangvereine, Konsumgenossenschaften etc.) übernahmen auch politische Funktionen. Daneben gab es Fortbildungs- und Fachschulen von
Berufsverbänden, die aber wie das gesamte Vereinswesen einer starken
Kontrolle unterstanden. Nach der Aufhebung des Sozialistengesetzes
nahmen die Vereinsgründungen allgemein und auch die der Volksbil-
dungsvereine deutlich zu. WEINBERG (vgl. 1985) spricht in diesem Zusammenhang vom Beginn einer privatrechtlich organisierten Institutio-
nallandschaft.

Die bisher anhand von Dokumenten geschriebene Geschichte der
Volksbildung/Erwachsenenbildung beginnt mit dieser Phase. Besonders
deutlich wird die Polarisierung zwischen der «Alten» und der «Neuen
Richtung» der Volksbildung herausgearbeitet – letztere begann zwar vor
dem Ersten Weltkrieg, setzte sich aber erst in der Weimarer Republik
durch. Aufgabe der Volksbildner war es, die Arbeiterklasse in den Staat
zu integrieren, sie an Bildung partizipieren zu lassen. Differenzen gab es
in bezug auf die Inhalte: Ging es der sog. Alten Richtung um Teilhabe am
bürgerlichen Bildungsgut, so stellte die Neue Richtung, nach dem verlorenen Krieg und der Einführung der parlamentarischen Republik, den
Volksbildungsgedanken in den Vordergrund. Um Spannungen zwischen
den gesellschaftlichen Schichten abzubauen, unterstützte das liberal-
konservative Bürgertum die Gründung von Arbeitsgemeinschaften und
einer Vielzahl von anderen Institutionen und Vereinen, die sich alle der
Volksbildung zurechneten. Es entstanden «Teilnehmergemeinden» und
«eine Kontinuität stiftende Regelmäßigkeit» (Weinberg). In der NS-Zeit
wurden diese Vereine aufgelöst, verboten oder integriert; diese Inte-

grationsprozesse sind allerdings noch wenig untersucht worden. In den 60er Jahren wuchs das öffentliche Interesse an Erwachsenenbildung, was u. a. auf die «konsensuale Demokratie» (Weinberg), die einen Interessenausgleich anstrebt, zurückzuführen ist. Großverbände förderten die Erwachsenenbildung auf der Basis von Institutionspluralismus aus den Anfängen der Weimarer Republik. In den 50er Jahren lebte das Vereinswesen wieder auf, und seit Beginn der 70er Jahre führten gesetzliche Gewährleistungen auf Länder- und Kommuneebene bei allen Großverbänden zum Ausbau der Erwachsenenbildung / Weiterbildung. Die Verbands- und Institutionenlandschaft jenseits der Ländergesetzes-Ebene (Privatwirtschaft, Bundesanstalt für Arbeit) beansprucht seit den 80er Jahren eine Dominanz mit deutlichen Mittel-Zweck-Zielsetzungen, die als berufliche Weiterbildung auf technologische Innovationen und auf Arbeitslosigkeit reagieren.

3.5.2.2 Die Aufgaben des Volksbildners (historische Dokumente)

Vor diesem hier nur angedeuteten historischen Hintergrund soll auf Konzepte einflußreicher Persönlichkeiten in der Volksbildung der Weimarer Republik hingewiesen werden:

Johannes Tews

Tews war von 1891 bis 1933 Geschäftsführer der Gesellschaft zur Verbreitung von Volksbildung. Er hat in seiner systematischen Schrift zur «Geistespflege in der Volksgemeinschaft», die Dräger mit einem Essay 1981 wieder herausgegeben hat, einige Anmerkungen über den Volkslehrer und «zehn Gebote» für Vortragende und Leiter von Volksbildungsvereinen formuliert. Aus der Tradition der Aufklärung herkommend, verband er Bildung immer mit sozialer Verpflichtung. Sein pädagogisches Modell ging von einer «differenzierten ‹Mittelstandsgesellschaft› mit einer permanenten Elitenerneuerung» aus (DRÄGER 1981, S. 22). Er wandte sich gegen eine soziale Privilegierung der Bildung und setzte sich als Liberaler für Demokratie im gesamten Bildungsbereich ein, aber – im Gegensatz zur «Neuen Richtung» – nicht für eine Bildung auf weltanschaulicher Grundlage. Er war weder larmoyant, noch huldigte er einer Philosophie des Verfalls, wie sie bei den Intellektuellen seiner Zeit weit verbreitet war.

Forscher und Dichter müssen nicht unbedingt geeignete Volksbildner sein. Das Weitergeben, das Fruchtbarmachen ist für ihn eine besondere Gabe. Für Tews stehen – in die heutige Begrifflichkeit übersetzt – die Teilnehmer im Mittelpunkt, es geht um das von ihnen angestrebte eigene Wachstum. Der Volksbildner ist verantwortlich für eine gelungene Vermittlung (vgl. Tews 1981, S. 190). In seinen «zehn Geboten» setzt Tews Standards, was die Bezahlung, was die Kontakte mit den Vereinen, was die Vorbereitung, was die Verkehrsformen zwischen den Schichten betrifft. Nirgends idealistische Höhenflüge, dafür pragmatische Richtwerte, die auch heute noch verstanden werden und Geltung besitzen. Bei Geissler (vgl. 1991) z. B. sind ähnliche Fragen problematisiert, wenn auch entsprechend den modernen Verkehrsformen anders formuliert. Die bei Tews behandelten impliziten Regeln eines professionellen Common sense in den Interaktionsstrukturen zwischen verschiedenen gesellschaftlichen Gruppen sind heute weitgehend tabuisiert. Es lohnt sich jedoch, sie für die Weiterbildung auch unter den Bedingungen der deutschen Vereinigung als Fragen des pädagogischen Takts neu zu diskutieren.

Robert von Erdberg, Wilhelm Flitner, Eugen Rosenstock, Werner Picht
Mit diesen und mit anderen Namen verbindet sich die sog. Neue Richtung der Volksbildung. Ihre theoretischen Konzepte wollten sie durch die Gründung eines eigenen Verbandes, durch den Hohenrodter Bund sowie mit Hilfe der Unterstützung aus dem preußischen Ministerium für Wissenschaft, Kunst und Volksbildung verbreiten. Die «Neue Richtung» war eine Bewegung, die, wie man Dräger nach Dokumentensicht zustimmend zitieren kann, «sich der entwickelten sozialen Problemsituation der Zeit nicht stellte, sondern zu einer kulturellen Utopie ihre Zuflucht nahm» (Dräger 1981, S. 37).

Mit dem Verfall des autoritären feudalen Staates nach dem Ersten Weltkrieg sah man sich einer ungeliebten Demokratie, der Industrialisierung und einer politisch Einfluß gewinnenden Arbeiterschaft gegenüber. Es sollte eine neue Sozialordnung geschaffen werden, um den kulturellen Verfall zu verhindern. Zum Zwecke der Stabilisierung der eigenen Schicht sollten als Reaktion auf die Demokratisierung der Gesellschaft Arbeitsgemeinschaften gebildet werden, um zu einer gemeinsamen Volkskultur und Volksgemeinschaft zu kommen. Nicht die Konkurrenz verschiedener Bildungstheorien oder der Aufstieg durch Bildung war das Ziel, sondern die Einbindung der Volksmassen. Ein offenes demokratisches Bildungssystem stand noch nicht auf der Tagesordnung; die sog. Volksmassen sollten auf ihre angestammten Plätze verwiesen bleiben. Man kann also mit gutem Recht behaupten, die neue Richtung war eine alte, sie pflegte in der Weimarer Republik nichtdemokratisches Denken, sie wollte der Schicht der Intelligenz einen spezifischen Platz sichern. Dräger belegt dies ausführlich mit Verweisen auf Nohl, Flitner und Erdberg. Was den Volksbildner betrifft, läßt sich dieses auch am Beispiel

Rosenstocks belegen. Die Methode der Arbeitsgemeinschaft als bildungspolitischer oder bildungstheoretischer Anspruch, sich für ‹das Volk› zu öffnen, sollte der Ausweg sein, um sich nicht auf Demokratie einlassen zu müssen. Es bestanden Befürchtungen vor dem Verlust moralischer Ordnungen (vgl. HOHENRODTER BUND 1927, S. 16).

Rosenstock sah den Lehrer in der Volksbildungsbewegung als Mittler zwischen der alten, als positiv erfahrenen Ordnung und der neuen Ordnung, die zur Vermassung führt. Bildung, so Rosenstock, muß zur Volkwerdung führen (vgl. PICHT / ROSENSTOCK 1926, S. 159).

Daß die Lehrer als besonders ungeeignet für volksbildnerische Aufgaben angesehen wurden, hatte nicht, wie man heute immer argumentiert, mit ihrem wenig erwachsenengerechten Unterricht zu tun, sondern mit dem ideologisch fundierten Bestreben, in den Arbeitsgemeinschaften das Volk zusammenzuführen. Das Tätigkeitsfeld des Volksbildners ist die Arbeitsgemeinschaft, in der ein Fachmann zum anderen spricht und jeder einmal zum Laien, ein andermal zum Fachmann wird (vgl. ebd., S. 159 ff).

Wilhelm Flitner argumentiert ähnlich: Die Aufgaben des Volksbildners sind vor allen Dingen selbsterzieherische Aufgaben für eine neue «volkserzieherische Verantwortung» (FLITNER 1982, S. 172). Auch er lehnt eine Analogie zur beamtenmäßigen Lehrer- und Pfarrerausbildung ab. Vom Volksbildner wird erwartet, daß er auf die «Zerrüttung der Volkszustände» eingeht (FLITNER 1982, S. 164).

Eduard Weitsch

Besondere Beachtung verdienen die Ausführungen von Weitsch, der sich weniger vordemokratisch-emphatisch äußert. Was in den letzten Jahrzehnten als Schichtbarrieren in der Bildungsarbeit beschrieben wird, nennt Weitsch Hemmungen des Akademikers, sich auf das Volk einzulassen. Er verweist auf Verständigungsprobleme zwischen den Schichten.

In der angestrebten und umgesetzten «Schule für Volksbildung und Volksforschung» wollte Weitsch die Erwachsenenbildner wie in einer Internatseinrichtung ausbilden. (In veränderter Form wurde dieses Konzept dann mehr als 25 Jahre später von der Pädagogischen Arbeitsstelle des Deutschen Volkshochschul-Verbandes [PAS / DVV] mit den Studenten- und später den Berufseinführungsseminaren bis in die 80er Jahre weitergeführt.) 1931 beklagte Weitsch, daß die erste ‹selfmade›-Generation nicht für eine gerechte Auslese und Ausbildung gesorgt hat (vgl. WEITSCH 1931, S. 240), und legte ein Musterprogramm zur Ausbildung vor. Er brachte über offene Fragen Zukunftsüberlegungen für die Profession ein, die auch heute noch nachvollziehbar sind (vgl. WEITSCH 1931, S. 242 f). Immer wieder beschäftigten ihn Fragen der Kompetenz und der Schichtdifferenz zwischen lernenden Erwachsenen. Auch an nebenberuflich Tätige stellte er erwachsenenpädagogische Anforderungen.

In den Zeitschriften aus der Weimarer Zeit, die «Freie Volksbildung», «Die Arbeitsgemeinschaft» u. a., finden sich immer wieder pädagogische Richtlinien, die von den einzelnen Ländern für die Bildungsarbeit und für die Lehrkräfte verabschiedet wurden. Selbsttätigkeit der Teilnehmer, Beachtung der Schichtdifferenz, Sicherung der Urteilsfähigkeit jedes einzelnen Erwachsenen sind die Themen, die auch Weitsch immer wieder aufgreift und die letztlich die impliziten Kriterien seines Professionsanspruches ausmachen.

3.5.3 Institutionalisierung und Professionalisierung

3.5.3.1 Zur Professionalisierungsdebatte in der Erwachsenenbildung

Obwohl Professionalisierung nicht der richtige Begriff ist, um den sukzessiven Verberuflichungsprozeß in der Erwachsenenbildung spätestens seit den beginnenden 70er Jahren zu beschreiben, weist er aber auf einen Anspruch hin und gibt den erwachsenenpädagogischen Qualifizierungsprozessen dieser Zeit eine Orientierung. Unter Professionalisierung wurde zunächst die erwachsenenpädagogische und sozialwissenschaftliche Qualifizierung der bereits tätigen Erwachsenenpädagogen verstanden. Qualifizierung schloß auch ein, die Erwachsenenbildung als eigenständiges System vertreten zu können und sich nicht allein als Vertreter der Institution, sondern auch als Anwalt der Teilnehmer(innen) zu betrachten.

Genau dieses Anliegen vieler Erwachsenenbildner nahm sie aber wiederum auch gegen das Professionalitätskonzept ein. Die Vorstellung einer klientenorientierten Professionalität, die keinen Berufsverbandsgeist zulassen und die Erwachsenenbildung nicht zu einer Schule werden lassen wollte, gab eine Kritik wieder, die an anderen Professionen geübt wurde, ohne sie auf die speziellen Bedingungen der Erwachsenenbildung zu spezifizieren (vgl. HOLZAPFEL 1975). Die Erwachsenenpädagogen schwächten dadurch ihre Möglichkeiten, verbandsübergreifend ihre eigenen teilnehmerbezogenen Ansprüche zu verwirklichen. Das Interesse war offensichtlich nicht groß genug, um es auch jenseits des eigenen Arbeitsplatzes einzusetzen. Man definierte sich nicht in erster Linie als Erwachsenenpädagoge, sondern sah sich eher durch berufliche Wechselfälle in dieses Tätigkeitsfeld verschlagen. Die Verbände selbst wurden dadurch zu Gestaltern des Verberuflichungsprozesses (vgl. WEINBERG 1985). Die weltanschauliche Bindung oder wie gegenwärtig die Ökonomisierung der Erwachsenenbildung führte dazu, daß die Weiterbildung eine jeweils verbandsspezifische Auslegung erfuhr. Auch im Deutschen Volkshochschul-Verband (DVV), der bewußt als öffentliche Institution keinem Interessenverband dient, wirkte ein ambivalentes, historisch begründetes Verhältnis zur Professionalität nach. Hier zeigte sich eine Tendenz, Professionalität zwar zu wollen, aber sie nicht ganz zu wollen. Denn das, was an Ideen zum Handeln und Sein als Erwachsenenpädagoge in den 20er Jahren formuliert wurde, wirkt bis in die Gegenwart des Volkshochschuldenkens nach, ohne daß die Bezüge immer deutlich werden. Die Pädagogische Arbeitsstelle unter der Leitung von Hans Tietgens tat seit 1960 alles dafür, den Verberuflichungsprozeß von Mitarbeitern zu unterstützen, wobei der Schwerpunkt eindeutig auf den Qualifizierungsangeboten lag. Gegenwärtig wird wenig über Entwicklungsmöglichkeiten für die Professionalisierung in der Weiterbildung nachgedacht.

Das Professionalisierungskonzept ist 1972 durch Schulenberg in die Erwachsenenbildungsdiskussion eingeführt und 1976 von Vath als Begriff für den in der Erwachsenenbildung sich vollziehenden Verberuflichungsprozeß genutzt worden.

«Die Erwachsenenbildung wird ihre öffentlichen Funktionen deutlicher artikulieren können und ihrer auch deutlicher bewußt bleiben. Sie wird gegenüber dem Staat Selbständigkeit stärker betonen und bewahren können. Die verschiedenen Gruppen innerhalb der Erwachsenenbildung, wie etwa die Konfessionen, werden zur öffentlichen Erwachsenenbildung eine gemeinsame Basis finden, wenn es bestimmte Normen und Verpflichtungen der wissenschaftlichen Profession gibt, an die sich alle Hauptberuflichen gebunden fühlen... und nicht zuletzt wird die Erwachsenenbildung in einem anderen Maße auch auf die Ausbildung ihres eigenen Nachwuchses Einfluß gewinnen können...» (SCHULENBERG u. a. 1972, S. 18)

Schulenberg verspricht sich davon eine Entwicklung, die den Erwachsenenbildnern hilft, sich jenseits der Verbandsgrenzen mit eigenen beruflichen Standards zu verorten.

Der Begriff der Professionalisierung als Kategorie wird hier in kritischer Absicht benutzt, um die Folgen sich nicht vollziehender Professionalität für die Teilnehmer und die pädagogische Qualität in der Erwachsenenbildung aufzuzeigen und um die Notwendigkeit erwachsenenpädagogischer Standards zu betonen. Tietgens greift erst 1988 den Professionalitätsbegriff auf. Dabei unterscheidet er zwischen den Begriffen Professionalität und Professionalisierung, wobei er den ersteren bevorzugt in die aktuelle Diskussion einführt. Professionalität besteht darin, «die Fähigkeit nutzen zu können, breit gelagerte, wissenschaftlich vertiefte und damit vielfältige abstrahierte Kenntnisse in konkreten Situationen angemessen anwenden zu können oder umgekehrt betrachtet: in eben diesen Situationen zu erkennen, welche Bestandteile aus dem Wissensfundus relevant sein können.» (TIETGENS 1988a, S. 37)

Um aber die Brauchbarkeit eines Professionalitätskonzepts für die Tätigkeit zu prüfen, muß man auch die berufssoziologischen Arbeiten zu diesem Thema beachten: In den 60er Jahren gab es in den USA eine berufssoziologische Beschäftigung mit Professionen und Professionsentwicklung. «Bei der deutschen Rezeption ist zu wenig die völlig andere oder besser in viel geringerem Maße vorhandene, durch den Staat organisierte Berufsstruktur mitbedacht worden. Berufsstrukturen sind dort in sehr viel größerem Maße durch Berufsverbände organisiert, um spezialisiertes Wissen zu schützen und zu einem möglichst hohen Preis und zu guten Bedingungen auf dem Arbeitsmarkt anzubieten» (DAHEIM 1982, S. 377). Berufe und Professionen sind Ersatz für Eigentum. Verantwortung und Kompetenzen waren die Legitimationsformeln zur Begründung einer ‹professionellen› Gesellschaft der 50er Jahre, um den Vertrauensschwund in die Werte einer kapitalistischen Gesellschaft auszugleichen.

BECK u. a. (vgl. 1980) beschreiben den gesellschaftlichen Verberuflichungsprozeß in Deutschland, der hier stärker von staatlichen Instanzen festgeschrieben wird. Sie versuchen zu erklären, wie gesellschaftliche Arbeit sich mit dem Entstehen der Tauschgesellschaft zu Berufsstrukturen organisiert. Berufe sind danach Fähigkeitsschablonen, die gesellschaftlich ausgehandelt werden und Kompetenzbündelungen darstellen, die sich auf dem Arbeitsmarkt monopolisieren und sich für bestimmte Arbeitsfelder anbieten. Berufsstrukturen gewinnen dann mit der Zeit hohe Selbständigkeit auch gegenüber den Arbeitsfeldern (vgl. BECK u. a. 1980, S. 35 ff) Es kann durchaus der Fall eintreten, daß die qualifikatorischen Muster des Berufs den Veränderungen der Arbeitsfelder nicht mehr entsprechen; dann entstehen aber in den seltensten Fällen neue Berufe, eher strukturieren sich die Fähigkeitsschablonen um. Berufe als gesellschaftlich strukturierte Fähigkeitsschablonen mit entsprechendem Status und Qualifikationsprofil, die immer auch das monopolisierte Arbeitsfeld übersteigen, schützen das Individuum vor Dequalifizierung, Abwertung des Arbeitsvermögens und leichter Austauschbarkeit. Berufe gehen nicht auf in der funktionellen Entsprechung von unmittelbaren Detailanforderungen in Arbeitsfeldern. Sie legen Aufgaben und Anforderungen in einer größeren Breite aus und geben damit den Berufsträgern einen Kompetenzvorsprung gegenüber den unmittelbaren Anforderungen. Damit liefern sie auch einen aktiven

Gestaltungsspielraum und ein Qualitätsbewußtsein, was wiederum selbstbewußtseins- und identitätsstiftenden Charakter hat. Professionen weisen sich gegenüber Berufen aus durch

– einen erheblich höheren Autonomiespielraum, der vorrangig durch Selbstkontrolle sanktioniert wird,
– wissenschaftliche Standards, die durch professionsgesteuerte Forschung erweitert werden,
– hohes gesellschaftliches Ansehen und Privilegien.

Letzteres bewirkt – besonders z. B. bei den Ärzten – zumindest in der Öffentlichkeit die deutlichste Kritik (vgl. BOLLINGER/HOHL 1981, S. 440 f; vgl. GIESEKE 1991).

In den 70er Jahren hat sich besonders in der Bundesrepublik das Modell von HARTMANN/HARTMANN (vgl. 1982) durchgesetzt, wonach Arbeit, Beruf und Profession auf einem Kontinuum liegen. Professionalisierung wurde für den Bildungsbereich, auch für die Erwachsenenbildung, zum bildungspolitischen Programm. Sie schien gestaltbar. Als Maßstab für die Erreichung der nächsten Stufe nach dem Modell von Hartmann und Hartmann gilt der Grad der Verwissenschaftlichung, der sozialen Orientierung und der Dienstgesinnung.

Was mit Verwissenschaftlichung gemeint ist, ist eindeutig. Soziale Orientierung und Dienstgesinnung aber lassen bereits viele Interpretationsmöglichkeiten zu. Dienstgesinnung meint, daß professionelle Berufe ethische Standards im Umgang mit der Klientel formulieren, die unabhängig vom Eigeninteresse eine klientenunterstützende Hilfe garantieren. Soziale Orientierung liefert den Maßstab, welches gesellschaftliche Gut von dem Beruf oder der Profession bearbeitet wird. Gesundheit und Recht gelten als solche Güter, die eine generelle gesellschaftliche Orientierung verlangen. Für das Gut ‹Bildung› gibt es offensichtlich nicht das Interesse, es aus der gesellschaftlich-staatlichen Kontrolle zu entlassen; für die Erwachsenenbildung könnte es entsprechend heißen: sie aus dem verbands- und/oder privatwirtschaftlichen Zusammenhang zu entlassen. Es fehlt eine gesellschaftlich-staatliche Absicherung, auch ohne Gesinnungseinbindung und ökonomische Abhängigkeit den rechtlichen Anspruch auf Bildung im Erwachsenenalter wahrnehmen zu können.

Der besondere Aspekt der Professionen, Anwalt der sich ihnen anvertrauenden Klienten zu sein, trifft auch für den Bildungsbereich zu; aber worin diese Anwaltsrolle liegt, ist umstritten. Liegt sie darin, einen freien Lernraum zur Verfügung zu stellen, genaue Ziele zu formulieren, curriculare Strukturen eindeutig vorzugeben, Lernhelfer und Berater zu sein?

Die Koppelung von hohem wissenschaftlichem Wissen und unmittelbarer praktischer Arbeit an und mit Menschen ist das Spezifische der traditionellen Professionen. Obwohl erwachsenenpädagogische Tätigkeit sich an und mit Menschen vollzieht, ist ihre Verbindung mit einem bestimmten wissenschaftlichen Wissen, mit bestimmten Methoden oder gar mit ausgewiesenen ethischen Codes kein Projekt, das im wissenschaftlichen Diskurs oder unter Erwachsenenbildnern bisher – außer in Ansätzen – angegangen wurde. Die Grenzziehung zum politischen Tagesgeschäft scheint der Preis oder die Notwendigkeit zu sein, um sich auf dem einen sicheren Weg zur Profession zu bewegen. Um den Preis konservativer Loyalität – gemeint ist politische Neutralität – entwickelten z. B. Mediziner und Juristen interne normative Standards und Kriterien ihres Handelns, mit denen sie ihre inhaltlichen Aufgaben sowie ihre Umgangsformen und Interventionen mit der Klientel / den Patienten regeln. Durch die Beschränkung auf ihre Fachkompetenz grenzen sie ihren Bereich gegenüber politischen oder anderen Übergriffen ab. Die Begrenzung fördert aber offensichtlich auch eine wissenschaftliche Konzentration auf einen auf diese Weise definierten Gegenstand. In den klassischen Professionen ist dieser definierte Gegenstandsbereich dann auch derjenige, für den die volle Verantwortung übernommen und die Verkehrsformen festgelegt werden. Auf dieser selbstauferlegten Beschränkung, so könnte man sagen, basiert die gesellschaftlich zur Verfügung gestellte relative Autonomie. Bei den klassischen Professionen läßt sich als eine Folge sicher eine eher konservative Gläubigkeit und auch eine oft reduzierte Wahrnehmung anderer Einflußfaktoren feststellen, die beim ‹Heilen› und bei der ‹Rechtsprechung› mit zu bedenken wären. Gerade aber dort, wo diese Grenzziehung aufgehoben oder nur gelockert wird, wo Professionsvertreter neben innerdisziplinären auch politische Fragen stellen, greifen öffentliche Instanzen in den professionellen Bereich ein. Die Politisierung hat immer zwei Seiten: Zum einen besteht die Gefahr der Instrumentalisierung unter dem Deckmantel der Neutralität, zum anderen müssen gesellschaftskritische Betrachtungsweisen nicht unbedingt zu verantwortungsbewußter oder qualifizierterer Arbeit führen. Aber gerade unsere historische Vergangenheit kann bezeugen, daß ohne die Reflexion der politischen Außendimension professionelles Handeln und professionelle Maßstäbe ihre Glaubwürdigkeit verlieren.

Bei den Professionalisierungsbemühungen von Erwachsenenpädagogen (dieses gilt aber auch für Sozialpädagogen und Lehrer) besteht das Problem, daß sie gegenwärtig stark von bildungspolitischen Initiativen abhängig sind. Nur durch bildungspolitische Unterstützung kann die Erwachsenenbildung zu einem gesellschaftlich verantworteten Pfeiler des

Bildungssystems werden. Das für die Professionsentwicklung Untypische liegt darin, daß bislang von den Berufsvertretern selbst nur geringe Initiativen zur professionellen Gestaltung ihres Arbeitsfeldes ausgingen. In den 70er Jahren wurde auf bildungspolitische Bemühungen zur Professionalisierung eher mit antiprofessionellen Verlautbarungen reagiert (vgl. AXMACHER 1974, BERGMANN 1977).

Professionsvertreter, Wissenschaftler und Praktiker kämpften vorrangig an der bildungspolitischen Front und in den Gewerkschaften für die Verbesserung ihrer Arbeitsbedingungen, der Organisationsstruktur und der Bezahlung. Es wurde nicht konsequent genug eine pädagogische Auslegung der Aufgaben vorgenommen, was im Sinne der hier referierten Professionskonzepte bedeutet hätte, den Umfang und die Grenzen der professionellen Verantwortung und des spezifischen Beziehungs- und Lernbezugs zu den Schülern/Lernenden/Klienten zu definieren und Handlungskonzepte zu erarbeiten. Dieses wäre eine Perspektive, aber auch eine notwendige Bedingung gewesen, von der aus die Pädagogen aus ihrem Fachgebiet heraus die gesellschaftliche Entwicklung positiv hätten beeinflussen können. Ich stelle die These auf, daß die hohe politische Außenorientierung, die von den Berufsvertretern bewußt und fraglos als inhaltlicher Kern des eigenen Tuns übernommen wurde, mitentscheidend für die nicht gelungene professionelle Entwicklung ist. Sie führte auch dazu, daß den internen Wissensbeständen und erwachsenenpädagogischen Inhalten nicht das Interesse zufloß, das notwendig ist, um von außen ein Lösungsmonopol für feldbezogene Handlungsprobleme zu erhalten. Dieses bestätigt sich gegenwärtig in der beruflichen Weiterbildung, die einer professionellen Entwicklung in diesem Bereich eher zögerlich gegenübersteht. SCHMITZ (vgl. 1979, S. 183) spricht von Eingriffen bürokratischer Organisationen, die die professionelle Kompetenz arbeitsvertraglich binden. In der angloamerikanischen Diskussion zeigt sich, daß besonders die Berufe davon betroffen sind, die den Status von Halbprofessionen haben: Sie haben keine lange Ausbildung, einen weniger legitimierten Status, einen geringen Bestand an Fachwissen und sind weiterhin zu erkennen an ihrer stärkeren Abhängigkeit von bürokratischen Kontrollen. Pädagogische Berufe werden bislang insgesamt hier eingeordnet.

Seit Ende der 80er Jahre gibt es im wissenschaftlichen Kontext eine neue Professionsdiskussion. Die bisherige Entwicklung wird rekapituliert, neue theoretische Ansätze werden überlegt und die Schwierigkeiten akzeptiert, «soziale Schließungsstrategien» (OLK 1986, S. 34) über Bildung/Lernen exklusiv als durch eine Profession anzubietende Dienstleistung zu offerieren.

Von Jütting liegt eine ausführliche Recherche über die Entwicklung der Mitarbeiterstruktur in der Erwachsenenbildung vor. Als theoretischen Bezugsrahmen wählt er die subjektbezogene Berufstheorie von BECK u. a. (vgl. 1980). JÜTTING (vgl. 1987) arbeitet detailliert die Informationen zur Mitarbeiterfrage auf. Er weist auf die Auswirkungen der Trägerpluralität für die Arbeitsplatzstruktur hin, kritisiert die fehlende oder nur begrenzte Lehrtätigkeit bei den hauptberuflichen Erwachsenenpädagogen und bemängelt, daß die lehrende Tätigkeit als pädagogische Tätigkeit im engeren Sinn bei allen Trägern von nebenberuflichen Mitarbeitern geleistet wird und im Professionskontext zuwenig Beachtung findet. Die Betrachtungsperspektiven, so Jütting, konzentrieren sich immer auf eine Mitarbeitergruppe, ohne das Zusammenspiel zu beachten. Wichtig für die weitere Professionsforschung sind daher die subjektive Auslegung der pädagogischen Arbeit durch die Mitarbeiter und eine theoretische Präzisierung der Professionsstruktur in der Erwachsenenbildung. KORING (vgl. 1987, 1990) nutzt Oevermanns Vorstellung von pädagogischem Handeln als stellvertretende Deutung und hermeneutisches Fallverstehen für die Formulierung eines neuen theoretischen Ansatzes.

Im Volkshochschulbereich ist von Tietgens und S. Kade die Fallexplikation für die Mitarbeiterfortbildung der nebenberuflichen Kursleiter theoretisch weiterentwickelt worden. Tietgens hat im gleichen Zusammenhang den Begriff Professionalisierung durch Professionalität ersetzt. Die programmatische Benutzung des Professionsbegriffs war zu Beginn der 8oer Jahre beendet, als hauptberufliche Mitarbeiter nur noch spärlich oder gar nicht mehr eingestellt wurden. Der Status quo wird seitdem verwaltet, den Nebenberuflichen gilt mehr Aufmerksamkeit. Eine Reihe von Sonderprogrammaufgaben für Zielgruppen (z. B. Arbeitslose) mußte angegangen werden. In Diskussionen im Kontext des DVV, der im übrigen Motor für die Professionsaktivitäten war, ging es vorwiegend um den Begriff Professionalität, wie sie beispielsweise von Tietgens (s. o.) definiert wurde.

Es ist im übrigen in keiner Veröffentlichung je von Professionalisierung, immer aber von Mitarbeitern gesprochen worden. S. KADE (vgl. 1990) begründet unter diesen Professionalitätsanforderungen das Fallverstehen als Methode. Die Kursleiter als Träger einer spezifischen Professionalität, die nicht mehr Verberuflichung bedeutet, geraten seit spätestens Mitte der 8oer Jahre bei allen Verbänden stärker in den Blick. Auch ihre Arbeit wird inzwischen mit Professionalität in Beziehung gebracht.

In den verbandsinternen Fortbildungen gewinnen entsprechend diesem Vorgehen Beratungskonzepte als fallspezifische Organisationsberatung mehr Beachtung (vgl. SCHÄFFTER/v. KÜCHLER 1993). Fortbildung greift hier in die Praxis ein, reflexive Praxisbearbeitung soll sehr konkret wirksam werden. Die psychologische und die pädagogische Dimension professionellen Handelns vermischen sich. Solche Fortbildungsangebote, die zumindest vermittelt der Oevermannschen Vorstellung von Professionalität folgen, gewinnen nach und nach Raum. Berufssoziologische Ansätze gelten gegenüber diesen Interpretationsentwicklungen als statisch und reduziert; dies könnte dazu führen, den Professionalitätsbegriff überhaupt aufzugeben.

3.5.3.2 Die Qualifizierungsangebote in der verbandsgebundenen professionellen Fortbildung

In den neueren Studien zur Kompetenz des Erwachsenenbildners (vgl. z. B. FUHR 1991) wird stärker die einheitliche Ausbildung für alle pädagogischen Berufe betont. Verbindungen zur allgemeinen Pädagogik, besonders in ihrer historischen Dimension, werden gesucht. Gleichzeitig bleiben die theoretischen Ansätze von der faktischen historischen Entwicklung in der Erwachsenenbildung aber abgehoben. Die Aussagen geisteswissenschaftlicher Pädagogen zur Erziehung von Kindern können nicht nahtlos auf Erwachsene übertragen werden, was u. a. am Beispiel von Flitner gezeigt werden könnte. Die Abspaltung der Erwachsenenpädagogik aus dem allgemeinen pädagogischen Diskurs ist die Folge (s. dazu DRÄGER 1981). Unverändert bleibt auch die Ablehnung oder ambivalente Haltung gegenüber den Diplompädagogen in den letzten 20 Jahren. Denn die Ausbildung des Erwachsenenpädagogen, wenn es denn eine gab, wurde intern in den Verbänden organisiert. Die Volkshochschulen übernehmen hier die Vorbildfunktion, abgesehen von der betrieblichen Weiterbildung, für die noch keine mit entsprechender Wirksamkeit versehenen Konzepte veröffentlicht sind. 1992 hat die Katholische Bundesarbeitsgemeinschaft für Erwachsenenbildung (KBE) in enger Anlehnung an die Konzeptionen aus dem DVV aus den 70er Jahren Tätigkeitsmerkmale für hauptberufliche Mitarbeiter und darauf bezogene Qualifikationsanforderungen für die Berufseinführung formuliert. Es werden genannt: Diplomstudiengang, Fachstudiengänge oder eine Berufsausbildung mit der Ergänzung durch ein erwachsenenpädagogisches Zusatzstudium (oder eine entsprechende Ausbildung). Im Gutachten der Kommunalen Gemeinschaftsstelle für Verwaltungsvereinfachung (KGSt) von 1973 ist noch kein Hinweis auf den Diplomstudiengang enthalten, obwohl auch eine Zusatzausbildung Erziehungswissenschaft mit dem Schwerpunkt Erwachsenenpädagogik erwähnt wird. Die bei FUHR (vgl.

1991) bezogen auf den Diplomstudiengang herausgearbeiteten notwendigen Kompetenzen eines Erwachsenenpädagogen: Unterrichten, Beraten und Organisieren sind auch in diesen Leitlinien enthalten, wurden aber weiter differenziert durch fachliche Kompetenz, lernorganisatorische und lernprozeßbezogene Fähigkeiten.

Die geringe Beachtung der verbandsinternen Mitarbeiterfortbildung zur Erweiterung der Handlungskompetenz von Erwachsenenpädagogen in Teilen der Fachliteratur (vgl. ARNOLD 1991a, FUHR 1991) trennt etwas, was bei dem Stand der vorhandenen Professionsentwicklung zusammengehört. Da die Ansätze und Prozeduren solcher Konzepte schnell der Vergessenheit anheimfallen und wir aktuell nur ein modifiziertes Fortschreiben der Konzepte aus den 70er Jahren beobachten können, sollen diese auf jeden Fall hier erwähnt werden. Die vor gut 20 Jahren entwickelten Tätigkeitsprofile der Erwachsenenpädagogen sind inzwischen bei allen Verbänden zu Standards geworden. Das, was den Erwachsenenpädagogen und seine Arbeit ausmacht, steht nicht mehr nur als Wunschprogramm auf dem Papier, sondern ist Praxis. Das wird besonders daran deutlich, daß auch Programme betrieblicher Weiterbildung (siehe z. B. SIEMENS 1992) ähnliche Strukturen aufweisen. Wenn wir in diesem Sinne von Erwachsenenpädagogen sprechen, meinen wir immer den hauptberuflich Tätigen, dessen professionelle Mitte die Programmplanung als didaktisches Handeln (vgl. SIEBERT 1982) bildet und der mehr Bildungsmanager als Bildungshelfer ist (vgl. ARNOLD 1991b, S. 151). Siebert betont in verschiedenen Zusammenhängen immer wieder, daß

«die didaktische Planung von erwachsenenpädagogischen Veranstaltungen... die wichtigste pädagogische Tätigkeit der meisten hauptberuflichen Mitarbeiter der Erwachsenenbildung (ist, W. G.). Ein didaktisches Konzept kann dabei am ehesten verhindern, daß die Einrichtungen zu Dozentenagenturen werden.» (SIEBERT 1984, S. 172)

Allerdings setzt die Programmplanung als zentrale Aufgabe des hauptberuflich tätigen Pädagogen die Fähigkeiten, eigene Kurse durchzuführen, voraus, da ja auch eine pädagogische Beratung des Kursleiters verlangt wird. Ohne diese Kompetenz könnte kein Erwachsenenpädagoge nebenberufliche Kursleiter einstellen. Es empfiehlt sich deshalb nicht, den hauptberuflichen Erwachsenenpädagogen allein als Programmplaner, als Bildungsmanager zu betrachten und entsprechend zu qualifizieren und die auf Kursebene im engeren Sinn erwachsenenpädagogisch arbeitenden Kursleiter eher als Bildungshelfer zu sehen.

Eine nordrhein-westfälische Planungskommission hat bereits 1972 diesen Zusammenhang der Aufgaben der hauptberuflichen Erwachsenenpädagogen, hier bezeichnet als das disponierende pädagogische Personal, im Tätigkeitsspektrum plastisch wiedergegeben (vgl. Abbildung 1).

Im sogenannten KGSt-Gutachten Volkshochschule von 1973 wird dieser Zusammenhang ebenfalls für das hauptberufliche Personal gesehen. Auch hier wiederholt sich das Anforderungsprofil: planen und organisieren, beraten, Veranstaltungen vorbereiten, durchführen, begleiten (vgl. VOLKSHOCHSCHULE 1973, S. 29 ff). Die Terminologie ist wie bei der Berufsbezeichnung auch bei der Benennung der Arbeitsfelder und der Anforderungsprofile nicht einheitlich. Deutlich ist, daß die differenziertesten erwachsenenpädagogischen Begründungen des Programmfeldes durch den Verbandskontext vorgenommen werden. Mangel an wissenschaftlicher Forschung verhindert einen differenzierten Blick, was jedoch durch die vorhandene Praxis in den Verbänden ausgeglichen wird. Die notwendige verbandsübergreifende erwachsenenpädagogische Forschung und Theoriebildung kann nur mit dem Rückgriff auf verbandsbezogene Vorarbeiten zu einer theoretischen Qualität führen.

Wittpoth (vgl. Abbildung 2) hat eine Übersicht über Tätigkeitsschwerpunkte zusammengestellt. Sie zeigt unabhängig von der immer etwas anders gewählten Terminologie, wie sich die beschriebenen Profile doch ähneln. Ob sie aus den 70er oder 80er Jahren stammen, macht danach kaum einen Unterschied.

Für die betriebliche Weiterbildung formulierten sich im Kontext der Diskussion zur Unternehmenskultur Ansprüche an einen partizipativen Führungsstil, der auch dazu führt, daß Weiterbildner nicht mehr nur als Experten für Lehrinhalte gelten. Sie sind Bildungsmanager oder Verhaltenstrainer, die beratend die Organisations- und Personalentwicklung unterstützen (vgl. ARNOLD / HUGE 1991, S. 215). Von ZIEP (vgl. 1990) liegt gar der Anspruch an eine Professionalisierung mit einem handlungstheoretischen Konzept für die Dozenten der betrieblichen Weiterbildung vor. Offenere Lernmodelle in der betrieblichen Weiterbildung sind für Veränderungen in diesem Bereich ein Beleg. Hingewiesen wird immer wieder auf Projekte des Lernens am Arbeitsplatz, auf Lernstattmodelle, Qualitätszirkel u. a. m. (vgl. auch PETERS 1991). Zu den Aufgaben des Bildungsmanagers gehört es,

«den Bildungsbedarf eines Unternehmens zu analysieren, Bildungsziele zu definieren und die Bildungskonzepte nach innen und außen zu vertreten. Zentrale Aufgaben sind auch die Auswahl, Qualifizierung und die didaktische Beratung von nebenberuflichen Dozenten und Teamern sowie die administrative Steuerung der Bildungsarbeit.» (ARNOLD 1989, S. 24)

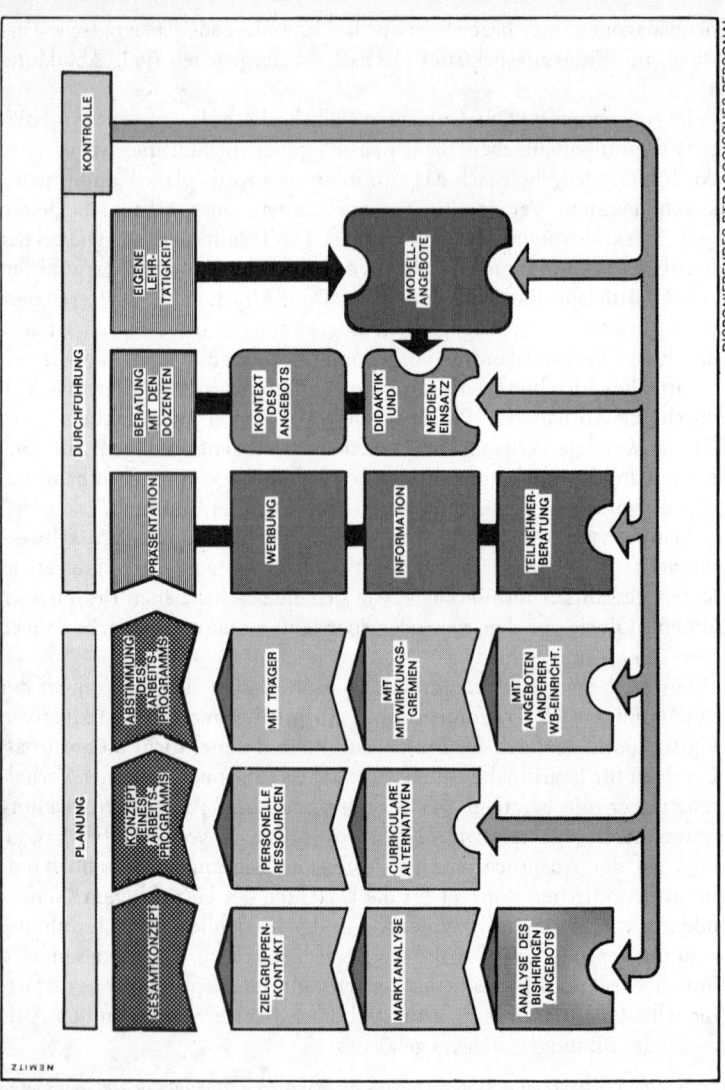

Abbildung 1: Aufgaben der hauptberuflichen pädagogischen Mitarbeiter (Quelle: ERWACHSENENBILDUNG, WEITERBILDUNG 1972, S. 87)

Abbildung 2: Tätigkeitsschwerpunkte von hauptberuflichen pädagogischen Mitarbeitern (Quelle: WITTPOTH 1987, S. 88)

Tietgens 1983
- Reflexion der Zielsetzung
- Erkundung des Bedarfs
- Planung des Angebots
- Vorbereitung des Programms
- Organisation und Durchführung
- Beratung der Mitarbeiter und Teilnehmer
- Kontrolle der Wirkung
- unmittelbare pädagogische Tätigkeit

KMK/Städtetag 1981
- päd. u. fachwiss. Planung
- Lernorganisation
- Lernkontrolle
- Lehrtätigkeit
- Bildungsberatung
- (– bildungspolitische Aufgaben und Leitungsfunktionen)

KGSt/LV-VHS-NW
- päd. Planung
- päd. Organisation
- Arbeiten für Lehrveranstaltungen
- päd. Beratung
- Werbung und Öffentlichkeitsarbeit
- (– Verwaltungsarbeiten)

Jung 1972
- konzeptionelle Arbeit: Planung der Bildungsarbeit
- Zielgruppenkontaktierung: Verbindung zu den Teilnehmern
- Personalplan: Verbindung zu den HPM
- Unterricht und Unterrichtsbeobachtung

Tietgens 1981
- Analyse der gesellschaftlichen Rahmenbedingungen
- Reflexion der institutionellen Zusammenhänge
- Ausloten der Planungsspielräume
- Vorbereitung der Veranstaltungen
- Realisierung von Lehr-/Lernvorgängen

LV-VHS-Hessen
- Erarbeitung der didaktischen und methodischen Konzeption der Fachbereiche
- Erstellung von Lernzielkatalogen und Stoffplänen
- Auswahl von Unterrichtsmaterial, -verfahren, Medien
- Planung und Redigieren des VHS-Arbeitsplanes
- Gewinnen nebenberuflicher VHS-Mitarbeiter
- Einführen und Weiterbilden der HPM/NPM
- Kontinuierliche Unterrichtsbeobachtung
- Auswerten des Unterrichts
- Beraten der Teilnehmer
- (– Lehrtätigkeit)

LV-VHS-Nds.
- päd. und fachwiss. Planung
- Leitung und Organisation in den Fächern/Fachbereichen
- Arbeitsorganisation und -kontrolle in den Fächern und Fachbereichen
- Lehrtätigkeit
- Bildungsberatung und Kooperation

Die betriebliche Weiterbildung sucht mit solchen konzeptionellen Entwürfen den Anschluß an nicht mehr nur vergleichbare, sondern identische Tätigkeitsprofile anderer erwachsenenpädagogischer Arbeitsfelder (vgl. ARNOLD/HUGE 1991, S. 216; vgl. auch ARNOLD/MÜLLER 1992). Ob allerdings in naher Zukunft mit dem Berufsbild eines betrieblichen Weiterbildners, wie Arnold und Huge ihn nennen, zu rechnen ist, muß sich erst zeigen.

Die in den 70er Jahren in der nichtbetrieblichen Weiterbildung verbandsintern, aber mit der Unterstützung durch Hochschullehrer entwickelten Selbststudienmaterialien zur erwachsenenpädagogischen Qualifizierung berücksichtigen bereits die Aufgabenbeschreibungen und Tätigkeitsprofile, die zur gleichen Zeit festgelegt wurden. Auch wenn es in den 80er Jahren viel berechtigte Kritik gab, müssen die 70er Jahre inzwischen als eine äußerst produktive gestalterische Phase angesehen werden, aus der immer noch entweder Anlässe zur kritischen Umformulierung oder aber Anstöße für Neuaktivierung gewonnen werden.

Die Entwicklung von Tätigkeitsprofilen für Erwachsenenpädagogen, die Einrichtung von spezifischen Studiengängen und die Einstellung von hauptberuflichen Erwachsenenpädagogen, die nur begrenzt für die Tätigkeit qualifiziert sein konnten, geschah damals parallel. Die erwachsenenpädagogische Qualifizierung in der Berufseinführungsphase sollte also die Professionalisierung als Verberuflichung zur Professionalität führen, ohne daß über die Verbandsgrenzen hinweg an ein einheitliches Qualifikationsprofil gedacht wurde. Die Verbände und die Universitäten gingen eigene Wege, die sich nur zufällig, etwa aufgrund von Arbeitsplatzanforderungen, kreuzten. Die überkommene Ansicht, daß die volksbildnerische Tätigkeit kein Beruf, sondern eine Berufung ist, hat Auswirkungen bis in die Gegenwart. Gesellschaftlich veranlaßte, pädagogisch begründete Konstrukte schufen den Mythos, daß Erwachsenenbildung Bewegung ist und bleiben soll. Im Volkshochschulbereich blieb dieser Gedanke lebendig. Man will Professionalität, sieht sich jedoch selber eher als Träger und Vermittler der Kriterien von Professionalität. Dies führte dazu, daß bei den verschiedenen Trägern Qualifizierungsmaterialien praxisorientiert, was vor allem auch verbandsorientiert meint, entwickelt wurden. Gleichwohl gab es fast deckungsgleiche Themenschwerpunkte im Angebotsprofil. Die verbandsbezogenen normativen Akzentsetzungen und die Möglichkeit, in schneller Folge eine große Anzahl neuer Mitarbeiter einzustellen, gaben den Ausschlag für die verbandsinternen Anstrengungen. Das Fernstudienmaterial der evangelischen Kirche, das Selbststudienmaterial (Sestmat) des DVV, ein Münsteraner Konzept für die katholische Erwachsenenbildung, Konzepte zur

Ausbildung der Ausbilder und (als einziges verbandsübergreifend und für Nebenberufliche) das NQ-Projekt (nebenberufliche Qualifikation) vom Arbeitskreis universitäre Erwachsenenbildung an der Universität Oldenburg waren solche, fast zeitgleich entstehenden Materialien. Sie sind Ausdruck verbandsinterner und zum Teil verbandsübergreifender Strategien, durch pädagogische Qualifizierung den Professionalisierungsprozeß der Erwachsenenbildner zu unterstützen. Alles für erwachsenenpädagogisches Handeln fruchtbar zu machende interdisziplinäre Wissen wurde gebündelt und praxisorientiert aufbereitet. Nur beim DVV gab es eine Vorstrukturierung für dieses Vorgehen durch die Studentenseminare und das vierwöchige Einführungsprogramm, die sog. Falkenstein-Seminare, die von der PAS/DVV in den 60er und 70er Jahren durchgeführt wurden. Wie unterschiedlich der Praxisbezug auslegbar ist, wird bei einer vergleichenden Analyse des Materials deutlich (vgl. GIESEKE-SCHMELZLE 1981).

In der beruflichen Weiterbildung spielten Ende der 70er / Anfang der 80er Jahre Konzepte zur Ausbildung der Ausbilder eine große Rolle. Beachtenswert für die aktuelle Diskussion sind Konzepte zur Lehrpersonalfortbildung unter Verwendung des Konzepts der Lernberatung (vgl. HARKE/VOLK-VON BIALY 1991).

Fortbildung mit dem Schwerpunkt Beratung, aber in Verbindung mit Organisationsforschung, wird auch in verbandsübergreifenden Konzepten empfohlen und vorbereitet (vgl. SCHÄFFTER 1992). So ist inzwischen Fortbildung insgesamt abgelöst worden durch Beratungskonzepte, das kündigte sich schon an in Veröffentlichungen, die dem Oevermannschen Modell der Professionalität einer fallorientierten Bildungsarbeit folgten. Für die Konzepte aus den 70er Jahren gilt, daß sie zu Beginn der 90er Jahre neu auf den Markt gekommen sind, und zwar in revidierter, dem neuen Wissensstand angepaßter Form. Einzelne Themen, die nicht mehr in der Diskussion sind (z. B. Sozialisation), sind weggefallen, aber insgesamt bleibt das Profil erhalten. Was in der Tat sukzessive, aber beschleunigt in den 80er Jahren, nicht revidiert, sondern ersatzlos gestrichen wurde, ist ein gesellschaftlich/bildungspolitisches Orientierungswissen. Man scheint in den gesellschaftlichen und anthropologischen Grundprämissen der Bildungsabsichten unsicherer geworden zu sein.

3.5.3.3 Empirische Befunde zur Aus- und Fortbildungssituation

In seiner empirischen Untersuchung über den beruflichen Werdegang von Diplompädagogen bezeichnet Hommerich den Einstieg des *Diplompädagogen* in die Erwachsenenbildung als einen gelungenen Weg in die Professionalisierung. Weltanschauliche Überlegungen wie Loyalität spielen bei der Einstellung zwar eine große Rolle, aber in der täglichen Praxis haben die Pädagogen einen großen Handlungsspielraum (vgl. HOMMERICH 1984, S. 306). Er zeigt allerdings auch die weniger günstigen beruflichen Entfaltungsmöglichkeiten auf. Multifunktionalität in der Tätigkeit weist auf die vorprogrammierten Rollenkonflikte hin; verschiedene Handlungsanforderungen stehen sich diametral gegenüber. Besonders die effiziente Bewältigung organisatorischer Routineaufgaben müßte im Studium mehr Beachtung finden. Nur so ließe sich der eigentümliche Widerspruch auflösen,

«daß sie infolge der Vielfalt der an sie gerichteten Erwartungen ihre ‹eigentliche professionelle Arbeit›, etwa in Form des Entwurfs von inhaltlichen Konzepten oder auch in Form adressatenbezogenen pädagogischen Handelns, vernachlässigen müssen.» (HOMMERICH 1984, S. 302)

Auch in der Untersuchung von BALTES / HOFFMANN (vgl. 1975) über Arbeitsstätten von Diplompädagogen wird auf die nicht vorhandene organisatorische Differenzierung in diesem Feld hingewiesen. Die Bündelung von Kompetenzen in Verwaltung, Planung und Entwicklung auf der einen und Lehre auf der anderen Seite erhöht für den Diplompädagogen die Chancen, in diesem Berufsfeld einen Arbeitsplatz zu erhalten (vgl. BALTES / HOFFMANN 1975, S. 129). Eine Verbleibsforschungsstudie an der Universität Hannover (vgl. HANNOVER-STUDIE 1989) beschreibt die Berufsaussichten als nicht ausreichend. Die Diplompädagogen können vor allem in befristeten, in Halb- bzw. in Viertelstellen oder in Honorartätigkeiten unterkommen. Daneben gibt es den sog. pädagogischen Landfahrer (vgl. POTHMER 1984), der zwischen verschiedenen Bildungsstätten pendelt. Als sog. neue Selbständige versuchen einige Diplompädagogen, durch Projektgründungen selbstbestimmte und inhaltlich sinnvolle Arbeit umzusetzen. Die Einkommensangaben verweisen allerdings deutlich auf Armutsgrenzen. Die Hannoveraner Forschergruppe stellt aber fest: «Sie erleben den Zwang, mit einem geringen Einkommen haushalten zu müssen, als bewußten und positiv bewerteten Verzicht auf materiellen Wohlstand und Konsum» (HANNOVER-STUDIE 1989, S. 62). Für Frauen ergibt sich eine weitere Verschlechterung ihrer Einstiegsbedingungen dadurch, daß sie über weniger informelle Kanäle verfügen und weniger selbstbewußt und offen ihre eigenen Fähigkeiten vertreten (vgl. HANNOVER-STUDIE 1989, S. 113).

Die empirischen Studien geben keinen Aufschluß über die beruflichen Entwicklungschancen von Diplompädagogen. Es zeichnen sich aber in diesen Erhebungen Tätigkeitsprofile ab, wie sie auch in der verbandsnahen Literatur diskutiert werden. Die Entwürfe sind realisierte Praxis geworden, und die beruflichen Probleme des Erwachsenenpädagogen sind unverkennbar. Besonders drastisch zeigt dies die HANNOVER-STUDIE (vgl. 1989) aus der zweiten Hälfte der 80er Jahre. In den referierten Untersuchungen wird auf den Diplompädagogen als Erwachsenenpädagogen eingegangen. Andere Untersuchungen beschäftigten sich in den 80er Jahren mit der großen Masse der Erwachsenenpädagogen, die unter fachwissenschaftlichen Gesichtspunkten eingestellt wurden, entsprechend den Tätigkeitsprofilen aber ganz andere Arbeitsanforderungen zu erfüllen hatten und damit von Anfang an überfordert waren, weil auf eine antizipatorische erwachsenenpädagogische Sozialisation nicht zurückgegriffen werden konnte.

In einer repräsentativen Längsschnittuntersuchung bei neu eingestellten Erwachsenenbildnern an Volkshochschulen in der Bundesrepublik ist dem institutionellen Sozialisationsprozeß in den ersten zweieinhalb Jahren nachgegangen worden (vgl. GIESEKE 1989): Es stellte sich in dieser Berufsphase keineswegs der in der Lehrerbildung längere Zeit diskutierte Praxisschock ein. Auch hinterließ das erste Praxisjahr keine prägenden Spuren. Dies mag mit der fehlenden antizipatorischen Sozialisation zusammenhängen. Auch der hypothetisch angenommene Unterschied im Modus des Herangehens stellte sich nach den ersten zwei Jahren nicht ein. Es mag aber sein, daß ohne eine professionelle Sozialisation in der vorberuflichen Phase die subjektiven Handlungsstrategien in neuen Praxisfeldern sehr viel deutlicher durchscheinen. Wenn sie in andere Wissenssysteme, die im Handlungsprozeß auch wirksam werden, eingebettet sind, sind solche individuellen Grundmuster als solche nicht zu erkennen. Nach unseren Befunden prägen die Weiterbildungsinstitutionen keineswegs die Herangehensweisen. Sie geben den Inhalt beruflichen Handelns vor, sie bestimmen aber nicht die Form der Aneignung und der Auseinandersetzung mit dem Berufsalltag. Wir stellten eine Kontinuität in den gewählten Berufsstrategien fest und konnten vier Aneignungsmodi unterscheiden:
– Differenzierungsmodus (1. Modus),
– Spezifizierungsmodus (2. Modus),
– Reduktionsmodus (3. Modus),
– Reflexionsmodus (4. Modus).
Personen, die nach dem Differenzierungsmodus handeln, arbeiten negative und positive Reaktionen im Berufsalltag konstruktiv auf. Die Selbstanalyse ist kritisch, Erfolge werden aber deutlich vorgezeigt. Bei der Arbeit unter diesem Modus wird häufig auf eine gute kollegiale Zusammenarbeit verwiesen. Der Spezifizierungsmodus weist ähnliche Züge auf, bringt aber sehr schnell eine Schwerpunktsetzung meistens in

der pädagogischen Arbeit hervor. Das Handeln unter dem Reduktionsmodus ist von Widersprüchen gekennzeichnet. Vorstellungen und Pläne
werden mit hohen Erwartungen formuliert, Mißerfolge führen nicht zur
Modifizierung, sondern die Pläne gelten als unrealistisch. Erfolge nimmt
man nicht zur Kenntnis oder bezieht sie nicht auf das eigene Handeln.
Man zieht sich zurück auf bewährte Programmstrukturen. Das Handeln
nach dem Reflexionsmodus verweist auf große Aktivität, gezieltes Pla-
nungshandeln und eindeutige Vorstellungen. Doch die hier zu beobach-
tende Kontinuität liegt nicht in dem immer neu beginnenden Differenzierungsprozeß, auch nicht im passiven Akzeptieren der Bedingungen,
sondern im Beibehalten der Ziele und Vorstellungen. Hohe Ziele und
Ansprüche, aber auch nüchterne Analysen der Bedingungen erzeugen
Positionen, die zur Labilisierung eigener beruflicher konstitutioneller
Positionsfindung führen. Verwirklichungsschwerpunkte werden häufig
gewechselt. Mag man, um es bereits vorweggreifend festzustellen, im 1.
Aneignungsmodus die besten Möglichkeiten sehen, Professionalität aufzubauen, zu entwickeln, so wird doch jeder Aneignungsmodus einer bestimmten Anforderungslage im beruflichen Alltag gerecht. So profiliert
der Spezialist (Modus 2) die Professionalität; der Reduktionist (Modus 3)
sichert institutionell bereits Akzeptiertes, und der eher zwischen verschiedenen Fronten Wirkende (Modus 4) trägt zur Profilierung profes-
sionsinterner Kritik bei (vgl. Gieseke 1989, S. 204).

Die Modi charakterisieren ein kognitiv-emotionales Grundmuster,
um sich im Berufsfeld einzurichten. Auch die inhaltlichen Themen, in
denen sich die Aneignungsmodi abarbeiten, werden identifiziert. Er-
schließen konnten wir weiterhin *Schlüsselsentenzen*, die Polaritäten
wiedergeben, zwischen denen sich die Deutungen einpendeln, die zu den
Eckpunkten eines potentiell zu erwartenden erwachsenenpädagogischen
Habitus gehören. Solche Schlüsselsentenzen sind:
- Dualität zwischen Pädagogik und Organisation,
- Dualität zwischen freier Zeit- und Inhaltsgestaltung und persönlichen
  Grenzen,
- Dualität zwischen der Hochbewertung fachlich-organisatorischer und
  der Abwertung pädagogisch-didaktischer Qualifikationen,
- Programmplanung zwischen lebensweltorientierter Bildung und kom-
  pensatorischem Defizitansatz (vgl. Gieseke 1989, S. 227 ff).

Die Erwachsenenpädagogen finden zwischen den hier aufgezeigten
Polen keine Balance. Der inhaltliche Spielraum läßt sich noch nicht aus-
messen, Korrektive fehlen, die Anforderungen scheinen grenzenlos zu
sein und lassen das Burn-out-Syndrom nach einigen Berufsjahren erwarten, institutionelle Strukturen engen Handlungsspielräume ein. Die

vor der Berufstätigkeit erworbenen Qualifikationen und das im Praxishandeln erworbene Verwaltungswissen geben einen gewissen, selbst akzeptierten Halt. Der Stellenwert der Bezugswissenschaft Erwachsenenpädagogik ist ungeklärt, pädagogische Ansprüche treten in Konkurrenz zu fachlich-organisatorischen. Die eigene Hochschulsozialisation setzt die Maßstäbe.

Untersuchungen (vgl. GIESEKE-SCHMELZLE 1981) über Fortbildungsveranstaltungen für Erwachsenenpädagogen zeigen nun aber gerade bei einer Analyse der Interaktionsverläufe eine Suche nach gemeinsamen professionellen Standards bei den Erwachsenenpädagogen. Das Einigungsinteresse auf normative Leitprämissen für berufliches Handeln ist der aus den Bedingungen geborene verkürzte Weg, um zu gemeinsamen Qualifikationen zu kommen. Es fehlt also ein Bezugspunkt in der Auslegung der beruflichen Grundstruktur, den die Programmplaner keineswegs, auch wenn sie fachlich-organisatorische Tätigkeiten in den Mittelpunkt stellen, unter dem Begriff Bildungsmanagement zusammenfassen. Von den Erwachsenenpädagogen wird ihr Programmplanungshandeln, ohne daß sie es entsprechend betonen, unter makrodidaktischen erwachsenenpädagogischen Prämissen ausgelegt. Bei der Beschreibung ihrer Vorgehensweisen steht der organisatorisch-verwaltungstechnische Aspekt nicht an erster Stelle.

Für die betriebliche Weiterbildung kommt Arnold bei der Untersuchung der beruflichen Identität von betrieblichen Aus- und Weiterbildnern zu ähnlichen, wenn nicht gleichen Ergebnissen. Er stellt zwei Repräsentanten der betrieblichen Weiterbildung vor. Während der eine «relativ unmittelbar seine rigide Grundorientierung im Hinblick auf die Anforderung seines beruflichen Handlungsfeldes funktionalisiert und damit wesentliche Charakteristika des betriebspädagogischen Erfahrungswissens zum Ausdruck» bringt, ist die Identitätsdarstellung des anderen «durch die zumindest ansatzweise Bezugnahme auf expertenschaftliche und berufsethische Standards gekennzeichnet, ohne allerdings den Reflexionskompetenzen pädagogisch-professionellen Handelns in der unseres Erachtens erforderlichen Weise gerecht werden zu können» (ARNOLD 1983, S. 278). Typische Deutungsmustertrends «für betriebspädagogisches Handeln» sind «das pragmatische, das Instrumentalisierungs-, das Loyalitäts-, das Helfer-, das Rigiditäts- und das Kompensationssyndrom». Arnold interpretiert diese syndromatischen Muster als Ausdruck «vorprofessioneller Identitätsdarstellung des betrieblichen Bildungspersonals» (ARNOLD 1983, S. 305) und kommt letztlich zu biographisch bestimmten Aneignungsformen und Deutungsmustern beruflichen Handelns. Forschungsanschlußfragen müßten sich danach konsequenterweise mit den Ursachen der Berufswahl beschäftigen. Wo liegen die entscheidenden beruflichen (biographischen?) Nahtstellen? Erwächst daraus eine sublimierungsfähige Kraft, um professionelle Standards zu entwickeln, oder ist das genaue Gegenteil der Fall?

3.5.4 Studiengänge für Erwachsenenpädagogen

Erst seit gut 20 Jahren gibt es die Möglichkeit, sich an den Hochschulen und Universitäten als Erwachsenenpädagoge zu qualifizieren. Berlin und Niedersachsen waren die ersten Bundesländer, in denen 1969/70 an den damals noch vorhandenen Pädagogischen Hochschulen entsprechende Diplomstudiengänge entstanden. In der Praxis waren dies Aufbaustudiengänge, das Erste Staatsexamen für Lehrer wurde als Vordiplom anerkannt. Der Mangel dieser Studiengänge, der in den späteren Jahren besonders für die Universitätsstudiengänge deutlich wurde, lag in dem fehlenden Unterrichtsfach und den nicht vorhandenen mikrodidaktischen Qualifikationen. Die Absolventen aus den ersten PH-Jahrgängen brachten diese Qualifikation mit. Gerade die Volkshochschulen taten sich sehr schwer, diesen Studiengang zu akzeptieren; im KGSt-Gutachten VOLKSHOCHSCHULE (vgl. 1973, S. 66) wird er nicht als eine mögliche Eingangsvoraussetzung erwähnt. Siebert hat häufig darauf hingewiesen, daß zwar Hochschullehrer in den Verbänden als Berater, für Vorträge, auch für Mitarbeiterfortbildung gern gesehen werden, ihre Studenten aber haben nur geringe Chancen, hier einen Arbeitsplatz zu finden. Dieses Phänomen latenter Stigmatisierung ist schwer beweisbar, es kann nur «zwischen den Zeilen gelesen» werden und entzieht sich auch empirischer Forschung; trotzdem ist es allen bewußt. Von RESCHENBERG (vgl. 1992) liegt eine Befragung vor über die verschiedenen Studienmöglichkeiten im Fach Erwachsenenbildung in beiden Teilen Deutschlands vor der Vereinigung. Diese Informationen erweisen sich gegenwärtig als wichtig, weil besonders an die Weiterbildung Anforderungen gestellt werden, die ohne qualifizierte Ausbildung und professionellen Rückhalt schwer zu bewältigen sind. Besondere Beachtung finden die unterschiedlichen Weiterbildungs-Studiengänge der Universität Bremen (Diplom-, Zusatz-, Kontakt- und jetzt auch Magisterstudiengänge werden parallel angeboten und können individuell ausgewählt werden). Die Befragung

Abbildung 3: Universitäre Studiengänge zum Erwachsenenpädagogen in den alten Bundesländern (Quelle: ARNOLD 1991a, S. 144f).

	Bezeichnung	Art	Zielgruppe	Abschluß
Ausbildung von Weiterbildnern	Erziehungswissenschaftliches Diplomstudium (Dipl.-Päd.) mit dem Schwerpunkt Erwachsenenbildung	Achtsemestriges Vollzeitstudium, das an den 30 Hochschulen der Bundesrepublik Deutschland studiert werden kann	Grundständig Studierende und Aufbaustudenten im Anschluß an eine Erste Lehrerprüfung	Diplom
	Zusatzstudium	Zweisemestriges Vollzeit- oder viersemestriges Teilzeitstudium an der Universität Bremen und als Fernstudium an der Fernuniversität Hagen eingerichtet	Absolventen eines Erststudiums oder Weiterbildner, die eine erwachsenenpädagogische Zusatzqualifikation erwerben wollen	Zertifikat der Hochschule
	Lehrer der Erwachsenenbildung (Weiterbildungslehrer)	Sechssemestriger Studiengang an der PH Freiburg und ehemals an der PH Esslingen; vgl. auch das fachintegrierte Diplomstudium in Bremen	Studierende und Absolventen von Lehramtsstudiengängen	Examen Diplom
Weiterbildung von Weiterbildnern	Weiterbildendes Studium Weiterbildung	Zwei- bis viersemestriges berufsbegleitendes Studium für in der Weiterbildung Tätige (z. B. an den Universitäten Hannover, Bremen, Bochum, Oldenburg, Hamburg)	Mitarbeiter in der Weiterbildung, die über ein bestimmtes Mindestmaß an Berufserfahrung verfügen	Zertifikat bzw. Teilnahmebescheinigung der Hochschule

der Hochschullehrer(innen) in den einzelnen Städten machte folgende Punkte deutlich:
- Die Praxisorientierung im Studiengang wird verstärkt,
- die Student(inn)enzahl geht leicht zurück,
- der Frauenanteil beträgt bis zu 50 Prozent,
- der Anteil der Studenten aus dem Zweiten Bildungsweg ist uneinheitlich, das Studium wird als Weiterführung des bisherigen Berufswegs angesehen,
- zwischen den Geschlechtern bestehen keine Unterschiede in Studienmotivation und Zielsetzung; bei den Studentinnen ist «ein stärkeres Interesse an allgemeinbildenden und personenbezogenen Motiven vorhanden» (RESCHENBERG 1992, S. 127),
- Studentinnen schätzen ihre Berufsperspektive relativ realistisch ein,
- die Berufsbereiche, in denen ehemalige Studentinnen und Studenten untergekommen sind, weisen die ganze Bandbreite vorfindlicher Institutionen auf (vgl. RESCHENBERG 1992, S. 100 ff).

Von Arnold liegt eine knappe Übersicht über universitäre Studienmöglichkeiten vor, die allerdings noch nicht die Entwicklungen in den neuen Bundesländern berücksichtigt (vgl. Abbildung 3).

Man kann inzwischen davon ausgehen, daß die Diplompädagogen trotz aller Diskriminierungen ihren Platz behauptet haben, was jedoch nicht bedeutet, daß die Kritik an diesem Studiengang verstummt ist. Erstaunlich aus meiner Sicht ist allerdings, daß Erziehungswissenschaftler sich zwar an dieser Kritik beteiligen, den Studiengang aber nicht so gestalten, daß sie ihn für verteidigungswürdig halten können. Für die allgemeine und die Schulpädagogik hat er an Bedeutung verloren, da die Nachfrage sehr gering ist, obwohl erziehungswissenschaftlicher Nachwuchs gerade über diesen Weg eine Weiterentwicklung der Erziehungswissenschaft am ehesten gewährleisten kann. Für Erwachsenenpädagogen und Sozialpädagogen bleibt er in modifizierter Form ein berufsqualifizierendes wissenschaftliches Angebot neben anderen. Im übrigen zeichnen sich Universitäten mit hohem erziehungswissenschaftlichem Standard dadurch aus, daß sie mit ihrem Studienangebot mehrere Abschlüsse anbieten.

Literatur

ARNOLD, R.: Pädagogische Professionalisierung betrieblicher Bildungsarbeit. Frankfurt/M. [u. a.] 1983.

ARNOLD, R.: Betriebliche Weiterbildner – eine Zielgruppe wissenschaftlicher Weiterbildung? In: Berufsbildung in Wissenschaft und Praxis 17 (1989), H. 3, S. 22–26.

ARNOLD, R.: Erwachsenenbildung. Eine Einführung in Grundlagen, Probleme und Perspektiven. Hohengehren 1991 a.

ARNOLD, R.: Betriebliche Weiterbildung. Bad Heilbrunn 1991 b.

ARNOLD, R./HUGE, W.: Was wissen wir über die betrieblichen Weiterbildner oder was glauben wir zu wissen? In: Arnold, R. (Hrsg.): Taschenbuch der betrieblichen Bildungsarbeit. Hohengehren 1991, S. 213–223.

ARNOLD, R./MÜLLER, H.-J.: Berufsrollen betrieblicher Weiterbildner. In: Berufsbildung in Wissenschaft und Praxis 21 (1992), H. 5, S. 36–41.

AXMACHER, D.: Erwachsenenbildung im Kapitalismus. Zur politischen Ökonomie des Ausbildungssektors in der BRD. Frankfurt/M. 1974.

BALTES, P. B./HOFFMANN, A. E.: Berufsfelder des Diplompädagogen. Ein empirischer Beitrag zur Analyse pädagogischer Berufsfelder und ihrer Ausbildungserfordernisse. Heidelberg 1975.

BECK, U. u. a.: Soziologie der Arbeit und der Berufe. Reinbek bei Hamburg 1980.

BERGMANN, K.: Bildungsarbeit mit Erwachsenen. In: Bergmann, K./Frank, G. (Hrsg.): Handbuch für selbstbestimmtes Lernen. Reinbek bei Hamburg 1977.

BOLLINGER, H./HOHL, J.: Auf dem Weg von der Profession zum Beruf zur Deprofessionalisierung des Ärzte-Standes. In: Soziale Welt 32 (1981), H. 5, S. 440–464.

DAHEIM, H.: Zu einer Zwischenbilanz der soziologischen Berufsforschung. In: Schmidt, G./Braczyk, H. J./Knesebeck, J. v. (Hrsg.): Materialien zur Industriesoziologie. Opladen 1982, S. 372–384 (= Sonderheft 24 der Kölner Zeitschrift für Soziologie und Sozialpsychologie).

DAHRENDORF, R.: Gesellschaft und Demokratie in Deutschland. München 1965.

DINTER, J./BECHER, M.: Neuer Arbeitsplatz Weiterbildung. Berlin 1991 (= Berlin-Forschung; 10. Ausschreibung).

DRÄGER, H.: Verdienst und Scheitern des Volkslehrers Johannes Tews. In: Tews, J.: Geistespflege in der Volksgemeinschaft. Beiträge zur Förderung der freien Volksbildungsarbeit. Mit einem Essay von H. Dräger. Stuttgart 1981, S. 6–82.

ERWACHSENENBILDUNG, WEITERBILDUNG. Erster Bericht der Planungskommission Erwachsenenbildung und Weiterbildung des Kultusministers des Landes Nordrhein-Westfalen. Ratingen [u. a.] 1972 (= Strukturförderung im Bildungswesen des Landes Nordrhein-Westfalen; Heft 19).

FLITNER, W.: Erwachsenenbildung. Paderborn 1982.

FRIEBEL, H.: Der gespaltene Weiterbildungsmarkt und die Lebenszusammenhänge der Teilnehmer/-innen. In: Friebel, H. u. a.: Weiterbildungsmarkt und Lebenszusammenhang. Bad Heilbrunn 1993, S. 1–53 (= Theorie und Praxis der Erwachsenenbildung).

FUHR, TH.: Kompetenzen und Ausbildung des Erwachsenenbildners. Eine Studie zur Professionalisierung der Erwachsenenbildung. Bad Heilbrunn 1991.

GEISSLER, KH. A.: Anfangssituationen. Was man tun und besser lassen sollte. Weinheim/Basel [4]1991.

GIESEKE, W.: Habitus von Erwachsenenbildnern. Eine qualitative Studie zur beruflichen Sozialisation. Oldenburg: BIS der Universität 1989.

GIESEKE, W.: Professionalisierung und Probleme multidisziplinärer Zugriffe. In: Roth, L. (Hrsg.): Pädagogik. Handbuch für Studium und Praxis. München 1991, S. 1108–1119.

GIESEKE-SCHMELZLE, W.: Fortbildung und Beratung von Mitarbeitern in der Erwachsenenbildung. Studienbrief für die Fernuniversität Hagen. Hagen 1981.

HANNOVER-STUDIE 1989 = Wir haben einen Fuß in der Tür – immerhin / Annegret Ebeling. Projektgruppe Verbleibsforschung. Zum beruflichen Verbleib von Diplom-PädagogInnen des Studienschwerpunktes Erwachsenenbildung und außerschulische Jugendbildung. Hannover 1989 (= Theorie und Praxis; Bd. 25).

HARKE, D. / VOLK-VON BIALY, H. (Hrsg.): Modellversuch Lernberatung. Fortbildung von Lehrpersonal in der beruflichen Erwachsenenbildung. 4 Bde. Bundesinstitut für Berufsbildung, Sonderveröffentlichung. Berlin / Bonn 1991.

HARTMANN, H. / HARTMANN, M.: Vom Elend der Experten: Zwischen Akademisierung und Deprofessionalisierung. In: Kölner Zeitschrift für Soziologie und Sozialpsychologie 34 (1982), S. 193–223.

HOHENRODTER BUND (Hrsg.): Die Deutsche Schule für Volksforschung und Erwachsenenbildung. Das erste Jahr. Stuttgart 1927.

HOLZAPFEL, G.: Professionalisierung und Weiterbildung bei Lehrern und Ausbildern. Eine explorative Studie über Lehrer- und Ausbilderweiterbildung in Baden-Württemberg. Weinheim / Basel 1975.

HOMMERICH, CH.: Der Diplompädagoge – ein ungeliebtes Kind der Bildungsreform. Frankfurt / New York 1984.

JÜTTING, D. H.: Die Mitarbeiterfrage in der Erwachsenenbildung. Ein Literatur- und Forschungsbericht. In: Harney, K. / Jütting, D. H. / Koring, B. (Hrsg.): Professionalisierung der Erwachsenenbildung. Frankfurt / M. [u. a.] 1987, S. 1–58 (= Studien zur Erwachsenenbildung; Bd. 1).

KADE, J.: Erwachsenenbildung und Identität. Eine empirische Studie zur Aneignung von Bildungsangeboten. Weinheim 1989.

KADE, J.: Die Bildung der Gesellschaftsaufsichten beim Übergang in die Bildungsgesellschaft. In: Sozialwissenschaftliche Literatur-Rundschau (1992), H. 24, S. 67ff.

KADE, S.: Handlungshermeneutik. Qualifizierung durch Fallarbeit. Bad Heilbrunn 1990 (= Theorie und Praxis der Erwachsenenbildung).

KORING, B.: Erwachsenenbildung und Professionstheorie. Überlegungen im Anschluß an Oevermann. In: Harney, K. / Jütting, D. H. / Koring, B. (Hrsg.): Professionalisierung der Erwachsenenbildung. Frankfurt / M. [u. a.] 1987, S. 358 bis 400.

KORING, B.: Erziehungswissenschaft im Medium des Praxiskontakts. Folgen und Probleme aus professionstheoretischer Sicht. In: Zeitschrift für Sozialisationsforschung und Erziehungssoziologie (1990), H. 1, S. 72–90.

OLK, TH.: Abschied vom Experten. Sozialarbeit auf dem Weg zu einer alternativen Professionalität. Weinheim / München 1986.

PETERS, R.: Erwachsenenbildung als berufliche Tätigkeit: Laienbeschäftigung oder professionelle Arbeit? In: Gruber, E. / Lenz, W. (Hrsg.): Berufsfeld Erwachsenenbildung. Eine Orientierung. München / Wien 1991, S. 11–33.

PICHT, W. / ROSENSTOCK, E.: Im Kampf um die Erwachsenenbildung 1912–1926. Leipzig 1926.

PLAN EINER DEUTSCHEN SCHULE FÜR VOLKSFORSCHUNG UND ERWACHSENENBILDUNG. In: Hohenrodter Bund (Hrsg.): Die Deutsche Schule für Volksforschung und Erwachsenenbildung. Das erste Jahr. Stuttgart 1927, S. 14–29.

POTHMER, B.: Pädagogische Landfahrt. In: Materialien zur politischen Bildung (1984), H. 1, S. 67–71.

RESCHENBERG, I.: Erwachsenenbildner zwischen wissenschaftlich-professionellem

Selbstverständnis und institutionellen Anpassungsanforderungen. München/Wien 1992 (= Bildung, Arbeit, Gesellschaft; Bd. 11).

SCHÄFFTER, O.: Kollektive Adressaten der beruflichen Weiterbildung. Der Bedarf an einer erwachsenenpädagogischen Organisationstheorie. In: Hessische Blätter für Volksbildung 42 (1992), H. 1, S. 33–39.

SCHÄFFTER, O./KÜCHLER, F. v.: Pädagogische Fortbildung als Ansatz zur Organisationsentwicklung in Volkshochschulen. In: Hessische Blätter für Volksbildung 43 (1993) H. 2, S. 109–117.

SCHMITZ, E.: Erwachsenenbildung, Arbeitsteilung und soziale Verteilung von Wissen. In: Raschert, J. (Hrsg.): Jahrbuch für Erziehungswissenschaft 1979. Stuttgart 1979, S. 129–168.

SCHULENBERG, W. u. a.: Zur Professionalisierung der Erwachsenenbildung. Braunschweig 1972.

SIEBERT, H.: Programmplanung als didaktisches Handeln. In: Nuissl, E. (Hrsg.): Taschenbuch der Erwachsenenbildung. Baltmannsweiler 1982, S. 100–121.

SIEBERT, H.: Erwachsenenpädagogische Didaktik. In: Schmitz, E./Tietgens, H. (Hrsg.): Erwachsenenbildung. Stuttgart 1984, S. 171–184 (= Enzyklopädie Erziehungswissenschaft; Bd. 11).

SIEMENS. Zentrale Dienste Personal-Weiterbildung. Programm 1992/93. Berlin: Bildungszentrum 1992.

TEWS, J.: Geistespflege in der Volksgemeinschaft. Beiträge zur Förderung der freien Volksbildungsarbeit. Mit einem Essay von H. Dräger. Stuttgart 1981 (= Schriften zur Erwachsenenbildung: Materialien zur Erwachsenenbildung).

TIETGENS, H.: Professionalität für die Erwachsenenbildung. In: Gieseke, W. u. a.: Professionalität und Professionalisierung. Bad Heilbrunn 1988, S. 28–75 (= Theorie und Praxis der Erwachsenenbildung) (1988a).

TIETGENS, H.: Leiter/Leiterin und pädagogischer Mitarbeiter/pädagogische Mitarbeiterin an Volkshochschulen. In: Blätter zur Berufskunde; Bd. 3 (3-II E 04). Bielefeld 1988b.

VOLKSHOCHSCHULE. Gutachten der Kommunalen Gemeinschaftsstelle für Verwaltungsvereinfachung (KGSt). Bonn 1973 (= Schriftenreihe Bildungsplanung; Bd. 3).

WEINBERG, J.: Perspektiven einer Institutionalgeschichte der Erwachsenenbildung. In: Tietgens, H. (Hrsg.): Zugänge zur Geschichte der Erwachsenenbildung. Bad Heilbrunn 1985, S. 89–102 (= Dokumentationen zur Geschichte der Erwachsenenbildung).

WEITSCH, E.: Lehrerfrage der Volkshochschule. In: Freie Volksbildung (1926), H. 1, S. 237–244.

WEITSCH, E.: Auslese und Ausbildung des Lehrernachwuchses in der Erwachsenenbildung. In: Freie Volksbildung (1931), H. 4, S. 239–266.

WITTPOTH, J.: Wissenschaftliche Rationalität und berufspraktische Erfahrung. Bad Heilbrunn 1987 (= Theorie und Praxis der Erwachsenenbildung).

ZIEP, K.-D.: Der Dozent in der Weiterbildung. Professionalisierung und Handlungskompetenzen. Weinheim 1990.

Dieter Baacke

3.6 Die Medien

‹Medien› haben heute eine Reichweite, die erheblich über pädagogisch orientiertes Denken und Handeln hinausgeht. Sie werden beispielsweise nicht nur in Lehr-Lern-Prozessen eingesetzt (etwa mit Hilfe von Overhead-Projektoren, über die Folien vergrößert an die Wand geworfen werden), sondern stellen im Funk- und Fernsehsystem große und komplex organisierte Institutionen dar (etwa in der Form der ARD, in der die deutschen Landesrundfunkanstalten zusammengeschlossen sind, oder des ZDF, des ‹Zweiten Deutschen Fernsehens› in Mainz). Über die ‹aktuellen Medien› Zeitung, Radio und Fernsehen organisieren wir einen Teil unserer Weltkommunikation: Wir erfahren aus diesen sog. Massenmedien, was sich anderswo (in anderen Erdteilen, anderen Kulturen) ereignet hat. Ohne weiträumig organisierte Korrespondentennetze, Nachrichtenagenturen und technische Übermittler (vom Telefon bis zu Telex) könnten die Redakteure und Nachrichtensprecher ihren Sendungen nicht den weltweit-aktuellen Bezug geben, den wir heute von ihnen erwarten. Dieser Beitrag wird also ein Stück weit klarmachen, was ‹Medien› sind, was sie leisten – und wo sie eingsetzt werden. Es liegt nahe, in einem pädagogischen Grundkurs auch auf die ‹Medienpädagogik› zu sprechen zu kommen, die sich bemüht, Medien in den pädagogischen Diskurs einzubeziehen.

3.6.1 Medien: Definition und Bedeutung

Hört jemand das Stichwort ‹Medien›, so kann er ganz Verschiedenes dabei assoziieren. Zunächst liegt es nahe, Medien als Träger von Kommunikation anzusehen. Entscheidendes Medium ist die *Sprache*, denn über sie tauschen wir Informationen, Ansichten und Gefühle aus. Zunächst und elementar verständigen wir uns, indem wir miteinander sprechen. Mit Hilfe der *Schrift*zeichen und der Erfindung des Buchdrucks kann Sprache nicht nur mündlich oder handschriftlich, sondern in vervielfältigter Form und auf Dauer verfügbar gemacht und verbreitet werden. Sprache als Medium ist bis heute der entscheidende Träger unserer Kommunikation. Es ist jedoch anzunehmen, daß die meisten bei dem Stichwort ‹Medien› ganz andere Anmutungen haben. Sie denken an die *Massenmedien*, an Rundfunk und Fernsehen, vielleicht auch an das Telefon, den Walkman, den Kassettenrecorder oder das Radiogerät, den Videorecorder oder den Computer, also an technische Geräte, vielleicht auch an Institutionen wie die eben schon genannten Fernsehanstalten, die diese Geräte mit Produktionen und Programmen versehen (von der Schallplatte und CD bis zur Videocassette, vom Unterhaltungsprogramm des Fernsehens bis zum Kommentar der Zeitung oder den Spätnachrichten des Radios). Schließlich werden viele – etwa Schullehrer oder Erwachsenenbildner – bei ‹Medien› zunächst an den schon erwähnten Overhead-Projektor denken oder einen 8- bzw. 16-mm-Film aus dem FWU (Institut für Film und Bild in Wissenschaft und Unterricht, München), in dem didaktisch arrangierte Materialien optisch aufbereitet werden, um so dem Lernenden historische Szenen (etwa die nachgestellte Eroberung einer mittelalterlichen Stadt) zu rekonstruieren oder durch Visualisierung eines Laborversuchs oder Dokumentierung von Lebensformen in einem anderen Erdteil unvertraute Prozesse oder Gegenstände zu veranschaulichen.

Im ersten Fall (Sprache) ist dieses Medium in die unmittelbare Verfügungsgewalt jedes Menschen gegeben: Über Sprache drückt er sich aus, nimmt den anderen wahr und eignet sich durch Benennung die Gegenstände an, die ihn umgeben. Im zweiten Fall geht es eher um technische Apparaturen und große Institutionen, im dritten um Geräte (Hardware) und vom Lehrenden oder Lernenden auszuwählende Programmangebote (Software). In diesem Beitrag geht es um die beiden zuletzt genannten Bedeutungen von Medien.

Halten wir uns an die eben gemachte Einschränkung, gibt es immer noch drei Ebenen des Begriffsgebrauchs:

– Medien transportieren zum einen Informationen in Form von Büchern, Zeitungen und Zeitschriften; technische Träger wie Fernsehgeräte, Schallplatten, Satelliten gehören dazu.

– Wir können aber auch an die Medienangebote, also die Botschaften selbst, denken; dazu gehören beispielsweise literarische Texte, Unterhaltungsshows, Horrorfilme oder über das Radio vermittelte Korrespondentenberichte.

– Schließlich lassen sich Medien betrachten als große Institutionen, die Produkte (Medienbotschaften) herstellen und über die technischen Transportmittel verteilen. Dazu gehören Rundfunkanstalten, Radiostationen, Zeitungsredaktionen, Buchverlage, Schallplattenfirmen oder Mischkonzerne, die für mehrere Sparten produzieren.

Medien sind also gesellschaftliche Einrichtungen, die dazu verhelfen sollen, Kommunikation zu organisieren, indem spezifische Kommunikationsmittel eingesetzt werden. Die eben getrennt aufgeführten Aspekte werden häufig unter dem Begriff ‹Massenmedien› bzw. ‹Massenkommunikationsmittel› zusammengefaßt. Es handelt sich um technisch unterstützte Verbreitungsmittel, die den Prozeß der *Massenkommunikation* ermöglichen. Diese wiederum bezeichnet eine besondere Form der Kommunikation, die in der Regel unterschiedliche Gesellschaften, soziale Gruppen und einzelne als «disperses Publikum» (Maletzke) erreicht. Das Publikum ist «dispers» (zerstreut), weil über die technischen Träger viele Menschen erreicht werden; die Betrachter einer Talk-Show beispielsweise können in ganz unterschiedlichen Städten wohnen, verschiedenen Alters und Geschlechts sein – sie kennen sich nicht, haben auch nicht die Möglichkeit, miteinander zu sprechen. Doch schließt sie eines zusammen: Sie sind ‹Rezipienten› (Empfänger) der Talk-Show, die sie zur gleichen Zeit, aber sozial und räumlich getrennt, eingestellt haben. Heute wird der Begriff Massenmedien ungern verwendet, weil die Beschreibung der in gesellschaftlichen Ordnungen lebenden Menschen als ‹Masse› eigentlich unangemessen ist. Während ‹Masse› eher an ein ungegliedertes, unstrukturiertes Miteinander einander fremder Menschen denken läßt, ist das Publikum der ‹Massenmedien› keineswegs strukturlos: Die Zuschauer eines Fernsehprogramms leben allein oder in Familien, gehören einer bestimmten Glaubensgemeinschaft an, sind in Vereinen organisiert, haben unterschiedliche Berufe, kurz: Die sog. Massenmedien erreichen die Mehrzahl der Menschen in durchaus geordneten Verhältnissen, die im Vergleich sehr unterschiedlich sind. Darum wird heute lieber von ‹Programm-Medien› oder ‹öffentlichen Medien› gesprochen. Denn neben der Massenhaftigkeit der produzierten Aussagen oder der Vielzahl der erreichten Rezipienten steht bei den Medien vor allem die Öffentlichkeit (im Gegensatz zu privat, intim) im Blickpunkt mit den Merkmalen der *Aktualität, Periodizität* (Nachrichtensendungen werden zu bestimmten Zeiten gesendet, Zeitungen erscheinen regelmäßig etc.), *Universalität* und *Dispersität* (breite Streuung). In jedem Fall handelt es sich um – nach ihren Inhalten zu klassifizierende – Angebote (etwa Nachrichten), die zwar in Privaträumen empfangen werden, aber allen zugänglich sind, die das Programm eingeschaltet haben – im Gegensatz zu einem persönlichen Telefongespräch, an dem nur die beiden Partner teilnehmen und über das sie auch allein Bescheid wissen.

Wir können die *Programm-Medien* schließlich noch einteilen nach den Kanälen, über die sie die Botschaften verbreiten, wie auditive Medien (Hörfunk, Schallplatte, CD, Hörcassette), visuelle (Stummfilm, Dias), audiovisuelle (Film, Fernsehen, Video) sowie Printmedien (Buch, Zeitschrift, Zeitung). In der Regel machen wir solche Unterscheidungen nicht, wenn wir von ‹den Medien› reden. Dennoch sollten wir uns klar darüber sein, daß es sich um ein komplexes System handelt; die Unterscheidung zwischen den Apparaten als technisch-physikalischen Trägern (z. B. Fernsehapparat), den Übertragungswegen (Leitungen, Kabel, Satelliten), den Produktionsstätten (Rundfunkanstalten) und den durch die Medien verbreiteten Programmen als symbolisch-kommunikativen Sinn- und Bedeutungsträgern ist dabei hilfreich.

3.6.2 Massenkommunikation im gesellschaftlichen Wandel

Trotz der eben angedeuteten Vorbehalte gegen den Begriff ‹Masse› ist in der Fachsprache (nicht nur der Kommunikationswissenschaft) das Wort ‹Massenkommunikation› selbstverständlich im Gebrauch. Überblickt man die Entwicklung der menschlichen Kommunikation, so könnte man thesenhaft formulieren: Jahrtausende lang vollzog sich Kommunikation durch die fundamentalen Medien Sprache und Schrift. Dies geschah vorwiegend in sozialen Mikrostrukturen; der Kreis derer, den eine Information erreichte, war klein und überschaubar. Denn kennzeichnend für die menschlichen Gesellschaften bis zum Beginn der Neuzeit war eine vielfältige räumliche Untergliederung, etwa in Form von Dörfern, in denen jeder jeden kannte. Bestimmend waren die sog. Primärgruppen, also die Familie, die Nachbarn oder die Verwandten. Es handelte sich um lokal orientierte und begrenzte Lebensverbände von Stämmen und Volksgruppen, organisiert meist um das Handeln in Familien. Verhaltensregeln waren verbindlich, gemeinsame normative Orientierungen verläßlich. Das Leben vollzog sich im unmittelbaren Kontakt von Menschen. Besondere Aufwendungen für Lernen und Verständigung waren nicht notwendig. Die Überlieferung von sozialen Einstellungen, Techniken und Fertigkeiten, Lebensformen und Sinndeutungen war durch den Vollzug gemeinsamen Lebens gesichert. ‹Publizität› oder ‹Öffentlichkeit› mußte nicht hergestellt werden. Sie ergab sich vielmehr von selbst; denn die soziale Kontrolle in einer derart engen und geschlossenen Welt ist groß. Mitzuteilen, was gilt und sein soll, bedarf keiner besonderen Vorkehrungen. Der hohe Grad sozialer Teilnahme und Kontrolle garantierte, daß anomisches (abweichendes, gegen die geltenden Überzeugungen und Gesetze gerichtetes) Verhalten selten zu finden war. Soziale Organisationen, denen das Individuum angehörte (Familie, bei einigen auch: Rat der Männer etc.), und informelle Teilnahme, bestimmt durch die Häufigkeit des Kontakts mit Freunden, Nachbarn und Verwandten, waren identisch (vgl. LERNER 1958).

Der Kommunikationssoziologe Daniel Lerner hat versucht, die Entwicklung der modernen Programm-Medien in einer Theorie über den gesellschaftlichen Wandel zu fassen. Herrsche in einer Gesellschaft ein hoher Grad von sozialer Intimität vor, seien zudem die soziale Mobilität gering und die Ausdehnung des gesellschaftlichen Gebildes begrenzt, so dominiert der mündliche Austausch: Bestimmend ist der direkte Verkehr der Menschen untereinander. Dies sei in der Regel dann der Fall, wenn das sozio-ökonomische System noch agrarisch organisiert ist, das politische System nicht-repräsentativ (jeder kann mitbestimmen) und das kulturelle System analphabetisch. In solchen Gesellschaften gibt es entsprechend keine Unterscheidung zwischen ‹privaten› und ‹öffentlichen› Bereichen des Lebens. Die kommunikative Infrastruktur ist fest gefügt und geschlossen. Die griechische *Polis*, insbesondere der Stadtstaat Athen, bildete bereits einen Übergang. Zwar war der Marktplatz Agitations-, Entscheidungs- und Aktionsinstanz zugleich, d. h.: Grundsätzlich konnten sich alle freien Bürger an politischen Entscheidungen beteiligen. Aber Athen besaß nicht nur eine beispielhafte agrarische und kommunikative Kultur, sondern zugleich einen ausgebauten Handel zu Lande und besonders zu Wasser. Die bereits hochgradige Alphabetisierung sowie Handel und Wandel führten zu einer Vielzahl von Außenkontakten und allmählich zu einer gefährlichen Auflösung des geschlossenen Systems Polis.

Die Ausdehnung der Macht durch wirtschaftliche Unternehmungen ist oft Anlaß für Kommunikationsprobleme gewesen. Dies wird noch deutlicher am nachfolgenden Imperium Romanum, das unter dem Kaiser Trajan (53–117 n. Chr.) seine größte Ausdehnung erreichte durch zahlreiche Eroberungen und Außenprovinzen. Doch damit wurde die wirtschaftliche Überwachung durch die kaiserliche Bürokratie – wegen der großen Entfernungen – immer schwieriger, während die Provinzen gleichzeitig an ökonomischer Bedeutung zunahmen und auch kulturell eigene Wege gingen. Zwar gab es ein ausgebautes Informationssystem, das aber sehr anfällig blieb. Boten brauchten oft Tage, ja Wochen, bis sie ihr Ziel erreichten und Nachrichten überbringen konnten. Der Zerfall des Imperiums hat einen wesentlichen Grund in der räumlichen Expansion, durch die seine kommunikativ-kulturelle Einheit zerstört wurde. Das Imperium Romanum ist also mit seinen Modernisierungsproblemen nicht fertig geworden; auch darum zerfiel es.

Unter ‹Modernisierung› ist gemeint: Ein geschlossenes gesellschaftliches System bricht auf dadurch, daß es räumlich expandiert und durch Machtanspruch und Handel Außenkontakte herstellt. Damit wird das gesellschaftliche System zunehmend pluralistisch. Ihm wird abgefordert, die wachsenden räumlichen, aber auch ideologischen Distanzen durch den Ausbau eigener Kommunikationssysteme zu überwinden. Neue Ansichten und Erfahrungen werden von Fernreisenden hereingebracht; zunehmende Außenverpflichtungen erhöhen die Abhängigkeit des Systems, machen es störanfällig. Es stellen sich verstärkt Verkehrsprobleme im Sinne einer Raumüberwindung von Personen, Gütern und Nachrichten. Eine gesellschaftliche Modernisierung auf diesem Sektor ist gelungen, wenn solche Probleme gelöst sind.

Mit Kommunikationsproblemen sind heute in modernen Gesellschaften wie unserer verstärkt Orientierungs-, Normen- und wirtschaftliche Probleme verbunden. Diese komplizierten Zusammenhänge müssen in hochindustrialisierten Gesellschaften wie der unseren organisiert werden, in denen es nicht mehr möglich ist, daß alle alles zugleich tun, erfahren und entscheiden. Vielmehr hat sich eine Reihe von gesellschaftlichen Subsystemen herausgebildet, die relativ selbständig sind. Solche Subsysteme sind neben der Massenkommunikation vor allem Politik, Wirtschaft, Wissenschaft und Bildung.

Für unsere Gesellschaft ist der Modernisierungsprozeß abgeschlossen, den Daniel LERNER (vgl. 1958) in seinen wichtigsten Zügen beschrieb. Denn unser sozio-ökonomisches System ist primär industriell, kaum noch agrarisch; das politische System ist das einer repräsentativen Demokratie, und das kulturelle System repräsentiert eine hochentwickelte alphabetische Kultur. Gleichzeitig hat die Verbindung und Abhängigkeit aller unserer Handlungen einen hohen Grad erreicht. Politische Beschlüsse, die in Bonn gefaßt wurden, haben unter Umständen Folgen für das kleinste Dorf in Mecklenburg-Vorpommern. Änderungen der Steuergesetzgebung, Maßnahmen der sog. Rentenanpassung, die Neuregulierung auf dem Gebiet ärztlicher Versorgung, Eingriffe zum Abbau von Arbeitslosigkeit berühren jeden Bürger unmittelbar. Es sind die öffentlichen Medien, Zeitung, Rundfunk und Fernsehen, die dem Bürger diese Entscheidungen übermitteln, sie möglicherweise auch erklären und kritisch kommentieren. Neben der Übermittlung reiner Information spielt also die *Meinungsbildung* eine wichtige Rolle. Die Redaktionen bei Rundfunk, Fernsehen und den Zeitungsverlagen haben die Aufgabe,

Hintergrundinformationen zu verarbeiten oder versteckte Zusammenhänge aufzudecken, die für eine Entscheidung eine Rolle gespielt haben. Medien haben heute also auch eine Orientierungsfunktion; sie erklären, warum die Arbeitslosigkeit immer noch steigt und wie der politische Wille der derzeit Regierenden sich dazu verhält.

Daß die Medien für viele Bürger entscheidende Hilfen zum Zurechtfinden in der modernen Wirklichkeit anbieten, zeigt etwa der schon klassische Erfolg der «Bild»-Zeitung. Deren journalistisches Konzept beruht ja gerade darauf, eine große Gemeinde von Lesern zu schaffen, die aus ihrem Boulevardblatt erfahren, was richtig und falsch ist, was sie akzeptieren und was sie ablehnen sollen. Die Jugendzeitschrift «Bravo» ist ein anderes Beispiel. Viele junge Leser wenden sich mit sexuellen Nöten, aber auch mit Familien- oder Schulproblemen an die Ratgeber dieser Zeitschrift. Offenbar ist die soziale Umgebung nicht immer in der Lage, hier zu helfen und zu informieren. Darüber hinaus haben die öffentlichen Medien weitere Funktionen übernommen: Sie unterstützen in Bildungsprogrammen das Bildungssystem, bieten Unterhaltung, dokumentieren neue Entwicklungen im künstlerischen Bereich etc. Ohne Massenkommunikation ist unsere Gesellschaft nicht mehr vorstellbar.

Dies zeigt sich deutlich in den Daten der Mediennutzung. Die Zeit, die der Mensch mit den unterschiedlichen Medien verbringt, hat in den letzten Jahrzehnten ständig zugenommen. Je mehr die berufsfreie Zeit angewachsen ist, desto mehr haben diesen freigewordenen Zeitraum vor allem die Medien besetzt. Generell können wir sagen: Je mehr Freizeit ein Mensch hat, desto mehr Medien nutzt er (also neben dem Fernsehen auch die Zeitung sowie Zeitschriften, den Rundfunk etc.).

3.6.3 Entwicklung der Massenkommunikation in unserer Gesellschaft

Mit Medien zu leben ist für uns alltägliche Gegenwart; sie sind aus unserem privaten wie dem öffentlichen Leben nicht mehr wegzudenken. Oft machen wir uns nicht klar, daß sie eine noch junge Form gesellschaftlicher Organisation darstellen. Die Geschichte des Journalismus zwar ist sehr alt; man könnte als älteste ‹Nachrichtenträger› verweisen auf die Läufer, Reiter und Boten; erinnert sei zudem an die antiken und mittelalterlichen Lob- und Preisreden, an Spruchdichtung, Flugblätter und Pamphlete, insbesondere im Reformationszeitalter. Das älteste öffentliche Medium in modernem Sinn ist die Presse, die sich in Deutschland im 17. Jahrhundert ausbreitete. Die sog. Massenpresse kam aber erst auf, als Verstädterung und Industrialisierung rapide Fortschritte machten und die Bevölkerung sich schneller vermehrte als zuvor. Dies geschah vor allem im zweiten Drittel des letzten Jahrhunderts als Folge der industriellen Revolution. Zunächst in den USA und England, seit 1880 auch in Deutschland entstand ein neuer Pressetyp, gut 50 Jahre später als in den USA. Dort gab Benjamin H. Day im Jahr 1833 seine «New York Sun» heraus mit dem einprägsamen Werbeslogan «It shines for All». Um 1837 erschien das Blatt mit einer damals unerhörten Auflage von täglich 30 000 Exemplaren. Voraussetzungen für die Entstehung der Massenpresse sind eine verbreitete Lesefähigkeit aufgrund besserer Schulbildung (Schulpflicht für alle) sowie der Entstehung von Großstädten und geschlossenen Industrielandschaften. Hinzu kommt die Preissenkung durch neue Methoden der Finanzierung von Presseorganen, durch den Ausbau des Anzeigenwesens und die Einführung neuer Vertriebsformen (Straßenverkauf). Auch technische Innovationen sind wichtig, etwa die Verbesserungen in der Herstellungstechnik (Erfindung der Setzmaschine und der Rotations-Druckmaschine, die in kurzer Zeit viele Exemplare ausstoßen kann) sowie im Nachrichtenwesen (Erfindung des Telegrafs und des Telefons).

Eine erste Blütezeit erlebten die Zeitungen ab 1920. Ein Beispiel aus den USA: Im Jahr 1850 kamen auf insgesamt 3 598 420 Haushaltungen 458 000 Exemplare von Wochenzeitungen. Im Jahr 1920 kamen auf 24 467 000 Haushaltungen 27 790 656 Exemplare. Nach dem Zweiten Weltkrieg setzte sich der Erfolgstrend fort. Im Jahr 1957 kamen auf 49 543 000 Haushaltungen 57 805 445 Exemplare. Die Zahlen machen die Relationen zwischen Anstieg der Bevölkerungszahl und Auflagenhöhe eindrücklich deutlich. Dabei hat die Zahl der Zeitungsexemplare 1920 die Zahl der Haushaltungen überflügelt.

Die anderen drei öffentlichen Medien von ausschlaggebender Bedeutung – Film, Rundfunk, Fernsehen – folgten rasch aufeinander. Im Jahre 1895 veranstalteten die Brüder Auguste und Louis Lumière die erste erfolgreiche Filmvorführung vor einem öffentlichen Publikum. Schnell entwickelte sich eine große kommerzielle Filmindustrie, nicht zuletzt verstärkt durch die Propagandarolle, die man dem Film vor allem im Zweiten Weltkrieg gab. Der Höhepunkt des Films und des Kinos lag in den Jahren 1930 bis 1950, war also nach erheblich kürzerer Anlaufzeit im Vergleich zur Presse erreicht (in den USA war der Höhepunkt schon 1930: 90 Millionen Kinobesuche/Woche verteilten sich auf damals 29 997 000 Haushalte, d. h., jeder Haushalt hatte durchschnittlich drei Kinobesuche/Woche zu verzeichnen!). – Der Hörfunk entwickelte sich schnell in den 20er Jahren, nachdem der amerikanische Ingenieur Sarnoff

1916 zum ersten Mal die Idee eines öffentlichen Rundfunks hatte. In Deutschland wurde der Programmdienst am 29. Oktober 1932 um 20 Uhr aufgenommen, zu einer Zeit, da das Medium technisch bereits weitgehend ausgereift war. Trotz der Konkurrenz des Fernsehens (in den USA bemerkbar seit 1950, bei uns seit 1960) steigt die Zahl der verkauften Rundfunkempfänger wie auch die der verkauften Presseexemplare weiterhin an. – Das Fernsehen konnte sich erst entwickeln, als das System der trägheitsgebundenen, mechanischen Bildzerlegung («Nipkow-Scheibe») durch die Elektronik gelöst war. Man arbeitete entschieden länger an seiner Perfektion als beim Hörfunk. In Deutschland gab es z. B. die ersten öffentlich ausgestrahlten Versuchssendungen bereits um 1930. Wirksam installiert wurde das Fernsehen auf der ganzen Welt erst nach dem Zweiten Weltkrieg, als für solche Art des elektronischen Luxus wieder Mittel zur Verfügung standen. Im Jahr 1946 gab es in den USA bei 38 370 000 Haushalten erst 8000 Empfänger, während 1962 bereits durchschnittlich in jedem Haushalt wenigstens ein Empfänger stand. In der Bundesrepublik begann die Entwicklung wieder gut zehn Jahre später: Am 1. 7. 1976 waren 19 973 055 Hörfunkgeräte und 18 261 676 Fernsehgeräte angemeldet. Bereits Ende 1975 hatten ca. 93 Prozent aller Haushalte in der Bundesrepublik Deutschland mindestens ein Fernsehgerät; inzwischen ist eine Mediensättigung erreicht (98%).

Die Daten illustrieren folgendes sehr deutlich:

- Zum einen zeigen sie, daß die Massenmedien etwa ab 1830 zu bestimmenden Faktoren unseres öffentlichen und privaten Lebens geworden sind.
- Die Entwicklung neuer Medien wie ihre Verbreitung hat sich in auffälliger Weise beschleunigt.
- Es gibt inzwischen mehr Zeitungsexemplare bzw. Geräte, die den Empfang von Sendungen ermöglichen (Fernsehapparat, Radiogerät) als Haushalte.
- Die Verschiedenartigkeit der Medien und ihrer Kanäle (Ton, Bild, Ton und Bild) hat die Expansion des einzelnen Mediums kaum gehindert. Bis auf den Kinobesuch, der stark nachgelassen hat, stehen die Medien in einem Ergänzungsverhältnis, sie verdrängen sich nicht.

Die Schnelligkeit der Entwicklung ist gerade in den letzten Jahren wieder sehr deutlich geworden. Nachdem wir im Bereich des Fernsehens lange Jahre hindurch die ARD, das ZDF und die Dritten Programme der Länderanstalten der ARD hatten, ist inzwischen in allen Ländern Deutschlands das ‹Duale System› eingeführt: das Privatfernsehen (z.B. RTL, SAT 1, Pro 7, Vox, internationale Kanäle wie Mtv, Eurosport, CNN etc.) ist neben die öffentlich-rechtlichen Anstalten getreten. Während

ARD und ZDF über Gebühren finanziert werden, finanzieren sich die Privatanbieter ausschließlich durch Werbung, wenn sie sich nicht Sendungen sponsern lassen (jeder kennt die Bandenwerbung bei Fußballspielen). Neben den bekannten Frequenzen sorgen die Verkabelung und Satelliten-Schüsseln, die vor allem in den neuen Bundesländern auf vielen Dächern zu finden sind, für eine weite Verbreitung des erweiterten Programmangebots; der Empfang von 22 und mehr Fernsehsendern ist demnächst eher die Regel als die Ausnahme. Aber auch auf dem anderen elektronischen Markt haben sich neue Informations- und Kommunikationstechniken etabliert: CD-Player, Video-Gerät, Heim-Computer mit Telespielen, Walkman, Privatradios als Lokalstationen, neue Camcorder, leitungsfreie Telefone – die Fülle der technischen Innovationen ist erheblich, und sie werden vom Markt aufgesaugt. Betrachten wir dieses Ensemble, könnten wir formulieren: Wir alle wachsen heute in gut ausgestatteten Medienwelten auf. Für Kinder und Jugendliche, die Mitte der 60er Jahre geboren wurden, ist dieser Reichtum des Angebots selbstverständlich. Dabei müssen wir hinzufügen: Die öffentlichen Medien dienten ursprünglich als ‹aktuelle Tagesmedien› (denken wir an die Zeitung) in erster Linie dazu, Nachrichten schnell zu transformieren, ihre Informationsaufgabe war vorrangig. Dazu gesellten sich schnell Kommentierung der Ereignisse als wichtiger Beitrag der Medien zur Meinungsbildung.

Eine schon gestreifte Funktion steht jedoch heute im Mittelpunkt. Ob es sich um den großen Rock- und Popmusikmarkt handelt, um das überreiche Angebot an Video-Cassetten oder die Fernsehprogramme, die Frauen- und illustrierten Zeitschriften: Die Medien bieten heute vor allem *Unterhaltung*. Darum wird häufig von der ‹Unterhaltungselektronik› gesprochen. Seitdem die privaten Anbieter auf dem Markt sind, ist der Unterhaltungswert der Medien noch gestiegen, und zwar notgedrungen: je höher die Einschaltquoten, desto höher die Werbepreise. Hohe Einschaltquoten, ein ‹massenattraktives› Programm aber werden nicht erreicht durch anspruchsvolle Sendungen auf Kulturkanälen, sondern durch massenwirksame Unterhaltung – vom Publikums-Lieblingssport (Tennis, Fußball etc.) über Game-Shows, Talk-Shows bis zu den beliebten Serien. Es liegt auf der Hand, daß damit pädagogische Probleme entstehen. Zwar sorgen die Medien dafür, daß Kinder und Jugendliche sehr frühzeitig vieles sehen und erfahren können, was ihnen früher vorbehalten blieb. Nicht nur für Kinder produzierte Serien wie die bekannte «Sesamstraße», sondern auch Familienserien und andere Angebote zeigen Kindern und Jugendlichen heute ein Stück sozialer Wirklichkeit (wenn auch häufig verzerrt), bieten ein Arsenal von beobachtbaren Verhaltensweisen an, die früher unzugänglich waren: Denken wir an die Darstellung von Eifersucht, Haß, aber auch Liebe und Leidenschaft. Man kann sagen, daß die Medien damit eine Vielfalt von disparatem Wissen bereitstellen, das Kinder und Jugendliche frühzeitig an den Problemen der Erwachsenen teilnehmen läßt. Sie sind daher in vielen Dingen ‹aufgeklärter› als frühere Generationen. Aber natürlich hat dies seinen Preis. Wieviel Unterhaltung verträgt ein Mensch? Wirken die zunehmenden Gewaltdarstellungen in vielen Aktion-Filmen nur unterhaltend, oder haben sie Wirkungen in der Psyche des jugendlichen Zuschauers, die zu unüberlegten, aggressiven Handlungen führen könnten? Inzwischen sprechen wir von ‹Informationsverschmutzung› und meinen damit, daß es auch eine Aufnahmegrenze gibt, die Vielfalt von Weltnachrichten und die sonstigen ‹Programm-Wirklichkeiten› täglich aufzunehmen und zu verarbeiten. Die Medien, die nicht nur unsere verbale Sprache benutzen, sondern eine Vielzahl von Zeichensystemen (Ton, Bildsequenzen etc.), bieten inzwischen reichlich Lernstoff an, freilich nicht didaktisch und nach zuträglichen Einheiten zubereitet, wie das der Unterricht in der Schule zu tun sich bemüht. Medien sind selbst längst Bestandteil funktionaler Pädagogik. Damit ist gemeint, daß sie nicht ‹intentional› pädagogisch einwirken wollen wie etwa von Lehrern arrangierter Unterricht, aber durch ihr Vorhandensein z. B. ‹Informationsfunktionen› übernommen haben (nicht zu vergessen die ‹Unterhaltungsfunktion›).

Es liegt auf der Hand, daß auch die Pädagogik nach Antworten suchen mußte und muß, und entsprechend entstand eine neue ‹Bindestrich-Pädagogik›: die Medienpädagogik, die die bedeutsame Expansion der Medien seit vielen Jahren kritisch begleitet.

3.6.4 Medienpädagogik: Aufgaben und Reichweite

Medienpädagogik geht aus von der Beobachtung und Interpretation gegebener oder sich entwickelnder Wirklichkeitskonstruktionen, wie sie die Medien einerseits anbieten, die Medien-Nutzer andererseits mitbringen. Wirklichkeitskonstruktionen: Damit ist gemeint, daß das Bild der Wirklichkeit heute durch die Medien wesentlich ‹gemacht› wird. Was ‹wirklich› sei, ist ja nicht vorab, sozusagen außerhalb unseres Wahrnehmungshorizontes gegeben. Für uns wird es erst bemerkbar und in diesem Sinne ‹wirklich›, wenn es in unseren Wahrnehmungshorizont gebracht worden ist. Dafür sorgen heute wesentlich Medien. Wenn es sie nicht gäbe, sähe das Material für die Wirklichkeitskonstruktion anders aus. Auch die Unterschiedlichkeit der Medien ist zu beachten: Das Fernsehen übt eine ganz andere Faszination aus als das Radio. Und schließlich schaffen Stationen im Lebenszyklus (ob jemand Kind, Jugendlicher, Erwachsener oder alter Mensch ist), soziale Herkunft, Berufstätigkeit (oder nicht), Wohnregion, Bildungshintergrund (ob jemand ein Gymnasium besucht hat oder den Hauptschulabschluß besitzt) und viele andere Faktoren eine Fülle von Varianten. Welche Bedeutung die Medien für den einzelnen haben, wird also nicht allein durch die Programmqualität bestimmt, sondern auch durch die Situation, in der der einzelne sich befindet.

Insofern spielen Medien für die Entwicklung des Menschen, für seine Erziehung, aber auch für die Aus- und Weiterbildung und für viele andere Bereiche eine erhebliche Rolle. Es hat sich inzwischen durchgesetzt, den Begriff ‹Medienpädagogik› als übergeordnete Bezeichnung für alle pädagogisch orientierten Beschäftigungen mit Medien in Theorie und Praxis zu verstehen und einzelne Aspekte der Medienpädagogik näher zu spezifizieren. Solche Aspekte sind dann: Medienerziehung, Mediendidaktik, Medienkunde, Medienforschung. Nicht zu vergessen sind wichtige Bezugswissenschaften (die Kommunikations- oder Medienwissenschaft, die Erziehungswissenschaft, die Allgemeine Didaktik, Pychologie, Soziologie und Philosophie [vor allem die Ethik]). ‹Medienpädagogik› meint die Gesamtheit aller pädagogisch relevanten handlungsanleitenden Überlegungen mit Medienbezug. Empirische Grundlagen und normative Orientierungen sind dabei eingeschlossen (vgl. TULODZIECKI 1989, S. 21 f). ‹Mediendidaktik› beschäftigt sich mit dem Einsatz von Medien zum Erreichen pädagogisch reflektierter Ziele; in ihren Bereich gehören vor allem die Unterrichtsmedien. ‹Medienerziehung› beschäftigt sich damit, wie ein sinnvoller Umgang mit Medien heute auszusehen habe und wie dieser Heranwachsenden zu vermitteln sei. ‹Medienkunde› soll Wissen über die Funktion der Medien vermitteln und über eine Fülle technischer, organisatorischer, rechtlicher, ökonomischer, politischer und gesellschaftlicher Bedingungen und Voraussetzungen. Wir müssen heute eben nicht nur wissen, wie ein Auto funktioniert, sondern auch informiert sein über den Medienmarkt selbst, damit wir unter den Angeboten zu unserem eigenen Nutzen und Vergnügen auswählen können. ‹Medienforschung› fragt nach Absichten und Arbeitsformen der Produzenten, nach der Bedeutung und Gewichtung der unterschiedlichen in den Medien benutzten Zeichensysteme; nach dem Medienverhalten des Publikums, von der Mediennutzung bis zur möglichen Wirkung; nach inhaltlichen, formalen und ideologischen Gehalten der Medien-Botschaften. Bei der Medienpädagogik handelt es sich um eine ‹Begleitpädagogik›. Dieser Ausdruck soll darauf hinweisen, daß diese Teil-Pädagogik sich nicht aus dem pädagogischen Denken selbst ableitet, sondern nur entstanden ist als Reaktion auf die technische Ausbreitung der Medien, die eben auch eine Fülle von pädagogischen Fragen stellt. Medienpädagogik ist insofern immer ‹reaktiv› auf die durch Medien hergestellte gesellschaftliche Wirklichkeit. Diese Einschränkung teilt sie mit aller Pädagogik: sie kann die Welt kaum verändern, nur wenig beeinflussen und muß sich damit begnügen, ihren Adressaten zu helfen, selbständig und autonom mit dem Medienangebot umzugehen.

3.6.5 Zur Geschichte der Medienpädagogik

Eine Geschichte medienpädagogischen Denkens und seiner Umsetzung in medienpädagogisches Handeln (in Familie, Schule, außerschulischer Pädagogik und Erwachsenenbildung) ist noch nicht geschrieben. Es liegen allenfalls erste ausschnitthafte Ansätze zu einer solchen Geschichte vor (vgl. z. B. MEYER 1978). Verfolgen wir die Medienpädagogik entlang der Entwicklung der modernen öffentlichen Medien, läßt sich freilich eine These sehr deutlich beweisen: Es findet eine Ablösung einer zuerst vorherrschenden Kontrollorientierung statt durch eine nunmehr von den meisten Medienpädagog(inn)en favorisierte Handlungsorientierung. Betrachten wir die neueste Zeit, seitdem es die sog. Massenmedien gibt, so lassen sich die folgenden konzeptionellen Etappen grob unterscheiden:

Das Massenmedium ‹Zeitung› entfachte zunächst keine bemerkenswerte pädagogische Diskussion. Erst um die Wende zu unserem Jahrhundert, als die neuen Drucktechniken es ermöglichten, Trivial-Literatur, Kriminal- und Frauen-Romane massenhaft zu produzieren, wurden Pädagogen nachdenklich. Kennzeichnend war die Diskussion um «Schund und Schmutz». Die Kunsterziehungsbewegung lehnte die alte «Lernschule» ab und forderte eine freie, am Anspruch des unabhängigen Kunstwerks orientierte Pädagogik. Der massenhaft verbreiteten Unterhaltungs- und Trivialliteratur (es entstanden die ersten Comic- und Groschenheftchen) wurde eine jugendgefährdende Wirkung zugesprochen. Unbestrittener Klassiker ist bis heute Heinrich Wolgast, damals Vorsitzender der Literarischen Kommission der in Hamburg gegründeten «Lehrervereinigung zur Pflege der künstlerischen Bildung in der Schule» und der Sozialdemokratie nahestehend. Sein im Jahr 1896 erschienenes Buch «Das Elend unserer Jugendliteratur» ist auch heute lesenswert. Wolgast wandte sich in dieser Schrift nicht nur gegen die Trivialliteratur, sondern auch gegen moralisch-belehrende und patriotisch-nationale sowie gegen religiöse Werke. Damit protestierte Wolgast gegen die Gängelung durch den wilhelminischen Staat und die Kirche. Vermutlich aus diesem Grunde spricht Wolgast auch der speziell für Jugendliche geschriebenen Literatur, der Kinder- und Jugendliteratur, ihre Berechtigung ab. Denn Wolgast vermutete hier vor allem «Tendenzschriftsteller» (übrigens mit Recht) und befürchtete, diese Art von trivialen Jugendbüchern würden den «ästhetischen Sinn verwässern und verwüsten». Daher forderte Wolgast, man solle die Jugendlichen «echte Dichtwerke» genießen lassen, «um ihren literarischen Geschmack zu bilden (...). Die Jugendschrift in dichterischer Form muß ein Kunstwerk sein» (WOLGAST 1896, S. 21). Wolgast ging es um eine Emanzipation der Jugend durch die klassische Literatur, über die die Deutschen inzwischen verfügten. Bis heute ist dieses Konzept in seinen Grundzügen bedenkenswert. Es wendet sich im Grunde gegen Verbote und Zensurmaßnahmen, aber auch Propaganda des Staates und setzt an diese Stelle einen anderen Maßstab: den der literarischen Tradition mit ihren Ansprüchen. Das Beispiel Wolgasts zeigt besonders deutlich, daß medienpädagogische Reflexion, wie pädagogische insgesamt, vor allem darauf aus war, Medien und Medienprodukte für den Jugendlichen zu kontrollieren. Gesucht wurden ‹objektive› Maßstäbe überzeitlicher Geltung und generellen Anspruchs, die ‹gute› und ‹schlechte› Medien-Produkte verbieten oder zugänglich machen sollten.

Als die Kinematographen zu den bedeutendsten Attraktionen auf Jahrmärkten, Rummelplätzen und in Varietés wurden, bis später das ortsfeste Kinotheater entstand, hatten die Pädagogen erneuten Anlaß zur Sorge. Das neue Medium der ‹lebenden Fotografien›, der Film also, wurde mit Mißtrauen betrachtet, nicht zuletzt, weil das Publikum vor allem aus Angehörigen der sozial niedrigen Klassen und auch aus Kindern und Jugendlichen bestand. Wieder hatten viele Pädagogen und die Kirchen Angst, daß sie ihr Erziehungs- und Bildungsmonopol durch die neuen Medieneinflüsse verlieren könnten. Am größten war die Gruppe (vor allem bei den Kirchen), die sich über die volks- und jugendverderbende Wirkung des Films entrüstete. Daneben gab es aber – wieder auch in den kirchlichen Verbänden – Personen, die den Film als ein Mittel der Volksbildung entdeckten und seine Möglichkeiten als Träger zur Verbreitung weltanschaulicher Ideen nutzen wollten. So versuchte die Kino-Reformbewegung, den ‹guten› Film zu fördern und als erzieherisches Mittel einzusetzen. Reformpädagogisch gesonnene Lehrer meinten, daß Schule zu rational und dürr sei und ergänzt werden müsse durch Anschauung und Emotionalität. Für solche Formen von «Verlebendigung des Unterrichts» schien das optische Medium sehr geeignet zu sein. Diese

Auffassung führte dann zu einer Medienpädagogik und später Mediendidaktik, die den Einsatz von Medien als Lehr- und Lernmittel propagiert.

In der Zeit des Nationalsozialismus wurden die Medien als wesentliche Instrumente der Volksbeherrschung genutzt. Vor allem der Kinofilm wurde für die nationalsozialistische Propagandaerziehung eingesetzt. Produkte wie «Hitlerjunge Quex» oder «Kopf hoch, Johannes» versuchten, auf unterhaltende Art Jugendliche für die Ideen des Staates zu gewinnen. Medien wurden zum ‹Büttel› der Politik.

Nach dem Zweiten Weltkrieg bemühte man sich zunächst, ‹in den rechten Umgang mit den Medien› einzuführen im Rahmen einer sogenannten Bewahrpädagogik. Auch diese war vor allem darauf aus, den Kindern das ‹Gute und Echte› nahezubringen und das ‹Schlechte und Gefährliche› von ihnen fernzuhalten. Im Mittelpunkt dieser Konzepte stand die filmerzieherische Arbeit. Für sie steht vor allem der Name M. KEIL-HACKERS (vgl. 1955), der Filmwirkungen psychologisch untersuchte. Er empfahl die Methode des Filmgesprächs, um so Filmerlebnis und Filmverständnis Heranwachsender zu fördern und «führend-bewahrend» sowie «führend-pflegend» den Reifungsprozeß zu unterstützen. Keilhacker wie andere Pädagogen in seiner Folge versuchten durchaus, pädagogisches Denken von staatlichen, kirchlichen oder anderen Interessen freizuhalten. Freilich lebten sie in der Vorstellung, es gäbe einen pädagogischen Schonraum, in dem die Medien nichts zu suchen hätten. Deren Ausbreitung sorgte dafür, daß die Medien den vorgestellten Schonraum schnell überschwemmten.

Dennoch, die Medienpädagogik zog daraus zunächst keine Konsequenzen. So wurden nach dem Aufkommen des Fernsehens Konzepte der Filmerziehung auf die Fernseherziehung übertragen. Von der zweiten Hälfte der 60er Jahre an jedoch wurden immer häufiger Konzepte entwickelt, die auf den «kritischen Rezipienten» zielten. Es entwickelte sich eine ideologiekritische Medienpädagogik. Die Medien wurden als Agenten einer kapitalistischen Gesellschaft angesehen, in der das Informationsmonopol im Interesse der Herrschenden verwaltet wurde. Medienaussagen wurden zunehmend kritisch analysiert. Man versuchte, ihre geheimen manipulativen Tendenzen zu demaskieren. Die moralischen Maßstäbe wurden ergänzt und überhöht durch gesellschaftspolitische Zielsetzungen, die ein ‹falsches Bewußtsein› von einem ‹richtigen Bewußtsein› abzugrenzen versuchten. Ziel war die Emanzipation des Individuums aus Bewußtseinszwängen, die Förderung seiner Selbstbestimmung und seiner Partizipationschancen. Parallel zu dieser Entwicklung entstand im Bereich der Unterrichtstechnologie eine Medienpädagogik, die ebenfalls nicht mehr von moralischen Postulaten bestimmt war, sondern eher im Rahmen technologischer Rationalität versuchte, die Bedeutung der Medien für Lernprozesse einzuschätzen. So drangen die Medien verstärkt in die Schule ein – in der Familie waren sie ja längst – und wurden damit auch für Pädagogen selbstverständlicher. Die Berührungsangst blieb zwar bis heute, und so nimmt es nicht wunder, daß gerade Pädagogen sich bis heute einer Kulturkritik verbunden fühlen, die die Medien mißtrauisch beäugt.

Medienpädagogik und Kulturkritik. – Es ist bemerkenswert, daß pädagogisch orientierte Schriften in der öffentlichen Diskussion ein besonders starkes Echo finden, wenn sie von Medien-Abwehr beherrscht sind und jedenfalls nicht von Medienpädagogen oder Kommunikationswissenschaftlern stammen. Beispiele dafür sind das klassische Buch Mary WINNS «Die Droge im Wohnzimmer» (1984), die ebenfalls aus dem Amerikanischen übersetzten Bücher Neil POSTMANS, «Das Verschwinden der Kindheit» (1983) und «Wir amüsieren uns zu Tode» (1985), oder des Pädagogen Hartmut v. HENTIGS, «Das allmähliche Verschwinden der Wirklichkeit» (1984). Warum findet die hier zutage tretende grundsätzliche Medien-Abwehr so große öffentliche Resonanz? Ganz offenbar liegt Angst vor. Sie ist allzu verständlich: Medien sind längst zu Konkurrenten der Pädagogen geworden. Jene sind es, die Jugendliche faszinieren, ihnen Wissensstoffe übermitteln, und dies auf außerordentlich attraktive Weise, mit der normaler Unterricht kaum konkurrieren kann. So fürchten viele Pädagogen, daß die Medien die Anziehungskraft ihres Unterrichts schwächen; darüber hinaus haben sie Sorge, daß Jugendliche vieles Unwichtige an die Stelle überlieferter Unterrichtsinhalte setzen. So interessieren sie sich für Madonna, Prince oder Michael Jackson, für Videoclips und Horrorfilme, anstatt mathematische Probleme zu reflektieren oder Vokabeln zu lernen. Wenn Medienpädagogen weniger im kulturkritischen Chor zu hören sind, liegt dies wohl daran, daß sie mit der Medienforschung mehr vertraut sind als viele pädagogische Medien-Kritiker. Sie wissen beispielsweise, daß die zunehmende Gewalt unter Jugendlichen nicht durch Medien verursacht, allenfalls verstärkt werden kann. Vor allem wissen sie, daß die heutigen Kinder- und Jugendkulturen über Werbung, Kultfilme, Videoclips und Pop und Rock eine eigene Ausdruckswelt konstituieren, die vielen Pädagogen fremd ist. Dennoch, auch hier handelt es sich um ein Stück Kultur, wenn auch nicht genuin pädagogischer. Was nützt es, so fragen Medienpädagogen, Jugendliche pädagogisch zu ‹kolonialisieren›, ihnen also ihre Spiel- und Freiräume zu nehmen? Würde eine solche ‹Bewahrhaltung› nicht ein Eingriff in Lebensinteressen und Lebensstile sein, über deren Eigenart und Wert wir doch erst einmal genau Bescheid wissen müßten?

Handlungsorientierte Medienpädagogik. – In den späten 70er Jahren traten an die Stelle einer eher kontrollorientierten, stark kulturkritisch untermauerten Pädagogik Konzepte, die die Interessen und sogenannten Bedürfnisse des Medien-Nutzers stärker beachteten und normative Vorannahmen in Frage stellten. In dieser Zeit gewann der außerschulische Erziehungsbereich (Freizeitarbeit, Jugendarbeit, Häuser der offenen Tür, Jugendzentrumsbewegung etc.) an Bedeutung. Hier waren Freiräume gegeben, die Medien nicht nur zu Instrumenten organisierten Lernens machten, sondern den Jugendlichen an die Hand gaben als Ausdrucks- und Artikulationsinstrumente ihrer eigenen Interessen. Damit entstand die handlungsorientierte Medienpädagogik, die an die Stelle des ‹Medienrezipienten› die des ‹Medien-Nutzers› setzt. Medien-Nutzung kann nämlich doppelwertig gesehen werden: einmal als ‹Rezeption› produzierter Botschaften, zum anderen als ‹Produktion› eigener Inhalte. Auch dazu brauchen wir ja technische Geräte. Insbesondere das Aufkommen des Videos und die damit verbundene Video-Bewegung versuchten eine ‹alternative Öffentlichkeit› aufzubauen – als Herausforderung der hochkomplex organisierten Öffentlichkeit der sogenannten Massenmedien. Diese alternative Öffentlichkeit sollte sich ‹basisbezogen› in Stadtteilen oder übersichtlichen Regionen aufbauen und sich kritisch gegenüber der herrschenden und mit Mehrheit verbreiteten Meinung artikulieren. Schule ließ und läßt solche Handlungsspielräume nicht zu, jedenfalls in der Regel. So leistete sie in den letzten Jahren für die Weiterentwicklung der Medienpädagogik insgesamt (sieht man von der Mediendidaktik und – teilweise – Medienkunde ab) keine wesentlichen Beiträge mehr – nicht zuletzt, weil Medienpädagogik auch in der Lehrerbildung der Hochschulen bis heute eine Randstellung einnimmt. Dennoch wird – etwa in schulischen und außerschulischen Modellprojekten – an der Weiterentwicklung einer ‹handlungsorientierten Medienpädagogik› gearbeitet. Diese will die ‹Rezipientenrolle› einschränken und ‹das Publikum› an der Herstellung von Programmen beteiligen. Hinter einer solchen Forderung steht ein bestimmtes Menschenbild. Es gründet sich darauf, daß jeder Mensch nicht nur ‹kommunikationsfähig› ist, sondern auch eine je eigene ‹Kompetenz› zur Kommunikation besitzt, die sich freilich nur zeigen, ausdrücken und weiterentwickeln kann, wenn sie in ‹Medienhandeln› umgesetzt wird. Bürgerbeteiligung an lokalen Radioprogrammen, wie sie in manchen Bundesländern inzwischen möglich ist, über ‹offene Kanäle› oder Zuweisung bestimmter Sendezeiten, ist die Folge dieses Konzepts. Inzwischen gibt es gerade im außerschulischen Bereich eine Fülle von Erfahrungen, die eines zeigen: Medien können, gerade wenn es sich um lokale Radiostationen handelt, wieder ein Stück weit an die

Wirklichkeit des Bürgers heranrücken. Indem die Medien wenigstens ein Stück weit wieder aus der Hand einer spezialisierten Kommunikationselite in die Hand jedes Bürgers gelangen, erscheint der alte Traum doch nicht ganz unrealistisch, daß gerade auch öffentliche Kommunikation einen Raum der Chancengleichheit bereitstellt, weil jeder sich prinzipiell artikulieren kann und auch gehört wird.

Ob das Konzept einer solchen ‹handlungsorientierten Medienpädagogik› sich über Modell-Projekte und gesellschaftliche Teilbereiche hinaus durchsetzen läßt, bleibt freilich derzeit umstritten. Dennoch, sie gibt mit ihren Grundsatzüberlegungen der Pädagogik ein Konzept an die Hand, das die Fähigkeit des Menschen zur Selbstbestimmung und Selbstverfügung begründet und aus dieser Begründung heraus auch zum Zielwert macht. Medienpädagogik realisiert dieses grundlegende Programm in Hinsicht auf die alle Heranwachsenden heute umgreifenden Zeichen- und Symbolwelten (Medienwelten) unter der Prämisse, daß jede Form von Techno-Rationalität kritisch zu überprüfen ist. Die ‹Gretchen-Frage› ist jeweils, ob die Kompetenz des Menschen zur humanen Selbstentfaltung beschnitten oder gefördert wird. Handlungsorientierte Medienpädagogik ist in diesem Sinne auch kritisch: indem sie den scheinbaren Status quo schulischer Rituale und Zweckbestimmungen oder die technisch mögliche Erweiterung von Informations- und Kommunikationsangeboten in den Horizont menschlicher Kompetenz stellt. Von da aus muß bestimmt werden, was technisch notwendig ist und worauf wir vielleicht auch verzichten können.

3.6.6 Medien in Lehr-/Lernprozessen (Schule/Weiterbildung)

Während eine auf öffentliche Medien bezogene Medienpädagogik sich eher an den außerschulischen Kommunikationsraum bindet, hat die *Mediendidaktik* ihren eigentlichen Ort in der Schule, darüber hinaus überall dort, wo Medien den Lernprozeß unterstützen oder erleichtern können. Schon in den 20er Jahren waren es Medienbegeisterte unter den Reformpädagogen, die beispielsweise den Film in die Schule holten, um über ihn etwa Berliner Stadtkindern zu zeigen, wie Kühe aussehen, wie sie sich bewegen, wie man sie melkt und wie die Milch dann weiterverarbeitet wird. Diese schulpädagogische Tradition der Mediendidaktik betrachtet die Medien in erster Linie als handhabbare Geräte, die für den Unterricht eingesetzt werden können.

Nach dem Kriege, vor allem in den 60er Jahren, haben sich an der Entwicklung der dann so genannten Unterrichtstechnologie verschiedene Wissenschaften beteiligt, von der Informatik über die Lernpsychologie bis zur Allgemein- und Fach-Didaktik.

Zu den *Unterrichtsmedien* gehören Filme, Radiobeiträge (Schulfunk), Tonband, Videoband, Overhead-Projektor und, als Medien-Installation, etwa das Sprachlabor. Der Einsatz von Unterrichtsmedien wurde vor allem in einer Zeit des Lehrermangels reflektiert. Man hatte die Hoffnung, daß Medien den Lehrer entlasten könnten, ja, ihn sogar ersetzen. Dies kann man anhand einer Liste von Lehrertätigkeiten überlegen – mit der Frage, was davon auch Medien leisten können: Definieren, Kennzeichnen, Beschreiben, Feststellen, Berichten, Ersetzen, Beurteilen, Meinungen äußern, Klassifizieren, Vergleichen und Gegenüberstellen, Schlußfolgerungen ziehen, Erklären, Anweisungen geben, den Unterrichtsablauf organisieren, Ermuntern, Loben, kognitive Lernleistungen fördern. Das Schulbuch hat seit jeher manche Lehrertätigkeiten nützlich ergänzt, etwa in den Bereichen: Definieren, Beschreiben, Kennzeichnen, Berichten, Klassifizieren, Feststellen oder Anschaulichmachen.

Die neuen Lernmaschinen jedoch sollten nun entschieden mehr leisten. Sie unterstützen zum einen eine zweckrationale Konstruktion der Lehrtechniken. Medieneinsatz setzt präzise Lernziel-Formulierungen und eine genaue und begründete Stoffauswahl voraus. Nur auf diese Weise ist es möglich, so nahm man an, ‹effektives Lernen› zu ermöglichen. Unter ‹effektiv› wurde verstanden, daß die Schüler(innen) mit möglichst wenig Anstrengung und Mißerfolgen in möglichst kurzer Zeit möglichst viele Lernerfolge haben könnten. Zum anderen erlauben Medien eine verstärkte Individualisierung des Unterrichts. Der Klassenverband kann für bestimmte Lernaufgaben verlassen werden. Je nach Interesse, Lerngeschwindigkeit und Lernstil kann eine gezielte Förderung einzelner Schüler möglich sein und auf diese Weise die Chancengleichheit erhöht werden. Wer eher über Bücher lernt, kann sich diesen zuwenden; wer eher auf Anschaulichkeit angewiesen ist, sieht vielleicht einen Lernfilm (zusätzlich oder statt dessen), und wer Sachen nur kapiert, wenn er sie selbst macht, der muß eben an einem Laborexperiment teilnehmen.

Besonders viel erhoffte man sich zudem von einer Objektivierung der Lernprozesse und der Erfolgsmessung. Medien-Curricula sind ‹standardisiert›, und damit sind sie vergleichbar, rational kontrollierbar. Besonders deutlich wird dies am Beispiel des *Programmierten Unterrichts*: Lehrbücher waren so angelegt, daß sie in kleinen Lernschritten den Lehrstoff vermittelten, wobei schnell lernende Schüler manche Wiederholungsschleifen überspringen konnten; wer etwas nicht verstanden hatte oder Fehler machte, erfuhr dies bei eingestreuten Zwischentests und konnte dann (nach Anweisung) auf eine frühere Lernstufe zurückkehren, um den Stoff noch einmal Schritt für Schritt durchzugehen und vielleicht jetzt besser zu erfassen. Am Ende stand dann ein ebenfalls standardisierter Test, der sich exakt auf das bezog, was auch im Lehrprogramm an Stoff vermittelt wurde – nicht mehr und nicht weniger.

Schließlich erhoffte man sich auch eine erhebliche Ökonomisierung der Lernprozesse, und dies in doppeltem Sinn. Zum einen konnte schneller, effektiver, kontrollierbarer und meßbarer gelernt werden; zum anderen hoffte man, durch Medien-Curricula auch Lehrer-Stellen einzusparen. An die Stelle von Lehrpersonen sollten die Medien treten. Ihr Vorteil war ja überdies, daß sie verschickt werden konnten und darum auch ferne Lerner erreichten (z. B. wurde damals die Fernuniversität Hagen gegründet, die es auch berufstätigen Menschen erlauben sollte, noch ein Studium zu beginnen, ohne ihren Wohnort zu verlassen und an einen Universitätsort zu ziehen). Die Liste der Vorteile, die man sich durch didaktisch eingesetzte Lehr-/Lern-Medien erwartete, ließe sich noch erheblich verlängern. So war man auch der Meinung, daß Unterrichtsmedien eine schnellere Anpassung der Lernmaterialien an den jeweils neuesten Stand und den gesellschaftlichen Bedarf erleichterten. Lehrer (vgl. auch 3.3) gelten als schwerfällig; sie haben ihre Gewohnheiten und Routinen, sperren sich oft gegen Innovationen oder haben nicht Lust, auf zusätzlichen Fortbildungsveranstaltungen Neuigkeiten ihres Fachs zu studieren. Zentral hergestellte Medien-Curricula können immer den aktuell gültigen Wissensstoff transportieren. Wenn ein neues Fach für notwendig erachtet wird, können sie an die Stelle der langsamen Lehrer treten. Bei der Informatik wäre dies ganz offenbar gewesen. Selbst die Mathematik-Lehrer hatten hier zunächst Berührungsängste, als dieses Fach in die Schule eingeführt werden sollte. Lehrprogramme, Computer mit beigegebenen Anweisungen forderten die Schüler heraus, im direkten Umgang mit ihnen zu lernen, und tatsächlich hatten manche Schüler manchen Lehrern schnell ein spezielles Wissen in diesem Bereich voraus.

Heute glaubt niemand mehr daran, einen Medien-Lehrer an die Stelle der realen Lehrperson setzen zu können. Wichtige Erfahrungen machte man auch an der Fernuniversität. Schnell zeigte sich, daß es nicht genügte, fachlich hervorragende Unterrichtsbriefe zu verfassen und in regional verteilten Medienzentren zusätzliche Lehrmaterialien zur Verfügung zu stellen. Die Studierenden vermißten vielmehr die Möglichkeit, eine kompetente Lehrperson direkt fragen zu können, und sie sehnten sich nach einem Gespräch mit Schülern, die in der gleichen Lage wie sie waren. Diese Stärken direkter Kommunikation, Menschen in gleicher Lern-Situation zusammenzuführen und ihnen einen Austausch über ihre Lern-Erfahrungen zu ermöglichen, konnten Medien nicht ersetzen. Ebensowenig konnten sie den persönlich anwesenden Lehrer überflüssig machen, denn das in den Lehrfilmen oder anderen Materialien standardisiert Vorproduzierte war ja viel zu starr, um den ganz unterschiedlichen Lernsituationen unterschiedlicher Klassen sowie Jungen und Mädchen angepaßt werden zu können. Schulinternes Fernsehen, programmierter Unterricht und andere Maßnahmen der Unterrichtstechnologie spielen heute keine bedeutsame Rolle mehr.

Dennoch: Nicht nur Schulfunk und Schulfernsehen der Sendeanstalten (natürlich nur der öffentlich-rechtlichen Anbieter, und leider hier immer seltener), auch das Funkkolleg oder das Telekolleg, das Fernstudium, der Einsatz von Unterrichtsfilmen – all dies hat den Angebotsmarkt im Lehr-/Lernbereich erheblich erweitert und ist aus ihm nicht mehr wegzudenken. Der pädagogische Optimismus freilich ist verflogen, Medien könnten als eine Art moderner Nürnberger Trichter Lernen abkürzen oder mühelos machen. Was sie leisten, ist etwas anderes: unterschiedliche Lernformen anzubieten und im Verbund mit direkter Kommunikation Lernmaterial bereitzustellen, das Qualität hat und den Lehrer entlastet, für jeden Lernschritt das geeignete Beispiel, die beste Veranschaulichung zu finden. Die Veralltäglichung der Medien hat ihren Reiz gerade im Unterricht abgeschliffen. Damit sind sie nicht überflüssig geworden – vor allem dann, wenn sie nicht nur zur Vermittlung von Wissen eingesetzt werden, sondern in die Hand des Schülers geraten. Dann schließt sich der Kreis: Schüler werden von rezeptiv Lernenden zu Menschen, die Situationen gestalten, dokumentieren und für andere zeigbar, verfügbar halten. Sie erwerben ein Stück aktiver Medienkompetenz.

3.6.7 Immer neue Umbrüche und Problemkonstellationen

Es ist gezeigt worden, in wie schneller Folge die Medien aufeinander folgten. Dabei wurde die Geschwindigkeit immer größer, in der neue Medien und Medien-Konstellationen aufkamen. Während Druck und Buch mehrere Jahrhunderte währten, wurde die Fotografie innerhalb kurzer Zeit durch den Film weitergeführt, die Schallplatten-Tonaufnahme in Wachs, die nur einmal abgespielt werden konnte, wurde schnell durch das archivierbare Tonband weiterentwickelt, dem Radio folgte das Fernsehen auf dem Fuße, dieses bekam Konkurrenz durch den Video-Recorder usf. Inzwischen können wir so viele Radio- und Fernsehprogramme empfangen, daß wir sie nicht einmal mehr aufzählen und registrieren können. Es gibt kaum einen Haushalt, in dem nicht inzwischen der Schwarzweiß-Fernseher durch einen Farb-Fernseher abgelöst ist. Längst ist der

Fernsehapparat nicht mehr das zentrale Wohnstubenmöbel; er hat sich wie das Radio vervielfältigt und findet sich in der Küche, im Badezimmer, in Kinderzimmern etc. Insbesondere die Satelliten haben zu einer Globalisierung der Medien geführt: Wir können heute zeitgleich Programme aus anderen Erdteilen empfangen, in anderen Sprachen, aus anderen Kulturen. Wird die Welt dadurch zum ‹global village› (zum globalen Dorf), wie der amerikanische Medien-Philosoph McLuhan dies vermutete? Auf den ersten Blick spricht manches dafür. Wir erfahren oft schneller etwas über ein Flugzeugunglück in Kenia als die Tatsache, daß unser Nachbar sich das Bein gebrochen hat. Dennoch, auch hier genügt es nicht, der Techno-Rationalität allein zu vertrauen und zu meinen, wenn ferne Ereignisse in alle Welt übertragen würden, sei diese Welt schon dadurch friedlicher und lebe in größerem Einvernehmen.

Gerade im zunehmend vereinten Europa wird deutlich, daß Sprachbarrieren eine größere Rolle spielen als vermutet. Zwar werden Fernsehprogramme aus unseren Nachbarländern ‹herangeführt›, aber die meisten Zuschauer sehen sie nicht an, weil sie die Sprache nicht verstehen bzw. gewohnt sind, einen fremdsprachigen Film synchronisiert angeboten zu bekommen. Der Kulturkanal ‹arte› ist dafür ein Beispiel: Noch hat er ein sehr kleines Zuschauerpublikum, weil der Wechsel zwischen französischer und deutscher Sprache irritiert, abgesehen davon, daß die meisten Beiträge der starken Unterhaltungsorientierung des Publikums entgegenstehen. Aber auch kulturelle Grenzen bleiben erhalten. Die großen Konzerne produzieren zwar ihre Serien und Medien-Materialien für eine möglichst weltweite Distribution; dennoch bleiben die kulturellen Schranken bestehen, obgleich etwa die ‹Dallas-Serie› so angelegt war, daß die gezeigten Handlungen und Gefühle nach Möglichkeit nicht nur als ‹typisch amerikanisch› erlebt wurden. Aber es bleiben Kulturschranken, Mentalitätsschranken. Und es bleiben regionale, länderbezogene Interessen und Themen. Wenn Burda-Strickmodenhefte auch in Südamerika zu kaufen sind, dann mag das noch hingehen. Aber was geht eine Pudel-Ausstellung in Düsseldorf einen chilenischen Bauern an? Selbst die großen Themen: Krieg und Frieden, Katastrophen oder neue Erfindungen schleifen sich durch Wiederholung ab, verbrauchen ihre Aktualität. Am Beispiel Europa werden wir beobachten können, welchen Beitrag die Medien zu einer kulturellen Integration leisten können – und inwieweit ihre Aufgabe vielleicht gerade darin bestehen könnte, nationale, regionale und lokale Eigenheiten zu gestalten und zu bewahren.

Es bleibt eine Fülle von Fragen. Wird die Wissenskluft bestehenbleiben oder sich sogar erweitern – zwischen denen, die Medien zu ihrem Vorteil nutzen (sich informieren, aktive Beiträge leisten, sich genußvoll entspannen), und denen, die in Bannung an das immer Gleiche (man spricht von ‹Unterhaltungsslalom› von Serie zu Serie, von Krimi zu Krimi, von Horror zu Porno) ihre Lebenszeit auf diese Weise verbrauchen, ohne sie wirklich kreativ und aktiv zu nutzen? – Oder: Stimmt es, daß die aktuellen Medien immer stärker festsetzen, worüber wir reden und was wir für wichtig halten? Das eben sagt die sogenannte Agenda-setting-These: Was die Medien (in ihren Nachrichten, Kommentaren, Life-Berichten) ‹auf die Tagesordnung› setzen, gehört auch auf die Tagesordnung unseres Alltags, unserer Gespräche. Was in ihnen nicht thematisiert wird, vergessen wir. So wußten die Amerikaner jahrelang nichts über China, weil die Medien dieses Land außer acht ließen – bis Nixon durch seine neue Politik dies änderte. Werden wir durch unsere Medien zu ‹Eurozentrikern›, oder werden wir vielmehr ‹amerikanisiert›? – Oder: Wenn die Medien auch nicht Ursache von mehr Gewalt auf den Straßen, aber auch in den Familien sind, zeigen sie nicht schließlich eine Welt, die von Gewalt durchherrscht wird? Der amerikanische Kommunikationssoziologe Gerbner hat schon vor Jahren gezeigt, daß viele USA-Bürger eine ganz verzerrte Sicht auf die Wirklichkeit haben: Weil sie in ihren Fernsehserien und Action-Filmen so viele Morde und Gewalttaten gehäuft sehen, vermuten sie dasselbe in ihrer Nachbarschaft, fürchten sich daher, auf die Straße zu gehen – sie entwickeln Ängste, die durch die reale Verbrechensstatistik nicht gedeckt sind. – Auf der anderen Seite: Könnte es nicht doch sein, daß manche Verhaltensmodelle, die die Medien vorführen, für manche Jungen so attraktiv sind, daß sie über Identifikationsprozesse auch ein Stück der gewaltförmigen Aktionen ihrer Lieblingsdarsteller in ihr eigenes Repertoire übernehmen?

Und schließlich: Weitere technische Entwicklungen zeichnen sich am Horizont ab. Wir werden bald unseren Home-Computer als integriertes Terminal benutzen, an das der Fernsehapparat ebenso angeschlossen ist wie der CD-Player, das Video-Gerät; gleichzeitig wird der Computer seine interaktiven Fähigkeiten entfalten, indem er uns erlaubt, zu Hause zu bleiben und von dort aus den Stand unseres Bankkontos abzufragen, Flugkarten zu bestellen oder mit einem Fernpartner Schach zu spielen. Schon können wir das zunächst auf Fernsehformat reduzierte Videobild auf Leinwandgröße ‹beamen›. Die Technik des CD-Players wird schon wieder herausgefordert durch neue Minidisks, die noch kleiner, noch handlicher, noch besser tönend sind. Wieviel Unterhaltungselektronik brauchen wir eigentlich noch, und wann finden sich Grenzen der Entwicklung?

Immer wieder hat sich gezeigt: Es ist nicht notwendig, daß wir immer alles, das technisch möglich ist, auch tatsächlich machen. Wenn die Medien unseren Handlungsraum erweitern, unsere ‹kommunikative Kompetenz› fordern, dann sind sie sozial, ökonomisch und kulturell nützlich. Sie können aber auch zu zeitverschlingenden Kolossen werden, die unsere Weltsicht, statt zu erweitern, immer mehr auf das begrenzen, was die großen Medienkonzerne in den Horizont unserer Wahrnehmung hereinlassen. Chancen und Gefahren liegen also dicht beieinander. Es sind gerade die Medien, die die alte Frage nicht in Ruhe lassen: Wie weit sind wir selbst für die Zeichen und Symbole verantwortlich, die wir einsetzen, um andere zu informieren, aber auch zu beeinflussen? Dies ist auch eine ur-pädagogische Frage. Wie es ‹Grenzen der Erziehung› gibt, so auch ohne Zweifel ‹Grenzen der Medien›. Sie sind dann erreicht, wenn unsere Wirklichkeitskonstruktionen uns aus der Hand genommen werden und von anderen gemacht sind, die wir nicht mehr kontrollieren können oder wollen. Im Vergleich zu Pädagogen haben dabei Medien-Produzenten eine noch eindrucksvollere Gewalt über unsere Weltbilder. Pädagog(inn)en haben inzwischen Grenzen ihres Handelns erkannt und das Terrain abgesteckt. Beispielsweise soll ein ‹schülerorientierter Unterricht› die Macht des Lehrers begrenzen und ihn zum Teilhaber des Lernprozesses machen. Übertragen auf Medien hieße dies doch: Sie müssen immer dann ihren Wirkungsradius begrenzen und ihre ‹Rezipienten› zu ‹aktiven Nutzern› machen, wenn sie das selbstverantwortliche Handeln der Bürger, anstatt es durch Information und Aufklärung zu unterstützen, eher einzuschränken drohen. Offen bleibt, ob es den in Mediensystemen Tätigen und Verantwortlichen gelingt, aus Fehlentwicklungen zu lernen und das System durch Selbstkontrolle und Offenheit zu verändern, wenn es notwendig scheint. Es sieht so aus, als hätten dies (mit Vorsicht sei dies behauptet) die Pädagogen vermocht. Medien, als Selbstläufer der Modernität, haben aber diese Probe auf die Qualität ihrer Selbstreflexivität noch vor sich.

Literatur

ADORNO, TH. W.: Eingriffe. Neun kritische Modelle. Frankfurt/M. 1963.

ANDERS, G.: Die Antiquiertheit des Menschen. Über die Seele im Zeitalter der zweiten industriellen Revolution. München 1956.

BAACKE, D. (Hrsg.): Mediendidaktische Modelle: Fernsehen. München 1973a.

BAACKE, D.: Kommunikation und Kompetenz. Grundlegung einer Didaktik der Kommunikation und ihrer Medien. München 1973b.

BAACKE, D.: Kritische Medientheorien. Konzepte und Kommentare. München 1974.

BAACKE, D. / FRANK, G. / RADDE, M.: Medienwelten–Medienworte. Jugend und Medien in Nordrhein-Westfalen. Eine medienökologische Untersuchung. Bielefeld 1991.

338   Dieter Baacke

BAACKE, D. / FRANK, G. / RADDE, M.: Jugendliche im Sog der Medien. Opladen 1989.

BAACKE, D. u. a.: Neue Medien und Erwachsenenbildung. Berlin / New York 1990.

BAUER, K. W. / HENGST, H.: Wirklichkeit aus zweiter Hand. Kindheit in der Erfahrungswelt von Spielwaren und Medienprodukten. Reinbek bei Hamburg 1980.

BERG, K. / KIEFER, M.-L. (Hrsg.): Massenkommunikation IV. Eine Langzeitstudie zur Mediennutzung und Medienbewertung 1964–1990. Baden-Baden 1992 (= Media Perspektiven. Bd. 12).

BONFADELLI, H.: Die Sozialisationsperspektive in der Massenkommunikationsforschung. Berlin 1981.

BRAND, P. / SCHULZE, V.: Medienkundliches Handbuch. Die Zeitung. 2 Bde. Braunschweig ³1987.

BRECHT, B.: Radiotheorie 1927–1932. In: Gesammelte Werke. Bd. 18. Frankfurt / M. 1967.

BRENNER, G. / NIESYTO, H. (Hrsg.): Handlungsorientierte Medienarbeit. Video, Film, Ton, Foto. Praxishilfen für die Jugendarbeit. Weinheim / München 1993.

BUNDESZENTRALE FÜR POLITISCHE BILDUNG (Hrsg.): Massenmedien I und II – Informationen zur politischen Bildung, H. 208 / 209. Bonn 1985.

BUSS, M.: Die Vielseher. Frankfurt / M. 1985.

DEUTSCHES INSTITUT FÜR FERNSTUDIEN AN DER UNIVERSITÄT TÜBINGEN (Hrsg.): Medien und Kommunikation. Konstruktionen von Wirklichkeit. Studienbrief 1–12. Weinheim / Basel 1990.

EHMER, H. K. (Hrsg.): Visuelle Kommunikation. Beiträge zur Kritik der Bewußtseinsindustrie. Köln 1971.

ENZENSBERGER, H. M.: Einzelheiten I. Bewußtseins-Industrie. Frankfurt / M. 1962.

ENZENSBERGER, H. M.: Baukasten zu einer Theorie der Medien. In: Kursbuch 20. Berlin 1970, S. 159–186.

ESCHENAUER, B.: Medienpädagogik in den Lehrplänen. Eine Inhaltsanalyse zu den Curricula der allgemeinbildenden Schulen. Gütersloh 1989.

FRANK, B. u. a.: Kultur und Medien. Angebote – Interessen – Verhalten. Eine Studie der ARD / ZDF-Medienkommission. Baden-Baden 1991 (= Media Perspektiven. Bd. 11).

FRÖHLICH, A.: Handlungsorientierte Medienerziehung in der Schule. Tübingen 1982.

HABERMAS, J.: Strukturwandel der Öffentlichkeit. Neuwied 1962.

HENTIG, H. v.: Das allmähliche Verschwinden der Wirklichkeit. Ein Pädagoge ermutigt zum Nachdenken über die Neuen Medien. München 1984.

ISSING, L. J. (Hrsg.): Medienpädagogik im Informationszeitalter. Weinheim 1987.

JARREN, O. / WIDLOK, P.: Lokalradio für die Bundesrepublik Deutschland. Berlin 1985.

KEILHACKER, M.: Kind und Film. Stuttgart 1953.

LERNER, D.: The passing of traditional society. Modernizing the Middle East. Glencoe (Ill.) 1958.

MALETZKE, G.: Psychologie der Massenkommunikation. Theorie und Systematik. Hamburg 1963.

MEYER, P.: Medienpädagogik. Entwicklung und Perspektiven. Königstein / Ts. 1978.

MEYROWITZ, J.: Die Fernsehgesellschaft. Wirklichkeit und Identität im Medienzeitalter. Basel 1987.

NEGT, O. / KLUGE, A.: Öffentlichkeit und Erfahrung. Zur Organisationsanalyse von bürgerlicher und proletarischer Öffentlichkeit. Frankfurt / M. 1972.

POPP, W. (Hrsg.): Kommunikative Didaktik. Weinheim/Basel 1976.

POSTMAN, N.: Das Verschwinden der Kindheit. Frankfurt/M. 1983.

POSTMAN, N.: Wir amüsieren uns zu Tode. Urteilsbildung im Zeitalter der Unterhaltungsindustrie. Frankfurt/M. 1985.

RADDE, M./SANDER, U./VOLLBRECHT, R. (Hrsg.): Jugendzeit – Medienzeit. Daten, Tendenzen, Analysen für eine jugendorientierte Medienerziehung. Weinheim/München 1988.

SCHILL, W./TULODZIECKI, G./WAGNER, W.-R. (Hrsg.): Medienpädagogisches Handeln in der Schule. Opladen 1992.

SCHWARZ, R. (Hrsg.): Manipulation durch Massenmedien – Aufklärung durch die Schule. Stuttgart 1974.

TULODZIECKI, G.: Medienerziehung in Schule und Unterricht. Bad Heilbrunn 1989.

WALLRAFF, G.: Der Aufmacher: Der Mann, der bei ‹BILD› Hans Esser war. Köln 1977.

WENIGER, E.: Schulreform, Kulturkritik und pädagogische Bewegung. In: Ders.: Ausgewählte Schriften zur geisteswissenschaftlichen Pädagogik. Weinheim 1975, S. 95–106.

WINN, M.: Die Droge im Wohnzimmer. Reinbek bei Hamburg 1984.

WOLGAST, H.: Das Elend unserer Jugendliteratur. Ein Beitrag zur künstlerischen Erziehung der Jugend. Hamburg 1896.

ZIELINSKI, S.: Audiovisionen. Kino und Fernsehen als Zwischenspiele in der Geschichte. Reinbek bei Hamburg 1989.

4 Die Klientel pädagogischer Tätigkeit

Dieter Lenzen

4.1 Das Kind*

4.1.1 Wer befaßt sich mit Kindern?

Diese Frage scheint auf den ersten Blick banal. Wenn Erziehungswissenschaft, wenn Pädagogik die Wissenschaft ist, die sich mit der Erziehung und der (Aus-)Bildung befaßt, dann ist es ja wohl die Erziehung und Bildung von Kindern. Mithin wäre es für jeden, der sich mit Kindern befaßt, wichtig zu wissen, was darunter verstanden wird. Man möchte womöglich einen Lebensaltersabschnitt benannt bekommen, innerhalb dessen man von ‹Kindern› redet.

Aber was ist mit der Erwachsenenbildung, der Altenpädagogik, der Freizeiterziehung? Für Pädagogen, die in diesen Berufen tätig sind, geht es nicht um Kinder. Auf der anderen Seite: Was gibt es an Nicht-Kindern zu erziehen? Warum sind Erwachsene nicht ausgebildet? Was soll jemand mit alten Leuten anfangen, der Pädagoge ist, und warum bedarf es einer Erziehung zur Freizeit, auch wenn man längst erwachsen ist?

Heißt das, daß die einen sich mit Kindern beschäftigen, die anderen mit Erwachsenen und deshalb genau zu definieren ist, wer etwas über ‹das Kind› wissen muß? – Mitnichten. Es gibt mindestens zwei wichtige Gründe, weshalb es für jeden praktizierenden Pädagogen unverzichtbar ist, sich mit dem Kind zu befassen: Gerade weil die Grenzen dessen, was man einmal als ‹das Kind› bezeichnet hat, offenbar fließend geworden sind und weil diese sich nicht mehr traditionell definieren lassen durch den Hinweis auf Unmündigkeit, Unreife und Sorgebedürftigkeit, bedarf es des Nachdenkens darüber, ob das Konzept ‹Kind› noch trägt. Dazu muß man sehr viel über die Geschichte der Kindheit wissen. Wir werden dabei feststellen, daß wir eine Kindheit im engeren Sinn unterscheiden können von Prozessen der Verkindlichung auch des Erwachsenenalters.

* Ich danke Käte Meyer-Drawe für ihren Beitrag bei der Entstehung von «Das Kind».

Aber selbst dadurch läßt sich keine Gruppe von Pädagogen herauslösen, für die die Beschäftigung mit diesem Gegenstand wichtiger wäre als für andere. Die pädagogische Profession als solche steht und fällt mit der Definition ihrer Klientel, ihrer ‹Kundschaft›.

4.1.2 Was ist ein Kind?

Dieses ist eine typische Erwachsenenfrage. Ein Kind, das in vollem Bewußtsein darüber, was es sagt, von sich behauptet, es sei ein Kind, ist nämlich keines mehr. Es steht auf der Schwelle zum Erwachsensein oder hat sie überschritten. Wir stecken also in einem Dilemma, wenn wir dem Wort ‹Kind› den Charakter eines Grundbegriffs in der Erziehungswissenschaft beimessen wollen. Das ist anders als z. B. in der Soziologie. So weiß ein Arbeiter in aller Regel, daß er zur Gruppe, Schicht oder Klasse der ‹Arbeiter› gehört. Anders ist es auch als in der Medizin: Wer den Arzt aufsucht, weiß, daß er der Patient ist und nicht der Arzt.

Nur eines weiß ein Kind als Kind genau: daß es kein Baby ist. Aber da enden schon die problemlosen Auskünfte, die wir von ihm über es selbst erhalten. Wir Erwachsenen reden als Erwachsene vom Kind; vom Kind, das wir als Gegenüber haben, und vom Kind, das wir einmal selbst gewesen sind. Deswegen sprechen wir gleichzeitig über uns, über die uns umgebende Welt *und* über das Kind. Es taucht in dieser Verbindung auf und läßt sich nicht isolieren. Je nach dem, wie wir uns selbst, die Dinge, mit denen wir umgehen, verstehen, verändert sich auch die Beschreibung des Kindseins. Eine Definition wird zudem dadurch erschwert, daß es heute schon beinahe eine Binsenweisheit ist, daß Kindheit als spezifische Phase der Entwicklung, die eine besondere Beachtung verdient, eine historisch ziemlich späte Entwicklung des 17. und 18. Jahrhunderts war. Entwicklungstheorien, Sozialisationskonzeptionen, unterschiedliche Anthropologien richten ihre Scheinwerfer auf das Phänomen ‹Kind› und gelangen zu unterschiedlichen Einschätzungen. Wie kann man angesichts einer solchen Lage das Phänomen ‹Kind› angemessen beschreiben, ohne bloß über sich selbst zu reden? Vielleicht ist ja schon viel gewonnen, wenn man sich über diesen Tatbestand wirklich im klaren ist, nämlich darüber, daß man über sich als Erwachsenen spricht, wenn man das Kindsein thematisiert. Der Unterschied zwischen Kind und Erwachsenen kommt dabei häufig als ‹Entwicklungstatsache› in den Blick. Seitdem sich der Entwicklungsgedanke in unsere Auffassung vom Menschsein eingenistet hat, ist es beinahe unmöglich, nicht davon auszugehen, daß das Kind vor allem ‹nicht erwachsen›, in vielem also unterlegen ist.

Aber man kann das noch genauer fassen: Man spricht nicht nur über sich als Erwachsenen, wenn man vom Kind spricht. Wir ‹konzipieren› uns als Erwachsene, wenn wir behaupten, daß es Kinder gibt. Wenn wir beschreiben, was ein Kind ausmacht, dann beschreiben wir unausgesprochen auch, was ein Erwachsener ist. Noch weiter: Wenn wir behaupten, die Organismen, die wir Menschen nennen, durchliefen eine Lebensphase, die durch die Abwesenheit bestimmter Merkmale gekennzeichnet sei, dann konstruieren wir ein Bild vom normalen Menschen.

Zu definieren, was ein Kind ist, heißt also etwas zu konstruieren, das Kind, den Erwachsenen, den Menschen. Das Ergebnis sind *Konstrukte*. Was bedeutet das für die wissenschaftliche Auffassung davon, was ein Kind ist? Das Konstrukt ‹Kind› (und damit ‹Erwachsener›, ‹Mensch›) ist nicht im empirischen Sinn wahrheitsfähig. Denn es gibt keine wissenschaftliche Forschungsmethode, mit der man zweifelsfrei nachweisen könnte, was ein Kind ist und was nicht. Da sich in das Verständnis vom Kind, wie gesagt, immer eine Normalvorstellung einschleicht, reden wir also nicht nur über das, was der Fall ist, sondern auch darüber, was der Fall sein soll. Es ist deshalb vom Boden der Wissenschaft aus nicht möglich zu definieren, was ein Kind ist.

Etwas anderes ist dagegen wissenschaftlich sehr wohl möglich: Wir können historisch untersuchen, welches Konstrukt ‹Kind› zu bestimmten historischen Zeitpunkten vorherrschte (vgl. 4.1.3), und wir können untersuchen, wissenschaftlich exakt und mit empirischen Methoden, ob ein bestimmter Organismus mit Recht als ‹Kind› bezeichnet werden kann, wenn wir vorab definiert haben, was ein Kind sein soll. Über diese Sollenskonstrukte herrscht keine Einigkeit. Es kommt ganz auf die Klassifikationskriterien an, mit deren Hilfe definiert wird (vgl. 4.1.4).

4.1.3 Zur Geschichte des Konstrukts ‹Kind›

Wer sich auf die Suche nach harten Fakten über die Geschichte des Kindes macht, wird reichlich belohnt. Seit den 60er Jahren (vgl. z. B. Ariès 1960), vermehrt seit Mitte der 70er Jahre des 20. Jahrhunderts findet sich eine Fülle von Literatur zur Geschichte der Kindheit. Dabei gibt es zahlreiche Titel, die einzelne Aspekte bearbeiten, z. B. das Leben der Kinder bestimmter Schichten zu bestimmten historischen Zeitpunkten; daneben gibt es historische Betrachtungen zur Geschlechtszugehörigkeit von Kindern, zu bestimmten Merkmalen des Körpers, der Psyche usw. Ferner gibt es nicht wenige Gesamtdarstellungen, wenn auch unterschiedliche ‹Geschichten der Kindheit›. So birgt die Fülle gleichzeitig eine Enttäuschung. Ebensowenig wie es Einigkeit über das Konstrukt ‹Kind› gibt, sucht man vergeblich nach ‹der› Geschichte der Kindheit. Historiker der Kindheit können sich zwar auf Tatsachen beziehen, die sie als oder in historischen Quellen finden; was diese Tatsachen indessen für die Geschichte der Kindheit be-deuten, ist eine Frage der Deutung. Das ist anders als bei der Erforschung der Lebensdaten etwa von Bismarck. Den Kirchenakten ist zweifelsfrei zu entnehmen, daß der spätere Reichskanzler am 1. April 1815 in Schönhausen geboren wurde und am 30. Juli 1898 in Friedrichsruh verstarb. Das ist auch anders als beim Westfälischen Frieden. Am 24. Oktober 1648 wurde der Dreißigjährige Krieg zwischen dem Kaiser, Frankreich und Schweden durch entsprechende Verträge beendet. Diese Akten kann man sehen und anfassen. Mit der Geschichte eines Konstrukts ist es demgegenüber nicht so einfach wie mit der Geschichte von Tatsachen. Zwar basiert diese Geschichtsschreibung gleichfalls auf Fakten, aber was folgt aus ihnen? Was folgt aus der Tatsache, daß, wie Ariès dies beschreibt, bis zur Spätrenaissance Kinder in der Bildenden Kunst als kleine Erwachsene dargestellt wurden? Hatten die Menschen des Mittelalters keinen Begriff davon, was ein Kind ist? Sahen sie nicht, daß Fünfjährige anders aussehen als Fünfundzwanzigjährige? Oder behandelten sie Fünfjährige ‹wie› Fünfundzwanzigjährige? Oder trugen fünfjährige Töchter und Söhne von Adligen nur deshalb dieselben Kleider wie ihre dargestellten Eltern, um sie als die Kinder dieser Eltern auszuweisen? – Über solche Fragen besteht wissenschaftlicher Meinungsstreit. Kurzum, die Geschichte des Konstrukts ‹Kind› ist selbst ein Konstrukt.

Welche Konstrukte gibt es? Wie kann man die Geschichte organisieren? – Man kann Geschichte vor dem Hintergrund des besseren Lebens beschreiben. So kann man behaupten, daß es den Arbeitern in den Industrienationen des ausgehenden 20. Jahrhunderts ‹besser› geht als denen in der Mitte des 19. Jahrhunderts, und man wird Arbeitsbedingungen, Arbeitszeiten, Lebenserwartung und anderes heranziehen. Eine solche Organisation der Geschichte ist auch mit der Kindheit versucht worden. So gibt es die Auffassung, daß die Geschichte der Kindheit (gemeint ist immer des Konstrukts ‹Kind› als *Fortschrittsgeschichte* verstanden werden müsse. Lloyd DeMause (vgl. 1977) vertritt diesen Standpunkt. Er gliedert die Geschichte der Kindheit in mehrere Epochen, indem er die Art der Beziehung zwischen Kindern und Erwachsenen analysiert und beschreibt. Dabei kommt er zu dem Schluß, daß die aktuelle Beziehung durch ein Verhältnis der Unterstützung der Kinder durch Erwachsene gekennzeichnet ist, während zu früheren historischen Zeitpunkten ‹Ambivalenz› oder sogar ‹Kindesmord› wie in der Antike ein bestimmendes

Merkmal war. Wenn man wie DeMause die Beziehungsqualität zum leitenden Merkmal der Analyse macht, dann mag man in der Tat von ‹Fortschritt› sprechen. Es ist allemal angenehmer, wenn Erwachsene einem helfen als wenn sie einen umbringen. Dieses gilt aber nur aus der Sicht der Kinder. In einem antiken Kleinstaat, in dem Kinderfülle keinen Reichtum, sondern einen bedrohlichen Anspruch auf Versorgung und damit die Gefahr der Armut bedeutete, lag es aus der Sicht der Erwachsenen im Sinne ihres besseren Lebens nahe, sich der hungrigen Mäuler durch Tötung zu entledigen. Man kann das leicht nachvollziehen, wenn man die immer wieder aufkommenden Diskussionen über die Zulässigkeit der Abtreibung betrachtet. Abtreibungsbefürworter argumentieren naturgemäß mit dem Recht auf das bessere Leben von Erwachsenen. (Manchmal behaupten sie auch, es sei für Kinder besser, gar nicht erst zu leben, statt von der eigenen Mutter ungeliebt zu existieren. Damit wird aber nur das kindzentrierte Bewertungsschema an die Stelle des erwachsenenzentrierten gesetzt mit dem Effekt, daß das von Kindern befreite Erwachsenenleben faktisch das bessere ist.) Wir sehen: Ob die Geschichte der Kindheit eine Fortschrittsgeschichte ist, ist eine Frage des Standpunkts. Wenn man die soziale Beziehung für das wichtigste Merkmal von Lebensqualität hält und sich zusätzlich auf den Standpunkt der Kinder stellt, dann ist eine solche These zu halten.

Ebenso standpunktgebunden ist natürlich auch die gegenteilige These: Kindheitsgeschichte als *Verfallsgeschichte*. Für sie stehen Philippe Ariès (vgl. 1960) und Hendrik van den Berg (vgl. 1960). Auch hier wird der Standpunkt der Kinder bezogen. Das Qualitätsmerkmal ist nun aber nicht das der Beziehungsqualität zwischen Erwachsenen und Kindern, sondern die Tatsache der Konstruktion des ‹Kindes› als solche. Vor dieser ‹Entdeckung› oder besser ‹Erfindung› der Kindheit lebten in der Schilderung van den Bergs und Ariès' Kinder und Erwachsene in gewisser Weise gleichberechtigt (aber auch gleich-verpflichtet: Kinderarbeit!) miteinander. Die Freiheitsmaße von Kindern und Erwachsenen seien mithin vergleichbar gewesen. Die Konstruktion des Kindes habe indessen zu einer Hierarchisierung geführt, insofern die sog. Erwachsenen sich zu Erziehern der ihnen dann notwendigerweise untergeordneten Zöglinge erklärt hätten. Die spätere Delegation erzieherischer Aufgaben auf öffentliche Einrichtungen sei mit Repression und sozialer Ausgliederung aus dem Erwachsenenleben verbunden gewesen. – In dieser ‹Geschichte› (von) der Kindheit ist also nicht die psychische Beziehungsqualität, sondern die Handlungsfreiheit Maßstab der Bewertung. Man mag zwar bezweifeln, daß erwachsene Bauern mit ihren fünfjährigen Abkömmlingen bei der Feldarbeit im gleichen Maße freiheitlich verkehrten wie mit gleichaltrigen Erwachsenen, aber die Einschätzung dieser Frage ließe sich durch exakte Quellenstudien abklären. Nicht abklären läßt sich allerdings, zumindest mit wissenschaftlichen Methoden nicht, ob die Geschichte der Kindheit ‹wirklich› eine solche des Verfalls oder eine solche des Fortschritts war. Es kommt eben darauf an, was einem wichtiger ist – Handlungsfreiheit oder Beziehungsqualität. Es gibt Phasen, in denen eine Kultur Freiheit höher bewertet als Harmonie, und es gibt Phasen der umgekehrten oder noch anderen Bewertung. Daraus können wir sehen: Die Geschichte des Konstrukts ‹Kind› ist nicht nur selbst ein Konstrukt, sondern sie ist selbst ein Bestandteil der Geschichte, sie ist *historisch*.

Diesem Urteil entgeht auch ein anderer Typ von Kindheitsgeschichtsschreibung nicht, die Kindheitsgeschichte als *Klassengeschichte* zu schildern. Dieser Zugang, der zahlreiche Vertreter hat (vgl. HARDACH-PINKE/HARDACH 1978, FISCHER/HEIMANN 1986, KÜRBISCH 1983, NEUE GESELLSCHAFT FÜR BILDENDE KUNST 1979, KUCZYNSKI 1968, MARTIN/NITSCHKE 1986), argumentiert einerseits differenzierter. Er geht von der Einsicht aus, daß es darauf ankommt, zu welcher sozialen Schicht oder ‹Klasse› ein Kind gehörte, wenn man beurteilen will, ob es in dieser Geschichte ein lebenswertes Leben führen konnte oder nicht. Es liegt auf der Hand, daß solche Arbeiten weniger das Merkmal der Freiheit und weniger das der Beziehungsqualität als das der materialen Lebensbedingung in den Vordergrund rücken müssen. Sie werden als Ursache für die anderen Merkmale der Lebensqualität gewertet. Auch wenn diese sozialgeschichtlichen Arbeiten keinem dezidiert marxistischen Standpunkt folgen, zeigen sie doch, daß nicht nur Freiheit und Beziehungsqualität, sondern viele andere Merkmale der Lebensqualität eine direkte Folge der Klassen- bzw. Schichtzugehörigkeit sind. Man könnte übrigens die sozialgeschichtlichen Arbeiten durchaus dem Typus einer Kindheitsgeschichte als Verfallsgeschichte zuordnen, denn auch sie kommen fast ausnahmslos zu einer solchen Einschätzung. Nur: Sie beziehen parteilich den Standpunkt der Kinder unterprivilegierter Schichten und erzählen deshalb keine Geschichte ‹der› Kindheit, sondern eines bestimmten, wenngleich großen Ausschnitts.

Ein anderes Segment nehmen historische Arbeiten vor, die sich nicht auf die immaterialen Lebensbedingungen von Kindern einer bestimmten sozialen Schicht beziehen, sondern die sich auf einen Teil des Verhältnisses der Generation untereinander richten. Sie konzentrieren sich, nicht wie DeMause, auf die Beziehungsqualität zwischen Kindern und Erwachsenen insgesamt, sondern auf einen bestimmten Aspekt dieser Beziehung, nämlich die Erziehung. Kindheitsgeschichte kann also auch als *Erziehungsgeschichte* geschrieben werden. Erziehungsgeschichte ist nicht Geschichte der Erziehungswissenschaft, sondern Geschichte des erzieherischen Umgangs der Erwachsenen mit den Kindern. Eine solche Geschichte als Gesamtdarstellung gibt es nicht. Wohl aber gibt es sehr umfangreiche, allerdings immer auch durch die Auswahl wertende Quellensammlungen wie die «Schwarze Pädagogik» (vgl. RUTSCHKY 1977) und andere Quellensammlungen (vgl. besonders RUTSCHKY 1983; KÖNNECKER 1976). Durch eine akribische Quellensuche ist es hier gelungen, abstoßende Beispiele des geplanten erzieherischen Umgangs mit Kindern zusammenzutragen, die von der Erfindung disziplinierender Körperapparaturen bis zur psychologischen Selbstkontrolle der Kinder reichen. In diesen Sammlungen, besonders in Untersuchungen wie denjenigen von GSTETTNER (vgl. 1981) und DRESSEN (vgl. 1982), wird die Kehrseite des geplanten, des institutionalisierten und letztlich des wissenschaftlich angeleiteten Umgangs von pädagogischen Professionellen mit den Kindern gezeigt. Ihre Autoren sind keine etablierten Erziehungswissenschaftler. Das ist kein Zufall. Denkt man die darin entwickelte Kritik des erzieherischen Umgangs mit der nachwachsenden Generation nämlich zu Ende, dann verliert eine Erziehungswissenschaft ihre Legitimation, die mit dem Anspruch auftritt, das pädagogische Handeln anleiten zu wollen. Gerade deswegen ist die Lektüre solcher Arbeiten für künftige Pädagoginnen und Pädagogen so bedeutsam. Sie zeigen unumwunden, wohin es führt, wenn die Erwartung von Praktikern und Studierenden pädagogischer Fächer erfüllt wird, ihnen Handlungsanweisungen und Handreichungen für ihre Praxis zu geben. Sie deuten auf eine dauerhafte Gefahr: daß nämlich die Inhaber pädagogischer Berufe die Erziehungswissenschaft als eine Art Legitimationsinstanz verwenden, auf die sie ihre persönliche Verantwortung für den Umgang mit den ihnen Anvertrauten auf eine anonyme Institution delegieren. Vor diesem Hintergrund ist die Forderung zu verstehen, Erziehungswissenschaft nicht als normative, sondern ausschließlich als analytische Disziplin zu betreiben.

Zweifel an der Eignung der Pädagogik als zeitgemäßer Wissenschaft für die Anleitung des Umgangs mit Kindern entstehen auch, wenn man einen letzten Typus der Kindheitsgeschichte betrachtet. Unter bestimmten Bedingungen könnte man sie als eine Art Fortschreibung des Ariès-schen Ansatzes bezeichnen. Gemeint ist die populär gewordene These vom «Verschwinden der Kindheit» (vgl. POSTMAN 1983), die eine Reihe von Epigonen und Kommentatoren gefunden hat (vgl. z. B. WINN 1984, HENGST u. a. 1982). Ebenso wie bei Ariès bewegt sich auch vor allen Dingen bei Postman die Analyse um die Existenz des Konstrukts ‹Kind› als solches. Während allerdings Ariès die Konstruktion des Kindes selbst als Ursache für einen Verfall der kindlichen Lebensqualität wertet, sieht Postman einen solchen Verfall erst in jüngster Zeit – genaugenommen seit dem Wiederverschwinden der Kindheit. Er macht insbesondere die Medien dafür verantwortlich, daß die Grenze zwischen Kindheit und Erwachsensein verschwindet. Dieses Verschwinden sieht er darin erfüllt, daß ein traditionell selbstverständliches Schamgefühl verlorengeht, daß die Erziehungsbereitschaft bei den Erwachsenen sinkt, daß die Werbung nicht mehr zwischen Kindern und Erwachsenen unterscheidet, daß auch für Kinder die Menschenrechte einschließlich des Rechts auf Arbeit eingeklagt würden, daß Kinder sich wieder wie Erwachsene kleiden usw. Man kann diese Art von Geschichtsschreibung als Demarkationsgeschichte bezeichnen. Es ist die Beschreibung der Geschichte einer Grenze zwischen Kindern und Erwachsenen. Interessanterweise wird dabei aber vom Verschwinden der Kindheit und nicht vom Verschwinden der Grenze zwischen Kindern und Erwachsenen geredet. Diese Tatsache wirft ein Licht auf den Duktus, den mit Ausnahme der psychohistorischen Arbeiten von DeMause fast sämtliche Veröffentlichungen zur Geschichte der Kindheit charakterisieren: Es ist eine beredte Klage entweder über den Verlust besserer Zeiten oder, wo dieses wie in der Sozialgeschichte offenkundig nicht belegt werden kann, über den Opferstatus des Kindes, und sei es in Berichten über Kulturen, die vor Jahrtausenden untergegangen sind. Wegen dieser Parteinahme für das Kind sind die Kindheitsgeschichten nun selbst ein vorzüglicher Ausdruck für den Zustand unseres heutigen Verhältnisses zum Kind. Das 20. Jahrhundert ist als «Jahrhundert des Kindes» annonciert worden (vgl. KEY 1903), und die Erwachsenen üben in extremer Weise Kritik an ihrem eigenen Status. Viele dieser Arbeiten sind von einem bisweilen melancholischen Blick auf das Kind gekennzeichnet. Sie sind Ausdruck eines epochalen Vorgangs, den man als Infantilisierung der Erwachsenenwelt bezeichnen könnte. Zu keinem historischen Zeitpunkt ist das Kind und auch das Kindliche so gefeiert und verehrt worden wie im 20. Jahrhundert. Man kann wohl ohne Übertreibung davon sprechen, daß hier eine Vergöttlichung stattgefunden hat, die vielleicht mit der Entgötterung und Säkularisierung der industriellen Kultur erklärt werden kann (vgl. LENZEN 1985).

4.1.4 Das Kind in den Wissenschaften

Im Alltag scheint uns recht klar zu sein, wann wir von einem Kind sprechen können. Häufig wird unterschieden zwischen dem Neugeborenen (von der Geburt bis zum 10. Lebenstag), dem Säugling (vom 11. Lebenstag bis zum 12. Lebensmonat), dem Kleinkind (vom 2. bis 5. Lebensjahr) und dem Schulkind (vom 6. bis 14. Lebensjahr). Aber selbst hier sind schon kulturelle Normierungen eingegangen. Wenn es keine Schulpflicht gäbe, würden wir anders differenzieren. Und selbst die Grenze zum Jugendalter, die durch den Beginn der Geschlechtsreife definiert wird, ist ein kulturelles Konstrukt. Die Pubertät ist nämlich keineswegs eine Erscheinung, die durch alle Kulturen hindurch zu etwa dem gleichen Zeitpunkt einsetzt. Es gibt Gesellschaften, in denen Menschen mit neun Jahren geschlechtsreif (und heiratsfähig) sind, und es gibt Kulturen, in denen die Pubertät als ‹Moratorium›, als Zwischenphase zwischen Kindheit und Erwachsensein nicht existiert. Ein wissenschaftlich unbeeinflußtes Alltagsverständnis läßt sich also kaum identifizieren. Und: Wenn man sich entscheidet, dann doch gleich zu wissenschaftlichen Beschreibungen des Phänomens, zu wissenschaftlichen Konstrukten des Kindes weiterzugehen, steht man vor derselben Situation wie bei den historischen Konstruktionen. Sie sind vielfältig.

Das Kind sei ein «polymorph-perverses Wesen», sagte Freud und handelte sich den Tadel von William Stern ein, der sicherlich für viele andere seiner Zeitgenossen sprach, wenn er sagte, dies sei eine «Entharmlosung» des Kindes. FREUD (vgl. 1977, S. 166) kam zu seiner Einsicht vom Standpunkt des Erwachsenen, dessen Sexualität in vielem festgelegt ist und der auf die Formbarkeit des kindlichen Begehrens aufmerksam macht. Die für den Erwachsenen typische Integration der voneinander unabhängig entstandenen Triebregungen wird aufgrund einer krisenhaften Entwicklung erreicht, die allerdings nicht in einem stabilen Zustand endet, sondern durch eine wachsende Labilität des Ich gekennzeichnet ist. Dieses Ich, das Ich des zivilisierten Europäers, müsse sich stets von neuem arrangieren zwischen den Ansprüchen seiner Lust, seines Gewissens und der Realität.

Kinder kommen aus einer anderen Perspektive als Chaoten, d. h. ohne sich durchhaltende Ordnungsgesichtspunkte, und als Egozentriker, d. h. ohne Grenze zwischen dem Ich und dem Nicht-Ich, in den Blick, wenn man – wie Piaget – den Erwachsenen als denjenigen betrachtet, der sich in der Ordnung formaler Rationalität eingerichtet hat. Im Unterschied zu Freuds Konzeption ist der Erwachsene hier nicht derjenige, der, wenn er gesund ist, die Ansprüche der Realität, seines Gewissens und seines Trieblebens ausbalanciert, sondern der Erwachsene erscheint als Mathematiker oder Physiker, als jemand, dem es gelingt, sich als Objekt unter anderen Objekten zu betrachten, weitgehend unangefochten durch die Verlockungen der Sinnenwelt. Die Frage, «inwiefern sich das Kind vom

Erwachsenen unterscheidet», stellt sich für Piaget als Frage danach, «was dem Kind mangelt, um wie ein normaler, durchschnittlich gebildeter Erwachsener überleben zu können: Z. B. kann man nachweisen, daß bestimmte logisch-mathematische Strukturen nicht in jedem Alter beherrscht werden und mithin nicht angeboren sind» (vgl. PIAGET 1972, S. 259). Von Anfang an interessierte Piaget sich daher für die Fehler, die die Kinder machen, was eine gewisse Blindheit gegenüber ihren Möglichkeiten verursachte.

Zahlreiche Weiterführungen von Freuds Theorie haben uns darüber belehrt, wie kompliziert die Entwicklung des kindlichen Ich ist, welche Errungenschaften ihm abverlangt werden, damit es so werden kann, wie wir sind. Auch Anknüpfungen an Piaget haben unser Wissen über das kindliche Erkennen vermehrt. Dennoch behält Langeveld recht: Es entsteht ein Vexierbild, in dem das Kind unerwartet auftaucht und verschwindet.

Liegt dieses daran, daß es sich bei den Ansätzen von Freud, Piaget und anderen um psychologische Zugriffe auf das Kind handelt? – Philosophisch oder literarisch orientierte Überlegungen im Hinblick auf Kinder scheinen in dieser Hinsicht einen Vorteil zu haben. Sie siedeln sich auf der anderen Seite einer Ambivalenz an, mit der wir spätestens seit Rousseau konfrontiert sind. Rousseau, der gelegentlich auch als Entdecker der Kindheit bezeichnet wird, betonte die Eigenart der Kinder in ihrem Fühlen und Denken und begründete gleichzeitig ein typisch neuzeitliches Stufenkonzept der Entwicklung. Theorien der psychosexuellen (Freud) und der kognitiven (Piaget) Entwicklung erweiterten das Verständnis der Epigenese, d. h. der Auffassung, daß vor der Embryonalentwicklung keinerlei Vorgestaltung besteht und daß die Ausbildung des Organismus ein Entwicklungsprozeß ist. Demgegenüber können Philosophien und literarische Arbeiten auf die Eigentümlichkeit des Kindlichen aufmerksam machen. Sie können sich vom Entwicklungsgedanken befreien und selbstbewußter nach Ähnlichkeiten zwischen Kindern und Erwachsenen suchen, nach Wahlverwandtschaften, die ein Band der Verständigung ermöglichen. Damit tritt das Selbstwertgefühl einer gelungenen Bewältigung kindlicher Defizite in den Hintergrund und macht einem Denken Platz, das sich auf verlorene Möglichkeiten von Kindern richtet.

So ist an Adornos Thematisierung der kindlichen Frage zu erinnern oder an seine Hinweise darauf, daß Erwachsene von Kindern lernen können, ohne kindisch zu werden (vgl. ADORNO 1973). Das «mimetische Erbe» der Kinder ist zurückzugewinnen jenseits der Vernunft, zu der sie durch die Erwachsenen gebracht worden sind. Auch JASPERS (vgl. 1965) hat auf die Bedeutung der kindlichen Frage aufmerksam gemacht, die er als Indiz ursprünglichen Philosophierens des Menschen wertet. Kindsein fungiert hier als Erinnerung an die Freiheit gegenüber dem Gefängnis der Konventionen. Schließlich sind Schelers Analysen kindlicher Sozialität im Hinblick auf das Verstehen des Fremden zu erwähnen oder Merleau-Pontys Kritik an Piagets Entwicklungskonzeption.

Ein gutes Beispiel sind Walter Benjamins Reflexionen auf die Kindheit. Im Unterschied zu solchen Autoren, die die Demontage des Kindlichen als Voraussetzung für das Erwachsenwerden und -sein betrachten, blickt er eher bedauernd zurück auf Möglichkeiten, die der Erwachsene in seiner vergegenständlichten Welt verloren hat. Auch hier fungiert ein bestimmtes Erwachsenenbild, das dem Künstler und dem Sammler ähnelt, der seinen magischen Kontakt mit den Dingen noch nicht verloren hat. Hier können sich Erwachsene und Kind begegnen. «So kann ich davon träumen, wie ich einmal das Gehen lernte. Doch das hilft mir nichts. Nun kann ich gehen; gehen lernen nicht mehr» (BENJAMIN 1980, S. 267). Die hierarchische Beziehung, die der Entwicklungsgedanke enthält, von dem sich Pädagogen spätestens seit dem 18. Jahrhundert nicht mehr lösen konnten, ist hier zu Beginn des 20. Jahrhunderts noch einmal irritiert worden. Das Kind kann das, was es noch nicht weiß, vom Erwachsenen lernen. Der Erwachsene kann lernen, wie er zu dem geworden ist, was er ist. «Das Ungeheuer der Philosophen ist die Kindheit. Aber sie ist auch ihre Komplizin. Die Kindheit sagt ihnen, daß der Geist nicht gegeben ist, aber zugleich, daß er möglich sei» (LYOTARD 1985, S. 41). Die magische Beziehung zu den Dingen, von denen etwas ausgeht, was nicht wir in sie hineingelegt haben, ist auch ein zentraler Gesichtspunkt von Merleau-Ponty. Er rückt Maler und Kinder in eine Nähe und kann so zeigen, daß Kindsein nur dann eine bloße Vorstufe des Erwachsenseins ist, wenn sich die Erwachsenenvernunft selbst genügt. Andernfalls muß das «wilde Denken» des Kindes, das niemals bloßes Chaos ist, aber auch keine rationale Ordnung darstellt, auch im Erwachsenendenken einen Ort haben. Für Merleau-Ponty wird das Verständnis des Kindes zum Prototyp des Verstehens eines anderen, den wir enteignen, wenn wir ihn lediglich zur Negation unserer Differenzierungen machen. «Wenn ich das Kind wahrnehme, so zeigt es sich in einer gewissen Abweichung», lautet die phänomenologische Einsicht, die eher eine Aufgabe als eine Lösung präsentiert. Die Balance zwischen bloßer Enteignung des Verstehens des Kindes aufgrund seiner radikalen Andersheit und zwischen der rigorosen Aneignung des Kindes als mangelhafter Erwachsener bleibt dem pädagogischen Denken nicht erspart, wenn es das Kind nicht länger als eine Trivialmaschine dressieren will, die auf einen bestimmten Input mit einem gewünschten Output reagiert.

Magie als Erfahrungsform (Benjamin) könnte eine Brücke bauen zwischen Erwachsenem und Kind, wenn nicht der Fehler gemacht wird, das Kind zum ‹Philosophen› oder zum ‹Künstler› zu stilisieren. Diese Gefahr ist allerdings nicht zu unterschätzen, weil sich mit dem Blick auf Kinder im pädagogischen Raum nicht nur Überlegenheitsgefühle des Erwachsenen einstellen, sondern oft Sehnsüchte nach einem verlorenen Paradies der ‹Unschuld›. Den Ort der Sehnsucht, der am Beginn des 20. Jahrhunderts wie in der Romantik einen neuen Höhepunkt fand, problematisierte Freud mit seiner ‹Entharmlosung› des Kindes. In ähnlicher Weise verfuhr Piaget, indem er das Kind entgöttlichte. Beides war nicht gerade zeitgemäß, als man noch im Gefolge der Rede vom «Jahrhundert des Kindes» alle Deformationen der zivilisierten Gesellschaft dadurch rückgängig machen wollte, daß man den Weg zurück ins verlorene Paradies anzutreten verlangte.

Entwicklungspsychologie, Philosophie, Literatur – damit ist der Rahmen der Wissenschaften keineswegs abgesteckt, innerhalb dessen über das Kind verhandelt wird. In lebhafter Konkurrenz zur Psychologie, vor allem aber zur Pädagogik, steht die Pädiatrie. Diese Auskunft ist auf den ersten Blick verblüffend. Was soll ein Mediziner zu Fragen der psychischen Entwicklung, zu Fragen der Erziehung beitragen? Aber so ist es: Für ein neugeborenes Kind wird in Deutschland am Tage seiner Geburt eine Art Inspektionsheft angelegt, das dieses Kind in der Hand seiner Eltern über die ersten Lebensjahre begleitet. In langsam größer werdenden Abständen sind routinemäßige Untersuchungen vorgesehen, die keineswegs nur die körperliche Gesundheit des Kindes betreffen. Der Kinderarzt untersucht die intellektuellen Entwicklungsfortschritte, rät bei Retardierungen (Entwicklungsverzögerungen), überweist, verschreibt Unterricht (durch den Logopäden, den Bewegungslehrer); er wird abgelöst durch den Schularzt, der im 5. oder 6. Lebensjahr die Schuleingangsuntersuchung vornimmt, bei der dann der kognitive Entwicklungsstand im Vordergrund der Untersuchung steht. In das erzieherische Geschehen greift der Pädiater massiv ein. Über seine Aufgabe als Supervisor des Körpers nimmt er mit seinen Ratschlägen zur Ernährung, zu den Schlafgewohnheiten, zu geeigneten Urlaubsorten, zum Umgang mit jeder Form von Auffälligkeit erzieherischen Einfluß, über den Umweg des Körpers. Diese Entwicklung ist übrigens historisch nicht zufällig. Wenn man weiß, daß noch im 19. Jahrhundert in Preußen beispielsweise das Gesundheitswesen, das Schul- und Erziehungswesen und die Polizei in der Hand eines Ministeriums waren, dann wird deutlich, daß die Medizin, die Pädagogik und die Jurisprudenz Hand in Hand an der Disziplinierung und sozialen Kontrolle der Bevölkerung arbeiteten, im vorgeblichen

Interesse des Fortschritts. FOUCAULT (1977) hat diesen Zusammenhang von «Überwachen und Strafen» rekonstruiert. Hier ging es nicht nur darum, die erwachsene Bevölkerung zur Körperhygiene anzuhalten und zur Befolgung der Gesetze, sondern insbesondere die nachwachsende Generation so zu erziehen, daß sie die staatlichen Regeln des rechtmäßigen Verhaltens von frühester Stunde an verinnerlichen.

In diesem Zusammenhang ist die Rolle der Jurisprudenz von besonderem Interesse. Im Verlauf von 200 Jahren hat sich ein Strafrecht entwikkelt, welches das Kind und den Heranwachsenden erst langsam in den Zustand der Strafmündigkeit überführt. Mit 14 ist ein Kind bzw. ein Jugendlicher beschränkt strafmündig; mit 18 darf er zwar wählen und den Militärdienst absolvieren, kann im Falle einer Straftat aber bis zum 21. Lebensjahr immer noch mit mildernden Umständen rechnen, die aus seinem jugendlichen Alter resultieren. Überhaupt die mildernden Umstände: Kindlichkeit als solche ist ein mildernder Umstand. Wer sich, sei es mit Hilfe von Alkohol, mit Drogen oder aufgrund einer intellektuellen Retardation, als Affekttäter oder schlicht als naiver Mensch zumindest teilweise seine ‹Kindlichkeit› bewahrt oder reaktiviert hat, kann mit Nachsicht rechnen. Wer auch als Erwachsener im Kaufhaus ein Kofferradio klaut, wird nur verfolgt, wenn es mehr als 100,-- DM gekostet hat. Alles andere sind ‹Kindereien›. Und selbst dann, wenn mildernde Umstände nicht zum Tragen kommen, zögert unser Rechtssystem nicht, den Täter zu infantilisieren. Indem man den Strafvollzug mit allen möglichen Mitteln der Rehabilitation versieht, mit zusätzlichen Ausbildungsmöglichkeiten im Gefängnis, mit ‹Bewährung›, mit Beratung durch Sozialpädagogen und andere Helfer, wird der Straffällige wieder zum Kind: Er soll dazulernen, erzogen werden zur Vermeidung der Wiederholung, ein Reifungsdefizit soll ausgeglichen werden.

4.1.5 Wissenschaftliche Fakten über das Kind

Wie gesagt: Das Kind ist ein Konstrukt, nicht nur theoretisch, sondern auch, wenn man die vermeintlichen Fakten heranzieht. Wir können es immer noch nicht richtig glauben. Stimmt denn das nicht, was wir im «Brockhaus» lesen über das Kind:

«In der körperlichen Entwicklung des Kindes lassen sich verschiedene Wachstumsperioden unterscheiden, wobei Längen- und Massenzunahme nicht parallel gehen. Phasen der Massenzunahme (2.-4. Jahr, 8.-10. Jahr) wechseln mit solchen der Längenzunahme (5.-7. Jahr, 11.-15. Jahr). Die 2. Streckung setzt bei Mädchen früher ein als bei

Knaben. 12- bis 14jährige Mädchen sind durchschnittlich etwas größer als gleichaltrige Knaben; diese holen später auf und überflügeln die Mädchen. Während des Wachstums ändert sich das Verhältnis von Kopf zu Rumpf; beim Neugeborenen ist der Kopf relativ sehr viel größer. Auch das Verhältnis des Gewichts der einzelnen inneren Organe zum Gesamtgewicht ist verschoben, z. B. beträgt das Gewicht des Gehirns des Neugeborenen 13–14 % (beim Erwachsenen 2 %), das Gewicht der Leber des Neugeborenen $\frac{1}{20}$ des Körpergewichts (beim Erwachsenen $\frac{1}{50}$). Stoffwechsel, Atmung, Puls u. a. sind beim Kind lebhafter und nähern sich im Lauf der Entwicklung den Werten des Erwachsenen. Die Knochen sind elastischer und biegsamer und, z. T. z. B. in den Wachstumszonen, erst aus Knorpel vorgebildet.

In den Phasen der geistig-seelischen Entwicklung vollzieht sich unter Einfluß von Familie, Kindergarten, Schule und Gesellschaft ein wesentlicher Teil der Sozialisation (‹2. Geburt› als sozio-kulturelle Persönlichkeit). Als entscheidend werden besonders in der frühen Phase die Zuwendung durch die Bezugsperson(en) und der Aufbau von Vertrauen (‹Urvertrauen›) und Geborgenheit (‹Nestwärme›) hervorgehoben; deren Fehlen (z. B. bei manchen Formen der Heimerziehung) kann zu bleibenden Schäden führen (Deprivation, Hospitalismus).

Die sprachliche Entwicklung (Kindersprache) nimmt ihren Ausgang im Übergang vom Schreien zum Rufen (2. Monat). Das artikulatorische Können wird durch Selbst- (Lallmonologe) und Fremdnachahmung geübt. Ab dem 8. Monat werden Wörter, später ganze Sätze nachgesagt (Echosprache). Entscheidend ist die Entdeckung, daß Lautgebilde Gegenstände und Vorgänge bezeichnen (Benennen). Der Zeitpunkt ist von Begabung und Sprachmilieu abhängig. Im Kleinkindalter (frühe Kindheit) schult das Kind zunächst seine Bewegungen (Experimentierspiel). Sein Wortschatz, der mit 1 $\frac{1}{2}$ Jahren rasch anwächst, enthält vorerst hauptsächlich Gegenstands-, dann Tätigkeits- und schließlich Eigenschaftsbezeichnungen. Zunächst macht sich das Kind durch Ein-Wort-Sätze verständlich; über ein Stadium des Zwei-Wort-Satzes geht die Entwicklung zum Mehr-Wort-Satz, der vorerst agrammatisch ist. Zwischen dem Alter von 2 $\frac{1}{2}$ und 3 Jahren schreitet die Entwicklung der Phantasie (Fiktions- oder Rollenspiel) und des Willens schnell voran. Bei erwachendem Ich-Bewußtsein opponiert das Kind häufig gegen die Erwachsenen (Trotzperiode). Vom 4. Lebensjahr ab tritt der Wunsch nach Selbständigkeit und nach Umgang mit Gleichaltrigen hervor. Die zahlreichen Fragen des Kindes (Fragealter) verraten sein Interesse am Geschehen; sein Denken bleibt jedoch noch der Anschauung verhaftet. Aus den Kritzeleien und Farbklecksen des Kleinkindes entwickeln sich Formen, die erkennen lassen, was das Kind meint, indem es Eindrücke und Vorstellungen festzuhalten sucht, ohne sich um Richtigkeit der Größenverhältnisse, des Formzusammenhangs usw. zu kümmern. Gegen Ende des Kleinkindalters wendet sich das Kind dem Konstruktionsspiel mit Materialien wie Bausteinen, Papier und Zeichenstift zu. Im beginnenden Schulkindalter werden Gemeinschaftsspiele und Gruppenunternehmungen bevorzugt. Mit 10 Jahren erreicht die körperliche Verfassung in der kindlichen Entwicklung den Höhepunkt. Das Kind ist leistungswillig; Abstraktionsfähigkeit und schlußfolgerndes Denken machen große Fortschritte. Es versucht, in die Bereiche der Natur und Technik einzudringen, indem es experimentiert und sammelt. Das 10-14jährige Schulkind löst sich mehr und mehr aus der unmittelbaren mütterlichen Pflege und beginnt Einsicht in die Aufgaben innerhalb der Gesellschaft zu gewinnen.» (DER GROSSE BROCKHAUS 1984, S. 334)

Um die Frage nach dem Realitätsgehalt solcher Aussagen beantworten zu können, muß man sich darüber klar werden, wie sie zustande kommen. Die Angaben, egal ob sie sich auf das Körperwachstum beziehen, auf die geistig-seelische Entwicklung oder auf die sprachliche Entwicklung, sind Durchschnittsangaben. Wenn man hunderttausend 12- bis 14jährige Mädchen mißt, dann stellt man fest, daß der Durchschnittswert dieser hunderttausend Mädchen höher ist als der Durchschnittswert von hunderttausend 12- bis 14jährigen Jungen. Ähnliches gilt für Aussagen über die sprachliche Entwicklung. Wenn man 10 000 Kinder unter dem Gesichtspunkt betrachtet, ab welchem Monat ihre Artikulationen vom Schreien zum Rufen übergehen, wird man feststellen, daß mehr als die Hälfte dieser Kinder im 2. Lebensmonat durch diesen Übergang gekennzeichnet sind. Dieses sind also Durchschnittswerte, die in der Regel nur für eine kleine Gruppe der untersuchten Kinder gelten. Die Daten der überwiegenden Mehrzahl der Kinder ‹streuen› um diesen Wert herum, mit zum Teil erheblichen Abweichungen. Genau an dieser Stelle beginnt aber das Problem. Wenn die meisten Kinder die Altersnormen, wie diese Durchschnittsdaten genannt werden, nicht erfüllen, was folgt daraus für den Umgang der Erwachsenen mit ihnen? Müssen Eltern besorgt sein, wenn der Arzt im 5.- bis 7. Lebensjahr keine Längenzunahme feststellt? Muß Kindern Sprachunterricht verschrieben werden, wenn ihr Wortschatz nach 1½ Jahren nicht rasch anwächst und eine bestimmte Zahl von Wörtern nicht erreicht wurde? – Eigentlich nicht, denn wenn wegen der statistischen Entstehung der Altersnormen kaum ein Kind sie erfüllen kann, darf man nicht alle Kinder als ‹abweichend› bezeichnen, die um den Wert herum ‹streuen›. Dennoch ist das gesamte Diagnosesystem der Untersuchung von Kindern nach solchen Altersnormen aufgebaut, und die Grenzen, ab denen Interventionen empfohlen oder gegebenenfalls sogar mit Hilfe des Jugendamts durchgesetzt werden, sind eng gezogen. Da ist sehr schnell die Diagnose einer Sprachentwicklungsverzögerung gestellt, der logopädische Unterricht im Vorschulalter führt zu einer Eintragung in der Schülerakte durch den Schularzt, und das Kind hat ein Etikett: *abweichend.* Abweichende Kinder werden, weil sie abweichend sind, ausgesondert, sobald sie zu sehr ‹streuen›. Damit wird die Diagnose implizit bestätigt, und aus dem Etikett wird eine Wirklichkeit. Das Kind erfährt eine von der Gesamtgruppe abweichende Behandlung, es bekommt womöglich einen anderen Unterricht. Von hier zur auch sozialen Randständigkeit ist es häufig nur ein kleiner Schritt.

Altersnormenkonzepte müssen deshalb mit äußerster Vorsicht aufgenommen werden. Sie eignen sich kaum als Diagnoseinstrumente, als Begründung für Interventionen noch viel weniger. Sie sind vielmehr der

Ausdruck einer Kultur, die Individualität nicht zulassen will, und sie sind die Konsequenz eines Wissenschaftsverständnisses, welches die Wirklichkeit jeweils auf einen Begriff bringen will. Wenn man nämlich in den Erfahrungswissenschaften, also in Wissenschaften, die die Wirklichkeit zu messen beanspruchen, verallgemeinerungsfähige und gültige Aussagen über die Wirklichkeit produzieren will, dann bleibt von deren Konzept her gar nichts anderes übrig, als mit solchen Mittelwerten zu arbeiten. Das kann seinen guten Sinn haben, wenn man z. B. die Entwicklung von Kindern in verschiedenen Gesellschaften oder Kulturen vergleichen will und dann feststellt, daß Kinder in einer bestimmten Kultur durchschnittlich früher geschlechtsreif sind als in einer anderen. Eine solche Feststellung kann z. B. zur *Erklärung* von Phänomenen der Überbevölkerung herangezogen werden. Kein Mensch käme jedoch auf den Gedanken, aus der Tatsache einer früheren Geschlechtsreife in einer bestimmten Kultur *logisch* zu folgern, daß man die Sexualreifung mit womöglich medikamentösen Mitteln herauszögern müsse, um einen Beitrag zur Eindämmung der Überbevölkerung zu leisten. Natürlich kann man auf derartige totalitaristische Gedanken verfallen, wenn erfahrungswissenschaftliche Resultate dieser Art vorliegen. Nicht jedoch folgt eine Handlungsnorm (Eindämmung der Überbevölkerung) aus der Feststellung einer Tatsache (frühe Sexualreife). Die Gefahr indessen, der Erfahrungswissenschaft Vorschub leistet, ist, daß eine *Tatsache* zur *Legitimation* einer Handlung verwendet wird, die aus ganz anderen als wissenschaftlichen Gründen gewollt wird.

Überträgt man diese Betrachtung auf den Umgang mit Kindern in unserem Land, dann muß eines ganz deutlich gemacht werden: Es ist die Aufgabe einer (nichtempirischen) Pädagogik, werdenden Erziehern und Erzieherinnen, Lehrern und Lehrerinnen sowie anderen Inhabern pädagogischer Berufe klarzumachen, daß sie keineswegs intervenieren müssen, wenn eines der ihnen in Obhut gegebenen Kinder ‹abweicht›. Sie werden nur genötigt zu einer Intervention, weil die Institution (z. B. die Schule) ihre Anforderungen (z. B. an bestimmte Lernfähigkeiten) genau nach jenen Altersnormenkonzepten formuliert. Also: Aus der Tatsache, daß der kleine Carsten, daß die kleine Julia im ersten Schuljahr motorisch noch nicht so weit entwickelt sind wie die Mehrzahl der Klassenmitglieder und deswegen ihre Buchstaben unleserlich krakeln, folgt gerade nicht, daß diese Abweichung beseitigt werden muß (sei es durch Förderunterricht, um es anzupassen, sei es durch Sonderschule, um es auszusondern). Gern wird aber der Schulpsychologe die Intervention, um die die überforderte Grundschullehrerin bittet, so wissenschaftlich verbrämen: «Ihr Sohn / Ihre Tochter ist retardiert (entwicklungsverzögert), aus diesem Grund müssen wir Ihnen leider sagen...» So argumentiert der (beamtete) Vertreter einer Staatsschule, der das Interesse des Staates durchsetzt, die Menschen auf eine Norm zu bringen, auf diesen Durchschnitt.

Es gibt übrigens pädagogische Konzeptionen wie die der *Waldorf-Schule*, die sich nicht auf das Altersnormenkonzept einlassen. Ob in einer solchen Schule ein Kind im ersten Schuljahr oder im vierten das Schreiben lernt, ist völlig belanglos. Dieses Konzept vertraut auf die interne Entwicklungslogik jedes Individuums und schafft jedem der Kinder den Rahmen, den es für seine Entwicklung benötigt. Solche Konzeptionen haben indessen eine wichtige Prämisse: Es darf keinen für alle gültigen Lehrplan geben, der in bestimmten Zeitabschnitten einzuhalten, durchzusetzen und dessen Erfüllung abzuprüfen ist. Es bedarf vielmehr einer hohen Orientierung an den Interessen und Möglichkeiten des einzelnen, mit Konsequenzen bis in die didaktische Organisation des Unterrichts hinein. Dieser muß differenziert, offen und flexibel sein. Für das pädagogische Personal ist eine solche Konzeption wesentlich aufwendiger als die Absolvierung des Pflichtpensums eines Unterrichtsbeamten nach ‹Schema F›. Wenn dieser nämlich den Lehrplan einmal intus hat, wenn seine Unterrichtsreihen in der Schublade liegen, kann er ein langes Schulbeamtenleben lang unvorbereitet seiner Halbtagstätigkeit nachgehen. Er kann sich darauf verlassen, daß der, der abweicht, eine besondere Behandlung erfährt, die dann durch andere vorgenommen wird und ihn nicht weiter belastet.

So erforschen unterschiedliche Wissenschaften nicht nur das Kind, sondern leisten auf verschiedene Weise Beiträge zum Umgang mit ihm, auch wenn es bereits ein beträchtliches Lebensalter erreicht hat. Die pädagogischen Berufe sind in dieses Netz einer besonderen Art von sozialer Sicherung aufs engste eingewoben. Egal, ob jemand Lehrer, Sozialpädagoge oder Erwachsenenpädagoge wird, er oder sie leistet einen Beitrag zur Stabilisierung eines besonderen Verständnisses von Kindsein: Zum Kind wird jetzt alles definiert, was ‹noch nicht› ist: reif, erwachsen, verantwortlich, fähig, gebildet, ausgebildet... Das gemeinsame Merkmal dieses ‹noch nicht› heißt *Mündigkeit*. Wer noch nicht mündig ist, ist Kind. Wer sich durch ein bestimmtes verantwortungsloses, unbedachtes, naives oder wie immer geartetes Verhalten als in gewisser Weise unmündig erweist, wird wie ein Kind be-handelt. Ein umfangreicher Apparat an Helfern, Pädagogen und Lehrern steht dafür zur Verfügung. Wofür steht er zur Verfügung? – Zum Mündig-machen. Aber wie so oft in hochkomplexen Gesellschaften hat ein solches System eine Eigendynamik, die man self-fulfilling prophecy nennt: Weil es Pädagogen in großer

Zahl gibt, muß gewissermaßen bewiesen werden, daß es hinreichend Unmündige gibt, die sich als Klientel eignen. So leistet der Inhaber eines pädagogischen Berufs ungewollt einen Beitrag zur Entmündigung, indem er sich als Helfer des Mündigwerdens zur Verfügung stellt.

4.1.6 Das Kind in der Pädagogik

Mündigkeit ist einer der Zentralbegriffe eines großen Teils der Pädagogik geworden. Pädagogisches Handeln läßt sich nur rechtfertigen, wenn man von einer anthropologischen Konstante ausgeht, der sog. Erziehungstatsache. Sie besteht darin zu behaupten, daß der Mensch zum Menschen erst erzogen werden muß. Der Mensch, so wird behauptet, sei nicht nur eine ‹extrauterine Frühgeburt› und bedürfe deshalb der körperlichen Pflege, sondern auch ein unmündiges Wesen, das auf eine bestimmte Weise un-menschlich sei, solange es nicht erzogen worden ist. Irgendwie scheint es evident zu sein. Ohne Englischunterricht lernt man kein Englisch, ohne Tanzstunden nicht das Tanzen, ohne Fahrlehrer bekommt man keinen Führerschein, und – vor allem – ohne Erziehung schütten wir den Kakao auf die Tischdecke, klauen Tomaten beim Gemüsehändler und verprügeln unseren Nachbarn, wenn sein Kirschbaum im Herbst Laub auf unser Grundstück wirft. Aber: Wenn Kinder deutscher Eltern in London aufwachsen, lernen sie Englisch wie ihre Muttersprache; von den Guarani weiß man, daß sie wochenlang tanzen, ohne je eine Tanzstunde gehabt zu haben; in Brasilien können Achtjährige in den Slums geklaute Buicks fahren – ohne Führerschein; der Gemüsehändler kann auf sein Obst aufpassen; wer befürchten muß, verdroschen zu werden, wenn er bei Meinungsverschiedenheiten selber zum Knüppel greift, wird darüber bei der zweiten Gelegenheit zuerst nachdenken – der ganze Aufwand also wegen des verschütteten Kakaos? Oder könnte es sein, daß wir das ‹Kind› als Objekt unserer Beeinflussung brauchen, um Hierarchien zu etablieren, um eine Gesellschaft beherrschbar zu machen, indem man das Erziehungswesen verstaatlicht, und um bei den Pädagogen, die dafür vielleicht besonders anfällig sind, das Gefühl einer doppelten Identität zu schaffen, als Lehrende des Staates zu den Herrschenden zu gehören und als gleichzeitig mit den Kindern Parteiliche zu den Behüteten?

Wenn es ‹das› Kind nicht gibt, wenn das Kind ein Konstrukt ist, erzeugt in den Wissenschaften, gilt das dann auch für die Pädagogik? Wie konstruiert die Pädagogik das Kind? Dazu ist eine historische Vergewisserung notwendig: Die Pädagogik entsteht an der Wende zum 19. Jahrhundert. Dieser Zeitpunkt markiert ein einschneidendes Ereignis: Das bis dahin selbstverständliche Prinzip, dem zufolge das Kind zu einem bestimmten Zeitpunkt seine Eltern beerbt (genauer: der Knabe beerbte den Vater), wird problematisiert. Das Resultat der Französischen Revolution ist unter anderem die Abschaffung einer bis dahin selbstverständlichen Praxis: Macht und Eigentum gelangen nicht mehr automatisch in die Hand der blutsverwandten Kinder (des Adels). Das dadurch auftretende Problem einer Neuregelung der Nachfolge ist ein wesentlicher Anlaß für die Entstehung eines Fachs gewesen, welches die Bedingungen der *Nachfolge* neu definiert und zu erforschen sich anschickt. Die Lizenz zur Nachfolge, dies ist das Resultat der Französischen Revolution, besteht nicht mehr mit der Geburt, sondern sie muß erworben werden. Das Kind muß einen Weg gehen, an dessen Ende es diese Lizenz erwerben kann. Es ist dann nicht mehr die Lizenz der Nachfolge gegenüber den eigenen Eltern, sondern gegenüber der gesamten vorangehenden Generation. Der Erwerb dieser Lizenz wird für das Kind an Bedingungen geknüpft, die es während dieses Weges erfüllen muß: Es muß sich ändern. Es genügt nicht mehr, das Kind von jemandem zu sein. Das Kind ist dann nicht mehr Nachfolger, wenn der Vater sich entscheidet, auf das Altenteil zu gehen. Das Kind ist dann Nachfolger, wenn die von der Gesellschaft dazu eingerichteten Institutionen die Lizenz erteilen. Grundsätzlich hätte diese Lizenz an alle möglichen Bedingungen geknüpft werden können, z. B. an die Bedingung des Sieges in einem blutigen Kampf gegenüber anderen Mitbewerbern um die Nachfolge. Das Neuartige aber ist, daß die Bedingung nunmehr heißt: nicht mehr Kind sein. Wer den Status des Kindes überwunden hat, ist lizenzierter Nachfolger. Im Zusammenhang der Pädagogik entsteht eine Formel für diese Überwindung, die eigentlich aus dem positiven Recht abgeleitet wird: Wer mündig ist, ist nicht mehr Kind, ist erwachsen. So wird die *Mündigkeit* zum Zentralbegriff der Pädagogik. Mündig ist, wer sich sittlich, geistig, politisch, wirtschaftlich und gesellschaftlich selbst zu bestimmen vermag. Damit sind nicht die äußeren Bedingungen gemeint, die ja auch dazu gehören: Es muß einem gestattet sein, über sich selbst zu bestimmen. Die Pädagogik befaßt sich demgegenüber mit den Bedingungen, unter welchen das Kind in den Zustand dieser Mündigkeit überführt werden kann.

Die genannte Selbstbestimmung ist nun aber nicht irgendein Mündigkeitsbegriff. Er verbindet sich vielmehr mit einer Zielvorstellung für die gesamte Gattung. Dieses ist das Credo der Aufklärung: Über den Erwerb der Mündigkeit, den das individuelle Kind erlebt, soll – auf lange Sicht – die Gattung als ganze zu einer Mündigkeit im Sinne von Selbstbestimmung geführt werden. Wie konstruiert also die Pädagogik ‹das Kind›? Nicht als Menschen, der eine bestimmte Körperlänge nicht erreicht hat, nicht als Menschen, dessen Geschicklichkeit nicht ausreicht, um sich selbst Fische zu fangen oder Bären zu jagen, sondern als Menschen, der (noch) nicht über sich selbst bestimmen kann. Überspitzt formuliert: Die Pädagogik braucht für ihre Selbstlegitimation die Annahme, daß Menschen eines bestimmten Alters die genannten Voraussetzungen zur Selbstbestimmung nicht erfüllen. Noch weiter zugespitzt: Eine Pädagogik, die verspricht, die Voraussetzungen der und Wege zur Mündigkeit zu erforschen bzw. herzustellen, würde in dem Augenblick ihre Legitimation verlieren, in welchem die Frage der Nachfolge nicht mehr über die Schwelle der Mündigkeit geregelt würde. Oder anders: Wenn die Differenz zwischen Kindern und Erwachsenen zum Verschwinden gebracht würde, hätten Pädagogik und Erziehung ihren Gegenstand verloren.

Diese Differenz könnte auf vielerlei Weise verschwinden:
– dadurch, daß das Problem der Nachfolge sich nicht mehr stellt, weil nichts mehr zu vererben ist;
– dadurch, daß durch die gesellschaftlichen Rahmenbedingungen Selbstbestimmung unmöglich gemacht wird.

Beide Entwicklungen wären Produkte des Verhaltens der vorangehenden Generation.

Genau diese kulturelle Entwicklung scheint am Ende des 20. Jahrhunderts eingesetzt zu haben. Macht, Eigentum und Information akkumulieren sich immer weniger bei Individuen, die dann etwas weiterzugeben hätten, als in größeren Systemen (Parteien, Gewerkschaften, Konzerne, Medien usw.). Angesichts deren intergenerationeller Durchmischung gibt es keine Ablösevorgänge im Sinne der Nachfolge, sondern fließende Fortsetzung. Selbstbestimmung sodann im Sinne von sittlicher, geistiger, politischer, wirtschaftlicher und gesellschaftlicher Unabhängigkeit wird immer weniger das Kennzeichen und das Merkmal eines Individuums. Das liegt nicht daran, daß die Individuen von bösen Mächten an ihrer Selbstbestimmung gehindert würden. Vielmehr stellen wir heute eine sinkende Bereitschaft fest, die Verpflichtungen zu übernehmen, die sich aus dieser Selbstbestimmung ergeben: Verantwortungsbereitschaft, der Wille zur eigenen Entscheidung, die Orientierung an einem Kanon gemeinsamer Zielvorstellungen, vielleicht auch Mut, Einsatzbereitschaft und andere sekundäre Tugenden. An deren Stelle scheint ein wachsendes Bedürfnis getreten zu sein, sich den Kindern gleich zu machen.

Literatur

ADORNO, TH. W.: Zur Musikpädagogik. In: Dissonanzen. Musik in der verwalteten Welt. Gesammelte Schriften. Bd. 14. Frankfurt/M. 1973, S. 108-126.

ARIÈS, PH.: L'enfant et la vie familiale sous l'ancien régime. Paris 1960 (dt. Ausg.: Geschichte der Kindheit. München 1975).

BENJAMIN, W.: Berliner Kindheit um Neunzehnhundert. Gesammelte Schriften, Bd. IV. 1. Frankfurt/M. 1980, S. 235-304.

BERG, J. H. VAN DEN: Metabletica. Über die Wandlungen des Menschen. Grundlinien einer historischen Psychologie. Göttingen 1960.

DEMAUSE, L. (Hrsg.): Hört ihr die Kinder weinen. Eine psychogenetische Geschichte der Kindheit. Frankfurt/M. 1977.

DRESSEN, W.: Die pädagogische Maschine. Zur Geschichte des industrialisierten Bewußtseins in Preußen/Deutschland. Frankfurt/Berlin/Wien 1982.

FISCHER, R./HEIMANN, F.: Deutsche Kindheiten [1932]. Wohlfahrt, Krankheit, Hunger, Krise. Düsseldorf 1986.

FOUCAULT, M.: Überwachen und Strafen. Die Geburt des Gefängnisses. Frankfurt/M. 1977.

FREUD, S.: Vorlesungen zur Einführung in die Psychoanalyse. Frankfurt/M. 1977.

DER GROSSE BROCKHAUS. Bd. 11. Wiesbaden 1984.

GSTETTNER, P.: Die Eroberung des Kindes durch die Wissenschaft. Aus der Geschichte der Disziplinierung. Reinbek bei Hamburg 1981.

HARDACH-PINKE, I./HARDACH, G. (Hrsg.): Deutsche Kindheiten. Autobiographische Zeugnisse 1700-1900. Kronberg/Ts. 1978.

HENGST, H. u. a.: Kindheit als Fiktion. Frankfurt/M. 1982.

JASPERS, K.: Einführung in die Philosophie. München 1965.

KEY, E.: Das Jahrhundert des Kindes. Berlin 1903.

KÖNNECKER, M.-L. (Hrsg.): Kinderschaukel. 2 Bde. Darmstadt/Neuwied 1976.

KRAUSE, G. (Hrsg.): Die Kinder im Evangelium. Stuttgart/Göttingen 1973.

KUCZYNSKI, J.: Studien zur Geschichte der Lage des arbeitenden Kindes in Deutschland von 1700 bis zur Gegenwart. Berlin 1968 (= Die Geschichte der Lage der Arbeiter unter dem Kapitalismus, Bd. 19).

KÜRBISCH, F. G. (Hrsg.): Wir lebten nie wie Kinder. Berlin/Bonn 1983.

LENZEN, D.: Mythologie der Kindheit. Die Verewigung des Kindlichen in der Erwachsenenkultur. Versteckte Bilder und vergessene Geschichten. Reinbek bei Hamburg 1985.

LYOTARD, J.-F.: Grabmal des Intellektuellen. Graz/Wien 1985.

MARTIN, J./NITSCHKE, A. (Hrsg.): Zur Sozialgeschichte der Kindheit. Freiburg/München 1986.

NEUE GESELLSCHAFT FÜR BILDENDE KUNST: Die gesellschaftliche Wirklichkeit der Kinder in der Bildenden Kunst. Berlin 1979.

PIAGET, J.: Theorien und Methoden der modernen Erziehung. Wien/München/Zürich 1972.

POSTMAN, N.: Das Verschwinden der Kindheit. Frankfurt/M. 1983.

RUTSCHKY, K. (Hrsg.): Schwarze Pädagogik. Frankfurt/Berlin/Wien 1977.

RUTSCHKY, K. (Hrsg.): Deutsche Kinderchronik. Köln 1983.

WINN, U.: Kinder ohne Kindheit. Reinbek bei Hamburg 1984.

Konrad Wünsche

4.2 Der Schüler

4.2.1 Sprachgebrauch

So will es unser Sprachgebrauch: Die Kinder werden zu Schülern, wenn sie in die Schule gehen und eine Lehrerin oder einen Lehrer haben. Genauer bedacht: Wir nennen Schüler in jedem Fall solche, die von jemandem regelmäßig Unterricht erhalten, und wir nennen Schüler alle, die irgendeine Lehranstalt besuchen. Freilich sind die meisten unserer Schülerinnen und Schüler zwischen sechs und achtzehn Jahre alt und gehen wegen gesetzlicher Verpflichtung in eine öffentliche Unterrichtsanstalt, wo bestimmte Lehrerinnen und Lehrer ihnen nach Plan etwas beizubringen suchen und sie beaufsichtigen.

Schüler kann jemand auch unabhängig von staatlichen Instanzen sein, so beim Klavierunterricht. Dann spielt auch das Alter von Lehrer und Schüler keine Rolle mehr, eine junge Gymnastiklehrerin mag durchaus Senioren unterrichten. In den Bereichen von Wissenschaft, Kunst und Sport entstehen – für die Öffentlichkeit bisweilen sichtbar – um mehr oder weniger bedeutende Lehrerinnen und Lehrer Gruppen von Lernenden, welche sich dann Schüler und ihre Gruppe eine Schule nennen. In solcher Art bildeten zum Beispiel die Anhänger der Lehren Sigmund Freuds mit ihm zusammen die «Wiener Schule der Psychoanalyse», mehrere von ihnen wurden wiederum Begründer von Schulen, zum Teil mit regelrechten eigenen Lehr- und Forschungsinstituten wie die «Jung-Schule». In diesem Sinne können noch unter heutigen Studienbedingungen Studenten, die immer wieder bis zum Examen hin die Seminare eines bestimmten Hochschullehrers besuchen, dessen Schüler werden, zumal dann, wenn sie ihre wissenschaftliche Qualifikation, etwa die Promotion, unter seiner Betreuung erwerben. Derartige Schülerschaften sind keineswegs bloß historisch. An ihnen wird plastisch und einsehbar, wie sich für den Schüler Wissenserwerb und persönliche Auseinandersetzungen, wenn nicht gar Bindungen, miteinander verknüpfen.

In diesem Zusammenhang ist es aufschlußreich, sich alter Synonyme für das Wort Schüler zu erinnern: Pennäler, Klippschüler, Studiosus einerseits, Schulkind andererseits; Wörter, die das Schülersein spöttisch bzw. mitleidig-sentimental deuten. Die Bezeichnung ‹Schüler› selbst klingt heute manchem suspekt, der ‹Schüler› Genannte fühlt sich als unfertig und unselbständig eingestuft. Ihm haftet scheinbar oder wirklich ein weiterer Makel an: Besucher öffentlicher Pflichtschulen, die heute in der Regel mit ‹Schüler› gemeint werden, sehen sich im Unterricht zusammen mit zahlreichen ihrer Art als Schüler ebenfalls zahlreicher Lehrer, das Kollektiv Schüler begegnet einem Kollektiv Lehrer. Die Beziehungen zwischen beiden Kollektiven sind administrativ, also quasi anonym geordnet, sie beruhen auf unpersönlichen Voraussetzungen. Der Lehrer entscheidet weder frei darüber, was er lehrt, noch wählt er seine Schüler, genausowenig wählt der Schüler in der Regel seine Lehrperson bzw. seine Wissensinhalte. Trotz allem ergeben sich für die Individuen beider Kollektive persönliche Verhältnisse zur anderen Seite, Konflikte und Abhängigkeiten.

Hier verschafft sich etwas Geltung, trotz der Unfertigkeit und der Unselbständigkeit, was der Begriff *Zögling* einst ausdrückte. Dieses alte Synonym für Schüler, von der deutschen Pädagogik des 19. Jahrhunderts durchweg gebraucht, meinte einen Knaben, welcher der Obhut und Leitung eines einzelnen Lehrers, seines Hofmeisters oder Hauslehrers anvertraut war. Solcher Zögling war dem pädagogischen Denken bis in die Reformpädagogik um 1900 hinein der Modell- oder Idealschüler. Der Lehrer besaß einen individuellen Zugang zu seinem Zögling, eine vitale Kraft zur Betätigung eigener Bildsamkeit ging von diesem Bezug auf den Schüler aus, der unbedingt mit Selbsttätigkeit seinem Lehrer zu antworten hatte.

Man sprach freilich im 19. Jahrhundert von den Schülern auch als von ‹Kindern›, sofern sie rechtlich nicht Erwachsene waren, zumal sie als Nachkommen ihrer Eltern deren Willen untergeordnet blieben. Der Lehrer trug für die ihm anvertrauten Kinder, seine Schüler, seinerseits sittliche Verantwortung. Wie für das pädagogische Denken diese drei Begriffe von ‹Schüler› sich überschnitten, mag vielleicht deren Verwendung bei dem Lehrer und Schulreformer, Bildungspolitiker und Universitätspädagogen Georg Kerschensteiner zeigen. In seinem Buch «Begriff der Arbeitsschule» findet sich folgender Sprachgebrauch: Wo von der Selbstbestimmung der sittlichen Persönlichkeit die Rede ist, heißt es: «In dem Maße, als *der Zögling* sich entwickelt, hat die heteronome Erziehung zurückzutreten» (KERSCHENSTEINER 1912, S. 12). Stellt Kerschensteiner seine Arbeitspädagogik mit Beispielen aus Münchner Schulklassen vor, schreibt er, daß «die Durchführung des Arbeitsprinzips das aktive Interesse *der Schüler* an allen Unterrichtsgegenständen erhöht» (ebd., S. 119). Wenn aber von ihm der Bezug zur häuslichen Sphäre angesprochen wird, differenziert er so: «Vom dritten Schuljahr an bringen *die Kinder* regelmäßig freiwillige Arbeiten mit in die Schule» (ebd., S. 169). Von diesen Bezeichnungen gehörte ‹der Zögling› eindeutig zum Sprachgebrauch der Vergangenheit, während ‹Kind› am meisten von dem enthielt, was der Zeit und dem neuen Jahrhundert, dem 20., ein Schüler bedeutete: den ganzen heranwachsenden Menschen. Bei *Kerschensteiner*: «Die Bildung des Kindes geht immer in der Weise vor sich, daß es in der Umgebung, in der es aufwächst, die Kulturgüter ergreift und erlebt, welche die Gemeinschaft, der das Kind angehört, als solche Kulturgüter wertet, als die Sprache, die Sitten und Gebräuche, die Verfassungen und Rechtssysteme, die Religion, die Gesetze und Begriffe der Wissenschaft (...)» (ebd., S. 68), kurz: In sämtlichen Lebensbereichen ist der lernend Heranwachsende zuerst Kind, gleichgültig, ob von den Eltern, vom staatlichen Unterricht oder dem gesellschaftlichen Leben gefordert. Die Schule, lediglich ein Ausschnitt des Lebens, hat im Schüler nur einen Teil der ganzen Person Kind vor sich.

Die hier sich andeutende kritische Verwendung des Begriffs Schüler bestimmt heute die öffentliche Diskussion über das Schülersein. Mancher möchte bestreiten, daß nach wie vor Schüler gleichzeitig Zöglinge und ebenso Kinder sind, wenn sie in der Schule von Lehrern unterrichtet werden, als ob sich dort menschliche Bindungen, positive wie negative, über den Wissenserwerb und in der persönlichen Begegnung kaum ereigneten. Die Diskussionen über Schüler lassen den Eindruck aufkommen, als abstrahieren sie das Unterrichtsgeschehen und das Schulleben, von pädagogisch bewußt herbeigeführten Ausnahmen abgesehen, «heute von allem Persönlichen», als vermöchten Lehrer und Schule sich auf Schüler als bloße Funktion oder Rollenträger zu beziehen. Solcher Unterstellung widerspricht allerdings die verbreitete Lehrererfahrungsliteratur, und zwar gerade durch die dort auf so ziemlich jeder Seite vorgeführte «Suche nach dem Schüler» (vgl. Friedrich Verlag 1984, Pädagogik 1992).

Indessen gibt es hier und heute keine öffentliche Definition von ‹Schüler› in der behördlichen Praxis ohne zentrale persönliche Bestimmungspunkte. Die Schüler werden nach den ihnen persönlich anhaftenden Eigenschaften des Lebensalters in Jahrgangsklassen aufgenommen und in entsprechend ausgewählten Gegenständen unterrichtet. Ihr Geschlecht wird mit Koedukation oder Nicht-Koedukation ausdrücklich berücksichtigt. Das Angebot mehrerer Schularten und deren Fächervielseitigkeit stehen ihnen zur persönlichen Auswahl zur Verfügung. Demgegenüber würden eine ständisch gegliederte oder eine Einheitsschule gerade von den persönlichen Merkmalen der Kinder abzusehen suchen und den Schüler als Rollenträger bzw. funktional klassifizieren. Auf den eben genannten persönlichen Bestimmungspunkten bauen didaktische Konstrukte zur Individualisierung des Unterrichts und damit des Schülerseins erst auf. Die Frage, ob sie dabei in der Lage sind, von einem allgemeinen Schülersein und somit von einem fiktiven Standardschüler gänzlich abzusehen, kann mit Nein beantwortet werden. Nur in bezug auf einen fiktiven Standardschüler vermögen kompensatorische Maßnahmen, Unterstützungen sowie taktvolles Geltenlassen den besonderen Einzelschüler und seinen Fall mit den Ansprüchen der anderen auszugleichen.

4.2.2 Schüler in Recht, Psychologie, Soziologie

Nicht nur die Pädagogen wissen etwas über den Schüler, und auf keinen Fall kann unter einem Schüler nur ein Teilnehmer an Lehr- und Lernvorgängen verstanden werden. Er taucht in mehreren Wissensgebieten auf, und jedesmal ergibt sich eine wichtige Perspektive für ihn und für das Gebiet der Pädagogik, auf dem er natürlich so etwas wie einheimisch ist. Aber die Perspektiven der Juristen, der Psychologen und der Soziologen lassen denen, die den Schüler unterrichten, erst dessen menschliche Komplexität voll deutlich werden. Sie sehen, der Schüler nimmt am pädagogischen Geschehen auch als Rechtssubjekt teil, die von ihm zu bewältigende lebensgeschichtliche Phase des Schulbesuchs verlangt den Einsatz seiner seelischen Kräfte und beeinflußt seinen sozialen Status. Die Tatsache, daß er zur Schule geht, ist nicht nur persönliches Schicksal, sondern ein öffentlicher, ja politischer Faktor. Jeder solche Faktor wirkt in das Schulgeschehen hinein, und jeder beeinflußt den Unterricht, auch jede der nicht-pädagogischen Perspektiven auf den Schüler bestimmt den Stellenwert dessen mit, was er selber in der Schule macht.

An erster Stelle sollte der Rechtsanspruch genannt werden, der vom Schüler objektiv erhoben wird, indem er zur Schule geht. Dem Lehr- und Betreuungsangebot der Schule, man könnte genauso vom Unterrichts- und Erziehungsangebot reden, steht nämlich nicht bloß die Nachfrage eines Heranwachsenden gegenüber, der seine Lernbedürfnisse befriedigt sehen möchte. Das Angebot der Schule gilt nicht einem Kunden, sondern einem Rechtssubjekt. Der Schüler hat ein Anrecht wahrzunehmen, nicht nur Bedürfnisse zu befriedigen. Wenn man sagt, die Sechsjährigen brennen darauf, in der Schule Lesen und Schreiben zu lernen, so erkennt man sie als fähig und in der Lage, ihr *Recht auf Bildung* wahrzunehmen. Dieser subjektive Wille ermöglicht ihnen objektiv den Status eines Schülers. Schulanfänger pochen wie immer artikuliert auf das Recht, ihre Bildungsfähigkeit zu entfalten. Daß sie hier ein Recht wahrzunehmen haben und nicht ihr momentanes Bedürfnis zu stillen, werden sie bemerken, wenn sie erstmals lustlos zur Schule gehen. Denn das Recht auf Bildung verpflichtet den Staat zu den entsprechenden Angeboten und verpflichtet den Schüler, sie wahrzunehmen. Das nennen wir *Schulpflicht*, eine Erfindung der Neuzeit. Gewiß, weder Platon noch Goethe hatten staatlicher Schulpflicht nachzukommen, das war durch die Rechtsverhältnisse in ihrer politischen Heimat bedingt. Als Angehörige einer bestimmten Schicht aber hatten sie genausowenig die Wahl, ihr rechtliches Privileg als Bürger verpflichtete sie jedenfalls zur Bildung (vgl. RUMPF 1984, S. 24).

Wird das Recht auf Bildung als *Menschenrecht* erkannt, so ergeben sich daraus Konsequenzen für jeden, der Menschenrecht für sich in Anspruch nehmen will. Sie ergeben sich aus der Menschenrechtsdeklaration (1948) und der Charta der Rechte des Kindes (1959) der Vereinten Nationen (UNO). Diese Rechte wurden später durch Konventionen ergänzt und präzisiert. Solche Proklamationen lassen offen, wie weit sie einklagbares und positiv realisierbares Recht verkünden. Der Staat kann nur ein gewisses Minimum für jeden garantieren: unentgeltlich das Alphabet und weitere elementare Kulturtechniken zu lehren, die freie Nutzung des Schonraumes Schule als Schutz vor wirtschaftlicher Ausbeutung der Kinder, vor deren sittlicher Verführung und vor Aberglauben und Unwissenheit zu gewährleisten.

Ein schulfähiges Kind ist genauso gern oder ungern gezwungenermaßen Schüler wie seine Eltern Staatsbürger. Die Alternative zum «Zwangsschüler» (RUMPF 1984) ist der Schulverweigerer, nicht der freie oder Alternativschüler. Jeder, was seine Begabung und Leistung auch genauer aus ihm machen, ist gesetzlich verpflichtet, sich in der Gemeinschaft einer Schule auch als Lernender so zu verhalten, «daß er die gleichberechtigten Interessen der anderen nicht über Gebühr strapaziert», der anderen Schüler wie der Erwachsenen, die mittels ihrer Tätigkeit das Gemeinwesen erhalten, welches diese Schule trägt: «Das Schulverhältnis ist ein Rechtsverhältnis» (DIETZE 1984, S. 133).

Unterhalb dieses Rechts auf Bildung, dem die Schulpflicht entspricht, besitzen die Schüler bestimmte Rechte innerhalb der Institution. Deren Sinn besteht grundsätzlich darin, sowohl die regelmäßigen schulischen Abläufe zu sichern als auch in kritischen Situationen Problemlösungen zu ermöglichen. Das gilt für Menge und Qualität des Lehrangebots, ebenso für die Zeugnis- und Versetzungsprozeduren. Denn die Schüler haben umfassend und fundiert unterrichtet zu werden, es gibt für sie einen verbindlichen Anspruch auf individuelle Förderung und wohlwollende Behandlung. Dies alles ist prinzipiell einklagbar; wenn auch primär das Berufsethos der Lehrer und die Art der freiwilligen Pflichterfüllung der Schüler das Gesetz des Schulalltags bestimmen. Besondere Rechte ergeben sich aus der Möglichkeit von Mitverwaltung und Mitbestimmung in Gremien, die über bestimmte Dinge informiert werden und die angehört werden müssen, die auch Initiativen ergreifen dürfen. Freilich ist nicht festgelegt, in welchem Ausmaß das jeweils geschieht; hier spielen Recht und Pädagogik ineinander.

Verbote wurden in erster Linie zum Schutz bestimmter Personen erlassen. Dem Schutz der Schüler dienen traditionell Verordnungen über *Züchtigungen* und unsittliche Handlungen, wie sie seit dem 18. Jahrhundert gelten: «Die Schulzucht darf niemals bis zu Mißhandlungen, welche der Gesundheit der Kinder auch nur auf entfernte Art schädlich werden könnten, ausgedehnt werden», so im Preußischen Schulreglement von 1763. Aggression und Sexualität gehören allerdings wohl zu den Symptomen für kritische Beziehungen zwischen Lehrern und Schülern in jeder geschlechtlichen Konstellation, die kaum ausrottbar scheinen. In mehr oder weniger sublimer Form gehören sie als Verliebtheit wie als Liebesentzug zum Schulalltag, sind als positive oder negative Sanktion wie unentbehrlich, wenn denn überhaupt persönliche Beziehungen für die Unterrichtsvorgänge in Anspruch genommen werden. Das Recht schützt die Kontrahenten vor leidenschaftlichen Ausuferungen, die dem Körper schaden, die Personen demütigen, die Gerechtigkeit hindern. Was heute am ehesten zu Kontroversen über die rechtlichen Verpflichtungen in der Lehrer-Schüler-Beziehung Anlaß gibt, sind Probleme der Aufsicht und der Haftung (vgl. NEVERMANN 1984). Hier handelt es sich, anders als bei Züchtigung und Verführung, um emotional neutrale, bürokratische Handlungen, frei von Liebe und Haß. Die *Aufsichtspflicht* verlangt vom Lehrer, die Verantwortung für die ihm bei Veranstaltungen der Schule zugewiesenen Schüler zu übernehmen, sie durch Vorsichtsmaßnahmen zu schützen. Entsteht trotz der pflichtgemäß gehaltenen Aufsicht ein Schülerunfall, haftet eine Versicherung, so seit 1971 geregelt, der Staat haftet bei Vermögensschäden.

Der Schüler, ein Subjekt, welches über Rechte verfügt, ist nicht das Subjekt, um das sich die Psychologie kümmert, indem sie es untersucht und nötigenfalls einer Heilung zuführt. Die besondere *pädagogische Psychologie* wurde von der Pädagogik selbst zu ihrer Hilfe hervorgebracht, indem sie versuchte, das Innere des Schülers zu erkunden. Seit Johann Friedrich Herbart zeigte sie tief im Unbewußten des Zöglings, der damit ein Modell für menschliches Seelenleben überhaupt abgab, die Mechanismen der Verdrängung, der Verarbeitung und des Gleichgewichts, die den Gang der Bildung im Individuum hindern oder ermöglichen konnten. Diese Psychologie hat der Pädagogik den Weg, die Mittel und die Hindernisse der Bildung zu zeigen. Das psychologische Subjekt Schüler war ihr zunächst einer, der lernt. Ihn galt es wissenschaftlich zu erforschen, bis in die Grundlagen hinein, von wo aus der unterrichtende Lehrer seine didaktischen Maßnahmen treffen konnte. Analysen lieferten die Daten der Bedingungen für das Lernen, und zwar für die allgemeinen Strukturen der Lernabläufe, welche der grundsätzliche Aufbau einer Unterrichtslektion voraussetzt, wie für den didaktischen Umgang mit den Problemen, die beim Lernen einzelner Schüler auftreten. Um diese zu erkennen, konnten die Psychologen mit Versuchspersonen beliebig wiederholbare Experimente im Labor durchführen oder Schüler in realen Unterrichtssituationen schon zu Beginn des 20. Jahrhunderts beobachten. Die Weiterentwicklung der pädagogischen Psychologie (vgl. WEINERT 1981) durch das Jahrhundert hindurch brachte lernpsychologische Forschungen, die zu immer neuen Anwendungsversuchen der Didaktik führten. Insofern wurde die anfängliche psychologische Deutung des Schülersubjekts beibehalten, es gehe bei ihm vor allem um Lernen.

Eine wesentliche Erweiterung dieser Perspektive, wenn nicht gar eine ganz andere Deutung des Schülers, begründeten Psychologien, denen es darum ging, das Kind als Ganzes zu verstehen. «Geisteswissenschaftliche Psychologie», «Individual- und Tiefenpsychologie» oder einfach *Kinderpsychologie* sahen im Schüler zuerst das Kind, wollten ihm helfen und ihm für das pädagogische Geschehen seine eigene Geltung verschaffen. Die Vielzahl psychologischer Argumente, mit denen sie ihr Anliegen in der Öffentlichkeit vertraten, läßt sich inzwischen zusammenfassen zu einer Beschreibung der «personalen Fundierung» (SCHULZE 1978, S. 130 ff) des Schulgeschehens und des Unterrichts. Es geht dabei um ein Verständnis der komplizierten psychodynamischen Vorgänge, welche die gesamten in einem Schüler und in einem Lehrer versammelten Gefühlshaltungen und Motivationen einbeziehen und in jedem der beiden Subjekte sich als präsent erkennen lassen. So untersuchte der Individualpsychologe Alfred Adler, um «an der Ausgestaltung der Schule zur Erziehungsschule mitzuwirken» (ADLER 1973, S. 21), die echten und die falschen Kindheitserinnerungen von Schülern, deren Phantasien und Träume, deren häusliche Verhältnisse, Essens- und Schlafgewohnheiten, Kleidungsvorlieben und abergläubische Neigungen, Lieblingsspiele

und Interessen, ihre ältesten Erinnerungen wie ihre Erfolgs- oder Miß-
erfolgserwartungen.

Was resultiert psychologisch aus den Tatsachen des Schulbesuchs
eines bestimmten Lehrers und eines bestimmten Kindes, ihrer Aufent-
halte in der Institution und ihres zeitweisen Zusammenlebens? Was bedeutet ihnen ein solcher Zustand, der Teile ihrer Person für den anderen
jeweils ausblendet, so daß sie einander sehr gut bekannt und aufeinander angewiesen, aber genauso in wesentlichen Partien unbekannt sind?
Falls sie nicht gar mit dem anderen Erfahrungen machen, die nicht in
die Schule passen (vgl. FÜRSTENAU 1964)? Es entstehen notwendig Konflikte zwischen ihren anwesenden ganzen Personen und in ihnen selber,
wie sie aufeinander Anspruch erheben und auf sich selbst, und wie sie
versuchen abzuspalten, was nicht hierher gehört. Zumal die Schüler
– in Wahrheit, wie die Kinderpsychologie den Lernindividuen beschei-
nigt, eben doch auch hier ganz und gar Kinder – fühlen und verhalten
sich so, wie sie es in der Familie und überhaupt im Leben üben. Und
während die Lehrer durch Reflexion ihrer Situation Kontrolle über sich
ausüben können, bleiben die Schüler in ihrem Selbst bedroht, da wesentliche Subjektanteile ihnen hinterrücks ausgegrenzt werden (vgl.
RUMPF 1976, S. 19).

Als Konsequenz bietet sich an, wie die *Individualpsychologie* zu verfahren und im Unterricht alle Aspekte des Kindsubjekts zum Thema zu
machen. Ziel solcher Selbstthematisierung scheint nicht so sehr nach
einigen der didaktischen Programme wenigstens die kontrollierende Reflexion. Man sucht vielmehr die Vergewisserung und Sicherung einer
wie natürlich gegebenen Identität, welche durch die «fremden, irritie-
renden oder faszinierenden Beziehungen» (RUMPF 1976, S. 165) der
Schule angetastet werden könnte und nichtig werden. Das Kind oder
Schülersubjekt soll schon im Vorschulbereich seine Identität entfalten
und durch Selbstbestimmung Ich-Identität erlangen. Dem dient seine
‹Selbstwerdung›. Das Kind möchte sich gegen die Schule erhalten, und
zwar als Selbst, als Person, als Identität, somit wird ‹Kind› zum radikalen Gegenbegriff zu ‹Schüler›. Letzterer führt ein ‹entfremdetes Da-
sein›, das ‹Kind› hingegen gehört sich selbst, ob in der Schule oder anderswo.

Eine solche *Identität des Kindes* ist freilich empirisch nirgends der
Fall: «Identität gibt es nur als Fiktion, nicht als empirisch zu sichernden
Sachverhalt. Diese Fiktion ist aber eine notwendige Bedingung des Bildungsprozesses, denn nur durch sie bleibt er in Gang» (MOLLENHAUER
1983, S. 158). Das Schülersubjekt spielt mit seinen Selbstentwürfen,
gerade auch wenn es didaktisch angeleitet das Themenspektrum der In-

dividualpsychologie für sich durchforscht. Ein Unterschied zwischen Kind und Schüler, der für seine subjektive Vorstellung von sich selbst entscheidend sein mag, ergibt sich aus seiner Umgebung: In der Familie identifiziert sich das Kind als einmalig und immer schon bekannt, in der Schule findet sich der Schüler als ein Ich unter anderen und hat sich immer wieder neu bekannt zu machen. Für ihn besteht Identität wesentlich darin, Adressat von Lehre zu sein, und er muß lernen, diesem Adressaten sein Pronomen Ich zuzuordnen. Im übrigen bilden sich Schülersubjekte pragmatisch und wenig langfristig, wenn sie Unterricht und Schulleben produktiv verarbeiten (vgl. TENORTH 1991, S. 298). Sie greifen gern zu einer vereinfachenden Selbstmaskierung, halten sich für einen gewissen Typ, mit dem sie angesichts der Schule leben können. Sie ordnen sich je nach Erfolg oder Mißerfolg unter die anderen ein, erkennen sich an einem entsprechenden Merkmal wieder, Körpergröße, Aussprache, Hobby, um sich die Folgen ihres Tuns und die Zumutungen des Lehrers verständlich und erträglich zu gestalten.

Das soziale Subjekt tauscht sich mit seiner persönlichen und seiner institutionellen Umgebung aus, was für den Schüler heißt, mit den Lehrern und den anderen Schülern im Alltag zurechtzukommen oder nicht. Es bedeutet gleichzeitig, mit dem Status eines Schülers zu leben, der auf eine bestimmte Schule eines besonderen Typs geht. Dies, ganz allgemein gesagt, sind seine sozialen Erfahrungsfelder, dort findet seine schulische Sozialisation statt (vgl. GEULEN 1989). Man spricht auch von seiner Schülerrolle; er spielt sie vor dem Hintergrund von Erwartungen, die Lehrer und Mitschüler hegen, mehr oder weniger gut. Damit wiederum beeinflußt er sein Image und wirkt zurück auf seine eigene Bereitschaft und Fähigkeit mitzuspielen, hier etwas zu leisten oder sich unauffällig zu geben bzw. eine Außenseiterposition zu beziehen.

Was den Typ seiner Schule anbelangt, so gilt dieser in der Gesellschaft als repräsentativ für ein bekanntes Niveau, für primitiv oder durchschnittlich oder elitär, und sogar die bloße Tatsache, Schüler zu sein und nicht Lehrling bzw. Auszubildender, kann in einem entsprechenden Alter zur sozialen Erfahrung werden. Sicher bewirkt in allen Schulen ein *heimlicher Lehrplan* (vgl. ZINNECKER 1975) soziale Steuerungen durch die dort praktizierten Schulrituale wie Sitzordnung, Klassenarbeiten, Frage-Antwort-Spiel zwischen Lehrer und Schüler. Doch in den einzelnen Schulen und nicht unabhängig vom Schultyp – Gymnasium oder Realschule oder Gesamtschule – herrscht jeweils ein spezifisches Klima, das Tradition hat und mitsozialisiert. Die öffentliche Geltung einer Schulart wählt der einzelne Lehrer schon mit, wenn er sich entscheidet, dort Karriere zu machen, gleiches gilt für die Schulwahl von Eltern und

Schülern. Das soziale Erfahrungsfeld des Schülersubjekts formt also ein bestimmtes Milieu, und dieses verleiht dem dort anzutreffenden Personal ein Profil.

Sozial profiliert sind freilich ebenso die in einer Schule geltenden Formen des Wissens, mit denen sich ein Schüler identifizieren muß, will er erfolgreich sein. Denn wenngleich laut Lehrplan jeder Unterricht sich wissenschaftlich orientiert, Wissenschaftlichkeit und der Typ des Wissenschaftlers sind nicht in jeder Schule gefragt. Ihr jeweiliges Milieu läßt meist nur einige Formen der Lehrer-Schüler-Beziehung zu und favorisiert solche eines bestimmten Typs. Der sich auf Wissensvermittlung konzentrierende Lehrer wird in einer großstädtischen Hauptschule wahrscheinlich zum unglücklichen Menschen, der kaum Zugang zu seinen Schülern findet, so jedenfalls seine vorurteilsvolle Erwartung. Das soziale Feld Schule bedingt fortwährend Auseinandersetzungen mit Stereotypen, sogar die sprichwörtliche Außenseiterrolle kann erfolgreich sein in dem Sinne, daß sie die sozialen Kompetenzen, die Moral, eventuell auch die geistigen Fähigkeiten eines Schülers verbessert. Zu seinen sozialen Erfahrungen wird unbedingt der Umgang mit dem spezifischen Potential an Belohnungen und Strafen gehören, die an seiner Schule üblicherweise von Lehrer- und Schülerseite eingesetzt werden.

4.2.3 Pädagogische Schülerkonzepte

Für die Pädagogik, die es praktisch und theoretisch, ethisch und methodisch mit dem ganzen Schüler zu tun hat, stellt sich das Problem, wie diese Rechts-, Psycho- und Sozialsubjekte damit zu vereinbaren sind. Denn weder ergeben sie zusammengezählt eine Anzahl von Eigenschaften, die bereits einen ganzen Schüler ausmachen, noch kann man aus ihnen ein Puzzle zum Bild eines gesamten Schülers zusammensetzen.

Aus dem überlieferten Vorrat pädagogischen Denkens stammt vor allem eine große, diesem Denken wie natürliche Vorstellung, die man auch ‹Schüler› nennen kann, nämlich der *Zögling* in seiner bildungstheoretischen Auslegung. Sie zeigt das Kind, dessen Lebens- und Bildungsweg einer Robinsonade gleicht, das nach Schiffbrüchen und Bewährungen durch eigene Tätigkeit aus der Entfremdung heimkehrt zu sich selbst (vgl. BUCK 1984). Dieses urpädagogische Bild leistet allerdings nicht die Integration der vorhin aufgeführten Subjekte. Es ist sozusagen autonom pädagogisch, trotzdem keineswegs verbraucht. Ja mehr als das, es verfügt durchaus über psychologische und soziologische Rechtfertigungen; so kann es z. B. die Pubertätskrisen eines Schülers als Motiv gut in sich aufnehmen. Und es wurde in unserem vergangenen Jahrhundert mehrfach mit großer öffentlicher Wirkung neu belebt.

Doch zunächst zu zwei anderen versuchten Möglichkeiten, aus den mehreren Subjekten einen ganzen Schüler zu gewinnen. Die eine hat die Tendenz aus höherer Perspektive, einmal eher moralischer, einmal eher technologischer Art, die hier geschilderten Schülersubjekte und deren Eigenschaften zsuammenzuschließen. Die andere versucht, aus dem gegenwärtigen Lebenszusammenhang heraus ein geschlossenes Schülerdasein zu beschreiben. Der Unterschied zwischen beiden Tendenzen liegt vereinfachend gesagt darin, sich entweder einen professionellen oder sich einen existentiellen Schüler vorzustellen.

«Schülersein als Beruf» (MUTH 1966, S. 5) will sagen, daß Schülersein «sich nicht wesentlich von den Berufstätigkeiten der Erwachsenen in der Arbeitswelt unterscheidet», und zwar auf jeder Stufe der Schullaufbahn. Hieraus ergibt sich in einer ersten Version von Professionalität des Schülers ein bestimmtes Berufsethos. Dieses bildet die Klammer, welche Rechtsansprüche, seelische Dynamik und Sozialerfahrung des Schülers zusammenhält. Schülersein ist demnach ein Beruf, weil es für Heranwachsende durchaus eine Ernstsituation bedeutet und alle schülerberuflichen Anforderungen wie Klassenarbeiten, Zeugnisse und damit jegliche Lernaufgaben Ernstfälle darstellen. Ein Kind kann sich auch für das Schülersein mehr oder weniger gut eignen, seine Eignung hängt grundsätzlich mit der erfolgreichen Ausübung seines Schülerberufs zusammen. Außerdem gibt es für Schüler eine bestimmte Zeitspanne ihres Tages wie ihres Lebens, die ihre Arbeitszeit ausmacht. Schließlich und vor allem wird der *Schülerberuf* wie jeder andere durch eine bestimmte Berufsaufgabe konstituiert (vgl. MUTH 1966, S. 13).

Dieses Bild wurde später im Vergleich des Schulbetriebes mit der industriellen Fertigung anderen ideologischen Deutungen überlassen, behielt seine Grundtendenz jedoch durchaus bei: «Das Kind ist für die Schule da» (MUTH 1966, S. 37). Es käme demnach in der Schule gar nicht auf das Kind bzw. den Schüler an, nicht auf sein Wohlgefühl dort, sondern darauf, daß er seine Aufgabe ernst nimmt. Schulbesuch ist Kinderarbeit und soll es sein. Sie setzt produktiven Schmerz an die Stelle des Hilflosen: Die Schule darf sich nicht den Bedürfnissen des Schulkindes anbequemen, das Kind muß sich seiner Aufgabe anbequemen. Mit solchem Ernst unter der Bedingung des produktiven Widerspruchs zu seinen Bedürfnissen wird dem Schüler seine Profession sogar existentiell spürbar (vgl. MUTH 1966, S. 9).

Dies gilt nicht so für die eher technologischen Anforderungen an Schulprofessionalität, welche die Vorsetllungen vom Schüler als *Lerner* bestimmen. Zumal wenn die Lernpsychologen dessen Qualitäten beschreiben, ergeben sich die Umrisse einer Figur, die menschliche Komplexität bewußt und insofern nicht willkürlich, sondern schonend funktional reduziert. Sie zeichnet eine stereometrische Konstruktion, die «Lernerdimensionen» (HOFER / PEKRUN / ZIELINSKI 1986, S. 219): Der Lerner, Akteur im Erziehungsprozeß, besitzt individuelle Merkmale, welche für den Augenblick aktuell beachtenswert sind, und andere, die ihm habituell eignen; ihn motiviert einerseits, was ihm Spaß macht, andererseits, was ihm wichtig ist. Man muß bei ihm unterscheiden zwischen der Entwicklung seiner kognitiven Strukturen und seiner Wissensausstattung; seine Stimmungen und seine Gefühlsbereitschaften sind entsprechend modulierbar. Er verhält sich sozial Stellung nehmend und zielstrebig, beides bezogen auf seine Informationsverarbeitungen. Denn Lernen erfolgt im Hinblick auf ein ausschnitthaftes, spezifisches Angebot im Rahmen einer bestimmen kontrollierbaren Dienstleistung, deren Vorbild etwa der Fahrunterricht oder die ärztliche Versorgung sein könnte. Die Ganzheitlichkeit des Schülers würde somit scheinbar aufgegeben, die pädagogische Dienstleistung bezöge sich jeweils auf eine bestimmte Schicht der Person, würde aber insgesamt das ganze Spektrum des Schülersubjekts im Auge behalten sowie dessen emotionale, soziale, technische, musische und körperliche Fähigkeiten fördern wollen. Entscheidender Fortschritt: Die Erziehungssituation wäre durch Ausbildungsreduktionen von ihrem traditionellen Anspruch entlastet (vgl. FRIEDRICH VERLAG 1984, S. 34 f, S. 158). Keiner der Lernprozesse, auf den sich bewußt eingelassen würde, hätte für sich die existentielle Bedeutung von «gewichtigem Lernen», offen und grundsätzlich deutlich vor den Augen aller Beteiligten würde man «aus Kindern Schüler machen». Wie nicht jeder existentieller Lehrer zu sein vermag, aber das ihm Notwendige zum Lehren doch erlernen kann, so der Schüler, der keineswegs zu jedem Lehrer und jeder Lehrerin eine pädagogische Beziehung eingeht, ohne deshalb im Lernen beeinträchtigt zu sein. Er kann mit Hilfe entsprechender Techniken des Lernens Erfahrungen machen, diese einzelnen Kenntnisse und Fähigkeiten zu Wissen bzw. Können speichern, sie auf bestimmte Ziele hin orientieren, um letztlich sich und seine Lage zu verändern. Solchen Lernern steht ihre Schule gleichzeitig als Heim, als Ort sozialer Betreuung über den halben oder ganzen Tag zur Verfügung, so wie das für Gesamtschulen bereits installiert ist und es von anderen Schularten schon angeboten, weil von den Eltern verlangt wird.

Ein völlig anderes, in jedem Sinn alternatives Gesamtbild des Schülers scheint diesen Berufsbildern entgegengesetzt. Es entstand aus der Beobachtung der gegenwärtigen Lebenszusammenhänge von Schülern. Die

Teilnahme an aktuellen Formen und Erscheinungsweisen des Schüler-
daseins führte Jugendforscher in eine von ihnen so genannte *Schülerkultur* ein. Damit meinten sie nicht die mehr oder weniger selbständig arbeitenden Sport- oder Theatergruppen an Schulen, weltanschauliche oder
politische Vereinigungen. Diese bleiben nach ihrer Auffassung Inszeni-
nierungen der offiziellen Schule auf der ‹Vorderbühne›. Die eigentliche
Wirklichkeit der Schüler beginnt für sie jenseits davon, spielt sich auf
einer ‹Hinterbühne› ab. Vorausgesetzt wird also eine gewisse Unvereinbarkeit von Schülerkultur und jener Kultur, welche die Schulen repräsentieren. Zu letzterer verhalten sich die Schüler subversiv. Lehnt sich
dennoch eine Schülergruppe an die geltenden Maßstäbe der offiziellen
Kultur der herrschenden Gesellschaft an, die die Institution Schule betreibt, ignoriert sie den gegebenen Widerspruch zwischen Schule und
Schüler und handelt somit «schulfromm» (vgl. Reinert/Zinnecker
1978). Subversiv dagegen zieht sich Schülerkultur durch die Zeiten, im
20. Jahrhundert schließlich hat ihr weitgehend die Sympathie der Pädagogen gehört. So Theodor Wilhelm 1963: «Stand man als Schüler um
die Jahrhundertwende zu dem bedenklich formalisierten und intellektua-
lisierten Schulbetrieb in teilweise leidenschaftlicher Opposition und distanzierte sich als ‹Bündischer› von der Schule als einer Veranstaltung
der Erwachsenen, so sind heutige Jugendliche auf eine bemerkenswerte
Weise schulkonform. Schule und Unterricht werden als eine unerläß-
liche Lebensvoraussetzung in Kauf genommen (...)» (zit. nach Muth
1966, S. 7).

Während demnach die Konformisten aus Lehrpersonal und Schülerschaft auf der Vorderbühne fromm posieren, entfaltet sich das Leben der
Schülersubjekte auf deren eigener Plattform. Dort stellen die Rechtssub-
jekte ihre Forderungen, die Seelen dürfen die Artikulation ihrer Nöte
und Sehnsüchte versuchen, und die Individuen gruppieren sich zu ihnen
gemäßen sozialen Formationen. Hier lassen sich jene Themen bearbeiten, um die es den Schülern wirklich geht; denn hier sprechen die Schüler
ihre eigene Sprache. Diese läßt sich als Schülerjargon mit milieubeding-
ter Metaphorik identifizieren oder als eine Weise, mündig zu reden und
selbstverantwortlich auszusprechen, was Sache ist. Die Schülerkultur
verfügt über einen besonderen Wohnstil, Mode und Umgangsformen,
vor allem über eine eigene Geschichte, nämlich die ihrer subversiven
Techniken und Strategien gegen den Unterricht. Damit steht den Schülern ein Vorrat an Erfahrungen zur Verfügung, Methoden auch der physischen Gewalt, die von den Erforschern der Schülerkultur als Gegenge-
walt definiert wird in der Annahme, die verursachende Gewalt sei die der
Schule, welche anordnet und lehrt. Davon wollen sich die Träger der

Schülerkultur befreien: ‹Schülerselbstbefreiung›. Der Begriff vermittelt das ganze Pathos existentieller Betroffenheit, aus dem Schülerkultur lebt. Für diese Betroffenen geht es um drei zentrale Themen: Wie überleben wir in der Institution? Wie unterlaufen wir die Lernanforderungen? Wie lösen wir uns aus der Abhängigkeit von unseren Eltern? Solche Fragen leuchten ein, doch man bedarf zu ihrem Verständnis nicht der Konstruktion einer Schülerkultur.

4.2.4 Bedingungen der Schülerkarriere

Schülerkarrieren verlaufen im Sinne der Schüler dann erfolgreich, wenn sie in einem oder mehreren der Spannungsfelder, die eben aus der Position einer Schülerkultur benannt wurden, nicht verharren, sondern das dahinter liegende Ziel erreichen. Wenn Schüler also nicht bloß überleben, sondern lernen, mit der Entfremdung von Bedürfnissen zu leben. Wenn sie nicht nur eine Geschicklichkeit im Umgang mit Anforderungen erwerben, denen sie nicht ganz gewachsen sind, sondern diese Fähigkeit einsetzen, um den Schulabschluß zu erreichen. Wenn sie nicht nur der Bevormundung durch die Eltern und ähnlich ihnen übergeordneten Erwachsenen widersprechen, sondern mündig und selbständig werden.

Die hier so genannten Themen der Schülerkultur sind nämlich nur die verkürzten Fragestellungen schulpädagogischer Problematik, wie sie immer wieder mit Blick auf die schulischen Prozeduren reflektiert wurde. Zuerst die Askese, die mit einem Schonraum Schule den Kindern abverlangt wird, ein Zeitopfer, das ihnen Gegenwart entzieht. Dann die Karriere, die mit den Fortschritten des Lernens in Aussicht gestellt wird. Schließlich das Leben in der Schulklasse unter Gleichen, das die Schüler von ihren Elternhäusern distanziert.

Die Schülerkarriere verlangt *Zeitopfer*, sie stellt im Ganzen ein Zeitopfer dar, in welches zahlreiche kleinere, doch spürbare eingeschlossen sind. Zuerst, in früher Kindheit, in der Grundschule wird dieses Opfer durch Fremdkontrolle von den Eltern und Lehrern abgenötigt, später gerät es grundsätzlich ins Bewußtsein des Schülers. Im Laufe der Schulgeschichte wurden die Schüler und die Schülerinnen unterschiedlich auf die Zukunft hin gefordert; für beide aber durfte vorausgesetzt werden, daß sie im Interesse ihres eigenen, mehr und mehr eigenen Lebensplanes sich anstrengten und Selbstdisziplin übten. Auf jeder Stufe ihrer Entwicklung galt es, auf altersgemäße Lebensgenüsse teilweise oder ganz zu verzichten. Vor allem systematisches Lernen verlangte eine gewisse Askese. Die Lehrer predigten ständig den «Verzicht auf den Apfel am Baum vorm

Schulfenster», wie eine alte Lesebuchgeschichte das sinnfällig zu machen versuchte, solcher Verzicht werde später gegen Wohlstand und Ansehen eingetauscht. Derartige Predigten wurden von den Pädagogen nicht unbedingt guten Gewissens gehalten, waren sie sich doch dabei der Zumutung für ihre Schüler bewußt. Friedrich Daniel Ernst Schleiermacher formulierte es 1826 folgendermaßen: «Nun will aber das Kind in jedem Moment irgend eine gewisse Lebenstätigkeit (...) Jede pädagogische Einwirkung stellt sich dar als Aufopferung eines bestimmten Moments für einen künftigen, und es fragt sich, ob wir befugt sind, solche Aufopferungen zu machen (...)» (SCHLEIERMACHER 1983, S. 46).

Man darf einen Großteil der *Unterrichtsmethodik* als immer neuen Versuch ansehen, den Kindern ihr Opfer zu erleichtern. Bereits Comenius wünschte, alle alles «angenehm» zu lehren, eben durch eine Methode, die dem Schüler sein Lernen ganz natürlich erscheinen ließ. Zunehmend wurden Phantasie und didaktische Kalkulation aufgeboten, um dem kindlichen Gemüt solche schmerzlich werdenden Schulstunden zu versüßen, durch Anschauung, durch Spiel, durch musische Betätigung, in erster Linie freilich durch Respektierung der Schülerfragen und Schülererfahrungen bei möglichst vielen Lerngelegenheiten. Das für die Zukunft gedachte Lernen war an die gegenwärtige Situation des lernenden Schulkindes zu binden. «Spiel im weitesten Sinne zur Befriedigung des Moments» unterschied Schleiermacher von der «Übung als Beschäftigung, die sich auf die Zukunft bezieht» (ebd., S. 50). So würde der «Schüler in jedem Augenblick als Mensch behandelt werden», zumal man hoffen konnte, die Schüler lebten nicht dauernd kindlich «in der Gegenwart allein». Vielmehr würde mit der Zeit der einzelne imstande sein, selber «zu wollen, daß in der Erziehung Rücksicht auf die Zukunft genommen werde» (SCHLEIERMACHER 1983, S. 48), weil die eingeschlagene Schulkarriere schon Element der eigenen Biographie und des Bildes von sich selbst geworden ist. Das Lehren bestünde dann darin, den Lernenden die Erfahrung ihrer eigenen Möglichkeiten und Grenzen zu erlauben und ihnen spontane Neugierde zu gestatten (vgl. SCHULZE 1978, S. 80). Eine Proklamation der Schule zum Erfahrungsraum fordert eine Verbindung von Lernziel und Lernbedingung, von Lernen und Handeln, jedes Spiel eine Übung, jede Arbeit ein Lebenszusammenhang. Die konfliktträchtige Frage aber bleibt, ob dem Schüler eine sachlich vorgegebene Hierarchie der Lernziele akzeptabel ist. Der Lernweg, den er zugunsten seiner Karriere zurücklegen möchte, führt eben auch vom Einfachen zum Schwierigen, vom Begrenzten zum Universellen und von der Übernahme der Werte zur erst später oder nie gelingenden selbständigen Auseinandersetzung mit den Konventionen. Das Ziel jeder Schülerkarriere, die Figur des mit seinen erworbenen Berechtigungen ins Leben der Gesellschaft Eintretenden, bestimmt die Ordnung des Curriculums. Von daher ist kein Curriculum denkbar, das nicht Disziplinanforderungen stellt. Die Geschichte der Lehrpläne zeigt immer wieder Lernbares unterschiedlichen Ranges, das zudem in eine Reihenfolge gebracht werden mußte. Wie auch immer Rangordnung und Reihenfolge im Lehrplan zu rechtfertigen sind, der Schüler hat sich dem anzubequemen. Der Zweck wie der Inhalt eines jeden solchen Lehrplans macht es notwendig, sich an nicht privaten Standards zu orientieren.

Schüler mögen ihre Lernfortschritte einzeln, in Gruppen oder in Jahrgangsklassen machen. Sie werden durch die Art und den Umfang, wie sie das tun, aufgrund des von ihnen erreichten Standards wahrscheinlich auch sozial zuzuordnen sein. Ob als Klavierspieler, als Sportler oder als Gymnasiasten, man wendet auf Könner andere Maßstäbe an als auf Dilettanten. Ein solches riskantes Verhältnis seiner intellektuellen Norm zu seiner sozialen Norm steht für jeden Schüler wenigstens im Hintergrund. Im Vordergrund des Schulalltags macht es sich verschärft bemerkbar, seit spätestens mit dem wachsenden Bedürfnis nach alphabetischer Unterweisung, also seit dem 16. Jahrhundert, Anzahl und Größe der Schulklassen zunahmen. Damit trat dieses kritische Phänomen des sozial wirksamen Lernstandards mit dem allgemein menschlichen des gesitteten Miteinander zusammen. Aus dieser Erkenntnis heraus setzten Pädagogen zur Lösung der Disziplinprobleme vornehmlich auf die Didaktik. So kam es Johann Amos Comenius darauf an, «ein Verfahren zu suchen und zu finden, daß die Lehrenden weniger zu lehren brauchen, die Lernenden aber mehr lernen, daß es in den Schulen weniger Lärm, Ekel und vergebliche Mühsal, aber mehr Ruhe, Lust und festen Erfolg gibt» (COMENIUS 1957, S. 36).

Zum Problem der Selbstdisziplin kam das der *Schuldisziplin*. Für das Lernen wurden im Sinne einer natürlichen Methode das eigene Wollen, eigene Erfahrung, Selbstbestimmung als einschneidende Voraussetzung angesehen, wie sollte um einer Schulordnung willen der fürs Lernen willkommenen Neigung, «sich von Willkür zu befreien» (SCHLEIERMACHER 1983, S. 360), entgegengetreten werden? «Widergesetzlichkeit», heute Regelverletzung, und «Ungesetzlichkeit», heute abweichendes Verhalten, brachten die Pädagogen in einen Widerspruch, an welchem der grundsätzliche Unterschied zur militärischen Disziplin unübersehbar war: «Auf der einen Seite war das Bewußtsein, wie nötig es sei, ein Streben nach Selbständigkeit und Freiheit gewähren zu lassen bei denen, die ihre Selbständigkeit bewahren sollten, auf der anderen Seite war die Besorgnis, daß die Ungesetzlichkeit besonders bei denen, die einst den gesetzlichen Zustand vertreten sollten, zum Schaden des Ganzen gereichen möchte. Daher das Schwanken und der große Wechsel der Maßregeln» (SCHLEIERMACHER 1983, S. 360).

Unabhängig von Fragen wie der nach dem Respekt vor dem Lehrer, die gewiß als ein sittliches Bedenken auch gegenwärtig zu Recht aufgeworfen wird, muß das pädagogische Gewissen ständig damit rechnen, daß in einem Disziplinfall eine Lernstörung steckt. Ist dies aber prinzipiell jedesmal möglich, wird der undisziplinierte Schüler der Strafe entzogen. Man darf nicht einfach naiv zurück- oder zuschlagen, vielleicht wegen des Strafrechts und der möglichen Körperverletzung; vornehmlich aber verbietet es sich, weil hier eine Verhaltensstörung vorliegt, die als Symptom einer Lernbehinderung auslegbar ist, und Lernbehinderungen erfordern natürlich didaktische Vorgehensweisen.

Der große Komplex der *Störungen* sollte nur in einer von mehreren Hinsichten als eigentlich disziplinarische Störung benannt werden. Von ihr zu unterscheiden seien organisatorische, juristische, psychologische Störungen usw. Bekannt ist die Deutung von jugendlichem Vandalismus, also einer Zerstörungswut, die sich gegen schulische Einrichtungen wendet, als Reaktion auf Leistungsdruck. Aus Frustration über mangelnde Anerkennung in der Schule würden Schüler Möbel und Wände ihrer Klassenzimmer demolieren. Dafür jedoch haben Empiriker bislang kaum Hinweise gefunden, im Gegenteil, hoher Leistungsdruck scheint in keiner Schulform mit erhöhtem abweichendem Verhalten verbunden. Die Untersuchungen sprechen eher dafür, es handle sich hier wirklich im Sinne Schleiermachers um ein sittliches Problem, das bei der Internalisierung von Regeln während des Aufwachsens in der Familie vorentschieden wird (vgl. FEND 1975, S. 50). Den Schülern in der Schule bliebe noch die Möglichkeit, sich freiwillig einer bewußt von ihnen unter didaktischer Anleitung des Lehrers gefundenen oder konstruierten Klassenordnung als Antwort auf ihre eigene chaotische «Interaktionskultur» zu fügen (HEINZE 1980).

4.2.5 Der Schüler, ein Feld der Erfahrung

Mit dem *pädagogischen Verhältnis* selbst ist die Intention verbunden, seinen Schüler zu erforschen. Nach Jean-Jacques Rousseaus Vorstellung von Erziehung bedarf ein Lehrer seines Schülers als eines Feldes, auf dem er Erfahrungen zu machen hat, um überhaupt erziehen zu können. Ihn zu beobachten, hat sowohl der Lektüre pädagogischer Traktate wie dem pädagogischen Handeln vorauszugehen. «Beginne also deinen Zögling besser zu erforschen, denn du kennst ihn ganz bestimmt nicht» (ROUS-SEAU 1991, Vorrede § 3). Erziehende begegnen ihren Schülern bereits vor Beginn ihrer erzieherischen Tätigkeit, indem sie «auf das Individuell-Persönliche» aufmerksam sind. Dementsprechend war eine der ersten Folgen modernen pädagogischen Denkens die «Erfahrungsseelenkunde» aus dem Jahr 1783 von Carl Philipp Moritz (1988, Bd. 3, S. 114): «Als ich vor vier Jahren meine Lehrstelle im Grauen Kloster antrat, machte ich mir schon einen Plan, wie ich Beobachtungen bei meinen Schülern an-stellen wollte.» Moritz tat dies zunächst mit der Attitüde eines Naturfor-schers: «Man sammelt täglich Bemerkungen über das Wetter, dacht ich, und den Menschen sollte man dessen nicht wert achten?» Doch dann nahm er sogleich Rücksicht auf den spezifischen Status des Menschen und suchte das Spiel der Übertragungen: «Dann werde ich zuerst das Zutrauen des jungen Menschen zu gewinnen suchen [...] Dies Zutrauen aber erwirbt oft ein Blick, eine Miene, ein Händedruck, wodurch das junge Herz geöffnet wird [...]» Und solches Vorgehen hielt er berechtig-terweise für eines, das seiner Profession adäquat ist: «Ich zweifle nicht, daß viele Schulmänner und Erzieher ähnliche und bessere Beobach-tungen, und vielleicht auch nach einer besseren Methode, über einzelne Subjekte angestellt und niedergeschrieben haben [...]» Später, mit der Reformpädagogik gegen Ende des 19. Jahrhunderts, ging das Interesse der Lehrer an der Erforschung ihrer Schulkinder noch darüber hinaus. Es galt mehr und mehr auch deren Milieu, der Herkunft und Umwelt, der sie entstammten (vgl. GLEIM 1985). Die forschenden Lehrer konnten sich dabei in der Nachfolge Johann Heinrich Pestalozzis sehen, für den der Unterricht auf das ganze Leben der häuslichen Verhältnisse aufzu-bauen hatte. Die Traditionen von Schülererforschung durch Lehrer sind immer wieder aufgelebt, bildeten für viele die unumgängliche persön-liche Voraussetzung ihrer Praxis. Eine Reihe von Versuchen solcher Art wurde zuletzt in den 70er Jahren angestellt (vgl. WÜNSCHE 1972, KLINK 1974). Sie wurden von der Sozialforschung kritisiert, dies jedoch mit der Absicht, solche Lehrerselbstforschung methodisch zu verbessern und wissenschaftlicher Intervention zugänglich zu machen. Favorisiert wur-den pädagogische Einzelfallstudien (vgl. FISCHER 1982), die der Singula-rität jedes pädagogischen Verhältnisses bis in seine Zufälligkeiten hinein gerecht zu werden vermögen. Je bewußter freilich Erfahrungen mit einem Schüler von deren situationsbedingten Zufälligkeiten absehen möchten, desto eher wird der Weg eingeschlagen aus einem Zusammen-hang heraus, in dem miteinander gehandelt und sich gegenseitig er-forscht wird, wie es für ein pädagogisches Verhältnis natürlich ist.

Von solcher für die Lehrer-Schüler-Beziehung fundamentalen Empirie grundsätzlich zu unterscheiden sind die Erhebungen von repräsentativen Daten, die dazu dienen sollen, didaktische Muster für die Unterrichtsentwicklung oder bildungspolitische Maßnahmen für die Schulen zu verbessern. Ihre Erfahrungswerte entstammen Äußerungen in Worten und Verhalten, die – so die Intention – unbeeinträchtigt aufrichtig getan wurden und reformulierbar verständlich sind. Gefragt werden Schüler in Gruppen oder einzeln als Versuchsperson oder teilnehmend beobachtet, z. B. in 135 Schulklassen wird sich nach dem Anpassungsdruck dort erkundigt (vgl. FEND 1980, S. 179). Es werden auch Fragen quer durch die Gesamtgesellschaft gestellt. Die Summe aus den Antworten beeinflußt nicht zuletzt das Image der Schüler in der Öffentlichkeit. Inhaltlich beziehen sich solche Forschungen auf das ganze Spektrum des *Schullebens*: auf das Schulklima (vgl. BELSER / ROEDER / THOMAS 1972), auf die Dynamik in den Klassen, auf die durch den Schulalltag gelernten Normen (vgl. DREEBEN 1980). Zahlreiche Untersuchungen galten der Lehrer-Schüler-Beziehung, besonders der zweifelhaften Bedeutung von Autorität (vgl. FEND 1980, S. 167). Weitere Schwerpunkte bildeten Aussagen über die Wirkungen der Schulkarriere auf das Selbstbewußtsein und auf das politische Bewußtsein. So haben gewisse Fragenkomplexe ihre Konjunktur, denn sie sind oft an öffentliche Diskussionen oder bildungspolitische Vorhaben gebunden wie Mitbestimmung, Einrichtung bestimmter Schultypen, Lehrerfortbildung usw.

Über 200 Jahre lang schon werden hierzulande Erfahrungen mit Schülern bewußt gesammelt und aufgeschrieben. Das daraus gewonnene Bild mit historischer Tiefe und aktuellen Schlaglichtern im Vordergrund genügt dennoch nicht: Die Schülerrolle ist «fast noch gar nicht erforscht», und der Praktiker befindet sich weiterhin «auf der Suche nach dem Schüler» (FRIEDRICH VERLAG 1984, S. 151). In die Tiefe von dessen Seele hinabsteigen und seine subjektive Sicht nachvollziehen zu können, das sollte die Forschung leisten. Was meint ein Schüler mit einer Geste und einer bestimmten sprachlichen Äußerung, warum handelt er so und nicht anders, wie erlebt er eine bestimmte Situation (vgl. FROMM 1987, S. 209)? Wie verständigen sich Schüler untereinander? Worin bestehen ihre Gemeinsamkeiten, und wie weit reichen sie (vgl. FROMM 1987, S. 211)? Vielleicht ist Unterricht eine Veranstaltung, in der die Sicht der Schüler nicht zählt und nicht zählen kann, weil unbekannt. Schließlich «können wir nicht erwarten, gerade aus Unterrichtsäußerungen (von Schülern; K. W.) ein differenziertes Verständnis der subjektiven Sicht der Schüler zu gewinnen. Grundsätzlich bleibt dabei unklar, ob wir etwas über die Sicht des Schülers erfahren oder darüber, wie sie die Lehrer einschätzen» (FROMM 1987, S. 219). Das entspricht der alten Lehrererkenntnis, daß auch die Schüler ihre Aufgabe vor allem darin sehen, «fremde Phrasen zum Ausdruck fremder Gedanken» zu übernehmen. Konkrete und begründete Ansatzpunkte für die Erforschung der Sicht des Schülers lassen sich kaum finden (vgl. Fromm 1987, S. 340). Es besteht nach wie vor die «Schwierigkeit, daß kein Pädagoge den Innenzustand seines Zöglings, also das, was dieser während des Erzogenwerdens real erlebt, erinnert, erwartet, kennen kann» (Luhmann 1991, S. 19).

Literatur

Adler, A.: Individualpsychologie in der Schule [1929]. Frankfurt/M. 1973.

Besler, H./Roeder, P. M./Thomas, H. (Hrsg.): Plowden-Report. Kinder, Schule, Elternhaus. Eine Untersuchung über das englische Primarschulwesen. Frankfurt/Berlin/München 1972.

Buck, G.: Rückwege aus der Entfremdung. Paderborn/München 1984.

Comenius, J. A.: Große Didaktik. Berlin 1957.

Dietze, L.: Arbeitsplatz Schule. Das «Berufsrecht» des Schülers. In: Friedrich Verlag (Hrsg.): Schüler. (...) Velber 1984, S. 132–135.

Dreeben, R.: Was wir in der Schule lernen. Frankfurt/M. 1980.

Fend, H.: Über Rowdy- und Mogelfaktor, Unordentlichkeits- und andere Syndrome. In: betrifft: erziehung 8 (1975), H. 11, S. 45–50.

Fend, H.: Theorie der Schule. München/Wien 1980.

Fischer, D. (Hrsg.): Fallstudien in der Pädagogik. Konstanz 1982.

Friedrich Verlag (Hrsg.): Schüler. Herausforderungen für Lehrer. Jahresheft 1984 aller pädagogischen Zeitschriften des Friedrich Verlags in Zusammenarbeit mit Klett. Velber 1984.

Fromm, M.: Die Sicht der Schüler in der Pädagogik. Weinheim 1987.

Fürstenau, P.: Zur Psychoanalyse der Schule als Institution. In: Das Argument 2 (1964), Nr. 29, S. 65–78.

Geulen, D.: Das vergesellschaftete Subjekt. Frankfurt/M. ²1989.

Gleim, B.: Der Lehrer als Künstler. Zur praktischen Schulkritik der Bremer und Hamburger Reformpädagogen. Weinheim/Basel 1985.

Heinze, Th.: Schülertaktiken. München/Wien/Baltimore 1980.

Hofer, M./Pekrun, R./Zielinski, W.: Der Lerner in der Pädagogischen Psychologie. In: Weidemann, B. u. a.: Pädagogische Psychologie. München 1986, S. 219–226.

Kerschensteiner, G.: Der Begriff der Arbeitsschule. Leipzig/Berlin 1912.

Klink, J.-G.: Klasse H7E. Aufzeichnungen aus dem Schulalltag. Bad Heilbrunn 1974.

Luhmann, N.: Das Kind als Medium der Erziehung. In: Zeitschrift für Pädagogik 37 (1991), H. 1, S. 19–40.

Mollenhauer, K.: Vergessene Zusammenhänge. Über Kultur und Erziehung. München 1983.

Moritz, C. Ph.: Magazin zur Erfahrungsseelenkunde. Werke, Bd. 3. Frankfurt/M. 1981.

MUTH, J.: Schülersein als Beruf. Heidelberg 1966.

NEVERMANN, K.: Haftung – Aufsicht. In: Baethge, M./Nevermann, K. (Hrsg.): Organisation, Recht und Ökonomie des Bildungswesens. Stuttgart 1984, S. 500–502 (= Enzyklopädie Erziehungswissenschaft; Bd. 5).

PÄDAGOGIK, Themenheft: Was wissen wir von unseren Schülern? (1992), H. 7/8.

REINERT, G./ZINNECKER, J. (Hrsg.): Schüler im Schulbetrieb. Reinbek bei Hamburg 1978.

ROUSSEAU, J.-J.: Emile oder über die Erziehung. Übers. v. L. Schmidts. Paderborn [10]1991.

RUMPF, H.: Unterricht und Identität. München 1976.

RUMPF, H.: Ein Schülertag wie tausend andere. In: Friedrich Verlag (Hrsg.): Schüler. (...) Velber 1984, S. 24–26.

SCHLEIERMACHER, F.: Pädagogische Schriften. Unt. Mitwirkung von Th. Schulze hrsg. von E. Weniger. – Bd. 1: Die Vorlesungen aus dem Jahre 1826. Frankfurt/Berlin/Wien 1983.

SCHULZE, TH.: Methoden und Medien der Erziehung. München 1978 (= Grundfragen der Erziehungswissenschaft; Bd. 7).

TENORTH, H.E.: Pattys Traum – Oder: Die offenbaren Geheimnisse der Pädagogik. In: Oelkers, J./Tenorth, H.-E. (Hrsg.): Pädagogisches Wissen. Weinheim/Basel 1991, S. 291–305 (= 27. Beiheft der «Zeitschrift für Pädagogik»).

WEINERT, F.E.: Geschichte der Pädagogischen Psychologie. In: Schiefele, H./Krapp, A. (Hrsg.): Handlexikon zur Pädagogischen Psychologie. München 1981, S. 148–153.

WÜNSCHE, K.: Die Wirklichkeit des Hauptschülers. Köln 1972.

ZINNECKER, J. (Hrsg.): Der heimliche Lehrplan. Weinheim/Basel 1975.

Hans Oswald

4.3 Der Jugendliche

Die Tatsache, daß das Entstehen, Wachsen und Altern des Menschen auch ein biologischer Vorgang ist, verleitet dazu, nach ‹natürlichen› biologischen Stadien dieses Entstehens- und Vergehensprozesses zu suchen und markante Einschnitte des Lebenslaufs, etwa Beginn und Ende der Jugendzeit, mit festen kalendarischen Lebensaltersdaten zu verbinden. Demgegenüber haben historische und völkerkundliche Studien gezeigt, daß Zahl und Dauer der Phasen des Lebenslaufs – und nicht nur die inhaltliche Ausgestaltung dieser Phasen – sich in unterschiedlichen Gesellschaften stark unterscheiden. Die Einteilung des Lebenslaufs ist, wie es Soziologen ausdrücken, gesellschaftlich definiert. Diese Definitionen müssen einerseits biologische Prozesse berücksichtigen, sie antworten auf von Wachstum und Altern bedingte Zustände (Hilflosigkeit des Säuglings, Geschlechtsreife, Abbau der Körperkraft); sie geben andererseits den biologischen Gegebenheiten ersr ihren gesellschaftlichen Sinn, indem sie die menschlichen «Möglichkeiten und Verpflichtungen» jeder Altersphase sowie ihre Bedeutung für Individuum und Gesellschaft umschreiben (EISENSTADT 1966, S. 14 f. – Dies im folgenden mehrfach zitierte Buch ist heute in manchen Aussagen nicht mehr aktuell. Es ist aber nach wie vor das einzige Werk, das mit hohem theoretischem Anspruch eine Fülle von ethnographischen Materialien verarbeitet und daraus eine Theorie der Peer-group entwickelt).

4.3.1 Definition der Jugendphase

Die kulturelle Variabilität und Relativität gilt auch für die Jugendphase.
Diese Einsicht bringt es mit sich, daß eine ‹universell› anwendbare, also
für alle Zeiten und Kulturen gültige Definition dieses Lebensabschnitts,
sowohl was die Dauer als auch was die Inhalte anbetrifft, nur allgemein
sein kann und durch konkrete Beschreibungen für die jeweils interessierenden Gesellschaften ergänzt werden muß. Manche Autoren begnügen
sich deshalb mit Jugenddefinitionen wie «nicht mehr Kind, noch nicht
Erwachsener» (SCHELSKY 1957, S. 16). Diese vage Begriffsbestimmung
trägt der Tatsache Rechnung, daß die meisten Gesellschaften für die
Mehrzahl ihrer Mitglieder zwischen Kindheit und Erwachsensein eine
oder mehrere Phasen einschieben, die dadurch gekennzeichnet sind, daß
zwar die Kindheit durch das Erreichen der Geschlechtsreife (Pubertät)
endet, die volle soziale Partizipation im ökonomischen, rechtlichen, politischen oder religiösen Bereich aber, die den Erwachsenen zusteht, vor-
enthalten wird.

In diesen Zwischenphasen werden den Jugendlichen Rechte gegeben
und Aufgaben übertragen, die den Jugendstatus inhaltlich kennzeichnen
und vom Erwachsenenstatus abheben. Für jede konkrete Gesellschaft
kann man die Jugendphase durch diese Rechte und Pflichten oder auch
durch die vorenthaltenen Rechte und Pflichten des Erwachsenen definieren. Dabei muß man allerdings berücksichtigen, daß auch innerhalb
einer Gesellschaft Jugend unterschiedlich lange dauern und inhaltlich anders gestaltet sein kann, etwa für unterschiedliche Stände, Klassen oder
Schichten. Insbesondere für Mädchen und Jungen wird in den meisten
Gesellschaften Jugend zeitlich und inhaltlich unterschiedlich definiert.

4.3.1.1 Vorbereitungsstatus

Für die Einrichtung von Zwischenphasen zwischen Kindheit und Erwachsensein kann es mehrere Gründe geben. Der häufigste und auch für
moderne Gesellschaften geltende Grund dürfte darin liegen, daß die jungen Gesellschaftsmitglieder noch Fähigkeiten und Fertigkeiten erwerben
und entwickeln müssen, die sie als Erwachsene benötigen. Inhaltlich wie
auch in der zeitlichen Ausdehnung wird die Jugendphase dementsprechend in Hinblick auf den jeweiligen Sektor der Erwachsenengesellschaft
gestaltet, dem die Jugendlichen einmal angehören werden. Bei aller Unterschiedlichkeit der Jugendphase besteht eine als Definitionskriterium
geeignete Gemeinsamkeit für viele unterschiedliche Gesellschaften also
darin, daß Jugendliche die Aufgabe haben zu lernen und sich vorzubereiten. Hierfür tragen sie die Verantwortung; die Verantwortung für die

Pflichten der Erwachsenen tragen sie hingegen nicht, was die Rechtfertigung dafür bietet, ihnen bestimmte Rechte und Zuwendungen (Gratifi-
kationen) vorzuenthalten.

Nach einer überzeugenden These von EISENSTADT (1966, Kap. IV) ist
der Vorbereitungscharakter der Jugendphase um so ausgeprägter, je spe-
zialisierter, arbeitsteiliger und leistungsorientierter eine Gesellschaft ist.
In modernen komplexen Leistungsgesellschaften hat die Verlängerung
der Jugendphase hierin ihre Ursache. In der Bundesrepublik Deutschland
etwa dehnt sich die Jugendphase wegen der steigenden Anforderungen
an die Berufstätigkeit und damit an die Ausbildung für immer mehr Jugendliche zeitlich immer stärker aus. So waren 1953 noch 70 Prozent der
15- bis 17jährigen berufstätig, 1984 waren es nur noch 20 Prozent (vgl.
ZINNECKER 1987, S. 313). Der Anteil der Abiturienten und der Studierenden an Hoch- und Fachhochschulen hat im selben Zeitraum ständig
zugenommen, so daß sich für eine wachsende Zahl von Menschen die
Aufnahme der ersten Berufstätigkeit ans Ende des dritten oder gar ins
vierte Lebensjahrzehnt verschiebt und die Vorbereitungsphase einen stetig steigenden Anteil der Lebenszeit einnimmt. Dadurch wird aber das
Kriterium ‹Vorbereitung› zur Kennzeichnung der Jugendphase unein-
deutig. Dies gilt um so mehr, als es immer üblicher wird, daß Erwachsene
in Ausbildungsphasen zurückkehren. Ausbildung behält zwar ihren
Vorbereitungscharakter, sie verliert aber ihre eindeutige Zuordnung zur
Jugendphase. Die auf die rasche Veränderung des Wissens und der technischen Möglichkeiten in unserer Zeit antwortende Konzeption des lebenslangen Lernens entzieht der Jugendzeit das Monopol der Vorbereitung. Gleichwohl bleibt der Vorbereitungsstatus mit seinen Chancen
und Gefahren das bestimmende Kennzeichen der Jugend.

4.3.1.2 Kollektive Aufgaben

Ein zweiter Grund für die Einschiebung von Phasen zwischen Kindheit
und Erwachsensein kann darin bestehen, daß die nachwachsende Generation zunächst kollektiv für gesellschaftlich wichtige Aufgaben herangezogen wird, die sonst nicht zu tragbaren Kosten erledigt werden können. Diese Tätigkeiten werden, obgleich der Berufstätigkeit äquivalent,
deshalb nicht immer als erwachsene Berufstätigkeit definiert. Bei den
afrikanischen Swazi beispielsweise mußten die bis ins mittlere Alter
nicht als heiratsfähig und in diesem Sinne nicht als erwachsen geltenden
Mitglieder militärischer Altersregimenter in Friedenszeiten öffentliche
Arbeiten übernehmen (vgl. EISENSTADT 1966, S. 72 ff). In vielen Gesellschaften müssen Männer Wehrdienst leisten, bevor sie sich in ihrem
gewählten Beruf etablieren können. Arbeitsdienst (im Dritten Reich),

Dienst im Peace Corp (USA), Dienst in der Entwicklungshilfe, Ersatz-
dienst, soziales oder ökologisches Jahr (in der Bundesrepublik Deutschland in der Diskussion) sind weniger martialische Beispiele für Dienste an
der Gemeinschaft, die zur Jugendphase gerechnet werden können, weil
sie die Übernahme der endgültigen Erwachsenenpositionen hinausschie-
ben.

Die gesellschaftlich bedeutsamen Aufgaben, die in solchen Zwischenphasen übernommen werden, können befriedigend sein und Prestige
verleihen und damit die Belastung einer nur der Vorbereitung dienenden
Jugendzeit mildern. Manche Staaten mit kollektivistischer Orientierung
machen sich dies zunutze, indem sie den sich in Schule oder Ausbildung
befindlichen Jugendlichen in Staatsjugendverbänden (z. B. HJ, FDJ,
Komsomol) wichtige Aufgaben übertragen, welche die unmittelbare Bedeutung der Jugendlichen für die Gesellschaft betonen und so zu deren
Loyalität beitragen.

4.3.1.3 Ausschluß von Partizipation

Ein dritter Grund für die Definition einer langen jugendlichen Zwischenphase kann darin bestehen, daß die nachwachsende Generation von der
vollen Partizipation am Erwachsenenstatus ausgeschlossen werden soll,
sei es aufgrund von (wissenschaftlich meist nicht haltbaren) Annahmen
über altersgebundene Fähigkeiten, sei es, weil die erwachsenen Inhaber
von Machtpositionen diese nicht teilen oder abgeben wollen. Ein krasses
Beispiel für letzteres bot die Gesellschaft der irischen Hofbauern, deren
Söhne in großer Abhängigkeit gehalten, ‹boys› genannt und von der
gleichberechtigten Teilnahme am Erwachsenenleben ausgeschlossen
wurden, solange sie nicht den Hof übernommen hatten (vgl. EISENSTADT
1966, S. 266).

Ein Beispiel aus unserer Gesellschaft bestand darin, daß das aktive
Wahlrecht bis 1970 erst ab 21 Jahren, das passive Wahlrecht erst ab
23 Jahren ausgeübt werden durfte. Die (politische) Willkürlichkeit solcher Vorenthaltung von Entscheidungsbefugnissen wird darin deutlich,
daß die Erwachsenen, repräsentiert durch Parlamentarier, problemlos
das Wahlalter durch Grundgesetzänderung um drei, das Wählbarkeitsal-
ter gar um fünf Jahre vorverlegen konnten. Eine weitere Reduktion des
Wahlalters ist in Diskussion. Organisationen wie Kirchen, Parteien oder
Betriebe dehnen die Vorbereitungszeit noch weit in die Zeit der Berufstätigkeit hinein aus, indem sie die Übernahme von Ämtern – und in diesem Sinne das Recht zur vollen sozialen Partizipation – an ein bestimmtes – höheres – Alter knüpfen.

4.3.1.4 Individueller und schrittweiser Übergang

Während es Gesellschaften gibt, die den Übertritt ins Erwachsenenleben an ein bestimmtes Alter knüpfen, machen die Beispiele darauf aufmerksam, daß der Austritt aus der Jugendphase individuell in ganz unterschiedlichem Alter erfolgen kann.

In der Bundesrepublik Deutschland besteht eine Mischform. Der Gesetzgeber tendiert dazu, den Erwerb von Erwachsenenrechten und -pflichten, die Übernahme von Erwachsenenrollen an bestimmte Altersdaten zu binden. So werden Deutsche bereits mit zwölf Jahren eingeschränkt religionsmündig, mit 16 Jahren bedingt geschäftsfähig und mit Zustimmung der Eltern heiratsfähig, mit 18 Jahren volljährig, mit 21 Jahren im Erwachsenensinn uneingeschränkt straffähig. Andererseits erfolgt der Übertritt ins Berufsleben, wohl der wichtigste, weil ökonomische Selbständigkeit gewährende Aspekt des Erwachsenenseins, in sehr unterschiedlichem Alter. Dasselbe gilt für Heirat und Elternschaft.

Ein anderes Spezifikum der Abgrenzung der Jugendphase in modernen Gesellschaften besteht darin, daß der Übertritt schrittweise erfolgt. Man wird nicht an einem Zeitpunkt, schon gar nicht in einem festgesetzten Alter erwachsen, sondern man übernimmt oder bekommt nach und nach die Rechte und Pflichten eines Erwachsenen, man nimmt zunehmend am Erwachsenenstatus teil. Man kann auch sagen, je mehr Rollen, die für Erwachsene kennzeichnend sind, übernommen oder gewährt werden, desto fragloser wird der entsprechende Mensch als erwachsen angesehen. Auch die Jugendlichen betrachten den Übertritt in Beruf und Ehe sowie den Auszug aus dem Elternhaus als wichtige Stadien auf dem Weg zum Erwachsenwerden; daneben spielt aber auch das kalendarische Alter für die Selbsteinschätzung als Jugendlicher bzw. als Erwachsener eine Rolle (vgl. JUGENDWERK DER DEUTSCHEN SHELL 1992, Bd. 1, S. 271 f).

4.3.2. Probleme der Theoriebildung über Jugend

Der Jugend gehört die Zukunft. Unentrinnbar werden Jugendliche alle Positionen Erwachsener übernehmen. Was werden sie, erwachsen geworden, privat, beruflich, politisch tun? Wie werden sie die Gesellschaft gestalten? Alle pädagogischen Bemühungen, alle aus Sorge um diese Zukunft erwachsende Kritik an der Jugend, viele Konflikte zwischen den Generationen kreisen um diesen Punkt. Wie Jugendliche sich vorbereiten, entwickeln und mit den ihnen gesetzten Bedingungen umgehen, entscheidet über die individuelle und gesellschaftliche Zukunft. Auch die wissenschaftliche Beschäftigung mit Jugend hat in diesem Zukunftsbezug ihren Orientierungspunkt, auch die Wissenschaft beschäftigt sich mit den besonderen Chancen und Gefahren dieser Altersphase.

Die Aufgabe von Theorien des Jugendalters wie auch theoretisch relevanter empirischer Untersuchungen kann man darin sehen, daß sie einerseits diesen Zukunftsbezug berücksichtigen, andererseits das gegenwärtige Sosein der Jugendlichen erklären, und zwar (1) durch vorangegangene Ereignisse, (2) durch gesellschaftliche Bedingungen und (3) durch die aktive Auseinandersetzung der Jugendlichen mit diesen Ereignissen und Bedingungen. Zuletzt zielt dies auf eine Erklärung des Ergebnisses, nämlich der künftigen Erwachsenen und ihrer Einordnung in die Gesellschaft.

Die Verwirklichung dieser Aufgaben, Erklärung und Prognose, stößt indessen auf große Schwierigkeiten. Diese beginnen erstens bei der Beschreibung des zu erklärenden Gegenstandes, des *heterogenen Gebildes Jugend*. Es gibt eine alte alltägliche und intellektuelle Tradition der Jugendkritik, die pauschal von ‹der› Jugend spricht, so als seien alle Jugendlichen gleich. Auch soziologische Analysen versuchen immer wieder, unter Verarbeitung empirischer Ergebnisse einheitliche Generationengestalten herauszuarbeiten, etwa die «skeptische Generation» der Nachkriegsjugend (SCHELSKY 1957), die «Generation der Unbefangenen» der späten 50er und beginnenden 60er Jahre (v. BLÜCHER 1966), die «adolescent society» der amerikanischen Gesamtschulen (COLEMAN 1961) oder die rebellierenden Studenten der 68er Generation.

Doch dies alles sind Pauschalierungen auf zu hohem Abstraktionsniveau, denen entgegenzuhalten ist, daß die Jugend viele Gesichter hat (vgl. LENZ 1988), daß Jugendliche in komplexen Gesellschaften je nach sozialem Standort sehr unterschiedlich sind. Die Jugendlichen stehen in unterschiedlichen Kontexten (z. B. Stadt – Land, ethnische Herkunft, Sozialschichten), unterscheiden sich nach besuchtem Schultyp und angestrebtem Beruf, nach Konfession und Religiosität. Politisch spiegeln Jugendliche, allerdings in anderer quantitativer Verteilung, die ganze Breite der Parteienmeinungen, und wie bei Erwachsenen steht Engagement neben apolitischer Haltung und völligem Desinteresse. Meinungsumfragen ergeben Unterschiede in Zukunftsorientierung, Zielsetzungen und Wünschen; Unterschiede bestehen auch im Alltäglichen: in Fernsehgewohnheiten, im Alkohol- und Tabakgenuß, in der Einstellung zu Geld und zum Sparen, in Konsumgewohnheiten und Hobbies; Unterschiede selbst dort, wo Jugendliche scheinbar eindeutig über einen Leisten zu schlagen sind, in spezifisch jugendlichen, für Jugendliche erfundenen und produzierten Verhaltensweisen: Kleidung und Haartracht, Schmuck und Schminke, Musik und Tanz.

All diese unterschiedlichen Jugendlichen werden auch als Erwachsene unterschiedlich sein, unterschiedliche Positionen ausfüllen und die zukünftige Gesellschaft in je ihrer Weise gestalten. All diese Unterschiede haben verschiedene Ursachen, so daß Erklärungen aus allgemeinen Strukturmerkmalen der Gesellschaft in Form gesamtgesellschaftlicher Theorien der Jugend fragwürdig sind. Aussichtsreicher und pädagogisch nützlicher sind Theorien mittlerer Reichweite, die sich auf Teile der Jugend und Einzelprobleme richten: auf Bedingungen des Schulerfolges, auf Berufsausbildung, politische Sozialisation, sexuelles Verhalten; auf Probleme wie Jugendkriminalität, Hooligans, Drogenkonsum, Jugendsekten und andere Formen des Ausstiegs und der Fehlanpassung; auf die Einbindung in Subkulturen, Cliquen, Gruppen und Freundschaften; auf das Verhältnis zu Eltern und deren Einfluß in unterschiedlichen Familienformen und in verschiedenen Eheauflösungsphasen; auf den Einfluß von Freizeitorganisationen, Freizeitindustrie und Massenmedien (vgl. HURRELMANN/ ULRICH 1991, MARKEFKA/NAVE-HERZ 1989, FELDMAN/ELLIOTT 1991 für umfassende Überblicke zu diesen Themen).

Eine zweite Schwierigkeit der Theoriebildung besteht darin, daß die Gesellschaft, in die hinein Jugendliche erwachsen werden, sich ständig wandelt. *Wandel der Gesellschaft* heißt, daß sich Ziele, Werte, Organisationsstrukturen, Abläufe verändern, mithin die Anforderungen, die an Erwachsene gestellt werden und auf die Heranwachsende sich einstellen müssen. Ein Großteil dieser Veränderungen wird von Erwachsenen erzeugt, und es ist sicher eine einseitig gewordene Sicht auf den Generationenkonflikt, die Erwachsene als Bewahrende und Jugendliche als Verändernde auffaßt. Die Schnittlinien zwischen Bewahren und Verändern gehen vielmehr durch die Erwachsenengesellschaft, sie entstehen in Auseinandersetzung von ökonomischen und anderen Interessen, auf die Jugendliche in je unterschiedlicher Weise bezogen sind, so daß auch in der Jugend Tendenzen der Bewahrung und Veränderung nebeneinanderlaufen.

Eine dritte Schwierigkeit liegt in den der Forschung zugrunde liegenden *Menschenbildern*. Jugendtheorien sind eingelagert in allgemeine Annahmen über den Menschen. Diese kommen etwa in den Auseinandersetzungen zum Ausdruck über die Frage, ob Begabung vererbt oder erworben ist (Anlage versus Umwelt) oder ob der Mensch individuell oder gesellschaftlich bestimmt ist (Individualität versus gesellschaftliche Determination). Die oft als Gegensätze dargestellten Positionen schließen sich indessen nicht aus; in der Geschichte der Beschäftigung mit Kindheit und Jugend wechselt aber ihr Gewicht, wobei es jeweils zu Einseitigkeiten und Überzeichnungen kommt, die gleichwohl erkenntnisfördernd sein können.

So hat die radikale Behauptung von dem Erworbensein aller Eigenschaften (Sozialisationsperspektive) etwa in ihrer Anwendung auf schicht- und geschlechtsspezifische Unterschiede unser Wissen über den Einfluß sozialstruktureller Gegebenheiten und gesellschaftlicher Wertsetzungen geschärft. Sie hat u. a. gezeigt, daß Jugendliche aus unteren Sozialschichten andere Verhaltensweisen und Werthaltungen, andere Motivationen und Zukunftsorientierungen ausbilden und daß sie damit geringere Lebenschancen (Verdienst, Gesundheit) haben als Jugendliche aus besser ‹situierten› Elternhäusern (vgl. STEINKAMP 1991). Sie hat weiter gezeigt, daß viele der lange Zeit für natürlich gehaltenen Unterschiede zwischen Männern und Frauen sich in Kindheit und Jugend unter dem Einfluß gesellschaftlicher Kräfte herausbilden. Sie hat damit auch dazu beigetragen bewußtzumachen, daß die mit dem Sozialstatus und der Geschlechtszugehörigkeit verbundenen Ungleichheiten und Ungerechtigkeiten gesellschaftlich verändert werden können. Die radikale Sozialisationsperspektive hat aber gleichzeitig zu dem geführt, was man das «übersozialisierte Menschenbild der Soziologie» (WRONG 1973) nennen konnte. Neuere Ansätze, die sich auf klassische pädagogische und philosophische Positionen berufen, betonen eher die «produktive Realitätsverarbeitung» des Subjekts (HURRELMANN 1983), das über seinen Beitrag in Interaktionen mit anderen Menschen an der Sozialisation seines Selbst (vgl. MEAD 1968) bzw. der Konstruktion der inneren wie äußeren Realität (vgl. BERGER/LUCKMANN 1969, PIAGET 1986) beteiligt ist. Die oben beschriebene Heterogenität der Jugendlichen hat teilweise in dieser produktiven Realitätsverarbeitung ihren Ursprung. Derartige nichtdeterministische Varianten überwiegen heute in der theoretischen Auseinandersetzung, es ist jedoch nicht zu übersehen, daß die empirische Forschung eher deterministischen Vorstellungen folgt, weil das Individuum, das aktiv seine Umwelt gestaltet, für empirische Forschung schwer zu konzeptualisieren ist.

Eine vierte Schwierigkeit liegt in der *Bewertung*. Urteile darüber, ob Jugendliche Chancen wahrnehmen, ob Gefahren bestehen, beziehen sich immer auf Werte. Die Meinungen, die Eltern, Erzieher, Politiker und Wissenschaftler darüber haben, was an ihrer Gesellschaft und den sie tragenden Menschen (oder an ihrer eigenen Jugend) gut und bewahrenswert oder veränderungsbedürftig ist, beeinflussen ihre Urteile. Über diese Werte besteht indessen selten Einigkeit; insofern sind die Beurteilungen Jugendlicher, die auch in der Forschungsliteratur weit verbreitet sind, in bezug auf die zugrundeliegenden Werte relativ. Sie erwecken allerdings oft zu Unrecht den Eindruck, als seien sie das Ergebnis empirischer Forschung.

4.3.3 Entwicklungsaufgaben und Identitätsbildung

Unter Entwicklungsaufgaben versteht man seit HAVIGHURST (vgl. 1972) die Aufgaben, die sich im Lebenslauf eines Menschen in einem gegebenen gesellschaftlichen Kontext zwingend stellen. Diese Konzeption ist in ihrer Anwendung auf die Jugendphase erziehungswissenschaftlich aus mehreren Gründen besonders fruchtbar. Sie hebt darauf ab, daß Jugendliche selbst diese Aufgaben lösen müssen. Sie berücksichtigt dabei innere Reifungsprozesse und die Phasen der Entwicklung, d. h. eine biologisch begründete und gesellschaftlich überformte Aufeinanderfolge. Sie berücksichtigt gleichzeitig, daß gesellschaftliche und erzieherische Arrangements und Verhaltensweisen die jeweilige Aufgabenlösung behindern oder befördern können. Und sie hat zuletzt einen deutlichen Zukunftsbezug.

Diese Gesichtspunkte können an einer der wichtigsten Entwicklungsaufgaben der Jugendphase verdeutlicht werden, der Ablösung von den Eltern. Die Ablösung muß vom Jugendlichen aktiv und oft gegen den Widerstand der Eltern betrieben werden. Sie kann in Abhängigkeit von Reifeprozessen nur schrittweise erfolgen, ist aber in ihrer Abfolge historisch und kulturell variabel, weil Erziehungseinrichtungen und andere gesellschaftliche Bedingungen ökonomischer und rechtlicher Art für Beschleunigung oder Verlangsamung sorgen. Die Lösung der Aufgabe kann durch bestimmte Bedingungen im Elternhaus, etwa eine symbiotische Mutter-Kind-Beziehung, erschwert werden. Sie kann in ihrer Konflikthaftigkeit gesteigert werden etwa durch einen stark kontrollierenden und sich körperlicher Strafen bedienenden elterlichen Erziehungsstil. Der Zukunftsbezug liegt darin, daß die schrittweise glückende Lösung dieser Aufgabe sowohl in diesen problematischen als auch in den weit zahlreicheren unproblematischen Fällen dazu führt, daß Jugendliche die Freiräume gewinnen, die individuell und gesellschaftlich nötig sind, damit sie als Erwachsene Entscheidungen eigenverantwortlich treffen können.

Als weitere wichtige Entwicklungsaufgaben der Jugendphase bezeichnet HAVIGHURST das Akzeptieren des eigenen Körpers nach den durch die Pubertät verursachten Veränderungen, den Erwerb einer sicheren Geschlechtsidentität als Mann oder Frau, den Erwerb der Fähigkeit, vertrauensvolle Beziehungen zu Gleichaltrigen anzuknüpfen und aufrechtzuerhalten, weiter die Vorbereitung auf Beruf, Ehe und Elternschaft, die Entwicklung eines tragfähigen und handlungsleitenden Wertekanons (Weltanschauung) und die Übernahme von Verantwortung. Füllt man diese Liste inhaltlich auf, dann erkennt man, daß Entwicklungsaufgaben eng oder weit gefaßt, auf unterschiedlichen Abstraktionsebenen formuliert und entsprechend in unterschiedlich umfangreichen Taxonomien (Begriffssystemen) entfaltet werden können (vgl. OERTER 1987a, b). Sie sind zudem historisch-gesellschaftlich variabel, d. h. zeitlich und räumlich relativ.

Ein instruktives Beispiel für diese Relativität bietet die Lösung der Entwicklungsaufgabe, intime sexuelle Beziehungen aufnehmen zu können. Der Zeitpunkt für die Lösung dieser Aufgabe ist in wenigen Jahrzehnten weit vorverlegt, aus dem Kontext der Eheschließung herausgelöst und damit auch in seiner inhaltlichen Bedeutung verändert worden. In der Bundesrepublik werden Jugendliche bereits mit 16 Jahren kaum noch an der Aufnahme sexueller Beziehungen gehindert, der Doppelstandard für Mädchen und Jungen ist weitgehend verschwunden. Gleichwohl lösen die meisten Jugendlichen diese Aufgabe, indem sie sich entsprechend einer auf Liebe, Treue und Dauer abhebenden Vorstellung von intimen Beziehungen verhalten (vgl. CLEMENT 1986). Eine allzu frühe Arbeit an dieser Entwicklungsaufgabe, d. h. die Aufnahme von Sexualbeziehungen mit 13 oder 14 Jahren, dürfte indessen zumindest unter heutigen Bedingungen problematisch sein; sie scheint mit einem gestörten Verhältnis zu den Eltern und schulischem Mißerfolg in Zusammenhang zu stehen (vgl. FEND 1990). Die Folgen allzu früher Sexualbeziehungen sind allerdings noch kaum erforscht, so daß wir uns hier auf pädagogisch unsicherem Grund bewegen. Mit dem radikalen gesellschaftlichen Wandel, den man als Recht der Jugendlichen auf freie Wahl des Sexualpartners bezeichnen kann, ist im übrigen einer der drückendsten Aspekte des Vorbereitungsstatus und damit ein wichtiger Anlaß für Generationenkonflikte entfallen.

Die Lösung der Entwicklungsaufgaben in Auseinandersetzung mit der sozialen Umwelt führt am Ende der Adoleszenz zu einem Resultat, das «Identität» (ERIKSON 1973) oder «Selbst» (MEAD 1968) genannt wird. Damit ist eine innere – psychische – Verfassung gemeint, die dazu befähigt, die Aufgaben des Erwachsenenlebens zu leisten. Die Schwierigkeit und Mehrdeutigkeit des Begriffs *Identität* beruht darauf, daß er sich auf das Bewußtsein der Einmaligkeit und des Sich-selbst-Gleichseins bezieht, daß aber diese Besonderheit gleichwohl soziologische Dimensionen hat (vgl. KRAPPMANN 1989). «Der junge Mensch muß lernen, dort am meisten er selbst zu sein, wo er auch in den Augen der anderen am meisten bedeutet» (ERIKSON 1973, S. 124), und zwar der anderen, an denen ihm besonders viel liegt und die man deshalb «signifikante andere» nennt. Die Auseinandersetzung mit signifikanten anderen führt nach MEAD (vgl. 1968) zur Ausbildung des «generalisierten anderen», d. h.

der Verallgemeinerung der in zahlreichen sozialen Interaktionen und Beziehungen an das heranwachsende Individuum herangetragenen gesellschaftlichen Ansprüche.

Erikson faßt die Jugendzeit – in Analogie zum «psychosexuellen Moratorium» der Kindheit – als «psychosoziales Moratorium» auf. Damit ist ein Aufschub von den Pflichten des Erwachsenen gemeint, der sozial zum Experimentieren und suchenden Erfahrungssammeln freigegeben wird, damit der Jugendliche psychisch das «sichere Gefühl innerer und sozialer Kontinuität» (ERIKSON 1973, S. 138) gewinnen kann: die durch signifikante andere abgestützte und im Umgang mit ihnen entwickelte Identität an der Schwelle des Erwachsenseins. Ein langes Moratorium, eine ausreichend lange Experimentierphase ist dabei für die Ausbildung einer reichen und vielschichtigen Identität günstig. Insofern sind Jugendliche benachteiligt, die früh ins Arbeitsleben eintreten. Sie haben wegen der frühen Festlegungen geringere Möglichkeiten zum Experimentieren und zu den geistigen Auseinandersetzungen, die nötig sind, um eine «verständliche Theorie der Lebensprozesse» zu entwickeln, d. h. eine Weltanschauung, die der Vielfalt des Lebens und der sozialen Formen und Prozesse gerecht wird.

Mit diesen Zielen für die entwickelte Identität ist ein hoher Anspruch formuliert, der keineswegs leicht zu erfüllen ist und verfehlt werden kann. Lange Zeit wurde deshalb die Jugendzeit als Krisenzeit aufgefaßt, als Periode des «Sturm und Drang». Die *Adoleszenzkrise* wurde für ein normales Durchgangsstadium gehalten, dem alle Jugendlichen mehr oder weniger stark ausgesetzt seien. Die Evidenz für diese These wurde allerdings vorwiegend an klinischen Fällen, d. h. an jugendlichen Therapiepatienten gewonnen. Studien an der Mehrheit der psychisch symptomfreien Jugendlichen erbrachten aber das Ergebnis, daß die meisten Jugendlichen in Problemlagen über gute Bewältigungsstrategien (Coping) verfügen.

Immerhin dürften auch viele Jugendliche, die Entwicklungsaufgaben zeitgerecht lösen, mit ihren Problemen fertig werden und einen stetigen Zuwachs an Identität gewinnen, zeitweise labil und weniger leistungsfähig sein, ein inneres Ungenügen und Zweifel an sich selbst empfinden oder das Gefühl haben, zu spät zu sein und das Versäumte nicht mehr nachholen zu können. Jugendliche durchleben Phasen starker Verletzbarkeit, ziehen sich zurück, dann wieder treten sie eigensinnig und fordernd auf und melden in Selbstübersteigerung uneinholbare Ansprüche an. Alle derartigen Stimmungen und Zustände können durchaus als Krisen bezeichnet werden, deren Überwindung wertvolle Beiträge zur Identitätsbildung leistet. Die Unsicherheit in bezug auf den eigenen

Standpunkt kann die Hingabe an eine Bewegung, eine Ideologie, eine Sekte, einen ‹Guru›, einen ‹Führer› erzeugen. Diese Hingabe und die Anfälligkeit für Ideologien sind oft von idealistischem Pathos getragen und mit dem Wunsch verbunden, die Gesellschaft zu verbessern. Auch dabei handelt es sich häufig um Experimente, um produktive Durchgangsstadien auf der Suche nach dem Eigenen bei gleichzeitiger Anerkennung durch andere, an deren Ende sich ein sinnvoller und gesellschaftlich akzeptierter Weg ins Erwachsenenleben öffnet.

Die *Identitätsbildung* kann indessen auch mißlingen. Nach Erikson (vgl. 1973, S. 153 ff) kommt es dann zu einer Identitätsdiffusion, zu einer Zersplitterung des Weltbildes, zu einem Verlust der Mitte, zu Verzweiflung und Scham, zu einer starken Störung der Leistungsfähigkeit oder zur «Diffusion der Zeitperspektive», d. h. zum Verlust einer sinnvoll erscheinenden Zukunft. Die Identifizierung mit dem Repräsentanten einer sozialen Bewegung oder Ideologie, mit einem ‹Führer›, kann dann die Suche nach einer eigenen Identität ersetzen und zu gesellschaftsschädigenden Taten führen. In diesen wie in anderen Fällen besteht der Ausweg in der Flucht in ‹negative› Identitäten, die sich in gesellschaftlich abgelehnten Formen des Handelns, Denkens und Fühlens äußert. Die Ablehnung zeigt sich schnell in Stigmatisierungsprozessen durch die soziale Umwelt (vgl. Goffman 1967), die Jugendlichen werden als Außenseiter oder Abweichende bezeichnet und festgelegt.

4.3.4 Das Verhältnis der Generationen

Die oft emotional geführte Diskussion um den *Generationenkonflikt* krankt daran, daß wichtige Gesichtspunkte und Unterscheidungen außer acht gelassen werden, so daß oft unklar ist, auf welche Phänomene sich die Argumente beziehen. Das oben angesprochene Bewertungsproblem wird hier besonders gravierend, weil je nach politisch-weltanschaulichem Standpunkt das konfliktauslösende Verhalten der Jugendlichen negativ oder positiv beurteilt wird.

Erstens wird oft nicht beachtet, daß in jeden konkreten Generationenkonflikt nur Teile der Jugend einbezogen werden. Zweitens wird oft nicht gefragt, ob Jugendliche im Konfliktverhalten erwachsene Mentoren haben, ob sie sich gar an Bewegungen Erwachsener orientieren. Drittens sollten in bezug auf die Konfliktparteien zwei Typen von Generationenkonflikten unterschieden werden. Einerseits besteht der Konflikt zwischen Alterskohorten, also zwischen einer Generation von Älteren und einer Generation von Jüngeren als sich gegenüberstehenden Klassen.

(Auf die recht unfruchtbare Diskussion um den Altersabstand von Generationen, oft entscheidet man sich für 25 Jahre, soll hier nicht eingegangen werden.) Andererseits besteht der Konflikt zwischen Personen, die als Eltern und Kinder in einem bio-sozialen Verhältnis zueinander stehen. Der *Kohortenkonflikt* unterscheidet sich vom Eltern-Kind-Generationenkonflikt in grundlegender Weise. Bei Kohortenkonflikten stehen sich anonyme Gruppen gegenüber, die unterschiedliche Vorstellungen haben und diese ohne Rücksicht auf persönliche Loyalitäten und Bindungen mit den kollektiv mobilisierbaren Ressourcen durchzusetzen versuchen. Der *Eltern-Kind-Konflikt* ist dagegen ein auf die Familie beschränkter Konflikt zwischen Einzelpersonen mit einer gemeinsamen Bindungsgeschichte; er ist auf die Besonderheiten dieser Familie abgestellt, und die Konfliktparteien verfügen im wesentlichen über die hier verfügbaren Ressourcen und Koalitionsmöglichkeiten. Entsprechend variantenreich sind die Konflikte je nach Familienkonstellation, nach Altersabstand zwischen Eltern und Kindern (der 15jährige hat mit einem 35jährigen Vater andere Konflikte als mit einem 65jährigen), nach Familienstilen und nach gesellschaftlichem Standort. Nachdem der Unterschied zwischen Kohorten- und Eltern-Kind-Konflikt erkannt ist, wäre es wichtig zu klären, wie zu unterschiedlichen Zeiten und in unterschiedlichen Bereichen beide Konfliktarten aufeinander bezogen sind oder sich getrennt entwickeln.

Viertens sollten innerhalb der Familie Ablösekonflikte von Generationenkonflikten unterschieden werden. Ablösung wurde oben als notwendige Entwicklungsaufgabe dargestellt, die begleitenden Konflikte sind, so schmerzlich sie im einzelnen sein mögen, entwicklungsnotwendig, weil sie die Jugendlichen zur Selbständigkeit führen. Diese Ablösekonflikte beschäftigen sich oft mit der persönlichen Zukunft der Jugendlichen. Bei Generationenkonflikten geht es dagegen eher um Prinzipien, um Grundwerte, um die zukünftige Entwicklung der Gesamtgesellschaft. Empirisch ist beides nicht leicht zu trennen, weil Wertkonflikte zum Gegenstand von Ablösekonflikten in der Familie gemacht werden können. Dennoch sollten beide Konflikttypen wegen ihrer unterschiedlichen Funktion – Selbständigkeit und persönliche Zukunft gegenüber gesellschaftlicher Zukunft – theoretisch getrennt und empirisch unterschiedlich operationalisiert werden.

Gelegentlich wird das konflikthafte Verhältnis der Generationen für ein universelles Problem gehalten. Hierfür sprechen die aus Jahrtausenden überlieferten, oft stereotypen Klagen über den Sittenverfall der Jugend und ihre Ablehnung erwachsener Autorität. Andererseits wurde die alternative Hypothese vertreten, zu starken Generationenkonflikten komme es vor allem in Zeiten raschen sozialen Wandels, weil sich Jugendliche Wandlungstendenzen leichter anpassen könnten als festgelegte Ältere. Diese Hypothese klingt plausibel und wird immer wieder geäußert. Ihre Prüfung steht indessen aus, und außerdem gibt es für den Generationenkonflikt in der Familie gegenteilige Belege.

Dennoch ist der Gesichtspunkt des *sozialen Wandels* ein entscheidendes Problem für Analyse und Bewertung. Wenn die Veränderungen und Entwicklungstendenzen der – erwachsenen – Gesellschaft kritisch beurteilt werden, richtet sich die Kritik oft auf die Jugendlichen, die diesen Tendenzen folgen und sie verstärken. Dies gilt etwa für den kulturkritischen Pessimismus eines Erich Fromm, der 1964 in einem Interview folgende Beurteilung entwarf: «Die deutsche Jugend ist völlig bindungslos, amoralisch und ohne Glauben. Ungeführt und bar jeglicher Motive ist sie den Verlockungen der Hysterie und Absurdität ausgesetzt. Sie empfindet keinerlei Loyalität, weder gegenüber sich selbst noch gegenüber der Gesellschaft. Sie ist wahrhaft nihilistisch. Wir werden einst von ihr hören, und es werden keine guten Nachrichten sein» (zit. nach v. BLÜCHER 1966 S. 8).

Fromm sprach damit pauschal alle Jugendlichen an, die heute Erwachsene im Alter zwischen 45 und 55 Jahren sind und maßgebliche Positionen unserer Gesellschaft innehaben. Sie dürften sich in Formms negativem Urteil wohl kaum wiedererkennen, seine Prognose kann nicht als bestätigt gelten.

Das negative Urteil wird aus kulturkritischer Haltung heraus aber auch umgedreht. Wenige Jahre nach dem Interview Fromms wollten etwa die Studenten der 68er Protestgeneration unter der Paraole «Trau keinem über 30» die Gesellschaft im Sinne radikal-liberaler und humanistisch-sozialistischer Ideen umgestalten. Schon Manzinis revolutionäres «Junges Italien» hatte im 19. Jahrhundert keine Mitglieder über 30 Jahre aufgenommen, setzte also auf die positiv bewertete Jugend. Ein instruktives Beispiel bietet die deutsche Jugendbewegung vor dem Ersten Weltkrieg, deren Gedankengut in vielfältiger Weise in der deutschen intellektuellen und pädagogischen Diskussion dieses Jahrhunderts präsent ist.

Auch der Jugendbewegung wurde früh von pädagogischer Seite Autoritätsverfall und Lockerung der Bindungen attestiert (z. B. PAULSEN 1912). Doch deren Anführer, meist junge Erwachsene wie der spätere Pädagoge Siegfried Bernfeld, schufen sich eigene Sprachrohre in Zeitschriften wie «Der Aufbruch», in denen «die vom Alter gekränkte Jugend» (zit. nach MOGGE 1987, S. 245) die Erwachsenen geißelte und für radikale gesellschaftliche Veränderungen eintrat. Dieser Selbstüberhebung der Jugend über die ältere Generation ging übrigens die theoretische Degradierung des Alters durch Philosophen wie Fichte (und auch Nietzsche) voraus, der der Jugend ausdrücklich auftrug, sie habe die Aufgaben in die Hand zu nehmen, denen die ältere Generation wegen ihrer Verderbtheit nicht gewachsen sei (vgl. NOHL 1929, S. 117). Paulsen klagte 1912, es gebe «in Deutschland zur Zeit (...) kein beliebteres Thema als die Unterdrückung und Mißhandlung hochstrebender Söhne und Töchter durch eigensinnige, engherzige und unverständige Väter und Mütter, die Niederhaltung und Abmarterung hochbegabter, zur Selbständigkeit des Denkens emporstrebender Jünglinge durch verständnislose, pedantische, herrschsüchtige, blind am Alten hängende Schulmeister» (PAULSEN 1912, S. 497).

Alle diese Erscheinungen werden gedeutet, als gebe es immer wieder eine quasi natürliche genuine Bewegung der Jugend, der die natürlichen Beharrungstendenzen des Alters gegenüberständen. Die angeführten Beispiele zeigen dagegen bei näherem Zusehen, daß an der Spitze der Bewegungen nicht nur charismatische junge Erwachsene stehen, sondern daß diese selbst sich wiederum an älteren Mentoren orientieren, die gesellschaftliche Minderheitenpositionen vertreten. Viele soziale Bewegungen Erwachsener, auch etablierte Parteien, versuchen immer wieder, die Jugend zu mobilisieren, indem sie als Generationenkonflikt ausgeben, was in Wirklichkeit Interessen- und Wertekonflikte zwischen Subgruppen der Gesellschaft sind. ‹Wer die Jugend hat, hat die Zukunft›, wußten totalitäre Bewegungen unterschiedlicher Couleur.

Theoretische Entwürfe, die die Analyse der Jugendphase konsequent mit einer Theorie des sozialen Wandels verbinden, sind selten und unbefriedigend, weil Jugendsoziologen wenig von sozialem Wandel verstehen und Theoretiker des sozialen Wandels Jugend als marginales Phänomen auffassen. So wird immer wieder auf den vielbeachteten Aufsatz Karl MANNHEIMS über «Das Problem der Generationen» (1964) zurückgegriffen. Mannheim weist der Jugend mit dem Konzept «neuer Kontakt» eine zentrale und gleichzeitig eingeschränkte Rolle im sozialen Wandel zu: «Das Neueinsetzen neuer Menschen verschüttet zwar stets akkumulierte Güter, schafft aber unbewußt nötige, neue Auswahl, Revision im Bereich des Vorhandenen, lehrt uns, nicht mehr Brauchbares zu vergessen, noch nicht Errungenes zu begehren» (MANNHEIM 1964, S. 532). Die Unerfahrenheit der Jugend sei nicht nur ein Nachteil, sondern könne als Vorteil aufgefaßt werden; «daß die Jugend weitgehend ohne Erfahrung ist, bedeutet für diese eine Minderung des Ballastes, eine Erleichterung des Weiterlebens» (ebd., S. 534). Das heißt nicht, daß die Jugendlichen die Erfinder des Neuen sind, sondern daß sie unter dem Vorhandenen und meist von Erwachsenen Geschaffenen auswählen, daß sie Prioritäten verändern. Dies geschieht jedoch nicht in einheitlicher Weise, weshalb Mannheim den Begriff «Generation» dreifach aufspaltet. Die Jugendlichen verschiedener Epochen unterscheiden sich durch ihre prägenden Kindheits- und Jugenderfahrungen. Sie gehören zu einer einheitlichen «Generationenlagerung». Sie erwerben ihre prägenden Eindrücke zwar in derselben historischen Situation, sie bilden aber keine Einheit. Erst wenn sich Jugendliche in derselben historischen Situation an derselben historisch-aktuellen Problematik orientieren, entstehen «Generationenzusammenhänge», von denen es in komplexen Gesellschaften stets mehrere gibt (z. B. bäuerliche Jugend, Arbeiterjugend, Gymnasialjugend). Doch auch diese Generationenzusammenhänge sind keineswegs einheitlich. Da dieselbe Problematik unterschiedlich verarbeitet werden kann und je nach sozialem Standort auch unterschiedlich verarbeitet wird, entstehen in jedem Generationenzusammenhang stets mehrere «Generationeneinheiten» (z. B. Gewerkschaftsjugend, Banden, Skinheads), von denen jede die gemeinsame Problematik in derselben, von den anderen Generationeneinheiten unterschiedenen Weise verarbeitet (MANNHEIM 1964, S. 544). Dies bedeutet, daß wegen der Orientierung unterschiedlicher Generationeneinheiten an unterschiedlichen Segmenten der Erwachsenengesellschaft in der nachwachsenden Generation die meisten Antagonismen wieder auftreten, daß sich aber Gewichte und Mischungen verändern. Insofern können neue Inhalte in alte Bewegungen gelangen, marginale Positionen dominant werden, manches mag auch ganz verschwinden. Neben erwachsenen Gruppen sind damit auch jugendliche Generationeneinheiten Motoren des sozialen Wandels; die Ziele des sozialen Wandels werden dagegen in der Regel in Auseinandersetzungen von Erwachsenen gesetzt.

Wieder stoßen wir auf die Erkenntnis, daß Jugend keine Einheit ist. In der Sprache moderner Jugendforschung können Mannheims Generationeneinheiten auch als *Subkulturen* bezeichnet werden. Diese sind in unterschiedlicher Weise mit der Erwachsenengesellschaft verbunden und stehen mit dieser in wechselseitigem beeinflussendem Austausch. Je dynamischer die Gesellschaft, desto stärker strahlen dabei nach MANNHEIM (1964, S. 540) die Jüngeren auf die Älteren zurück: «auch der Schüler (erzieht) den Lehrer». Und dies braucht gerade nicht konflikthaft zu geschehen. Wenn Ältere von Jüngeren lernen wollen, dann verzichten sie in diesem Bereich darauf, bewährtes Altes durchzusetzen, und die Zusammenarbeit kann ohne Konflikte erfolgen.

4.3.5 Subkulturen und Gruppen von Gleichaltrigen

Es gibt immer wieder jugendliche Subkulturen wie Jugendsekten, Hippiekommunen oder die Drogenszene, die relativ unverbunden mit der Erwachsenengesellschaft randständig existieren. Bei solchen Generationeneinheiten handelt es sich um kleine Minderheiten, die aber oft als große pädagogische Probleme aufgefaßt werden, weil sie von der umgebenden Gesellschaft aus schwer zugänglich sind. Ganz anders ist schon die Generationeneinheit der jugendlichen Banden in amerikanischen Slums zu beurteilen. Eine der wegweisenden Studien über Jugendkriminalität (vgl. Miller 1968) hat gezeigt, wie eng die Kultur der Jugendbande mit der Erwachsenenkultur der großstädtischen Slums verbunden ist. Das pädagogische Problem besteht hier gerade nicht in der Getrenntheit von der Erwachsenenwelt, sondern in der Stützung abweichenden Verhaltens durch Erwachsene. Falls es richtig ist, daß Jugendbanden auch hierzulande ein Problem werden, sollte dieser Gesichtspunkt in der Diskussion berücksichtigt werden.

Wieder anders zu beurteilen sind die zahlreichen und wechselnden Jugendstile in Kleidung, Aufmachung, Musik, Tänzen und Freizeitaktivitäten. Diese erwecken zwar immer wieder Ärger und Ängste auf seiten der Erwachsenen, meist handelt es sich aber um Übergangsphänomene, die funktional sind. Der oben angesprochene Vorbereitungsstatus der Jugendlichen im schulischen Altersklassensystem ist belastend. Die Tätigkeiten sind einerseits anstrengend und mit hohem Erwartungsanspruch der Erwachsenen verbunden, andererseits haben sie keinen, aus der Sicht des Erwachsenenverhaltens unmittelbaren gegenwärtigen Sinn, sondern beziehen sich auf später, dienen der Vorbereitung zum Erwerb der Rollen Erwachsener. Der Vorbereitungsstatus des Jugendlichen bedeutet also, daß ihm durchaus Verantwortung zugemutet wird, daß aber die Anerkennung für unmittelbar nützliche gesellschaftliche Arbeit versagt wird; Anerkennung kann er nur für Leistungen bekommen, die sich später auszahlen werden. Die Leistung einer Klassenarbeit beispielsweise ist aufreibend, verantwortungsvoll, erfordert Mühe, und das Ergebnis, die Note, hat für später Folgen, als Produkt ist sie für niemanden verwertbar, und in diesem Sinn ist sie bedeutungslos.

Dieser soziale Vorbereitungsstatus ist mit zunehmender physischer und psychischer Reife belastend, weil das Gefühl gegenwärtiger Nützlichkeit versagt wird. Belastend ist von Anfang an zusätzlich, daß diese Leistung nach allgemeinen ‹universalistischen› Kriterien beurteilt wird und in instrumentellen, gefühlsneutralen, die Würdigung der gesamten Person ausschließenden Sozialbeziehungen erbracht werden muß. Wesentliche Bedürfnisse der Jugendlichen bleiben in diesen schulischen Altersgruppen» unbefriedigt.

Dies macht zusätzliche altershomogene Gruppen notwendig, die den Druck zu mindern vermögen. Eine Form sind die inzwischen an Bedeutung verlierenden Jugendvereine und -organisationen (z. B. Pfadfinder, kirchliche Jugend, Sportvereine, Jugendverbände politischer Parteien, Gewerkschaftsjugend). Diese Vereinigungen haben den Vorteil, daß man in ihnen durch Verfolgen des Vereinigungszweckes unabhängig von Schulleistung Status und Anerkennung erwerben kann und daß expressive (emotionale) Bedürfnisse befriedigt werden. Andererseits stehen auch diese Gruppen unter der Leitung Erwachsener und haben teilweise ebenfalls vorbereitenden Charakter.

Dies führt dazu, daß sich informelle, von Erwachsenen unabhängige Gruppen gleichaltriger Jugendlicher bilden, die sog. *Peer-groups*. In ihnen können die mit dem Vorbereitungsstatus verbundenen Probleme gelöst werden, die insbesondere in der Schule auftreten. Die Tätigkeiten sind für die Gruppenmitglieder unmittelbar wichtig, was hohes Engagement ermöglicht, die Beziehungen sind affektiv und beziehen sich auf die ganze Person, expressive Bedürfnisse werden befriedigt, Probleme können besprochen, gelöst oder in ihren Folgen gemildert werden – jedenfalls für das momentane Bewußtsein. Zusätzlich wird Erwachsenenverhalten eingeübt und vorweggenommen, von der Gruppe aus wird die Gesellschaft exploriert. Insofern ist auch die Gleichaltrigengruppe wie die Schule als Verbindungsbereich zwischen partikularistischer Familie und universalistischer Leistungsgesellschaft funktional und ermöglicht den Übergang vom Kind zum Erwachsenen, indem sie den Druck der Schule mildert und in anderer Weise als diese den Zugang zur Erwachsenengesellschaft öffnet (EISENSTADT 1966, S. 160ff und S. 230ff).

4.3.6 Eltern und Gleichaltrige

Neben dieser soziologischen Argumentation zur Funktionalität der Gleichaltrigengruppe hat sich in den letzten Jahren eine entwicklungspsychologisch-sozialisationstheoretische Perspektive in den Vordergrund geschoben, die sich vornehmlich auf Kindheit bezieht, der Logik ihrer Argumentationsstruktur nach aber auch für die Analyse der Jugendphase von Bedeutung ist (vgl. KRAPPMANN 1991).

Piaget legte 1932 eine Studie mit dem Titel «Das moralische Urteil beim Kinde» (PIAGET 1986) vor, in der er sich die Frage stellte, wie sich die Fähigkeit zu prinzipiengeleitetem moralischem Urteilen entwickelt.

Seine Antwort war, daß diese Fähigkeit sich durch Aushandlungsprozesse über Regeln unter *Gleichaltrigen* ausbilde. Die Gleichaltrigen und nicht die Eltern oder Lehrer seien die Quelle der autonomen Moral. Der These, unvollkommen Sozialisierte könnten nicht sinnvoll sozialisieren, kann somit die auf der Erkenntnis Piagets beruhende Gegenthese gegenübergestellt werden, daß nur durch die Auseinandersetzung mit unvollkommen sozialisierten Gleichaltrigen notwendige Entwicklungsschritte hin zur autonomen Person befördert werden.

YOUNISS (vgl. 1982) vertritt die These, daß insbesondere beste Freunde von entscheidender Wichtigkeit für die Entwicklung von interpersonaler Sensitivität und wechselseitigem Verstehen seien. Im Gegensatz zur auf Ungleichheit und Macht beruhenden Erwachsenen-Kind-Beziehung führe die auf Gleichheit beruhende Beziehung zu besten Freunden zur gemeinsamen Konstruktion von Wissen. Durch Kooperation, Diskussion, Aushandlung, Kompromiß unter Freunden entständen Solidarität, Respekt vor der Person des anderen und wechselseitiges auf Langfristigkeit angelegtes Verständnis und Vertrauen.

Die überwältigende Mehrheit der Jugendlichen in Deutschland hat nach den Ergebnissen der letzten «Shell-Studie» (einer regelmäßig wiederholten, vom Jugendwerk der Deutschen Shell AG finanzierten empirischen Untersuchung über die Lage der Jugend) einen (gleichgeschlechtlichen) besten Freund bzw. eine beste Freundin (vgl. OSWALD 1992). Der wirkliche Freund, die wirkliche Freundin ist eine feste Institution. Daneben ist seit den 6oer Jahren die Bedeutung der Gleichaltrigengruppe ständig gestiegen (vgl. ALLERBECK/HOAG 1985).

Bedeutet dieser ständige Anstieg vielfältiger Beziehungen zu Gleichaltrigen, daß die Bindung an Eltern sich lockert, daß deren Einfluß sinkt? Dies wird oft behauptet. Auch aufgrund empirischer Studien wurde die Meinung vertreten, die Gesellschaft der gleichaltrigen Jugendlichen sei gegen die Intentionen des Erziehungssystems und der Eltern gerichtet. Dem widersprechen nicht nur die angeführten Theorien von Erikson, Eisenstadt und Piaget, sondern auch zahlreiche empirische Studien.

Es gibt eine umfangreiche, an anderer Stelle ausführlicher referierte empirische Forschung zum *Eltern-Kind-Verhältnis* (vgl. OSWALD 1989), die zeigt, daß das emotionale Verhältnis der Jugendlichen zu den Eltern, insbesondere zu den Müttern, in zahlreichen Ländern im Durchschnitt sehr gut ist. Dabei ist wichtig, daß die Mehrheit der Jugendlichen ein gutes Verhältnis zu den Gleichaltrigen mit einem guten Verhältnis zu den Eltern vereinbaren können. Viele Jugendliche wählen sich einen Freundeskreis im Sinne ihrer Eltern. Überraschend viele Jugendliche stimmen auch in wichtigen Einstellungen mit ihren Eltern überein. Offensichtlich ist die Frage, ob Eltern oder Gleichaltrige einen stärkeren Einfluß ausüben, falsch gestellt. Vielmehr beeinflussen beide Seiten in unterschiedlichen Bereichen. Eltern werden eher in bezug auf die Zukunft, auf Ausbildung und Beruf, aber auch in bezug auf politische und weltanschauliche Werte um Rat gefragt, Gleichaltrige dienen dagegen eher bei aktuellen Problemen, beispielsweise mit der Schule, mit Beziehungen oder bezüglich der Freizeit als Orientierung.

Immer deutlicher wird auch, daß es sich nicht um einseitige Beeinflussungsprozesse handelt. Sowohl mit den Eltern als auch mit den Gleichaltrigen findet gemeinsame Suche, gemeinsame Diskussion oder, im Sinne Piagets ausgedrückt, gemeinsame Konstruktion der sozialen Welt und der beteiligten sozialen ‹Selbste› statt. In der Aufgabenteilung zwischen Eltern und Gleichaltrigen bei dieser Konstruktion könnte sich ein Widerspruch der Jugendphase spiegeln, der darin besteht, daß langfristig wichtige Entscheidungen anstehen und daß die Jugendlichen sich gleichzeitig kurzfristig am Hier und Jetzt, an Erleben und Genuß orientieren. Insofern gibt es kaum Evidenz dafür, daß die moderne Eltern-Kind-Beziehung ein Ort starker Generationenkonflikte ist. Konflikte gibt es um Alltagsprobleme, vor allem um Unordnung und Mithilfe im Haushalt (OSWALD/BOLL 1992). Möglicherweise sind solche Konflikte für den Ablösungsprozeß wichtig. In einer Minderheit von Familien gibt es dagegen starke Konflikte, deren Ursachen oft weit in die Kindheit zurückreichen. Schätzungen ergeben, je nach angelegtem Indikator und Schwere der Störung, einen Anteil von fünf bis 20 Prozent solcher Familien.

4.3.7 Ausblick

Immer mehr Jugendliche durchlaufen ein langes psychosoziales Moratorium und nutzen diese Zeit zum Experimentieren, zur Erweiterung des Horizonts und zur Entdeckung und Ausformung des Selbst. Die Mehrheit der Jugendlichen löst die Entwicklungsaufgaben im zeitlichen Rahmen und entwickelt eine sozial abgestützte Identität, die es erlaubt, die Aufgaben des Erwachsenenlebens anzugehen und zu bewältigen. Auf dem Weg dahin gibt es Schwierigkeiten, Krisen der Identitätsbildung, aber auch Schwierigkeiten mit den Belastungen des Vorbereitungsstatus. Diese werden meist mit Unterstützung von Älteren und Gleichaltrigen gelöst. Die Jugendlichen konstruieren aktiv ihre Welt und ihr Selbst in Zusammenarbeit mit signifikanten anderen, seien es Gleichaltrige oder Erwachsene wie Eltern, Lehrer und sonstige Mentoren.

Konflikte zwischen Generationeneinheiten auf Kohortenebene sind mit Interessenkonflikten zwischen Segmenten der Erwachsenengesellschaft verschränkt, wie die Beispiele der 1968er Studentenrevolte, der Emanzipationsbewegung der Frauen, aber auch der neonazistischen Jugendgruppen zeigen. Solche Konflikte dürften vorwiegend dort aufbrechen, wo Teilnahmechancen verwehrt werden. Der Generationenkonflikt auf Familienebene ist weitgehend verschwunden.

Erziehungspraktiken in Schule und Elternhaus bewegten sich in den letzten Jahrzehnten immer mehr in Richtung auf Partnerschaftlichkeit, auf Anerkennung der Person des Kindes, und verzichteten zunehmend auf körperliche Strafen. Immer mehr Eltern scheint es zu gelingen, eine gute emotionale Beziehung zu ihren jugendlichen Kindern zu bewahren und ihnen gleichzeitig Ablösung und Eigenentscheidung zu ermöglichen. Ideologische Konflikte in der Familie sind selten geworden.

Andererseits besteht nach wie vor eine etablierte pauschale Kritik an der Jugend aus Sorge um die Zukunft der Gesellschaft. Tatsächlich bereiten lediglich jugendliche Minderheiten große Probleme, die pädagogisches Handeln und gesellschaftspolitische Maßnahmen herausfordern. Hierzu gehört Aggression in der Schule (vgl. OLWEUS 1984). Jugendliche fallen aus dem System heraus; sie verlassen vorzeitig die Schule, bekommen psychische Symptome, begehen Selbstmord, geraten ins Drogenmilieu oder bilden Banden und begehen kriminelle Delikte. Die Einflüsse von Gleichaltrigen in abweichenden Subkulturen verhindern den Erfolg pädagogischer Bemühungen.

Bei der Suche nach Lösungen muß beachtet werden, daß die Ursachen dieser Erscheinungen meist in der Erwachsenenwelt liegen. Die vielfach besonders von Eltern geäußerte Meinung, der Junge, das Mädchen sei in ‹schlechte Gesellschaft› gekommen, ist eine vordergründige Erklärung, die den eigenen Beitrag verschleiert. Die schlechte Gesellschaft z. B. der Gleichaltrigen kann ihre negative Wirkung nur entfalten, wenn die Jugendlichen in Schwierigkeiten sind, und vielfach liegen die Schwierigkeiten in einem zerrütteten Eltern-Kind-Verhältnis. Bei dieser Feststellung soll aber nicht vergessen werden, daß die Mehrheit der Jugendlichen ein gutes Verhältnis zu den Eltern hat und sich in Freundeskreisen bewegt, in denen Konflikte und Schwierigkeiten produktiv gelöst werden.

Literatur

ALLERBECK, K. / HOAG, W.: Jugend ohne Zukunft. München/Zürich 1985.
BERGER, P. L. / LUCKMANN, TH.: Die gesellschaftliche Konstruktion der Wirklichkeit. Frankfurt/M. 1969.

BLÜCHER, V. v.: Die Generation der Unbefangenen. Düsseldorf/Köln 1966.

CLEMENT, U.: Sexualität im sozialen Wandel. Eine empirische Vergleichsstudie an Studenten 1966 und 1981. Stuttgart 1986.

COLEMAN, J. S.: The adolescent society. New York 1961.

EISENSTADT, S. N.: Von Generation zu Generation [1956]. München 1966.

ERIKSON, E. H.: Identität und Lebenszyklus [1959]. Frankfurt/M. 1973.

FELDMAN, S. S./ELLIOTT, G. R. (eds.): At the threshold. The developing adolescent. Cambridge (Mass.) 1991.

FEND, H.: Vom Kind zum Jugendlichen. Der Übergang und seine Risiken. Bd. 1. Bern 1990.

GOFFMAN, E.: Stigma. Über Techniken der Bewältigung beschädigter Identität [1963]. Frankfurt/M. 1967.

HAVIGHURST, R. J.: Developmental tasks and education. New York ^{3}1972.

HURRELMANN, K.: Das Modell des produktiv realitätsverarbeitenden Subjekts in der Sozialisationsforschung. In: Zeitschrift für Sozialisationsforschung und Erziehungssoziologie 1 (1983), S. 81–103.

HURRELMANN, K./ULICH, D. (Hrsg.): Neues Handbuch der Sozialisationsforschung. 4. neubearb. Aufl. Weinheim/Basel 1991.

JUGENDWERK DER DEUTSCHEN SHELL: Jugend '92. Bd. 1. Opladen 1992.

KRAPPMANN, L.: Soziologische Dimension der Identität. Stuttgart ^{7}1989.

KRAPPMANN, L.: Sozialisation in der Gruppe der Gleichaltrigen. In: Hurrelmann, K./ Ulich, D. (Hrsg.): Neues Handbuch der Sozialisationsforschung. 4. neubearb. Aufl. Weinheim/Basel 1991, S. 355–375.

LENZ, K.: Die vielen Gesichter der Jugend. Frankfurt/M. 1988.

MANNHEIM, K.: Das Problem der Generationen [1928]. In: Mannheim, K.: Wissenssoziologie, eingel. u. hrsg. v. K. Wolff. Berlin/Neuwied 1964, S. 509–555.

MARKEFKA, M./NAVE-HERZ, W. (Hrsg.): Handbuch der Familien- und Jugendforschung. Bd. 2: Jugendforschung. Neuwied/Frankfurt 1989.

MEAD, G. H.: Geist, Identität und Gesellschaft [1934]. Frankfurt/M. 1968.

MILLER, W. B.: Die Kultur der Unterschicht als ein Entstehungsmilieu für Bandendelinquenz. In: Sack, F./König, R. (Hrsg.): Kriminalsoziologie. Frankfurt/M. 1968, S. 339–359.

MOGGE, W.: Wandervogel, freideutsche Jugend und Bünde. In: Herrmann, U. (Hrsg.): Neue Erziehung – Neue Menschen. Weinheim/Basel 1987, S. 245 bis 259.

NOHL, H.: Das Verhältnis der Generationen in der Pädagogik [1914]. In: Nohl, H. (Hrsg.): Pädagogische Aufsätze von H. Nohl. 2. verm. Aufl. Berlin/Leipzig 1929, S. 111–120.

OERTER, R.: Der ökologische Ansatz. In: Oerter, R./Montada, L. (Hrsg.): Entwicklungspsychologie. München/Weinheim ^{2}1987, S. 87–128 (1987a).

OERTER, R.: Jugendalter. In: Oerter, R./Montada, L. (Hrsg.): Entwicklungspsychologie. München/Weinheim ^{2}1987, S. 265–338 (1987b).

OLWEUS, D.: Development of stable aggressive reaction patterns in males. In: Blanchard, R./Blanchard, C. (eds.): Advances in Aggression Research. Vol. 1. New York 1984, S. 103–137.

OSWALD, H.: Intergenerative Beziehungen (Konflikte) in der Familie. In: Markefka, M./Nave-Herz, W. (Hrsg.): Handbuch der Familien- und Jugendforschung. Bd. 2: Jugendforschung. Neuwied/Frankfurt 1989, S. 367–381.

OSWALD, H.: Beziehung zu Gleichaltrigen. In: Jugendwerk der Deutschen Shell: Jugend '92. Bd. 2. Opladen 1992, S. 319–332.

OSWALD, H./BOLL, W.: Das Ende des Generationenkonflikts? In: Zeitschrift für Sozialisationsforschung und Erziehungssoziologie 12 (1992), S. 30–51.

PAULSEN, F.: Väter und Söhne. In: Spranger, E. (Hrsg.): Gesammelte pädagogische Abhandlungen von F. Paulsen. Stuttgart/Berlin 1912, S. 497–516.

PIAGET, J.: Das moralische Urteil beim Kinde [1932]. München 1986.

SCHELSKY, H.: Die skeptische Generation. Düsseldorf/Köln 1957.

STEINKAMP, G.: Sozialstruktur und Sozialisation. In: Hurrelmann, K./Ulich, D. (Hrsg.): Neues Handbuch der Sozialisationsforschung. 4. neubearb. Aufl. Weinheim/Basel 1991, S. 251–277.

WRONG, D. H.: Das übersozialisierte Menschenbild in der modernen Soziologie. In: Steinert, H. (Hrsg.): Symbolische Interaktion. Stuttgart 1973, S. 227–242.

YOUNISS, J.: Die Entwicklung und Funktion von Freundschaftsbeziehungen. In: Edelstein, W./Keller, M. (Hrsg.): Perspektivität und Interpretation. Frankfurt/M. 1982, S. 78–109.

ZINNECKER, J.: Jugendkultur 1940–1985. Opladen 1987.

Annette M. Stroß

4.4 Der Erwachsene

Als Gegenstand pädagogischen bzw. erziehungswissenschaftlichen Interesses ist der Erwachsene lange Zeit weitgehend unproblematisch geblieben. Als Vermittler von Wissen und Erfahrung an die jeweils nachfolgende Generation unterlag er selbst keinem Anspruch auf Erziehung, allenfalls auf Bildung im Sinne der Selbstvervollkommnung. Der antike Humanismus, neuhumanistische Bildungstheorien und Konzepte der Erwachsenenbildung tragen dieser Vorstellung Rechnung. Unter dem Eindruck sich wandelnder Gesellschafts- und Generationenverhältnisse sowie der Entstehung neuer theoretischer Konzeptionen (z. B. des life-long-learning) rückte ‹der Erwachsene› in den 60er und 70er Jahren des 20. Jahrhunderts unter neuen Vorzeichen ins Blickfeld von Pädagogen und Erziehungswissenschaftlern. Erwachsenen bis dahin zugeschriebene Eigenschaften (wie Reife, abgeschlossene Entwicklung, Vorbildfunktion) werden seither relativiert; Erwachsene gelten seitdem als entwicklungsfähig und lernbedürftig; Spieltrieb und Dauerpubertät sind als Kennzeichen der Erwachsenenwelt entdeckt; kurzum, ihr bislang selbstverständlicher, von Kindheit und Jugend abgrenzbarer Status scheint zu schwinden.

4.4.1 Erwachsene im Alltag – Alltagsdefinitionen

Wer über ‹den Erwachsenen› redet, hat mitunter recht unterschiedliche Vorstellungen über das, was Erwachsene in unserer, d. h. der christlich-abendländischen Kultur charakterisiert. Der tagtägliche Umgang mit ihnen – auf der Straße, am Arbeitsplatz, unter Freunden – läßt sie zunächst als Personen verschiedenen Alters und Geschlechts erscheinen, die durch eine je individuelle Lebensgeschichte gekennzeichnet sind und als Träger verschiedener Rollen unterschiedliche Funktionen erfüllen. Aus der Perspektive Heranwachsender geraten häufig die vermeintlichen bzw. tatsächlichen Vorteile des Erwachsenseins (z. B. der uneingeschränkte Besuch von Kinos und Diskotheken, das Rauchen in der Öffentlichkeit, der Genuß von Alkoholika etc.), aber auch Annahmen über mangelnde Offenheit, Vorurteile sowie Intoleranz in den Blick. Als «Schwächen in der erwachsenen Lebensführung» werden von Jugendlichen und Erwachsenen gleichermaßen genannt (vgl. ZINNECKER 1985, S. 72 f):

– «Erwachsene sind zu sehr aufs Geldverdienen aus»,
– mangelnde Lernfähigkeit und Starrköpfigkeit,
– zu große Selbstzufriedenheit,
– Intoleranz,
– zu einseitige Leistungs- und Arbeitsorientierung.

Dennoch behaupten rund 88 Prozent der Jugendlichen und 76 Prozent der Erwachsenen, daß «Erwachsene von Jugendlichen etwas lernen» können (ZINNECKER 1985, S. 74).

Neben biologischen, juristischen und soziologischen Definitionen zeigen psychologische, anthropologische und pädagogische Dimensionen, was Erwachsensein bedeutet oder bedeuten kann. Erwachsensein ist demnach gekennzeichnet durch

– einen Zustand körperlicher Reife (hierbei zeigen sich historische, kulturelle, individuelle und lebenszeitliche Unterschiede);
– den Erwerb von Rechten und Pflichten; mit Beginn der Volljährigkeit in der Bundesrepublik Deutschland u. a.: volle Geschäfts-, Testier-, Ehe- und Deliktfähigkeit; aktives und passives Wahlrecht; Recht zum Erwerb der Fahrerlaubnis Klasse 1a und 3; Wehrpflichtbeginn für Männer;
– die Übernahme sozialer Rollen, u. a. durch Berufstätigkeit, Partnerwahl und Partnerschaft, Ehe und Elternschaft;
– die Entwicklung und Stabilisierung von Verhaltens-, Denk- und Erlebensformen;
– die Auseinandersetzung mit dem eigenen Alter und schließlich:
– den Umgang mit der nachfolgenden Generation.

4.4.2 Zur Herkunft des Begriffs

Etymologisch gesehen handelt es sich bei dem Begriff des Erwachsenen um eine Metapher. ‹Erwachsen› wurde im Mittelalter zur Bezeichnung des Wachstums von Bäumen und Pflanzen, Menschen und Tieren sowie zur bildlichen Darstellung («es erwächst uns noth» usw.) verwendet. Es setzt sich aus der Vorsilbe «er-» und dem germanischen Verb «wahsan» (althochdeutsch), «wahsen» (mittelhochdeutsch) bzw. «wahsjan» (gotisch) zusammen. Auch wenn die Assoziation naheliegt, ist «wachsen» nicht mit dem Begriff «Wachs» (im Sinne von Bienenwachs) verwandt. Während die Vorsilbe «er-» (ursprünglich: «ur-») soviel wie «aus», «hervor», «anfänglich» oder «ursprünglich» bedeutet, weist das Verb «wahsen» auf einen Prozeß des Vermehrens oder Zunehmens hin. Der «erwachsene» Mensch ist demzufolge jemand, der «ausgewachsen», aus einem «ursprünglichen» Prozeß des Vermehrens hervorgegangen ist. Bezog sich der Begriff «erwachsen» ursprünglich auf die *körperliche* Entwicklung von Kindern und Jugendlichen bis zur «grenze des körperlichen wachsthums», so wurde der verallgemeinernde Gebrauch aus der Dichtersprache – in Anlehnung an die Pflanzenmetaphorik wurde z. B. von der «jugendblüthe» des Menschen gesprochen – um 1800 in den pädagogischen Wortschatz übernommen.

4.4.3 Methodische Voraussetzungen

Erkenntnisse erfolgen prinzipiell nicht unabhängig vom methodischen Zugang auf sie. Deshalb ist es notwendig, über die Methode (griech. méthodos = der Weg zu etwas hin) nachzudenken, die zum Erhalt von Informationen über den Erwachsenen beiträgt.

Jede Wissenschaft(sdisziplin), so auch die Erziehungswissenschaft, ist durch ein spezifisches Inventar an Grundbegriffen charakterisierbar. Als Träger sozialer Funktionen (wie Erziehen, Unterrichten) ist ‹der Erwachsene› eine zentrale Grundkategorie erziehungswissenschaftlicher bzw. pädagogischer Theoriebildung. Er wird hier häufig gleichgesetzt mit weiteren Begriffen wie Lehrer, Erzieher, Eltern etc. Indes vollzieht sich die pädagogische Begriffsbildung nicht im ‹luftleeren Raum›. Sie knüpft vielmehr an alltagssprachliche Vorstellungen (Begriffe, Theorien) an. Für ein Verständnis des vorliegenden Beitrags sind folgende methodische Voraussetzungen wichtig:

1. Es gibt keinen ‹rein› pädagogischen Begriff vom Erwachsenen; Alltagsvorstellungen und -theorien prägen den pädagogischen Begriff ebenso wie auch Theorien anderer Disziplinen (z. B. Psychologie und Soziologie).

2. Ein Zugriff auf ‹den Erwachsenen› kann über (empirische) Beobachtungen, über schriftlich oder mündlich geäußerte Vorstellungen Dritter (sog. Alltagspersonen), aber auch über wissenschaftliche Texte erfolgen. Im vorliegenden Fall erfolgt die Beschäftigung mit dem Thema in erster Linie über eine hermeneutische Auswertung wissenschaftlicher Texte sowie vorhandener empirischer Untersuchungen.

3. Rückschlüsse auf die ‹Wirklichkeit› von Erwachsenen läßt eine solche Vorgehensweise nur bedingt zu. So läßt sich insbesondere bei Texten mit historischem Anspruch nicht (mehr) feststellen, ob die getroffenen Aussagen ‹wahr› (im Sinne von ‹gewiß›) sind, d. h. ob sie der damaligen Wirklichkeit von Menschen entsprechen.

4. Dennoch haben auch Texte, sofern sie gelesen werden, Rückwirkungen auf Erwachsene als reale Personen. Das heißt: Das Wissen über Erwachsene produziert deren Wirklichkeit (Vorstellungen, Ideale, Normen etc.) mit.

4.4.4 Psychologische und soziologische Forschungsstände

4.4.4.1 Das Erwachsenenalter als psychologische Entwicklungsphase

Die Unterscheidung von Kindheit, Jugend, Erwachsenenalter und Alter findet sich in alltäglichen Lebensbereichen (z. B. in der juristisch geregelten Übernahme von Rechten und Pflichten) ebenso wieder wie in wissenschaftlichen Theoriebildungen. Ihre kürzeste Fassung erhält sie in der von Pädagogen häufig verwendeten Gegenüberstellung von Kindern und Erwachsenen. Seitens der Entwicklungspsychologie (z. T. auch der Soziologie) wird darüber hinaus differenziert in ein frühes (ca. 18–30 Jahre), ein mittleres (ca. 30–40/60 Jahre) und ein spätes bzw. höheres (ab 40/60 Jahre) Erwachsenenalter. Gleichwohl ist der Erwachsene als Gegenstand entwicklungspsychologischer Betrachtungen lange Zeit vernachlässigt worden (vgl. LEHR 1978a, THOMAE 1978, FILIPP 1987). Im Mittelpunkt des Forschungsinteresses stand vielmehr die Entwicklung in Kindheit und Jugend. So legte beispielsweise Stanley Hall in den Jahren 1891, 1904 und 1922 drei Werke über Kindheit, Jugend und Alter vor; Charlotte BÜHLER veröffentlichte 1933 ihr Werk «Der menschliche Lebenslauf als psychologisches Problem», in dem die Struktur des gesamten

Lebenslaufs als Analogie zu der Entwicklung in Kindheit und Jugend begriffen wurde. Die Orientierung an einer Kinder- und Jugendpsychologie blieb auch in den 50er und 60er Jahren erhalten; sie wurde gegen Mitte der 60er Jahre erweitert durch ein neues Interesse an älteren Menschen (vgl. THOMAE 1976). Erst in den 70er Jahren setzten im deutschsprachigen Raum Bemühungen um eine «Psychologie des mittleren Erwachsenenalters» ein (vgl. LEHR 1978a). Die bisherige Vernachlässigung dieses Gebiets wurde u. a. begründet mit dem Vorherrschen von (biologistischen) Modellen, welche für das Erwachsenenalter, d. h. für die Zeit zwischen Pubertät und Klimakterium, eine weitgehende individuelle Stabilität feststellen sowie einer damit einhergehenden Konzentration des Forschungsinteresses auf ‹Problemgruppen› wie Jugendliche und alte Menschen (vgl. LEHR 1978a, S. 147f).

Die Vorstellung vom Erwachsenenalter als einer Zeit weitgehender Stabilität wurde in den 70er Jahren zunehmend relativiert. So verwiesen z. B. Schaie und Gribbin auf neue Forschungsergebnisse, denen zufolge auch «bei Erwachsenen Persönlichkeitsveränderungen auftreten, die weder mit Kindheitserfahrungen noch mit biologischem Abbau erklärt werden können» (SCHAIE/GRIBBIN 1975, S. 233). Sie folgerten daraus die Unhaltbarkeit der These, daß «Persönlichkeitsstrukturen bereits sehr früh durch eine Interaktion von genetischen Faktoren und frühen Sozialisationserfahrungen festgelegt werden» (SCHAIE/GRIBBIN 1975, S. 233; vgl. hierzu auch die Ergebnisse über die Lernfähigkeit im Erwachsenenalter von LÖWE 1976). Unter Berücksichtigung der Forschungsergebnisse insbesondere von ERIKSON (vgl. 1965, 1976), HAVIGHURST (vgl. 1953, 1963) und KOHLBERG (vgl. 1988) wurden verschiedene Definitionsversuche für das Erwachsenenalter vorgelegt. So besteht die Aufgabe des (mittleren) Erwachsenenalters nach Erikson in der Lösung der sog. Generativitätsproblematik, die nach ERIKSON (vgl. 1976, S. 117f) in der Regel durch Elternschaft eingelöst wird. In Anlehnung an Havighurst werden weitere Entwicklungsaufgaben («developmental tasks») definiert wie Berufseinstieg, Familiengründung, Großziehen der Kinder für das frühe Erwachsenenalter; Akzeptieren des eigenen Älterwerdens, berufliche Karriere, Übernahme sozialer Verantwortung für das mittlere Erwachsenenalter (vgl. HAVIGHURST 1953, 1963). Kohlbergs «Neuinterpretation der Zusammenhänge zwischen der Moralentwicklung in der Kindheit und im Erwachsenenalter» (KOHLBERG 1977) postuliert die Möglichkeit einer qualitativen Entwicklung (Stufe 7) im Erwachsenenalter, die eine «postkonventionelle religiöse Orientierung» (KOHLBERG 1977, S. 251) beinhalten würde. Neuere Entwicklungsmodelle richten den Blick auf die Dimensionen Glaube an Autonomie,

Selbstkritik und Rückschau für das frühe, mittlere und späte Erwachsenenalter (vgl. Krewer/Eckensberger 1991); weitere Ansätze richten sich auf den Handlungsspielraum von Erwachsenen (vgl. Filipp 1987, S. 390).

Strittig ist innerhalb der Entwicklungspsychologie bis heute, welche Kriterien ‹den Erwachsenen› vorrangig charakterisieren sollen. Das Anliegen formal-logischer Modelle (Piaget, Kohlberg) sowie inhaltlich-psychologischer Modelle (Erikson, Havighurst) besteht darin, «den Erwachsenen» durch eine Reihe von Merkmalen zu kennzeichnen (z. B. das Erreichen kognitiver resp. moralischer *Entwicklungsstufen*, spezifische Verhaltens- und Erlebensmerkmale, die Erfüllung inhaltlicher Aufgaben), welche ihn zugleich vom Kind, Jugendlichen und alten Menschen unterscheiden. Des weiteren existieren verschiedene Modellvorstellungen, hier vor allem Wachstums-, Stufen-, Spiral- und Prägungsmodelle, denen zufolge die menschliche Entwicklung durch einen quantitativen Auf- und Abbau, qualitativ voneinander unterschiedene Lebensabschnitte, die Wiederkehr vergleichbarer Entwicklungsschritte oder auch primär durch Umwelteinflüsse gekennzeichnet ist. Der im Alltag bis heute geläufigen Vorstellung vom menschlichen Leben als Auf- und Abbau, der zufolge Kindheit, Jugend und Alter als Vorbereitungs- bzw. Schwundstufen betrachtet werden, wird von entwicklungspsychologischer Seite zwar widersprochen (vgl. Lehr 1978b); gleichwohl werden weiterhin Gesetzmäßigkeiten zur Beschreibung des menschlichen Lebenslaufs und zur Typisierung des Erwachsenen gesucht.

Als grundlegend problematisch erweisen sich solche Typisierungs- oder auch Klassifizierungsversuche aus zwei Gründen: durch die fehlende Berücksichtigung des Besonderen, Individuellen und Atypischen sowie durch die normierende Definition dessen, was unter ‹dem Erwachsenen› zu verstehen ist. Anhand der Theorieansätze von Erikson, Havighurst, Kohlberg u. a. läßt sich die Normierungsfunktion idealtypisierender Modelle deutlich nachvollziehen (vgl. hierzu die Kritik von Lehr 1978a, b; vgl. Filipp 1987). Thomae (vgl. 1978, S. 27) verweist in diesem Zusammenhang auf das hohe Maß an Variabilität von Verhaltens-, Einstellungs- und Leistungsänderungen im Erwachsenenalter. Auch Untersuchungen von Terman u. a. zeigen, daß beispielsweise *Intelligenz*werte weniger altersabhängig als vielmehr begabungs- und schichtspezifisch variieren (vgl. Thomae 1978, S. 23 f). An dieser Stelle zeigt sich die notwendige Verknüpfung von Forschungsergebnissen der Entwicklungspsychologie, die nach *interindividuellen* Differenzen in einzelnen Lebensabschnitten fragt, mit denen der Persönlichkeitspsychologie, deren Gegenstand *intraindividuelle* Differenzen in der Persönlichkeitsentwicklung sind. Dennoch bleibt gerade innerhalb der Entwicklungspsychologie die Tendenz weiterhin bestehen, verallgemeinernde Aussagen über ‹den Erwachsenen› zu treffen (vgl. FILIPP 1987, S. 389).

4.4.4.2 Der Erwachsene zwischen Beruf, Familie und Freizeit

Innerhalb der Soziologie befassen sich unterschiedliche (Teil-)Gebiete mit der Erforschung ‹des Erwachsenen›, u. a. die Sozialisationsforschung, die *Familien-, Berufs- und Freizeitsoziologie*. Die Forderung nach einer Integration dieser und weiterer Forschungsergebnisse wurde unlängst erhoben (vgl. STIMMER 1991, S. 358). Dennoch gilt auch hier, daß das (mittlere) Erwachsenenalter – im Gegensatz zu Kindheit, Jugend und Alter – bis heute in expliziter Hinsicht wenig berücksichtigt worden ist (vgl. STIMMER 1991; vgl. auch PIEPER 1978, S. 11 ff) und daß die Generalisierung von Aussagen aus der Jugend- und Alterssoziologie als problematisch gesehen wird (vgl. PIEPER 1978, S. 21).

Die (an der Schnittstelle zwischen Pädagogik und Soziologie angesiedelte) *Sozialisationsforschung* beschäftigt sich im deutschsprachigen Raum seit Ende der 60er Jahre mit der Sozialisationsfähigkeit von Erwachsenen (vgl. BRIM/WHEELER 1974; vgl. auch KOHLI 1984, HOFF 1990). Die hierzu vorgelegten Begriffe (wie Erwachsenensozialisation, Resozialisation, sekundäre oder auch doppelte Sozialisation) verweisen auf Sozialisation als einen lebenslangen Prozeß des Lernens; Zuschreibungen wie Reife, Fertig-Sein und Stabilität werden ausdrücklich relativiert. Wenngleich aus dieser Perspektive *Veränderungen im Erwachsenenalter* zuvorderst in den Blick rücken, erfährt die durch soziale Erwartungen und strukturelle Arrangements hervorgerufene *psychosoziale Stabilität* des Erwachsenen aus soziologischer Sicht doch immer wieder eine deutliche Betonung (vgl. PIEPER 1978, S. 120 f). So werden empirisch zu belegende Stabilisierungstendenzen im Erwachsenenalter etwaigen psychischen Bedürfnissen nach Sicherheit zugeordnet bzw. als Ergebnis eines (prinzipiell wandelbaren) Sozialisationsprozesses betrachtet (vgl. KOHLI 1984, S. 130 f).

Als ein zentrales Kriterium zur Kennzeichnung des Erwachsenseins erweist sich die Berufstätigkeit (mit weiterhin steigender Tendenz auch bei Frauen). Sie zeigt in der Regel Beginn und Ende des (frühen und mittleren) Erwachsenenalters an. Formulierungen wie Realitäts- oder Praxis- sowie *Pensionierungsschock* deuten an, daß Aufnahme und Aufgabe der Berufstätigkeit sich als deutliche Übergänge (*Zäsuren*, Transitionen, Krisen) im menschlichen Lebenslauf vollziehen. In soziologischen Untersuchungen ist vor allem auf die sozialisatorischen Effekte des Berufs hingewiesen worden (vgl. KOHLI 1984, S. 135; vgl. HOFF 1987,

S. 365 ff). Des weiteren dominieren Untersuchungen, die sich mit dem Einfluß der beruflichen Tätigkeit auf kognitive Fähigkeiten beschäftigen, z. B. der Veränderung der Intelligenzleistung (vgl. KOHLI 1984, S. 136 f), während die Erforschung der Auswirkungen von kontinuierlichen bzw. diskontinuierlichen *Berufsverlaufsmustern* auf Persönlichkeitsveränderungen noch in den Anfängen steht (vgl. HOFF 1987, S. 374). Aktuelle soziologische Analysen haben insbesondere die weitreichenden Strukturveränderungen auf dem bundesrepublikanischen Arbeitsmarkt seit den 70er Jahren zu berücksichtigen: steigende *Arbeitslosigkeit,* Verkürzung der Arbeitszeiten, Zunahme diskontinuierlicher Beschäftigungsverhältnisse. Dadurch erweist sich – bei gleichzeitig gestiegenem Eintrittsalter in die Berufstätigkeit und gesunkenem Eintrittsalter in den Ruhestand – das Leben erwerbstätig Erwachsener heute als von zunehmender Unsicherheit und Diskontinuität geprägt (vgl. HEINZ / BEHRENS 1991, S. 122).

Die Strukturveränderungen auf dem Arbeitsmarkt, häufig als Abnahme der Normalsequenzen interpretiert, gehen mit einem weitreichenden Wandel privater Lebensformen einher. Seit den 70er Jahren ist in der Bundesrepublik Deutschland vor allem ein Anstieg nicht-ehelicher Lebensgemeinschaften, alleinerziehender Eltern, die Zunahme von Ein-Personen-Haushalten sowie die Auflösung traditioneller Rollenverhältnisse zu verzeichnen (vgl. OLBRICH 1987, S. 346 ff, KOHLI 1985). Dennoch scheint insbesondere der Übergang zur Elternschaft weiterhin eine wichtige Rolle zu spielen hinsichtlich der Bereitschaft, sich und andere als erwachsen zu betrachten (vgl. SCHNEEWIND 1983, S. 165). Die sozialpsychologische Erforschung kritischer Lebensereignisse nennt – neben den das Erwachsensein ‹initiierenden› Ereignissen wie Berufseinstieg und Geburt eines Kindes – als entwicklungsfördernde Krisenerlebnisse innerhalb des Erwachsenenalters: schwere Krankheiten, Eheschließung, Scheidung, Tod der eigenen Eltern, Verlust des Arbeitsplatzes, Wegzug der Kinder und Wohnortwechsel (vgl. FILIPP 1990).

Neben den Bereichen Beruf und Familie erfolgt die soziologische Definition ‹des Erwachsenen› heute in zunehmendem Maße über die *Freizeit.* Zwar stehen Freizeitbeschäftigungen nach wie vor im Ruf, zur Kompensation negativer Erfahrungen mit der Erwerbsarbeit beitragen zu können (vgl. GIEGLER 1991; vgl. auch HABERMAS 1968); die Mehrzahl empirischer Untersuchungen scheint das allerdings nicht zu bestätigen. Belegen läßt sich statt dessen, daß sich das Arbeitsverhalten in den Freizeitbereich hinein ‹verlängert› (vgl. hierzu die Generalisierungsthese in OLBRICH 1987, S. 363). Gleichzeitig gewinnt die Freizeit angesichts zurückgehender Arbeitszeiten und wachsender Arbeitslosigkeit zunehmend an Bedeutung; die jüngst etablierte *Freizeitpädagogik* liefert hierfür ein Beispiel.

Künftige soziologische (wie auch psychologische und pädagogische) Definitionen werden das Freizeitverhalten, -erleben, Einstellungen zur Freizeit sowie damit verbundene Konsumgewohnheiten von Erwachsenen stärker zu berücksichtigen haben (vgl. GIEGLER 1991, S. 334 f, NEUMANN / ROSENSTIEL 1991).

4.4.4.3 Zur historischen Genese des heutigen Erwachsenentypus

‹Den› Erwachsenen, wie wir ihn heute kennen, hat es nicht immer gegeben. Die (mittlerweile) klassischen Studien von Norbert ELIAS (1976), Philippe ARIÈS (1982) und Lloyd DeMAUSE (1980) belegen dies. Insbesondere weist Elias in seiner Untersuchung nach, daß sich mit dem ökonomischen Aufstieg des Bürgertums und den politischen Verhältnissen bei Hofe im 16. und 17. Jahrhundert die zunehmende Notwendigkeit einer *Affekt- und Verhaltenskontrolle* verband. Diente die Affekt- und Verhaltenskontrolle zunächst der Unterscheidung der höfischen Oberschicht vom ‹einfachen› Volk, führte sie schließlich zu einer verallgemeinernden Unterscheidung zwischen Kindern und Erwachsenen. Als nicht mehr bewußte, d. h. internalisierte Selbstkontrolle brachte sie den modernen Erwachsenentypus hervor, wie er uns heute geläufig ist. Seine Merkmale sind Langsicht, Rationalität, (relative) Verhaltensstabilität, Selbstdisziplin und das Gewissen (vgl. ELIAS 1976, S. 312 ff; vgl. auch FOUCAULT 1977, S. 173 ff). Auch THORING (1986) verweist in seiner Studie über «Das Verhältnis von Erwachsenheit und Kindheit im soziokulturellen und psychosozialen Wandel» auf die historische Genese eines neuen Erwachsenentypus in der Neuzeit. Als Besonderheit der sich über Generationen entwickelnden Selbstkontrolle hebt Thoring die Herausbildung erzieherischer Tätigkeit und Theorien hervor, die den eingeleiteten kulturellen und individuellen Wandlungsprozeß begleitet und stabilisiert hätten (vgl. THORING 1986, S. 25 f). Kinder und Erwachsene konnten demnach u. a. durch die Kriterien ‹Erziehungsbedürftigkeit› und ‹(Wohl-)Erzogenheit› voneinander unterschieden werden. Die Geschichtlichkeit des modernen Erwachsenentypus läßt sich nach Gilgenmann des weiteren daran zeigen, daß viele Rechte und Pflichten, die unserem heutigen Verständnis nach zum Erwachsensein gehören, im Mittelalter noch nicht vorhanden waren; so hatten beispielsweise nur wenige einen Beruf oder auch eine eigene Ehe und Familie (vgl. GILGENMANN 1982, S. 141 f; vgl. auch BORST 1988).

Dennoch gab es bereits zu früheren Zeiten – in der griechischen und römischen Antike, aber auch im Mittelalter – durchaus Unterscheidungen zwischen einzelnen Lebensstufen bzw. -altern. Geläufig waren Drei- oder Vierteilungen des Lebens, vor allem aber Sieben-Jahres-Einteilungen (z. B. in der *Hepdomadenlehre* von Solon; vgl. BOLL 1913). So legte Aristoteles in seiner Nikomachischen Ethik spezifische Charakteristika von Jugend und Alter fest; bei den Römern galt derjenige als erwachsen, der «pueritia» (Kindheit) und «adolescentia» (Jugendzeit) überwunden hatte, während die Phase des Erwachsenseins selbst wiederum unterteilt wurde in «juventus» (Mannesalter) und «virilitas» (reife Manneszeit); im Mittelalter war – in Anlehnung an antik-römische Gliederungen – der Übergang vom Knaben («Knappe», «Bursche») zum erwachsenen Mann vor allem mit der feierlichen Erteilung des Waffenrechts verbunden. Gleichwohl sind die mit diesen und weiteren Gliederungen des menschlichen Lebenslaufs verbundenen Vorstellungen sehr unterschiedlich. So wurde das Altern als Verlust (von Fähigkeiten), als Aufstieg (zu größerer Reife) oder auch als *Wiedergeburt* (durch Grenzerfahrungen) gesehen. Während die ersten beiden Typen in der griechisch-römischen Antike entwickelt wurden, bildete sich der dritte Typus vor allem in der mittelalterlichen Mystik heraus (vgl. ROSENMAYR 1978). Die Vorstellung einer ‹Wiedergeburt› innerhalb des Erwachsenenalters findet sich auch heute in verschiedenen Krisentheorien wieder (z. B. bei GUARDINI 1957).

Als Lebensphase, die mit dem Erwerb einer individuellen Biographie (‹Verzeitlichung›) verbunden ist, bildete sich das Erwachsenenalter im wesentlichen erst in der Neuzeit aus. Der Übergang vom ständisch gebundenen Menschen des Mittelalters zum durch eine Biographie organisierten ‹Erwachsenen› der Neuzeit war begleitet durch die zunehmende Vorhersehbarkeit von Lebensereignissen (z. B. Krankheit, Tod) bei gleichzeitiger Verlängerung der Lebensspanne (vgl. IMHOF 1981); er war aber auch begleitet durch eine neuartige gesellschaftliche Reglementierung der individuellen Lebensläufe (*Institutionalisierung*; vgl. KOHLI 1985). Wenngleich dieser Prozeß seit Anfang der 70er Jahre des 20. Jahrhunderts abgelöst worden ist durch eine zunehmende De-*Institutionalisierung der Lebensläufe* bei gleichzeitiger *Individualisierung* (vgl. BECK 1986, HEINZ/BEHRENS 1991, KOHLI 1985), so greifen Erwachsene doch weiterhin auf Typen von Normalbiographien als Vorstellung gelungenen Lebens zurück (vgl. HEINZ/BEHRENS 1991, S. 129). Das heißt: Erwachsensein organisiert sich (auch heute noch) im Wechselspiel von individueller Biographie und gesellschaftlichen (Norm-)Vorgaben. Fraglich ist indes, ob die gleichbleibende Verwendung eines Begriffs vom Erwachsenen sinnvoll ist, der nicht auf historische und kulturelle Unterschiede rekurriert, sondern das zeitliche (und kulturelle) Überdauern einer Lebensphase bzw. -dimension suggeriert (vgl. hierzu auch ROSENBAUM 1982, S. 27 ff.)

4.4.5 Der pädagogische Forschungsstand

Seit der Neuzeit haben Überlegungen zum Verhältnis zwischen Kindern und Erwachsenen wie auch Definitionen ‹des Erwachsenen› zahlreiche Veränderungen erfahren. Nicht nur wurde die Vorbildfunktion von Erwachsenen immer wieder in Frage gestellt, auch unterlagen die den Erwachsenen zugeschriebenen (bzw. tatsächlichen) Eigenschaften und Verhaltensmerkmale selbst einem geschichtlichen Wandel. Pädagogische Vorstellungen, denen zufolge der ‹wissende› oder später: der ‹vernünftige› Erwachsene als Vorbild diente (traditionelle bzw. aufklärerische Pädagogik), wurden ergänzt durch Vorstellungen vom ‹kindlichen› (mystische bzw. romantische Pädagogik), ‹demokratischen› (*Antipädagogik*), ‹bildsamen› bzw. ‹lernenden› Erwachsenen (*Erwachsenenpädagogik*). Blieb die Vorbildfunktion des Erwachsenen in christlich-mystischen (z. B. bei Fénelon) und (neo-)romantischen Vorstellungen (z. B. bei Rousseau, Fichte, Nohl) – wenngleich eingeschränkt – durchaus vorhanden, so fand in den (Endsechziger und) 70er Jahren des 20. Jahrhunderts eine qualitativ neue Angleichung des Status von Kind und Erwachsenem statt: Im Zuge der fortschreitenden Demokratisierung der Lebensverhältnisse wurden Kinder und Erwachsene als ‹gleichberechtigte Interaktionspartner› betrachtet (z. B. bei v. Braunmühl, Kupffer, v. Schoenebeck). Darüber hinaus geriet die Vorbildfunktion ‹des Erwachsenen› durch die seitens der Erwachsenenbildung erhobene Forderung nach lebenslangem Lernen ins Wanken (zur Geschichte der Erwachsenenbildung vgl. STARKE 1970).

4.4.5.1 Der Erwachsene als Vorbild

Der sich in der Neuzeit konstituierende Erwachsenentypus findet in pädagogischen Theorien des 16. und 17. Jahrhunderts seinen ersten Niederschlag. Kindheit und Erwachsenenstatus werden stärker differenziert und als eigene ‹Qualitäten› wahrgenommen. Neben der Betonung der Kindlichkeit des Kindes erfährt ‹der Erwachsene› vor allem in seiner Funktion als Vorbild Beachtung. Gleichwohl taucht der Erwachsene in der pädagogischen Literatur bis in das 20. Jahrhundert hinein eher am Rande auf: als Erzieher, Lehrer und Elter, die der heranwachsenden Generation als Vorbild vorangestellt werden, bzw. als avisiertes ‹Produkt› erzieherischer Bemühungen. Hierbei wurde gewöhnlich die Reifezeit als Krisenzeit, nicht jedoch der Erwachsenenstatus selbst problematisiert. Neben der Thematisierung des *Generationenverhältnis*ses bildete vor allem das *Geschlechterverhältnis* den Ausgangspunkt für zahlreiche Definitionen. So wurden unterschiedliche Aufgaben von Frau und Mann definiert, Erwachsenen und Kindern, Frauen und Männern spezifische Charaktereigenschaften und Verhaltensweisen zugeschrieben. Beruhte die positive Vorbildfunktion, die ‹dem Erwachsenen› in pädagogischen Theorien seit der Neuzeit zukam, zunächst noch auf der Tatsache eines größeren Wissens- und Erfahrungsschatzes seitens der Älteren (Vorbild durch ‹Wissen›), wurde dieses Selbstverständnis des Generationenverhältnisses mit der Aufklärungszeit gebrochen. An die Stelle des größeren Wissens- und Erfahrungsschatzes trat das Primat der Vernunft, welches die Vorherrschaft der Älteren nicht mehr ohne weiteres zu legitimieren vermochte (Vorbild durch ‹Vernunft›). Der traditionelle Umgang der Generationen miteinander, der bis dahin dem Erhalt und der Tradierung des gesellschaftlichen Status quo gedient hatte, wurde durch Forderungen nach Verbesserung bzw. Vervollkommnung des gesellschaftlichen Zustands ergänzt (aufklärerische Pädagogik). Auf diese Weise schien nicht länger nur die ‹Angleichung› von Kindern an Erwachsene, sondern ebenso deren ‹Höherentwicklung› notwendig zu sein. In der Folge stellte sich das Problem einer ‹Erziehung der Erzieher› neu (vgl. BACZKO 1984). Daneben zeichnete sich der in der Neuzeit entstandene Erwachsenentypus durch eine historisch zunehmend internalisierte Beherrschung von Affekten, Körperhaltung und Gesichtsausdruck aus, kurzum: durch gute Umgangsformen (Vorbild durch ‹Selbstkontrolle›). Das heißt: Seiner Vorbildfunktion konnte ‹der Erwachsene› u. a. durch *Wissen, Vernunft* und *Körperbeherrschung* gerecht werden.

Als einer der ersten Pädagogen der Neuzeit richtete sich Erasmus von Rotterdam (1469–1536) in seiner Schrift «Über die Notwendigkeit einer frühzeitigen allgemeinen Charakter- und Geistesbildung der Kinder» gegen maßlose körperliche *Züchtigung* (vgl. ERASMUS 1963a, S. 144). Er befürwortete statt dessen ein – die «ungezwungene Verehrung» der Erwachsenen beförderndes (ERASMUS 1963a, S. 137) – «Wiederholen und Einprägen» von Ermahnungen (ERASMUS 1963a, S. 145). Da Kindern eine größere Formbarkeit als Erwachsenen zugeschrieben wurde (vgl. ERASMUS 1963a, S. 148), forderte er zugleich die frühzeitige Kontrolle des Kindes über seinen Körper (vgl. ERASMUS 1963b). Gegen das Ziel, Kinder möglichst rasch ‹kleine Erwachsene› werden zu lassen, sprach sich – rund ein Jahrhundert später – Johann Amos Comenius (1592–1670) aus. Er forderte, zukünftigen Erziehungs- und Unterrichtsprozessen die Erfahrungsweise des Kindes (d. h. das anschauliche bzw. bildliche Erfassen der Dinge) zugrunde zu legen. In seinem 1658 erschienenen «Orbis sensualium pictus» kommen *Lebensnähe* und Anschaulichkeit als tragende Elemente einer umfassenden Erziehungslehre zum Ausdruck (vgl. COMENIUS 1685), während «der Greis auf der Schulbank» als «lächerlicher Anblick» bezeichnet wird (COMENIUS 1947, S. 23). (In der lange Zeit als verschollen geltenden «Pampaedia» – 1957 erstmals als Buch gedruckt – faßt Comenius gleichwohl Lernen als einen lebenslangen Prozeß auf; vgl. COMENIUS 1960.) In ähnlicher Weise postulierte John Locke (1632–1704) in «Some Thoughts Concerning Education» wenige Jahre später eine kindgemäße Erziehung. Kinder galten ihm als diejenigen, «die man zärtlich behandeln muß und die spielen und Spielzeug haben müssen» (LOCKE 1966, S. 29), während Erwachsene vor allem als Vorbilder zu dienen hätten: «Von allen Arten aber, Kinder zu lehren und ihnen gesittetes Benehmen beizubringen, ist die einfachste, leichteste und wirksamste die, ihnen Beispiele dessen vor Augen zu stellen, was sie tun oder lassen sollten (...)» (LOCKE 1966, S. 59). Sowie: «Um einen jungen Gentleman zu bilden, wie er sein sollte, braucht man einen Erzieher, der selbst gut erzogen ist (...)» (LOCKE 1966, S. 66). Ihren ersten Höhepunkt fand die Vorstellung einer ‹kindgemäßen Erziehung›, der die Vorstellung eines vorbildhaft erziehenden und lehrenden Erwachsenen kontrastierte, rund ein Jahrhundert später bei Jean-Jacques Rousseau (1712–1778). Sein Erziehungsroman «Émile oder Über die Erziehung» schildert die Entwicklung des Jungen Émile bis zur Reifezeit. Der Übergang zum erwachsenen Mann wird als «Wiedergeburt» dargestellt (vgl. ROUSSEAU 1986, S. 438), während Frauen zeit ihres Lebens Kindern ähnlich blieben (ebd.). Demgegenüber formulierte Johann Friedrich Herbarts (1776–1841) «Allgemeine Pädagogik aus dem Zweck der Erziehung abgeleitet» einen deutlichen Gegensatz zwischen dem «willenlos zur Welt kommenden Kind» und dem sich «des Kindes bemächtigenden» Erwachsenen (HERBART 1965, S. 31). Drohungen, Zucht, Aufsicht und Liebe galten als probate Erziehungsmittel der Erwachsenen (vgl. HERBART 1965, S. 32 ff). Auch für Friedrich E. D. Schleiermacher (1768–1834) kamen dem Erwachsenen verschiedene Funktionen im Rahmen des Generationenverhältnisses zu: Erhaltung und Verbesserung des Bestehenden, Gegenwirkung gegen Böses und Unterstützung des Guten. Kindheit und Erwachsenenstatus wurden hier insbesondere durch die Kriterien Gegenwarts- und Zukunftsorientiertheit sowie durch Spiel und Arbeit voneinander abgegrenzt (vgl. SCHLEIERMACHER, 1984).

Die in weiteren pädagogischen Theorien des 18. und 19. Jahrhunderts geäußerten anthropologischen Erziehungs- bzw. Bildungsmotive, so das notwendige Voranschreiten der Menschheit (etwa Herder, Humboldt), die Erhebung über das Tierreich (etwa Schiller, Pestalozzi), die Veredelung und Versittlichung des Menschen (etwa Fichte, Herbart), ließen ‹den Erwachsenen› gleichfalls als Vorbild erscheinen. Die Vorbildfunktion, die insbesondere dem männlichen Erwachsenen als Lehrer und Erzieher zuteil wurde, blieb auch in der ersten Hälfte des 20. Jahrhunderts erhalten (z. B. bei Langeveld). Gleichwohl wurden Kinder und Jugendliche bis in das 20. Jahrhundert hinein immer wieder verherrlicht, zum Teil ihrerseits als Vorbilder gepriesen (so bei Rousseau, Herder, Fichte, Jean Paul). Mitunter geriet ‹der Erwachsene› sogar in die Position des Nachahmers eines (idealisierten) kindlichen Habitus (z. B. bei Fénelon). Mit der Entwicklung dieser und weiterer (neo-)romantischer bzw. christlich-mystischer Motive gingen Relativierungen der Vorbildfunktion Erwachsener einher, zum Teil auch Neubestimmungen des *Generationenverhältnis*ses: Erwachsene wurden als «verderbt» bezeichnet (z. B. bei Fichte), sie erschienen als «veränderungsbedürftig» (z. B. bei Montessori) bzw. als Hemmnis für die «sich selbst organisierende» Entwicklung von Kindern und Jugendlichen (z. B. bei Nohl).

So kritisierte beispielsweise Ellen Key (1849–1926) in «Das Jahrhundert des Kindes» den Wunsch des Erwachsenen, das Kind zu erziehen. In der Radikalisierung des Rousseauschen Motivs der «negativen Erziehung» wurde das Kind bei ihr als «heiliges Wesen» betrachtet (vgl. KEY 1992). In ausdrücklicher Weise stellte auch Maria Montessori (1870–1952) den Erwachsenen «auf die Anklagebank». Doch «nicht gegen bewußte Unterlassungsgründe [...], sondern gegen unbewußte Irrtümer» (MONTESSORI 1952, S. 24) richtete sich ihre Anklage. Damit rückte die (seit Freud erkannte) notwendige Veränderung des Erwachsenen in den Blickpunkt: «Der Erwachsene muß den in ihm selber liegenden, bisher unbekannten Irrtum entdecken, der ihn daran hindert, das Kind richtig zu sehen» (MONTESSORI 1952, S. 26). Das traditionelle Generationenverhältnis wurde in weiteren Schriften kritisiert, so in Nohls «Das Verhältnis der Generationen in der Pädagogik» (NOHL 1929) oder in Litts «Das Verhältnis der Generationen ehedem und heute» (LITT 1947). Des weiteren wurden die Existenz wie auch die Funktion von Leitbildern in Frage gestellt (vgl. BITTNER 1964, JAIDE 1961, PICHT 1957, WENKE 1956). In den Theorien der Antipädagogik wurden einige dieser Vorstellungen bis in die Gegenwart hinein verlängert (vgl. KUPFFER 1974, S. 14).

4.4.5.2 Der bildsame und lernfähige Erwachsene

In den 60er und 70er Jahren des 20. Jahrhunderts vollzog sich eine weitere Wende durch die Relativierung der bis dahin im pädagogischen Denken verbreiteten ‹Reife›-Vorstellung von Erwachsenen. Der Erwachsene galt von nun an als jemand, der lebenslangen Erziehungs-, Bildungs- und Sozialisationsprozessen unterlag, dessen Vorbildfunktion nicht mehr selbstverständlich hingenommen wurde und der aus einer anthropologisch orientierten pädagogischen Sicht schließlich selbst der ‹Unmündigkeit› bezichtigt wurde.

Bis auf wenige Ausnahmen – z. B. die sogenannten Fürstenspiegel (Augustinus' Gottesstaat, Fénelons Telemach etc.) oder auch der «Knigge» (1788) sowie die neuhumanistischen Bildungstheorien (wie Schillers ästhetische Erziehung) – waren Bildsamkeitsvorstellungen (seit Herbart und Fichte) bis in die Zeit nach dem Zweiten Weltkrieg auf die Phasen von Kindheit und Jugend beschränkt worden (vgl. WEDELL 1963; zur Begriffsgeschichte vgl. auch SCHWENK 1967). Angeregt u. a. durch die entwicklungs- und lernpsychologische Forschung, fand in den 50er und 60er Jahren eine allmähliche Erweiterung des Bildsamkeitsbegriffs statt. Blieb Bildsamkeit in Erich WENIGERS Schrift «Bildsamkeit und Bildungserbe in unserer Zeit» (1957) der Jugend vorbehalten, so bezeichnete Wilhelm FLITNER (1957, S. 86 ff) sie in seiner «Allgemeinen Pädagogik» bereits als ein Phänomen, das sich auf allen Stufen der menschlichen Individualentwicklung zeigte. Auch Eduard Spranger, Martin Rang u. a. kamen zu dem Schluß, daß Bildsamkeit (wenngleich als Ausnahme) durchaus bis in das Erwachsenenalter gegeben sein könnte (vgl. SPRANGER 1953, RANG 1954; vgl. auch BÖHME 1960). Eine Verbindung zwischen der Erkenntnis von «lebenslanger Bildsamkeit» und der Notwendigkeit eines «*life-long-learning*» stellte – für den deutschen Sprachraum – wohl erstmalig PÖGGELER (vgl. 1964, S. 215) her.

Wenige Jahre später verwies Paul Lengrand in seiner von der UNESCO zum Internationalen Erziehungsjahr 1970 herausgegebenen Studie «Eine Einführung in die permanente Erziehung» (LENGRAND 1972) auf die Notwendigkeit lebenslangen Lernens, um Erwachsene zu befähigen, mit dem beschleunigten gesellschaftlichen Wandel Schritt zu halten. Von anderer Seite wurde auf die drohende *Entmündigung* Erwachsener durch Konzepte des *life-long-learning* hingewiesen (vgl. DAUBER / VERNE 1976, S. 15 ff). Gleichwohl wurde die individuelle und gesellschaftliche Notwendigkeit lebenslangen, wenngleich nach Möglichkeit nicht verschulten Lernens auch hier gesehen. Auf diese Weise schien jedoch eine unter dem Anspruch der «Andragogik» (HANSELMANN 1951) bzw. der «Andrologie» (PÖGGELER 1964) aufgetretene Erwachsenenbildung zunehmend relativiert zu werden: durch die empirische wie theoretische Angleichung von Erwachsenen an eine – konstatierte – kindliche Bildsamkeit bzw. Lernbereitschaft und -fähigkeit. Das sich für Erwachsenenbildung in den 80er Jahren erhebende Problem lautete dementsprechend: Wenn das Erwachsensein als Merkmal nicht mehr existierte (vgl. auch HEINZEN / KOCH 1985), würde eine Erwachsenenpädagogik im Unterschied zur herkömmlichen Pädagogik hinfällig (vgl. SCHLUTZ 1983, S. 24).

4.4.5.3 Anthropologische Vorstellungen über das Erwachsensein

Im Rahmen der sich seit den 50er Jahren etablierenden Erwachsenenbildung wurden im deutschen Sprachraum auch anthropologische Aspekte des Erwachsenseins berücksichtigt. Als expliziter Gegenstand wurde ‹der Erwachsene› in existenzphilosophisch und anthropologisch orientierten pädagogischen Theorien thematisiert (vgl. BALLAUFF 1958, GUARDINI 1957, LANGEVELD 1951, PÖGGELER 1964, SCHERER 1965). Während der Erwachsene für LANGEVELD (vgl. 1951, S. 36) noch durch die Kriterien der «Abgeschlossenheit» und des «statisch geordneten Charakters» gekennzeichnet war und auf diese Weise vom Kind / Jugendlichen unterschieden wurde, galt der Bildungsprozeß für PÖGGELER (vgl. 1964, S. 215) – vor allem unter Bezug auf die philosophische Anthropologie Gehlens – als niemals abgeschlossen. So wurde das Erwachsensein als Lebensabschnitt gesehen, um dessen Verwirklichung der Mensch permanent zu ringen hätte und welches selbst wiederum in einzelne Phasen mit zumeist krisenhaften Übergängen eingeteilt wäre. Der ‹moderne› Erwachsene galt weiterhin als jemand, der in der empirisch vorfindbaren *Unmündigkeit* seine wesentliche Bestimmung verfehlt zu haben schien (vgl. auch FLITNER 1982, S. 284). Kritisiert wurden u. a. Konsumhaltung, Kritik- und Gedankenlosigkeit, Konservativismus, Materialismus, Egoismus und Kulturlosigkeit Erwachsener (vgl. BALLAUFF 1958, S. 104 ff). Zwar wurde das Erwachsensein als Ziel beschrieben, auf das alles Kind- und Jungsein hindränge (vgl. PÖGGELER 1977, S. 65); dennoch hätten sich – so Pöggeler u. a. – durchaus eigenartige Verkehrungen zwischen den Generationen ergeben: Neben den zu früh in die Verantwortung gedrängten Jugendlichen, die ihr Erwachsensein nur mehr als «Schein-Mimikry» praktizieren könnten, stünden solche Erwachsene, die im permanenten Bestreben, jung zu bleiben, ihr Erwachsensein leugnen würden (vgl. PÖGGELER 1977, S. 73).

Die Probleme einer pädagogisch orientierten anthropologischen Betrachtungsweise werden seit den 80er Jahren zunehmend deutlich. So beschäftigt sich eine hieran anknüpfende interdisziplinär angelegte «Historische Anthropologie» heute mit Fragen der Anthropologie-Kritik, die ein Zurückgreifen auf normative Vorstellungen vom Menschen ebenso zu verhindern sucht, wie sie die klassischen Bildungsvorstellungen einer Höherentwicklung von Mensch und Menschheit kritisiert (vgl. GEBAUER u. a. 1989).

4.4.6 Ausblick

Die Aufhebung von Differenzen zwischen Kindern/Jugendlichen und
Erwachsenen ist ein spätestens seit den 70er Jahren von verschiedenen
Seiten – empirisch wie theoretisch – immer wieder konstatiertes Phänomen. Für Pädagogen erweist sich diese Aufhebung mitunter als Problem,
da sie der Grundtendenz pädagogischen Denkens zu widersprechen
scheint, sich über die Differenzbildung zwischen den Generationen zu
konstituieren. Obgleich der (klassische) pädagogische Anspruch des
‹Hinaufziehens› eines ‹noch nicht fertigen› Kindes auf die Höhe des ‹fertigen› Erwachsenen hierdurch allmählich ins Leere zu greifen droht, läßt
sich faktisch eine Ausweitung des pädagogischen Anspruchs feststellen:
Die Pädagogisierungstendenzen richten sich seit den 70er und 80er Jahren zunehmend auf alle Lebensbereiche und Altersstufen. Als reales
bzw. für real gehaltenes Phänomen tritt der ‹fertige› Erwachsene damit –
zumindest theoretisch – in den Hintergrund. Für einen zukünftigen Umgang mit ‹dem Erwachsenen› in pädagogischen Theorien bieten sich nun
mindestens zwei Möglichkeiten an:

Erstens: Pädagogische Ansätze argumentieren weiterhin mit einem
idealtypisch vorgestellten, als Vorbild fungierenden ‹Erwachsenen›. Das
hieße jedoch, sie darin zu bestätigen, durch entsprechende pädagogische
Arrangements eben solche Erwachsene bzw. erwachsenenähnliche Menschen hervorbringen zu können. Zweitens: Pädagogische Ansätze beschränken sich darauf – im Sinne einer Meta-Reflexion auf die eigene
Disziplin –, die historisch-systematische Vielfalt von Vorstellungen über
‹den Erwachsenen› zu untersuchen. Auf diese Weise ließe sich die Frag-
würdigkeit eines Praxisbezugs umgehen, der (erziehungs-)theoretische
Vorstellungen in *normative Aussagen* überführt, darüber, wie (zukünftige) Erwachsene denn nun sein sollten.

Literatur

Ariès, Ph.: Geschichte der Kindheit. München 1982.
Baczko, B.: Utopie und Pädagogik in der Französischen Revolution (Schluß). In:
    Freibeuter 20 (1984), S. 25–37.
Ballauff, Th.: Erwachsenenbildung – Sinn und Grenzen. Heidelberg 1958.
Beck, U.: Risikogesellschaft. Frankfurt/M. 1986.
Bittner, G.: Für und wider die Leitbilder. Heidelberg 1964.
Böhme, G.: Psychologie der Erwachsenenbildung. München 1960.
Boll, F.: Die Lebensalter. Leipzig/Berlin 1913.
Borst, A.: Lebensformen im Mittelalter. Frankfurt/Berlin 1988.

BRIM, O. / WHEELER, S. : Erwachsenensozialisation. Stuttgart 1974.

BÜHLER, CH. : Der menschliche Lebenslauf als psychologisches Problem. Leipzig 1933.

COMENIUS, J. A. : Orbis sensualium pictus. o. O. 1685.

COMENIUS, J. A. : Große Unterrichtslehre. Berlin / Leipzig 1947.

COMENIUS, J. A. : Pampaedia. Heidelberg 1960.

DAUBER, H. / VERNE, E. (Hrsg.): Freiheit zum Lernen. Alternativen zur lebenslänglichen Verschulung. Reinbek bei Hamburg 1976.

DEMAUSE, L. (Hrsg.): Hört ihr die Kinder weinen. Eine psychogenetische Geschichte der Kindheit. Frankfurt / M. 1980.

EDDING, F. : Verwirklichung des lebenslangen Lernens. In: Picht, G. u. a. : Leitlinien der Erwachsenenbildung. Braunschweig 1972, S. 40–53.

ELIAS, N. : Über den Prozeß der Zivilisation. Bd. 2. Frankfurt / M. 1976.

ERASMUS VON ROTTERDAM: Über die Notwendigkeit einer frühzeitigen allgemeinen Charakter- und Geistesbildung der Kinder (1529). In: Ausgewählte pädagogische Schriften, hrsg. v. A. J. Gail. Paderborn 1963, S. 107–159 (1963 a).

ERASMUS VON ROTTERDAM: Über die Umgangserziehung der Kinder (1529). In: Ausgewählte pädagogische Schriften, hrsg. v. A. J. Gail. Paderborn 1963, S. 89–106 (1963 b).

ERIKSON, E. H. : Kindheit und Gesellschaft. Stuttgart 1965.

ERIKSON, E. H. : Identität und Lebenszyklus. Frankfurt / M. 1976.

FILIPP, S.-H. : Das mittlere und höhere Erwachsenenalter im Fokus entwicklungspsychologischer Forschung. In: Oerter, R. / Montada, L. (Hrsg.): Entwicklungspsychologie. München / Weinheim 1987, S. 375–410.

FILIPP, S.-H. (Hrsg.): Kritische Lebensereignisse. 2. erw. Aufl. München 1990.

FLITNER, W. : Allgemeine Pädagogik. Stuttgart, 4. Aufl. 1957.

FLITNER, W. : Aufgaben der Erwachsenenbildung heute (1966). In: Ders.: Gesammelte Schriften 1. Paderborn 1982, S. 279–296.

FOUCAULT, M. : Überwachen und Strafen. Frankfurt / M. 1977.

GEBAUER, G. u. a. : Historische Anthropologie. Reinbek bei Hamburg 1989.

GIEGLER, H. : Freizeit. In: Handbuch Qualitative Sozialforschung, hrsg. v. U. Flick u. a. München 1991, S. 334–339.

GILGENMANN, K. : Über die Historizität des in Sozialisationstheorien verwendeten Begriffs vom Erwachsenen. In: Axmacher, D. u. a. : Sozialwissenschaft und Gesellschaft. Bd. 4. Osnabrück 1982, S. 137–153.

GUARDINI, R. : Die Lebensalter. Würzburg 1957.

HABERMAS, J. : Soziologische Notizen zum Verhältnis von Arbeit und Freizeit (1958). In: Giesecke, H. (Hrsg.): Freizeit und Konsumerziehung. Göttingen 1968, S. 105–122.

HANSELMANN, H. : Andragogik. Zürich 1951.

HAVIGHURST, R. J. : Dominant Concerns in the Life Cycle. In: Schenk-Danzinger, L. / Thomae, H. (Hrsg.): Gegenwartsprobleme in der Entwicklungspsychologie. Göttingen 1963, S. 27–37.

HAVIGHURST, R. J. : Human development and education. New York 1953.

HEINZ, W. R. / BEHRENS, J. : Statuspassagen und soziale Risiken im Lebensverlauf (Projektmitteilung). In: BIOS 4 (1991), H. 1, S. 121–139.

HEINZEN, G. / KOCH, U. : Von der Nutzlosigkeit, erwachsen zu werden. Reinbek bei Hamburg 1985.

HERBART, J. F.: Allgemeine Pädagogik aus dem Zweck der Erziehung abgeleitet (1806). In: Pädagogische Schriften, hrsg. v. W. Asmus. Bd. 2. Darmstadt 1965, S. 9–155.

HOFF, E.-H. (Hrsg.): Die doppelte Sozialisation Erwachsener. Zum Verhältnis von beruflichem und privatem Lebensstrang. Weinheim/München 1990.

HOFF, E.-H.: Frühes Erwachsenenalter: Arbeitsbiographie und Persönlichkeitsentwicklung. In: Oerter, R./Montada, L. (Hrsg.): Entwicklungspsychologie. München/Weinheim 1987, S. 361–374.

IMHOF, A.: Die gewonnenen Jahre. München 1981.

JAIDE, W.: Eine neue Generation? München 1961.

KEY, E.: Das Jahrhundert des Kindes. Weinheim/Basel 1992.

KOHLBERG, L.: Eine Neuinterpretation der Zusammenhänge zwischen der Moralentwicklung in der Kindheit und im Erwachsenenalter. In: Döbert, R./Habermas, J./Nunner-Winkler, G. (Hrsg.): Entwicklung des Ichs. Königstein/Ts. 1977, S. 225–252.

KOHLI, M.: Erwachsenensozialisation. In: Enzyklopädie Erziehungswissenschaft, hrsg. v. D. Lenzen. Bd. 11. Stuttgart 1984, S. 124–142.

KOHLI, M.: Die Institutionalisierung des Lebenslaufs. In: Kölner Zeitschrift für Soziologie und Sozialpsychologie 37 (1985), S. 1–29.

KOHLI, M.: Gesellschaftszeit und Lebenszeit. Der Lebenslauf im Strukturwandel der Moderne. In: Berger, J. (Hrsg.): Soziale Welt. Sonderbd. 4. Die Moderne – Kontinuitäten und Zäsuren. Göttingen 1986, S. 183–208.

KREWER, B./ECKENSBERGER, L. H.: Selbstentwicklung und kulturelle Identität. In: Hurrelmann, K./Ulich, D. (Hrsg.): Neues Handbuch der Sozialisationsforschung. Weinheim/Basel 1991, S. 573–594.

KUPFFER, H.: Jugend und Herrschaft. Heidelberg 1974.

LANGEVELD, M. J.: Einführung in die Pädagogik. Stuttgart 1951.

LEHR, U.: Das mittlere Erwachsenenalter – ein vernachlässigtes Gebiet der Entwicklungspsychologie. In: Oerter, R. (Hrsg.): Entwicklung als lebenslanger Prozeß. Hamburg 1978, S. 147–177 (1978a).

LEHR, U.: Kontinuität und Diskontinuität im Lebenslauf. In: Rosenmayr, L. (Hrsg.): Die menschlichen Lebensalter. München 1978, S. 315–339 (1978b).

LENGRAND, P.: Permanente Erziehung. München-Pullach/Berlin 1972.

LITT, TH.: Das Verhältnis der Generationen ehedem und heute. Wiesbaden 1947.

LITT, TH.: Führen oder Wachsenlassen. Stuttgart 1952.

LOCKE, J.: Gedanken über Erziehung, hrsg. v. H. Wohlers. Bad Heilbrunn 1966.

LÖWE, H.: Einführung in die Lernpsychologie des Erwachsenenalters. Berlin 1976.

MONTESSORI, M.: Kinder sind anders. Stuttgart 1952.

NEUMANN, P./ROSENSTIEL, L. v.: Konsum. In: Handbuch Qualitative Sozialforschung, hrsg. v. U. Flick u. a. München 1991, S. 343–347.

NOHL, H.: Das Verhältnis der Generationen in der Pädagogik [1914]. In: Ders.: Pädagogische Aufsätze. Langensalza 1929, S. 111–120.

OLBRICH, E.: Frühes Erwachsenenalter: Entwicklungen im Familienzyklus. In: Oerter, R./Montada, L. (Hrsg.): Entwicklungspsychologie. München/Weinheim 1987, S. 339–360.

PICHT, G.: Unterwegs zu neuen Leitbildern. Würzburg 1957.

PIEPER, M.: Erwachsenenalter und Lebenslauf. Zur Soziologie der Altersstufen. München 1978.

PÖGGELER, F.: Der Mensch in Mündigkeit und Reife. Paderborn 1964.

PÖGGELER, F.: Zur Anthropologie des Erwachsenen und der Erwachsenenbildung. In: Siebert, H. (Hrsg.): Begründungen gegenwärtiger Erwachsenenbildung. Braunschweig 1977, S. 65–76.

RANG, M.: Das Problem der Bildsamkeit. In: Westermanns Pädagogische Beiträge 6 (1954), H. 3, S. 105–112.

ROSENBAUM, H.: Formen der Familie. Frankfurt/M. 1982.

ROSENMAYR, L.: Die menschlichen Lebensalter in Deutungsversuchen der europäischen Kulturgeschichte. In: Ders. (Hrsg.): Die menschlichen Lebensalter. München 1978, S. 23–79.

ROUSSEAU, J.-J.: Émile oder Über die Erziehung. Stuttgart 1986.

SCHAIE, K. W. / GRIBBIN, K.: Einflüsse der aktuellen Umwelt auf die Persönlichkeitsentwicklung im Erwachsenenalter. In: Zeitschrift für Entwicklungspsychologie und Pädagogische Psychologie VII (1975), H. 4, S. 233–246.

SCHERER, G.: Anthropologische Aspekte der Erwachsenenbildung. Osnabrück 1965.

SCHLEIERMACHER, F.: Pädagogische Schriften 1. Unter Mitw. v. Th. Schulze hrsg. v. E. Weniger. Frankfurt/Berlin/Wien 1983.

SCHLEIERMACHER, F.: Pädagogische Schriften 2. Unter Mitw. v. Th. Schulze hrsg. v. E. Weniger. Frankfurt/Berlin/Wien 1984.

SCHLUTZ, E. (Hrsg.): Erwachsenenbildung zwischen Schule und sozialer Arbeit. Bad Heilbrunn/Obb. 1983.

SCHNEEWIND, K. A.: Konsequenzen der Erstelternschaft. In: Psychologie in Erziehung und Unterricht 30 (1983), S. 161–172.

SCHWENK, B.: «Bildsamkeit» als pädagogischer Terminus. In: Holtkemper, F.-J. (Hrsg.): Pädagogische Blätter. Ratingen 1967, S. 180–207.

SPRANGER, E.: Zur Psychologie der Bildsamkeit des Erwachsenen. In: Arnold, F. u. a. (Hrsg.): Bildungsfragen der Gegenwart. Stuttgart 1953, S. 71–88.

STARKE, M.-T.: Erwachsenenbildung. In: Speck, J. / Wehle, W. (Hrsg.): Handbuch der pädagogischen Grundbegriffe. Bd. 1. München 1970, S. 352–384.

STIMMER, F.: Lebensalter. In: Soziologie Lexikon, hrsg. v. G. Reinhold. München 1991, S. 358–363.

THOMAE, H. (ed.): Patterns of aging-findings from the Bonn Longitudinal Study of Aging. Basel 1976.

THOMAE, H.: Zur Problematik des Entwicklungsbegriffs im mittleren und höheren Erwachsenenalter. In: Oerter, R. (Hrsg.): Entwicklung als lebenslanger Prozeß. Hamburg 1978, S. 21–32.

THORING, W.: Das Verhältnis von Erwachsenheit und Kindheit im soziokulturellen und psychosozialen Wandel. Münster 1986.

WEDELL, H.: Ist Bildsamkeit auf Kindheits- und Jugendalter beschränkt? In: Lebendige Schule 18 (1963), H. 3, S. 117–121.

WENIGER, E.: Bildsamkeit und Bildungserbe in unserer Zeit (1957). In: Ders.: Ausgewählte Schriften. Weinheim/Basel 1975, S. 187–198.

WENKE, H.: Der Begriff des Leitbildes in der Erziehung und sein Geltungsanspruch. In: Internationale Zeitschrift für Erziehungswissenschaft 2 (1956), S. 142–158.

ZINNECKER, J.: Beziehungen zwischen jüngerer und älterer Generation im Urteil von Jugendlichen und Erwachsenen. In: Jugendwerk der Deutschen Shell (Hrsg.): Jugendliche und Erwachsene '85: Generationen im Vergleich. Opladen 1985, S. 67–104.

5 Pädagogische Berufsfelder

H.-Elmar Tenorth

5.1 Schulische Einrichtungen

Der Beitrag geht zwar von der Vielfalt schulischer Einrichtungen aus und sucht einen allgemeinen Begriff (1), diskutiert dann aber im wesentlichen nur das moderne Bildungssystem. Zunächst wird seine Entstehung beschrieben (2), dann seine gegenwärtige Gestalt und einige wesentliche Veränderungen in der Nachkriegszeit (3). Eine Diskussion der inneren Strukturen, Mechanismen und Wirkungen der Schule beschreibt ihre Funktionsweise anschließend systematisch (4). Aus der pädagogischen, sozialwissenschaftlichen und politischen Diskussion wird schließlich vor allem die Frage aufgenommen, ob sich die Wirklichkeit der Schule allein als Widerspruch verstehen läßt, der nur in radikaler Schulkritik lösbar sein könnte (5). Eine These über Möglichkeiten der Schule, die auch die Erfahrungen von Reformen berücksichtigen und die Qualität der Alternativen bedenken soll, steht am Schluß (6).

5.1.1 Phänomen und Begriff von ‹Schule›

Der Begriff Schule, so belehren uns die Wörterbücher, stammt vom lateinischen Wort *schola*, das wiederum auf das griechische *scholé* zurückgeht. Im Griechischen meint das zunächst «Muße», bezeichnet *scholé* die Zeit, die man einer geistig-zweckfreien Tätigkeit widmet. Schon beim Übergang ins Lateinische wird *schola* aber zur Bezeichnung für eine Institution; und als Ort und Einrichtung des Lernens verstehen wir Schule bis heute. Die Erinnerung an Muße stellt sich gegenwärtig jedenfalls nicht zuerst ein, wenn man an schulische Einrichtungen denkt. Eher liegt die Erfahrung von Leistung und Prüfung nahe, die Tatsache von Erfolg und Scheitern, von Anstrengung und Kontrolle, von strengen Lehrern und, wenigstens gelegentlich noch, von munterem Schülerleben. Man könnte wegen solcher Erfahrungen meinen, daß man über Schule nicht umständlich belehrt werden muß, weil ein jeder sie doch authentisch erlebt hat, wir alle als Opfer, die Lehrer als Täter.

Aber Betroffenheit, die sich in aktuellem Leiden oder in Schulerinnerungen spiegelt, und Engagement, das die Pädagogen predigen, sind keine Garanten für klares Wissen. Die Pädagogen räumen selbst ein, daß sie von einer allgemein akzeptierten Theorie der Schule weit entfernt sind. In den Sozialwissenschaften gibt es nur eine wachsende Zahl systematisch nicht geordneter Beschreibungen der Funktionen des Bildungswesens in unserer Gesellschaft. Lebensgeschichtlich wird die Schule nicht selten zur Idylle stilisiert oder zur Folterkammer verzeichnet, nur selten aber ohne Emotionen beschrieben. Unbefriedigend an diesen Auskünften ist in der Regel die Tatsache, daß sie sich offenkundig widersprechen, nicht selten bei den gleichen Personen, befragt man sie etwa zu unterschiedlichen Zeiten, als Schüler oder als Erwachsene. Auf die Auskünfte der unmittelbar Beteiligten darf man sich also nicht verlassen, wenn man wissen will, was Schule bedeutet und was sie leistet, wie sie arbeitet und wo sie versagt.

Aus unmittelbarer Anschauung erwächst auch hier kein Begriff, also ein eindeutiges Wissen über die Gemeinsamkeiten und Unterschiede in der Vielfalt schulischer Einrichtungen. Das öffentliche und staatlich kontrollierte Pflichtschulsystem stellt ja nur einen kleinen Teil der schulischen Einrichtungen dar, die man in modernen Gesellschaften kennt: Es gibt daneben Fahrschulen und Segelschulen, Volkshochschulen und Abendschulen, Tanzschulen, Hochschulen und Sprachschulen, mit anderen Worten: Für nahezu jede Tätigkeit, deren Vollzug den Erwerb von Fähigkeiten und einige Übung verlangt, besteht ein Schulangebot oder existiert ein Lehrer. Manche dieser Schulen sind obligatorisch, also verpflichtend für alle Menschen gleichen Alters, andere freiwillig; einige Schulen kosten Geld, andere nicht; die Schulen unterscheiden sich nach der Dauer, nach den Inhalten, nach den Zeugnissen, nach der Ausbildung der Lehrer, nach der Verwertbarkeit der in ihnen erworbenen Kenntnisse. Vielleicht bieten manche sogar noch die Muße, die von den alten Griechen gemeint war, wenn sie von *scholé* sprachen. Aber hat man Muße, wenn man das Meditieren unter schulischen Bedingungen lernt? Oder denkt man an die Kosten, die der Lehrer verursacht, und zwingt sich zum Erfolg? Ruhe muß dann sein!

Angesichts dieser Vielfalt von Schulen – gibt es noch Gemeinsamkeiten? Kann man einen Begriff von Schule formulieren, der Unterschiede nicht ignoriert, aber auch das Typische festhält, der in der Gegenwart orientiert, aber auch für unterschiedliche historische Zeiten aussagekräftig ist? Bei der Suche nach einem solchen Begriff kann man heute auf zahlreiche Disziplinen und eine Fülle einschlägiger Forschungen zurückgreifen, keineswegs ist man etwa nur auf die Erziehungswissenschaft angewiesen. Neben der Berufswissenschaft der Lehrer haben nahezu alle Sozialwissenschaften – von der Soziologie zur Psychologie und Psychiatrie – schulische Einrichtungen in Gegenwart und Vergangenheit untersucht. Aber Schule war und ist auch Thema von Juristen und Ökonomen, bei Statistikern und Historikern. Die reiche Fülle der Informationen hat leider die unangenehme Konsequenz, daß eine Vielfalt nicht immer miteinander verträglicher Bilder der Schule entstanden ist: Schule wird als *professionelle Organisation von Lernprozessen* verstanden, aber auch als Weg des Kindes, als Mechanismus zur Reproduktion von Gesellschaften, als staatlich kontrollierte Veranstaltung, als Institution der Qualifizierung, als Bewahranstalt oder als Arbeitsplatz von Lehrern, als Ort der Erzeugung von Pathologien und schließlich, in einem übertragenen Sinne, auch als Gemeinschaft gleicher Denkungsart, als Gruppe von Theoretikern, z. B. in der Philosophie (die ‹Heidegger-Schule›) oder in der Pädagogik (die ‹Nohl-Schule›).

Trotz solcher Vielfalt von Erscheinungsformen und Betrachtungsweisen gibt es zwar keinen Begriff, aber einen kleinsten gemeinsamen Nenner, eine Minimalbestimmung: Schulen können als Einrichtungen verstanden werden, die aus dem alltäglichen Leben zum Zweck des Lernens ausdifferenziert sind, und zwar zum Zwecke des thematisch gebundenen, nicht selten pädagogisch und professionell betreuten, individuellen oder kollektiven Lernens. Das bekannteste Modell ist sicherlich die öffentliche, staatlich kontrollierte Pflichtschule. Der Minimalbestimmung entsprechen aber auch Fahrschulen und Hochschulen, die Segelschule oder die Fortbildungsanstalt.

Betrachtet man solche Einrichtungen im Detail, dann kann man sich an Leitfragen orientieren, z. B. historisch: Wann ist die moderne Schule entstanden? Wie und warum hat sich die Gestalt ausgeprägt, die wir jetzt als Regelschule kennen? Welchen Motiven verdankt sich die Vielfalt schulischer Einrichtungen? Oder, denkt man systematisch: Welches gesellschaftliche Problem kann und soll die moderne Schule bearbeiten? Lassen sich ihre typischen Merkmale, vor allem in Deutschland, benennen? Wie arbeitet ein modernes Bildungssystem? Blickt man schließlich auf Wirkungen und Ergebnisse, wäre zu fragen: Welche Leistungen und Ergebnisse darf man erwarten? Hat Schule eine Zukunft, oder muß man ernsthaft an Alternativen denken? Solche Fragen sollen hier behandelt werden. Im Zentrum der Überlegungen steht dabei das öffentliche, in der Regel auch staatlich kontrollierte Schulwesen; denn die Möglichkeiten und Probleme pädagogisch betreuten Lernens sind hier am schärfsten ausgeprägt und am besten erforscht. (Vgl. zu diesem Abschnitt ADL-AMINI 1976, BALLAUFF 1982, FEND 1980, KRAMP 1973, WILHELM 1967.)

5.1.2 Die Entstehung des modernen Schulsystems

Die Entwicklung der Schule zeigt bis zur Gegenwart eine sehr lange Vorgeschichte (1), eine entscheidende Zäsur (2) und dann, in Deutschland, zwei Entwicklungsstufen, in denen sich die aktuelle Gestalt unseres Schulwesens ausbildet (3). Während der Vorgeschichte ist schulisch organisierter Unterricht ein Ereignis für wenige und deren spezielle Bedürfnisse; mit der entscheidenden Zäsur werden Schule und Unterricht eine Veranstaltung für alle Heranwachsenden einer Generation und zum kontrovers verhandelten Thema öffentlich-staatlichen Handelns; in den zwei Phasen ihrer modernen Geschichte wird aus dem klassenspezifisch geprägten Bildungssystem des 19. Jahrhunderts eine offene Einrichtung allgemeiner Bildung und ein universeller Mechanismus der Konstruktion von Lebensläufen.

1. Spezifische Veranstaltungen des Lernens, die vom alltäglichen Leben unterschieden werden, finden sich in allen Hochkulturen schon seit der archaischen Zeit. Im alten Griechenland oder bei den Sumerern gab es schon vor mehr als 3000 Jahren den Lehrer als bezahlte Tätigkeit und organisierten Unterricht in allen denkbaren Fertigkeiten, auch jenseits von Schreiben und Lesen, den elementaren Kulturtechniken. Pädagogisch ambitioniert vermitteln z. B. die Sophisten die Kenntnis der Welt und die Handhabung politischer Geschäfte; in Platons Akademie wird das Denken gelehrt, im attischen *gymnasion* Körper und Geist gebildet. Adressat solcher Bildungsarbeit sind nahezu ausschließlich die gesellschaftlichen Eliten. Der gebildete Mensch ist zwar geachtet, der Lehrer in der Regel aber wenig angesehen, eher Mitglied eines verachteten Standes. Das gemeine Volk schließlich erwirbt weder die hohe Kultur noch die kulturellen Techniken, sondern fragt sie – bis weit in die frühe Neuzeit – bei Schreibern und Gebildeten ab (in den wenigen Fällen, in denen der Alltag des Volkes nach hoher Kultur oder Schriftlichkeit verlangte).

Die Schule als dauerhaft gesetzte Institution, mit professionellen *Lehrern*, einem fixierten *Lehrplan* und einem von Leistungsstandards bestimmten *Lehrgang*, wird zuerst für die Qualifizierung von Spezialisten eingerichtet. In der christlichen Zeit findet sie sich deshalb zunächst für Kleriker, die in die lateinische Sprache und in die korrekte Lektüre der Heiligen Schrift eingeführt werden müssen (und in China vergleichbar für Beamte). Im Umfeld von Theologie und Kirche entstehen auch die ersten Hochschulen und Universitäten. Hier wird für die Einrichtungen der höheren Bildung um 1200 auch schon die entscheidende Weiche zur Entstehung einer gebildeten Laienkultur gestellt, denn die Universitäten begründen die Differenz von Geistlichen und Intellektuellen. Während jene den Autoritäten folgen, suchen diese das eigenständige Gesetz wissenschaftlich-gelehrter Arbeit. Mit der Renaissance und den humanistischen Formen des Studiums an den Quellen gewinnt die abendländische Kultur gebildeter Gelehrsamkeit seit dem ausgehenden 14. Jahrhundert eigene Dynamik. Ihre wesentlichen Einrichtungen sind Lateinschulen und Universitäten alten Musters, noch nicht an Forschung, sondern eher an der Pflege der Tradition des Wissens orientiert.

Erst mit der Ausbildung einer städtischen Kultur und den frühen Formen internationalen Handelns ergeben sich in größerem Umfang auch Ausbildungsbedürfnisse für Laien. Diese Konsequenzen sozialen Wandels lassen sich um 1000 bereits in den Städten Oberitaliens beobachten, in Deutschland umfassend erst nach 1100. Dann entstehen Schulen für die kaufmännischen Schichten und das städtische Führungspersonal. Diese Schulen werden bald auch vom Nachwuchs der Handwerker genutzt und entwickeln sich zu einer Vorstufe bürgerlich-gewerblicher und nützlich-verwertbarer Form organisierten Lernens. Von der Bildung des Volkes ist freilich noch immer nicht die Rede.

Dazu gibt erst die Reformation einen Anstoß, weil in der protestantischen Theologie die Kenntnis der Bibel bei allen Gläubigen vorausgesetzt wird. Luther schafft mit seiner Bibelübersetzung deshalb nicht nur das Fundament der Konfession, sondern auch die Voraussetzung, daß die religiösen Schriften in der Sprache des Volkes gelesen werden können. Die protestantischen Fürsten nehmen den damit verbundenen Bildungsanspruch weiter auf, aus religiösen Gründen, aber auch um ihre Territorien zu stabilisieren. Sie gründen seit dem 16. Jahrhundert bis heute berühmte Eliteanstalten, z. B. die sächsischen Fürsten-Schulen in Meißen, Grimma oder Schulpforta, und protestantische Universitäten, beispielsweise in Marburg. Aber die protestantischen Fürsten erlassen auch die ersten Schulordnungen für die Bildung des Volkes, z. B. in Gotha 1642. Als Instrument der Gegenreformation gibt es schließlich vergleichbare pädagogische Innovationen im Katholizismus, z. B. mit den Schulen der Jesuiten seit der Ordnung von 1599.

2. Diese frühen Texte, mit denen die *Schulpflicht*, eigene Lehrpläne und professionelle Lehrertätigkeit eingeführt werden sollen, darf man freilich nicht mit der Realität des Lernens in der Gesellschaft verwechseln. Schulische Bildung bleibt ein Privileg für wenige, die Beherrschung

der Kulturtechniken auf eine kleine Gruppe in der Gesellschaft beschränkt. Die Alphabetisierung des Volkes ist erst ein Ergebnis des 19. Jahrhunderts und damit ein Produkt der entscheidenden Zäsur der Bildungsgeschichte, die um und nach 1800 eröffnet wird.

In dieser Zeit löst sich schulisches Lernen von rein ständischen Privilegien und expertenorientierten Spezialfunktionen ab und wird zur öffentlichen und obligatorischen, professionell gestalteten und universell normierten Aufgabe. Verantwortlich für diese Entwicklung sind mehrere Faktoren: Der moderne Staat setzt, politisch, die Kontrolle seiner Bürger voraus, verlangt aber auch die Bildung aller; ökonomisch werden die grundlegende Qualifizierung der Menschen notwendig und die Ausbreitung einer neuen bürgerlich-kapitalistischen Wirtschaftsgesinnung, um den Fatalismus zu überwinden, der das Leben auf dem Lande beherrscht. Philosophen und Pädagogen seit der Aufklärung verbinden endlich den Gedanken allgemeiner Bildung mit den schönsten Hoffnungen. Sie erwarten neben der Verwirklichung der Individualität und vernünftigen Bestimmung des Menschen eine allgemeine Höherbildung, die Verfeinerung und Verbreitung der Kultur, die Zivilisierung der Menschheit. In den einschlägigen Plänen um 1800 wird öffentliche Bildung konsequent als ein Instrument gedacht, die Nation zu bilden, den Fortschritt zu befördern, den Wohlstand zu mehren, die Tugend zu verbreiten, den Menschen zu wahrer Menschlichkeit zu führen.

Man wird kaum überrascht sein, daß die edlen Programme des Übergangs nicht den Alltag von Schule in der Folgezeit bestimmen. Aber immerhin, um 1800 werden die Weichen gestellt, aus denen sich die *Bildungsrevolution* (Talcott Parsons) der modernen Gesellschaft entwickkelt: Das gesamte Bildungswesen wird eine öffentliche Angelegenheit, mit der Einrichtung staatlich kontrollierter Prüfungen, z. B. dem Abitur und den Staatsprüfungen für die akademischen Berufe, wird die Schule mit der Gesellschaftsstruktur eng verknüpft, der Lehrerberuf wird vom Amt des Geistlichen getrennt, die Lehrtätigkeit an Elementarschulen auf eine eigene Form der Ausbildung gegründet. Gegenüber dem Erziehungsmonopol der Familien setzt der Staat die Unterrichtspflicht durch, und Bildung wird zum Gegenstand politischer Interessen und Kontroversen. Die Prämissen der neuzeitlichen Bildungsorganisation sind also um 1800 formuliert: die Staatlichkeit, Professionalität und Allgemeinheit eines Bildungswesens, das über die Ausdifferenzierung von Schularten, Prüfungen und Zertifikaten sich intern organisiert und zugleich mit gesellschaftlichen Erwartungen, z. B. der Prüfung und Auswahl von Eliten oder der Ordnung sozialen Aufstiegs, verknüpft.

3. Aus diesen relativ wenigen Vorgaben gewinnt das moderne Bil-

dungssystem seine eigene Dynamik und Logik, wenn auch in den Einzelheiten der Organisation und der Entwicklung durch politische und soziale Erwartungen und Kontrollen überformt. Abstrahiert man einmal von diesen umweghaften, zufälligen und nicht selten auch unübersichtlichen Konjunkturen und Ereignissen der Bildungspolitik, dann lassen sich für das moderne Bildungswesen in Deutschland im wesentlichen zwei Etappen seiner Entwicklung beobachten.

Die erste Etappe reicht vom frühen 19. bis zum frühen 20. Jahrhundert. In dieser Zeit gibt es zwei unterschiedliche Bildungssysteme, das höhere und das niedere, eher nebeneinander als übereinander. Beide Bildungssysteme haben eigene Formen des Lehrens und Lernens, eigene Lehrer mit separater Ausbildung, unterschiedliche Lernziele, getrennte Formen der Schulverwaltung und -aufsicht, andere Formen der Beteiligung der Kirchen. Vor allem aber unterscheiden sie sich in den Berechtigungen, die sie für den Lebenslauf mitgeben, und, selbstverständlich, durch das Publikum, das sie rekrutieren. Die Massenschule, in der nach 1870 der Schulbesuch für alle durchgesetzt wird, ist die Volksschule. Sie dauert zwischen sechs und acht Jahren, konzentriert sich auf Kulturtechniken (Schreiben, Lesen) und nationale Gesinnungsbildung (Religion, Geschichte); aber ihr Besuch führt nicht zu weiteren Lernmöglichkeiten, sondern endet berechtigungslos. Die höheren Schulen der bürgerlichen Schichten und Klassen dagegen, besucht von ca. acht bis zehn Prozent eines Altersjahrgangs, sind privilegierte Anstalten, mit denen die Koalition von ‹Bildung und Besitz› ihre Vorrechte vererbt. Höhere Schulen verleihen einerseits das sog. Einjährig-Freiwilligen-Zeugnis, mit dem ein verkürzter, privilegierter Militärdienst möglich wird statt der dreijährigen Wehrpflicht, und sie bieten mit dem Abitur den Weg in die Universität und in die akademischen Berufe. Die höheren Schulen zeigen damit die enge Verbindung von Schule und Sozialstruktur, sie stützen die Klassentrennung in der Gesellschaft des 19. Jahrhunderts, und sie unterscheiden hierarchisch Bildungsmöglichkeiten und Lebensläufe. Zwischen der Bildung für die Eliten und der Indoktrination für die Massen gibt es zunächst kein Drittes. Das Schulwesen kennt nicht Einheit oder Gleichheit, sondern nur soziale Differenz. Differenzen gelten bis 1908 auch in geschlechtsspezifischer Hinsicht; denn die Mädchen müssen zwar die Volksschulen besuchen, bleiben aber von den abiturbezogenen Bildungsgängen und vom Universitätsstudium ausgeschlossen.

Die zweite Etappe wird mit der Weimarer Reichsverfassung eröffnet. Sie ist durch den Versuch gekennzeichnet, den Klassencharakter des Bildungswesens abzubauen, die Gestalt von Schule in der Demokratie zu finden und sie nicht allein politisch und traditional, sondern nach päd-

agogischen Gesichtspunkten zu formen. Es entspricht dem parlamenta-
risch-politischen System und den wechselhaften Machtverhältnissen, daß
die schließlich gefundene Lösung Kompromißcharakter hat: Mit der Weimarer Verfassung wird zunächst statt der Unterrichts- die Schulpflicht
durchgesetzt, d. h., private Vorschulen werden abgeschafft, so daß alle
Kinder gleichen Alters zumindest für vier Jahre die neu eingerichtete
Grundschule ihres Wohnbezirks besuchen müssen; gleichzeitig werden
die Rechte der Kirchen auch in den Elementarschulen und gegenüber den
Lehrern beseitigt, Fachlichkeit und Staatlichkeit gelten jetzt für alle Schulen, die konfessionelle Trennung bleibt erhalten. Aber die Einheitlichkeit
bleibt begrenzt: Nach wie vor werden die Lehrer an Volks- und höheren
Schulen unterschiedlich ausgebildet, mit dem vierten Schuljahr endet das
gemeinsame Lernen; höhere Schulen, mittlere und Volksschulen bleiben
getrennt. Sie besitzen bis in die Gegenwart unterschiedliche Lehrpläne
und Lernziele, und ihre Zeugnisse haben unterschiedlichen Wert. Nach
wie vor ist das Abitur die zentrale Gelenkstelle des deutschen Bildungswesens, weil es zwischen den Schulen eine hierarchische Ordnung erzeugt
und die gesellschaftliche Wertigkeit von Bildungslaufbahnen symbolisiert. Auch die Unterscheidung allgemeinbildender und berufsbildender
Schulen bestätigt die fortdauernde Bedeutung des traditionellen Ab-
iturwegs zur höheren Bildung. Die feinen Unterschiede von Bildung und
Gelehrsamkeit, von oben und unten, die Differenz der Bildungskarrieren
und der Wertigkeit von Schulen, bleiben erhalten.

Eine schulstrukturelle Alternative zu diesem Modell des gegliederten
Bildungssystems fand sich in Deutschland im 20. Jahrhundert nur gelegentlich. Gesamtschulen sollten seit den 60er Jahren eine solche Alternative werden. Sie werden aber bis heute nur von ca. acht Prozent der Schüler
besucht. In einigen Stadtstaaten ist die Dauer der gemeinsamen Grund-
schulzeit sechs Jahre. Allein in der DDR war die gemeinsame Schulzeit erst
acht, dann zehn Jahre und das Bildungssystem tendenziell einheitlich. In
der «zehnklassigen, allgemeinbildenden polytechnischen Oberschule»
gab es auch eine zum Teil andere Fächerstruktur (Polytechnik, Russisch als
erste Fremdsprache), im Bildungssystem weitere Zugänge zu Fach- und
Hochschulen und zwischen den beruflichen und allgemeinen Bildungsgängen ein Mehr an institutioneller Durchlässigkeit. Aber auch für die
DDR waren Schulstrukturen nicht gleichzusetzen mit Schulrealitäten.
Systemfremde Unterschiede, z. B. beim Zugang in die studienvorberei-
tende «erweiterte Oberschule», und die ungleiche Verteilung der Chancen
waren unverkennbar, obwohl immer geleugnet. (Vgl. zu diesem Abschnitt DOLCH 1965, HERRLITZ / HOPF / TITZE 1993, LUNDGREEN 1980 /
1981, MÜLLER 1977, PAULSEN 1897.)

5.1.3 Gegenwärtige Organisation und Gestalt des Bildungswesens

Das Grundmuster eines dreigliedrigen allgemeinbildenden Schulwesens und die Abgrenzung des berufsbildenden Systems sind zwar seit 1920 relativ stabil, diese Ordnung hat aber in der alten Bundesrepublik eine geradezu revolutionäre Entwicklung nicht verhindert. Sie findet sich innerhalb und zwischen den Schulen (1), dann in einem geradezu radikalen Wandel der Bildungsbeteiligung (2) und in der deutlichen Veränderung der Bildungschancen (3).

1. Betrachtet man zunächst die Schulstruktur, dann könnte man, überspitzt, sagen, daß die Schule des Volkes heute nicht mehr die *Hauptschule* (als Nachfolgerin der alten Volksschuloberstufe) ist, sondern das *Gymnasium* (vgl. Tabelle). Während 1950 noch mehr als 80 Prozent eines Altersjahrgangs die Volksschul(oberstuf)e besuchten, sind das gegenwärtig durchschnittlich kaum mehr als 30 bis 45 Prozent; dagegen besuchen heute ca. 30 bis 45 Prozent der Heranwachsenden höhere Schulen (gegenüber unter zehn Prozent um 1950) und weitere 15 bis 20 Prozent *Realschulen* (die alten mittleren Schulen), die man ebenfalls als weiterführende Schulen betrachten darf. In den Urteilen und Wünschen der Eltern wird deshalb auch die Hauptschule ganz realistisch als chancenlose Restschule betrachtet.

2. Mit der *Expansion der Schülerzahlen* an weiterführenden Schulen sind gleichzeitig zentrale Unterschiede der Bildungsbeteiligung verschwunden, die in Deutschland noch bis in die 60er Jahre sowohl nach Konfessionen wie regional und geschlechtsspezifisch bestanden haben. Das sog. katholische Bildungsdefizit (Karl Erlinghagen) hat seine Bedeutung verloren; der Bildungsrückstand von Mädchen ist in Schulen und gemessen an ihrer Abiturquote aufgehoben. Heute erwerben mehr Mädchen das Abitur als gleichaltrige Jungen (und die Diskussion über Koedukation hat eine neue Dimension, nämlich bezogen auf Inhalte und Lehr- und Lernformen). Abgeschwächt, wenn auch nicht bedeutungslos, sind die regionalen Differenzen der Bildungsbeteiligung. Das politisch erzeugte Schulangebot, d. h. die Politik für oder gegen eine Öffnung der Gymnasien und für oder gegen Gesamtschulen, zeigt hier deutliche Wirkung. CDU-regierte Länder haben andere Abiturientenquoten als SPD-regierte. Die Schüler müssen sich in ihrem Bildungsverhalten dem örtlichen Schulangebot anpassen und z. B. als weiterführenden Bildungsweg in Flächenstaaten die Realschule wählen, wenn das Angebot an Gymnasien knapp ist.

Jahr	Schüler im/an					
	Sekundarbereich I				Sekundarbereich II	
	Gymnasium Klassenstufe 5–10	Hauptschulen	Realschulen	Integrierte Gesamt-/ Freie Waldorfschulen Klassenstufe 5–10	Gymnasium Jahrgangsstufe 11–13	Integrierte Gesamt-/ Freie Waldorfschulen Jahrgangsstufe 11–13
1960	641,7	2122,4	430,7	4,2	211,7	4,2
1979	1062,1	2374,9	863,5	4,5	317,4	4,5
1980	1495,5	1933,7	1351,1	188,9	623,5	18,2
1990	1053,0	1054,2	864,6	241,1	496,7	28,6
1993	1159,4	1081,3	905,9	294,9	477,3	34,6

Schüler an allgemeinbildenden, weiterführenden Schulen nach Bildungsbereichen und Schularten (alte Bundesländer; in Tausend) (Prognose-Daten; Vorausberechnung der KMK; Dokumentation Nr. 115)

3. Eine neue Verteilung der Schüler auf Schularten und der Abbau konfessioneller, geschlechtsspezifischer und regionaler Ungleichheit im Bildungswesen geht parallel mit einer neuen Struktur der Bildungschancen relativ zu Sozialschichten. Während noch in der Frühgeschichte der Bundesrepublik Abitur und Studium ein Privileg der Mittel- und Oberschichten waren und das Arbeiterkind an Universitäten eine gesuchte Rarität, verteilen sich Bildungschancen auch in Sozialschichten heute anders. Man kann zwar immer noch nicht von einer Gleichheit der *Bildungschancen* sprechen, aber doch von einer Verbesserung: Während um 1950 von 100 Arbeiterkindern allenfalls eines die Chance zum Studium hatte, sind das gegenwärtig immerhin zehn (während z. B. für die Kinder höherer Beamter die Rekrutierung von etwa 30 auf mehr als 60 von 100 anwuchs). Nach wie vor bestimmt also die soziale Herkunft die Bildungschancen, im übrigen auch im einheitlichen Bildungssystem der DDR. Dort waren die Rekrutierungsquoten noch zum Endzeitpunkt der DDR-Geschichte schlechter als in der Bundesrepublik, die Abiturquote mit ca. 13 Prozent (gegenüber ca. 30 Prozent in der alten Bundesrepu-

blik) insgesamt auch deutlich niedriger. Ernüchterte Bildungssoziologen sprechen denn auch von ‹feudalen› Strukturen, wenn sie die Realität der DDR beschreiben.

Die neuen Formen der Bildungsbeteiligung, die Expansion der Schülerzahlen in weiterführenden Bildungsgängen und das Anwachsen der Zahl der Abiturienten und Studierenden hat auch neue Probleme und Themen der öffentlichen Diskussion erzeugt. Sowohl in den beteiligten Wissenschaften wie in der Bildungspolitik hinterläßt die offenkundige Dynamik des Bildungswesens eine Fülle offener Fragen. Wissenschaftler suchen nach den Mechanismen, mit denen die Schulen die ihr zugemuteten Erwartungen bearbeiten, die Politiker quälen sich mit den Wirkungen, die vom Bildungssystem ausgehen. Die Debatte über Bildungschancen bleibt daneben zwar wichtig, aber das Zusammenspiel von Schulen, Hochschulen und Beruf gewinnt ebenso an Bedeutung wie Fragen der Inhalte und Formen pädagogischer Arbeit. (Vgl. zu diesem Abschnitt Arbeitsgruppe Bildungsbericht... 1994, Fischer 1992.)

5.1.4 Strukturen, Mechanismen und Wirkungen schulischer Arbeit

In der amtlichen Statistik, das kann man schnell sehen, wird nur die Grobstruktur der Schule abgebildet, nicht ihr Innenleben oder gar der Alltag, wie ihn Lehrer, Schüler und Eltern erleben. Die Statistik beantwortet schon gar nicht die Frage, wie denn dieses System funktioniert und wie es z. B. die erstaunlichen Effekte erzeugt, die man auf dem Hintergrund der politischen Debatten seit 1960 gar nicht erwartet hätte. Schule ist auch wegen solcher Fragen ein viel untersuchtes Objekt der Wissenschaften, und entsprechend vielgestaltig sind die Ergebnisse, auf die man zurückgreifen kann. Die innere Struktur der Schule, die Formen schulischer Arbeit und die Mechanismen und Wirkungen von Bildungsprozessen erscheinen dann in neuem Licht.

Die innere Struktur der Schule. – Mit den Schularten – Hauptschule, Realschule und Gymnasium – hat man jedenfalls nur eine, sicherlich bedeutsame Dimension der Schulwirklichkeit erfaßt. An der Diskrepanz von Struktur und Bildungsbeteiligung kann man zudem erkennen, daß vom Bildungsverhalten der Eltern und Lernenden eine Dynamik ausgeht, die politisch gewollte Organisationsmuster und Effekte selbständig überformt. Die Realität der Schule ist also durch politische Vorgaben, pädagogische Absichten und Möglichkeiten und durch die Konsequenzen des Bildungsverhaltens in gleicher Weise bestimmt. Diese Wirklichkeit ist daher historisch und gesellschaftlich kontingent, d. h. letztlich zufällig, weder den pädagogischen Idealen und Prinzipien gemäß noch den politischen Erwartungen entsprechend.

Diese Kontingenz gilt schon für die elementaren Ordnungsprinzipien, mit denen Schule sich den Beteiligten präsentiert: Die Einteilung nach Jahrgangsklassen beispielsweise ist ein relativ spätes Produkt der Schulgeschichte und keineswegs alternativenlos; denn man könnte ja auch nach dem Lernfortschritt gruppieren, vielleicht sogar unabhängig vom Alter, dabei alle oder nur einzelne Fächer berücksichtigen. Auch der Fächerkanon der Schule verdankt sich nicht einem ehernen Gesetz der Bildung, sondern gelehrten Traditionen sowie nationalen und regionalen Eigentümlichkeiten (obwohl es schon verblüffend ist zu sehen, daß im Kanon der Grundbildung in allen vergleichbaren Kulturen die gleichen Fächergruppen wiederkehren: [Mutter- und Fremd-]Sprache, Mathematik und Naturwissenschaften, Geschichte und Politik, Kunst und Sport). Historisch variabel ist auch die Dauer der Schulzeit (und vor allem die Dauer der faktischen Lernzeit, rechnet man Schuljahre, -tage und -ferien gegeneinander auf). Für obligatorisches Lernen schwankt sie in Westeuropa zwischen acht und zehn Jahren, für den Zugang zu Hochschulen werden zehn bis 13 Jahre verlangt; nur in Deutschland ist auch der Besuch von Schulen während der beruflichen Erstausbildung obligatorisch, während die angelsächsischen Länder nicht einmal unsere berufszentrierte Form der Erstausbildung kennen, zu schweigen von einer weiterhin verpflichtenden Schulzeit nach der obligatorischen Schule. Auch die rechtlich-politische Schulverfassung ist schließlich sehr variabel: Die starke Rolle des Staates ist für Deutschland typisch, andere Länder dagegen, z. B. England, kennen die Kompetenz der Gemeinden; als Träger der Schule treten außerhalb Deutschlands, z. B. im höheren Schulwesen Frankreichs, bis heute noch sehr stark die Kirchen auf, in den angelsächsischen Ländern auch private Vereine oder Stiftungen (die, leicht paradox, obwohl ‹private›, die renommiertesten «public schools» betreiben). Auch die Finanzierung der Schulen kennt ebenso große Varianz wie die Besoldung und Ausbildung der Lehrer. Die Funktionsprämissen eines obligatorischen, professionell betreuten Systems mögen universell gelten, ansonsten regiert kulturelle Vielfalt.

Die Formen schulischer Arbeit. – Die kulturelle Vielfalt spiegelt sich dann noch stärker im Alltag der Schule, unterhalb der Ebene des offiziellen Lehrplans, in den konkreten Formen, in denen sich innerhalb und außerhalb des Klassenzimmers das schulische Lernen organisiert, in der Auseinandersetzung von Lehrern und Schülern, Schülern und Schülern, Lehrern und Lehrern, Schule, Schülern und Eltern. Für die dabei wirksamen feinen, aber eminent bedeutsamen Mechanismen des schulischen Alltags, die Durchsetzung von Ordnung und Disziplin, wird der Begriff des *heimlichen Lehrplans* verwendet. Gelegentlich wird dieser Begriff gleichzeitig kritisch gewendet, als sei schlecht und zu bekämpfen, was man damit sieht und zu erkennen meint.

Beides ist wenig sinnvoll: Die Rituale und Formen im Alltag, Stile, Taktiken und Strategien, in denen Lernende und Lehrende ihren Umgang organisieren, sind ja keineswegs heimlich und verborgen, sondern liegen offen zutage. Von der Bildung von Hierarchien und Cliquen bis zur Sitzordnung, vom Spickzettel bis zu professionellen Techniken der Entlastung von Arbeit, von den ritualisierten Entschuldigungen bis zu den typisierten Formen von Fest und Feier werden diese Mechanismen alltäglich und mehr oder weniger souverän genutzt. Zugleich sind sie notwendig und schon zum Überleben in der Institution unentbehrlich. Wenn es nur ums Lernen, gar alltäglich um höhere Bildung ginge, dann wäre Schule wahrscheinlich gar nicht zu ertragen und erfolgreiches Lernen gar nicht möglich, weil zu direkt organisiert. Man richtet sich vielmehr in der Schule ein, man findet zu einem eigenen Stil des Umgangs mit schulischen Anforderungen und Situationen, und dann denken Lehrer wie Schüler selbstverständlich auch an schulöffentliche Standards von Leistungserbringung und -bewertung, schon weil es sonst zu langweilig würde. Aber Lernen, das darf nicht alles sein. Nicht ohne Grund erinnert man sich dieses Schullebens zuerst, wenn man sich der Schule erinnert.

Die Unterschiede zwischen einzelnen Schulen und dem ‹Klima›, das sie prägt, das haben die zahlreichen empirischen Untersuchungen der letzten 20 Jahre gut bestätigt, sind deshalb auch größer und bedeutsamer als die Differenzen zwischen Schulsystemen. Mit anderen Worten: Der Streit über Gesamtschule oder dreigliedriges Schulsystem sollte die wichtige Einsicht nicht verdecken, daß der konkrete Lernprozeß immer noch mehr von den Beteiligten selbst als von den organisatorischen oder politischen Vorgaben bestimmt wird.

Mechanismen und Wirkungen von Bildungsprozessen. – Mit welchen Wirkungen darf man dann rechnen? Vereinfacht gesagt, mit einer Fülle an Effekten, auch mit dem Schlimmsten, und man darf nicht zu optimistisch sein. Die einfachen Leistungen der Schule, Lesen, Schreiben und Rechnen, darf man noch relativ realistisch erwarten. Aber der Anstieg des Analphabetismus in den letzten 20 Jahren sollte vor übereilten Siegesmeldungen ebenso warnen wie die für Deutschland traditionelle Klage über Probleme der Rechtschreibung bei Schulabsolventen. Auch unerwünschte Folgeprobleme erzeugt die Schule anscheinend zuverlässig, z. B. mehr Abiturienten, als die Universitäten oder die Berufsverbände der Akademiker wünschen. Ansonsten ist nur sicher und eindeutig, daß die großen Hoffnungen der Pädagogen höchst selten erfüllt werden: Mit der Ausbreitung von Schulen wurde die Kultur kaum verfeinert, Verbrechen sind in der Welt so wenig geschwunden wie Vorurteile. Blickt man aus hoher Warte auf die Effekte der umfassenden Beschulung der Menschen, dann könnte man zunächst enttäuscht sein; jedenfalls versteht man die Resignation, die Lehrer nicht selten zeigen.

Solche skeptischen Bemerkungen können selbstverständlich nicht die Tatsache verdecken, daß die Schule Wirkungen hat, selbst wenn sie die beabsichtigten Wirkungen nicht immer erreicht. Die Wirkungen der Schule auf die Individuen wie für die Gesellschaft werden denn auch seit Beginn der empirischen Erforschung des Lernens und von Bildungssystemen intensiv untersucht. Die Forschung zeigt zunächst wiederum die unendliche Varianz der Befunde, relativ zu historischen Zeiten und Regionen, Schulen und Schulfächern, Fähigkeiten und Kompetenzen. Aber es gibt auch Trends, die einen Überblick erleichtern.

Zu den ältesten untersuchten Themen zählt das Versprechen der Pädagogen, daß wir nicht nur für die Schule, sondern für das Leben lernen (*non scholae, sed vitae discimus*, sagte schon Seneca d. J.). Gibt es aber diesen Transfer-Effekt, daß man schulisch erworbene Fähigkeiten für das Leben umsetzt? Zum Trost für schlechte Schüler werden immer neu die Geschichten kolportiert, wie erfolgreich Schulversager – von Churchill bis Einstein – im Leben waren. Auch die Schulforscher können Ähnliches zeigen, z. B. daß nicht jedes gute Abitur eine Prognose für den Studienerfolg erlaubt und daß die Leistungen in einzelnen Fächern kein Garant für fachspezifischen Erfolg sind. Damit gerät zugleich das Ideal *allgemeiner Bildung* ins Wanken samt den Reden der Lehrplantheoretiker, daß der Schulkanon, diese eigentümliche Mischung aus Sprachen, Mathematik und Realien, gelernt werden müsse, weil er übertragbare Fähigkeiten vermittelt (so daß z. B. jede Sprache gut lerne, wer zuerst Latein lernt). Aber das stimmt schon innerhalb der Schule nicht (so eindeutig), und auf Lernsituationen außerhalb der Schule läßt es sich schon gar nicht übertragen. Lernt man doch nur für die Schule?

Vielleicht haben aber die Unterrichtsforscher nur falsch gefragt, zu konkret, zu nah an einzelnen Kenntnissen! Es scheint so zu sein, daß die Schule möglicherweise nicht bei den Kenntnissen erfolgreich, aber durchaus folgenreich ist in der Vermittlung allgemeiner Kompetenzen und Strategien – des Lernens, des Problemlösens, des Verhaltens in der Welt. Für Soziologen ist es eine erstaunliche und nur durch die Existenz obligatorischer Schulen erklärbare Tatsache, daß Lernen als Muster des Umgangs mit der Welt so generell verbreitet ist (und sich etwa gegen die Anwendung von Gewalt bei der Lösung von Problemen eine Zeitlang gut behaupten konnte). Der Aufbau von Lernbereitschaft und des Motivs zur Weiterbildung gehören also unzweifelhaft zu den Leistungen unseres Bildungssystems, auf denen z. B. noch die Betriebe bei technologischen Umstellungen aufbauen können.

Auch der Erwerb politisch folgenreicher Einstellungen und Verhaltensweisen scheint durch die Struktur der Schulklasse befördert zu werden. Sie stellt ein *soziales System* dar, in dem zentrale bürgerliche Tugenden, z. B. der individuellen Leistungserbringung oder der Bewertung nach generellen Standards, unmittelbar erfahren und verinnerlicht werden. Die Schule erzeugt also nicht primär konservative oder progressive politische Gesinnungen (das tut sie irgendwie, meist unkontrollierbar, auch), sondern zunächst verfestigte Verhaltensweisen, einen Habitus, die Erfahrung von Differenzen, die gesellschaftlich folgenreich sind und eigene Stellungnahme verlangen.

Folgenreich scheint die Schule auch in der Erzeugung von Selbstwahrnehmungen und -konzepten, in der Konstruktion von Schemata und Urteilen, mit denen wir uns selbst beobachten, etwa bei der Unterscheidung von Erfolg und Mißerfolg. Sowohl angesichts konkreter Aufgaben wie in der Beurteilung unseres Lebenslaufs benutzen wir dabei Symbole und Instrumente, die wir im Bildungsprozeß erwerben und am Bildungsprozeß ablesen: Als erfolgreich beurteilen wir uns in der Regel, wenn wir höhere Bildungsabschlüsse erworben haben. Nur wenige Menschen können sich dann über das Scheitern angesichts ambitionierter Bildungsabsichten mit dem Urteil trösten, daß es Wichtigeres gibt als Bildungskarrieren, z. B. zweckfreie Selbstbildung. Aber noch dann trösten sie sich mit einer Ideologie, die der Bildungstradition selbst angehört.

Formt deshalb die Schule den Kern unserer Persönlichkeit? Allenfalls in Grenzen, wie man zum Trost der Betroffenen oder zur Enttäuschung der Pädagogen sagen muß. Von gleicher Bedeutung, vielleicht sogar gewichtiger für den Aufbau überdauernder Persönlichkeitsmerkmale, wie man sie in Leistungsmotiven, Lernstrategien und Selbstbildern identifizieren kann, scheint die Sozialisation in der Familie. Schule kann gegenüber den Interessen, Motiven und Aspirationen, die die Kinder mitbringen, viel eher verstärkend wirken, sie jedenfalls nur selten allein und autonom erzeugen. Sie bleibt eingespannt in das soziale Netz, in dem die Lernenden leben, und abhängig von der Kultur, die in der Schule selbst und in ihren Arbeitsformen dominiert. Damit belohnt die Schule in der Regel aber Vorerfahrungen und Haltungen, die einem bürgerlichen Standard entsprechen. Sie baut nicht autonom die Welt erst auf, die sie mit ihrem Lehrplan und in ihrer Alltagsarbeit vermittelt und zum Maßstab ihrer Bewertungspraktiken macht. Schule ist immer Einrichtung in einer bestimmten Gesellschaft, abhängig von der herrschenden Kultur und zugleich Instanz der Bekräftigung dieser Kultur. (Vgl. zu diesem Abschnitt BOURDIEU / PASSERON 1971, DREEBEN 1986, FEND / PEKRUN 1991, MARKOWITZ 1986, PARSONS 1968, RUMPF 1966.)

5.1.5 Konflikte, Widersprüche und Alternativen

Pädagogen übertragen solche unbestreitbaren Befunde nicht selten in eine Kritik, die Schule und Gesellschaft gleichermaßen trifft. Gegen die Erfahrung der Realität wollen sie dann das autonome Gesetz der Bildungsarbeit zur Geltung bringen. Beeindruckend und informativ an dieser Klage sind die Einsichten über die Vernetzung von Schule und gesellschaftlicher Wirklichkeit, die hier vorgetragen werden (1); eher problematisch und widersprüchlich sind dagegen die Schlußfolgerungen, die Pädagogen aus den Befunden für ihre eigene Arbeit ziehen (2).

1. Charakteristisch für die kritische Wahrnehmung von Schule ist zunächst, daß unbestreitbare Tatsachen über die Schule als Organisation in einer Gesellschaft mit offenen oder versteckten Erwartungen über eine wünschenswerte, autonome, Lernwelt verbunden werden.

Als unbestreitbar kann gelten, daß unser Bildungssystem eine zentrale Einrichtung der Tradierung der Kultur ist; unbestreitbar ist auch, daß es damit in der Regel zugleich ein Instrument zur Durchsetzung der herrschenden Kultur war. Problematisch und konflikthaft wird dieser Befund, wenn über die Legitimität der ausgeschlossenen Themen und Kulturen verhandelt wird. Gibt es denn, z. B. zur Vorbereitung auf ein Universitätsstudium, eine Alternative zum herrschenden Kanon, zu Sprachen und Mathematik, historischen und sozialwissenschaftlichen Studien? Kann man auf die Vermittlung der Kulturtechniken beispielsweise zugunsten nichtschriftlicher Praktiken verzichten? Oder, muß man jedes Thema lehren, das die Öffentlichkeit und gesellschaftliche Gruppen zum Thema von Schule machen wollen (von AIDS bis zur Verkehrserziehung) – oder sollte man den thematischen Konservativismus des Lehrplans stabilisieren? Ferner, läßt sich der Unterricht wirklich allein vom subjektiven Erlebnis- und Erfahrungsraum der Schüler aus organisieren, ‹vom Kinde aus›, wie es eine radikale Schulkritik fordert?

Offenkundig ist Schule nur angemessen als Ort der Vermittlung allgemeiner und besonderer, universeller und kulturspezifischer Erwartungen zu konstruieren. Der kritische Ton, mit dem die ‹Vergesellschaftung› durch die Schule und die ‹Enteignung› subjektiver Fähigkeiten notiert werden, geht bisher jedenfalls der Fähigkeit zu alternativen Lehrplankonstruktionen nicht parallel.

Vergleichbar paradox und ambivalent liest sich die Diskussion über die zunehmende Verrechtlichung der Schule und deren Folgen. Juristisch ist eindeutig, daß die pädagogische Freiheit allein im Konflikt zwischen administrativem und politischem Zugriff und schuleigenen Standards definiert wird. Die Schule kann zwar nicht die letzte Bastion eines obrigkeitlichen Regiments sein; aber keine Gesellschaft wird ihr, gar den Lehrern in alleiniger Kompetenz, rechtliche Autarkie zugestehen. Andererseits, trotz der juristischen und politischen Kompetenzen – Alternativen in der Verwaltung der Schule sind von der Verfassung so wenig verboten wie ein größerer Gestaltungsraum, mehr Selbstverwaltung und, trotz der Skepsis der Lehrer, auch ein höheres Maß an Beteiligung der Eltern. Solche Veränderungen aber setzen wiederum neues Recht voraus und politische Interventionen. Weitere Politisierung und Verrechtlichung sind also notwendig, um mehr Autonomie durchzusetzen.

Die innerschulische Arbeit würde damit auch mehr formalisiert, ihr Organisationsgrad würde also zunehmen. Darf man solche Verstärkung der Schulorganisation aber fordern, wenn die Klagen schon jetzt laut sind, daß damit die autonome «Lernorganisation» (Horst Rumpf) behindert, gar zerstört würde? Pädagogen haben mit dem Organisationscharakter der Schule schon traditionell ihre Schwierigkeiten. In der Moderne und mit der Universalisierung der bürokratischen Form der Organisation scheinen sie noch gesteigert. Aber entspricht die Schule dem Standardmodell bürokratischer Organisation, das alle Klagen zugrunde legen? In neueren Arbeiten wird eher hervorgehoben, daß die Schule einen Organisationstyp darstellt, in dem die einzelnen Elemente eher ‹lose gekoppelt› als strikt und hierarchisch geknüpft sind. Ein bedeutsames Moment der Koppelung liegt sogar in der Schule selbst, in der Hand der Lehrprofession. Auf diesem Hintergrund wird es interessanter zu fragen, warum die Beteiligten in der Schule sich allein als fremdbestimmt und gegängelt darstellen, wenn sie es doch weitgehend selbst sind, die Schule in ihrer spezifischen Realität erzeugen. Die Verteilung von ‹Autonomie und Kontrolle› geht hier aber offenkundig mit ihrer Wahrnehmung durch die Akteure nicht einher. Aber wo sollen dann Reformen ansetzen, bei der Struktur der Organisation oder bei den Klagen der Beteiligten?

2. Für reformbereite Pädagogen, an denen seit der Wende zum 20. Jahr-

hundert und mit der Entstehung der sog. reformpädagogischen Bewegung kein Mangel ist, gibt es keinen Zweifel: Allein die Logik der Sache, das kindliche Lernen, und die hehren Ziele der Pädagogik, das Gesetz von Bildung und Befreiung des Subjekts, dürfen die Schule bestimmen. Die gesellschaftlichen Erwartungen dagegen sind von Übel. Die öffentliche Schule, die Schule als Institution, die verächtlich ‹Regelschule› genannte obligatorische Einrichtung hat bei diesen Pädagogen keinen guten Stand. Ein Schulkritiker wie Ivan Illich konnte denn auch mit dem Beifall vieler die «Entschulung der Gesellschaft» fordern.

Aber Illichs Konsequenzen waren vielleicht doch zu radikal. Für die pädagogischen Reformer hat deshalb Hartmut v. Hentig auch eine entschärfte Losung ausgegeben, die paradoxe Formel von der «Entschulung der Schule». Damit wird angedeutet, welche konstruktiven Konsequenzen der radikalen pädagogischen Kritik der Schule meist innewohnen, nicht Alternativen zur Schule, sondern Alternativen in der Schule, nicht die Abschaffung der öffentlichen Erziehung, sondern die Abschaffung der gegebenen Form öffentlicher Erziehung zugunsten einer anderen Form pädagogisch betreuten Lernens.

Die Alternative der Pädagogen ist deshalb die Reform, nicht die Revolution. Hier haben sie es allerdings an Erfindungsreichtum nicht fehlen lassen, und zwar in jeder Hinsicht, organisatorisch, didaktisch und methodisch, bezogen auf Schulverfassung und -politik, relativ zu Schulpublikum und gesellschaftlicher Verwertung von Bildungsprozessen. Die Geschichte der Pädagogik kennt neben den Programmen auch bereits eine große Zahl von Versuchen reformpädagogischer Natur, innerhalb und außerhalb Deutschlands. Die Erfahrungen mit diesen Versuchen entsprechen freilich dem Duktus der Erfahrungen mit der öffentlichen Schule. Man findet eine große Varianz in den Ergebnissen, Scheitern und Gelingen, enttäuschte Hoffnungen und schönste Ermutigung. (Vgl. zu diesem Abschnitt FLITNER 1992, ILLICH 1970, v. HENTIG 1972, LENHARDT 1984, WELLENDORF 1973.)

5.1.6 Paradoxer Alltag und ständige Reform

Niemand muß deshalb heute noch Reformer der Art sein, daß er Zustände mit bekannten Nachteilen, z. B. die Regelschule, gegen Zustände mit unbekannten Nachteilen, z. B. große neue Programme, unbesehen austauscht. Die Pädagogen haben Erfahrung mit dem Alltag von Reformen, und auch der scheint grau, zumindest nicht nur rosig getönt. Aus der Erfahrung mit schulisch organisierter Arbeit in der Moderne scheint deshalb zunächst nur klar, daß dieses Changieren zwischen Anspruch und Enttäuschung, zwischen immer neuen Versuchen und wiederkehrendem Scheitern den pädagogischen Alltag auszeichnet. Erziehung gehört, tröstet uns Sigmund Freud, wie Therapie und Politik zu den Geschäften, die nicht gelingen können. Sisyphos ist daher der Berufsheilige der Pädagogen. In der öffentlichen Schule kann Sisyphos aber nur tätig sein, weil unsere Erfahrung über diese Einrichtung bestätigt, daß es letztlich die Beteiligten selbst sind, Pädagogen und Lernende, die dieser Institution ihre Gestalt geben. Dann darf man sich bei dem Gedanken trösten, daß zumindest das Lernen gelernt wird, der Umgang mit Pädagogik und Distanz zu Pädagogen, immerhin.

Literatur

ADL-AMINI, B.: Schultheorie. Geschichte, Gegenstand und Grenzen. Weinheim / Basel 1976.

ARBEITSGRUPPE BILDUNGSBERICHT AM MAX-PLANCK-INSTITUT FÜR BILDUNGSFORSCHUNG: Das Bildungswesen in der Bundesrepublik Deutschland. Reinbek bei Hamburg 1994.

BALLAUFF, TH.: Funktionen der Schule. Historisch-systematische Analysen zur Scolarisation. Köln / Wien 1982.

BOURDIEU, P. / PASSERON, J.-C.: Die Illusion der Chancengleichheit. Untersuchungen zur Soziologie des Bildungswesens am Beispiel Frankreichs. Stuttgart 1971.

DOLCH, J.: Lehrplan des Abendlands. Zweieinhalb Jahrtausende seiner Geschichte. Ratingen [2]1965.

DREEBEN, R.: Was man in der Schule lernt [1968]. Frankfurt / M. 1986.

FEND, H.: Theorie der Schule. München / Wien / Baltimore 1980.

FEND, H. / PEKRUN, R. (Hrsg.): Schule und Persönlichkeitsentwicklung. Ein Resümee der Längsschnittforschung. Stuttgart 1991.

FISCHER, A.: Das Bildungswesen der DDR. Entwicklung, Umbruch und Neugestaltung seit 1989. Darmstadt 1992.

FLITNER, A.: Reform der Erziehung. München 1992.

FRIEDEBURG, L. v.: Bildungsreform in Deutschland. Geschichte und gesellschaftlicher Widerspruch. Frankfurt / M. 1989.

HENTIG, H. v.: Cuernavaca oder: Alternativen zur Schule? Stuttgart / München 1972.

HENTIG, H. v.: Was ist eine humane Schule? München / Wien [7]1987.

HERRLITZ, H.-G. / HOPF, W. / TITZE, H.: Deutsche Schulgeschichte von 1800 bis zur Gegenwart. Mit einem Kapitel über die DDR von Ernst Cloer. Weinheim 1993.

ILLICH, I.: Schulen helfen nicht. Über das mythenbildende Ritual der Industriegesellschaft. Reinbek bei Hamburg 1970.

KRAMP, W.: Studien zur Theorie der Schule. München 1973.

LENHARDT, G.: Schule und bürokratische Rationalität. Frankfurt / M. 1984.

LUNDGREEN, P.: Sozialgeschichte der deutschen Schule im Überblick. Teil 1 (1770–1918), Teil 2 (1918–1980). Göttingen 1980 / 1981.

Markowitz, J.: Verhalten im Systemkontext. Zum Begriff des sozialen Epigramms, diskutiert am Beispiel des Schulunterrichts. Frankfurt/M. 1986.

Müller, D. K.: Sozialstruktur und Schulsystem. Aspekte zum Strukturwandel des Schulwesens im 19. Jahrhundert. Göttingen 1977.

Müller, D. K./Ringer, F./Simon, B. (Hrsg.): The rise of the modern educational system. Structural change and social reproduction 1870–1920. Cambridge/Paris 1988.

Parsons, T.: Die Schulklasse als soziales System. Einige ihrer Funktionen in der amerikanischen Gesellschaft. In: Ders.: Sozialstruktur und Persönlichkeit. Frankfurt/M. 1968, S. 161–193.

Paulsen, F.: Geschichte des gelehrten Unterrichts auf deutschen Schulen und Universitäten von Ausgang des Mittelalters bis zur Gegenwart mit besonderer Rücksicht auf den klassischen Unterricht. 2. erw. Aufl. Leipzig 1897.

Rumpf, H.: Die Misere der höheren Schule. Erfahrungen, Beobachtungen, Vorschläge. Neuwied/Berlin 1966.

Wellendorf, F.: Schulische Sozialisation und Identität. Weinheim/Basel 1973.

Wilhelm, Th.: Theorie der Schule. Hauptschule und Gymnasium im Zeitalter der Wissenschaften. Stuttgart 1967.

Klaus Mollenhauer

5.2. Sozialpädagogische Einrichtungen

5.2.1 Begriff

Jahrhunderte, Jahrtausende lang gab es im wesentlichen zwei gesellschaftliche Einrichtungen, die einem pädagogischen Zweck dienten: die Verwandtschaft (das Hauswesen, die Familie) und die Schule. Innerhalb des Verwandtschaftssystems lernte der Nachwuchs alles, was für die alltägliche Lebenspraxis, für die Teilhabe an der Kultur notwendig war. In den Schulen erwarb man – zumeist in beliebiger Altersmischung – spezielle Kenntnisse und Fertigkeiten, die nur für wenige nötig erschienen: für politische Eliten; für die Berufsgruppe der Schreiber in Kulturen, die über eine Schriftsprache verfügten; für Kaufleute Rechenschulen; für die Sorge um die religiöse Überlieferung Klosterschulen u.ä. Diejenige Art von Einrichtungen, die wir heute ‹sozialpädagogisch› nennen und in denen, über Familie und Schule hinaus, gesellschaftlich nötig scheinende speziellere pädagogische Zwecke verfolgt wurden, gibt es erst in nennenswertem Umfang und in deutlicher Konturierung seit ca. 150 Jahren. Man zählt dazu gegenwärtig so verschiedenartige Einrichtungen wie Kindergärten, Beratungsstellen, Heime, Straßen-Sozialarbeit, Freizeitheime, Jugendverbände.

Lange Zeit war es strittig, ob man dafür den Ausdruck ‹sozialpädagogisch› verwenden solle. Im 19. Jahrhundert gab es zwei Varianten (vgl. Winkler 1988): Nach der einen Variante sollte die Sozialpädagogik die Einbettung jeder Form von Erziehung in die tatsächlichen gesellschaftlichen Zusammenhänge zum Gegenstand haben; da diese Einbettung aber von jedem Erziehungs- und Bildungsereignis behauptet werden darf, wäre der Ausdruck Sozialpädagogik gleichbedeutend mit Pädagogik, sofern dies eine Wissenschaft ist, die sich um die Erkenntnis der gesellschaftlich tatsächlichen pädagogischen Verhältnisse bemüht. Nach der anderen Variante sollte die Sozialpädagogik all jene Probleme bearbeiten, die sich als pädagogisch relevante Folgen der ‹Sozialen Frage› herausstellten: Aufgaben, die damals vorwiegend unter dem Stichwort Pauperismus (Verarmung) diskutiert wurden und die die Vergesellschaftung der Erziehung, d.h. ihre Übertragung an öffentliche Instanzen, über die Schule hinaus betrafen. Diese Bedeutungsvariante hat sich schließlich durchgesetzt; 1929 erschien, als Teil des von Herman Nohl und Ludwig Pallat herausgegebenen «Handbuches der Pädagogik», der Band «Sozialpädagogik» (vgl. NOHL/PALLAT 1929); er enthielt eine Erörterung derjenigen Probleme familialer und öffentlicher Erziehung, deren rechtliche Bestimmung vor allem im Reichsjugendwohlfahrtsgesetz (RJWG von 1922) vorgenommen worden war.

Als «Sozialpädagogische Einrichtungen» galten also, nach damaligem gesetzlichen Sprachgebrauch, die Einrichtungen und Maßnahmen der Jugendwohlfahrtspflege, nämlich, nach dem oben zitierten Handbuch: das Jugendamt, die Familienfürsorge, Kinderhorte und Tagesheime, die Jugendpflege, Einrichtungen der Heimerziehung, Erziehungsberatungsstellen, die Kriminalpädagogik. Dieser Katalog hat sich inzwischen erweitert und differenziert. Auch der alte Ausdruck «Jugendwohlfahrtspflege» ist nicht mehr gebräuchlich; statt dessen ist heute von «Kinder- und Jugendhilfe» die Rede, nun auch in der Neufassung des einschlägigen Gesetzes kodifiziert, des «Kinder- und Jugendhilfegesetzes» (KJHG von 1991). Das Spektrum der Einrichtungen und Maßnahmen ist groß, und deren Aufgabenstellungen sind durchaus verschieden. Für die Einrichtungen der Schulpädagogik lassen sich noch hinreichend viele Merkmale angeben, die ihnen allen gemeinsam sind; für sozialpädagogische Einrichtungen ist das kaum möglich. Zwischen einer Tagesstätte für Kleinkinder und einer Drogenberatungsstelle beispielsweise – beide werden heute als sozialpädagogische Einrichtungen bezeichnet – sind die Unterschiede derart groß, daß es nicht sinnvoll erscheint, für sie eine einheitliche ‹Theorie› entwerfen zu wollen. Der Ausdruck Sozialpädagogische Einrichtungen ist also ein Sammelname für höchst Verschiedenes, zusammengehalten nur durch die gesetzlichen Grundlagen und die entsprechenden Berufsausbildungen (Sozialpädagogik, Sozialarbeit). Die sozialpädagogische Forschung und die mit ihr einhergehende Konstruktion von Theorien kann immer nur Teile, Aspekte, Komponenten dieses heterogenen Feldes sich zuverlässig zum Thema machen.

5.2.2 Geschichte

Die Einrichtungen und die mit ihnen gegebenen Aufgaben sind zwar verschieden und sollten – innerhalb einer wissenschaftlichen Zivilisation – durch eine entsprechende Vielzahl von forschungsgestützten Theorien beschrieben und erklärt werden. Schaut man sich indessen ihre Geschichte an, dann scheint es, als könnten wir den Prozeß der Entstehung sozialpädagogischer Einrichtungen doch relativ einheitlich als kontinuierliche *Vergesellschaftung der Erziehung* beschreiben, über die Einrichtungen der Schule und der Familie hinaus, und dafür auch die historischen Ursachen benennen. Obwohl es manche Gründe geben mag, die Vorgeschichte sozialpädagogischer Einrichtungen auch im Mittelalter oder gar in der Antike aufzusuchen (etwa die Militärerziehung der Spartaner als außerschulische Bildung, die Findelhäuser des Mittelalters, die Mönchsorden), spricht viel dafür, den Anfang derartiger pädagogischer Bemühungen in den Stadtkulturen der frühen Neuzeit anzunehmen, auch wenn die volle Entfaltung der ursächlichen gesellschaftlichen Strukturen erst im 19. Jahrhundert sichtbar wurde. Es scheinen vor allem drei Strukturmerkmale der gesellschaftlich-kulturellen Entwicklung zu sein, die dazu beigetragen haben, daß, über mehrere Jahrhunderte hinweg, außer der Familie und der Schule ein verzweigtes System von Erziehungsinstanzen entstehen konnte, das wir heute als die sozialpädagogischen Einrichtungen der Gesellschaft vorfinden und für selbstverständlich halten: die sich ausbreitenden Stadtkulturen, die fortschreitende Alphabetisierung und die rascher werdende Zunahme der Bevölkerung in Europa im Verein mit immer differenzierter werdenden gesellschaftlichen Verhältnissen.

Diese drei Faktoren, so kann man aufgrund der historischen Quellen vermuten, wirkten zusammen, als die ersten sozialpädagogischen Einrichtungen der europäischen Neuzeit entstanden: die Armengesetzgebung europäischer Städte und die an sie sich anschließenden Institutionen (Nürnberg 1522). Der Vorgang scheint ziemlich dramatisch gewesen zu sein (vgl. SACHSSE / TENNSTEDT 1980). Die noch im Mittelalter vorherrschende Mentalität, nach der die Gabe an die Armen, das Almosen, etwas Gottgefälliges war und dem Geber Heil versprach, zerbröckelte unter den nun, vor allem in den Städten, herrschenden Bedingungen des Tausches, des Marktes, des Geldes. Der Bevölkerungsanteil, der an der Armutsgrenze lebte, war beträchtlich; in manchen Städten machte er im 16. und 17. Jahrhundert die Hälfte der Stadtbewohner aus. Die Stadtverwaltungen versuchten, diese Massen zu ordnen, besonders den Zuzug von Armen aus den ländlichen Regionen zu drosseln. Sie unterschieden

zwischen ehrbaren unterstützungswürdigen Armen, die ohne eigene
Schuld in Armut geraten waren (Tod des Ehegatten, zu viele Kinder,
Hungersnöte, Krankheiten), und anderen, die nicht auf Unterstützung
und Bleiberecht hoffen konnten. Es wurden Armenhäuser bzw. «Zucht-
und Arbeitshäuser», insbesondere solche für Kinder (z.B. Würzburg
1579, Bamberg 1588, Köln 1603, Lübeck 1579, Bremen 1596, Hamburg
1604) eingerichtet mit der Absicht, durch Arbeit eine ökonomische und
kulturelle Eingliederung in die städtischen Milieus zu erreichen. Obwohl
uns, nach heutigem Sprachgebrauch, derartige Kontroll- und Zwangs-
maßnahmen nichts mit ‹Pädagogik› zu tun zu haben scheinen, war doch,
nach damaligem Verständnis, hier durchaus Erzieherisches im Spiel: Die
Klassifikation der Armen, ihre Kontrolle, die Absonderung der Kinder
und die ihnen auferlegte Nötigung zur Arbeitsamkeit dienten nicht nur
den städtischen Herrschafts- und Wirtschaftszielen, sondern folgten
auch dem entstehenden Bild des städtischen Bürgers, seiner kulturellen
Gestalt.

Für dieses neue Bild des Stadtbürgers ist die zunehmende *Alphabetisierung* ein wichtiger Indikator. Zur gleichen Zeit, in der die Armenord-
nungen erlassen, die Armenhäuser eingerichtet wurden, stieg die Zahl
der Schulgründungen sprunghaft an. In einigen Städten (z.B. Montpel-
lier, Amsterdam) wurden bereits im 17. Jahrhundert zwischen 40 und 50
Prozent Alphabeten gezählt; 150 Jahre vorher waren es noch höchstens
zehn Prozent. Mit den Schulen – in der gleichen Zeit begann der Buch-
druck seinen Siegeszug – änderten sich die pädagogischen Normen: Es
entstand nicht nur die Erwartung, daß jeder Mensch lesen, schreiben und
rechnen können sollte; er sollte dies auch innerhalb einer kalkulierbaren
Lebensspanne lernen; ‹Zeit› wurde zu einem kostbaren Gut, nicht nur für
den Kaufmann, sondern für jeden, der lernen wollte. Die Armen waren
mithin derjenige Teil der Bevölkerung, der solchen Erwartungen nicht
entsprechen konnte: Er vergeudete seine Zeit, anstatt sie durch Arbeitsamkeit produktiv zu verwenden, und er war analphabetisch. Man kann
diese Zusammenhänge nicht nur an den Armen- und Schulordnungen
jener Zeit studieren, sondern auch bei den damaligen Theoretikern, z.B.
bei Erasmus von Rotterdam oder Johann Amos Comenius.

Die europäische Bevölkerungsvermehrung (ca. 38,5 Mill. um das Jahr
1000, ca. 187 Mill. um 1800) vollzog sich in Schüben. Der kräftigste
setzte zu Beginn des 18. Jahrhunderts ein. Schon früh läßt sich erkennen,
daß sich institutionelle Differenzierungen ergeben, wenn die Zahlen steigen. Was man als pädagogische Aufgaben vor sich sah, war immer weniger nur im Milieu eines Hauswesens zu bewältigen; auch die Schulen
reichten bald nicht mehr aus; denn je mehr Kinder und Jugendliche in die

Schulen geschickt wurden, desto größer wurde auch die Aufmerksamkeit für diejenigen, die mit dieser Einrichtung Schwierigkeiten hatten, und desto mehr entstand ein Bewußtsein davon, daß ein angemessenes modernes Erziehungssystem mehr Leistungen zu erbringen hat als die, die Familie und Schule bereitstellen. Schon früh fand man, allerdings nur gelegentlich, daß kindliche und jugendliche ‹Straftäter› anders behandelt werden sollten als erwachsene (z.B. Amsterdam 1596); für lange Zeit aber beschränkten sich die pädagogischen Maßnahmen zumeist auf Einsperrung und körperliche Arbeit (in den mittleren und östlichen Provinzen Brandenburg-Preußens gab es zwischen 1670 und 1776 34 Gründungen von «Zucht- und Arbeitshäusern» mit einer Platzzahl zwischen 30 und 500, davon vielleicht ein Drittel Kinder). Im 18. Jahrhundert aber erweiterte sich die pädagogische Phantasie (vgl. BLANKERTZ 1982); zwei eindrucksvolle Beispiele sind August Herrmann Francke in Deutschland (1663–1727) und Johann Heinrich Pestalozzi (1746 bis 1827) in der Schweiz. Beide – obwohl in ihren Überzeugungen, ihren Einstellungen zu Kindern und durch den zeitlichen Abstand von drei Generationen sehr verschieden – nahmen an, daß nach wie vor in den familiären Haushalten der pädagogische Grund für die weitere Entwicklung des Kindes gelegt werde; auch sahen beide die schulische Unterrichtung als das Kernstück öffentlicher, letzten Endes vom Staat zu garantierender Erziehung und Bildung. Darüber hinaus schien ihnen unabweislich, daß eigentlich das ganze Leben des Kindes und des Jugendlichen pädagogischer Hilfe bedürfe und daß vor allem für solche Kinder Sorge zu tragen sei, die ohne besondere Anstrengungen der Gesellschaft nicht zu ihrem Recht kämen, weil die Normalformen von Familie und Schule ihnen nicht zur Verfügung stehen. Allein in Bayern gab es 1812 bereits mindestens 32 Einrichtungen der Heimerziehung mit insgesamt 1070 Kindern (vgl. SCHWAB 1992). Diese Perspektive war neu; sie war einerseits ein Moment der ‹Aufklärung›, also des Bestrebens, die menschlichen Verhältnisse vernunftgemäß einzurichten; andererseits war sie funktional angesichts der nun tatsächlich einsetzenden Bevölkerungsvermehrung (im Gebiet des Deutschen Reiches: 1750 ca. 20 Millionen, 1900 ca. 60 Millionen). Ein wichtiges Dokument der Rechtsgeschichte ist in diesem Zusammenhang das «Allgemeine Landrecht für die Preußischen Staaten» von 1794. An diesem Dokument wird allerdings auch die Zweideutigkeit erkennbar, die bis heute vielen sozialpädagogischen Einrichtungen anhaftet, z.B. § 7: «Veranlassungen, wodurch ein schädlicher Müßiggang, besonders unter den niederen Volksklassen genährt, und der Trieb zur Arbeitsamkeit geschwächt wird, sollen im Staate nicht geduldet werden». Man kann die Zweideutigkeit auf die einfache Formel

bringen, daß die sozialpädagogischen Einrichtungen eine gesellschaftliche Kontrollfunktion erfüllen sollten, durch Kasernierung, Zucht, Arbeit und religiöse Disziplinierung (A.H. Francke), und daß sie der Hilfe,
Unterstützung und Erweiterung der Lebenschancen dienen sollten (J.H.
Pestalozzi).

Die durch die Aufklärung, also die Vernunfttheorien des 18. Jahrhunderts ins Spiel gebrachte neue pädagogische Perspektive führte im 19.
Jahrhundert zu einem immer detailreicher ausgefächerten System sozialpädagogischer Einrichtungen. Dabei begannen zwei Gesichtspunkte
allmählich eine besondere Bedeutung zu erhalten: Die *Kindheit*, vornehmlich aber das *Jugendalter* rückten als eine Lebensphase in den Blick,
deren eigentümliche Charakteristik im ganzen Erziehungssystem pädagogisch zu berücksichtigen sei; und: Auch die Pädagogik habe Sorge
dafür zu tragen, daß die Ungleichheiten und Ungerechtigkeiten des stän-
disch-feudalen gesellschaftlichen Systems allmählich geringer würden,
«denn es wäre frevelhaft, die Erziehung so anzuordnen, daß die Ungleichheit absichtlich und gewaltsam festgehalten wird auf dem Punkt,
auf welchem sie steht» (SCHLEIERMACHER 1983, Bd. 1, S. 41). Diese
beiden Gesichtspunkte, altersgemäße Formen der Erziehung und eine
Orientierung an der republikanischen Gleichheitsidee, erreichten indessen die Praxis sozialpädagogischer Einrichtungen nur gelegentlich. Die
geringsten Spuren davon zeigten sich in der Heimerziehung (vgl. RÖPER
1976), die noch bis in die Zeit der Weimarer Republik hinein zumeist
durch den Zwang zur Arbeitsamkeit und religiös-kirchliche Disziplinierung gekennzeichnet blieb. Ein wenig Liberalität zeigte sich gelegentlich
in den Anfängen der außerschulischen Jugendbildung, in Gesellen- und
Jünglingsvereinen (vgl. KRAFELD 1984, SCHWAB 1992). Am ehesten
folgte die Einrichtung von Kindergärten jenen beiden Gesichtspunkten
(vgl. ERNING/NEUMANN/REYER 1987): Nach einigen Vorläufern – z.B.
die Kinderschule Johann Friedrich Oberlins (1740 – 1826) im Elsaß, die
Kinderbewahranstalten in England, im Rheinland und in Westfalen, die
pädagogischen Experimente der Frühsozialisten (z.B. Robert Owens
Gründung in Schottland 1809) – eröffnete 1840 Friedrich Fröbel den ersten Kindergarten, dessen Aufgabe und Arbeitsweise sich streng auf die
Eigentümlichkeiten des Kindesalters (vor allem das Spiel) gründen sollte;
aber obwohl Fröbel in seiner Theorie der Kindheit und des Kindergartens
die Gesamtheit der entsprechenden Altersgruppe im Auge hatte und
nicht nur die privilegierten bürgerlichen Schichten, blieben die Kindergärten für lange Zeit Einrichtungen, die von Proletarier-Kindern kaum
besucht wurden; diese blieben weiterhin auf Bewahranstalten bzw.
Volkskindergärten (seit 1869) angewiesen.

Das ist für sozialpädagogische Einrichtungen bis in die Gegenwart hinein charakteristisch geblieben: Sie sind Einrichtungen, die zum überwiegenden Teil auf Notlagen reagieren, auf Folgen gesellschaftlicher Strukturmerkmale (Armut, Ungleichheit, Industrialisierung, Landflucht, Verstädterung, Immigration, Drogenprobleme, Kriminalität usw.), von denen Kinder und Jugendliche besonders hart getroffen werden und die, wenn schon die Ursachen nicht beseitigt werden, wenigstens durch pädagogische Hilfen kompensiert werden sollen. Das wurde schon im 19. Jahrhundert am Beispiel der Familienfürsorge besonders deutlich, als – bedingt durch ‹Pauperismus›, Bevölkerungswachstum und ‹Proletarisierung› – die Zahl der in soziale Not geratenen Familien rasch anwuchs. Teils durch städtische Gemeinden, teils durch private «Wohltätigkeitsvereine» wurden Hilfemaßnahmen einer fallbezogenen Betreuung oder Beratung eingeleitet, die allerdings häufig in dem Konfliktfeld zwischen Kapitalinteressen, gerechter Sozialpolitik und pädagogischer Verantwortung nicht eindeutig Partei nahm für die Familien und ihre Kinder (z.B. das Elberfelder System 1853). Vordem gab es allerdings bereits vielfältige private Initiativen, besonders aus dem kirchlichen Bereich, beispielsweise aus den Anfängen der Inneren Mission, für die man exemplarisch die Aufzeichnungen von Johann Hinrich Wichern (1808 – 1881) studieren kann, im übrigen einer der wichtigsten Gründer von Erziehungsheimen (das «Rauhe Haus» in Hamburg 1833). Wichern besuchte, beriet und unterstützte über mehrere Jahre hinweg verarmte und in schwierigsten Verhältnissen lebende Familien im Hamburger Stadtteil St. Georg und führte darüber, was äußerst selten ist, genaue Protokolle.

Am Ende des Kaiserreichs, also nach 1919, entstand eine neue Situation: Mit dem Reichsjugendwohlfahrtsgesetz (RJWG von 1922) wurde versucht, fast den gesamten Bereich sozialpädagogischer Einrichtungen einheitlich zu regeln. Jedes Kind sollte nun ein «Recht auf Erziehung» haben; dafür sollten überall Jugendämter eingerichtet werden, die sich um eine befriedigende Versorgung mit sozialpädagogischen Einrichtungen zu kümmern hätten; die Aufgaben wurden als zwei große Bereiche unterschieden, als Jugendfürsorge (Einrichtungen für irgendwie in Not geratene Kinder und Jugendliche) und Jugendpflege (Einrichtungen der außerschulischen Jugendbildung, vor allem Jugendverbände, Freizeiteinrichtungen). Ein Jahr später wurde das erste Jugendgerichtsgesetz erlassen (JGG von 1923), nach dem nun erstmalig alle straffällig werdenden Jugendlichen nach einem besonderen Gesetz behandelt werden mußten, in dem die Erziehungsaufgabe neben den Strafzweck rückte; das fand seinen sichtbarsten Ausdruck in der Einrichtung von Jugendstrafanstalten, in denen man versuchte, unter den eigentlich erziehungswidrigen

Umständen der strafweisen Einsperrung pädagogischen Gesichtspunkten Geltung zu verschaffen.

Diese beiden gesetzlichen Regelungen (RJWG und JGG) waren eine Folge und eine Begleiterscheinung von zwei wichtigen Vorgängen in den ersten 25 Jahren des 20. Jahrhunderts: den bürgerlichen sowie sozialistischen Jugendbewegungen und der pädagogischen Reformbewegung. Die verschiedenen Jugendbewegungen, die sich bald verbands- oder vereinsartig organisierten, brachten den Anspruch zur Sprache, schon im Jugendalter ein eigenständig-sinnhaftes Leben zu gestalten, ohne Bevormundung durch die erwachsene Generation. Die pädagogische Reformbewegung versuchte, den Anspruch auf eine kind- und jugendgemäße Pädagogik in der Gestaltung der sozialpädagogischen Einrichtungen zu verwirklichen – vor allem in den Kindergärten, in der Familienfürsorge, in den Erziehungsheimen, im Jugendstrafvollzug.

Das alles war gut gemeint. Aber schon bei der Auslegung und Anwendung jener beiden Gesetze stellten sich große Schwierigkeiten ein, und die Reformbemühungen in den Einrichtungen blieben auf wenige beschränkt. Vor allem konnte bis heute der Konflikt nicht gelöst werden, der die meisten sozialpädagogischen Einrichtungen belastet: Können sie wirklich dem pädagogischen Grundsatz folgen, nur der Förderung und Unterstützung in entwicklungsschwierigen Lebenslagen zu dienen – oder sind sie nicht immer oder zumeist auch Eingriff, Kontrolle, Disziplinierung im Hinblick auf den Normalitätsentwurf, den die Gesellschaft bevorzugt, d.h. im Hinblick auf diejenigen Vorstellungen von einem richtigen, guten Leben, die die Mehrheit der Bürger sich macht?

5.2.3 Beschreibung sozialpädagogischer Einrichtungen der Gegenwart

Die Sozialpädagogik – bzw. in der Terminologie der Rechtspraxis die *Kinder- und Jugendhilfe* – hat also Erziehungsprobleme zum Thema, die außerhalb des relativ dauerhaft etablierten Schulsystems auftauchen. Von welcher Art diese Probleme sind und wie man auf sie vernünftigerweise durch pädagogische Maßnahmen und Einrichtungen reagieren sollte, läßt sich naturgemäß viel schwerer vorhersagen als im Falle der Schule. Daraus folgt, daß diese Einrichtungen in Art und Aufgabenstellung rasch wechseln, denn sie müssen sich ja den wechselnden gesellschaftlichen Bedingungen immer wieder neu anpassen. Dem versucht das seit 1991 geltende Kinder- und Jugendhilfegesetz Rechnung zu tragen: Es enthält einen sehr differenzierten und flexiblen Katalog von Einrichtungen und Maßnahmen, der es erlaubt – trotz vieler Einwände, die gegen dieses Gesetz vorgetragen werden –, beweglich auf neue Problemlagen zu reagieren. Aus den letzten 30 Jahren kennen wir einige wichtige Vorgänge, an denen dieses Grundproblem sozialpädagogischer Einrichtungen deutlich wird, z.B.:

– Seit etwa 1965 zeigte sich, daß Jugendämter und Jugendverbände allein nicht in der Lage sind, eine den Interessen der Jugendlichen dienliche Versorgung mit Freizeiteinrichtungen sicherzustellen; es entstanden selbstverwaltete Jugendzentren für ‹unorganisierte› Jugendliche, aber mit dem Anspruch auf öffentliche Unterstützung.

– Im Zusammenhang mit der sog. Individualisierung von Lebenslagen, d.h. der Vereinzelung der Menschen, und der von Nachbarschaften und anderen unterstützenden Sozialmilieus zunehmend isolierten Situation von Familien entstand ein Beratungsbedarf, der inzwischen über die traditionelle Erziehungsberatung weit hinausgeht und zu einem breit gefächerten System von Beratungseinrichtungen geführt hat.

– Die Unzulänglichkeiten der Heimerziehung, insbesondere im Hinblick auf die Selbständigkeitsansprüche von Jugendlichen, machten neue Formen der Betreuung und des gemeinsamen Wohnens erforderlich; so wurden nach 1970 kleine Jugendwohngemeinschaften eingerichtet, die für viele Jugendliche an die Stelle der vordem üblichen Großheime traten.

– Seit den 70er Jahren nahm das Problem des Drogengebrauchs und der Drogenabhängigkeit von Jugendlichen derart zu, daß das Fehlen vernünftiger Hilfen und Reaktionen immer offensichtlicher wurde. Es entstanden nicht nur vielfältige Einrichtungen der Drogentherapie, sondern ein bis heute andauernder Streit darüber, welche Theorien die überzeugendsten wären und welche Formen der Beratung, Begleitung, Hilfe, Therapie am ehesten Erfolg versprechen.

– War vor vier Jahrzehnten noch die Zahl der Haushalte, in denen Kinder von nur einem Elternteil erzogen wurden, so gering, daß keine besonderen Maßnahmen erforderlich zu sein schienen, ist die Lage heute schon erheblich anders: In ungefähr jedem siebten Haushalt in der Bundesrepublik Deutschland werden Kinder von nur einem Elternteil, zumeist den Müttern, versorgt. Da die normierende Funktion der alten bürgerlichen Kleinfamilie abzunehmen scheint, muß man mit weiterem Anwachsen solcher Haushalte rechnen. Dadurch entsteht ein sozialpädagogischer Bedarf, auf den gegenwärtig mit vermehrten Kinderkrippen und Kindergartenplätzen reagiert wird, aber auch durch private nachbarschaftliche Einrichtungen, mit der Kooperation mehrerer Haushalte zur Kinderbetreuung, auch durch die Einrichtung von Tagesmüttern (nur in wenigen Bundesländern) usw.

— Schon in den 20er Jahren in zunächst wenigen städtischen Ballungs-zentren, seit 1960 in jeder Stadt wurde sichtbar, daß die Siedlungs-architektur unserer Städte den Spielraum für Kinder zunehmend li-quidiert. Die sozialpädagogische Reaktion bestand in der Einrichtung von Kinderspielplätzen in den verschiedenen Stadtquartieren, zumeist mit einer Standardausrüstung von Spielgeräten, die zwischen Kon-stanz und Flensburg zum Verwechseln ähnlich sind, häufig auch durch hohe Drahtzäune umgrenzt. Heute fragt man sich, ob das richtig war und ob eine sozialpädagogische Verantwortung von Stadtarchitekten und Gemeindeverwaltungen nicht zu anderen Lösungen der Städte-bau- und Sanierungsplanung führen müßte.

Dies sind nur einige Beispiele dafür, wie gesellschaftliche Veränderun-gen einen veränderten sozialpädagogischen Bedarf erzeugen und wie, als Reaktion auf diesen Bedarf, neue Einrichtungen entstehen, denen man zutraut, eine pädagogisch verantwortbare Hilfe zu sein (vgl. MÜLLER 1982). Im folgenden kann also nur der gegenwärtige Stand beschrieben werden, und zwar in typisierender Auswahl. Schon in 30 weiteren Jahren kann die Lage anders sein.

5.2.3.1 Familienergänzende Einrichtungen der Kinderpflege, -erziehung und -bildung

Daß die Familie allein nicht mehr ausreicht, um den Kindern ihr ‹Recht auf Erziehung› zuverlässig zu sichern, ergibt sich bereits aus den folgen-den Tatsachen: Schon vor dem Eintritt in die Schule brauchen Kinder den Kontakt mit Gleichaltrigen – was, angesichts der zunehmenden Privati-sierung der familialen Haushalte, ohne zusätzliche Bemühungen sehr häufig nicht möglich wäre; die Zahl der Fälle, in denen nicht nur der Vater, sondern auch die Mutter berufstätig ist, steigt und erfordert des-halb häufig schon im frühen Alter eine wenigstens stundenweise außer-familiale Versorgung der Kinder; manche Kinder wachsen unter Fami-lienbedingungen heran, die selbst dann als wenig förderlich beurteilt werden können, wenn generell immer noch unterstellt werden darf, daß die Familie das vergleichbar beste Erziehungsmilieu für Kleinkinder ist. Es gibt gegenwärtig, sehr grob klassifiziert, drei Einrichtungen, die auf diese Situation reagieren: sog. Kinderkrippen, Tagesmütter bzw. Spiel-kreise sowie Kindergärten.

Kinderkrippen sind Einrichtungen für Kleinstkinder im Alter von ca. einem halben Jahr bis zum Alter von drei Jahren. Sie sind, ähnlich wie die Kinderbewahranstalten zu Beginn des 19. Jahrhunderts, für solche Familien gedacht, die wegen Berufstätigkeit der Mütter und/oder Väter den Tag oder Halbtag über auf diese Hilfe angewiesen sind. Die Zahl dieser Einrichtungen ist zwar gering; die damit aufgeworfenen Probleme aber sind ziemlich interessant.

Vor der Vereinigung 1990 gab es im Gebiet der Bundesrepublik Deutschland in Kinderkrippen und Krabbelstuben etwas mehr als 28 000 Plätze; das bedeutet: Etwas mehr als ein Prozent der Kinder im Alter bis zu drei Jahren sind tagsüber in einer solchen Einrichtung untergebracht. Ungefähr die Hälfte dieser Einrichtungen hat weniger als 20 Plätze (1132 solcher Einrichtungen gab es 1990). Im Durchschnitt wurden über vier Kinder von einer Erziehungsperson betreut. Von den rund 6900 Beschäftigten waren 1990 nur 2,5 Prozent männlichen Geschlechts.

Diese nüchternen Zahlen geben einiges zu denken auf. Seit Jahrzehnten gibt es einen Streit darüber, ob diese außerfamiliale Unterbringung von Kleinkindern pädagogisch überhaupt gerechtfertigt werden kann. Die einen behaupten, es sei schädlich, wenn das Kind in diesem Alter, und sei es nur während des Tages, in eine familienfremde Umgebung versetzt wird und die wichtigste Bezugsperson, die Mutter, entbehren muß; sie betrachten Krippen und Krabbelstuben deshalb als ein zwar gelegentlich notwendiges, aber möglichst zu vermeidendes Übel. Die anderen sehen darin ein ‹familistisches› Vorurteil und meinen, daß das Kind durchaus nicht unter der vorübergehenden Mutter-Entbehrung leiden müsse, ja daß es einen Entwicklungsgewinn bedeute, wenn es sehr frühzeitig, in leichter Distanzierung von der Mutter oder den Eltern, sich auf Gleichaltrige beziehen könne, und daß gerade auch der Wechsel der Bezugspersonen der Selbständigkeit förderlich sei (vgl. SCHMALOHR 1980). Diese Frage ist schwer zu entscheiden, wie die teils sehr heftigen Diskussionen zeigen. Ähnlich schwierig ist die Frage, ob Frauen in solchen Einrichtungen besser am Platz sind als Männer; unsere kulturelle Gewohnheit hat dazu geführt, daß in diesen Einrichtungen fast nur Frauen tätig sind. Läßt sich das mit pädagogischen Argumenten rechtfertigen, oder muß auch dies als Folge eines männlichen Vorurteils zurückgewiesen werden? Die Hälfte der Einrichtungen hat mehr als 20 Plätze, nur ca. 25 Prozent haben bis zu zehn Plätze. Ist, so kann man fragen, die pädagogische Qualität einer Einrichtung abhängig von ihrer Größe? Muß nicht wenigstens im Hinblick auf die Zahl der Kinder eine gewisse Familiennähe gewahrt werden?

Die letzte Frage hat, neben anderen, dazu geführt, daß in jüngster Zeit vermehrt Spielgruppen entstanden, zumeist durch private Initiativen, und daß die Institution der Tagesmütter in vielen Städten eingeführt wurde: Eine Frau, zumeist mit eigenen Kindern, nimmt am Tage oder auch nur stundenweise mehrere andere Kinder (3 – 6) in ihrer Wohnung auf; die Gesamtpersonenzahl bleibt ungefähr auf dem Niveau einer großen Familie. Aber selbst diese Einrichtungsart hat heftige Kontroversen ausgelöst.

Am wenigsten strittig ist die Einrichtung des Kindergartens. Seit seiner Begründung in der Mitte des 19. Jahrhunderts ist die Zahl der Kindergärten ständig gewachsen. Sie werden heute ergänzt durch Kinderhorte und Tageseinrichtungen, auch durch Einrichtungen für behinderte Kinder, in denen bereits schulpflichtige Kinder pädagogisch betreut werden (1990: ca. 25 200 Kindergärten, ca. 3400 Kinderhorte, ca. 1400 Spielkreise, ca. 620 Einrichtungen für behinderte Kinder). Allerdings steht nur in wenigen Städten und Regionen jedem Kind auch ein Platz in diesen Einrichtungen zur Verfügung; zumeist liegt die Versorgung zwischen 65 und 80 Prozent. Man kann das für zu gering halten mit dem Hinweis darauf, daß jedem Kind ein Platz zustehen sollte, so wie auch jedes Kind ein Recht auf Unterricht / Schulbesuch hat; man kann das aber auch – wenn nur der regional unterschiedliche Bedarf entsprechend befriedigt wird – für ausreichend halten; denn immerhin bedeutet ja die zunehmende ‹Vergesellschaftung› der Erziehung auch eine Art Schwächung der privat-familialen Erziehungskräfte. Über derartige Fragen, auf beiden Seiten mit Gründen, wird gestritten. Nicht gestritten wird mehr darüber, daß Kindergärten und Horte pädagogisch-professionell zu betreibende Einrichtungen sind, wenngleich mehrere Konzepte sich in Konkurrenz zueinander befinden. Dürfen die pädagogischen Vorstellungen Fröbels immer noch Geltung beanspruchen, nach denen eine auf sorgfältiger Beobachtung der Spieltätigkeit des Kindes beruhende (‹phänomenologische›) Theorie des Spiels die Grundlage zu sein habe, gekoppelt mit einer vielen Kritikern heute als ‹sozial-romantisch› erscheinenden Vorstellung vom Leben des Kindes? Hatte die italienische Kindergartengründerin Maria Montessori (1880 – 1952) recht, wenn sie für die Erziehung im Kindergarten auf die Wachstumskräfte des Kindes vertraute und dessen Unabhängigkeit und Selbständigkeit vornehmlich durch Spiel- und Lernmaterialien bilden wollte, die die Sinnes- und Verstandestätigkeit herausfordern? Hat die psychoanalytische Kindergartenpädagogik recht, wenn sie Triebbeschränkungen aufzuheben wünscht, den ‹repressiven›, d.h. triebunterdrückenden Charakter der bürgerlich-kleinfamilialen Erziehung kritisiert und auf die Selbstregulierungen vertraut, die die Kinder in ihren Gleichaltrigengruppen vornehmen? Haben schließlich jene recht, die die Entfernung des pädagogischen Milieus im Kindergarten von der Alltagswirklichkeit des modernen Kindeslebens beklagen und deshalb die ‹wirklichen› Lebenssituationen (Konflikte in der Familie, Erfahrungen mit dem Konsum, Krankheit und Tod, Aggression und Verträglichkeit etc.) zum Thema des pädagogischen Umgangs machen möchten? Oder ist die Waldorf-Pädagogik, von Rudolf Steiner (1861 – 1925) begründet, der Königsweg der Kindererziehung, nach der für das Alter der bis zu Siebenjährigen die ‹Nachahmung› und die damit gegebene Phantasieanregung das wichtigste Entwicklungsprinzip sei, woraus u. a. folge, daß die ästhetische und moralische Gesamtgestalt der Umwelt des Kindes, von den Naturmaterialien der Inneneinrichtungen bis zu den Körpergesten der Erwachsenen, das wichtigste Erziehungsmittel ist?

Derartige Kontroversen zeigen, daß die Einrichtung des Kindergartens inzwischen, wie vordem schon die Schule, eine große Dichte und Ernsthaftigkeit der Diskussion hervorgebracht hat. Daß für die Fragen der Gestaltung von Kindergärten nicht nur wissenschaftliche Forschung über die Entwicklung, die Kompetenzen, die Lernchancen von Kindern notwendig ist, sondern in sie auch Weltsichten hineinspielen, die wissenschaftlich vielleicht nicht entscheidbar sind, gehört zur Natur der Sache: Ob man die Kindheit vor dem Schuleintritt überhaupt institutionalisieren soll oder nicht, wie sich die erwachsene Generation einen vernunftförmigen Umgang mit kleinen Kindern denkt, wie eine Kultur sich auf das nachwachsende Lebendige bezieht, auf die Tatsache ihrer sowohl biologischen als auch kulturellen Erneuerung – diese Fragen sind kaum nur mit den Mitteln der wissenschaftlichen Argumentation zu entscheiden. Sie erfordern ein begründetes (geschichtspraktisches) Wollen.

5.2.3.2 Einrichtungen der außerschulischen Jugendbildung

Den weitaus größten Teil der wachen Zeit während eines Tages verbringen junge Menschen in unserer Kultur, wenn sie älter sind als zwölf Jahre, in der Schule, in anderen Arten von Ausbildung und in deren Diensten. Es bleibt ein Spielraum, der häufig als *Freizeit* bezeichnet, in seinem Ausmaß aber auch gelegentlich überschätzt wird. Jedenfalls hat unsere Gesellschaft für diese Lebensräume im Jugendalter vorgesorgt: Es ist selbstverständlich geworden, daß es in allen, wenigstens den städtischen Gemeinden Sportvereine gibt, andere Jugendverbände, kommunale Freizeithäuser, selbstverwaltete Jugendzentren, für größere Regionen auch Jugendbildungsstätten mit einem tage- oder wochenweise organisierten Angebot von Veranstaltungen der politischen, ästhetischen, lebenspraktischen oder andersartigen Bildung, schließlich Maßnahmen der Jugenderholung. Dieses Einrichtungs- und Maßnahmenspektrum klingt eindrucksvoll. Die Zahl der Jugendlichen, die es erreicht, ist indessen wesentlich geringer, als die öffentliche Diskussion gelegentlich glauben macht: Im Jahre 1988 gab es ca. drei Millionen Jugendliche, die in der einen oder anderen Form von diesem Typus von Einrichtungen mit öffentlicher finanzieller Förderung Gebrauch machten; weit mehr als die Hälfte davon nahm an Erholungs- bzw. Ferienmaßnahmen teil. Für Einrichtungen der außerschulischen Jugendbildung im engeren Sinne blieben nur etwas mehr als eine Million Jugendliche für das gesamte Gebiet der damaligen Bundesrepublik (1988); das heißt, daß ungefähr jeder fünfte Jugendliche von einer derartigen Einrichtung Gebrauch machte. Welche Einrichtungen sind es nun, die innerhalb dieses Angebotes eine pädagogisch wichtige Rolle spielen?

Da gibt es zunächst diejenigen Einrichtungen, man kann sie zusammenfassend als Jugendgruppen bezeichnen, die, häufig im Anschluß an eine Erwachsenenorganisation, sich als Verbandsjugendarbeit formieren: Sportvereine bzw. -verbände, Kirchen, Parteien, Wohlfahrtsverbände, freie Jugendverbände und Jugendbünde. Je nach Verbands- oder Vereinszweck ist die Arbeit in solchen Gruppen (die Gruppengröße bleibt zumeist unter 25 Teilnehmern) in der Regel spezialisiert und auf einen loyalen Nachwuchs bzw. einen allgemeinen Bildungszweck hin orientiert: die Sportvereine für Leibesübungen und den Nachwuchs für den Leistungssport, kirchliche Gruppen innerhalb von Kirchengemeinden oder religiös interessierten Jugendverbänden, Nachwuchs-Gruppen für politische Parteien, aber auch solche Gruppierungen wie die Feuerwehrjugend (vorwiegend in ländlichen Regionen) oder, schon seit der Jahrhundertwende bedeutend, die Pfadfinderjugend. Die Arbeit in diesen Einrichtungen / Jugendgruppen ist zumeist ehrenamtlich, ist nur über die Verbandsorganisation institutionalisiert, wird aber durch öffentliche Finanzierung ermöglicht. Sie haben eine gemeinsame Interessenvertretung in den örtlichen und regionalen Jugendringen bis hin zum zentralen Bundesjugendring. Der Status der Ehrenamtlichkeit von Mitarbeitern / Gruppenleiterinnen schließt ein, daß eine professionelle Ausbildung nicht erforderlich ist, abgesehen von den Funktionären der Verbände.

Man kann darüber streiten, ob Subventionen aus öffentlichen Mitteln für jene Art von Einrichtungen notwendig sind – jedenfalls befriedigen sie offensichtlich einen Bedarf; und diese Befriedigung genießt nach dem KJHG einen Rechtsanspruch. Etwas anders ist die Lage bei solchen Einrichtungen, die nicht einem Verband eingeordnet sind, sondern die sich an Jugendliche überhaupt wenden, unabhängig davon, ob diese organisiert sind oder nicht. Für ihre Gründungen (nach einigen Vorläufern während der Weimarer Republik in Hamburg und Berlin setzte eine flächendeckende Verbreitung erst in der Phase zwischen 1955 und 1965 ein) gab es vor allem zwei Motive: Die Zahl der jugendlichen Mitglieder in

Verbänden und Jugendbünden ging stark zurück, und es bildete sich ein nachdrückliches Interesse der Pädagogik an einem Bildungsangebot für Jugendliche heraus, das Treffpunkte, Kommunikationsmöglichkeiten und inhaltlich gerichtete Interessenbildung ermöglichte, und zwar für im Prinzip alle Jugendlichen, ohne zugleich eine organisierte Bindung zur Voraussetzung zu machen. Diese Einrichtungen hießen beispielsweise Freizeitheim, Jugend-Café, Heim der offenen Tür, Jugendzentrum o.ä. In der Folge dieser Motive und der kommunalen Entwicklungen gibt es heute vornehmlich drei Typen derartiger Einrichtungen: Häuser, die von der politischen Gemeinde unterhalten werden und ein grundsätzliches pluralistisches Angebot machen (vom Moped-Reparieren bis zur politischen Diskussion); Häuser bzw. Einrichtungen, die von einem Verband (z.B. einer Kirche) betrieben werden und die mal mehr, mal weniger pluralistisch angelegt sind, jedenfalls aber die Verbandsziele nicht verleugnen; Einrichtungen, die entschieden und programmatisch sich von ‹denen da oben› (Stadtverwaltung, Verbandsfunktionäre) unterscheiden wollen, sich deshalb ‹selbstverwaltet› nennen und die eigenen Interessen, zunächst und zumeist die der Gründungsgruppe, offensiv zur Darstellung bringen. Man könnte meinen, daß der dritte Einrichtungstyp hochselektiv ist, die anderen dagegen nicht. Dies ist nicht der Fall. Schon in den 6oer Jahren zeigte sich, daß - je nach Standort, Mitarbeitern, Ausstattungen, Angebot – nach kurzer Zeit eine relativ homogene Gruppe von Jugendlichen diese oder jene Einrichtung besuchte: eine von den Betreibern häufig nicht beabsichtigte Auslese also, nach Kriterien der sozialen Schichtzugehörigkeit, des subkulturellen Stils, der politischen Orientierung oder anderen.

Ein dritter Einrichtungstyp der außerschulischen Jugendbildung sind die in der Art von Tagungsheimen angelegten Jugendbildungsstätten. Es gibt davon in der Bundesrepublik derzeit ungefähr 30. Das ist zwar eine kleine Zahl; sie erfüllt aber im Rahmen der außerschulischen Jugendbildung sehr wichtige Funktionen: Es sind einerseits Orte des didaktischen Experimentierens mit neuen Erfahrungen des Jugendalters, neuen Themen, neuen Bildungskonzepten. So reagierten diese Einrichtungen in den letzten 30 Jahren immer sehr rasch auf veränderte Problemlagen: offene Jugendarbeit versus Verbandsjugendarbeit (ca. 1955), Bildungsarbeit mit Arbeiterjugendlichen (ca. 1960), politische Bildung und Konflikte in der betrieblichen Berufsausbildung (ca. 1965), kapitalismuskritische Bildung (ca. 1970), ästhetische und subkulturelle Problemstellungen (seit ca. 1975), Gewalt im Jugendalter, historische Spurensuche, Regionalisierungen, Probleme der Multikulturalität (seit 1985); und sie brachten immer neue pädagogische Phantasie ins Spiel im Hinblick auf die Frage, wie unter knappen Zeitbedingungen (in der Regel nur wenige Tage) ein Thema derart stimulierend behandelt werden kann, daß die jugendlichen Teilnehmer auch noch nach der Rückkehr in ihren familiären, schulischen oder beruflichen Alltag einen produktiven Bildungsimpuls behalten. Andererseits erfüllen die Einrichtungen eine multiplikatorische Aufgabe: Sie sind Stätten der haupt- und ehrenamtlichen Fortbildung für diejenigen Berufsgruppen, die sonst in der außerschulischen Jugendbildung tätig sind; auch in dieser Funktion sind sie also ein Umschlagplatz für neue Problemstellungen und Erfahrungen, für theoretische Reflexion, für praktische Perspektiven. In solchen Hinsichten spielten in den letzten Jahrzehnten beispielsweise der «Jugendhof Steinkimmen» in der Nähe Bremens, die «Musische Bildungsstätte Remscheid», das «Evangelische Studienzentrum Josefstal» am Schliersee in Bayern, der «Jugendhof Dörnberg» bei Kassel eine besondere Rolle. Die wichtigsten Anstöße für eine Theorie der außerschulischen Jugendbildung kamen aus diesen und ähnlichen Einrichtungen.

5.2.3.3 Einrichtungen der Heimerziehung

Die Erziehung von Kindern und Jugendlichen außerhalb der Familie in *Heimen* ist, neben der Unterbringung von Kindern in Pflegefamilien, wohl die älteste sozialpädagogische Institution. Obwohl sie in den letzten 200 Jahren viele Veränderungen erfahren hat, sind ihre grundlegenden Strukturmerkmale gleichgeblieben (vgl. COLLA 1981): Häuser mit zumeist weit mehr als 20 Plätzen für verschiedene Altersgruppen; als relativ selbständig wirtschaftende ‹Hauswesen›; mit einem zum Empfang öffentlicher Finanzmittel berechtigten Träger; mit einem professionell ausgebildeten Erziehungspersonal; mit in der Regel mehrjähriger Verweildauer der Kinder und Jugendlichen; mit rechtlichen Grundlagen für deren Unterbringung; mit einer ‹Indikation›, d.h. mit der Maßgabe zu rechtfertigen, warum die Unterbringung eines Kindes oder Jugendlichen geboten scheint. Nahezu alles, was in der Heimerziehung an Veränderungen geschah, entzündete sich an diesem letzten Strukturmerkmal: Unter welchen Bedingungen ist es wirklich verantwortbar, ein Kind aus seiner vertrauten Umgebung herauszunehmen und in einem Heim unterzubringen?

Zunächst wieder einige Zahlen, um den Umfang der Problematik deutlich zu machen (hier wie auch im Hinblick auf die anderen Einrichtungen vgl. immer die regelmäßigen Veröffentlichungen des STATISTISCHEN BUNDESAMTES Wiesbaden, Fachserie 13, Reihe 6): 1990 gab es im früheren Bundesgebiet ungefähr 2500 derartige Einrichtungen mit zusammen etwas mehr als 68 000 Plätzen. Ca. ein Drittel dieser Einrichtungen wurde von kirchlichen Trägern betrieben, ein weiteres Drittel von anderen Vereinen und Verbänden, das restliche Drittel von den Gemeinden und Ländern. Diese Angaben sind nur deshalb interessant, weil sie im historischen Vergleich eine Veränderung anzeigen: Die Zahl der Einrichtungen der kirchlichen Träger hat beispielsweise, zugunsten von kleineren Vereinen, abgenommen; man könnte daraus folgern, daß der Einfluß kirchlicher Vorstellungen auf die Erziehung in sozialpädagogischen Einrichtungen geringer geworden ist, etwa im Vergleich zum Beginn des Jahrhunderts; es könnte aber ebensogut sein, daß christliche Erziehungsgrundsätze, vom Sadismus der früheren kirchlichen Anstalten befreit, sich nun verallgemeinern konnten. Wie dem auch sei: Die Zahlen allein geben schon Anlaß, darüber nachzudenken und zu forschen, welcher Art die Veränderungen sind, die wir beobachten können. Die Zahl der insgesamt verfügbaren Plätze hat sich vielleicht und ganz ungefähr seit dem Beginn des 19. Jahrhunderts proportional verdoppelt (die genauen Zahlen sind derzeit wegen fehlender historischer Forschung unbekannt). Womit hängt das zusammen? Hat die Hilfsbereitschaft von Verwandtschaften und Nachbarschaften nachgelassen? Sind die Kontrollinteressen der Gesellschaft nachdrücklicher geworden? Hat unsere Sensibilität für schwierige Lebenslagen zugenommen? Übrigens ist seit ca. 1983 wieder ein stetiger, wenngleich proportional unbedeutender Rückgang der Gesamtplatzzahlen zu beobachten.

Wahrscheinlich spielen alle diese Komponenten eine Rolle. Der Rückgang der Heimplätze geht einher mit zunehmender Differenzierung des pädagogischen Angebots. Das hängt vermutlich damit zusammen, daß man seit langem schon bestrebt ist, Heimunterbringungen möglichst zu vermeiden und statt dessen Kindern und ihren Familien ambulante Hilfen anzubieten: beratende Unterstützung, therapeutische Angebote, betreute Wohngelegenheiten für Jugendliche usw. Einer solchen Maßnahmendifferenzierung entspricht es, wenn auch die Heime sich sorgfältig überlegen, welche Art von Kindern und Jugendlichen sie fördern wollen und können. So entstand einerseits eine Spezialisierung der Einrichtungen, andererseits eine Differenzierung der heiminternen Erziehungs- und Therapiewege. Es gibt Heime für solche Kinder und Jugendliche, die unter unzumutbaren familiären Bedingungen leben und für die es deshalb förderlicher scheint, in einem Heim untergebracht zu werden, das notfalls für sie auch eine Langzeitunterbringung bis zur sozialen und ökonomischen Selbständigkeit bereitstellt. Daneben gibt es Heime, deren Klientel in ihrem Verhalten vorwiegend durch somatische, also Leib- und Hirnstörungen beeinträchtigt ist und deshalb einer besonderen heilpädagogischen Behandlung bedarf; in solchen Fällen besteht die Hoffnung, daß eine Behandlung von wenigen Jahren ausreichen könnte, um die Beeinträchtigung so zu mindern, daß das Kind wieder in seine Familie zurückkehren kann. Ähnliche Hoffnung besteht in solchen Heimen, die Kinder mit neurotischen Störungen aufnehmen und sich auf psychotherapeutische Behandlungsverfahren spezialisiert haben. Zwar wird auch in solchen Fällen eine Rückführung in die Familie etwa nach höchstens zwei Jahren angestrebt; da aber gerade die Verhältnisse in der Familie die Verhaltensbeeinträchtigung mit hervorgerufen haben, muß auch hier häufig eine längere Heimunterbringung vorgesehen werden. Schließlich gibt es Heime, zumeist nur für Jugendliche, die eine Klientel aufnehmen, die schon in anderen Einrichtungen und Maßnahmen betreut wurde, bis dahin aber vergeblich; in der Regel handelt es sich dabei um Jugendliche mit mehrfacher psycho-sozialer Belastung, häufig auch als schwer ‹verwahrlost› oder ‹kriminell› bezeichnet.

In allen solchen Fällen ist es schwer, eindeutige Diagnosen zu erstellen und also auch eindeutige Erziehungs- bzw. Therapiepläne zu entwerfen. Die Einrichtungen gehen deshalb häufig dazu über, ihre Erziehungs- und Behandlungspraktiken intern zu differenzieren: psychoanalytische Therapie, Verhaltenstherapie, Heilpädagogik, Behandlungsformen mit verschiedenen ästhetischen Medien, Kunst- bzw. Gestaltungstherapie, Spieltherapie, Gesprächstherapie u.a. Ein gutes Heim ist heutzutage also eine Einrichtung, die kompetente Mitarbeiterinnen und Mitarbeiter braucht, die höchst schwierige Kinder und Jugendliche akzeptieren können, aber die auch wissen, daß Liebe allein nicht genügt, sondern daß professionelle Kenntnisse und Fähigkeiten notwendig sind, um den Aufgaben gerecht zu werden (vgl. BETTELHEIM 1970). Das darf allerdings nicht zu übertriebener Spezialisierung und Zerstückelung ausarten.

Jedes Heim ist eine Haushaltseinheit, braucht einen ‹Stil›, muß ein im ganzen lebenswertes Milieu präsentieren. Man hat dies einmal therapeutisches Milieu genannt. Der Ausdruck ist aber irreführend. Für den Pädagogen – er oder sie sind ja keine einschlägig ausgebildeten ‹Therapeuten› – ist entscheidend, daß sie oder er es vermag, die Lebensumwelt solcher Kinder als Ganzes so zu gestalten, daß Entwicklungsmöglichkeiten sich eröffnen, die diesen Kindern und Jugendlichen sonst nicht zur Verfügung stehen. Diese Gestaltungsaufgabe erstreckt sich von den personalen Beziehungen (in welchen Hinsichten darf sich der Pädagoge / die Pädagogin an die Stelle der natürlichen Eltern setzen?) über die Architektur solcher Einrichtungen, die bevorzugten Tätigkeiten, die Fragen der materiellen Versorgung wie das Kochen bis hin zu der Wahl von Möbeln. Bei dem Versuch, solche Aufgaben zu bewältigen, wird deutlich, daß es weniger eine einzelne Maßnahme oder Handlung ist, die erzieht, sondern der Gesamtgestus einer Lebensform.

5.2.3.4 Beratungseinrichtungen

Sucht man nach einem Indikator für die Beantwortung der Frage, ob das Zusammenleben der Generationen, der Umgang mit Kindern, deren Hineinwachsen in eine kulturell vorgegebene Umwelt schwieriger geworden ist oder nicht, dann bieten sich die vielfältigen *Beratungsstellen* an, die es heute allenthalben gibt. Es scheint so, als würde damit ein Bedarf befriedigt, der relativ neu ist. Noch vor 40 Jahren gab es, als sozialpädagogische Einrichtungen, fast nur die Erziehungsberatungsstellen, die zumeist von Familien aufgesucht wurden, deren Kinder an schulisch erkennbar gewordenen Lernschwierigkeiten litten. Heute verfügt jede Stadt mit mehr als 100 000 Einwohnern über ein differenziertes Netz solcher Einrichtungen, die ihre Hilfe für ein breites Spektrum von Lebensproblemen anbieten; sie sind mal mehr, mal weniger spezialisiert und nennen sich beispielsweise Erziehungsberatung, Krisenberatung, Ehe- und Partnerschaftsberatung, Lebensberatung, Familienberatung, Drogenberatung, Jugendberatung u.ä. Häufig beraten sie ihre Klienten nicht nur, sondern sind auch in der Lage, mehr oder weniger anspruchsvolle ‹Therapien› durchzuführen, je nachdem, welche Berufsgruppen mit welchen Ausbildungen in einer solchen Einrichtung tätig sind (Ärzte, Sozialpädagogen, Psychologen, Sozialarbeiter). Freilich gibt es sozialpädagogische Beratung als Tätigkeit auch außerhalb dieser Einrichtungen, im Zusammenhang von Ämtern (Jugendamt, Arbeitsamt, Sozialamt) oder als ambulantes Gewerbe (Institutionenberatung für sozialpädagogische Einrichtungen etwa, die interne Schwierigkeiten ihrer Arbeitsvollzüge bereinigen wollen). Von diesen soll hier nicht die Rede sein, sondern nur von Beratungsstellen, die Kinder, Jugendliche und Bürger verschiedenen Alters spontan aufsuchen können, wenn sie meinen, sich in einer beratungsbedürftigen Situation zu befinden.

Wann ist jemand ‹beratungsbedürftig›, und welche pädagogische Haltung ist in einem solchen Fall die richtige? Die besondere Charakteristik dieser Einrichtungen wird deutlich, wenn wir sie mit anderen, im engeren Sinne ‹pädagogischen› vergleichen, mit Schulen oder Erziehungsheimen etwa: Solche Einrichtungen formulieren ihre pädagogischen Handlungsziele als typisierte Lernerwartungen, relativ unabhängig von dem je einzelnen Individuum – die Beratungseinrichtungen hingegen versuchen, von der ganz individuellen Problematik der Ratsuchenden auszugehen; Schulen und Heime fassen deshalb ihre Klientel in Gruppen zusammen, die nach überindividuellen Kriterien gebildet werden: nach Lernfortschritt, Alter, Therapiebedürftigkeit, Behandlungsdauer o. a. Im Unterschied dazu arbeiten Beratungseinrichtungen vorwiegend mit einzelnen (wie man gleich lesen wird, gilt dies inzwischen nicht mehr uneingeschränkt) ohne jede Vorgruppierung, in der Form eines dialogischen Verhältnisses zwischen zweien. Schließlich – auch dies im Unterschied zu Schulen, in den meisten Fällen aber auch zu Heimen – ist für den Beratungsvorgang wesentlich, daß die Klienten die Beratungsstelle aus eigenem Antrieb aufsuchen und nicht dazu genötigt oder verpflichtet sind. Ob jemand ‹beratungsbedürftig› ist, definiert dieser selbst und niemand sonst – so jedenfalls lautet die Option der Beratungstheoretiker. Aus diesem Grund gibt es im Berufsfeld der Sozialpädagogik und Sozialarbeit immer dann heftige Diskussionen, wenn diese Maxime angetastet wird, beispielsweise bei Verordnung von Beratungspflichten wie im Falle der gesetzlichen Regelungen zur Abtreibung (StGB § 218), bei der AIDS-Beratung oder der Beratung für Drogenabhängige. Jeder Eingriff in die Freiwilligkeit wird von den davon betroffenen Einrichtungen sensibel registriert, weil er ein Prinzip verletzt, das – so wird den Eingriffswilligen vorgehalten – die Arbeitsweise der Beratung beschädigt und den Beratungserfolg herabsetzt. Selbstdefinierte Beratungsbedürftigkeit und ‹richtige Haltung› der Beraterinnen und Berater sind also voneinander abhängig, jedenfalls dann, wenn die selbstverantwortliche Problemlösung gleichsam der Fluchtpunkt des Beratungsprozesses sein soll.

Nun gibt es gerade im sozialpädagogischen Bereich, insbesondere dann, wenn Kinder oder Jugendliche zu den letztendlichen Adressaten der Beratung gehören, gelegentlich Schwierigkeiten mit dem Aufrechterhalten jener Prinzipien oder Maximen. Das soll an zwei Beispielen erläutert werden, der Erziehungsberatung und der Drogenberatung.

Zunächst wieder einige Zahlen, um den Umfang der Problematik anzudeuten. Man geht heute davon aus, daß für je 50000 Einwohner eine Erziehungs- und Familienberatungsstelle zur Verfügung stehen müßte, um den Beratungsbedarf zu decken. Es scheint so, als sei diese Richtzahl erreicht, denn 1986 gab es bereits insgesamt ca. 1250 Einrichtungen dieser Art. Aber dieser statistische Durchschnitts-Schein trügt: Viele der Einrichtungen verfügen nur über weniger als drei Mitarbeiterinnen und Mitarbeiter, können also nur eine relativ geringe Zahl von ‹Fällen› betreuen, überdies sind großstädtische Regionen häufig befriedigend, ländliche und kleinstädtische häufig unterversorgt; und schließlich gibt es über die Klientenzahlen keine zuverlässigen Angaben, so daß die Zahl der Einrichtungen allein keinen gültigen Hinweis auf die Versorgungsdichte gibt. Besseren Einblick in die Struktur der Beratungsstellen vermitteln regionale Zahlen: Eine Einrichtung in einer befriedigend versorgten

Großstadt (130000 Einwohner) hat im Jahre 1988 423 Familien mit Kindern beraten oder mit ihnen auch eine Therapie durchgeführt; davon wurde der Besuch der Beratungsstelle in ca. zehn Prozent der Fälle von den Kindern / Jugendlichen selbst angeregt. Nun könnte man meinen, daß sich daran schon zeige, wie gering das Gewicht ist, das der selbst definierten Beratungsbedürftigkeit beizumessen ist, denn weitaus die meisten Kinder / Jugendlichen werden offenbar von anderen, zumeist den Eltern, der Beratungsstelle zugeführt und sind zumeist unter 16 Jahre alt (ca. 75 Prozent). Es liegt nahe anzunehmen, daß eigentlich erst an dieser Altersgrenze die Fähigkeit sich ausgebildet hat, sich selbst als ‹beratungs›- oder ‹therapiebedürftig› definieren zu können; die Eltern, die das Recht und die Pflicht zur Sorge für ihr Kind haben, sind also gleichsam naturgemäß auch diejenigen, die die Beratungsstelle mit ihrem Kind aufsuchen. In sehr vielen Fällen sind also die Eltern (72 Prozent der Fälle) die wichtigsten Klienten der Beratungsstelle, denn sehr häufig sind sie es, die an der Entstehung einer Verhaltensschwierigkeit wenigstens Mitverantwortung zu tragen haben. Aus diesem Grunde auch gehen immer mehr Erziehungsberatungsstellen zu Formen der Familienberatung und -behandlung über. Das ist freilich aufwendig, erfordert vor allem größere Zeiträume, weil hier die ganze Familie, gelegentlich auch noch ihr soziales Umfeld, das ganze ‹System sozialer Kommunikation› in die Beratung und Behandlung einbezogen wird – denn die Verhaltens-, Lern- oder Handlungsprobleme des Kindes werden, in dieser Sichtweise, als Folge eines ganzen Netzes von vielleicht problematischen Beziehungen verstanden. In der Einrichtung, der die vorstehenden Zahlen entstammen, betrifft diese Behandlungsart ca. sechs Prozent der Fälle, das sind immerhin ca. 25 Familien für nur eine Einrichtung. Das ist aber möglicherweise noch zu wenig, denn die entschieden häufigsten Symptome der Kinder zeigen sich in ihren sozialen Beziehungen.

Anders sind die Sachverhalte bei Drogenberatung und -therapie beschaffen. Da das Alter der Beratungs- und Therapiebedürftigen hier entschieden höher liegt als im Falle der Erziehungs- und Familienberatungsstellen (die zuvor zitierte Beratungsstelle hatte es nur mit 3,6 Prozent «Drogen- und Genußmittelmißbrauchs»-Fällen zu tun), hat auch die Frage nach dem selbstbestimmten Aufsuchen solcher Einrichtungen eine andere Bedeutung: Es handelt sich in der Regel um zwar junge, häufig noch adoleszente, aber im Rechtssinne mündige Bürgerinnen und Bürger. Die Frage, ob auch in solchen Fällen fremdbestimmte Veranlassungen zum Aufsuchen einer Beratungsstelle und zur Annahme eines Therapieangebotes gerechtfertigt sein könnten, ist ziemlich schwer zu beantworten. Die Sachlage ist besonders dann schwierig, wenn die Bera-

tung/Therapie zugleich mit einer Strafandrohung verbunden sein
sollte; der oben beschriebenen ‹richtigen Haltung› des Beraters könnte
dadurch der Boden entzogen werden. Aber: Welche Ausmaße hat das
Problem eigentlich?

Da die statistische Dokumentation im Bereich der Beratungseinrichtungen unzureichend ist, sind die Zahlen zumeist eher Schätzungen: Es
gab 1990 etwa 50 spezialisierte Jugend- und Drogenberatungsstellen in
den alten Ländern der Bundesrepublik (für diese und die weiteren Zah-
lenangaben vgl. Deutsche Hauptstelle gegen die Suchtgefahren
1991 und Bundesminister für Jugend, Familie, Frauen und Gesundheit 1990); insgesamt aber kümmerten sich ca. 800 Beratungsstellen um diese Probleme, viele allerdings nur nebenbei und viele ohne
besondere Aufmerksamkeit für Jugendliche. Man geht von ca. 100 000
Hilfesuchenden aus (vgl. Deutsche Hauptstelle gegen die Suchtgefahren 1991), nur die Hälfte davon ist aber mit einer Beratungsstelle
in Kontakt; und von diesen wiederum sind nur ungefähr sieben Prozent
Jugendliche (Auszubildende, Schüler und Studierende). Aus solchen
Zahlen ergibt sich eine schwer zu beantwortende Frage: Der sehr geringe
Anteil derjenigen, die sich selbst als beratungs- oder therapiebedürftig
empfinden und deshalb eine solche Einrichtung aufsuchen, kann als ein
Hinweis darauf gedeutet werden, daß wir im Hinblick auf vorbeugende
Hilfen ziemlich ratlos sind und daß die sozialpädagogischen Institutionen, jedenfalls im Bereich der Drogenhilfe, erst dann auf den Plan treten,
wenn ein Problem lebensgeschichtlich dramatische oder gar ausweglos
scheinende Formen angenommen hat. Darf man in dieser Situation auf
dem Beratungsgrundsatz bestehen, der Klient müsse unter allen Umständen sich selbst als beratungsbedürftig bestimmen, ehe eine institutionelle Intervention, ein wenn auch sanft vorgenommener Eingriff von
außen in sein Leben erfolgt? Das ist schwer zu entscheiden.

Man sieht an diesen beiden Einrichtungen – den Erziehungs-/Fami-
lienberatungsstellen und den Einrichtungen der Suchthilfe – besonders
deutlich, in welcher Weise sozialpädagogische Einrichtungen eine Grat-
wanderung zu bewältigen haben zwischen förderlicher Unterstützung in
schwierigen Lebenslagen und möglichst frühzeitiger Kontrolle von Entwicklungen, die in problematische und belastende Biographien hinein-
führen können. Jedenfalls sind für den Bereich der Suchtberatung die
geringen Erfolgsquoten – nur ca. 17 Prozent der Beratungs- und Behand-
lungsfälle werden als ‹gebessert› eingestuft – Anlaß zum Nachdenken
und zu verbesserter Forschung.

5.2.3.5 Jugendstrafvollzug

Jugendstrafanstalten sind der vielleicht problematischste, sicherlich aber der extremste Fall sozialpädagogischer Einrichtungen. Der sozialpädagogische Konflikt zwischen förderlicher Hilfe/Unterstützung und öffentlichem Eingriff/Kontrolle tritt hier am stärksten und am offensichtlichsten hervor. Die Unterbringung eines Jugendlichen in einer Jugendvollzugsanstalt erfolgt durch die Anordnung eines Jugendgerichts nach einem regulären Jugendgerichtsverfahren (gemäß JGG. Es handelt sich um die Verhängung einer Freiheitsstrafe (Jugendstrafe), Einsperrung für viele Monate oder Jahre, in Einzel- oder Gruppenzellen und mit einem höchst künstlichen Lebensalltag, der nur noch entfernt Ähnlichkeit mit einem ‹normalen› Leben hat. Ist unter solchen Strafbedingungen überhaupt noch Erziehung möglich? Das Gesetz verlangt dies, denn die Jugendstrafe als Freiheitsentzug soll dem Zweck der Erziehung – oder, mit einem unschönen Fremdwort: der Resozialisierung – dienen. Die gefängnismäßige Einsperrung und die Absonderung der straffällig gewordenen Jugendlichen von den sozialen Kontexten, in denen sie gelebt haben, soll also dazu genutzt werden, sie dort – mit dann hoffentlich eher sozial verträglichen Verhaltensweisen – wieder einzugliedern. Das könnte als eine absurde Aufgabenstellung erscheinen.

Auch im Falle dieser Einrichtung ist es nützlich, sich den Umfang des Problems klarzumachen und damit sich auch die Art der von dieser Einrichtung betroffenen Jugendlichen vor Augen zu führen. Zunächst ist es wichtig zu wissen, daß von allen Jugendlichen, die in ein Jugendgerichtsverfahren verstrickt werden, nur etwa knapp zehn Prozent zu einer *Jugendstrafe*, also Unterbringung in einem Jugendgefängnis, verurteilt werden (übrigens sind von diesen nur etwa fünf Prozent Mädchen oder junge Frauen). Obwohl nach dem Gesetz möglich (Strafmündigkeit mit 14 Jahren), wird fast niemand mit einem Lebensalter unter 16 Jahren zur Jugendstrafe verurteilt. Ehe es dazu kommt – nicht nur bei den unter 16jährigen, sondern in der überwältigenden Zahl der Fälle auch bei den älteren –, nutzt der Jugendrichter die vielen ihm gesetzlich zur Verfügung stehenden Möglichkeiten: Er kann es bei einer Verwarnung belassen, eine Wiedergutmachung des Schadens anordnen, den Jugendlichen zu einer Arbeit verpflichten, ihn zu einer gemeinnützigen Tätigkeit veranlassen und vieles andere mehr. Erst wenn nach häufig wiederholter ‹Rückfälligkeit› und angesichts der Schwere der Straftat – in der juristischen Terminologie: «Schwere der Schuld» – alle Wege erschöpft zu sein scheinen, wird der Jugendrichter eine Jugendstrafe verhängen.

Wer als Jugendlicher derzeit zur Verbüßung einer Jugendstrafe in einer Jugendstrafvollzugsanstalt untergebracht ist, von dem darf in der

Regel angenommen werden, daß er sich über Jahre hinweg in einer ‹kriminellen Karriere› befunden hat und vielleicht noch befindet, ohne daß ein Ende abzusehen ist – daß er, auch dies in Wiederholungen, schwere Straftaten beging (etwa schwere Körperverletzung, Raub) – oder daß er durch einmalige, aber äußerst schwerwiegende Verbrechen (Tötungsdelikte), nach der Rechtsauffassung des Gerichts, derart schwere Schuld auf sich geladen hat, daß eine Freiheitsstrafe verhängt wird. Dies alles – selbst noch das Tötungsdelikt – kann aber in der größten Zahl der Fälle, jedenfalls im Jugendalter, als Moment höchst schwieriger, belasteter, konflikthafter Lebensläufe interpretiert werden. Wie soll die Einrichtung ‹Gefängnis› darauf vernünftig reagieren, zumal viele Straftaten als Folge gesellschaftlicher Entwicklungen leicht zu identifizieren sind, beispielsweise: Die Eigentumsdelikte von Jugendlichen nahmen in den letzten zehn Jahren parallel zu der – häufig wenig scharf geahndeten – Wirtschaftskriminalität der Erwachsenen zu; die Ladendiebstähle vermehrten sich mit der Vermehrung der Supermärkte; die ‹Verkehrskriminalität› von Jugendlichen stieg in dem Maße, in dem der Verkehr insgesamt zunahm und robuster wurde (vgl. DEUTSCHER BUNDESTAG 1986). Derartige gesamtgesellschaftliche Abhängigkeiten individueller Biographien kann auch ein Jugendgefängnis nicht außer Kraft setzen. Es kann nur zweierlei zu erreichen suchen: eine folgenreiche Einsicht in die eigene Verantwortlichkeit für das soziale Handeln und den Erwerb von Verhaltensweisen und Handlungsstrategien, die sozial verträglich sind. Wie macht man das – und ist das überhaupt möglich unter der Bedingung des gefängnismäßigen Freiheitsentzugs?

Im Jahre 1990 beispielsweise (alle Zahlen nach: STATISTISCHES BUNDESAMT 1990) befanden sich 4197 Jugendliche (14 – 21 Jahre alt) in Jugendgefängnissen (davon nur 110 weibliche). Je nach Größe eines Bundeslandes gibt es dort je mehrere Vollzugsanstalten. Diese sind nach Strafdauer und Behandlungsarten gegliedert, und man kann sagen, daß dies zugleich eine Gliederung ist nach der «Schwere der Schuld», das heißt auch nach der Schwierigkeit der je individuellen Biographie. So gibt es Jugendgefängnisse, die nur für Jugendliche mit kurzen Freiheitsstrafen unter fünf Monaten vorgesehen sind. Hier wird gegenwärtig ein Erziehungsstil realisiert, der die Prinzipien der Heimerziehung mit denen des juristischen Strafzwecks locker zu verbinden sucht, und zwar dadurch, daß sog. offene Formen des Vollzugs angestrebt werden: Die in Gruppen zusammenwohnenden Jugendlichen werden, soweit irgend möglich, an Ausbildungs- und Arbeitsplätze im näheren regionalen Umfeld vermittelt, müssen sich aber in der übrigen Tageszeit dem Anstaltsreglement unterwerfen.

Jugendliche, die längere, zum Teil viele Jahre währende Strafen zu verbüßen haben, erleben derartige Formen eines halboffenen Vollzugs erst gegen Ende ihrer Haftzeit. Den größten Teil der Aufenthaltsdauer im Gefängnis verbringen sie eingeschlossen. Der Erziehungs- bzw. Resozialisierungsaufgabe versuchen die Anstalten dadurch nachzukommen, daß innerhalb der Gefängnismauern möglichst viel geschieht im Hinblick auf versäumtes Lernen, auf Eingliederung in die Berufswelt, auf soziale Verhaltensweisen u.ä. Ein sehr großer Teil dieser Jugendlichen/ Heranwachsenden verfügt nicht über einen regulären Schulabschluß; der größte Teil hat keine abgeschlossene Berufsausbildung; die meisten haben nicht lernen können, wie man mit Personen umgeht, die sich außerhalb der engsten eigenen, zumeist ebenfalls ‹kriminellen› Subkultur oder Clique befinden; in ihren privat-personalen Beziehungen scheiterten die meisten. Eine Jugendstrafvollzugsanstalt müßte alle diese Aufgaben bewältigen. Sie versucht das in vielen Fällen durch ein gefängnisinternes Unterrichtsangebot, durch Bereitstellung von Arbeits- und Berufsausbildungsmöglichkeiten, durch soziale Trainingskurse, durch Therapieangebote.

Die Wirklichkeit der ‹Gefängnispädagogik› ist indessen in vielen Fällen von einer derartigen Ausgestaltung des Vollzugs der Jugendstrafe noch entfernt. Die Gründe dafür sind nicht nur finanzieller Natur. Für viele Kritiker liegen sie vor allem in einer, wie behauptet wird, prinzipiellen Unvereinbarkeit von Erziehungs- und Strafzweck, besonders wenn, wie in diesem Fall, die Strafe in einem längerfristigen Freiheitsentzug besteht. Seit es die Jugendstrafe gibt, also seit 1923, wird deshalb auch diskutiert, ob sie nicht abgeschafft werden sollte. Die dafür ins Feld geführten Argumente sind vor allem psychologischer und pädagogischer Art: Die Biographien jugendlicher Straftäter, besonders derjenigen, die zu einer Jugendstrafe verurteilt werden, sind derart konflikthaft, entbehrungsreich, auch in viele Zufälle verstrickt, daß eigentlich eine Entkriminalisierung des Jugendrechts nötig ist – im Extremfall wird die Heraufsetzung der Strafmündigkeit auf 18 Jahre gefordert. Erst dann habe eine pädagogische und therapeutische Behandlung wirklich eine Chance, könnte die Resozialisierungsaufgabe erfüllt werden. Die hohe Rate der ‹Rückfälligen›, derer also, die trotz dieser harten Strafform immer wieder straffällig werden, also eine verfestigte ‹kriminelle Karriere› einschlagen (das sind mehr als zwei Drittel), scheint jenen Kritikern recht zu geben. Der Gegeneinwand bringt zur Sprache, daß es dann aber nicht mehr die ‹abschreckende Wirkung› der Strafe gebe und möglicherweise gerade ein Anreiz für Straftaten im Jugendalter geschaffen werde. In dieser Kontroverse steckt im Kern ein pädagogisches Problem von allgemeiner Bedeutung: Mit welchen Regeln, Maßnahmen, Einrichtungen kann eine Kultur sichern, daß ein Bewußtsein der Differenz von Recht und Unrecht aufrechterhalten und bekräftigt wird? Wie kann sie vor allem Sorge dafür tragen, daß im Jugendalter, der für die Bildung des Rechtsbewußtseins entscheidenden Lebensphase, diese Differenz nicht nur eingesehen wird, sondern auch Folgen im sozialen Handeln hat? Und gehören nicht, trotz allem notwendigen Verständnis für schwierige Lebenslagen und Lebensläufe, die Unterscheidungen von Recht und Unrecht, Strafe und Sühne, letzten Endes also ein Begriff von Schuld und schuldhaftem Handeln notwendig zu dem, was auch der Pädagoge nicht aus seinen Orientierungen streichen darf? Wenn es gelänge, die Jugendgefängnisse abzuschaffen, ohne damit zugleich jene Orientierungen zu vergessen, könnte das Problem vielleicht einer Lösung nähergebracht werden.

Damit sind die sozialpädagogischen Einrichtungen keineswegs vollständig beschrieben, sondern nur fünf besonders markante Typen charakterisiert. Es liegt in der Eigenart der Sozialpädagogik, also der außerschulischen Bestandteile unseres modernen Erziehungs- und Bildungssystems, daß vorhandene Einrichtungen sich beständig differenzieren und neue hinzukommen. Denn: dieser Teil der pädagogischen Versorgung der Bevölkerung muß, manchmal sehr kurzfristig, auf entstehende Notlagen, auf aktuell neu auftauchenden Bedarf, auf Erfolglosigkeit alter Einrichtungen reagieren. Auf einige Beispiele soll, wenn auch wiederholend, hier noch einmal hingewiesen werden, weil das kurzfristige Reagieren auf die gesellschaftliche Entwicklungsdynamik eine Art Wesensmerkmal der Sozialpädagogik ist:

Das Unbehagen an den öffentlichen Formen der Kindergartenerziehung führte nach 1968 zur Gründung von privaten Initiativen der Vorschulerziehung («antiautoritäre Kindergärten»). Die Schwierigkeiten der Heimerziehung, besonders bei Jugendlichen über 16 Jahren, führten in den 70er Jahren zur Einrichtung von Jugendwohngemeinschaften, also kleinen Haushaltseinheiten mit sechs bis neun Jugendlichen und einer entsprechenden Anzahl von pädagogischen Betreuern. Die Zunahme von Suchtgefährdeten und Abhängigen machte neuartige Beratungs- und Therapieeinrichtungen nötig. Die angestiegene Aufmerksamkeit für Kindesmißhandlungen hatte zur Folge, daß Kinderschutzstätten eingerichtet und neue Formen der Hilfe für die in Gewalt verstrickten Familien gesucht wurden. Das sind nur einige Beipiele dafür, daß, im Unterschied zum System des Unterrichts und der Schulen, die sozialpädagogischen Einrichtungen sich beständig neuen Problemlagen anpassen müssen. Das hat Folgen für die wissenschaftliche Beschäftigung mit diesem Problemfeld: Die Pädagogik / Erziehungswissenschaft allein ist nicht in der Lage, die nötige Forschungsarbeit zu leisten; soziologische Analysen gesellschaftlicher Strukturveränderungen und der Ursachen für jene Problemlagen sind ebenso nötig wie kriminologische Forschung und psychiatrische Diagnostik, eine kritische Diskussion gesetzlicher Bedingungen oder die Klärung von Behandlungsmöglichkeiten.

5.2.4 Schluß: Normalitätsentwürfe

Daß es innerhalb unserer Kultur ‹normal› ist, wenn erwartet wird, jeder Bürger solle lesen, schreiben und rechnen können, solle mit den wichtigsten Inhalten der Kultur bekannt geworden sein, solle schließlich auch arbeits- und berufsfähig, solle politisch beteiligungsfähig werden – das ist derart selbstverständlich, daß es uns kaum einfällt, solche Erwartungen in Zweifel zu ziehen. Auch wenn einzelne Bildungsinhalte der Schulen gelegentlich ein wenig verändert werden, akzeptieren wir doch im ganzen den ‹Normalitätsentwurf›, den die Schulen repräsentieren. Und wir glauben, uns darauf verlassen zu können, daß im Regelfall jedes Kind, jeder Jugendliche bereit und in der Lage ist, dieser Vorstellung eines normalen Lebens, normaler Sozialbeziehungen, normaler Wissensbestände und Fähigkeiten zu folgen.

Das ist in der Sozialpädagogik anders. Sie hat es mit der Schattenseite jenes Normalitätsentwurfs zu tun: Mit Ausnahme vielleicht des Kindergartens ist jede sozialpädagogische Einrichtung einer doppelten Schwierigkeit konfrontiert; ihrer Klientel fällt es schwer, sich in die Normalitätserwartungen einzufädeln, freilich aus ganz verschiedenen Gründen; diese können in der psychosomatischen Charakteristik des Individuums liegen, in gesellschaftlichen Bedingungen (z.B. Jugendarbeitslosigkeit, Kindesmißhandlung), in normativen Konflikten zwischen den kulturell-allgemeinen Normalitätserwartungen und dem Wunsch oder Willen nach irgendwie andersartigen Formen der Lebensführung oder gar im offenen Widerspruch zu den gesellschaftlich herrschenden Normen. Die Sozialpädagogik hat sich deshalb mit der Frage auseinanderzusetzen, ob der kulturell-allgemeine Normalitätsentwurf weiterhin Geltung beanspruchen darf. Ihre Klienten sind ja zum großen Teil solche, deren Lebensschwierigkeiten aus dem Konflikt mit den Standarderwartungen entstehen.

Das zeigt sich an sehr verschiedenen, mehr oder weniger dramatischen Lebenssituationen: Einrichtungen der Familienberatung, -bildung und -therapie, aber auch die sozialpolitischen Strategien der Familienhilfe sind mit der Frage konfrontiert, ob der ‹Normalitätsentwurf› der bürgerlichen Kleinfamilie nicht modifiziert werden muß, besonders angesichts des steigenden Anteils sog. alleinerziehender Elternteile. Selbstverwaltete Jugendzentren konfrontieren die dort arbeitenden Sozialpädagogen gelegentlich mit der Frage, ob anarchistische Orientierungen noch mit der Funktion öffentlich subventionierter Jugendarbeit verträglich sind. Behinderte Kinder veranlassen dazu, die Standardformen des schulischen Unterrichts in Frage zu stellen. Angesichts steigender Drogenabhängigkeit entstehen Zweifel im Hinblick auf den traditionellen Umgang unserer Kultur mit Drogen jederlei Art. Die (schleichende) Verlängerung des Jugendalters stellt unsere Erwartungen im Hinblick auf die Normen altersgemäßen Verhaltens in Frage, damit auch die Standardformen gelungener Bildungs- und Berufskarrieren. Angesichts der Unfähigkeit des Rechtssystems, mit den vielfältigen Formen von Wirtschaftskriminalität in der Erwachsenengeneration fertig zu werden, mag man sich fragen, wo noch der Geltungsgrund liegt für eine strenge strafrechtliche Verfolgung von Eigentumsdelikten Jugendlicher. Oder eine ganz trivial scheinende Frage: Jugendforscher schlagen gegenwärtig schon mal vor, das aktive und passive Wahlalter auf 16 Jahre herabzusetzen. Sozialpädagogen und Kriminologen schlagen gelegentlich vor, die Strafmündigkeit auf 18 Jahre heraufzusetzen. Eine merkwürdige Differenz: Darf in ein Parlament gewählt werden, wer für seine Taten noch nicht strafrechtlich zur Verantwortung gezogen werden kann? Man sieht daran, wie schwer sich gegenwärtig unsere Gesellschaft tut mit der Frage nach einem akzeptablen und gültigen Normalitätsentwurf für ‹Mündigkeit›.

Sozialpädagogische Einrichtungen haben es also nicht nur mit den alltäglichen Erziehungs-, Bildungs- und Behandlungsproblemen zu tun, sondern auch mit derart fundamentalen Rückfragen an die normativen Geltungsansprüche unserer kulturellen Lebensform, unserer kollektiven Normalitätsentwürfe. Das sind teils empirische (stimmen die Tatsachenbehauptungen?), teils kulturtheoretische (befindet sich die moderne Gesellschaft wirklich in einer Art Übergang zu neuen Formen?), teils ethische Fragen (gibt es eine Form des guten/gerechten Lebens, die ich argumentativ vertreten kann?). Derartige Fragen stellen sich nur dem, der sensibel ist für die Dynamik der gesellschaftlichen Entwicklungen und für die Risiken, die sie bergen. Sozialpädagogische Einrichtungen können solchen Fragen kaum ausweichen, sie sind ihr innerstes Thema.

Literatur

Bettelheim, B.: Liebe allein genügt nicht. Stuttgart 1970.

Blandow, J./Faltermeier, J. (Hrsg.): Erziehungshilfen in der Bundesrepublik Deutschland. Stand und Entwicklung. Frankfurt/M. 1989.

Blankertz, H.: Geschichte der Pädagogik. Von der Aufklärung bis zur Gegenwart. Wetzlar 1982.

Böhnisch, L.: Sozialpädagogik des Kinder- und Jugendalters. Weinheim/München 1992.

Böhnisch, L./Münchmeier, R.: Wozu Jugendarbeit? Orientierungen für Ausbildung, Fortbildung und Praxis. Weinheim/München 1987.

Bundesminister für Jugend, Familie und Gesundheit: Bericht über die Lage der Familie in der Bundesrepublik Deutschland – Zweiter Familienbericht. Familie und Sozialisation. Bonn/Bad Godesberg 1975.

Bundesminister für Jugend, Familie, Frauen und Gesundheit: Bericht über Bestrebungen und Leistungen der Jugendhilfe. – Achter Jugendbericht. Bonn 1990.

Colberg-Schrader, H./Krug, M.: Arbeitsfeld Kindergarten. Planung, Praxisgestaltung, Teamarbeit. München 1977.

Colla, H.: Heimerziehung. Stationäre Modelle und Alternativen. München 1981.

Deutsche Hauptstelle gegen die Suchtgefahren (Hrsg.): Jahrbuch Sucht 1992. Geesthacht 1991.

Deutscher Bundestag: Drucksache 10/6739, Reform des Jugendgerichtsverfahrens. Bonn 1986.

Erning, G./Neumann, K./Reyer, J. (Hrsg.): Geschichte des Kindergartens. 2 Bde. Freiburg 1987.

Giesecke, H.: Die Jugendarbeit. München [5] 1980.

Jordan, E./Sengling, D.: Einführung in die Jugendhilfe. München 1977.

Krafeld, F. J.: Geschichte der Jugendarbeit. Von den Anfängen bis zur Gegenwart. Weinheim/Basel 1984.

Kreft, D./Mielenz, I. (Hrsg.): Wörterbuch Soziale Arbeit. Weinheim/Basel 1988.

Landes-Kinderbericht. Bericht der Landesregierung über die Situation des Kindes in Nordrhein-Westfalen. Köln 1980.

Landwehr, R./Baron, R. (Hrsg.): Geschichte der Sozialarbeit. Hauptlinien ihrer Entwicklung im 19. und 20. Jahrhundert. Weinheim/Basel 1983.

Mollenhauer, K.: Einführung in die Sozialpädagogik. Probleme und Begriffe. Weinheim 1964, [9] 1991.

Mollenhauer, K.: Jugendhilfe. Soziologische Materialien. Heidelberg 1968.

Müller, C. W.: Wie Helfen zum Beruf wurde. Weinheim/Basel 1982.

Müller, C. W. (Hrsg.): Einführung in die soziale Arbeit. Weinheim/Basel 1985.

Nohl, H./Pallat, L. (Hrsg.): Sozialpädagogik. Langensalza 1929 (= Handbuch der Pädagogik; Bd. 5).

Otto, H.-U./Schneider, S. (Hrsg.): Gesellschaftliche Perspektiven der Sozialarbeit. Neuwied/Berlin 1973.

Otto, H.-U./Sünker, H. (Hrsg.): Soziale Arbeit und Faschismus. Volkspflege und Pädagogik im Nationalsozialismus. Frankfurt/M. 1989.

Rauschenbach, Th./Gängler, H. (Hrsg.): Soziale Arbeit und Erziehung in der Risikogesellschaft. Berlin/Neuwied/Kriftel 1992.

Röper, Fr.: Das verwaiste Kind in Anstalt und Heim. Ein Beitrag zur historischen Entwicklung der Fremderziehung. Göttingen 1976.

Rutschky, K.: Deutsche Kinder-Chronik. Wunsch- und Schreckensbilder aus vier Jahrhunderten. Köln 1983.

Sachsse, Ch. / Tennstedt, F.: Geschichte der Armenfürsorge in Deutschland. 3 Bde. Stuttgart / Berlin / Köln 1980, 1988 u. 1992.

Schleiermacher, F.: Pädagogische Schriften. Unter Mitwirkung von Th. Schulze hrsg. v. E. Weniger. 2 Bde. Frankfurt / Berlin / Wien 1983.

Schmalohr, E.: Frühe Mutterentbehrung bei Mensch und Tier. München 1980.

Schwab, U.: Evangelische Jugendarbeit in Bayern 1800–1933. München 1992.

Simonsohn, B. (Hrsg.): Fürsorgeerziehung und Jugendstrafvollzug. Bad Heilbrunn 1969.

Statistisches Bundesamt: Maßnahmen der Jugendarbeit im Rahmen der Jugendhilfe. Fachserie 13, Reihe 6.2. Wiesbaden 1988.

Statistisches Bundesamt: Strafvollzug. Fachserie 10, Reihe 4. Wiesbaden 1990.

Statistisches Bundesamt: Einrichtungen und tätige Personen in der Jugendhilfe. Fachserie 13, Reihe 6.3. Wiesbaden 1992.

Thiersch, H.: Die Erfahrung der Wirklichkeit. Perspektiven einer alltagsorientierten Sozialpädagogik. Weinheim / München 1986.

Wehler, H.-U.: Deutsche Gesellschaftsgeschichte. Bd. 1: Vom Feudalismus des Alten Reiches bis zur Defensiven Modernisierung der Reformära 1700–1815. München 1987.

Winkler, M.: Eine Theorie der Sozialpädagogik. Stuttgart 1988.

Zwerger, B.: Bewahranstalt – Kleinkinderschule – Kindergarten. Aspekte nicht familialer Kleinkindererziehung in Deutschland seit dem 19. Jahrhundert. Weinheim / Basel 1980.

Manuskript Oktober 1992 abgeschlossen, neueste Entwicklungen und Daten konnten deshalb keine Berücksichtigung finden.

5.3 Einrichtungen der Erwachsenenbildung

Lern- und Bildungsprozesse sind heute nicht mehr auf Kindheit und Jugend beschränkt. Daß auch Erwachsene noch lernen, ist inzwischen selbstverständlich. Bildungsprozesse Erwachsener finden indes nicht nur in den darauf spezialisierten traditionellen Institutionen statt, z. B. der Volkshochschule; dazu kommen u. a. Sprachen- und Tanzschulen, Museen, Buchhandlungen, Akademien, Managementtrainings und nicht zuletzt Rundfunk- und Fernsehanstalten. Erwachsenenbildung ist somit ein wenig strukturiertes, offenes, ja, diffuses Feld institutionalisierter Handlungszusammenhänge, in denen unterschiedliche Lern- und Bildungsangebote gemacht werden.

5.3.1 Geschichte und Geschichtlichkeit der Erwachsenenbildung

Alltagsbewußtsein und wissenschaftlicher Zugang zum organisierten Lernen sind durch das Bild der öffentlichen Erwachsenenbildung geprägt. Beschreibt man aus dieser Sicht die Geschichte des organisierten Lernens, so stellt sie sich dar als Prozeß des flächendeckenden Ausbaus öffentlicher Erwachsenenbildung – mit der Volkshochschule im Zentrum – und ihrer Anerkennung als quartärem Bereich des Erziehungs- und Bildungswesens. Diese Institutionalisierung der Erwachsenenbildung geht mit der Systembildung dieses Bereichs einher. Sie ist aber zugleich mit Tendenzen der Entgrenzung verbunden: Es gehört zur paradoxen Geschichte der Erwachsenenbildung, daß sie im Zuge ihrer zunehmenden öffentlichen Anerkennung und gesellschaftlichen Durchsetzung ihr Zentrum verliert und die Volkshochschule zu einer, wenn auch herausgehobenen Institution herabgesetzt wird im sich erweiternden Gesamtfeld der Einrichtungen, die für Bildungsprozesse von Erwachsenen zuständig sind.

Im 19. Jahrhundert ist die Erfolgsgeschichte der Volkshochschule noch nicht erkennbar. Ihr Status ist eher prekär. Aber in dieser Zeit werden die Grundlagen für ihre ‹Karriere› im 20. Jahrhundert geschaffen (vgl. SEITTER 1993a). Das ist einmal die gelungene Alphabetisierung der Bevölkerung durch das Elementarschulwesen. Sie ist die Voraussetzung dafür, daß das organisierte Lernen nicht mehr wie noch am Ende des 18. Jahrhunderts die Ausnahme bleiben muß in sonst eher traditionsgebundenen Lebenswelten. ‹Ideologisch› von zentraler Bedeutung ist das enorme soziale Prestige des bürgerlichen Bildungsideals im 19. Jahrhundert. Schlossen die mannigfaltigen Themen des organisierten Lernens zunächst noch unmittelbar an die alltäglichen Probleme im bäuerlichen, handwerklichen oder religiösen Bereich an, so wird mit der Ausbreitung des Bildungsideals die bürgerliche Kultur zum dominierenden Bezugspunkt. Institutionell bedeutsam ist der starke Ausbau einer milieuübergreifenden Vereinskultur. Er führt zu zahlreichen Volksbildungsvereinen, die breiten Schichten die Teilhabe an der Kultur ermöglicht. Zurückgedrängt wird dadurch die ursprüngliche Vielfalt von milieubezogenen Lernorten wie die der Land-, Handwerker- sowie Sonntagsschule, Lesezirkel, Bücherhallen etc. In der 1871 gegründeten Gesellschaft zur Verbreitung von Volksbildung verdichten sich schließlich diese Entwicklungsstränge zu einer ersten Form einer auf die ganze Bevölkerung gerichteten Erwachsenenbildung.

Das Deutsche Reich von 1919 gewährt in Art. 148 der Erwachsenenbildung als einer öffentlichen Aufgabe erstmals Verfassungsrang, ohne daß damit bereits das Recht auf staatliche Förderung verbunden wäre. Die dadurch mit möglich gewordene Gründung von Volkshochschulen bedeutet für die quasi öffentliche Erwachsenenbildung einen weiteren Institutionalisierungsschub. Er findet statt im Zeichen des für die kulturelle Integration des einzelnen Arbeiters in den bürgerlichen Mittelstand stehenden Schlagworts ‹Volksbildung als Volk-Bildung›. Eine Gründungswelle von 135 neuen Abendvolkshochschulen läßt deren Zahl 1919 auf nahezu 2000 anwachsen. Sie werden zu einem dominierenden Typus, der der weltanschaulich gebundenen Volksbildung gegenübersteht. Allerdings werden in den 20er Jahren auch die Bereiche ausgebaut, die der ‹alten Richtung› zuzurechnen sind und in erster Linie auf Bildung durch Vorträge, Gesprächskreise, Arbeitsgemeinschaften, Lektüre und «gemeinschaftsstiftendes Heimleben» (LANGEWIESCHE 1989, S. 339) zielen. Aus der Institutionalisierungsperspektive der öffentlichen Erwachsenenbildung bleibt der in den 20er Jahren vehement geführte Richtungsstreit

zwischen ‹alter› und ‹neuer› Richtung zweitrangig. Sein Thema ist vielmehr die Frage der richtigen, nämlich ‹extensiven› oder ‹intensiven› Methode der Volksbildung. Aus heutiger Sicht stellen sich die beiden ‹Richtungen› indes als Abfolge von Institutionalisierungsschüben dar.

Die Volkshochschulen waren in der Weimarer Zeit zwar der auffälligste
Teil der Volksbildung, selbst nachdem sie während der Wirtschaftskrise
zum großen Teil wieder schließen mußten; aber sie waren keineswegs
konkurrenzlos. Die zahlreichen nichtwissenschaftlichen Volksbibliothe-
ken, kommerziellen Leihbüchereien, konfessionellen Bibliotheken und
sozialdemokratischen Büchereien waren in dieser Zeit ein zweiter
Schwerpunkt der Volksbildung. Daneben gab es eine große Zahl unterschiedlichster Bildungseinrichtungen, wie sie der «Nachweiser für das
deutsche Volksbildungswesen» des Reichsministerium des Innern von
1926 anführt: nämlich Buchgemeinschaften, Volksbühnenvereine; Organisationen, die Lichtbild und Film für die Erwachsenenbildung nutzen
wollten; Vereine, die sich der ‹Heimatbildung› und der ‹staatsbürger-
lichen Bildung› widmen; Gewerkschaften und Berufsverbände, die neben
Fachschulung auch allgemeine Erwachsenenbildung betreiben (vgl.
Langewiesche 1989, S. 338). Hierzu gehört nicht zuletzt die Filmgesell-
schaft UFA, zu deren Gründung es ohne ihren Volksbildungsanspruch
nicht gekommen wäre.

Im Nationalsozialismus verliert die um die Volkshochschule zentrierte
öffentlich subventionierte Erwachsenenbildung die publizistische Bedeutung, die sie im Diskurs der 20er Jahre errungen hatte. Zwar verschwinden die Volkshochschulen nicht; sie bestehen – seit 1934 unter dem
Namen Volksbildungsstätten – fort und werden dem Deutschen Volks-
bildungswerk unterstellt. Seine Aufgabe ist es, die gesamte Erwachsenenbildung in allen ihren Verzweigungen organisatorisch zu verbinden
und im Sinne einer staatlich gesteuerten Öffentlichkeit für die Erziehung
zur Volksgemeinschaft in die Pflicht zu nehmen. Die Volksbildungsstätten bleiben jedoch relativ unbedeutende Einrichtungen innerhalb der für
eine umfangreiche Freizeitbetreuung verantwortlichen Organisation der
Deutschen Arbeitsfront «Kraft durch Freude».

Die Entwicklung nach 1945 knüpft an die Tradition der 20er Jahre an.
Ihr Leitbild ist das Modell einer öffentlichen, auf die Demokratisierung
des Gemeinwesens abzielenden Erwachsenenbildung. Aber diese Entwicklung findet unter Bedingungen statt, die durch die NS-Zeit erst hergestellt worden sind, nämlich die Schwächung und Zerschlagung, sogar
die Delegitimierung weltanschaulich gebundener, durch Gruppeninter-
essen bestimmter Erwachsenenbildung. Es ist Ausdruck dieser Entwicklung, daß an die Stelle der für die 20er Jahre maßgeblichen Differenz

zwischen freier und (weltanschaulich) gebundener Erwachsenenbildung die Unterscheidung zwischen öffentlicher und privater Erwachsenenbildung tritt. Mit dem Strukturplan für das Bildungs- und Erziehungswesen (1970) ist der Höhepunkt der Entwicklung der öffentlichen Erwachsenenbildung erreicht. Erweitert vor allem um den Bereich der beruflichen Fortbildung und Umschulung, expandiert die Erwachsenenbildung seit 1970 und entwickelt sie weiter. Die Einrichtungen der Weiterbildung, wie es nunmehr meist heißt, bekommen den gesellschaftlichen Auftrag, das Programm lebenslangen Lernens durchzusetzen. Als Weiterbildung gehört Erwachsenenbildung zur Infrastruktur individuellen und gesellschaftlichen Lebens, sie ist zur «Normalität» (HARNEY 1993) geworden. Zwar bedeutet dies nicht, daß eine ‹Vollversorgung› der Bevölkerung mit Lern- und Bildungsangeboten heute bereits verwirklicht ist. Aber etwa ein Drittel der Bevölkerung im Alter von 19 bis 65 Jahren nimmt inzwischen an Veranstaltungen der Weiterbildung teil.

Es ist die paradoxe Folge der nachhaltigen Institutionalisierung der öffentlichen Erwachsenenbildung, daß damit zugleich ihre Entgrenzung verbunden ist. Ihr «Prototyp» (SCHULENBERG 1973, S. 65), die Volkshochschule, büßt dadurch ihre hegemoniale Stellung ein. Wie im 19. Jahrhundert, aber auf einem höheren Niveau, umfaßt der Gesamtbereich der Erwachsenenbildung heute eine weite Skala von Angeboten, die im Zuge der Beschleunigung und Differenzierung von soziokulturellen und ökonomischen Entwicklungsprozessen hervorgebracht wurde. Die Angebote reichen von den zahlreichen, traditionell auf die Bildung von Erwachsenen spezialisierten Einrichtungen über selbstorganisierte Bildungsprojekte bis zu einer Fülle von Mischeinrichtungen zwischen Kultur und Freizeit, deren Strukturen mehrfunktional sind. Neben der öffentlichen Erwachsenenbildung hat sich ein sie an Bedeutung überragender expandierender beruflicher Weiterbildungsmarkt profiliert, an den ein aus Angeboten verschiedenster Art bestehender privater Bildungsmarkt anschließt. Er reicht von Sprachschulen über Gesundheitsparkkurse bis zu Arbeitslosenkursen. Die im Zeichen von Selbstverwirklichung, Selbstfindung und Kreativität stehenden Angebote richten sich vor allem auf den Freizeitbereich. Unübersehbar ist inzwischen, daß eine weit über die Grenzen der Volkshochschule hinausreichende Bildungslandschaft entstanden ist, an der jene nur einen Anteil von 21 Prozent (Anteil an Teilnahmefällen) bzw. 13 Prozent (Anteil am Weiterbildungsvolumen) haben. Neben den Arbeitgebern/Betrieben (22 bzw. 23 Prozent), privaten Instituten (11 bzw. 14 Prozent) gibt es inzwischen eine relativ große Gruppe der «Sonstigen» (16 bzw. 17 Prozent) (INFRATEST 1990, S. 111).

Diese Entwicklung scheint vom Beitritt der ehemaligen DDR zur Bundesrepublik Deutschland (zunächst) nicht wesentlich berührt zu sein. Ihre Einrichtungen haben sich entweder den westdeutschen angepaßt (vor allem die Volkshochschulen), wurden abgewickelt (wie die Betriebsakademien), haben ihre Bedeutung verloren (wie die URANIA) oder/ und sich aufgelöst (so der Kulturbund). Anders als in den alten Ländern der Bundesrepublik fehlt es in den neuen Ländern an einer Tradition selbstorganisierter Bildungsinitiativen, die das gegenwärtige bunte Bild von Einrichtungen in der alten Bundesrepublik wesentlich mitgeprägt haben. Das Bild der Erwachsenenbildung in den neuen Ländern ist (noch) klarer: auf der einen Seite die Volkshochschulen als öffentliche Einrichtungen mit einem vielfältigen und pluralen Bildungsangebot, auf der anderen Seite die große Zahl ökonomisch motivierter privater Einrichtungen, die vor allem Angebote zur beruflichen Umschulung und Fortbildung machen. Der Vergleich der deutschen Erwachsenenbildung mit der anderer Länder (vgl. SEITTER 1993 b) läßt die Selektivität ihres Entwicklungspfades erkennen. In Frankreich oder Spanien ist das Spannungsverhältnis von Systembildung und Entgrenzung kein Thema, weil die Systembildung der Erwachsenenbildung dort (noch) nicht stattgefunden hat.

5.3.2 Institutionelle Strukturen der Erwachsenenbildung

‹Öffentlichkeit› ist das verbreitetste Klassifikationskriterium zur Ordnung des Gesamtbereichs der Erwachsenenbildung. Dies hängt mit ihrer Entwicklung zusammen, aber auch mit der zuweilen für Verwirrung sorgenden Vieldeutigkeit dieser Kategorie. ‹Öffentlich› kann ein Kennzeichen für den Rechtsstatus, die Finanzierung oder den gesellschaftlichen Ort der Erwachsenenbildung sein.

Bezogen auf ihre *Rechtsform* führt das Kriterium ‹öffentlich› zur Hervorhebung der Einrichtungen, deren Träger Bund, Länder oder Kommunen sind wie im Falle der Volkshochschulen, der Bundes- bzw. Landeszentralen für politische Bildung oder der öffentlichen Rundfunk- und Fernsehanstalten. Einrichtungen, deren Träger andere gesellschaftliche Institutionen wie Kirchen, Gewerkschaften, Parteien sind, zählen ebenso zu den nicht-öffentlichen Einrichtungen wie privatwirtschaftliche Betriebe, also etwa Institute auf dem Fernunterrichtssektor, Sprachschulen, dance factories, Managementakademien oder Arbeitslosen-Trainingszentren.

Unter dem Aspekt der *finanziellen Förderung* differenziert das Kriterium ‹öffentlich› zwischen staatlich anerkannten Einrichtungen, die mit öffentlichen Mitteln gefördert werden, und denen, deren Bildungsveranstaltungen ausschließlich durch private Leistungen (Trägerkapital oder Spenden) sowie Teilnehmergebühren finanziert werden. Die öffentliche Erwachsenenbildung hat dabei eine duale Struktur. Die berufliche Weiterbildung, vor allem privater Träger, wird von der Bundesanstalt für Arbeit gefördert; für die Subventionierung der allgemeinen Erwachsenenbildung dagegen sind gemäß dem föderalistischen Prinzip der Bundesrepublik Deutschland Bundesländer und Kommunen zuständig. Die Anerkennungsbedingungen sind durch die jeweiligen – zwischen 1970 und 1979 verabschiedeten – Ländergesetze geregelt. Verlangt wird von der Einrichtung in der Regel, daß sie schon längere Zeit tätig ist, über eine eigene Organisationsstruktur verfügt, personelle sowie sachliche Grundmittel vorweisen kann und ein frei zugängliches Bildungsangebot macht; inhaltlich gibt es keine Beschränkung der Förderung. Diese Modalitäten bevorzugen eindeutig die etablierten Einrichtungen, geben hingegen selbstorganisierten Projekten und Initiativen nur geringe Förderungschancen; denn sie bestehen meist nicht sehr lange, sind nur lose organisiert, und ihre Grundausstattung ist mäßig.

Soweit es bei dem Kriterium ‹öffentlich› um den *gesellschaftlichen Ort* der Erwachsenenbildung geht, ist damit derjenige Typus gemeint, der einen öffentlichen Raum darstellt und schafft, in dem eine kritische Auseinandersetzung mit gesellschaftlich bedeutsamen Themen stattfinden kann. Als Bedingung dafür galt lange Zeit der öffentlich-rechtliche Status der Träger und die finanzielle Förderung durch öffentliche Mittel. Die gesellschaftliche Verantwortung des Staates für die Erwachsenenbildung schien in Absetzung von den partikularen Interessen kommerzieller Träger die notwendige Voraussetzung zu sein für die Etablierung einer in sich homogenen, allen zugänglichen Sphäre öffentlicher Kommunikation. In dem Maße, in dem die Vorstellung vom Staat als Repräsentanten allgemeingesellschaftlicher Interessen brüchig wurde und man die Realität konkurrierender Öffentlichkeiten anerkannte, verschob sich die Grenze zwischen privater und öffentlicher Erwachsenenbildung. Ihr müssen heute auch die selbstorganisierten Einrichtungen, Initiativen und alternativen Bildungswerke zugerechnet werden, deren Öffentlichkeitsverständnis auf die Etablierung einer gesellschaftlichen, zwischen Staat und Individuen angesiedelten Kommunikationssphäre gerichtet ist. Bezogen auf die Gesamtkonstellation der Einrichtungen der Erwachsenenbildung stellt sich – ebenso wie im Bereich des öffentlichen und privaten Fernsehens – die Aufgabe, ihren gesellschaftlichen Ort mit Hilfe eines erweiterten Öffentlichkeitsbegriffs zu bestimmen.

5.3.3 Die Erwachsenenbildung unter dem Einfluß der Nachbarwissenschaften

Nach dem Zweiten Weltkrieg orientierte sich die Erwachsenenbildung zunächst wie schon in den 20er Jahren an der geisteswissenschaftlich-hermeneutischen Theorietradition der Pädagogik. Dieser Orientierung wurde in den späten 60er Jahren unter dem Einfluß der Sozialwissenschaften und im Zusammenhang mit der Etablierung eines Diplomstudiengangs Pädagogik – Schwerpunkt Erwachsenenbildung – ein abruptes Ende gesetzt. In dem Maße, in dem Erwachsenenbildung sich über den Bezug auf gesellschaftliche Problemlagen definierte und damit eine ‹realistische› Wende vollzog, wurden die empirisch ausgerichteten *Sozialwissenschaften* einschließlich der Psychologie zum Wissensfundus für die Lösung von Legitimations- und Handlungsproblemen.

Anfangs standen bildungsökonomische Theorien im Mittelpunkt. Sie sollten den Qualifikations- und Arbeitsmarktbezug der Erwachsenenbildung analysieren. Aus der Sicht des Manpower- oder Human-Capital-Ansatzes wurde Bildung als Investition begriffen. Um aufzuklären über den ideologischen Charakter bzw. die Pervertierung der Erwachsenenbildung zur Qualifikationsagentur, wurde auf die Politische Ökonomie zurückgegriffen, eine kritische Variante ökonomischen Denkens. Einflußreicher und von länger andauernder Wirkung bis weit in die 70er Jahre hinein war indes die «Kritische Theorie», insbesondere Habermas' Unterscheidung zwischen technisch-instrumentellen, praktischen und emanzipatorischen Erkenntnisinteressen. Mit Hilfe dieser Differenzierung wurde Erwachsenenbildung als emanzipatorische Bildungsinstitution legitimiert und von technisch-instrumentell orientierten Qualifikationseinrichtungen abgehoben.

Mit dem bisher herrschenden Vorurteil, Erwachsene könnten nicht mehr lernen, räumten schließlich *Lernpsychologie* und die *Erwachsenensozialisationsforschung* auf. Damit waren Möglichkeit und Notwendigkeit lebenslangen Lernens begründet, wie sie auch der Strukturplan forderte. In der Folge war daher nicht mehr von Interesse, ob Erwachsene noch lernen können, sondern wie sie lernen. Nachdem Erwachsenenbildung als quartärer Bereich des Bildungssystems anerkannt war und man in den 70er Jahren begann, sie flächendeckend auszubauen, trat die Rezeption von Theorien in den Vordergrund, die für die Gestaltung der Lehr-Lernprozesse innerhalb der Einrichtungen hilfreich zu sein schienen. Lernpsychologische Theorien wurden zur Erhellung der kognitiven und motivationalen Voraussetzungen des Lernens herangezogen. Mit feldtheoretischen Ansätzen und Konzepten der Gruppenpsychologie wurde organisiertes Lernen als ein vielschichtiger, sozial dynamischer Prozeß beschrieben. Mit Hilfe des symbolischen Interaktionismus wurde das Lehren und Lernen in der Erwachsenenbildung als Resultat subjektiver Deutungs- und Interpretationsprozesse in sozialen Situationen analysiert. Berufssoziologische Theorien sollten die Qualifizierung des sprunghaft vermehrten pädagogischen Personals absichern.

Im Zusammenhang der ‹reflexiven Wende› Anfang der 8oer Jahre änderten sich die Bezugstheorien der Erwachsenenbildung noch einmal. Der Deutungsmusteransatz wurde rezipiert zur Analyse individuellen und gesellschaftlichen Bewußtseins. Und Biographie, Lebenswelt, Alltag, subjektive Erfahrungen wurden zu den Stichworten einer entschiedenen ‹Hinwendung zum Teilnehmer›. Mit Hilfe von kultur-, sozialisations- und biographietheoretischen Konzepten wurde der Teilnehmer als Individuum und lebensweltlich eingebundenes Subjekt thematisiert (vgl. DEWE/FRANK/HUGE 1988, NITTEL 1991). Dabei machte der Identitätsbegriff als sozialwissenschaftliche Kategorie Karriere gegenüber anderen, eher philosophischen Konzepten aus dem Bedeutungsumfeld der Teilnehmerorientierung wie den Konzepten Subjekt bzw. Subjektivität. Dies geschah gerade aus einem verstärkten Interesse an empirischer Forschung und theoretischer Analyse gesellschaftlicher Problemlagen.

Die Erörterung des Identitätsthemas schloß an unterschiedliche Theorietraditionen an. So ging es unter Bezugnahme auf die Selbstkonzeptforschung um das Verhältnis von Selbst- und Fremdbild. Unter biographietheoretischem Blickwinkel wurde Identität als Problem personaler Identität ins Zentrum gerückt, und die mit Umbruchsituationen im Lebenslauf verbundenen Identitätskrisen wurden als Lernchancen ausgelegt. Dem Symbolischen Interaktionismus entnahm man die normativ oder deskriptiv verstandene These, Ich-Identität sei die Balance von personaler und sozialer Identität.

Die institutionelle und gesellschaftliche Struktur der Erwachsenenbildung wurde mit Hilfe weiterer Theoriestränge analysiert. Neben betriebs- und industriesoziologischen Untersuchungen, die Mitte der 8oer Jahre in der Zeit der bildungspolitischen Verkündigung einer Qualifizierungsoffensive und des Beginns der Privatisierung von Erwachsenenbildung ins Blickfeld traten, waren dies vor allem Management- und Organisationstheorien. In Absetzung von technisch-instrumentellen Organisationskonzepten, die sich nur schwer mit pädagogischen Orientierungen zusammenbringen ließen, wurden vor allem Konzepte der neueren Organisationstheorie berücksichtigt wie das der Organisationskultur (vgl. SCHÄFFTER 1992). Diese Konzepte ermöglichen es, Einrichtungen der Erwachsenenbildung als labile Sinnzusammenhänge zu beschreiben, in denen eine Vielfalt unterschiedlicher Handlungsperspektiven aufeinander bezogen sind.

Angesichts einer derart vielfältigen Auf- wie Übernahme sozialwissenschaftlicher Theorien wurde besorgt gefragt (vgl. KADE u. a. 1990), was denn die Erwachsenenbildung als eigenständige erziehungswissenschaftliche Teildisziplin ausmache. Ehrwürdig und durch die Geschichte pädagogischen Denkens verbürgt, wiederholte sich das Argument, es sei ihr (moralisches) Engagement für die pädagogische Praxis, ihre Parteinahme für Emanzipation, Mündigkeit und die Bildung der Subjekte, die die Erwachsenenbildung gegenüber Soziologie und Psychologie auszeichne. Abgesehen davon, daß eine solch moralisch überlegene Position mehr Ausdruck von Ohnmacht als realitätsmächtige Perspektive war, gehören Ziele wie Emanzipation oder Subjektwerdung inzwischen zum kulturellen Grund beinahe aller Humanwissenschaften. Aber diese normative Selbststilisierung hatte auch praktische Folgen. Sie ist mit dafür verantwortlich, daß die Theoriebildung sich auf die für pädagogische Ansprüche zumindest partiell offenstehende Volkshochschule konzentrierte und dadurch das Fehlen kontinuierlicher Forschung weiterhin beklagt wird. Es scheint daher fruchtbarer zu sein, die Identität einer Wissenschaft von der Erwachsenenbildung gleichsam konventionell zu begründen – in dem Sinn, daß man sie als Ort institutionalisierter Aufmerksamkeit für die soziale Realität der Erwachsenenbildung bestimmt.

5.3.4 Pädagogische Theorien zur Erwachsenenbildung

Schon in den 20er Jahren entstand ein reiches Schrifttum zur Erwachsenenbildung. Ein kontinuierlicher und breit gefächerter Theoriediskurs setzte aber erst nach dem Zweiten Weltkrieg ein, ausgehend noch einmal von den idealistisch-anthropologischen Bildungskonzepten der Weimarer Republik. Im Mittelpunkt dieser personzentrierten Sicht der Erwachsenenbildung stand der neuhumanistische Bildungsbegriff mit seiner Betonung des einzelnen. Als Maßstab seiner Entfaltung galten die geistig-kulturellen Werte des Bildungsbürgertums. Sie schienen durch den Materialismus industrieller Massengesellschaften bedroht zu sein. Die Rettung aus dieser Gefahr wurde von der Erwachsenenbildung erwartet. Zugleich wurde ihr die Aufgabe der Förderung demokratischen Bewußtseins zugeschrieben. Ja, der Erhalt der Demokratie in Deutschland wurde geradezu von der Erwachsenenbildung abhängig gemacht (vgl. DEUTSCHER AUSSCHUSS FÜR DAS ERZIEHUNGS- UND BILDUNGSWESEN 1969).

Mitte der 6oer Jahre setzte die Phase der Theorieentwicklung ein, die heute unter dem Etikett ‹realistische Wende› der Erziehungswissenschaft verhandelt wird. Die damals diskutierten Theorien begründeten einerseits die Unumgänglichkeit einer grundlegenden Modernisierung und Reformierung der Erwachsenenbildung. Berufliche Qualifikation und kompensatorische Maßnahmen zur Schließung der von der Schule hinterlassenen Bildungslücken wurden zu ihren primären Aufgaben erklärt. Andererseits gab es Theorien, die die Erwachsenenbildung in den Zusammenhang kapitalistischer Ausbeutungsverhältnisse stellten. Aus dieser Sicht wurde ihre Funktion darin gesehen, die (Lohn-)Arbeiter an der Veränderung ihrer Lebensverhältnisse zu hindern.

Die Annahme gesellschaftlichen Fortschritts und eines damit einhergehenden Ausbaus der Bildungseinrichtungen prägt zunächst auch noch die pädagogischen Theorien der 7oer Jahre. Für sie wurde nun allerdings die Auffassung zentral, die Theorie der Erwachsenenbildung sei von der didaktischen Problemstellung her zu entwickeln. Lehr-Lerntheorien (vgl. Siebert / Gerl 1975) wurden daher ebenso in Angriff genommen wie wissenschaftlich begleitete Modellversuche, für die das gut ausgestattete Bildungsurlaubs-Versuchs- und Entwicklungsprogramm der Bundesregierung (vgl. Kejcz u. a. 1979–83) ein herausragendes Beispiel war.

Mit Beginn der 8oer Jahre kamen Konzepte auf, die das ‹Pädagogische› wieder theoriefähig machten und dem Bildungsbegriff neue Aktualität verschafften. Dies geschah vor dem Hintergrund einer Öffnung der Erwachsenenbildung für die Lebenswelt der Teilnehmer (vgl. Breloer / Dauber / Tietgens 1980). Teilnehmerorientierung fungierte dabei zum einen als didaktische Planungskategorie (vgl. Mader / Weymann 1979) und Kriterium pädagogischen Handelns (vgl. Arnold 1985), zum anderen als Einlösung einer subjektiven Aneignungsperspektive.

Diese Neuorientierung schlug sich bei den Konzepten, deren Fluchtpunkt die institutionalisierte Erwachsenenbildung war, in zwei Varianten nieder. Aus der Sicht des pädagogischen Handelns wurde Erwachsenenbildung als pädagogische Situation (vgl. etwa Siebert 1983) analysiert, aus der Sicht der subjektiven Aneignungsprozesse der Teilnehmer als Bildung Erwachsener (vgl. etwa Geissler / Kade 1982) beschrieben. Dieses Spannungsverhältnis von Erwachsenenbildungseinrichtungen und subjektiver Aneignung wurde in der Folge zunehmend theoretisch aufgehellt (vgl. Schmitz 1984).

Radikalisiert wurde das Programm der Teilnehmerorientierung durch eine Verlagerung des theoretischen Interesses von der institutionalisierten zur alltäglichen und selbstorganisierten Bildungsarbeit (vgl. v. Wer-

DER 1980). DAUBER (vgl. 1981) entwarf mit Hilfe der Unterscheidung zweier Lernbewegungen eine Theorie selbstorganisierten Lernens. Hintergrund dieser Theorie, die die Reformhoffnungen verwarf, welche an die institutionalisierte Erwachsenenbildung geheftet waren, bildeten die gesellschaftlichen Erfahrungen der Grenzen des Wachstums. Diese Theorie war daher eng mit ökologischen Themen und Denkformen verknüpft (vgl. HEGER / HEINEN-TENRICH / SCHULZ 1983).

Die Theorie- und Konzeptentwicklung seit dem Ausgang der 80er Jahre verläuft in unterschiedlichen Bahnen. Es findet sich eine Kontinuität des Bezugs der Erwachsenenbildung auf die Überlebensfragen der Menschheit, d. h. die jeweils großen gesellschaftlichen ‹Sorge›-Themen wie Frieden, Frauen, Ökologie, Arbeitslosigkeit, Europa, Fremdheit, Ausländerhaß, Multikulturalität. Dazu gibt es eine wachsende Zahl (vgl. z. B. MÜLLER 1991, GEISSLER 1991) praxisnaher Handlungskonzepte, die meist eher erfahrungsorientiert geschrieben sind. Aber auch didaktische Rezepte und technisches Handlungswissen sind mittlerweile kein pädagogisches Tabu mehr. Während diese Theorien an die Handlungsperspektive der Mitarbeiter und Kursleiter anschließen (vgl. TIETGENS 1992), setzt ein anderer Theorietyp die Thematisierung der Erwachsenenbildung aus der Aneignungsperspektive der Teilnehmer fort. Die Kursleiterzentrierung gängiger Erwachsenenbildungspraxis relativierend, stellt dieser Theorietyp die Differenzen zwischen einer institutionell eingebetteten pädagogischen Strukturierung von Bildungsangeboten und ihrer lebensweltlich geprägten subjektiven Aneignung in den Mittelpunkt. Es ist eine Folge dieser Aufwertung der Aneignungsaktivitäten der Teilnehmer, daß sich Interesse auf die Aneignungsverhältnisse (vgl. KADE 1993) richtet.

Die Frage der *Institutionalisierung* der Erwachsenenbildung ist ein weiterer theoretischer Schwerpunkt. Dabei wird aus unterschiedlichen Blickwinkeln argumentiert. Die traditionelle Sicht hält am Gedanken eines Zentrums der Erwachsenenbildung fest. Ihre Entwicklung wird entsprechend nach dem Modell des Schulsystems als Systembildung der öffentlichen Erwachsenenbildung beschrieben. Eine Variante dieser Position verbirgt sich hinter der These einer mittleren Systematisierung (vgl. FAULSTICH u. a. 1991). Diese Theorie bleibt mit dem Vorschlag von Weiterbildungszentren letztlich dem Modell Volkshochschule verhaftet. Von dieser Position setzen sich einerseits Ansätze ab, die eine universalisierte Erwachsenenbildung als plurale Bildungsgesellschaft (vgl. KADE 1992a) konzipieren und ihren öffentlichen Einrichtungen die Aufgabe zuschreiben, eine pädagogische Infrastruktur bereitzustellen, die ein Bildungsminimum für alle Erwachsenen garantiert; andererseits die

Theorien, die die Ausbreitung der Erwachsenenbildung radikal kritisieren, entweder aus der Sicht der Nichtteilnehmer (vgl. AXMACHER 1990) oder unter dem Gesichtspunkt lebenslangen Lernens (vgl. HEGER 1989).

5.3.5 Forschungsergebnisse und offene Fragen

Die Literatur, die einen Einblick in Einrichtungen, Handlungszusammenhänge und Lernorte der Erwachsenenbildung gibt, ist vielfältig. Meist handelt es sich um mehr oder weniger erfahrungsgesättigte, von Insidern oder Beobachtern geschriebene Praxisberichte. Eine herausragende Stellung nimmt dabei das Handbuch des LANDESINSTITUTS FÜR SCHULE UND WEITERBILDUNG (vgl. 1991) zu Fragen der institutionellen Entwicklung, der Organisation und der Verwaltung im Weiterbildungsbereich ein.

Die empirischen Untersuchungen haben in der Regel einzelne Einrichtungen zum Thema wie den Zweiten Bildungsweg, die gewerkschaftliche Bildungsarbeit, den Strafvollzug, den Fernunterricht, das Tele- oder das Zeitungskolleg, den Bildungsurlaub, die Universität des dritten Lebensalters, die wissenschaftliche Weiterbildung, Evangelische Akademien oder den Bildungsurlaub. Inzwischen gibt es jedoch auch eine Reihe zeitdiagnostisch interessierter Arbeiten, die einzelne Einrichtungen in den Zusammenhang gesellschaftlicher Veränderungen stellen. Das Thema, das diese Untersuchungen verbindet, ist der Wandel traditioneller Einrichtungen und das Entstehen neuer Formen von Erwachsenenbildung unter den Bedingungen der Individualisierung von Lebensformen und Verwissenschaftlichung sozialer Welten.

Einen Schwerpunkt bilden Arbeiten, die Tendenzen der Individualisierung von Institutionen aufzeigen. So weist eine Berliner Studie über selbstorganisierte Projekte (vgl. BECHER/DINTER 1991) eine markante Verknüpfung dieser Projekte mit der biographischen Situation der Mitarbeiter und Initiatoren nach, und zwar in Hinblick auf ihren Entstehungszusammenhang, ihre didaktischen Entscheidungen, ihre Arbeitsformen und weiteren Perspektiven. Eine solche Entwicklungsdynamik biographie- und milieuabhängiger Bildungseinrichtungen prägt offenbar auch die etablierte Erwachsenenbildung, wie Untersuchungen von Kursleitern an Volkshochschulen (vgl. KADE 1989) und von ehrenamtlichen Mitarbeitern in der evangelischen Erwachsenenbildung (vgl. HARNEY/KEINER 1992) zeigen. Diese Befunde sind ein deutliches Zeichen dafür, daß Individualisierung und Biographieorientierung als organisierende Prinzipien inzwischen auch die makrodidaktischen Handlungsebenen der

Programmplanung und der Institutionsdidaktik erreicht haben (vgl. BE-CHER/DINTER/SCHÄFFTER 1993). Daß sich auch das Verhältnis der Teilnehmer zu den Bildungseinrichtungen biographiert und in Richtung auf strategisches Nutzungsverhalten ändert, hat KADE (vgl. 1992b) – als Ergebnis einer Untersuchung von Volkshochschulkursen – zu der These von einer autonomen und pluralen Aneignung von Bildungsangeboten verdichtet. Innerhalb der Institutionen führt die gesellschaftliche Tendenz der Individualisierung und Pluralisierung dazu, daß Bildungseinrichtungen ihre Homogenität verlieren und in ein verschärftes Konkurrenzverhältnis zueinander treten (vgl. DIECKMANN 1989). Sie sind, wie SCHÄFFTER (vgl. 1989) in einer Studie über Berliner Volkshochschulen analysiert, durch eine Organisationskultur bestimmt, deren Merkmal eine Vielfalt von Interessen und Perspektiven ist.

Einen anderen Schwerpunkt setzen Untersuchungen, die Annäherungsprozesse und Gemeinsamkeiten zwischen Bildungseinrichtungen nachweisen, welche bisher eher voneinander abgegrenzt wurden. Eine Bestandsaufnahme von Bildungsinitiativen und -projekten in Niedersachsen (vgl. BEYERSDORF 1991) arbeitet die Zwischenstellung dieser Bildungsinitiativen zwischen sozialen Bewegungen und öffentlicher Erwachsenenbildung heraus. Sie stellt an den Themenbereichen Ökologie, Frieden, Frauen, Therapie und Esoterik Angleichungstendenzen und Wechselwirkungen zwischen alternativen und festen institutionalisierten Bildungseinrichtungen dar. Einerseits sind Bildungsinitiativen gleichsam Pioniere bei der Erschließung neuer Themen und Bildungskonzepte; andererseits streben viele Projekte inzwischen eine institutionelle Absicherung über die Anerkennung im Rahmen von Förderungsgesetzen an. Deutsch-deutsche Annäherung, aber auch Beharrungstendenzen im Volkshochschulbereich analysiert eine Studie von S. KADE/NITTEL/NOLDA (vgl. 1993). Verbindende Merkmale sind vor allem der Subjektbezug und die pädagogische Steigerungsrhetorik bei der Legitimation. Ein Unterschied liegt etwa darin, daß die Volkshochschulen der ehemaligen DDR nicht Pluralität und Vielfalt anstreben, sondern Einheit und Synthese betonen.

Zwar sind Untersuchungen über die etablierten Bildungseinrichtungen weiterhin in der Überzahl; doch mit dem Durchlässigwerden der Grenzen zwischen ihnen wächst auch – und das ist der dritte Schwerpunkt – das Interesse für institutionelle Mischungsverhältnisse. Sie sind berührt in den im Grenzbereich von Erwachsenenbildung und Sozialpädagogik angesiedelten Untersuchungen über Seniorenfreizeitstätten (vgl. DEUTSCHES ZENTRUM FÜR ALTERSFRAGEN 1983). Nophuts Studie zeigt etwa auf, daß die soziale Welt eines Seniorenclubs für die Bildungsprozesse der Teilnehmer meist bedeutsamer ist als das pädagogische Handeln. Ausdrückliches Thema sind solche Mischungsverhältnisse in der Studie von KADE / LÜDERS / HORNSTEIN (vgl. 1993). Sie untersuchen institutionelle Formen der Verbindung von (Erwachsenen-)Bildung, Kultur und Ökonomie jenseits der Zentren pädagogischer Zuständigkeiten. An der Offenen Akademie der Münchner Volkshochschule analysierten sie die Transformation einer pädagogischen in eine Kulturinstitution, am Siemens-Kulturprogramm die Integration pädagogischer Denk- und Handlungsmuster in einen kulturellen Institutionszusammenhang; der Tourismusbereich steht für die Ausbreitung pädagogischer Ansprüche in einen soziokulturell und ökonomisch bestimmten Lebensbereich; die Pädagogische Aktion sowie Outward Bound, eine Variante der Erlebnispädagogik, werden als pädagogische Gegenbewegungen und als Versuche der Gründung neuer pädagogischer Einrichtungen vor dem Hintergrund gesellschaftlich durchgesetzter Pädagogik analysiert.

Pädagogische ‹Mischformen› haben auch die Aufsätze «Pädagogik am Berg» (KRONER / WOLFF 1989) und «Pädagogik am Ball» (HARNEY 1993) zum Gegenstand. Auffallend ist, daß das Forschungsinteresse für pädagogische Handlungszusammenhänge jenseits der Zentren pädagogischer Zuständigkeiten schon auf die staatlich-administrative Ebene vorgedrungen ist. So werden in der vom BUNDESMINISTER FÜR BILDUNG UND WISSENSCHAFT (vgl. 1992) in Auftrag gegebenen neuesten Repräsentativbefragung der deutschen Bevölkerung im Alter von 19 bis 64 zu ihrem Weiterbildungsverhalten erstmals auch im Vergleich zu Lehrgängen und Kursen weniger formalisierte Erwachsenenbildungsveranstaltungen mit berücksichtigt. Bezogen auf diesen Typ von ‹verborgener› Erwachsenenbildung ergibt sich der Befund, daß fast jeder zweite Bundesbürger an ‹weicheren› Formen der Weiterbildung wie Fachmessen, Kongressen, Vorträgen / Halbtagsseminaren, betrieblicher Lernförderung am Arbeitsplatz usw. teilgenommen hat.

All die vorgestellten Untersuchungen setzen die seit den 60er Jahren stattgefundene *Verwissenschaftlichung* von Bildungseinrichtungen und gesellschaftlichen Handlungsfeldern voraus. Die Entwicklung, die hier Voraussetzung war, hat die im Zusammenhang der Verwendungsforschung entstandene Studie über die politisch-kulturelle Bildung einer großstädtischen und einer mittelstädtischen Volkshochschule zum Thema (vgl. THOMSSEN u. a. 1988). Sie zeichnet deren schrittweise Verwissenschaftlichung nach und stellt den Lernprozeß dar, den die aus der Universität mit großem Missionierungsdrang in die Praxis gekommenen pädagogischen Mitarbeiter in der Zeit von 1972 bis Mitte der 80er Jahre machen.

Zukünftige Institutionenforschung hätte die Aufgabe, die Konzepte der angeführten Untersuchungen theoretisch auszuarbeiten, die Ergebnisse über qualitative Vergleichsstudien zu überprüfen und zu differenzieren sowie mit Hilfe von quantitativen Erhebungs- und Auswertungsverfahren die institutionelle Verteilung der Befunde zu analysieren. Es bestehen aber auch noch eine Reihe anderer Desiderate. So betont NITTEL (1992, S. 54) aus der Sicht der Berufspraxis die Wichtigkeit von Untersuchungen über die «eingehüllte Rationalität organisatorischer Strukturen» und die «Dialektik zwischen pädagogischem und organisatorischem Handeln». SCHÄFFTER (1992, S. 160 ff) fordert unter Rückgriff auf neuere Ansätze der Organsiationstheorie institutionelle Realanalysen, die das Zusammenspiel vielfältiger sozialer Handlungszusammenhänge bei der Gestaltung organisierten Lernens in institutionalisierten Feldern untersuchen.

5.3.6 Folgen der Verwissenschaftlichung

Der massive Ausbau der Erwachsenenbildung in den 60er und frühen 70er Jahren war sicher keine Folge der (bildungs-soziologischen) Adressaten- und Teilnehmerforschung. Mit gewisser Berechtigung kann man jedoch sagen, daß die Befunde über die Kluft zwischen Weiterbildungsbereitschaft und Weiterbildungsbeteiligung sowie über die ungleiche Weiterbildungsbeteiligung spezifischer Bevölkerungsgruppen in starkem Maße den institutionellen Ausbau der Erwachsenenbildung gefördert haben. Dieser Erfolg der Defizitanalysen der Adressaten- und Teilnehmerforschung hatte jedoch eine unbeabsichtigte Nebenwirkung, die erst im nachhinein – unter dem Einfluß der Kritik aus der Richtung der selbstorganisierten Erwachsenenbildung – gesehen wurde. Indem Bildung erstens als ein für alle Erwachsenen sinnvolles Ziel unterstellt und zweitens die Teilnahme an Veranstaltungen institutionell organisierter Erwachsenenbildung zum Index von Bildung gemacht wurde, wurden große Teile der Bevölkerung als bildungsabstinent definiert. Diese Konstruktion wurde in dem Maße (auch außerhalb des wissenschaftlichen Symbolisierungszusammenhangs) realitätsmächtig, als Bildung für Erwachsene zum universellen Leitbild, zur Norm, ja zur Pflicht erhoben wurde, d. h. nach einem institutionellen Vorlauf ins Innere der Subjekte eingewandert war. Dies bedeutete für die Individuen, daß sie ihr Leben immer bereits im Blick auf Bildungsangebote erfahren und gestalten; auf Angebote, die man bereits wahrgenommen hat, wahrnehmen kann oder auch muß. Mit der Bildungsgesellschaft wurde die Bildungsbiographie zum allgemeinen Rahmen individuellen Selbstverständnisses.

Diese Entwicklung ist heute noch nicht an ihr Ende gekommen. Aber die gesellschaftliche Ausbreitung und Durchsetzung der Erwachsenenbildungseinrichtungen hat die Umwelt bereits wesentlich verändert, und zwar im positiven Sinn: insofern, als Lernen bei Erwachsenen und älteren Menschen mittlerweile Normalität ist und nicht mehr die (bildungsbürgerliche) Ausnahme; insofern, als tendenziell jeder zu jedem Zeitpunkt überall alles lernen kann und das Lernvermögen insgesamt plastischer und flexibler angenommen wird. Aber neben diesen zweifelsohne positiven Seiten der Universalisierung der Erwachsenenbildung dürfen deren negative Seiten nicht übersehen werden: nämlich eine Tendenz zur Stigmatisierung und Marginalisierung derjenigen Erwachsenen als Bildungsverweigerer, die sich nicht institutionell weiterbilden können oder wollen. Der Nachweis der psychologischen Altersforschung, daß Lernen nicht auf die Erwerbsphase beschränkt werden muß, sondern auch noch im Alter möglich ist, galt ursprünglich als Einlösung emanzipatorischer Ansprüche. Diese Begründung lebenslangen Lernens hat sich heute teilweise schon in einen Leistungsanspruch an ältere Leute verkehrt, weiterlernen zu müssen, wenn sie nicht ins soziale und kulturelle Abseits geraten wollen. In der im Zeichen von Freiheit und Gleichheit entstandenen Bildungsgesellschaft hat sich in entpolitisierter Form die gesellschaftliche Ungleichheit fortgesetzt als Ungleichheit von Bildungschancen und Bildungszwängen. Bildung wird zu einem Unterscheidungsmerkmal, d. h. zu einem Mittel der Identitätsbildung über Abgrenzung von anderen Menschen.

Was bei dem wissenschaftlich mit dem Bildungsgedanken legitimierten Ausbau von Erwachsenenbildungseinrichtungen auch nicht berücksichtigt wurde, ist die Selbsterhaltungs- und Erweiterungsdynamik, die Bildungseinrichtungen bestimmt, wenn sie erst einmal existieren. Waren sie ursprünglich als Mittel zur Bildung der Gesellschaft gedacht, so gibt es heute Anzeichen, daß sie zunehmend zum Selbstzweck werden. Ohne jedes inhaltliche Kriterium wird die reine Quantität, die wachsende Zahl der Veranstaltungen und Teilnehmer zum einzigen Organisationsziel. Statt Mittel zur Lösung von Problemen Erwachsener zu sein, werden die Erwachsenenbildungseinrichtungen zugleich selber zu Problemverursachern, sofern sie nur noch – perfektioniert durch Lebensweltanalysen – das Leben der Erwachsenen daraufhin abtasten, ob es Gründe für die Teilnahme an ihren Veranstaltungen enthält. Forschungen zur Verwissenschaftlichung der Bildungspraxis haben gezeigt, daß mit Wissenschaft, wo sie praktisch wurde, immer auch Machtansprüche gegenüber den Professionellen und den Teilnehmern verbunden waren; man mag darin – dramatisiert – die Kolonisierung der Lebenswelt im Sinne einer verdeckten Enteignung der Subjekte sehen oder nicht. Daß (pädago-gische) Experten – als Person oder in Gestalt der überall ausliegenden Informationsbroschüren und Ratgeber – für die Lösung beinahe aller Probleme hilfreich zur Seite stehen, hat problematische Nebenfolgen mit sich gebracht. Das Leben wird immer schwieriger und scheint für viele kaum mehr bewältigbar, ja, lebbar zu sein, weil mit Allzugänglichkeit pädagogischer Einrichtungen Optimierungserwartungen steigen und die Ängste immer größer werden, Fehler zu machen.

Ein weiteres, wenn auch nicht zwangsläufiges Resultat der Verwissen-schaftlichung des Denkens über die Erwachsenenbildung war die bil-dungspolitisch einflußreiche Fixierung auf die öffentliche Erwachsenen-bildung, insbesondere die Volkshochschule. Dieser selektive Zugang zum Gesamtbereich hatte eine Abwertung selbstinitiierter und beiläufi-ger Lernprozesse zur Folge gehabt mit dem Ergebnis, daß der Bereich der Projekte und Initiativen große Schwierigkeiten hat, als Erwachsenen-bildungseinrichtung staatlich gefördert zu werden. Auch ist die Wis-senschaft nicht gänzlich von der Verantwortung freizusprechen, daß Erwachsenenbildung in der politischen Rhetorik als ‹Allheilmittel› fun-gieren kann. Denn der Mythos von Machbarkeit und grenzenlosem ge-sellschaftlichem wie individuellem Fortschritt, das quasireligiöse Ver-sprechen auf Befreiung von allen Übeln, wie immer sie auch heißen mögen (Entfremdung, Unterdrückung, Armut etc.), hat die akademische Erwachsenenbildung zwar nicht in die Welt gesetzt, so doch dankbar am Leben erhalten.

Literatur

Arnold, R.: Deutungsmuster und pädagogisches Handeln in der Erwachsenenbil-dung. Bad Heilbrunn/Obb. 1985.

Axmacher, D.: Widerstand gegen Bildung. Zur Rekonstruktion einer verdrängten Welt des Wissens. Weinheim 1990.

Becher, M./Dinter, I.: Neuer Arbeitsplatz Weiterbildung. Selbstorganisierte Pro-jekte in der Berliner Weiterbildung. Berlin 1991 (= Schriftenreihe der FU Berlin).

Becher, M./Dinter, I./Schäffter, O.: Selbstorganisierte Projekte in der Weiter-bildung. In: Literatur- und Forschungsbericht Weiterbildung 32 (1993), S. 25–42.

Beyersdorf, M.: Selbstorganisierte Bildungsarbeit zwischen neuen sozialen Bewe-gungen und öffentlichem Bildungssystem. Hamburg 1991.

Breloer, G./Dauber, H./Tietgens, H.: Teilnehmerorientierung und Selbststeue-rung in der Erwachsenenbildung. Braunschweig 1980.

Bundesminister für Bildung und Wissenschaft (Hrsg.): Informationen zu Bil-dung und Wissenschaft. Bonn 1992.

Dauber, H.: Ökologisches und ökumenisches Lernen. Die doppelte Verschränkung der Lernbewegungen. In: Dauber, H. / Simpfendörfer, W. (Hrsg.): Ökologisches und ökumenisches Lernen in der ‹Einen Welt›. Wuppertal 1981, S. 28–63.

DEUTSCHER AUSSCHUSS FÜR DAS ERZIEHUNGS- UND BILDUNGSWESEN: Zur Situation und Aufgabe der deutschen Erwachsenenbildung [1960]. Stuttgart 1969.

DEWE, B. / FRANK, G. / HUGE, W.: Theorien der Erwachsenenbildung. München 1988.

DIECKMANN, B. (Hrsg.): Zwischen Qualifizierungsoffensive und Armutsgrenze. Berliner Volkshochschulen in den achtziger Jahren. Berlin 1989 (= Technische Universität Berlin – Dokumentation Weiterbildung; H. 22).

DEUTSCHES ZENTRUM FÜR ALTERSFRAGEN (Hrsg.): Alltag in der Seniorenfreizeitstätte. Berlin 1983.

FAULSTICH, P. u. a.: Bestand und Perspektiven der Weiterbildung. Das Beispiel Hessen. Weinheim 1991.

GEISSLER, KH. A.: Anfangssituationen. Was man tun und besser lassen sollte. Weinheim / Basel ⁴1991.

GEISSLER, KH. A. / KADE, J.: Die Bildung Erwachsener. München [u. a.] 1982.

HARNEY, K.: Pädagogik am Ball – Zur Problematik pädagogischer Professionalität im Erwachsenensport. In: Oelkers, J. / Tenorth, H.-E. (Hrsg.): Pädagogisches Wissen. Weinheim / Basel 1993, S. 163–179.

HARNEY, K. / KEINER, E.: Zum Profil nicht-hauptberuflicher Arbeit in der kirchlichen Erwachsenenbildung. In: Jütting, D. (Hrsg.): Situation, Selbstverständnis, Qualifizierungsbedarf. Nicht-hauptberufliche MitarbeiterInnen in der DEAE. Frankfurt / M. 1992, S. 197–227.

HEGER, R.: Lebenslanges Lernen und lebenslange Qualifizierung: vornehme Töne und Realität. In: erwachsenenbildung (1989), H. 2, S. 14–16.

HEGER, R.-J. / HEINEN-TENRICH, I. / SCHULZ, TH.: Wiedergewinnung von Wirklichkeit. Ökologie, Lernen und Erwachsenenbildung. Freiburg 1983.

INFRATEST SOZIALFORSCHUNG: Berichtssystem Weiterbildungsverhalten. München 1979 ff.

KADE, J.: Kursleiter und die Bildung Erwachsener. Fallstudien zur biographischen Bedeutung der Erwachsenenbildung. Bad Heilbrunn 1989.

KADE, J.: Die Bildung der Gesellschaft. In: Sozialwissenschaftliche Literatur-Rundschau (1992), H. 24, S. 67–79 (1992a).

KADE, J.: Erwachsenenbildung und Identität. Eine empirische Studie zur Aneignung von Bildungsangeboten. Weinheim ²1992b.

KADE, J.: Aneignungsverhältnisse diesseits und jenseits der Erwachsenenbildung. In: Zeitschrift für Pädagogik 39 (1993), S. 391–408.

KADE, J. / LÜDERS, CH. / HORNSTEIN, W.: Die Gegenwart des Pädagogischen – Fallstudien zur Allgemeinheit der Bildungsgesellschaft. In: Oelkers, J. / Tenorth, H.-E. (Hrsg.): Pädagogisches Wissen. Weinheim / Basel 1993, S. 39–65.

KADE, J. u. a.: Fortgänge der Erwachsenenbildungswissenschaft. Bonn 1990.

KADE, S. / NITTEL, D. / NOLDA, S.: «Werte Bürgerinnen und Bürger! Liebe Teilnehmerinnen und Teilnehmer!» Institutionelle Selbstbeschreibungen von Volkshochschulen in historischen Veränderungssituationen. In: Zeitschrift für Pädagogik 39 (1993), S. 409–426.

KEJCZ, Y. u. a.: Das Bildungsurlaubs-Versuchs- und Entwicklungsprogramm (BUVEB). 8 Bde. Heidelberg 1979–1983.

KRONER, W. / WOLFF, S.: Pädagogik am Berg. Verwendung sozialwissenschaftlichen

Wissens als Handlungsproblem vor Ort. In: Beck, U./Bonß, W. (Hrsg.): Weder Sozialtechnologie noch Aufklärung. Frankfurt/M. 1989, S. 72–121.

Landesinstitut für Schule und Weiterbildung (Hrsg.): Im Netz der Organisation. Ein Handbuch für Menschen in Kultur- und Weiterbildungseinrichtungen. Soest 1991.

Langewiesche, D.: Erwachsenenbildung. In: Langewiesche, D./Tenorth, H.-E. (Hrsg.): Die Weimarer Republik und die nationalsozialistische Diktatur. München 1989, S. 337–370 (= Handbuch der deutschen Bildungsgeschichte, Bd. V).

Mader, W./Weymann, A.: Zielgruppenentwicklung, Teilnehmerorientierung und Adressatenforschung. In: Siebert, H. (Hrsg.): Taschenbuch der Weiterbildungsforschung. Baltmannsweiler 1979, S. 346–376.

Müller, K. R. (Hrsg.): Kurs- und Seminargestaltung. Weinheim/Basel ⁴1991.

Nittel, D.: Report: Biographieforschung, Bonn 1991 (= Pädagogische Arbeitsstelle des Deutschen Volkshochschul-Verbandes; Reihe: Berichte, Materialien, Planungshilfen).

Nittel, D.: Forschungsbedarf aus der Sicht der Berufspraxis. In: Hessische Blätter für Volksbildung 42 (1992), S. 50–56.

Schäffter, O.: «Wenn man etwas Neues machen will, muß man Altes vernichten!» Die Berliner Volkshochschulen in der Selbstbeschreibung ihrer MitarbeiterInnen. In: Dieckmann, B. (Hrsg.): Zwischen Qualifizierungsoffensive..., Berlin 1989, S. 99–163.

Schäffter, O.: Arbeiten zu einer erwachsenenpädagogischen Organisationstheorie. Frankfurt/M. 1992 (= Pädagogische Arbeitsstelle des Deutschen Volkshochschul-Verbandes. Reihe: Forschung, Begleitung, Entwicklung).

Schmitz, E.: Erwachsenenbildung als lebensweltbezogener Erkenntnisprozeß. In: Schmitz, E./Tietgens, H. (Hrsg.): Erwachsenenbildung. Stuttgart 1984, S. 95–123 (= Enzyklopädie Erziehungswissenschaft, Bd. 11).

Schulenberg, W.: Erwachsenenbildung. In: Groothoff, H.-H. (Hrsg.): Fischer-Lexikon Pädagogik [1964]. Frankfurt/M. 1973, S. 65–74.

Seitter, W.: Volksbildung und éducation popular. Systembildungsprozesse und Vereinskulturen in Barcelona und Frankfurt am Main zwischen 1850 und 1920. Bad Heilbrunn 1993 a.

Seitter, W.: Erwachsenenbildung zwischen Europäisierung und nationalen Traditionen. In: Zeitschrift für Pädagogik 39 (1993), S. 427–442 (1993 b).

Siebert, H.: Erwachsenenbildung als Bildungshilfe. Bad Heilbrunn 1983 (= Theorie und Praxis der Erwachsenenbildung).

Siebert, H./Gerl, H.: Lehr- und Lernverhalten bei Erwachsenen. Braunschweig 1975 (= Theorie und Praxis der Erwachsenenbildung, Bd. 49).

Tietgens, H.: Reflexionen zur Erwachsenendidaktik. Bad Heilbrunn 1992.

Thomssen, W. u. a.: Politische Kultur und Sozialwissenschaften. Zum Aufklärungspotential sozialwissenschaftlichen Wissens in der Praxis von Volkshochschulen. Bremen 1988 (= Schriftenreihe der Universität Bremen).

Werder, L. v.: Alltägliche Erwachsenenbildung. Weinheim/Basel 1980.

Rolf Arnold

5.4 Betrieb

Dieser Beitrag wendet sich an Studierende, die nach Abschluß ihres Studiums als ‹Bildungsfachkräfte› in der betrieblichen Bildungsarbeit tägig werden wollen. Es gibt derzeit eigentlich kein Studium, welches ausdrücklich und in erster Linie auf eine solche Tätigkeit vorbereitet. Zwar sah die «Rahmenordnung für die Diplomprüfung in Erziehungswissenschaften», die im März 1969 von der Kultusministerkonferenz beschlossen wurde, auch die Einrichtung eines Studienschwerpunkts «Betriebliches Ausbildungswesen» vor, doch richteten bis 1980 nur elf Hochschulen eine entsprechende Ausbildungsmöglichkeit ein. 1992 studieren bundesweit ca. 100 Studenten diesen Studienschwerpunkt, vor allem an den beiden Universitäten der Bundeswehr (München und Hamburg). Ein wesentliches Defizit dieses ursprünglich geplanten betriebspädagogischen Studienschwerpunkts im Diplompädagogik-Studiengang war die Ausklammerung der fachlich-technologischen Kompetenz, ohne die eine betriebliche Erstausbildung weder konzipiert noch gestaltet werden kann. Ausgeklammert wurde ebenso die *betriebliche Weiterbildung*, die sich ab ca. 1985 als *der* Wachstumsbereich der beruflichen Bildung erweisen sollte (vgl. ARNOLD 1991). Diese Expansion des betrieblichen Erwachsenenlernens hat auch dazu geführt, daß heute tendenziell immer mehr Betriebe sozialwissenschaftlich qualifiziertes Personal, z. B. Absolventen eines Pädagogikstudiums, als Fachkräfte der betrieblichen Weiterbildung einstellen. Dabei haben Absolventen erwachsenenpädagogischer Diplomstudiengänge vor allem dann gute Chancen, wenn sie ‹betriebsnahe› Studienschwerpunkte (z. B. Personalwesen) nachweisen können oder gar selbst vor der Aufnahme ihres Studiums eine betriebliche Erstausbildung oder ein Fachhochschulstudium durchlaufen haben.

Gleichwohl haben sich in den letzten Jahren auch die Berufschancen von ‹Nur-Pädagogen› mit dem Studienschwerpunkt *Erwachsenenbildung* deutlich verbessert. Dies liegt nicht nur an dem mit der Expansion der betrieblichen Weiterbildung verbundenen enormen Bedarf der Wirtschaft an Bildungsfachkräften. Vielmehr müssen sich die Betriebe seit einigen Jahren in immer stärkerem Maße auch um die Förderung der sog. Schlüsselqualifikationen ihrer Mitarbeiter bemühen (wie Selbständigkeit, Kreativität, Problemlösungsfähigkeit usw.), um die Qualität ihrer Produkte und damit ihre Marktposition zu sichern. Persönlichkeits- und Organisationsentwicklung werden deshalb in den neuen Managementkonzeptionen als die zwei Seiten eines ‹lernenden Unternehmens› (learning company) angesehen. Dabei erkennt man immer stärker, daß für die Gestaltung und Förderung dieses Organisationslernens (vgl. SATTELBERGER 1991) auch Fachkräfte mit pädagogischen Kompetenzen notwendig sind. Absolventen des Studiengangs für das Lehramt an berufsbildenden Schulen haben deshalb heute auch gute Chancen, in der betrieblichen Bildungsarbeit einen beruflichen ‹Einstieg› zu finden.

5.4.1 Betrieb – eine betriebspädagogische Grundkategorie?

Doch nicht nur die ‹offiziellen› Rollen der Bildungsmanager, Trainer, Seminarleiter und Ausbilder werden von den qualitativen und quantitativen Wandlungen in der betrieblichen Bildungsarbeit tangiert. Man kann vielmehr feststellen, daß ganze Betriebe sich darum bemühen, zu ‹lernenden Organisationen› zu werden. In solchen wandlungsfähigen Organisationen ist das Lernen nicht mehr in erster Linie eine Angelegenheit, für die die betrieblichen Aus- und Weiterbildner ‹zuständig› sind. Lebenslanges Lernen, Persönlichkeitsentwicklung und Lernen der Organisation werden vielmehr zur Zuständigkeit von allen. Dabei sehen sich insbesondere die Führungskräfte vor das Problem gestellt, ihre Aufgabe weniger im Sinne von Machtausübung als vielmehr im Sinne der Förderung eines ständigen Lern- und Entwicklungsprozesses ‹ihrer› Abteilung wahrzunehmen. Betriebliche Bildungsarbeit erfährt dadurch eine gewisse Dezentralisierung: Sie erwächst zunehmend aus den Fachabteilungen des Betriebes selbst. Hiervon sind die Führungskräfte ebenso betroffen wie die Positionen derer, die in der betrieblichen Bildungsarbeit tätig sind. Während die Rolle der Führungskräfte ‹pädagogischer› wird, entwickeln sich insbesondere die betrieblichen Weiterbildungsfachkräfte immer mehr zu internen Organisationsberatern. Entscheidend ist hier der Hinweis, daß betriebliche Bildungsarbeit sich zwar in der Vergangenheit immer stärker professionalisiert hat, aber gleichwohl nicht mehr nur die ‹Sache› von professionellen Betriebspädagogen ist. Der Wandel der betrieblichen Führungsstile in dem Sinne, daß Wandel durch das Lernen der Organisation gefördert werden muß, führt auch zu veränderten Anforderungen an die Führungskräfte selbst. Davon sind auch die fachlichen Studiengänge betroffen, in denen zukünftige Führungskräfte (Diplomingenieure, Wirtschaftsingenieure u. a.) ausgebildet werden. In diesen kann man sich immer weniger darauf beschränken, eine zunehmende Fülle von immer rascher veraltenden Fachinhalten zu vermitteln; die Entwicklung von pädagogischen Führungsqualifikationen wird vielmehr immer stärker von den Betrieben und den Studierenden selbst nachgefragt. Aus diesem Grund ist eine Beschäftigung mit dem Betrieb als Lernort nicht nur für (zukünftige) pädagogische Professionals von Interesse, sondern auch für diejenigen, die als (spätere) Führungskräfte Funktionen anstreben, in denen sie für den Wandel und das Lernen des ‹Betriebs› als Organisation zuständig sein werden. Mittelfristig werden sich auch die technischen und naturwissenschaftlichen Studiengänge an den Fachhochschulen und Universitäten der Tatsache stellen müssen, daß mit dem immer rascheren Veralten des Fachwissens und der Verbreitung von Datenbanken und Expertensystemen das fachliche Wissen seine zentrale Funktion für den Berufserfolg des einzelnen verliert. Fachwissen muß immer weniger in den Personen selbst ‹gespeichert› werden. Zum Kern der ‹fachlich› notwendigen Kompetenzen gehören vielmehr in immer stärkerem Maße außerfachliche und fachübergreifende Qualifikationen, die viel mit den ‹urpädagogischen› Fähigkeiten gemeinsam haben wie Umgang mit Gruppen, Motivation von Mitarbeitern, Arrangement von Dialogsituationen, Inszenierung von Problemlösungsprozessen, Visualisierung und Dokumentation von Lern- und Entscheidungsprozessen usw. Durch die Entwicklung der Technologieanwendung und der Arbeitsorganisation in den Betrieben erhalten betriebliche Führung und Kooperation somit einen Pädagogisierungsschub von einer Seite, von der man es bislang kaum erwartet hatte. Pädagogische Innovationen müssen deshalb heute in einigen Betrieben bereits nicht mehr *gegen* die Interessen der Führungskräfte und *gegen* die ‹Sachgesetze› der Produktion durchgesetzt werden; sie werden vielmehr von diesen selbst zunehmend eingefordert.

Der Betrieb ist die wohl einzige nicht-pädagogische Institution, in der bereits immer auch pädagogisch gearbeitet, d. h. aus- und weitergebildet wurde. Es handelt sich beim Betrieb somit um eine Einrichtung, die zwar zunächst einem ganz anderen Zweck, nämlich dem des ökonomischen Erfolgs, dient, die jedoch zur mittel- und langfristigen Sicherung gerade dieses Zweckes auch pädagogisch ‹tätig werden› muß. Der spezifischen Konstitution des Betriebs als eines Bereichs, in dem vornehmlich nach Gesichtspunkten der wirtschaftlichen Rentabilität Güter und Dienstleistungen entwickelt und bereitgestellt werden, ist deshalb auch bei der Begriffsklärung im besonderen Maße Rechnung zu tragen. Diese Besonderheit der betrieblichen im Unterschied zur außerbetrieblichen bzw. schulischen Bildungsarbeit findet u. a. ihren Ausdruck in der ärgerlichen Tatsache, daß ein Betrieb, der ökonomisch nicht überleben kann, auch keine Bildungsarbeit veranstalten kann (vgl. ARNOLD 1990, S. 20). Aus diesem Grund wurden bis in die 70er Jahre hinein pädagogische Verbesserungen der betrieblichen Ausbildung von den Betrieben oft mit dem Hinweis auf die Rentabilität abgelehnt oder behindert. So war die betriebliche Bildungsarbeit lange Zeit nur auf das Qualifikationslernen und nicht auch auf Bildung (im Sinne der Entwicklung von Identität) ausgerichtet. Bis zum heutigen Tage stehen die Arbeitgeberverbände und die Kammern einer Ausweitung des allgemeinbildenden Berufsschulunterrichts im dualen System noch überwiegend ablehnend gegenüber, und auch der zweite Berufsschultag pro Woche ist keineswegs schon überall Realität. Es besteht deshalb auch heute noch eine spannungsreiche Beziehung zwischen ökonomischen Prinzipien und Interessen einerseits (z. B. Rentabilität und Kosteneffektivität), pädagogischen Prinzipien andererseits (z. B. Entfaltung der Persönlichkeit). Diese Spannungen konnten lange Zeit nur zum Preis einer unkritischen Harmonisierung und Ideologisierung geleugnet werden. Die Geschichte der *Betriebspädagogik* ist reich an solchen ideologischen Konzeptionen, wie u. a. die vielfältigen Ansätze einer autoritären Betriebspädagogik zeigen (vgl. z. B. ABRAHAM 1957). Erst seit einigen Jahren scheinen sich mit den veränderten Qualifikationsanforderungen, die mit dem Einsatz neuer Technologien und der Anwendung neuer Produktionskonzepte (z. B. Gruppenarbeit) einhergehen, auch Möglichkeiten einer Annäherung zwischen ökonomischer und pädagogischer Vernunft zu ergeben (vgl. LAUR-ERNST 1990).

Aus der spannungsreichen Konstellation zwischen ökonomischen und pädagogischen Prinzipien leiten sich für die Betriebspädagogik grundlegende begriffliche und wissenschaftstheoretische Probleme ab, die es – anders als in anderen Spezialdisziplinen der Pädagogik – kaum möglich erscheinen lassen, auch die betriebliche Bildungsarbeit ‹nur› oder vornehmlich nach Maßstäben der Bildung ‹vermessen› zu können. Die Betriebspädagogik muß als kritische Wissenschaft zwar immer auch die Möglichkeiten einer Gestaltung der ökonomischen Einheit ‹Betrieb› gemäß pädagogischer Kriterien deutlich in den Blick nehmen, doch muß sie sich zunächst auch und in einer für sie grundlegenden Weise mit den nichtpädagogischen Bedingungen und Voraussetzungen des betrieblichen Lernens befassen. Und hierzu muß sie sich zunächst mit der Frage auseinandersetzen, inwieweit die Bildungsansprüche des Individuums überhaupt aus einer Abhängigkeit des pädagogisch Notwendigen vom wirtschaftlich, technologisch und unternehmerisch Möglichen her realisiert werden können. Zu fragen ist dabei auch, ob zu einer weiteren Pädagogisierung und Humanisierung nicht auch notwendigerweise demokratisch verfaßte Kooperationsformen gehören. Eine solche ‹Betriebsdemokratie› liegt auch in der logischen Konsequenz vieler Entwürfe, die in der jüngsten Zeit unter dem Etikett ‹Unternehmenskultur› verbreitet werden. Unternehmenskultur wird dabei vor dem Hintergrund der neueren konstruktivistischen Selbstorganisationskonzepte (vgl. PROBST 1987) als Ausdruck einer sich selbstorganisiert entwickelnden Organisation verstanden. Damit halten Konzeptionen Einzug in das wissenschaftliche Nachdenken über die Entwicklung von Unternehmen, die nicht mehr nur gekennzeichnet sind durch das technokratische Bemühen, ‹alles im Griff› haben zu wollen. Diese Konzeptionen sind vielfach sehr ‹pädagogisch›. Das Aufgreifen solcher Konzepte und das Ausloten von Selbstorganisationspotentialen sowie die Beurteilung angeblicher oder tatsächlicher ‹Sachzwänge›, des technologisch Möglichen sowie der jeweiligen Marktgegebenheiten und Eigentums- und Herrschaftsverhältnisse im Betrieb gehören deshalb ebenso zu den betriebspädagogischen Themenbereichen wie im betriebspädagogisch engeren Sinne die Fragen der Ausbildungsplanung, der methodischen Gestaltung von Weiterbildungsprozessen oder Fragen der Ausbilderqualifizierung.

Der eigentümliche wissenschaftliche Charakter der Betriebspädagogik ist darauf zurückzuführen, daß diese Spezialdisziplin eine pädagogische Deskription und Analyse für die Aus- und Weiterbildung in einer nichtpädagogischen Organisation liefern soll. Damit verbunden ist aber auch die Gefahr, daß zahlreiche Deutungsangebote zur betrieblichen Bildungsarbeit vorgelegt werden, die sich nur auf den ersten Blick als pädagogische Konzeptionen darstellen. Bei genauerer Betrachtung erweisen sich diese Entwürfe häufig als technokratisch-pragmatische Versuche, einen bedeutsamer werdenden Bereich der betrieblichen Entwicklung zu konzipieren und Strategien zu seiner ‹besseren› Gestaltung anzubieten. Solche nicht-pädagogischen Deutungsangebote fußen nicht auf den Denkvoraussetzungen der abendländischen Bildungstheorie. Statt dessen stehen sie bisweilen in der Tradition der humanistischen Psychologie, die sie allerdings technokratisch verfremden und z. B. zu trendsetterischen Entwürfen einer «Humanistischen Managementandragogik» (STIEFEL 1975) umgestalten. Dabei wird allerdings der menschenzentrierte Ansatz der Humanistischen Psychologie vollständig verfremdet. Bei solchen nicht-pädagogischen ‹Infiltraten› handelt es sich kaum um erziehungswissenschaftlich seriöse und empirisch belegte Entwürfe. Oftmals sind sie Ausdruck des geschäftspolitischen Interesses eines freiberuflichen Beraters (Consultant), potentiellen Klienten einen Deutungs- sowie Interpretations- und Rechtfertigungsrahmen für die Bildungsarbeit ihres Unternehmens anzubieten. Bezeichnenderweise sind deshalb weder die Randgruppen und die durch ihre Vorbildung Benachteiligten noch die Weiterbildung der Facharbeiter, d. h. der zahlenmäßig größten Gruppen in den Betrieben, Thema in dieser betriebspädagogischen Managementliteratur.

5.4.2 Historisches zur Betriebspädagogik als der Wissenschaft von der betrieblichen Bildungsarbeit

Die Betriebspädagogik als eine Spezialdisziplin der Pädagogik hat sich erst im Laufe des 20. Jahrhunderts entwickelt. Dabei überwand sie allerdings ihre enge Nähe zu dem betriebswirtschaftlichen Denken bis in die 50er und 60er Jahre hinein nicht wirklich. Zudem ist die Geschichte der Betriebspädagogik der ersten Hälfte des 20. Jahrhunderts die Geschichte einer autoritäts- und hierarchieverbundenen Wissenschaft, die den Anschluß an die bildungstheoretische Reflexion der Pädagogik nicht fand. Erst in den 70er Jahren begann die Betriebspädagogik auch damit, in stärkerem Maße nach den Bedingungen und Möglichkeiten der Entwicklung von Subjektivität im Rahmen der betrieblichen Arbeit und des betrieblichen Lernens zu fragen und damit einen spezifisch pädagogischen Zugang zum Lernen im Betrieb zu konstatieren. Gleichzeitig wurden die Lern- und Bildungschancen im Arbeitsprozeß als ein wichtiges Kriterium für die Humanisierung der Arbeitswelt in die Diskussion eingeführt.

Diese Entwicklung der Betriebspädagogik als einer erziehungswissenschaftlichen Disziplin verlief in drei Phasen: einer Konzeptionsphase, einer Diversifizierungsphase und einer Innovationsphase (vgl. ARNOLD 1990, S. 37 ff):

Konzeptionsphase (1936–1960). In der Konzeptionsphase der Betriebspädagogik entstanden seit den 30er Jahren des 20. Jahrhunderts Versuche, das betriebliche Ausbildungsgeschehen in einer umfassenden Weise zu deuten und eine begründende Theorie zu entwickeln. Dabei konzentrierte man sich überwiegend auf die betriebliche Ausbildung, nicht ohne allerdings über Fragen der Menschenführung und der Kooperation im Betrieb nachzusinnen. Zu erwähnen sind aus dieser Epoche der

Betriebspädagogik vor allem die Arbeiten von Feld (1936) und Geck (1939) sowie in den 50er Jahren die Beiträge von Krasensky (1952), Geck (1953 und 1964) und Abraham (1957). Besonders bei Karl Abraham wird die ‹Vermischung› von konzeptioneller Orientierung und autoritärer Ausrichtung besonders deutlich. ABRAHAM analysiert in seinem wegweisenden Buch «Der Betrieb als Erziehungsfaktor» (1957) die ‹funktionale›, d. h. die beiläufige und unbeabsichtigte Erziehung durch den Betrieb – man würde heute sagen: die Sozialisation durch den Betrieb. Dabei fragt Abraham allerdings nicht nach den behindernden und einschränkenden Faktoren, die sich für die Persönlichkeitsentwicklung des Menschen aus den betrieblichen Bedingungen ergeben. Nicht am Individuum, sondern am Betrieb ist das Denken Karl Abrahams ausgerichtet. Die Ansprüche, die der Betrieb an den einzelnen stellt, werden als gegeben und unabänderbar ‹hingenommen› und nicht hinterfragt. Das Erziehungsrecht ist dem Betrieb naturgemäß gegeben, es kann deshalb dem Betrieb auch von niemandem genommen werden. Abraham distanziert sich deutlich von einer Pädagogik, die an den Selbstverwirklichungsansprüchen des Individuums orientiert ist. Es geht ihm vielmehr darum, nach den Zielen und Bedingungen zu fragen, unter denen der einzelne erfolgreich an die betrieblichen Anforderungen ‹angepaßt› werden kann. Nur so kann die Ordnung des Betriebs und letztlich auch die Bildung des einzelnen gewährleistet werden. Der einzelne begegnet einem prinzipiell ‹rational› geordneten Betrieb als einem «sinnvoll geordneten Sozialgebilde» (ABRAHAM 1957, S. 120), in welchem er sein «Ordnungsbewußtsein» entwickeln, welches er aber nicht durch eigene Ordnungsvorstellungen gestalten könne. Daß der Mensch die betriebliche Ordnung letztlich schaffen und auch verändern bzw. verbessern kann, ist für Abraham und andere Vertreter der autoritären Betriebspädagogik der konzeptionsorientierten Phase kein Thema.

Grundlegendes Theorem der autoritären Betriebspädagogik der 30er und 50er Jahre war die Betriebsgemeinschaft. Der Appell an das Zusammengehörigkeitsgefühl trat an die Stelle von Interessengegensätzen und Konflikten. Ähnlich wie mit dem Konzept der Unternehmenskulturen heutiger Tage versuchten unkritische Pädagogen und zahlreiche Arbeitgeber, betriebliche Probleme auf die menschlich-soziale bzw. ‹familiäre› Ebene des Betriebsgeschehens zu reduzieren und ihre wirtschaftlichen sowie politischen Ursachen auszuklammern: Es sollte – ganz im Einklang mit dem Zeitgeist der 30er Jahre – das Gemeinschaftsgefühl, der Zusammenhalt und letztlich auch die Harmonie in den Betrieben, nicht hingegen die Autonomie und Selbsttätigkeit der arbeitenden Menschen entwickelt werden.

Diversifizierungsphase (1960–1980). – Seit den 60er Jahren lösen sich die betriebspädagogischen Theorieansätze allmählich von dem Anspruch, konzeptionelle Gesamtentwürfe vorzulegen, und wenden sich Teilaspekten der Betriebspädagogik zu (z. B. der Ausbilderqualifizierung). Gleichzeitig bemüht man sich stärker darum, die Gegenstandsbereiche der Betriebspädagogik unter einer sozialwissenschaftlichen Perspektive neu zu konzipieren. Dabei geraten die betrieblichen Macht- und Entscheidungsstrukturen stärker in den Blick. Gefragt wird nach den Voraussetzungen und Möglichkeiten, «berufliche Autonomie» im Rahmen einer «Betriebsdemokratie» zu verwirklichen (Wolfgang Lempert). Gleichzeitig sucht man nach den Möglichkeiten betrieblichen Lernens, in dessen Rahmen auch eine «kritische Kompetenz» (Karlheinz Geißler) entwickelt werden kann.

Innovationsphase (1980 ff). – Seit Beginn der 80er Jahre entwickelt sich in vielen Betrieben ein neues Bewußtsein vom Auftrag und den Zielen der Berufsausbildung. Experimentiert wird mit Ansätzen, die ein anderes Lernen im Betrieb ermöglichen (Projektlernen, Leittextmethode usw.), mit dem Ziel, nicht mehr nur das fachliche Wissen, sondern auch die außerfachlichen Qualifikationen, die sog. Schlüsselqualifikationen (vgl. WILSDORF 1991) der Auszubildenden zu entwickeln. Gleichzeitig müssen die Technikanwendung und die Innovationen selbst zunehmend partizipationsoffen und lernrelevanter gestaltet werden. Insgesamt beginnen die Betriebe, den Akzent der Personalentwicklung stärker auf die Motivation und Mitarbeiterförderung zu legen, weniger auf die Integration, Loyalität und Kontrolle. Unübersehbar gewinnt der ‹humane Faktor› in den neuen Produktionskonzepten und in der betrieblichen Bildungsarbeit an Gewicht, und die Betriebswirtschaftslehre entwickelt sich selbst zunehmend zur Wissenschaft von der Entwicklung menschlicher Qualifikationen und Potentiale. Für die Betriebspädagogik ergibt sich hieraus die Aufgabe, den pädagogischen Gehalt, d. h. die Folgen und Möglichkeiten, die mit diesen Entwicklungen für die Bildung und die Identitätsentwicklung der Mitarbeiter im Betrieb verbunden sind, ständig neu auszuloten und zu hinterfragen. Die Betriebspädagogik hat in den 80er Jahren, wenn auch nur vereinzelt, damit begonnen, die innovativen Ansätze der betrieblichen Bildungsarbeit auszuwerten und in die eigenen Theorieentwürfe zu integrieren (vgl. z. B. BRATER u. a. 1988, GEISSLER 1990). Wichtige Theorieimpulse kommen jedoch auch von der Personalwirtschaftslehre (vgl. JESERICH 1989), die allerdings ein Modell von Mitarbeiterorientierung favorisiert, in das die bildungstheoretischen Reflexionen und Einsichten der Pädagogik erst ansatzweise eingegangen sind.

5.4.3 Strukturen und Entwicklungstendenzen betrieblicher Bildungsarbeit

Um die pädagogische Struktur des Gegenstands ‹Betrieb› adäquat abbilden zu können, wird häufig die betriebliche Ausbildung systematisch von der betrieblichen Weiterbildung unterschieden. Dies ist einerseits sinnvoll, weil berufliche Erstausbildung in den Betrieben sich von der Weiterbildung u. a. hinsichtlich folgender wichtiger Aspekte unterscheidet: Die betriebliche Ausbildung wird durch ein schulisches Lernen ergänzt und flankiert, die betriebliche Ausbildung findet in ‹öffentlicher Verantwortung› statt, d. h., Anforderungen und Qualitätsstandards der betrieblichen Ausbildung sind durch gesetzliche Vorgaben ‹geregelt›, und betriebliche Ausbildung kann in der Regel nicht an eine berufliche Erfahrung der Lernenden anknüpfen. Demgegenüber ist die betriebliche Weiterbildung ein weitgehend ‹rechtsfreier› Raum. Ihre Angebote unterliegen keinerlei Qualitätskontrolle, und auch die in den Betrieben tätigen Weiterbildner müssen keine Qualifikationen nachweisen. Diese strukturellen Unterschiede zwischen der betrieblichen Aus- und Weiterbildung haben u. a. zur Folge, daß die Weiterbildungsmöglichkeiten für die Beschäftigten sehr ungleich sind. Während die Mitarbeiter von Großbetrieben oder von Betrieben in städtischen Regionen eine deutlich größere Chance haben, sich weiterbilden zu können, muß die öffentlich verantwortete Berufsausbildung für ein für alle gleichermaßen zugängliches, möglichst flächendeckendes Grundangebot an Berufsschulen sorgen. Diese strukturellen Unterschiede werden noch dadurch verschärft, daß die berufliche Weiterbildung in den letzten Jahren deutlich zu Lasten der beruflichen Erstausbildung an Bedeutung gewonnen hat. Da insbesondere mit der Anwendung und Verbreitung der neuen Informationstechnologien die Umschlagsgeschwindigkeit des technischen Wissens in einigen Bereichen rapide zugenommen hat, stellt sich eine fachliche Qualifizierung ‹auf Vorrat› für die Betriebe zunehmend als ökonomisch fragwürdig dar. Denn technologischer Wandel führt vielfach auch zum Verfall der einmal erworbenen Qualifikationen. So sagen etwa Fachleute voraus, daß z. B. die Kenntnisse eines Elektroingenieurs in allernächster Zukunft innerhalb von vier Jahren veralten werden (vgl. ARNOLD 1991, S. 167). Für die betriebliche Bildungsarbeit wird dadurch auch die strukturelle Unterscheidung von Erstausbildung und Weiterbildung zunehmend fragwürdig. Da der Erwerb von Spezialkenntnissen ‹auf Vorrat› ausbildungsökonomisch von vielen Betrieben immer weniger als vertretbar angesehen wird, entwickelt sich die betriebliche Berufsausbildung immer stärker zu einer Art sozialisierender beruflicher Grundbildung.

Nicht mehr oder nicht ausschließlich steht die Vermittlung fachlichen Wissens und Könnens im Vordergrund, sondern die fachübergreifenden und außerfachlichen Qualifikationen, sog. Schlüsselqualifikationen. Gleichzeitig verlagert sich die eigentliche fachliche Qualifizierung tendenziell in die betriebliche Weiterbildung.

Mit dieser Tendenz zur Verallgemeinerung der beruflich-betrieblichen Erstausbildung stellt sich die bildungspolitische Frage nach der öffentlichen Verantwortung neu. Denn die Verlagerung der eigentlich fachlichen Berufsbildung in die Weiterbildung hat auch zur Folge, daß berufliche Entwicklungschancen und beruflicher Erfolg und damit Lebenschancen zunehmend weniger von öffentlich kontrollierten Instanzen entschieden werden. Feststellbar ist vielmehr der Trend zu einer Privatisierung des Berechtigungswesens in der beruflichen Bildung: Die eigentliche Berufsqualifizierung findet in einem Rechtsraum statt, nämlich der betrieblichen Weiterbildung, der keinerlei öffentlicher Kontrolle unterliegt. Dies bedeutet jedoch zudem, daß mit der Expansion der betrieblichen Weiterbildung zu Lasten der Erstausbildung auch die Funktion der Zuweisung und Sicherung des gesellschaftlichen Status (‹Allokation›) in immer stärkerem Maß von der Weiterbildung wahrgenommen wird. Diese Strukturveränderungen können mit mehrfachen Verunsicherungen und Gefahren für den einzelnen verbunden sein und außerdem zu einer Erosion der Identität des Erwachsenen beitragen. Erwachsensein kann nämlich immer weniger verstanden werden als Ent-wachsen-Sein aus gesellschaftlichen Lernanforderungen. Lernen wird vielmehr zu einer lebenslangen bzw. lebenslänglichen Notwendigkeit. Fachkompetenz verliert ihre biographische Schutzfunktion. Sie ist kaum noch das Fundament, aus dem der einzelne seinen beruflichen Lebenslauf ableiten kann. Fachkompetenz wird vielmehr zu einem vorübergehenden und prinzipiell auswechselbaren Identitätsbaustein. Berufliche Erstausbildung in Schule und Betrieb wird deshalb auch auf den biographischen Wechsel von Fachkompetenzen vorzubereiten haben.

Eine weitere wesentliche Neustrukturierung der betrieblichen Bildungsarbeit geht vom Wandel der betrieblichen Weiterbildung aus. Diese wird in einzelnen Unternehmen immer weniger im Blick auf den Bildungsbedarf und das Lernen des einzelnen Individuums konzipiert. Als Instanz zur Mitgestaltung und zur Verbesserung der Handlungsfähigkeit betrieblicher Abteilungen zielt die betriebliche Weiterbildung vielmehr auf eine Veränderung des Steuerungspotentials eines Unternehmens. Grundlegend für die Neustrukturierung ist die Überlegung, daß auch der individuelle Lernprozeß nicht losgelöst gesehen werden kann von den systemischen Bezügen (Lebenswelt, Arbeitsplatz, Abteilung), in denen der einzelne steht. «Nicht der einzelne muß lernen, sondern das arbeitende und kooperierende System» – so lautet die neue betriebspädagogische These von der ‹learning company›. An die Stelle eines Lernens für die Organisation tritt das Lernen der Organisation. Dieses Lernen ist sehr viel stärker eingebunden in die Prozesse der Änderung und Entwicklung der betrieblichen Organisation. Es ist einerseits die Voraussetzung für den Organisationswandel, andererseits selbst durch die Ganzheit des organisatorischen Wandels bestimmt. Organisationslernen ist in diesem Sinne zwar auch ein Lernen von einzelnen Menschen – in Gruppen und Teams –, aber in seinem Wesen ist es ein soziales und strukturveränderndes Lernen. Ändern soll sich nicht mehr die Qualifikation des einzelnen, sondern die Organisation als Ganzes. Deshalb liegt das Schwergewicht einer solchen Weiterbildung stärker auf der Entwicklung der sozialen, kommunikativen und konzeptionellen Fähigkeiten.

5.4.4 Bezugsdisziplinen betrieblicher Bildungsarbeit

Mit dem Betrieb beschäftigen sich mehrere wissenschaftliche Disziplinen. An erster Stelle zu nennen ist die *Betriebswirtschaftslehre*, die sich mit der Planung, Organisation und Finanzierung der Produktion in Betrieben befaßt. Für sie ist das ökonomische Prinzip von grundlegender Bedeutung. Die Betriebswirtschaftslehre geht von einer formalen und wertfreien Betrachtung des Betriebs und der Kombination der Faktoren Arbeit, Betriebsmittel und Werkstoffe aus. Ihr Ziel ist es, Modelle einer ökonomisch erfolgreichen Faktorenkombination zu entwickeln und in der Praxis der Unternehmensentwicklung anzuwenden. In letzter Zeit vollziehen sich in der Betriebswirtschaftslehre konzeptionelle Veränderungen, die dem humanen Faktor eine wesentlich stärkere Bedeutung als früher zugestehen. Diese verhaltensorientierten Konzeptionen (vgl. STAEHLE 1989) nähern sich dabei stark einem pädagogischen Paradigma zu Deskription, Analyse und Gestaltung betrieblicher Entwicklung an.

Die *Betriebssoziologie* untersucht demgegenüber die sozialen Beziehungen und das soziale Handeln in betrieblichen Kontexten. Bekannt geworden sind vor allem betriebssoziologische Untersuchungen zur Bedeutung informeller Beziehungen für den Arbeitserfolg und Untersuchungen über die Zusammenhänge zwischen Arbeitserfahrung und gesellschaftlichem Bewußtsein. Zu erwähnen ist auch die Organisationssoziologie, deren systemtheoretische Erklärungsversuche erheblich zu einem besseren Verständnis der System-Umwelt-Beziehungen sowie der funktionalen Differenzierungen in modernen Industriebetrieben beigetragen haben.

Die *Betriebspsychologie* befaßt sich u. a. mit der Arbeitszufriedenheit und den subjektiven Faktoren der Arbeits- und Berufstätigkeit. In den letzten Jahren haben vor allem arbeitspsychologische Forschungen wesentlich zu einer Konkretisierung der Regulierung von beruflichen Handlungen beigetragen. Dadurch gelang es auch, ein empirisch besser belegtes Verständnis von den konkreten Möglichkeiten einer Humanisierung von Arbeit und Qualifizierung zu entwickeln. Für die pädagogische Deskription und die Analyse der betrieblichen Bildungsarbeit liefern die genannten Bezugsdisziplinen wesentliche Grundlagen. Darüber hinaus haben sich in den letzten Jahren die Arbeitswissenschaft, die Personalwirtschaftslehre und die Organisationsentwicklungsforschung und -praxis zu wesentlichen Bezugsquellen für eine seriöse Analyse und Konzeptualisierung der betrieblichen Bildungsarbeit erwiesen.

‹Innerhalb› der Pädagogik haben sich bis weit in die 80er Jahre ‹nur› Berufspädagogen mit Fragen der betrieblichen Bildungsarbeit befaßt. Da die *Berufspädagogik* aber disziplingeschichtlich an den Universitäten fast ausschließlich durch Lehrstühle und Professuren verankert ist, die für die Ausbildung der Lehrer an den berufsbildenden Schulen zuständig sind, erfolgte die betriebspädagogische Forschung ‹durch die Brille› der schulischen Berufsausbildung im dualen System. Weiterbildungsfragen fanden kaum Beachtung. Aber auch von der Erwachsenenpädagogik wurde dieser Bereich lange Zeit ‹übersehen›. Dabei wirkt sich auch aus, daß die Erwachsenenbildungswissenschaft in Deutschland eine noch vergleichsweise junge Disziplin ist und ihr Profil auch nicht an allen Standorten, an denen sie vertreten ist, differenziert entwickeln konnte. Lediglich an zwei Universitäten in den alten Bundesländern existierte der Lehr- und Forschungsbereich «Berufliche Weiterbildung», nämlich an der Universität Bremen und (bis 1988) an der FernUniversität Hagen. An der TU Dresden war der Bereich berufliche Erwachsenenbildung bislang auch vertreten und wird voraussichtlich weiter ausgebaut werden. Gleichwohl ist und bleibt es erstaunlich, daß die Expansion der Weiterbildung und insbesondere der betrieblichen Weiterbildung der Bundesrepublik Deutschland keinen Niederschlag in dem Aufbau entsprechender Lehr- und Forschungskapazitäten an den Universitäten findet. Eher das Gegenteil scheint der Fall zu sein: Während die Weiterbildung boomt, stagniert oder schrumpft gar die Zahl der erwachsenen- und betriebspädagogischen Lehrstühle und Professuren. Gleichzeitig widmen sich außeruniversitäre Forschungseinrichtungen (z. B. Arbeitsgemeinschaft Betriebliche Weiterbildungsforschung e. V.) und nicht-pädagogische Universitätsinstitute (z. B. Soziologisches Forschungsinstitut [SOFI] an der Universität Göttingen) verstärkt der Berufsbildungsforschung zu Fragen der betrieblichen Bildungsarbeit und dabei insbesondere der betrieblichen Weiterbildung. Auch interessengebundene Institutionen wie das Institut der Deutschen Wirtschaft haben in den vergangenen Jahren wichtige Impulse für eine Weiterentwicklung und Verbesserung der wissenschaftlichen Erforschung der betrieblichen Weiterbildung gegeben.

5.4.5 Vielfalt der Ansätze in der Betriebspädagogik

Im Unterschied zu ökonomischen oder soziologischen Erklärungsansätzen hat die «Betriebspädagogik als die Wissenschaft von der betrieblichen Bildungsarbeit» (ARNOLD 1990, S. 17) nicht die betrieblichen Organisations- und Funktionszusammenhänge als solche zum Gegenstand, sondern das Individuum (Auszubildender, Mitarbeiter, Mitarbeiterin) als das in seinen Möglichkeiten zu entwickelnde und zu bildende Subjekt. Betriebliche Organisations- und Funktionszusammenhänge stellen für die Betriebspädagogik nur als Bedingungen, die diese Bildungsprozesse determinieren, d. h. auslösen, fördern oder auch behindern (können), einen Gegenstand dar. Dieser individualpädagogische Fokus der Betriebspädagogik ‹mißt› den Betrieb als Bildungsraum somit an außerbetrieblichen Kriterien. Nicht die Kosteneffektivität, die Kundenzufriedenheit oder andere betriebliche Kennwerte zur Beurteilung des Betriebserfolgs stehen im Vordergrund, sondern die Frage nach dem Verhältnis von Qualifikations- und Persönlichkeitsentwicklung im Betrieb. Die Spannungslage zwischen ökonomischem und pädagogischem Prinzip ist deshalb für die betriebspädagogische Theoriebildung grundlegend. Dabei bewegt sich die Pädagogik gewissermaßen auf feindlichem Terrain. Denn während die Pädagogik ihren Wissenschaftsanspruch aus einem der europäischen Aufklärung entstammenden Bildungsbegriff herleitet und ‹Bildung› geradezu versteht als «Widerspruch zum Gesetzten, zu allem, was nicht weiter befragt werden darf oder befragt wird» (Heydorn), stellt der moderne Industriebetrieb gewissermaßen die Verkörperung alles Gesetzten dar. Es ist das ‹ökonomische Prinzip›, es sind die technologischen ‹Zwänge› und die ‹Marktsituationen›, die scheinbar wenig Gestaltung nach anderen als ökonomischen Kriterien zulassen. Dieses ‹Gesetzte› ist gleichzeitig jedoch auch Grundlage und Voraussetzung dafür, daß es einen Betrieb überhaupt gibt und daß dieser Betrieb Bildungsarbeit ‹machen› kann. Mit dieser Macht des Faktischen wird in den betriebspädagogischen Theorien in unterschiedlicher Weise umgegangen, wobei sich fünf idealtypische Formen identifizieren lassen, die auch für unterschiedliche Theoriestränge und Theorietraditionen in der Betriebspädagogik stehen (vgl. Arnold 1990, S. 20 ff):

1. Die Aufgabe des pädagogischen Prinzips. — Viele betriebspädagogische Ansätze zeichnen sich durch eine ‹instrumentalistische Entschiedenheit› aus. Ohne sich z. B. lange mit bildungstheoretischen Begründungsfragen und mit den Möglichkeiten und berufsethischen Dimensionen pädagogischen Handelns im Betrieb aufzuhalten, gehen diese Ansätze pragmatisch vor. Es werden Bildungstechnologien (Planungshilfen, Lernzielsammlungen, didaktische Pakete, Evaluierungsinstrumente usw.) entwickelt, um die Aus- und Weiterbildungsmaßnahmen der Betriebe zu effektivieren. Ziel ist es, die betriebliche Bildungsarbeit didaktisch präziser und methodisch wirksamer zu gestalten, ohne in einen grundlegenden Dialog über den Bildungsgehalt, die Ziele und Funktionen betrieblichen Lernens einzutreten. Dieser didaktische Pragmatismus ist verständlicherweise bei den Betrieben selbst der vorherrschende Ansatz. Er findet aber auch bei einigen bildungstechnologisch orientierten Erziehungswissenschaftlern Zustimmung (vgl. z. B. Döring 1988). In der Praxis arbeiten die Unternehmen bislang fast nur mit Vertretern einer bildungstechnologisch orientierten Betriebspädagogik zusammen. Gleichwohl ist der Glaube an die bildungstechnologische ‹Machbarkeit› von Qualifikation, Persönlichkeitsentwicklung, aber auch von Schlüsselqualifikationen und Unternehmenskulturen nicht unerschüttert. Mit der zunehmenden Bedeutung von Motivation, Beteiligung und Zufriedenheit sowie Sinnerlebnis in der Arbeitswelt gelangen die bildungstechnologischen Erklärungs- und Gestaltungsansätze rasch an ihre Grenzen. Es kommt nämlich auch in der betrieblichen Bildungsarbeit immer mehr darauf an, daß die Ausbilder und die Weiterbildner offene, d. h. nicht ‹machbare› Such- und Bildungsprozesse ermöglichen können. Hierzu ist ein bildungstheoretisch reflektiertes Kontextbewußtsein erforderlich, das nur im Anschluß an das pädagogische Prinzip entwickelt werden kann.

2. Die Ausklammerung des pädagogischen Prinzips. — Es finden sich jedoch auch vereinzelt betriebspädagogische Argumentationen, die das pädagogische Prinzip nicht aufgeben, sondern lediglich ausklammern wollen. Diese Ansätze gehen von der nicht völlig unberechtigten Skepsis aus, daß Bildungsfunktionen nicht von einem privaten Betrieb, sondern nur in öffentlicher Verantwortung wahrgenommen werden können und sollten. Grundlage ist die Sorge, daß ‹Bildung im Betrieb› letztlich nicht ohne eine gewisse Verfälschung des Bildungsgedankens selbst realisiert werden würde, wenn diese nicht der öffentlichen Berufsbildung vorbehalten bliebe. Angesichts der zunehmenden Bedeutung der betrieblichen Weiterbildung stellt sich allerdings das Problem der öffentlichen Verantwortung beruflicher Bildung heute neu und in einem nicht mehr nur auf die Erstausbildung eingrenzbaren Sinne. Bleibt doch zu klären, welcher öffentliche Lernort im Bereich der Weiterbildung ‹Bildung› zu garantieren vermag. Es spricht einiges dafür, auch in der beruflichen Weiterbildung ein duales System zu entwickeln und z. B. die berufsbildenden Schulen auch in der Weiterbildung stärker zu beteiligen.

3. Die Verfälschung des pädagogischen Prinzips. – In der Geschichte der Betriebspädagogik herrscht – wie bereits angedeutet – ein Theorietypus vor, der das pädagogische Prinzip verfälscht. Insbesondere die Ansätze einer autoritären Betriebspädagogik klammerten die eigentlich pädagogisch bedeutsamen Fragen vollständig aus und beschränkten sich auf Versuche einer pädagogischen Rechtfertigung betrieblicher Führung und Machtausübung. Unterschlagen bzw. eingeebnet wird der pädagogische Anspruch, den einzelnen auch zur Kritik und zum Widerstand gegen entmündigende Realitäten zu befähigen. Diese Ansätze verloren zwar mit der zunehmenden Differenzierung der betriebspädagogischen Fragestellung und mit der stärkeren Anbindung der Betriebspädagogik an die pädagogische Diskussion an Bedeutung; doch lebt die Verfälschung des pädagogischen Prinzips in den zwar marktgängigen, aber unseriöseren Formen einer «Managementandragogik» (STIEFEL 1975) im Sinne einer Führungspädagogik fort. Gemeinsames Kennzeichen all dieser Formen einer ‹Verfälschung des pädagogischen Prinzips› ist, daß sie die notwendige Widerständigkeit der Subjekte in Bildungsprozessen vernachlässigen und die Ziele sowie Möglichkeiten betrieblicher Bildungsarbeit herunterspielen. Im Grunde genommen handelt es sich bei solchen Theorieentwürfen überhaupt nicht um pädagogische bzw. betriebspädagogische Theorien, sondern um die pädagogische Bemäntelung und Neuinterpretation alter Machbarkeits- und Kontrollhoffnungen, die in vielen Betrieben bereits zu den Akten gelegt worden sind.

4. Das Beharren auf dem pädagogischen Prinzip. – Unter diesem Theoriemuster lassen sich Ansätze zusammenfassen, die die Bildungsarbeit der Betriebe unter einen generellen Ideologieverdacht stellen. Für diese Ansätze stellen die Eigentumsverhältnisse, die restriktiven betrieblichen Arbeitsbedingungen und die negativen Auswirkungen abhängiger Erwerbsarbeit unüberwindbare Hindernisse für eine sinnvolle pädagogische Bildungsarbeit im Betrieb dar. Solange sich diese Voraussetzungen nicht geändert haben, müssen alle Versuche der Betriebe, Menschenwürde, Unternehmenskultur und Persönlichkeitsentwicklung durch Bildungsarbeit zu fördern, als ideologische Manöver angesehen werden. Die Betriebspädagogen, die demgegenüber auf dem pädagogischen Prinzip beharren, weisen auch auf die Unteilbarkeit von Menschenwürde und Bildungsrechten hin. Sie interessieren sich deshalb auch nicht bzw. nicht in erster Linie für diejenigen, deren Arbeitsplätze sich im Zuge des technologischen Wandels und der arbeitsorganisatorischen Veränderungen in Richtung auf mehr Autonomie und Selbständigkeit entwickeln. Sie nehmen vielmehr stärker die «Rationalisierungsverlierer» (Kern/ Schumann) und die «Opfer der Qualifizierungsoffensive» (Geißler) in den Blick und wenden sich gleichzeitig gegen die breite Ausgrenzung der Risiken und Probleme der Technikanwendung für die Randbelegschaften, die Gesellschaft und die Umwelt.

Die Praxisrelevanz dieser betriebspädagogischen Entschiedenheit kann allerdings nicht sehr hoch eingeschätzt werden, da die Betriebe selbst in der Vergangenheit eher Distanz zu dieser Richtung betriebspädagogischer Theorieentwicklung hielten. Die entschiedenen Betriebspädagogen suchten allerdings bisweilen auch selbst diese Distanz, hielten sie es doch bisweilen geradezu für illegitim, selbst einen Bereich mitzugestalten, der auch nach Gesichtspunkten der Kostenwirtschaftlichkeit und des ökonomischen Prinzips strukturiert ist. Eine auf konkrete Wirksamkeit, auf Handeln hin ausgelegte Betriebspädagogik kann aus einer solchen Distanz heraus allerdings nicht entstehen.

5. Die pädagogische (Mit-)Gestaltung des Betriebs. – Seit einigen Jahren vollzieht sich in vielen Betrieben sowie in den Organisations- und Managementtheorien ein Wandel der Kooperations- und Führungskulturen, der auch einer Reihe von pädagogischen Zielen sowie gesellschaftlichen Werten entgegenkommt. Zwar ist die Zahl der Theoretiker und der Betriebe, denen es bei diesem Wandel nur um eine rhetorische Neuverkleidung einer unverändert fortdauernden oder gar verfeinerten Kontrolle der Arbeitskraft geht, nicht gering; dennoch eröffnen diese Wandlungstendenzen neue Möglichkeiten für eine pädagogische Gestaltung der betrieblichen Bildungsarbeit. In diesem Zusammenhang erweist sich die Konzeption einer «Befähigung zur Technikgestaltung» (Rauner 1987) immer mehr als möglicher Idealtypus eines betriebspädagogischen Ansatzes, der nicht in Distanz verharrt gegenüber einer nicht-pädagogischen Praxis, sondern sich beteiligt an der pädagogischen Weiterentwicklung dieser Praxis. Grundlegend für den Gestaltungsansatz ist die Auffassung, daß die technische und arbeitsorganisatorische Entwicklung keineswegs nur nach ökonomischen oder technischen Sachzwängen erfolgt, sondern auch durch von Menschen getroffene Entscheidungen ‹gestaltet› wird. Es besteht somit eine Interdependenz zwischen den technischen und den sozialen Gegebenheiten im Betrieb. Arbeit und Technik sind elastische Potenzen, die nicht nur Sachzwanglösungen, sondern auch Begründungslösungen ermöglichen. Hiermit eröffnen sich Gestaltungsspielräume, die auch und gerade für die Vermittlung sozialer Kompetenzen und für die Förderung von Persönlichkeit und Beteiligungsmöglichkeiten genutzt werden können. Eine solche gestaltende Bildungsarbeit ist ‹Führungspädagogik›, insofern sie nach der Professionalität und der Aufgeschlossenheit derjenigen fragt, die von ihrer hierarchischen Position im betrieblichen Gefüge und ihrer Vorgesetztenrolle her Strukturen setzen, Verhaltensformen bestimmen und dadurch das Organisationsklima und die Unternehmenskultur entscheidend prägen. Sie ist aber auch eine «Betriebspädagogik von unten» (Lempert), insofern sie nach der Gestaltbarkeit und der Entwickelbarkeit der Voraussetzungen für den Erwerb sozialer Kompetenzen und für die Entwicklung der Persönlichkeit in den betrieblichen Lern- und Arbeitsprozessen fragt.

Ein anderes zentrales Paradigma für die Konzeption einer betriebspädagogischen Gestaltungstheorie ist das interdisziplinäre Paradigma der Selbstorganisation. Dieses wird seit einigen Jahren auch in der Betriebspädagogik verstärkt diskutiert und ausgewertet (vgl. ARNOLD 1991, S. 33 ff, DÜRR 1989). Hintergrund ist dabei auch die Erfahrung, daß die Anwendung der neuen Industrietechnik zu neuen Formen der Arbeitsorganisation drängt. Nicht mehr Großserien- und Fließbandfertigung, sondern der Einsatz von flexiblen Fertigungssystemen und ihre Steuerung durch ein alle Bereiche vernetzendes multiples rechnergestütztes Kommunikationssystem sind für die ‹Fabrik der Zukunft› kennzeichnend. Diese neuen Formen der Arbeitsorganisation können nur funktionieren, wenn die Mitarbeiter zur Selbstorganisation fähig sind, d. h. Handlungsspielräume durch autonomes Handeln wirksam nutzen können. In den Kernbereichen der industriellen Fertigung läßt sich eine Reprofessionalisierung beruflicher Tätigkeit feststellen. Bislang isolierte Tätigkeiten wie Arbeitsvorbereitung, Instandhaltung und Produktionsplanung verschmelzen. Traf man noch vor wenigen Jahren nur wenige Facharbeiter an den Montagearbeitsplätzen in der Fertigung, so werden heute in der flexibel automatisierten Fertigung in steigendem Maße Anlagenführer und Steuerungsfachleute sowie Wartungskräfte benötigt. An diese Fachkräfte werden neuartige Anforderungen gestellt, die das herkömmliche Qualifikationsprofil des Facharbeiters sprengen. Dabei werden die manuellen Eingriffe in den Bearbeitungsprozeß insgesamt geringer. Sie beschränken sich auf die Aufspanntätigkeit und die Eingabe von Steuerbefehlen an den Tastaturen des Displays. Gleichzeitig gewinnen die dispositorischen, planerischen und programmgestaltenden Vorbereitungsaktivitäten an Bedeutung. Insgesamt erhöhen sich die kognitiven Anforderungen an die Facharbeitertätigkeit zugunsten des abstrakten Denkens. Und auch die Anforderungen an die Kommunikations- und Kooperationsfähigkeiten der Mitarbeiter steigen mit der Einführung neuer flexibler Arbeitsformen. Diese Tendenzen können so interpretiert werden, daß berufliche Bildung die Selbstorganisationsfähigkeit der Mitarbeiter im Betrieb nicht deshalb fördern muß, weil dies bildungstheoretisch wünschenswert ist, sondern weil die Entwicklung der Arbeitsanforderungen dies verlangt. Damit steht auch die betriebliche Bildungsarbeit heute vor einer der neuhumanistischen Bildungsidee sehr verwandten Aufgabe, nämlich der, den einzelnen nicht so sehr (nur) fachlich-inhaltlich, sondern mehr formal zu bilden, d. h. ihn zum freien, autonomen und «ich-haften» Individuum (BRATER u. a. 1988, S. 56) zu entwickeln. Damit heben sich die alten Gegensätze zwischen Allgemeinbildung und Berufsbildung tendenziell auf, die die Berufsbildungsdiskussion über Jahrhunderte bestimmten. Auf der Basis des Konzepts der Technikgestaltung und der Selbstorganisation ist derzeit eine Theorie betrieblicher Bildung im Entstehen, die diesen gewandelten Voraussetzungen Rechnung trägt und die Ansatzpunkte einer pädagogischen Mitgestaltung des Betriebs aufzuweisen vermag.

5.4.6 Erkenntnisstand und offene Fragen betriebspädagogischer Forschung

Während Fragen der betrieblichen Ausbildung seit den 70er Jahren in der Bundesrepublik Deutschland vergleichsweise systematisch und – seit Gründung des Bundesinstituts für Berufsbildung (BIBB), welches ja ursprünglich Bundesinstitut für Berufsbildungsforschung hieß – auch kontinuierlich erforscht wurden, stellt sich das Feld der betrieblichen Weiterbildung bis in die 90er Jahre hinein als eine ‹terra incognita› der betriebspädagogischen Forschung dar.

In den frühen 70er Jahren wurde vor allem die Qualität der beruflich-betrieblichen Ausbildung verschiedentlich untersucht, weil man begründet annahm, daß die in vielen Betrieben anzutreffenden Bedingungen eine Entwicklung der Persönlichkeit der auszubildenden Jugendlichen eher behinderten als förderten. Die beginnende *Lehrlingsforschung* identifizierte folgende Problembereiche betrieblicher Bildung: Planmäßigkeit und Systematik der Ausbildung, Vorhandensein von Lehrwerkstätten oder Lehrecken, Verhältnis von theoretischer und praktischer Ausbildung, die (fachliche und pädagogische) ‹Eignung› der Ausbilder, die Einhaltung des Jugendarbeitsschutzgesetzes, die Ausnutzung der jugendlichen Arbeitskraft, der (unzureichende) technologische Stand in den ausbildenden Betrieben und die Erfahrung bzw. ‹Erduldung› restriktiver Strukturen. Diese Ausbildungskritik, die insbesondere die ausbildenden Handwerksbetriebe traf, trug mit dazu bei, die Qualitätsstandards betrieblicher Ausbildung neu zu definieren und ihre Einhaltung durch entsprechende Verordnungen (z. B. Ausbildereignungsverordnung) zu gewährleisten. Im weiteren Laufe der 70er Jahre wurden auch die politischen Sozialisationsprozesse, die in der Ausbildung ablaufen, systematischer analysiert, um u. a. Aufschluß zu der Frage zu gewinnen, wie ‹der Betrieb› die Persönlichkeit und das politisch-moralische Denken und Handeln von Jugendlichen prägt. Andere Untersuchungen nahmen die Berufswahlentscheidungen, Fragen des Zusammenhangs zwischen Bildungsabschluß und Ausbildungschancen sowie die Problematik der Jugendarbeitslosigkeit in den Blick. Weitere Gebiete einer im weitesten Sinne betriebspädagogisch orientierten Ausbildungsforschung waren z. B. die Planung und Entwicklung von Ausbildungsordnungen sowie die Entwicklung der Einstellungen von Jugendlichen zu Arbeit und Beruf.

Die berufs- und betriebspädagogische Forschung der 80er Jahre ist durch eine weitere Diversifizierung der Fragestellungen gekennzeichnet. Insbesondere im Bereich der *Prognoseforschung* wurden neue Akzente gesetzt, wobei auch u. a. die beiden Bücher «Das Ende der Arbeitsteilung» von KERN und SCHUMANN (1984) und «Fabrik 2000. Alternative Entwicklungspfade in die Zukunft der Fabrik» (BRÖDNER 1986) wichtige Diskussionsprozesse auslösten und häufig zitiert wurden. Daneben wurden die Längsschnittstudien zum Zusammenhang zwischen Berufserfahrung und moralischem Bewußtsein weitergeführt, wobei man sich bei der Präsentation der Ergebnisse auch stärker mit der Frage der unterrichtlichen bzw. ausbildungsbezogenen Konsequenzen befaßte (vgl. LEMPERT 1988). Grundlegende Einsichten erbrachten auch die zahlreichen Modellversuche des Bundesinstituts für Berufsbildung, die systematisch evaluiert und von der Berufs- und Betriebspädagogik ausgewertet wurden. Sie widmeten sich u. a. der Weiterentwicklung, Aktualisierung und Erprobung von Ausbildungsgängen, der Integration neuer Technologien in Berufsausbildungsgänge, der Erprobung neuer Ausbildungsmethoden und der Förderung gestalterisch-kreativer Fähig-

keiten in der Berufsausbildung, der Berufsvorbereitung von jugendlichen Problemgruppen (Lernschwache, Lernbeeinträchtigte), der Berufsausbildung ausländischer Jugendlicher und Erwachsener usw. Von
grundlegender Bedeutung für die berufliche Bildung war die Neuordnung der Metall- und Elektroberufe, die 1987 abgeschlossen werden
konnte. Bei dieser Neuordnung wurde erstmals der weite Qualifikations-
begriff ‹kodifiziert›, der auch die Vermittlung grundlegender Fähigkeiten
zur selbständigen Planung, Durchführung und Kontrolle in der Ausbildung verlangt. Die wissenschaftliche Begleitung entsprechender Reali-
sierungsversuche war deshalb für die didaktisch-methodische Weiterentwicklung der betrieblichen Ausbildung von zentraler Bedeutung.

Nur zögerlich wandte sich die betriebspädagogische Forschung dem
Bereich der Weiterbildung zu. Dem vom Bundesministerium für Bildung und Wissenschaft in Auftrag gegebenen Gutachten zufolge resultiert aus dieser Vernachlässigung auch die weitgehende Undurchsichtig-
keit der betrieblichen Weiterbildung. Man verfügt nur über lückenhafte
Kenntnisse hinsichtlich der Strukturen, der Reichweite und des Ausmaßes der betrieblichen Weiterbildung (vgl. BUNDESMINISTER FÜR BIL-
DUNG UND WISSENSCHAFT 1990). Wesentliche Forschungsdefizite und
-perspektiven zeichnen sich – folgt man den Ergebnissen der erwähnten
Gutachten – aus betrieblicher Sicht insbesondere in den Bereichen allgemeine Datenlage, Unternehmenskultur, Planung und Steuerung betrieblicher Weiterbildung, weiterbildungsbezogener Einfluß und Folgen
der neuen Techniken, die Zielgruppen betrieblicher Weiterbildung, die
Gestaltung der didaktisch-methodischen Entscheidungsfelder, die Erfolgskontrolle, der Zusammenhang zwischen Weiterbildung und EG-
Binnenmarkt und der Gesichtspunkt der Markttransparenz (gemeint:
auf dem Markt der Weiterbildungsanbieter). Aus der Sicht der Arbeitnehmer werden teilweise andere Forschungsdefizite und Forschungsbe-
darfe genannt: So stehen die Aspekte der sozialen Selektion (Teilneh-
merauswahl), Segmentation (Zergliederung des Weiterbildungsmarkts)
im Vordergrund des Forschungsinteresses, da man nicht übersehen
kann, daß die Chancen zur Teilnahme an betrieblicher Weiterbildung
sozial sehr ungleich verteilt sind. Doch auch die Bedingungen des Lernens in der betrieblichen Weiterbildung und die Frage nach dem Einsatz
neuer Methoden werden als wichtiges Forschungsgebiet ‹aus Arbeitneh-
mersicht› bezeichnet. Analysebedarf wird schließlich auch im Hinblick
auf die betrieblichen und überbetrieblichen Entscheidungs-, Steuerungs-
und Kontrollprozesse betrieblicher Weiterbildung angemahnt (vgl.
BUNDESMINISTER FÜR BILDUNG UND WISSENSCHAFT 1990, S. 486 ff).

Weitere wesentliche Bereiche einer zukünftigen Erforschung der betrieblichen Weiterbildung sind aber auch die Frage nach der Rekrutierung und Qualifikation derer, die in den Betrieben Weiterbildungsangebote planen, durchführen und kontrollieren.

Literatur

ABRAHAM, K.: Der Betrieb als Erziehungsfaktor. Die funktionale Erziehung durch den modernen wirtschaftlichen Betrieb. 2. verb. Aufl. Freiburg 1957.

ARNOLD, R.: Pädagogische Professionalisierung betrieblicher Bildungsarbeit. Frankfurt/M. [u. a.] 1983 (= Studien zur Erziehungswissenschaft; Bd. 17).

ARNOLD, R.: Betriebspädagogik. Berlin 1990 (= Ausbildung, Fortbildung, Personalentwicklung; Bd. 31).

ARNOLD, R.: Betriebliche Weiterbildung. Bad Heilbrunn 1991 (= Theorie und Praxis der Erwachsenenbildung).

ARNOLD, R./MÜLLER, H.-J.: Berufsrollen betrieblicher Weiterbildner. In: Berufsbildung in Wissenschaft und Praxis 21 (1992), Heft 5, S. 36–41.

BRATER, M. u. a.: Berufsbildung und Persönlichkeitsentwicklung. Stuttgart 1988.

BRÖDNER, P.: Fabrik 2000. Alternative Entwicklungspfade in die Zukunft der Fabrik. Berlin [3] 1986.

BUNDESMINISTER FÜR BILDUNG UND WISSENSCHAFT (Hrsg.): Betriebliche Weiterbildung. Forschungsstand und Forschungsperspektiven. [Zwei Gutachten.] Bonn 1990 (= Schriftenreihe Studien zu Bildung und Wissenschaft; Bd. 88).

DÖRING, K. W.: Lehren in der Weiterbildung. Ein Dozentenleitfaden. Weinheim/Basel 1988.

DÜRR, W. (Hrsg.): Organisationsentwicklung als Kulturentwicklung. Einübung in die Wahrnehmung eines Ganzen. Baltmannsweiler 1989 (= Schriftenreihe Wirtschaftsdidaktik, Berufsbildung und Konsumentenerziehung).

GEISSLER, H. (Hrsg.): Neue Aspekte der Betriebspädagogik. Frankfurt/M. 1990.

JESERICH, W.: Top-Aufgabe. Die Entwicklung von Organisationen und menschlichen Ressourcen. München/Wien 1989 (= Handbuch der Weiterbildung für die Praxis in Wirtschaft und Verwaltung; Bd. 8).

KERN, H./SCHUMANN, M.: Das Ende der Arbeitsteilung? Rationalisierung in der industriellen Produktion. München 1984.

LAUR-ERNST, U. (Hrsg.): Neue Fabrikstrukturen – veränderte Qualifikationen. Berlin 1990.

LEMPERT, W.: Moralisches Denken. Seine Entwicklung jenseits der Kindheit und seine Beeinflußbarkeit in der Sekundarstufe II. Essen 1988.

PÄTZOLD, G. (Hrsg.): Handlungsorientierung in der beruflichen Bildung. Frankfurt/M. 1992.

PROBST, G. J. B.: Selbst-Organisation. Ordnungsprozesse in sozialen Systemen aus ganzheitlicher Sicht. Berlin/Hamburg 1987.

RAUNER, F.: Zur Konstitution einer neuen Bildungsidee: «Befähigung zur Technikgestaltung». In: Drechsel, R. u. a. (Hrsg.): Ende der Aufklärung? Zur Aktualität einer Theorie der Bildung. Bremen 1987, S. 226–298.

SATTELBERGER, TH. (Hrsg.): Die lernende Organisation. Konzepte für eine neue Qualität der Unternehmensentwicklung. Wiesbaden 1991.

STAEHLE, W. H.: Management. Eine verhaltenswissenschaftliche Perspektive. München 1989.

STIEFEL, R. TH.: Humanistische Management-Schulung. Ansätze zu einer management-andragogischen Neuorientierung im Unternehmen. Frankfurt/M. 1975.

STRATMANN, K.: Didaktische Implikationen der Neuordnung von Ausbildungsberufen – Anspruch und Probleme im Bereich der neugeordneten industriellen Metall- und Elektroberufe. In: Arnold, R./Lipsmeier, A. (Hrsg.): Betriebspädagogik in nationaler und internationaler Perspektive. Baden-Baden 1989, S. 211–238.

WILSDORF, D.: Schlüsselqualifikationen. Die Entwicklung selbständigen Lernens und Handelns in der industriellen und gewerblichen Berufsausbildung. München 1991.

6 Lehre und Forschung

6.1 Methoden erziehungswissenschaftlicher Forschung 1: Hermeneutische Methoden

6.1.1 Vom Sinn der Forschungsmethoden für die Pädagogik

Forschungsmethoden und entsprechende Studienangebote werden von den Studierenden der Erziehungswissenschaft nicht sehr geliebt. Man absolviert sie mehr oder weniger lustlos, weil der Studienplan es vorsieht, aber nahezu jeder fragt, warum diese Anstrengung notwendig ist. Forschungsmethoden mögen für jene nützlich sein, die später in der Wissenschaft arbeiten, aber in der pädagogischen Praxis, in Erziehungsberatung, beruflicher Weiterbildung oder der Erwachsenenbildung? Korrelationskoeffizienten, der hermeneutische Zirkel, das narrative Interview, die Inhaltsanalyse und was sonst noch gelehrt wird, scheinen hier überflüssig, reichlich fern vom beruflichen Alltag.

Man könnte derartigen Bedenken entgegnen, daß Forschung auch in der Erziehungswissenschaft unentbehrlich ist, daß sie nicht nur Wissen von anderen Disziplinen importieren kann, sondern auch aus Forschung selbst entwickeln muß, d. h. aus der systematischen, methodisch begründeten, reflektierten und überprüfbaren Beobachtung, Beschreibung und Rekonstruktion historischer und gesellschaftlicher Wirklichkeiten. Erst dann gibt es andere, vielleicht sogar besser geprüfte Erkenntnisse, als sie z. B. in journalistischen Reportagen, genialen Einfällen oder plötzlichen Erleuchtungen vorliegen. Keine wissenschaftliche Ausbildung kann deshalb auf die Vermittlung derjenigen Verfahren verzichten, mit denen sie eigene Erkenntnisse gewinnen kann.

Für zukünftige Pädagogen könnten solche wissenschaftsimmanenten Begründungen aber nur äußerliche Argumente bleiben. Doch auch für den Praktiker gibt es zumindest zwei handfeste Gründe, in den Forschungsmethoden mehr als nur eine lästige Hürde zu sehen. In einer Situation, in der man jeden Tag mit – nicht selten widersprüchlichen – Forschungsergebnissen konfrontiert wird, ist es hilfreich, wenn man die Qualität solcher Aussagen selbst einschätzen kann. Wenn also wieder einmal eine Umfrage zu dem Ergebnis kommt, daß die Jugend von heute durch eine tiefgreifende Null-Bock-Mentalität, politisches Desinteresse oder andere Fehler gekennzeichnet sei, dann tut ein Pädagoge gut daran, derartige Behauptungen erst einmal zu prüfen, um sich nicht an Problemen abzuarbeiten, die nur durch schlechte Forschung oder ungeprüfte Theorien entstehen. Solche Methodenkompetenz kann aber auch stützend für die eigene praktische Arbeit sein: Oft genug kommt man ja in die Lage, zur Durchsetzung der eigenen Interessen und zur Verbesserung der Arbeitsmöglichkeiten die wirklichen Probleme dokumentieren zu müssen und dafür Daten vorzulegen, die ‹schlagend› sind. Wer z. B. etwas über den Bedarf von Weiterbildung in einem Betrieb, über die Nachfrage in einem Freizeitheim oder die Effizienz von Beratungsangeboten aussagen möchte, kann seine Position überzeugend nur darlegen, wenn seine Schlußfolgerungen und Forderungen auf wissenschaftlich erzeugten und gut geprüften Daten basieren. Und diese Daten wird man meist, wohl oder übel, selbst erheben müssen, weil man sie sonst nicht hat. Die Beherrschung und Kenntnis von Forschungsverfahren sind also unverzichtbare Bestandteile einer wissenschaftlich fundierten pädagogischen Handlungskompetenz. Sie schaffen Distanz gegenüber dem wissenschaftlichen Bluff, helfen in der Diagnose von Problemen und befördern die eigene Praxis.

6.1.2 Wissenschaften, Methoden und Kontroversen

Methodenkompetenz ist also unentbehrlich, aber, man muß ehrlich sein, nicht leicht zu erwerben. Die Schwierigkeiten beginnen schon bei dem Versuch einer Klärung, was eigentlich legitime Forschungsverfahren sind. Ein Blick in die einschlägige Literatur fördert nämlich meist nur eine verwirrende und schwer überschaubare Vielfalt von Programmatiken, methodologischen Konzepten, konkreten Rezepten und wissenschaftstheoretischen Kontroversen ans Tageslicht. Es bedarf einer Schneise durch das Dickicht, und wir versuchen uns daran. Dabei wollen wir nicht mit den Lehrbüchern konkurrieren, in denen diese verschiedenen Ansätze, methodischen Verfahrensweisen und ihre Begründungen systematisch und umfassend geordnet und bewertet werden (vgl. z. B. LAMNEK 1988, 1989, FLICK u. a. 1991). Im Rahmen dieser Einführung wollen wir zunächst ein Verständnis von ‹Methode› und einen Sinn für die Kontroversen zwischen grundlegenden Methodenkonzepten vorbereiten, bevor wir exemplarisch Forschungsverfahren vorstellen, die in der Erziehungswissenschaft gegenwärtig dominieren.

Wir gehen dabei von der Überlegung aus, daß Forschungsmethoden weniger für sich von Interesse sind denn als mehr oder weniger taugliche Hilfsmittel, Strategien und Techniken zur Beantwortung konkreter Fragen über eindeutig bestimmte Probleme. Über Methoden zu sprechen, ohne auf die Probleme zu blicken, die sie lösen sollen, könnte leicht zu dem Ergebnis führen, daß man Lösungen erhält für Probleme, die man gar nicht hat. Dementsprechend macht es auch wenig Sinn, über den Einsatz von Methoden zu reden, wenn man nicht zugleich über die Fragestellung spricht, die untersucht werden soll, und den Analysegegenstand, der Thema wird. Also: «Über Methoden und Methodologien sollte man eigentlich nichts Theoretisches schreiben» (SOEFFNER 1989a, S. 51). Aber das ist, paradox genug, selbst ein sehr theoretischer, nämlich wissenschaftstheoretischer Satz, der zum Glück gute Argumente für sich hat. Er nimmt nämlich Abschied von einer Tradition, in der über Wissenschaft abstrakt gesprochen wurde, ohne Ansehen ihrer Praxis oder nur im Blick auf eine einzige, als allgemeingültig unterstellte Praxis.

Eine Zeitlang haben vor allem Wissenschaftstheoretiker die Hoffnung und den Glauben genährt, mit einer einzigen Gestalt von Wissenschaft und einer einzigen Methode der Forschung alle Probleme des Wissens und Handelns lösen zu können. Am Modell der so überaus erfolgreichen Naturwissenschaften schien man lernen zu können, welchen Standard Theorien, Fragestellungen und Methoden haben müßten, welche Qualität man von den Operationen erwarten darf, in denen Wirklichkeit repräsentiert wird, und daß erst präzise Messungen, möglichst mit Ergebnissen, die sich in Zahlen ausdrücken lassen, die eigenen Annahmen prüfbar machen. Zu den Hoffnungen zählte auch, daß es nur ein Schema der Erklärung gibt, mit dem alle wissenschaftlichen Fragen in allen Disziplinen beantwortet werden können. Die anderen Wissenschaften, vornehmlich solche, die für eigene Probleme und Methoden, z. B. für das ‹Verstehen› plädierten, schienen hoffnungslos veraltet, eher Aberglaube als Wissen darzustellen.

Heute sind diese hohen Ansprüche der einheitswissenschaftlichen Programme selbst historisch geworden. Es gibt nicht nur eine Ernüchterung über die überspannten Erwartungen, sondern auch – angesichts der Praxis der Wissenschaften – genauere Einsichten in die Gemeinsamkeiten und Unterschiede zwischen den Wissenschaften, und sie sind anders verteilt, als man früher gedacht hatte: Zu den Gemeinsamkeiten zählt

u. a., daß jede Wissenschaft theoretisch strukturiert ist, das Thema ihrer Erkenntnis und die Verfahren seiner Bearbeitung konstruktiv entwirft, mit passenden Methoden der Repräsentation von Wirklichkeit und der Prüfung von Behauptungen arbeitet, eingebettet in die logische Struktur einer Argumentation. Aber dieses gemeinsame Gefüge von Merkmalen erzeugt zugleich die Unterschiede: die Vielfalt präzise gegeneinander abgegrenzter Themen, die offene Menge an Methoden, mit denen die Wirklichkeit oder die theoretischen Probleme erzeugt und dokumentiert werden, die Fülle an Verfahren, mit denen Realität ‹gemessen› und Befunde dargestellt und geprüft werden können. Mit anderen Worten: Das, was ich jeweils beobachte, hängt davon ab, was ich überhaupt wissen möchte, mit Hilfe welcher Methode ich hinsehe und welches Material (z. B. Fragebögen, Interviews, Dokumente) ich analysiere. Wer etwas über die Rituale jugendlicher Gangs erfahren möchte, ist schlecht beraten, wenn er mit einem ausgefeilten Fragebogen anrückt. Besser wäre es, teilnehmend zu beobachten. Und umgekehrt ist es wenig ergiebig, Jugendliche tagelang zu beobachten, wenn man etwas über ihre politischen Einstellungen erfahren möchte; hier könnten Fragebögen oder Interviews erfolgversprechender sein.

In der bunten Vielfalt von Wissenschaften sind es also vor allem die Methoden und die ihnen innewohnenden Annahmen über die Wirklichkeit, die plausible Klassen von Wissenschaften unterscheidbar machen und den Sinn alter Kontroversen klären, z. B. zwischen ‹erklärenden› und ‹verstehenden›, ‹Natur-› oder ‹Geistes›wissenschaften, ‹quantitativ› oder ‹qualitativ› argumentierenden Disziplinen. Sie unterscheiden sich in ihren konkreten Annahmen und Arbeitsschritten, aber sie bleiben doch ‹wissenschaftlich›, auf Forschung gestützt, an prüfbaren Behauptungen interessiert.

Verschieden sind die Annahmen und Themen: ‹Natur› ist ein anderes Thema als ‹Sinn› oder ‹Geist› und ‹Bedeutung›. Jedes dieser Themen verlangt andere Zugänge in der Forschung, z. B. das Experiment und die wiederholbare Messung oder die Auslegung eines Textes und die Kritik einer Interpretation. Der Vielfalt sind hier keine Grenzen gesetzt: Neben den klassischen verstehenden Untersuchungen gibt es inzwischen weitere Formen der Aufklärung von Sinn, «dichte Beschreibungen» (GEERTZ 1983) z. B. in der kulturanthropologischen Forschung oder die phänomenologische Analyse. Sie bemüht sich, in einer Vielfalt von Ansätzen die Realität, unverstellt von theoretischen Voreinstellungen und Vorurteilen, beschreibend zur Geltung zu bringen, auch dann noch, wenn sie – wie Dinge oder Körper – nicht in Texten gegenwärtig sind (vgl. WALDENFELS 1992, MEYER-DRAWE 1987). Auch vom Produkt her

gesehen ergeben sich Differenzen, andere Formen der Repräsentation
von Ergebnissen: Zahlen und Statistiken oder die Manifestation von
Sinn, wie sie in Zitat oder Paraphrase vorliegt (aber die Differenz zwischen ‹Zahl› und ‹Wort› reicht zur Unterscheidung von ‹Natur-› und
‹Geistes›wissenschaften nicht aus: ‹Sinn› erlaubt durchaus Quantifizierung, ‹Natur› gelegentlich nur [morphologische] Beschreibung). Basale
Operationen – wie das ‹Verstehen› oder ‹Erklären› – darf man deshalb nur
als pragmatische Abkürzungen verstehen, in denen komplexe Operationen der wissenschaftlichen Arbeit typisierend gebündelt werden.

Geklärt wurde in diesen Debatten auch die kontroverse Frage, ob sich
Wissenschaften, und dann auch die Erziehungswissenschaft, nicht am
ehesten nach ihrer sozialen Funktion bestimmen und unterscheiden lassen müßten, an der Frage etwa, ob sie für die Befreiung des Menschen
denken und forschen oder an seiner Zurichtung und Kontrolle arbeiten.
Geklärt sind diese Fragen insofern, als sich in einem eindeutigen Sinn
eine solch strikte Verknüpfung von Theorie- und Methodenkonzepten
nicht aufweisen läßt. Die Qualität von Wissenschaft entscheidet sich in
der Forschung; in der Nutzung sind dagegen die Nutzer autonom, jedenfalls läßt sich die Verwendungsweise des Wissens weder wissenschafts-
theoretisch vorwegnehmen noch methodologisch steuern.

Am Beispiel der *‹Text›wissenschaften* läßt sich diese Mischung von
Gemeinsamkeiten und Differenzen noch einmal charakterisieren: Sie
sind Wissenschaften wie alle, weil sie von theoretischen Annahmen und
Hypothesen aus ihre Probleme formulieren und entfalten, in einem kontinuierlichen Forschungsprozeß bearbeiten und immer nur widerrufliche
Geltung haben; sie unterscheiden sich von anderen, z. B. formalen Disziplinen (Logik, Mathematik) oder den ‹Natur›wissenschaften, weil sie ihre
Wirklichkeit in einer Gestalt erzeugen und vorfinden, die man als ‹Text›
auffassen kann, also als einen Erkenntnisgegenstand, der der Auslegung
des ihm immanenten ‹Sinns› bedarf, der Operation des ‹Verstehens›. Sie
entschlüsselt die ‹Bedeutung› im hermeneutischen Zirkel. Dies geschieht
z. B. in der Weise, daß erste Annahmen sich am Text bewähren müssen
und der Text zugleich mit neuen Annahmen versuchsweise wieder neu
ausgelegt wird, so daß erkennbar wird, welchen Sinn die Produzenten
dieser ‹Texte› ihnen mitgegeben haben. Dabei haben diese Wissenschaften inzwischen gelernt, nicht nur schriftliche Zeugnisse von Realität als
Texte zu lesen, sondern auch den Sinn anderer Materialien vergleichbar
zu entschlüsseln – Bilder, Gebäude, soziale Tatsachen wie Sitten und Gebräuche etc.

Gemeinsam ist diesen Disziplinen allein die Verstehensoperation, die
Auslegung von Sinn; aber sie müssen sich nicht einmal mehr auf den

Sinn beschränken, den die Produzenten selbst ihrem ‹Text› mitgegeben haben, sondern können inzwischen auch latenten Sinn entschlüsseln, der den sozialen Akteuren nicht bewußt war, während sie ‹Text› erzeugt haben. Auch hier schaffen aber erst die konkreten Forschungsaufgaben – die Untersuchung von Situationen, Szenen, Kulturen, Gedichten, schriftlich vorliegenden Zeugnissen oder anderen ‹Texten› – die Probleme, für die man eine Lösung finden muß. In einer Vielfalt von Theorien, Annahmen und Hypothesen, Forschungsoperationen und Prüfkriterien, die inzwischen für die textbezogene wissenschaftliche Arbeit typisch sind, liegen diese Methoden vor. Zu ihrer Verdeutlichung helfen deshalb auch nur Beispiele, nicht ein fixierter Kanon von Techniken.

Im folgenden wollen wir solche Exempel geben, und zwar an konkreten Beispielen der Forschung, konzentriert zunächst auf zwei grundlegende methodische Zugänge der ‹verstehenden› Wissenschaften, also zwei im weiteren Sinne hermeneutische oder wie man zunehmend sagt: interpretativ-rekonstruktive Zugänge. Das ist einerseits ein sozialwissenschaftlich-hermeneutischer, andererseits der historiographische Zugang zur Wirklichkeit von ‹Sinn›. Der offene Begriff Zugang – im Vergleich zu Verfahren oder Methode – ist dabei insofern mit Bedacht gewählt, als wir nur die Grundzüge des jeweiligen Vorgehens, wesentliche Prämissen sowie typische Ergebnisse und Probleme darstellen können. Einen breiteren Überblick bieten für die sozialwissenschaftliche Hermeneutik die Sammelbände von SOEFFNER (1979) und GARZ / KRAIMER (1991) sowie die Einführung von BOHNSACK (1991); für die historischen Disziplinen finden sich vergleichbare Hinweise für die allgemeinen Fragen bei RÜSEN (1983–1989) und für die Bildungsgeschichte bei BÖHME / TENORTH (1990).

6.1.3 ‹Verstehen von Wirklichkeit›, Entschlüsselung von ‹Sinn› – Zwei Zugänge zu ‹Texten›

6.1.3.1 Sozialwissenschaftliche Hermeneutik

«Das Verstehen erwächst zunächst in den Interessen des praktischen Lebens. Hier sind die Personen auf den Verkehr miteinander angewiesen. Sie müssen sich gegenseitig verständlich machen. Einer muß wissen, was der andere will. So entstehen zunächst die elementaren Formen des Verstehens» (DILTHEY 1976, S. 206). Diese Einsicht Wilhelm Diltheys (1833–1911) birgt eine irritierende Konsequenz in sich. Denn sie macht deutlich, daß nicht die Wissenschaft das Verstehen erfunden hat und für ihre Zwecke exklusiv beanspruchen kann, sondern daß auch dem sozial-wissenschaftlichen Verstehen die alltägliche Fähigkeit von Menschen zu-grunde liegt, andere Menschen, Gegenstände, Situationen und sich selbst zu verstehen.

Dies jedoch legt die Frage nahe, wo die Unterschiede zwischen alltäg-lichem und wissenschaftlichem Verstehen liegen. Die Antwort darauf lautet: in der Art und Weise des Vorgehens und in den Zwecken. Im Alltag ist Verstehen ein integrales Moment bei der praktischen Lösung unserer großen und kleinen Probleme. Es geschieht meist ohne aus-drückliche Anstrengung, gleichsam automatisch und nebenher. Wir ma-chen uns üblicherweise nicht bewußt, was, wie und auf der Basis welcher Akte und welchen Wissens wir etwas verstehen. Demgegenüber ist das sozialwissenschaftliche Verstehen – zumindest im Idealfall – ein theore-tisch begründeter, methodisch geleiteter und für andere nachvollziehba-rer Prozeß. Es zielt nicht auf die Lösung alltäglicher Handlungsprobleme, sondern auf wissenschaftliche Erkenntnisse.

Was hier zunächst noch reichlich abstrakt klingt, ist für das konkrete Vorgehen in Forschungsprojekten in jeder Phase folgenreich. Nehmen wir eine Studie, die sich mit der Frage beschäftigt, wie Eltern die *Einschu-lung* ihres Kindes wahrnehmen, genauer: welche Bedeutung die Ein-schulung des Kindes aus der Sicht der Eltern hat. Und schon beginnt die Arbeit. Denn angesichts des Anspruchs, methodisch kontrolliert vorzu-gehen, und der Verpflichtung, die Ergebnisse für andere nachvollziehbar und überprüfbar zu machen, reicht es nicht aus, ein paar zufällige Ein-drücke von Bekannten einzusammeln, die gerade ihre Kinder einschulen. Statt dessen muß eine im Prinzip für jeden Interessierten zugängliche, aussagekräftige Materialgrundlage geschaffen werden, auf die man im-mer wieder zurückgreifen kann. Da normalerweise sozialwissenschaft-liche Untersuchungen nicht – wie die der Historiker – darauf hoffen kön-nen, daß das geeignete Material nur gefunden werden muß, haben sie ihr Analysematerial in je eigenen Arbeitsschritten im wörtlichsten Sinn selbst zu erzeugen. Sie tun dies, indem sie beispielsweise Beobachtungen durchführen und darüber Protokolle schreiben, Gruppendiskussionen oder Interviews führen, diese auf Ton- oder Videoband aufnehmen und anschließend verschriftlichen. Die auf diese Weise produzierten Texte sind als «Protokolle von Handlungen (zu verstehen), die unwiderruflich vorbei sind, die sich aus der verschrifteten Textform als Real- oder Ur-sprungshandlungen nie wieder hervorzaubern lassen, sondern nur noch durch Protokolle repräsentiert sind» (SOEFFNER 1989 b, S. 67).

Im von uns gewählten Beispiel wurden Interviews geführt, da sonst keine ergiebigen Dokumente (z. B. private Videos oder Tagebücher) zur

Verfügung standen, Gruppendiskussionen nicht zu organisieren waren und teilnehmende Beobachtungen nicht nur zu aufwendig gewesen wären, sondern auch das Privatleben der Familien zu sehr gestört hätten. In den (wenig strukturierten) Interviews erzählen die Eltern über ihre Erfahrungen mit der Einschulung, die Vorbereitungen, die Ereignisse rund um die Einschreibung, die letzten Tage im Kindergarten, den ersten Schultag, die Ereignisse seitdem und die Veränderungen der Kinder und des familialen Alltags. Alle Interviews sind auf Tonband aufgenommen.

In einem weiteren Arbeitsschritt müssen die Tonbandaufnahmen verschriftlicht bzw., wie man auch sagt, transkribiert werden. Wichtig dabei ist, daß das Gesagte möglichst präzise wiedergegeben wird, denn diese Transkriptionen sind die Materialgrundlage der Auswertung. Dabei sind sog. Transkriptionsregeln und -symbole hilfreich, denn damit können neben dem Gesagten auch alle wichtigen nicht sprachlichen Elemente – wie Verzögerungen, Betonungen, Unterbrechungen etc. – schriftlich dokumentiert werden (vgl. z. B. EHLICH/SWITALLA 1976). Zugleich werden alle Namen anonymisiert. Die fertige Verschriftung könnte ungefähr wie der folgende Interviewausschnitt mit einer Mutter aussehen:

M   = Mutter; I1 und I2 = zwei Interviewer.
Der Transkription lagen folgende Regeln zugrunde:
(.)   = Kurze Pause, Verzögerung;
(?)   = kurze unverständliche Passage;
//...//   gleichzeitiges Sprechen
[ ]   Geräusche, z. B. Lachen, Husten, Kommentare

M: (??) Also wir haben sicher net jetzt *speziell* [betont] in dem Jahr, wo
I1:   //mhm//
M: //sie// jetzt eingeschult wird, was gemacht,
I1:   //mhm//
M: //ne//. Wir hab'n halt mit unseren Kindern, sowohl mit den anderen als auch mit ihr, ähm, ständig nicht auf die Schule hin gearbeitet, halt,
I1:   //mhm//
I2:   //mhm//
M: die Kinder ständig sowohl geistig als auch körperlich halt gefordert, ne.
I1:   Mhm
M: Körperlich deshalb, weil wir selber sehr sportlich sind
I1:   //mhm//
M: //und// wir das selber machen wollen, deswegen mußten die Kinder mit, (.) und geistig, ja (.), oft ist es auch so, daß die Kinder einen selber sehr herausfordern, ne, daß sie das wollen, und dann muß man halt auch drauf eingehen.

Spätestens bei diesem Stand der Arbeit, aber eigentlich schon früher, muß geklärt und präzisiert werden, unter welcher theoretischen bzw.

analytischen Perspektive die verschrifteten Interviews ausgewertet werden sollen. Wichtig ist dabei, daß das Analysekonzept einerseits zur Fragestellung ‹paßt›, andererseits ‹anschlußfähig› an das Material ist. Denn
mittlerweile gibt es zwar eine Vielzahl von mehr oder weniger gut ausgearbeiteten Analysekonzepten, aber keineswegs alle wären geeignet, Antworten auf unsere Frage zu liefern (Übersicht: LÜDERS / REICHERTZ
1986). Wer beispielsweise ein Konzept heranzieht, in dessen Mittelpunkt
der verstehende Nachvollzug subjektiven Sinns steht, also dessen, was
die Eltern gesagt haben, könnte zwar zusammenfassend nacherzählen,
wie Eltern die Einschulung ihrer Kinder erleben; er wäre jedoch nicht in
der Lage, zusammenhängende Muster aufzufinden. Wer – um ein zweites Beispiel zu nennen – ein Konzept auswählt, das sich auf die Analyse
der Muster und Formen der Darstellung konzentriert, könnte zwar viel
über private und elterliche Formen des Erzählens erfahren; über die Bedeutung der Einschulung wüßte er noch immer wenig.

  Hilfreicher sind im vorliegenden Fall Konzepte, die in der Fachdiskussion unter ganz unterschiedlichen Namen auftreten: Da wird von Wahrnehmungs-, Orientierungs-, Deutungsmustern, latenten Sinnstrukturen, Interpretationsschemata, Skripts, Konzeptionen, Dispositiven,
habituellen Haltungen und anderem gesprochen. Gemeinsam ist diesen
Konzepten die Vorstellung, daß erstens menschliches Handeln, Denken
und Sprechen regelgeleitet ist und daß zweitens diese Regelstrukturen
vorwiegend latent bzw. implizit sind. Man sagt dann, daß die Regelstrukturen den jeweiligen Handlungen oder Äußerungen ‹zugrunde liegen›.
Was dies bedeutet, läßt sich an Hand von zwei Überlegungen verständlich machen: Zunächst kann man sich vor Augen führen, was damit
nicht gemeint ist, nämlich offensichtliche Einstellungen, Meinungen,
Glaubensüberzeugungen, subjektive Bewußtseinsinhalte, Intentionen,
Handlungsvollzüge, Äußerungen etc. Gegenüber den zugrundeliegenden Regelstrukturen sind diese Phänomene als Oberflächenphänomene
zu begreifen. Etwas vereinfacht – und dies ist die zweite Überlegung –
kann deren Verhältnis zu den zugrundeliegenden Regelstrukturen analog dem Verhältnis von sprachlichen Äußerungen und den dabei in Anspruch genommenen grammatikalischen Regeln begriffen werden: Um
sich für andere verständlich ausdrücken zu können, müssen die Regeln
der deutschen Sprache (z. B. der Grammatik und die Wortbedeutungen)
beherrscht und angewendet werden, wie auch der Hörer nur in Kenntnis
dieser Regeln den Sprecher bzw. seine Äußerungen verstehen kann. Da
dies meist implizit geschieht (üblicherweise merkt man z. B. nicht ausdrücklich an, daß der vorausgehende Satzteil ein Kausalsatz ist), kann
man sagen, daß jeder sprachlichen Verständigung kulturell geteilte Re

gelstrukturen zugrunde liegen bzw. daß verständliche Sätze mit Hilfe von kulturell geteilten sprachlichen Regelstrukturen erzeugt werden. In bezug auf unsere Fragestellung bzw. das Analysekonzept heißt dies, daß wir annehmen, daß auch elterliche Wahrnehmungen von derartigen tieferliegenden Regelstrukturen ‹produziert› werden. Im Kern ist uns diese Vorstellung auch aus dem Alltag vertraut: Dort gehen wir wie selbstverständlich davon aus, daß z. B. zugrundeliegende Vorurteile unsere Wahrnehmung ‹steuern›. In Anlehnung an ein mittlerweile weit verbreitetes Konzept wollen wir diese Regelstrukturen *Deutungsmuster* nennen (vgl. LÜDERS 1991, MEUSER / SACKMANN 1992). Hier ist also viel Theorie im Spiel, was aber nur wieder zeigt, daß keine sozialwissenschaftliche Analyse ihren Namen verdient, wenn nicht in dieser Weise die unweigerlich in Anspruch genommenen theoretischen Vorannahmen offengelegt werden. Als Gewinn dieser ganzen Mühen kann nun aber endlich auch die Fragestellung theoretisch neu formuliert werden: Welche Deutungsmuster liegen den Erzählungen von Eltern über die Einschulung ihres Kindes zugrunde?

Damit kann die eigentliche *Auswertung* bzw. die *Interpretation* der Daten beginnen. Hier gilt das Prinzip, daß jede systematische Interpretation daran gebunden ist, «daß das Verständnis in der *Linie des Geschehens* selber fortgeht» (DILTHEY 1976, S. 214; Hervorhebung H.-E. T./ Ch. L.). Der Grund hierfür ist einfach: Wenn man nach der Bedeutung von Äußerungen fragt, so sind diese nur zu rekonstruieren, wenn man ihren Kontext berücksichtigt. Nehmen wir ein Beispiel aus dem oben ausschnittweise wiedergegebenen Interview. Da sagt jemand: «Also wir haben sicher net jetzt speziell in dem Jahr, wo (...) sie jetzt eingeschult wird, was gemacht, (...), ne.» So herausgelöst aus allen Zusammenhängen und ohne Kontextwissen machen diese Sätze wenig Sinn: Wer fragt, wer spricht? Wer ist «wir»? Was heißt hier «speziell machen»? Wer wird eingeschult? In welchem Jahr? etc. Um diese Fragen zu beantworten und um das Gesagte ‹sinnvoll› zu machen, könnte man sich nun eine Reihe von Situationen und Geschichten ausdenken, auf die diese Äußerungen sinnvollerweise bezogen werden könnten. Man würde dabei nichts anderes machen, als sich passende, d. h. im Hinblick auf die Äußerungen pragmatisch sinnvolle Kontexte auszudenken oder, wie man auch sagt: Lesarten zu bilden. Das könnte – würde dieser Prozeß nicht kontrolliert werden – den Spekulationen Tor und Tür öffnen; außerdem wäre das Verfahren ziemlich aufwendig, weil sich bei ausreichender Phantasie zu jeder Äußerung relativ viele plausible Kontexte finden lassen.

Um dies nicht ausufern zu lassen, greift man auf die sog. *Sparsamkeitsregel* zurück als eine Form der Kontrolle. Sie fordert, zunächst nur

Lesarten zu bilden, die nach menschlichem Ermessen plausibel sind. Damit soll z. B. die immer mögliche Annahme ausgeschlossen werden, daß man es mit dem Protokoll einer Theateraufführung zu tun habe. Eine weitere Kontrolle ergibt sich durch den Umstand, daß es Äußerungen abgelöst von allen Kontexten, also gleichsam nur für sich stehend, nicht gibt. Der Sprachsoziologe H.-G. Soeffner hat dies wie folgt beschrieben: «Jede der Äußerungen ist interaktionstheoretisch in folgende Bezüge eingebettet: sie bezieht sich auf (1) auf die ihr vorausgehenden Äußerungen und den Handlungskontext insgesamt, (2) auf die unmittelbar vorangehende Äußerung, sei es des Gegenübers oder des Sprechers selbst, (3) auf die erwarteten oder erwartbaren Nachfolgeäußerungen, (4) auf den Handlungs- und Sinnhorizont des Interaktionszusammenhanges als Ganzen (also z. B. auf die Situation Interview; Einfügung H.-E. T./ Ch. L.)» (SOEFFNER 1989b, S. 69). Wenn sich aber die Bedeutung von Äußerungen u. a. aus den vorhergehenden und nachfolgenden Äußerungen ergibt, bedeutet dies für das konkrete Vorgehen, daß die sequentielle Abfolge der Redebeiträge für die Interpretation in den Mittelpunkt der Aufmerksamkeit gerückt werden muß.

Mit anderen Worten: Sozialwissenschaftliche Interpretationen müssen im Kern *Sequenzanalysen* sein. Der Forscher interpretiert Äußerung nach Äußerung, indem er gedankenexperimentell mögliche Kontexte entwirft, in die sich die Äußerungen plausiblerweise einfügen lassen, um dann in den folgenden Sequenzen zu überprüfen, welche seiner Lesarten aufgegeben oder vorläufig aufrechterhalten werden können. Und nur bei strikter Beachtung dieses Prinzips können die oben erwähnten Gefahren endloser Spekulationen gebannt und überprüfbare Ergebnisse gewonnen werden. Das Prinzip der sequentiellen Feinanalyse ist als eine methodische Regel zu verstehen zur Verhinderung beliebiger, nicht überprüfbarer Interpretationen. Hier wird noch einmal deutlich, warum bei diesem Vorgehen schriftliche und für alle verfügbare Protokolle von entscheidender Bedeutung sind: Sie sind der eigentliche Bezugspunkt, auf den sich alle Interpreten beziehen und an Hand deren gegensätzliche oder widersprüchliche Interpretationen entschieden werden müssen. Nicht nur der Interpret selbst, sondern alle, die die Ergebnisse einer Studie überprüfen wollen, müssen im Prinzip jederzeit in der Lage sein, auf die Protokolle zurückzugreifen, um vorliegende Lesarten überprüfen, bestätigen oder verwerfen zu können.

Eine Ausnahme gibt es, und das sind aus naheliegenden Gründen die ersten protokollierten Äußerungen; dort kennen wir die vorausgehenden Äußerungen nicht und müssen deshalb gedankenexperimentell möglichst viele sinnvolle Möglichkeiten entwerfen, um sie dann in den folgenden Sequenzen überprüfen zu können (zur Sequenzanalyse ausführlicher SOEFFNER 1989b, SCHNEIDER 1985; als konsequentes Beispiel vgl. SCHRÖER 1992).

Was heißt dies nun in bezug auf das obige Beispiel? Aus Gründen der Abkürzung gehen wir davon aus, daß wir bereits folgendes wissen: Es handelt sich um ein Interview mit einer Mutter, deren Tochter eingeschult werden soll. In der Familie gibt es neben dem Vater noch einen Sohn, der seit zwei Jahren die Grundschule besucht. Genaugenommen müßte dieser äußere Kontext in einem ersten Schritt erst empirisch rekonstruiert werden – es könnte sich ja auch um einen Dialog auf der Straße oder um ein Gespräch bei einem Erziehungsberater handeln, und das würde den Äußerungen einen vollkommen anderen Sinn geben. Auch ist es hier aus Platzgründen nicht möglich, alle Lesarten aufzulisten und im Detail durchzuspielen (zu den grundsätzlichen Problemen der Darstellbarkeit von Interpretationen vgl. REICHERTZ 1991). Doch um wenigstens ansatzweise das Prinzip der Sequenzanalyse deutlich zu machen, soll sich die Interpretation auf zwei Aspekte, nämlich auf die zeitliche Dimension und auf die Bedeutung der Formulierung «net speziell machen», konzentrieren.

Dabei gewinnt die erste Sequenz insofern an Bedeutung, als darin zwar die Zeit vor der Einschulung näher bestimmt wird, allerdings in einer spezifischen Variante; denn die Mutter grenzt den Zeitraum ausdrücklich auf das Jahr (!) ein, in dem die Tochter eingeschult wird. Außerdem wird der Kreis derjenigen, die etwas gemacht haben, eingeschränkt: Die Mutter sagt «wir», schließt sich also mit ein, läßt aber offen, wer die anderen sind: Mutter, Vater und Tochter, nur Mutter und Tochter bzw. nur Mutter und Vater oder weitere Personen? Je nachdem gewinnen auch die anderen Formulierungen eine andere Bedeutung: «machen» im Sinne von gemeinsam – also Eltern und Kindern – etwas unternehmen oder im Sinne von nur elterlichen Aktivitäten? Und was heißt dann «net speziell in dem Jahr machen»: gezielte, freiwillige, aufgezwungene, nebenher mitlaufende Vorbereitung und Förderung des Kindes auf die Schule, besondere Anstrengungen auf seiten der Eltern angesichts der bevorstehenden Einschulung (z. B. Informationen über die Schule einholen), nur in der Phase vor der Einschulung oder eigentlich schon immer? Die folgenden Sequenzen geben eine erste Antwort auf diese Fragen. Dabei deutet sich zumindest an, was «speziell machen» hier nicht bedeutet, nämlich die ins Familienleben integrierte und gleichsam ‹unauffällige› körperliche und kognitive Förderung der Kinder. Soll das aber heißen, daß die Kinder eigentlich schon immer im Hinblick auf die Schule gefördert und gefordert wurden und daß vor dem Hintergrund dieses

‹Programms› keine weiteren zusätzlichen und besonderen Maßnahmen ergriffen worden sind? Offen muß auch bleiben, welche möglichen Aktivitäten mit «speziell machen» gemeint sein könnten: Geht es um das Einüben besonderer kognitiver Fähigkeiten (also die ersten Zahlen und Buchstaben), soziale und formale Kompetenzen (eine Stunde ruhig sitzen können; Lernbereitschaft) oder um die Maßnahmen zur Vermeidung des Übergangsschocks vom Kindergarten in die Schule?

Dennoch können in diesem kurzen, hier keineswegs vollständig ausgeleuchteten Beispiel erste Momente des zugrundeliegenden Deutungsmusters nachgezeichnet werden. Die Formulierung, daß «wir haben sicher net jetzt speziell in dem Jahr (...) was gemacht», legt auf den ersten Blick nahe, daß in dieser Familie keine besonderen Maßnahmen zur Vorbereitung auf die Schule getroffen wurden. Es könnte jedoch auch sein, daß die Eltern die Förderung der Kinder gleichsam zu einer ständigen Aufgabe gemacht haben, so daß in dem Jahr vor der Einschulung keine zusätzlichen Aktivitäten in Gang gesetzt werden mußten. Tatsächlich berichtet die Mutter in einer späteren Passage des Interviews, daß der Vater immer wieder Lernspiele für die Kinder mit nach Hause brachte. Was die ‹speziellen› Maßnahmen zur Vorbereitung auf die Schule angeht, so sind damit vermutlich – ohne daß dies in dieser Weise ausgesprochen wird – im engeren Sinne Lernangebote gemeint, die gleichsam die Inhalte der Schule vorwegnehmen. Man würde dann zu Hause schon die ersten Buchstaben lernen, die Zahlen einüben usw. Dies hätte zwar den Vorteil, daß die Kinder in der Schule einen kleinen Vorsprung hätten, würde aber u. U. die Gefahr hervorrufen, daß sich die Kinder langweilen und irgendwann den Anschluß verpassen, weil sie sich nicht ausreichend gefordert fühlten. Um genau dies zu vermeiden, haben die Eltern «sicher net jetzt speziell was gemacht» – was am Rande bemerkt die These erlaubt, daß für die Mutter die voraussichtlichen späteren Effekte ihres Handelns in der Schule ein wichtiges Entscheidungskriterium sind. Das ist allerdings nicht so überraschend, wenn man weiß, daß die Mutter früher Lehrerin war. Kurz: In diesen ersten Äußerungen könnten sich einzelne Momente eines Deutungsmusters abzeichnen, das vor allem die Ambivalenz und Widersprüchlichkeit familialer Vorbereitung auf die Schule betont. In diesem Sinn könnten die Äußerungen der befragten Mutter Ausdruck des elterlichen Bemühens sein, einerseits alles zu versuchen, damit ihre Kinder gute Startchancen haben und in der Schule nicht versagen; zugleich wären sie Ausdruck der Sorge, daß gerade dieses Bemühen in sein Gegenteil umschlagen kann.

Selbstverständlich ist diese Interpretation nur eine neben anderen Lesarten. Erst die Detailanalyse weiterer Passagen kann Aufschluß darüber geben, ob und inwiefern dieses Deutungsmuster tatsächlich die Äußerungen der Mutter bestimmt. Sollte es sich bestätigen, müßten auf der Basis von Fallanalysen anderer Interviews Vergleiche zwischen den Fällen angestellt werden, um so kontrastiv die Besonderheiten des jeweiligen Falles noch deutlicher hervorheben zu können (vgl. STRAUSS 1991).

Für einen Alltagsmenschen grenzt dieses Vorgehen an Haarspalterei, und niemand im Alltag würde auf die Idee kommen, einzelne Formulierungen derart auf die Goldwaage zu legen. Das wäre auch reichlich unpraktisch. Doch wissenschaftliche Forschung muß sich auch nicht an den Bedingungen des Alltags messen lassen. Dies bedeutet jedoch auch, daß, wer immer sich auf Forschung einläßt, seine im Alltag bewährten pragmatischen Einstellungen zurückstellen muß. Statt dessen muß er den *distanzierten Blick* lernen, auch scheinbare Nebensächlichkeiten beachten und daran denken, daß auch auf den ersten Blick Offensichtliches theoretisch fragwürdig und rätselhaft sein kann. Eine derartige Einstellung kann man nicht schematisch einpauken oder nach einem Handbuch einfach technisch umsetzen, sie muß praktisch eingeübt werden – am besten in konkreten Projektstudien zusammen mit erfahrenen Forschern. Es ist deshalb auch sinnvoll, die hier vorgestellten Zugänge nicht als Forschungstechniken zu begreifen, sondern als eine durch eigene und angeleitete Praxis zu erwerbende Kunstfertigkeit. Dabei sind es nicht nur die wissenschaftlichen Standards der Systematik und Überprüfbarkeit, die den Sozialwissenschaftler veranlassen, in der beschriebenen Weise mit dem Material interpretativ umzugehen. Im stillen hofft er darauf, Dinge zu sehen, die dem flüchtigen Blick des Alltagsmenschen entgehen.

6.1.3.2 Der historiographische Zugang

Anders als Sozialwissenschaftler haben Historiker ein relativ pragmatisches Verhältnis zu ihren Methoden, vielleicht weil sie eine schon etwas längere Forschungspraxis besitzen; denn sie haben bereits in der Antike begonnen, methodisch kontrolliert Geschichten über Vergangenheiten zu erzählen, die Bedeutung für die Gegenwart haben. Die Selbstsicherheit in Methodenfragen kommt wohl auch daher, daß Historiker spätestens seit dem ausgehenden 18., frühen 19. Jahrhundert intensiv diskutiert haben, was ‹Verstehen› bedeutet und wie man den Wert eines Textes oder einer Quelle beurteilt. Heute jedenfalls erhält man auf die Frage, was die Methoden des Historikers seien, die knappe Antwort, das seien «die Verfahren, welche professionalisierte Historiker verwenden, um aus den empirischen Überbleibseln menschlicher Vergangenheit gesichertes historisches Wissen zu gewinnen» (MEIER/RÜSEN 1988, S. 7), oder, etwas anspruchsvoller, aber ebenso knapp: «Man kann historische Me-

thode definieren als Summe der Regeln, nach denen menschliche Vergangenheit als Geschichte vergegenwärtigt wird» (RÜSEN 1988, S. 62). Historische Methoden, so könnte man auch sagen, sind identisch mit der Praxis der Historiker.

In diesem Abschnitt des Beitrags kann es aber nicht darum gehen, die «Summe der Regeln» vollständig zu behandeln, denen die «professionalisierten Historiker» folgen. Dafür ist die Praxis historischer Forschung zu komplex, und die Ergebnisse der Methodenreflexion, die in der «Historik» als Lehre von der Geschichtsschreibung aufbewahrt werden, sind zu umfangreich.

Die folgenden Überlegungen haben also nur einen begrenzten Anspruch. Ausgehend von einem «Überbleibsel menschlicher Vergangenheit» sollen sie demonstrieren und reflektieren, was *Bildungshistoriker*, also die Spezialisten für die Vergangenheit von Bildung und Erziehung, tun, um «gesichertes historisches Wissen zu gewinnen». Als «Überbleibsel» gilt ein Dokument, das zwar ebenfalls dem Thema entstammt, an dem wir die sozialwissenschaftlichen Probleme des Verstehens erörtert haben, dem Kontext der *Einschulung*, das aber als «Text» allenfalls im übertragenen Sinne aufgefaßt werden kann. Wir wählen nämlich ein Bild, das wir «Erster Schultag» nennen (vgl. Abbildung).

Die Entscheidung für diese spezifische Quelle hat mehrere Gründe: Bilder können vor allem die Schwierigkeiten des historischen Verstehens sehr viel deutlicher zeigen als Texte. Sie können zudem belegen, in welch vielfältiger Gestalt die «Überbleibsel» vorliegen, mit denen Geschichten über Bildung und Erziehung geschrieben werden, und sie machen bewußt, daß die Praxis des Bildungshistorikers selbst ein theoretischer Prozeß ist. Das Verstehen dieses Bildes, eine Antwort auf die Frage, welche Bedeutung es mit sich führt und was es uns sagt, ist – anders als der Augenschein suggeriert – nämlich keineswegs unmittelbar möglich, nicht einmal in einem einfachen und eindeutigen Sinne («Was zeigt es uns?»), sondern höchst schwierig, voraussetzungsreich und nur mit Ergebnissen, die allenfalls hypothetische Geltung haben – wie die Ergebnisse anderer Wissenschaften auch.

Versucht man, das Bild historisch zu verstehen, also als ein «Überbleibsel» der Vergangenheit so zu deuten, daß «gesichertes historisches Wissen» entsteht, dann gibt es nämlich nicht nur eine Fülle offener Fragen (nach dem Was/Wer/Wo/Wie/Warum des Bildes); es werden bei der Auslegung sogleich zahlreiche Voraussetzungen gemacht, die den theoretischen Charakter dieses Verstehensprozesses eindeutig erkennen lassen: Ohne einen ‹Horizont› der Interpretation, ohne eine ‹hypothetische Annahme› über das zu Sehende, ohne eine ‹Theorie› über das, was die Botschaft des Bildes ist, kommt man nämlich nicht sehr weit. Sonst sieht man, bestenfalls, ein Kind, anscheinend ein Junge, mit blonden, kurzgeschnittenen Haaren, langer, etwas verbeulter Hose, Strickweste und hohen Schuhen, mit einer Schultüte im Arm, bei einer Gelegenheit, die als erster Schultag identifiziert und auf 1951 datiert werden kann, vor einem Gebäude mit ausgetretenen Stufen, bröckelndem Putz und leicht zu reinigenden Fliesen im Flur. Aber schon diese einfache Beschreibung ist ohne systematische Voraussetzungen nicht möglich, die – in diesem Fall – der Bildungshistoriker vielleicht noch mit alltäglichen Akteuren teilt: das Wissen, daß die Tüte eine Schultüte ist und das Objekt eine Schultafel, die Möglichkeit, die Schrift zu identifizieren, die Unterscheidung des Bodenbelags nach dem Reinigungsaufwand. Aber auf die Frage, was dieses Bild bedeutet, welchen Sinn das dargestellte Ereignis hat, gibt es mehr Antworten, als der Alltagsverstand sich träumen läßt.

Für das Thema Einschulung geben wir einige dieser Antworten, geordnet nach den Perspektiven – Horizonten, Hypothesen und Theorien –, in denen die Bildungshistoriker ihr Thema in der Vergangenheit vor allem gesehen haben. Wir wählen diese Lesarten (und nicht zahlreiche andere), weil sie einige Probleme der bildungshistorischen Methode und ihre Möglichkeiten besonders gut verdeutlichen: die Schwierigkeit z. B., daß es mehr als eine Theorie gibt, um ein historisches Dokument zu verstehen, die Tatsache, daß der gewählte Horizont des Interpreten den Ertrag der Betrachtung bestimmt, ohne daß die gewählte Perspektive beanspruchen könnte, in der Auslegung des Bildes erschöpfend zu sein.

Bildungshistorische Forschung ist insofern Wissenschaft wie alle anderen. Sie versucht ein Problem zu erkennen, und bezogen auf das Bild kann man das Problem umgangssprachlich vielleicht so formulieren: Was bedeutet dieses Bild? Was lehrt es uns über die Vergangenheit? Was sind das für Gesellschaften, die kleine Jungs (und Mädchen?) in die Schule schicken und Bilder von Ereignissen machen, die offensichtlich eigentümlichen Charakter haben? Für einen großen Teil dieser Fragen lassen uns die Bildungshistoriker zum Glück nicht ratlos, man kann sogar ihre Antworten nach typischen Zugängen bündeln. Diese Zugänge sind zwar gleichermaßen ‹verstehend› angelegt; sie unterscheiden sich aber nach den Quellen, die sie bevorzugen, und nach den systematischen Annahmen, die sie bei der Interpretation ihrer Quellen machen.

1. Der erste Zugang, den wir vorstellen, ist orientiert an *Institutionen*: In dieser Perspektive dokumentiert das Bild an einem individuellen Fall ein kollektives Schicksal – den Beginn der Schulpflicht. In Deutschland, und anscheinend sind wir ja hier, wie die Tafelaufschrift nahelegt, ist dieses kollektive Schicksal seit langem ein unausweichliches Datum einer jeden Lebensgeschichte. Mit dem Allgemeinen Landrecht von 1794 (ALR) wird z. B. für Preußen festgelegt, daß die Heranwachsenden – Jungen wie Mädchen – ausgebildet werden müssen, und zwar «in nützlichen Kenntnissen und Wissenschaften» und beginnend mit dem 6. Lebensjahr. Seit der Weimarer Reichsverfassung von 1919 gilt, daß dafür gemeinsame staatliche Grundschulen die Regel-Institution sind, und mit Ländergesetzen wird nach 1945 bestimmt, daß diese Schulpflicht bis zum Ende des 18. Lebensjahrs andauert. Die bevorzugten Quellen in diesem Zugang sind also Gesetze und Erlasse, ihr Gegenstand sind Organisationen und Normen, ihre Aussagen beziehen sich auf ein soziales System, das Schulwesen, und auf seine innere Logik.

Man kann aus den Informationen, die uns die Bildungshistoriker dann liefern, auch weitere Annahmen über das Bild ableiten, begründete Vermutungen, die über den ersten Augenschein hinausgehen: Das Kind dürfte 1951 etwa im 6. Lebensjahr stehen, aber nicht nach dem 30. 7. 1945 geboren sein (sonst würde es erst 1952 eingeschult), es steht wegen der Schulpflicht nicht nur freiwillig an dieser Stelle (und vielleicht mischt sich deshalb ein wenig an Verlegenheit und Skepsis in den sonst fröhlichen Blick), und man darf ihm prophezeien, daß Schule sein Leben zumindest bis 1968/69 bestimmen wird, wenn sich der Knabe mit der Volksschule (wie es 1951 noch hieß) und anschließender Berufsausbildung von zumeist drei Jahren begnügt. Mit den institutionenzentrierten Kenntnissen darf man auch vermuten, daß das Gebäude, vor dem der Junge steht, eine Grundschule beherbergt (und vielleicht auch Räume für die Klassen vier bis acht einer Volksschule, weil 1951 zahlreiche Grundschulen in Deutschland noch in Volksschulen untergebracht waren). Aber hier beginnen schon die offenen Fragen. Wo das Foto entstanden ist, läßt sich noch am leichtesten beantworten, weil auf der Rückseite der Fotograf seinen Stempel hinterlassen hat, so daß man wissen kann, daß er in Essen-Borbeck sein Labor hatte und man so ins Ruhrgebiet verwiesen

wird. Sehr viel schwieriger sind Fragen der historischen Bedeutung der
Einschulung jenseits des institutionellen Befundes zu beantworten; denn
es gibt für die Interpretation des hier dargestellten Ereignisses bei den
Bildungshistorikern mehr als eine Antwort. Je nach der gewählten historischen Perspektive erfährt man etwas über die Bedeutung für Staat und
Gesellschaft (2), über die kollektive Ordnung von Lebensläufen (3) und
über die Kinder (4).

2. Der *ideengeschichtliche Zugang* verweist uns auf staatlich-gesell-
schaftliche Absichten und Programme, die mit der Einführung der Schulpflicht verbunden waren und sind, für das Allgemeine Landrecht (s. o.)
z. B., daß mit der Unterrichtung der Kinder «nützliche Kenntnisse» in
der Gesellschaft verbreitet würden. Andere Zeitgenossen erwarten sogar
‹Bildung›. Heute halten Verfassungen fest, zu welch hehren Zwecken die
öffentlichen Schulen eingerichtet sind. Für Essen-Borbeck beschreibt die
Verfassung von Nordrhein-Westfalen solche Zwecke. Im Text, mit dem
diese Verfassung am 18. Juni 1950 durch Volksentscheid in Kraft gesetzt
wurde, heißt es u. a.:

«Artikel 7
(1) Ehrfurcht vor Gott, Achtung vor der Würde des Menschen und Bereitschaft zum
sozialen Handeln zu wecken, ist vornehmstes Ziel der Erziehung.
(2) Die Jugend soll erzogen werden im Geiste der Menschlichkeit, der Demokratie
und der Freiheit, zur Duldsamkeit und zur Achtung vor der Überzeugung des anderen,
in Liebe zu Volk und Heimat, zur Völkergemeinschaft und Friedensgesinnung.»

«Artikel 8
(1) Jedes Kind hat Anspruch auf Erziehung und Bildung. Das natürliche Recht der
Eltern, die Erziehung und Bildung ihrer Kinder zu bestimmen, bildet die Grundlage des
Erziehungs- und Schulwesens. Die staatliche Gemeinschaft hat Sorge zu tragen, daß
das Schulwesen den kulturellen und sozialen Bedürfnissen des Landes entspricht.»

Lehrreich – für die weitere Klärung der offenen Fragen, die das Bild auf-
wirft – sind weniger die hohen Ziele als die konkreten Regelungen, vor
allem die Konkurrenz der Rechte, die diese Verfassung statuiert. Zwischen dem «natürlichen Recht der Eltern» und dem Anspruch «der staatlichen Gemeinschaft» wurden nämlich, wie man aus der Kenntnis der
Schulpolitik der Nachkriegszeit in Nordrhein-Westfalen weiß, eindeutige Konsequenzen gezogen: Die CDU-geführten Landesregierungen
machten das Elternrecht zum Hebel, die Grundschulen als konfessionelle
Schulen einzurichten, und in Essen-Borbeck (wo der Fotograf herkommt) sind das dann eher katholische als protestantische Schulen, in die
man 1951 eintritt, jedenfalls Konfessionsschulen.

Diese Konkurrenz der Rechte zwischen Eltern, Konfessionen und dem
Staat hat aber eine sehr viel längere Tradition und nicht nur tagesaktuelle

Bedeutung. Der Sinn der Einschulung läßt sich – ideengeschichtlich – vielmehr aus dem Selbstverständnis der bürgerlichen Gesellschaft erklären und zugleich als Pflicht rechtfertigen, wie man es einem dafür exemplarischen Text, z. B. der Rechtsphilosophie Hegels (von 1821) oder seinen Schulreden, ablesen kann. Die Schule ist demnach die Einrichtung, in der der Heranwachsende die Familie verläßt und den Übergang in die bürgerliche Gesellschaft beginnt. Er stößt sich – so Hegel – seine Hörner ab, läßt den Status des bloß Subjektiven und Individuellen, des privaten Lebens zurück, wie er es in der Familie pflegen darf, und tritt ein in die Öffentlichkeit, in die Allgemeinheit des Lebens, wie sie sich im Beruf manifestiert. Die Pflichten beginnen, das unbesorgte Kinder- und Jugendleben hat ein Ende.

Bezogen auf unser Foto wird damit das Ereignis noch eindeutiger interpretierbar und vielleicht auch die Ambivalenz des Blicks verständlicher: Es dokumentiert die Ablösung von der Familie, den Eintritt in eine neue, andere, fremde, in die öffentliche Welt, die absieht von den Besonderheiten des einzelnen und einen Prozeß der Vergesellschaftung eröffnet. Aber die Trennung bedeutet im Selbstverständnis der bürgerlichen Gesellschaft, wie uns die Ideengeschichte belehrt, auch Verheißung. Die Treppe im Hintergrund gewinnt dann symbolischen Wert: Noch steht der Knabe unten, mehr als ein Schritt ist nicht getan, er wendet dem Betrachter noch das Gesicht und der Schule den Rücken zu; aber wenn er eintritt, dann verläßt er den Schonraum der Familie und muß die Stufen erklimmen, die Aufstieg und Abstieg gleichermaßen eröffnen. Es beginnt eine Phase des Lebenslaufs, die mit Risiken verknüpft ist, mit denen sich der Lernende konfrontiert sieht, beobachtet von der Öffentlichkeit und eingespannt in erwartbare Formen der Dokumentation – jetzt der Schulbeginn, die Schultüte und das Foto, demnächst das erste Zeugnis. Die «Schule als Weg des Kindes» (M. J. Langeveld) beginnt, der Übergang in die Gesellschaft setzt ein – das können uns die Ideenhistoriker als Struktur erklären, die dieser Fall uns zeigt. Aber, so lautet eine offene Frage, ist es wirklich eine Ablösung von der Familie und ein Prozeß, der allein auf die Logik des Lernens setzt?

3. Der *sozialgeschichtliche Zugang* zur Bildungsgeschichte hat vor allem diese Frage untersucht, sich nicht allein mit den Versprechen und Ideen der Staaten und Philosophen beschäftigt, sondern die tatsächliche Entwicklung der Schule und ihren Zusammenhang mit der Gesellschaft. Die Quellen der Sozialgeschichte sind auch nicht nur Gesetze und Reflexionen, Versprechen und Normen, sondern Daten, die uns über die Wirklichkeit von Bildungskarrieren etwas sagen. Zeitreihen werden dann z. B. genutzt, in denen sich die Chancen abbilden, die mit dem

Schulbesuch verbunden sind, Zahlen über Schulen, Schüler, Examen oder Berufseintritte.

Solche Zeitreihen gibt es für Deutschland z. B. über die soziale Herkunft der Studierenden und Abiturienten, und zwar seit dem ausgehenden 19. Jahrhundert. Für die deutsche Bildungsgeschichte und für die preußische Schulgeschichte (deren Teil die Schulen in Essen-Borbeck seit 1815 sind) haben die Sozialhistoriker uns dann eine Botschaft hinterlassen, die kurz gefaßt die «Kontinuität der Ungleichheit» (H. Kaelble) behauptet, jedenfalls für die Zeit bis 1965. Im Klartext: Die Schule organisiert zwar den Übergang in die Gesellschaft, aber sie bestätigt dabei die Strukturen der Herkunftsgesellschaft eher, als daß sie sie aufbrechen würde. Die Bedingungen der Herkunftsfamilie, ihr sozialer Status und die Handlungsmöglichkeiten, die sie eröffnet, waren weit wirksamer, als es die Ideologie der Schule und das Versprechen der bürgerlichen Gesellschaft behaupten. Nicht so sehr die individuelle Lernleistung als die soziale Herkunft, verbunden mit der Region, der Konfession und dem Geschlecht, bestimmten den Bildungsgang. Aufstieg war selten, Verbleib in der Herkunftsschicht die Regel. Sozialgeschichte führt mit diesen Ergebnissen deshalb auch zur Kritik der bürgerlichen Gesellschaft, deren Propaganda sie als Ideologie erkennen kann.

Müßte ein derart informierter Bildungshistoriker eine Prognose für einen nordrhein-westfälischen Jungen geben, der um 1951 in eine (vielleicht katholische) Grundschule eintritt, dann wäre diese Prognose wenig erfolgverheißend. Man wird damit rechnen, daß er bleibt, wo er herkommt, einen Beruf findet, der für das Ruhrgebiet um 1950 typisch war. Wir können zwar die Prognose hier nicht überprüfen (denn die Zukunft des Jungen bleibt auf dem Bild ausgespart), aber einen Hinweis auf die prognostischen Risiken sozialgeschichtlicher Analysen kann man aufgrund weiterer sozialgeschichtlicher Forschung geben: Die Entwicklung der Bildungsverhältnisse in Nordrhein-Westfalen war nach 1950 nämlich sehr viel dynamischer als in nahezu 150 Jahren vorher; in der Zeit von 1950 bis 1980 hat sich Schule viel gravierender verändert, als es die Analysen der Historiker hätten erwarten lassen.

Ideologiekritische Analysen, den Strukturen tendenziell verhaftet, können die Dynamik des Wandels leicht übersehen, ebenso wie individuelle Handlungsmöglichkeiten. Die grundsätzlichen Schwierigkeiten der Sozialhistoriker liegen nicht so sehr in der Bereitstellung von Zeitreihen und ihrer statistischen Bearbeitung (da leisten sie Vorzügliches) als in der Erklärung der Veränderungen der Schule und der Ursachen von Kontinuität und Wandel. Während die Ideenhistoriker im wesentlichen der Norm vertrauten, der institutionenzentrierte Blick die Binnenverhältnisse betrachtete, sehen Sozialhistoriker das Bildungswesen im gesellschaftlichen Kontext: langfristige Entwicklungen, die anscheinend wenig autonome Möglichkeiten eröffnen, die Dominanz von Schicht- und Klassenstrukturen, die Bestätigung kollektiver Benachteiligung. Aber dann werden sie durch die rasche Expansion der höheren Bildung überrascht, die bald nach 1950 einsetzte, und sie haben erst von hier aus, rückblickend, Indizien dafür erarbeitet, wie sich dieser Wandel vorbereitete, nicht zuletzt bei den von Schule Betroffenen und in ihrer Bildungsbereitschaft, die sich in dem ja auch optimistischen Blick auf unserem Bild ebenfalls andeutet. Man stößt deshalb auch auf ein gemeinsames Defizit der bisher diskutierten Zugänge, auf die relative Distanz, die sie zu den Lernenden und zum konkreten Lernprozeß selbst halten.

4. *Geschichte ‹Vom Kinde aus›*: Pädagogen werden längst eine Lesart des historischen Problems vermissen, die unser Foto vermeintlich als erste nahelegt, nämlich eine Betrachtung aus der Perspektive des Kindes. Pädagogische Fragen, so diese bildungshistorische Interpretation, sind nicht über Normen und Gesetze, sozialphilosophische Reflexionen oder gar die dürren Auskünfte der Bildungsstatistik zu klären, sondern zuerst biographisch und je individuell. Der Standpunkt, den die Bildungshistorie einnehmen müßte, sei deshalb auch zuerst der des Kindes und seiner Geschichte. Aber auch dieser Zugang bleibt ein Zugang neben anderen, mit eigenen methodischen Problemen, nicht zuletzt immer in der Gefahr, bei der liebevollen Betrachtung des Kindes «zwischen Sehnsuchtsgenuß und Verlustreminiszenzen (...) unklare Nachdenklichkeit» (BERG 1991, S. 7) zu befördern.

Gleichwohl, was sieht man auf dem Bild, wenn man die Perspektive des Kindes einnimmt? Folgt man den Ergebnissen der Kindheitsgeschichte der Moderne, die seit 1900 im wesentlichen schulkritisch eingestellt ist, dann bedeutet der Schuleintritt eine bedrohliche Zäsur. Fern der pädagogischen Propaganda beginnt eine Lebensphase, so kann man diese Literatur resümieren, in der das Kind einer Welt eingepaßt wird, die seinen eigenen Bedürfnissen fremd und seiner eigenen Lebensweise entfremdet ist. Ein Instrument der Abrichtung, wenn nicht der Enteignung von Kompetenzen nimmt von ihm Besitz. Die Elemente des Bildes gewinnen dann auch eine andere Bedeutung, die Schultüte erscheint als fader Trost, der über die Bedrohung hinwegtäuschen soll, als Ritual, mit dem die Dressur beginnt. Das Bild selbst enthüllt sich schließlich als gesellschaftliche Konvention, die einer Standardisierung des Lebenslaufs folgt, selbst Ritual, das die Vergesellschaftung dokumentiert und bekräftigt, die es spiegelt. Die Logik des Bildes, auch das haben Bildungshistoriker uns sehen gelehrt, liegt in der Repräsentation einer gesellschaftlichen Form der Zurichtung von Kindern, ein ‹gestelltes Bild›, in dem der Fotograf nicht nur einer Tradition folgt, sondern das Kind ein erstes Mal zurichtet: Die Planung der Tafel und die Position vor dem Gebäude, die Stellung der Tüte und die sorgfältige Anordnung der Finger – die jetzt beginnende Formierung wird symbolisiert.

In der Schärfe dieser Kritik sind Kindheitsgeschichten freilich in der Gefahr, den Vorurteilen selbst zu erliegen, die sie anderen Zugängen vorwerfen; denn hinter der Kritik der Konvention verschwindet das je einzelne Kind erneut, wird zur kritisch reklamierten Konvention. Historisch bereitliegende Quellen über die Neugier von Schulkindern, ihr Lerninteresse und die Absicht, an Kultur endlich selbständig teilzuhaben, wie Grundschullehrer sie z. B. geben können, müssen ebenso unverständlich bleiben wie autobiographische Dokumente aus der Zeit vor 1914, in denen der Wert öffentlichen Unterrichts selbst gegen staatliche Indoktrinationsabsichten sichtbar wird. Und endlich, aus der Perspektive des abgebildeten Kindes können wir nicht denken, wir können allenfalls seine Perspektive fingieren, sie stellvertretend, also ‹pädagogisch›, einnehmen – und bestätigen damit eine Struktur, die eine Geschichte vom Kinde aus verlassen wollte.

Die Begrenzungen, die sich auch dieser Sichtweise ablesen lassen, führen damit zu zwei systematischen Problemen der historischen Methode, die man abschließend wenigstens in Erinnerung rufen muß. Gibt es, das ist die erste Frage, jenseits der Vielzahl denkbarer Geschichten die eine und einzig wahre Geschichte, z. B. von der Bedeutung der Einschulung oder über unser Dokument? In der französischen Geschichtsschreibung des 20. Jahrhunderts hat man solche Absichten einer ‹histoire totale› formuliert, ohne daß sie auch begründet eingelöst worden wären. Vielleicht zum Glück für die Objekte historischer Forschung; denn totales Verstehen würde ja auch eine totale Verfügung über den Menschen bedeuten.

Die zweite Frage betrifft die Geschichtlichkeit der Perspektiven selbst, die der Bildungshistoriker wählt, die Selbstverständlichkeit der Annahmen, die er macht, z. B. daß er die Sprache versteht, die das Bild dokumentiert, und auf eine Fülle an Forschung zurückgreift, in der das Phänomen – Einschulung – schon erörtert wird, so daß er an einer Geschichte nur weiterschreibt, die schon umfangreich vorliegt. Kann er dann noch darüber staunen, daß Einschulung eine selbstverständliche Tatsache geworden ist, obwohl wir kaum mehr als 100 Jahre ansetzen dürfen, daß wirklich alle Kinder davon betroffen sind? Was würde ein Beobachter sehen, der weder aus unserer Kultur stammt noch die Lage der Forschung studieren kann? Sieht er mehr als ein Kind, leicht verschüchtert und zugleich mit frohen Erwartungen, vor einem Gebäude, neben einem Objekt mit einem nicht entzifferbaren Text? Wohl kaum, und deshalb kann man über die Schwierigkeiten des Verstehens am meisten lernen, wenn man die Ethnologen befragt, die fremde Kulturen zu verstehen suchen, ohne sich auf alle die Selbstverständlichkeiten stützen zu können, die dem Historiker der eigenen Kultur das Verstehen erleichtern. Dann bleiben häufig nur «dichte Beschreibungen» (GEERTZ 1983), in denen man das Gesehene zu repräsentieren sucht, und es bedarf viel abstrakter Theorie, um zu verstehen, was für die alltäglich ist, die wir nicht verstehen. Aber das ist eine andere Praxis.

Literatur

BERG, CH. (Hrsg.): Kinderwelten. Frankfurt/M. 1991.

BÖHME, G. / TENORTH, H.-E.: Einführung in die Historische Pädagogik. Darmstadt 1990.

BOHNSACK, R.: Rekonstruktive Sozialforschung. Einführung in Methodologie und Praxis qualitativer Sozialforschung. Opladen 1991.

DILTHEY, W.: Entwürfe zur Kritik der historischen Vernunft. In: Gadamer, H.-G. / Boehm, G. (Hrsg.): Seminar: Philosophische Hermeneutik. Frankfurt/M. 1976, S. 189–220.

EHLICH, K. / SWITALLA, R.: Transkriptionssysteme – Eine exemplarische Übersicht. In: Studium Linguistik 2 (1976), S. 78–105.

FLACH, W.: Thesen zum Begriff der Wissenschaftstheorie. Bonn 1979.

FLICK, U. u. a. (Hrsg.): Handbuch Qualitative Sozialforschung. München 1991.

GADAMER, H.-G.: Wahrheit und Methode. Tübingen [4]1975.

GARZ, D. / KRAIMER, K. (Hrsg.): Qualitativ-empirische Sozialforschung. Konzepte, Methoden, Analysen. Opladen 1991.

GEERTZ, C.: Dichte Beschreibung. Beiträge zum Verstehen kultureller Systeme. Frankfurt/M. 1983.

GIDDENS, A.: Interpretative Soziologie. Eine kritische Einführung. Frankfurt/M. 1984.

HOFFMANN-RIEM, CH.: Die Sozialforschung einer interpretativen Soziologie. Der Datengewinn. In: Kölner Zeitschrift für Soziologie und Sozialpsychologie 32 (1980), S. 339–372.

HONER, A.: Einige Probleme lebensweltlicher Ethnographie. Zur Methodologie und Methodik einer interpretativen Sozialforschung. In: Zeitschrift für Soziologie 18 (1989), S. 297–312.

KRÜGER, H.: Gruppendiskussionen. Überlegungen zur Rekonstruktion sozialer Wirklichkeit aus der Sicht der Betroffenen. In: Soziale Welt 34 (1983), S. 90–109.

LAMNEK, S.: Qualitative Sozialforschung. Bd. 1: Methodologie. München 1988.

LAMNEK, S.: Qualitative Sozialforschung. Bd. 2: Methoden und Techniken. München 1989.

Lüders, Ch.: Deutungsmusteranalyse. Annäherungen an ein risikoreiches Konzept. In: Garz, D./Kraimer, K. (Hrsg.): Qualitativ-empirische Sozialforschung. Opladen 1991, S. 377–408.

Lüders, Ch./Reichertz, J.: Wissenschaftliche Praxis ist, wenn alles funktioniert und keiner weiß warum – Bemerkungen zur Entwicklung qualitativer Sozialforschung. In: Sozialwissenschaftliche Literatur Rundschau 9 (1986), H. 12, S. 90–102.

Meier, Ch./Rüsen, J.: Vorwort. In: Dies. (Hrsg.): Historische Methode. München 1988, S. 7–9.

Meyer-Drawe, K.: Leiblichkeit und Sozialität. Phänomenologische Beiträge zu einer pädagogischen Theorie der Inter-Subjektivität. München 1987.

Meuser, M./Sackmann, R. (Hrsg.): Analyse sozialer Deutungsmuster. Beiträge zur empirischen Wissenssoziologie. Pfaffenweiler 1992.

Popper, K.: Logik der Forschung [1934]. Tübingen [4]1971.

Reichertz, J.: Der Hermeneut als Autor – Zur Darstellbarkeit hermeneutischer Fallrekonstruktionen. In: Österreichische Zeitschrift für Soziologie 16 (1991), H. 4, S. 3–16.

Rescher, N.: Die Grenzen der Wissenschaft. Stuttgart 1985.

Rüsen, J.: Historische Vernunft. Grundzüge einer Historik I: Die Grundlagen der Geschichtswissenschaft. Göttingen 1983; Rekonstruktion der Vergangenheit. Grundzüge einer Historik II: Die Prinzipien der historischen Forschung. Göttingen 1986; Lebendige Geschichte. Grundzüge einer Historik III: Formen und Funktionen des historischen Wissens. Göttingen 1989.

Rüsen, J.: Historische Methode. In: Meier, Ch./Rüsen, J. (Hrsg.): Historische Methode. München 1988, S. 62–80.

Schneider, G.: Strukturkonzept und Interpretationspraxis der objektiven Hermeneutik. In: Jüttemann, G. (Hrsg.): Qualitative Forschung in der Psychologie. Weinheim 1985, S. 71–91.

Schröer, N.: Der Kampf um Dominanz. Hermeneutische Fallanalyse einer polizeilichen Beschuldigtenvernehmung. Berlin/New York 1992.

Schütz, A./Luckmann, Th.: Strukturen der Lebenswelt. Bd. 1. Frankfurt/M. 1979.

Schütze, F.: Biographieforschung und narratives Interview. In: Neue Praxis 13 (1983), S. 283–293.

Soeffner, H.-G. (Hrsg.): Interpretative Verfahren in den Sozial- und Textwissenschaften. Stuttgart 1979.

Soeffner, H.-G.: Anmerkungen zu gemeinsamen Standards standardisierter und nichtstandardisierter Verfahren in der Sozialforschung. In: Ders.: Auslegung des Alltags – Der Alltag der Auslegung. Zur wissenssoziologischen Konzeption einer sozialwissenschaftlichen Hermeneutik. Frankfurt/M. 1989, S. 51–65 (1989a).

Soeffner, H.-G.: Prämissen einer sozialwissenschaftlichen Hermeneutik. In: Ders.: Auslegung des Alltags – Der Alltag der Auslegung. Zur wissenssoziologischen Konzeption einer sozialwissenschaftlichen Hermeneutik. Frankfurt/M. 1989, S. 66–97 (1989b).

Strauss, A. L.: Grundlagen qualitativer Sozialforschung. Datenanalyse und Theoriebildung in der empirischen soziologischen Forschung. München 1991.

Waldenfels, B.: Einführung in die Phänomenologie. München 1992.

Udo Kuckartz

6.2 Methoden erziehungswissenschaftlicher Forschung 2: Empirische Methoden

6.1.1 Forschungsmethoden und erziehungswissenschaftliches Studium

Erziehungswissenschaftler forschen – und sie tun dies nicht nur, indem sie mit philologischen Methoden Gesamtausgaben der Klassiker der Disziplin herausgeben oder indem sie mit hermeneutischen Methoden Texte deuten und neue Texte produzieren, sondern sie betreiben auch zunehmend empirische Forschung.

Die vom Zentralarchiv für empirische Sozialforschung gemeinsam mit dem Informationszentrum Sozialwissenschaften herausgegebenen Jahresbände *Empirische Sozialforschung* verzeichnen jährlich annähernd 5000 Forschungsprojekte, von denen etwa zehn Prozent von erziehungswissenschaftlichen Einrichtungen (Universitätsinstituten und Forschungsinstituten, z. B. vom Max-Planck-Institut für Bildungsforschung) durchgeführt werden (vgl. EMPIRISCHE SOZIALFORSCHUNG 1991).

Die Statistiken auf der Basis der dem Informationszentrum Sozialwissenschaften gemeldeten Projekte wie auch die Jahresberichte der forschungsfördernden Institutionen und Stiftungen, deren bedeutendste die Deutsche Forschungsgemeinschaft (DFG) ist, belegen, daß in der Erziehungswissenschaft entgegen landläufigen Vorurteilen kaum weniger empirische Forschung betrieben wird als in der gewöhnlich als besonders forschungsintensiv geltenden Psychologie.

Empirische Forschungsmethoden sind seit den 70er Jahren des 20. Jahrhunderts selbstverständlicher Bestandteil des Stoffkatalogs der erziehungswissenschaftlichen Diplom- und Magisterstudiengänge. Quantität und Qualität des Studienanteils *Erziehungswissenschaftliche Forschungsmethoden* differieren allerdings an den Hochschulen und Universitäten weitaus stärker als in den sozialwissenschaftlichen Nachbardisziplinen. Während es in der Psychologie kaum denkbar ist, ein Studium zu absolvieren, ohne grundlegende Kenntnisse über empirische Methoden und statistische Verfahren erworben zu haben, war dies lange Zeit in der Erziehungswissenschaft mancherorts nichts Ungewöhnliches. Sehr häufig ist deshalb der Erziehungswissenschaft der Vorwurf gemacht worden, sie widme in ihrer Ausbildung den Forschungsmethoden zuwenig Aufmerksamkeit. Die 1988 von der Westdeutschen Rektorenkonferenz (WRK) verabschiedete Rahmenordnung für die Diplomprüfung im Studiengang Erziehungswissenschaft gibt nun allerdings den Forschungsmethoden größeren Raum. Sie sieht zehn Semesterwochenstunden im Grundstudium, darunter vier Stunden für Statistikkurse, und zehn Semesterwochenstunden im Hauptstudium vor. Auf den Umfang des Gesamtstudiums bezogen bedeutet dies, daß fast 15 Prozent auf das Studium der Forschungsmethoden entfallen. Im Vergleich zur Psychologie mag dies wenig erscheinen – dort haben Methodenlehre und empirische Praktika etwa den doppelten Umfang –, doch ist zu berücksichtigen, daß die Erziehungswissenschaft bis in die 60er Jahre hinein den empirischen Forschungsmethoden weitgehend mit Ignoranz begegnet ist.

6.1.2 Was sind empirische Forschungsmethoden?

Dieser Beitrag nähert sich dem Thema Forschungsmethoden der Erziehungswissenschaft eher phänomenologisch. D. h., es wird nicht von erziehungswissenschaftlichen Theorien ausgegangen, um von daher den Stellenwert der Methoden zu bestimmen, auch wird nicht von einer eher technisch orientierten Systematik der methodischen Vorgehensweisen (Interview, Beobachtung, Inhaltsanalyse etc.) ausgegangen, sondern von der Praxis der erziehungswissenschaftlichen Forschung und der dort vorfindlichen Methodik. Des weiteren orientiert sich der Beitrag an jenem Wissen über Forschungsmethoden, das den Pädagogik-Student(inn)en üblicherweise im Studium vermittelt wird.

Während sich heute fast jeder etwas unter Genforschung oder Weltraumforschung vorstellen kann und in der Öffentlichkeit eine Diskussion über das Für und Wider solcher Forschungen stattfindet, haben nur

wenige eine Vorstellung davon, was erziehungswissenschaftliche Forschung ist, wie sie durchgeführt wird, welche Ergebnisse und welche Folgen sie hat. Die Forschungen in der Erziehungswissenschaft erstrecken
sich über das ganze Spektrum des Fachs, von der Bildungsgeschichte und
Bildungstheorie über die Kindheits- und Jugendforschung, die Schul-
und Unterrichtsforschung bis hin zur Testdiagnostik. Hinzu kommen
fachdidaktische Forschungen, die meist im Schnittbereich zwischen der
jeweiligen Fachdisziplin und der Erziehungswissenschaft angesiedelt
sind. Teilweise handelt es sich um eigenständige Forschungsgegenstände
der Erziehungswissenschaft, teilweise sind, wie etwa bei der Kindheits-
und Jugendforschung, Überlappungen mit der Soziologie und Psychologie zu konstatieren, die dann auch zur interdisziplinären Zusammensetzung entsprechender DFG-Forschungsprogramme führen wie des
Schwerpunktprogramms «Kindheit und Jugend in Deutschland vor und
nach der Vereinigung – Entwicklungsbedingungen und Lebenslagen im
Wandel».

Fragt man nicht, was geforscht wird, sondern wie, stellt also die Frage
nach den Forschungsmethoden, so sind keine wesentlichen Differenzen
zwischen der Erziehungswissenschaft und den sozialwissenschaftlichen
Nachbardisziplinen festzustellen. Nachdem sich die Erziehungswissenschaft in den 60er Jahren der empirisch-sozialwissenschaftlichen Forschung zuwandte, hat sie mit großer Geschwindigkeit sozialwissenschaftliche Methodologien und Methoden adaptiert. Heute wird das
gesamte Spektrum der modernen empirischen Methoden auch in der Erziehungswissenschaft genutzt.

Versteht man unter empirischer Sozialforschung die systematische Erfassung und Deutung sozialer Erscheinungen (vgl. ATTESLANDER 1991,
S. 16), so haben die Forschungsmethoden offenkundig die Funktion, die
Systematik des Vorgangs Forschung zu garantieren. Sie markieren die
Differenz zum Alltagsvorgehen, indem sie Regeln vorgeben, die einen
intersubjektiv nachvollziehbaren Zugang zur sozialen Welt sicherstellen
sollen. Die Frage, welchen Stellenwert die so gewonnenen Aussagen über
die Realität haben, ist Gegenstand der Methodologie bzw. der Wissenschaftstheorie. Versteht man unter Forschungsmethoden unterschiedlich elaborierte, technisch handhabbare Regelsysteme zur Erfassung sozialer Phänomene, dann ist deren Gegenstandsbereich in zwei
Richtungen offen: Einmal ist die Zahl der Methoden prinzipiell nicht
begrenzt, zum anderen ist der Grad der Geregeltheit stets steigerbar.
Damit sind die beiden Entwicklungsrichtungen der Methoden bezeichnet:
– die Entwicklung neuer Methoden und
– die Ausdifferenzierung bestehender Regelsysteme.

STATISTIK	SAMPLING	METHODOLOGIE
– Deskriptivstatistik		– Wissenschaftstheorie
– Inferenzstatistik		– Wissenschaftsphilosophie

METAFORSCHUNG	BEFRAGUNG	BEOBACHTUNG
– soziale Realität	– telefonische	– teilnehmende
im Interview	– schriftliche	– nicht-teil-
– kognitionspsycho-	– mündliche	nehmende
logische Forschung		

Die vier Kernmethoden

MATHEMATIK	INHALTSANALYSE	EXPERIMENT
– Modelle	– quantitative	
– Simulation	– qualitative	

Weitere Methoden
– Gruppendiskussion

COMPUTING
– Konversationsanalyse
– allgemein
– Biographische Methode
– Modelle, Simulation
– Nicht-reaktive Verfahren
– Statistik-Software
  (z. B. physische Spuren,
– Software für Text-
  Lost-letter-Technik)
analyse

Spezielle Forschungsansätze
– Fallstudie
– Sekundäranalyse
– Evaluationsstudie
– Begleitforschung
– Interaktionsanalyse
– Soziometrie

Gegenstandsbereiche der empirischen Forschungsmethoden

Zieht man die gängige Methodenliteratur heran, so läßt sich die in der Abbildung wiedergegebene Systematik der Gegenstandsbereiche der Forschungsmethoden erstellen.

Bei aller Unterschiedlichkeit der Methodentexte läßt sich ein gemeinsamer Kernbestand an Forschungsmethoden lokalisieren, der die Befragung, die Beobachtung, die Inhaltsanalyse und das Experiment umfaßt. Daneben existiert eine Vielfalt von Einzelverfahren (Gruppendiskussion etc.), die vergleichsweise selten zum Einsatz kommen. Eine Reihe spezieller Forschungsansätze, die für abgrenzbare Aufgaben der Forschung konzipiert sind, operiert mit den skizzierten Basismethoden. Unter diesen Ansätzen ist für die Erziehungswissenschaft die Evaluationsforschung von Bedeutung, mit deren Hilfe die Effekte von Schulversuchen und pädagogischen Programmen bewertet werden.

Um den Kernbereich der Methoden herum sind Wissensbereiche gruppiert, die sich u. a. mit der statistischen Auswertung der Daten, mit der Auswahl der Forschungsobjekte (Stichprobentheorie) und mit den wissenschaftstheoretischen Voraussetzungen befassen. In den letzten Jahren hat sich zudem eine Metaforschung, eine Forschung über die Forschungsmethoden etabliert, die sich mit der generellen Fragestellung befaßt, inwieweit Forschungsergebnisse durch die Forschungssituation selbst produziert bzw. beeinflußt werden.

Ein Vergleich von Einführungstexten, die in der sozialwissenschaftlichen Methodenausbildung häufig verwendet werden (vgl. ATTESLANDER 1991, BORTZ 1984, FRIEDRICHS 1990, KROMREY 1983, SCHNELL/HILL/ESSER 1992), zeigt, daß der Gegenstandsbereich der empirischen Methoden an den Rändern unscharf ist und von den Autoren sehr unterschiedliche Schwerpunkte gesetzt werden. Beispielsweise widmen Schnell, Hill und Esser den wissenschaftstheoretischen Voraussetzungen große Aufmerksamkeit, Kromrey orientiert sich am praktischen Forschungsablauf, und Bortz konzentriert sich auf den Typus hypothesentestender Untersuchungen. Lehrbücher, die das gesamte Spektrum der Forschungsmethoden umfassen, existieren ebensowenig wie ein Handbuch mit enzyklopädischem Anspruch, das die Nachfolge des in den späten 6oer Jahren von René König herausgegebenen «Handbuchs der empirischen Sozialforschung» antreten könnte. Generell gilt, daß Texte, die in die Methoden der empirischen Sozialforschung einführen, sich stark auf quantitative Methoden konzentrieren und qualitative Verfahren, wenn überhaupt, nur am Rande behandeln. Aus Lehrbüchern wie SCHNELL/HILL/ESSER (vgl. 1992) oder ATTESLANDER (vgl. 1991) läßt sich lernen, wie eine Erhebung mit einem standardisierten Fragebogen durchgeführt wird; Anleitungen für offene Erhebungsverfahren findet man jedoch so gut wie gar nicht.

Wer also etwas über qualitative Verfahren wissen will, muß zu ergänzender Literatur greifen, etwa den Überblicksarbeiten von SPÖHRING (vgl. 1989) und LAMNEK (vgl. 1988), den Sammelwerken von HOPF/WEINGARTEN (vgl. 1979) und FLICK u. a. (vgl. 1991) oder den speziellen

Methoden gewidmeten Texten von MAYRING (vgl. 1988 – Qualitative Inhaltsanalyse), WEINGARTEN / SACK / SCHENKEIN (vgl. 1979 – Ethnomethodologie), STRAUSS (vgl. 1991 – Feldforschung) oder ASTER / MERKENS / REPP (vgl. 1989 – Teilnehmende Beobachtung).

6.1.3 Das Forschungsproblem in der Erziehungswissenschaft

Im Unterschied zu anderen geistes- und sozialwissenschaftlichen Disziplinen, in denen der Streit um die wissenschaftlichen Methoden eine mehr als 100jährige Tradition besitzt, ist die Erziehungswissenschaft aufgrund ihrer geisteswissenschaftlichen Ausrichtung lange Zeit von Auseinandersetzungen um die ‹richtigen› Forschungsmethoden verschont geblieben. Während die Soziologie bereits Mitte des 19. Jahrhunderts darüber uneinig war, ob sie nun Forschung im Sinne einer sozialen Physik mit Hilfe statistischer Verfahren betreiben oder der Besonderheit des Einzelfalls mit verstehenden Verfahren den zentralen Rang einräumen sollte (vgl. KERN 1982), beharrte die Pädagogik darauf, daß die Hermeneutik die Forschungsmethode der Geisteswissenschaften sei. Von wenigen Ausnahmen abgesehen (vgl. LOCHNER 1963, L. ROTH 1978, S. 67 ff, TENORTH 1988, S. 299 ff) meinte man, auf empirische Forschung im modernen Sinne verzichten zu können. Erziehen und Unterrichten wurden als Gegenstand der Erziehungswissenschaft definiert und in der Tradition Schleiermachers als Kunst verstanden. Mit der Kunst-Metapher glaubte man die Praxis des Erziehens und Unterrichtens der Regelhaftigkeit enthoben, denn Künstler lassen sich zwar beobachten, ihr Tun entzieht sich jedoch der Prognostizierbarkeit. Die Kunst-Metapher bot lange Zeit Schutz gegen eine Professionalisierungsdiskussion einerseits, eine Evaluierung der Effekte von Erziehung und Unterricht mit empirischen Forschungsmethoden andererseits.

In den 60er Jahren wurde unter dem Eindruck der Notwendigkeit einer Reform des Schul- und Bildungswesens (‹Bildungskatastrophe›) und der Gründung von speziellen Forschungsinstituten wie dem Max-Planck-Institut für Bildungsforschung die dominierende Stellung der geisteswissenschaftlichen Pädagogik erschüttert. Heinrich Roths viel beachtete Göttinger Antrittsvorlesung von 1963 «Die realistische Wendung in der pädagogischen Forschung» (vgl. H. ROTH 1963) leitete eine Umorientierung ein, zumindest von Teilen der Disziplin. Die Modernisierung der Schule verlangte nach modernen Forschungsmethoden, mit denen die Effektivität von Lehrplänen, Lehrstrategien, Unterrichtsmethoden u. a. m. erforscht werden konnte.

Die *Schulforschung* spielte eine zentrale Rolle; sie blieb aber bis Mitte der 70er Jahre stark auf Fragen der Effektivierung des Unterrichts orientiert. Erst gegen Ende der 70er Jahre mehrten sich die Studien, die mittels sozialwissenschaftlicher Forschungsmethoden die Alltagswirklichkeit von Schule und Unterricht aufzuklären versuchten und die Akteure der Schule, Lehrer und Schüler, sowie deren subjektive Deutungsmuster in den Mittelpunkt stellten. Diese neue, subjektorientierte Schulforschung thematisierte u. a. die Alltagstheorien von Lehrern und Schülern, die Wirklichkeit des Hauptschülers, den heimlichen Lehrplan und das Unterrichts- und Pausengeschehen aus Schülersicht (vgl. ASTER 1990, S. 19 ff). In Anlehnung an die amerikanische Forschungsform der Case Study wurden zudem Schulporträts und Schulmonographien erstellt und die Einbettung der Schule in ihr Umfeld erforscht. Ein einheitliches methodisches Konzept dieser Studien läßt sich zwar nicht ausmachen; doch teilen viele die Skepsis gegenüber quantitativen Methoden, orientieren sich an qualitativen, interpretativen Ansätzen und benutzen Forschungstechniken wie die teilnehmende Beobachtung oder das offene Interview.

Merkens hatte 1978 die Lösung von drei Aufgaben für dringlich erachtet, um den Zustand der Erziehungswissenschaft als «Entwicklungsdisziplin» zu überwinden (vgl. MERKENS 1978, S. 40 f): Erstens müsse der wissenschaftstheoretische Standort pädagogischer Forschung genauer bestimmt werden, zweitens bedürfe es der Orientierung der Forschungskonzepte und -methoden auf erziehungswissenschaftliche Fragestellungen und Probleme hin, und drittens müsse ein Forschungskonzept und eine Forschungsstrategie für die praxiserschließende pädagogische Forschung entwickelt werden.

In bezug auf die erste Forderung ist 15 Jahre später festzustellen, daß sich in der Pädagogik – wie in den Nachbarwissenschaften auch – verschiedene wissenschaftstheoretische Standpunkte (nebeneinander) etabliert haben, von denen aus pädagogische Forschung betrieben werden kann. Die zweite Forderung ist weitgehend erfüllt: Die Erziehungswissenschaft hat die zumeist aus Psychologie und Soziologie stammenden Forschungskonzepte und Forschungstechniken mit großer Schnelligkeit übernommen und nach ihren eigenen Kriterien selektiert. Hinsichtlich der Forschungsmethoden ist in doppelter Hinsicht ein Prozeß der Angleichung der Erziehungswissenschaft an die sozialwissenschaftlichen Disziplinen festzustellen. Erstens gleichen sich die Relationen der am häufigsten eingesetzten Verfahren an, so daß auch in der Erziehungswissenschaft das Interview die am häufigsten eingesetzte Methode ist, zweitens existiert auch in der Erziehungswissenschaft seit Anfang der 80er Jahre ein Trend hin zu den qualitativen Methoden, der seine Begründung aus der Alltagswende der Erziehungswissenschaft (vgl. LENZEN 1980), dem Diskurs über die geisteswissenschaftliche Tradition der Disziplin sowie aus handlungstheoretischen Konzepten bezieht. Ob die Erziehungswissenschaft heute noch eine Entwicklungsdisziplin oder Nachzüglerdisziplin (vgl. TENORTH 1990, S. 17) ist, mag dahingestellt bleiben, jedenfalls hat sie sich methodisch stark weiterentwickelt – auch in Richtung der qualitativen Methodik. Die dritte Forderung von Merkens schließlich hat sich tendenziell erledigt, heute erwartet niemand mehr einen umstandslosen Zusammenhang zwischen der empirischen Forschung und der pädagogischen Praxis. Hierzu mag, neben den Mißerfolgen der Bildungsforschung, nicht zuletzt die Hinwendung zu qualitativen Forschungsstrategien beigetragen haben. Paradoxerweise haben die Empiriker, die den Lehnstuhl des Universitätswissenschaftlers verlassen haben, um ‹ins Feld zu gehen›, dort eine Affinität ihrer an der Phänomenologie und Ethnographie orientierten Methoden zur hermeneutischen Methodik der geisteswissenschaftlichen Pädagogik feststellen können.

6.1.4 Wissenschaftstheoretische Aspekte empirischer Forschung

Fast so alt wie die Sozialforschung selbst ist der Streit um die ‹richtigen› Forschungsmethoden und die Auseinandersetzung um das Verhältnis von Theorie und Empirie sowie um die Zielsetzung empirischer Forschung. Diese Fragestellungen beinhalten mehr oder weniger unmittelbar die Frage nach den wissenschaftstheoretischen Grundlagen und Voraussetzungen der empirischen Forschung. Mit Wissenschaftstheorie sind hier Aussagensysteme gemeint, die sich mit dem wissenschaftlichen Handeln selbst, seinen Regeln, seinen logischen Abläufen und Begrifflichkeiten sowie dem Verhältnis zwischen wissenschaftlichen Aussagen und der Realität befassen. Sofern es dabei um Fragen der wissenschaftlichen Theoriebildung (Definitionen, Hypothesenbildung, Konzeptspezifikation, Operationalisierung) geht, bezeichnet man unterschiedliche wissenschaftstheoretische Positionen als Methodologien.

Lange Zeit hat das *deduktiv-nomologische Forschungsmodell*, welches eng mit dem ‹kritischen Rationalismus› verknüpft ist (vgl. POPPER 1966, TOPITSCH 1971), auch in der erziehungswissenschaftlichen Forschung die beherrschende Rolle gespielt. Zentral für diese Methodologie ist das Ziel, durch geeignete Forschungsmethoden zu gesetzesartigen (nomologischen) Aussagen zu gelangen (vgl. SCHNELL/HILL/ESSER 1992, S. 37 ff). Solche Gesetze erheben ähnlich wie physikalische Gesetze den Anspruch, unabhängig von Raum und Zeit zu gelten. Sie sind prinzipiell nicht verifizierbar, sondern können immer nur als vorläufig bestätigt gelten. Auf der Basis möglichst exakter Begrifflichkeit werden empirisch überprüfbare Aussagen, sogenannte Hypothesen, formuliert. Um diese Hypothesen an der sozialen Wirklichkeit überprüfen zu können, ist ein Übersetzungsvorgang in Meßvorgänge vonnöten, Operationalisierung genannt. Diese Forschungslogik ist untrennbar mit dem Vorgang des Messens und der anschließenden Auswertung der Messungen mit Hilfe mathematischer und statistischer Verfahren verbunden. Im Begriff der Messung kommt die Orientierung am Wissenschaftsmodell der Naturwissenschaften zum Ausdruck. Forschungsobjekten und deren Eigenschaften werden auf der Basis von Meßanweisungen Zahlen zugeordnet. Die Gegebenheiten und Relationen der Lebenswelt (empirisches Relativ) werden in symbolische, zahlenmäßige Repräsentationen abgebildet (numerisches Relativ). Daraus resultiert auch die Bezeichnung *quantitatives Paradigma*. Der häufig benutzte Begriff Paradigma meint in diesem Zusammenhang so etwas wie wissenschaftliches Modell oder wissenschaftliches Weltbild. Zur Beurteilung der Qualität sozialwissenschaftlicher Messungen existieren *Gütekriterien*, unter denen die Kriterien der Zuverlässigkeit (Reliabilität) und der Gültigkeit (Validität) die wichtigsten sind (vgl. SCHNELL/HILL/ESSER 1992, S. 129 ff). Die *Reliabilität* bezeichnet das Ausmaß der Übereinstimmung von wiederholten Messungen am gleichen Objekt, etwa die Übereinstimmung von wiederholt durchgeführten Schulleistungstests. Das Kriterium der *Validität* thematisiert die Korrespondenz von Meßergebnissen und dem zu erfassenden theoretischen Sachverhalt. Es wird also gefragt, ob tatsächlich das gemessen wird, was gemessen werden soll, etwa ob ein bestimmter Intelligenztest überhaupt ‹Intelligenz› mißt. Messungen lassen sich nach dem Meß- oder Skalenniveau, d. h. der Art der Abbildung des empirischen Relativs in ein numerisches Relativ, unterscheiden. In den Sozialwissenschaften werden drei Skalenniveaus mit Abstand am häufigsten verwendet: Nominal-, Ordinal- und Intervallskala. Bei der Nominalskala stellen die Skalenwerte lediglich Benennungen dar (wie ‹männlich›, ‹weiblich›), bei der Ordinalskala geben die Skalenwerte eine Rangordnung wieder (z. B. Schulnoten), und bei der Intervallskala besitzen zudem die Abstände zwischen den einzelnen Skalenstufen (Intervalle) die gleiche Größe (z. B. Temperaturskala).

Im Rahmen des quantitativen Paradigmas werden die Ergebnisse der Messungen mit statistischen Verfahren ausgewertet. Es sind zwar prinzipiell alle Formen von Zusammenhängen zwischen Merkmalen möglich, doch wird in der Praxis fast ausschließlich mit Je-desto- und Wenn-dann-Beziehungen gearbeitet.

Seit Mitte der 8oer Jahre ist das quantitative Forschungsmodell deutlich zurückgedrängt worden. Dies mag u. a. darin begründet sein, daß die Orientierung an den Naturwissenschaften keine auch nur annähernd mit deren Ertrag und Erfolgen vergleichbaren Resultate hervorgebracht hat. Zunehmend auf Interesse gestoßen sind qualitative, interpretative Forschungsmethoden, die einen anderen Zugang zur beforschten Welt suchen. Solche Methoden sind keineswegs neu; sie greifen althergebrachte Argumente für eine spezifisch sozialwissenschaftliche Methode wieder auf, wie sie bereits in der ersten Hälfte des 20. Jahrhunderts von Max Weber und Alfred Schütz vorgebracht wurden.

Schütz (vgl. 1981) hatte den Unterschied zwischen Natur- und Sozialwissenschaften darin gesehen, daß die Sozialwissenschaft es mit einer bereits interpretierten Welt zu tun hat. Der Naturwissenschaftler befindet sich in einer gänzlich anderen Situation; er allein interpretiert und erklärt die Naturphänomene, die kein Bewußtsein von sich selbst und von ihrer Umwelt haben. Die Sozialwelt hingegen weist eine Sinn- und Relevanzstruktur für die in ihr Lebenden auf. Dies muß von den Sozialwissenschaftlern berücksichtigt werden, die von ihnen konstruierten Konzepte und Theorien bauen auf den Alltagskonstruktionen der Handelnden im Sozialfeld auf (vgl. Schütz 1972, 1981).

Max Weber (vgl. 1973) hatte in einer vom Dualismus zwischen Geistes- und Naturwissenschaft gekennzeichneten Epoche eine vermittelnde Position eingenommen. Die programmatische Position der Geisteswissenschaft ‹Die Natur erklären wir, das Seelenleben verstehen wir› wurde von ihm nicht geteilt, auch bestritt er nicht das Vorhandensein gesetzesartiger, mit Hilfe statistischer Methoden nachweisbarer sozialer Regelmäßigkeiten; doch hielt er die Suche nach solchen Regelmäßigkeiten nicht für die Kernaufgabe der Sozialwissenschaften. Im Zentrum seiner Methodologie stand die Suche nach verständlichen Handlungstypen, d. h. der Anspruch der Sinnadäquanz von entdeckten sozialen Regelmäßigkeiten. Weber zufolge leisteten die Sozialwissenschaften etwas den Naturwissenschaften Unmögliches, nämlich das *Verstehen* des Verhaltens der beteiligten Akteure, während man das Verhalten beispielsweise von Zellen nicht verstehen kann.

Auf einer solchen Unterscheidung zwischen Natur- und Sozialwissenschaften aufbauend, ist der Vorgang der Messung, ein Kernpunkt des quantitativen Paradigmas, problematisiert worden (vgl. Cicourel 1974). Während im Bereich der Natur zumeist noch von der prinzipiell unendlichen Wiederholbarkeit von Messungen ausgegangen wird – es wird angenommen, daß sich die Raumtemperatur nicht dadurch verändert, daß zehn- oder 1000mal die Temperatur gemessen wird –, sind

Messungen im sozialen Bereich wegen der Lernfähigkeit des For-
schungsobjekts Mensch nicht beliebig wiederholbar.

Die Methodendiskussion der 8oer Jahre ist von der Kontroverse um
quantitative oder qualitative Forschungsmethoden geprägt worden. Verschiedene Autoren haben versucht, ausgehend von einer Frontstellung
von quantitativem und qualitativem Paradigma Vergleiche der Leistungsfähigkeit der Ansätze vorzunehmen (vgl. z. B. LAMNEK 1988,
Bd. 1, S. 242 f). Solche Gegenüberstellungen haben, auch wenn sie sich
als idealtypisch verstehen, immer mit dem Problem zu kämpfen, daß die
Methodologie des quantitativen Paradigmas, also des kritischen Rationalismus, sehr genau kodifiziert ist, während auf seiten der qualitativen
Forschung keine umfassende Methodologie, sondern nur eine Reihe
durchaus heterogener Einzelansätze existiert. Plakative Zuschreibungen,
die den quantitativen Verfahren den Umgang mit ‹harten Daten›, den
qualitativen jenen mit ‹weichen Daten› bescheinigen, sind wenig hilfreich. Sie sind so idealtypisch wie die Zuschreibung, die SPD sei sozial,
die FDP liberal und die CDU christlich.

Bedeutsam ist es, zwischen Methoden und Methodologie zu unterscheiden; denn die Methoden sind nicht an bestimmte wissenschaftstheoretische Positionen gebunden, auch wenn das im Methodenstreit der
7oer und 8oer Jahre teilweise so aussah. Eine Einzelfallstudie, eine klassische qualitative Methode, kann vom methodologischen Standpunkt des
kritischen Rationalismus durchaus zur Falsifikation einer Theorie geeignet sein.

6.1.5 Die quantitativen Methoden

Der Einsatz quantitativer Methoden erfolgt zumeist in mehr oder weniger fester Verbindung zum Forschungsmodell des kritischen Rationalismus, welches durch drei Kernpunkte charakterisiert ist:
– den Anspruch theoriegeleiteter Forschung mit dem Ziel der Erklärung
  sozialer Tatbestände;
– das Vorhandensein strukturierter Erhebungsinstrumente, mit denen
  Messungen vorgenommen werden;
– das Ziel, verallgemeinernde Aussagen zu treffen, welches sich for-
  schungspragmatisch über den Anspruch der Repräsentativität umsetzt.

Es ist also weniger die Frage der Quantifizierung an sich, die diesen
Forschungsansatz kennzeichnet – auch innerhalb von Forschungen, die
sich an der Phänomenologie oder am symbolischen Interaktionismus

(vgl. SPÖHRING 1989, S. 60 ff) orientieren, kann quantifiziert werden –, als vielmehr die der zentralen Position der Quantifizierung im Forschungsablauf. Quantitative Forschungsmethoden sind folgerichtig auch dadurch zu kennzeichnen, daß die Datenauswertung und damit einhergehend statistische Verfahren der Datenanalyse einen großen Raum einnehmen.

Im Forschungsablauf lassen sich vier Hauptphasen unterscheiden (vgl. VON ALEMANN 1977, S. 57 ff):
– die Planungsphase,
– die Durchführungsphase,
– die Phase der Datenanalyse und
– die Phase der Publikation der Ergebnisse.

Die *Planungsphase* beinhaltet alle Vorarbeiten, die zur Durchführung eines Forschungsprojekts erforderlich sind. Dazu zählen die Präzisierung der Forschungsfrage und die Ermittlung des aktuellen Forschungsstands durch eine sorgfältige Literaturanalyse. Ein theoretischer Bezugsrahmen wird entwickelt, die zentralen Begriffe werden operationalisiert, die Untersuchungsgruppe wird festgelegt und ein detaillierter Forschungsplan erarbeitet.

Die *Durchführungsphase* beginnt mit der Entwicklung des Forschungsinstrumentariums (z. B. eines Fragebogens), welches zunächst einem Pretest unterzogen wird. Ein Auswahlverfahren für die zu untersuchende Population (beispielsweise eine Zufallsstichprobe) wird bestimmt und das Erhebungspersonal geschult. Nach Durchführung der Haupterhebung werden die Daten vercodet und EDV-gerecht aufbereitet.

Nach der Plausibilitätsprüfung und Fehlerbereinigung der Daten setzt die *Analysephase* ein, die mit einfachen Häufigkeitsauszählungen beginnt und sodann Zusammenhänge zwischen zwei und mehr Variablen mit Hilfe statistischer Verfahren ermittelt.

In der sich anschließenden *Publikationsphase* werden die Ergebnisse schriftlich zusammengefaßt. Zumeist ist ein Forschungsbericht für die forschungsfördernde Institution zu erstellen. Zentrale Ergebnisse werden im Rahmen von Fachkonferenzen, Kongressen und Symposien vorgetragen und als Aufsätze in wissenschaftlichen Fachzeitschriften veröffentlicht. Ob die Ergebnisse auch in Buchform publiziert werden, hängt häufig davon ab, ob die Forschung zugleich eine Qualifikationsarbeit (Dissertation, Habilitation) darstellt.

Diese vier aufeinanderfolgenden Phasen stellen den Standard eines hypothesentestenden Forschungsablaufs mit einem einfachen Querschnittsdesign dar, d. h. einer einmaligen Erhebung. Unter *Design* versteht man die Untersuchungsanordnung, insbesondere Art und Anzahl der Erhebungen. Generell gilt, daß Veränderungen nur mit längsschnittlichen Designs, d. h. mittels mehrerer, zu unterschiedlichen Zeitpunkten stattfindenden Erhebungen erfaßbar sind. Eine besondere Form der Längsschnittuntersuchung stellt das Paneldesign dar, eine Mehrfacherhebung mit demselben Instrument bei denselben Personen. Solche komplexen Designs bedingen einen weitaus komplizierteren Forschungsablauf als den oben skizzierten, mit mehreren Phasen der Datenerhebung und Datenanalyse sowie mehreren Zwischenberichten bzw. Publikationsphasen.

Unter den einzelnen quantitativen Methoden sind das Interview, die Beobachtung und die Inhaltsanalyse die bedeutendsten. Experimentelle Verfahren, soziometrische Methoden und Testverfahren spielen demgegenüber eine untergeordnete Rolle. Die Statistik der in empirischen Projekten eingesetzten Forschungsmethoden verweist auf die zentrale Stellung des Interviews: 1990 setzten 50 Prozent aller Forschungsprojekte das schriftliche und 43 Prozent das mündliche Interview ein, während die Beobachtung mit zehn Prozent sowie die Inhaltsanalyse mit sieben Prozent seltener und im Vergleich zu früheren Erhebungen mit abnehmender Tendenz zum Einsatz kamen (vgl. EMPIRISCHE SOZIALFORSCHUNG 1991, S. XVIII).

Das Interview. – Das klassische Instrument der quantitativen Sozialforschung ist das mit Hilfe eines standardisierten Fragebogens durchgeführte Interview. Nach der Art der Durchführung lassen sich mündliches und schriftliches Interview unterscheiden. Eine Spezialform des mündlichen Interviews ist das Telefoninterview, das aufgrund seiner geringen Kosten und der Schnelligkeit der Datengewinnung vor allem in den USA immer häufiger eingesetzt wird.

Das Interview wird überwiegend als Einzelinterview durchgeführt. Es ist ein hochgradig strukturiertes Instrument, das nicht nur allen Befragten die gleichen Fragen in der gleichen Reihenfolge stellt, sondern ihnen auch eine fixierte Auswahl von Antworten vorgibt. Durch Schulung der Interviewer versucht man ein möglichst standardisiertes, also immer gleichförmiges Verhalten auf der Interviewerseite zu erreichen.

Das Prinzip der Standardisierung resultiert aus der Zielsetzung, Messungen zwecks späterem Vergleich und späterer Aggregierung der Daten vorzunehmen. Messungen sind aber nur dann vergleichbar, wenn die Rahmenbedingungen konstant gehalten werden, wozu auch die Forderung nach der Neutralität des Interviewers zählt. Metaforschungen zum Interview zeigen allerdings, daß die soziale Realität kaum aus dem Interview verbannt werden kann (vgl. Meulemann / Reuband 1984) und die Neutralitätsforderung möglicherweise unerfüllbar ist.

Von der Alltagskommunikation unterscheidet sich die standardisierte Befragung durch die theoriegeleitete Kontrolle des gesamten Befragungsvorgangs. Die Konstruktion des Fragebogens, die Formulierung von Fragen, ihre Reihenfolge sowie die Art und Formulierung von Antwortvorgaben werden in der Literatur ausführlich beschrieben (vgl. Schnell / Hill / Esser 1992, S. 328 ff, van Koolwijk / Wieken-Mayser 1974, Bd. 4). Teilweise sind umfangreiche Kunstregeln für einzelne Teilaspekte der Befragung entwickelt worden wie die «Lehre von der Frage» oder die «Lehre vom Fragebogen» (vgl. Scheuch 1973).

Keine Forschungsmethode wird derart häufig angewendet wie das Interview, und zu keiner Methode ist derart viel Metaforschung betrieben worden. Dennoch ist das Interview keineswegs ein unproblematisches Instrument. Zum einen ist bekannt, daß das Antwortverhalten sehr stark von der Frageformulierung und vom Interviewerverhalten abhängen kann; zum anderen existiert das generelle Problem, daß zwischen den im Interview geäußerten Einstellungen und Meinungen und dem tatsächlichen Verhalten der Befragten Diskrepanzen bestehen können.

Die Beobachtung. – Beobachten ist nicht nur im Alltag ein Basisverhalten, sondern auch eine der Grundtechniken der empirischen Forschung. Obwohl diese Forschungstechnik im Vergleich zu anderen Verfahren, insbesondere verglichen mit der Befragung, an Verbreitung eingebüßt hat, gibt es Einsatzfelder, auf denen die Beobachtung den anderen Methoden überlegen und kaum ersetzbar ist (vgl. Aster / Merkens / Repp 1989). Hierzu zählt die Erfassung von komplexem Interaktionsgeschehen, beispielsweise des pädagogischen Geschehens im Unterricht oder des Betreuerverhaltens in Kindergärten und Kinderkrippen.

Es ist üblich, Beobachtungsverfahren anhand der Hauptkriterien teilnehmend / nicht-teilnehmend, direkt / indirekt und strukturiert / unstrukturiert zu klassifizieren (vgl. Atteslander 1991, S. 109 ff). Weitere Kriterien der Differenzierung sind der Grad der Informiertheit der Beobachteten, abgehandelt unter der Gegenüberstellung von offener versus verdeckter Beobachtung, sowie die Beobachtungssituation selbst, unterschieden in künstliche bzw. natürliche Situationen. Die nichtstrukturierte Beobachtung ist das klassische Verfahren der Feldforschung und als solches zu den qualitativen Methoden zu rechnen. Sofern Methoden der Beobachtung im Rahmen des quantitativen Paradigmas eingesetzt werden, handelt es sich um systematische Erhebungsformen, die mit Hilfe eines Beobachtungsinstruments durchgeführt werden. Dies ist ein aus einzelnen Beobachtungsitems und -kategorien bestehendes Schema, das die Art der Protokollierung der Beobachtung festlegt. Ähnlich wie beim standardisierten Interview bedarf es einer gründlichen Schulung des Erhebungspersonals.

Das zentrale Problem von Beobachtungsverfahren stellt die Rolle des Beobachters dar, zum einen im Sinne der Störung des Interaktionsgeschehens durch die bloße Anwesenheit eines Beobachters, zum anderen im Sinne des Rollenkonflikts, in dem sich der Beobachter selbst befindet. Das Dilemma von Identifikation versus Distanz, das sich insbesondere bei der teilnehmenden Beobachtung stellt, erfordert einen mühevollen Balanceakt des Beobachters. Er muß einerseits die wahrgenommene Sozialwelt verstehen und eine adäquate Deutung des Beobachteten vornehmen, andererseits jedoch so viel Distanz zum Untersuchungsgegenstand wahren, daß er jederzeit in der Lage ist, seine Beobachtungen aus der Perspektive seiner Forschungsfrage zu reflektieren.

Die Inhaltsanalyse. – Ursprünglich aus der amerikanischen Kommunikationswissenschaft der 40er Jahre stammend, wo sie zur Analyse von Massenmedien eingesetzt wurde, hat sich die Inhaltsanalyse mittlerweile als eigenständige sozialwissenschaftliche Forschungsmethode etabliert. Gegenstand der Inhaltsanalyse sind Texte oder in einer erweiterten Definition materialisierte Kommunikation (vgl. ZÜLL / MOHLER 1992). Die auf Paul Lazarsfeld und Bernard Berelson zurückgehende Definition der klassischen Inhaltsanalyse lautet:

«Inhaltsanalyse ist eine Forschungstechnik zur objektiven, systematischen und quantitativen Beschreibung des manifesten Inhalts von Kommunikation» (vgl. ATTESLANDER 1991, S. 236). Damit ist die Differenz zur qualitativen Inhaltsanalyse klar bezeichnet. Jene befaßt sich mit latenten Inhalten und benutzt interpretative Techniken, während sich die quantitative Inhaltsanalyse auf die manifesten Inhalte, also Worte und Wortkombinationen, konzentriert. Zentrale Bedeutung hat hierbei das Kategoriensystem, dessen einzelnen Kategorien im Text vorkommende Worte eindeutig zugewiesen werden. Als Auswertungen kommen neben einfachen Häufigkeitsauswertungen der im Text vorkommenden Worte, Analysen der Kategorienfrequenzen sowie Korrelationen, Faktorenanalysen und andere multivariate Verfahren in Betracht. In der Erziehungswissenschaft ist das Verfahren zur Analyse des Emanzipationsbegriffs bei Pädagogik-Studenten angewendet worden (vgl. BOS / TARNAI 1989).

Statistische Datenauswertung. – Die Auswertung der Daten mit Hilfe statistischer Verfahren ist ein fester Bestandteil der quantitativen Methoden. Die statistischen Berechnungen werden heute nahezu ausschließlich mit Hilfe des Computers durchgeführt. Dazu ist eine bestimmte Form der Aufbereitung der erhobenen Daten erforderlich. Zunächst werden alle Daten codiert, auch solche, die beispielsweise mit offenen Fragen ohne feste Antwortvorgaben erhoben worden sind. Dies bedeutet, daß die erhobenen Daten in numerische oder alphanumerische Symbole übertragen werden. Nach der Datenüberprüfung und gegebenenfalls der Datenkorrektur folgt die Plausibilitätsprüfung, mit der Datenfehler entdeckt werden sollen, beispielsweise zweifelhaft erscheinende Altersangaben oder unlogische Datenkombinationen. Nach dieser zumeist mühevollen Phase der Datenbereinigung beginnt die Datenauswertung mit Verfahren der Deskriptivstatistik (vgl. Benninghaus 1990). Im ersten Schritt werden univariate Analysen, d. h. Häufigkeitsauszählungen der einzelnen Variablen durchgeführt. Die nächsten Schritte bestehen in Häufigkeitsauswertungen für einzelne Subgruppen der Population und bivariaten Analysen, d. h. Zusammenhangsanalysen zwischen zwei Variablen, meist in Form von Kreuztabellen oder Korrelationen.

Die Inferenzstatistik oder schließende Statistik stellt eine Vielzahl von Verfahren zur Verfügung, um von den Daten der erhobenen Stichprobe auf die Grundgesamtheit zu schließen und Hypothesen zu testen. Analysetechniken wie die Varianz-, Regressions- und Faktorenanalyse ermöglichen multivariate Auswertungen, d. h. die gleichzeitige Berücksichtigung mehrerer Variablen (vgl. Bortz 1988).

6.1.6 Die qualitativen Methoden

Hinter dem Begriff qualitative Methoden verbirgt sich eine Reihe teilweise sehr heterogener Forschungsansätze. Zweckmäßig ist es, zwischen qualitativen Methodologien bzw. Forschungsansätzen einerseits, spezifischen Methoden andererseits zu unterscheiden. Zu letzteren gehören Forschungstechniken wie das qualitative Interview oder die Gruppendiskussion, deren Einsatz nicht unbedingt auf Forschungsprojekte beschränkt ist, die einen qualitativen Forschungsansatz verfolgen. So kann etwa das qualitative Interview in Form von Expertengesprächen oder in der Explorationsphase eines ansonsten der quantitativen Methodik verpflichteten Projekts Verwendung finden.

Eine die verschiedenen Richtungen integrierende qualitative Methodologie, die über ähnlich kodifizierte Abläufe und Regeln der Datenerhebung und -analyse wie das quantitative Modell im Rahmen des kritischen Rationalismus verfügt, existiert nicht. Es herrscht keineswegs Einigkeit darüber, ob die Entwicklung einer solchen Methodologie ein sinnvolles Ziel ist. Aus der Vielfalt qualitativer Forschungsansätze haben der Grounded-Theory-Ansatz (gegenstandsbezogene Theorie) von Barney Glaser und Anselm Strauss (vgl. GLASER/STRAUSS 1967, STRAUSS 1991, HOPF/WEINGARTEN 1979), der phänomenologische Ansatz (vgl. SCHÜTZ 1981), die Ethnomethodologie bzw. die ethnographische Feldforschung (vgl. WEINGARTEN/SACK/SCHENKEIN 1979) und typenbildende Ansätze (vgl. GERHARDT 1991, KUCKARTZ 1988) größere Bedeutung erlangt.

Versuche der idealtypischen Gegenüberstellung eines quantitativen und qualitativen Vorgehens sind immer wieder gemacht worden, bleiben jedoch aufgrund der Heterogenität qualitativer Forschungsansätze unbefriedigend. Trotz aller Unterschiedlichkeit lassen sich jedoch einige gemeinsame Kernpunkte identifizieren, die qualitative Verfahren auszeichnen (vgl. HOPF 1979, S. 11 ff):

1. ein anderer Zugang zu den Forschungssubjekten, der durch eine offene, nicht-standardisierte Vorgehensweise bei der Datenerhebung zum Ausdruck kommt;
2. der Verzicht auf Antwortvorgaben, Einstellungsskalen, Tests und standardisierte Instrumente aller Art;
3. eine stark beschreibende Orientierung, in der ein weniger restriktives Konzept des Zusammenhangs zwischen Theorie und Empirie zum Tragen kommt, welches sich anders als das Konzept des kritischen Rationalismus nicht auf das Testen von vorab formulierten Hypothesen beschränkt;
4. ein Forschungsablauf, der anders als das strikte Phasenmodell des quantitativen Ansatzes auch zirkuläre Elemente beinhaltet und insbesondere die strenge Trennung von Datenerhebung und -analyse auflöst.

Die Spezifik qualitativer Forschungsansätze erschöpft sich nicht in der Verwendung anderer, qualitativer Forschungstechniken; sondern es ist der gesamte Forschungsansatz, der sich vom oben skizzierten Ablauf eines am kritischen Rationalismus orientierten Projekts unterscheidet. So lassen sich hier individualistische und holistische Forschungsdesigns unterscheiden. Das individualistische Design, das etwa als Methode qualitative Interviews mit verstreut lebenden Individuen vorsieht, hat einen gegenüber dem mit strukturiertem Fragebogen arbeitenden quantitativen Ansatz kaum veränderten methodologischen Stellenwert. Unterschiedlich ist allenfalls die Auswahl der Befragten, die hier nicht nach stichprobentheoretischen Kriterien geschieht. Wesentliche Teile des Alltagslebens der beforschten Personen bleiben ungeklärt. Das holistische Design der Feldforschung verfolgt einen anderen Forschungsansatz. Hier sind die Forscher ‹vor Ort› und leben – für einen begrenzten Zeitraum – im natürlichen Umfeld der Beforschten.

Unter den qualitativen Forschungsmethoden werden das qualitative Interview, die teilnehmende Beobachtung, die Inhaltsanalyse und die Gruppendiskussion am häufigsten angewendet. Während in den USA die teilnehmende Beobachtung die bedeutendste Rolle spielt, wird in Deutschland hauptsächlich mit dem qualitativen Interview gearbeitet. Innerhalb dieser Methode lassen sich verschiedene, teilweise sehr ausdifferenzierte Verfahren mit unterschiedlichem Strukturierungsgrad unterscheiden:

- Das Leitfaden-Interview oder teilstrukturierte Interview ist ein häufig eingesetztes Verfahren, das in der Forschungspraxis in unterschiedlichen Formen Verwendung findet. Das Interview wird mit einem mehr oder weniger ausführlichen Gesprächsleitfaden geführt, wobei die Gestaltung des Interviewablaufs (Reihenfolge der Fragen, Frageformulierung) und die Interviewdauer nicht einheitlich gehandhabt werden. Leitfaden-Interviews können dem Befragten großen Spielraum gewähren wie beim problemzentrierten Interview (vgl. Witzel 1982), in welchem der Leitfaden nur als thematische Orientierung dient. Sie können aber auch hinsichtlich der Fragevorgaben und der Fragesequenz relativ starr festgelegt sein. Die entscheidende Differenz zum standardisierten Interview ist der Verzicht auf Antwortvorgaben.
- Das fokussierte Interview stammt ursprünglich aus der Kommunikationsforschung (vgl. Hopf / Weingarten 1979) und ist dadurch zu charakterisieren, daß das Interview auf einen vorab festgelegten Gegenstand «fokussiert» wird – in der ursprünglichen Form auf einen Film, den die Befragten zuvor gesehen haben.
- Das narrative Interview ist ein auf der Dimension offenes versus strukturiertes Interview maximal offenes Verfahren. Es wird vor allem in der biographischen Forschung eingesetzt und verlangt vom Interviewer weitestgehende Zurückhaltung. Anstelle des für Befragungsmethoden meist üblichen Frage-Antwort-Spiels wird der Interviewte durch ‹erzählgenerierende Eingangsfragen› zu einer Stegreiferzählung animiert. Zentral für das narrative Interview ist also die Erzählung selbsterlebter Ereignisse durch den Befragten (vgl. Lamnek 1988, Bd. 2, S. 70ff).

Die Gruppendiskussion fokussiert die Dynamik einer Diskussionssituation und die Konstitutionsmomente von Gruppenmeinungen. Ursprünglich aus der Kritik an individualistischen Umfragemethoden entstanden, rückt das Verfahren den Kommunikationsprozeß in den Mittelpunkt. Damit ist allerdings eine Reihe von Problemen verbunden, die kaum befriedigend gelöst werden können. So bleibt unklar, welche Effekte die jeweilige Gruppenzusammensetzung und der kontrollierende Einfluß des Diskussionsleiters haben. Anwendung findet die Methode vor allem bei der Erforschung spezifischer Lebenswelten, beispielsweise von Jugendlichen in ländlichen Regionen, von Lehrlingen, von Angehörigen der gleichen Generation etc. (vgl. LAMNEK 1988, Bd. 2, S. 121 ff).

Die teilnehmende Beobachtung ist die klassische Forschungstechnik der qualitativen Sozialforschung und die Kernmethode der Feldforschung (vgl. STRAUSS 1991, GIRTLER 1988; vgl. LAMNEK 1988, Bd. 2, S. 233 ff), in deren Rahmen sie häufig durch qualitative Interviews und/oder weitere Forschungstechniken (Dokumentenanalyse etc.) ergänzt wird. Das Modell der Feldforschung orientiert sich am Muster der ethnographischen und anthropologischen Studien, vor allem der ersten beiden Jahrzehnte des 20. Jahrhunderts. Die Forscher verlassen den Schreibtisch, nehmen an der Alltagswelt der Beforschten teil und akzeptieren dafür u. U. eine Reihe von Unbequemlichkeiten: Sie essen widerwärtige Speisen, sind mit Krankheiten und dem Mangel an sanitären Einrichtungen konfrontiert (vgl. HUNT 1991, S. 22 ff). Ziel ist es, Schilderungen der Lebensbedingungen aus der Sicht der Akteure zu erhalten, ihre Wirklichkeitskonstruktionen und subjektiven Deutungsmuster zu verstehen.

In der Erziehungswissenschaft wird die Methode der teilnehmenden Beobachtung vor allem im Rahmen ethnographisch orientierter Schulforschung eingesetzt (z. B. ASTER 1990, DE HAAN 1991 a). Verschiedene Formen teilnehmender Beobachtung werden nach den Dimensionen aktiv/passiv, strukturiert/unstrukturiert und offen/verdeckt unterschieden. Die Dimension aktiv/passiv beschreibt die Art der Teilnahme des Beobachters; sie beinhaltet das Problem, inwieweit der Forscher in die zu untersuchende Alltagswelt hineingezogen wird. Die Dimension strukturiert/unstrukturiert thematisiert die Zielgerichtetheit des Vorgehens sowie das Vorwissen des Beobachters, also die bei ihm bereits zu Beginn der Beobachtung vorhandenen Theorien und Hypothesen über den Beobachtungsgegenstand. Die Unterscheidung zwischen offener und verdeckter Beobachtung thematisiert das Wissen der Beforschten über die Rolle und die Absichten des Beobachters. Die Form der verdeckten Beobachtung ist per se mit ethischen, u. U. auch mit rechtlichen Problemen verbunden.

Die qualitative Inhaltsanalyse entstand in Abgrenzung zur klassischen, quantitativ verfahrenden Inhaltsanalyse zu Beginn der 50er Jahre und betonte in ihren Anfängen das subjektive und impressionistische Element. Mittlerweile hat die qualitative Inhaltsanalyse dieses Anfangs- stadium weit hinter sich gelassen. MAYRING (vgl. 1988) definiert sie als systematische, regel- und theoriegeleitete Methode zur Bearbeitung von Material aus Kommunikationen, d. h. üblicherweise von Texten. Die Entwicklung der qualitativen Inhaltsanalyse zu einem systematischen Verfahren impliziert die Anerkennung der für die klassische, quanti- tative Inhaltsanalyse geltenden zentralen Gütekriterien Reliabilität und Validität. Zu unterscheiden sind drei Hauptformen der qualitativen In- haltsanalyse: die zusammenfassende, die explizierende und die struk- turierende. Die zusammenfassende Variante reduziert die wesentlichen Textinhalte auf einen überschaubaren Kurztext. Die explizierende Form verfährt in Umkehrung hierzu so, daß zu unklaren Textbestandteilen zusätzlich explizierendes Material herangezogen wird. Die strukturie- rende Inhaltsanalyse hat das Ziel, das vorliegende Textmaterial nach be- stimmten Kriterien einzuschätzen und einen vergleichenden Quer- schnitt durch das Material zu legen.

6.1.7 Computer und Forschungsmethoden

Computer sind heute aus dem empirischen Forschungsprozeß nicht mehr wegzudenken. Anfang der 70er Jahre begann das Computerzeitalter auch für die Sozialwissenschaften, zunächst in Form von Statistikpro- grammsystemen, mit deren Hilfe man auf einem Großrechner die stati- stische Datenanalyse betrieb. In früherer Zeit handelte es sich bei der Datenauswertung um ein außerordentlich mühsames Geschäft. Das Vorhandensein von Lochkarte und Hollerith-Maschine ermöglichte zwar einfache Häufigkeitsauszählungen, aber komplizierteren, multiva- riaten Verfahren der Datenanalyse waren durch den immensen, per Hand bzw. Kopf zu erledigenden Rechenaufwand natürliche Grenzen ge- setzt.

Zeugnisse für diese primär durch die mechanische Tätigkeit des Rech- nens charakterisierte Datenanalyse der Vergangenheit sind heute noch an vielen Stellen zu finden. Nicht selten sind Lehrbücher der Datenaus- wertung immer noch von dem Bemühen geleitet, dem Leser die eigene Berechnung der statistischen Kennwerte zu ermöglichen. Als Anleitung zur Forschung kann solche Literatur heute kaum mehr dienen, sie ist ähnlich nutzvoll wie Captain Cooks Beschreibung des Seewegs nach Australien im Jet-Zeitalter. Eine derartige Beschreibung der Verfahren ist anders als das vorkopernikanische Weltbild nicht falsch geworden, denn schließlich funktionieren die Rechenregeln noch zuverlässig. Man kann also auch so ans Ziel kommen, nur dauert es natürlich länger.

Seit der zunehmenden Verbreitung des Personal Computers (PC) gegen Mitte der 80er Jahre ist der *Computereinsatz* in der empirischen Forschung nicht mehr auf die Datenanalyse und bloße Rechenvorgänge beschränkt. Inzwischen wird nahezu auf jeder Stufe des oben skizzierten Forschungsprozesses der Computer genutzt. Erwähnenswert sind hier die Möglichkeiten zur computergestützten Literatur- und Forschungsrecherche mit Hilfe von Datenbanken. Ferner steht Sozialsoftware als Organisationshilfe für die Planung des Projektablaufs zur Verfügung, und die Benutzung von Textverarbeitungsprogrammen für alle im Projektablauf anfallenden Schreibarbeiten (Forschungsantrag, Forschungsberichte, Publikationen) ist beinahe selbstverständlich geworden.

Die häufigste Computernutzung findet nach wie vor bei der Datenauswertung statt. Die durch die rasante Computerentwicklung erschlossenen Möglichkeiten haben im Bereich der statistischen Verfahren dazu geführt, daß verstärkt multivariate Analysemethoden und komplexe Verfahren eingesetzt werden. Die bekannten, ursprünglich für den Großrechner konzipierten Statistikprogrammpakete SPSS, SAS, SYSTAT und BMDP sind im letzten Jahrzehnt stetig weiterentwickelt worden (vgl. BROSIUS 1988). Sie umfassen heute nahezu alle gängigen Verfahren der Deskriptiv- und Inferenzstatistik, sind leicht zu handhaben und sämtlich auch für den PC verfügbar. Einführungen in die Benutzung dieser Programme zur sozialwissenschaftlichen Datenanalyse werden innerhalb der erziehungswissenschaftlichen Studiengänge zumeist im Hauptstudium angeboten.

Neben diesen Standardprogrammpaketen existieren eine Reihe von Softwareprogrammen für spezielle Analyseformen wie LISREL zur Analyse linearer Strukturmodelle, CLUSTAN zur Clusteranalyse und UCINET zur Netzwerkanalyse.

Eine rasante Entwicklung hat sich in den letzten Jahren im Bereich der computergestützten Analyse von qualitativen Daten vollzogen. Bis Mitte der 80er Jahre waren die Möglichkeiten zur Analyse von Texten auf die Methode der quantitativen Inhaltsanalyse beschränkt. Für diesen Bereich existieren bewährte Programme wie TEXTPACK und INTEXT-PC (vgl. ZÜLL/MOHLER/GEIS 1991). Seit wenigen Jahren gibt es auch Programme zur computergestützten Analyse von qualitativem Material, d. h. von Transkripten offener Interviews, Beobachtungsprotokollen, Feldnotizen u. ä. (vgl. KUCKARTZ 1992). Textanalyseprogramme wie ETHNOGRAPH, MAX und TEXTBASE ALPHA basieren auf ähnlichen Grundkonzepten. Sie ermöglichen eine computergestützte Segmentierung der Texte, d. h. eine Untergliederung in Abschnitte, und eine Zuordnung von inhaltlichen Kategorien zu diesen Textsegmenten. Systematische Suchvorgänge nach Textbestandteilen, das schnelle Wiederauffinden von inhaltlich korrespondierenden Segmenten sowie die Möglichkeit zur Klassifikation und Skalierung von Textinhalten haben diese Programme zu einem Motor der Modernisierung qualitativer Forschungsmethoden gemacht.

6.1.8 Methodenfolgenabschätzung

Die Folgen der empirischen Forschungsmethoden wie auch der empirischen Forschung insgesamt lassen sich schwerlich abschätzen; denn es ist nur schwer vorstellbar, wie man dies bewerkstelligen kann, ohne hierzu eben jene zur Debatte stehenden Methoden wieder zu benutzen. Zu Beginn der 70er Jahre, als die Computernutzung in der sozialwissenschaftlichen Forschung erstmals größere Ausmaße erreichte, wurden vielfach Befürchtungen laut, daß der dadurch induzierte Innovationsschub zu einem Methodenmißbrauch führt. Nun sei es nahezu für jedermann möglich, selbst komplexe statistische Verfahren wie die Faktorenanalyse oder die Pfadanalyse anzuwenden, ohne wirkliches Wissen darüber zu besitzen. Auch wurde kritisiert, daß die technisch ausgefeilten Analyseverfahren in einem krassen Mißverhältnis zur Qualität der mit fragwürdigen Instrumenten erhobenen Daten stehen (vgl. CICOUREL 1974). Unter den ungeheuren technischen Möglichkeiten verberge sich ein relativ dünnes Wissen über kausale Wirkungsgefüge. Die seither in den letzten beiden Jahrzehnten eingetretene Entwicklung zeigt jedoch ein doppeltes Gesicht: Die prognostizierte Hinwendung zu komplexen Analyseverfahren ist tatsächlich eingetreten, andererseits hat sich ein gänzlich unerwarteter Trend hin zu qualitativen Forschungsansätzen verstärkt.

Weitgehend unabsehbar sind die Folgen der empirischen Forschung insgesamt. Das sozialwissenschaftliche Wissen ist nicht nur immens angewachsen, es fließt auch auf unkontrollierbare Weise in die Sozialwelt zurück und wird zu einem Faktor im Alltagshandeln. Empirische Forschung im Bereich von Bildung und Erziehung bewirkt auch eine Entzauberung der Pädagogik, indem beispielsweise deren Irrelevanz belegt wird. So zeigen empirische Studien aus dem Bereich der Schulforschung wie auch Auswertungen der Shell-Jugendstudien hinsichtlich schulspezifischer Fragen (vgl. ASTER / KUCKARTZ 1988), daß die Person des Lehrers heute im Alltagsleben der Schüler nur noch eine marginale Rolle spielt. Empirische Forschungsmethoden dienen auf diese Weise heute

vielleicht weniger der direkten Verbesserung erzieherischer Praxen oder
der Evaluation von Curricula als vielmehr der Selbstbeobachtung einer
Wissenschaftsdisziplin, die wie kaum eine andere mit dem ‹Projekt der
Moderne› verbunden und von dessen Krise betroffen ist.

Literatur

ALEMANN, H. VON: Der Forschungsprozeß. Stuttgart 1977.

ASTER, R.: Schule und Kultur: Zur Rekonstruktion schulischer Wirklichkeit aus dem
Blickwinkel von Schülern und Lehrern. Monographie einer Hauptschule als Beitrag
zur ethnographischen Schulforschung. Frankfurt/M. [u. a.] 1990.

ASTER, R./KUCKARTZ, U.: Jugend und Schule. Eine Sekundäranalyse schulspezifischer Fragen der Shell-Studie «Jugendliche und Erwachsene '85». In: Zeitschrift für
Sozialisationsforschung und Erziehungssoziologie 3 (1988), S. 200–212.

ASTER, R./MERKENS, H./REPP, M. (Hrsg.): Teilnehmende Beobachtung: Werk-
stattberichte und methodologische Reflexionen. Frankfurt/New York 1989.

ATTESLANDER, P.: Methoden der empirischen Sozialforschung. Berlin [6]1991.

BENNINGHAUS, H.: Einführung in die sozialwissenschaftliche Datenanalyse. München 1990.

BORTZ, J.: Lehrbuch der empirischen Forschung: für Sozialwissenschaftler. Berlin
[u. a.] 1984.

BORTZ, J.: Lehrbuch der Statistik: für Sozialwissenschaftler. Berlin [u. a.] [3]1988.

BOS, W./TARNAI, C. (Hrsg.): Angewandte Inhaltsanalyse in Empirischer Pädagogik
und Psychologie. Münster 1989.

BROSIUS, G.: SPSS/PC + Basics and Graphics. Einführung und praktische Beispiele.
Hamburg 1988.

CICOUREL, A. V.: Methode und Messung in der Soziologie. Frankfurt/M. 1974.

DENZIN, N. K.: Interpretive Interactionism. Newbury Park/London/New Delhi
1989.

EMPIRISCHE SOZIALFORSCHUNG 1991: Eine Dokumentation von St. Kühnel und
H. Rohlinger, hrsg. vom Zentralarchiv für Empirische Sozialforschung an der Uni-
versität Köln in Zusammenarbeit mit Informationszentrum Sozialwissenschaften.
Frankfurt/New York 1992.

FETTERMANN, D. M.: Qualitative Approaches to Evaluation in Education. The Silent
Scientific Revolution. New York [u. a.] 1988.

FLICK, U. u. a. (Hrsg.): Handbuch qualitativer Sozialforschung: Grundlagen, Konzepte, Methoden und Anwendungen. München/Weinheim 1991.

FRIEDRICHS, J.: Methoden empirischer Sozialforschung. Opladen [14]1990.

GERHARDT, U.: Typenbildung. In: Flick, U. u. a. (Hrsg.): Handbuch qualitativer Sozialforschung: Grundlagen, Konzepte, Methoden und Anwendungen. München/
Weinheim 1991, S. 435–439.

GIRTLER, R.: Methoden der qualitativen Sozialforschung. Anleitung zur Feldarbeit.
Köln [2]1988.

GLASER, B./STRAUSS, A.: The Discovery of Grounded Theory. Chicago 1967.

HAAN, G. DE: Die Bedeutung von Raum und Zeit für das Lernen von Kindern. Abschlußbericht für das Hessische Institut für Bildungsplanung und Schulentwicklung. Berlin 1991 a.

HAAN, G. DE: Über Metaphern im pädagogischen Denken. In: Oelkers, J./Tenorth, H.-E.: Pädagogisches Wissen. Weinheim/Basel 1991, S. 361–375 (= 27. Beiheft der Zeitschrift für Pädagogik).

HOFFMEYER-ZLOTNIK, J. (Hrsg.): Analyse verbaler Daten. Über den Umgang mit qualitativen Daten. Opladen 1992.

HOPF, CH.: Soziologie und qualitative Sozialforschung. In: Hopf, Ch./Weingarten, E. (Hrsg.): Qualitative Sozialforschung. Stuttgart 1979, S. 11–37.

HOPF, CH./WEINGARTEN, E. (Hrsg.): Qualitative Sozialforschung. Stuttgart 1979.

HUNT, M.: Die Praxis der Sozialforschung: Reportagen aus dem Alltag einer Wissenschaft. Frankfurt/New York 1991.

KERN, H.: Empirische Sozialforschung. Ursprünge, Ansätze und Entwicklungslinien. München 1982.

KÖNIG, E./ZEDLER, P. (Hrsg.): Erziehungswissenschaftliche Forschung: Positionen, Perspektiven, Probleme. Paderborn/München 1982.

KÖNIG, R. (Hrsg.): Handbuch der empirischen Sozialforschung. 14 Bde. Stuttgart 1973.

KOOLWIJK, J. VAN/WIEKEN-MAYSER, M. (Hrsg.): Techniken der empirischen Sozialforschung. 8 Bde. München 1974 ff.

KROMREY, H.: Empirische Sozialforschung. Opladen 1983.

KUCKARTZ, U.: Computer und verbale Daten: Chancen zur Innovation sozialwissenschaftlicher Forschungstechniken. Frankfurt/M. [u. a.] 1988.

KUCKARTZ, U.: Textanalysesysteme für die Sozialwissenschaften. Einführung in MAX und TEXTBASE ALPHA. Stuttgart/New York/Jena 1992.

LAMNEK, S.: Qualitative Sozialforschung. 2 Bde. München/Weinheim 1988.

LENZEN, D. (Hrsg.): Pädagogik und Alltag. Methoden und Ergebnisse alltagsorientierter Forschung in der Erziehungswissenschaft. Stuttgart 1980.

LOCHNER, R.: Deutsche Erziehungswissenschaft. Meisenheim a. G. 1963.

MAYRING, PH.: Qualitative Inhaltsanalyse: Grundlagen und Techniken. Weinheim 1988.

MERKENS, H.: Forschung – Praxis, Konzepte, Strategien, Finanzierung. In: Roth, L. (Hrsg.): Methoden erziehungswissenschaftlicher Forschung. Stuttgart 1978, S. 22–42.

MERKENS, H.: Teilnehmende Beobachtung und Inhaltsanalyse in der erziehungswissenschaftlichen Forschung. Probleme bei der Erforschung des Unterrichtens von Kindern ausländischer Arbeitnehmer. Weinheim/Basel 1984.

MERTEN, K.: Inhaltsanalyse. Einführung in Theorie, Methode und Praxis. Opladen 1983.

MEULEMANN, H./REUBAND, K.-H. (Hrsg.): Soziale Realität im Interview. Empirische Analysen methodischer Probleme. Frankfurt/New York 1984.

POPPER, K.: Logik der Forschung. Tübingen ²1966.

ROTH, H.: Die realistische Wendung in der pädagogischen Forschung. In: Die Deutsche Schule 55 (1963), S. 109–119.

ROTH, L. (Hrsg.): Methoden erziehungswissenschaftlicher Forschung. Stuttgart 1978.

SCHEUCH, E.: Das Interview in der Sozialforschung. In: König, R. (Hrsg.): Handbuch der empirischen Sozialforschung. Bd. 2. Stuttgart 1973, S. 66–190.

SCHNELL, R. / HILL, P. B. / ESSER, H.: Methoden der empirischen Sozialforschung. München / Wien ³1992.

SCHÜTZ, A.: Gesammelte Aufsätze. 2 Bde. Den Haag 1972.

SCHÜTZ, A.: Der sinnhafte Aufbau der sozialen Welt. Eine Einleitung in die verstehende Soziologie. Frankfurt / M. ²1981.

SOEFFNER, H.-G. (Hrsg.): Interpretative Verfahren in den Sozial- und Textwissenschaften. Stuttgart 1979.

SPÖHRING, W.: Qualitative Sozialforschung. Stuttgart 1989.

STRAUSS, A.: Grundlagen qualitativer Sozialforschung. Datenanalyse und Theoriebildung in der empirischen soziologischen Forschung. München 1991.

TENORTH, H.-E.: Geschichte der Erziehung. Einführung in die Grundzüge ihrer neuzeitlichen Entwicklung. Weinheim / München 1988.

TENORTH, H.-E.: Vermessung der Erziehungswissenschaft. In: Zeitschrift für Pädagogik 36 (1990), S. 15–28.

TESCH, R.: Qualitative Research. Analysis Types and Software Tools. New York / Philadelphia / London 1990.

TOPITSCH, E. (Hrsg.): Logik der Sozialwissenschaften. Köln / Berlin 1971.

VOGES, W. (Hrsg.): Methoden der Biographie- und Lebenslaufforschung. Opladen 1987.

WEBER, M.: Gesammelte Aufsätze zur Wissenschaftslehre, hrsg. v. J. Winckelmann. Tübingen ⁴1973.

WEINGARTEN, E. / SACK, F. / SCHENKEIN, J. (Hrsg.): Ethnomethodologie: Beiträge zu einer Soziologie des Alltagshandelns. Frankfurt / M. ²1979.

WITZEL, A.: Verfahren der qualitativen Sozialforschung. Frankfurt / M. 1982.

ZÜLL, C. / MOHLER, P. PH. (Hrsg.): Textanalyse. Anwendungen der computerunterstützten Inhaltsanalyse. Beiträge zur 1. TEXTPACK-Anwenderkonferenz. Opladen 1992.

ZÜLL, C. / MOHLER, P. PH. / GEIS, A. (Hrsg.): Computerunterstützte Inhaltsanalyse mit TEXTPACK PC. Stuttgart / New York 1991.

6.3 Erziehungswissenschaftliches Studium und pädagogische Berufe

6.3.1 Die Voraussetzung: Erziehungswissenschaft und Pädagogik – zwei Formen der Beschäftigung mit Erziehung und Bildung

Es führen viele Wege in die pädagogische Berufspraxis. Einer davon ist ein erziehungswissenschaftliches Hauptfachstudium an einer Universität, Pädagogischen Hochschule oder einer Gesamthochschule. Dabei gibt es wiederum verschiedene Möglichkeiten. In den meisten Fällen wird es sich um ein Diplom-Studium handeln, seltener um den Studiengang zum Magister Artium. Ob man schließlich die verschiedenen Lehramtsstudiengänge dazuzählen sollte, ist strittig.

Was ist nun aber das Besondere dieses Wegs zur pädagogischen Berufspraxis? Um diese Frage beantworten zu können, ist es entgegen dem üblichen Sprachgebrauch notwendig, zwischen Pädagogik und Erziehungswissenschaft zu unterscheiden, also der Praxis von Erziehung und Bildung einerseits, andererseits der wissenschaftlichen Beschäftigung damit. Eine einfache Überlegung macht den Unterschied deutlich: Wer erziehen möchte oder pädagogisch tätig ist (z. B. im Rahmen einer Erziehungsberatungsstelle, bei der Durchführung eines Weiterbildungskurses oder einer Unterrichtsstunde), unterstellt, daß es Erziehung und Bildung gibt und daß beide im Prinzip möglich sind. Jede andere Annahme wäre absurd. Anders der Erziehungswissenschaftler: Er kann sich die Frage stellen, was denn Erziehung und Bildung überhaupt sind bzw. wie diese theoretisch möglich sind. Mit anderen Worten: Der Erziehungswissenschaftler fragt nach den historischen, institutionellen, begrifflichen und theoretischen Voraussetzungen und Implikationen des Erziehungs- und Bildungsbegriffs. Würde sich der Praktiker mit derartigen Problemen befassen, wäre er umgehend handlungs- und entscheidungsunfähig; denn es würde genau das fraglich werden, wovon er notwendigerweise ausgehen muß, daß es nämlich Erziehung und Bildung gibt und daß sie praktisch möglich sind. Der Praktiker würde so zeitweilig in die Rolle des Erziehungswissenschaftlers schlüpfen. Umgekehrt kann letzterer seine Fragen nur deshalb stellen, weil er selbst – als Erziehungswissenschaftler – nicht erziehen muß, weil er also die Annahme, daß es Erziehung gibt, von der jeder Praktiker ausgeht, gleichsam einklammern und auf ihre theoretischen Vorannahmen prüfen kann.

So gesehen, heißt Erziehungswissenschaft zu betreiben, sich mit den Fragen der Erziehung und Bildung aus einer theoretischen bzw. forschenden Perspektive zu beschäftigen. Nicht die Lösung praktischer Probleme und die Gestaltung pädagogischer Situationen stehen im Mittelpunkt, sondern die distanzierte Analyse zum Zwecke der Erkenntnisgewinnung aus einer – im Vergleich zu der pädagogischen Praxis – handlungs- und entscheidungsentlasteten, in gewissem Sinn auch nicht für die Praxis verantwortlichen Perspektive. Demgegenüber ist der Pädagoge mit der Bewältigung konkreter Handlungsprobleme befaßt und deshalb primär an jenem pragmatischen Wissen interessiert, das sich bei der Lösung seiner praktischen Probleme bewährt hat oder das zumindest verspricht, dabei hilfreich zu sein. Kurz: Der Begriff *Erziehungswissenschaft* bezeichnet die wissenschaftliche Beschäftigung mit Erziehung und Bildung. *Pädagogik* steht demgegenüber für die erzieherische und bildende Praxis sowie das unmittelbar darauf bezogene Nachdenken. Um Mißverständnisse zu vermeiden, muß zugleich betont werden, daß mit dieser Gegenüberstellung von Pädagogik und Erziehungswissenschaft keine Wertentscheidung für oder gegen das eine oder andere verbunden ist.

Vor diesem Hintergrund läßt sich festhalten: Die Besonderheit erziehungswissenschaftlicher Studiengänge besteht darin, daß sie beanspruchen, mit Hilfe eines wissenschaftlichen Studiums auf die berufliche pädagogische Praxis vorbereiten zu wollen – und zwar das Diplom und

Magister vornehmlich auf eine pädagogische Praxis außerhalb der Schule, also z. B. für erwachsenenbildnerische, sozial-, berufs-, medien- und andere pädagogische Tätigkeiten, oder die Lehramtsstudiengänge auf den Beruf des Lehrers an öffentlichen Schulen. Doch wie kann man sich diesen Zusammenhang von Wissenschaft und Ausbildung für die Praxis vorstellen?

6.3.2 Studium und Beruf: Formen und Übergänge

6.3.2.1 Erziehungswissenschaftliche Studiengänge
Ein wissenschaftliches Studium erfordert besondere Fähigkeiten und Einstellungen. Es entspricht weder den Bedingungen und Regeln der pädagogischen Praxis noch jenen der wissenschaftlichen Theoriearbeit und Forschung. In bezug auf die Berufspraxis geht es im Studium um den Erwerb beruflich notwendigen Wissens und die Vorbereitung und Ein- übung praktischer Berufsvollzüge, nicht um deren verantwortlichen Vollzug; in bezug auf die Wissenschaft geht es um die Einführung in ihre theoretischen und methodischen Grundlagen, nicht um deren Anwen- dung, Umsetzung und Weiterentwicklung.

Die Besonderheit des wissenschaftlichen Studiums ergibt sich aus der großen Bedeutung, die der eigenständigen wissenschaftlichen Erarbei- tung und Auseinandersetzung mit den angebotenen Inhalten und The- men zukommt – etwa im Gegensatz zur Schule mit ihren festgelegten Lehr- und Stundenplänen (vgl. HABERMAS 1987). Äußerlich wird diese Besonderheit des universitären Studiums an seiner Organisation (Eintei- lung in Semester) und der Kombination der typisch universitären For- men des Lehrens und Lernens sichtbar (Vorlesungen, Seminare, Übun- gen, verhältnismäßig große Wahlmöglichkeiten und hoher Anteil an eigenständiger Arbeit). Die berufsvorbereitende Funktion des Studiums wird inhaltlich und organisatorisch vor allem an den praktischen Studienanteilen deutlich (z. B. in Form von Praktika, Exkursionen und Referendariaten) und jenen Studienangeboten, in denen die für die päd- agogische Praxis notwendigen Fähigkeiten (Handlungskompetenzen) eingeübt werden sollen.

Man kann an vielen Orten und in vielen Formen ein ‹Pädagogikstu- dium› absolvieren. Eine erste Hilfe, hierbei Übersicht zu gewinnen, er- hält man, wenn man zunächst die beiden Studientypen grundständiges Studium und Aufbaustudium unterscheidet. Während ‹grundständige› Studenten das Studium vom ersten Fachsemester an durchlaufen, begin- nen Absolventen eines Aufbaustudiums nach einer vorhandenen Vorbildung bzw. -qualifikation (z. B. in Form eines abgeschlossenen Fachhochschulstudiums oder im Rahmen eines Lehramtsstudiums) ihr Studium erst in einem höheren Fachsemester.

Eine zweite Festlegung ist notwendig: Auch wenn sich viele Ausbildungsgänge heute als ‹Studium› verstehen, sollen mit diesem Begriff im folgenden nur jene Formen bezeichnet werden, die der eigenständigen akademisch-wissenschaftlichen Beschäftigung mit einem Fachgebiet bzw. der Aneignung entsprechender Fähigkeiten zentrale Bedeutung zuschreiben. Vor diesem Hintergrund zeigt sich, daß von einem erziehungswissenschaftlichen ‹Studium› eigentlich nur bei den an Universitäten, Pädagogischen Hochschulen und Gesamthochschulen angesiedelten Diplom- und Magisterstudiengängen gesprochen werden kann. Eine Zwischenposition nehmen die Lehramtsstudiengänge ein. Je nach Studiengang variieren bei diesen die erziehungswissenschaftlichen Anteile erheblich. So läßt sich vor allem die Ausbildung zum Lehramt an Gymnasien – also für die Sekundarstufe II – heute nicht mehr als ein grundständiges erziehungswissenschaftliches Studium begreifen, zumal die erziehungswissenschaftlichen Anteile häufig durch psychologische Angebote ersetzt werden können.

Ähnliches gilt für das Studium an den Fachhochschulen, Fachakademien u. ä. Dort werden zwar auch wissenschaftliche Theorien vermittelt, jedoch weniger zum Zwecke einer eigenständigen, theoretisch-analytischen Auseinandersetzung mit diesen, sondern als gleichsam wissenschaftlich ‹erwiesene› Bestandteile des beruflich notwendigen Fachwissens.

Aufbauend auf ein erfolgreich absolviertes erziehungswissenschaftliches Studium kann man an den meisten Universitäten, Pädagogischen Hochschulen und Gesamthochschulen im Rahmen eines Promotions-Studiums den akademischen Grad des Doktors erwerben. Dieser Abschluß ist eine wesentliche Voraussetzung für eine innerwissenschaftliche Laufbahn, besonders für diejenigen, die später als Hochschullehrer, Dozenten oder als Forscher arbeiten möchten. In der pädagogischen Praxis ist er vor allem bei der Besetzung von Leitungsstellen von Bedeutung.

Kompliziert wird die Lage jedoch dadurch, daß sich auch im Fall der erziehungswissenschaftlichen Studiengänge mitunter deutliche Unterschiede erkennen lassen. Diese hängen auf der Seite der Lehramtsstudiengänge mit dem Umstand zusammen, daß in der Bundesrepublik Deutschland die Lehrerausbildung unter die Kultushoheit der Bundesländer fällt. Dies hat zur Folge, daß die Ausbildung von Lehrern in den einzelnen Bundesländern unterschiedlichen Konzepten und Interessen folgt. Demgegenüber gibt es zwar für das Diplom-Studium eine allgemeine Rahmenordnung (1989); sieht man jedoch genauer hin, lassen sich zwischen den jeweiligen Universitäten markante Unterschiede und Weiterentwicklungen (z. B. bei der Einrichtung neuer Studienrichtungen, in der Dauer der Praktika oder der Festlegung der Wahlpflichtfächer) feststellen (vgl. KNIERIM / TREDE 1988). Für den Magister-Studiengang gibt es noch nicht einmal eine allgemeinverbindliche Rahmenordnung, so daß auch hier je nach Studienordnung und Ausstattung der Institute mit Personal große Unterschiede im Angebot bestehen.

6.3.2.2 Übergänge Studium – Beruf: zweite Ausbildungsphase, Praktika und informelle Berufseinmündung

Neben den inhaltlichen Differenzen gibt es einen weiteren gravierenden Unterschied zwischen den verschiedenen Studiengängen, nämlich die verschiedenen Formen des Überganges vom Studium in den Beruf.

Im Fall des Lehramtsstudiums ist die Situation vergleichsweise einfach: Mit dem Studium spezialisiert man sich auf einen bestimmten Schultyp, eine Schulstufe bzw. eine bestimmte Fächerkombination (Fachlehrerprinzip). Im allgemeinen schließt sich dem theoretischen und fachlichen Studium, das meistens mit einer Prüfung beendet (und die als «erste Staatsprüfung», «erste Lehramtsprüfung» o. ä. bezeichnet) wird, eine zweite schulpraktische Phase an. Diese besteht im wesentlichen aus Hospitationen, angeleitetem und später selbständigem Unterricht und der Arbeit in Seminargruppen an den Seminaren der Schulverwaltung bzw. den Studienseminaren oder entsprechenden staatlichen Instituten. Dieser Ausbildungsabschnitt wird meistens Referendariat, zweite Ausbildungsphase oder Vorbereitungsdienst genannt. Erst danach entscheidet sich in den meisten Fällen, ob jemand als Lehrer in den Schuldienst übernommen wird.

Im Vergleich dazu erweist sich der Übergang in den Beruf im Fall des Diplom- und Magister-Studiums als weniger reglementiert und diffuser. Das hängt zum einen mit der Vielzahl der möglichen Arbeitgeber im außerschulischen Bereich zusammen: Beim Lehrer ist – neben einigen hier zu vernachlässigenden Privatschulen – allein der Staat Ansprechpartner. Für die Absolventen des Diplom- und Magister-Studiengangs gibt es nicht nur eine Vielzahl von Arbeitgebern (Industrie, Sozialverwaltung, Volkshochschulen, Weiterbildungseinrichtungen, Wohlfahrtsverbände u. a. m.), sondern auch unterschiedliche Beschäftigungsformen bis hin zu der Möglichkeit selbstorganisierter Projekte. Zum anderen verteilt sich die Berufseinmündung vor allem bei den Diplom-Pädagogen, aber auch bei den Studenten des Magister-Studiengangs, soweit sie Praktika absolvieren, gleichsam auf zwei Zeiträume. Da sind zunächst die beiden Praktika, die alle Absolventen des Diplom-Studiums und manche des Magister-Studiums durchlaufen müssen. Formal wie auch inhaltlich sind die Praktika im Diplom-Studium eng mit den fachwissenschaftlichen Inhalten des Studiums verknüpft – etwa im Gegensatz zu den Lehramtsstudiengängen, wo zwischen erster und zweiter Ausbildungsphase häufig kaum Zusammenhänge hergestellt werden können. In bezug auf die Berufseinmündung kommt den Praktika des Diplom- und Magister-Studiums zentrale Bedeutung zu. Studierende können dabei nicht nur mögliche Berufsfelder gleichsam von innen kennenlernen, sondern auch Kontakte knüpfen, Zusatzwissen erwerben und sich je nach Interesse und Nachfrage auf bestimmte Themenbereiche spezialisieren.

Darüber hinaus haben empirische Untersuchungen über den beruflichen Verbleib von Diplom-Pädagogen gezeigt, daß sich nach Abschluß des Studiums mittlerweile eine Art informelle Berufseinmündungsphase etabliert hat. In der Mehrzahl der Fälle folgt dem Studium eine Orientierungsphase, die sich aus meist zeitlich begrenzten Beschäftigungen in verschiedenen Institutionen und Projekten zusammensetzt. Diese Phase kann je nach Zuschnitt des Studiums, der im Studium geknüpften Praxiskontakte und der erworbenen Praxiserfahrungen unterschiedlich ausfallen. So können die Autoren der Ende der 80er Jahre in Tübingen durchgeführten Studie «Diplom-Pädagogen auf dem Arbeitsmarkt» vor dem Hintergrund des immer wieder erhobenen Vorwurfs, daß das Diplom-Studium ohnehin nur in die Arbeitslosigkeit führen würde, zusammenfassend feststellen: «Das Problem der Arbeitslosigkeit beginnt zu verschwimmen, verliert sich in diffusen Beschäftigungen, Warteschleifen, Zusatzausbildungen und Gelegenheitsjobs – und wird dadurch immer weniger sichtbar» (BAHNMÜLLER u. a. 1988, S. 73). Andere Studien kommen zu ähnlichen Ergebnissen. Für die Absolventen des Magister-Studiengangs im Fach Erziehungswissenschaft gibt es bislang keine vergleichbaren Daten, doch ist auch dort mit ähnlichen Erfahrungen zu rechnen (vgl. BAUMANN / STOBER 1989). So zeigt sich, daß für die Absolventen des Diplom- und Magister-Studiengangs – im Vergleich zu den Lehrern – das Risiko insofern verteilter ist, als sie zwar im allgemeinen nach dem Studium mit einer Phase der beruflichen Unsicherheit und Vorläufigkeit fertig werden müssen, zugleich aber ein breiteres Spektrum an Alternativen zur Verfügung haben.

6.3.2.3 Pädagogische Berufe

Beruflich tätig zu sein, heißt zunächst einmal, über besondere Fähigkeiten und Qualifikationen zu verfügen und diese gegen Bezahlung zur Sicherung der eigenen Existenz kontinuierlich auf dem Arbeitsmarkt zu verkaufen. Von allen pädagogischen Berufen trifft diese Definition die Situation des verbeamteten Lehrers am besten. Ist er erst einmal in den Staatsdienst auf Dauer übernommen und verbeamtet, wird er bis zur Pensionierung dafür bezahlt, daß er in seinen Fächern Kinder und Jugendliche unterrichtet.

Im außerschulischen Bereich verliert dagegen dieses sonst übliche Verständnis des Berufs seine klaren Konturen. Verantwortlich dafür ist eine Reihe von Gründen. Während es im Fall des Lehrers noch vergleichsweise einfach ist anzugeben, was seine besonderen Fähigkeiten und Qualifikationen sind, bereitet es einige Mühe, hierauf im außerschulischen Bereich eine präzise Antwort zu finden. Das breite Spektrum und die Vielgestaltigkeit der Tätigkeiten, die Diplom-Pädagogen und Absolventen des Magister-Studiengangs ausüben, machen es selbst diesen immer wieder schwer, ihre Praxis in knappen Worten zu beschreiben. Einen Vorschlag, hier einen Überblick zu gewinnen, hat vor einigen Jahren GIESECKE (vgl. 1987) gemacht. Er unterscheidet fünf Grundformen pädagogischen Handelns: Neben dem Unterrichten liegen demnach die besonderen Fähigkeiten des Pädagogen im Bereich des Informierens, der Beratung, des Arrangierens von Situationen und des Animierens. Daß auch diese Liste ihre Tücken hat, wird daran sichtbar, daß eine Reihe von pädagogischen Tätigkeiten wie Unterstützen, Fördern und Helfen nicht erwähnt werden.

Die sich hier abzeichnenden Probleme einer genauen und eingängigen Beschreibung der Kompetenzen und Zuständigkeiten des Pädagogen hängen vor allem mit der vergleichsweise kurzen Geschichte dieses Berufsfeldes zusammen. Berufe für wissenschaftlich ausgebildete Pädagogen im außerschulischen Bereich gibt es im nennenswerten Umfang in der Bundesrepublik Deutschland überhaupt erst seit Mitte der 70er Jahre. So herrscht einerseits auf seiten der potentiellen Arbeitgeber noch viel Unwissenheit über das Qualifikationsprofil des Diplom-Pädagogen und erst recht über den Abschluß des Magisters. Auf der anderen Seite muß berücksichtigt werden, daß die Herausbildung eines eigenständigen Qualifikationsprofils, die Abgrenzung eigener Zuständigkeiten und die Beschreibung der dafür notwendigen Kompetenzen für den Bereich der universitär ausgebildeten Pädagogen noch lange nicht abgeschlossen sind.

Dieser Prozeß der Herausbildung eines eigenständigen Qualifikationsprofils wird dadurch erschwert, daß neben den fest angestellten Pädagogen eine Vielzahl von ehrenamtlich, nebenamtlich bzw. auf Honorarbasis Tätigen scheinbar die gleiche Arbeit leistet. Die Erkundigung, wofür man denn eigentlich studiert habe und sein Geld erhalte und ob nicht erfahrene und engagierte Laien die gleiche Arbeit ebenso, wenn nicht sogar besser verrichten könnten, hat deshalb immer auch den Effekt, die Verberuflichung von Erziehung und Bildung in Frage zu stellen.

Darüber hinaus belegen empirische Studien, daß in dem Arbeitsmarktbereich der Sozial- und Erziehungsberufe im besonderen Maße eine Entwicklung zu beobachten ist, die die Soziologen als Erosion des Normalarbeitsverhältnisses beschreiben. Gemeint ist damit, daß die Zahl derjenigen abnimmt, die – wie die verbeamteten Lehrer – ein Arbeitsleben lang in einem Beruf arbeiten. Statt dessen steigt die Zahl der befristeten Verträge, der Teilzeitbeschäftigten, der Beschäftigten auf Honorarbasis, der Erwerbstätigen ohne sozialversicherungsrechtlichen Schutz und der vielfältigen Mischformen, bei denen man im Einzelfall nur schwer entscheiden kann, ob es sich um eine Berufstätigkeit oder eine verdeckte Form von Arbeitslosigkeit handelt (vgl. BAHNMÜLLER u. a. 1988, S. 87 ff).

Für die Absolventen erziehungswissenschaftlicher Studiengänge kommt schließlich hinzu, daß der gesellschaftliche Bedarf an bzw. die Nachfrage nach wissenschaftlich ausgebildeten Pädagogen – wie in allen Dienstleistungsberufen – keine anerkannt festen Größen darstellen, sondern immer das Ergebnis sozial- und bildungspolitischer Interessenkonflikte und Auseinandersetzungen sind. So besteht z. B. keineswegs darüber Einigkeit, ob es im Kampf gegen Arbeitslosigkeit und für die Betreuung in der Freizeit mehr Pädagogen braucht und ob dafür von kommunaler oder staatlicher Seite neue Stellen eingerichtet werden sollen. Mit anderen Worten: Die Definition des Bedarfs und damit die Wertschätzung der im Studium erworbenen Qualifikationen in der (Fach-)Öffentlichkeit schwanken.

So fällt es aufs Ganze gesehen schwer, das traditionelle Berufsverständnis für den Bereich der erziehungswissenschaftlichen Studienabschlüsse zu übernehmen. Der Abschluß des Magisters ist zwar innerhalb des Wissenschaftsbetriebs anerkannt und als Voraussetzung zur Promotion geschätzt. Auf dem Arbeitsmarkt jedoch treffen ihn alle Schwierigkeiten des Diploms in potenzierter Form. Für den Diplom-Pädagogen wiederum gilt, daß er nach 20 Jahren, wie alle Untersuchungen zeigen, und wenn man die kurze Zeit und die Bedingungen seiner Entstehung berücksichtigt, vergleichsweise gut etabliert ist (vgl. RAUSCHENBACH 1992). Auch schneidet er im Vergleich, z. B. im Hinblick auf seine

Berufschancen, keineswegs schlecht ab. Die Entwicklung der letzten Jahre belegt, daß das Berufsfeld noch immer im Wachsen begriffen ist und daß die Arbeitslosigkeit der Absolventen keineswegs ungewöhnlich hoch ist. Zwar kann für die Zukunft nicht mehr mit den bisherigen Zuwachsraten gerechnet werden; doch ist die Entwicklung noch nicht abgeschlossen. Offen bleiben muß jedoch, ob der Diplom-Pädagoge jemals ein Beruf im traditionellen Sinne wird oder ob sich neue, flexiblere Formen der Berufstätigkeit durchsetzen.

6.3.3 Historischer Rückblick

Pädagogische Berufe und Ausbildungsgänge sind eine Erfindung moderner Gesellschaften, genauer: das Ergebnis von vielfältigen Differenzierungs- und Spezialisierungsprozessen. 1717 wird in Preußen die allgemeine Schulpflicht eingeführt, und mit der Einrichtung der ersten Lehrerseminare Anfang des 19. Jahrhunderts beginnt die Geschichte des Lehrerberufs in seiner heute bekannten Form. Doch ist hier nicht der Platz, ausführlich die Geschichte der Lehrerbildung und des Magister- bzw. des Diplom-Studiengangs im Detail darzustellen (vgl. dazu jeweils Bölling 1983, Müller / Tenorth 1984, Grüner 1971; vgl. Bahnmüller u. a. 1988, S. 29–43).

Von besonderer Bedeutung für das Verständnis der gegenwärtigen Situation sind die Entwicklungen in der Bundesrepublik Deutschland seit Mitte der 60er Jahre. Denn im Mittelpunkt der sog. *Bildungsreform* stand die Hoffnung, mit Hilfe der Sozialwissenschaften gesellschaftliche Reformen im Hinblick auf mehr soziale Gerechtigkeit, Demokratie und Chancengleichheit einzuleiten. Eine wissenschaftliche Ausbildung und ein deutlicher Praxisbezug des Studiums wurden in diesem Sinne als unverzichtbare Voraussetzungen für die Durchsetzung eines modernen Sozialstaates verstanden. So formulierte der Bildungsgesamtplan 1973, daß es «in nahezu allen Bereichen (...) heute notwendig geworden ist, Ergebnisse wissenschaftlicher Forschung anzuwenden» (Bund-Länder-Kommission für Bildungsplanung 1973, S. 9). Mit dem Verweis auf die wachsende Komplexität moderner Industriegesellschaften und die dadurch bedingten steigenden Anforderungen an Erziehung und Bildung wurde die Notwendigkeit einer Akademisierung und Verwissenschaftlichung der Ausbildung vor allem für die Sozial- und Erziehungsberufe begründet.

Diese Programmatik war weitgehend erfolgreich. So wurden beispielsweise nicht nur nahezu alle Pädagogischen Hochschulen in die Universi-

täten eingegliedert und die Höheren Fachschulen und Akademien für
Sozialarbeit in Fachhochschulen umgewandelt, sondern mit dem Diplom-Studiengang Erziehungswissenschaft im Jahr 1969 ein gänzlich
neues Studienangebot eingerichtet. Dessen Entstehung verdankt sich
einem Geflecht unterschiedlicher Interessen: Neben der Deckung des
von vielen Autoren damals prognostizierten Bedarfs an wissenschaftlich
ausgebildeten Pädagogen spielte vor allem der niedrige Berufsstatus und
die von zahlreichen Erziehungswissenschaftlern beklagte «seltsame Ge-
ringschätzung» (FLITNER 1966, S. 196) ihrer Disziplin eine wesentliche
Rolle. Der Diplom-Studiengang sollte deshalb nicht nur die Qualität der
Ausbildung verbessern, sondern gleichsam auch als Motor bei der Weiterentwicklung der Erziehungswissenschaft hin zu einer anerkannten
Sozialwissenschaft wirken. Für die Entwicklung der Erziehungswissenschaft war dieser Anspruch in vielerlei Hinsicht folgenreich. Einerseits
mußte alles gleichzeitig geschehen: Neuorientierung der Erziehungswissenschaft als Sozialwissenschaft, Entwicklung eigener Forschungs-
und Theorietraditionen, Aufbau der Studiengänge und der entsprechenden disziplinären Infrastruktur, Etablierung des neuen Abschlusses auf
dem Arbeitsmarkt etc. Andererseits ist die heutige Bedeutung der Erziehungswissenschaft und ihre innere Struktur, vor allem das Gewicht, das
die Studienrichtungen Sozialpädagogik und Erwachsenenbildung dabei
haben, ohne den Diplom-Studiengang nicht zu verstehen.

In der ehemaligen DDR gab es sowohl für das allgemeinbildende
Schulwesen als auch für die Bereiche Berufsbildung, Vorschule, Jugendhilfe / Heimerziehung und Kinder-/Jugendorganisationen die Ausbildung zum Diplom-Pädagogen. Dieses Studium war als zweijähriges Aufbaustudium angelegt und setzte ein pädagogisches Fachstudium und eine
meist mehrjährige berufliche Praxiserfahrung voraus. Im wesentlichen
diente es der Ausbildung bewährter Praktiker für die Leitungsfunktionen
in den jeweiligen Praxisfeldern. Angeboten wurde dieses Studium in
Berlin und Potsdam. Pro Jahr wurden etwa 200 Absolventen für die außerschulischen Praxisfelder ausgebildet. Mit dem aus den alten Bundesländern bekannten grundständigen Diplom-Studiengang war dieses Angebot nicht vergleichbar.

6.3.4 Heutige Situation

6.3.4.1 Studiengänge

Das universitäre *Diplom-Studium* versteht sich als ein wissenschaftlicher berufsbezogener Studiengang. Seine Grundstrukturen sind in der Rahmenordnung für die Diplomprüfung im Studiengang Erziehungswissenschaft (vgl. SEKRETARIAT DER KMK 1989) festgeschrieben. Demnach besteht das Studium im Kern aus einem jeweils viersemestrigen Grund- und Hauptstudium. Gelegentlich werden die beiden erziehungswissenschaftlichen Schwerpunkte des Studiums auch Erziehungswissenschaft I und II genannt. Der Schwerpunkt des Grundstudiums ist der Allgemeinen Erziehungswissenschaft und einer sog. allgemeinen Handlungskompetenz gewidmet. Da der Diplom-Studiengang auch «zum Erwerb der Fähigkeit zu beruflichem pädagogischen Handeln führen» soll, wie es in den Erläuterungen zur Rahmenordnung (SEKRETARIAT DER KMK 1989, S. 52) heißt, sollen vor allem in den als «Handlungskompetenz» bezeichneten Studienangeboten entsprechende Fähigkeiten vermittelt werden. Das Angebot im Grundstudium zielt dabei – laut Rahmenordnung – auf die Weiterentwicklung und Differenzierung allgemeiner sozialer Kompetenzen wie «Wahrnehmen», «Erkennen», «Interagieren», «Reflektieren» und «Überprüfen». Gegenüber dem Grundstudium ist das Hauptstudium deutlich berufsfeldbezogen angelegt: Im wesentlichen besteht es aus einer der fünf Studienrichtungen Erwachsenenbildung/Weiterbildung, Sonderpädagogik, Sozialpädagogik, Pädagogik der frühen Kindheit oder Schulpädagogik und einer entsprechenden speziellen Handlungskompetenz, worunter laut Rahmenordnung solche Fähigkeiten wie «Erziehen», «Unterrichten», «Beraten», «Organisieren» und «Verwalten» zu verstehen sind. Neben den in der Rahmenordnung festgelegten fünf Studienrichtungen werden an verschiedenen Hochschulorten weitere Studienrichtungen wie Berufspädagogik, Medienpädagogik, Freizeitpädagogik, Familienpädagogik, Ausländerpädagogik u. a. angeboten (für die alten Bundesländer vgl. als Überblick KNIERIM/TREDE 1988). In jedem Studienabschnitt ist jeweils ein berufspraktisches Praktikum zu absolvieren, wobei die Rahmenordnung vorsieht, daß das Hauptpraktikum sechs Monate dauern sollte. Ergänzt wird dieser Studiengang durch die beiden Beifächer Soziologie und Psychologie und verschiedene Wahlpflichtfächer.

Insgesamt kann man das Diplom derzeit in den alten Bundesländern an 45 Hochschulorten erwerben, wobei allerdings in der Regel nicht alle Studienrichtungen zugleich angeboten werden. 1989 haben 2099 Studierende das Diplom erworben; mittlerweile gibt es über 40000 Diplom-

Pädagogen, der größte Anteil davon mit 57 Prozent sind Absolventen der Studienrichtung Sozialpädagogik (RAUSCHENBACH 1992, S. 403 f). In den neuen Bundesländern wird das Diplom-Studium voraussichtlich an fünf Studienorten eingerichtet werden.

Während das Diplom-Studium sich als das grundständige erziehungswissenschaftliche Studienangebot erweist, kennzeichnet es das *Magister-Studium*, daß andere Fächer eine größere Rolle spielen. Dabei wird das Magister-Studium meistens als sog. Zwei-Fach-Studium oder als ein Hauptfach-Studium mit zwei Nebenfächern angeboten. Zwei-Fach-Studium bedeutet dabei, daß man zwei Fächer studiert – z. B. Erziehungswissenschaft und Jura – und in einem Fach seinen ‹Magister macht›. Wird das Magister-Studium mit zwei Nebenfächern angeboten, bedeutet dies, daß ihnen jeweils ein größeres Gewicht – z. B. in der Form und der Zahl der zu erwerbenden Leistungsnachweise – zugeschrieben wird. Im Gegensatz zu den Beifächern im Diplom-Studium, in denen vor allem jene Inhalte vermittelt werden sollen, «die für den Pädagogen von fundamentaler Bedeutung sind» (SEKRETARIAT DER KMK 1989, S. 62), orientiert sich das Studium eines Nebenfachs stärker an der jeweiligen facheigenen Systematik. Gegenüber dem Diplom ist aufs Ganze gesehen das Magister-Studium weniger berufsfeldbezogen – auch wenn es an einigen Orten Pflichtpraktika und berufsfeldbezogene Spezialisierungen gibt. Im Zentrum stehen statt dessen die verschiedenen Teilbereiche der Erziehungswissenschaft wie pädagogische Anthropologie, pädagogische Psychologie, Geschichte der Erziehungswissenschaft, Theorien pädagogischer Institutionen, Bildungstheorie, Entwicklungspädagogik u. ä. Das Magister-Studium wird teilweise parallel zum Diplom angeboten, teilweise exklusiv. Rein quantitativ gesehen ist der Magister-Studiengang der kleinere erziehungswissenschaftliche Hauptfach-Studiengang. Er wird derzeit in den alten Bundesländern an 40 Studienorten und in den neuen voraussichtlich an neun Studienorten angeboten. Seit Anfang der 70er Jahre haben etwa 4000 Absolventen des Magister-Studienganges im Fach Erziehungswissenschaft die Universität verlassen (vgl. RAUSCHENBACH 1992, S. 402 ff).

Neben der Vorbereitung auf die pädagogische Berufspraxis kommt sowohl dem Magister- als auch dem Diplom-Studiengang die Funktion zu, den Nachwuchs für die Erziehungswissenschaft selbst auszubilden. Dementsprechend dienen die Inhalte des Studiums (dabei vor allem: sozialwissenschaftliche Forschungsmethoden, Wissenschaftstheorie, Wissenschaftsgeschichte etc.) nicht nur dem Erwerb der für eine wissenschaftlich reflektierte Berufspraxis notwendigen Wissensbasis, sondern auch der Ausbildung für die Forschung.

Das *Lehramtsstudium* besteht im Kern aus vier Bestandteilen, die allerdings je nach Schultyp unterschiedlich gewichtet werden. Es sind dies die erziehungswissenschaftlichen, die fachwissenschaftlichen, die fachdidaktischen und die schulpraktischen Studienanteile. In den fachwissenschaftlichen Anteilen werden die Grundlagen der jeweiligen Fächer (z. B. Deutsch, Physik, Mathematik, Sport) vermittelt, während es bei der Fachdidaktik um die Frage geht, wie diese Inhalte entsprechend den jeweiligen Fähigkeiten der Schüler angemessen vermittelt werden können. Kennzeichnend für das Lehrerstudium ist die Ausrichtung auf die verschiedenen Schultypen (Grund- und Hauptschule, Realschule, Gymnasium, integrierte Gesamtschule, Sonderschule, berufliche Schulen, Wirtschaftsschulen), Fächerkombinationen und Schulstufen (z. B. auf Primarstufe und Sekundarstufe I bzw. Sekundarstufe II).

Für Außenstehende ist es angesichts dieser Vielfalt von Möglichkeiten oft nicht leicht, das jeweils Passende herauszufinden. Es empfiehlt sich jedoch, vor Studienbeginn sich genau – z. B. bei der Studienberatung – zu informieren. Neben den eigenen individuellen Interessen, der Breite des inhaltlichen Angebots, der Ausstattung mit Personal und den allgemeinen Studienbedingungen vor Ort ist vor allem der Stellenwert, der den praktischen Studienanteilen bzw. der Verknüpfung der praktischen mit den anderen Studienanteilen jeweils zugeschrieben wird, ein wichtiges Qualitätskriterium.

6.3.4.2 Berufsfelder

Diplom-Pädagogen sind in sehr verschiedenen Berufsfeldern zu finden. Mittlerweile gibt es eine ganze Reihe von Regionalstudien, die dies belegen. So kommt die schon erwähnte Tübinger Untersuchung zu dem Ergebnis, daß im Durchschnitt etwa zehn Prozent der erwerbstätigen Diplom-Pädagogen in von ihnen selbst als fachfremd, d. h. als nicht-pädagogisch eingestuften Berufen ihr Geld verdienen (vgl. BAHNMÜLLER u. a. 1988, S. 108). Innerhalb des im engeren Sinn pädagogischen Feldes offenbart sich ein relativ breites Betätigungsspektrum:

Ausbildung / Forschung	14,1 %
Fremdplazierung / Heimerziehung	12,1 %
Beratung	11,1 %
Jugendarbeit	11,1 %
Erwachsenenbildung	11,1 %
Sozialpsychiatrie	9,1 %
Sozialadministration	8,1 %
Schule / Vorschule	4 %
Behinderteneinrichtungen	4 %
Sonstige Felder	15,2 %

(Quelle: BAHNMÜLLER u. a. 1988, S. 104)

Eine andere Untersuchung, die den Verbleib der Absolventen des Diplom-Studiengangs an der Universität Dortmund untersucht hat, kommt zu folgendem Ergebnis:

Außerschulische Sonderpädagogik/Therapie	20,6 %
Schule	17,8 %
Sozialpädagogik/-arbeit	17,4 %
Berufspädagogik	10,6 %
Universität/Forschung	8,7 %
Erwachsenenpädagogik	4,6 %
Beratung	4,1 %
Altenarbeit	3,7 %
Sonstige pädagogische Arbeit	6,0 %
Sonstige nichtpädagogische Arbeit	6,4 %

(Quelle: FLACKE/PREIN/SCHULZE 1989, S. 114)

Diese Zahlen zeigen zweierlei: zum einen, daß man mit ihnen vorsichtig umgehen muß und sie nicht vorschnell verallgemeinern darf. Denn derartige Prozentzahlen spiegeln – solange es keine Gesamterhebung über den beruflichen Verbleib von Diplom-Pädagogen gibt – zunächst weniger allgemeine Tendenzen wider als vielmehr die Besonderheiten des jeweiligen Studienorts. So sind die vergleichsweise hohen Prozentwerte für den Bereich der Sonderpädagogik/Therapie und Schule in Dortmund nur verständlich, wenn man weiß, daß Dortmund ein Zentrum der Sonder-Pädagogen-Ausbildung ist und daß viele Absolventen im Schwerpunkt Sonderpädagogik und Rehabilitation zuvor eine Sonderschullehrerausbildung abgeschlossen hatten (vgl. FLACKE/PREIN/SCHULZE 1989, S. 113f). Zum anderen belegen die Zahlen die Offenheit des Berufsfeldes. Sie zeigen, daß es (bislang) kein klar abgegrenztes und exklusives Berufsfeld für Diplom-Pädagogen gibt. Je nach Zuschnitt der erworbenen Qualifikationen können sich Diplom-Pädagogen in ganz unterschiedlichen Tätigkeitsfeldern – ähnlich wie die Juristen – beruflich etablieren. Und dies gilt auch für die Zukunft. Da zudem die außerschulische Pädagogik wie kaum ein anderes Berufsfeld auf gesellschaftliche Veränderungen und Umbrüche mit neuen Angeboten reagiert, ist damit zu rechnen, daß auf diesem Weg weitere Tätigkeitsfelder entstehen und hinzukommen werden. So ist bereits absehbar, daß z. B. die Altenarbeit/Altenhilfe, Medienarbeit, Gesundheitserziehung, Betriebs-, Berufs- und Freizeitpädagogik und der große Bereich der interkulturellen Arbeit an Bedeutung gewinnen werden.

Neben dem breiten und offenen Spektrum der Tätigkeiten gibt es ein zweites Charakteristikum: Erziehungswissenschaftliches Studium und pädagogische Berufstätigkeit sind weitgehend typische Frauentätigkeiten geworden. So wurden 1991 68 Prozent aller Lehramtsprüfungen an Universitäten von Frauen bestanden (vgl. BUNDESMINISTER FÜR BILDUNG UND WISSENSCHAFT 1992, S. 11); bei den universitären Diplom-Studiengängen betrug 1986 der Frauenanteil bei den Studienanfängern 69 Prozent (vgl. RAUSCHENBACH 1990, S. 283). Auf der anderen Seite zeigen die erwähnten empirischen Verbleibsstudien, daß mit der besseren Bezahlung die Zahl der Männer steigt. RAUSCHENBACH (1991, S. 8) hat diese Situation pointiert charakterisiert als einen «Frauenberuf in Männerregie».

6.3.5 Stand der empirischen Forschung: erste Ansätze und weiße Flecken

Erst seit Ende der 60er Jahre versteht sich die Erziehungswissenschaft in dem heute bekannten Sinn als eine sozialwissenschaftlich forschende und berufsbezogen ausbildende Disziplin. Zwar gibt es Lehramtsstudiengänge und den Magister-Studiengang schon länger; doch in beiden Fällen spielte sozialwissenschaftliche Forschung kaum eine Rolle. Dies bedeutet, daß die Erziehungswissenschaft erst in den letzten zehn bis 15 Jahren damit beginnen konnte, sich selbst, die von ihr angebotene Ausbildung und die von ihr ausgelösten Effekte in der außerschulischen pädagogischen Berufspraxis und der Öffentlichkeit empirisch zu beobachten und zu analysieren. Dabei lag es nahe, angesichts des wiederholt geäußerten Verdachts, die Erziehungswissenschaft würde ohnehin am Bedarf vorbei nur Arbeitslose produzieren, sich zunächst auf den Arbeitsmarkt und die quantitativ meßbaren Dimensionen der Durchsetzung des neuen Studienangebotes zu konzentrieren (vgl. zusammenfassend RAUSCHENBACH 1992).

Andererseits sagt die erfolgreiche Etablierung auf dem Arbeitsmarkt noch wenig darüber aus, ob und inwiefern es den Absolventen auch gelungen ist, eine qualitativ andere, im Sinne der ursprünglichen Ansprüche des Diplom-Studiengangs also eine wissenschaftlich fundierte und verbesserte Praxis zu realisieren. Dieser Frage ist noch niemand systematisch nachgegangen. Auch zu anderen Aspekten des erziehungswissenschaftlichen Studiums fehlen einschlägige empirische Untersuchungen. So weiß man heute vor allem für den außerschulischen Bereich noch relativ wenig darüber, was im Studium eigentlich genau stattfindet, wie so etwas wie eine wissenschaftliche Einstellung ausgebildet wird, wie wissenschaftlich ausgebildete Pädagogen mit dem erworbenen Wissen umgehen, wie das im Studium erworbene Wissen in das vorhandene Alltagswissen integriert wird, welche Rolle wissenschaftliches Wissen in der Praxis spielt und welche Konsequenzen sich für Erziehung und Bildung aus der Verwissenschaftlichung der Ausbildung ergeben haben. Zwar liegen neben zahlreichen persönlich gefärbten Erfahrungsberichten in den Fachzeitschriften erste vereinzelte Forschungsergebnisse zu diesen Themen vor – dabei vor allem in der Sozialpädagogik und der Erwachsenenbildung; doch ist es noch zu früh, um aus diesen Materialien schon systematische Schlüsse ziehen zu können.

Für den Bereich der Schule sieht es etwas anders aus. Dort gab es vor allem in den 70er Jahren zahlreiche Studien über die Rolle des Lehrers in der Schule, das Lehrerbewußtsein, die pädagogischen Handlungsspielräume des Lehrers innerhalb der Institution Schule und zur Professionalisierung des Lehrers (vgl. zusammenfassend Terhart 1990). Vor allem die These vom Praxisschock erlangte dabei eine gewisse Bekanntheit. So zeigten Studien über Junglehrer, daß angesichts der ersten eigenen Praxiserfahrungen das im Studium erworbene Wissen problematisiert und zum Teil als unnütz abgelehnt wird. Mit wachsender Berufserfahrung weicht diese Ablehnung später teilweise einer differenzierteren Haltung. Mit dem Rückgang der Studentenzahlen in den Lehramtsstudiengängen sowie der wachsenden Arbeitslosigkeit bei Lehrern in den 80er Jahren kam diese Forschung nahezu zum Erliegen. Erst in den letzten Jahren und vor dem Hintergrund wachsender Kritik an der etablierten Lehrerbildung nimmt das Interesse an diesen Themen wieder zu.

6.3.6 Kontroversen: der Streit um die pädagogische Professionalität und der Anspruch auf Praxisrelevanz

Dem Mangel an empirisch gesicherten Daten zum Thema erziehungswissenschaftliches Studium und pädagogische Berufe steht eine große Zahl an einschlägigen theoretischen und programmatischen Arbeiten gegenüber. Eine zentrale Rolle spielen dabei seit langem die Begriffe Professionalisierung und Praxisrelevanz.

Zum *Professionalisierungs*begriff hat sich mittlerweile eine kaum mehr überschaubare Debatte entwickelt. Im Kern jedoch dreht sich alles um zwei Probleme (vgl. Hornstein / Lüders 1989): Auf der einen Seite beschrieb Professionalisierung den Weg und das Ziel der allerorten erstrebten gesellschaftlichen Anerkennung. Man kann dies die standespolitische Dimension der Professionalisierungsdiskussion nennen. Vor allem im Vergleich mit den Psychologen wurde die pädagogische Praxis im Hinblick auf ihren Status in der öffentlichen Wahrnehmung wie auch in der Selbstwahrnehmung der Pädagogen niedriger eingestuft. Sie schien weniger wissenschaftlich fundiert, von staatlichen Vorgaben abhängig, kaum über eigene Techniken zu verfügen und über weite Strecken eher durch eine normative, karitative und fürsorgliche Haltung der Pädagogen als durch eine professionelle Berufseinstellung geprägt zu sein. In diesem Sinne ging es zunächst darum, der Erziehungswissenschaft und den pädagogischen Berufsfeldern öffentliche und fachliche Eigenständigkeit und Anerkennung zu verschaffen.

Auf der anderen Seite fand erst in den letzten Jahren das von der öffentlichen Anerkennung weitgehend unabhängige Problem wieder breiteres Interesse, was denn ein Pädagoge eigentlich können, wissen und wollen muß, um seine Praxis erfolgreich bewältigen zu können. Es ist dies die Frage nach den Aufgaben und der Struktur pädagogischer Praxis und den dafür notwendigen Kompetenzen. Diese erst junge Debatte beschäftigt sich sowohl mit den Besonderheiten pädagogischer Praxis – z. B. im Vergleich zur Therapie – als auch mit den Unterschieden zwischen den verschiedenen pädagogischen Praxen und ihren institutionellen Rahmen, also die Unterschiede z. B. zwischen Beratung, Kursleitung und Unterricht (vgl. Dewe / Ferchhoff / Radtke 1992).

Im Hinblick auf die Erziehungswissenschaft, ihre Studiengänge und die pädagogische Berufspraxis ist diese Thematik insofern entscheidend, als damit auch die Frage nach dem Stellenwert erziehungswissenschaftlichen Wissens für und in der Praxis gestellt wird. Diskutiert wurde dies meistens unter dem programmatischen Stichwort der *Praxisrelevanz*. Darin war der Anspruch aufgehoben, daß die Erziehungswissenschaft insofern eine besondere Wissenschaft sei, als die theoretische und forschende Bezugnahme auf die pädagogische Praxis im Dienst und aus der Verantwortung für diese Praxis heraus erfolge. Gleichsam stellvertretend würden Erziehungswissenschaftler die Probleme und Aufgaben der Praxis aufgreifen und mit wissenschaftlichen Mitteln zu bearbeiten versuchen. Aus dieser Verantwortung der Forschung und Theoriearbeit für die Praxis resultiere, so wurde argumentiert, nicht nur eine Nähe zu den Problemen und Perspektiven der Praxis, sondern auch ein in besonderer Weise praxistaugliches Wissen. In diesem Sinn verstanden und verstehen sich weite Teile der Erziehungswissenschaft und vor allem die berufsfeldbezogenen Teildisziplinen (Erwachsenenbildung, Sozialpädagogik, Berufspädagogik, Sonderpädagogik, Medienpädagogik etc.) als handlungswissenschaftliche Disziplinen. Entsprechend sah man sich selbst als ‹Wissenschaft von und für die Praxis›, als ‹handlungsleitende

Wissenschaft› oder als ‹Theorie einer Praxis›. Auch wenn diese Slogans mit zum Teil erheblichem theoretischen Begründungsaufwand eingeführt wurden, handelte es sich dabei letztendlich doch nur um Variationen des großen Versprechens der wissenschaftlichen Pädagogik, pädagogische Praxis verbessern zu wollen. Vor allem die Verwissenschaftlichung der Ausbildung, die Bereitstellung praxisrelevanten Wissens und die wissenschaftliche Fundierung der Berufspraxis schienen erfolgversprechende Ausgangspunkte für dieses Programm zu sein. Immerhin 83 Prozent der in einer 1988 durchgeführten Studie befragten hauptberuflichen Professoren in der Erziehungswissenschaft betrachteten ihre Arbeit als Beitrag in diesem Sinn (vgl. Baumert/Roeder 1990, S. 112).

Die Popularität und die ständige Wiederholung dieses Programms können jedoch nicht verdecken, daß sowohl die Professionalisierungsdiskussion als auch der Anspruch der Praxisrelevanz von Anfang an mit einer Reihe von problematischen Annahmen belastet waren und es zum Teil immer noch sind. Dazu gehörte zunächst die weitverbreitete Tendenz, Professionalisierung mit Verwissenschaftlichung gleichzusetzen. Unterstellt wurde, daß vor allem der Erwerb wissenschaftlichen Wissens und entsprechender Zertifikate die gesellschaftliche Anerkennung mit sich bringt. Mittlerweile zeichnet sich jedoch vor dem Hintergrund der Entwicklungen in den verschiedenen Sozialwissenschaften während der letzten zehn Jahre und den bisher gemachten Erfahrungen mit diesem Programm immer deutlicher ab, daß diese Gleichsetzung naiv war.

Vor allem zwei Erfahrungen ließen diese Gleichsetzung obsolet werden. Da war zum einen der schon erwähnte Unterschied zwischen theoretischem und praktischem Wissen: Theorien über Erziehung gelernt zu haben, bedeutet noch lange nicht, auch ein guter Erzieher zu sein. Zum anderen machten es die wachsende Vielfalt wissenschaftlicher Theorien und ihre dadurch sichtbar werdende begrenzte Gültigkeit nahezu unmöglich, von dem wissenschaftlichen Wissen so zu sprechen, als handele es sich um einen homogenen und gesicherten Wissensbestand. Jeder an wissenschaftlichem Wissen Interessierte konnte schnell feststellen, daß Wissenschaft im wesentlichen aus konkurrierenden und heterogenen Theorieansätzen und Forschungsverfahren, widersprechenden und vorläufigen Forschungsergebnissen und ungelösten Kontroversen bestand. Dies hatte zur Folge, daß das lange insgeheim bevorzugte ‹Trichtermodell› hinfällig wurde, nach dem die ‹richtige› pädagogische Praxis aus dem gesicherten wissenschaftlichen Wissen abgeleitet werden könne.

Nachdem jedoch dieses Anwendungsmodell nicht weiter haltbar erschien, stellte sich erneut die Frage, wie man sich denn eigentlich den Umgang mit dem im Studium erworbenen Wissen in der beruflichen

Praxis vorzustellen habe. Dabei zeigte es sich, daß man im Grunde nur wenig über die konkreten Handlungsvollzüge von Pädagogen in der Berufspraxis, die Besonderheiten pädagogischer Professionalität und ihre Voraussetzungen wußte. Was man also benötigte, waren Konzepte pädagogischen Handelns, mit deren Hilfe man plausibel machen konnte, wie erziehungswissenschaftliches Wissen in die Praxis einfließen kann.

Eine Antwort auf diese Frage war und ist vor allem deshalb dringlich, weil die Erziehungswissenschaft und die pädagogische Praxis sich immer wieder mit der Überzeugung konfrontiert sehen, daß für eine gute Erziehung weniger theoretisches und fachliches Wissen als vielmehr Persönlichkeit, persönliches Engagement und eine verantwortungsbewußte und liebevolle Zuwendung notwendig seien. Ihre markanteste Ausprägung fand diese Position in der Figur des «geborenen Erziehers» (SPRANGER 1968). Ihr zufolge muß man für die pädagogische Praxis «begabt» und «berufen» sein, und es sind vor allem die «nicht auf Einsicht beruhen [den] und daher weder lehrbar[en] noch lernbar[en]» (SPRANGER 1968, S. 42) Eigenschaften von Müttern und Vätern wie bedingungslose Liebe, Fürsorglichkeit, sorgenvolle und selbstlose Zuwendung u. ä., die die unverzichtbaren Elemente einer guten Erziehung ausmachen. Allerdings erfolgt der Verweis auf diese gleichsam ‹natürlichen› Qualitäten eines guten Erziehers meistens weniger im Interesse um ein theoretisches Verständnis der Voraussetzungen für gelingende Erziehung und erfolgreiche Bildungsprozesse. Allzu häufig zielt die Betonung dieser ‹natürlichen› Kompetenzen auf die Entwertung der im Rahmen einer Ausbildung erlern- und vermittelbaren Fähigkeiten und Wissensbestände. So überrascht es auch nicht, daß der «geborene Erzieher» immer dann hervorgeholt wird, wenn es darum geht, die Notwendigkeit einer fachlichen oder gar wissenschaftlichen Ausbildung von Pädagogen in Frage zu stellen.

Unter den Bedingungen einer hochgradig differenzierten und verwissenschaftlichten Gesellschaft ist jedoch dieses Beharren auf den ‹natürlichen Begabungen› als wesentliche Voraussetzung öffentlicher Erziehung naiv. Denn diese laufen gleichsam ins Leere, wenn man nicht über das entsprechende fachliche, und d. h. vor allem theoretische Wissen verfügt. Auch kann man nicht mehr darauf hoffen, dieses Wissen allein durch persönlich gemachte Erfahrungen sammeln zu können; dafür sind moderne Industriegesellschaften zu vielschichtig und schnellebig. So kann festgehalten werden: Ohne das fachliche Wissen über Sozialisationsprozesse, innerpsychische Entwicklungsprozesse, über Motivation und Formen des Lernens und der Bildung, das Entstehen gesellschaftlicher Problemlagen und Widersprüche, die historischen, gesellschaftlichen und institutionellen Bedingungen pädagogischen Handelns u. a. m., wie es heute von den Sozialwissenschaften zur Verfügung gestellt wird, ist ein angemessenes Verständnis von Erziehung und Bildung in der Gegenwart nicht zu gewinnen.

Dies ist jedoch nur die eine Seite. Auf der anderen Seite bleibt die Frage, wie denn eigentlich dieses theoretische, also formalisierte und teilweise hochabstrakte Wissen in der pädagogischen Praxis Bedeutung erlangen kann. Denn offenbar besteht hier die Schwierigkeit, daß man sich im Studium vornehmlich ein systematisiertes und stark verallgemeinertes, also vor allem ein situations- und einzelfallunabhängiges Wissen aneignet, daß jedoch der Pädagoge in der Berufspraxis es immer mit je besonderen Personen, Erfahrungen, Geschichten, Situationen und Fällen zu tun hat.

Aus der Geschichte der Pädagogik ist dieses Problem bekannt. In seiner ersten Vorlesung über Pädagogik aus dem Jahr 1802 schreibt Johann Friedrich Herbart: «Die Theorie, in ihrer Allgemeinheit, erstreckt sich über eine Weite, von welcher jeder Einzelne in seiner Ausübung nur einen unendlich kleinen Teil berührt; sie übergeht wieder, in ihrer Unbestimmtheit, welche unmittelbar aus der Allgemeinheit folgt, alles das Detail, alle die individuellen Umstände, in welchen der Praktiker sich jedesmal befinden wird, und alle die individuellen Maßregeln, Überlegungen, Anstrengungen, durch die er jenen Umständen entsprechen muß» (HERBART 1986, S. 55). Einen Ausweg aus diesem Dilemma sah er in dem Bemühen um eine theoretisch reflektierte Praxis, in der der Umgang mit theoretischem Wissen als eine Kunstfertigkeit begriffen wird: «Nun schiebt sich aber bei jedem noch so guten Theoretiker, wenn er seine Theorie ausübt, [...] zwischen die Theorie und die Praxis ganz unwillkürlich ein Mittelglied ein, ein gewisser *Takt* nämlich, eine schnelle Beurteilung und Entscheidung, die nicht, wie der Schlendrian, ewig gleichförmig verfährt, aber auch nicht, wie eine vollkommen durchgeführte Theorie wenigstens *sollte*, sich rühmen darf, bei strenger Konsequenz und in völliger Besonnenheit an die Regel, zugleich die wahre Forderung des individuellen Falles ganz und gerade zu treffen» (HERBART 1986, S. 56).

Die Debatten der letzten Jahre zur pädagogischen Professionalität haben diesen Gedanken wieder aufgegriffen und versucht, ihn sozialwissenschaftlich weiterzuentwickeln: Mit dem Studium und der Auseinandersetzung mit theoretischen Konzepten und Forschungsergebnissen werden dem informierten Praktiker eine Fülle von Interpretationsangeboten und Argumentationen zugänglich gemacht. Sozialwissenschaftliche Theorien und Forschungsergebnisse sind aus dieser Sicht als Möglichkeiten zu verstehen, wie pädagogische Situationen erklärt, gedeutet und verstanden werden können. Theoretisches Wissen ist potentielles *Deutungswissen*, dessen sich der Praktiker bedienen kann. Die beiden Soziologen Beck und Lau haben vor diesem Hintergrund die Rolle der Wissenschaft als Produzentin dieses Wissens einmal respektlos, aber treffend mit einem Selbstbedienungsladen verglichen (vgl. Beck/Lau 1983, S. 167). Die besondere Fähigkeit des wissenschaftlich ausgebildeten Pädagogen läge dann darin, aus der Vielzahl theoretischer Möglichkeiten das für den jeweiligen Fall ‹passende› Wissen auszuwählen und damit situationsangemessen umzugehen. Da sozialwissenschaftliche Theorien und konkrete Situationen jedoch niemals völlig ‹zusammenpassen› und es auch keine Anwendungsregeln für wissenschaftliches Wissen geben kann, besteht die Kunst des wissenschaftlich ausgebildeten Pädagogen in der Bewältigung der in sich widersprüchlichen Aufgabe, allgemeines Wissen mit einem je besonderen Fall vermitteln zu können. Das Studium ist in diesem Sinne ein Ort, wo nicht nur theoretisches Wissen angeeignet wird, sondern die Kunstfertigkeit eingeübt wird, theoretisches Wissen situativ angemessen zu nutzen. So kann man auch sagen: Worauf es im Studium letztendlich ankommt, ist die Aus-Bildung eines individuellen Fingerspitzengefühls im Umgang mit theoretischem Wissen.

6.3.7 Folgen

Der Ausbau erziehungswissenschaftlicher Studiengänge, die qualitative und quantitative Zunahme pädagogischer Berufe und Institutionen und die weite Verbreitung pädagogischen Wissens stellen für alle Beteiligten eine neue gesellschaftliche Situation dar: Noch nie gab es so viele wissenschaftlich ausgebildete Pädagogen, noch nie war wissenschaftliches Wissen über Erziehung so verbreitet und leicht zugänglich. Doch erst langsam wächst die Einsicht, was dies alles im Detail bedeutet.

Bereits absehbar ist, daß die wissenschaftliche Beschäftigung mit Erziehung diese selbst verändert hat. Daß das ‹Milieu› eine wichtige Rolle bei der Erziehung spielt, gehört ebenso zu den alltäglichen Gewißheiten wie die Überzeugung, daß frühkindliche Erfahrungen das spätere Leben massiv beeinflussen. Dies ist einer der Gründe, warum heute pädagogische Praxis ohne die Inanspruchnahme theoretischen Wissens nicht mehr denkbar ist: Man trifft es überall an. Zugleich ist damit eine Umwertung wissenschaftlichen Wissens und beruflichen Handelns verbunden. Ging man früher davon aus, daß wissenschaftliches Wissen anderen

Wissensformen überlegen sei, so verliert sich dieser Anspruch heute in der beruflichen Realität. Statt dessen mehren sich die Begegnungen der seltsamen Art, in denen den Pädagogen ihr ureigenes Spezialwissen vorgehalten wird – z. B. wenn ein Jugendlicher in einem Freizeitheim sich als motivationsmüde und milieugeschädigt vorstellt. Derart veralltäglichtes Theoriewissen nimmt den im Studium erworbenen Kenntnissen jede Exklusivität.

Die Expansion erziehungswissenschaftlichen Wissens und pädagogischer Berufe hat aber nicht nur Auswirkungen auf diese selbst, sondern auch auf die betroffenen Kinder, Jugendlichen und Erwachsenen. Dies zeigt sich u. a. an der seit Jahrzehnten quantitativ wie auch qualitativ zunehmenden Bedeutung der öffentlichen, berufsförmig organisierten Erziehung und Bildung gegenüber der Erziehung in der Familie. Ein weiterer Beleg ist die Ausdehnung der Zeit des Lernens für immer breitere Bevölkerungsschichten bis ins hohe Alter hinein. Als dritter Beleg kann auf die wachsende Bedeutung von Pädagogen im Kultur- und Freizeitbereich verwiesen werden. Dies alles verändert die Art und Weise des Aufwachsens in unserer Gesellschaft. Neben den Eltern und Verwandten, den natürlich gewachsenen Freundeskreisen und den Medien gewinnen beruflich tätige Pädagogen zunehmend Einfluß auf die eigene Biographie. Nach der Schule wird nun auch der Kontakt mit Pädagogen in allen anderen Lebensbereichen zunehmen.

So gerät jeder, der ein erziehungswissenschaftliches Studium beginnt oder als erziehungswissenschaftlich ausgebildeter Praktiker beruflich tätig ist, ebenso wie die Erziehungswissenschaft selbst, in eine widersprüchliche Lage. Zwischen ausgeprägter Wissenschaftsskepsis und ungebrochener Wissenschaftsgläubigkeit, zwischen lästiger Übersättigung und wachsendem Informationsbedarf, zwischen uneingelösten Versprechungen, Überforderungen, enttäuschten Erwartungen, fachlichen Notwendigkeiten, erfolgreicher Praxis und ungeplanten Effekten ist alles anzutreffen. Für die Erziehungswissenschaft und ihre Absolventen bedeutet dies, daß sie sich einerseits um die Verbreiterung der Anerkennung ihrer Abschlüsse und die Etablierung eigener Zuständigkeiten im Berufsfeld der Pädagogik bemühen müssen. Wer außerhalb der Schule einen pädagogischen Beruf ausüben möchte, darf nicht ein gemachtes Bett erwarten. Dies schafft andererseits individuelle Gestaltungs- und Entfaltungsräume. Darüber hinaus jedoch wächst der Bedarf, knapp 30 Jahre nach der Bildungsreform, der Reform der Lehrerbildung und der Etablierung eines neuen Ausbildungsprofils die bisherigen Wege und Programme zu überprüfen und auf ihre Auswirkungen für alle Beteiligten hin zu untersuchen. Was übrigbleibt, ist so gesehen eine Wissenschaft und ein Studienangebot, die neben dem Interesse an Erziehung und Bildung vor allem eigenes Engagement, wissenschaftliche Neugier und Lust am Nachdenken erfordern.

Literatur

BAHNMÜLLER, R. u. a: Diplom-Pädagogen auf dem Arbeitsmarkt. Ausbildung, Beschäftigung und Arbeitslosigkeit in einem Beruf im Wandel. Weinheim/München 1988.

BAUMANN, U./STOBER, D.: Beruflicher Verbleib und Arbeitshandeln von Magister-Pädagogen. In: bag-mitteilungen 12 (1989), Nr. 34, S. 3–23.

BAUMERT, J./ROEDER, P. M.: Expansion und Wandel der Pädagogik. Zur Institutionalisierung einer Referenzdisziplin. In: Alisch, L.-M./Baumert, J./Beck, K. (Hrsg.): Professionswissen und Professionalisierung. Braunschweig 1990, S. 79–128 (= Braunschweiger Studien zur Erziehungs- und Sozialarbeitswissenschaft; Bd. 28).

BECK U./LAU, CH.: Bildungsforschung und Bildungspolitik – Öffentlichkeit als Adressat sozialwissenschaftlicher Forschung. In: Zeitschrift für Sozialisationsforschung und Erziehungssoziologie 3 (1983), S. 165–173.

BÖLLING, R.: Sozialgeschichte der deutschen Lehrer. Ein Überblick von 1800 bis zur Gegenwart. Göttingen 1983.

BUNDESMINISTER FÜR BILDUNG UND WISSENSCHAFT (Hrsg.): Grund- und Strukturdaten. Ausgabe 1990/91. Bonn 1990.

BUND-LÄNDER-KOMMISSION FÜR BILDUNGSPLANUNG: Bildungsgesamtplan. Bd. I. Stuttgart 1973.

DEWE, B./FERCHHOFF, W./RADTKE, F.-O. (Hrsg.): Erziehen als Profession. Zur Logik professionellen Handelns in pädagogischen Feldern. Opladen 1992.

FLACKE, A./PREIN, G./SCHULZE, J.: Studium und Beruf Dortmunder Diplom-PädagogInnen. Ergebnisse einer empirischen Untersuchung zur beruflichen Entwicklung der in Dortmund 1980 bis 1987 ausgebildeten Diplom-PädagogInnen. Dortmund 1989 (= Berichte und Materialien aus dem ISD; Nr. 4).

FLITNER, W.: Aufbau und Zusammenhang der Pädagogischen Studien. In: Zeitschrift für Pädagogik 12 (1966), S. 195–212.

GIESECKE, H.: Pädagogik als Beruf. Grundformen pädagogischen Handelns. Weinheim/München 1987.

GRÜNER, G.: Die Magisterprüfung in der Bundesrepublik Deutschland. Weinheim/Berlin/Basel 1971 (= Dokumentationen zum in- und ausländischen Schulwesen; Bd. 13).

HABERMAS, J.: Die Idee der Universität – Lernprozesse. In: Ders.: Eine Art Schadensabwicklung. Frankfurt/M. 1987, S. 71–99 (= Kleine Politische Schriften VI).

HERBART, J. F.: Die erste Vorlesung über Pädagogik (1802). In: Ders.: Systematische Pädagogik. Eingel., ausgewählt u. interpret. von D. Benner. Stuttgart 1986, S. 55–58.

HORNSTEIN, W./LÜDERS, CH.: Professionalisierungstheorie und pädagogische Theorie. Verberuflichung erzieherischer Aufgaben und pädagogische Professionalität. In: Zeitschrift für Pädagogik 35 (1989), S. 749–770.

KNIERIM, A. / TREDE, W.: Die Ausbildungssituation im Diplomstudiengang Erziehungswissenschaft. Eine Dokumentation der Studiengangsprofile bundesdeutscher Hochschulen. Hrsg. von der Bundesarbeitsgemeinschaft der Diplom-Pädagogen e. V. Essen 1988.

MÜLLER, S. F. / TENORTH, H.-E.: Professionalisierung der Lehrertätigkeit. In: Baethge, M. / Nevermann, K. (Hrsg.): Organisation, Recht und Ökonomie des Bildungswesens. Stuttgart 1984, S. 153–171 (= Enzyklopädie Erziehungswissenschaft; Bd. 5).

RAUSCHENBACH, TH.: Jugendhilfe als Arbeitsmarkt. Fachschul-, Fachhochschul- und UniversitätsabsolventInnen in sozialen Berufen. In: Sachverständigenkommission 8. Jugendbericht (Hrsg.): Jugendhilfe – Historischer Rückblick und neuere Entwicklungen. Weinheim / München 1990, S. 225–297 (= Materialien zum 8. Jugendbericht; Bd. 1).

RAUSCHENBACH, TH.: Sozialpädagogik – eine akademische Disziplin ohne Vorbild? Notizen zur Entwicklung der Sozialpädagogik als Ausbildung und Beruf. In: neue praxis 21 (1991), S. 1–11.

RAUSCHENBACH, TH.: Sind nur Lehrer Pädagogen? Disziplinäre Selbstvergewisserung im Horizont des Wandels von Sozial- und Erziehungsberufen. In: Zeitschrift für Pädagogik 38 (1992), S. 385–418.

SEKRETARIAT DER KULTUSMINISTERKONFERENZ (Hrsg.): Rahmenordnung für die Diplomprüfung im Studiengang Erziehungswissenschaft. Bonn 1989.

SPRANGER, E.: Der geborene Erzieher. Heidelberg [5] 1968.

TENORTH, H.-E.: Berufsethik, Kategorialanalyse, Methodenreflexion. Zum historischen Wandel des «Allgemeinen» in der wissenschaftlichen Pädagogik. In: Zeitschrift für Pädagogik 30 (1984), S. 49–68.

TERHART, E.: Theorien zum Lehrerberuf. Sozialwissenschaftliche Theorie- und Forschungsansätze zum Beruf des Lehrers 1970–1990. In: Zeitschrift für Sozialisationsforschung und Erziehungssoziologie 10 (1990), S. 235–254.

TERHART, E.: Lehrerausbildung: Unangenehme Wahrheiten. In: Pädagogik (1992), H. 9, S. 32–37.

Friedrich Rost

6.4 Techniken erziehungswissenschaftlichen Arbeitens

Ziel dieses Beitrags ist es, über Studientechniken und Verfahren (erziehungs-)wissenschaftlichen Arbeitens zu informieren. Dazu muß allerdings zum Teil auf andere Bücher verwiesen werden, die Sie sich entleihen und (auszugsweise) lesen sollten. Und damit sind wir schon mitten in einem Problembereich des Studiums: den meist unausgesprochenen Erwartungen ‹Ihrer› Dozenten, daß Sie über diesen einführenden Text hinaus noch andere Literatur heranziehen sollten, um Ihr Wissen zum Themenbereich zu vertiefen. Hochschullehrer erwarten, daß Sie bestimmte Kenntnisse, Fähigkeiten und ‹Studiertugenden› mitbringen (für ein Studium der Erziehungswissenschaft; vgl. dazu DEUTSCHER HOCHSCHULVERBAND 1989, S. 48 ff).

Ansonsten stellen zwar die *Studien- und Prüfungsordnungen* (Magister, Diplom) gewisse Anforderungen; deren formale Einhaltung wird jedoch erst kontrolliert, wenn sich jemand zur Prüfung anmeldet. Diese Tatsache bereitet vielen Schwierigkeiten, weil sie mit der neu gewonnenen Freiheit nicht sofort zurechtkommen und es wenig Hilfestellung durch das Hochschulpersonal gibt. Kein Studienanfänger weiß so recht, wie man sich einen eigenen Stunden- und Studienplan aufstellt und welchen der zum Teil widersprüchlichen Informationen man trauen kann. Lesen Sie deshalb unbedingt gründlichst und immer wieder einmal die Studien- und Prüfungsordnung, die für Ihren Studiengang an ‹Ihrer› Hochschule gilt. Bei weiterbestehenden Unklarheiten suchen Sie sich kompetente Beratung, am besten bei der entsprechenden Studienberatungsstelle oder dem für Sie zuständigen Prüfungsamt.

Studieren heißt vor allem, sich selbst etwas beizubringen. Wer dabei eine professionelle Einstellung einnimmt (dazu gehört eben auch, einige Stunden am Tag zu lernen) und trotzdem mit Freude studiert, zudem ein realistisches Ziel hat, das er für erstrebenswert hält, wird sich das Studium nicht vermiesen lassen durch teilweise miserable Studienbedingungen. – Doch wer neu Gelerntes nicht wiederholt, es nicht in Bezug bringt zu früher Gelerntem und es nicht anwendet, vergeudet praktisch im nachhinein die vorherige Lernanstrengung. Er vergißt das neu Gehörte und Gelesene. Insofern sollten Sie sich intensiv mit den Themen Motivation, Denken, Verstehen, Lernen, Vergessen und Behalten beschäftigen und dabei immer bedenken, was das eigentlich für Sie und Ihre Lernstrategien bedeutet (vgl. z. B. Buzan 1991, Hüholdt 1989, Vester 1992). Nehmen Sie sich für den Anfang nicht zuviel vor. Aber gehen Sie daran, Ihre Arbeitsweisen zu beobachten, neue Techniken kennenzulernen, sich zu fragen, ob diese Ihnen hilfreich sein könnten, und probieren Sie sie dann gegebenenfalls eine längere Zeit aus.

Lernen findet auch in lebendiger Auseinandersetzung mit Menschen statt, z. B. in einer Lerngruppe (vgl. Franck / Stary 1988, S. 118 ff). Schaffen Sie sich ein anregendes soziales Umfeld mit positiv gestimmten Menschen, und suchen Sie aktiv Kontakt zu anderen Hochschulangehörigen. Machen Sie Ihr Studium zu Ihrer persönlichen Angelegenheit! – Zu den Problemen des Studiums, besonders des Studienanfangs, gibt es empfehlenswerte Bücher, die auch Mut machen und eine möglicherweise vorhandene zu große Hochachtung vor Wissenschaft ein wenig ankratzen können (vgl. z. B. Buddrus / Sturzenhecker 1987, Wagner 1992).

6.4.1 Was ist (erziehungs-)wissenschaftliches Arbeiten?

«Wissenschaftler ist, wer wie ein Wissenschaftler handelt», behauptet
MEDAWAR (1984, S. 15). Sie unterscheiden sich vielleicht am ehesten
von anderen Personen dadurch, daß sie den Dingen auf den Grund gehen
wollen. Forscher treibt das ziemlich rastlose Bemühen, wie Kant es ausdrückte, sich der Wahrheit der Sachverhalte nähern zu wollen. Da unterschiedliche Auffassungen darüber bestehen, was eigentlich Wissenschaft
sei, gibt es auch nicht ‹den› Wissenschaftler. Je nach der Weise, wie sie
ihre Arbeit verrichten, nennt MEDAWAR (vgl. 1984, S. 17) sie Sammler,
Klassifizierer, Detektive, Forschungsreisende, Künstler, Handwerker,
Poeten, Philosophen, Mystiker – oder auch Schwindler.

Was wissenschaftliches Arbeiten ausmacht, ist selten sichtbar, da Sie
kaum Wissenschaftlern bei der wissenschaftlichen Tätigkeit zuschauen
können. In den Lehrveranstaltungen ist dieser Prozeß nicht mehr nachvollziehbar. Dort bekommen Sie in der Regel dessen Ergebnisse vor-
gesetzt. Kein Tischler, der einem Lehrling sein Handwerk beibringen
will, beginnt aber mit dem fertigen Möbelstück. Deshalb wird in den
folgenden Abschnitten eine Erläuterung von ‹handwerklichen› Arbeitsschritten folgen. – Ihr Ziel sollte es sein, daß Sie spätestens nach dem
Grundstudium in der Lage sind,

– auf der Basis erziehungswissenschaftlicher (Er-)Kenntnisse bzw. in
  Kenntnis des erziehungswissenschaftlichen Diskussionsstandes zu bestimmten Themenbereichen und
– in geistiger Auseinandersetzung mit den wissenschaftlichen Auffassungen anderer
– sich Ihre *eigenen* Gedanken zu machen und
– diese mündlich und schriftlich darzulegen in einer für andere verständlichen Form (vgl. SESINK 1990, S. 9).

Doch nur ein kleiner Teil eigener Gedanken ist potentieller Wissen-
schaftsstoff, und zwar derjenige mit *Objektivitätsanspruch*; d. h. der
Teil, der eine Geltung beansprucht, die die Innenwelt des Individuums
übersteigt. Diese Gedanken müssen diskutiert und systematisch auf ihre
objektive Geltung hin überprüft werden. Dazu werden diese Aussagen zu
den Erfahrungsgehalten und Gedanken anderer in Beziehung gesetzt und
mit ihnen konfrontiert. Ein Wissenschaftler bezieht also in die eigene
Theoriebildung die Erfahrungen und Gedanken anderer mit ein. Und er
versucht, anderen seine Gedanken mitzuteilen und so einen Beitrag zum
wissenschaftlichen Diskurs zu leisten.

6.4.2 Arbeitstechniken für das erziehungswissenschaftliche Studium: ein Überblick

Während eines erziehungswissenschaftlichen Studiums werden vorwiegend mündliche sowie schriftliche Informationen, Argumentationen und (Er-)Kenntnisse vermittelt und aufgenommen, reflektiert und zu anderen Aussagen in Beziehung gesetzt. Und letztendlich wird das fremde und eigene ‹Wissen› zu eigenen Rede- und Textbeiträgen verarbeitet. Dementsprechend geht es besonders um das Zuhören, Mitschreiben und -reden, das Lesen, Herausschreiben (Exzerpieren) und Lernen, um Methoden der Literatursuche, des Überprüfens von Informationen sowie um die Verarbeitung von Informationen und Erkenntnissen in eigenen Beiträgen.

Zum Themenbereich ‹wissenschaftliche Arbeitstechniken› gibt es einige Regalmeter Studienratgeber, bessere (vgl. z. B. HÜLSHOFF / KALDEWEY 1992, KRÄMER 1994, RÜCKRIEM / STARY / FRANCK 1992, SESINK 1990) und weniger gute. Aus der großen Nachfrage nach solchen Büchern läßt sich m. E. schließen, daß viele ihre Lernstrategien und Arbeitsmethoden verbessern wollen. Doch bleiben Sie kritisch! Wissenschaftliches Arbeiten lernt man nicht, indem man mehrere dieser Werke liest, sondern indem man wissenschaftlich arbeitet.

6.4.3 Mitarbeit in universitären Veranstaltungen

An den Lehrveranstaltungen, zu deren Belegung Sie sich entschlossen haben bzw. verpflichtet sind, sollten Sie regelmäßig vom Beginn bis zum Ende der Veranstaltung teilnehmen. Dazu gehört die aktiv-geistige Auseinandersetzung mit den Inhalten, die dort vermittelt und gemeinsam erarbeitet werden.

Ist die Zielsetzung der jeweiligen Sitzung einer Lehrveranstaltung klar, so sollten Sie sich vorbereiten, indem Sie zusammentragen, was Sie zu dem Thema der kommenden Sitzung an Vorwissen haben und sich darüber hinaus kundig machen; denn dann bereitet das Zuhören und Mitreden viel mehr Spaß. Ist ein Text für die Sitzung zu lesen, so sollten Sie ihn gelesen und die wichtigsten Aussagen herausgeschrieben haben. Fremdwörter, deren Bedeutung Sie nicht genau kennen, sollten Sie im Fremdwörterduden bzw. Fachlexikon nachgeschlagen haben. Überlegen Sie sich vor und während der Veranstaltung Fragen zum Text bzw. zum Thema der Sitzung, auf die Sie eine Antwort erwarten. Falls diese Fragen nicht im Laufe der Veranstaltung beantwortet werden, stellen Sie Ihre

Fragen tatsächlich. Dazu muß man den Sitzungsverlauf aktiv verfolgen – und gut zuhören. Letzteres ist kein Sichberieselnlassen, wie aktives Lesen kein Überfliegen des Textes ist. Bei beidem geht es um das Erfassen des Themas und das Verarbeiten der wichtigsten Aussagen und Informationen. Dies erfordert ein Mit-, Nach- und selbständiges Denken, ein Sichauseinandersetzen mit dem Text bzw. mit den in der Lehrveranstaltung behandelten Inhalten. Fragen Sie sich z. B.,

– ob bestimmte Informationen und Aussagen so stimmen können,
– ob wesentliche Gesichtspunkte fehlen,
– ob Ihnen andere Auffassungen bekannt sind oder denkbar wären.

Hierbei hilft auch das stichwortartige Mitschreiben der wichtigsten Aussagen und eigenen Gedanken während der Veranstaltung. Schreiben Sie eher weniger mit als zuviel. Kürzen Sie dabei bestimmte zentrale Begriffe bei ihrem zweiten Auftreten in Ihrer Mitschrift so ab, daß Sie sie jederzeit wieder entschlüsseln können. Lassen Sie genügend Platz bei Ihrer Mitschrift für spätere Ergänzungen. Lesen Sie sich sofort nach der Sitzung Ihre Notizen durch und vervollständigen Sie sie gegebenenfalls, solange Ihre Erinnerungen noch frisch sind. Zu Hause können Sie sie ergänzen und berichtigen, um sie zum Rekapitulieren und für spätere Prüfungsvorbereitungen verwenden zu können. Damit die Anstrengungen nicht umsonst sind, sollten Sie die Unterlagen in Abständen wieder anschauen, sich zurückerinnern, das Gelernte auffrischen und mit Neuem verbinden.

Zur aktiven Mitarbeit gehören auch eigene, für andere verständliche Redebeiträge. Sofern Sie etwas nicht verstanden haben, mehr bzw. Näheres wissen wollen, fragen Sie! Wenn Sie anderer Auffassung sind, nehmen Sie Bezug auf die entsprechende Textstelle oder Äußerung und vertreten Sie Ihre Meinung argumentativ. Falls Sie jemanden oder etwas kritisieren wollen, tun Sie es in einer sachlichen Form, die nicht verletzend ist. Neben Kritik sind (positive) Rückmeldungen für Lernende und Lehrende von erheblicher Bedeutung.

Zur Nachbereitung zählt nicht nur das Ergänzen der Mitschrift, sondern auch das Aufschreiben von ungeklärten Sachverhalten, die zu Beginn der nächsten Sitzung angesprochen werden sollten, sowie die Prüfung von Sachverhalten. Rechnen Sie für die Vor- sowie die Nachbereitungszeit etwa den gleichen Zeitanteil wie für die Lehrveranstaltung selbst.

Falls Sie zu einem bestimmten Termin und Thema in einem Seminar ein mündliches Referat halten sollen, klären Sie rechtzeitig mit dem Dozenten Dauer, Gliederung, heranzuziehende Literatur etc. ab. Während Ihres Vortrags sprechen Sie bitte laut, deutlich und nicht zu schnell. Dabei wird keiner von Ihnen freie Rede erwarten, doch sollte Ihr Referat vom Satzbau her noch einfacher strukturiert sein als bei einer schriftlich abzugebenden Arbeit. Lesen Sie sich vorher Ihren Vortrag laut vor, weil Ihnen dabei u. a. Unebenheiten, grammatische Fehler oder fehlende Übergänge auffallen. Außerdem wissen Sie dann, wie lange Sie brauchen werden.

6.4.4 Informationen suchen und finden

6.4.4.1 Sich auf dem laufenden halten

Wer Wissenschaft betreiben will, muß nicht nur gut informiert sein über aktuelle Entwicklungen und den Diskussionsstand in seinem Spezialgebiet, sondern auch über wichtige Trends der Gesamtdisziplin und im Hinblick auf die allgemeine Wissenschaftsentwicklung. Zu diesem Zweck informiert man sich nicht nur mit Hilfe von Verlagsprospekten und Buchhandlungsbesuchen über neu erschienene Literatur, sondern sammelt laufend und systematisch Informationen zu seinen Interessengebieten. Außerdem sollte man das Gespräch mit Wissenschaftlern und Studierenden suchen sowie an Ringvorlesungen, Kongressen und Tagungen teilnehmen. Doch auch die Lektüre von Tages-/Wochenzeitungen sowie von Fachzeitschriften gehört dazu, sich auf dem laufenden zu halten.

Informationsziele kann man sich schriftlich setzen mit Antworten auf die Fragen: In welchen Bereichen will/muß ich
– auf dem neuesten Stand bleiben?
– meine Kenntnisse auffrischen/ergänzen? sowie:
– mich demnächst einarbeiten?
Solche Zettel sollten Sie aufbewahren und gelegentlich überprüfen, ergänzen, abändern.

6.4.4.2 Gezielte Informations- und Literatursuche

Ein anderer Tätigkeitsbereich ist die gezielte Informations- und Literatursuche. Angenommen, Sie benötigen eine Faktenangabe oder Literatur zu einem bestimmten Thema, dann sollten Sie erst einmal überlegen, wo man die gesuchte Information bzw. Literatur finden bzw. erhalten kann. Grundlage hierfür ist wiederum, daß Sie mit der Infrastruktur ‹Ihrer› Stadt und ‹Ihrer› Hochschule vertraut sind, darüber hinaus mit anderen Beschaffungswegen wie Fernleihe (Bestellung von Literatur aus einer Bibliothek einer anderen Stadt) oder Datenbankabfrage nebst Online ordering (elektronische Bestellung von Zeitschriftenaufsätzen bei großen Zentralbibliotheken). Informationen können Sie zum einen finden in wissenschaftlichen Bibliotheken und öffentlichen Büchereien, zum anderen in Archiven oder Informations- und Dokumentationsstellen, die die Materialien bereithalten, die sie dokumentieren. Dort finden Sie auch Hinweise auf andere Informationsquellen, die dort nicht (aber woanders) vorhanden sind. Letzteres gilt insbesondere für Informationsvermittlungsstellen, die Ihnen zwar genaue Hinweise z. B. auf Literatur geben, zum Teil auch sagen können, wo Sie die Primärquellen erhalten, Ihnen jedoch nicht die Literatur selbst zur Verfügung stellen können.

6.4.4.3 Überprüfung und Ergänzung von Informationen

Sie sollten nicht allem Glauben schenken, was Sie so lesen (und hören). Manchmal ist es erforderlich, (Zahlen-)Angaben und Zitate, die man in der Literatur findet, in der Originalliteratur zu überprüfen, und zwar dann, wenn diese für Ihre Arbeit von so erheblicher Bedeutung sind, daß Sie sie – mit Belegangabe – übernehmen möchten. Wenn Sie dabei keine bösen Überraschungen erleben wollen, sollten Sie tunlichst Sekundärzitate, Fakten, übersetzte Texte an den Originalquellen überprüfen. Das kann manchmal lästig sein, lohnt sich jedoch, da oft Aussagen aus dem Zusammenhang gerissen werden, Übersetzungen wissenschaftlich ungenau sind, Zahlen nicht stimmen oder die verwendete Methode in der Originalliteratur in einem anderen Licht erscheint. Der *Verifikation* von Informationen, die im übrigen den Regeln der gezielten Informationsbeschaffung folgt, wird leider zuwenig Aufmerksamkeit geschenkt. Etliche Literaturangaben in schriftlichen Arbeiten sind falsch: durch Tipp- und Satzfehler, aber auch durch schlampige Arbeit und die Unart des Sekundärzitats, einer Abart des Stille-Post-Spiels. Doch jedem unterlaufen Schreibfehler, jeder vergißt mal wichtige Bestandteile von Literaturangaben, so daß diese überprüft und gegebenenfalls nachgebessert werden müssen.

6.4.4.4 Die Bibliothek als Arbeitsort

Der Vorteil der Bibliothek als Arbeitsort liegt vor allem in der Vielzahl vorhandener Printmedien, die bereitstehen, um genutzt zu werden. Für die Arbeit in Bibliotheken benötigen Sie, wenn Sie deren Bestände effektiv nutzen wollen, einige Spezialkenntnisse. Viele Bibliotheken bieten Benutzeranleitungen, in denen Sie, oft zum Mitnehmen, wichtige Informationen zur Struktur dieser Bibliothek und ihrer Kataloge finden. Es lohnt sich auch, eine Führung mitzumachen. Darüber hinaus hilft das Bibliothekspersonal an den Informationsplätzen weiter, wenn Sie nicht zurechtkommen.

Bibliotheken sind Orte der Materialanschaffung, -aufbewahrung und

-erschließung. Ihr spezieller Sammlungsauftrag, ihr Bestandsumfang (Zahl der Bände) sowie die von ihr gesammelten Materialarten charakterisieren diese Bibliothek ebenso wie die Bestandsaufstellungsprinzipien, die Tiefe der Erschließung u. a. m. So differenziert man, was die Aufstellungsart angeht, zwischen Magazin- und Freihandbibliotheken sowie Ausleih- und Präsenzbibliotheken. Aus letzteren läßt sich keine Literatur entleihen, was den Vorteil hat, daß alle Medien im Gebäude verbleiben, während erhebliche Bestände von Ausleihbibliotheken ausgeliehen und somit nicht sofort verfügbar sind. Die Freihand- unterscheidet sich von der Magazinbibliothek darin, daß Sie in der ersten direkt an die Regale herankommen (was zeitsparend ist und wobei Sie vielleicht noch andere Bücher zum Thema im Regalfach entdecken), während in der Magazinbibliothek Ihre Bestellung vom Personal herangeholt wird (so daß Sie erst nach geraumer Zeit erfahren, ob das betreffende Buch derzeit verfügbar ist).

Nach dem Status für den wissenschaftlichen Arbeitsprozeß unterscheidet man zwischen Primärdokumenten, d. h. einem Bereich, der das Orginalschrifttum umfaßt, das als wissenschaftliches Material verwendbar ist, und Sekundärdokumenten, also einem Sektor, der über Originalliteratur Auskunft gibt. Literaturauskunftsmittel (Bibliographien, Dokumentationen, Referatenorgane etc.) weisen Bestände nach, die nicht unbedingt an der von Ihnen besuchten Bibliothek vorhanden sein müssen. Dennoch sind jene neben den elektronischen Referenzdatenbanken wichtige Informationsmittel, um erst einmal herauszufinden, was es denn zu einem Thema überhaupt an Schrifttum gibt. Da viele Bibliotheken keine Zeitschriftenaufsätze erschließen, sind diejenigen Literaturauskunftsmittel, in denen Aufsätze nachgewiesen werden, besonders wichtige Informationsquellen (vgl. Rost 1994).

Alle in einer Bibliothek vorhandenen Materialien sind inventarisiert in Bibliothekskatalogen. Diese weisen – sofern es sich nicht um Verbundkataloge mit anderen Bibliotheken handelt – nur den Bestand nach, der sich tatsächlich im Besitz dieser Bibliothek befindet. Wer also Zeitschriften im Lesesaal studieren oder Bücher entleihen möchte, informiert sich an den Katalogen dieser Bibliothek. Deren Hauptkataloge sind in der Regel
– ein Alphabetischer Katalog (AK), der formal vom Titelblatt, und
– ein Sachkatalog (SK) in der Form Schlagwortkatalog (SWK) oder Systematischer Katalog (SyK), der vom Inhalt der Bücher ausgeht, sowie meistens
– ein Standortkatalog oder Zugangsbuch mit Inventarisierungsfunktion.
Einige Bibliotheken führen zudem Sonderkataloge, z. B. für den Zeit-

schriften-, Schulbuch- oder Diabestand, für den Nachweis von Literatur über bestimmte Personen, Hochschulschriften u. a. m. Derzeit werden die meisten Kataloge noch als Zettelkataloge in Form von Karteikarten in Karteikästen geführt. Doch auch hier halten neue Techniken Einzug in Form von Mikrofilmkatalogen oder EDV-gestützten Katalogen. Falls Sie mit dieser Technik nicht vertraut sind, lassen Sie sich vom Bibliothekspersonal einweisen.

Der *Alphabetische Katalog*. – Der AK, der alle an dieser Bibliothek vorhandenen Bücher formal in alphabetischer Reihung umfaßt, gibt Antwort auf die Fragen,
- ob die Bibliothek ein bestimmtes Buch besitzt,
- welche Bücher eines bestimmten Verfassers diese Bibliothek ihr eigen nennt sowie
- welche Ausgaben (neuere bzw. ältere Auflagen) eines bestimmten Buchs in dieser Bibliothek angeschafft wurden.

Dazu muß man allerdings den Verfassernamen wissen, möglichst mit Vornamen(sabkürzung), bzw. bei Herausgeberwerken den genauen Sachtitel, nicht den oder die Herausgebernamen.
● Es sei ausdrücklich darauf hingewiesen, daß im Alphabetischen Katalog nur selbständig erschienene Literatur aufgeführt ist, also keine Aufsätze aus Zeitschriften oder Sammelwerken (Herausgeberschriften, Jahrbücher, Reader etc.).

Die vorliegende selbständige Literatur wird formal angesetzt nach den Regeln des verwendeten Regelwerks (Preußische Instruktionen, PI; Regeln für die Alphabetische Katalogisierung – Wissenschaftliche Bibliotheken, RAK-WB). Maßgebend ist vor allem das Titelblatt des vorliegenden Buches und nicht sein Umschlagtext. Unter anderem wird nach dem Titelblatt die oberste (Ordnungs-)Zeile der Karteikarte festgelegt, durch die die Einsortierungsfolge im AK bestimmt wird. Die Suche im AK kann erschwert sein,
- bei Verfassern mit bestimmten Buchstaben im Namen (z. B. Umlauten, ß, I, J, diakritischen Zeichen und solchen aus anderen Alphabeten, weiteren Sonderzeichen), mit Doppelnamen oder Zusätzen im Namen wie «von und zu»;
- bei Werken, die mehr als drei Verfasser haben; diese sog. Vielverfasserschriften werden wie anonyme Werke behandelt und sind unter dem jeweiligen Sachtitel im AK zu suchen;
- bei Herausgeberwerken, für die ein oder mehrere Personen als Herausgeber fungieren, sowie bei Urheberwerken, die von Körperschaften, also Institutionen, Firmen, Behörden etc. veranlaßt und heraus-

gegeben wurden; beide Formen von Sammelwerken werden unter dem Sachtitel im AK eingeordnet;
- bei Werken mit mehr als einem Sachtitel (Paralleltitel, Kurztitel, Gesamttitel); hier wird zum Teil unter jedem der Sachtitel eine Karteikarte eingeordnet, aber nicht immer.

Der Sachkatalog. – Wenn Sie in einer Bibliothek zu einem bestimmten Sachthema Literatur suchen, sollten Sie den Sachkatalog (SK) benutzen. Voraussetzung ist eine möglichst genaue Beschreibung und Eingrenzung des Themas. Dazu sollten Sie sich eine Liste von Begriffen aufschreiben und stetig ergänzen, die für das Thema eine Rolle spielen. Zu diesen Wörtern suchen Sie dann im Schlagwortkatalog (SWK) bzw. im Schlagwortregister des Systematischen Katalogs (SyK).

Bibliothekarisch ist ein Schlagwort ein möglichst kurzes, aber präzises Wort, das den sachlichen Inhalt einer Schrift kennzeichnen soll. Das ist nicht immer mit einem Wort möglich, so daß Schlagwortketten gebildet werden. Ein Buch zur Geschichte der Sozialpädagogik wäre dann wahrscheinlich unter «Sozialpädagogik / Geschichte» zu finden. – Wahrscheinlich deshalb, weil die Ansetzung nicht in jeder Bibliothek und auch erst für neuere Bestände den Regeln für den Schlagwortkatalog (RSWK) folgt, zumal es den Bibliotheken überlassen bleibt, wie tief sie ihren Bestand inhaltlich erschließen. Ein guter Schlagwortkatalog umfaßt jedoch auch Verweise, z. B. von Oberbegriffen auf zusammengesetzte Unterbegriffe (Pädagogik s. a. Erziehungswissenschaft, s. a. Freizeitpädagogik, s. a. Sozialpädagogik, …) oder von einem synonym gebrauchten Wort auf das bevorzugte (Behindertenpädagogik s. Sonderpädagogik), so daß die Suche in einem SWK einfacher ist als im AK oder SyK. Auch hier muß wieder betont werden, daß in den meisten Sachkatalogen nur die selbständig erschienene Literatur zu finden ist.

Der Standortkatalog. – Er bildet quasi den Bestand in den Regalen ab, wenn alle Bücher an ihrem richtigen Platz stehen. Bei systematischer Aufstellung des Bestandes kann der Standortkatalog relevant sein, wenn Sie mit dem Schlagwortkatalog wenig erfolgreich waren, aber vermuten, daß sich hinter einer bestimmten Systematikgruppe Material für Ihre Fragestellung verbirgt. Hat man einmal in Eile nur eine Signatur (z. B. «Soz 3a / 21») notiert, kann man am Standortkatalog schnell die bibliographischen Angaben ermitteln. Da er auch bei Inventuren eingesetzt wird, ist in ihm manchmal vermerkt, wenn ein Buch vermißt wird.

Der Zeitschriftenkatalog. – Der ZsK ist wichtig, wenn Sie eine bestimmte Zeitschrift interessiert bzw. wenn Sie eine bibliographische Angabe haben, die auf einen relevanten Zeitschriftenaufsatz hinweist. Der ZsK gibt Auskunft darüber, ob diese Bibliothek jene Zeitschrift besitzt, und wenn dies der Fall ist, welche Jahrgänge sie von ihr angeschafft hat. Zeitschriftenkataloge ordnen die Beschreibung des Zeitschriftenbestands alphabetisch nach dem Zeitschriftentitel, wobei bestimmte und unbestimmte Artikel (auch solche in fremder Sprache) am Beginn des Titels bei der alphabetischen Ordnung übergangen werden (Beispiel: «Die Deutsche Schule» →Deutsche Schule).

Allgemeine Auskunftsmittel. – Jede Bibliothek verfügt über allgemeine Nachschlagewerke wie Enzyklopädien, Lexika, Hand-, Wörter- und Adreßbücher allgemeiner und fachspezifischer Art. Diese werden meist an einem besonderen Standort aufgestellt und sind in der Regel nicht ausleihbar, so daß Sie sich dort nur während der Bibliotheksöffnungszeiten über Begriffe, Personen, Adressen informieren können.

Konventionelle Literaturauskunftsmittel. – Wer Zeitschriftenaufsätze zu einem bestimmten Thema sucht oder einigermaßen sichergehen will, daß es noch keine Arbeit zu seinem Dissertationsthema gibt, muß bibliographieren und elektronische Datenbanken abfragen. Viele Bibliotheken verfügen über zahlreiche Literaturauskunftsmittel wie Allgemein- und Fachbibliographien, Buchhandelsverzeichnisse, Dokumentationen, Referatenorgane, die entweder auf bestimmte Themen oder Zeiträume beschränkt sind und/oder spezielle Schrifttumsgattungen nachweisen wie Zeitschriftenaufsätze, Zeitungsartikel, Rezensionen, Hochschulschriften u. a. m. Meist sind die Beschreibungen in Bibliographien ausführlicher als in den Bibliothekskatalogen oder Allgemeinbibliographien, zum Teil mit Schlagwörtern, Inhaltsangaben und ausführlichen Registern. Wenn man eine bestimmte Bibliographie nutzen will, sollte man vorher die jeweils einleitenden «Hinweise zur Nutzung» lesen, weil der Aufbau und die Anordnung der Nachweise von Werk zu Werk erheblich variieren (vgl. ROST 1994). – Da es viele Literaturauskunftsmittel gibt, gibt es wiederum Bibliographien der Bibliographien. Dieser Typ von Literaturauskunftsmittel weist auch auf versteckte Bibliographien hin in Nachschlagewerken, Handbüchern, Fachlexika usw.

6.4.4.5 Literatur-Datenbanken auf Großrechnern und CD-ROM

Mittlerweile gibt es in vielen Universitätsbibliotheken sowie über Informationsvermittlungsstellen die Möglichkeit, elektronische Datenbanken online bzw. von CD-ROM abzufragen. Weltweit gibt es ca. 5500 Datenbanken, die die Öffentlichkeit gegen Entgelt nutzen kann; auch die Zahl der Compact Discs – Read Only Memory (CD-ROM), auf denen Informationen gespeichert sind, wächst stetig (z. Z. mehr als 1200 CD-ROM-Datenbanken). Generell läßt sich feststellen, daß sich eine Datenbank-Recherche in bezug auf deutschsprachige sozialwissenschaftliche Literatur erst für Bestände ab 1975 lohnt.

Der Vorteil der Computer-Recherche gegenüber konventionellem Bibliographieren liegt in der Möglichkeit der mehrdimensionalen Fragestellungen. Beispielsweise Literatur ab 1982 zum Thema «Jugendarbeit im Sozialismus» würde über die Booleschen Operatoren (AND, OR, NOT) als Schnittmenge der Mengen «Jugendarbeit» AND «Sozialismus» AND «[Veröffentlichungsjahr] $\geq$ 1982» in Minuten gefunden werden. Wenn man vorher noch geeignete Synonyme für Jugendarbeit einbezieht und die sog. Maskierungs- bzw. Trunkierungstechnik (Suche nach bestimmten Wortteilen, wie «soziali$») anwendet, würde man erst größere Treffermengen (sozialistisch, Sozialismus usw.) finden, die man dann durch weitere Einschränkungen (Weimarer Zeit) reduziert. Denn meist geht es ja darum, aus der Informationsflut wenige richtige Angaben und wichtige Literaturangaben herauszufiltern. Die Suchergebnisse lassen sich auf einem Drucker ausgeben oder auf Diskette speichern.

Die Begeisterung über diese Innovation darf nicht darüber hinwegtäuschen, daß die Beherrschung der auf jede Datenbank abgestimmten Recherchesprache gelernt sein will und die Bedienung der Geräte derzeit – zumindest was die mit erheblichen Kosten belasteten Online-Recherchen betrifft – vorwiegend Spezialisten vorbehalten bleibt. Deshalb werden zur Zeit eher die auch von Laien leichter abfragbaren CD-ROM-Lösungen in öffentlichen Bibliotheken favorisiert. Auf ihnen ist nur Literatur bis zur Fertigung der Silberscheibe zu finden, und die Suchmöglichkeiten sind (durch die CD-ROM-Software) eingeschränkter als bei der Online-Recherche, die aktueller und präziser sein kann.

Bei keiner Recherche hat man die Gewähr, sämtliche wichtigen Literaturangaben ermittelt zu haben. Doch bei sorgfältiger konventioneller und elektronischer Recherche ist die Wahrscheinlichkeit geringer, daß Wesentliches entgangen ist.

6.4.4.6 Von der Literaturermittlung zur Literaturbeschaffung

Sorgfältige Recherchen führen erst einmal zu Literaturhinweisen in
Form von bibliographischen Angaben. Diese sollten bei selbständiger Literatur zumindest bestehen aus dem Verfassernamen, dem Sachtitel (der
bei Herausgeberwerken genau sein muß) und dem Erscheinungsjahr. Bei
unselbständiger Literatur ist neben dem Verfassernamen für den Aufsatz
vor allem der Quellenvermerk wichtig, unter dem ja zu suchen ist: bei
Sammelwerken also der genaue Sachtitel des Sammelbandes, bei Zeitschriftenaufsätzen der Zeitschriftentitel, sodann bei beiden das Erscheinungsjahr. Je mehr richtige Angaben Sie haben, desto einfacher gestaltet
sich die Dokumentsuche; denn mit den bibliographischen Angaben haben Sie noch nicht die Primärdokumente für die Arbeit zur Verfügung.
Hierzu ist es wichtig, die Informationslandschaft Ihrer Region zu kennen
mit den Möglichkeiten der Fernbestellung (Fernleihe, Online ordering).

Falls Ihr Standort über eine gute Bibliothek verfügt, sollten Sie über
deren AK und ZsK prüfen, ob es in dieser Bibliothek die entsprechenden
Primärdokumente gibt. Auf den Katalogkarten finden Sie einen Hinweis
zum Standort, meist in der Form einer Signatur rechts oben auf der Karteikarte (z. B. «EWI 100 / 315» oder «18 / 93 / 249»).

Sollten Sie in den Bibliothekskatalogen nicht fündig geworden sein,
beginnt die Suche in anderen Bibliotheken. An einigen großen Biblio-
theksstandorten gibt es Verbundkataloge, die den Bestand von mehreren
Bibliotheken bzw. einer Region nachweisen (in Form von Zettel-, Mikro-
fiche- oder EDV-gestützten Katalogen). Welche Bibliothek die gesuchte
Zeitschrift oder das Buch besitzt, wird nachgewiesen durch die Sigelnum-
mer der betreffenden Bibliothek (z. B. «1a» = Staatsbibliothek Preußischer Kulturbesitz, Berlin). Alle Bibliotheken, die am Leihverkehr teilnehmen, haben solch ein Bibliothekssigel, das durch Sigelverzeichnisse
auflösbar ist. Wenn Sie selbst nicht die Möglichkeit haben, an Verbund-
katalogen abzuprüfen, ob das Buch oder die Zeitschrift in Ihrer Nähe
vorhanden ist, gibt es die Möglichkeit der Fernleihe. Diese ist innerhalb
der Bundesrepublik Deutschland noch kostenlos, im internationalen
Leihverkehr kostenpflichtig. Sie bestellen, indem Sie in Ihrer Bibliothek
einen Fernleihschein ausfüllen und abgeben, der an eine große (Landes-)
Bibliothek weitergeleitet wird. Dort recherchiert man, wo es das entsprechende Primärdokument gibt. Da dies ca. sechs Wochen dauert, ist es
gut, wenn Sie dies selbst schon ermitteln konnten. Das verkürzt die War-
tezeit u. U. erheblich. Ist es eingetroffen, werden Sie benachrichtigt.

Für Zeitschriftenaufsätze gibt es über Online-Datenbanken wie SOLIS
(soziologische Literatur) oder die Zeitschriftendatenbank (ZDB) die
Möglichkeit, viele Aufsätze in Kopie zu ordern (Online ordering), die

Ihnen gegen Entgelt zugeschickt werden. Auch dieses dauert ca. sechs Wochen. Beim Online ordering über die ZDB gibt es die Möglichkeit der Eil- sowie die der Faxübermittlung (jeweils teurer).

6.4.4.7 Bewertung gefundener Literatur

Wenn Sie für Ihre Fragestellung größere Mengen anscheinend geeigneter Literatur gefunden haben, kommt es darauf an, die Spreu vom Weizen zu trennen (Relevanzprüfung). Dazu sollte man sich den Aufsatz bzw. das Buch genauer ansehen:

– Wie lautet der Titel? Welche Erweiterungen, Einschränkungen oder Präzisierungen sind aus dem Untertitel zu entnehmen? *Bei Übersetzungen:* Wie lautet der Originaltitel? Sind daraus Abweichungen zum deutschen Titel ersichtlich, und was könnte dieses für die eigene Fragestellung bedeuten?

– Was weiß man über den Verfasser? Handelt es sich um ein Spezialgebiet des Autors, hat er gegebenenfalls in diesem Bereich einen ‹Namen›? Falls Sie sich dazu näher informieren wollen, suchen Sie nach anderen Veröffentlichungen dieses Verfassers. Ist er Professor, so lohnt ein Blick in «Kürschners Gelehrtenkalender» oder in den «Wer ist wer?» bzw. «Who's Who?». Welche wissenschaftstheoretische Position vertritt er?

– Wurde das Werk schon rezensiert und wie? – Rezensionen werden nachgewiesen durch Rezensionsbibliographien.

– Wie ist im Zusammenhang mit Ihrem Thema das Erscheinungsjahr zu bewerten? Bei sozialwissenschaftlicher Fragestellung müssen Sie in viel stärkerem Maße die neuesten Veröffentlichungen und Daten verwenden, bei geisteswissenschaftlichen oder historischen Themen kann das anders sein. Doch neuere Entwicklungen können Sie beispielsweise nicht in Büchern von 1960 finden.

– Wie seriös sind Klappentext und Verlag? In dem werbenden Text auf den Umschlagklappen bzw. bei broschierten Büchern auf der Seite 2 oder der Umschlagrückseite finden Sie erste inhaltliche Informationen, zum Teil auch eine kurze biographische Notiz zum Autor. Doch glauben Sie nicht alles; denn Ziel des Klappentextes ist es, Käufer zu gewinnen. Vergleichen Sie diesen Text mit dem Inhaltsverzeichnis, dem Vorwort, der Einleitung und Zusammenfassung! – Was ist Ihnen zum Verlag bekannt? Es gibt Verlage, die eher populärwissenschaftlich oder weltanschaulich ausgerichtet sind; solche, die eine qualitativ hochwertige Produktion aufweisen und solche, die gegen Druckkostenzuschuß fast alles veröffentlichen, zudem oft noch schlecht lektoriert. – *Bei Zeitschriften und Schriftenreihen:* Welches Ansehen genießt das Periodikum oder die Reihe in fachwissenschaftlichen Kreisen? Welche Herausgebernamen bestimmen das Profil der Zeitschrift/der Reihe?

– Bei Büchern sind Vorwort bzw. Einleitung besonders wichtig, in denen etwas zur Zielsetzung der Arbeit stehen sollte, sowie das Inhaltsverzeichnis, aus dem hervorgehen müßte, ob längere Passagen des Buches für Ihre Fragestellung relevant sind. Auch die Zusammenfassung der Arbeitsergebnisse am Schluß eines Buches kann Aufschluß darüber geben, ob es für Ihre Zwecke geeignet ist. Dies kann man auch noch einmal kontrollieren, indem man sich die eventuell beigegebenen Sach- und Personenregister anschaut. Tauchen dort die Wörter und Namen auf, die Sie auf Ihrer Begriffsliste haben? Lesen Sie gegebenenfalls die durch das Inhaltsverzeichnis oder Register ausgewiesenen Textpassagen.

– Bei Aufsätzen sollten Sie eine eventuell vorhandene Zusammenfassung (Autorenreferat) lesen und die Zwischenüberschriften prüfen.

– Welche Literaturangaben macht der Verfasser? Ist etwas dabei, was Sie aus Ihrer Fragestellung schon kennen? Ist Literatur angegeben, die Sie noch nicht kennen? Diese sollten Sie sich notieren und suchen.

6.4.5 Lesen und Exzerpieren

Ziel des Lesens wissenschaftlicher Texte ist es, die informative und argumentative Struktur eines Textes zu erfassen und gedanklich nachzuvollziehen. Sodann gilt es, Brüche im Text, Unklarheiten und unbeantwortet gebliebene Fragen zu finden sowie theoretische und praktische Implikationen des Textes zu überdenken. Für das lernende Durcharbeiten von Texten wird von vielen die sog. «5-Schritt-Methode» empfohlen (vgl. z. B. VIEBAHN 1990, S. 253):

1. Überblick gewinnen. Durch kursorisches Lesen sammeln Sie Informationen, worum es in dem Text wirklich geht und ob er für Ihre Fragestellung relevant ist; eine Art Wiederholung der Relevanzprüfung direkt vor der eigentlichen Lektüre, aber auch mit Fragen zu dem Zweck und der Motivation, diesen Text zu lesen (z. B. Warum und wozu will/muß ich den Text lesen? Zur Erstinformation? Weil ich ein Referat zu schreiben habe? Weil ich zwei Texte vergleichen will? In bezug worauf? – Solche Fragen bestimmen auch unterschiedliche Herangehensweisen und verschiedene Arbeitsergebnisse: z. B. auszugsweises oder komplettes Lesen und entsprechendes Exzerpieren).

2. Fragen an den Text formulieren und niederschreiben. Wer wenig

fragt, bekommt wenige Antworten. Falls Sie mit dem Fragen Probleme haben, können Sie diese mit den sog. «W-Fragen» (Was, Warum, Wozu, Wie, Wer, Wo, Wann) systematisch generieren. Beispiel: Sie haben für ein Seminar den Aufsatz mit dem Titel: «Peter stört» (vgl. HENNINGSEN 1984) zu lesen. Ihre möglichen Anfangsfragen: Wer ist Peter? Wen stört Peter? Wie oder wodurch stört Peter? Warum stört Peter? Was versteht der Autor unter ‹stören›? usf. – Durch solche Fragen werden auch Interessen und Erwartungen geweckt, die eventuell erfüllt werden. Vielleicht werden auch fehlende Gesichtspunkte offenbar.

3. Text auf die Fragen hin lesen. Wer mit Fragestellungen an einen Text herangeht, liest ihn mit mehr Gewinn. Die Antworten des Textes prägen sich einem besser ein. Dabei können Sie in eigenen Büchern und Fotokopien unterstreichen, was Ihnen in bezug auf Ihre Fragestellung wichtig ist. Unterstreichen Sie eher sparsam – und mit Bleistift. So läßt sich auch mal bei Irrtümern etwas ausradieren. Manche notieren sich auch am Seitenrand Bemerkungen (Marginalien) oder verwenden für den Rand Symbole oder Abkürzungen (z. B. ! = wichtig, !! = sehr wichtig, ? = Zweifel, D = Definition...).

4. Wiederholen des Gelesenen durch schriftliche Beantwortung des Gelesenen aus dem Gedächtnis. Notizen auf Zetteln oder Karteikarten sollten Sie erst machen, wenn Sie ein Kapitel eines Buches oder einen Aufsatz zu Ende gelesen haben. Bringen Sie zentrale Aussagen und Argumentationsketten des Textes kurz und prägnant in Ihren Worten auf das Papier und – davon getrennt – Ihre eigenen Ansichten. Wenn Sie nicht weiterwissen, sollten Sie die entsprechende Passage im Text noch einmal nachlesen. Doch danach sollten Sie wieder aus dem Kopf und in eigenen Worten fortfahren, Ihre Fragen an den Text zu beantworten. Besonders wichtige Textpassagen (Schlüsselzitate) sollten Sie natürlich wortwörtlich aus der Quelle abschreiben.

Lesen Sie einen Text nur unter einer bestimmten Fragestellung, exzerpieren Sie entsprechend auszugsweise. Schreiben Sie jedoch in jedem Fall oben auf die Seite(n) die Quellenangabe zu dem Text, zu dem Sie das Exzerpt verfertigen, links jeweils die Seitenzahl der Seite, aus der Sie gerade exzerpieren, und lassen Sie rechts ausreichenden Rand für spätere Anmerkungen / Verbesserungen. Wenn Sie den ganzen Text exzerpieren wollen, gehen Sie am besten absatzweise vor. Fragen Sie nach dem Thema des Abschnitts und seiner Hauptaussage. Notieren Sie beides getrennt und in eigenen Worten (zum Exzerpt vgl. FRANCK / STARY 1988, S. 89 ff).

5. Rückblick und Überprüfung. Kontrollieren Sie mit Ihren Aufzeichnungen noch einmal den Text, ob Ihnen nichts Wesentliches entgangen

ist. Schreiben Sie zuletzt eine kurze, nochmals verdichtete Zusammenfassung, oder veranschaulichen Sie sich das Ganze durch ein Schaubild,
eine Tabelle oder ein Schema, beispielsweise der Argumentationskette.
Die Technik des Verdichtens in Schaubildern beschreibt ausführlich
BUZAN (vgl. 1991, S. 98 ff).

6.4.6 Schreiben

Vielen fällt das Schreiben wissenschaftlicher Texte schwer. Oft liegt dies
schlicht an fehlender Übung (vgl. KRUSE 1993). Manchmal hemmt auch
ein zu hoher Selbstanspruch oder die irrige Vorstellung, daß jeder Satz,
zumal der eines Wissenschaftlers, auf Anhieb perfekt zu sein habe in
Form und Aussage. Beides ist mitnichten der Fall. Da wird formuliert,
verworfen, verbessert, bis der Autor mit sich (vorläufig) zufrieden ist.
Ob das die Leser seines Textes auch sind, ist eine ganz andere Frage.
Geschriebenes wimmelt heutzutage von Fremdwörtern und Substanti-
vierungen. Oft wollen die Sätze nicht enden. Sie sind vollgestopft mit
umständlichen Formulierungen und in sich verschachtelt. All das hemmt
die Verständlichkeit ebenso wie den Lesefluß. Deshalb sollten Sie beim
Schreiben immer an diejenigen denken, an die Sie sich richten, und für
mündliche Referate oder Vorträge auf alle Fälle einen noch einfacheren
Satzbau wählen als für schriftlich vorzulegende Arbeiten.

Die *Verständlichkeit* von Texten hängt von vier Merkmalsgruppen ab
(vgl. LANGER / SCHULZ v. THUN / TAUSCH 1990, S. 15 ff):

Einfachheit. – Diese Kategorie bezieht sich auf die sprachliche Formulierung. Geläufige Wörter in kurzen Sätzen, erklärte Fachwörter, einfacher Satzbau und anschauliche Darstellung sind Kennzeichen für Einfachheit.

Innere Ordnung – Äußere Gliederung. – Sätze sollten nicht bezie-
hungslos nebeneinander stehen, sondern folgerichtig aufeinander bezogen sein. Dabei sollten Sie Ihre These / Ihr Thema im Auge behalten und
Abschweifungen vermeiden. Wichtig ist eine sinnvolle Reihenfolge der
Informationen, d. h. der Argumentationsverlauf bzw. der sog. rote Faden. Dieses Reihungsprinzip kann auch durch die äußere Form unterstützt werden. Miteinander in Zusammenhang stehende Sätze gehören
in einen Absatz. Folgt ein anderer Gesichtspunkt, wird ein neuer Absatz
begonnen. Ein längerer Text sollte zudem durch Überschriften, Vorbe-
merkungen und Zusammenfassungen gegliedert sein. Sehr Wichtiges
sollte auch im Schriftbild optisch hervorgehoben werden durch Unterstreichung oder Kursivierung.

Kürze – Prägnanz. – Hier geht es darum, ob die Textlänge in einem ange-messenen Verhältnis steht zum Informationsziel. Beim Schreiben müs-sen Sie Wesentliches in die Hauptsätze packen und lernen, Unwesent-liches zu kürzen oder ganz zu vermeiden. Weitschweifigkeit, etwa durch die Darstellung unnötiger Einzelheiten, die Verwendung leerer Floskeln oder zahlreicher Füllwörter, lenkt vom eigentlichen Thema und Lehrziel ab.

Anregende Zusätze. – Dieses Merkmal scheint im Widerspruch zu ste-hen zur Forderung nach Kürze und Prägnanz, denn Zusätze verlängern ja den Text. Anregende Zusätze sind jedoch wichtig, damit die Leser / Zu-hörer nicht aus Langeweile einnicken. Doch auch hier gilt: Die Anregun-gen selbst kurz halten, auf das Informationsziel ausrichten und nicht zu häufig einsetzen, schon gar nicht mehrere in einem Satz.

Sich verständlich auszudrücken setzt Übung voraus, die mit einer Schu-lung der eigenen Wahrnehmung beginnt. Dabei schärfen vorbildliche Texte ebenso den Blick wie die kritische Lektüre weniger guter Beispiele, deren Mängel, z. B. im Exzerpt, durch Eigenformulierungen ‹übersetzt› werden sollten.

Verständlichkeit ist eine berechtigte Forderung, die nicht unbedingt auch gutes Deutsch umfassen muß. Während Verständlichkeit mit weni-gen, geläufigen Worten, vertrauten Metaphern und gängigen Redens-arten erreicht werden kann, zeichnet sich gutes Deutsch zuallererst durch einen abwechslungsreichen Wortschatz und präzise Wortwahl aus. Hier kann ein Synonymenlexikon helfen, monotone Wortwiederholungen zu vermeiden und das treffendere oder unverbrauchtere Wort zu finden. Vom Wortschatz hängen die verfügbaren sprachlichen Differenzierun-gen ab, die wiederum genauere Wahrnehmungen und Denkoperationen ermöglichen. Wenn Sie beispielsweise ‹Heilpädagogik› als Begriff ver-wenden, transportieren Sie damit eben auch die (veraltete) Vorstellung einer heilenden Erziehung. Wenn Sie das meinen (z. B. in einem histori-schen Kontext), ist der Begriff angebracht. Viele Behinderungen sind jedoch leider nicht heilbar, schon gar nicht pädagogisch, so daß die Be-griffe ‹Sonderpädagogik› oder ‹Behindertenpädagogik› vielleicht präziser sind für das, was Sie sagen wollen. Die Suche nach dem treffenderen Wort kann somit auch Reflexion seines Sinngehalts sein. Verständlicher schreiben heißt letztlich auch klarer denken.

Um die Aufmerksamkeit des Lesers zu erhalten, muß ein Text ein ge-wisses Maß an Neuigkeit und Anforderungsniveau haben. Während Wortverbindungen von hohem Bekanntheitsgrad das Verstehen erleich-tern, lassen sich ein Optimum an Aufmerksamkeit und ein tiefergehendes Verstehen oft nur aufrechterhalten, wenn man die Erwartung der Hörer bzw. Leser mäßig verletzt und ihrem Verstand eine kleine Anspannung zumutet (vgl. SCHNEIDER 1987, S. 129).

Wenn Sie selbstkritisch feststellen, daß Ihr Schreibstil verbesserungswürdig ist, üben Sie das Schreiben von eigenen Texten und überarbeiten Sie sie. Hierbei ist ein PC (zu dessen Einsatz in den Geistes- und Sozialwissenschaften vgl. GREGOR/KRIFKA 1987, MOCKER/MOCKER/WERNER 1990, SESINK 1990) mit Textverarbeitungsprogramm eine große Hilfe, weil man nicht alles neu tippen muß. Bessere Software verfügt sogar über Rechtschreibprüfung und Synonymenlexikon. Doch das kann die Überarbeitung im Hinblick auf sprachliche und grammatische Form, Zeichensetzung, Wortwiederholungen etc. nicht ersetzen.

6.4.6.1 Typen schriftlicher Leistungsnachweise

Für alle hier behandelten Schriftformen gilt vorweg: Erkundigen Sie sich nach den in Ihrer Institution üblichen, auch formalen Standards für die von Ihnen abzugebende Arbeit; und dies vorher und direkt bei dem späteren Gutachter Ihres Arbeitsergebnisses, besonders wenn es benotet werden soll. Die Wünsche der einzelnen Hochschullehrer sind höchst unterschiedlich, auch was die Formalia einer Arbeit angeht. Grundsätzlich gilt jedoch, daß sie sauber getippt sein soll (PC/Schreibmaschine, möglichst neues Farbband); kleinere Fehler dürfen Sie handschriftlich verbessern. Und lesen Sie sich bitte noch einmal durch, was Sie abzugeben gedenken!

Protokoll. – Im Wissenschaftsbetrieb besteht die Aufgabe dieser Berichtsform darin, Verlauf, Inhalte, Ergebnisse, konträre Positionen von Gesprächen, Gremiensitzungen oder wissenschaftlichen Konferenzen verbindlich festzuhalten. Im Studium geht es eher darum, den Verlauf oder die Ergebnisse von Seminarsitzungen zu sichern, um später über ein schriftliches Dokument für die Weiterarbeit bzw. für Prüfungen zu verfügen. Bei der Sitzung Abwesende haben dadurch die Möglichkeit, den Seminarverlauf bzw. die -ergebnisse mit Hilfe des Protokolls nachzuvollziehen. Alle Protokolle beginnen mit formalen Angaben, Seminarprotokolle z. B. mit Angabe des laufenden Semesters, Seminarnummer und -titel, Name des Dozenten wie des Protokollanten, Datum der protokollierten Sitzung. Im Wissenschaftsbetrieb relevant sind folgende Protokolltypen:

– Versuchs- bzw. Beobachtungsprotokoll. Bei Experimenten oder Beobachtungen, z. B. während Unterrichtshospitationen, werden, je nach Forschungsfrage, die wahrgenommenen Daten nach bestimmten methodischen Anweisungen protokolliert und in Beobachtungsbögen eingetragen.

– Verlaufs- bzw. Verhandlungsprotokoll. – Der Ablauf wird chronologisch dargestellt, also in der Reihenfolge, in der sich das Geschehen zugetragen hat. Nur Wichtiges, wie etwa gegensätzliche Auffassungen oder erreichter Konsens, wird komprimiert wiedergegeben.

– Ergebnis- bzw. Beschlußprotokoll. – Hier werden kurz und prägnant die zentralen Argumente der Redebeiträge (Pro und Contra) inhaltlich zusammengefaßt und logisch strukturiert. Beschlüsse allerdings werden im Wortlaut wiedergegeben, bei Abstimmungen wird auch das Abstimmungsergebnis (7 : 1 : 0) mitgeteilt.

Ein Protokoll wird in der Gegenwartsform (Präsens) geschrieben, um den dokumentarischen Abbildcharakter zu verdeutlichen. Als Form kann die indirekte Rede eingesetzt werden, was die richtige Anwendung des Konjunktivs I für die wiedergegebenen Redebeiträge erfordert. Hierdurch hat der Protokollant die Möglichkeit zur Distanz, indem er einerseits korrekt berichtet, was gesagt wurde, andererseits keine Gewähr übernimmt für die Richtigkeit der Aussage. – *Beispiel:* «Meier entgegnet, die Beschäftigung mit der geisteswissenschaftlichen Pädagogik sei Zeitverschwendung. Müller verwahrt sich gegen solch oberflächliche Einschätzung. Hierzu müsse erst einmal der Text von Spranger gelesen werden.» Jeder Gesprächsbeitrag mit neuem Inhalt wird zusammengefaßt und beginnt auf einer neuen Zeile. Leerzeilen zwischen verschiedenen Tagesordnungspunkten / Themen gestalten das Protokoll übersichtlicher.

Bericht. – In ihm wird das Wesentliche zu einem Sachverhalt eingehend und möglichst sachlich dargestellt, und zwar in der Vergangenheitsform, dem Präteritum. Ein Bericht sollte, je nach den Adressaten, Angaben machen, die mit den sogenannten W-Fragen generiert werden können (Wer? Was? Wo? Wann? Wie? Womit?). Die Fragen nach dem Warum oder Weshalb führen von den objektiven Sachverhalten weg, sind schon Interpretationen oder nachträgliche Begründungen. Dennoch werden sie, z. B. in Praktikumsberichten, oft ausdrücklich gewünscht, um die Reflexionsfähigkeit des Praktikanten erkennen zu können. Für den sozialpädagogischen Praktikumsbericht gibt BADRY (vgl. 1990, S. 52 ff) weitere Hinweise.

Thesenpapier. – Eine These ist ein möglichst kurzer, eventuell provokanter Behauptungssatz, der des Beweises oder einer Begründung bedarf. Ein Thesenpapier wiederum setzt sich aus mehreren Thesen zu einem Thema zusammen, ist demnach weder eine Stichwortsammlung noch eine Gliederung. Thesen werden auf- und möglichst schriftlich zur Verfügung gestellt, um eine Diskussion in Gang zu bringen bzw. um zentrale Aussagen einer Arbeit zusammenzufassen. Thesen sollten sprachlich klar und verständlich sowie inhaltlich zugespitzt sein. Natürlich darf das Thesenpapier nicht schon alles vorwegnehmen, sonst geht die Spannung der mündlichen Begründungen verloren, und eine Diskussion kommt gar nicht erst auf.

Für den strukturierten Aufbau des höchstens zweiseitigen Thesenpapiers gibt es mehrere Möglichkeiten:

1. Der ersten These folgt deren Begründung. Es folgt die zweite These und die dazugehörige Begründung usf.

2. Auf These 1 folgt eine Begründung und eine Schlußfolgerung. Daran schließt sich These 2, Begründung und Schlußfolgerung an usf.

3. Beim Vergleich verschiedener Auffassungen kann der These 1 eine Antithese 1 gegenübergestellt werden usw.

Seminararbeit/schriftliches Referat. – Damit sind in erster Linie bei einem Prüfer einzureichende Hausarbeiten und schriftliche Referate gemeint. Ein weit verbreiteter Irrtum besteht darin, es handele sich dabei lediglich um die getippte Fassung eines mündlich vorgetragenen Referats. Da aber mündliche Referate sprachlich weniger komplex sein müssen, um ihnen als Zuhörer folgen zu können, sollte das schriftliche Referat anders ausformuliert werden und vor allem die formalen Regeln der Zitation, des Quellenbelegs etc. berücksichtigen. Seminararbeiten sind daher gute Möglichkeiten, das eigenständige schriftliche Arbeiten an einem selbstgewählten oder vom Dozenten vorgeschlagenen Thema einzuüben und dabei die sprachlichen und formalen Anforderungen wissenschaftlichen Schreibens anzuwenden. Neue Erkenntnisse müssen Sie dabei nicht produzieren; aber es sollte in den nichtreproduzierenden Teilen schon erkennbar sein, daß Sie sich eigene Gedanken zum Thema gemacht haben und diese argumentativ entwickeln.

Klausurarbeit. – Klausuren sind (hand-)schriftliche Prüfungsteile, die in einer bestimmten Zeit unter Aufsicht und meist ohne Hilfsmittel zu schreiben und dann abzugeben sind. Sie dürfen in der Regel bei der Anmeldung zur (Vor-)Prüfung einen breiteren Themenbereich benennen, aus dem der Erstgutachter drei engere Themenstellungen entwickelt, die Ihnen vorher nicht bekannt sein sollen. In der Klausur geht es darum, zu einem dieser Themen Stellung zu nehmen, jedoch nicht im Sinne eines Besinnungsaufsatzes. Sie sollen fundierte Kenntnisse zu dem Themenbereich nachweisen, indem Sie diese aus dem Kopf heraus möglichst prägnant und geordnet zu Sätzen verbinden und leserlich niederschreiben. Manche Klausurkandidaten lernen vorher ganze Passagen des erhofften Themas auswendig. Wichtiger scheint mir, während der Klausur einen klaren Verstand zu bewahren, die Zeit nicht aus den Augen zu verlieren, sich möglichst rasch für eines der Themen zu entscheiden, es zu analysie-

ren und eine Gliederung zu entwickeln, die Sie anschließend zur Grobskizze erweitern. Liegt letztere vor, fällt die Niederschrift nicht mehr
schwer. Die Klausur wird nach der Abgabe in der Regel von zwei Gutach-
tern gelesen und benotet.

Prüfungsarbeit. – Als Prüfungsarbeiten gelten die Staats- und Zulas-
sungsarbeiten für das Lehramt an Schulen (wissenschaftliche Hausarbeiten) sowie die hochschulinternen Diplom- oder Magisterarbeiten. Sie
dienen dem Nachweis der selbständigen Bearbeitung eines Themas, müssen aber keine neuen wissenschaftlichen Ergebnisse zeitigen. Im Schwie-
rigkeitsgrad liegen sie zwischen Seminararbeit und Dissertation. Für die
Beurteilung von Prüfungsarbeiten sind Kriterien wichtig, die die Prüfer
jedoch selten vorher nennen. Solche Bewertungskriterien, die auch zur
kritischen Begutachtung anderer wissenschaftlicher Texte verwendet
werden können, nennt KNAPP (vgl. 1990, S. 162 f).

6.4.7 Vorbereitung und Durchführung eines eigenen schriftlichen Projekts

6.4.7.1 Themenwahl, Fragestellung, Exposé

Sich selbst ein Thema für eine schriftliche Arbeit zu stellen, fällt vielen
schwer, besonders wenn es daran geht, etwa zwei Semester vor der Prüfung das Thema für eine Prüfungsarbeit (wissenschaftliche Haus-, Magi-
ster-, Diplomarbeit) auszuwählen. Was die Themenwahl angeht, sollten
Sie auf Ihre bisherigen Studien achten und einen Gegenstandsbereich
aussuchen, in dem Sie schon ausgiebig studiert haben und für den Sie
fundierte Vorkenntnisse mitbringen. Sodann beginnt eine Phase des
Brainstormings, in der alles aufgeschrieben wird, was einem zu dem
Thema einfällt. Der Prozeß der Themenreflexion muß weiter intensi-
viert werden, wenn Sie eine ungefähre Vorstellung von der Eingrenzung
Ihres Themas haben, dem Sie einen Arbeitstitel geben sollten. Nun
spätestens sollten Sie sich einen Betreuer suchen, den dieses Thema interessiert und der in der Lage ist, Sie zu beraten.

Bleibt es bei dem Thema, ergeben sich meist schon Fragen, die jedoch auch über die W-Fragen (Wer? Was? Wie? usw.) systematisch generiert werden können. Aus diesen Fragen suchen Sie diejenigen heraus, die Sie für wesentlich und interessant halten oder die Sie mit
Ihren Vorkenntnissen nicht sofort beantworten können. Diese könnten vorläufige ‹Forschungs›-Fragen darstellen, denen Sie weiter nachgehen.

Wichtig ist die Berücksichtigung des knappen Zeitrahmens. Da die Be-

arbeitungszeit für Prüfungsarbeiten begrenzt ist, müssen Sie sehr genau
überlegen, wie das Thema einzugrenzen ist, damit es in der Kürze der
Zeit bearbeitbar ist. Planen Sie unbedingt Zeit für Unvorhergesehenes
ein. Dank Ihrer Vorarbeiten und -kenntnisse haben Sie jedoch einen hin-
reichenden Überblick über die Materiallage (z. B. über die einschlägige
Literatur zum Thema). Mit der Materiallage verbunden ist auch die Reflexion der methodischen Vorgehensweise. Hierzu sollten Sie sich während des Studiums genauere Methodenkenntnisse angeeignet haben. –
Ob Sie nun Akten analysieren wollen, Interviews führen und auswerten
oder einen Literaturbericht schreiben, hat aber nicht nur methodische
Konsequenzen, sondern wirft auch praktische Fragen auf (Wie erhalte ich
eine behördliche Genehmigung, deren Schulakten auszuwerten? Wie
finde ich geeignete Interviewpartner? Wie ist der Datenschutz in meiner
Arbeit zu gewährleisten? Sind die Bücher erreichbar, die ich brauche?
etc.). Solche Vorarbeiten müssen vor der Themeneinreichung erledigt
sein. Als nächstes sollten Sie Ihre Forschungsfragen festlegen und eine
erste Disposition der Arbeit vornehmen.

Ist das Thema vom Prüfungsamt gestellt worden, beginnt die Mate-
rialdarstellung und Niederschrift. Jede Arbeit besteht allgemein aus drei
Textteilen: An den Anfang gehört eine Einleitung, in der das Thema und
seine Eingrenzung begründet und die Fragestellung entwickelt werden,
an das Ende eine Zusammenfassung der Ergebnisse und ihre Bewertung.
Für den breiteren und differenzierten Mittelteil bringen Sie die stich-
wortartig analysierten Bestandteile des Themas bzw. Ihre Fragen in eine
geordnete Reihenfolge. Dies ergibt eine erste Grobskizze, das Exposé der
Arbeit. Wenn Sie diese Ordnung mit Überschriften versehen, haben Sie
schon eine erste Gliederung.

Diese und das Exposé sollten Sie auf jeden Fall mit Ihrem Erstgutachter
noch einmal besprechen. Natürlich ergeben sich mit der weiteren Bearbeitung immer wieder Abweichungen von den ersten Entwürfen. Sie
sollten jedoch darauf achten, daß Sie sich auf Ihren Gegenstand in seiner
Eingrenzung sowie auf Ihre Fragen konzentrieren, damit Sie nicht vom
Thema abkommen. Um den Überblick zu bewahren, ist es hilfreich, an
einer (Pinn-)Wand die Gliederung, die Forschungsfragen und Thesen der
Arbeit vor Augen zu haben und bei Änderungen in der Reihenfolge die
Zettel entsprechend umzugruppieren. – Ein anschauliches Beispiel von
der Themenwahl bis zur Niederschrift finden Sie bei Rückriem / Stary /
Franck (vgl. 1992, S. 197 ff).

6.4.7.2 Das Zitieren

Wenn Sie Erfahrungen oder Erkenntnisse anderer Wissenschaftler verwenden und darauf aufbauen, gehört es zu den Regeln des Wissenschaftsbetriebs, das Übernommene zu belegen. Die Nachprüfbarkeit von Behauptungen ist ein wesentliches formales Kriterium für wissenschaftliche Arbeiten. Zitations- und Quellenangaberegeln sind zwar in ‹Einführungen in das wissenschaftliche Arbeiten› zu finden, in der Praxis werden sie – viele Verlage haben da ihre eigenen Regeln – jedoch höchst unterschiedlich angewendet. Die gänzliche Nichteinhaltung dieser Konventionen wird nicht mit Bußgeldern geahndet, doch mit feineren Sanktionsmitteln: Sie werden vom Wissenschaftsbetrieb ‹geschnitten›, Ihr Manuskript wird u. U. abgelehnt, wenn Sie dies anders handhaben.

Allgemeine Regeln des Zitierens oder Paraphrasierens

1. Vorab muß unterschieden werden zwischen einer unverfälschten, sinngemäßen Anlehnung (Paraphrase) an eine Quelle und einem wortwörtlichen Zitat. Grundsätzlich gilt: Zitate und auch Paraphrasen sind mit einer Quellenangabe zu belegen einschließlich der Seitenzahl aus dem als Vorlage verwendeten Primärdokument. Zitate müssen originalgetreu sein und sind immer mit Anführungszeichen als solche zu kennzeichnen; das gilt auch für solche, die Sie aus einer anderen Sprache übersetzen, wobei Sie dies angeben sollten (s. unten). Sinngemäße, in eigene Worte gefaßte Umschreibungen eines Zitats kommen nicht in «Gänsefüßchen»; der Quellenbeleg zu so einer Paraphrase wird mit einem «vgl.» eingeleitet.

2. Zitate müssen in Inhalt und Form immer genau sein, also wortwörtlich mit Druckfehlern, veralteten Worten und Schreibweisen. Bei historischen Quellen folgen Sie der Ihnen vorliegenden Ausgabe. Das entbindet Sie aber nicht von der Pflicht zu prüfen, ob nicht im Laufe der Zeit Zitatverfälschungen vorgenommen wurden, die nicht nur die Schreibweise betreffen. All das, was im Zitat steht und von Ihnen in der gleichen Form wiedergegeben werden kann, das gilt z. B. für Unterstreichungen, wird in gleicher Weise wie im Original wiederholt und muß nicht näher erläutert werden. Müssen Sie etwas ändern, z. B. eine kursive Hervorhebung in eine Unterstreichung umwandeln, müssen Sie das angeben. Wollen Sie bei ungewöhnlichen Schreibweisen deutlich machen, daß es sich nicht um einen Tippfehler Ihrerseits handelt, kann man ein Ausrufezeichen in Klammern [!] oder ein [sic] einfügen. Diese Einfügungen sind als solche anzugeben.

Beispiel für letzteres: «Die Philosophen haben die Welt nur verschieden interpretiert, es kömmt [sic] drauf [!] an, sie zu verändern.» (Marx 1966, S. 141; Einfügungen: F. R.) *Dazu die Literaturangabe im Literaturverzeichnis:* Marx, Karl: 1. ad Feuerbach. In: Marx, Karl/Engels, Friedrich: Studienausgabe in 4 Bänden, hrsg. von Iring Fetscher, Bd. 1: Philosophie. – Frankfurt am Main 1966, S. 139–141.

3. Zitate sollten immer aus erster Hand sein. Sekundäre Zitationen sind immer an der Originalliteratur zu überprüfen und von dort zu übernehmen, ansonsten lieber zu unterlassen. Was allerdings vorkommen, aber ebenso problematisch sein kann, ist ein Zitat im Zitat, das durch halbe Anführungszeichen (Apostrophe) kenntlich gemacht wird. Zitate im Zitat müssen quellenmäßig nicht belegt werden. Auch die Umwandlung der doppelten Anführungszeichen in Apostrophe muß nicht deklariert werden.

Beispiel: «‹Wenn ich anfange zu überlegen, ist alles schon entschieden›, sagt Sartre [...]. Das Handeln ist aber nachträglich explizierbar, und in der hinterherkommenden Reflexion sind die Werte zu erkennen, die dieses Handeln, wie Sartre sagt, ‹wie Rebhühner aufscheucht› [...]» (HENNINGSEN 1984, S. 50; Auslassungen: F. R.).

4. Zitate sollten zweckentsprechend sein, d. h. in den Zusammenhang der Darstellung passen, und das belegen, was man aussagen will.

Spezielle Regeln, die Veränderungen in Zitaten betreffen
Auslassungen, Einfügungen und grammatische Anpassungen im Zitat müssen sehr vorsichtig vorgenommen werden. Es dürfen keine Sinn- oder gar Wahrheitsverfälschungen unterlaufen. Sämtliche Änderungen sind zu kennzeichnen.

– Auslassungen (Ellipsen) dürfen auf keinen Fall den Sinn des Zitats verfälschen oder gar ins Gegenteil verkehren (man denke an ein ausgelassenes «nicht»!). Auslassungen werden mit drei Punkten gekennzeichnet, z. B. so: ... oder so: (...) oder so: [...]. Ich bevorzuge die Form mit den eckigen Klammern für alle Eingriffe in das Zitat durch den Zitierenden, um deutlich zu machen, daß es sich um dessen Eingriff handelt. Bei der Quellenangabe wird dennoch nochmals klargestellt: «Auslassungen: d. Verf.» oder «Auslassung: N. M.», wenn Sie Norma Meyer heißen.

Beispiel: Nach Auffassung Luthers können Frauen keine öffentlichen Ämter bekleiden, nicht lehren und regieren; «aber Kinder gebären, nähren und aufziehen, können sie und sind Meisterinnen darin. Also wird Eva gestraft, aber [...] ist es eitel fröhliche Strafe, so man sehen will auf die Hoffnung des ewigen Lebens und Mutterehre, die ihr GOtt [!] gelassen hat» (Luther 1986, Spalte 249, Punkt 204; Auslassung: F. R.).

Und im Literaturverzeichnis:
Luther, Martin: Auslegung des ersten Buches Mose, Teil 1. Sämtliche Werke, hrsg. v. J. G. Walch, Bd. 1, Nachdruck der 2., überarb. Aufl. Groß-Oesingen 1986.

– Einfügungen (Interpolationen) und Erläuterungen im Zitat sind Textzusätze des Zitierenden, die als solche in eckige Klammern gesetzt und als Einfügung gekennzeichnet werden müssen.
Beispiel: «Sie [die hermeneutische Methode] hat keinen archimedischen Punkt außerhalb dessen, was dem Konsensus einer Zeit als ‹pädagogisch› gilt, von dem aus sie dieses ‹Pädagogische›, was auch immer dies sei, als solches in Frage stellen könnte: Sie ist der Geschichtlichkeit unterworfen wie keine andere Methode sonst» (HENNINGSEN 1984, S. 65; Einfügung: F. R.).

– Grammatische Anpassungen des Zitats sowie Umstellungen im Zitat sind durch Klammern um die geänderten Buchstaben bzw. die eingefügten Wörter zu kennzeichnen. Bei Umstellungen wird der ursprüngliche Platz der umgestellten Worte als Auslassung gekennzeichnet. Für das oben verwendete Luther-Zitat könnten Sie auch eine grammatische Anpassung durch Umstellung vornehmen (ist es→ es ist). Die Passage könnte dann lauten: «aber [. . .] [es ist eine] eitel fröhliche Strafe» usw. – Beleg dazu: (Luther 1986, Spalte 249, Punkt 204; Auslassung, Umstellung und Einfügung: F. R.). In solchen Fällen sollten Sie sich aber lieber zur Paraphrase entscheiden.
Das gleiche Beispiel in Paraphrase: Nach Auffassung Luthers (vgl. 1986, Spalte 249, Punkt 204) können Frauen keine öffentlichen Ämter bekleiden, nicht lehren und regieren; sie seien aber Meisterinnen des Kinderkriegens, des Stillens und der Kinderaufzucht. Er begründet dies theologisch mit dem Sündenfall Evas und dessen Bestrafung durch Gott. Den Frauen verbleibe jedoch die Hoffnung auf das ewige Leben und die Ehre des Mutterseins.

– Hervorhebungen, die schon im Zitat gegeben sind, werden in der eigenen Arbeit möglichst in gleicher Form wiedergegeben. Ist dies technisch nicht umsetzbar, schreibt man beispielsweise in die Belegangabe: «Hervorhebung im Original kursiv». – Vom Zitierenden neu ins Zitat gebrachte Hervorhebungen müssen ausdrücklich als eigene kenntlich gemacht werden: z. B. «Hervorhebung: N. M.».

– Wenn Sie Primärdokumente in fremden Sprachen verwenden und daraus zitieren wollen, kann man Zitate übersetzen (lassen). Dies ist angebracht, wenn es sich nicht um Zitate in Englisch oder Französisch handelt. Häufen sich Übersetzungen in Ihrer Arbeit, sollte beim ersten übersetzten Zitat ein genereller Übersetzungsvermerk stehen («Sämtliche Zitate aus dem Schwedischen übersetzte XYZ»); sonst ist jeweils im Beleg anzugeben, von wem die Übersetzung stammt (Übersetzung: XYZ).

6.4.7.3 Die Quellenangabe und unterschiedliche Belegverfahren

Es gibt verschiedene Verfahren der Quellenangabe, je nachdem,
– ob Sie am Ende der Arbeit ein Literaturverzeichnis anlegen wollen oder nicht;
– ob Sie mit Fußnoten / Anmerkungen arbeiten wollen oder nicht.

Literaturverzeichnis oder keines? – Für ein Literaturverzeichnis spricht, daß die verwendete Literatur am Ende der Arbeit übersichtlich alphabetisch aufgelistet ist. Dies Verfahren setzt jedoch voraus, daß Sie die verwendete Literatur vollständig erfassen und anschließend alphabetisch sortieren: entweder von Hand (Karteikarten / Zettel) oder maschinell (PC).

Fußnoten / Anmerkungen oder keine? – Zweitens müssen Sie entscheiden, ob Sie mit Fußnoten (auf der gleichen Seite unten, meist in kleinerer Schrifttype und / oder engerem Zeilenabstand) oder Anmerkungen (wie Fußnoten, nur hinter einem Kapitel oder am Ende Ihrer Arbeit bzw. am Ende eines Sammelwerks) arbeiten wollen oder nicht. Wenn Sie mit Fußnoten oder Anmerkungen arbeiten, verweisen hochgestellte Ziffern im Text eindeutig auf die betreffende Fußnote / Anmerkung. Die Arbeit mit Fußnoten hat den Vorteil, daß der Leser die Belege bzw. näheren Erläuterungen auf der gleichen Seite findet und der Text nicht so zerrissen wird durch die bisweilen längeren Zitatbelege. Deshalb lesen sich Arbeiten mit Fußnoten angenehm. Aber: Fußnoten auf der Schreibmaschine in Reinschrift zu schreiben, kann für Ungeübte kompliziert sein, weil schwer abzuschätzen ist, wieviel Platz man unten lassen muß für die jeweiligen Fußnoten dieser Seite.

Zitatbelege als Anmerkungen sind dagegen für sorgfältige Leser eine Qual, denn man muß ständig nach hinten blättern und wird dadurch aus dem Lesefluß gebracht. – Wer mit Fußnoten oder Anmerkungen arbeiten will und über einen PC verfügt, ist gut beraten, eine Textverarbeitungssoftware mit automatischer Fußnoten- / Anmerkungsverwaltung einzusetzen (vgl. Sesink 1990, S. 221 f).

Einige Belegverfahren im Überblick
Wenn Sie mit Literaturverzeichnis arbeiten,
– können Sie mit der ‹amerikanischen Zitierweise› im Text oder in der Fußnote arbeiten. Dabei finden Sie in der unmittelbaren Nähe eines Zitats oder einer Paraphrase im Text eine Klammer mit einem Namen, einer Jahres- und einer Seitenzahl. Name und Jahreszahl verweisen auf das Literaturverzeichnis, wo die vollständige Literaturangabe zu finden ist. Auch bei diesem Verfahren muß der Leser immer wieder im Literaturverzeichnis blättern, was den Lesefluß hemmt.
– Wenn Sie den Lesefluß verbessern wollen und mit Fußnoten arbeiten können, sollten Sie dies tun. Auch hier können Sie mit amerikanischer Zitierweise in der Fußnote arbeiten oder, wenn Sie Ihrem Leser das Blättern ersparen wollen, mit einer Kurztitelangabe, z. B.: «Lenzen, Mythologie..., S. 22». Dann hat man eine Vorstellung von der Quelle, deren vollständige bibliographische Angabe sich im Literaturverzeichnis findet.
Wenn Sie ohne Literaturverzeichnis arbeiten wollen / sollen,
– können Sie – wie oben erklärt – mit Fußnoten oder Anmerkungen arbeiten. Bei Fußnoten- oder Anmerkungssystemen ohne Literaturverzeichnis wird selten eine Quellenangabe vergessen. Die Arbeit ohne Literaturverzeichnis hat zudem den Vorteil, daß Sie die verwendeten Quellen in der Reihenfolge angeben, in der Sie sie benutzen. Der Nachteil liegt darin, daß Sie gleiche Literaturangaben mehrfach tippen müssen, wenn Sie sie mehrfach verwenden. Das bedeutet bei kompletten bibliographischen Angaben in Langform mehr Schreibarbeit und größeren Platzbedarf, wenn Sie nicht mit «a. a. O.» oder «ebd.» arbeiten wollen, wozu gleich noch etwas zu sagen ist.

Welche Bestandteile gehören zu einer Quellenangabe?
Da der Rückgriff auf andere Autoren nachprüfbar sein soll, sollten Sie die verwendeten Quellen in einer Form angeben, in der das dazugehörige Primärdokument in Bibliotheken auffindbar ist. Dazu ist bei selbständig erschienener Literatur *mindestens* erforderlich:
– Verfassername(n), Vornamenskürzel,
– die ersten Worte des Titels einschließlich eines Substantivs,
– Erscheinungsort(e) und
– das Erscheinungsjahr.
Bei Sammelwerken vor allem
– der genaue Sachtitel,
– Erscheinungsort(e) und
– das Erscheinungsjahr.

Bei unselbständig erschienener Literatur (Aufsätzen) sind mindestens notwendig:

– Verfassername(n), Vornamenskürzel,
– die ersten sinntragenden Worte des Aufsatztitels,
– es folgt ein «In:» (um zu signalisieren, daß es sich um unselbständige Literatur handelt);
– sodann die Angaben zur Sammelwerksbezeichnung (s. o.) bzw. der Zeitschriftentitel in Langform oder in abgekürzter Form (z. B. nach DIN 1502) sowie Zeitschriftenjahrgang bzw. Bandangabe und Erscheinungsjahr;
– zum Schluß die Seitenangaben zu dem Aufsatz.

Beispiele: «Blankertz, Theorien… 1969» kann man mit Hilfe der «Deutschen Bibliographie» finden. Die Angabe ist allerdings eine Zumutung, da man nicht einmal erfährt, worum es inhaltlich geht. Zudem kann man froh sein, daß der Autor nicht «Müller» heißt. «Blankertz, H.: Theorien und Modelle der Didaktik, München 1969» – damit weiß man schon viel mehr, und die Ermittlung fällt viel leichter. «Henningsen: Peter… In: Einführung… 1984» ist vielleicht über langwierige Recherchen auffindbar, aber «Henningsen, J.: Peter stört. In: Einführung in pädagogisches Sehen und Denken. München; Zürich 1984» ist für Literaturangaben in Kurzform ausreichend und in Bibliothekskatalogen direkt ermittelbar, weil der Sachtitel des Sammelwerks komplett und richtig angegeben ist. «Probst: Lernstrukturen… In: ZfPäd (1989), S. 565 ff.» ist ermittelbar, wenn man weiß, daß es sich bei ZfPäd um eine Zeitschriftenabkürzung handelt (= Zeitschrift für Pädagogik). Aber besser ist die ausführliche Zeitschriftentitelangabe, da sonst ein Abkürzungsverzeichnis als Anhang beigegeben werden muß.

In Verfahren mit Fußnoten oder Anmerkungen begegnen einem oft gekürzte Literaturangaben mit «a. a. O.» (am angegebenen Ort) oder «ebd.» (ebenda), womit eine Menge Schreibarbeit für zweite und weitere Belege aus der gleichen Quelle gespart werden kann. Die Verwendung von «a. a. O.» und «ebd.» sollte auf jeden Fall mit dem Verfassernamen, dem ersten sinntragenden Substantiv und der Seitenzahl gekoppelt sein.

Beispiel – beim 1. Auftreten: Lenzen, D.: Mythologie der Kindheit, Reinbek bei Hamburg 1985, S. 110.

Beim weiteren Bezug auf dieses Werk: Lenzen, Mythologie…, a. a. O., S. 95.

Bei dieser Methode müssen Sie besondere Vorsicht walten lassen, wenn Sie mit einem Textverarbeitungsprogramm mit Fußnotenverwaltung arbeiten: Durch Umstellungen kann sich auch die Reihenfolge der

Fußnoten ändern, so daß zuerst «a. a. O.» auftaucht und dann erst der genaue Beleg folgt bzw. bei Löschungen ganz verschwindet.

Achten Sie bei den bibliographischen Angaben auch auf eine einheitliche äußere Form, was die Reihenfolge der Literaturangaben, deren Bestandteile und die Interpunktion zwischen den Bestandteilen angeht. Genauere Anleitungen diesbezüglich finden Sie in fast allen Werken zu Techniken wissenschaftlichen Arbeitens (z. B. bei RÜCKRIEM / STARY / FRANCK 1992, S. 178 ff). Hierzu gibt es auch eine DIN-Norm (1505, Teil 2), die jedoch mit einer Schreibmaschine nicht völlig umzusetzen ist.

Mustergültige Angaben in Langform könnten wie folgt aussehen:

Bücher

Verfasserwerke (1–3 Autoren): Nachname, Vorname(n): Sachtitel: Untertitel, wenn aussagekräftig. – Ausgabebezeichnung (= Auflage, Bandnr. u. a.). – Verlagsort(e): Verlag, Erscheinungsjahr, evtl. Gesamt- und Reihentitel in runden Klammern mit Bandnummer, jeweils getrennt durch «;».
Beispiel mit zwei Verfassern: Kaiser, Arnim; Kaiser, Ruth: Studienbuch Pädagogik: Grund- und Prüfungswissen. – 5., überarb. u. aktualisierte Aufl. – Frankfurt am Main: Cornelsen Scriptor, 1991.
Beispiel mit drei Verfassern: Watzlawick, Paul; Beavin, Janet H.; Jackson, Don D.: Menschliche Kommunikation: Formen, Störungen, Paradoxien. – 7. Aufl. – Bern; Stuttgart; Wien: Huber, 1985.
Gibt es mehr als drei Verfasser, wird das Buch als anonymes Werk (§ 17 RAK-WB) behandelt, so als ob gar keine Verfasser ermittelbar seien.
Sachtitel: Untertitel, wenn aussagekräftig. – Ggf. Ausgabebezeichnung. – Verlagsort(e): Verlag, Erscheinungsjahr (Reihenangabe, Bandnummer).
Beispiel anhand einer Vorlage mit den Autorennamen Gunter Gebauer, Dietmar Kamper, Dieter Lenzen, Gert Mattenklott, Christoph Wulf, Konrad Wünsche (= Vorlage mit 6 Verfassern): Historische Anthropologie: Zum Problem der Humanwissenschaften heute oder Versuche einer Neubegründung. – Reinbek bei Hamburg: Rowohlt, 1989 (rowohlts enzyklopädie; 486).
Viele Wissenschaftler handhaben dies anders: Sie geben bei vier und mehr Verfassern nur den ersten Verfassernamen an und schreiben dahinter «u. a.» oder «et al.» (s. a. unten bei dem Beispiel für einen Zeitschriftenaufsatz). Dann würde die entsprechende Literaturangabe lauten: Gebauer, Gunter u. a.: Historische Anthropologie... (usw. wie oben).
Die erste Ansetzung ist die für die Bibliothekskataloge richtige Form. Das Buch ist nach den bibliothekarischen Regelwerken unter dem Sachtitel zu suchen (nach PI: unter «Anthropologie», nach RAK: unter «Historische»). Die Form mit «u. a.» eignet sich besser für die ‹amerikanische Zitierweise› im Text, weil der Zitatbeleg kürzer gerät.

Sammelwerke

Hier gibt es zwei unterschiedliche Formen:
– entweder in der oben für 1–3 Verfasser dargestellten Form, nur daß hinter dem letzten Namen ein «(Hrsg.)» folgt (Form A),
oder
– Sachtitel: Untertitel/Herausgeberangabe (evtl. Bandangabe: Einzelbandtitel, evtl. Einzelbandhrsg. – Auflage). – Ort(e): Verleger, Jahr (Form B).
   Beispiel zur Form A: Wulf, Christoph (Hrsg.): Wörterbuch der Erziehung. – 5. Aufl. – München; Zürich: Piper, 1980 (Serie Piper; 345).
Beispiel zur Form B:
   Neues Handbuch der Sozialisationsforschung/Klaus Hurrelmann; Dieter Ulich (Hrsg.). – 4., völlig neubearb. Aufl. – Weinheim; Basel: Beltz, 1991.
   Bei Form A gerät der Zitatbeleg kürzer: «(Wulf 1980)» statt «(Wörterbuch der Erziehung 1980)». Form B hat den Vorteil, daß man gleich weiß, daß man unter dem Sachtitel bibliographieren muß.

Unselbständige Literatur (Aufsätze)

Beispiel für einen Aufsatz aus einem Sammelwerk: Reich, Brigitte; Stammwitz, Wolfgang: Antifaschistische Erziehung in der Bundesrepublik? – Von den Schwierigkeiten einer pädagogischen «Bewältigung» des Nationalsozialismus. In:
   weiter nach Form A, ergänzt um die Seitenangaben für den Aufsatz: Rathenow, Hanns-Fred; Weber, Norbert H. (Hrsg.): Erziehung nach Auschwitz. – Pfaffenweiler: Centaurus, 1989, S. 98–108.
   oder weiter in Form B – ebenfalls mit Seitenangaben: Erziehung nach Auschwitz/Hanns Fred Rathenow; Norbert H. Weber (Hrsg.). – Pfaffenweiler: Centaurus, 1989, S. 98–108.
   Zeitschriftenaufsatz (1–3 Verfasser werden in der Regel angegeben, ab vier Verfassern nur der erste und dahinter «u. a.» oder «et al.»): Oswald, H. u. a.: Grenzen und Brücken. Interaktionen zwischen Mädchen und Jungen in der Grundschule. In: Kölner Zeitschrift für Soziologie und Sozialpsychologie, 38. Jg. (1986), H. 3, S. 560–580.

Diese ‹mustergültigen› Literaturangaben kann man verkürzen: Am ehesten entbehrlich ist der Verlagsname, danach die ausgeschriebenen Vornamen (die allerdings bei der Fernleihe benötigt werden). Die Vornamen werden dann abgekürzt. Bedenken Sie jedoch, daß alle genannten Angaben Hilfen bei der Suche sein können, alle nicht vorhandenen Angaben eventuell nachträglich gesucht werden müssen, wenn ein Prüfer/Herausgeber/Verleger dies wünscht.

6.4.7.4 Das Literaturverzeichnis
In dem Literaturverzeichnis sollten alle bibliographischen Angaben der Quellen stehen, die zur Verfertigung der Arbeit herangezogen wurden. Oft fehlen bibliographische Angaben; gehen Sie bei der Schlußredaktion

durch, ob alle Quellenangaben vorhanden und richtig zitiert sind. Die Literaturangaben sollten nach den Autorennamen alphabetisch geordnet sein, wobei ältere Schriften eines Autors zuerst, jüngere danach aufgelistet werden in der Reihenfolge der Jahreszahlen der von Ihnen herangezogenen Ausgaben. Verwenden Sie zwei Veröffentlichungen eines Verfassers, die beide im gleichen Jahr erschienen sind, so müssen Sie im Text und im Literaturverzeichnis eine eindeutige Zuordnung vornehmen, indem Sie jeweils an die Jahreszahl ein kleines «a» bzw. «b» anhängen. Für die äußere Form des Literaturverzeichnisses gibt es eine Vielzahl von Varianten (vgl. z. B. RÜCKRIEM/STARY/FRANCK 1992, S. 193f) und auch eine DIN-Norm (1505, Teil 3), die jedoch mit einer Schreibmaschine nicht umsetzbar ist.

Literatur

BADRY, E.: Bericht, Protokoll und Thesenpapier. In: Badry, E./Knapp, R./Stockinger, H. G.: Arbeitshilfen für Studium und Praxis der Sozialarbeit und Sozialpädagogik. Heidelberg 1990, S. 49–69.

BUDDRUS, V./STURZENHECKER, B.: Papiertiger Uni. Hintergründe für den Studieneinstieg in sozialen Wissenschaften. Baltmannsweiler 1987.

BUZAN, T.: Kopftraining. Anleitung zum kreativen Denken. Tests und Übungen. München ^{9}1991.

DEUTSCHER HOCHSCHULVERBAND (Hrsg.): Studierfähigkeit konkret. Bad Honnef 1989.

FRANCK, N./STARY, J.: Lern- und Arbeitstechniken. In: Henniger, W. (Hrsg.): Uni-Start. 2., aktualis. Aufl. Frankfurt/M. 1988, S. 77–123.

GREGOR, B./KRIFKA, M. (Hrsg.): Computerfibel für die Geisteswissenschaften. Einsatzmöglichkeiten des Personal Computers und Beispiele aus der Praxis. 2. durchges. Aufl. München 1987.

HENNINGSEN, J.: Peter stört. In: Flitner, A./Scheuerl, H. (Hrsg.): Einführung in pädagogisches Sehen und Denken. Überarbeitete Neuausgabe. München/Zürich 1984, S. 46–66.

HÜHOLDT, J.: Wunderland des Lernens. Lernbiologie, Lernmethodik, Lerntechnik. Bochum ^{5}1989.

HÜLSHOFF, F./KALDEWEY, R.: Mit Erfolg studieren. Studienorganisation und Arbeitstechniken. 3., aktualis. Aufl. München 1992.

KNAPP, R.: Mündliche und schriftliche Prüfungen. In: Badry, E./Knapp, R./Stockinger, H. G.: Arbeitshilfen für Studium und Praxis der Sozialarbeit und Sozialpädagogik. Heidelberg 1990, S. 153–163.

KRÄMER, W.: Wie schreibe ich eine Seminar-, Examens- und Diplomarbeit. Stuttgart/Jena ^{3}1994.

KRUSE, O.: Keine Angst vor dem leeren Blatt. Ohne Schreibblockaden durchs Studium. Frankfurt/New York 1993.

LANGER, I./SCHULZ V. THUN, F./TAUSCH, R.: Sich verständlich ausdrücken, 4. neugestalt. Aufl. München 1990.

MEDAWAR, P. M.: Ratschläge für einen jungen Wissenschaftler. München 1984.

MOCKER, U. / MOCKER, H. / WERNER, M.: Computergestützte Arbeitstechniken für Geistes- und Sozialwissenschaftler. Bonn [u. a.] 1990.

MOTAMEDI, S.: Rede und Vortrag. Weinheim / Basel 1993

ROST, F.: Pädagogische Bibliographien, Thesauri und Register. In: Horn, K.-P. / Wigger, L. (Hrsg.): Systematiken und Klassifikationen in der Erziehungswissenschaft. Weinheim 1994, S. 191 – 214.

ROST, F.: Lern- und Arbeitstechniken für pädagogische Studiengänge. 2., durchges. u. m. e. aktualis. Anhang verseh. Aufl. Opladen 2001.

RÜCKRIEM, G. / STARY, J. / FRANCK, N.: Die Technik wissenschaftlichen Arbeitens. Eine praktische Anleitung. 7., aktualis. Aufl. Paderborn [u. a.] 1992.

SCHNEIDER, W.: Deutsch für Profis. Wege zu gutem Stil. München [4]1987.

SESINK, W.: Einführung in das wissenschaftliche Arbeiten ohne und mit PC. München / Wien 1990.

VESTER, F.: Denken, Lernen, Vergessen. Was geht in unserem Kopf vor, wie lernt das Gehirn, und wann läßt es uns im Stich? [1978]. München [19]1992.

VIEBAHN, P.: Psychologie des studentischen Lernens. Ein Entwurf zur Hochschulpsychologie. Weinheim 1990 (= Blickpunkt Hochschuldidaktik 88).

WAGNER, W.: Uni-Angst und Uni-Bluff. Wie studieren und sich nicht verlieren. Vollständig überarb. Neuauflage. Berlin 1992.

Friedrich Rost

Auswahlbibliographie

Die folgende Bibliographie dokumentiert in einer (auch qualitätsbezogenen) Auswahl neuere, vor allem deutschsprachige Literatur. Ein noch ausführlicherer und regelmäßig gepflegter Bestand nebst Linkliste ist im Internet verfügbar unter der URL: http://ewifis.de (Indexpunkt: «Internet-Service Päd/EWI»)

1 Einführungen

1.1 Allgemeine Einführungen

Badry, E./Buchka, M./Knapp, R. (Hrsg.): Pädagogik. Grundlagen und Arbeitsfelder. – 3., überarb. Aufl. – Neuwied: Luchterhand 1999.

Bastian, J./Gudjons, H. (Hrsg.): Das Pädagogik-Studium. – 2. neubearb. Aufl. – Weinheim: Beltz 1994.

Benner, D.: Hauptströmungen der Erziehungswissenschaft. Eine Systematik traditioneller und moderner Theorien. – 4., neubearb. Aufl. – Weinheim: Beltz 2001.

Brinkmann, W./Petersen, J.: Theorien und Modelle der Allgemeinen Pädagogik. – Donauwörth: Auer 1998.

Dietrich, Th.: Zeit- und Grundfragen der Pädagogik. Eine Einführung in pädagogisches Denken. – 8., erw. u. überarb. Aufl. – Bad Heilbrunn: Klinkhardt 1998.

Flitner, A./Scheuerl, H. (Hrsg.): Einführung in pädagogisches Sehen und Denken. Texte. – Neuausg. – Weinheim: Beltz 2000.

Gerspach, M.: Einführung in pädagogisches Sehen und Handeln. – Stuttgart: Kohlhammer 2000.

Giesecke, H.: Das Pädagogik-Studium Pädagogik. Orientierung für die ersten Semester. – Stuttgart: Klett 2001.

Giesecke, H.: Pädagogik als Beruf. Grundformen pädagogischen Handelns. – 7. Aufl. – Weinheim: Juventa 2000.

Giesecke, H.: Einführung in die Pädagogik. – 6. Aufl. – Weinheim: Juventa 2001.

Gudjons, H.: Erziehungswissenschaft kompakt. – 2. Aufl. – Hamburg: Bergmann und Helbig 1999.

Gudjons, H.: Pädagogisches Grundwissen. Überblick, Kompendium, Studienbuch. – 7., überarb. u. erw. Aufl. – Bad Heilbrunn: Klinkhardt 2001.

Kaiser, A. / Kaiser, R.: Studienbuch Pädagogik. – 10. überarb. Aufl. – Berlin: Cornelsen Scriptor 2001.

König, E. / Zedler, P.: Theorien der Erziehungswissenschaft. – Einführung in Grundlagen, Methoden und praktische Konsequenzen. – Weinheim: Dt. Studien Verl. 1998.

Kron, F. W.: Grundwissen Pädagogik. – 6., überarb. Aufl. – München: Reinhardt 2001.

Krüger, H.-H.: Einführung in Theorien und Methoden der Erziehungswissenschaft. – 2. durchges. Aufl. – Opladen: Leske + Budrich 1999.

Krüger, H.-H. / Helsper, W. (Hrsg.): Einführung in Grundbegriffe und Grundfragen der Erziehungswissenschaft. – 4., durchges. Aufl. – Opladen: Leske + Budrich 2000.

Krüger, H.-H. / Rauschenbach, Th. (Hrsg.): Einführung in die Arbeitsfelder des Bildungs- und Sozialwesens. – 3., überarb. und erw. Aufl. – Opladen: Leske + Budrich 2000.

Lassahn, R.: Einführung in die Pädagogik. – 9. erg. Aufl. – Heidelberg: Quelle & Meyer 2000.

Lenzen, D.: Orientierung Erziehungswissenschaft. Was sie kann, was sie will. – Reinbek: Rowohlt 1999.

Menck, P.: Was ist Erziehung? Eine Einführung in die Erziehungswissenschaft. – Donauwörth: Auer 1998.

Nyssen, E. (Hrsg.): Perspektiven für pädagogisches Handeln. Eine Einführung in Erziehungswissenschaft und Schulpädagogik. – 2. Aufl. – Weinheim: Juventa 1998.

Retter, H.: Grundrichtungen pädagogischen Denkens. Eine erziehungswissenschaftliche Einführung. – Bad Heilbrunn: Klinkhardt 1997.

Thesing, Th.: Leitideen und Konzepte bedeutender Pädagogen. Ein Arbeitsbuch für den Pädagogikunterricht. – 2. verb. Aufl. – Freiburg i. Br.: Lambertus 2001.

Thiem, W.: Einführung in das Studium der Pädagogik als Unterrichtsfach. Didaktik und Methodik. – Baltmannsweiler: Schneider Hohengehren 1997.

1.2 Einführungen in Fachrichtungen / Gegenstandsbereiche

Allgemeine Pädagogik

Benner, D.: Allgemeine Pädagogik. Eine systematisch-problemgeschichtliche Einführung in die Grundstruktur pädagogischen Denkens und Handelns. – 4. vollst. neubearb. Aufl. – Weinheim: Juventa 2001.

Breinbauer, I. M.: Einführung in die allgemeine Pädagogik. – 3. Aufl. – Wien: WUV-Verl. 2000.

Treml, A. K.: Allgemeine Pädagogik. Erziehung, Bildung, Unterricht – Neuaufl. – Stuttgart: Kohlhammer 2000.

Empirische Erziehungswissenschaft

Abel, J. / Möller, R. / Treumann, K. P.: Einführung in die Empirische Pädagogik. – Stuttgart: Kohlhammer 1998.

Lehner, H.: Einführung in die empirisch-analytische Erziehungswissenschaft. – Bad Heilbrunn: Klinkhardt 1994.

Vergleichende Erziehungswissenschaft

Anweiler, O. [u. a.]: Bildungssysteme in Europa. – 4., neu überarb. u. erw. Aufl. – Weinheim: Beltz 1996.

Kodron, Ch. u. a. (Hrsg.): Vergleichende Erziehungswissenschaft. Herausforderung – Vermittlung – Praxis. – Köln, Weimar: Böhlau 1997.

Historische Pädagogik

Benner, D.: Die Pädagogik Herbarts. Eine problemgeschichtliche Einführung in die Systematik neuzeitlicher Pädagogik. – 2. überarb. Aufl. – Weinheim: Juventa 1993.

Blankertz, H.: Die Geschichte der Pädagogik. Von der Aufklärung bis zur Gegenwart. – Wetzlar: Büchse der Pandora 1982.

Böhme, G./Tenorth, H. E.: Einführung in die Historische Pädagogik. – Darmstadt: Wiss. Buchgesell. 1990.

Hamann, B.: Geschichte des Schulwesens. Werden und Wandel der Schule im ideen- und sozialgeschichtlichen Zusammenhang. – 2. Aufl. – Bad Heilbrunn: Klinkhardt 1993.

Harney, K./Krüger, H.-H. (Hrsg.): Einführung in die Geschichte von Erziehungswissenschaft und Erziehungswirklichkeit. – 2. durchges. Aufl. – Opladen: Leske + Budrich 1999.

Herrlitz, H.-G.: Deutsche Schulgeschichte von 1800 bis zur Gegenwart. – 3. Aufl. – Weinheim: Juventa 2001.

Oelkers, J.: Reformpädagogik. Eine kritische Dogmengeschichte. – 3. Aufl. – Weinheim [u. a.]: Juventa 1996.

Reble, A.: Geschichte der Pädagogik. – 19. Aufl. – Stuttgart: Klett 1999.

Scheibe, W.: Die reformpädagogische Bewegung. Eine einführende Darstellung. – Weinheim: Beltz 1999.

Scheuerl, H. (Hrsg.): Lust an der Erkenntnis: Die Pädagogik der Moderne. Von Comenius und Rousseau bis in die Gegenwart. Ein Lesebuch. – München: Piper 1992.

Tenorth, H.-E.: Geschichte der Erziehung. Einführung in die Grundzüge ihrer neuzeitlichen Entwicklung. – 3. vollst. überarb. u. erw. Aufl. – Weinheim: Juventa 2000.

Weimer, H.: Geschichte der Pädagogik. – 19. Aufl., völlig neu bearb. v. J. Jacobi. – Berlin: Göschen 1992.

Winkel, R. (Hrsg.): Pädagogische Epochen. Von der Antike bis zur Gegenwart. – Düsseldorf: Schwann 1987.

Kleinkindpädagogik / Vorschulpädagogik

Baacke, D.: Die Null- bis Fünfjährigen. Einführung in die Probleme der frühen Kindheit. – Weinheim: Beltz 1999.

Grossmann, W.: KinderGarten. Eine historisch-systematische Einführung in seine Entwicklung und Pädagogik. – 2., erw. Aufl. – Weinheim: Beltz 1994.

Pohlmann, F.: Die soziale Geburt des Menschen. Einführung in die Anthropologie und Sozialpsychologie der frühen Kindheit. – Weinheim: Beltz 2000.

Schulpädagogik / Unterrichtswissenschaft

Apel, H./Grunder, H.-U. (Hrsg.): Texte zur Schulpädagogik. – Weinheim: Juventa 1995.

Baumgart, F./Lange, U. (Hrsg.): Theorien der Schule. Erläuterungen – Texte – Arbeitsaufgaben. – Bad Heilbrunn: Klinkhardt 1999.

Blankertz, H.: Theorien und Modelle der Didaktik. – 14. Aufl. – Weinheim: Juventa 2000.

Diederich, J.: Didaktisches Denken. Eine Einführung in Anspruch und Aufgabe, Möglichkeiten und Grenzen der Allgemeinen Didaktik. – Weinheim: Juventa 1988.

Diederich, J./Tenorth, H.-E.: Theorie der Schule. Ein Studienbuch zur Geschichte, Funktionen und Gestaltung. – Berlin: Cornelsen Scriptor 1997.

Dietrich, I. (Hrsg.): Handbuch Freinet-Pädagogik. Eine praxisbezogene Einführung. – Weinheim: Beltz 1995.

Glöckel, H.: Vom Unterricht. Lehrbuch der allgemeinen Didaktik. – 3. überarb. u. erg. Aufl. – Bad Heilbrunn / Obb.: Klinkhardt 1996.

Gonschorek, G. / Schneider, S.: Einführung in die Schulpädagogik und die Unterrichtsplanung. – Donauwörth: Auer 2000.

Grunder, H.-U. / Schweitzer, F. (Hrsg.): Texte zur Theorie der Schule. Historische und aktuelle Ansätze zur Planung und Gestaltung von Schule. – Weinheim: Juventa 1999.

Gudjons, H.: Didaktik zum Anfassen. – 2. überarb. Aufl. – Bad Heilbrunn: Klinkhardt 1998.

Gudjons, H.: Methodik zum Anfassen. – Bad Heilbrunn: Klinkhardt 2000.

Gudjons, H. (Hrsg.): Didaktische Theorien. – 10. Aufl. – Hamburg: Bergmann + Helbig 1999.

Gudjons, H.: Handlungsorientiert lehren und lernen. Schüleraktivierung – Selbsttätigkeit – Projektarbeit. – 6. überarb. u. erw. Aufl. – Bad Heilbrunn / Obb.: Klinkhardt 2001.

Jank, W. / Meyer, H.: Didaktische Modelle. – 3. Aufl. – Berlin: Cornelsen Scriptor 1994.

Kemper, H.: Schulpädagogik. Eine problemgeschichtliche Einführung. – Weinheim: Juventa 2001.

Kiper, H.: Einführung in die Schulpädagogik. – Weinheim: Beltz 2001.

Knörzer, W. / Grass, K.: Einführung Grundschule. Geschichte, Auftrag, Innovation. – Weinheim: Beltz 1998.

Kron, F. W.: Grundwissen Didaktik. – 3. aktual. Aufl. – München: Reinhardt 2000.

Landwehr, N., unt. Mitarb. v. M. Eschelmüller u. M. Koch.: Schritte zum selbständigen Lernen. Eine praxisorientierte Einführung in den Lernplanunterricht und Wochenplanunterricht für Lehrpersonen der Primarschule sowie der Sekundarstufe I und II. – Aarau: Sauerländer 1998.

Leber, St. (Hrsg.): Waldorfschule heute. Einführung in die Lebensformen einer Pädagogik. – Aktualis. Neuausg. – Stuttgart: Freies Geistesleben 2001.

Maier, H.: Grundlagen der Unterrichtstheorie und Unterrichtspraxis. Beobachtungsformen, Strukturen, Systeme. – 3. Aufl. – Weinheim: Dt. Studienverlag 1993.

Martial, I. v.: Einführung in didaktische Modelle. – Baltmannsweiler: Scheider Hohengehren 1996.

Memmert, W.: Didaktik in Grafiken und Tabellen. – 5. Aufl. – Bad Heilbrunn / Obb.: Klinkhardt 1995.

Meyer, H. L.: Leitfaden zur Unterrichtsvorbereitung. – 12. Aufl. – Berlin: Cornelsen Scriptor 1993.

Meyer, H. L.: Unterrichtsmethoden. – 1. Theorieband: 6. Aufl. 1994, 2. Praxisband: 7. Aufl. 1995 – Frankfurt / M.: Scriptor.

Meyer, H. L.: Schulpädagogik. Bd. I: Für Anfänger, Bd. II: Für Fortgeschrittene. – Berlin: Cornelsen Scriptor 1997.

Meyer, M. A.: Didaktik für das Gymnasium. Grundlagen und Perspektiven. – Berlin: Cornelsen Scriptor 2000.

Pöppel, K. G.: Unterrichten – Grundzüge und Gestaltungsformen des Lehrens und Lernens. Eine Einführung in die pädagogische Methodenlehre. – 2. Aufl. – Hildesheim: Olms 1992.

Schorch, G.: Grundschulpädagogik. Eine Einführung. – Bad Heilbrunn: Klinkhardt 2000.

Seibert, N. / Serve, H. J. / Zöpfl, H. (Hrsg.): Schulpädagogik. Eine Einführung in die Themenbereiche Erziehung und Unterricht in der Schule. – München: PimS 1990.

Spiess, K.: Qualität und Qualitätsentwicklung. Eine Einführung. – Aarau: Sauerländer 1997.

Terhart, E.: Lehr-Lern-Methoden. Eine Einführung in Probleme der methodischen Organisation von Lehren und Lernen. – 3., erg. Aufl. – Weinheim: Juventa 2000.

Winkel, R.: Theorie und Praxis der Schule. Oder: Schulreform konkret – im Haus des Lebens und Lernens. – Baltmannsweiler: Schneider Hohengehren 1997.

Ziegenspeck, J.: Handbuch Orientierungsstufe. Ein Studien- und Arbeitsbuch. – Bad Heilbrunn: Klinkhardt 2000.

Heilpädagogik / Sonderpädagogik / Integrationspädagogik

Bach, H.: Grundlagen der Sonderpädagogik. – Bern: Haupt 1999.

Bleidick, U. u. a.: Einführung in die Behindertenpädagogik. – Bd. 1–3. – Stuttgart: Kohlhammer Bd. 1: 6. überarb. Aufl. 1998; Bd. 2: 5., überarb. Aufl. 1997; Bd. 3: 5., vollst. überarb. Aufl. 1999.

Bundschuh, K.: Einführung in die sonderpädagogische Diagnostik. – 5., neubearb. Aufl. – München: Reinhardt 1999.

Eberwein, H. (Hrsg.): Einführung in die Integrationspädagogik. – 2. Aufl. – Weinheim: Beltz 2001.

Haeberlin, U.: Allgemeine Heilpädagogik. – 5. Aufl. – Bern: Haupt 1998.

Haeberlin, U.: Heilpädagogik als wertgeleitete Wissenschaft. Ein propädeutisches Einführungsbuch in Grundfragen einer Pädagogik für Benachteiligte und Ausgegrenzte. – Bern: Haupt 1996.

Hansen, G. (Hrsg.): Sonderpädagogik konkret. – 2. verb. Aufl. – Bad Heilbrunn: Klinkhardt 1997.

Hedderich, I.: Einführung in die Körperbehindertenpädagogik. – München: Reinhardt 1999.

Hensle, U. / Vernooij, M. A.: Einführung in die Arbeit mit behinderten Menschen 1. – 6. neu bearb. und erw. Aufl. – Wiebelsheim: Quelle & Meyer 2000.

Hillenbrand, C.: Einführung in die Verhaltensgestörtenpädagogik. – München: Reinhardt 1999.

Jantzen, W.: Allgemeine Behindertenpädagogik. – 2 Bde. – Weinheim: Beltz Bd. 1: 2., korr. Aufl. 1992, Bd. 2: 2., korr. Aufl. 1992.

Kobi, E. E.: Grundfragen der Heilpädagogik. Eine Einführung in heilpädagogisches Denken. – 5., bearb.u. erg. Aufl. – Bern: Haupt 1993.

Leonhardt, A.: Einführung in die Hörgeschädigtenpädagogik. 77 Übungsaufgaben. – München: Reinhardt 1999.

Meinertz, F. / Kausen, R.: Heilpädagogik. Eine Einführung in pädagogisches Sehen und Verstehen. – 8., neubearb. Aufl. – Bad Heilbrunn: Klinkhardt. 1992.

Mühl, H.: Einführung in die Geistigbehindertenpädagogik. – 4. überarb. Aufl. – Stuttgart: Kohlhammer 2000.

Ortmann, M. / Antor, G. (Hrsg.): Integrative Schulpädagogik. Eine Einführung. – Stuttgart: Kohlhammer 1999.

Speck, O.: Menschen mit geistiger Behinderung und ihre Erziehung. Ein heilpädagogisches Lehrbuch. – 9. überarb. Aufl. – München: Reinhardt 1999.

Sozialpädagogik / Soziale Arbeit

Belardi, N. u. a.: Beratung. Eine sozialpädagogische Einführung. – 3. Aufl. – Weinheim: Beltz 2001.

Böhnisch, L.: Sozialpädagogik des Kindes- und Jugendalters. Eine Einführung. – 2. Aufl. – Weinheim: Juventa 1993.

Böhnisch, L.: Sozialpädagogik der Lebensalter. Eine Einführung. – 3., überarb. u. erw. Aufl. – Weinheim: Juventa 2001.

Böhnisch, L.: Abweichendes Verhalten. Eine pädagogisch-soziologische Einführung. – 2. korr. Aufl. – Weinheim: Juventa 2001.

Böhnisch, L. / Arnold, H. / Schröer, W.: Sozialpolitik. Eine sozialwissenschaftliche Einführung. – Weinheim: Juventa 1999.

Bommes, M. / Scherr, A.: Soziologie der Sozialen Arbeit. Eine Einführung in Formen und Funktionen organisierter Hilfe. – Weinheim: Juventa 2000.

Bosshard, M. / Ebert, U. / Lazarus, H.: Sozialarbeit und Sozialpädagogik in der Psychiatrie. Lehrbuch. – Bonn: Psychiatrie-Verl. 1999.

Chassé, K. A. / Wensierski, H.-J. von (Hrsg.): Praxisfelder der sozialen Arbeit. Eine Einführung. – Weinheim: Juventa 1999.

Clausen, J. / Dresler, K. D. / Eichenbrenner, I.: Soziale Arbeit im Feld Psychiatrie. Eine Einführung. – 2. Aufl. – Freiburg i. Br.: Lambertus 1997.

Dewe, B. / Otto, H. U.: Zugänge zur Sozialpädagogik. – Weinheim: Juventa 1996.

Engelke, E.: Theorien der sozialen Arbeit. Eine Einführung. – 2. Aufl. – Freiburg i. Br.: Lambertus 1999.

Galuske, M.: Methoden der sozialen Arbeit. Eine Einführung. – 3., überarb. u. erw. Aufl. – Weinheim: Juventa 2001.

Geissler, K. A. / Hege, M.: Konzepte sozialpädagogischen Handelns. Ein Leitfaden für soziale Berufe. – 8., neu ausgestatt. Aufl. – Weinheim: Beltz 1997.

Gernert, W.: Jugendhilfe. Einführung in die sozialpädagogische Praxis. – München: Reinhardt 1993.

Gögercin, S.: Jugendsozialarbeit. Eine Einführung. – Freiburg i. Br.: Lambertus 1999.

Hering, S. / Münchmeier, R.: Geschichte der Sozialen Arbeit. – Weinheim: Juventa 2000.

Herriger, N.: Empowerment der Sozialen Arbeit. Eine Einführung. – Stuttgart: Kohlhammer 1997.

Jordan, E. / Sengling, D.: Jugendhilfe. Einführung in Geschichte und Handlungsfelder, Organisationsformen und gesellschaftliche Problemlagen. – 3. Aufl. – Weinheim: Juventa 1994.

Körner, J. / Ludwig-Körner, Ch.: Psychoanalytische Sozialpädagogik. Eine Einführung in vier Fallgeschichten. – Freiburg i. Br.: Lambertus 1997.

Kupffer, H. / Martin, K.-R. (Hrsg.): Einführung in Theorie und Praxis der Heimerziehung. – 6., erw.. Aufl. – Wiebelsheim: Quelle & Meyer 2000.

Loviscach, P.: Soziale Arbeit im Arbeitsfeld Sucht. Eine Einführung. – Freiburg im Br.: Lambertus 1996.

Mair, H. (Hrsg.): Einführung in die Sozialpädagogik, soziale Arbeit. – Münster: LIT-Verl. 1998.

Meinhold, M.: Qualitätssicherung und Qualitätsmanagement in der Sozialen Arbeit. Einführung und Arbeitshilfen. – 3. erg. Aufl. – Freiburg i. Br.: Lambertus 1998.

Mollenhauer, K.: Einführung in die Sozialpädagogik. Probleme und Begriffe der Jugendhilfe. – 11. Aufl. – Weinheim: Beltz 2001.

Müller, C. W. (Hrsg.): Einführung in die Soziale Arbeit. – 4. Aufl. – Weinheim: Beltz 1995.

Niemeyer, Ch.: Klassiker der Sozialpädagogik. Einführung in die Theoriegeschichte einer Wissenschaft. – Weinheim: Juventa 1998.

Niemeyer, Ch.: Theorie und Praxis der Sozialpädagogik. – Münster: Votum 1999.

Noack, W.: Gemeinwesenarbeit. Ein Lehr- und Arbeitsbuch. – Freiburg i. Br.: Lambertus 1999.

Riekenbrauk, K.: Einführung in das Strafrecht für Studium und Praxis der Sozialen Arbeit. – Münster: Votum 2000.

Riemann, G.: Die Arbeit in der sozialpädagogischen Familienberatung. Interaktionsprozesse in einem Handlungsfeld der sozialen Arbeit. – Weinheim: Juventa 2000.

Rothe, M.: Sozialpädagogische Familien- und Erziehungshilfe. Eine Handlungsanleitung. – Stuttgart: Kohlhammer 2000.

Schmidt-Grunert, M.: Soziale Arbeit mit Gruppen. Eine Einführung. – Freiburg i. Br.: Lambertus 1997.

Sieckendiek, U. / Engel, F. / Nestmann, F.: Beratung. Eine Einführung in sozialpädagogische und psychosoziale Beratungsansätze. – Weinheim: Juventa 1999.

Stimmer, F.: Methodisches Handeln in der sozialen Arbeit. – Stuttgart: Kohlhammer 2000.

Textor, M. R.: Hilfen für Familien. Eine Einführung für soziale Berufe. – Weinheim: Beltz 1998.

Thole, W. (Hrsg.): Grundriss Soziale Arbeit. Eine Einführung. – Opladen: Leske + Budrich 2001.

Berufs- und Wirtschaftspädagogik

Arnold, R.: Berufspädagogik. Ein Studienbuch. Lehren und Lernen in der beruflichen Bildung. – Frankfurt / M.: Diesterweg 1990.

Arnold, R.: Betriebliche Weiterbildung. – Bad Heilbrunn: Klinkhardt 1991.

Arnold, R. / Lipsmeier, A. / Ott, B.: Berufspädagogik kompakt. – Berlin: Cornelsen 1998.

Arnold, R. / Krämer-Stürzl, A.: Berufs- und Arbeitspädagogik. – 2., überarb. Aufl. – Berlin: Cornelsen Giradet 1999.

Frönsdorf, O.: Grundlagen der Berufs- und Wirtschaftspädagogik. Begleitbuch für die rahmenstoffplanbezogene Vorbereitung auf die handlungsorientierte Ausbilder-Eignungsprüfung. – Baltmannsweiler: Schneider Hohengehren 2000.

Huisinga, R. / Lisop, I.: Wirtschaftspädagogik. – München: Vahlen 1999.

Rebmann, K. / Tenfelde, W. / Uhe, E.: Berufs- und Wirtschaftspädagogik. Eine Einführung in Strukturbegriffe. – Wiesbaden: Gabler 1998.

Schelten, A.: Einführung in die Berufspädagogik. – 2. durchges. u. erw. Aufl. – Stuttgart: Steiner 1993.

Schmiel, M. / Sommer, K.-H.: Lehrbuch der Berufs- und Wirtschaftspädagogik. – 2. Aufl. – München: Ehrenwirth 1992.

Schurer, B.: Was heißt und zu welchem Ende studiert man Wirtschaftspädagogik? – Bergisch Gladbach: Th. Hobein Verl. 2000.

Sloane, P. F. E. / Twardy, M. / Buschfeld, D.: Einführung in die Wirtschaftspädagogik. – Paderborn: Schöningh 1998.

Erwachsenenbildung / Weiterbildung

Arnold, R.: Erwachsenenbildung. Eine Einführung in Grundlagen, Probleme und Perspektiven. – 4. korr. Aufl. – Hohengehren: Schneider 2001.

Arnold, R. / Siebert, H.: Konstruktivistische Erwachsenenbildung. – 3. Aufl. – Baltmannsweiler: Schneider Hohengehren 1999.

Dewe, B.: Grundlagen nachschulischer Pädagogik. Einführung in ihre Felder, Formen und didaktischen Aufgaben. – Bad Heilbrunn: Klinkhardt 1993.

Faulstich, P. / Zeuner, Ch.: Erwachsenenbildung. Eine handlungsorientierte Einführung. – Weinheim: Juventa 1999.

Kade, J./Nittel, D./Seitter, W.: Einführung in die Erwachsenenbildung/Weiterbildung. – Stuttgart: Kohlhammer 1999.

Nuissl, E.: Einführung in die Weiterbildung. – Neuwied: Luchterhand 2000.

Seitter, W.: Geschichte der Erwachsenenbildung. Eine Einführung. – Bielefeld: W. Bertelsmann 2000.

Tietgens, H.: Einleitung in die Erwachsenenbildung. – 2. Aufl. – Darmstadt: Wiss. Buchgesell. 1991.

Tietgens, H. (Hrsg.): Studienbibliothek der Erwachsenenbildung. – 3 Bde. – Frankfurt/M.: Päd. Arbeitsstelle des DVV 1991/1992.

Weinberg, J.: Einführung in das Studium der Erwachsenenbildung. – Neuausg. – Bad Heilbrunn: Klinkhardt 2000.

Wittpoth, J.: Recht, Politik und Struktur der Weiterbildung. Eine Einführung. – Baltmannsweiler: Schneider Hohengehren 1997.

Sozialisationstheorie

Baumgart, F. (Hrsg.): Theorien der Sozialisation. Erläuterungen – Texte – Arbeitsaufgaben. – 2. durchges. Aufl. – Bad Heilbrunn: Klinkhardt 2000.

Hurrelmann, K.: Einführung in die Sozialisationstheorie. Über den Zusammenhang von Sozialstruktur und Persönlichkeit. – 7. Aufl. – Weinheim: Beltz 2001.

Lange, U. (Hrsg.): Studienbuch Berufliche Sozialisation. – Bad Heilbrunn: Klinkhardt 1999.

Lempert, W.: Berufliche Sozialisation oder Was Berufe aus Menschen machen. Eine Einführung. – Baltmannsweiler: Schneider 1998.

Rolff, H.-G./Zimmermann, P.: Kindheit im Wandel. Eine Einführung in die Sozialisation im Kindesalter. – Neuausg. – Weinheim: Beltz 2001.

Tillmann, H.-J.: Sozialisationstheorien. Eine Einführung in den Zusammenhang von Gesellschaft, Institution und Subjektwerdung. – 9. Aufl. – Reinbek 1999.

Zimmermann, P.: Grundwissen Sozialisation. – Opladen: Leske + Budrich 2000.

Kinder- und Jugendforschung

Baacke, D.: Die 13- bis 18jährigen. Einführung in Probleme des Jugendalters. – 8. Aufl. – Weinheim: Beltz 2000.

Baacke, D.: Die 6- bis 12jährigen. Einführung in Probleme des Kindesalters. – 7. Aufl. – Weinheim: Beltz 1999.

Bründel, H./Hurrelmann, K.: Einführung in die Kindheitsforschung. – Weinheim: Beltz 1996.

Fend, H.: Entwicklungspsychologie des Jugendalters. – Opladen: Leske + Budrich 1999.

Griese, H. M.: Sozialwissenschaftliche Jugendtheorien. Eine Einführung – 3. Aufl. – Weinheim: Beltz 1987.

Heinzel, F. (Hrsg.): Methoden der Kindheitsforschung. Ein Überblick über Forschungszugänge zur kindlichen Perspektive. – Weinheim: Juventa 2000.

Hurrelmann, K. unt. Mitarb. v. Rosewitz, B. u. Wolf, H.: Lebensphase Jugend. Eine Einführung in die sozialwissenschaftliche Jugendforschung. – 6. Aufl. – Weinheim: Juventa 1999.

Spielpädagogik

Baer, U.: Spielpraxis. Eine Einführung in die Spielpädagogik. – 4. Aufl. – Seelze-Velber: Kallmeyer 1999.

Einsiedler, W.: Das Spiel der Kinder. Zur Pädagogik und Psychologie des Kinderspiels. – 3. aktualis. u. erw. Aufl. – Bad Heilbrunn: Klinkhardt 1999.

Fritz, J.: Spielzeugwelten. Eine Einführung in die Pädagogik der Spielmittel. – 2., korr. Aufl. – Weinheim: Juventa 1992.

Fritz, J.: Theorie und Pädagogik des Spiels. Eine praxisorientierte Einführung. – 2., korr. Aufl. – Weinheim: Juventa 1993.

Gudjons, H.: Spielbuch Interaktionserziehung. 185 Spiele und Übungen zum Gruppentraining in Schule, Jugendarbeit und Erwachsenenbildung. – 6. überarb. Aufl. – Bad Heilbrunn: Klinkhardt 1995.

Heimlich, U.: Einführung in die Spielpädagogik. – 2. überarb. u. erw. Aufl. – Bad Heilbrunn: Klinkhardt 2001.

Scheuerl, H.: Das Spiel. Untersuchungen über sein Wesen, seine pädagogischen Möglichkeiten und Grenzen. – 12. Aufl. – Weinheim: Beltz 1994.

Scheuerl, H. (Hrsg.): Das Spiel. Theorien des Spiels. – 12., neu ausgestatt. Aufl. – Weinheim: Beltz 1997.

Pädagogische Anthropologie

Hamann, B.: Pädagogische Anthropologie. Theorien – Modelle – Strukturen. – 3., überarb. u. erw. Aufl. – Bad Heilbrunn: Klinkhardt 1998.

Wulf, Ch.: Einführung in die Anthropologie der Erziehung. – Weinheim: Beltz 2001.

Wulf, Ch. / Zirfas, J.: Theorien und Konzepte der Pädagogischen Anthropologie. – Donauwörth: Auer 1994.

Einführungen in weitere Fachrichtungen / Gegenstandsbereiche

Albert, K.: Philosophische Pädagogik. Eine historische und kritische Einführung. – St. Augustin: Richarz 1984.

Auernheimer, G.: Einführung in die interkulturelle Erziehung. – 2. überarb. Aufl. – Darmstadt: Wiss. Buchgesell. 1995.

Baumgart, F. (Hrsg.): Erziehungs- und Bildungstheorien. Erläuterungen – Texte – Arbeitsaufgaben. – 2. durchges. Aufl. – Bad Heilbrunn: Klinkhardt 2001.

Baumgart, F. (Hrsg.): Lern- und Entwicklungstheorien. Erläuterungen – Texte – Arbeitsaufgaben. – Bad Heilbrunn: Klinkhardt 1998.

Belardi, N. / Fisch, M.: Altenhilfe. Eine Einführung für Studium und Praxis. – Weinheim: Beltz 1999.

Bernhard, A. / Rothermel, L. (Hrsg.): Handbuch Kritische Pädagogik. Eine Einführung in die Erziehungswissenschaft und Bildungswissenschaft. – 2. Aufl. – Weinheim: Beltz 2001.

Böhnisch, L.: Pädagogische Soziologie. Eine Einführung. – Weinheim: Juventa 1996.

Büttner, Ch.: Gruppenarbeit. Eine psychoanalytisch-pädagogische Einführung. – Mainz: Grünewald 1995.

Danner, H.: Methoden geisteswissenschaftlicher Pädagogik. Einführung in Hermeneutik, Phänomenologie und Dialektik. – 4., überarb. Aufl. – München: Reinhardt 1998.

Frey, K.: Die Projektmethode. Der Weg zum bildenden Tun. – 8. überarb. u. erw. Aufl. – Weinheim: Beltz 1998.

Gottschalch, W.: Mit anderem Blick. Grundzüge einer skeptischen Pädagogik. – Gießen: psychosozial-Verl. 2000.

Heckmair, B. / Michl, W.: Erleben und Lernen. Einstieg in die Erlebnispädagogik. – 3. erw. u. überarb. Aufl. – Neuwied: Luchterhand 1998.

Hinte, W.: Non-direktive Pädagogik. Eine Einführung in Grundlagen und Praxis des selbstbestimmten Lernens. – 2. Aufl. – Wiesbaden: Dt. Univ.-Verl. 1990.

Ingenkamp, K.: Lehrbuch der pädagogischen Diagnostik. – 4., neu ausgestatt. Aufl. – Weinheim: Beltz 1997.

Kiersch, J.: Die Waldorfpädagogik. Eine Einführung in die Pädagogik Rudolf Steiners. – Neuausg. – Stuttgart: Freies Geistesleben 1997.

Kleber, E. W.: Diagnostik in pädagogischen Handlungsfeldern. Einführung in Bewertung, Beurteilung, Diagnose und Evaluation. – Weinheim: Juventa 1992.

Kleber, E. W.: Grundzüge ökologischer Pädagogik. – Weinheim: Juventa 1993.

Kron, F. W.: Wissenschaftstheorie für Pädagogen. – München: Reinhardt 1999.

Löwisch, D.-J.: Einführung in die Erziehungsphilosophie. – Darmstadt: Wiss. Buchgesell. 1982.

Maier, W.: Grundkurs Medienpädagogik – Mediendidaktik. – Weinheim: Beltz 1998.

Metzinger, A.: Arbeit mit Gruppen. Eine Einführung. – Freiburg i. Br.: Lambertus 1999.

Moser, H.: Einführung in die Medienpädagogik. 3. überarb. u. aktualis. Aufl. – Opladen: Leske + Budrich 1999.

Moser, H.: Selbstevaluation. Einführung für Schulen und andere soziale Institutionen. – Zürich: Pestalozzianum 1999.

Müller, K. E. / Treml, A. K. (Hrsg.): Ethnopädagogik – Sozialisation und Erziehung in traditionellen Gesellschaft. – 2. durchges. u. aktualis. Aufl. – Berlin: Dietrich Reimer 1996.

Petersen, J. / Reinert, G.-B. (Hrsg.): Pädagogische Konzeptionen. Ein Leitfaden für Studium und Weiterbildung. – Donauwörth: Auer 1992.

Retter, H.: Studienbuch pädagogische Kommunikation. – Bad Heilbrunn: Klinkhardt 2000.

Reich, K.: Systemisch-konstruktivistische Pädagogik. Einführung in Grundlagen einer interaktionistisch-konstruktivistischen Pädagogik. Pädagogik, Theorie und Praxis. – 2., durchges. Aufl. – Neuwied: Luchterhand 1997.

Rost, F.: Lern- und Arbeitstechniken für pädagogische Studiengänge. – ND der 2. durchges. Aufl. – Opladen: Leske + Budrich 2001.

Rüedi, J.: Einführung in die individualpsychologische Pädagogik. Alfred Adlers Konzept in der konkreten Erziehungspraxis. – Bern: Haupt 1995.

Schiersmann, C.: Frauenbildung. Konzepte, Erfahrungen, Perspektiven. – Weinheim: Juventa 1993.

Vollbrecht, R.: Einführung in die Medienpädagogik. – Weinheim: Beltz 2001.

2   Nachschlagewerke zur Erziehungswissenschaft

2.1   Allgemeine erziehungswissenschaftliche / pädagogische Enzyklopädien, Handbücher, Lexika und Wörterbücher

Böhm, W.: Wörterbuch der Pädagogik. Begr. von W. Hehlmann. – 15., überarb. Aufl. – Stuttgart: Kröner 2000.

Hierdeis, H. / Hug, T. (Hrsg.): Taschenbuch der Pädagogik. 4 Teile – 5. überarb. Aufl. – Baltmannsweiler: Schneider Hohengehren 1997 [auch als «CD-ROM der Pädagogik» erhältlich].

Husén, T. / Postlethwaite, T. N. (Eds.): The International Encyclopedia of Education. Research and studies. 10 Vols. and Supplementary Vols. 1 + 2. Oxford: Pergamon 1985 – 1990.

Keller, J. A. / Novak, F.: Kleines Pädagogisches Wörterbuch. – 8. Aufl.. – Freiburg: Herder 2001.

Köck, P./Ott, H.: Wörterbuch für Erziehung und Unterricht. 3100 Begriffe aus den Bereichen Pädagogik, Didaktik, Psychologie, Soziologie, Sozialwesen. – 6., völlig neu bearb. u. erw. Aufl. – Donauwörth: Auer 1997.

Lenzen, D. (Hrsg.): Enzyklopädie Erziehungswissenschaft. – 12 Bde. – Stuttgart: Klett-Cotta 1982–1986 [Reprint: 1995].

Lenzen, D. (Hrsg.): Pädagogische Grundbegriffe. 2 Bde. – 6. Aufl. – Reinbek: Rowohlt 2001.

Petersen, J./Reinert, G.-B. (Hrsg.): Bildung in Deutschland. – 3 Bde. – Donauwörth: Auer 1997.

Reinhold, G./Pollak, G./Heim, H. (Hrsg.): Pädagogik-Lexikon. – München: Oldenbourg 1999.

Roth, L. (Hrsg.): Pädagogik. Handbuch für Studium und Praxis. – 2., überarb. u. erw. Aufl. – München: Ehrenwirth 2001.

Schaub, H./Zenke, K. G.: Wörterbuch Pädagogik. – 4. grundleg. überarb. u. erw. Aufl. – München: Deutscher Taschenbuch Verl. 2000.

2.2 Enzyklopädien, Handbücher, Lexika und Wörterbücher zu einzelnen Fachrichtungen/Gegenstandsbereichen der Erziehungswissenschaft

Vergleichende Erziehungswissenschaft

Kelly, G. P. (Ed.): International Handbook of Women's Education. – New York: Greenwood Press 1989.

Kodron, Ch. u. a. (Hrsg.): Vergleichende Erziehungswissenschaft. Herausforderung – Vermittlung – Praxis. – Köln, Weimar: Böhlau 1997.

Postlethwaite, T. N. (Ed.): The Encyclopedia of Comparative Education and National Systems of Education. – Oxford: Pergamon 1988.

Postlethwaite, T. N. (Ed.): International Encyclopedia of National Systems of Education. – 2nd ed. – Oxford: Pergamon 1995.

Röhrs, H.: Die vergleichende und internationale Erziehungswissenschaft. – Weinheim: Dt. Studien Verl. 1995.

Rust, V. D. (Ed.): Education and the Values Crisis in Central and Eastern Europe. – Frankfurt/M.: Lang 1994.

Schriewer, J./Holmes, B. (Eds.): Theories and Methods in Comparative Education. – 3rd ed. – Frankfurt/M.: Lang 1992.

Wickremasinghe, W. (Ed. in chief): Handbook of World Education. A comparative guide to higher education & educational systems of the world. – Houston: American Collegiate Service 1991.

Historische Pädagogik/Bildungsgeschichte

Anweiler, O. u. a.: Bildungspolitik in Deutschland 1945–1990. – Opladen: Leske + Budrich 1992.

Ballauff, T./Schaller, K.: Pädagogik. Eine Geschichte der Bildung und Erziehung. – 3 Bde. – Freiburg: Alber 1969–1973.

Berg, C. [u. a.] (Hrsg.): Handbuch der deutschen Bildungsgeschichte. – München: Beck [Bisher erschienen: Bd. I: 15. bis 17. Jahrhundert: Von der Renaissance und der Reformation bis zum Ende der Glaubenskämpfe. – 1996; Bd. III: 1800–1870. Von der Neuordnung Deutschlands bis zur Gründung des deutschen Reiches. – 1987; Bd. IV: 1871–1919. Von der Reichsgründung bis zum Ende des ersten Weltkriegs. – 1991; Bd. V: 1919–1945. Die Weimarer Republik und die nationalsozialistische Diktatur. – 1989; Bd VI: 1945 bis zur Gegenwart, Tlbd. 1: Bundesrepublik Deutschland. – 1998; Tlbd. 2: Deutsche Demokratische Republik und neue Bundesländer. – 1998].

Eggersdorfer, F. X. / Ettlinger, M. / Raederscheidt, G. (Hrsg.): Handbuch der Erziehungswissenschaft. – Teile I – V = 10 Bde. – München: Kösel u. Pustet 1928 – 1938.

Kleinau, E. / Opitz, C. (Hrsg.): Geschichte der Mädchen- und Frauenbildung. – 2 Bde. – Frankfurt / M.: Campus 1996.

Nohl, H. / Pallat, L. (Hrsg.): Handbuch der Pädagogik. – 5 Bde. und 1 Ergänzungsband. – Langensalza: Beltz 1928 – 1933 [Reprint: Weinheim: Beltz 1981].

Paulsen, F.: Geschichte des gelehrten Unterrichts. – 2 Bde. – Berlin: Veit 1919 / 1921.

Rach, A.: Sachwörter zur deutschen Erziehungsgeschichte. – 2., erg. u. verb. Aufl. – Weinheim: Beltz 1967.

Rein, W. (Hrsg.): Enzyklopädisches Handbuch der Pädagogik. – 2. Aufl., 10 Bde. und e. systematisches Inhaltsverzeichnis. – Langensalza: Beyer u. Mann 1903 – 1911.

Roloff E. M. (Hrsg.): Lexikon der Pädagogik. – 5 Bde. – Freiburg: Herder 1913 – 1917.

Schmid, K. A. (Bearb.): Enzyklopädie des gesamten Erziehungs- und Unterrichtswesens. – 11 Bde. – Gotha: Besser 1859 – 1878.

Spieler, J. (Hrsg.): Lexikon der Pädagogik der Gegenwart. – 2 Bde. – Freiburg i. Br.: Herder 1930 / 1932.

Kleinkind- / Vorschulpädagogik

Albert, Ch.: Lernwerkstatt Kindergarten. Ein Handbuch für die Praxis. – Neuwied: Luchterhand 2000.

Böhm, D. / Böhm, R. / Deiss-Niethammer, B.: Handbuch interkulturelles Lernen. Theorie und Praxis für die Arbeit in Kindertageseinrichtungen. – 2. Aufl. – Freiburg i. Br.: Herder 2001.

Deutsches Jugendinstitut (Hrsg.): Handbuch Medienerziehung im Kindergarten. – 2 Bde. – Opladen: Leske + Budrich 1994 / 1995.

Fthenakis, W. E. (Hrsg.): Handbuch der Elementarerziehung. – Losebl.-Ausg. – Seelze-Velber: Kallmeyer 1988 ff.

Goodwin, W. L. / Driscoll, L. A. (Eds.): Handbook for Measurement and Evaluation in Early Childhood Education. – San Francisco: Jossey-Bass Publ. 1980.

Kaplan, K. / Becker-Gebhard, B. (Hrsg.): Handbuch der Hortpädagogik. – 2. Aufl. – Freiburg i. Br.: Lambertus 1999.

Keller, H. (Hrsg.): Handbuch der Kleinkindforschung. – 2. vollst. überarb. Aufl. – Bern: Huber 1997.

Meisels, S. J. (Ed.): Handbook of Early Childhood Intervention. – Cambridge: Cambridge Univ. Pr. 1990.

Nitz, C. / Hennig, E.: Praxis der Vorschulerziehung. – 4 Bde. – Seelze: Friedrich 1988.

Nuba, H. (Ed.): Resources for Early Childhood. A handbook. – New York: Garland 1994.

Rieder-Aigner, H. (Hrsg.): Praxis-Handbuch Kindertageseinrichtungen. Arbeits- und Orientierungshilfe für pädagogische Fachkräfte. – Regensburg: Walhalla 2000.

Schüttler-Janikulla, K. (Hrsg.): Handbuch für ErzieherInnen in Krippe, Kindergarten, Vorschule und Hort. – Neuausg. Losebl.-Ausg. – München: mvg-Verl. 1997.

Spodek, B.: Handbook of Research in Early Childhood Education. – London: Collier 1982.

Tietze, W. (Hrsg.): Früherziehung. Trends, internationale Forschungsergebnisse, Praxisorientierungen. – Neuwied: Luchterhand 1996.

Woodill, G. A. (Ed.): International Handbook of Early Childhood Education. – New York 1992.

Schulpädagogik / Unterrichtswissenschaft

Altrichter, H. / Schley, W. / Schratz, M. (Hrsg.): Handbuch zur Schulentwicklung. – Innsbruck: Studien Verl. 1998.

Arbeitsgemeinschaft Freier Schulen (Hrsg.): Handbuch Freie Schulen. Pädagogische Positionen, Träger, Schulformen und Schulen im Überblick. – Neuausg. – Reinbek: Rowohlt 1999.

Appel, St., unt. Mitarb. v. Rutz, G.: Handbuch Ganztagsschule. Konzeption, Einrichtung und Organisation. – Schwalbach: Wochenschau-Verl. 1997.

Bausch, K.-R.: (Hrsg.): Handbuch Fremdsprachenunterricht. – 3. Aufl. – Tübingen: Francke 1995.

Becher, H. R. (Hrsg.): Taschenbuch Grundschule. – 3. völlig neu bearb. Aufl. – Baltmannsweiler: Schneider Hohengehren 1998.

Einsiedler, W. [u. a.] (Hrsg.): Handbuch Grundschulpädagogik und Grundschuldidaktik. – Bad Heilbrunn: Klinkhardt 2001.

Flechsig, K.-H.: Kleines Handbuch didaktischer Modelle. – Eichenzell: Neuland 1996.

Gesing, H. (Hrsg.): Praxishandbuch Grundschule. Grundschule gestalten und entwikkeln. – Loseblatt-Ausg. – Neuwied: Luchterhand.

Haarmann, D. (Hrsg.): Handbuch Grundschule. 2 Bde. – 3. bzw. 4. Aufl. – Weinheim: Beltz 1996 / 2000.

Hänsel, D. (Hrsg.): Projektunterricht. Ein praxisorientiertes Handbuch. – 2. neu ausgestatt. Aufl. – Weinheim: Beltz 1999.

Hentig, H. v.: Die Schule neu denken. Eine Übung in praktischer Vernunft; eine zornige, aber nicht eifernde, eine radikale, aber nicht utopische Antwort auf Hoyerswerda und Moelln, Rostock und Solingen. – 9. Aufl. – München: Hanser 1996.

Hintz, D. / Pöppel, K. G. / Rekus, J.: Neues schulpädagogisches Wörterbuch. – 3. überarb. Aufl. – Weinheim: Juventa 2001.

Keck, R. W. / Sandfuchs, U. (Hrsg.): Wörterbuch der Schulpädagogik. Ein Nachschlagewerk für Studium und Schulpraxis. – Bad Heilbrunn: Klinkhardt 1994.

Klassen, Th. F. / Skiera, E. (Hrsg.): Handbuch der reformpädagogischen und alternativen Schule in Europa. – 2. erw. u. aktualis. Aufl. – Baltmannsweiler: Schneider Hohengehren 1993.

Köck, P.: Handbuch der Schulpädagogik. – Donauwörth: Auer 2000.

Mannzmann, A. (Hrsg.): Geschichte der Unterrichtsfächer. – 3 Bde. – München: Kösel 1983–1984.

Meyer, E. / Winkel, R. (Hrsg.): Grundlagen der Schulpädagogik. – Bd. 1–5. – Baltmannsweiler: Schneider Hohengehren 1991–1992.

Monal, F. (Hrsg.): Handbuch der Schulberatung. – Loseblatt-Ausg. 2 Ordner – Landsberg: mvg 1995 ff.

Peterßen, W. H.: Handbuch Unterrichtsplanung. Grundfragen, Modelle, Stufen, Dimensionen. – 8., überarb. u. stark erw. Aufl. – München: Oldenbourg 1998.

Peterßen, W. H.: Kleines Methoden-Lexikon. – München: Oldenbourg 1999.

Schannewitzky, G.: Zentralbegriffe der Didaktik. Ein Wörterbuch für die Aus- und Fortbildung von Lehrenden. – Darmstadt: Winkler 1986.

Ziegenspeck, J.: Handbuch Zensur und Zeugnis in der Schule. Historischer Rückblick, allgemeine Problematik, empirische und bildungspolitische Implikationen. – Bad Heilbrunn: Klinkhardt 1999.

Ziegenspeck, J. W.: Handbuch Orientierungsstufe. – Bad Heilbrunn: Klinkhardt 2000.

Heilpädagogik / Sonderpädagogik / Integrationspädagogik

Bach, H. [u. a.] (Hrsg.): Handbuch der Sonderpädagogik. – 12 Bde. – Berlin: Marhold 1977–1991.

Becker-Gebhard, B. u. a.: Handbuch der integrativen Erziehung behinderter und nichtbehinderter Kinder. – München: Reinhardt 1990.

Borchert, J. (Hrsg.): Handbuch der sonderpädagogischen Psychologie. – Göttingen: Hogrefe 2000.

Bundschuh, K. (Hrsg.): Wörterbuch Heilpädagogik. – Bad Heilbrunn: Klinkhardt 1999.

Dupuis, G. / Kerkhoff, W. (Hrsg.): Enzyklopädie der Sonderpädagogik, der Heilpädagogik und ihrer Nachbargebiete. – Berlin: Marhold 1992.

Eberwein, H. (Hrsg.): Handbuch Integrationspädagogik. Kinder mit und ohne Behinderung lernen gemeinsam. – 5. Aufl. – Weinheim: Beltz 1999.

Eberwein, H. (Hrsg.): Handbuch Lernen und Lern-Behinderungen. – Weinheim: Beltz 1996.

Eberwein, H. / Knauer, S. (Hrsg.): Handbuch Lernprozesse verstehen. Wege einer neuen (sonder-)pädagogischen Diagnostik. – Weinheim: Beltz 1998.

Hansen, G. / Stein, R. (Hrsg.): Sonderpädagogik konkret. Ein praxisorientiertes Handbuch in Schlüsselbegriffen. – 2. verb. Aufl. – Bad Heilbrunn: Klinkhardt 1997.

Reynolds, C. R. / Mann, L. (Eds.): Encyclopedia of Special Education. – 3 Vols. – New York: Wiley 1987.

Schmutzler, H. J.: Handbuch Heilpädagogisches Grundwissen. – 3. Aufl. der überarb. u. erw. Neuausg. – Freiburg i. Br.: Herder 2000.

Wang, M. / Reynolds, M. C. / Walberg, H. J. (Eds.): Handbook of Special Education. Research and practice. – 3 Vols. – Oxford: Pergamon 1988.

Sozialpädagogik

Albrecht, G. (Hrsg.): Handbuch soziale Probleme. – Opladen: Westdt. Verl. 1999.

Birtsch, V. / Münstermann, K. / Trede, W. (Hrsg.): Handbuch der Erziehungshilfen. Leitfaden für Ausbildung, Praxis und Forschung. – Münster: Votum 2001.

Böhnisch, L. / Gängler, H. / Rauschenbach, T. (Hrsg.): Handbuch Jugendverbände. – Weinheim: Juventa 1991.

Buchkremer, H.: Handbuch Sozialpädagogik. – 2. überarb. Aufl. – Darmstadt: Wiss. Buchgesell. 1995.

Colla, Herbert E. (Hrsg.): Handbuch Heimerziehung und Pflegekinderwesen in Europa. – Neuwied: Luchterhand 1999.

Deinet, U. / Sturzenhecker, B. (Hrsg.): Handbuch offene Jugendarbeit. – Münster: Votum 1998.

Deutscher Verein für öffentliche und private Fürsorge (Hrsg.): Fachlexikon der sozialen Arbeit. – 4., vollst. überarb. Aufl. – Stuttgart: Kohlhammer 1997.

Helming, E. / Schattner, H. / Blüml, H.: Handbuch Sozialpädagogische Familienhilfe. – 3. überarb. Aufl. – Stuttgart: Kohlhammer 1999.

Jordan, E. / Schone, R. (Hrsg.): Handbuch Jugendhilfeplanung. – Münster: Votum 1998.

Kaller, P. K.: Lexikon Sozialarbeit, Sozialpädagogik, Sozialrecht. – Wiebelsheim: Quelle & Meyer 2001.

Kreft, D. / Mielenz, I. (Hrsg.): Wörterbuch soziale Arbeit. – 4., vollst. überarb. u. erw. Aufl. – Weinheim: Beltz 1996.

Otto, H.-U. / Thiersch, H. (Hrsg.): Handbuch zur Sozialarbeit / Sozialpädagogik. – 2. vollst. neu überarb. u. aktualis. Aufl. – Neuwied: Luchterhand 2001.

Schröer, W. / Struck, N. / Wolff, M. (Hrsg.): Handbuch Kinder- und Jugendhilfe. – Weinheim: Juventa 2001.

Stimmer, F. (Hrsg.): Lexikon der Sozialpädagogik und der Sozialarbeit. – 4. vollst. überarb. u. erw. Aufl. – München: Oldenbourg 2000.

Berufs- / Wirtschaftspädagogik

Arnold, R. (Hrsg.): Taschenbuch der betrieblichen Bildungsarbeit. – Baltmannsweiler: Schneider Hohengehren 1991.

Arnold, R. / Lipsmeier, A. (Hrsg.): Handbuch zur Berufsbildung. – Opladen: Leske + Budrich 1995.

Ashauer, G. Unter Mitarb. v. J. Backhaus: Fachbegriffe der Berufs- und Wirtschaftspädagogik. – 4., überarb. u. erg. Aufl. – Stuttgart: Dt. Sparkassen Verl. 1990.

Dedering, H. (Hrsg.): Handbuch zur arbeitsorientierten Bildung. – München: Oldenbourg 1996.

Kaiser, F.-J. / Pätzold, G. (Hrsg.): Wörterbuch Berufs- und Wirtschaftspädagogik. – Bad Heilbrunn: Klinkhardt 1999.

Lauterbach, U.: Internationales Handbuch der Berufsbildung. – Loseblatt-Ausg. – Baden-Baden: Nomos (derzeit 23. Lfg. 2000).

May, H. (Hrsg.): Handbuch zur ökonomischen Bildung. – 3., überarb. u. erw. Aufl. – München: Oldenbourg 1997.

Pahl, J.-P. / Uhe, E. (Hrsg.): Betrifft: Berufsbildung. Begriffe von A – Z für Praxis und Theorie in Betrieb und Schule. – Seelze: Kallmeyer 1998.

Petersen, Th.: Handbuch zur beruflichen Weiterbildung. – Frankfurt / M.: Lang 1999.

Schelten, A.: Begriffe und Konzepte der berufspädagogischen Fachsprache. – Stuttgart: Steiner 2000.

Erwachsenenbildung / -pädagogik

Arnold, R. / Nolda, S. / Nuissl, E. (Hrsg.): Wörterbuch Erwachsenenpädagogik. – Bad Heilbrunn: Klinkhardt 2001.

Becker, Susanne (Hrsg.): Handbuch Altenbildung. Theorien und Konzepte für Gegenwart und Zukunft. – Opladen: Leske + Budrich 1999.

Beer, W. / Cremer, W. / Massing, P. (Hrsg.): Handbuch politische Erwachsenenbildung. – Schwalbach: Wochenschau-Verl. 1999.

Deutscher Familienverband (Hrsg.): Handbuch Elternbildung. – 2 Bde. – Opladen: Leske + Budrich 1998 / 1999.

Dewe, B. / Frank, G. / Huge, W.: Theorien der Erwachsenenbildung. Ein Handbuch. – Weinheim: Beltz 1988.

Hacker, J. / Olzog, G. (Hrsg.): Deutsches Handbuch der Erwachsenenbildung. – Losebl.-Ausg. – München: Olzog 1993 ff.

Klingenberger, H.: Handbuch Altenpädagogik. – Bad Heilbrunn: Klinkhardt 1996.

Landesinstitut für Schule und Weiterbildung (Hrsg.): Im Netz der Organisation. Ein Handbuch für Menschen in Kultur- und Weiterbildungseinrichtungen. Soest: LSW 1991.

Pädagogische Arbeitsstelle des Deutschen Volkshochschul-Verbandes (Hrsg.): Die Volkshochschule: Handbuch für die Praxis der Leiter und Mitarbeiter. – Losebl.-Ausg. – Frankfurt / M.: DVV 1968 ff.

Sarges, W. / Fricke, R.: Psychologie für die Erwachsenenbildung / Weiterbildung. Ein Handbuch in Grundbegriffen. – Göttingen: Hogrefe 1986.

Tippelt, R. (Hrsg.): Handbuch Erwachsenenbildung / Weiterbildung. – 2., überarb. u. aktualis. Aufl. – Opladen: Leske + Budrich 1999.

Wirth, I. (Hrsg.) Unter Mitarbeit von H.-H. Groothoff: Handwörterbuch der Erwachsenenbildung. – Paderborn: Schöningh 1978.

Familien-, Kinder- und Jugendforschung

Krüger, H.-H. (Hrsg.): Handbuch der Jugendforschung. – 2., erw. u. aktual. Aufl. – Opladen: Leske + Budrich 1993.

Lerner, R. M. / Petersen, A. C. / Brooks-Gunn, J. (Eds.): Encyclopedia of Adolescence. – New York: Garland 1992.

Markefka, M. / Nauck, B. (Hrsg.): Handbuch der Kindheitsforschung. – Neuwied: Luchterhand 1993.

Nave-Herz, R. / Markefka, M. (Hrsg.): Handbuch der Familien- und Jugendforschung. – 2 Bde. – Neuwied: Luchterhand 1989.

Medienpädagogik

Erlanger, H.-D. (Hrsg.): Handbuch des Kinderfernsehens. – 2. überarb. u. erw. Aufl. – Konstanz: UVK-Medien 1998.

Hiegemann, S. / Swoboda, W. H. (Hrsg.): Handbuch der Medienpädagogik. Theorieansätze, Forschungsgeschichte, Perspektiven. – Opladen: Leske + Budrich 1994.

Hüther, J. / Schorb, B. / Brehm-Klotz, C. (Hrsg.): Grundbegriffe der Medienpädagogik. Wörterbuch für Studium und Praxis. – 2., völlig neubearb. Aufl. – Ehningen bei Böblingen: Expert-Verl. 1990.

Schill, W. / Tulodziecki, G. / Wagner, W. R. (Hrsg.): Medienpädagogisches Handeln in der Schule. Ein Handbuch. – Opladen: Leske + Budrich 1992.

Nachschlagewerke / Handbücher zu weiteren Gegenstandsbereichen

Becker, S. / Veelken, L. / Wallraven, K. P. (Hrsg.): Handbuch Altenhilfe. – Opladen: Leske + Budrich 2000.

Becker-Textor, I. / Textor, M. R. (Hrsg.): Handbuch der Kinder- und Jugendbetreuung. – Neuwied: Luchterhand 1993.

Brilling, O. / Kleber, E. W.: Hand-Wörterbuch Umweltbildung. – Baltmannsweiler: Schneider Verlag Hohengehren 1999.

Bundesminister für Bildung und Wissenschaft (Hrsg.): Grund- und Strukturdaten. – Bad Honnef: Bock 1974 ff. (jährlich, auch als Diskettendienst).

Chambliss, J. J. (Ed.): Philosophy of Education. An encyclopedia. – New York: Garland 1996.

Fatzner, G.: Ganzheitliches Lernen. Humanistische Pädagogik, Schul- und Organisationsentwicklung. – 5. erw. Aufl. – Stuttgart: Jungfermann 1998.

Friebertshäuser, B. / Prengel, A. (Hrsg.): Handbuch qualitative Forschungsmethoden in der Erziehungswissenschaft. – Weinheim: Juventa 1997.

Gieseke, G. (Hrsg.): Handbuch zur Frauenbildung. – Opladen: Leske + Budrich 2001.

Gudjons, H. (Hrsg.): Handbuch Gruppenunterricht. – Weinheim: Beltz 1993.

Hufer, K.-P. (Hrsg.): Lexikon der politischen Bildung. Außerschulische Jugend- und Erwachsenenbildung. – Schwalbach: Wochenschau-Verl. 1999.

Hurrelmann, K. / Ulich, D. (Hrsg.): Neues Handbuch der Sozialisationsforschung. – 5. neu ausgestatt. Aufl. – Weinheim: Beltz 1998.

Joint Committeeyn Standards for Educational Evaluation / Sanders, J. R. (Hrsg.): Handbuch der Evaluationsstandards. – 2. durchges. Aufl. – Opladen: Leske + Budrich 2001.

Körner, W. / Hörmann, G. (Hrsg.): Handbuch der Erziehungsberatung. – 2 Bde. – Göttingen: Hogrefe 1997 / 1999.

Krüger, H.-H. / Marotzki, W. (Hrsg.): Handbuch erziehungswissenschaftliche Biographieforschung. – Opladen: Leske + Budrich 1999.

Mette, N. / Rickers, F. (Hrsg.): Lexikon der Religionspädagogik. – 2 Bde. – Neukirchen-Vluyn: Neukirchener Verl.haus 2001.

Mickel, W. W. (Hrsg.): Handbuch zur politischen Bildung. Grundlagen, Methoden, Aktionsformen. – Schwalbach: Wochenschau-Verl. 1999.

Röhrs, H. (Hrsg.): Die Reformpädagogik auf den Kontinenten. – Frankfurt / M: Lang 1994.

Schmidt, H. Ch. (Hrsg.): Handbuch der Musikpädagogik. – 4 Bde. – Kassel: Bärenreiter 1986–1994.

Sielert, U. / Valtl, K. (Hrsg.): Sexualpädagogik lehren. Ein Handbuch. – Weinheim: Beltz 2000.

Tippelt, R. (Hrsg.): Handbuch Bildungsforschung. – Opladen: Leske + Budrich 2001.

Wulf, Ch. (Hrsg.): Vom Menschen. Handbuch Historische Anthropologie. – Weinheim: Beltz 1997.

Ziegenspeck, J. W. / Fischer, Th.: Handbuch Erlebnispädagogik. – Bad Heilbrunn: Klinkhardt 2000.

2.3 Sprachwörterbücher

Speziell allgemeinpädagogische Sprachwörterbücher gibt es bisher nicht. In dem Werk Schaub / Zenke (1997) (s. o. 2.1) gibt es Übersetzungen von Stichwörtern ins Englische. Als Sprachwörterbücher für den Bereich Sozialwissenschaften können empfohlen werden:

Koschnick, W. J.: Kompaktwörterbuch der Sozialwissenschaften 1 / 2. Deutsch – Englisch / Englisch – Deutsch. – 2 Bde. – Stuttgart: Schäffer-Poeschel 1997.

Mohr, A.: Sozialwissenschaftliches Wörterbuch. Englisch – Deutsch / Deutsch – Englisch. – München: Oldenbourg 2001.

Berufspädagogik

Werner, H. / Bennett, R. / König, I.: Glossar zu Arbeitsmarkt und Berufsforschung. Englisch-Deutsch / Deutsch-Englisch. – Nürnberg: IAB 1994.

Bildungstechnologie

UNESCO, Internationales Erziehungsbüro (Hrsg.): Glossar zur Bildungstechnologie. Englisches Glossar, Deutsches Glossar. – Paris: UNESCO 1992.

Bildungsverwaltung

Internationales Institut für Rechts- und Verwaltungssprache (Hrsg.): Handbuch der Internationalen Rechts- und Verwaltungssprache Bildungswesen. Deutsch-Englisch. – Köln [u a.]: Heymann 1981.Deutsch-Italienisch. – Köln [u. a.]: Heymann 1981 …. Schul- und Hochschulwesen. Deutsch-Französisch. – Köln [u. a.]: Heymann 1989.

Sozialpädagogik

Deutscher Verein für öffentliche und private Fürsorge (Hrsg.): Wörterbuch soziale Arbeit. – 4 Bde. Deutsch-Englisch, Englisch-Deutsch; Deutsch-Französisch, Französisch-Deutsch. – Frankfurt / M.: Verl. d. Dt. Vereins … 1988.

Kibardina, S. / Smirnova, T. / Tschernyschewa, O.: Deutsch-russisches Wörterbuch der Sozialarbeit. – Stuttgart: Kohlhammer 2000.

Köhnen, B.: Deutsch-englisches Glossar der Jugendhilfe. Ein vergleichendes Handbuch. – Internationaler Jugendaustausch- und Besucherdienst der BRD (IJAB) e.V. – Weinheim: Juventa 1992.

2.4 Personen-, Biographienachweise

Biographische Kurzinformationen und Fundstellen ausführlicherer Angaben weist die CD-ROM «Internationaler Biographischer Index» (IBR) nach. Biographien über Pädagogen, aber auch Fest- und Gedenkschriften für Wissenschaftler bieten oft im Anhang bibliographische Angaben zu deren Werken, gelegentlich auch zu weiterer Sekundärliteratur über diese Person. – Als Hilfsmittel für einen biographischen Literaturnachweis ist in manchen Bibliotheken ein Personenkatalog vorhanden. Fehlt dieser bzw. sind keine Hinweise zu der betreffenden Person im Schlagwortkatalog zu finden, so kann man – sofern es sich um einen lebenden deutschen Wissenschaftler handelt – biographische Nachschlagewerke benutzen (s. 3.2.3). Mittlerweile verfügen etliche Wissenschaftler über eine eigene Homepage, auf der neben biographischen Daten oft auch Publikationshinweise zu ihren Schriften zu finden sind.

Folgende Werke informieren u. a. zu «Klassikern der Pädagogik»:

Böhm, W.: Wörterbuch der Pädagogik. – Begr. von W. Hehlmann. 154., überarb. Aufl. – Stuttgart: Kröner 2000 [427 Personenartikel zu «Klassikern» und zu lebenden Erziehungswissenschaftlern].

Eggemann, M. / Hering, S. (Hrsg.): Wegbereiterinnen der modernen Sozialarbeit. Texte und Biographien zur Entwicklung der Wohlfahrtspflege. – Weinheim: Juventa 1999.

Elzer, H.-M.: Begriffe und Personen aus der Geschichte der Pädagogik. – Hrsg. v. F. J. Eckert und K. Lotz. – Frankfurt / M.: Lang 1985.

Fischer, W. / Löwisch, D.-J. (Hrsg.): Pädagogisches Denken von den Anfängen bis zur Gegenwart. – Darmstadt: Wiss. Buchgesell. 1989.

Hesse, A.: Die Professoren und Dozenten der preußischen Pädagogischen Akademien (1926–1933) und Hochschulen für Lehrerbildung (1933–1941). – Weinheim: Deutscher Studienverlag 1995.

Knoop, K. / Schwab, M.: Einführung in die Geschichte der Pädagogik. Pädagogen-Porträts aus vier Jahrhunderten. – 4. durchges. u. erg. Aufl. – Wiebelsheim: Quelle & Meyer 1999.

März, F.: Pädagogenprofile. Miniaturen großer Erzieher und bedeutender pädagogischer Denker. – 2 Bde. – Donauwörth: Auer 1982 / 1984.

Rach, A.: Biographien zur deutschen Erziehungsgeschichte. Weinheim: Beltz 1968.

Scheuerl, H. (Hrsg.): Klassiker der Pädagogik. Bd. I: Von Erasmus bis Herbert Spencer; Bd. II: Von Karl Marx bis Jean Piaget. – München: Beck 1991.

Personennachweis in der sozialen Arbeit

Maier, H. (Hrsg.): Who is who in der sozialen Arbeit. – Freiburg i. Br.: Lambertus 1998.

Internationale Personennachweise

Conner, H. C. / DeRienzo, D. F. (Eds.): Who's who in American Education. New Providence: Marquis Who's who 1993.

International Who's who in Education. – 3rd ed. – Cambridge: Intern. Biographical Centre 1987.

Schreiner, P. / van Draat, H. F. (Eds.): Who's Who in RE in Europe. (Informationen zu Religionslehrervereinigungen und Institutionen aus 10 europäischen Ländern und europaweiten Organisationen) – Münster: Comenius-Institut 1998.

3 Konventionelle Literaturauskunftsmittel zur Erziehungswissenschaft

3.1 Fachbibliographien

3.1.1 Abgeschlossene allgemeinere Fachbibliographien

Nachweis deutschsprachiger erziehungswissenschaftlicher Literatur

Akademie der pädagogischen Wissenschaften der DDR, Direktorat für pädagogische Information [ab 1973: Zentralstelle für pädagogische Information und Dokumentation] (Hrsg.): Pädagogik-Bibliographie [ab 1977: aufgeteilt in Serie A und Serie B]. – Berlin: Akad. 1958–1990.

Dokumentationsring Pädagogik (Hrsg.) [23 ff.: Fachinformationssystem (FIS) Bildung / Gesellschaft Information Bildung (Hrsg.)]: Bibliographie Pädagogik. Jg. 1–33. – Berlin (3–5: Weinheim: Beltz; 6–11: München-Pullach: Saur; 12–22: München: Saur; 23 ff.: Berlin: VWB-Verl. für Wissenschaft und Bildung) 1966–1998. [s. a. 5.2 «CD Bildung»].

Förster, C. (Bearb.): Erziehungswissenschaft. Ein thematisches Bestandsverzeichnis. – 2. erw. Auswahl. – Berlin: BBF 1994.

Schmidt, H. [u. a.] (Hrsg.): BIB-Report. Bibliographischer Index Bildungswissenschaft und Schulwirklichkeit. – Monatsberichte. German education index. – Jg. 1–20. – Duisburg: Verl. für päd. Dokumentation 1974–1993.

Schmidt, H. (Bearb.): Zentralblatt für Erziehungswissenschaft und Schule (ZEUS). Nachfolgeorgan des «Pädagogischen Jahresberichts». – Duisburg: Verl. für päd. Dokumentation 1985–1994.

Nachweis fremdsprachiger Literatur

Bibliography of Education. – 25 Jge. – Washington, D. C.: Bureau of Education 1907–1931.

Monroe, W. S.: Bibliography of Education. – New York: Wilson 1897.

O'Brien, N. P. / Fabiano, E. (Eds.): Core list of Books and Journals in Education. – Phoenix: Oryx Pr. 1991.

3.1.2 Laufende allgemeinere Fachbibliographien

Nachweis deutschsprachiger Literatur

Sekretariat der KMK (Hrsg.): Dokumentationsdienst Bildung und Kultur [bis 1983: ... Bildungswesen]. – 1977 ff. – Neuwied: Luchterhand 1977 ff.

Universitätsbibliothek Erlangen-Nürnberg (Bearb.): Sammelschwerpunkt Bildungsforschung. Neuerwerbungen. – Erlangen: UB 1979 ff. (vierteljährlich) [s. a. 4.1 «ELIS»].

Nachweis fremdsprachiger Literatur

British Education Index. – 1.1954 / 58 ff. – London (Leeds: Leeds University Press) 1961 ff. [auch auf der CD-ROM «International ERIC» und online, s. 5.1 bzw. 5.2].

Carpenter, D. R. [et al.] (Eds.): Education Index. A cumulative author and subject index to a selected list of educational periodicals, books, and pamphlets. – New York: Wilson 1955 ff.

Centre National de la Recherche Scientifique (Ed.): FRANCIS [vormals nur unter dem Titel:] Bulletin signalétique. Sciences de l'éducation. – 1 ff. – Paris: Institut de l'Information Scientifique ... 1956 ff.

Content Pages in Education. – Abingdon: Carfax 1986 ff. (monatl.).

Educational Resources Information Center (ERIC) (Ed.): Resources in Education (RIE).

A monthly abstract journal announcing recent report literature related to the field of education. – Vol. 1 ff. – Phoenix: Oryx Pr. 1966 ff. [auch auf CD-ROM und online, s. 5.1 bzw. 5.2].

Educational Resources Information Center (ERIC) / U. S. Office of Education (Eds.): Current index to journals in education (CIJE). – Vol. 1. 1969 ff. – Phoenix: Oryx Pr. 1969 ff. [auch auf CD-ROM und online, s. 5.1 bzw. 5.2].

3.1.3 Retrospektive Fachbibliographien zu einzelnen Fachrichtungen / Gegenstandsbereichen der Erziehungswissenschaft

Vergleichende Erziehungswissenschaft

Altbach, P. G. / Kelly, D. H.: Higher Education in International Perspective. – London: Mansell 1985.

Altbach, P. G. / Kelly, G. P. / Kelly, D. H.: International Bibliography of Comparative Education. – New York: Praeger 1981.

Arbeitsstelle für vergleichende Bildungsforschung (Hrsg.): Bibliographische Mitteilungen. – Bochum: Arbeitsstelle 1973 – 1994.

Forschungsstelle für Vergleichende Erziehungswissenschaft [Marburg]: Verzeichnis der Veröffentlichungen zur Vergleichenden Erziehungswissenschaft und Bildungsforschung 1966 – 1986. – Marburg: Univ. 1986.

Hassenforder, J. (Ed.): Les sciences de l'éducation à travers les livres [1967 – 1995]. – Paris: L'Harmattan 1998.

Schmidt, H. (Hrsg.): Vergleichende Erziehungswissenschaft 1945 – 1980. Bibliographie des deutschsprachigen Schrifttums zum Schul- u. Bildungswesen außerdeutscher Sprachgebiete. – Duisburg: Verl. für päd. Dokumentation 1981 (= Beiheft 23 zum BIB-Report).

Stenzel, B.: Zum Bildungswesen in Mittel- und Osteuropa – Literaturdokumentation (1994 – 1996). In: Zeitschrift für erziehungs- und sozialwissenschaftliche Forschung, 14. Jg. (1997), H. 1, S. 137 – 160.

Historische Pädagogik / Bildungsgeschichte

Basikow, U. (Bearb.): Verzeichnis bildungshistorisch relevanter Bestände in Archiven Berlins und des Landes Brandenburg. – Berlin: DIPF-BBF 1999.

Basikow, U. / Bierwagen, M. (Bearb.): Archivbestände der Ehemaligen Deutschen Lehrerbücherei und der Pädagogischen Zentralbibliothek. Bestandsverzeichnis. – Berlin: DIPF-BBF 1996.

Dudek, P. / Rauch, Th. / Weeren, M.: Pädagogik und Nationalsozialismus. Bibliographie pädagogischer Hochschulschriften und Abhandlungen zur NS-Vergangenheit in der BRD und DDR 1945 – 1990. – Wiesbaden: Dt. Univ. Verl. 1995.

Stallmeister, W. (Bearb.): Literaturdokumentation Peter Petersen: Jenaplan, Erziehungswissenschaft in Jena 1923 – 1952. – Hagen: FernUniversität Hagen 1999.

Teisler, G. (Hrsg.): Bestandskatalog der deutschen Schulbücher im Georg Eckert-Institut, erschienen bis 1945. Geschichtsbücher und Atlanten. – Hannover: Hahn 1999.

Schulpädagogik / Unterrichtswissenschaft

Hagemann, C. / Roick, C. (Bearb.): Europa im Unterricht. Bibliographie. – 2. vollst. neu überarb. Aufl. – Bonn: Europe Union Verl. 1989.

Heinemann, M. (Hrsg.) / Frohse, D. [u. a.] (Bearb.): Titelsammlung zum Elementar- und Volksschulunterricht: Norddeutschland 1750 – 1890. – Hannover: Univ., FB. Erziehungswiss. 1984.

Ipfling, H. J. / Lorenz, U.: Bibliographie Hauptschule. – Regensburg: Roederer 1988.

Sozialpädagogik

Deutsches Jugendinstitut (Hrsg.): Dokumentation zur Jugendforschung und Jugendarbeit. – 1.1965–10.1975. – München: DJI 1966–1976. fortgesetzt als: Bibliographie Sozialisation und Sozialpädagogik 1.1976 (München: DJI 1977/78)–11.1986 (1987); 1987 (1988)–1989 (1990/91) [wird stärker fokussiert fortgesetzt unter dem Titel: «Bibliographie Jugendhilfe 19..»].

Schneider, H.: Fachlichkeit, Qualität und neue Steuerungsmodelle – Institutionelle Herausforderungen in der Jugendhilfe. Eine annotierte Bibliographie. – München: DJI 1998.

Erwachsenenbildung/-pädagogik

Friedenthal-Haase, M. / Zellhuber-Vogel, P.: Deutsch-britische Beziehungen in der Erwachsenenbildung. Bibliographie der in Deutschland erschienenen Publikationen in der Zeit von 1880 bis 1980. Mit erschließ. Reg. – Köln: Böhlau 1993.

Keim, H. / Urbach, D.: Bibliographie zur Volksbildung 1933–1945. – Braunschweig: Westermann 1970.

Medienpädagogik

Horn, H.: Neue Medien. Jugendlicher Medienkonsum und seine möglichen Folgen. Eine kommentierte Auswahlbibliographie. – Bielefeld: Aisthesis 1989.

Müller, W. / Löhr, P. (Hrsg.): Medienpädagogik: Fernsehen. Eine Bibliographie internationaler Fachliteratur. – München: Saur 1988.

Wolff, U. (Bearb.): Medien. Konsum, Rezeption, Auswirkungen bei Kindern und Jugendlichen. Eine Spezialbibliographie deutschsprachiger psychologischer Literatur. – Trier: ZPID 1992.

Frauenforschung

Langmaack, K. [u. a.]: Frauen im pädagogischen Diskurs. Eine interdisziplinäre Bibliographie 1988–1993. – Frankfurt / M.: Helmer 1994.

Schultz, B. [u. a.]: Frauen im pädagogischen Diskurs: Eine interdisziplinäre Bibliographie 1984–1988. – Frankfurt / M.: Helmer 1989.

Umwelterziehung

Fritsch, H. (Bearb.): Umwelterziehung. – 2., erw. Aufl. – Stuttgart: IRB 1990.

Peglau, R. (Bearb.): Bibliographie Umwelterziehung. – 4., aktualis. Aufl. – Berlin: Umweltbundesamt 1987.

Schreiber, K.-F. / Bernhardt, K.-G. / Zucchi, H. (Hrsg.): Thema Umwelt – 1 / 1991. – Osnabrück: Zeller 1991.

Weitere Fachbibliographien zu einzelnen Gegenstandsbereichen

Baumann, H.: Bibliographie zur Berufspädagogik und Didaktik der Wirtschaftswissenschaften. – Oldenburg: ZpB 1992.

Berning, H. / Goden, M.: Interkulturelle Studien. Münsteraner Bibliographie 1980–1993. – Münster: Universität 1993.

Böhm, W. (Hrsg.): Maria-Montessori-Bibliographie 1896–1996. Internationale Bibliographie der Schriften und der Forschungsliteratur. – Bad Heilbrunn: Klinkhardt 1999.

Bureau International d'Education [Genf]: Current bibliographical sources in education. In: Bulletin du Bureau International d'Education, 63(1989) 251, S. 1–89.

Deutsches Institut für Internationale Pädagogische Forschung (Hrsg.): Bibliographie zur Europäischen Dimension des Bildungswesens. 1994–98. – Berlin: VWB-Verl. für Wissenschaft und Bildung 1996–2000.

Fischer, T.: Bibliographie zur Erlebnispädagogik. – Lüneburg: Verl. Ed. Erlebnispäd. 1994 Wissenschaft und Bildung 1997.

Gerards, A. (Bearb.): Pädagogische Diagnostik in der Schule. Eine Spezialbibliographie deutschsprachiger psychologischer Literatur. – Trier: ZPID 1991.

Grabmann, B.: Bibliographie zu ausgewählten Themen im Bereich Bildung in und für Europa. In: Bildung in Europa – Bildung für Europa? – Regensburg: Univ.-Verl. 1994, S. 297–349.

Gugel, G. Friedenserziehung: Einführende Literatur und Materialien. Eine Literaturübersicht. – 2., aktual. Aufl. – Tübingen: Verein f. Friedenspäd. 1992.

Heller, K./Menacher, P.: Bibliographie Hochbegabung. – 1.1987–1992. – Baden-Baden: Nomos 1993.

Lutze, K./Klein, Th.: Kindheit. Eine systematische Bibliographie. – Aktualisierte u. erw. Neuaufl. – Eitorf: Gata 1999. [Buch mit Diskette].

Marotzki, W. (Hrsg.): Magdeburger Bibliographie zur Biographieforschung. – 3. Aufl., Stand: Juni 1998 – Magdeburg: Univ. 1998.

Pörnbacher, Ulrike (Bearb.): Migration und interkulturelle Erziehung in Europa. – Clevedon: Multilingual Matters 1990.

Schäfer, U.: Internationale Bibliographie zur Projektmethode in der Erziehung 1895–1982. – 2 Bde. Teil 1: Systematischer Katalog, Teil 2: Register. – Berlin: VWB-Verl. für Wissenschaft und Bildung 1988.

Schäfer, U.: Die Europäische Gemeinschaft und das Bildungswesen. – Berlin: VWB-Verl. für Wissenschaft und Bildung 1994.

Stenzel, B./Bambey, D. (Bearb.): Bibliographie zur Entwicklung von allgemeiner und beruflicher Bildung in Mittel- und Osteuropa 1995–1997. – Berlin: VWB-Verl. für Wissen und Bildung 1998.

Teisler, G. (Hrsg.): Bestandskatalog der deutschen Schulbücher im Georg Eckert-Institut – erschienen bis 1945: Lese- und Realienbücher, einschließlich Fibeln. – Stand: 1. 8. 1997 – Hannover: Hahn 1997.

Vieregg, H./Schmeer-Sturm, M. L. (Hrsg.): Literaturschau Museum. Bibliographie zur Museologie mit dem Schwerpunkt Museumspädagogik. – München: Verl. Reisen u. Bildung 1992.

3.1.4 Laufende Fachbibliographien zu einzelnen Fachrichtungen/Gegenstandsbereichen der Erziehungswissenschaft

Vergleichende Erziehungswissenschaft

Comparative and international education. In: Comparative Education Review, 24. 1980 ff. (jährl.).

Historische Pädagogik/Bildungsgeschichte

Deutsches Institut für Internationale Pädagogische Forschung, Bibliothek für Bildungsgeschichtliche Forschung (Hrsg.): Bibliographie Bildungsgeschichte 1994 ff. – Baltmannsweiler: Schneider Hohengehren 1995 ff. [Buch mit Diskette].

Vorschulerziehung

Charles University, Central Library (Ed.): Preschool education. – 1976 ff. – Prague: Charles University 1978 ff.

Interkulturelle Pädagogik

Dokumentation Bücher/Zeitschriften in der Zeitschrift «Informationsdienst zur Ausländerarbeit», 1979–1995. (vierteljährlich); ab 1996 in der Zeitschrift «iza – Zeitschrift für Migration und soziale Arbeit», 1996 ff. (vierteljährlich).

Sozialpädagogik/Sozialarbeit

Bibliographie zur Sozialarbeit/Sozialpädagogik in der Zeitschrift «Sozialwissenschaftliche Literatur Rundschau». – Bielefeld: KT-Verl. 1977 ff. [1995 ff.: Neuwied: Luchterhand] (halbjährlich).

Deutsches Jugendinstitut (Hrsg.): Bibliographie Jugendhilfe 1991 ff. (jährlich als Supplementbd. der Zeitschrift «Diskurs»).

Deutsches Zentralinstitut für Soziale Fragen (DZI): Zeitschriftenbibliographie in der Zeitschrift «Soziale Arbeit». – Berlin: DZI 1951 ff. (monatl.) [s. a. 3.2.4 und 5.2].

Berufs-/Wirtschaftspädagogik

Bundesinstitut für Berufsbildung (Bearb.): Literaturinformationen zur beruflichen Bildung. Bibliographie. – Berlin: BIBB 1979 ff. (zweimonatlich) [auch auf CD-ROM – s. 5.2].

Institut für Arbeitsmarkt- und Berufsforschung der Bundesanstalt für Arbeit (Hrsg): Literaturdokumentation zur Arbeitsmarkt- und Berufsforschung. – o. O. [Nürnberg: IAB] 1972 ff. [auch auf der CD-ROM «ProArbeit» – s. 5.2].

Institut für Arbeitsmarkt- und Berufsforschung (Hrsg.): Berufliche Erwachsenenbildung. – Nürnberg: IAB 1984 / 1986 / 1987 / 1990 / 1993 / 1996 [wird fortgesetzt].

Erwachsenenbildung/-pädagogik

Deutsches Institut für Erwachsenenbildung (DIE) des Deutschen Volkshochschul-Verbandes e.V. / Pädagogische Arbeitsstelle (Bearb.): Bibliographie zur Erwachsenenbildung. – Frankfurt / M.: DIE 1964 ff. (jährlich) ab Band 28: Bielefeld: W. Bertelsmann 2000 [s. a. 5.2].

Religionspädagogik

Comenius-Institut, Evangelische Arbeitsstelle für Erziehungswissenschaft e. V. (Bearb.): Religionspädagogische Jahresbibliographie. – 1986 ff. – Münster: Comenius 1987 ff. [ev. und kath. religionspädagogische Bibliographie; auch als Online- und Diskettendienst – s. Diskettendienste sowie Anschriften].

3.2 Fachspezifisch relevante Formalbibliographien

3.2.1 Forschungsdokumentationen

Akademie gemeinnütziger Wissenschaften zu Erfurt, Abteilung für Erziehungswissenschaft und Jugendkunde / Hoffmann, A. (Hrsg.): Erziehungswissenschaftliche Forschung. Bibliographie unter Einschluß der Grenzgebiete. – H. (1)1924–36. 1941. – Erfurt: Stenger 1926–1943.

Council of Europe (Ed.): EUDISED European Educational Research Yearbook 19.. . – 1993 ff. – München: Saur 1995 ff. (jährlich).

Empirische Sozialforschung 1968 ff.: Eine Dokumentation. – München-Pullach: Saur 1969 ff. 1983 ff.: Frankfurt / M.: Campus.

Informationszentrum Sozialwissenschaften (Hrsg.): Sozialforschung in der DDR. – 3 Bde. – 1. Dokumentation unveröffentlichter Forschungsarbeiten. – Berlin: IZ 1992 (Sonderbd. Forschungsprojektdokumentation «Familie und Jugend». – Bonn / Berlin: IZ 1993.).

Pasternack, P.: Hochschule und Wissenschaft in SBZ / DDR / Ostdeutschland 1945–1995. Annotierte Bibliographie für den Erscheinungszeitraum 1990–1998. – Weinheim: Dt. Studien-Verl. 1999.

Weishaupt, H. [u.a]: Bildungsforschung in der Bundesrepublik Deutschland. – Bonn: BMBW 1991 (= BMBW-Schriftenreihe Studien zu Bildung und Wissenschaft; 98).

Zentralarchiv für empirische Sozialforschung (Hrsg.): Daten der empirischen Sozialforschung. Datenbestandskatalog des Zentralarchivs mit Beschreibungen der Daten der empirischen Sozialforschung von 1945 bis 1990 und Daten der historischen Sozialforschung. – Frankfurt / M.: Campus 1991.

3.2.2 Hochschulschriften

Neben der Reihe H der Deutschen Nationalbibliographie sind zu beachten:

Butt, I. / Eichler, M. (Bearb.): Bibliographie Bildung, Erziehung, Unterricht / Bibliography of Education: Deutschsprachige Hochschulschriften und Veröffentlichungen außerhalb des Buchhandels 1966–1980. – 8 Bde. – München: Saur 1994.

Friederich, G. / Herrmann, U. (Bearb.): Bibliographie der deutschen erziehungswissenschaftlichen Hochschulschriften 1885–1945. Mit einer Bibliographie der Hochschulschriftenbibliographien. – Weinheim: Beltz 1983.

Friedrichs, J.: Sozialwissenschaftliche Dissertationen und Habilitationen in der DDR 1951–1991. – Berlin: de Gruyter 1993.

Rohloff, H.-J. / Franke, L. (Bearb.): Erziehungswissenschaftliche Hochschulschriften: Bibliographie der Dissertationen und Habilitationsschriften in Deutschland (BRD und DDR). 1945–1967. – Weinheim: Beltz 1968.

3.2.3 Bio-bibliographischer Wissenschaftlernachweis

Kürschners Deutscher Gelehrten-Kalender: Bio-bibliographisches Verzeichnis deutschsprachiger Wissenschaftler der Gegenwart. – 18. Ausgabe – Geistes- und Sozialwissenschaften. – München: Saur 2001.

3.2.4 Rezensionsbibliographie

Zeller, O. / Zeller, W. (Hrsg.): Internationale Bibliographie der Rezensionen wissenschaftlicher Literatur (IBR). – Osnabrück: Zeller 1971 ff. [auch auf CD-ROM erhältlich].

3.2.5 Zeitschriftenaufsatzbibliographien

Current Contents: Behavioral and social sciences. – 1 ff. – Philadelphia: ISI 1969 / 70 ff. (wöchentlich) [auch als Diskettendienst oder CD-ROM erhältlich bzw. online abfragbar].

Zeller, O. / Zeller, W. (Hrsg.): Internationale Bibliographie der Zeitschriftenliteratur aus allen Gebieten des Wissens (IBZ). – Osnabrück: [Dietrich] Zeller 1897 ff. – neue Serie 1965 ff. [auch als CD-ROM].

3.2.6 Zeitschriftentitelbibliographien

Neben dem «Banger» (Deutschsprachige Zeitschriften) und der Reihe F der Deutschen Nationalbibliographie sind zu beachten:

Collins, M. E.: Education journals and serials. An analytical guide. – New York: Greenwood 1988.

Loke, Wing H.: A guide to journals in psychology and education – Metuchen: Scarecrow Pr. 1990.

3.2.7 Zeitungsdokumentation

Deutsches Institut für Internationale Pädagogische Forschung (Hrsg.): Zeitungs-Dokumentation Bildungswesen. – Berlin: VWB-Verl. für Wissenschaft und Bildung 1981 ff. (14tägig).

3.2.8 Zitationsbibliographien

In der Annahme, dass Literatur nur zitiert wird, wenn sie einen besonderen Stellenwert für eine wissenschaftliche Arbeit hat, gehen «Sciences – (SCI)» bzw. «Social Sciences Citation Index (SSCI)» davon aus, dass, mit einer bekannten Literaturangabe beginnend, neuere themenverwandte Literatur gefunden werden kann, in der die Ausgangsarbeit verwendet wurde. Allerdings werden bisher im SSCI fast ausschließlich englischsprachige Quellen ausgewertet, so dass dieser Index deutschsprachige erziehungswissenschaftliche Literatur fast gar nicht erschließt. Der SSCI ist auch online bzw. über CD-ROM recherchierbar.

Social Sciences Citation Index (SSCI): An international multidisciplinary index to the literature of the social, behavioral and related sciences. – Philadelphia: ISI 1973 ff.

4 Auswahl laufender deutschsprachiger erziehungswissenschaftlicher Zeitschriften

4.1 Zeitschriften für die gesamte Erziehungswissenschaft

Bildung und Erziehung. – 1948 ff. 1991 ff.: Köln: Böhlau (vierteljährlich).

Bildungsforschung und Bildungspraxis. – 1979 ff. Freiburg / Schweiz: Universitätsverlag (3 x im Jahr).

Empirische Pädagogik. – 1987 ff.: Landau: AepF (vierteljährlich).

Erziehung und Unterricht. – 1946 ff.: Wien: ÖBV Päd. Verl. (10 x im Jahr).

Internationale Zeitschrift für Erziehungswissenschaft. – 1955 ff. 1987 ff.: Dordrecht: Kluwer (zweimonatlich).

Neue Sammlung. – 1961 ff. 1978 ff.: Seelze-Velber: Friedrich (vierteljährlich).Pädagogik. – 1948 ff. 1988 ff.: Weinheim: Beltz (mtl.).

Pädagogische Korrespondenz. – 1987 ff.: Wetzlar: Büchse der Pandora (2 x im Jahr).

Pädagogische Rundschau. – 1947 ff. 1988 ff.: Bern: Lang (zweimonatlich).

Vierteljahrsschrift für wissenschaftliche Pädagogik. – 1925 ff. 1951 ff.: Bochum: Kamp (vierteljährlich).

Zeitschrift für Erziehungswissenschaft. – 1998 ff.: Opladen: Leske + Budrich (vierteljährlich).

Zeitschrift für internationale erziehungs- und sozialwissenschaftliche Forschung. – 1986 ff.: Köln: Böhlau (halbjährlich).

Zeitschrift für Pädagogik. – 1955 ff.: Weinheim: Beltz (zweimonatlich).

Zeitschrift für Soziologie der Erziehung und Sozialisation. – 1998 ff. [vormals: Zeitschrift für Sozialisationsforschung und Erziehungssoziologie – 1981–1997]: Weinheim: Juventa (vierteljährlich).

4.2 Laufende Zeitschriften zu einzelnen Fachgebieten / Gegenstandsbereichen

Historische Pädagogik / Bildungsgeschichte

Pädagogica historica. – 1961 ff.: Gent: Centre for the Study of the History of Education (Englisch / Deutsch; nach Bedarf [ca. 2x]).

Schulpädagogik / Unterrichtswissenschaft

(Die) Deutsche Schule. – 1897 ff. 1989 ff.: Weinheim: Juventa (vierteljährlich).

Förderschulmagazin. – 1995 ff.: München: Ehrenwirth (mtl.) Grundschule. – 1969 ff.: Braunschweig: Westermann (mtl.).

Grundschulmagazin. – 1974 ff.: München: Ehrenwirth (mtl.).

Internationale Schulbuchforschung. – 1979 ff.: Frankfurt / M.: Diesterweg (vierteljährlich).

Lernchancen. – 1998 ff.: [vormals: Pädagogische Welt: Monatsschrift für Erziehung, Bildung, Schule – 1947–1997] Donauwörth: Auer (zweimonatlich).

Päd. Forum. – 1996 ff. [vormals: Päd. Extra und Pädagogisches Forum]: Baltmannsweiler: Schneider Hohengehren (zweimonatlich).

Schulmagazin 5–10. – 1986 ff.: München: Ehrenwirth (mtl.).

Unterrichtswissenschaft. – 1973 ff.: Weinheim: Juventa (vierteljährlich).

Sonderpädagogik / Integrationspädagogik

Behinderte in Familie, Schule und Gesellschaft. – 1978 ff.: Graz: Verl. 1 % für behinderte Kinder u. Jugendliche (zweimonatlich).

Behindertenpädagogik. – 1976 ff.: Solms – Oberbiel: Jarick – Oberbiel (vierteljährlich).

Gemeinsam Leben. Zeitschrift für integrative Erziehung. – 1987 ff.: Neuwied: Luchterhand (vierteljährlich).

Heilpädagogische Forschung. – 1964 ff.: Berlin: Spiess (viermonatlich).

Sonderpädagogik. – 1971 ff.: Berlin: Marhold (vierteljährlich).

Vierteljahresschrift für Heilpädagogik und ihre Nachbargebiete. – 1971 ff.: Luzern: Univ. Fribourg (vierteljährlich).

Zeitschrift für Heilpädagogik. – 1951 ff.: Nienburg: Verband dt. Sonderschulen (mtl.).

Sozialpädagogik / Sozialarbeit

Archiv für Wissenschaft und Praxis der sozialen Arbeit. – 1970 ff.: Frankfurt / M.: Dt. Verein f. öffentl. u. priv. Fürsorge (vierteljährlich).

Blätter der Wohlfahrtspflege. – 1954 ff.: Stuttgart: Wohlfahrtswerk f. Baden-Württemberg (10 x im Jahr).

Diskurs. – 1991 ff.: Weinheim: Juventa (halbjährlich).

Deutsche Jugend. – 1953 ff. 1985 ff.: Weinheim: Juventa (vierteljährlich).

Jugendhilfe. – 1962 ff.: Neuwied: Luchterhand (8 x im Jahr).

Neue Praxis. – 1971 ff.: Neuwied: Luchterhand (zweimonatlich).

SozialExtra. – 1975 ff.: Wiesbaden: Sozialextra-Verlag (ab 2001: Opladen: Leske + Budrich) (monatlich).

Soziale Arbeit. – 1951 ff.: Berlin: DZI (mtl.).

Sozialmagazin. – 1976 ff.: Weinheim: Juventa (mtl.).

Sozialwissenschaftliche Literatur Rundschau. – 1977 ff. 1995 ff.: Neuwied: Luchterhand (halbjährlich).

Theorie und Praxis der Sozialen Arbeit. – 1927 ff.: Bielefeld: AWO (mtl.).

Berufs- / Wirtschaftspädagogik

(Der) Ausbilder. – 1956 ff.: Bielefeld: W. Bertelsmann (mtl.).

(Die) berufsbildende Schule. – 1949 ff.: Wolfenbüttel: Heckners (mtl.).

Berufsbildung. – 1974 ff. 1991 ff.: Seelze: Friedrich (zweimonatlich).

Berufsbildung in Wissenschaft und Praxis. – 1974 ff.: Bielefeld: W. Bertelsmann (zweimonatlich).

Erziehungswissenschaft und Beruf. – 1971 ff.: Rinteln: Merkur (vierteljährlich).

Grundlagen der Weiterbildung. – Neuwied: Luchterhand 1990 ff. (zweimonatlich).

Österreichische Zeitschrift für Berufspädagogik. – Wien: Arbeitskreis 1982 ff. (vierteljährlich).

Wirtschaft und Berufs-Erziehung. – Bielefeld: W. Bertelsmann 1949 ff. (mtl.).
Wirtschaft und Erziehung. – Wolfenbüttel: Heckner 1949 ff. (mtl.).
Wirtschaft und Weiterbildung. Das Managementmagazin. – 1992 ff.: Würzburg:
Schimmel (zweimonatlich).
Zeitschrift für Berufs- und Wirtschaftspädagogik. – Stuttgart: Steiner 1980 ff. (8 x im
Jahr).

Erwachsenenbildung / -pädagogik

DIE. Zeitschrift für Erwachsenenbildung. – Frankfurt am Main: Deutsches Institut für
Erwachsenenbildung (vierteljährlich).
Erwachsenenbildung. – 1955 ff. 1979 ff.: Würzburg: Fränkische Gesell.druckerei (vier-
teljährlich).
Erwachsenenbildung in Österreich. – 1970 ff.: Wien: ÖBV (zweimonatlich).
forum EB. Beiträge und Berichte aus der evangelischen Erwachsenenbildung. – 1997 ff.
[ehemals: Nachrichtendienst. Karlsruhe 1968 – 1996]: Karlsruhe: Deutsche Evange-
lische Arbeitsgemeinschaft für Erwachsenenbildung (vierteljährlich).
Grundlagen der Weiterbildung. – 1990 ff.: Neuwied: Luchterhand (zweimonatlich).
Hessische Blätter für Volksbildung. – 1958 ff.: Frankfurt / M.: dipa (vierteljährlich).
ManagerSeminare. Das Weiterbildungsmagazin. – 1991 ff.: Bonn: May (vierteljährlich).

Noch speziellere, für die Erziehungswissenschaft interessante Fachzeitschriften

Forum Qualitative Sozialforschung / Forum Qualitative Social Research (FQS). – On-
line-Journal. – 2000: Uni Magdeburg / FU Berlin (Drei Ausgaben jährlich). – URL:
http://qualitative-research.net
Korrespondenzen. Zeitschrift für Theaterpädagogik. – 1982 ff.: Milow: Schibri (halbjährlich).
Medienpädagogik. e-journal. – 2000: Zürich: Pestalozzianum (halbjährl.). – URL:
http://www.medienpaed.com/
medien praktisch. Zeitschrift für Medienpädagogik – 1977 ff.: Frankfurt / M.: GEP
(vierteljährl.). – URL: http://www.gep.de/medienpraktisch/welcome.html
merz. medien + erziehung. – 1956 ff. – München: KoPäd. (zweimonatl.) – URL:
http://www.jff.de/merz/index.html
Recht der Jugend und des Bildungswesens. – 1953 ff.: Neuwied: Luchterhand (vierteljährlich).
Zeitschrift für Qualitative Bildungs-, Beratungs- und Sozialforschung (ZBBS). – 2000:
Opladen: Leske + Budrich (halbjährlich).

5 Erziehungswissenschaftlich relevante Datenbanken

5.1 Online-Datenbanken. Kurzbeschreibungen

BEI = BRITISH EDUCATION INDEX
Datenbank, die auch Grundlage der gedruckten Ausgabe ist. Dokumentnachweise
aus über 250 ausgewählten englischsprachigen pädagogischen Zeitschriften ab 1976
(= über 105 000 Dokumentnachweise). Verschlagwortet nach dem British Education
Thesaurus. Online erreichbar über die URL: http://www.leeds.ac.uk/bei/bei.htm
[Bestand auch auf der CD-ROM «International ERIC», s. 5.2].
EDZ = Europäisches Dokumentationszentrum der Universität Mannheim

Teil eines Informationsnetzes, das Anfang der 1960er Jahre durch die Europäischen Gemeinschaften geschaffen wurde, mit der Aufgabe der Bereitstellung und Vermittlung von Informationen über die Europäische Union. Dazu gehört auch eine Zusammenstellung von Texten, Links und EU-Datenbanken, die z. T. online und kostenlos übers Internet verfügbar sind. URL: http://www.uni-mannheim.de/users/ddz/edz/edz.html

ELIS = Erlangen Library Information System
enthält als OPAC-Katalog den Gesamtbestand der Universitätsbibliothek Erlangen-Nürnberg, der u. a. das Sondersammelgebiet Bildungsforschung (Monographien, Sammelwerke, Zeitschriften; jährlicher Zuwachs: ca. 6–7000 Bände) umfaßt. Gesammelt wird pädagogische Literatur ab 1800. Neben den vollständigen Katalogdaten sind Schlagwörter aus der Schlagwortnormdatei zu den Büchern vergeben; es erfolgt keine Aufnahme und inhaltliche Erschließung von Aufsätzen. Zugang über URL: http://opac.uni-erlangen.de/

ERIC = Datenbanken des amerikanischen Educational Resources Information Center
Die Datenbank ist die Grundlage für die gedruckten Dienste CIJE und RIE. Sie enthält Literaturhinweise aus mehr als 700 vorwiegend amerikanischen pädagogischen Fachzeitschriften und Nachweise von Forschungsreports ab 1966 bis heute. Derzeit über 1 Million Dokumentationseinheiten. Updates monatlich. Es besteht die Möglichkeit, viele Dokumente per Online-Ordering in Kopie zu bestellen. Die Datenbank gibt es auch auf zwei CD-ROMs (s. 5.2). ERIC ist auch über Internet recherchierbar. URL: http://www.accesseric.org/

EUDISED = Europäische Forschungsprojekte im Bereich Bildungsforschung
Bisher noch kleine Datenbank zu europäischen Forschungsprojekten, verschlagwortet nach dem EUDISED-Thesaurus. Zuwachs jährlich ca. 2000. Auch als gedruckter Dienst erhältlich (s. Forschungsdokumentationen). URL: http://culture.coe.fr/her/eng/esused.html

FIS Bildung Literaturdatenbank
Sicherlich die wichtigste Datenbank für deutschsprachige pädagogische Literaturnachweise; umfaßt sämtliche Bereiche des Bildungswesens (fast 460 000 Dokumentationseinheiten des Zeitraums 1980 – Anfang 2001). Sie wird im DIPF konvertiert aus den Daten von 30 Informations- und Dokumentationsstellen des Bildungsbereichs Deutschlands, Österreichs und der Schweiz. Es sind vor allem pädagogisch relevante deutschsprachige Zeitschriftenaufsätze berücksichtigt (ca. 266 000) sowie Monographien, davon auch fremdsprachige. Das Sachregister umfaßt über 16 000 Begriffe, unter denen mehrdimensional gesucht werden kann. Für Bezieher der CD Bildung (s. 5.2) ist der Zugang zu der Online-Datenbank, die dreimonatlich aktualisiert wird, kostenlos; für andere kostenpflichtig. URL: http://www.fis-bildung.de/

FORIS = Forschungsdokumentation Sozialwissenschaften
Umfassendste Datenbank zu sozialwissenschaftlichen Forschungsprojekten in der BR Deutschland, in Österreich und in der Schweiz. Sie enthält ca. 40 000 Projekte mit ausführlichen Angaben u. a. zum Thema, dem Inhalt und dem methodischen Vorgehen laufender und abgeschlossener Forschungsarbeiten, in vielen Fällen auch Hinweise auf Arbeitspapiere und Ansprechpartner. Verschlagwortet nach der Schlagwortliste des IZ Sozialwissenschaften. Aktualisierung: dreimal im Jahr; Zuwachs und Aktualisierung von ca. 6000 Projekten pro Jahr. Online erreichbar über http://www.gesis.org/Information/FORIS/index.htm, über DIMDI und STN [auch auf der CD-ROM «WISO III», s. 5.2].

GEROLIT = Literaturdatenbank des Deutschen Zentrums für Altersfragen Berlin (DZA)

Das seit 1978 aufgebaute, kostenpflichtige Literaturinformationssystem umfaßt ca. 90 000 Nachweise. GEROLIT dokumentiert den Bestand der Bibliothek des DZA (s. 5.2). Neben gerontologischer Fachliteratur wird Literatur verschiedener Disziplinen mit dem Bezug zu Themen des Alters und des Alterns nachgewiesen. GEROLIT ist eine Literaturdatenbank mit fachwissenschaftlichem und praxisbezogenem Schwerpunkt. Zur Zeit werden etwa 120 Fachzeitschriften systematisch ausgewertet. GEROLIT wird alle drei Monate upgedatet (ca. 1000 Neuveröffentlichungen pro Update). URL: http://gripsdb.dimdi.de/germ/gui.html

Informationssystem Medienpädagogik (ISM)

Diese Online-Datenbank des DIPF umfaßt ca. 23 500 Dokumentationseinheiten (Stand: Nov. 2001). Sie ist Teil der medienpädagogischen Aufklärungskampagne «Kinder und Medien», die der Südwestfunk Baden-Baden in Kooperation mit der Landesanstalt für Kommunikation Baden-Württemberg (LfK) im Sommer 1995 startete. Weitere Partner sind: Bundeszentrale für politische Bildung, die Bertelsmann Stiftung, das Deutsche Institut für Internationale Pädagogische Forschung (DIPF) sowie die Landesmedienanstalten der Länder Bayern, Hessen und Nordrhein-Westfalen. Die Datenbank ist online über das DIPF erreichbar. URL: http://www.dipf.de/datenbanken/ism.htm

PSYNDEX

Diese kostenpflichtige, in deutscher und englischer Sprache absuchbare Datenbank der ZPID weist fast vollständig die psychologische Literatur aus den deutschsprachigen Ländern sowie ausgewählte audiovisuelle Medien nach. Dokumentiert werden deutsch- und englischsprachige Publikationen von Autoren aus Deutschland, Österreich und der Schweiz. Derzeit ca. 160 000 Nachweise (darunter über 1300 Beschreibungen von AV-Medien). Jährlich werden etwa 7800 Neuzugänge dokumentiert: Zeitschriften, Aufsätze, Bücher, Sammelwerksbeiträge, Reports und Dissertationen sowie psychologierelevante audiovisuelle Medien aus den Dokumentationsbeständen einschlägiger Medienanbieter [auch auf CD-ROM, s. 5.2]. URL: http://www.zpid-psychologie.de

PSYTKOM = Datenbank deutschsprachiger psychologischer und pädagogischer Testverfahren

Etwa 4000 z. T. ausführliche Beschreibungen von Tests, Skalen, Fragebögen etc. aus den Bereichen Psychologie, Psychiatrie und Pädagogik ab 1945 umfaßt diese über DIMDI und ZPID (s. Bibliographien, Dokumentationen) erreichbare Datenbank des ZPID. URL: http://www.zpid-psychologie.de

Religionspädagogische Online-Datenbank des Comenius-Instituts

Datenbank aus den Bereichen Religionspädagogik, kirchliche Bildungsarbeit und Erziehungswissenschaft. Laufende Auswertung von über 330 Zeitschriften sowie von Monographien, Aufsätzen aus Sammelwerken, Unterrichtsmodellen, Lehrplänen, Gesetzen und Schulbüchern. Derzeit nur noch die neuen Dokumentationseinheiten, die noch nicht auf den CD-ROMs zugänglich sind, kostenfrei recherchierbar (s. 5.2. CD-ROMs «RKE»). URL: http://www.comenius.de/index.cfm

RTEE = Europäische Dimension des Bildungswesens

Die Datenbank umfaßt ca. 10 000 Literaturnachweise zu Publikationen der Organe und Institutionen der Europäischen Union sowie Beiträge zur Entwicklung der allgemeinen und beruflichen Bildung in der Europäischen Gemeinschaft. Sie wurde vom Deutschen Institut für Internationale Pädagogische Forschung (DIPF) im Rahmen einer Projektpartnerschaft (EU-Bildungsprogramm SOKRATES) entwickelt. Dokumentierter Zeitraum: 1947–1999. Sie wird fortgesetzt, Schwerpunkt liegt auf den 1980er und 90er Jahren. Liegen EU-Dokumente in mehreren Amtssprachen vor, so wurde i. d. R. die deutsche und englische Fassung dokumentiert, sonst in Französisch, Spanisch oder einer anderen europäischen Sprache. Ab 1994 haben alle Literaturnachweise Kurzreferate. URL: http://www.dipf.de/datenbanken/edb.htm

SOCIAL SCISEARCH

Die kostenpflichtige Datenbank entspricht genau dem «Social Science Citation Index». Sie enthält seit 1973 alle Gebiete der Gesellschafts- und Geisteswissenschaften mit besonderer Betonung der Sozialwissenschaften, der Sozialmedizin und der Psychologie. Es werden Literaturnachweise aus ca. 1400 meist englischsprachigen Fachzeitschriften der Sozial- und Verhaltenswissenschaften komplett nachgewiesen sowie relevante Beiträge aus ca. 3200 anderen Zeitschriften. Die Datenbank umfaßt ca. 3,7 Millionen Zielinformationen. Aktualisierung: wöchentlich [Auszug auch auf CD-ROM verfügbar]. Info-URL: http://www.dimdi.de/germ/dbmemo/in73ger.html

Sociofile (= SOCIOLOGICAL ABSTRACTS)

Diese kostenpflichtige amerikanische Datenbank umfaßt ca. 461 000 Dokumentationseinheiten, davon 60 % mit Abstracts. Sie ist seit 1974 in Betrieb und beinhaltet die Fachgebiete Soziologie, Sozialpsychologie, Anthropologie, Wirtschaftswissenschaften, Erziehungswissenschaft, Philosophie und Statistik. Es werden ca. 2000 Zeitschriften aus 55 Ländern, Monographien, Rezensionen, Dissertationen u. a. berücksichtigt. Aktualisierung: zweimonatlich [Unter dem Titel «Sociofile» als CD-ROM veröffentlicht]. URL: http://lib.harvard.edu/e-resources/details/s/sociofil.html

SOLIS = Soziologische Literatur

Diese Datenbank des IZ Sozialwissenschaften, Bonn, enthält in Auswahl über 225 000 Dokumentationseinheiten (davon 88 % mit Abstract) der Soziologie und benachbarter Fachgebiete ab 1945, darunter etwa 18 000 erziehungswissenschaftliche. Es werden Zeitschriften (50 %), Monographien und Beiträge in Sammelwerken (zus. 40 %) sowie Graue Literatur (10 %) ausgewertet. Verschlagwortet nach der Schlagwortliste des IZ Sozialwissenschaften. Zuwachs: ca. 10 000 pro Jahr. Aktualisierung: monatlich. Zugang über URL: http://www.gesis.org/Information/SOLIS/index.htm [auch auf der CD-ROM «WISO III»].

ZDB = Zeitschriftendatenbank (Zeitschriften, zeitschriftenartige Reihen, Schriftenreihen, Zeitungen und Serien)

Bibliothekarischer Standortnachweis für o. g. Materialarten mit der Möglichkeit, bei 22 wissenschaftlichen Bibliotheken Aufsatzkopien aus Zeitschriften online zu bestellen, die dort vorhanden sind. Die ZDB beinhaltete Mitte 2001 950 000 Titel mit Standortnachweisen zu über 3500 Bibliotheken. Zugang auch als «Guest» über http://dbix01.dbi-berlin.de:6100/DBI/login.html [Die ZDB ist auch auf CD-ROM verfügbar].

Zeitungs-Dokumentation Bildungswesen

Relevante Zeitungsartikel zu pädagogischen, bildungstheoretischen und -politischen Themen aus überregionalen Zeitungen sind hier nachgewiesen. Der Bestand der unter gleichem Titel veröffentlichten Version ist jetzt bestandsmäßig ab 1995 über das DIPF online zu recherchieren. URL: http://www.dipf.de/datenbanken/zeitdok.htm

5.2 CD-ROMs. Kurzbeschreibungen

CD Bildung (vormals Literaturdokumentation Bildung)

    Sicherlich die wichtigste Datenbank für deutschsprachige pädagogische Literaturnachweise; umfaßt sämtliche Bereiche des Bildungswesens (fast 460 000 Dokumentationseinheiten des Zeitraums 1980 – Anfang 2001). Sie wird konvertiert aus den Daten von 30 Informations- und Dokumentationsstellen des Bildungsbereichs Deutschlands, Österreichs und der Schweiz. Es sind vor allem pädagogisch relevante deutschsprachige Zeitschriftenaufsätze aus 550 Fachzeitschriften berücksichtigt (ca. 266 000 Dokumentnachweise) sowie Monographien, davon auch fremdsprachige. Das Sachregister umfaßt über 16 000 Begriffe, unter denen – mittels der bekannten CD-ROM-Software CD-ANSWER – mehrdimensional gesucht werden kann. Darüber hinaus enthält die CD die DGfE-Adreßdatenbank und die Literaturverwaltungssoftware Literat. Bezug der CD über das DIPF. Es gibt auch eine WINDOWS- und eine Macintosh-Version sowie eine Online-Datenbank, deren Zugang für Abonnenten kostenlos ist (s. 5.1).

ERIC (Education Resources Information Center)

    Auszug aus der gleichnamigen Online-Datenbank, erschienen auf zwei CDs, und zwar für den Zeitraum 1966–1981 und ab 1982 ff. Letztere wird 1 x im Jahr aktualisiert. Auswertung von ca. 750 vorwiegend englischsprachigen Zeitschriften mit über 950 000 Dokumentnachweisen auf vorwiegend englischsprachige Literatur zu den Schwerpunkten Beratung, Schul- und Unterrichtswesen, Leistungsmessung, Lehrerbildung, Vorschulerziehung, Sonderpädagogik, Berufsausbildung, Erwachsenenbildung. Update: vierteljährlich.

Fernunterricht / Fernstudium

    Alle derzeit angebotenen Fernlehrgänge und Fernstudienkurse, die den vom Gesetzgeber geforderten Qualitätsstandards entsprechen, sind hier, klar gegliedert nach inhaltlichen Bereichen, auf dieser CD-ROM vorgestellt. Jede Lehrgangsbeschreibung enthält die Adresse und Telefonnummer des Anbieters, nennt Voraussetzungen, Umfang sowie Kosten und weist auf mögliche finanzielle Förderungsmöglichkeiten hin. Herausgeber sind das Bundesinstitut für Berufsbildung und die Staatliche Zentralstelle für Fernunterricht (ZFU). Die CD-ROM ist 1999 erschienen beim W. Bertelsmann Verlag, Bielefeld (ISBN 3-7639-0886-2). Aus Aktualitätsgründen sinnvoller ist sicher ein Download der entsprechenden Access-Datenbank bei der ZFU (s. 6.2).

International ERIC

    vereinigt die Online-Datenbanken der Länder Australien und Großbritannien ab 1976 und ist somit eine passende Ergänzung zur ERIC-CD. Sie umfaßt ca. 260 000 Literaturhinweise ab 1976 zu den Bereichen Lehrerausbildung und -beruf, Curriculumentwicklung, multikulturelle Erziehung, Vorschulerziehung, Sonderpädagogik, Berufsausbildung, Bildungsverwaltung. Die CD wird vierteljährlich aktualisiert.

Literaturdokumentation Berufliche Bildung

    Die Literaturdatenbank des BIBB umfaßt derzeit ca. 38 000 Nachweise, beginnend 1988. Jährlicher Zuwachs: ca. 3000 Nachweise. Inhaltliche Schwerpunkte: Berufsbildung, duales System, Berufsbildungspolitik, Berufsbildungsforschung, Qualifikationsentwicklung, Früherkennung, Ordnung der betrieblichen und schulischen Aus- und Weiterbildung, betriebliche und schulische Berufsausbildung, Modellversuche, innovative Lehr- und Lernmethoden, Bildungsökonomie, Benachteiligtenförderung, internationale Zusammenarbeit in der Berufsbildung. Erscheinungsweise: 4 Updates pro Jahr.

Medienpädagogik 2000 (ISM 2000)

Das Projekt ist Teil der medienpädagogischen Aufklärungskampagne «Kinder und Medien», die der Südwestfunk Baden-Baden in Kooperation mit der Landesanstalt für Kommunikation Baden-Württemberg (LfK) im Sommer 1995 startete. Weitere Partner sind: die Bundeszentrale für politische Bildung, die Bertelsmann Stiftung, das Deutsche Institut für Internationale Pädagogische Forschung (DIPF) (s. 6.2) sowie die Landesmedienanstalten der Länder Bayern, Hessen und Nordrhein-Westfalen. Diese CD-ROM ist eine Light-Version der Literaturrecherche-Datenbank Informationssystem Medienpädagogik (ISM) des DIPF (s. 5.1). Für die vorliegende Version 2000 wurde die Text- und Materialiensammlung nicht nur fortgeschrieben und aktualisiert, sondern auch nach Inhalts- und Benutzeraspekten neu strukturiert und aufbereitet. Die CD-ROM enthält u. a. Texte, Beiträge und medienpädagogische Projekte, neue Recherche- und Datenbankprogramme sowie eine Demoversion der Lernsoftware «Medienbildung».

(The) OCLC Education Library

Über 685 000 Hinweise auf überwiegend englischsprachige Zeitschriftenaufsätze aus den USA zu den Sachgebieten Erwachsenenbildung, Berufsausbildung, Vorschulerziehung, Schulverwaltung, Bildungspolitik, Hochschule, Pädagogische Psychologie. Die CD wird einmal im Jahr aktualisiert. Die Datenbank ist auch über Internet recherchierbar, allerdings ist eine Zugangsberechtigung für FirstSearch erforderlich.

pro Arbeit

ist ein gemeinsam vom IAB, dem Institut der deutschen Wirtschaft Köln (IW) und der Arbeitsgemeinschaft Berufsbildungsforschungsnetz (AG BFN) produziertes Informationssystem zu Arbeit, Beruf, Berufsbildung und Arbeitswissenschaft. Das Informationssystem umfaßt gegenwärtig fünf Datenbanken: die IAB-Datenbanken LitDokAB, FoDokAB und InstDokAB, die Literaturdatenbank LitDokBB der AG BFN sowie die arbeitswissenschaftliche Datenbank PRODIS des Instituts der deutschen Wirtschaft Köln (Literatur, Forschungsprojekte, Medien, Seminare) zu praxisorientierten Informationen für eine menschengerechte Gestaltung der Arbeit. Insgesamt enthalten die Datenbanken über 200 000 Nachweise. Die CD-ROM erscheint zweimal im Jahr als Einzelplatz- und Netzwerkversion. Update: halbjährlich.

PSYNDEXplus with Testfinder

Auf CD-ROM erhältliche Datenbank, erstellt von der ZPID an der Universität Trier, zu den Sachgebieten Psychologie, Psychiatrie, Philosophie und Sozialwissenschaften. Sie enthält ca. 160 000 Einträge und bietet bibliographische Einträge und Abstracts, ausführliche Beschreibungen psychologischer und pädagogischer Testverfahren. Die CD wird vierteljährlich aktualisiert.

RKE = Religionspädagogik – Kirchliche Bildungsarbeit – Erziehungswissenschaft

Die Datenbank des Comenius-Instituts informiert auf dieser CD mit über 170 000 Literaturdaten zu folgenden Bereichen: Religionspädagogik, Praktische Theologie, Gemeindepädagogik, Kirchliche Bildungsarbeit, Erziehungswissenschaft, insbesondere Allgemeine Pädagogik und Schule und die Bezugswissenschaften Psychologie, Soziologie, Politik. Aktualisierung jährlich, aktuelle Update-Datensätze unter www.comenius.de.

Sociofile (= SOCIOLOGICAL ABSTRACTS)

Diese amerikanische Datenbank umfaßt ca. 461 000 Dokumentationseinheiten, davon 60 % mit Abstracts. Sie ist seit 1974 in Betrieb und umfaßt die Fachgebiete Soziologie, Sozialpsychologie, Anthropologie, Wirtschaftswissenschaften, Erziehungswissenschaft, Philosophie und Statistik. Es werden ca. 2300 Zeitschriften aus 55 Ländern, Monographien, Rezensionen, Dissertationen u. a. berücksichtigt. Aktualisierung: zweimonatlich [unter dem Titel «Sociofile» auch online, s. 5.1].

Sozialwissenschaftlicher Fachinformationsdienst «soFid» auf CD-ROM

28 Themenbereiche – darunter z. B. «Bildungsforschung», «Jugendforschung», «Migration und ethnische Minderheiten», «Soziale Probleme», «Sozialpolitik» – bietet das IZ Sozialwissenschaften auf einer einzigen CD-ROM an. Sie wird 2 x jährlich aktualisiert und enthält für jeden Themenbereich die Neuzugänge der letzten drei Jahre aus der Forschungsprojektdatenbank FORIS sowie der Literaturdatenbank SOLIS. Es können beliebig viele der 28 Themen abonniert werden.

SoLit

Die Datenbank SoLit umfaßt zur Zeit 128 000 Literaturnachweise zur Sozialen Arbeit, Sozialpädagogik, Sozialpolitik auf einer CD-ROM und wird mit einem benutzerfreundlichen OPAC-System (BIS-LOK V3.1) als Einzelplatzversion zur Verfügung gestellt. Die inhaltliche Erschließung von Monographien und 200 laufenden Fachzeitschriften erfolgt thesaurusgestützt durch wissenschaftliche Mitarbeiter und Mitarbeiterinnen des Deutschen Zentralinstituts für soziale Fragen, Berlin.

TheoPrax – Theorie und Praxis der Religionspädagogik

Dokumentation von Fachliteratur zu allen Aspekten der Religionspädagogik in Theorie und Praxis. Die CD TheoPrax hat angesichts der Fülle religionspädagogischer Veröffentlichungen eine orientierende Funktion und bietet einen umfassenden Nachweis der Literatur und Forschung im deutschsprachigen Raum, der ergänzt wird durch wichtige Veröffentlichungen aus den westeuropäischen Nachbarländern. Ca. 37 000 Literaturdaten seit 1986 mit jährlich ca. 2800 Neuzugängen. Aktualisierung jährlich, aktuelle Daten unter www.comenius.de.

WISO III

Die CD-ROM WISO III enthält zwei Datenbanken, und zwar FORIS und SOLIS des IZ Sozialwissenschaften (s. a. 5.1). FORIS enthält ca. 37 000 Forschungsprojekte der letzten 10 Jahre, SOLIS über 270 000 Dokumentnachweise zu überwiegend deutschsprachiger sozialwissenschaftlicher Literatur ab 1975, darunter auch Aufsätze. Etliche Dokumentationseinheiten sind mit einem Abstract versehen. Die CD wird 3 x im Jahr aktualisiert.

5.3 Diskettendienste. Kurzbeschreibungen

Bibliographie Bildungsgeschichte

Mit der gedruckten Bibliographie gleichen Inhalts (s. 3.1.4) wird eine Diskette mitgeliefert, die in einer Allegro-Datenbank die ca. 2500 bibliographischen Einheiten des jeweiligen Jahrgangs für mehrdimensionale Abfragen auf einem DOS-PC bereitstellt. Inhaltliche Schwerpunkte sind – sofern historische Aspekte eine Rolle spielen – Bildungspolitik, -verwaltung und -recht, Schul- und Hochschulwesen, historische Sozialisationsforschung, Mentalitäts-, Kultur- und Sozialgeschichte. Hersteller der Bibliographie ist die Bibliothek für Bildungsgeschichtliche Forschung des DIPF (s. 6.2).

Religionspädagogische Jahresbibliographie

Umfaßt ca. 2000 Dokumentationseinheiten pro Jahrgang ev. und kath. religionspädagogischer Literatur, die in eine eigene Datenbank einspielbar oder unter dem Datenbanksystem CICADE recherchierbar sind. Bezug über das Comenius-Institut, Münster (s. 6.2).

SOLIS (DD-F)

Für zur Zeit sieben thematische Bereiche bietet das IZ Sozialwissenschaften einen halbjährlichen Diskettendienst an. Das Angebot DD-F umfaßt pro Jahr ca. 500 Neuzugänge der Datenbank SOLIS zu folgenden Bereichen: Bildung, Familie, Frauen, Gesundheit, Lebensalter, Wissen. Bezug über den Hersteller, das IZ (s. 6.2).

6 Adreßbücher / Anschriften

6.1 Für die Erziehungswissenschaft relevante Adreßbücher

Altbach, Ph. G. / Tan, E. T. J.: Programs and Centers in Comparative and International Education. A global inventory. – Revised Ed. – Buffalo 1995.

Bode, C. (Hrsg.): Fachhochschulen in Deutschland. – München: Prestel 1997.

Deutsche Gesellschaft für Erziehungswissenschaft (Hrsg.): Adressbuch Erziehungswissenschaft 2000. Verzeichnis der Institutionen und des Personals erziehungswissenschaftlicher Forschung und Lehre. – CD-ROM. – Opladen: Leske + Budrich 2000.

Deutscher Hochschulführer. Hrsg. in Zusammenarbeit mit der Hochschulrektorenkonferenz. – 56., neubearb. Aufl. – Stuttgart [u. a.]: Raabe 1996.

Deutscher Hochschullehrer-Verband (Hrsg.): Hochschullehrer-Verzeichnis. – Bd. 1: Universitäten Deutschland. – 9. Ausg. – München: Saur 2001.

Deutscher Hochschullehrer-Verband (Hrsg.): Hochschullehrer-Verzeichnis. – Bd. 2: Fachhochschulen Deutschland. – 4. Ausg. – München: Saur 2001.

Ernst, U. (Hrsg.): EUROMECUM. European Higher Education and Research Institutions. – Losebl.-Ausg. – Stuttgart: Raabe 1993 ff.

Handbuch der Universitäten und Fachhochschulen Deutschland, Österreich, Schweiz. – 11. Ausgabe – München: Saur 2001.

Oeckl, A. (Hrsg.) / Hey, H. H. / Stephan, J. / Zügner, D. A. (Bearb.): Taschenbuch des Öffentlichen Lebens. Deutschland 2000 / 2001. – 50. Jg. – Bonn: Festland 2000.

Oeckl, A. (Hrsg.) / Hey, H. H. / Stephan, J. / Zügner, D. A. (Bearb.): Taschenbuch des Öffentlichen Lebens. Europa und internationale Zusammenschlüsse 2001 / 2002. – 6. Aufl. – Bonn: Festland 2001.

6.2 Anschriften erziehungswissenschaftlich relevanter Informations- und Dokumentationsstellen / Datenbankanbieter

Deutschland

Arbeitsstelle für Interkulturelle Pädagogik. Dokumentation «Interkulturelle Bildungsforschung», Fachbereich Erziehungswissenschaft der Westfälischen Wilhelms-Universität, Georgskommende 33, Haus C, 48143 Münster, Tel.: (0251) 83–24299, Fax: (0251) 83–24184. – Dokumentationsschwerpunkt: Interkulturelle Bildung und Erziehung.

Arbeitsstelle für vergleichende Bildungsforschung (AVB) am Institut für Pädagogik an der Ruhr-Universität Bochum, Universitätsstr. 150, 44801 Bochum, Tel.: (0234) 700–5751, Fax: (0234) 7094252. – Produzent der Datenbank «AVBDOK».

Bayerisches Staatsinstitut für Hochschulforschung und Hochschulplanung (IHF), Prinzregentenstr. 24, 80538 München, Tel.: (089) 21234–405. – Hochschulwesen.

Bundesinstitut für Berufsbildung (BIBB), Hermann-Ehlers-Straße 10, 53113 Bonn, Tel.: (0228) 107–0, Fax: (0228) 107–2977. – Das BIBB verfügt über eine «Literaturdatenbank Berufsbildung» zum Bereich Berufsbildung(sforschung); derzeit 38 000 Nachweise ab 1986, jährlicher Zuwachs: ca. 3000. Die Literaturdatenbank ist auch auf der CD-ROM proARBEIT (s. 5.2) zu finden.

Comenius-Institut, Evangelische Arbeitsstätte für Erziehungswissenschaft e.V. (CI), Arbeitsbereich Information, Dokumentation, Bibliothek, Schreiberstr. 12, 48149 Münster, Tel.: (0251) 98101–0, Fax: (0251) 98101–50. – Religionspädagogik (auch katholische), kirchliche Bildungsarbeit; Auftragsrecherchen in eigenen Datenbanken mit 160 000 Dokumenteinheiten ab 1976. Verkauf von CDs.

Ehemaliges Deutsches Bibliotheksinstitut (EDBI) (in Abwicklung), Kurt-Schumacher-Damm 12–16. 13405 Berlin, Tel.: (030) 39077–130. – Online-Datenbankanbieter u. a. für MONO, GKS und ZDB.

Deutsches Institut für Erwachsenenbildung (DIE) des Deutschen Volkshochschul-Verbandes e.V., Hansaallee 150, 60320 Frankfurt am Main, Tel.: (069) 95626–117, Fax: (069) 95626–174. – Auftragsrecherchen in der hauseigenen Datenbank ERWIN (65 000 Dokumente ab 1980; Zuwachs: 3000 pro Jahr) zur Erwachsenenbildung; Hersteller der «Bibliographie zur Erwachsenenbildung». NEU: Kostenlose Online-Recherche in der hauseigenen Datenbank ab August 2001 für eine zweijährige Erprobungsphase.

Deutsches Institut für Internationale Pädagogische Forschung (DIPF), Bereich Service, Schloßstr. 29, 60486 Frankfurt/M., Tel.: (069) 24708–0, Fax: (069) 24708–444. – Auftrags-, aber auch Online-Recherchen in den hauseigenen Datenbanken OPAC (Bildungsforschung; Erziehungswissenschaft; ca. 100 000 Dokumentationseinheiten ab 1979), Medienpädagogik (ca. 22 000 Nachweise ab 1970), ZEITDOK (Zeitungsdokumentation; ca. 101 000 Nachweise ab 1980); pädagogische und psychologische Testverfahren (Testbibliothek); das DIPF ist maßgebend beteiligt an der Erstellung der «CD Bildung».

Deutsches Institut für Internationale Pädagogische Forschung, Bibliothek für Bildungsgeschichtliche Forschung (DIPF-BBF), Warschauer Str. 34–38, 10243 Berlin, Tel.: (030) 293360–14, Fax: (030) 293360–25. – Die BBF des DIPF ist eine Spezialbibliothek mit Archiv für den Bereich Bildungsgeschichte, Geschichte der Pädagogik, und bietet umfangreiche Serviceleistungen an. Die BBF verfügt über einen OPAC und gibt die «Bibliographie Bildungsgeschichte» inkl. Diskette) heraus. NEU: Pictura Paedagogica Online und Scripta Paedagogica Online.

Deutsches Institut für Medizinische Dokumentation und Information (DIMDI), Waisenhausgasse 36–38 a, 50676 Köln, Tel.: (0221) 4724–1. – Online-Datenbankanbieter für humanwissenschaftliche Datenbanken, u. a. FORIS, PsycINFO, PSYNDEX, PSYTKOM, SOCIAL SCISEARCH, SOCIOLOGICAL ABSTRACTS, SOLIS.

Deutsches Jugendinstitut (DJI), Bibliothek/Dokumentation, Nockherstr. 2, 81541 München, Tel.: (089) 62306–0. – Familienpädagogik; Kinder- und Jugendarbeit, -forschung, -hilfe, -politik, -schutz; Sozialpädagogik. Datenbank Jugendhilfe (80 000 Nachweise ab 1968). Das DJI erstellte die «Bibliographie Jugendhilfe».

Deutsches Zentralinstitut für Soziale Fragen (DZI), Bernadottestr. 94, 14195 Berlin, Tel.: (030) 839001–0, Fax: (030) 8314750. – Sozialpädagogik, Sozialarbeit; Auftragsrecherchen in hauseigener Datenbank SoLit (128 000 Nachweise seit 1979); Verkauf der Datenbank auf der CD. Literaturausleihe der eigenen Bestände; gedruckte Bibliographie in der Zeitschrift «Soziale Arbeit»).

Deutsches Zentrum für Altersfragen e.V. (DZA), Manfred-von-Richthofen-Straße 2, 12101 Berlin, Tel.: (030) 786042–60, Fax: (030) 7854350, E-Mail: dza@dza.de. – Das DZA erstellt u. a. die kostenpflichtige Online-Datenbank GEROLIT zur Sozialen Gerontologie und Altenarbeit.

Georg-Eckert-Institut für Internationale Schulbuchforschung, Celler Str. 3, 38114 Braunschweig, Tel.: (0531) 59099–0, Fax: (0531) 59099–99. – Datenbanken zum Schulbuch (Schulbuchforschung ca. 4150 Nachweise ab 1988; Schulbuchtitel ca. 39000; ausländische Schulbücher ca. 10000).

Informationszentrum Sozialwissenschaften (IZ), Lennéstr. 30, 53113 Bonn, Tel.: (0228) 2281–0, Fax: (0228) 2281–120. – Datenbankproduzent von FORIS und SO-LIS; Herausgeber von gedruckten Diensten und CDs (soFID); Informationsvermittlung aus den eigenen Datenbanken.

Institut für Arbeitsmarkt- und Berufsforschung (IAB) der Bundesanstalt für Arbeit, Arbeitsbereich Dokumentation und Information, Platenstr. 46, 90478 Nürnberg, Tel.: (0911) 179–3016 Fax: (0911) 179–3258. – Das IAB führt Auftragsrecherchen durch in seiner online nicht zugänglichen Literaturdatenbank LitDokAB. Sie enthält ab 1970 ca. 70000 Nachweise zu den Themen Berufsforschung und -soziologie, berufliche Erwachsenenbildung usw. Darüber hinaus führt das IAB eine Forschungsprojektdatenbank FODOKAB. Diese beiden (wie auch die IAB-Institutionendokumentation) sind auf der CD-ROM «pro Arbeit», die zudem noch die «Literaturdatenbank Berufsbildung» des BIBB und die arbeitswissenschaftliche Datenbank PRODIS enthält. Darüber hinaus publiziert das IAB gedruckte Bibliographien und Diskettendienste.

Institut für Film und Bild in Wissenschaft und Unterricht (FWU), Bavariafilmplatz 3, 82031 Grünwald, Tel.: (089) 6497–1, Fax: (089) 6497–222 – erstellt die Datenbank «AV-Medien für den Unterricht», die heruntergeladen werden kann.

Institut für Hochschulforschung Wittenberg (HoF), Collegienstraße 62, 06886 Lutherstadt Wittenberg, Tel.: (0349) 466254 – dokumentiert u. a. hochschulforschungsrelevante Literatur.

Institut für Pädagogik der Naturwissenschaften (IPN) an der Universität Kiel, Servicegebiet S 2: Information, Dokumentation, Kooperation (IDK), Olshausenstr. 62, 24118 Kiel, Tel.: (0431) 880–3114, Fax: (0431) 880–3110. – Kleine hauseigene Datenbanken zur Umwelterziehung, Chemiedidaktik, Bioethik.

Institut Jugend Film Fernsehen (JFF), Pfälzer-Wald-Str. 64, 81539 München, Tel.: (089) 68989–0, Fax: (089) 68989–111. – Bibliothek zur Medienpädagogik.

Internationales Zentralinstitut für das Jugend- und Bildungsfernsehen (IZI) beim Bayerischen Rundfunk, Rundfunkplatz 1, 80335 München, Tel.: (089) 5900–2991 Fax: (089) 5900–2379. – Kinder- und Jugendprogramm, Bildungsfernsehen, Medienpädagogik, AV-Medien.

Landesinstitut für Schule und Weiterbildung (LSW), Paradieser Weg 64, 59494 Soest, Tel.: (02921) 683–1, Fax: (02921) 683–228. – Das LSW führt Auftragsrecherchen im eigenen Datenpool durch (230000 Dokumentationseinheiten ab 1976, Zuwachs: ca. 10000 pro Jahr) zu den Bereichen: Allgemeine Pädagogik; Bildungsplanung, -politik, -verwaltung; Fachdidaktiken; Lehrerfort- und -weiterbildung; Schulpädagogik; Unterricht; Datenbank SODIS mit Bewertungen zum Einsatz von Software und Neuen Medien im Unterricht. Das LSW betreibt den u. E. vorbildlichen Landesbildungsserver «learnline».

Max-Planck-Institut für Bildungsforschung, Bibliothek und wissenschaftliche Dokumentation, Lentzeallee 93, 14195 Berlin, Tel.: (030) 82406–0, Fax: (030) 8249939. – Neuerwerbungsliste zur Bildungsforschung als gedruckter Dienst; Bibliothekskatalog im Internet recherchierbar.

Sekretariat der Ständigen Konferenz der Kultusminister der Länder in der Bundesrepublik Deutschland (KMK) – Referat Dokumentation und Bildungsinformation, Lennéstr. 6, 53113 Bonn, Tel.: (0228) 501–270, Fax: (0228) 501–229, E-Mail: bibliothek@kmk.org – Das Referat erstellt Berichte und Dokumentationen im Auftrag der KMK für deren Tätigkeit und für die Zusammenarbeit der Länder mit inter- und supranationalen Organisationen (ER, UNESCO, OECD, EG). Für externe Besucher: Bibliotheks- und Archivnutzung, Recherchen in den verfügbaren Datenbanken für Rechtsnormen, Schulrechtliche Entscheidungen, Parlamentsdrucksachen und Literatur in eingeschränktem Umfang möglich. Darüber hinaus gibt das Referat den «Dokumentationsdienst Bildung und Kultur» heraus.

Staatliche Zentralstelle für Fernunterricht, Peter-Welter-Platz 2, 50676 Köln, Tel.: (0221) 9212070, Fax: (0221) 92120720 – Zulassungsbehörde für alle Fernlehrgänge, für die Anbieter Geld verlangen. URL: http://www.zfu.de

STN International ℅ Fachinformationszentrum Karlsruhe, Postfach 2465, 76012 Karlsruhe, Tel.: (07247) 808–555, Fax: (07247) 808–259. – Online-Datenbankanbieter vorwiegend für technisch-naturwissenschaftliche Datenbanken, aber auch für BIBLIODATA, FORIS, SIGLE, SOLIS, UFORDAT, ULIDAT (= Umweltdatenbanken), VADEMECUM.

UNESCO-Institut für Pädagogik (UIP), Dokumentation und Information, Feldbrunnenstr. 58, 20148 Hamburg, Tel.: (040) 4480410, Fax: (040) 4107723. E-Mail: uie@unesco.org – Alphabetisierung, Erwachsenengrundbildung, lebenslanges Lernen; hauseigene ISIS-Datenbank zu diesen Bereichen.

Universitätsbibliothek Erlangen-Nürnberg. Sondersammelgebiet Bildungsforschung, Universitätsstr. 4, 91054 Erlangen, Tel.: (09131) 85–4797/-2151, Fax: (09131) 85–9309. – Spezialbibliothek zum Schwerpunkt Bildung, Erziehungswissenschaft, Pädagogik, Schule, Unterricht; Hrsg. des gedruckten Dienstes «Sammelschwerpunkt Bildungsforschung – Neuerwerbungen» (s. 3.1.1); Katalogdaten im Erlangen Library Information System (ELIS), dem OPAC der UB Erlangen – Nürnberg und im Bibliotheksverbund Bayern online recherchierbar (s. 5.1). Auftragsrecherchen anhand von erziehungswissenschaftlich relevanten CD-ROMs.

Zentralstelle für Psychologische Information und Dokumentation (ZPID) an der Universität Trier, Kohlenstr. 68, 54286 Trier, Tel.: (0651) 201–2877, Fax: (0651) 201–2071. – Datenbankhersteller von PSYNDEX (deutschsprachige psychologische Literatur) und PSYTKOM (s. 5.1 bzw. 5.2). Führt auch Auftragsrecherchen im eigenen Bestand durch; veröffentlicht themenzentrierte gedruckte Bibliographien. U. a. interessant für den Bereich der Pädagogischen Psychologie.

Österreich

Bundesstaatliche Pädagogische Bibliothek beim Landesschulrat für Niederösterreich, Rennbahnstr. 29, A-3109 St. Pölten, Tel.: (+43) (0)2742/280–1482 Fax: (+43) (0) 2742/280–1111, E-Mail: pbn@lsr-noe.gv.at

Dokumentationssystem Erwachsenenbildung BMUK (DOKEB), Mentergasse 11, A-1070 Wien, Tel. (+43)(1) 5262091–25, Fax: … -25.

Universität Klagenfurt, Abteilung für Historische und Vergleichende Pädagogik (HPV), Universitätsstraße 65–67, A-9020 Klagenfurt, Fax: (+43)(463) 2700–100.

Institut für Interdisziplinäre Forschung und Fortbildung der Universitäten Innsbruck

(IFF), Klagenfurt und Wien, Westbahnstraße 40/6, A-1070 Wien, Tel. (+43)(1) 5269688–21, Fax: ... -18.

Österreichisches Institut für Jugendforschung (ÖIJ), Glockengasse 4/3, A-1020 Wien, Tel.: (+43)(1) 2147871, Fax: ... -9.

Wiener Integrationsfonds, Archiv und Dokumentation (WIF), Mariahilferstraße 103, A-1060 Wien, Tel:. (+43)(1) 4000/81519.

Schweiz

Internet-Clearinghouse Schweiz: http://www.ichschweiz.ch/

Informationsstelle IDES, Zähringer Str. 21–25, CH-3001 Bern, Tel.: (+41)(031) 3095100.

USA

ERIC Clearinghouse on Information & Technology; 4–194 Center for Science and Technology, Syracuse University, Syracuse, New York 13244–4100, 800–464–9107, Tel.: (315) 443–3640, Fax: (315) 443–5448.

Über die Verfasser

Arnold, Rolf (Jg. 1952), Univ.-Prof. Dr. phil.; Pädagogik, insbesondere Betriebs- und Berufspädagogik an der Universität Kaiserslautern

Baacke, Dieter (Jg. 1936) †, Univ.-Prof. Dr. phil.; zuletzt Außerschulische Pädagogik an der Universität Bielefeld

Diederich, Jürgen (Jg. 1936), Univ.-Prof. Dr. phil.; Systematische Didaktik an der Humboldt-Universität zu Berlin

Geulen, Dieter (Jg. 1938), Univ.-Prof. Dr. phil.; Allgemeine Erziehungswissenschaft an der Freien Universität Berlin

Gieseke, Wiltrud (Jg. 1947, Univ.-Professorin Dr. paed.; Erwachsenenpädagogik an der Humboldt-Universität zu Berlin

Heid, Helmut (Jg. 1934), Univ.-Prof. Dr. rer. pol.; Pädagogik an der Universität Regensburg

Herrmann, Ulrich (Jg. 1939), Univ.-Prof. Dr. phil.; Allgemeine, Historische und Schulpädagogik an der Universität Ulm

Kade, Jochen (Jg. 1943), Univ.-Prof. Dr. phil.; Erwachsenenbildung an der Universität Frankfurt / M.

Kuckartz, Udo (Jg. 1951), Univ.-Prof. Dr. phil.; Empirische Erziehungswissenschaft an der Universität Marburg

Langewand, Alfred (Jg. 1950), Univ.-Prof. Dr. phil.; Allgemeine Pädagogik an der Universität Flensburg

Lenzen, Dieter (Jg. 1947), Univ.-Prof. Dr. phil.; Philosophie der Erziehung an der Freien Universität Berlin

Lüders, Christian (Jg. 1953), Dr. phil.; Leiter der Abt. Jugend und Jugendhilfe am Deutschen Jugendinstitut (DJI), München

Mollenhauer, Klaus (Jg. 1928) †, Univ.-Prof. em. Dr. phil. Dr. h. c.; zuletzt Pädagogik an der Universität Göttingen

Niemeyer, Christian (Jg. 1952), Univ.-Prof. Dr. phil.; Sozialpädagogik an der Technischen Universität Dresden

Oswald, Hans (Jg. 1935), Univ.-Prof. Dr. phil.; Soziologie der Erziehung an der Universität Potsdam

Rauschenbach, Thomas (Jg. 1952), Univ.-Prof. Dr. rer. soc.; Sozialpädagogik an der Universität Dortmund

Rittelmeyer, Christian (Jg. 1940), Univ.-Prof. Dr. phil.; Erziehungswissenschaft an der Universität Göttingen

Rost, Friedrich (Jg. 1949), Dr. phil.; Akademischer Rat an der Freien Universität Berlin

Stroß, Annette M. (Jg. 1962), Dr. phil.; Privat-Dozentin an der Humboldt-Universität zu Berlin

Tenorth, Heinz-Elmar (Jg. 1944), Univ.-Prof. Dr. phil.; Historische Pädagogik an der Humboldt-Universität zu Berlin

Terhart, Ewald (Jg. 1952), Univ.-Prof. Dr. phil.; Schulpädagogik an der Ruhr-Universität Bochum

Wünsche, Konrad (Jg. 1928), Univ.-Prof. em.; Erziehungswissenschaft an der Technischen Universität Berlin

Sachregister

Adjektive wurden konsequent nachgestellt